Europe
Europa

	Country	Code	Currency (100 €)	SOS ☎ 🚑 🔥	Motorway 🛣	Dual carriageway 🚗	Open road	Built-up area 🏘	Toll (MAUT/TOLL)	‰
	Österreich / Austria	A	1 Euro (EUR) = 100 Cent	133 / 144	130	100	100	50	[toll]	0,5 ‰
	Shqipëria / Albania	AL	1 Lek (ALL) = 100 Quindarka	129 /126	120	100	80	40		0,0 ‰
	België/Belgique / Belgium	B	1 Euro (EUR) = 100 Cent	101 / 100	120	120	90	50		0,5 ‰
	Bălgarija / Bulgaria	BG	1 Lew (BGN) = 100 Stótinki	166 / 150	130	90	90	50	[toll]	0,5 ‰
	Bosna i Hercegovina / Bosnia and Herzegovina	BIH	Konvert. Marka (BAM) = 100 Fening	92 / 94	120	100	80	60		0,3 ‰
	Schweiz/Suisse/Svizzera / Switzerland	CH	1 Franken (CHF) = 100 Rappen	117 / 144	120	100	80	50	[toll]	0,5 ‰
	Kýpros/Kibris / Cyprus	CY	1 Euro (EUR) = 100 Cent	199	100	80	80	50		0,5 ‰
	Česká Republika / Czech Republic	CZ	1 Koruna (CZK) = 100 Haliru	112 / 155	130	130	90	50	[toll]	0,0 ‰
	Deutschland / Germany	D	1 Euro (EUR) = 100 Cent	110 / 112	⌀	⌀	100	50		0,5 ‰
	Danmark / Denmark	DK	1 Krone (DKK) = 100 Øre	112	130	80	80	50		0,5 ‰
	España / Spain	E	1 Euro (EUR) = 100 Cent	112	120	100	90	50	[toll]	0,5 ‰
	Eesti / Estonia	EST	1 Euro (EUR) = 100 Cent	110 / 112	110	110	90	50		0,0 ‰
	France / France	F	1 Euro (EUR) = 100 Cent	112	130	110	90	50	[toll]	0,5 ‰
	Suomi/Finland / Finland	FIN	1 Euro (EUR) = 100 Cent	112	120	100	100	50		0,5 ‰
	United Kingdom / United Kingdom	GB	1 Pound Sterling (GBP) = 100 Pence	999 / 112	70 mph (112)	70 mph (112)	60 mph (96)	30 mph (48)		0,8 ‰
	Elláda (Hellás) / Greece	GR	1 Euro (EUR) = 100 Cent	100 / 166	120	110	90	50	[toll]	0,5 ‰
	Magyarország / Hungary	H	1 Forint (HUF) = 100 Filler	112	130	110	90	50	[toll]	0,0 ‰
	Hrvatska / Croatia	HR	1 Kuna (HRK) = 100 Lipa	112 / 94	130	110	90	50	[toll]	0,5 ‰
	Italia / Italy	I	1 Euro (EUR) = 100 Cent	112 / 118	130	110	90	50	[toll]	0,5 ‰
	Éire/Ireland / Ireland	IRL	1 Euro (EUR) = 100 Cent	999 / 112	120	100	60/100	50		0,5 ‰
	Ísland / Iceland	IS	1 Krona (ISK) = 100 Aurar	112			80/90	50		0,5 ‰
	Luxembourg / Luxembourg	L	1 Euro (EUR) = 100 Cent	113 / 112	130	90	80	50		0,5 ‰
	Lietuva / Lithuania	LT	1 Euro (EUR) = 100 Cent	02 / 03 / 112	110	90	90	50		0,4 ‰
	Latvija / Latvia	LV	1 Euro (EUR) = 100 Cent	02 / 03 / 112	110	90	90	50		0,5 ‰
	Makedonija / Macedonia	MK	1 Denar (MKD) = 100 Deni	192 / 194	120	100	90	40/60	[toll]	0,5 ‰
	Norge / Norway	N	1 Krone (NOK) = 100 Øre	112 / 113	90	90	80	50	[toll]	0,2 ‰
	Nederland / Netherlands	NL	1 Euro (EUR) = 100 Cent	112	120	100	80	50		0,5 ‰
	Portugal / Portugal	P	1 Euro (EUR) = 100 Cent	112	120	100	80	50	[toll]	0,5 ‰
	Polska / Poland	PL	1 Zloty (PLN) = 100 Groszy	112 / 999	130/140	100/120	90	50	[toll]	0,2 ‰
	Kosovo / Kosovo	RKS	1 Euro (EUR) = 100 Cent	112 / 92	130	110	80	50		0,5 ‰
	România / Romania	RO	1 Leu (RON) = 100 Bani	112	130	100	90	50	[toll]	0,0 ‰
	Rossija / Russia	RUS	1 Rubel (RUB) = 100 Kopeek	02 / 03	110	90	90	60		0,0 ‰
	Sverige / Sweden	S	1 Krona (SEK) = 100 Öre	112	110	110/90	70/90	50		0,2 ‰
	Slovenská Republika / Slovakia	SK	1 Euro (EUR) = 100 Cent	112 / 155	130	90	90	60	[toll]	0,0 ‰
	Slovenija / Slovenia	SLO	1 Euro (EUR) = 100 Cent	113 / 112	130	100	90	50	[toll]	0,5 ‰
	Srbija / Crna Gora / Serbia / Montenegro	SRB MNE	1 Dinar (CSM) = 100 Para ; Euro	92 / 94	120	100	80	60	[toll]	0,5 ‰
	Türkiye / Turkey	TR	1 Lira (TRY) = 100 Kurus	155 / 112	120	90	90	50	[toll]	0,5 ‰
	Ukrajina / Ukraine	UA	1 Griwna (UAH) = 100 Kopijken	02 / 03	130	110	90	60		0,0 ‰

© Kunth Verlag GmbH & Co. KG 2017
Königinstraße 11, D-80539 München,
phone +49-89-458020-0, fax +49-89-458020-21
e-mail: info@kunth-verlag.de
www.kunth-verlag.de

Printed in Slovakia

© AA Media Limited 2017
Fanum House, Basing View,
Basingstoke, Hampshire RG21 4EA, UK
ISBN: 978-0-7495-7870-1
 978-0-7495-7871-8
A05511

NORWE

IS Reykjavík ● ⱡ 319.575
□ 103.125 km²

North Se

AL	ⱡ 2.831.741 □ 28.748 km²
AND	ⱡ 85.015 □ 468 km²
BIH	ⱡ 4.621.598 □ 51.129 km²
FL	ⱡ 36.476 □ 160 km²
HR	ⱡ 4.480.043 □ 56.542 km²
RKS	ⱡ 1.733.872 □ 10.887 km²
L	ⱡ 524.853 □ 2.586 km²
M	ⱡ 417.608 □ 316 km²
MC	ⱡ 35.881 □ 1,6 km²
MD	ⱡ 3.560.000 □ 33.800 km²
MK	ⱡ 2.057.284 □ 25.713 km²
MNE	ⱡ 625.266 □ 13.812 km²
RSM	ⱡ 32.284 □ 61 km²
SLO	ⱡ 2.057.660 □ 20.253 km²
V	ⱡ 836 □ 0,44 km²

IRL ⱡ 4.581.269 ● Dublin
□ 70.182 km²

GB ⱡ 61.792.000
□ 244.820 km²

ⱡ 16.68
□ 41.54

London ● Amsterdam

Brussel/Bruxelles ● B
ⱡ 10.951.266
□ 30.528 km

Paris ● Luxembo

F
ⱡ 62.793.432
□ 543.965 km²

ATLANTIC OCEAN

ⱡ 10.602.000 □ 92.212 km²

P

Andorra la Vella ● AND

MC

Madrid ●

Lisboa ●

E

ⱡ 47.212.990
□ 504.645 km²

MEDITERRANE

Al Jaza'ir
(Alger) ●

Ar-Ribat
(Rabat) ● MA

DZ

GIAN SEA

NORWEGIAN SEA

Baltic Sea

Black Sea

AN SEA

Ⓐ		Österreich
AL		Shqipëria
AND		Andorra
Ⓑ		België/Belgique
BG		Bâlgarija
BIH		Bosna i Hercegovina
BY		Belarus'
MNE		Crna Gora
CH		Schweiz/Suisse/Svizzera
CY		Kýpros
CZ		Česká Republika
Ⓓ		Deutschland
DK		Danmark
Ⓔ		España
EST		Eesti
Ⓕ		France
FIN		Finland
FL		Liechtenstein
GB		United Kingdom
GR		Elláda
Ⓗ		Magyarország
HR		Hrvatska
Ⓘ		Italia
IRL		Éire/Ireland
IS		Ísland
RKS		Kosovo
Ⓛ		Luxembourg
LT		Lietuva
LV		Latvija
Ⓜ		Malta
MC		Monaco
MD		Moldova
MK		Makedonija
Ⓝ		Norge
NL		Nederland
Ⓟ		Portugal
PL		Polska
RO		România
RSM		San Marino
RUS		Rossija
Ⓢ		Sverige
SK		Slovenská Republika
SLO		Slovenija
SRB		Srbija
TR		Türkiye
UA		Ukraijna
Ⓥ		Città del Vaticano

Ⓢ

FIN

⚥ 5.404.956
▢ 338.432 km²

Ⓝ

⚥ 4.985.900
▢ 385.199 km²

⚥ 9.514.406
▢ 450.295 km²

Helsinki

Oslo

Tallinn EST
⚥ 1.340.021
▢ 45.227 km²

⚥ 143.200.000
▢ 17.075.400 km²

Stockholm

⚥ 2.074.605
▢ 64.589 km²

Moskva

DK

Riga LV

RUS

⚥ 5.475.791
▢ 43.094 km²

⚥ 2.988.381
▢ 65.301 km²

BY

København

LT

Vilnius

Minsk

⚥ 9.457.000
▢ 207.595 km²

Berlin

PL

Warszawa

NL

⚥ 81.903.000
▢ 357.121 km²

⚥ 38.501.000
▢ 312.685 km²

Kyjiv

Ⓛ

Ⓓ

CZ Praha

⚥ 10.526.685
▢ 78.866 km²

UA

⚥ 45.665.281
▢ 603.700 km²

urg

⚥ 5.404.322
SK ▢ 49.034 km²

Ⓐ Wien Bratislava

MD

CH Bern

⚥ 8.460.390
▢ 83.878 km²

Ⓗ Budapest

RO Chișinău

FL

Vaduz

⚥ 10.005.000
▢ 93.036 km²

⚥ 19.042.936
▢ 238.391 km²

7.952.600
41.285 km²

SLO

Ljubljana

Zagreb

Beograd

București

Black Sea

HR

BIH

⚥ 7.120.666
▢ 77.474 km²

⚥ 7.364.570
▢ 110.994 km²

RSM

Monaco

San Marino

Sarajevo

SRB

Pristina

Ⓘ

MNE

RKS

Ankara

Roma

Podgorica

Sofija BG

Ⓥ

⚥ 60.626.442
▢ 301.338 km²

Skopje

Tiranë

MK

TR

AL

⚥ 9.903.268
▢ 131.957 km²

GR

⚥ 74.724.269
▢ 814.578 km²

Athína

Tunis

⚥ 1.193.976
▢ 9.251 km²

CY

TN

V

GB

Legend

 D

Zeichenerklärung

 F

Légende

 DK

Tegnforklaring

Motorway (under construction)	Autobahn (im Bau)	Autoroute (en construction)	Motorvej (under bygning)
Toll motorway	Gebührenpflichtige Autobahn	Autoroute à péage	Motorvej med betalingspligt
Tunnel motorway	Autobahn mit Tunnel	Autoroute avec tunnel	Motorvej met tunnel
Dual carriageway (under construction)	4-oder mehrspurige Autobahn (im Bau)	Double chaussée (en construction)	Vej med to vejbaner (under bygning)
Tunnel dual carriageway	Tunnel mehrspurige Straße	Tunnel double chaussée	Vej med to vejbaner met tunnel
Primary route (under construction)	Fernstraße (im Bau)	Route principale (en construction)	Fjerntrafikvej (under bygning)
Tunnel primary route	Fernstraßentunnel	Route principale avec tunnel	Fjerntrafikvej met tunnel
Important Main road (under construction)	Wichtige Hauptstraße (im Bau)	Route principale importante (en construction)	Vigtig hovedvej (under bygning)
Main road	Hauptstraße	Route départementale	Hovedvej
Secondary road	Nebenstraße	Route secondaire	Bivej
Touristic / historic route	Touristenstraße	Route touristique	Toeristische route
Railway	Eisenbahn	Chemin de fer	Jernbane
Distances in kilometres (within UK in miles)	Entfernung in Kilometern (in UK in Meilen)	Distances kilométriques (au sein du RU en miles)	Afstand i kilometer (UK i miles)
Steep gradient / Mountain pass height in metres	Steigung / Passhöhe in Metern	Indication de la pente / Col et sa cote d'altitude	Hældning / Pass højde i meter
Motorway number	Autobahnnummer	Numéro autoroute	Nummer for motorvej
Number of main European road	Europastraßennummer	Numéro des routes européennes	Nummer for europavejsrute
Other road numbers	Andere Straßennummern	Autre numéro de routes	Andre vejnummer
Motorway junction number	Autobahnanschlussnummer	Numéros d'échangeurs	Tilslutning med nummer
Junction	Anschlussstelle	Échangeur	Tilslutning
Not suitable / closed for caravans	Für Wohnwagen nicht geeignet / gesperrt	Non recommandé aux caravans - interdite	Anbefales ikke for campingvogne-forbudt
Filling station	Autobahntankstelle	Station-service	Tankanlæg
Restaurant	Autobahnrasthaus	Restaurant	Rasteplads
Restaurant with motel	Autobahnrasthaus mit Motel	Hôtel	Rasteplads med overnatning
Major airport	Wichtiger Flughafen	Aéroport important	Vigtig Lufthavn
Airport	Flughafen	Aéroport	Lufthavn
Airfield	Flugplatz	Aérodrome	Flyveplads
Ferry	Autofähre	Ferry	Bilfærge
Border crossing	Grenzübergang	Passage frontalier - douane	Grænseovergang
Windmill	Windmühle	Moulin	Vejrmølle
Lighthouse	Leuchtturm	Phare	Fyrtårn
International boundary	Staatsgrenze	Frontière de l'État	Statsgrænsen
Administrative boundary	Provinzgrenze	Limite administrative	Provinsielle grænse
Restricted area	Sperrgebiet	Zone interdite	Afspærret område
National or nature park	National- und Naturpark	Parc national, parc naturel	Nationalpark, naturpark
Mountain summit with height in metres	Berggipfel mit Höhenangabe in Meter	Sommet avec cote d'altitude	Bjergtoppe med højden i meter
Place of interest	Sehenswerter Ort	Ville très intéressante	Seværdighed

(GB)   (D)   (F)   (DK)   (GB)   (D)   (F)   (DK)

Significant points of interest · Herausragende Sehenswürdigkeiten · Curiosités remarquables · Betydningsfulde seværdigheder

GB	D	F	DK
Major tourist route	Autoroute	Autoroute	Bilvej
Major tourist railway	Bahnstrecke	Ligne ferroviaire	Jernbane
Highspeed train	Hochgeschwindig-keitszug	Train à Grande Vitesse	Højhastighedstog
Shipping route	Schiffsroute	Itinéraire en bateau	Skibsruter
UNESCO World Natural Heritage	UNESCO-Weltnaturerbe	Patrimoine naturel de l'humanité de l'UNESCO	UNESCO Verdensarvsted (natur)
Mountain landscape	Gebirgslandschaft	Paysage de montagne	Bjerglandskab
Rock landscape	Felslandschaft	Paysage rocheux	Klippelandskab
Ravine/canyon	Schlucht/Canyon	Gorge/canyon	Kløfter/canyons
Glacier	Gletscher	Glacier	Gletsjer
Active volcano	Vulkan, aktiv	Volcan actif	Aktive vulkaner
Extinct volcano	Vulkan, erloschen	Volcan éteint	Udslukte vulkaner
Geyser	Geysir	Geyser	Gejser
Cave	Höhle	Grotte	Hule/grotte
River landscape	Flusslandschaft	Paysage fluvial	Flodlandskab
Waterfall/rapids	Wasserfall/Stromschnelle	Chute d'eau/rapide	Vandfald/strømhvirvler
Lake country	Seenlandschaft	Paysage de lacs	Søområder
Desert	Wüstenlandschaft	Désert	Ørken
Oasis	Oase	Oasis	Oase
Depression	Depression	Bassin	Sænkning
Fossil site	Fossilienfundstätte	Site fossile	Forekomster af fossiler
Nature park	Naturpark	Parc naturel	Naturpark
National park (landscape)	Nationalpark (Landschaft)	Parc national (paysage)	Nationalpark (landskab)
National park (flora)	Nationalpark (Flora)	Parc national (flore)	Nationalpark (flora)
National park (fauna)	Nationalpark (Fauna)	Parc national (faune)	Nationalpark (fauna)
National park (culture)	Nationalpark (Kultur)	Parc national (site culturel)	Nationalpark (kultur)
Botanic gardens	Botanischer Garten	Jardin botanique	Botanisk have
Biosphere reserve	Biosphärenreservat	Réserve de biosphère	Biosfæreområde
Wildlife reserve	Wildreservat	Réserve animale	Dyrereservat
Zoo/safari park	Zoo/Safaripark	Zoo/parc de safari	Zoologisk have/dyrepark
Coastal landscape	Küstenlandschaft	Paysage côtier	Kystlandskab
Beach	Strand	Plage	Strand
Island	Insel	Île	Ø
Underwater reserve	Unterwasserreservat	Réserve sous-marine	Undervandsreservat
Spring	Quelle	Source	Kilde
UNESCO World Cultural Heritage	UNESCO-Weltkulturerbe	Patrimoine culturel de l'humanité de l'UNESCO	UNESCO-Verdensarvsted (kultur)
Remarkable city	Außergewöhnliche Metropole	Métropole d'exception	Bemærkelsesværdig storby
Pre-and early history	Vor- und Frühgeschichte	Préhistoire et protohistoire	Forhistorisk sted
Prehistoric rockscape	Prähistorische Felsbilder/Naturvölker	Peintures rupestres préhistoriques	Forhistoriske klippebilleder
The Ancient Orient	Alter Orient	Ancien Orient	Oldtidens Orient
Minoan site	Minoische Kultur	Civilisation minoenne	Minoisk kultur
Phoenecian site	Phönikische Kultur	Civilisation phénicienne	Fønikisk kultur
Etruscan site	Etruskische Kultur	Civilisation étrusque	Etruskisk kultur
Greek antiquity	Griechische Antike	Antiquité grecque	Den gamle græske kultur
Roman antiquity	Römische Antike	Antiquité romaine	Den gamle romerske kultur
Vikings	Wikinger	Vikings	Vikinger
Places of Jewish cultural interest	Jüdische Kulturstätte	Site juif	Steder af jødisk kulturel interesse
Places of Islamic cultural interest	Islamische Kulturstätte	Site islamique	Steder af islamisk kulturel interesse
Places of Christian cultural interest	Christliche Kulturstätte	Site chrétien	Steder af kristen kulturel interesse
Roman church	Romanische Kirche	Église romane	Romersk kirke
Gothic church	Gotische Kirche	Église gothique	Gotisk kirke
Renaissance church	Renaissance-Kirche	Église renaissance	Renæssance kirke
Baroque church	Barock-Kirche	Église baroque	Barok kirke

GB	D	F	DK
Christian monastery	Christliches Kloster	Monastère chrétien	Kristent kloster
Cultural landscape	Kulturlandschaft	Paysage culturel	Kulturlandskab
Historical city scape	Historisches Stadtbild	Cité historique	Historiske byer
Impressive skyline	Imposante Skyline	Gratte-ciel	Flot silhuet
Castle/fortress/fort	Burg/Festung/Wehranlage	Château/forteresse/remparts	Slot/fæstning/borg
Castle ruin	Burgruine	Château ruine	Slotsruin
Tower of interest	Sehenswerter Turm	Tour intéressante	Seværdigt tårn
Windmill	Windmühle	Moulin	Vindmølle
Palace	Palast/Schloss	Palais	Palads
Technical/industrial monument	Techn./industrielles Monument	Monument technique/industriel	Teknisk/industrielt monument
Working mine	Bergwerk in Betrieb	Mine en activité	Mine i drift
Disused mine	Bergwerk geschlossen	Mine fermée	Lukket mine
Dam	Staumauer	Barrage	Dæmning
Impressive lighthouse	Sehenswerter Leuchtturm	Très beau phare	Seværdigt fyrtårn
Notable bridge	Herausragende Brücke	Pont remarquable	Seværdig bro
Remarkable building	Herausragendes Gebäude	Bâtiment remarquable	Seværdig bygning
Tomb/grave	Grabmal	Tombeau	Gravmæle
Monument	Denkmal	Monument	Monument
Memorial	Mahnmal	Mémorial	Mindesmærke
Theater of war/battlefield	Kriegsschauplatz/Schlachtfeld	Champs de bataille	Slagmark
Space mission launch site	Weltraumbahnhof	Base spatiale	Rumcenter
Space telescope	Weltraumteleskop	Télescope astronomique	Rumfartsteleskop
Market	Markt	Marché	Marked
Festivals	Feste und Festivals	Fêtes et festivals	Byfester og festivals
Museum	Museum	Musée	Muséer
State Historical Park	Freilichtmuseum	Musée de plein air	Frilandsmuseum
Theatre	Theater	Théâtre	Teater
World exhibition/World Fair	Weltausstellung	Exposition universelle	Verdensudstilling
Arena/stadium	Arena/Stdion	Arène/stade	Arena/stadion
Race track	Rennstrecke	Circuit automobile	Væddeløbsbane
Golf	Golf	Golf	Golf
Horse racing	Pferdesport	Équitation	Hestevæddeløb
Skiing	Skigebiet	Station de ski	Skiområde
Sailing	Segeln	Voile	Sejlads
Wind surfing	Windsurfen	Planche à voile	Vindsurfing
Surfing	Wellenreiten	Surf	Surfing
Diving	Tauchen	Plongée	Dykning
Canoeing/rafting	Kanu/Rafting	Canoë/rafting	Kanosejlads/rafting
Seaport	Seehafen	Port	Havn
Deep-sea fishing	Hochseeangeln	Pêche en mer	Fiskeri
Waterskiing	Wasserski	Ski nautique	Vandski
Beach resort	Badeort	Station balnéaire	Badested
Leisure bath	Freizeitbad	Piscine découverte	Svømmehal/vandland
Mineral/thermal spa	Mineralbad/Therme	Station hydrothermale	Mineralbad/termalbad
Leisure park	Freizeitpark	Parc de loisirs	Forlystelsespark
Casino	Spielcasino	Casino	Kasino
Hill resort	Hill Resort	Station de montagne	Bjerghoteller
Mountain refuge/alpine pasture	Berghütte/Alm	Refuge/pâturages	Bjerghytte/alpe
Rambling/rambling area	Wandern/Wandergebiet	Randonnées/zone de randonnées	Vandring/vandreområde
Viewpoint	Aussichtspunkt	Point de vue	Udsigtspunkt
Mountain railway	Bergbahn	Chemin de fer de montagne	Bjergbane
Shipwreck	Schiffswrack	Épave de navire	Skibsvrag

Road Distances

All distances in this chart are in kilometres and include any part of the route taken by ferry.

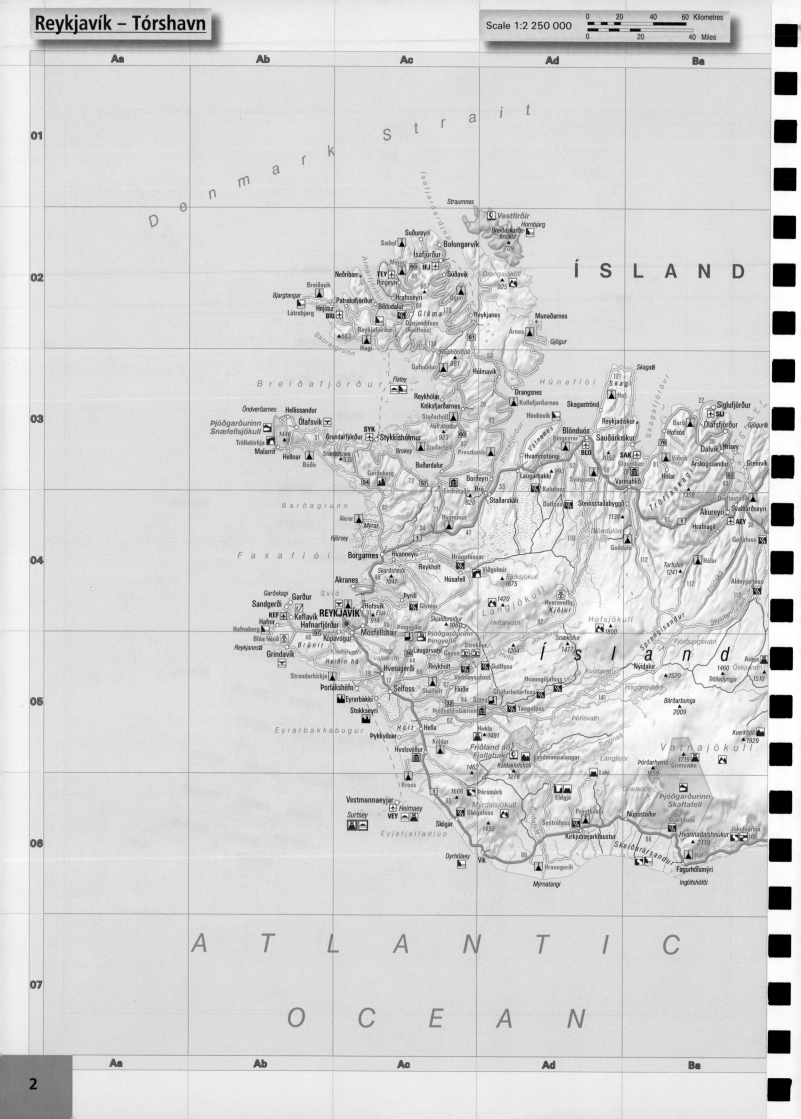

01

02

N   O   R   W   E   G   I   A   N

Grímsey 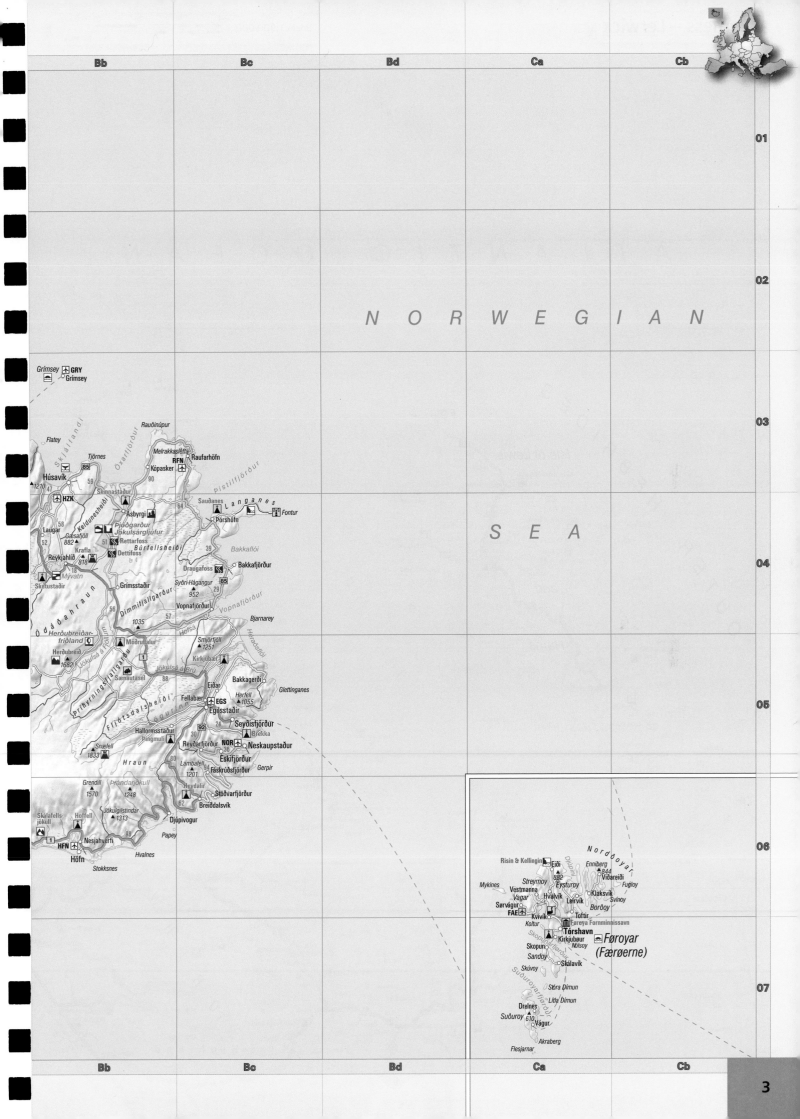 **GRY**
Grímsey

03

Flatey
Rauðinúpur
Skjálfandi
Tjörnes   *Melrakkaslétta*   *Raufarhöfn*
Öxarfjörður   *Kópasker*   **RFN**
85
Húsavík   59   90
▲1210   47
HZK   *Skinnastaðir*   *Þistilfjörður*
Keldunesheiði   64   *Sauðanes*   *L a n g a n e s*
58   *Ásbyrgi*   *Þórshöfn*   *Fontur*
Laugar   *Þjóðgarður*
52   *Gæsafjöll*   *Jökulsárgljúfur*   *Búrfellsheiði*   39   *Bakkaflói*
882   51   *Réttarfoss*   *Bakkafjörður*
Krafla   *Dettifoss*   *Draugafoss*
Reykjahlíð   818   *Syðri-Hágangur*   **85**
18   952   29
Skútustaðir   *Mývatn*   *Grímsstaðir*   *Vopnafjörður*   *Vopnafjörður*
Ódáðahraun   56   *Dimmifjallgarður*   57   *Hofsá*
1035   *Bjarnarey*
Herðubreiðar-   *Smjörfjöll*
friðland   1251
Herðubreið   *Möðrudalur*   *Kirkjubær*
1682   *Jökulsá á Fjöllum*   *Jökulsá á Brú*
Þríhyrningsfjallgarður   88   *Eiðar*   *Bakkagerði*
Sænautasel   *Fellabær*   *Herfell*   *Glettinganes*
1055
EGS
Fljótsdalsheiði   **Egilsstaðir**
Hallormsstaðir   92   24   *Seyðisfjörður*
30   *Þingmúli*   *Brekka*
Snæfell   *Reyðarfjörður*   **NOR**
1833   96   **Neskaupstaður**
H r a u n   80   *Eskifjörður*
Lambafell   94   *Gerpir*
1201   *Fáskrúðsfjörður*
Grendill   *Þrándarjökull*   *Heydalir*
1570   1248   62   *Stöðvarfjörður*
Skálafells-   *Jökulgilstindar*   *Breiðdalsvík*
jökull   *Hoffell*   1313
HFN   *Nesjahverfi*   98   *Djúpivogur*
1   *Papey*
Höfn   *Hvalnes*
Stokksnes

04

05

06

07

Risin & Kellingin 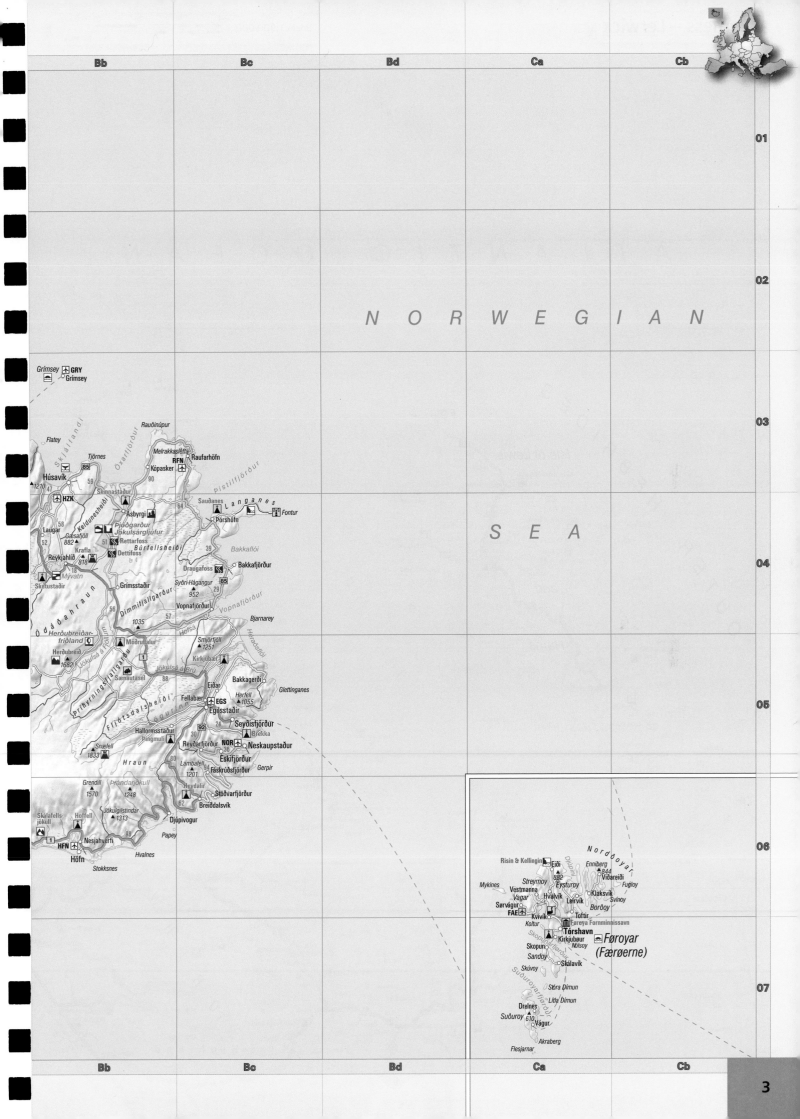 *Eiði*   *N o r ð o y a r*
Mykines   ▲844   *Enniberg*
Streymoy   882   *Viðareiði*   *Fugloy*
Vestmanna   *Eysturoy*   *Klaksvík*
Vágar   *Hvalvík*   *Svínoy*
Sørvágur   *Leirvík*   *Borðoy*
FAE   *Kvívík*   *Toftir*
Koltur   **Føroya Fornminnissavn**
Kirkjubøur   **Tórshavn**
Skopun   *Nólsoy*   **Føroyar**
Sandoy   *Skálavík*   **(Færøerne)**
Skúvoy
Stóra Dímun
Lítla Dímun
Drelnes
Suðuroy   610
Vágur
Akraberg
Flesjarnar

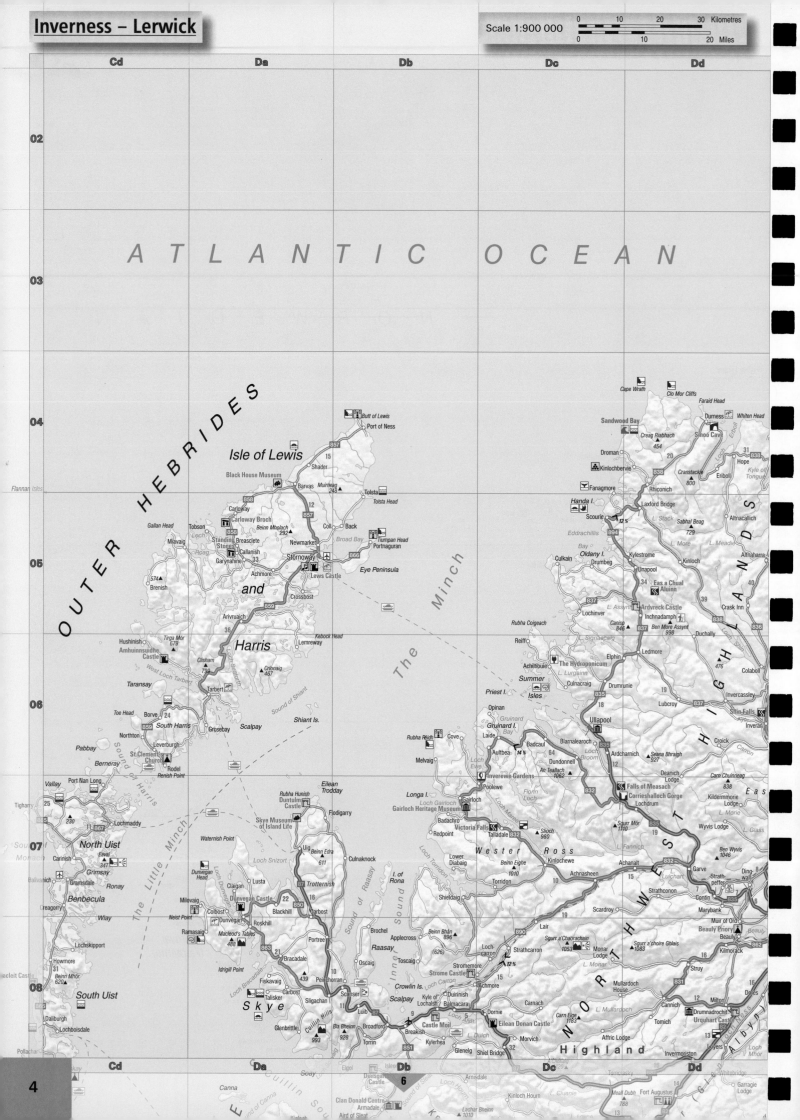

Scale 1:900 000

| 0 | 10 | 20 | 30 | Kilometres |
| 0 | 10 | | 20 | Miles |

ATLANTIC OCEAN

OUTER HEBRIDES

Flannan Isles

Isle of Lewis
Black House Museum
Barvas
Muirhead
248
Carloway
Carloway Broch
Beinn Mholach
292
Standing Stones
Breasclete
Callanish
Garynahine
Achmore
574
Brenish
and
Arivruaich
36
Harris
Tirga Mòr
679
Clisham
799
Crionaig
467
Amhuinnsuidhe Castle
Hushinish
West Loch Tarbert
Tarbert
Taransay
Toe Head
Borve
24
South Harris
Grosebay
Scalpay
Northton
Leverburgh
Pabbay
St Clement's Church
Rodel
Bernera
Renish Point
Vallay
Port Nan Long
Tigharry
Lochmaddy
230
867
North Uist
Eaval
347
Carinish
Grimsay
Ronay
Balivanich
Gramsdale
Benbecula
Creagorry
Wlay
Howmore
Lochskipport
31
Beinn Mhòr
620
South Uist
Daliburgh
Lochboisdale
Pollachar

Shader
15
857
12
857
Coll
Back
Newmarket
Stornoway
Lews Castle
Crossbost
859
Eye Peninsula

Tolsta
Tolsta Head
Broad Bay
Tiumpan Head
Portnaguran
866

Butt of Lewis
Port of Ness
857

The Minch

The Minch

Kebock Head
Lemreway
Sound of Shiant
Shiant Is.

Gallan Head
Tobson
Miavaig
Loch Roag

The Little Minch

Rubha Hunish
Duntulm Castle
Flodigarry
Skye Museum of Island Life
Eilean Trodday
Waternish Point
Dunvegan Head
Claigan
Lusta
Trotternish
Beinn Edra
611
Culnaknock
Uig
Milovaig
Dunvegan Castle
Colbost
Blackhill
850
Carbost
22
16
Neist Point
Dunvegan
Roskhill
Ramasaig
Macleod's Tables
488
863
21
Bracadale
Portree
Idrigill Point
Loch Bracadale
439
Peinchorran
Fiskavaig
Carbost
Taliske
Sligachan
Skye
Glenbrittle
Cuillin Hills
993
Bla Bheinn
928
Torrin
851

Loch Snizort
Loch Dunvegan

I. of Rona
Sound of Raasay
Brochel
Raasay
Oscaig
Toscaig
Raasay
Inner Sound
Applecross
Beinn Bhàn
896
(626)
Scalpay
Crowlin Is.
Broadford
Breakish
Castle Moil
Kylerhea

Cape Wrath
Clo Mor Cliffs
Faraid Head
Sandwood Bay
Durness
Whiten Head
Creag Riabhach
454
Smoo Cave
Droman
Kinlochbervie
20
838
Hope
Erriboll
31
838
Kyle of Tongue
Fanagmore
Handa I.
Rhiconich
Cranstackie
800
Scourie
12%
Laxford Bridge
L. Stack
Sabhal Beag
729
Altnacallich
Eddrachillis Bay
894
Oldany I.
Kylestrom
Kinloch
Altnaharra
Culkain
Drumbeg
Unapool
34
Eas a Chual Aluinn
837
Ardvreck Castle
Lochinver
Inchnadamph
Canisp
846
L. Assynt
837
Ben More Assynt
998
Duchally
Rubha Coigeach
Signaraig
39
Crask Inn
40
476
Colaboll
Reiff
Elphin
Ledmore
Achiltibuie
The Hydroponicum
L. Lurgainn
Culnacraig
Drumrunie
19
Lubcroy
Invercassley
835
Priest I.
Summer
Isles
Opinan
Gruinard I. Bay
Rubha Rèidh
Gove
Laide
Badcaul
Aultbea
14%
64
Dundonnell
An Teallach
1062
Melvaig
Loch Ewe
Inverewe Gardens
Poolewe
Longa I.
Gairloch
Gairloch Heritage Museum
Badachro
Redpoint
Victoria Falls
Talladale
832
Slioch
980
Fionn Loch
Loch Maree
Wester Ross
Beinn Eighe
1010
Kinlochewe
Lower Diabaig
Torridon
Loch Torridon
Shieldaig
Achnasheen
Loch-carron
Strathcarron
Lair
890
Sgurr a'Chaorachain
1053
Stromeferry
Strome Castle
12%
Achmore
Duirinish
Balmacara
Kyle of Lochalsh
Dornie
Eilean Donan Castle
Morvich
Shiel Bridge
Glenelg
851

Ullapool
Loch Broom
Ardcharnich
Deanich Lodge
12
Falls of Measach
838
Corrieshalloch Gorge
Lochdrum
832
Sgurr Mòr
1110
Seana Bhraigh
927
Carn Chuinneag
838
Croick
Kildermorie Lodge
19
L. Morie
Wyvis Lodge
Squrr a'choire Ghlais
1083
Monar Lodge
L. Monar
Ben Wyvis
1046
Achanalt
832
Luichart
Garve
15
Scardroy
Strathconon
Contin
7
Carn Eige
1183
Affric Lodge
Cannich
Tomich
Invermoriston
Highland
Mullardoch House
831
L. Mullardoch
Drumnadrochit
Urquhart Castle
13
Inverari
Shin Falls
837
Lairg
L. Shin
836
L. Meadie
L. More
Easter Ross
L. Glass
Strathpeffer
Dingwall
Muir of Ord
Beauly Priory
Beauly
862
Kilmorack
Milton
16
Dores
Inverness

Shin Falls

Cd · Da · Db · Dc · Dd

4

6

Castle
Clan Donald Centre
Armadale
Aird of Sleat
Canna
Isle of Canna Sound
Eigg
Dunsgaith Castle
Garragie Lodge
Kinloch Hourn
Fort Augustus
Meall Dubh
788
Ladhar Bheinn
1010
Whitebridge

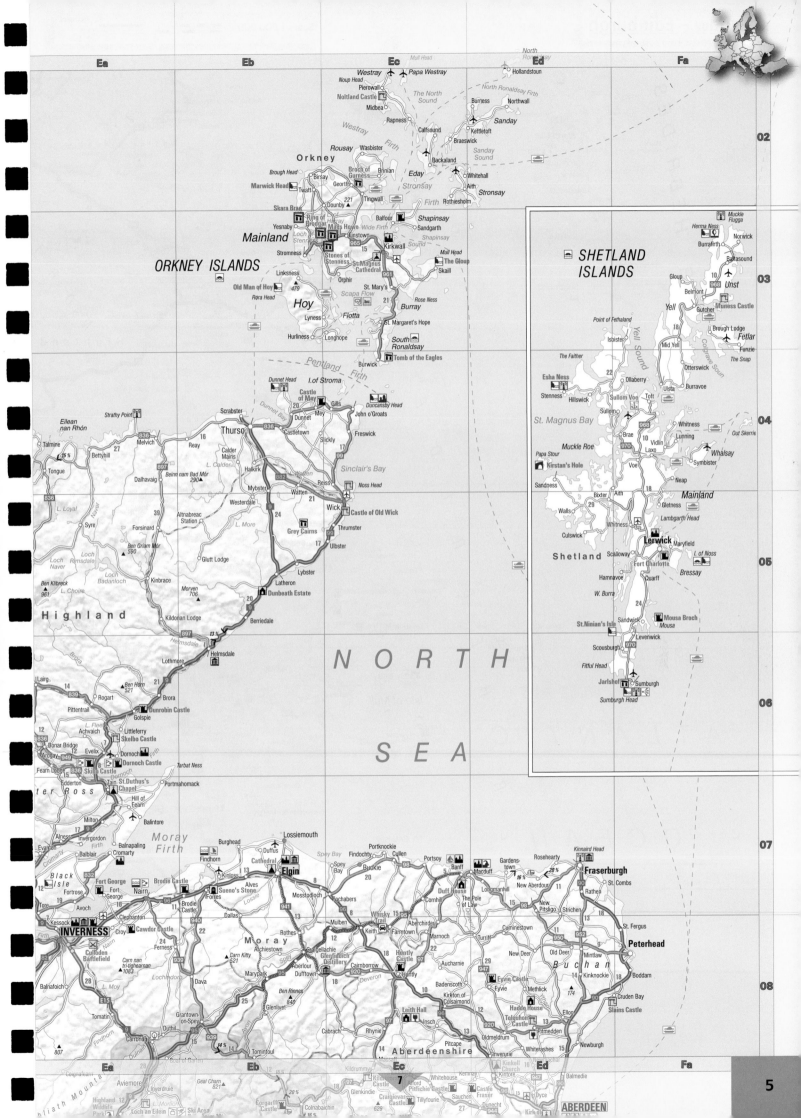

02

Mull Head

Westray

Papa Westray

Noup Head

Hollandstoun

Pierowall

North Ronaldsay Firth

North Ronaldsay

The North Sound

Northwall

Burness

Midbea

Noltland Castle

Rapness

Calfsound

Kettletoft

Sanday

Braeswick

Backaland

Rousay

Wasbister

Sanday Sound

Whitehall

Orkney

Brough of Gurness

Brinian

Eday

Stronsay

Birsay

Georth

Aith

Stronsay

Marwick Head

Twatt

221

Rothiesholm

Balfour

Shapinsay

Skara Brae

Dounby

Sandgarth

Ring of Brodgar

Harray

Maes Howe

Wide Firth

Shapinsay Sound

Yesnaby

Stones of Stenness

Finstown

Kirkwall

Mull Head

Mainland

Loch Stenness

965

15

Skaill

Stromness

St.Magnus Cathedral

The Gloup

ORKNEY ISLANDS

Linksness

Orphir

961

Old Man of Hoy

479

Scapa Flow

Røra Head

St. Mary's

Rose Ness

Hoy

Burray

21

Lyness

Flotta

Longhope

Hurliness

St. Margaret's Hope

South Ronaldsay

Burwick

Tomb of the Eagles

Pentland Firth

03

SHETLAND ISLANDS

Muckle Flugga

Herma Ness

Norwick

Burrafirth

Baltasound

Gloup

Belmont

968

Unst

Yell

Gutcher

Muness Castle

18

Brough Lodge

Fetlar

Point of Fethaland

Mid Yell

Otterswick

Funzie

The Snap

Isbister

The Faither

Yell Sound

Colgrave Sound

Esha Ness

22

Ollaberry

Stenness

Hillswick

Sullom Voe

Toft

Burravoe

Ulsta

04

St. Magnus Bay

Sullom

Out Skerries

Muckle Roe

968

Whitness

Lunning

Papa Stour

Brae

10

Vidlin

Kirstan's Hole

Laxo

Whalsay

Sandness

Voe

Symbister

Bixter

Aith

Neap

Walls

29

Gletness

Mainland

Culswick

Whitness

Lambgarth Head

05

Lerwick

Maryfield

I. of Noss

Shetland

Scalloway

Fort Charlotte

Bressay

Hamnavoe

Quarff

W. Burra

24

Sandwick

Mousa Broch

St.Ninian's Isle

Mousa

Scousburgh

970

Levenwick

Fitful Head

06

Jarlshof

Sumburgh

Sumburgh Head

NORTH

SEA

Dunnet Head

I. of Stroma

Castle of Mey

20

Gills

Scrabster

Dunnet

Mey

Duncansby Head

Dunnet Bay

John o'Groats

Thurso

836

Castletown

Freswick

Eilean nan Rhón

Strathy Point

Melvich

Reay

Slickly

17

Talmine

25%

Bettyhill

27

16

Calder Mains

Watten

99

Tongue

Halkirk

L. Watten

Reiss

Sinclair's Bay

836

Dalhavaig

897

Beinn nam Bad Mór 290

Mybster

882

Noss Head

L. Loyal

L. Calder

21

Wick

Syre

Westerdale

24

Castle of Old Wick

L. Naver

39

Altnabreac Station

L. More

Thrumster

Ben Griam Mór 590

Grey Cairns

17

Ulbster

Loch Rimsdale

Glutt Lodge

Lybster

Loch Badanloch

Kinbrace

Latheron

Ben Klibreck 961

L. Choire

Morven 706

Dunbeath Estate

20

9

Highland

Kildonan Lodge

Berriedale

Brora

897

13%

Helmsdale

Lothmore

Helmsdale

ILairg

14

Ben Horn 521

21

Rogart

Brora

839

Pittentrail

Golspie

Dunrobin Castle

12

L. Fleet

Achvaich

Littleferry

Bonar Bridge

836

Evelix

Skelbo Castle

Ardgay

949

Dornoch

ter Ross

Fearn Lodge

836

15

8

Dornoch Castle

Skibo Castle

Tarbat Ness

Edderton

Tain

St.Duthus's Chapel

Portmahomack

Hill of Fearn

Alness

Balintore

Invergordon

17

Milton

Moray Firth

Evanton

Balnapaling

Cromarty

Black Isle

832

Fort George

Brodie Castle

Burghead

Lossiemouth

Fortrose

Fort George

Nairn

Duffus

Portknockie

Kinnaird Head

Tore

12

19

Avoch

16

Alves

Kinloss

Findhorn

Spey Bay

Findochty

Cullen

Portsoy

Rosehearty

Kessock

Brodie Castle

Forres

Cathedral

Elgin

Spey Bay

Buckie

98

Banff

Gardenstown

Fraserburgh

INVERNESS

Sueno's Stone

13

Mosstodloch

20

Macduff

16%

20%

St. Combs

Croy

940

Dallas

Lossie

Fochabers

Duff House

Longmanhill

New Aberdour

11

Rathen

Culloden Battlefield

Cawdor Castle

941

Mulben

Whisky

15

95

Cornhill

The Pole of Law

New Pitsligo

Strichen

St. Fergus

Carn nan tri-tigheaman 1083

22

Ferness

Moray

Rothes

Keith

Aberchirder

15

99

Cuminestown

13

92

939

Archiestown

Craigellachie

12

Farmtown

Marnoch

Turriff

11

950

952

Peterhead

Dava

Marypark

Glenfiddich Distillery

Cairnborrow

18

Huntly Castle

22

New Deer

Old Deer

Mintlaw

Tomatin

Aberlour

Dufftown

920

Huntly

Aucharnie

29

947

Buchan

14

Kinknockie

Boddam

Lochindorb

Carn Kitty 521

18

Deveron

Badenscoth

Eyvie Castle

Methlick

174

Cruden Bay

Ben Rinnes 840

Kirkton of Culsalmond

Fyvie

Haddo House

Ellon

Slains Castle

E15

Glenlivet

Leith Hall

Insch

Tolquhon Castle

13

Grantown-on-Spey

97

12

Duthil

939

Rhynie

Pitcape

Pittmedden

Newburgh

807

Cabrach

13

Oldmeldrum

15

Carrbridge

14%

Tomintoul

14

Aberdeenshire

Inverurie

Whiterashes

Findhorn

Aviemore

Geal Charm 821

Glenkindie

Whitehouse

Kennay

Balmedie

Highland Wildlife Park

12

L. Morlich

Kildrummy Castle

Corgarff Castle

Colnabaichin

629

Craigievar Castle

Tillyfourie

Sauchen

Castle Fraser

Dunecht

Dyce

Kirk

ABERDEEN

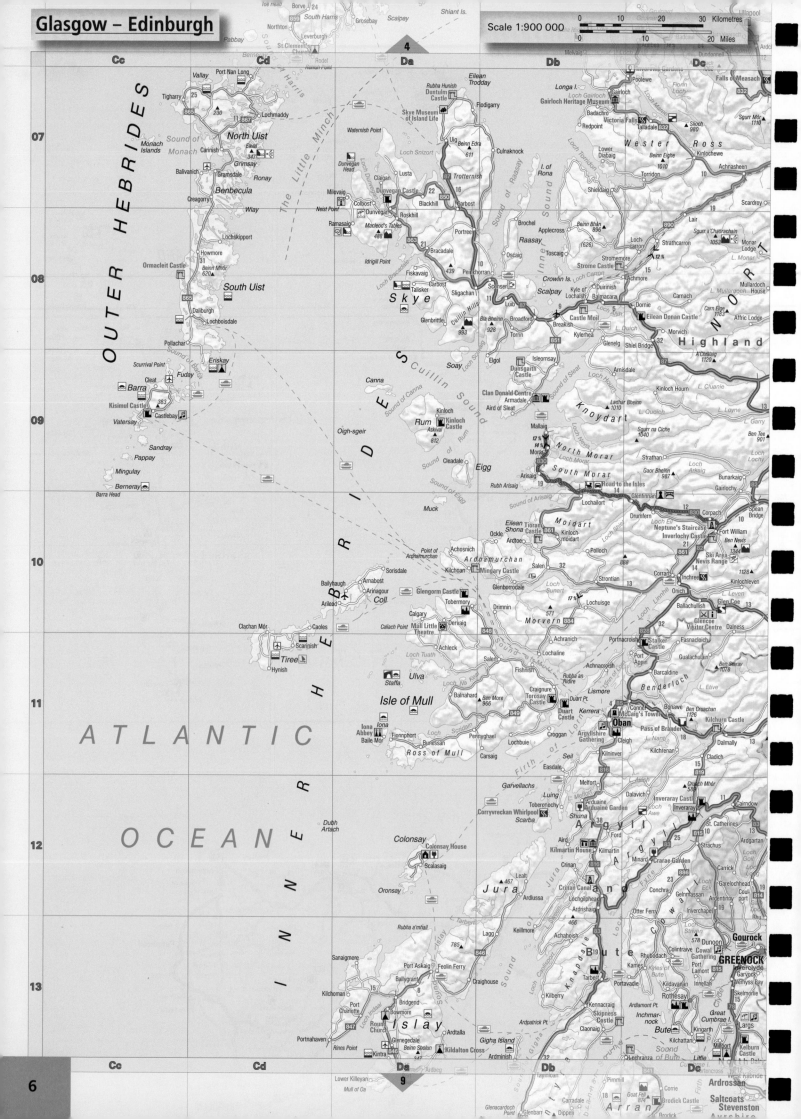

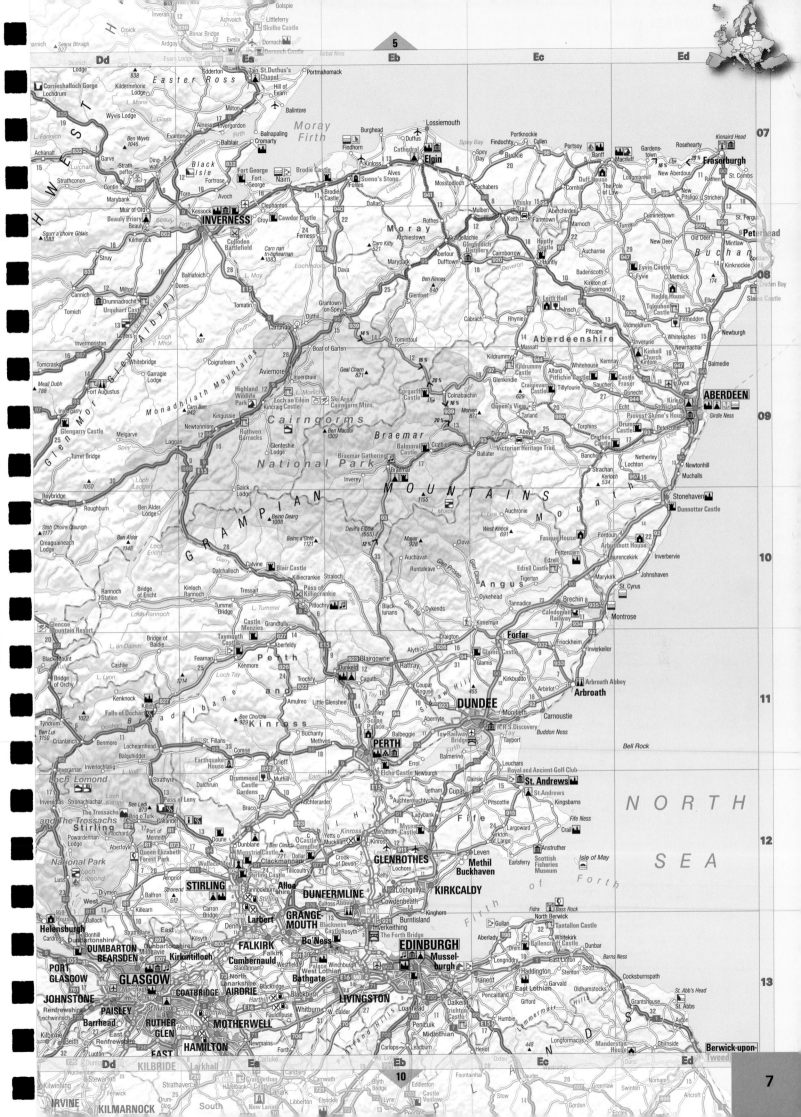

Scale 1:900 000

0 10 20 30 Kilometres

0 10 20 Miles

Ba   Bb   Bc   Bd   Ca

14

ATLANTIC OCEAN

West Town
Tory Island/
Toraigh

15

Bloody Foreland Head
Meenlaragh
Brinlack/
Bun na Leaca   Gweedore
Gola I./ Gabhla
Bunbeg/
An Bun Beag   L. Nacung
Owey I./ Uaighe
Rosses Bay   Kincasslagh   The Rosses   31
Aran or Aranmore I./
Árainn Mhór   Crolly/
Leabgarrow   Croithlí
Ailt an Chorráin
Burtonport   Commeen
Inishfree Upper   Doocharry/
Dunglow/   An Dúchoraidh
An Clochán Liath
Roaninish   Fintown/
Gweebarra Bay   Baile na Finne
Dawros Head   Portnoo   Maas   29

16
Glendorragha   Owenea   Glenties
Loughros
More Bay   Tangaveane
▲442
Glencolumbkille/   Port   Folk Village   Glengesh   14-20%   Ardara   520
Gleann Cholm Cille   Museum &   Crove   Pass
Heritage
Rossan Point   Carrick/   48   Inver   Blue
Malin Beg/   An Charraig   Donegal
Málainn Bhig   Kilcar   Castle
Slieve League   Dunkineely
Carrigan Head   Killybegs/   Donegal/
Na Cealla Beaga   Dun na nGall

St. John's Point   Doorin   Laghy
Point   27
Rossnowlagh
Donegal Bay   Kildoney Point   Ballyshannon/
Mullaghmore   Bundoran/   Béal Átha
Head   Bun Dobhráin   Seanaidh
17   Inishmurray   Classiebawn   Castlegal   Ulster   Erne   Cliff
Castle   Kinlough   Connacht   Beleek
Stags of   Moygold   Creevykeel   Loughs Melvin   8
Benwee Head   Broad Haven   Roskeeragh Point   Lissadell House   524▲   Roosky   Garrison
Erris Head   Portacloy   Porturlin/   Benbulbin   Darty Mts.
Port Durlainne   Raghly   527   Glenade   Rossinver   Scribbagh
Eagle Island   Céide   Downpatrick   Drumcliff   Glenfarne
Aghadoon   Broad   Belderrig/   Fields   Head   Sligo Bay   Rosses Point   Gurteen   Manorhamilton/   ▲450
Haven   Béal Deirg   Sligo/   34   Cluainín
Annagh Head   Belmullet/   Bellanaboy   Rathlackan   Sligeach   Leckaun
Béal an Mhuirthead   Bridge   Ballycastle   Dromore West   Strandhill   Parke's Castle   Killarga
Bunnahowen/   Pollatomish   Creevagh   Killala   Strandhill   Carrowmore   53   Glenfarne
Drumreagh   Bun na hAbhna   Rathfran   Killala   Skreen   Toberscanavan   Dowra
Mullet Peninsula   Stone Circle   Bay   Beltra   Ballysadare   Coola   Lough
Inishkea North   Aghleam   Bangor   331   Moyne Abbey   Inishcrone   Culleens   Ropefield   17   Sligo   Allen   Drumkeeran   Iron
Inishkea South   Blacksod   Geesala/   Belville   Rosserk Abbey   59   Drumfin   Folk Park   Geevagh   Tarmon
Black Rock   Point   Gaoth Saile   Bellacorick   Ballina/   Bunny-   Carrowneden   Cloonacool   Castlebaldwin   Ballinaglera
Duvillaun Beg   Béal an Átha   connellan   Slieve Gamph or the Ox Mts.   543▲   Arinagh   39   Ballymote/   Keadew   Lough
18   Blacksod Bay   Crossmolina/   Baile an Mhóta   Key
Saddle Head   Shranamanragh   720   Crois Mhaoilíona   Foxford   333   Aclare   Tobercurry/   Kesh   Ballinafad
Doogort   Bridge   42   Lahardaun   Tobar an Choire   Boyle Abbey   14-20%   L. Key
Achill Head   Cliff Scenery   14-20%   Owenduff   Errew Abbey   Callow   Roosky   Gorteen   Curracastle   Boyle/   Lough Key
Keel   Nephin Beg area   Derreen   Lough   Charlestown   234   Cloonloogh   Mainistir na Búille   Forest Park
Inisbiggle   32   Castlehill   Conn   Culfin   Swinford/   10   Cloonfree   Carrick-on-Shannon/   Leitrim
Achill Island   Annagh   588   Srahmore   Béal Átha na Muice   16   Ballaghaderreen/   Cora Droma Rúisc
Island   340▲   Achill Sound/   Glen Nephin   26   Bellavary   13   Bealach an Doirín   Kingsland   Killukin   32
Dooega/   Gob an Choire   Mulrany/   Pontoon   Kiltamagh   Swinford   Lisacul   47   Frenchpark   61   R. Shannon
Dumha Éige   An Mhala Raithní   Beltra   Castlebar/   Balla   Killkelly   Loughglinn   Aghamore   Lough
Bills Rock   Corraun   Burrishoole   Caisleán an   35   26   Ballyhaunis/   Rathcroghan   Castlerea/   Elphin   Bofeenaun   Roosky
Peninsula   Abbey   Bharraigh   Ballyhean   Béal Átha hAmhnais   An Caisleán Riabhach   Dromod
Achillbeg I.   Rosturk   59   Newport/   13   Clonalis House   Tulsk   Strokestown   Scramoge
Clare Island   Baile Uí Fhiacháin   Westport/   Ballyglass   27   Our Lady of Knock   Castlerea/   72   Strokestown   34
Ballytoohy   Cathair na Mart   Balintubber Abbey   Knock   Ballinlough   An Caisleán Riabhach   House   Four Mile House   Termonbarry
19   Clew Bay   Old Head   Leckanvy   18   Mace   31   Claremorris/   18   Ballymoe   50   Runnabackan   Ballyclare
Roonah Quay   Westport House   Liscarney   Clár Chlainne Mhuiris   Cloonfad   Ballinasloe
Inishturk   Emlagh Point   Louisburgh   Croagh   765   Balla   Ballindine   Glennamaddy   Roscommon/   Emmoo   Lanesborough
Boonah Lough   Patrick   Partry   L. Carra   Roscommon/   Ros Comáin   Knockcroghery   Corlea
Caher Island   Kinnadoohy   Owenmore   761   Erriff Bridge   Tuar Mhic Éadaigh   Ballinrobe/   Ros Comáin   Creggs   Athleague   Leinster
Inishbofin   Bridge   32   Trean   Baile an Róba   Hollymount   Milltown   Carrowntanlis   Newbridge   Mount Talbot   Lough
Bofin   Tonakeera Point   Delphi   673   Lough   Finny/   Caher   Kilmaine   Dunmore/   Clonbern   Ree
Inishshark   Rinvyle Castle   817   Mask   Fionnaithe   Foxhall   Dún Mór   Creggs   Knockcroghery
Cleggan/   Cashleen   Renvyle   Joyce Country   Cong/   Ballinrobe   Roscommon
High Island   An Cloigeann   Kylemore Abbey   600   Letterfrack   Leenaun   Conga   Kilmaine   Glennamaddy   Clonfad   Knockcroghery
Cruagh   Omey I.   Connemara   31   Maumturk Mountains   Finnisglin   Kilmeelickin   Teemakil   Ashford   Shrule   Tuam/Tuaim   Mount Bellew/   Lough
Kingstown   National Park   Mountains   Castle   An Creagán   Corlea
Talbot I.   Clifden/   Inchagoill Churches   Knockmoy   Thomas Street
20   An Clochán   Recess/   Maam Cross/   Lough   Abbey   63   43
Clifden Castle   Sraith Salach   Ari Teach Dóite   Oughterard/   Headford/   Kiltoom
Ballyconneely   Cashel/   35   Gortmore/   Uachtar Ard   Ath Cinn   Moneen   23   Barnaderg   Moylough   Newbridge   24
An Caiseal   An Gort Mór   43   Knockmoy   Glassan
Slyne Head   Roundstone   360▲   Glinsk/ Glinsce   Derryerglinna   Lough   Aughnanure   Knockferry   Abbey   Athlone/
Ballyconneely   Connemara   Castle   Corrib   Moneen   Baile A
Bay   Croaghnakeela I.   Carna   235   Rosscahill   Cloonboo   Athlone Castle
Berthaghboy Bay   St. Macdara's I.   Moycullen/   Claregalway/   Ballinasloe/   Fardrum
Ba   Kilkieran   Kinvara   Maigh Cuilinn   Baile Chláir   Béal Átha   Newtown   Cornafulla
Bb   Bay   Bc   Bd   Ca
8   Mweenish I.   12

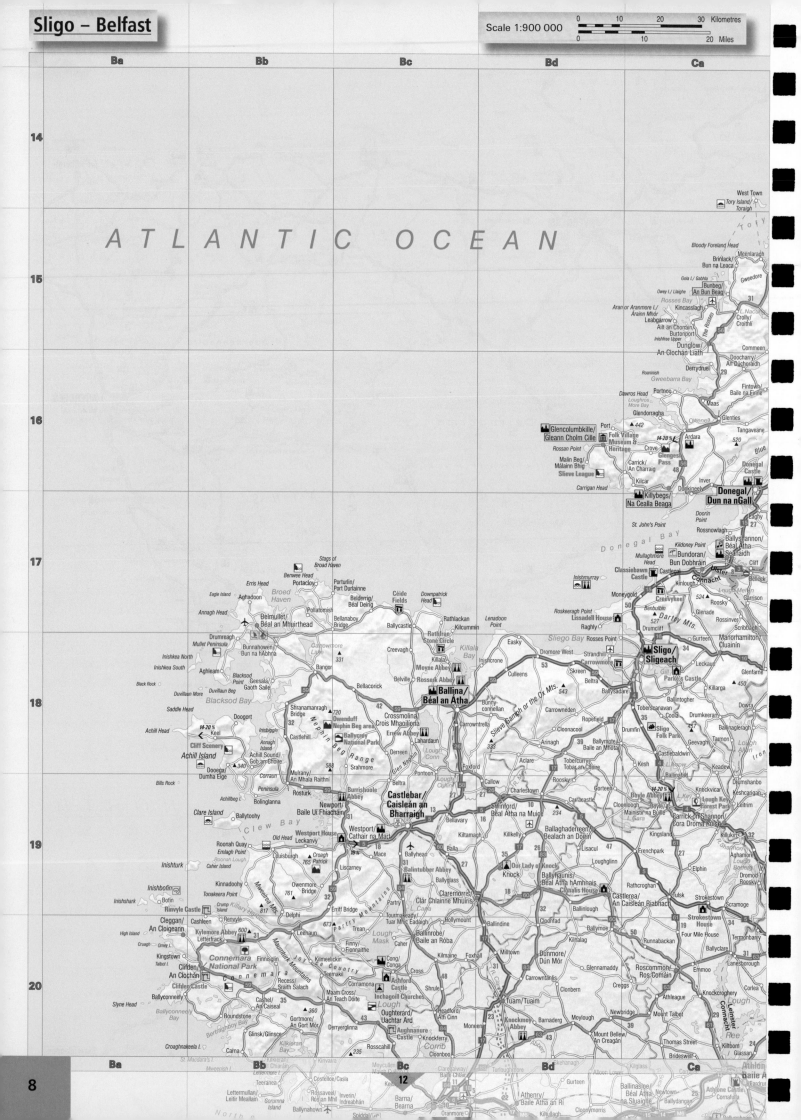

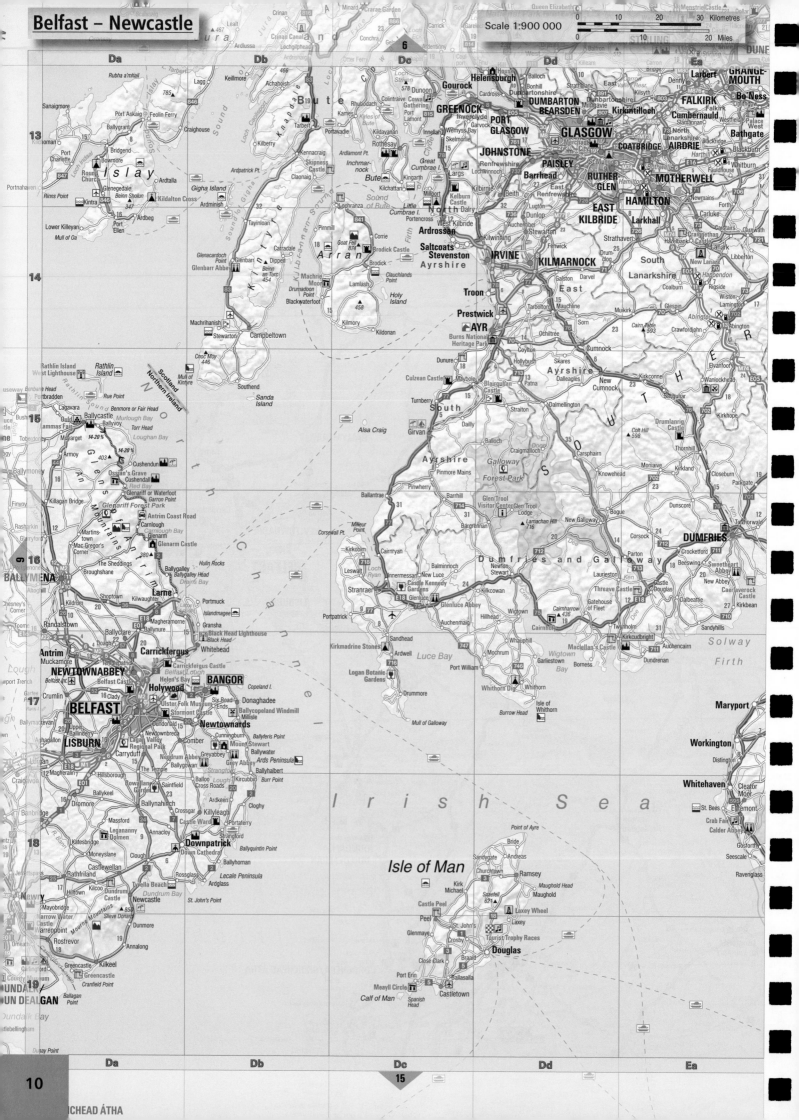

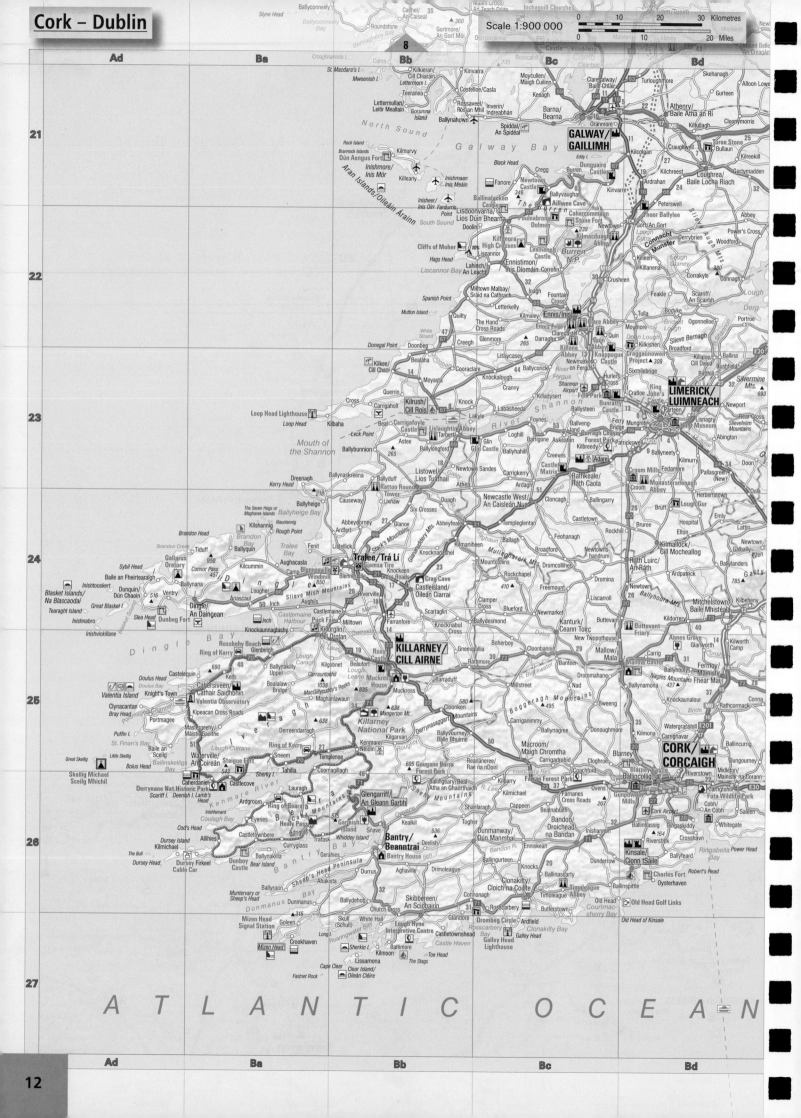

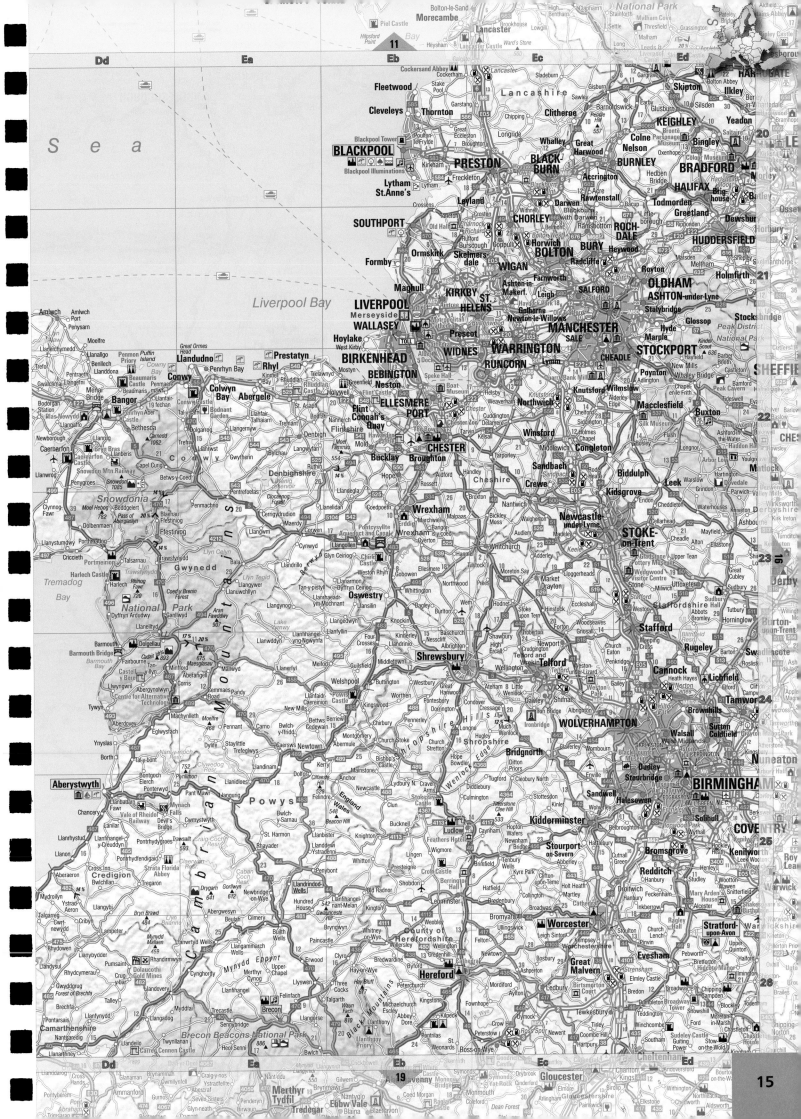

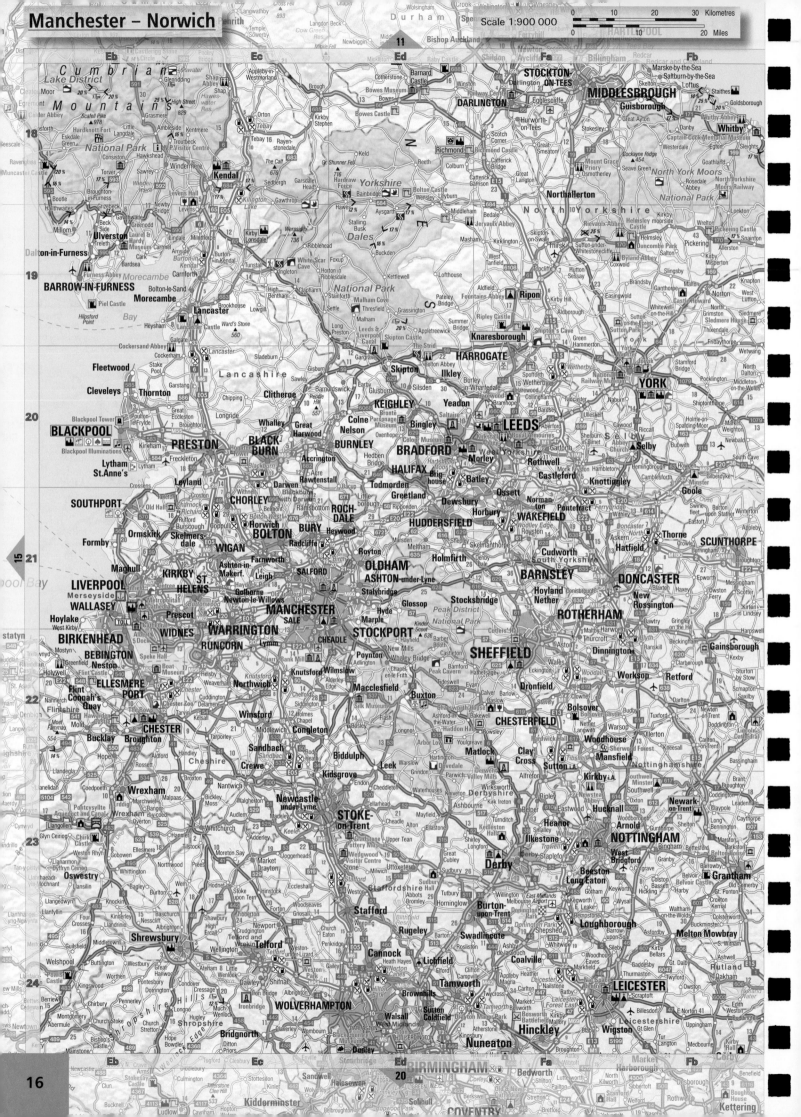

Scale 1:900 000

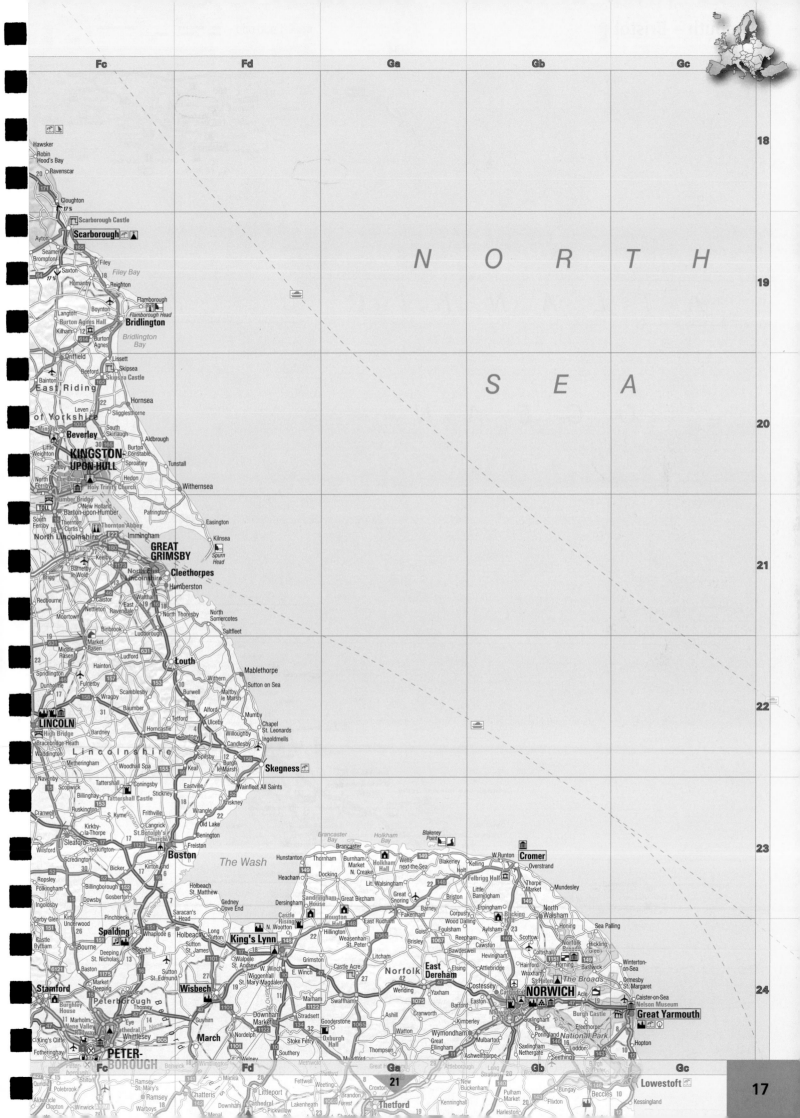

18

19

N O R T H

S E A

Hawsker
Robin
Hood's Bay
Ravenscar
Cloughton
17%
Scarborough Castle
Scarborough
Ayton
Seamer
Brompton
Filey
Saxton
17%
Humanby
Reighton
Flamborough
Flamborough Head
Burton Agnes Hall
Bridlington
Kilham
Burton
Agnes
Bridlington
Bay
Langtoft
Boynton
Driffield
Lissett
Beeford
Skipsea
Bainton
Skipsea Castle
East Riding
Leven
Hornsea
of Yorkshire
Sligglesthorne
South
Skirlaugh
Aldbrough
Beverley
Minster
KINGSTON-
Burton
UPON-HULL
Skidby
Constable
Sproatley
Tunstall
Little
Weighton
The Deep
Holy Trinity Church
Hedon
Withernsea
North
Ferriby
Humber Bridge
New Holland
TOLL
Barton-upon-Humber
Patrington
South
Ferriby
Thornton
Curtis
Thornton Abbey
Easington
North Lincolnshire
Immingham
Kilnsea
GREAT
Spurn
GRIMSBY
Head
Keelby
Cleethorpes
Barnetby
North East
Humberston
le Wold
Lincolnshire
Brigg
Caistor
Waltham
Redbourne
Nettleton
East
North Thoresby
Moortown
Ravendale
North
Binbrook
Somercotes
Middle
Ludborough
Saltfleet
Rasen
Market
Rasen
Ludford
Louth
Spridlington
Hainton
Withern
Mablethorpe
Dunholme
Fulnetby
Burwell
Sutton on Sea
Wragby
Scamblesby
Maltby
le Marsh
Mumby
Baumber
Alford
Chapel
St. Leonards
Ulceby
LINCOLN
Bardney
Horncastle
Willoughby
Ingoldmells
High Bridge
Partney
Candlesby
Bracebridge Heath
Spilsby
Burgh
Waddington
Woodhall Spa
le Marsh
Skegness
Lincolnshire
Keal
Navenby
Eastville
Wainfleet All Saints
Metheringham
Scopwick
Tattershall
Friskney
Billinghay
Coningsby
Tattershall Castle
Stickney
Cranwell
Ruskington
Wrangle
S. Kyme
Frithville
Old Lake
Kirkby-
la-Thorpe
Langrick
Benington
Sleaford
St.Botolph's
Church
Freiston
Heckington
Wilsford
Boston
Scredington
Bicker
Kirton End
Ropsley
Billingborough
Gosberton
Folkingham
Dowsby
Ingoldsby
Pinchbeck
Corby Glen
Kirton
Underwood
Spalding
Castle
Bytham
Bourne
Deeping
Whaplode
St. Nicholas
Cowbit
Baston
Market
Deeping
Sutton
St. James
Crowland
Stamford
Burghley
House
Peterborough
Thorney
Marholm
Nene Valley
Railway
Eye
King's Cliffe
Cathedral
Whittlesey
PETER-
Fotheringhay
BOROUGH

The Wash

Brancaster
Bay
Holkham
Bay
Blakeney
Point
Hunstanton
Thornham
Brancaster
Wells-
next-the-Sea
Cromer
Overstrand
Heacham
Burnham
Market
N. Creake
Holkham
Hall
Blakeney
Kelling
Holt
Felbrigg Hall
Thorpe
Market
Mundesley
Holbeach
St. Matthew
Docking
Lit. Walsingham
Briston
Little
Barningham
North
Walsham
Gedney
Dove End
Dersingham
Great
Snoring
Barney
Corpusty
Bicking
Hall
Saracen's
Head
Sandringham
House
Great Bircham
Fakenham
Wood Dalling
Erpingham
Honing
Sea Palling
Long
Sutton
Castle
Rising
Houghton
Hall
East Rudham
Guist
Aylsham
Scottow
N. Wootton
Hillington
Weasenham
St. Peter
Reepham
Cawston
Coltishall
Norfolk
Broads
Winterton-
on-Sea
Spalding
Whaplode
Holbeach
King's Lynn
Grimston
Brisley
Bawdeswell
Hainford
Wroxham
Horning
Bastwick
Sutton
St. Edmund
Walpole
St. Andrew
W. Winch
Castle Acre
Litcham
Elsing
Attlebridge
St. Helen
Ormesby
St. Margaret
Wisbech
Wiggenhall
St. Mary Magdalen
E. Winch
Norfolk
East
Dereham
Costessey
Cathedral
The Broads
Caister-on-Sea
Downham
Market
Wending
Yaxham
Easton
NORWICH
Nelson Museum
Stradsett
Swaffham
Cranworth
Wymondham
Mulbarton
Norwich
Castle
Burgh Castle
Great Yarmouth
March
Nordelph
Stoke Ferry
Oxburgh
Hall
Watton
Great
Ellingham
East
Poringland
National Park
Hopton
Welney
Southery
Thompson
Saxlingham
Nethergate
Loddon
Seething

Scale 1:900 000

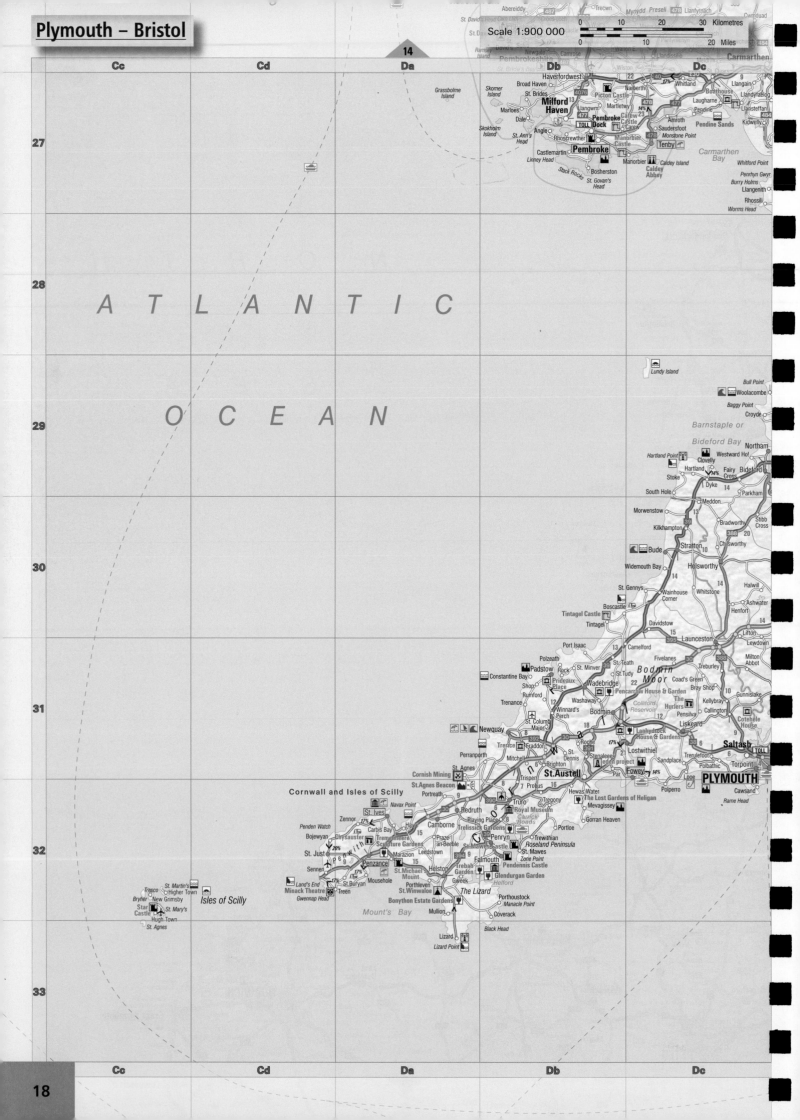

14

A T L A N T I C

O C E A N

Lundy Island

Cornwall and Isles of Scilly

Bodmin Moor

PLYMOUTH

Saltash

St.Austell

Newquay

Truro

Redruth

Camborne

St. Ives

Penzance

Land's End

Isles of Scilly

The Lizard

Mount's Bay

Lizard Point

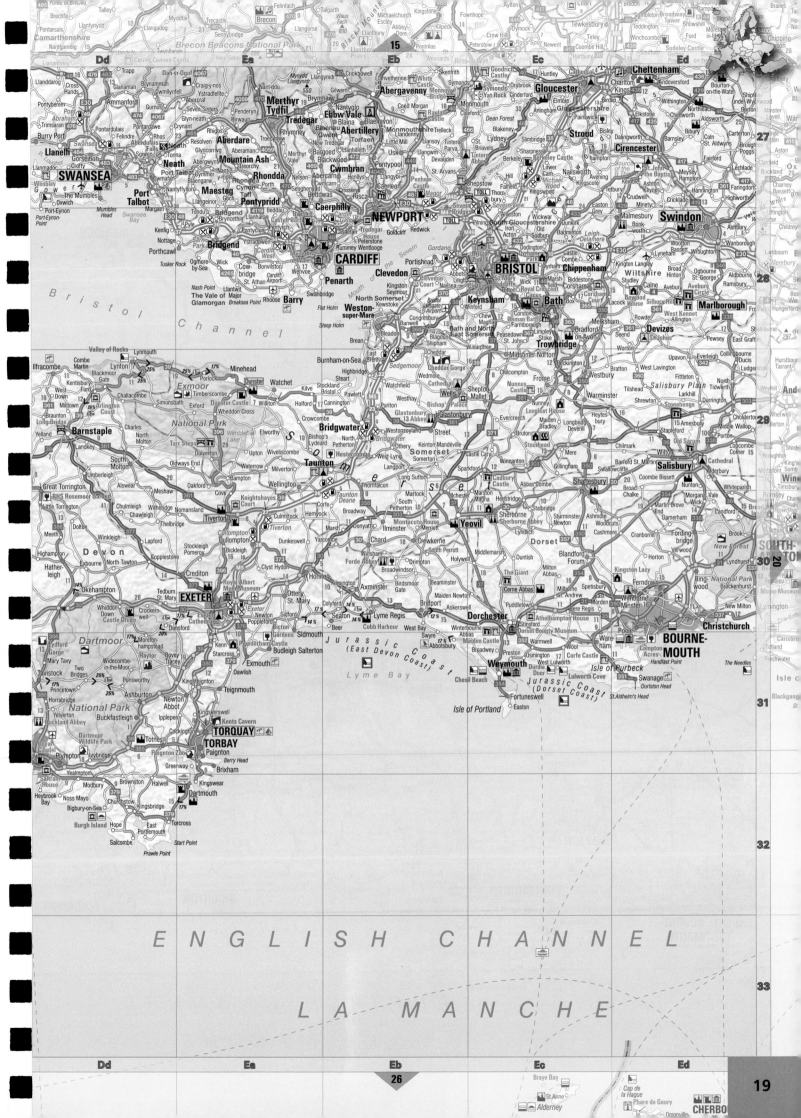

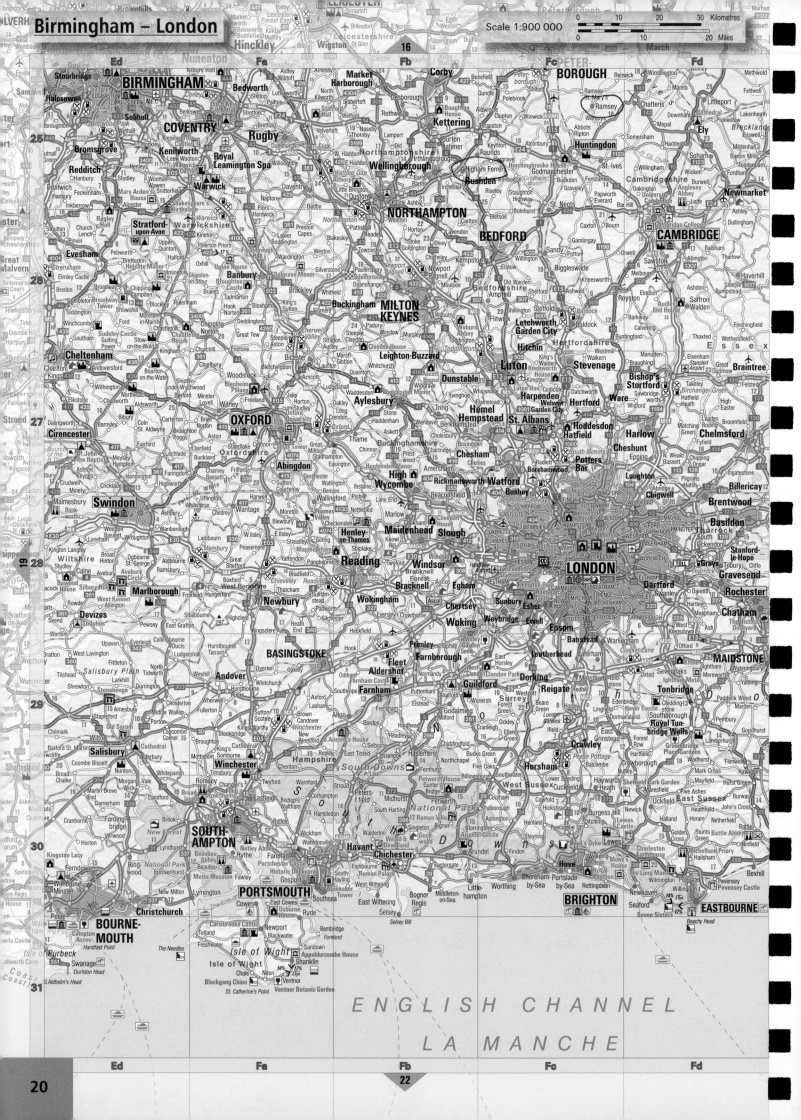

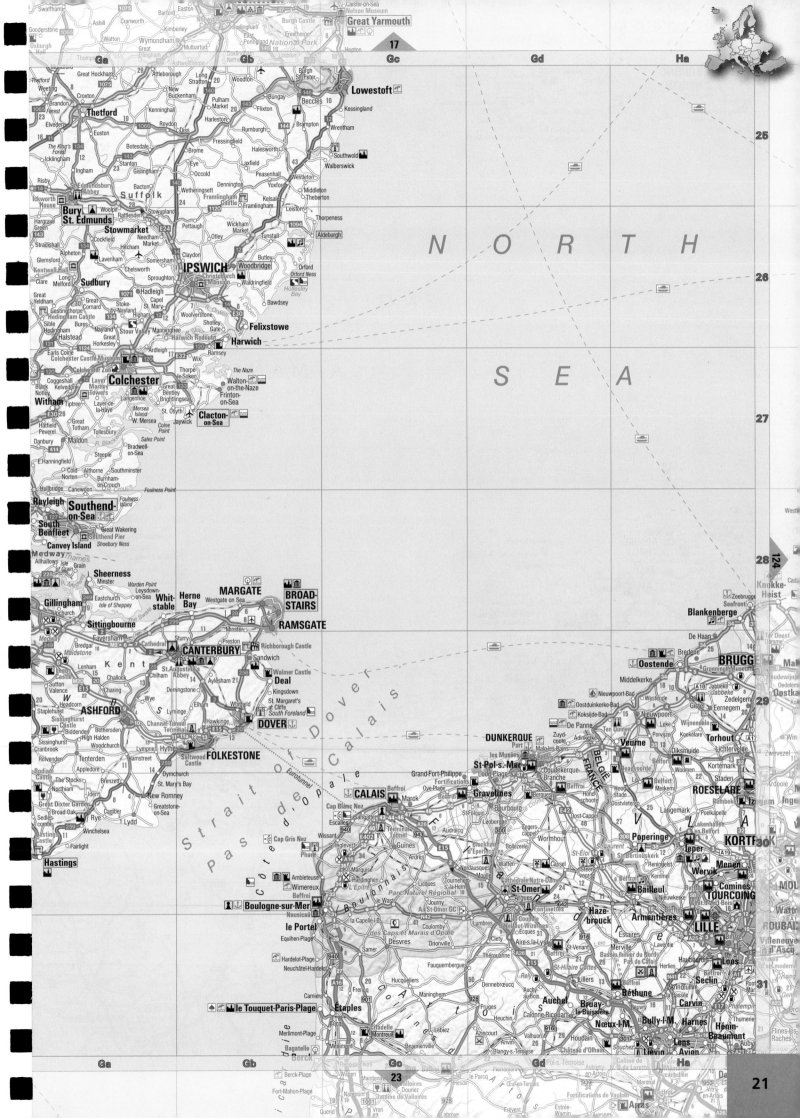

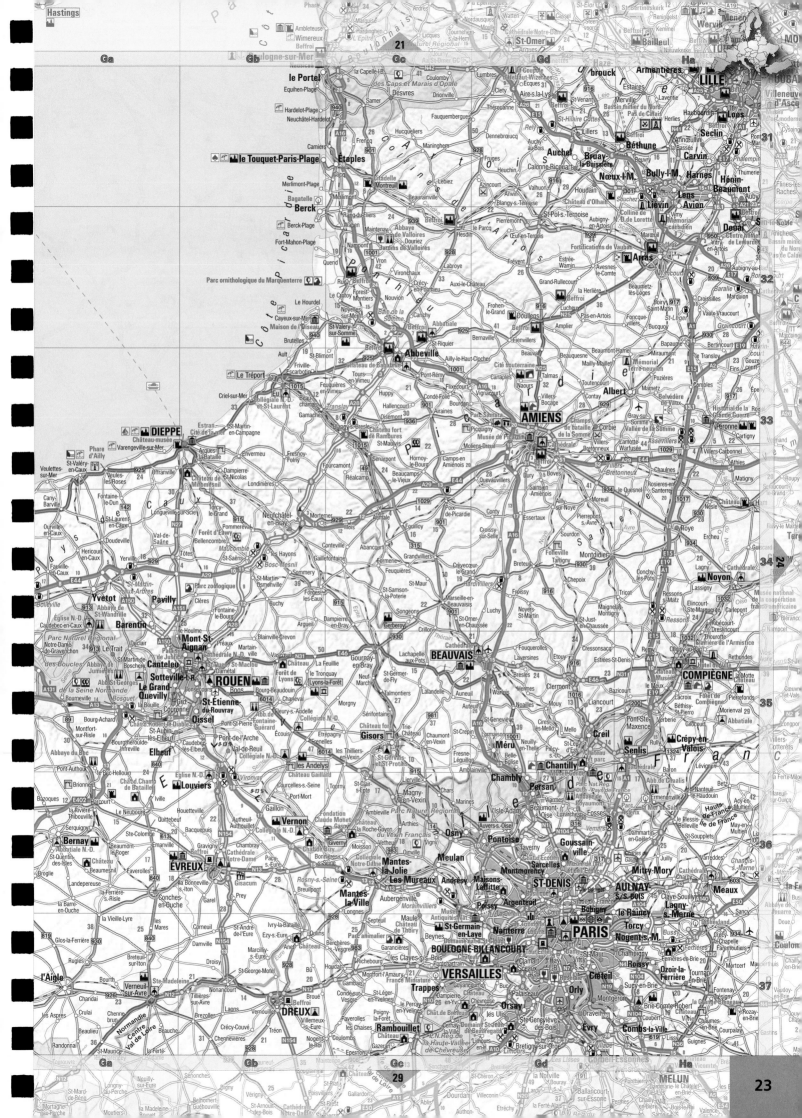

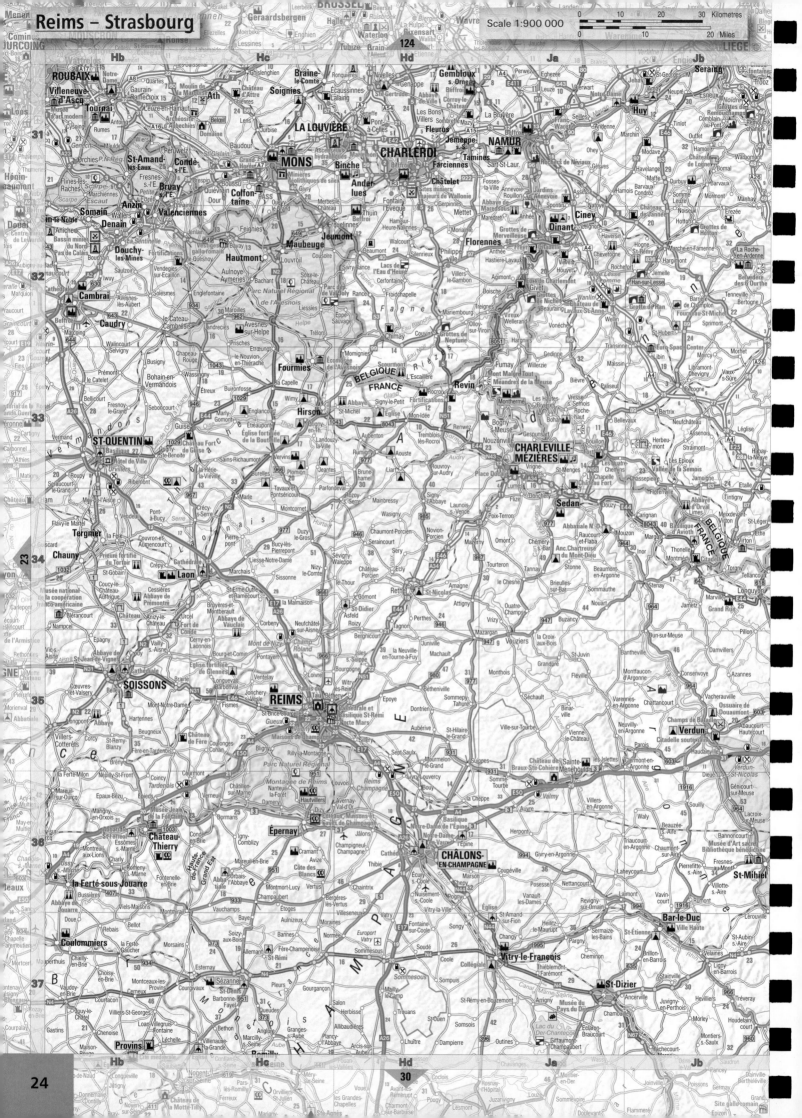

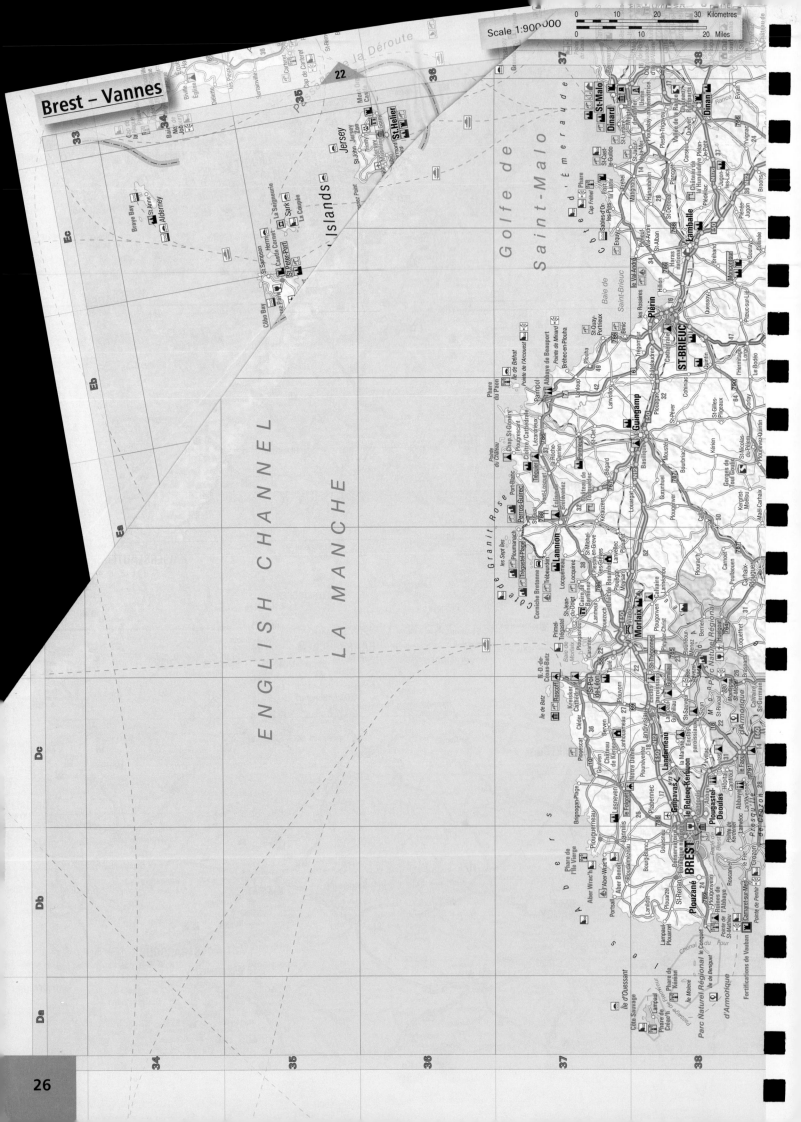

Scale 1:900 000

0   10   20   30   Kilometres
0   10   20   Miles

22

E N G L I S H   C H A N N E L

L A   M A N C H E

Golfe de Saint-Malo

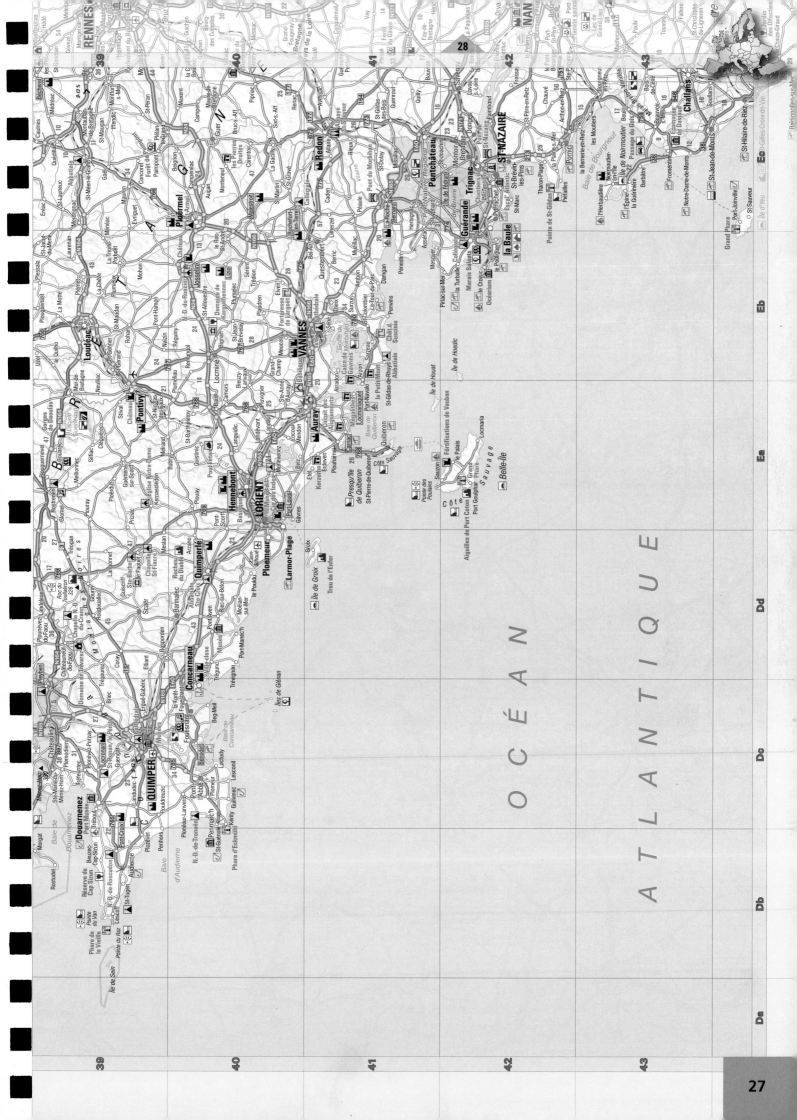

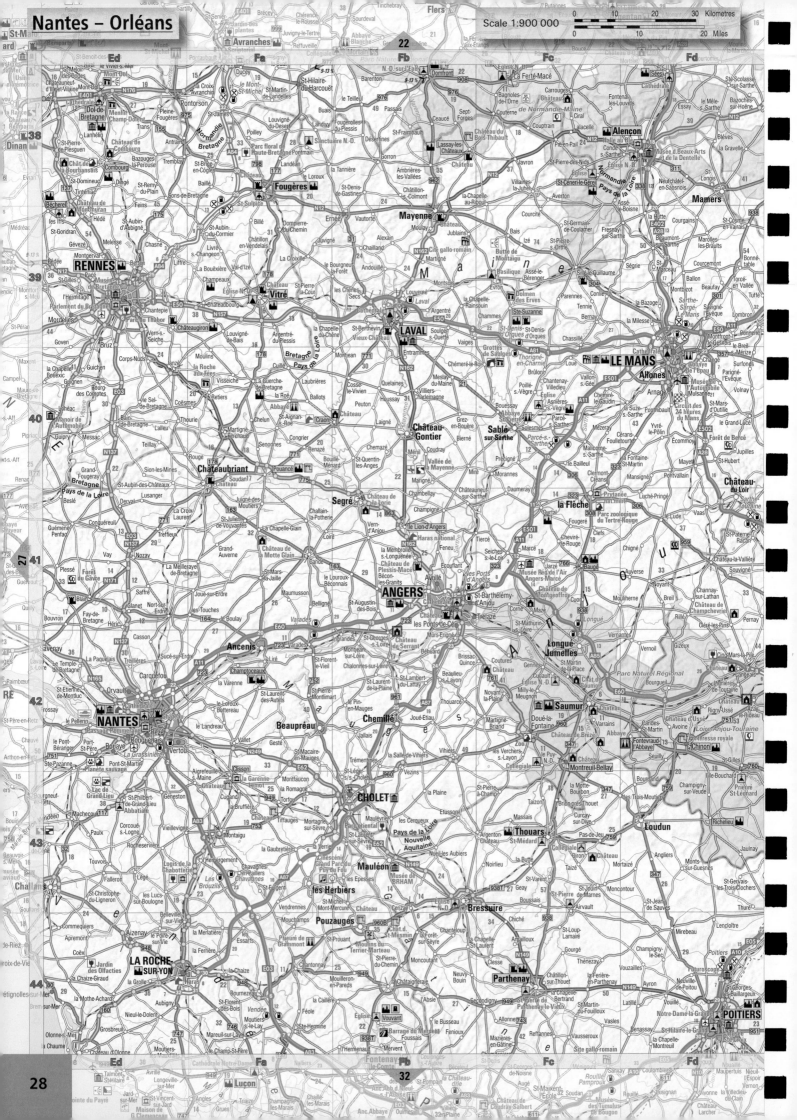

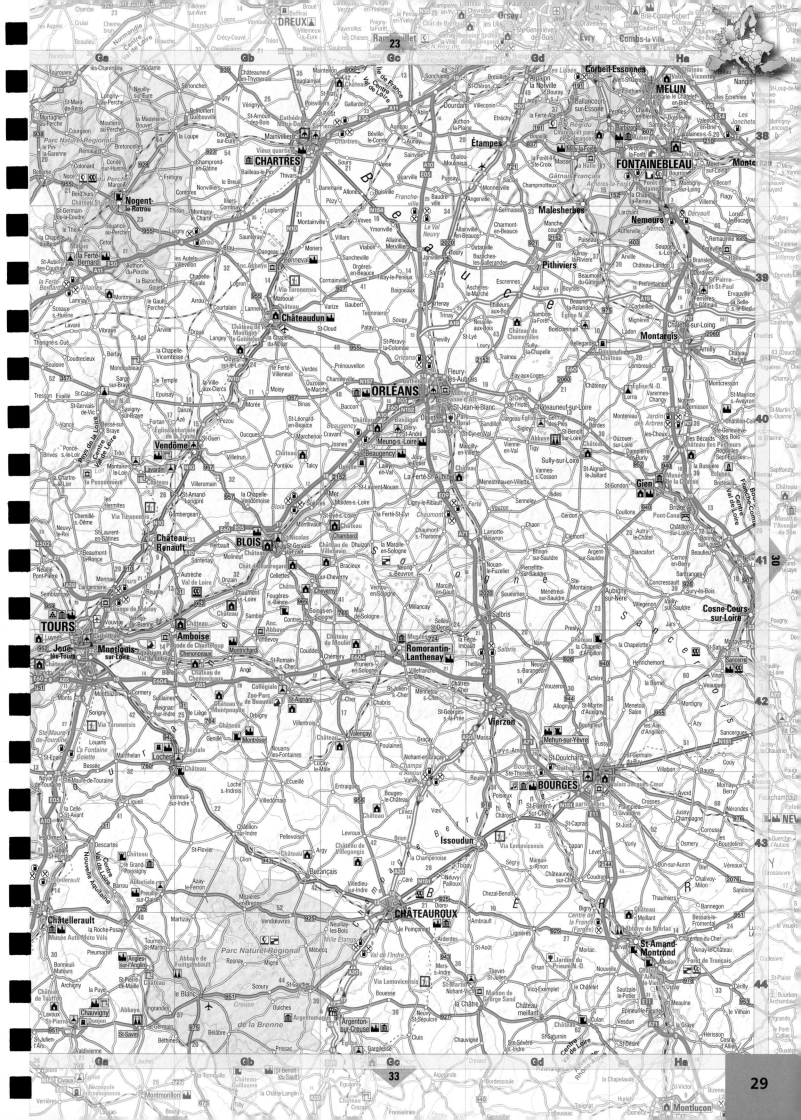

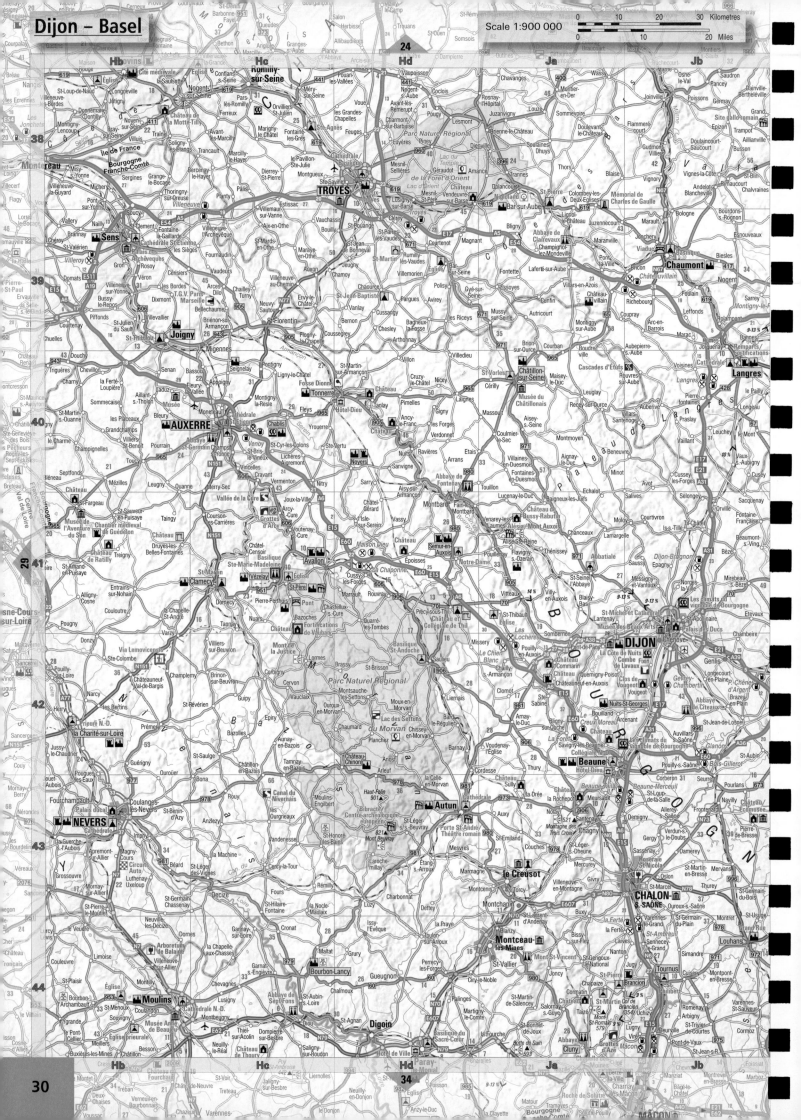

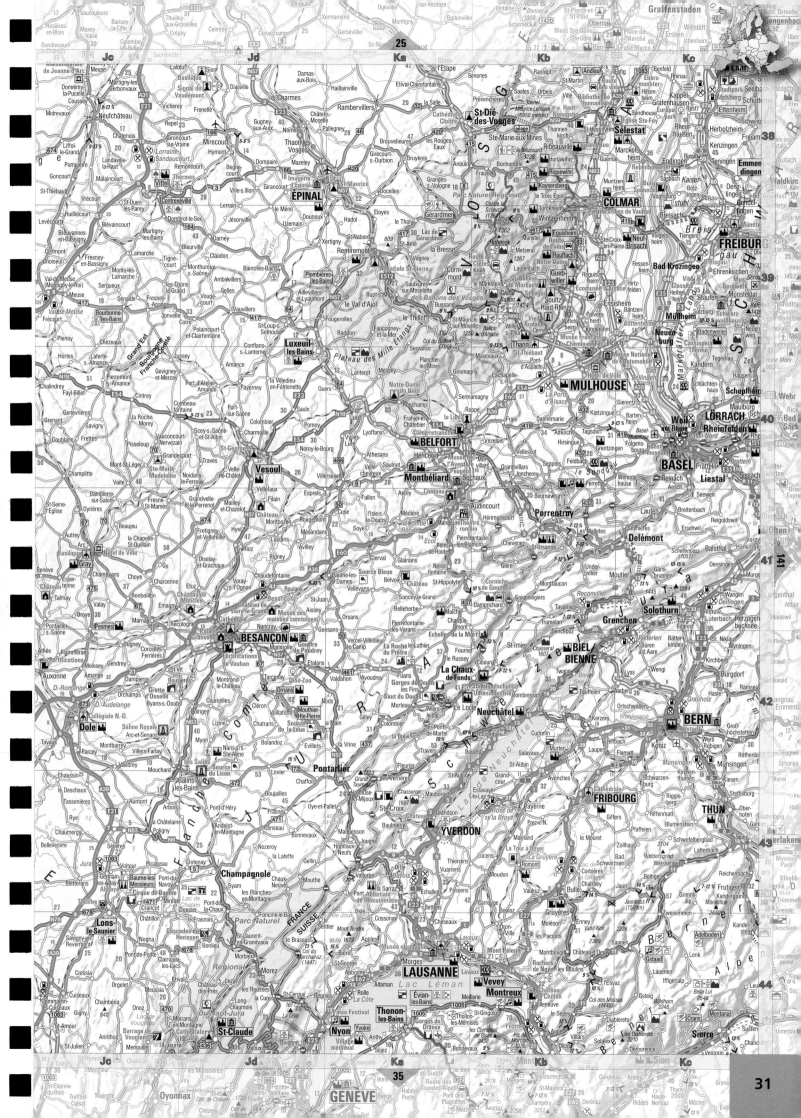

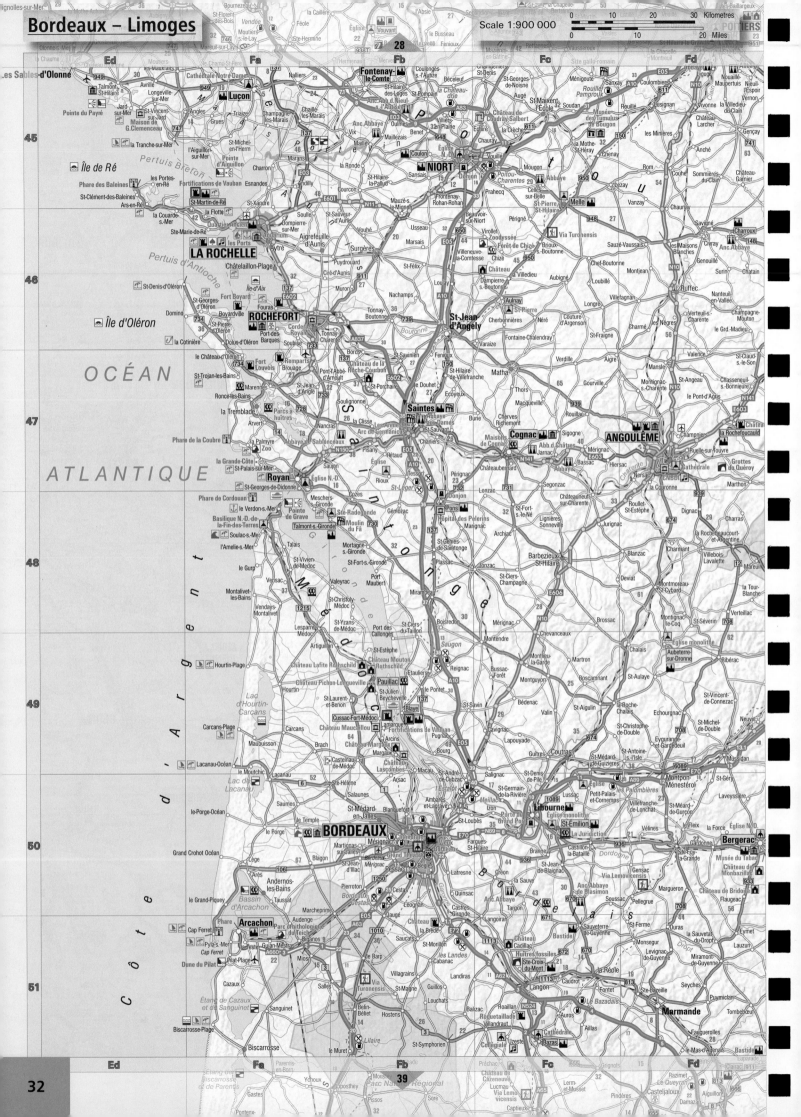

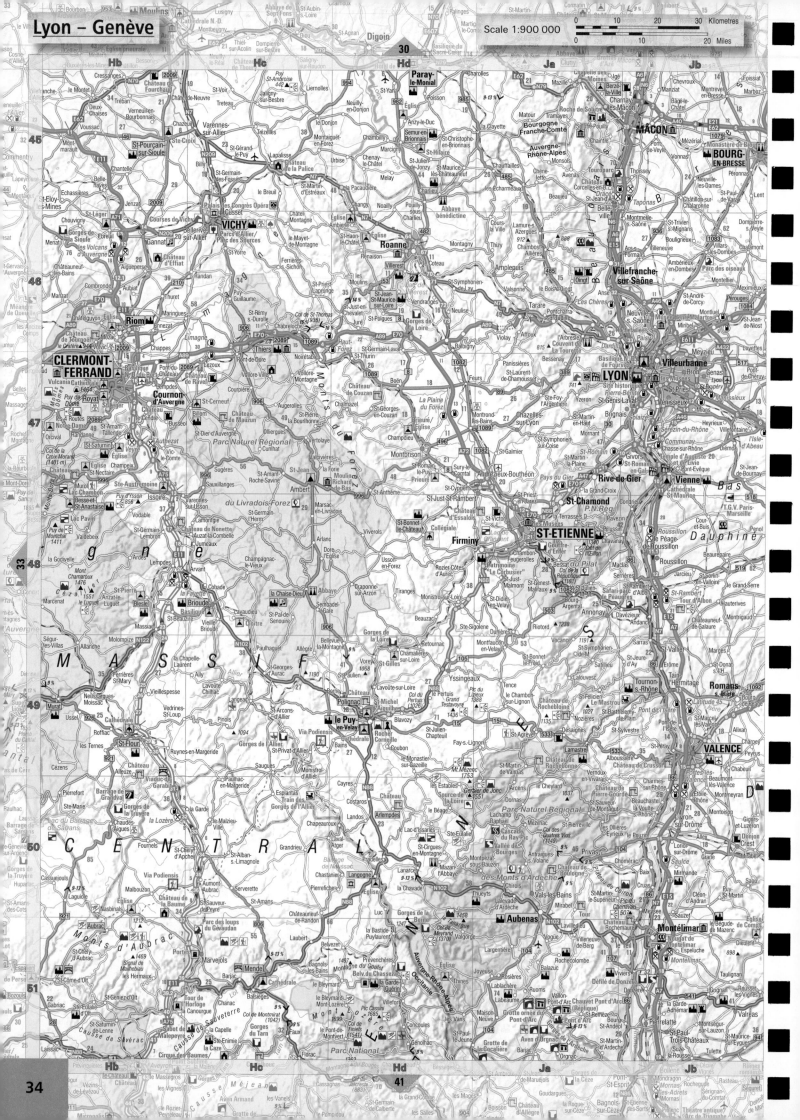

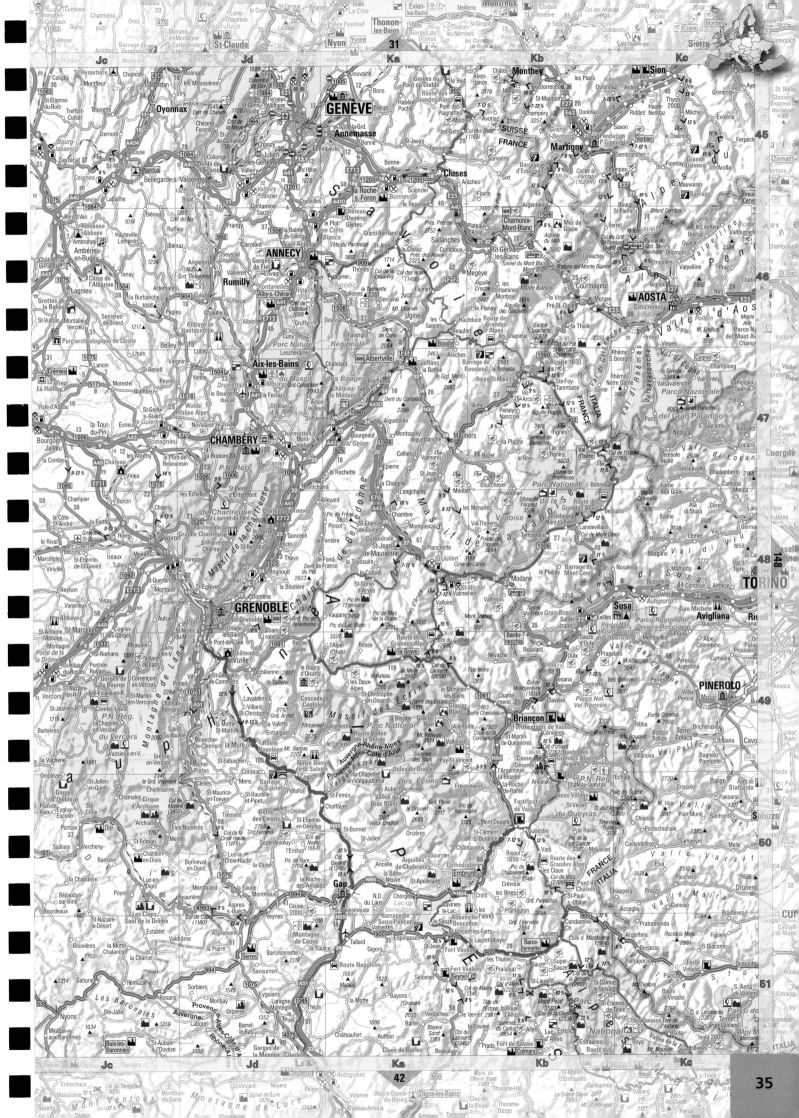

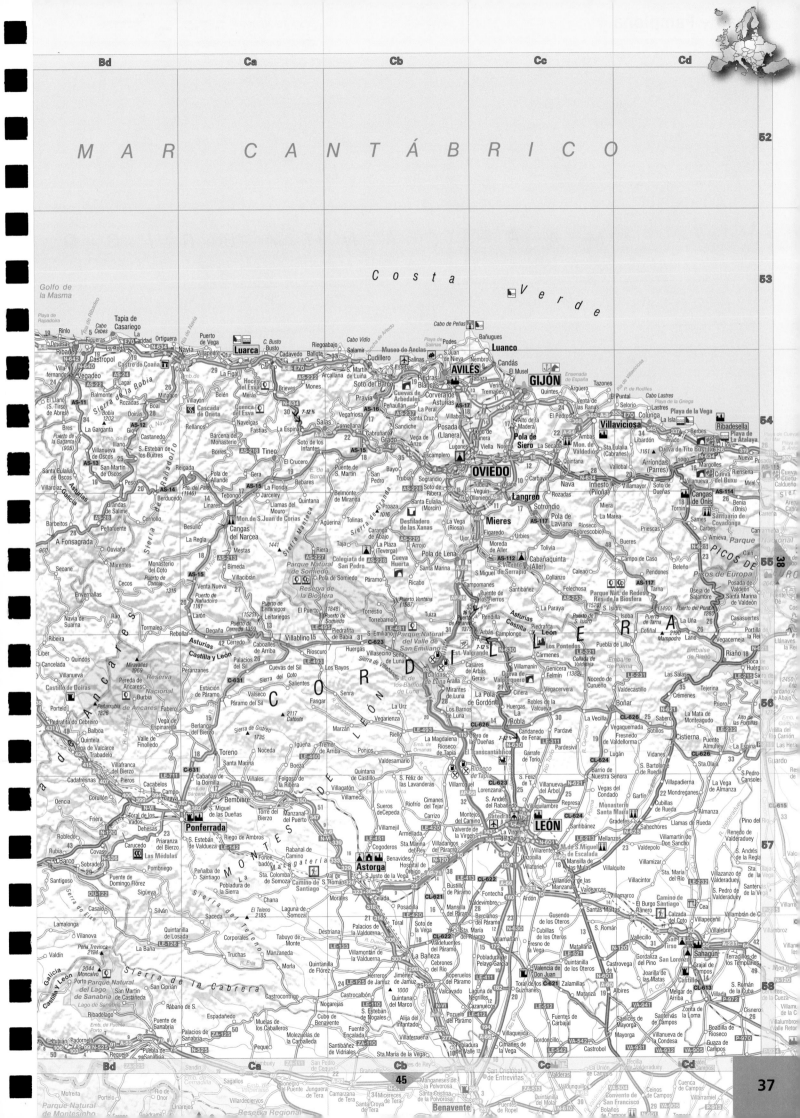

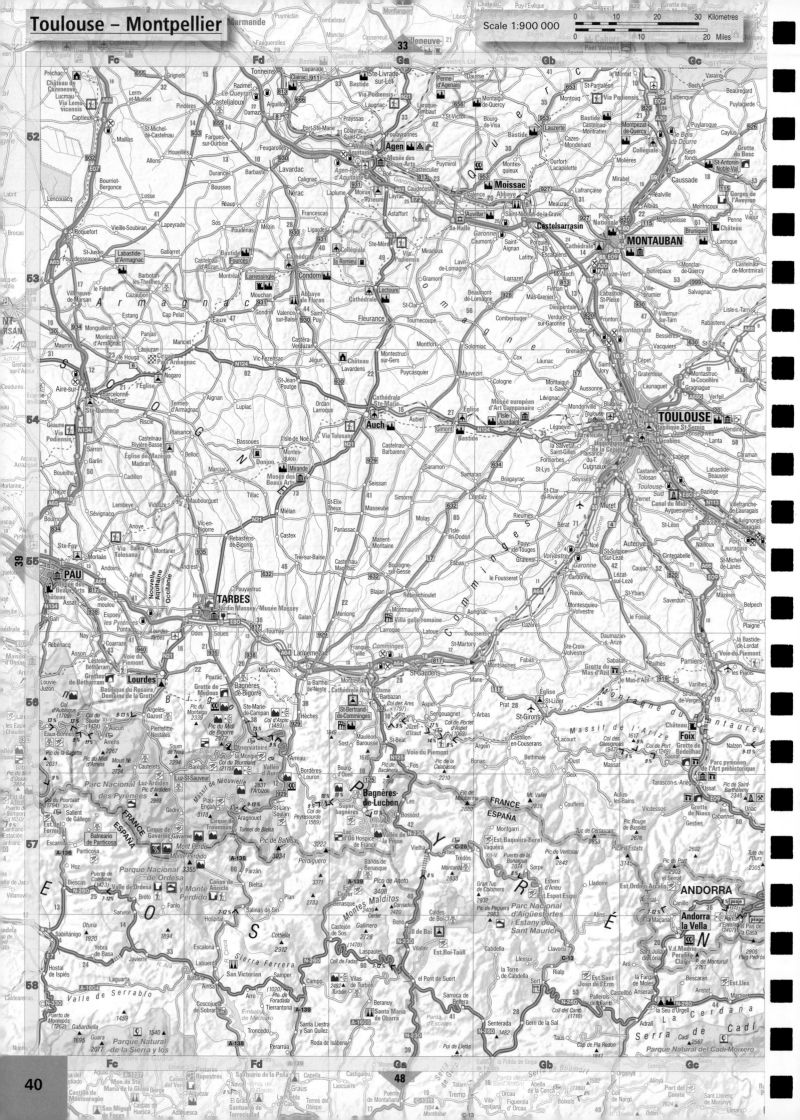

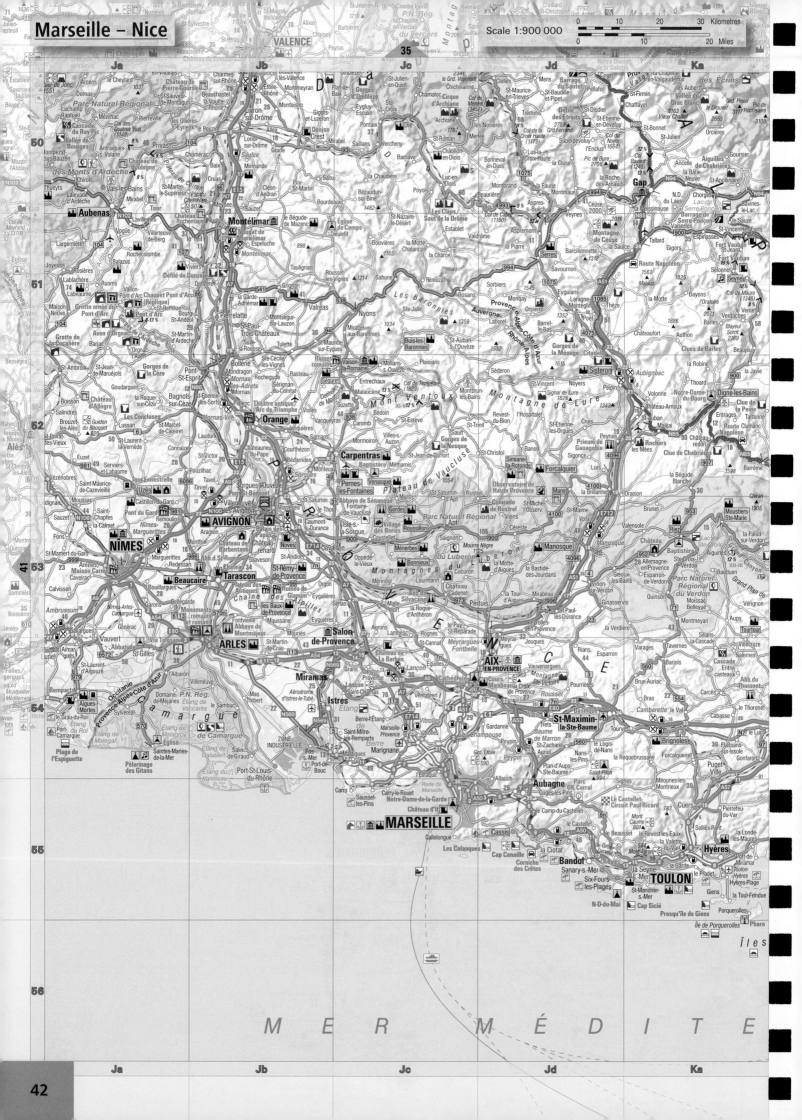

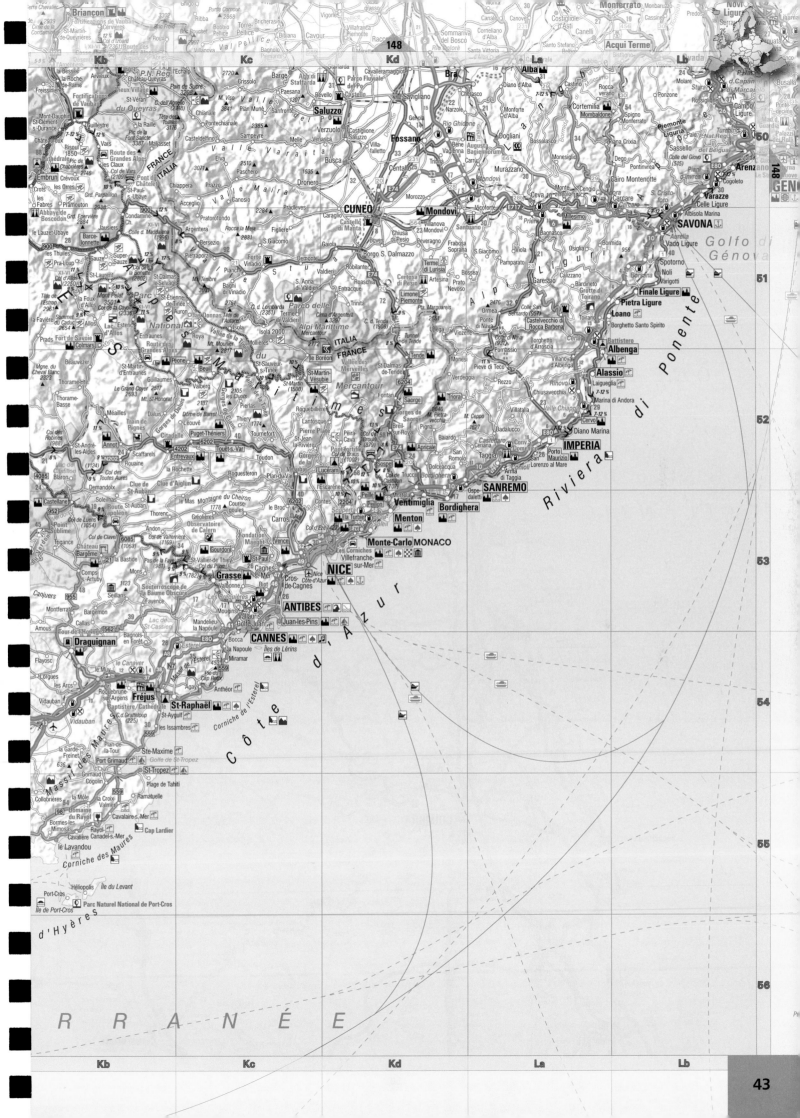

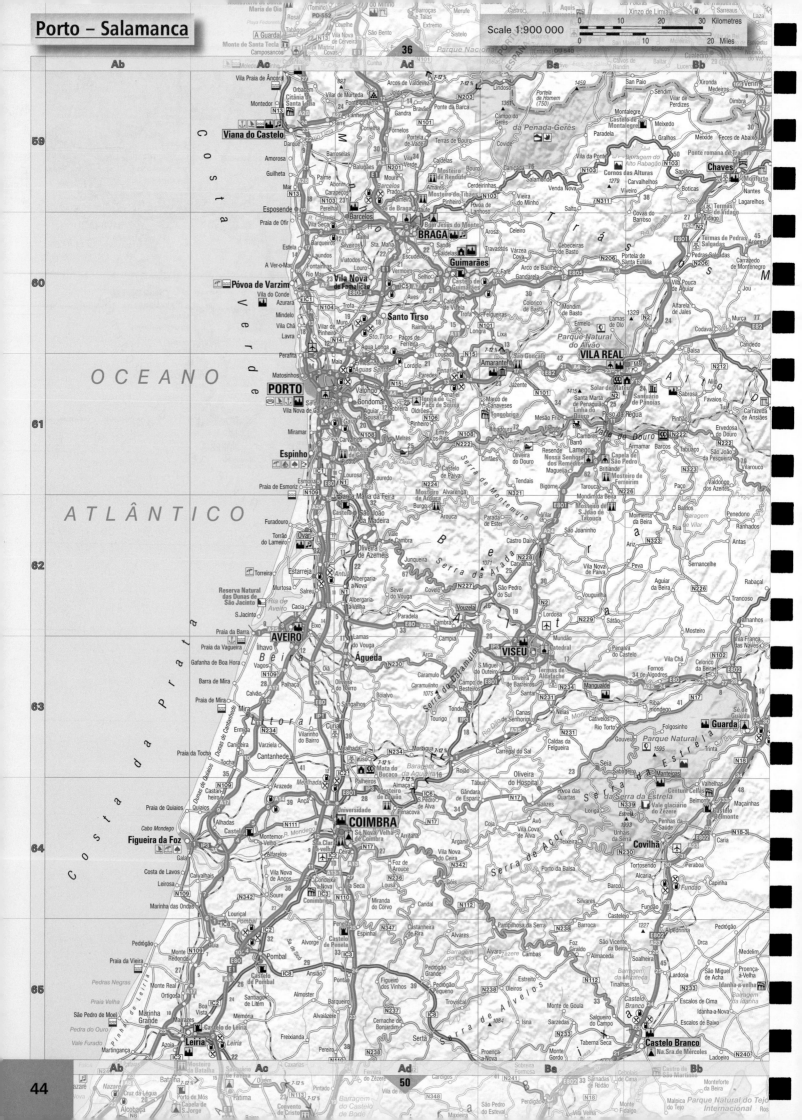

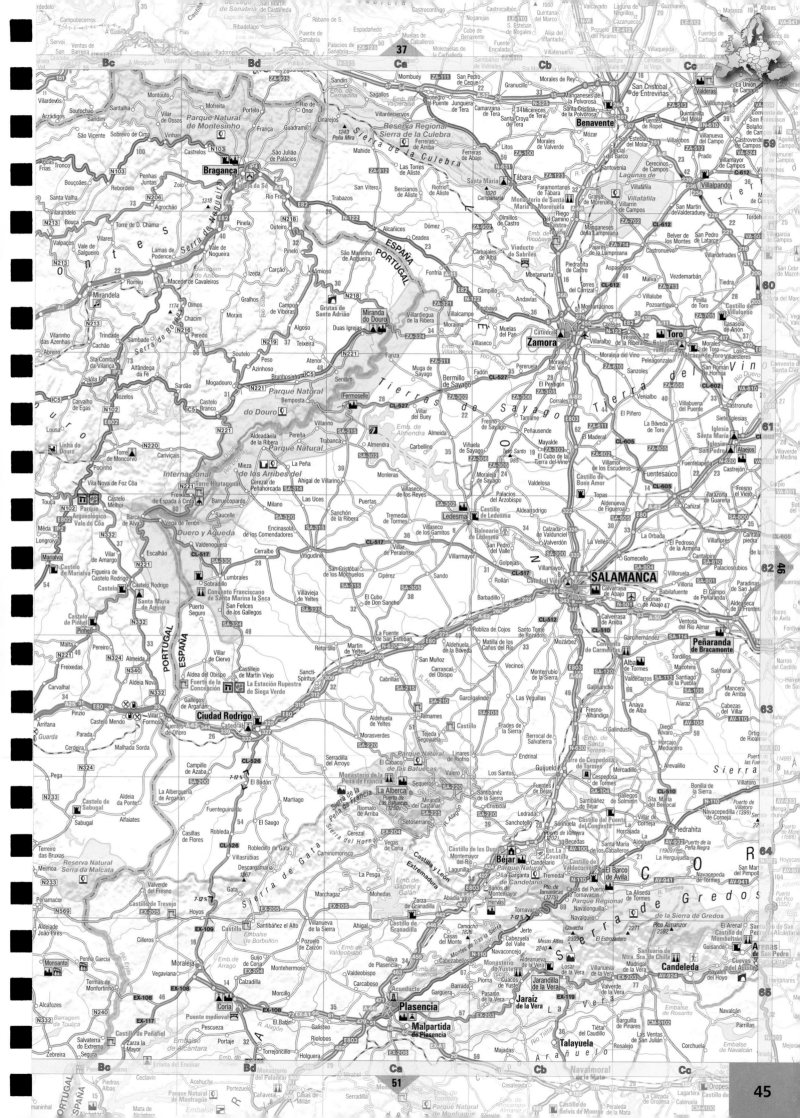

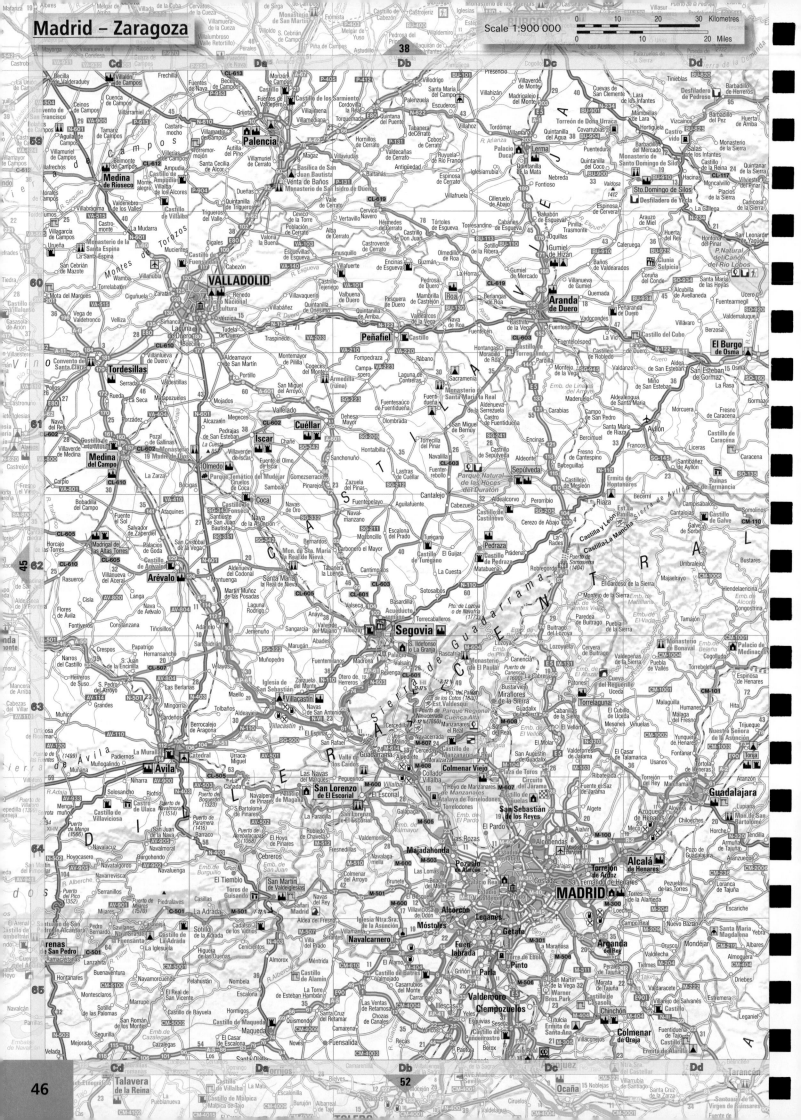

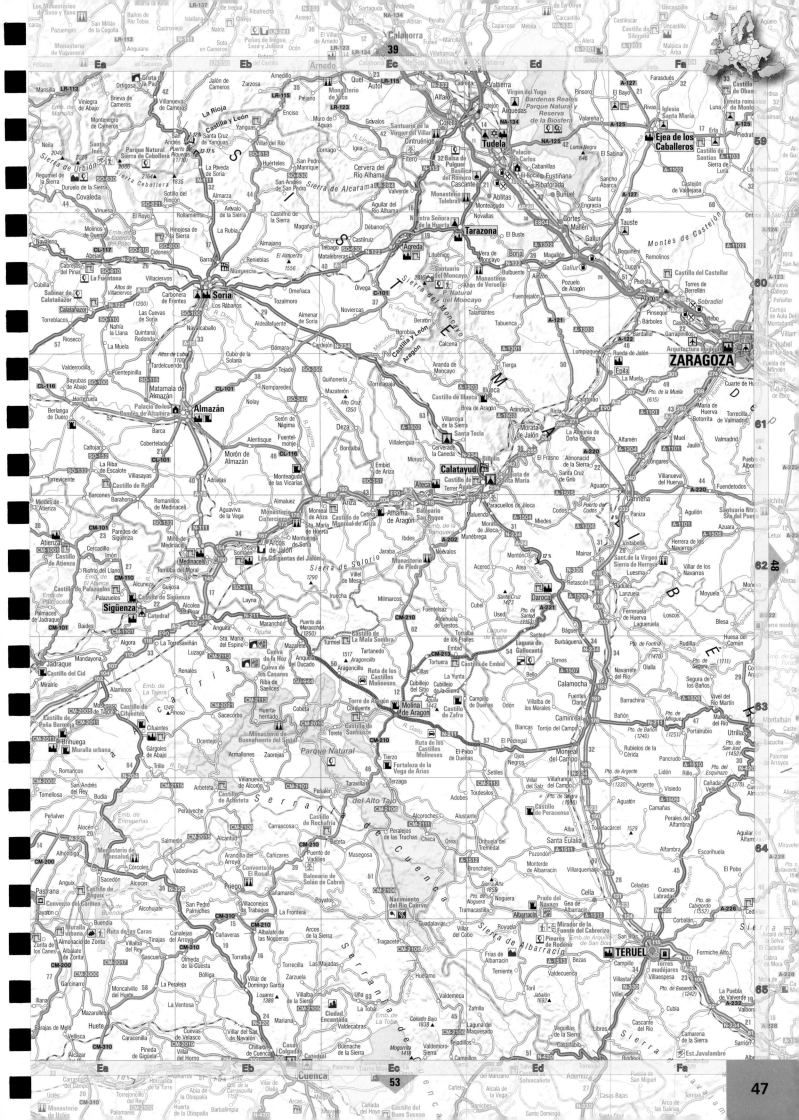

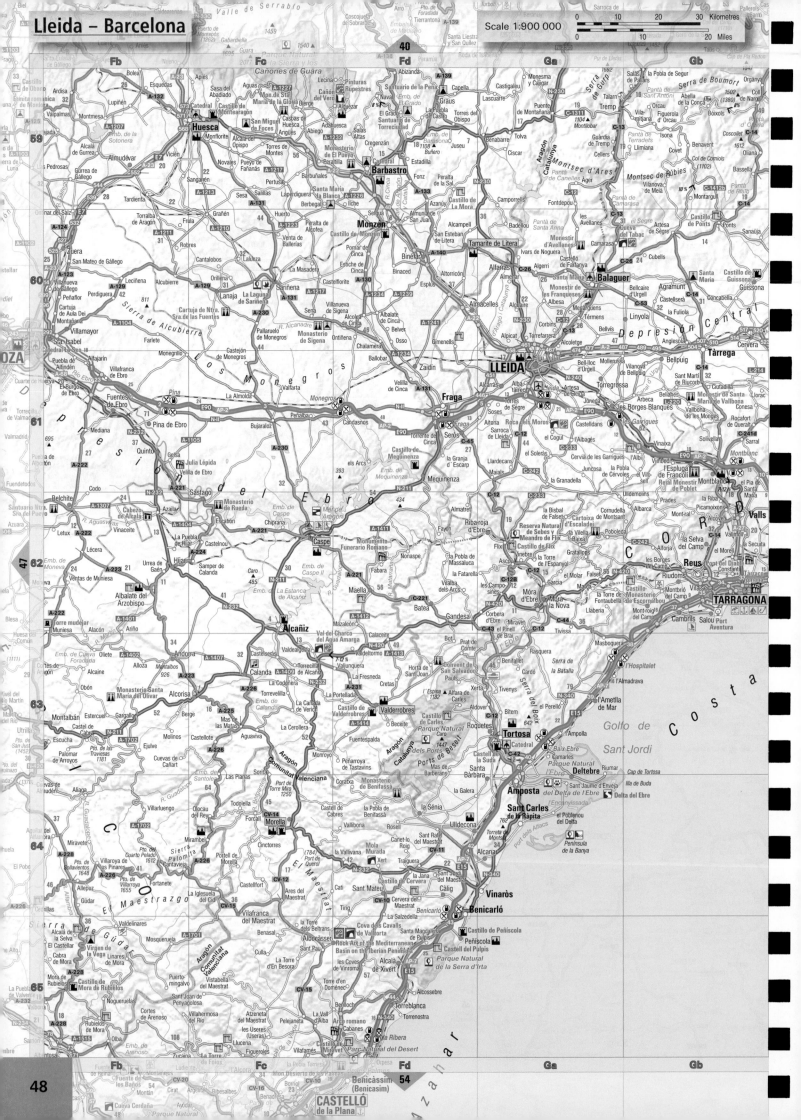

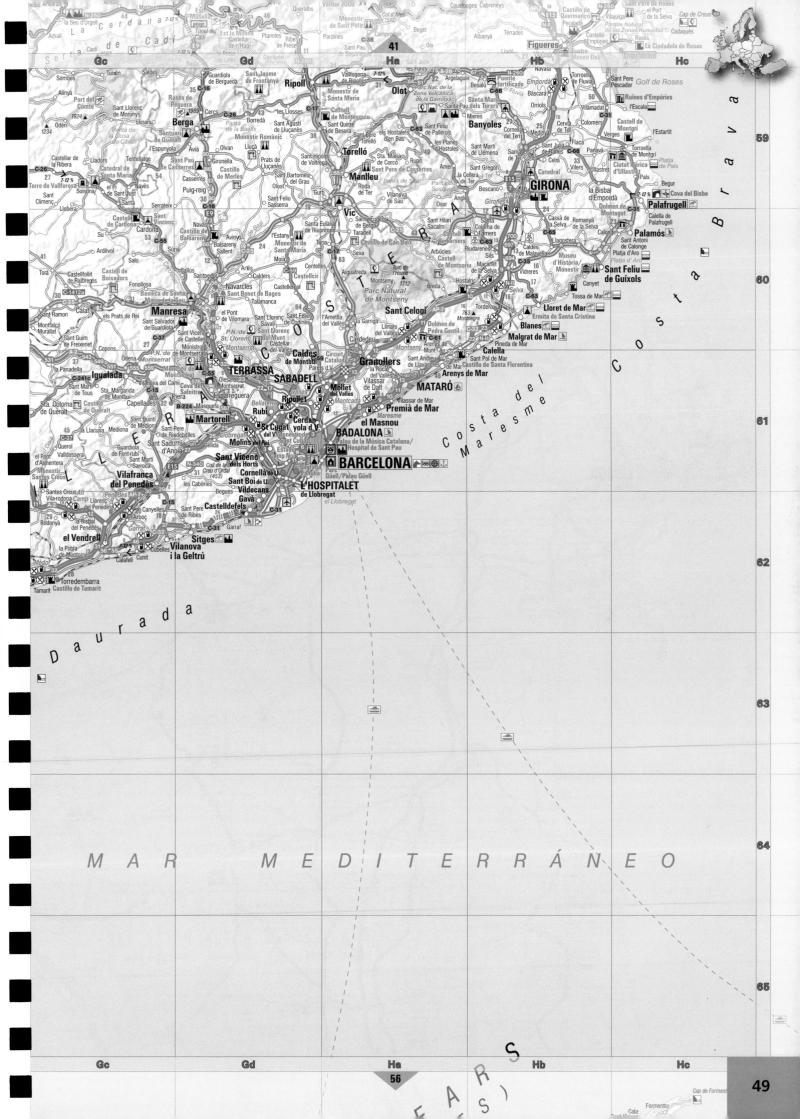

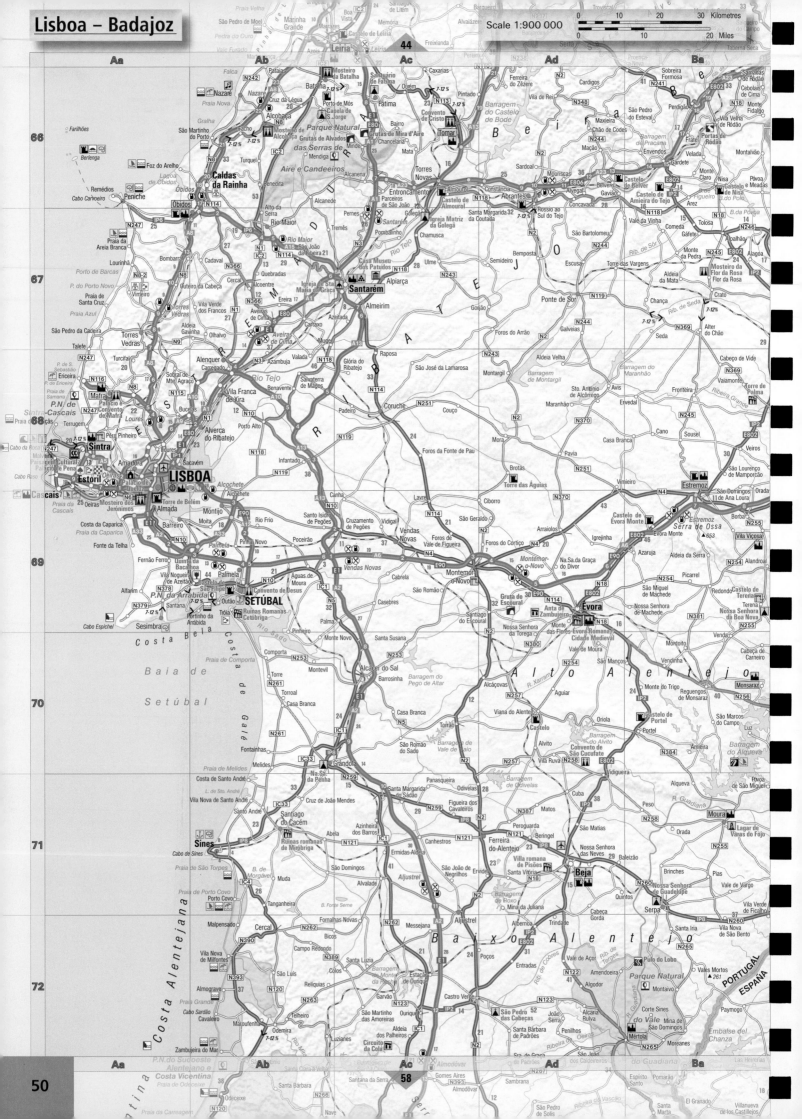

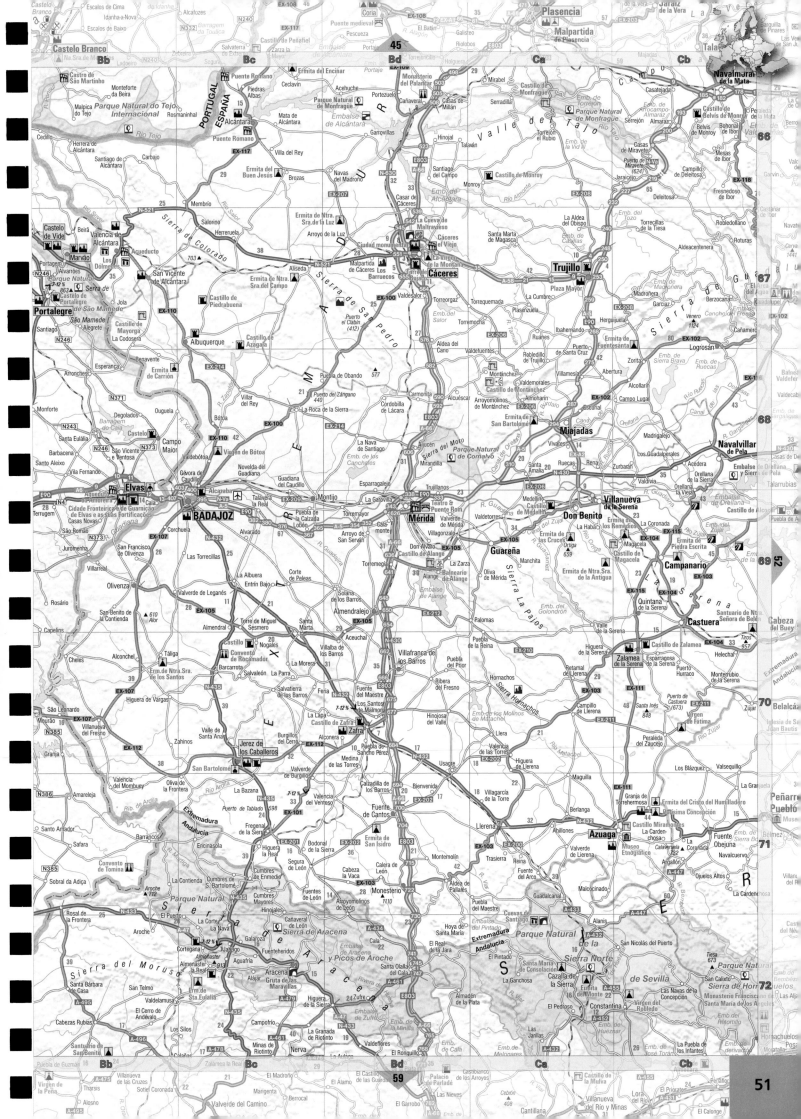

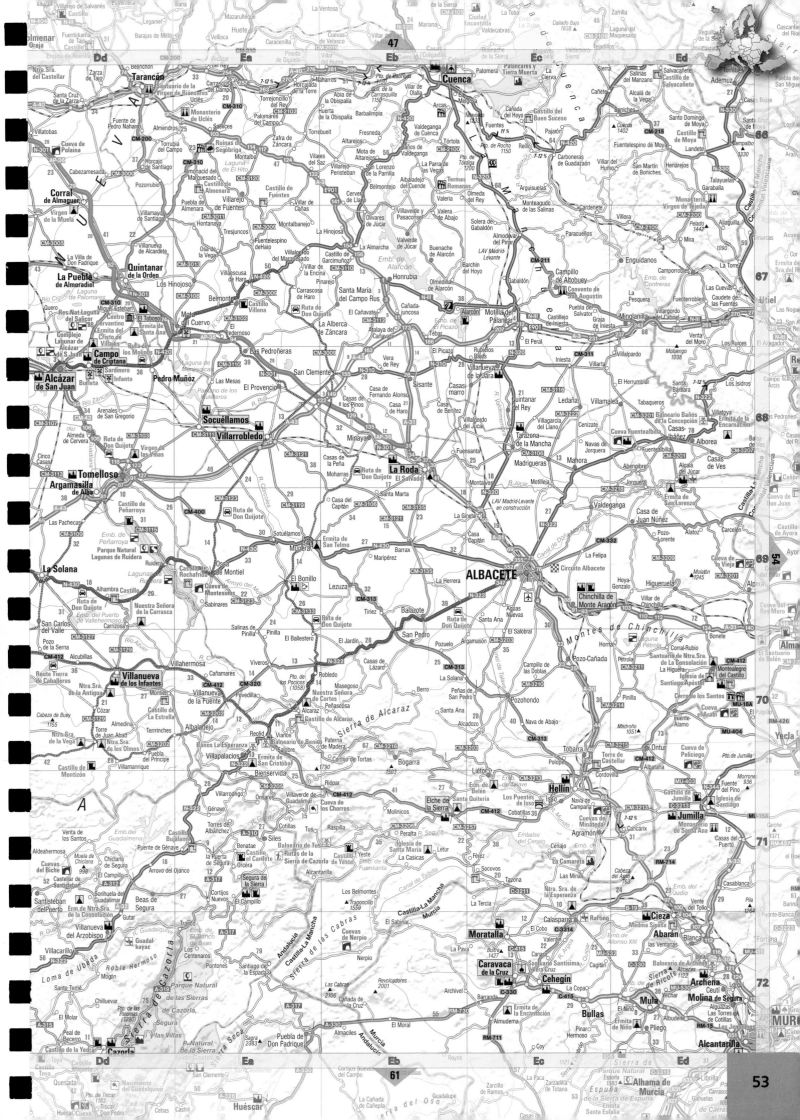

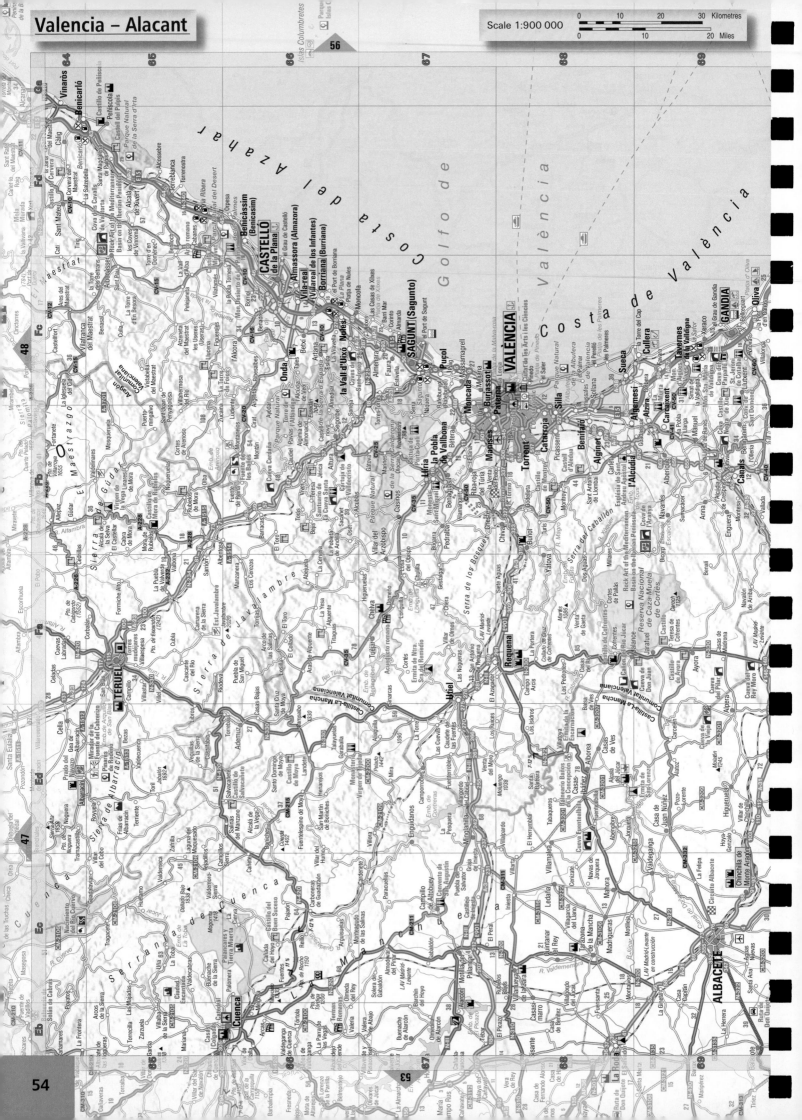

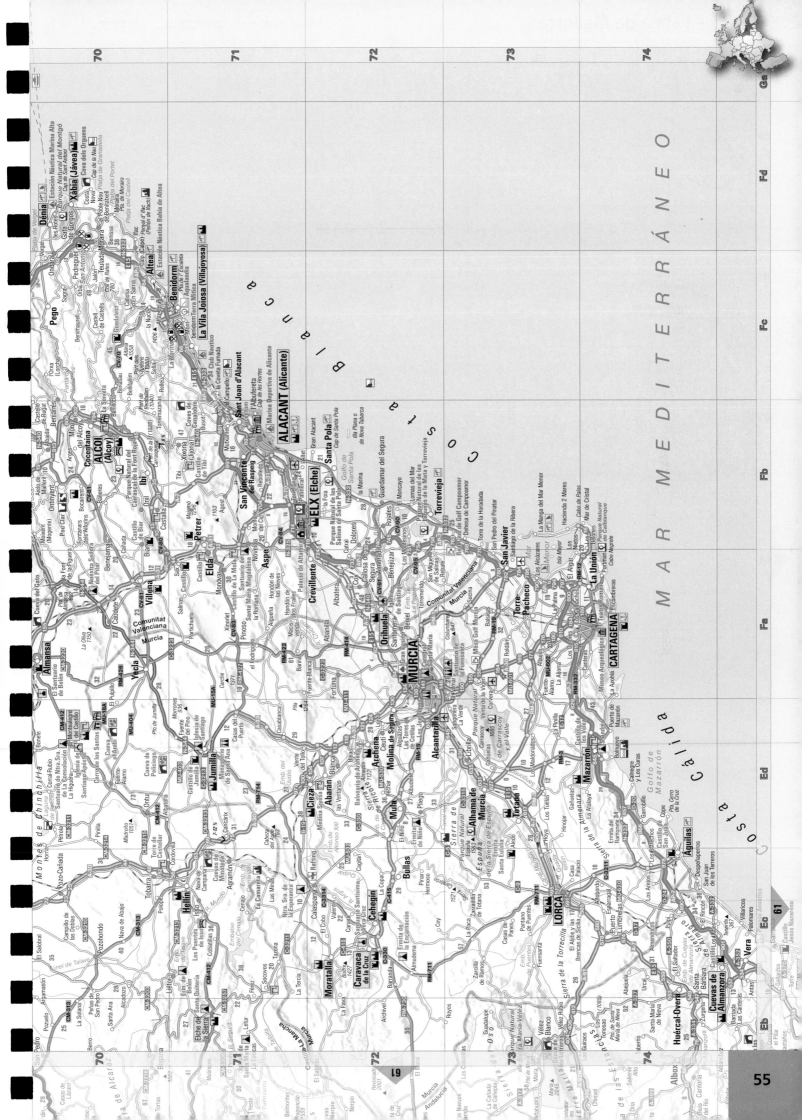

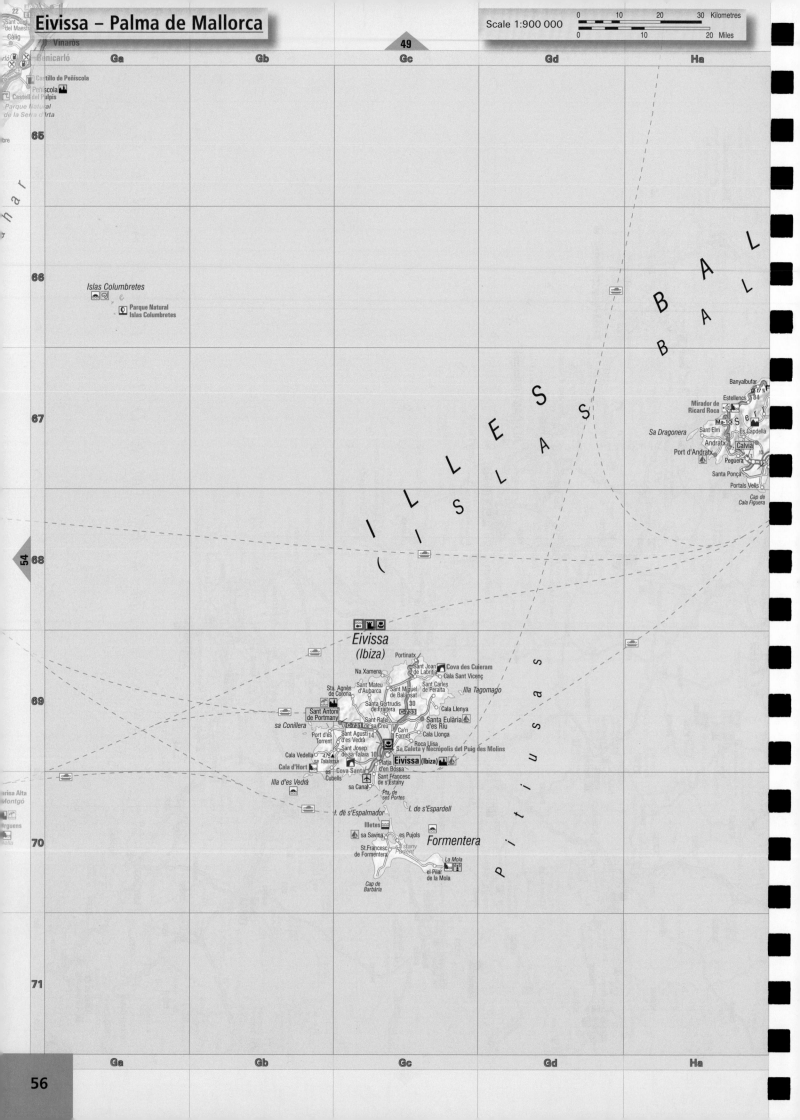

Vinaròs
Benicarló
Sant Jordi del Maestr.
Càlig
Castillo de Peñíscola
Peñíscola
Castell del Pulpis
Parque Natural de la Serra d'Irta

Ga
Gb
Gc
Gd
Ha

65

Islas Columbretes

Parque Natural Islas Columbretes

66

B A L L
B A L
I L L E S
I L L E S A S
(I S

Banyalbufar
Estellencs
12-17
84
Mirador de Ricard Roca
Sa Dragonera
Sant Elm
Es Capdellà
Ma-10
Andratx
Calvià
Port d'Andratx
Peguera
Santa Ponça
Portals Vells
Cap de Cala Figuera

67

54
68

Eivissa (Ibiza)
Portinatx
Na Xamena
Sant Joan de Labritja
Cova des Cuieram
Cala Sant Vicenç
Sta. Agnès de Corona
Sant Mateu d'Aubarca
Sant Miquel de Balànsat
Sant Carles de Peralta
Illa Tagomago
Santa Gertrudis de Fruitera
30
Sant Antoni de Portmany
Sant Rafel de sa Creu
C-733
Cala Llenya
sa Conillera
C-731
Santa Eulària d'es Riu
Port d'es Torrent
Sant Agustí d'es Vedrà
Ca'n Fornet
Cala Llonga
Sant Josep de sa Talaia
10
Roca Llisa
Sa Caleta y Necròpolis del Puig des Molins
Cala Vedella
475
sa Talaiassa
Eivissa (Ibiza)
Cala d'Hort
Cova Santa
Platja d'en Bossa
es Cubells
Sant Francesc de s'Estany
Illa d'es Vedrà
sa Canal
Pta. de ses Portes
I. de s'Espardell
I. de s'Espalmador
Illetes
sa Savina
es Pujols
Formentera
St.Francesc de Formentera
Estany Pudent
La Mola
el Pilar de la Mola
Cap de Barbària

Pitiusas

69

70

71

Ga
Gb
Gc
Gd
Ha

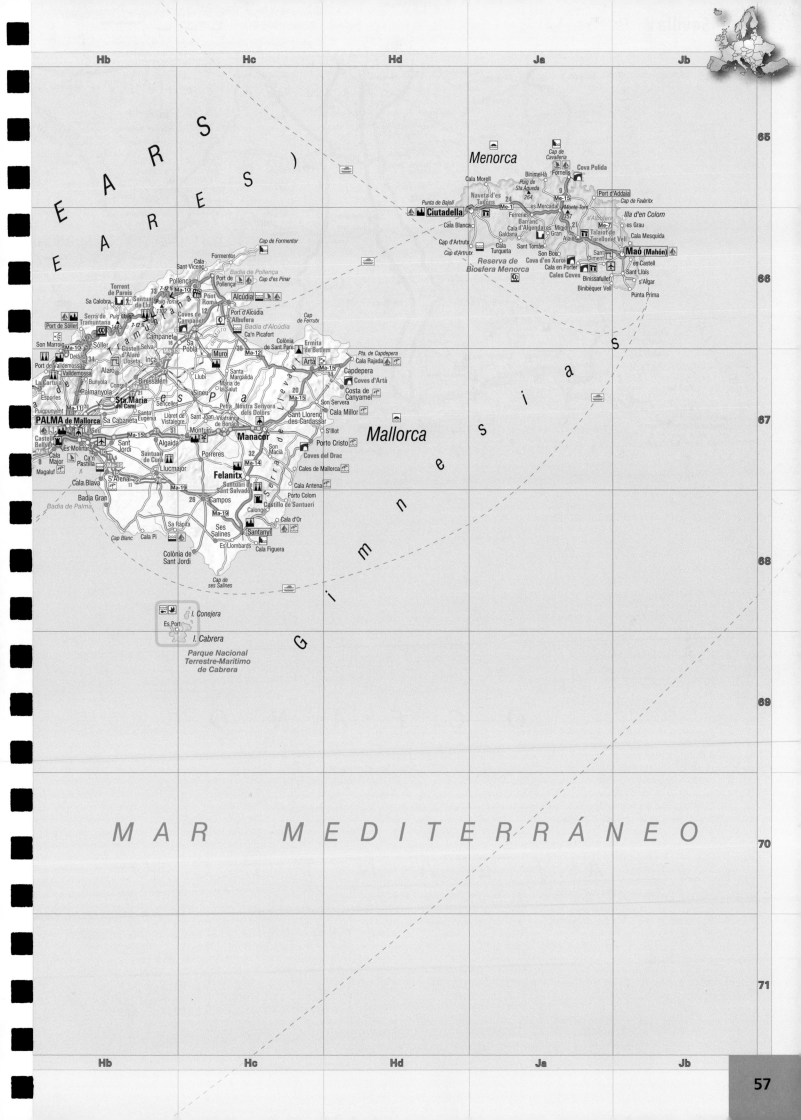

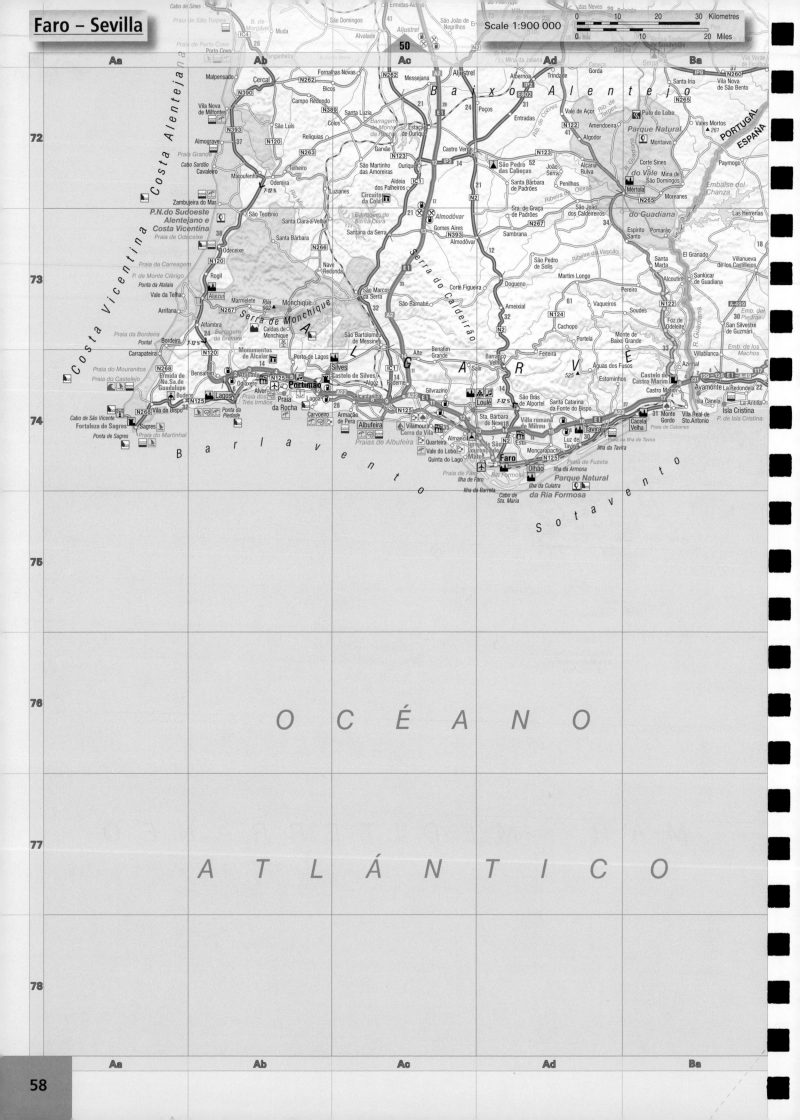

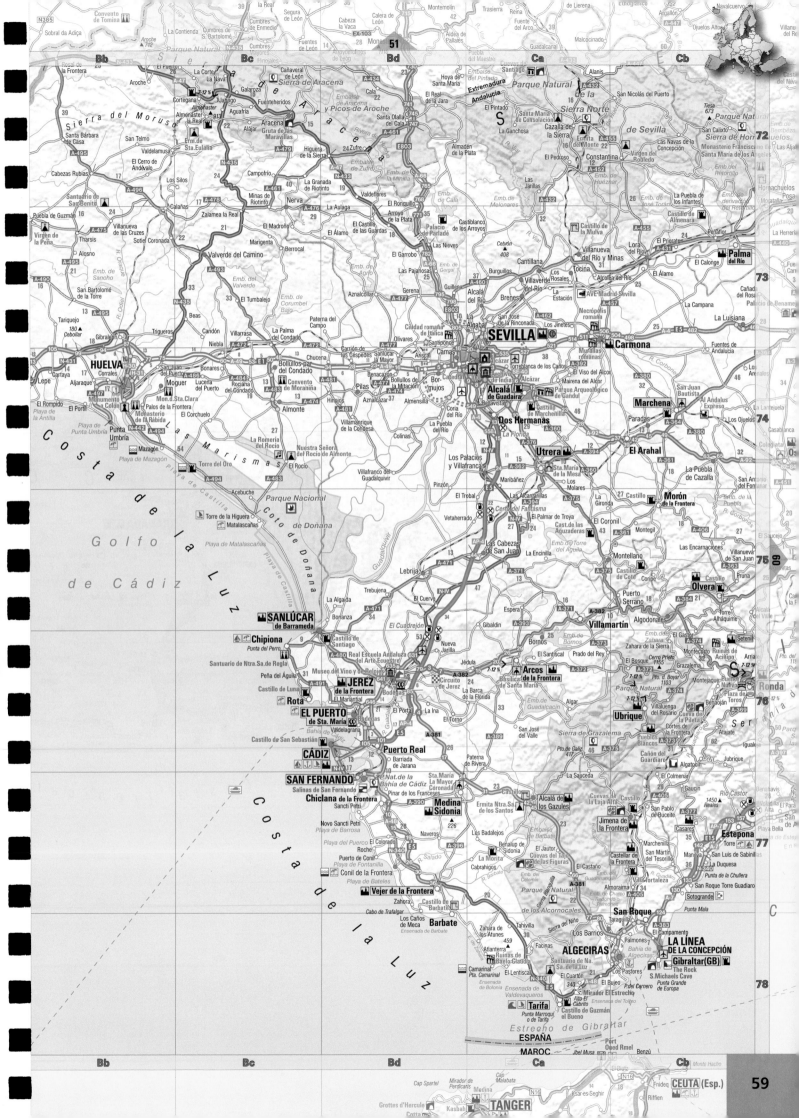

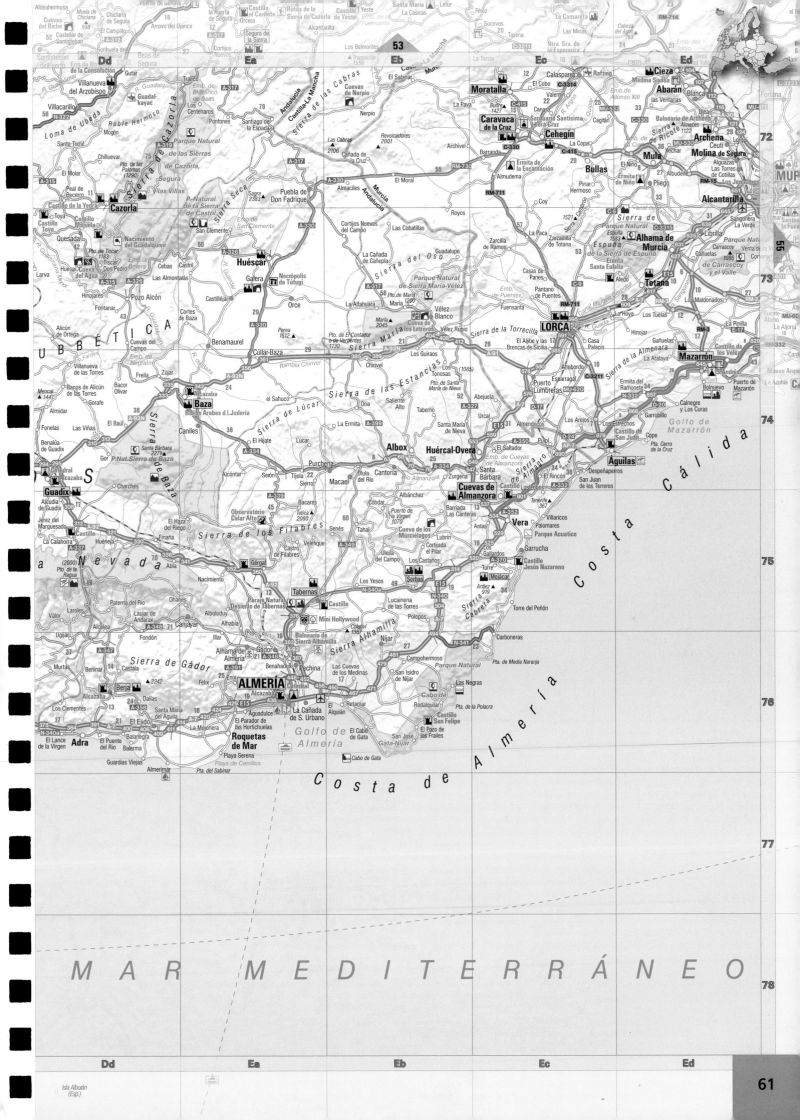

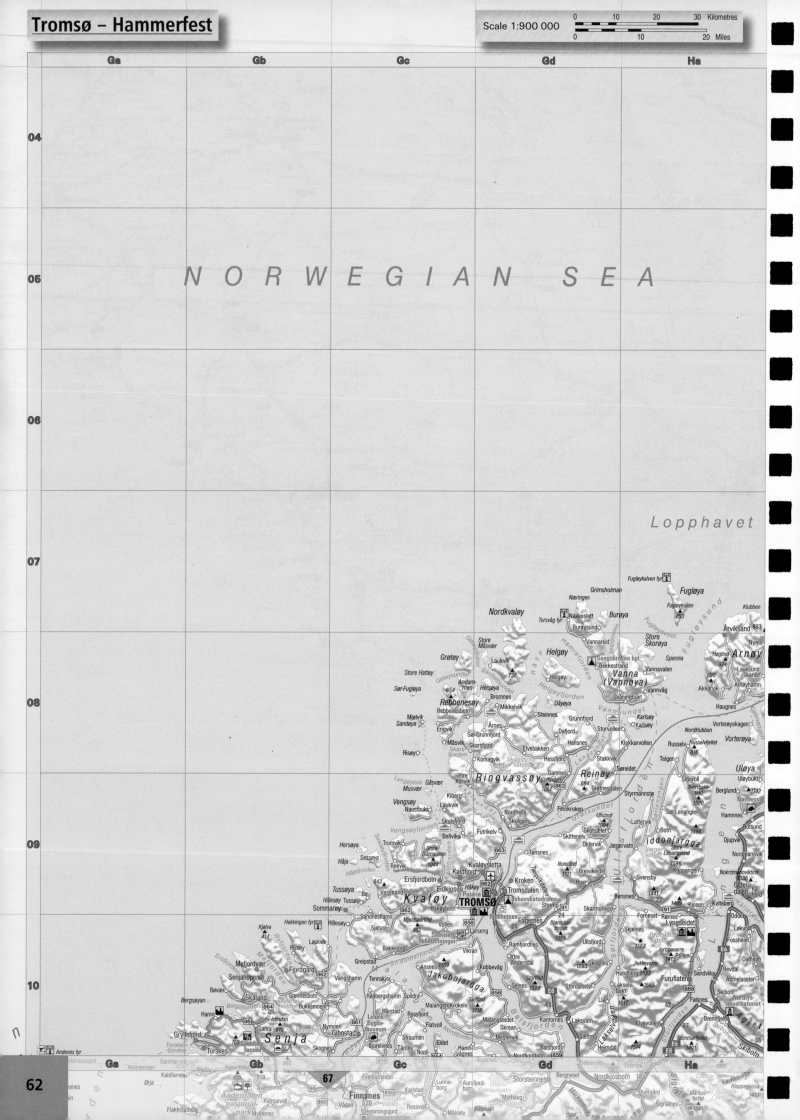

Scale 1:900 000

0   10   20   30   Kilometres
0   10   20   Miles

Ga   Gb   Gc   Gd   Ha

04

N O R W E G I A N   S E A

05

06

Lopphavet

07

Fugløykalven fyr

Grimsholman   *Fugløya*
Næringen   Fugløykallen
Nordkvaløy   Torsvåg fyr   Nakkeslett   Burøya   753   Klubben
                              Burøysund   Store   Årviksand 833
Helgøy   Vannareid   Skorøya   Nymo
Grøtøy   Store   Spenna   Høgtind *Arnøy*
         Måsvær   Laukvik   Helgøy   924   Lauksund-
Store Hattøy   Andam-   737   Hessfjorden   898   skardet
                     men   Hersøya   Sengskroken kpl.   Vannavalen   Arnøyhamn
Sør-Fugløya   654   Bromnes   Bekkestrand   Vanna   Akkarvik
08   Dåvøy   *(Vannøya)*   Haugnes
Rebbenesøy   Mikkelvik   Skåningbukt Vannvåg
Rebbenesbotn   Steinnes   Grunnfjord   Nordklubben
Mjølvik   Engvik   Årnes   Dafjord   Storvollen   Russelv.   Vorterøyskagen
Sandøya   Sør-Grunnfjord   Hansnes   Klokkarvollen   Russelvfjellet   *Vorterøya*
            Måsvik   Skarsfjord   Elvebakken   Hessfjord   616
Risøy   Komagvik   Skogsfjord-   Gamnes   Stakknes   Søreidet   Teigen   *Uløya*
                           Svart- vatnet   Reinøy   Uløybukt
            Lyngøyleia Gåsvær vatnet   Softinden   884   Storvoll   Berglund   1142
Ytre   Musvær   *Ringvassøy* 1051   813   Grøtnesdalen   Tverrbakk-   Havnnes
Kärvik   tind
Vengsøy   Kiberg   Isvatna   Styrmannste   1320   Sør-Lenangen   Hamnnes
Naustbukt   Laukvik   Nordhella   Finnkroken   Latervik   Rötsund
Hersøya   Skulsfjord   Skulgam   Ullstind   Grøtsundet   1094   Botn   1398   Djupvik
Häja   Sessøya   Futrikelv   Skittenelv   Skotsætet   Nordmannvik
Häjafjorden   Bellvika   Øldervik   Jægervatn   Store   1596   Köppangen
Rekvik   Blåmannen   863   Jæger-   Lenangstind   Nokrdmannviktind
Tussøya   1044   Kvaløysletta   Nonstind   vatnen   1336   Older-
Bø   Vasstrand   Kaldfjord   Breivikeidet   1111   Hov   Svensby   Ka-   dalen
Hillesøy Tussøy   Eidkjosen   862   Kroken   Tromsdalen   1441   1449
Sommarøy   *Kvaløy*   Polaria   Ishavskatedralen   Storms   91   Skarmunken   Kjosen   Kviteberg
            862   Håkøybotn   **TROMSØ**   91   Bensnes   Förneset   Lyngseidet   Odden
Kjølva   Hekkingen fyr   Hillesøy   Mjeldskartind   Fjellheisen   24   Bjørnskar-   Løkvoll
414   Husøy   Sjøtun   Vollen   858   Fagernes   tinden   Skjelnes   Jorbbævarre   Fossheim
Laukvik   Skåvberg   Larseng   24   1369   Ullsfjord   1567   Pollen   E6
Mefjordvær   Greipstad   Vikran   Ramfjordnes   Revdal
Senjahopen   Fjordgård   Vangsnes   Ansnes 1169   Kobbevåg   Ytre   1293   Skognes   Jiekkevarre   1413   Sandvika
Bøvær   862   Tennjer   Andersdal   Hundberg 1833   Furuflaten   Abmelaseter
Skaland   Rødbergshamn   Spildra   Stordalselv   Lakselv-   1565   868   Skibotn
10   Bergsøyan   Stønnesbotn   Bukkemoen   858   1329   bukt   Nordlys-
Bergsfjorden   864   Lysnes   Härstad   Krokelv   Selnes   E8   Lia   1617   observatoriet
Hamn   Istindan   861   Rossfjord   Mestervik   Laksvatn   1514   Brennfjell   Aglet
Grylle fjord   765 Spekkelv- Lenvik   Nymoen   Flatvoll   Nordfjorden   Slettmo   Elvevollen   Storfjorden   E8   Sommarfjell   Skibotndalen
Torsken- fossen Sætra 919 Bygde- Gibostad   Straumen   Skrean   Balsfjord   Heimdal   1491   38
fjorden   *Senja* museet   Bjørelvnes   Tårnev   Eidet   Hamn-   859
Andenes fyr   Torsken   Skognes   Nord-   vågnes   Nordfjordbotn

62

Ga   Holmenvær   Gunnfarnes   Gb   Gc   Gd   Ha
Kaldfarnes   Medby   Bergneset   Nordkjosbotn
Örja   879   Tverrelva   67   Storsteinnes   Lavkavægge
      Svaneivmo   86   Finnfjordeidet   Ripp
Anderdalen   Kampevoll   Finnsnes   855   Lunne-   Aursfjord-   Storkedal   Signaldal   Gowdin-
nasjonal-   860   Vågan   borg   botn   Ytre   jävri
park   Mykleines   20   Fiskløsvatn   Myrhaug   Övergård   Markus-   1410
Flakstadvåg   Hemmingsjord   Målselv   fjellet

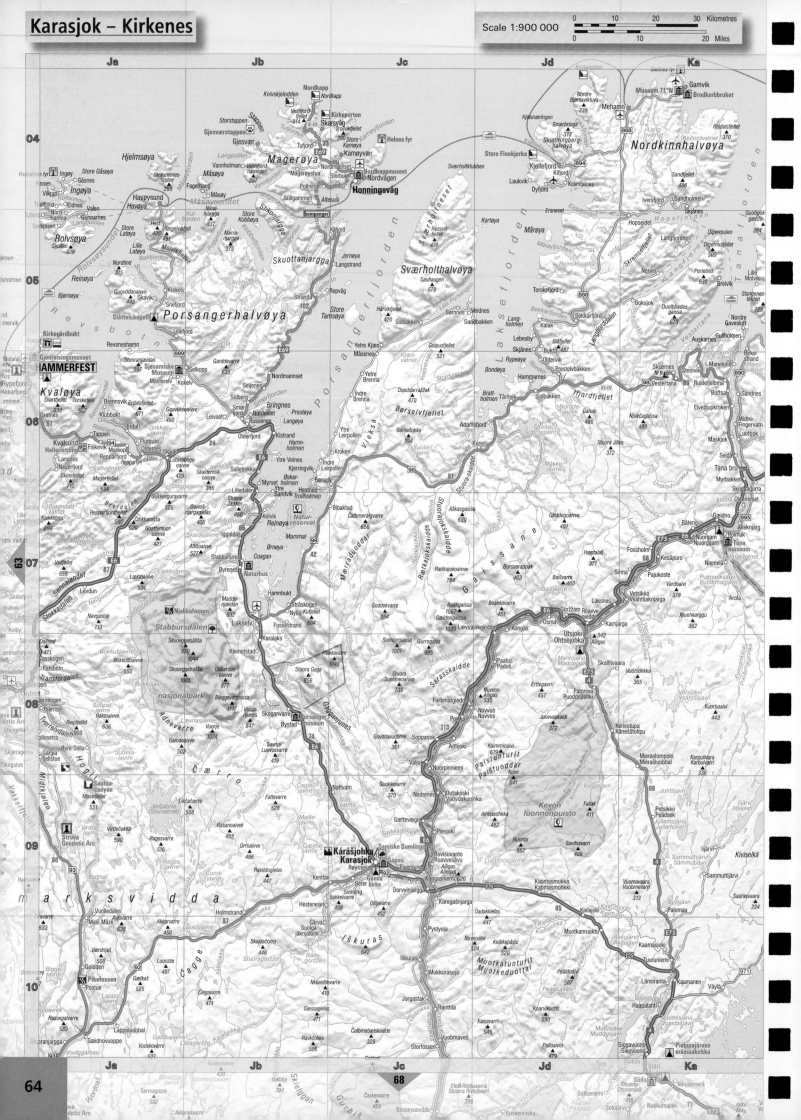

B A R E N T S   S E A

Hurtigruten

Skarveneset
Tanahorn
266
Berlevåg
Havnemuseum
Kjølnes fyr

Raggonjargga

Kongsøy-fjorden
Nålneset
Veines
Kongsøya
Kongsfjord
Seiboneset
Korsneset
Makkaur fyr

Raggočærro
467
Rubbedalshøgda
427

Syltefjord-fjellet
402
Syltefjordklubben
Hurtigruten

Gulgofjorden
Buefjell
473
Davgge-javrre

Båtsfjord
Båtsfjordfjellet
445
481

Harbaken

Blodskytodden

Rein-øya
Vardø
Vardø fyr
Vardøhus festning
Vardøya

Vardø

890
Oarddovarre
504
Oaredojokka

891
Kongsfjordfjellet
526
Gædnja-cjavrre

Vesterelva
Sommersete
Sandfjorden
Syltefjorden
Syltefjordelva
Langrygggen
Persfjorden

Hangalačærro
618

Varangerhalvøya

Skipskjølen

Kjøltindan

Øksevatnet

Holmfjellet
239
Kibergneset
Kiberg
Indre
Kramvik

Leirpolls-kogen
Basavžže

Jakobselvvidda
Tverrelva
Komagelva
Komagvær
Komagnes
E75

Hanadal
Nerasvarre
446
Guovddaoaivve
501

Øvre Flintelva
Jakobselva
Urfjellet
460
Falkefjellet
545
Ridelva

76
Skallelv

Storelva
Frøkendalen
Skallneset

Hana

Varanger samiske museum
Varanger-botn
Bunes
Abelsborg
Nyborg
Dotkmyrene
Nesseby

Gjelhaugan
Vestre Jakobselv
Klubbvik
Mortensnes
Paddeby
Klubben
Kiby

Vasavatnet
Storskog
Solnes
Vadsøya
Vadsø
Andersby
Saltsjern
Krampenes
Ekkerøy
Lille Ekkerøy
Store Ekkerøy

Vadsø

17
Bigganjarg
Skjåholmen
Graksesteinen

Vadsøya Kulturpark

V a r a n g e r f j o r d e n

guba Bol. Bolokovaja
243

Vesterelv
Sivertbukt
Hustufter
Grasbakken
E6
81
Byluft

Vajdaguba
Skorbojevski

Ozerki   Poluostrov Rybačij

Vesterelv-vatnet

Gandvik
Ramntinden
466
Bugøynesfjellet
497
Bugøynes
Bugøya

Bekfjord fyr
Endeneset
Kjelmsøya
Trifansneset
Pasvik-nakken

Kong Oscar II's Kapell

Poluostrov Srednij

g.Ejna
299

Såvehokka
Dirge-javrre
Kjerringfjell
416
Skarvfjell
355
Gårsjøen

Valen
Brasfjellet
416
Vagge
Skogerøyfjellet
445
Skogerøya
Orentoppen
465

Holmengråfjellet
408
Småstraum-vatnet
Grense Jakobselv

Egemoen
504

g.Ejna
334

M o t o v s k i j

Korgåsen
419
Gæcoaivve
412
Gallok-javrre

Bugøyfjord
Norskbukta
Nord-Leirvåg
Jerestam-vatha
Rein-øya
Reinøysund
Store Ropelv
Lanabukt
XI-IV
886
Bjørnstad

Liinahamari

Novaya Titovka
417

Steinkjernes
Valbukta
Mikkelsnes
43
Jakobsnes
Midtgård
Kirkenes
Eidet
Vintervollen
Valvatnet

Nasykka-javrsi
Trifona
Porovara

302
Baraki

NORGE
SUOMI/FINLAND
Tšaraoaivi
345
Stuorat Kolmnesjavri
Silisjokka
Brannfjellet
222
Svane/fjellet
219
Buholmen
Hesseng
Anders-grotta
Elvenes
Tårnet
Karpbukt
Straumsnes

Viksjafjell
397

Elvenheim

g.Vilgiskoddeoaiv
517
Pečenga
A138
31
Stoi Titovka
Zaozersk

Neiden
Bjørkneset
Munknes
Bjørnevatn
Fiske-vatn
Urfjellet
336
Korpfjellet
327

NORGE
ROSSIJA

Skoltefossen
Skolteplassen
Lillebekken
Langfjordbotn
Brattli

23

E105
65
E105

Villavaara
Ullovarri
344

St.Georgs kapell
Stabburs-fjellet
297
Langli
Virtaht
E105
Kuvernerinkoski
Lugostari
Zapoljarnyi

Lávdnjekoahtevarri
233

Näätämö
971
Lang-vatnet

Nordvik

Furuly

30
P10
Nyasyukka

Hammerfjella
Væcceljokka

Strand
Ahmalahti
Svanvid miljøsenter

Ylä-Akkajärvi
Kuots
Salmijärvi
Utsikstarn
Utnes
Kiráklkajärvi
Kirehasjärvi
Våinosjärvi
Vånnjikeessijmjávri
Rajapää
331

Svanvik
Sunde
Nikel'
g.Vilgiskoddeoaiv
Kolttakylä

g.Kuorpukas
650
Kåulatunturi
21

g.Maaret
528

Supru
Kynneljärvi
Koonjaljävri
Ukonselka
Tuulipää
264

Triangelen
Fossheim
Langwajm
Vanhakylä
Petsamontunturit

Juovvatšielgi
Suojanperä

Rovaselkä
Roavvetšielgi
249

Aarneniemi
Aarninjarga
Pautujärvi
Pävdejävri
Surnujärvi
Tšurnajärvi

Kobbfoss
Skogum
885
Kalkupää
357
Pitkäjärvi
oz.Poro-järvi
P10

oz.Tšuopnjaur
oz.Kallojaur
g.Valestšielj
350

g.Suort
495

g.Kučintundra
578

Pekkala
Niťšijärvi
Niiddsijävri
Hauge
Skogly
Nesheim

g.Stuorratšielj
419

oz.Terski-jaur
oz.Kvodserjaure
g.Kaškeljavre

Partakko
Päärtih

Rajavaara
Räijivoodåd
252
Vaggatem
Rusk-vatni

g.Keltovaara
283

oz.Piedsjaur
oz.Seigljärvi
Piedjaurjegge

oz.Ladšhjaur
oz.Odeshjavre
oz.Sovnajavre

Stabburfjellet
214
Nyrud

Prirečnyi

Øvre Pasvik
Ellenmaa
nasjonalpark

Onomusvaara
Onomušvåäri
237

Rajakoski

Inarijärvi
Ánarjävri

Nautsi
Keinojärvi
Leppävaara
231

g.Raunvaar
202

g.Jivvaar
142

g.Tsuossah
342

g.Vijmvid
451

Partakko
Onomusvaara

Virtaniemi

Vuell Njahishjaur

oz.Neaskimjaul

g.Kještjaur

P11

Jurkino

Vosmus

Vuell Njaanamjaulm
314

Tshuudhjauratshielj

Verhnetulomskoe

Vodohranilišče

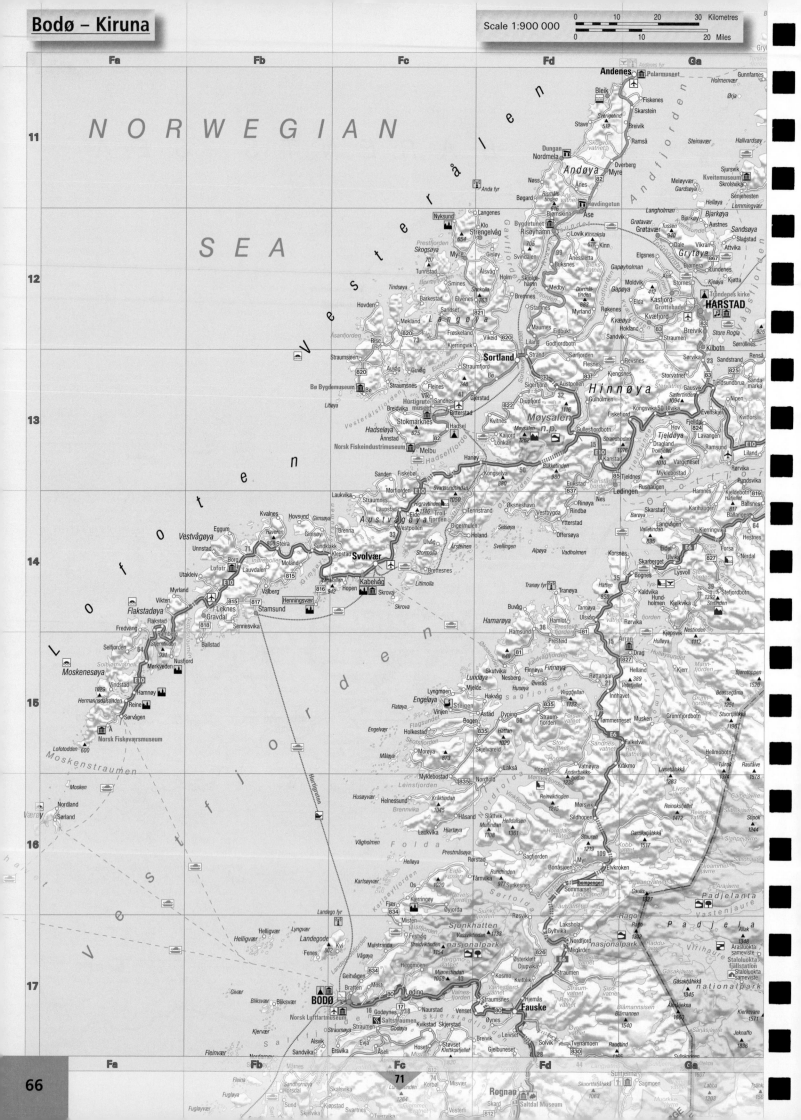

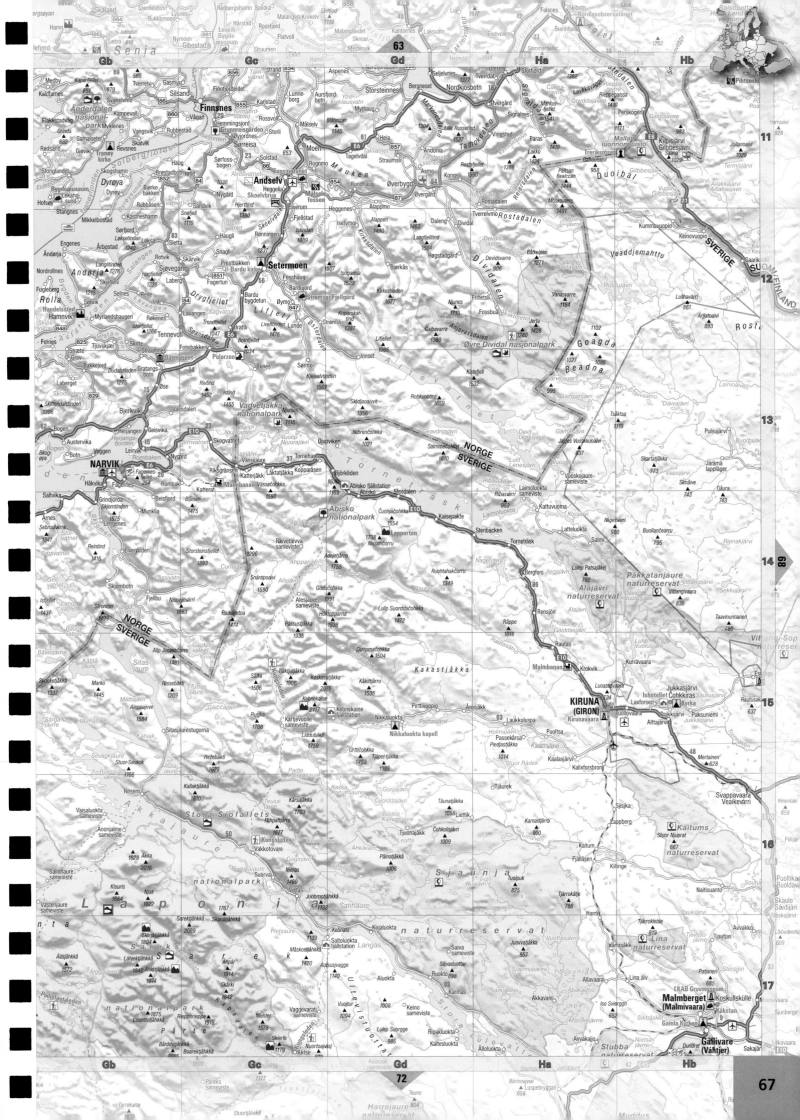

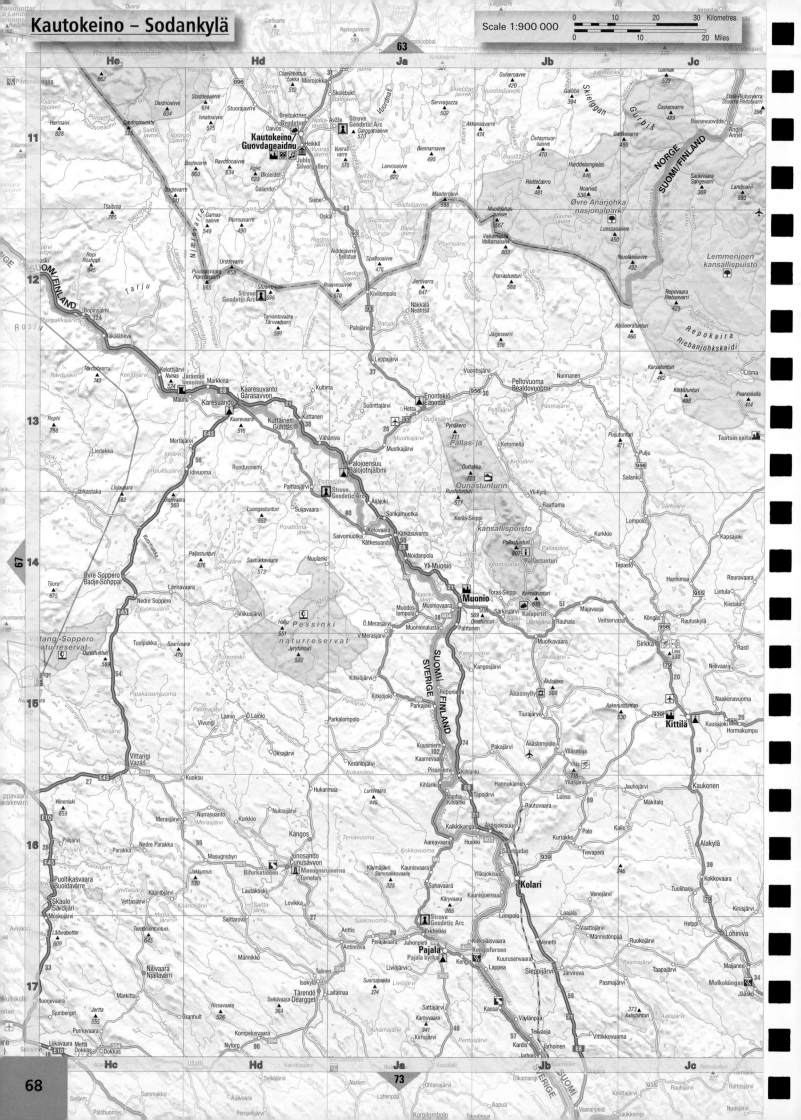

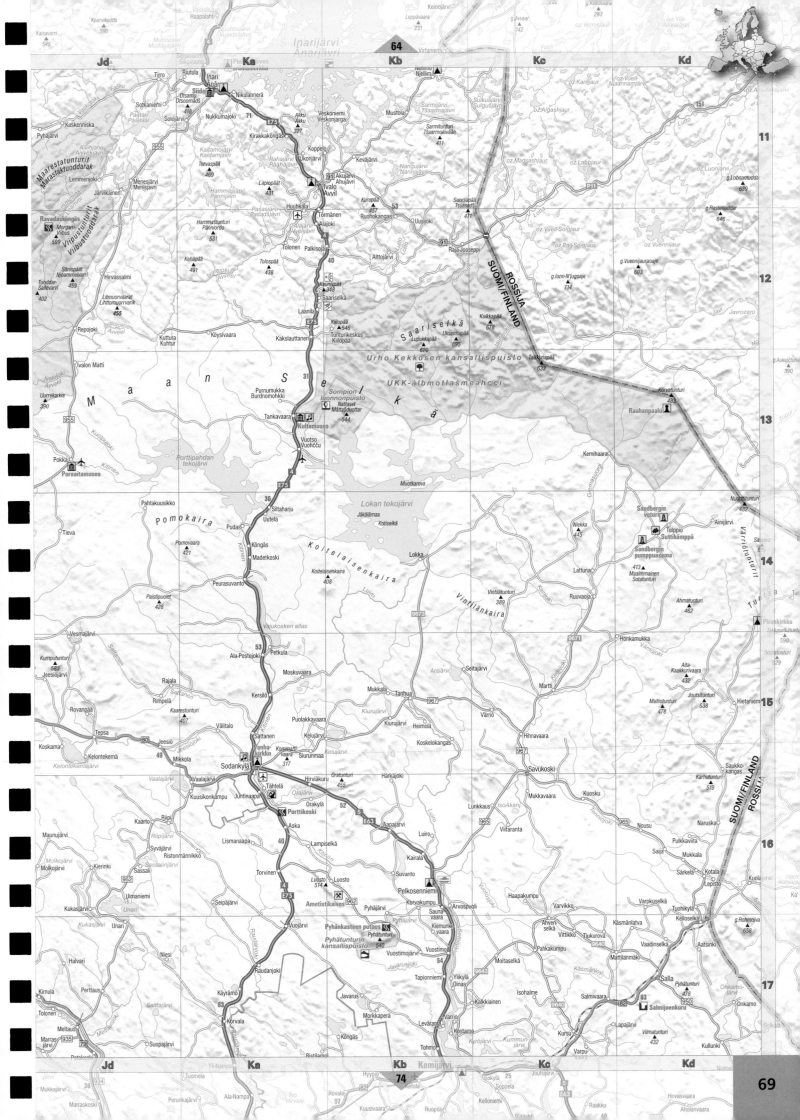

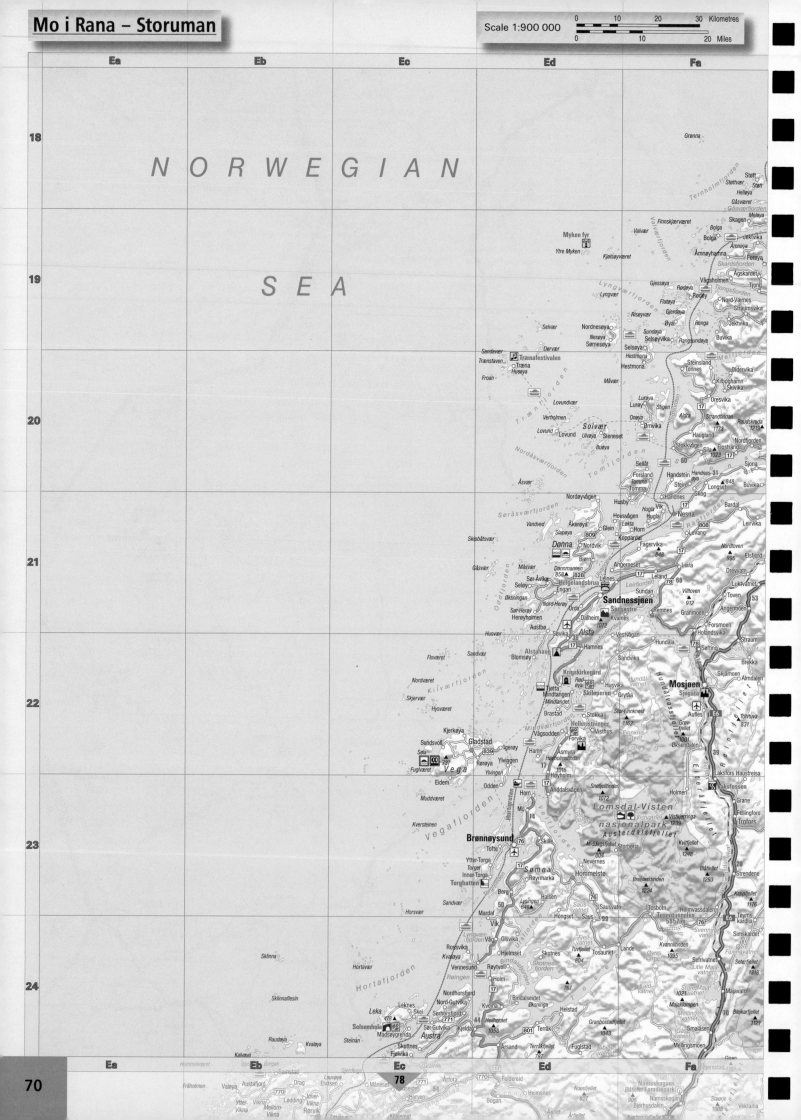

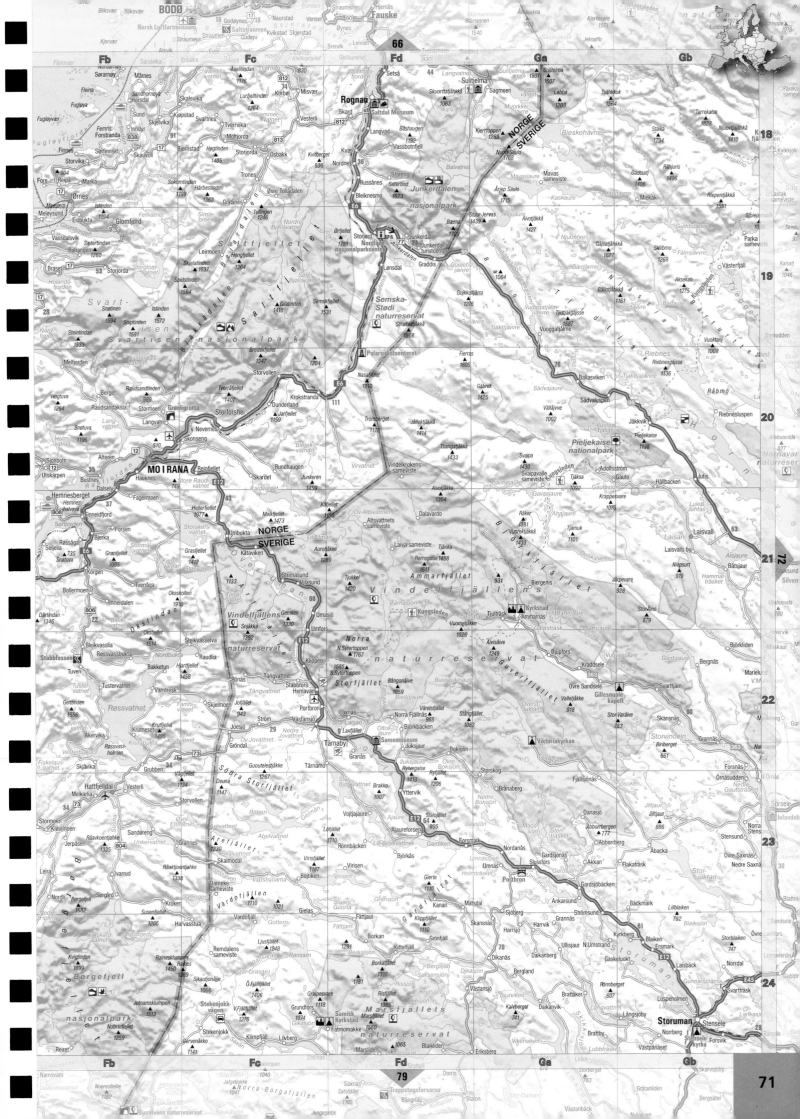

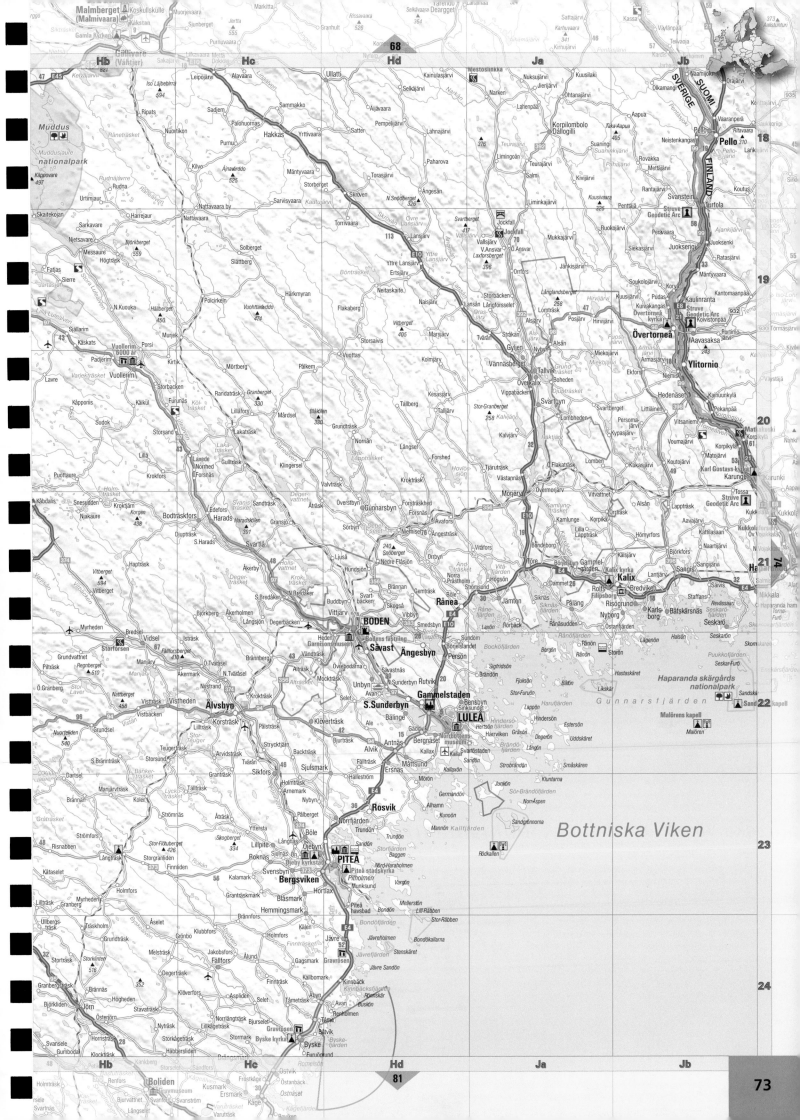

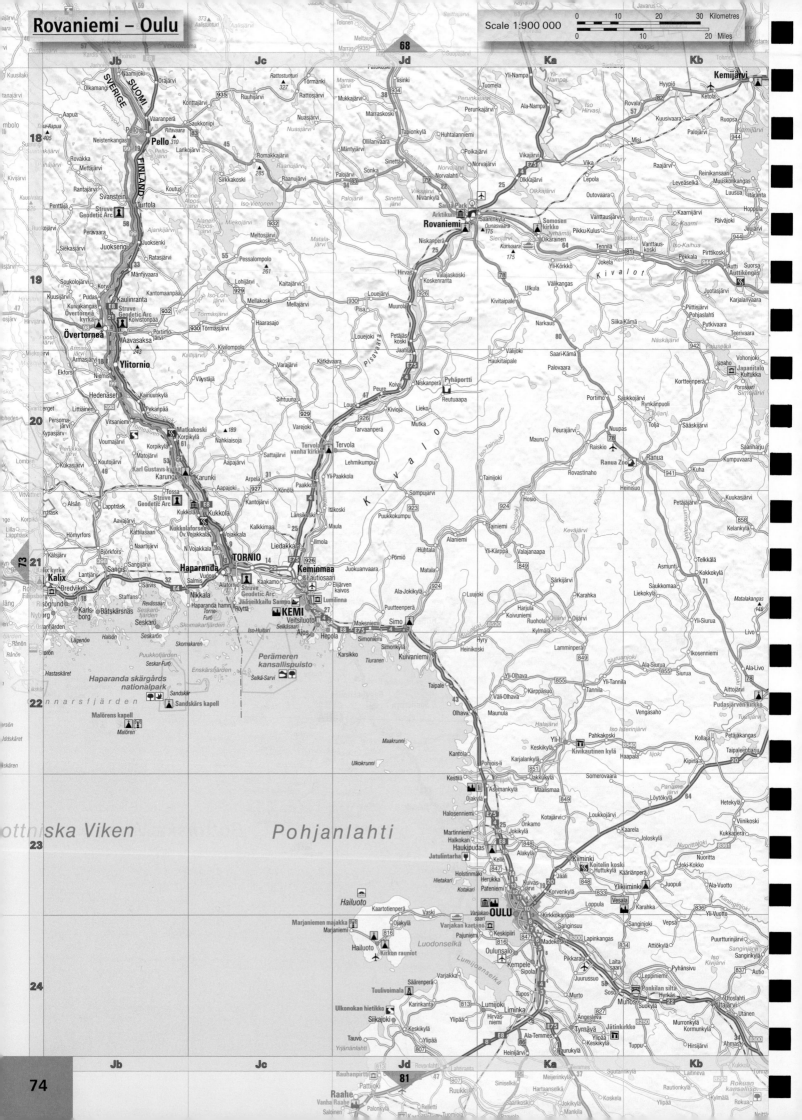

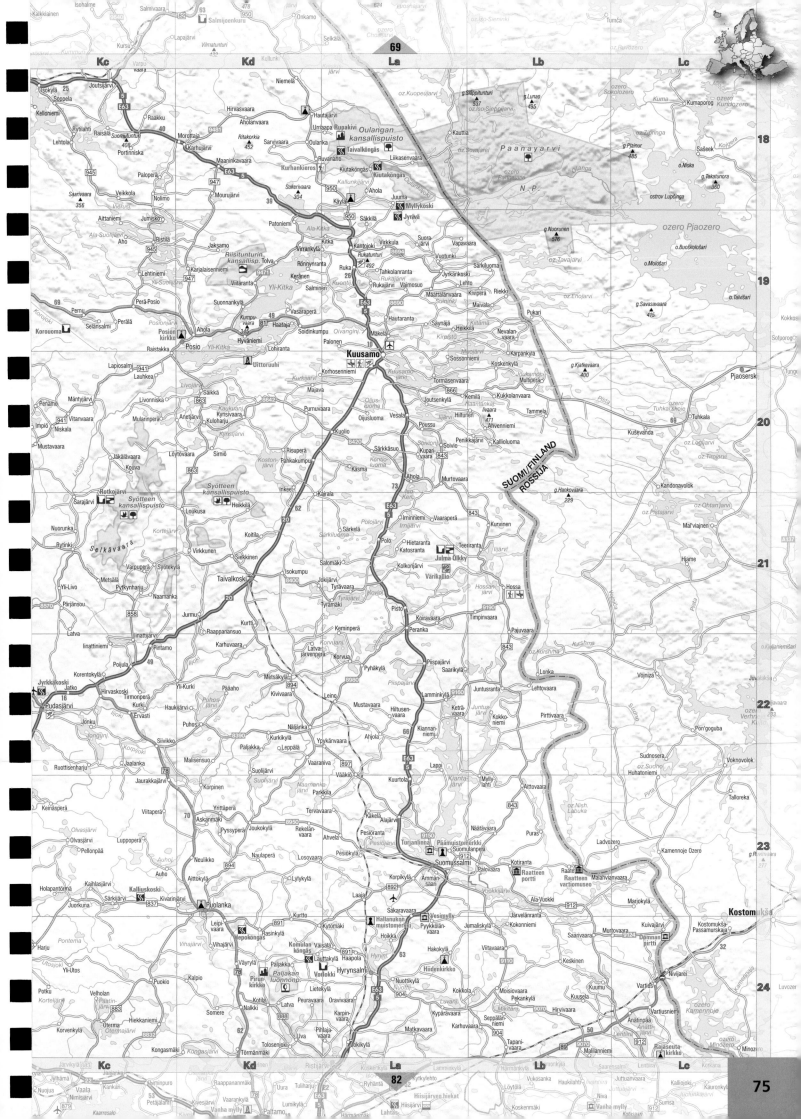

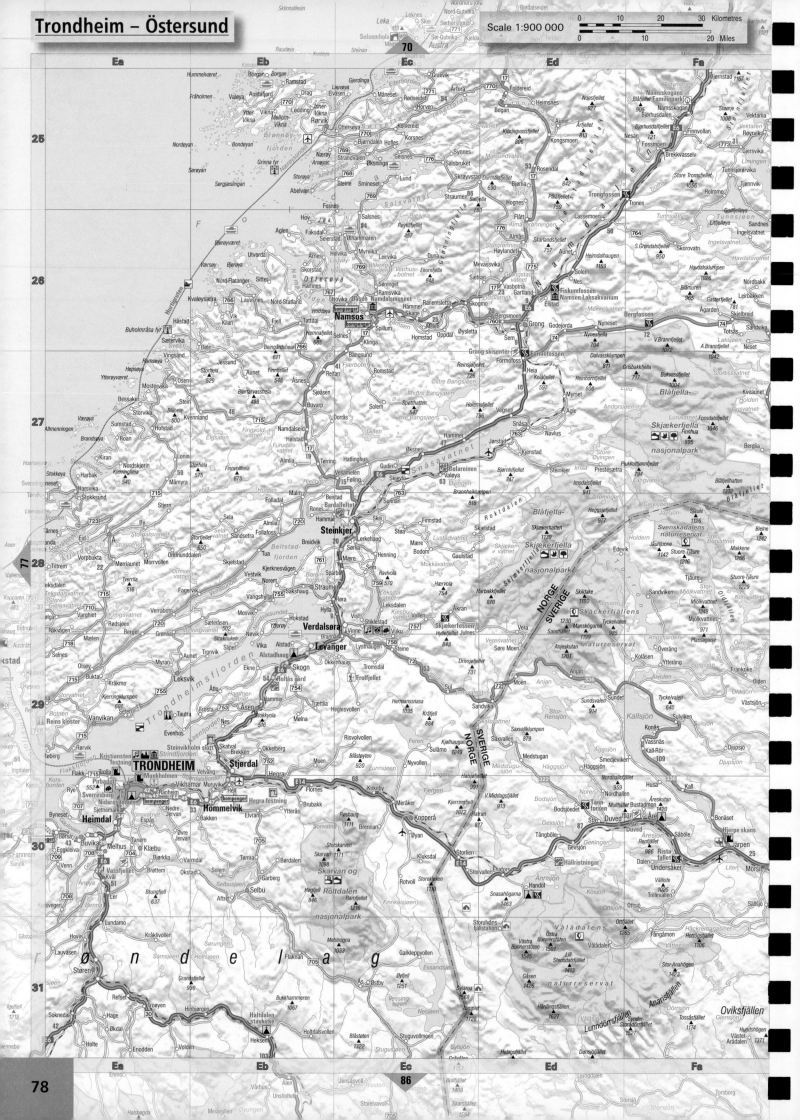

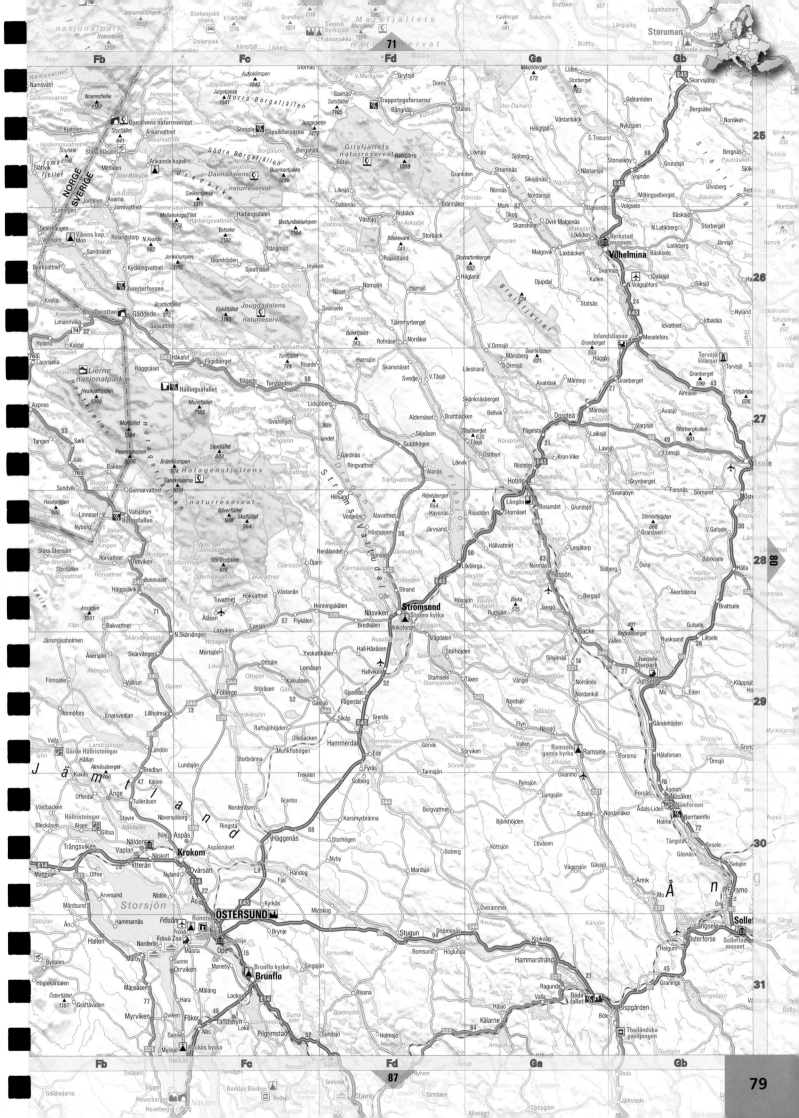

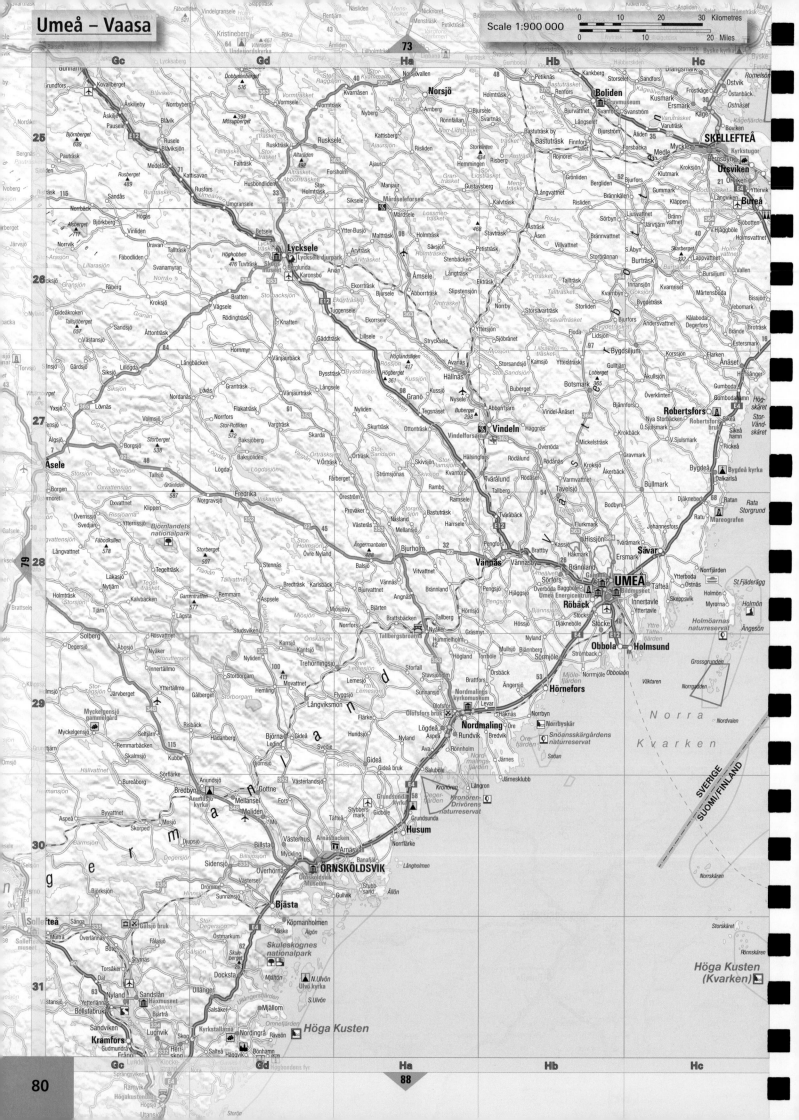

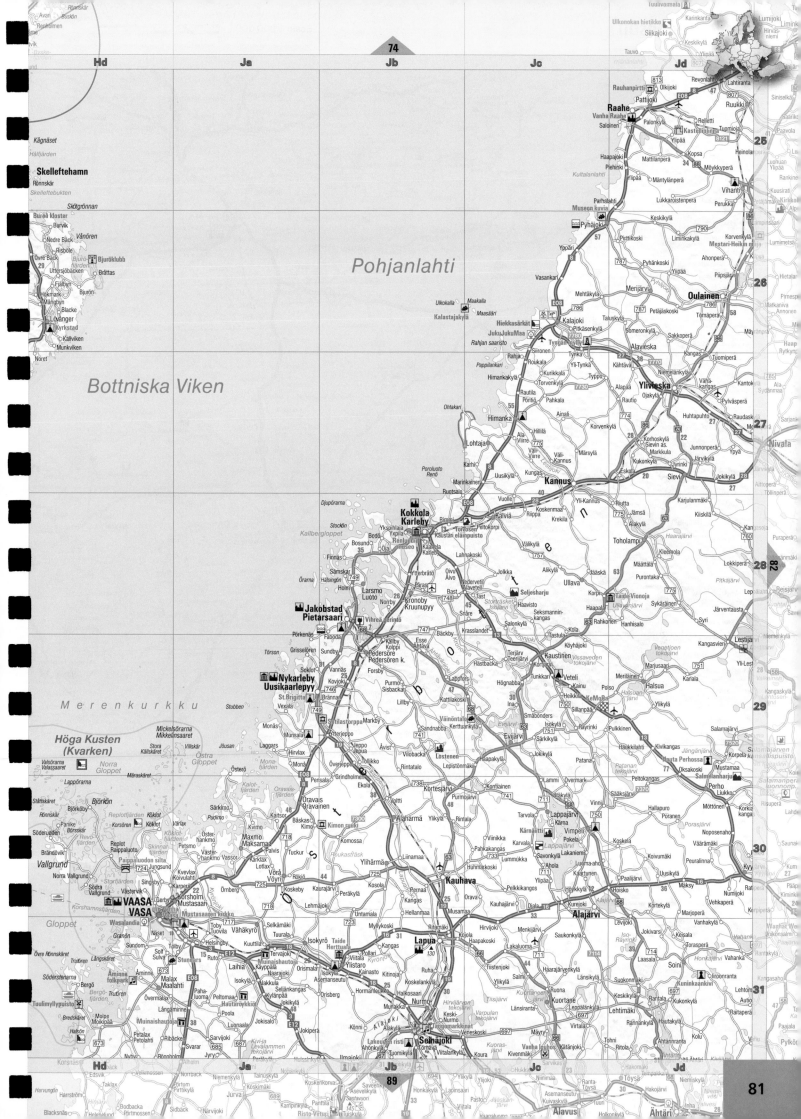

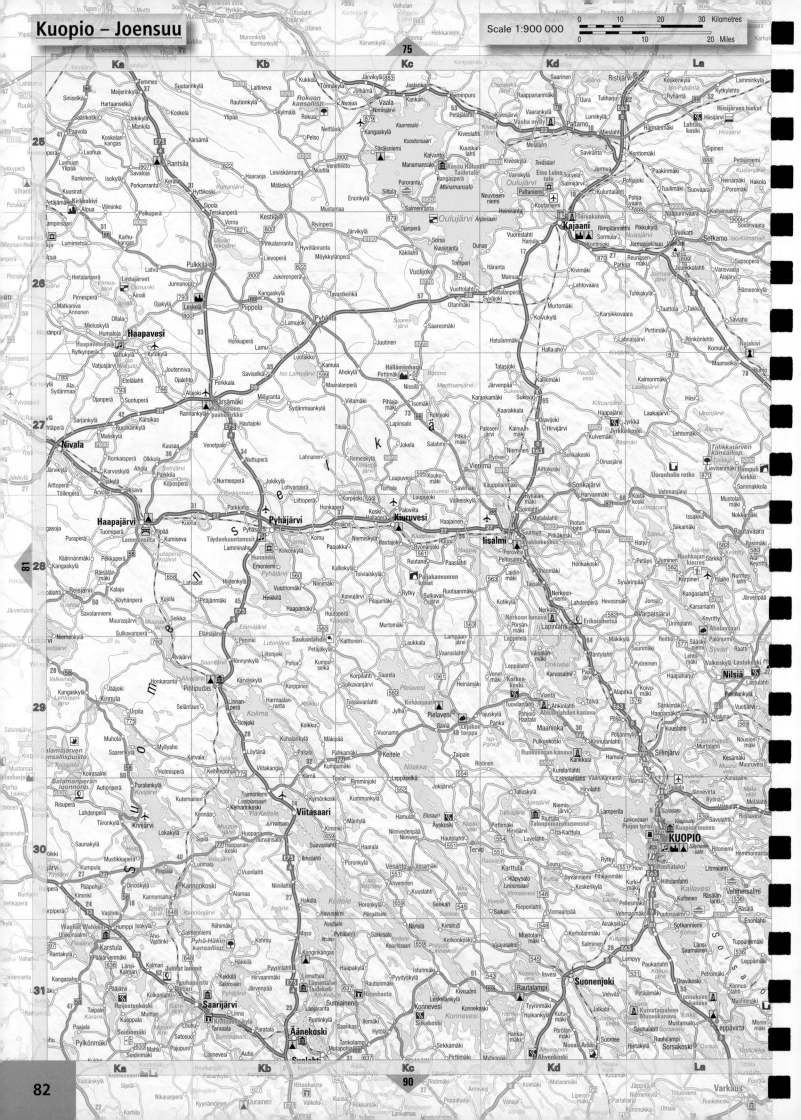

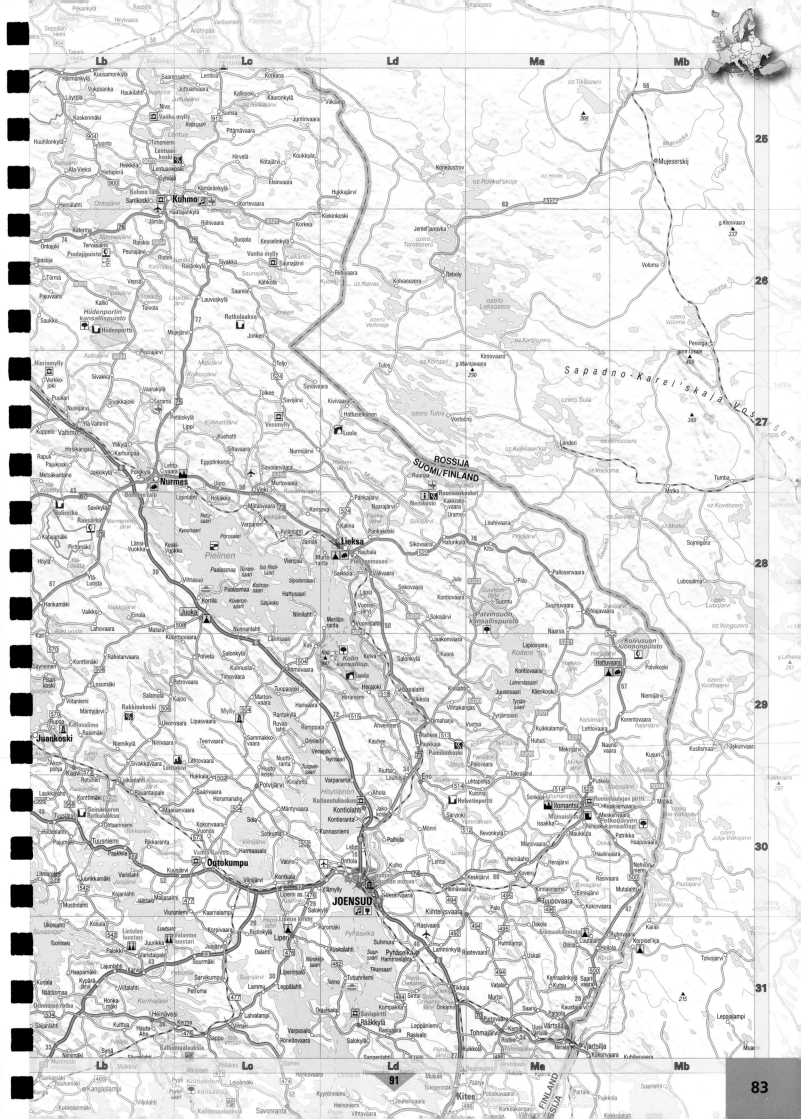

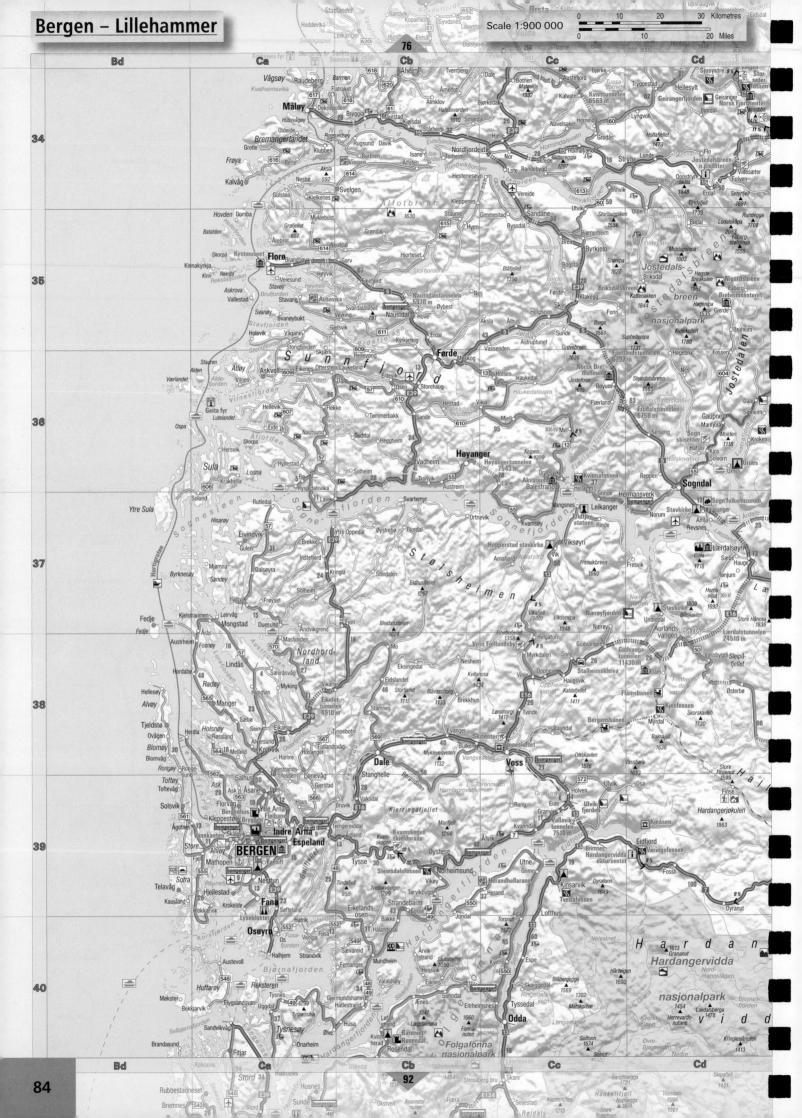

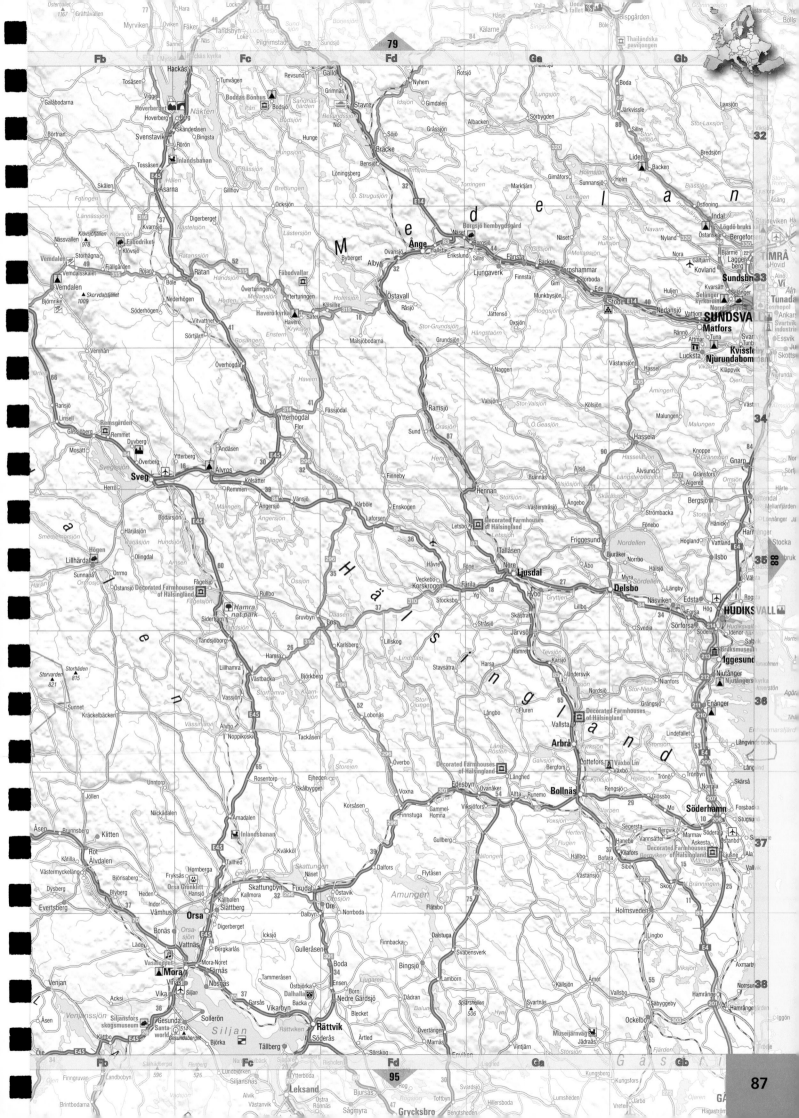

Gc **Gd** **Ha** **Hb** **Hc**

80

Höga Kusten

Mjällom
Nordingrå Rävsön
Högbondens fyr

Krämfors
Lunde
Klocke-
strand
Nora
Gaviks-
fjärden
Sprängsviken
Ramvik
Högakusten bron
Högsjö
Utansjö
Storön

32

Viksjö
Aspnäs
Rö
Hemsö

Gussjön Alandsbro
Ulvvik
Hemsön
Lungön

Stor-
Roten
Stigsjö
Säbrå
Vågnön
Ljustorp
Åsäng
d **HÄRNÖSAND**
Murberget
Antjärn
Öje
Gånsvik
Härnön
Stavreviken Hässjö
Bye
45
Häggdånger

Indal
Lögdö bruks
Bergeforsen
Söråker
Barsviken

Bjärme
Lagger-
berg
TIMRÅ
Hovid

Sund **33**
Vi
Alnö
Tynderö *Åvikebukten*

Säl
Tunadal
Alnön
Åstön
Åkerö

Cosmopol
Rödön
Åstholmsudde

Ankarsvik
SUNDSVALL
atfors
Svartvik
industriminnen
Essvik
Sundsvallsbukten

Svartvik
Juniskär
Kvissleby
jurundabommen
Skottsund

Kläppvik
Njurunda

Vättan
Brämön

34
Galtströms bruk
Ärmsjön
Galtström

Ragvaldsnäs

Gnarp
Norrfjärden
Sörfjärden

Orrsjö
Hårte
Vitörarna

Jättendal
Mellanfjärden
Lönnånger *Jättholmarna*

Harmånger
Stocka

87 **35**
Strömsbruk
Bästdal
Västa

Rogsta
HUDIKSVALL

Idenor
Bålsön
Kuggörarna
Saltvik
Hornslandet
Klapperstenfält
Bruksmuseum
Aggesund
Tunaolmen
Hölick

Njutånger
Njutångers kyrka
Innerstön
Agön

36
Tihällan

B o t t e n h a v e t

Enhammarsfjärden
Långvinds bruk

Långvind
Skärså

Forsbacka
Stupsund

andarne
37
Ljusne Ala

Vallvik

25

Axmarby

38
idet

Hamrångefjärden
Iggön

S e l k ä m e r i

Trödje

Gävlebukten

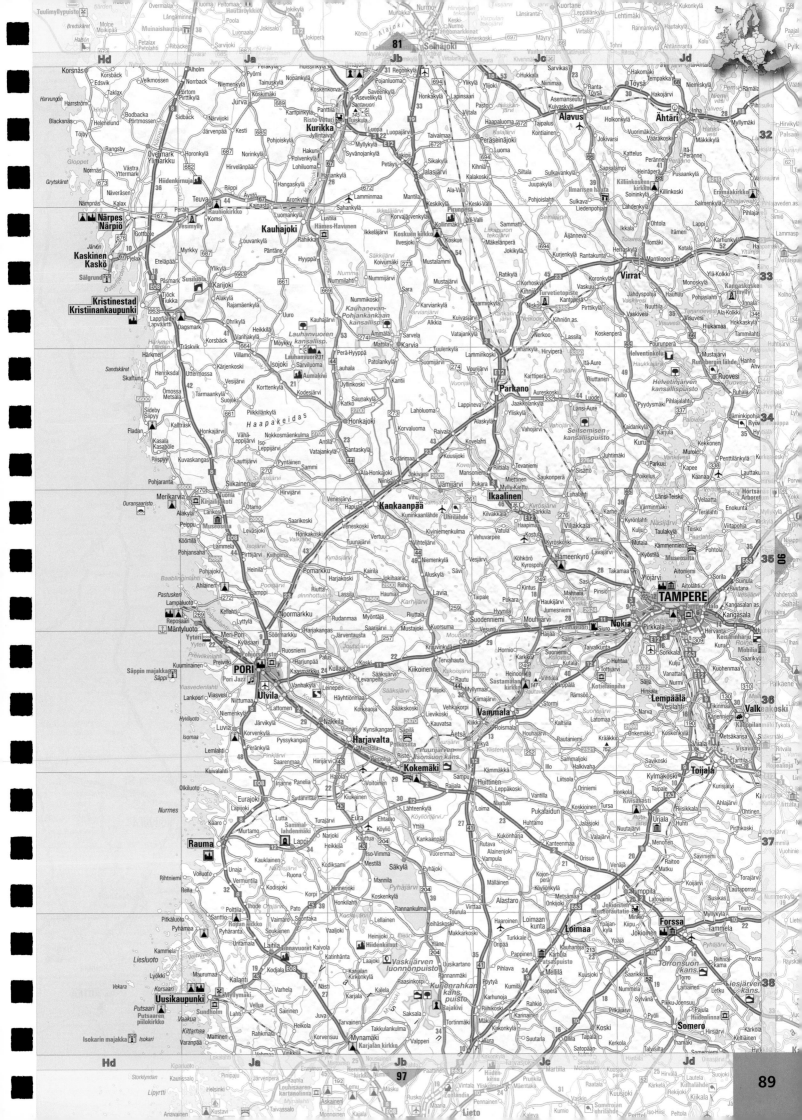

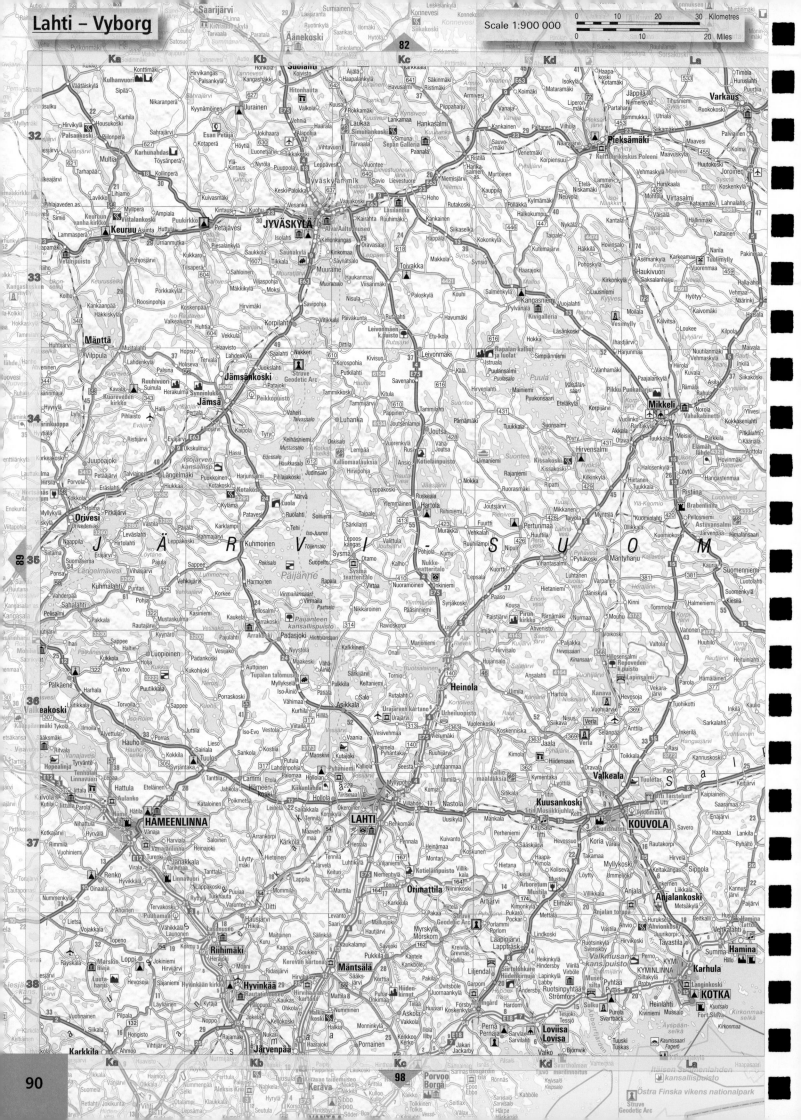

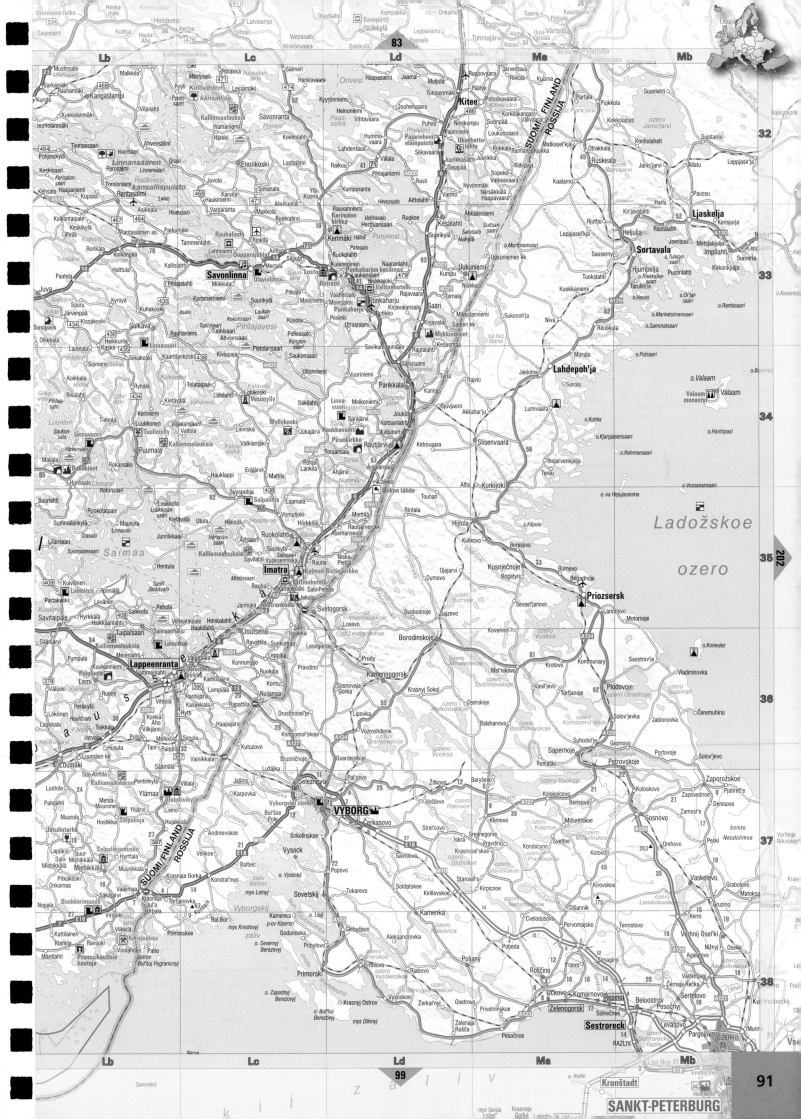

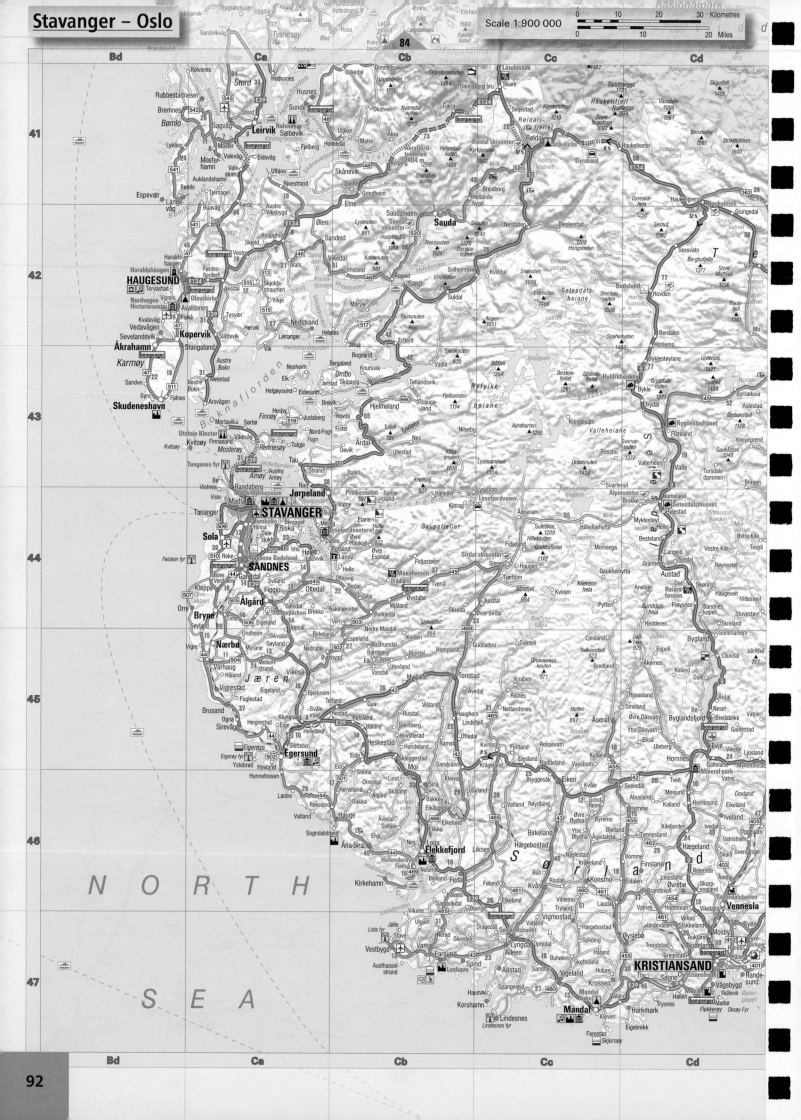

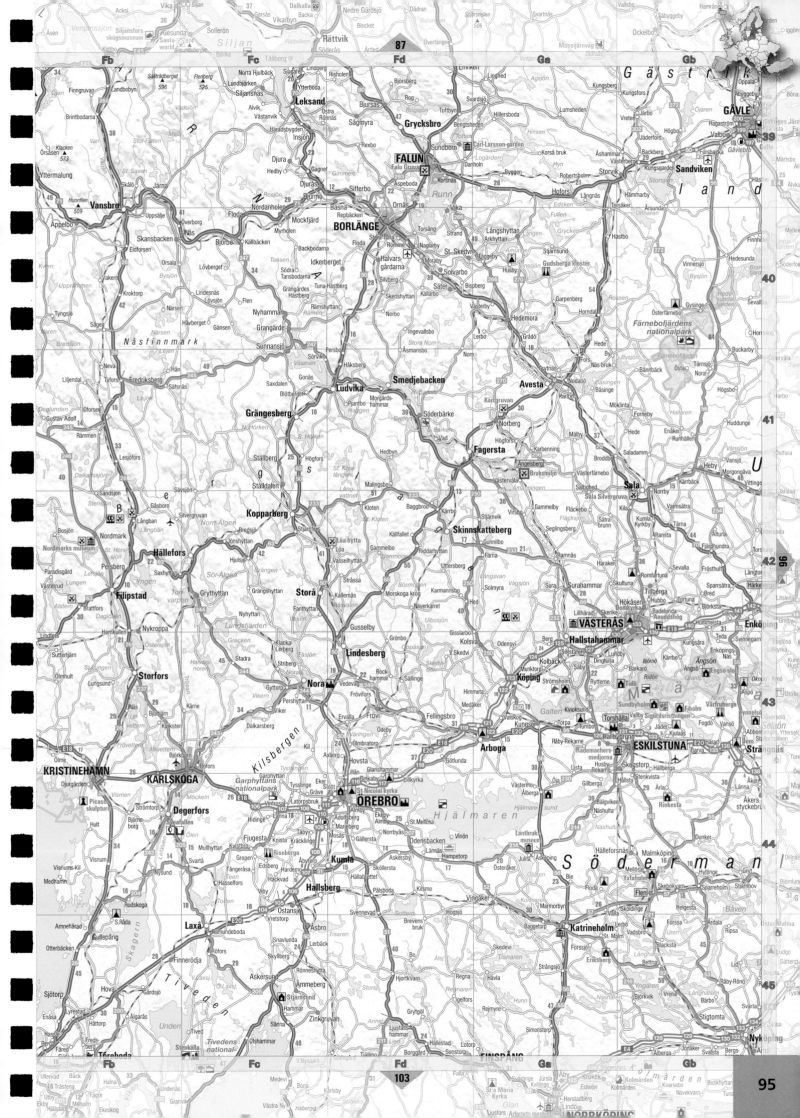

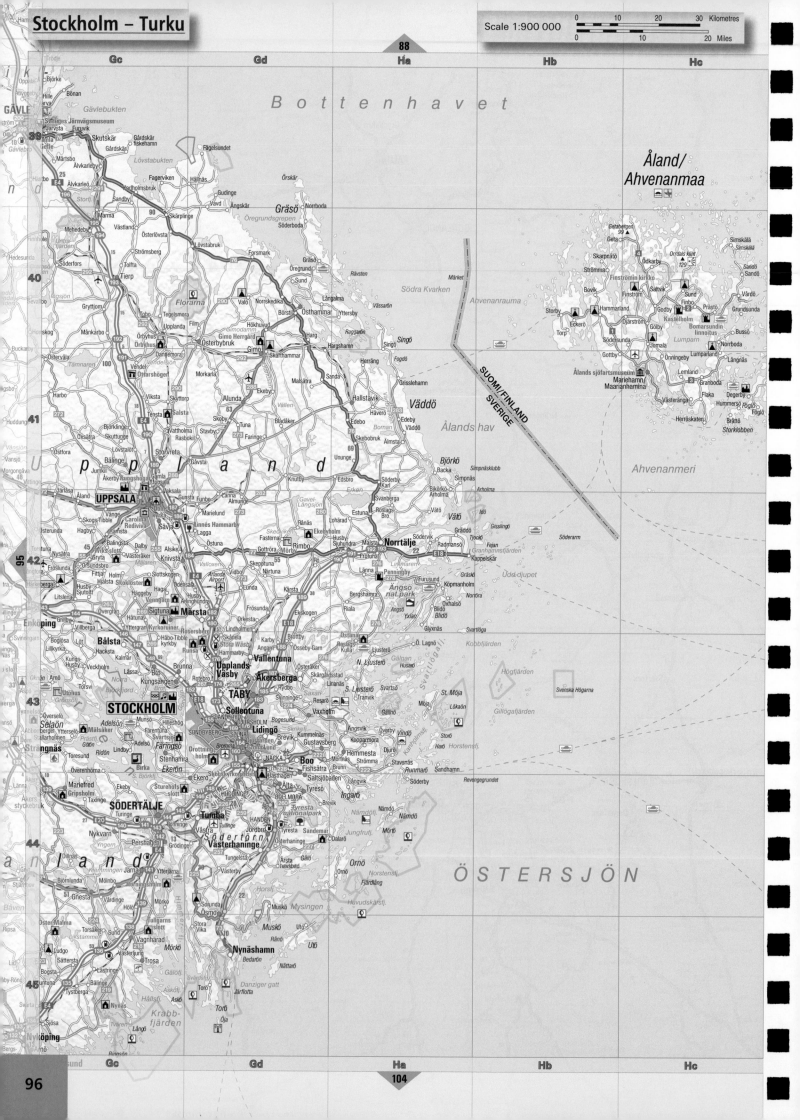

Gc   **Gd**   **Ha**   **Hb**   **Hc**

88

B o t t e n h a v e t

Åland/
Ahvenanmaa

GÄVLE

Sveriges Järnvägsmuseum
Furuvik
Järvsta

39

Skutskär
Gårdskär
Gårdskär fiskehamn

Fågelsundet

Älvkarleby
Älvkarleö

Örskär

Gräsö
Norrboda
Söderboda
Öregrundsgrepen

Simskäla
Simskälä

Getabergen
99

Fagerviken
Hållnäs

Skarpnåtö
Orrdals klint
129
Ödkarby

Lövstabruk
Forsmark

Gräsö
Öregrund
Sund

Rävsten

Märket

Strömma
Finström kyrka

Storby
Bovik
Finström
Saltvik
Sund
Finbo

40

Tierp

Valö
Norrskedika

Östhammar
Yttersby

Södra Kvarken

Ahvenanrauma

Eckerö
Torp
Hammarland
Djarström
Godby
Gölby

Prästö
Grundsunda

Florarna

Gimo Herrgård
Österbybruk
Gimo

Börstil
Harg
Hargshamn

Raggarön

Singö
Singö

Fogdö

Södersunda
Jomala
Kastelholm
Bomarsund linnoitus
Lumparn

Norrboda
Bussö

Ottarshögen

Morkarla
Skäfthammar

Herräng

Herrång

Ålands sjöfartsmuseum
Mariehamn/Maarianhamina

Gottby
Önningeby
Lumparland
Långnäs

Lemland
Granboda

41

Björklinge

Skyttorp
Salsta

Alunda
Skoby
Tuna

Bladåker
Hallstavik

Väddö

Edebo
Skebobruk
Älmsta

Häverö
Edeby
Väddö

Ålands hav

Vätö
Idö

Västeränga
Flaka
Hummelsö
Föglö

Herröskaten
Bråttö
Storklobben
Föglö

UPPSALA

Gamla
Uppsala

Åland

U p p l a n d

Gåvsta

Knutby

Edsbro
Söderby-Karl

Björkö
Backa
Simpnäs

Simpnäsklubb

Ahvenanmeri

Carolina
Rediviva

Sävja
Linnés Hammarby
Lagga

Marielund

Rimbo

Ränås
Ekenholm
Husby
Sjuhundra
Mälsta

Estuna
Roslags-Bro

Svanberga

Vätö

Gräddö
Tjockö

Gissingö

Söderarm

42

Nysätra

Gryta
Alsike
Östuna

Gottröra
Mörby
Rö

Norrtälje

Söderbyskär
Radmansö

Fejan

Granhamnsfjärden
Kappelskär

Uddjupet

Enköping

Sigtuna
Märsta

Arlanda
Airport

Lunda
Vidbo

Skepptuna
Närtuna

Länna
Penningby

Furusund
Gräskö
Köpmanholm

Nortöra

Bålsta

Håbo-Tibble
kyrkby

Skånela
Karby
Bröttby

Rosersberg
Lindholmen

Össeby-Garn

Angarn
Reslags-Kulla

N. Ljusterö
Ljusterö

Oxhalsö
Blidö
Blidö

O. Lagnö

Kobbfjärden

Högfjärden

Svenska Högarna

43

STOCKHOLM

Upplands
Väsby

Vallentuna
Österåker

Skärgårdsstad

Husari

Svartsö

S. Ljusterö
Tranvik

St. Möja
Lökaön

Gillögafjärden

TÄBY

Åkersberga

Linanäs
Resarö
Svinninge

Saxarn

Glyxnäs

Svartlöga

Sollentuna

DANDERYD
DJURSHOLM
SUNDBYBERG
Solna

Rydbo

Vaxholm

Gällnö
Möja

S. Möja

Lidingö

Brevik
Kummelnäs
Gustavsberg

Ängsvik
Överby
Vindö

Storö

Boo
Fishsätra

Koppamora
Hemmesta
Strömma
Djurö
Runmarö

Harö
Horstensfj.

Drottningholm
Gröna Lund
NACKA

Älta
Saltsjöbaden

Stavsnäs
Sandhamn

Ekerö

Skogskyrkogården
Tyresö

Brunn

Långvik
Söderby

Revengegrundet

HUDDINGE
BOLLMORA

Ingarö

Nämdöfj.
Nämdö

Mariefred
Gripsholm
Taxinge

SÖDERTÄLJE
Turinge

Tumba
Tullinge
HANDEN

Tyresta
nationalpark

Brevik
Sandemar
Dalarö

Mörö

Örnö

Ö S T E R S J Ö N

44

Nykvarn
Pershagen

Västerhaninge

Södertörn
Österhaninge
Tungelsta

Årsta
havsbad

Gålö
Dalarö

Ornö
Fjärdlång

Norstensfj.

Järna
Ytterjärna

Västerby

Ärsta

Mörkö
Hölö

Solunda
Osmö
Muskö
Mysingen

Huvudskärsfj.

Gnesta
Vårdinge

Mörkö
Tullgarns
slott

Muskö
Utö

Stora
Vika
Rånö

Utö

Mörkö
Vagnhärad
Trosa

Nynäshamn
Bedarön
Nåttarö

Öster-Malma
Ludgo
Sätersta
Vansö

Lästringe
Bälinge

Toro
Askö

Järflotta

Öja

45

Nyköping

Krabb-
fjärden

Ringsön

Gc   **Gd**   **Ha**   **Hb**   **Hc**

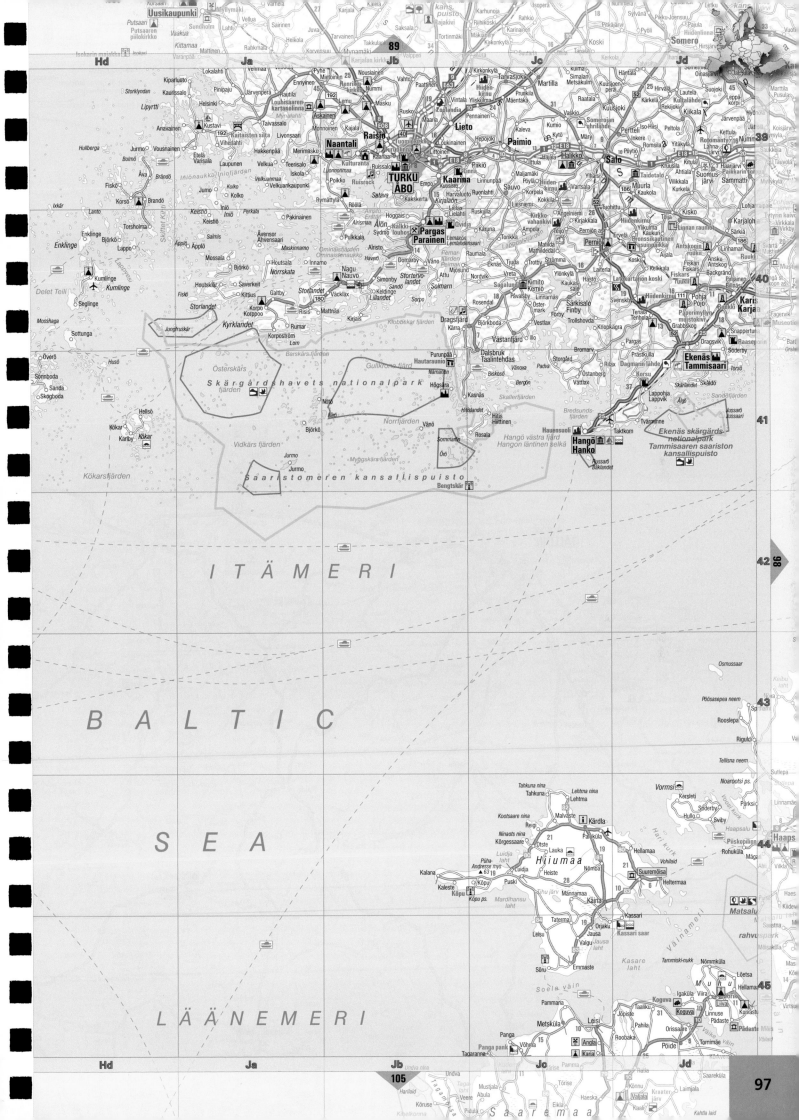

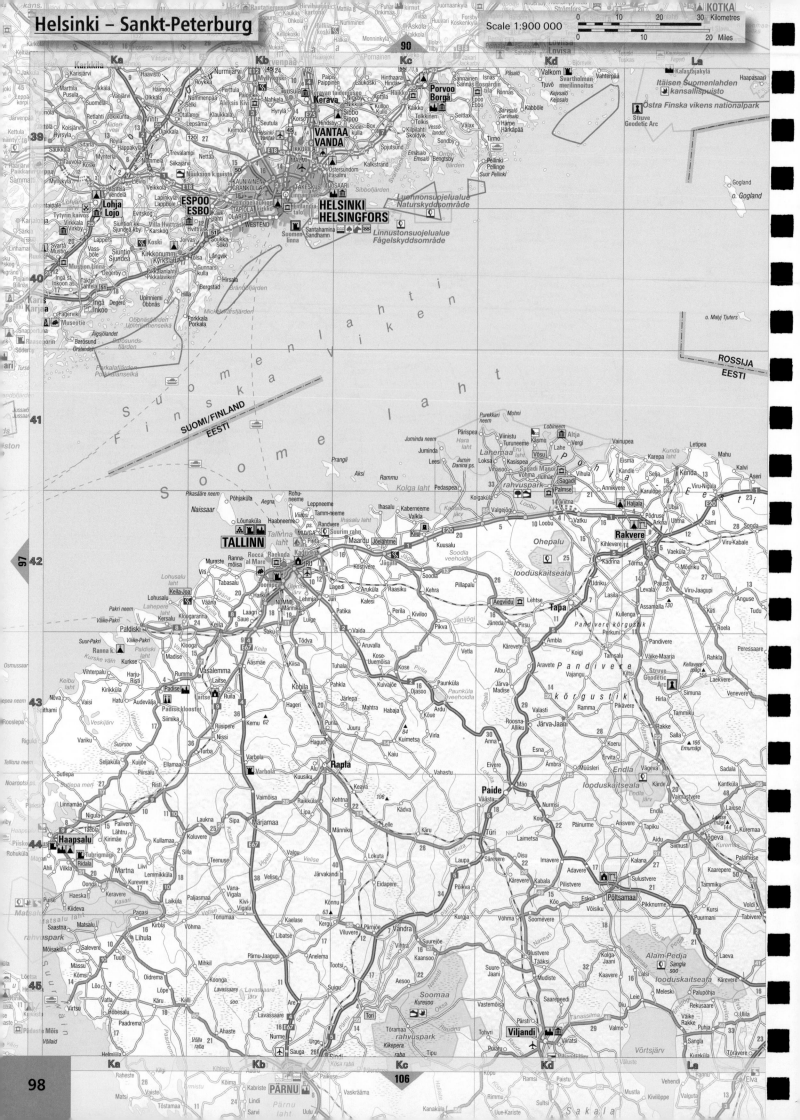

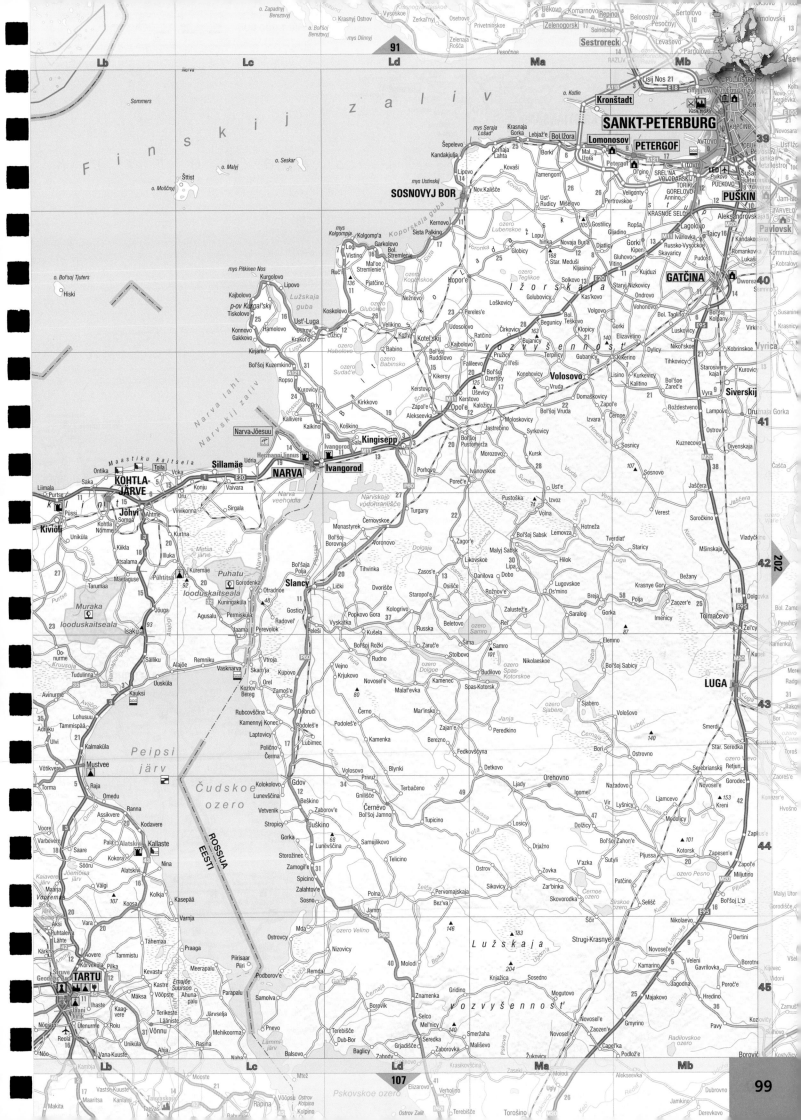

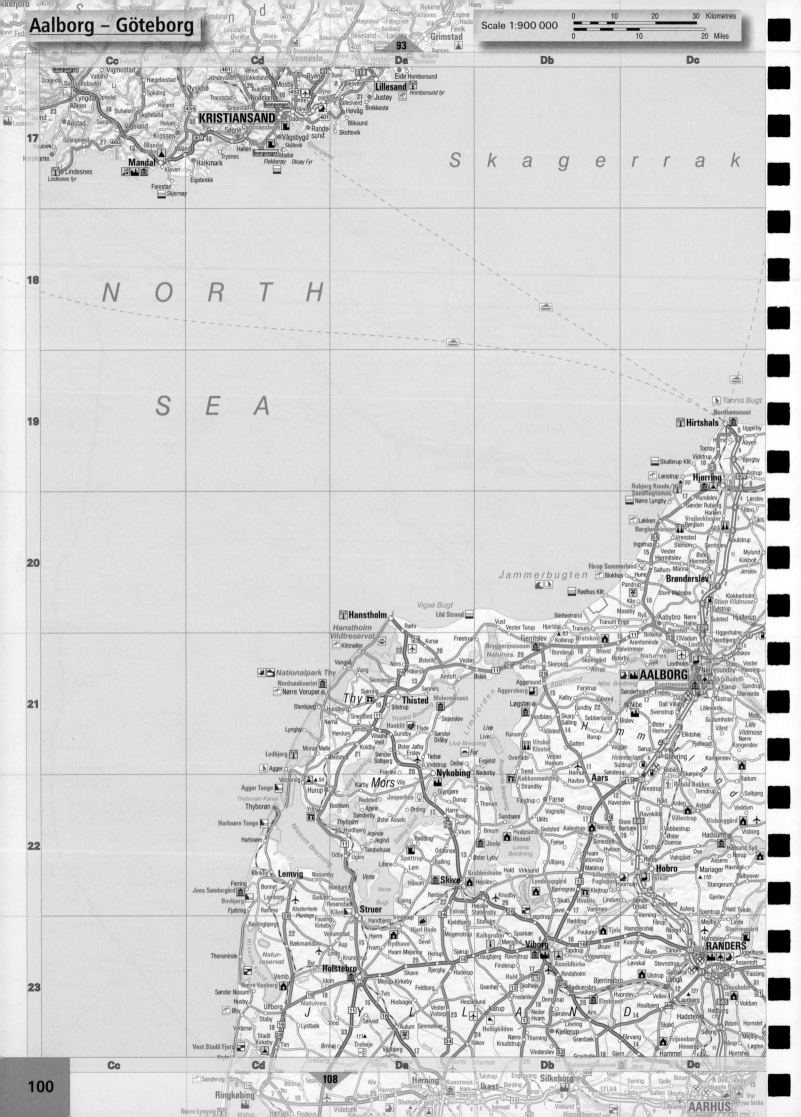

0   10   20   30   Kilometres
0   10   20   Miles

Cc   Cd   Da   Db   Dc

93

Grimstad

KRISTIANSAND

Lillesand

Mandal

Lindesnes
Lindesnes fyr

Farestad
Skjernøy

17

S k a g e r r a k

N O R T H

18

S E A

Tannis Bugt
Nordsømuseet

19   Hirtshals   Uggerby
Abyen

Skallerup Klit
Tornby
Vidstrup

Lønstrup   Hjørring
Rubjerg Knude/
Sandflugtsmus.
Nørre Lyngby   Hundelev   Lørslev

Løkken   Harken   Ilbro   Tårs
Vrejlevkloster
Børglumkloster   Børglum   Vrå

Jammerbugten   Fårup Sommerland   Brønderslev

Blokhus   Hune

Rødhus Klit

Vigsø Bugt   Lild Strand

Hanstholm

Hansholm
Vildtreservat

Nationalpark Thy

Nordsøakvariet
Nørre Vorupør

Thy   Thisted   Mollemuseet

Skive

Lemvig

Struer

Nykøbing   Mors

Thyborøn

Harboøre

Holstebro

Viborg   RANDERS

AALBORG

Hobro

AARHUS

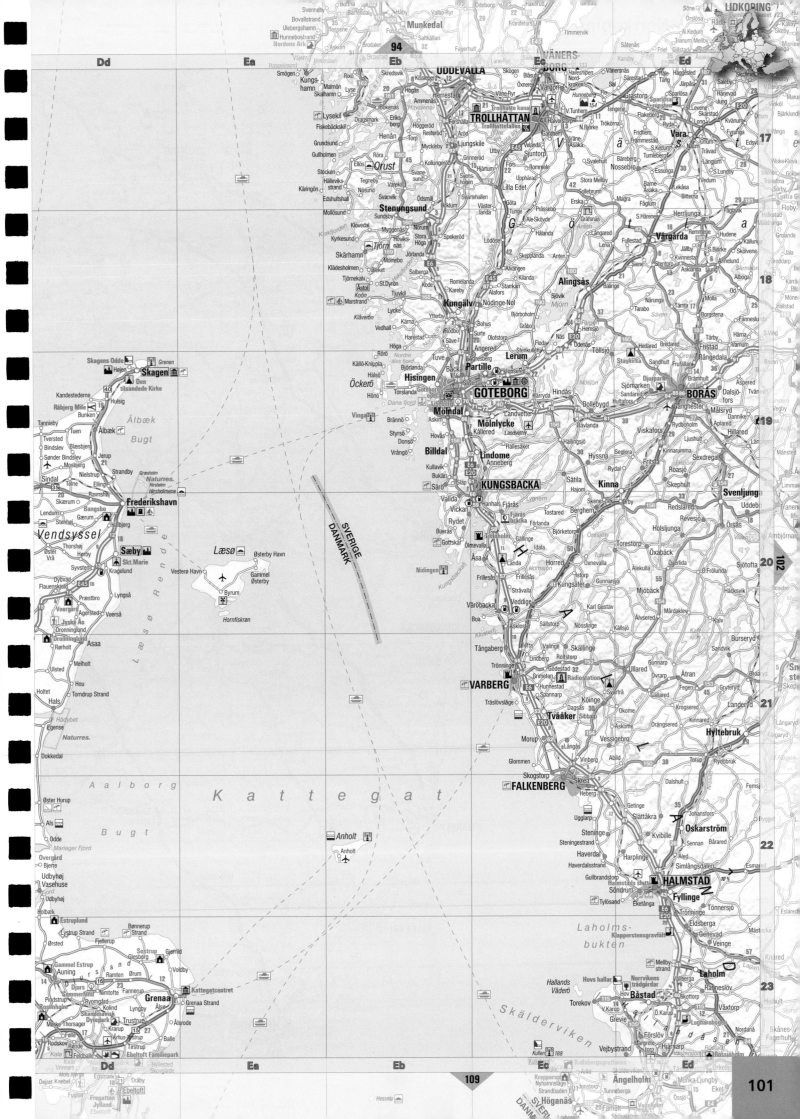

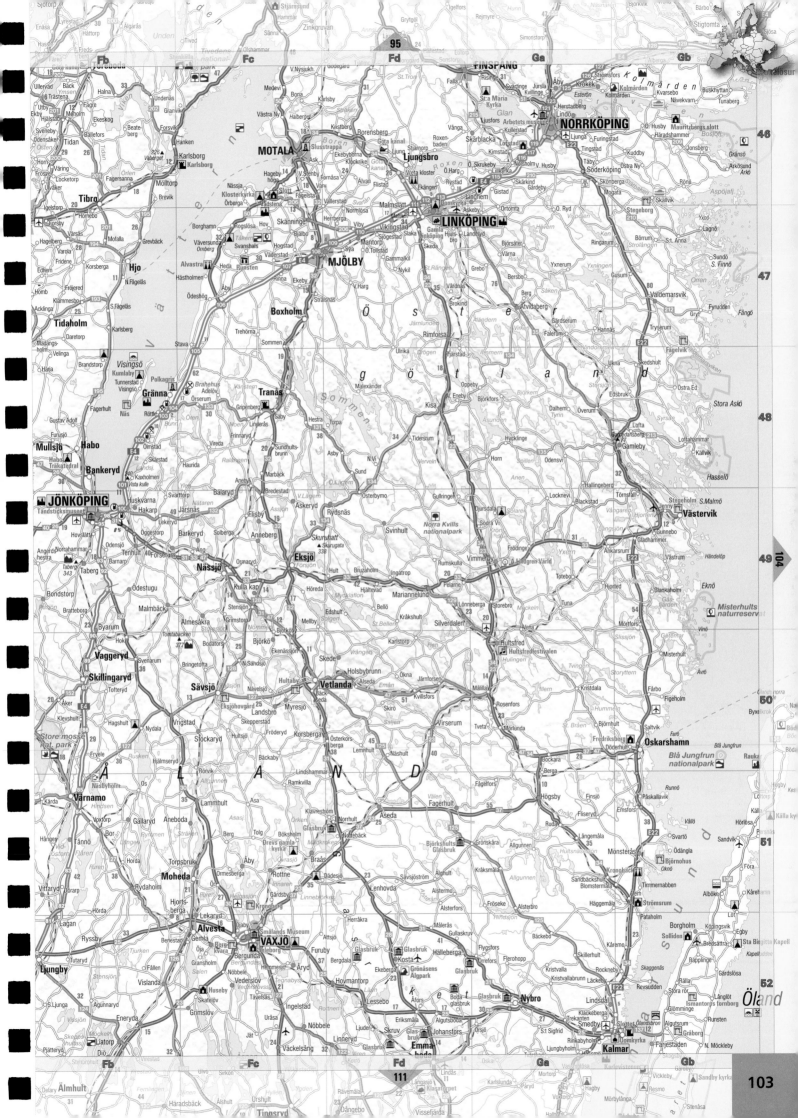

Scale 1:900 000

| 0 | 10 | 20 | 30 | Kilometres |
| 0 | | 10 | | 20 Miles |

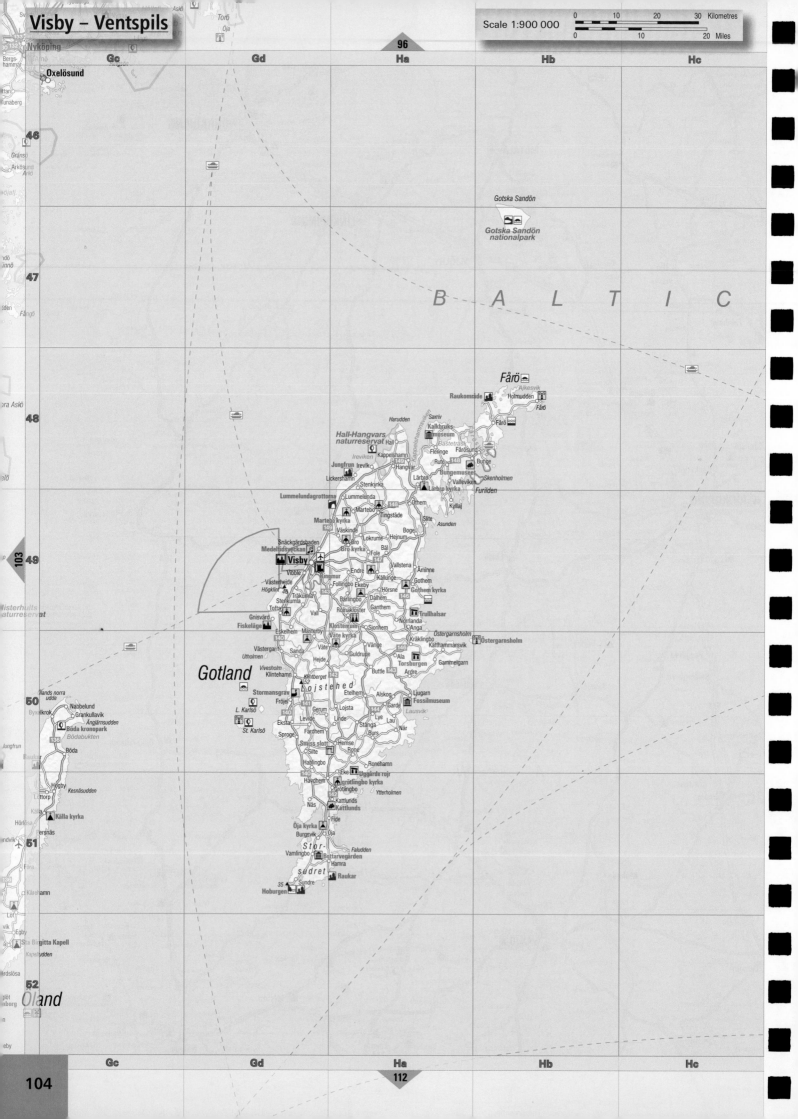

Nyköping
Bergs-
hammar
Oxelösund

46
Gränsö
Arkösund
Arkö
sjölf
43

47
andö
Finnö
Iden
Fångö

48
ora Askö
elö

103 49
Misterhults
naturreservat

50
Ölands norra
udde
Nabbelund
Byxelkrok
Grankullavik
Ängjärnsudden
Böda kronopark
Bödabukten
Jungfrun
186
Böda
Högby
Kesnäsudden
Löttorp
Källa kyrka
Hörlösa
Persnäs
51
Föra
Kärehamn
Löt
vik
Egby
Sta Birgitta Kapell
Kapelludden
ärdslösa
52
Öland
glöt
nborg
eby

B A L T I C

Gotska Sandön

Gotska Sandön
nationalpark

Fårö
Ajkesvik
Raukområde   Holmudden
Fårö
Fårö
Harudden   Saxriv
Hall-Hangvars   Kalkbruks
naturreservat   Hall   museum
Ireviken   Fårösund
Jungfrun   Irevik   Fleringe
Kåppelshamn   Rute   Bunge
Hangvar   Bungemuseet
Lickershamn   Lärbro   Skenholmen
Stenkyrka   Lärbro kyrka   Vallviken
Lummelundagrottorna   Lummelunda   Othem   Furilden
Martebo   Tingstäde   Kyllaj
Martebo kyrka   Slite
Väskinde   Boge   Asunden
Snäckgärdsbaden   Lokrume   Hejnum
Medeltidsveckan   Bro   Bäl
Visby   Bro kyrka   Fole
Vibble   Vallstena
Ringmur   Endre   Amine
Västerhejde   Follingbo Ekeby   Gothem
Högklint   Källunge   Gothem kyrka
Stenkumla   Träkumla   Barlingbo   Horsne
Totta   Dalhem
Gnisvärd   Vall   Romakloster   Ganthem   Trullhalsar
Fiskeläge   Norrlanda
Eskelhem   Klosterrum   Sjonhem   Anga
Mästerby   Väte kyrka   Östergarnsholm
Västergarn   Väte   Kräklingbo   Katthammarsvik   Östergarnsholm
Utholmen   Sanda   Vänge   Ala   Torsburgen
Hejde   Guldrupe   Ardre   Gammelgarn
Viveholm   Buttle
Gotland   Klintehamn   Klintberget   Alskog
Stormansgrav   ojstehed   Etelhem   Ljugarn
Fröjel   Fossilmuseum
L. Karlsö   Gerum   Lojsta   Garde   Lausvik
Levide   Linde   Lye   Lau
St. Karlsö   Eksta   Stånga   När
Fardhem   Burs
Sproge   Smiss slott   Hemse
Silte   Rone   Ronehamn
Hablingbo   Eke   Uggårde rojr
Havdhem   Grötlingbo kyrka
Grötlingbo   Ytterholmen
Näs   Kattlunds
Kattlunds
Fide
Öja kyrka
Burgsvik   Öja
Stor-   Faludden
Vamlingbo   Bottarvegården
Hamra
sudret   Raukar
35   Sundre
Hoburgen   Raukar

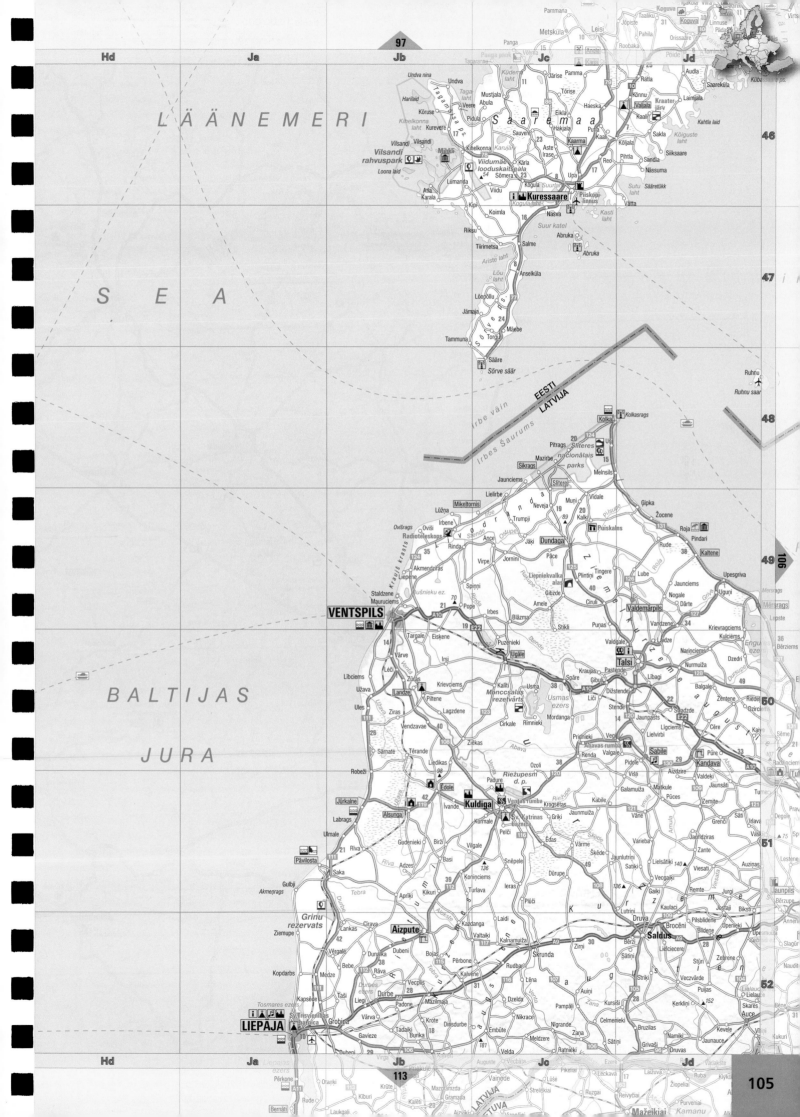

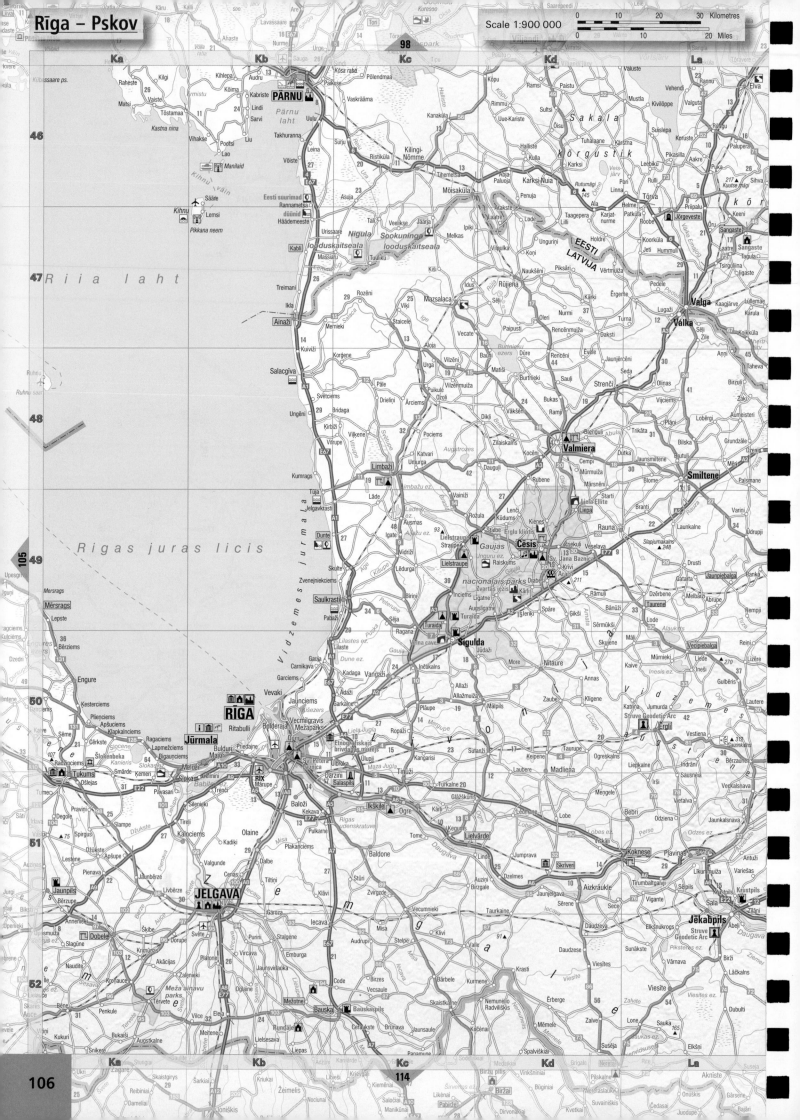

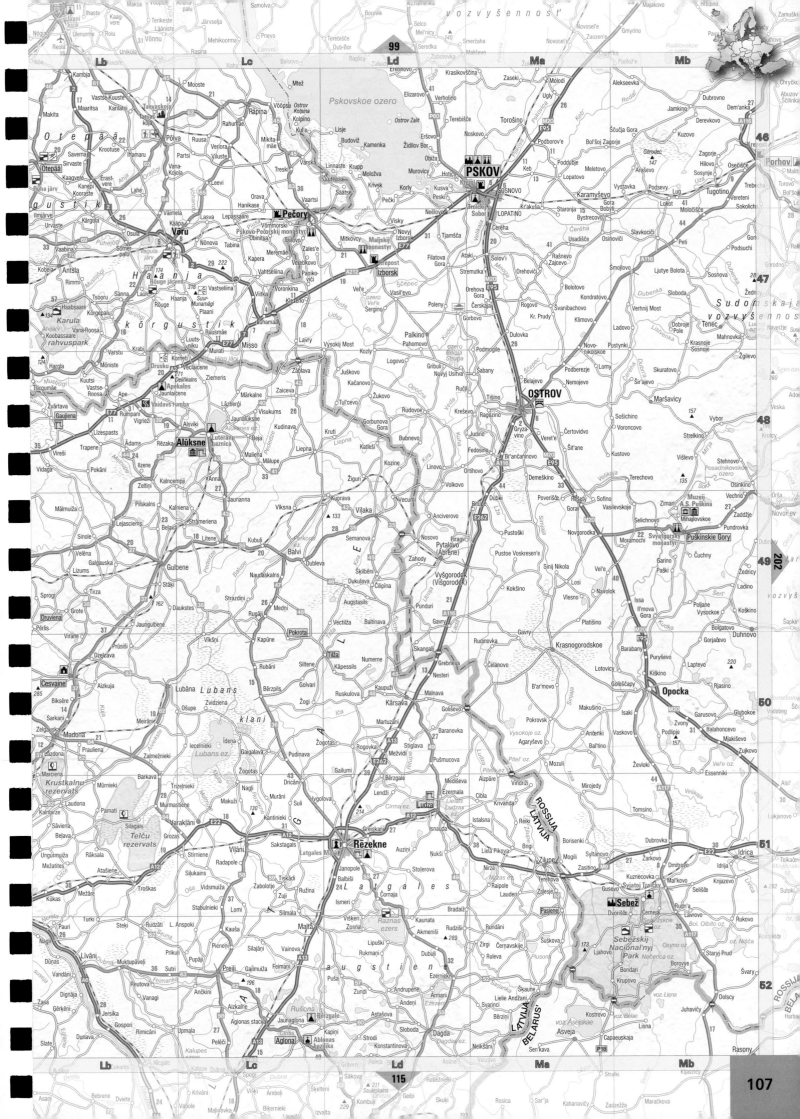

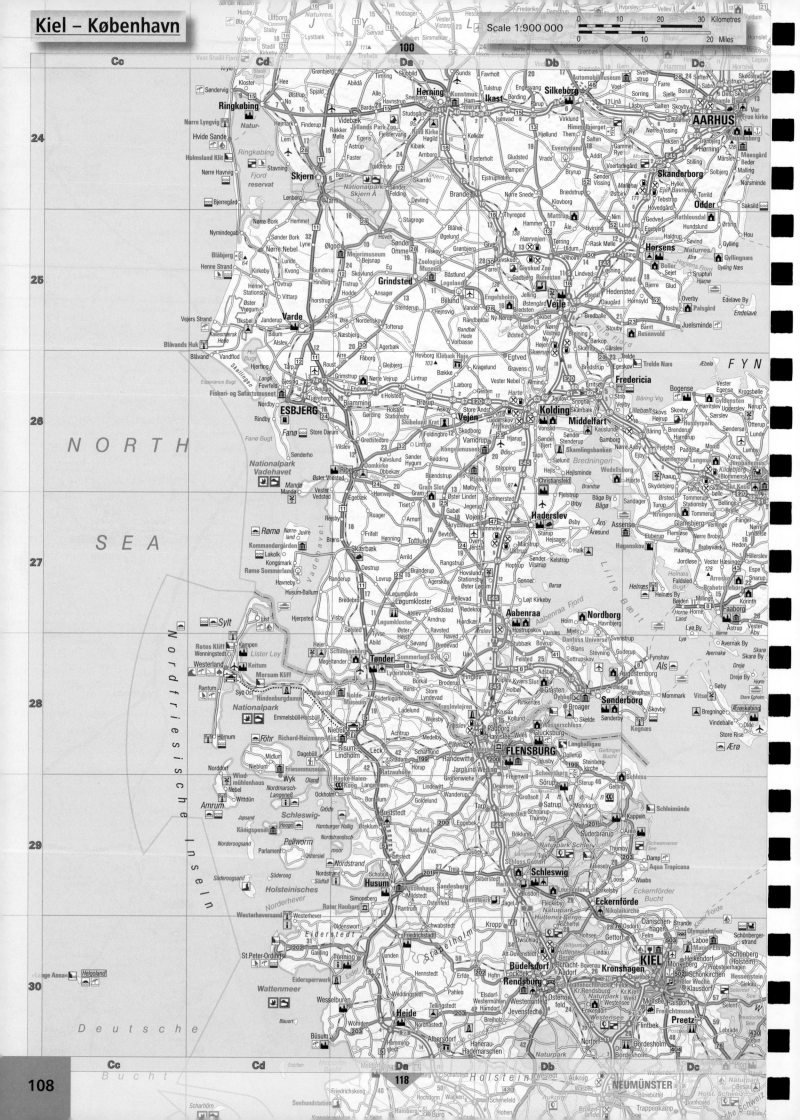

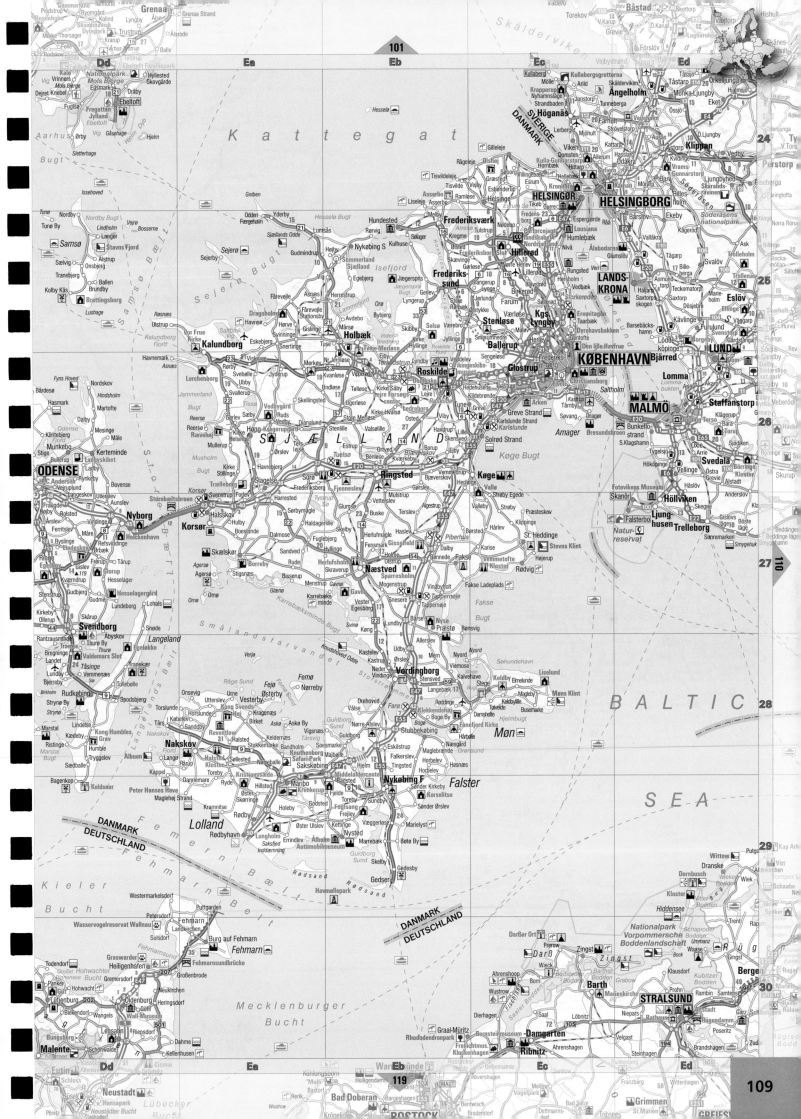

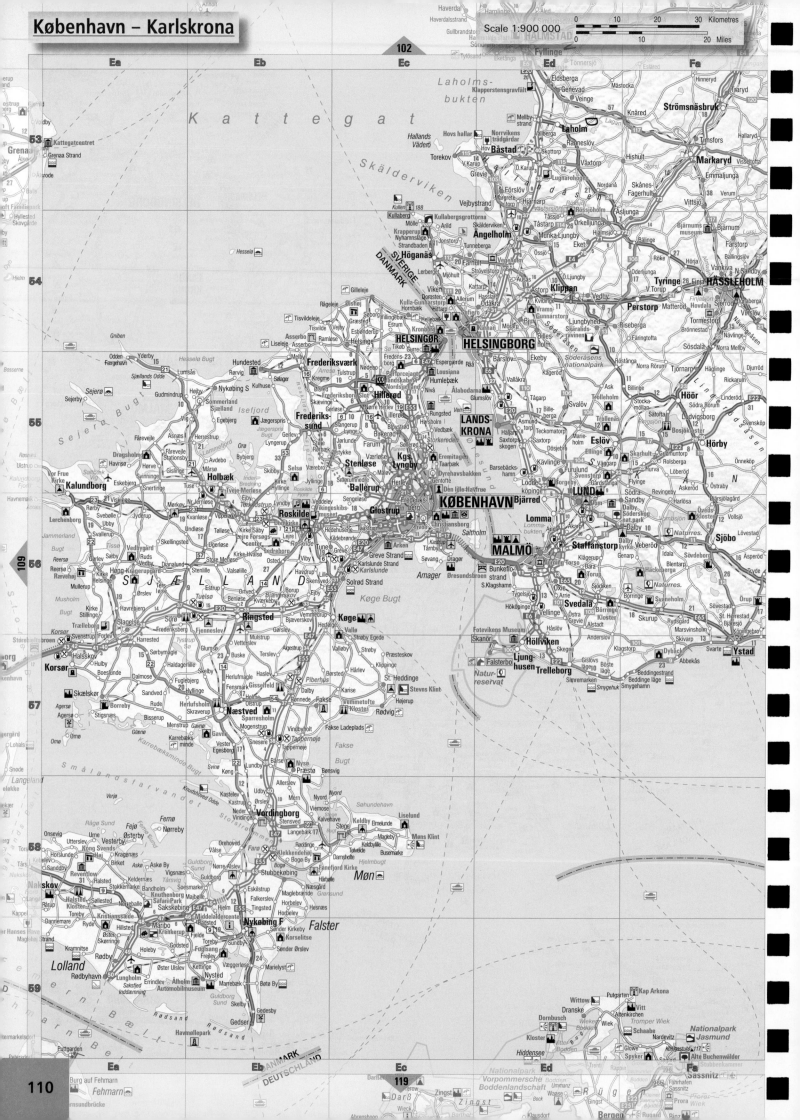

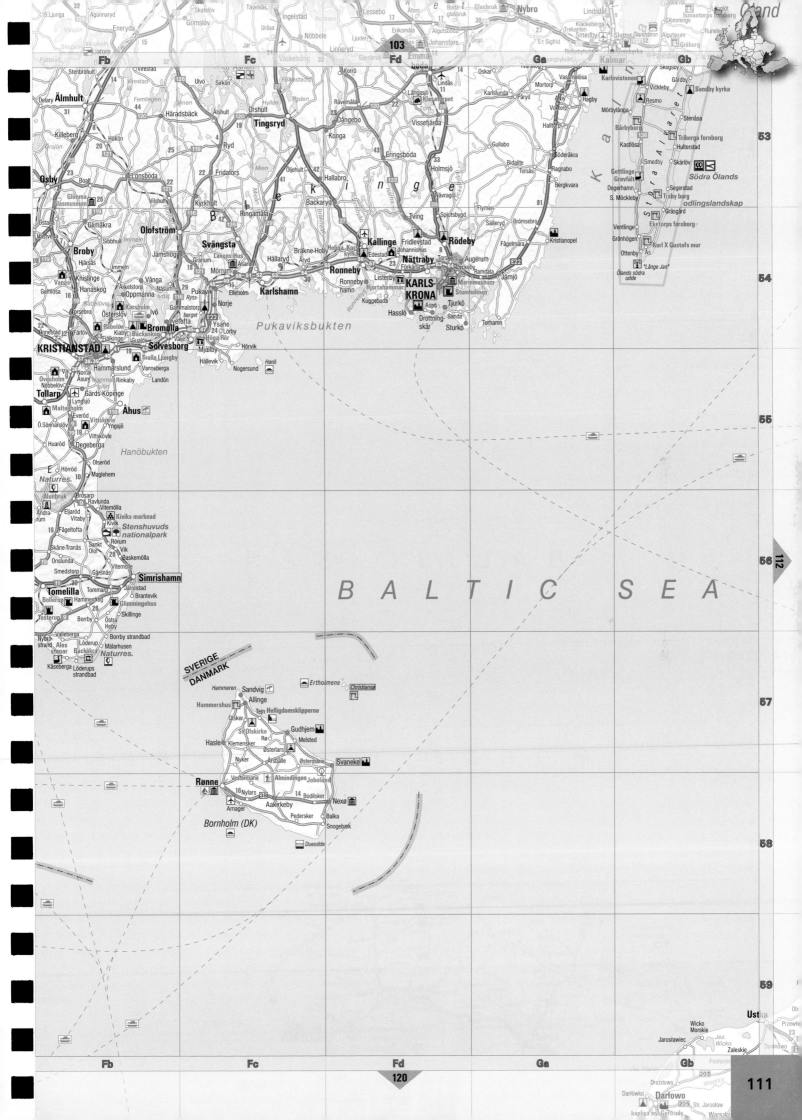

Gc   Gd   Ha   Hb   Hc

53

Ö S T E R S J Ö N

54

55

B A L T I C   S E A

56

111

57

M O R Z E   B A Ł T Y C K I E

58

Jastrzębia G.
Nadmorski
Park Kraj.
Białogóra   Chłapowo
Wierzchucino   Karwia Strzelno   Władysławowo
Sasino Żarnowiec   Chałupy
Słowiński Park   Choczewo Zarnowieckie Łebcze   Kuźnica
Narodowy   Żelazna Pałac Starzyno   Jastarnia
Jez. Łeba Puszcza Wierzchuciańska Gniewino Puszcza   216 Jurata
Sarbsko   Roszczyce 213   218 Puck 22
Smołdziński Las Kluki Izbica Wicko Maszewko Chrzanowo Mierzyno   Leśniewo 34
Rowy   Darżlubska 216 Rzucewo   Hel
Jez. Smołdzino   Białogarda Brzeźno Chynowie Bolszewo Wejherowo   Mrzezino Rewa
Gardno Gardna Główczyce   Lęborskie Bożepole Gościcino Reda Kępa Grodzisko
Objazda Żelkowo Cecenowo   Nowa Wieś Wlk 20 Luzino   Rumia
Ustka Przewłoka Gabino Lupawa Stowięcino Redkowice Godetowo   Trójmiejski Park   Zatoka Gdańska
Bydlino 213 Damno Łeba 18   Bieszkowice   GDYNIA
210 Lubuczewo   Lębork 224 Nawcz   Baltijskaja

59

Gc   Gd   Ha   Hb   Hc
121
Sopot
GDAŃSK

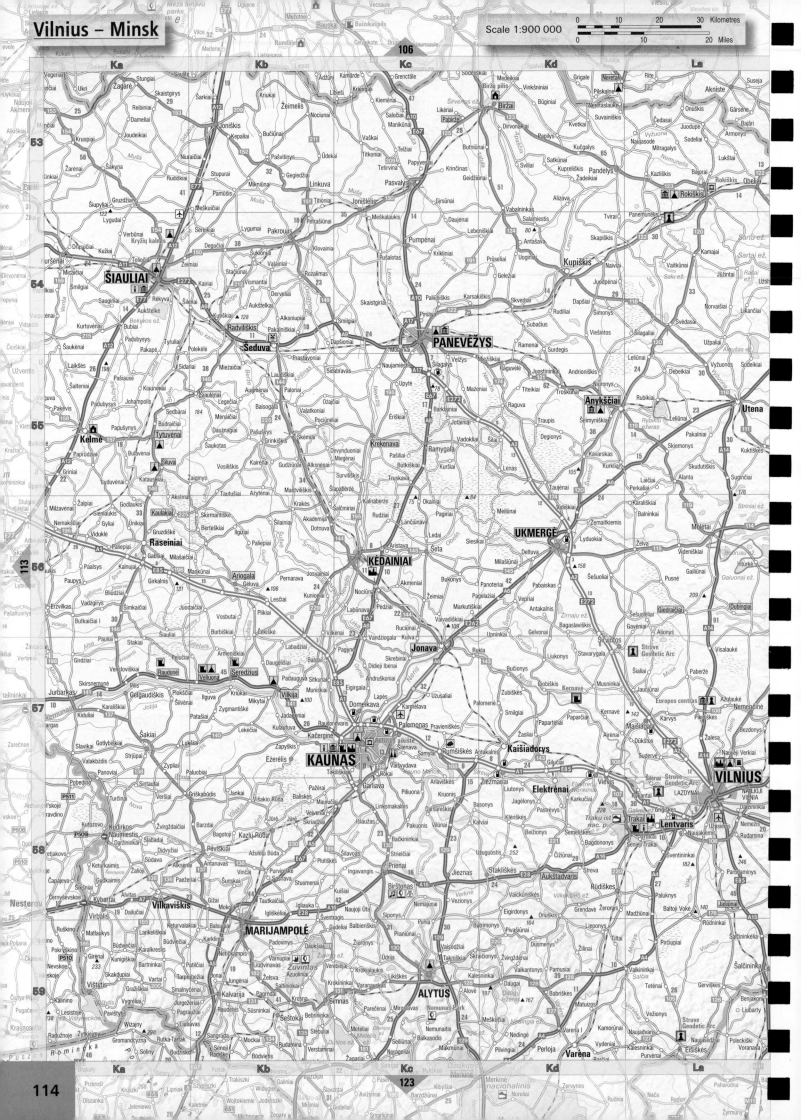

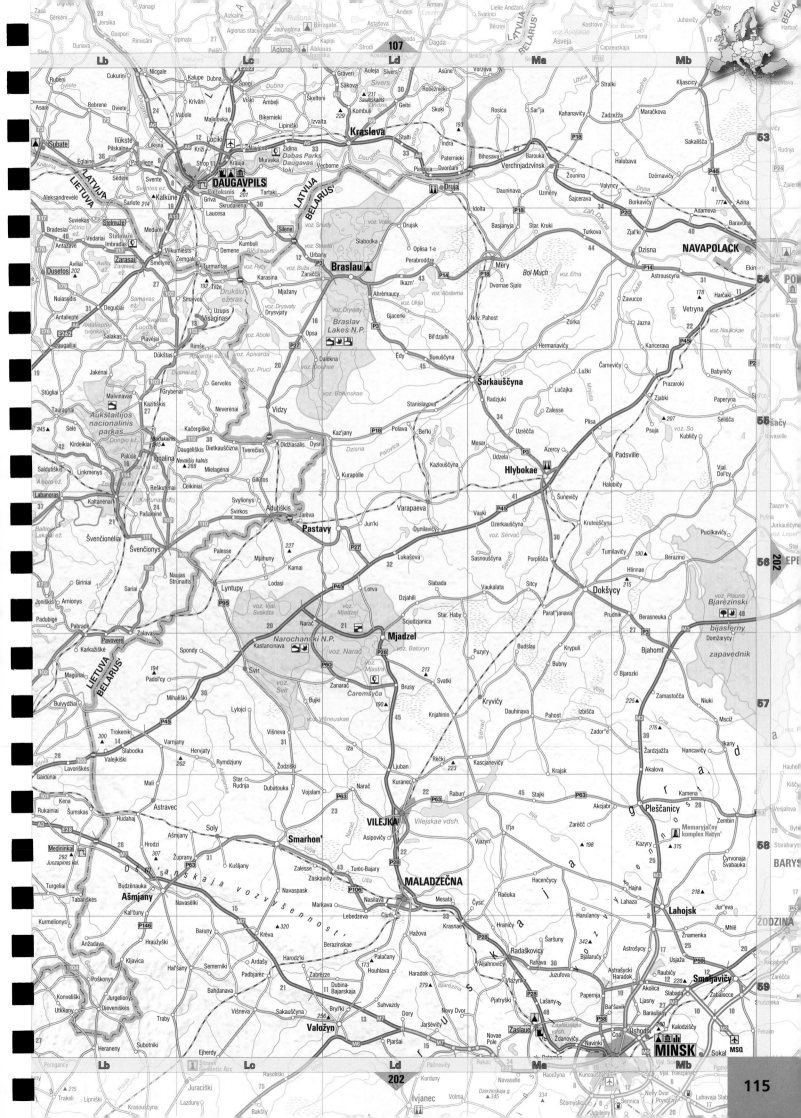

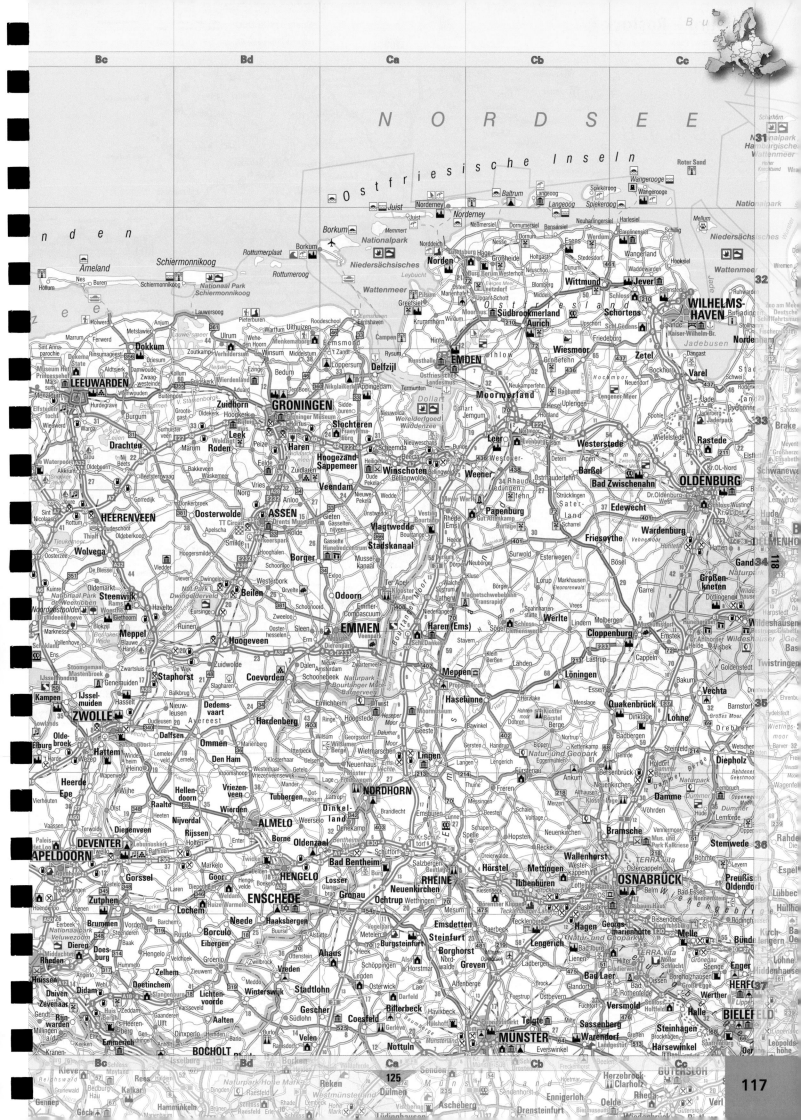

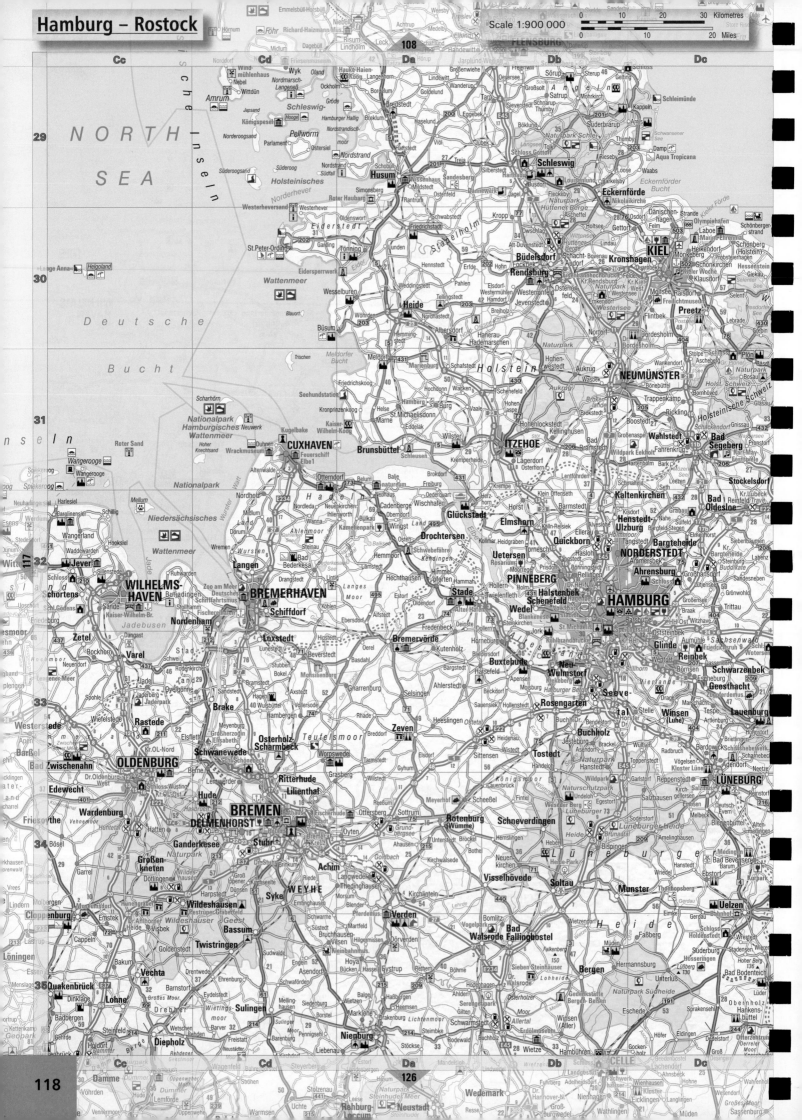

Scale 1:900 000

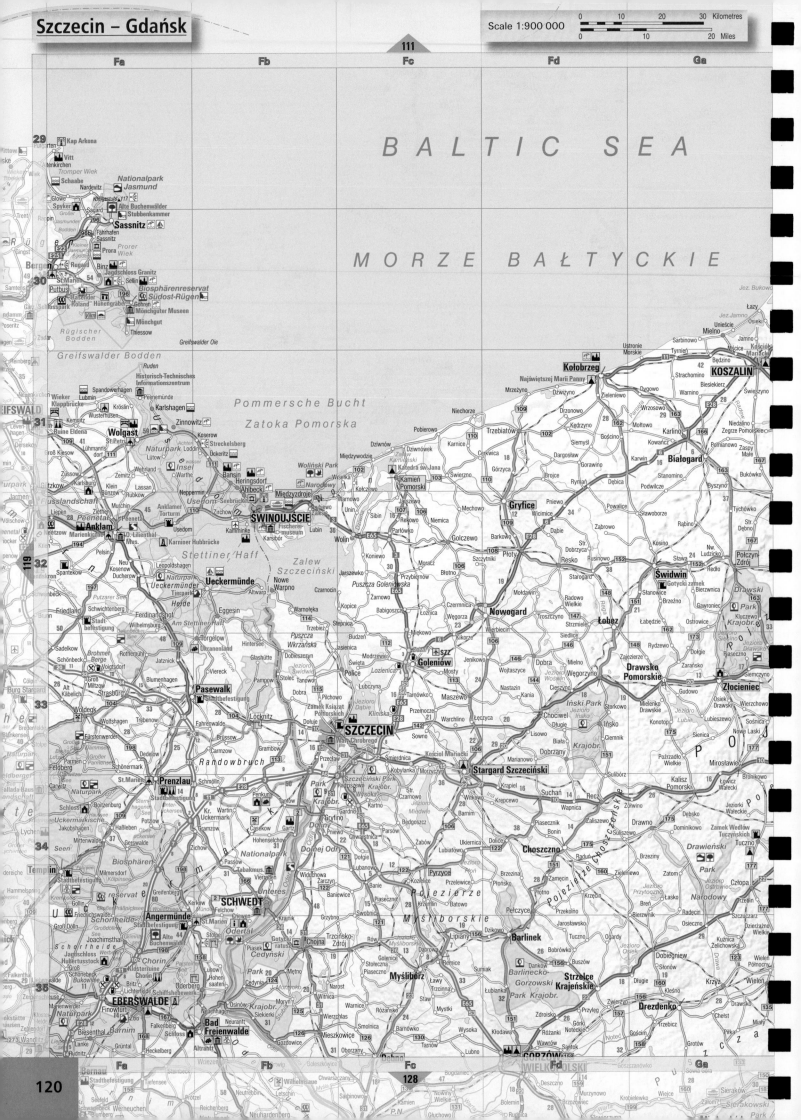

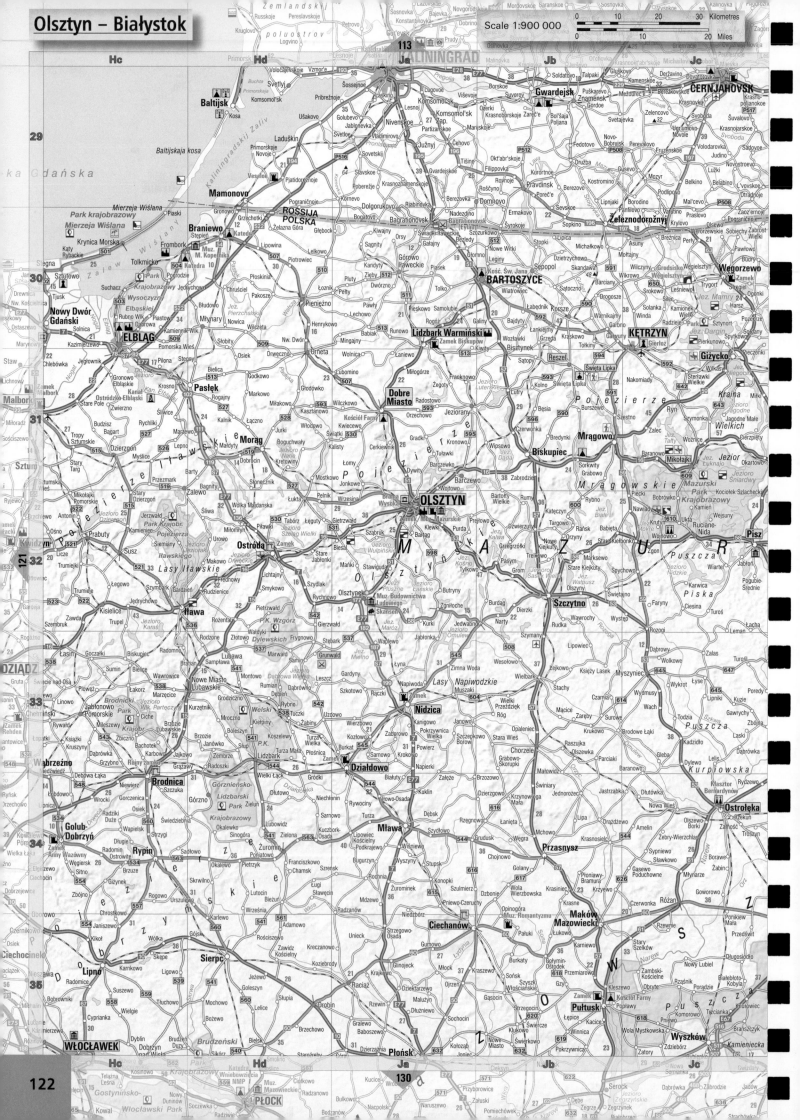

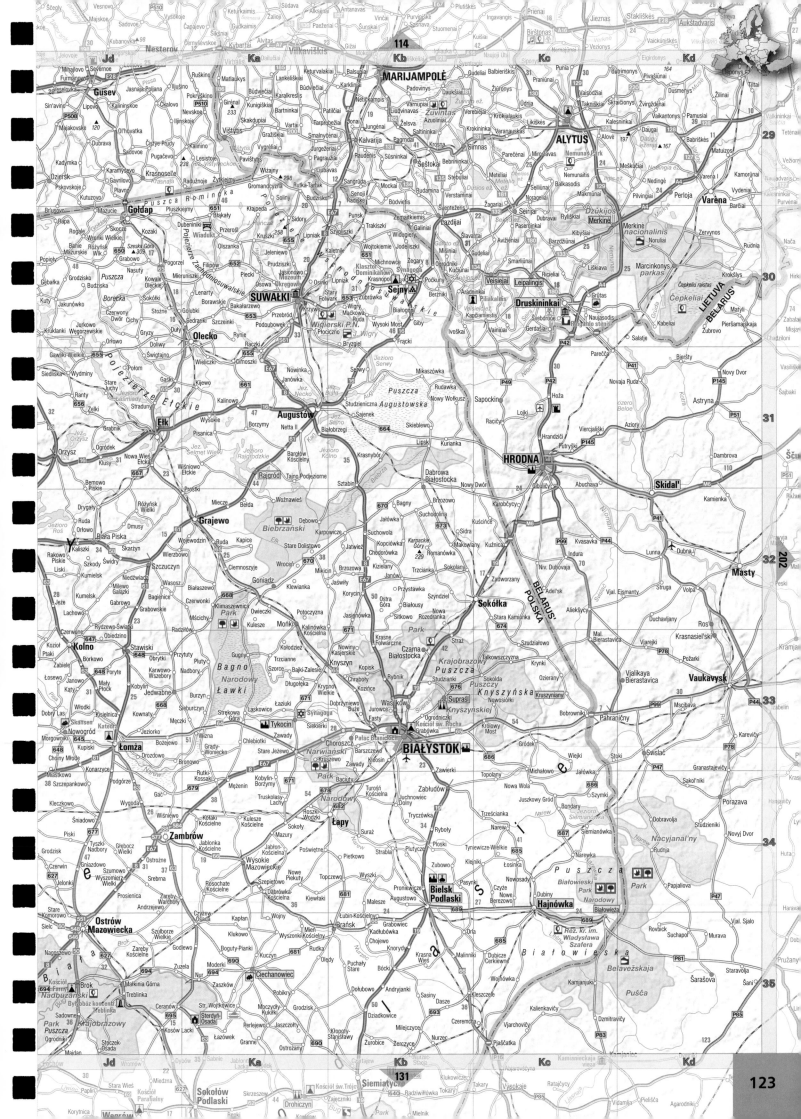

Scale 1:900 000

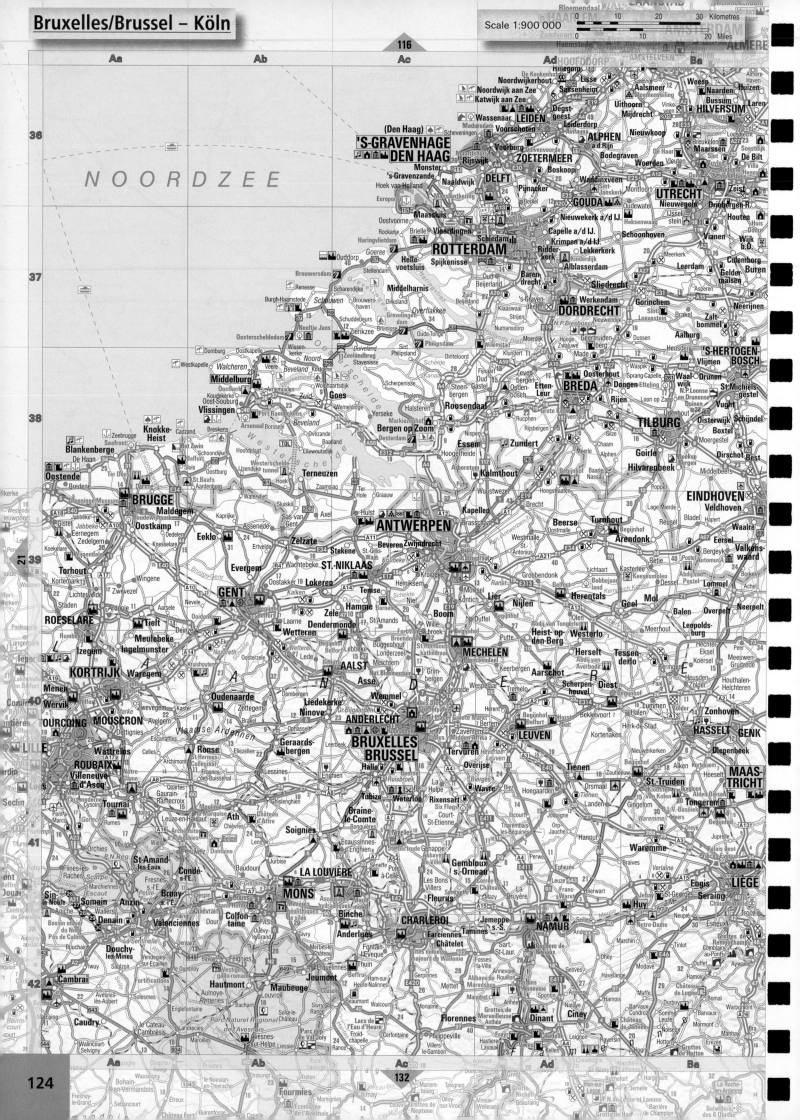

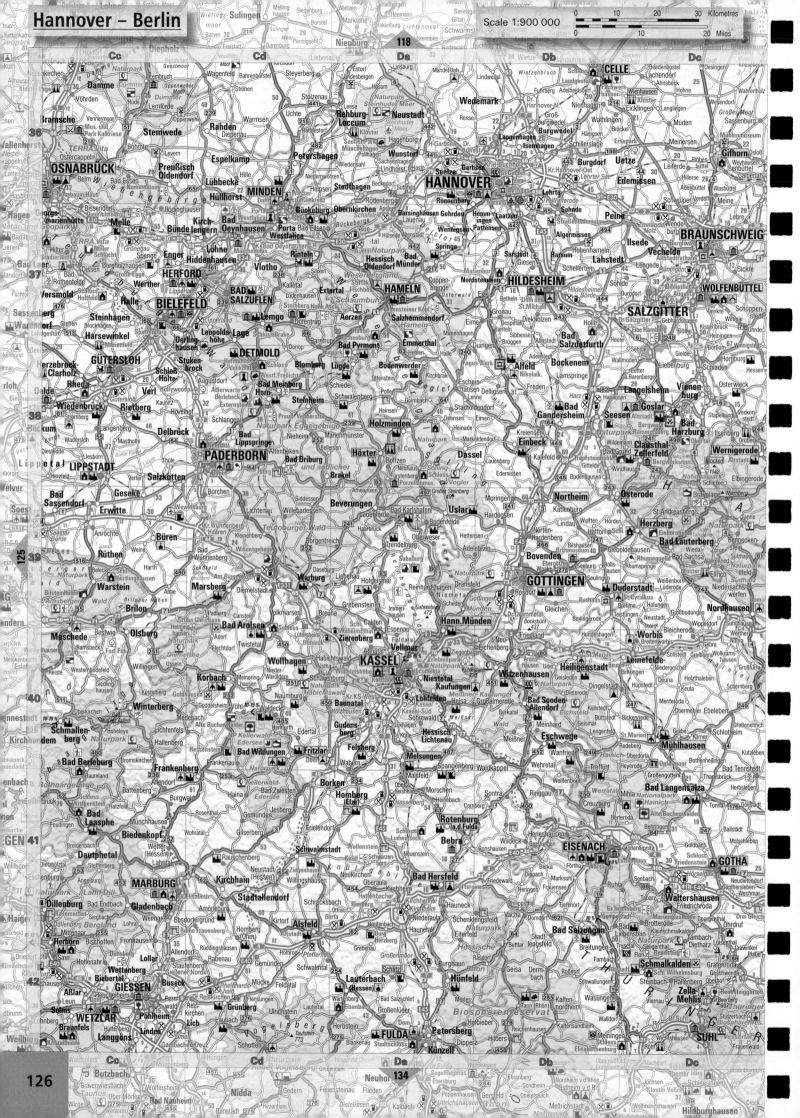

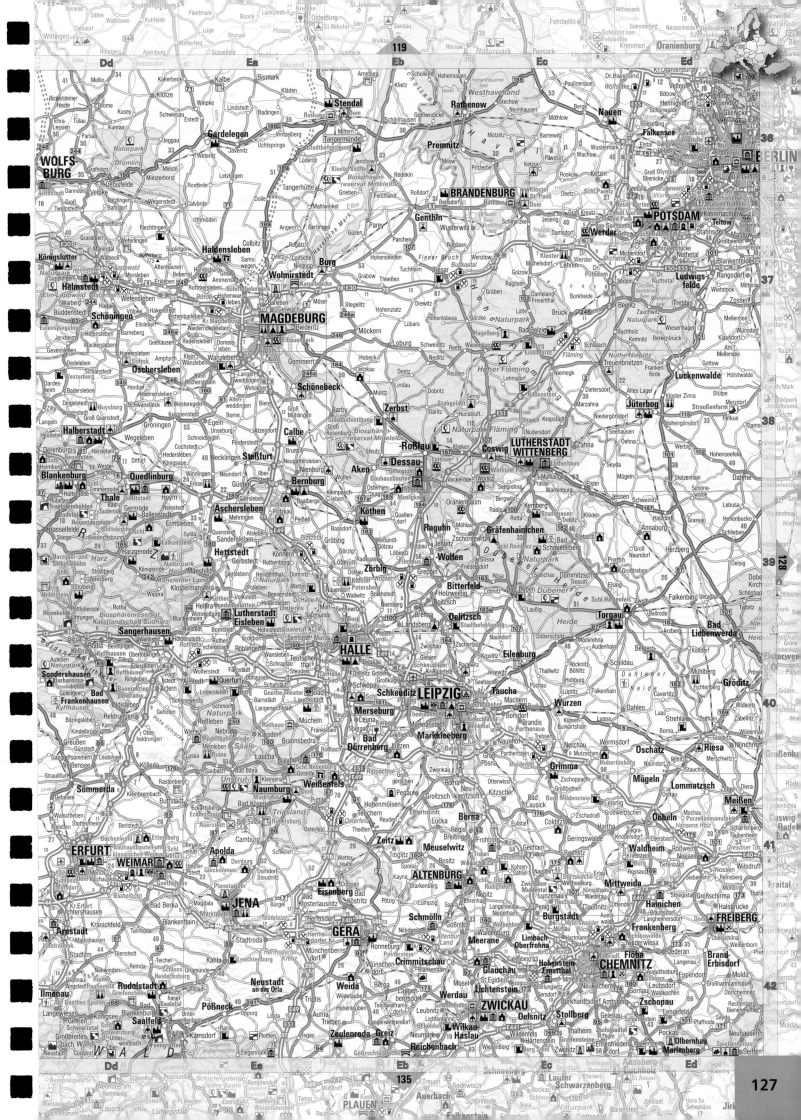

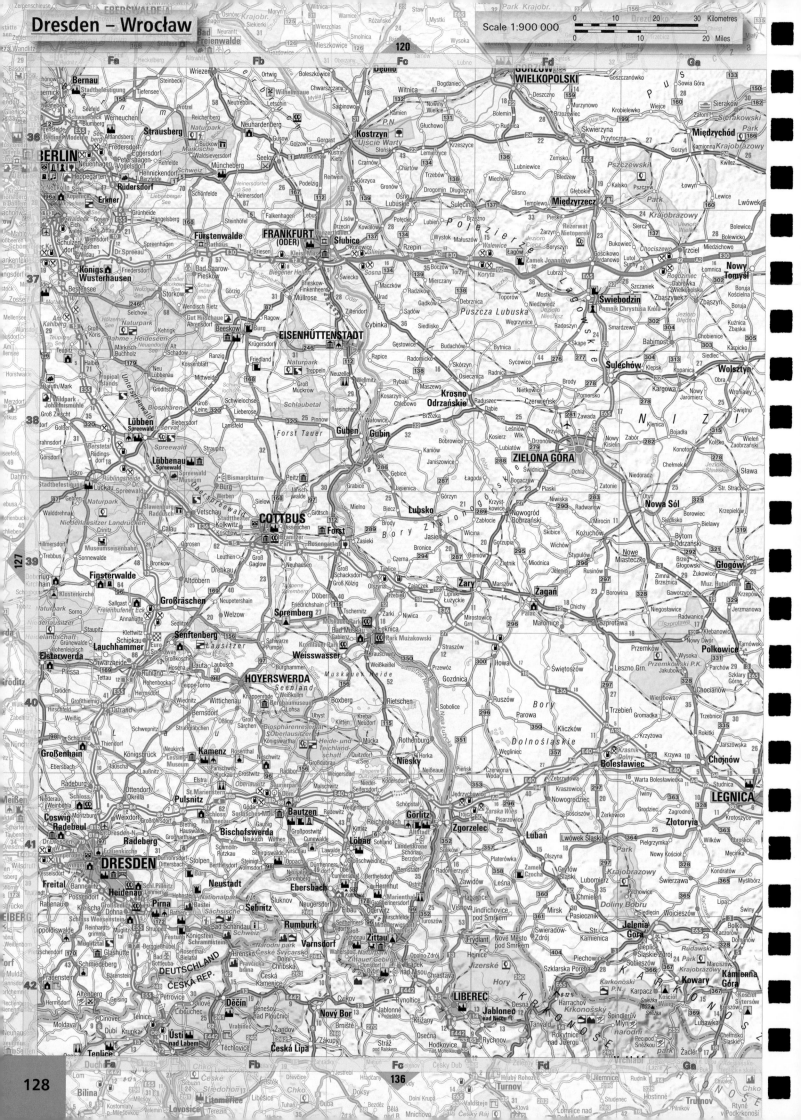

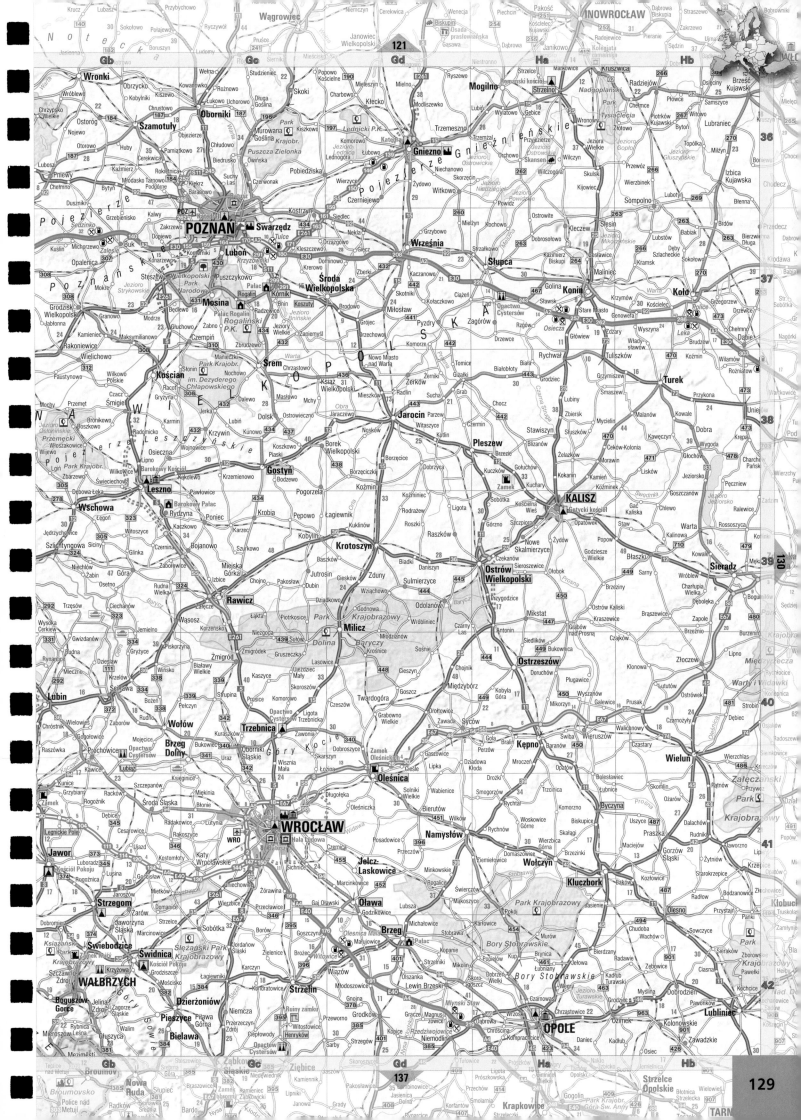

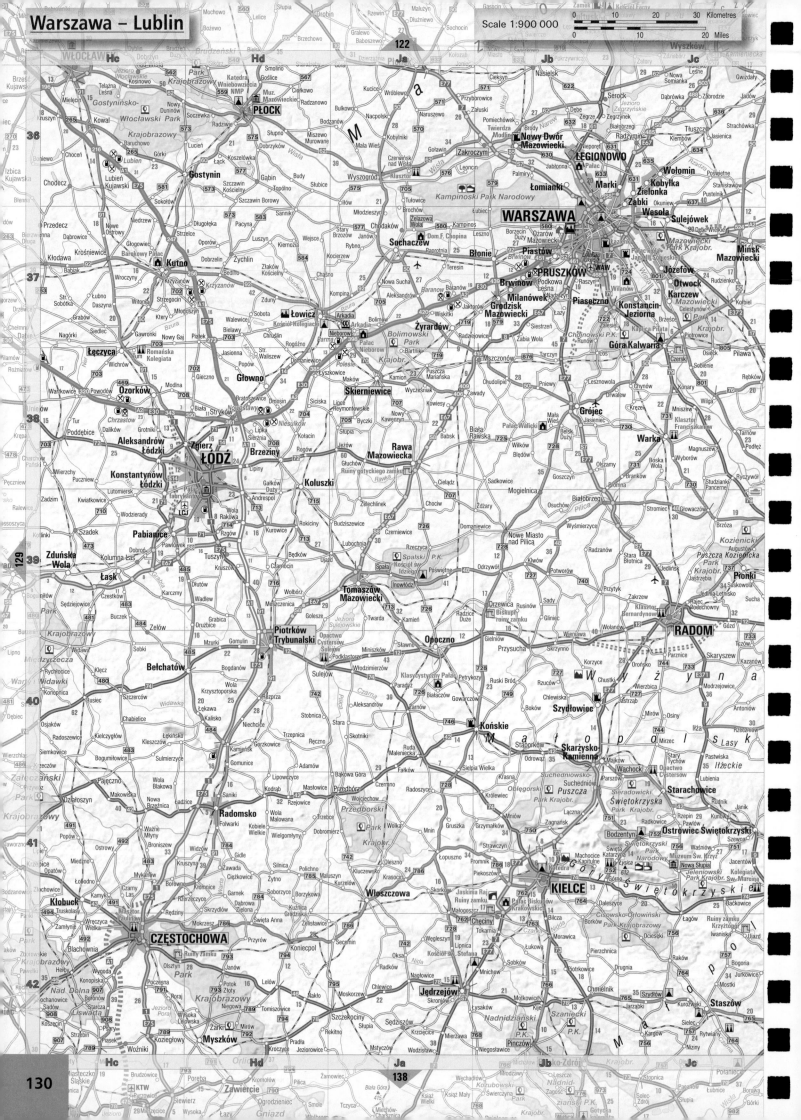

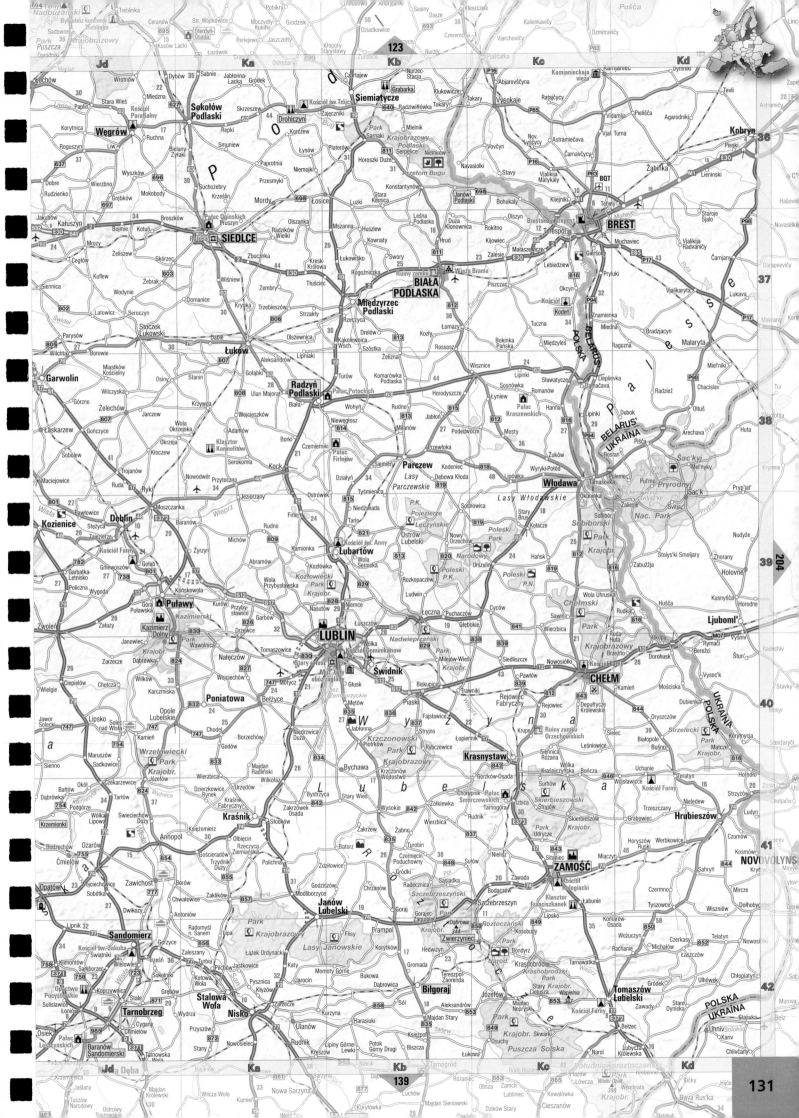

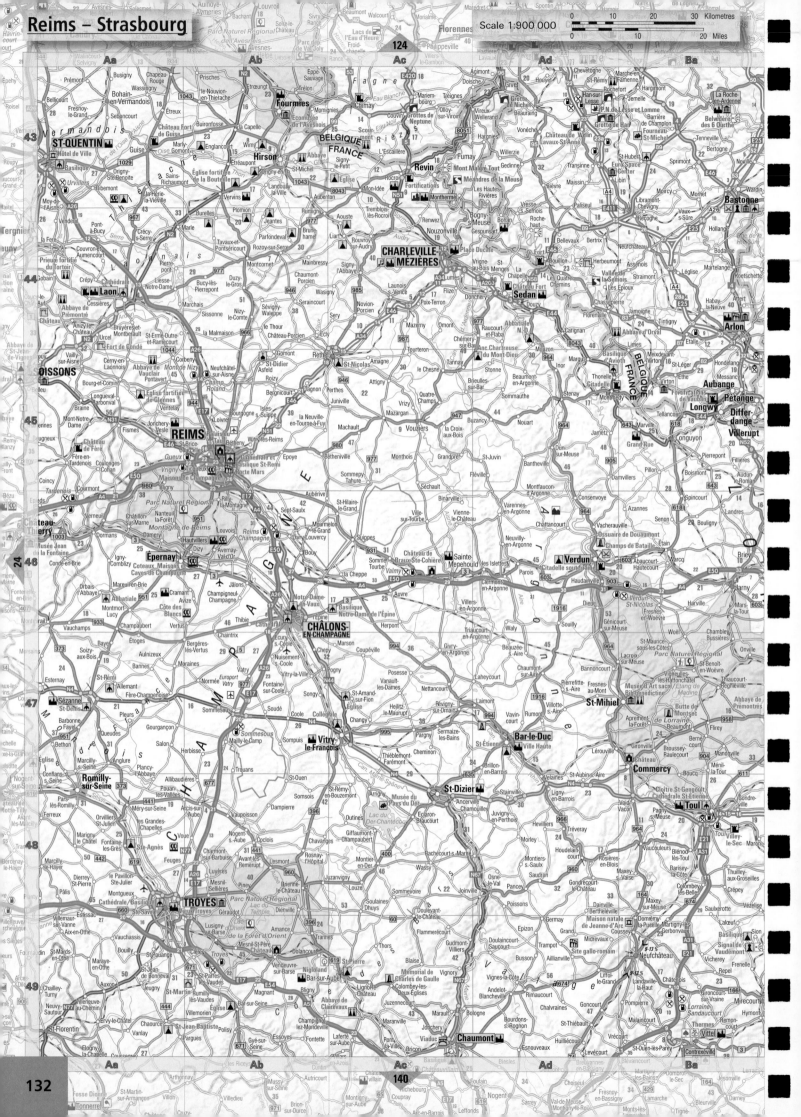

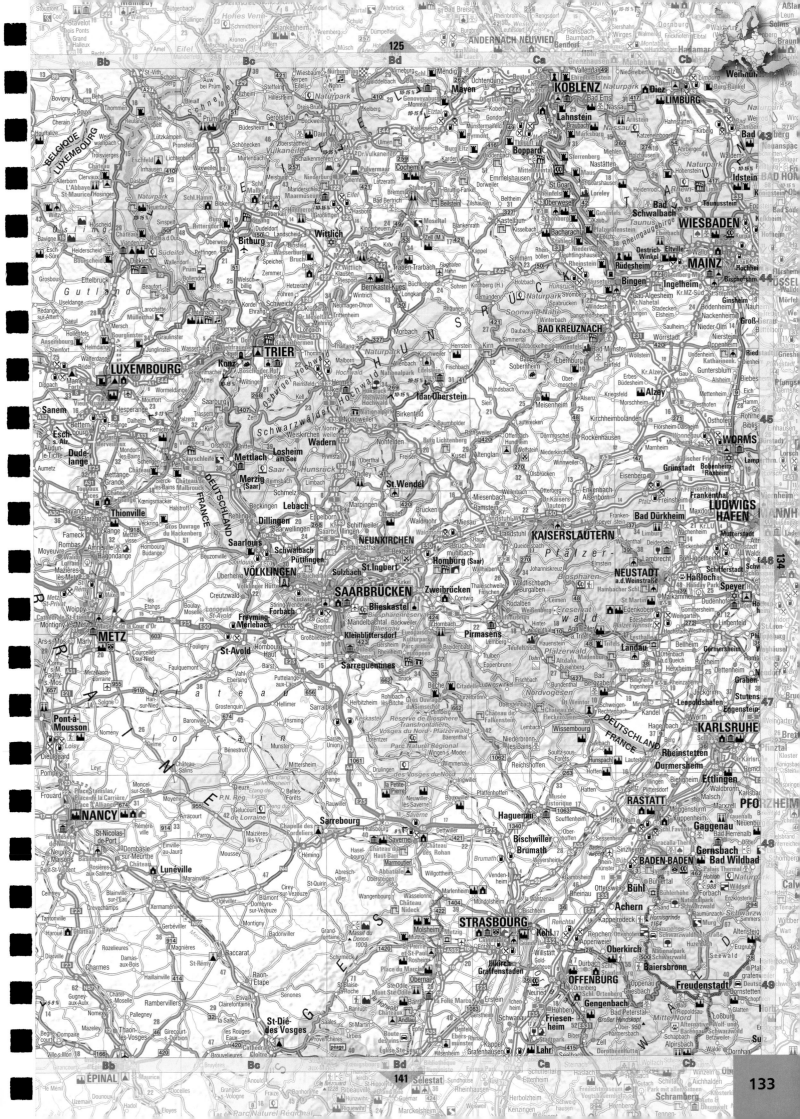

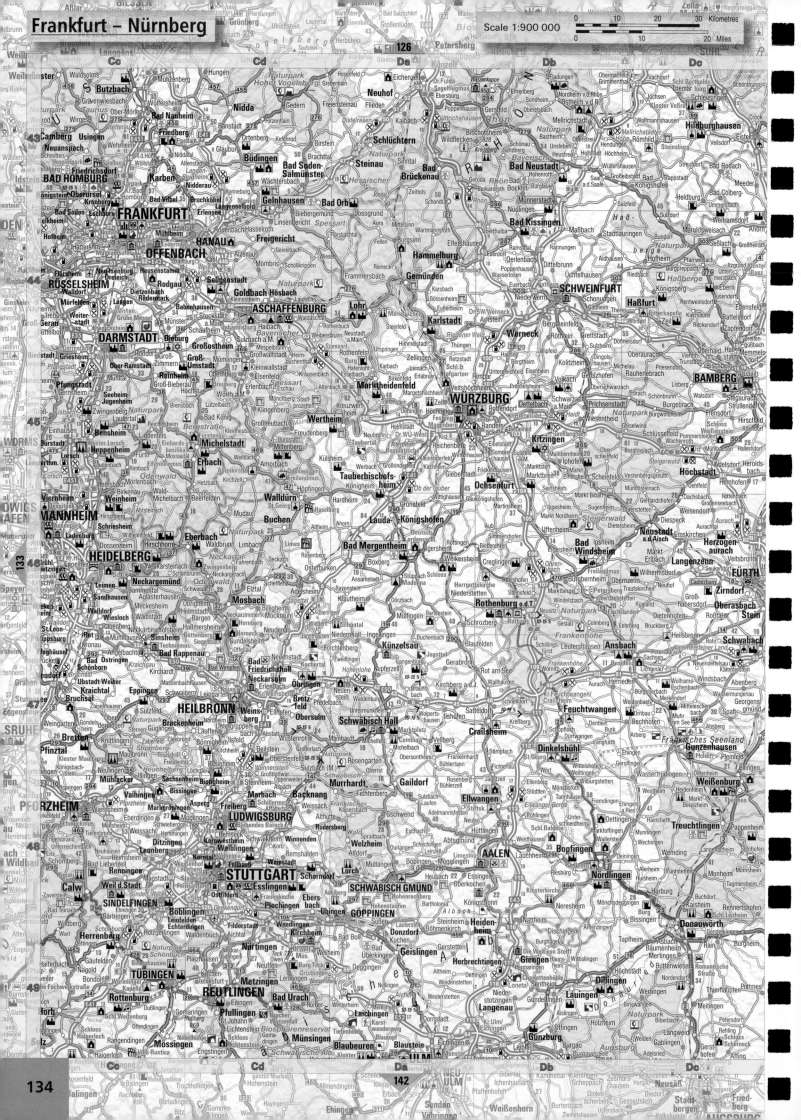

Scale 1:900 000

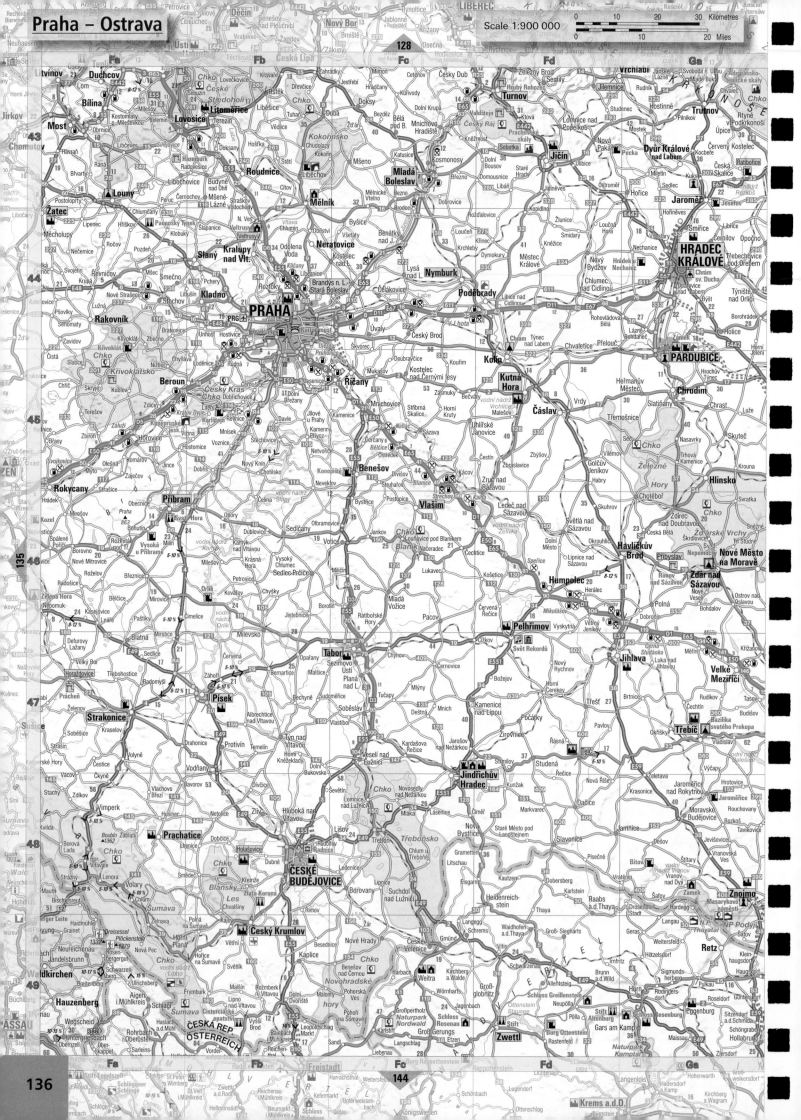

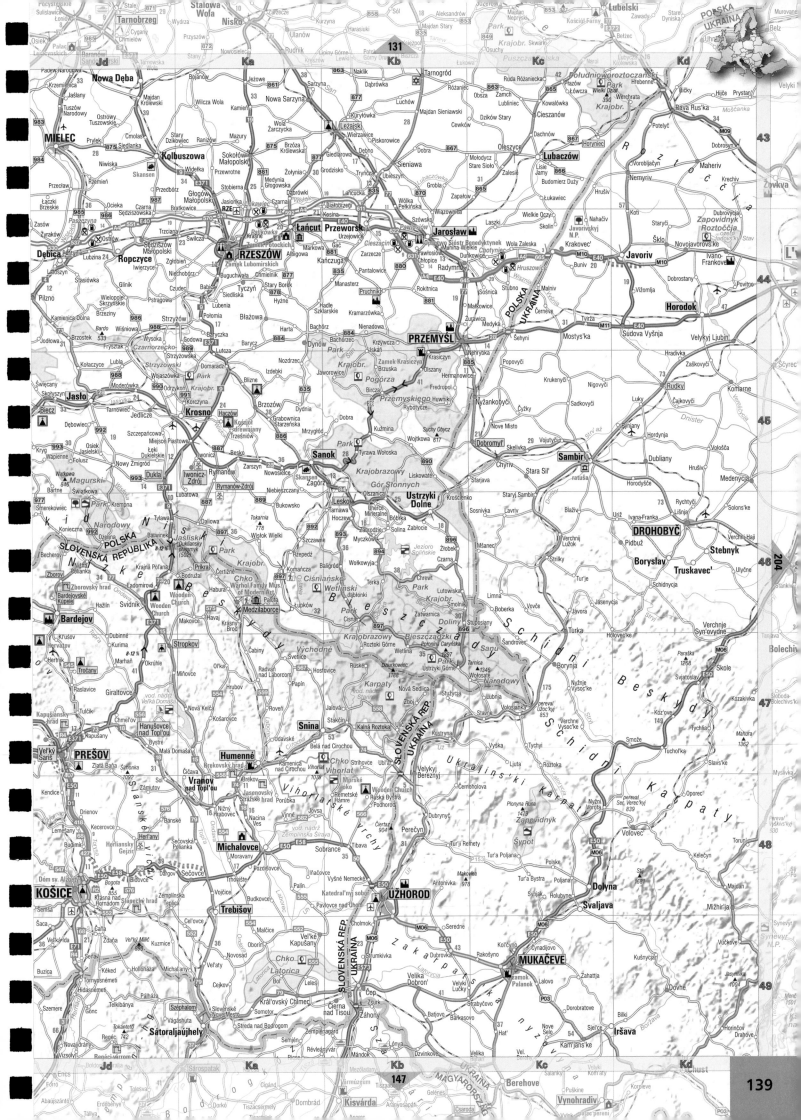

Scale 1:900 000

0 10 20 30 Kilometres
0 10 20 Miles

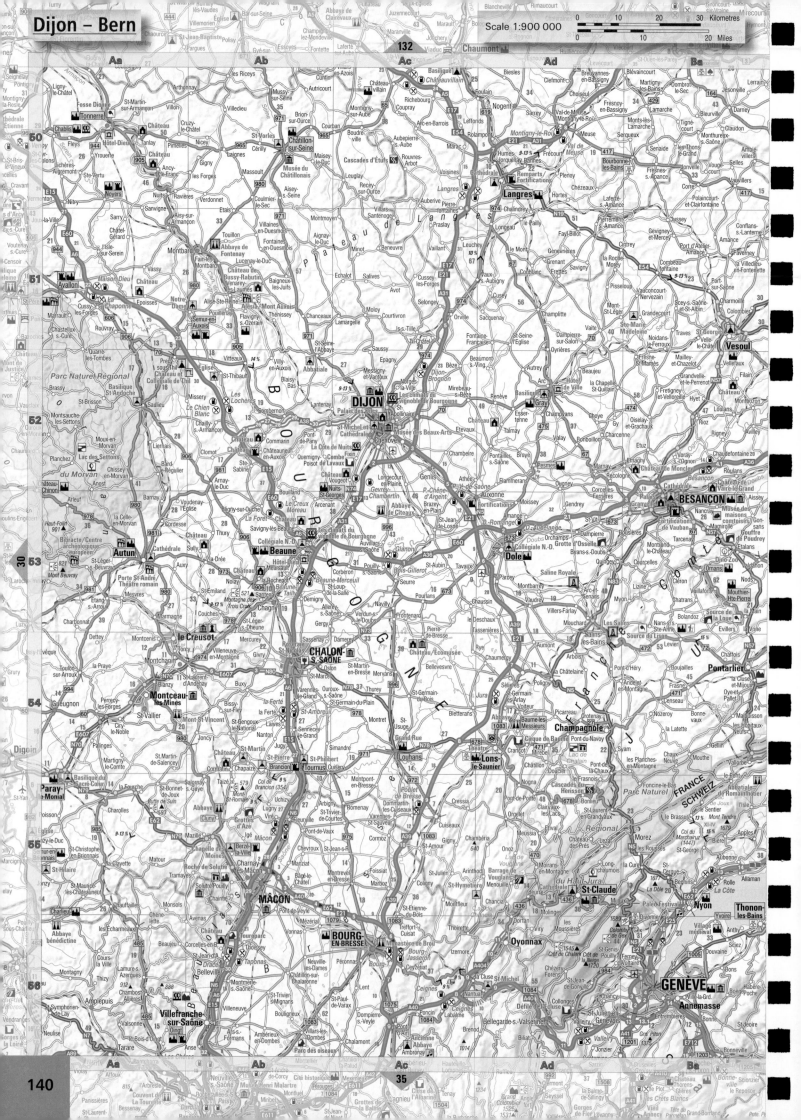

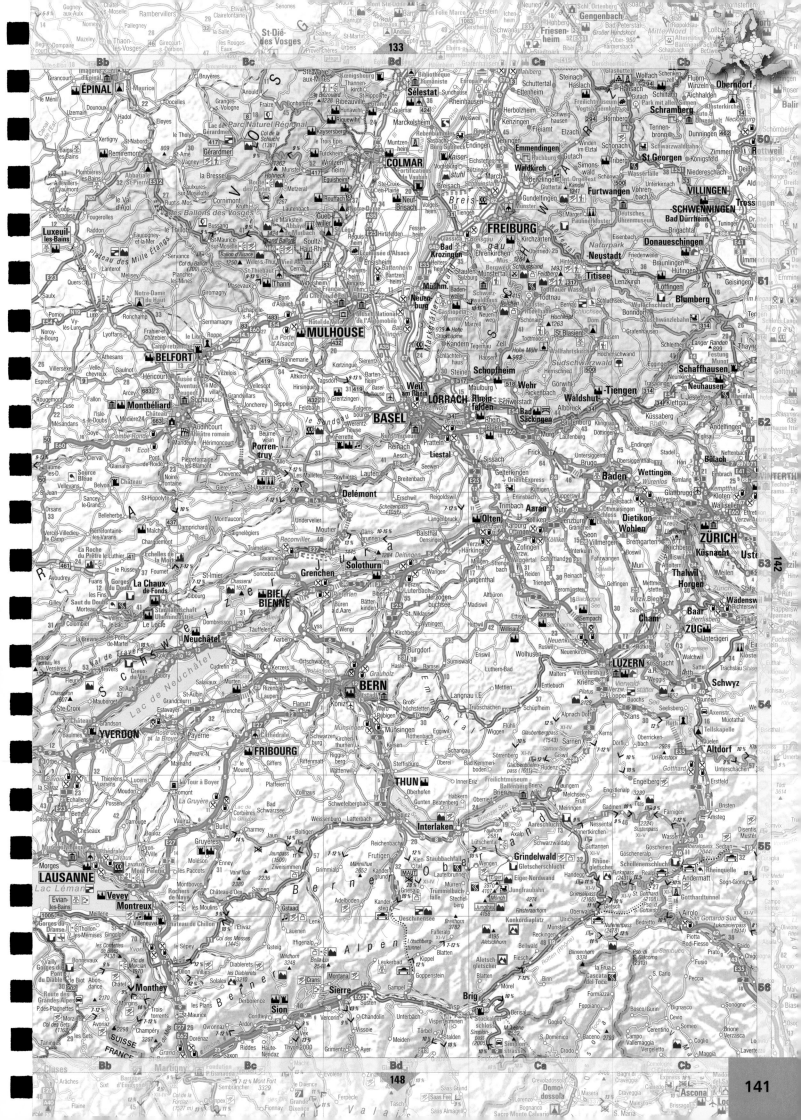

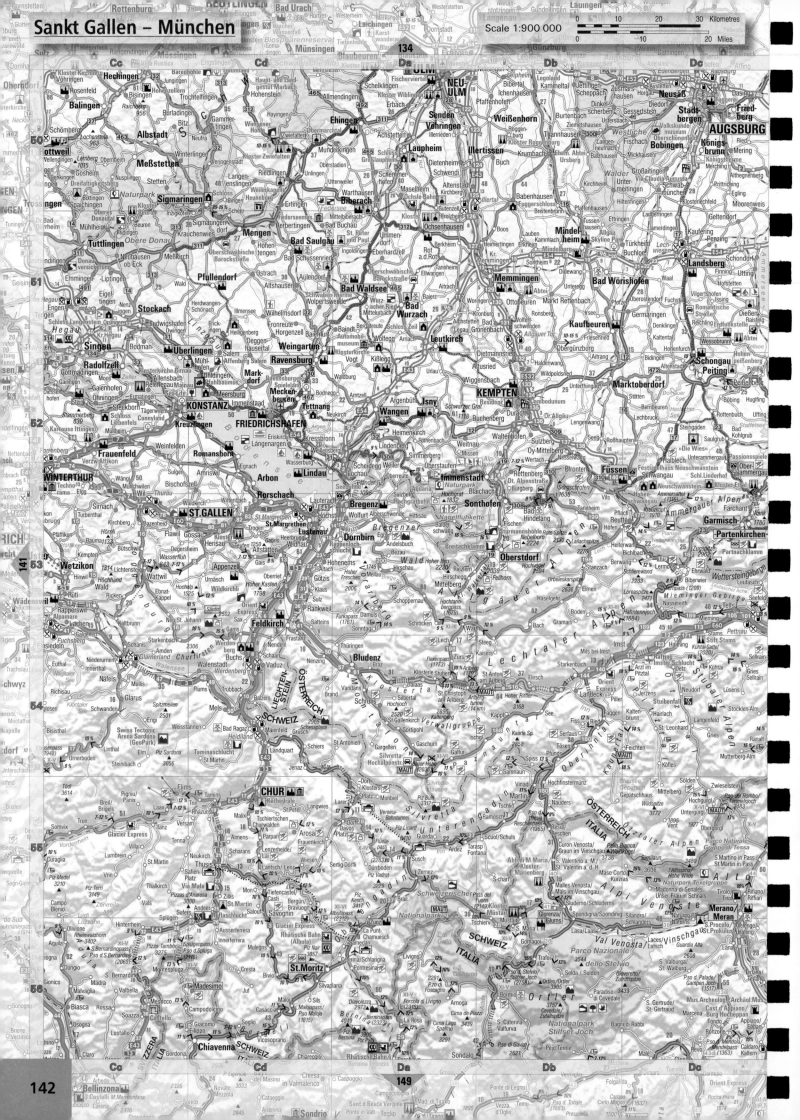

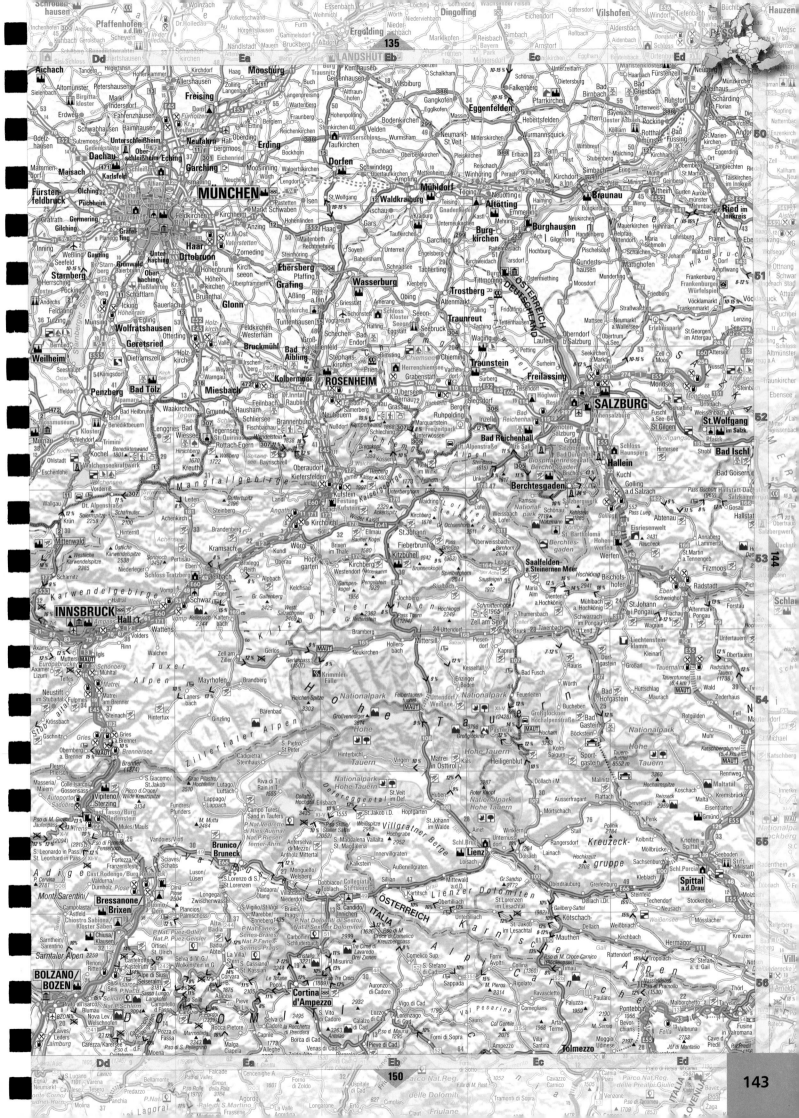

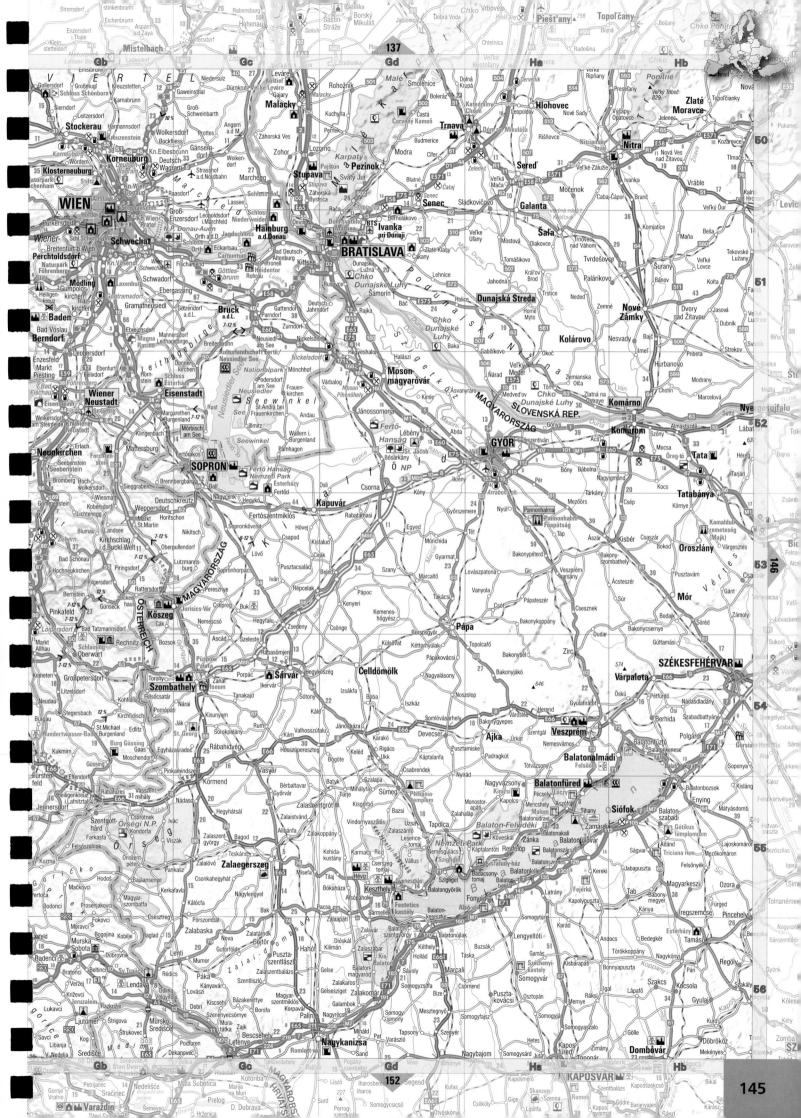

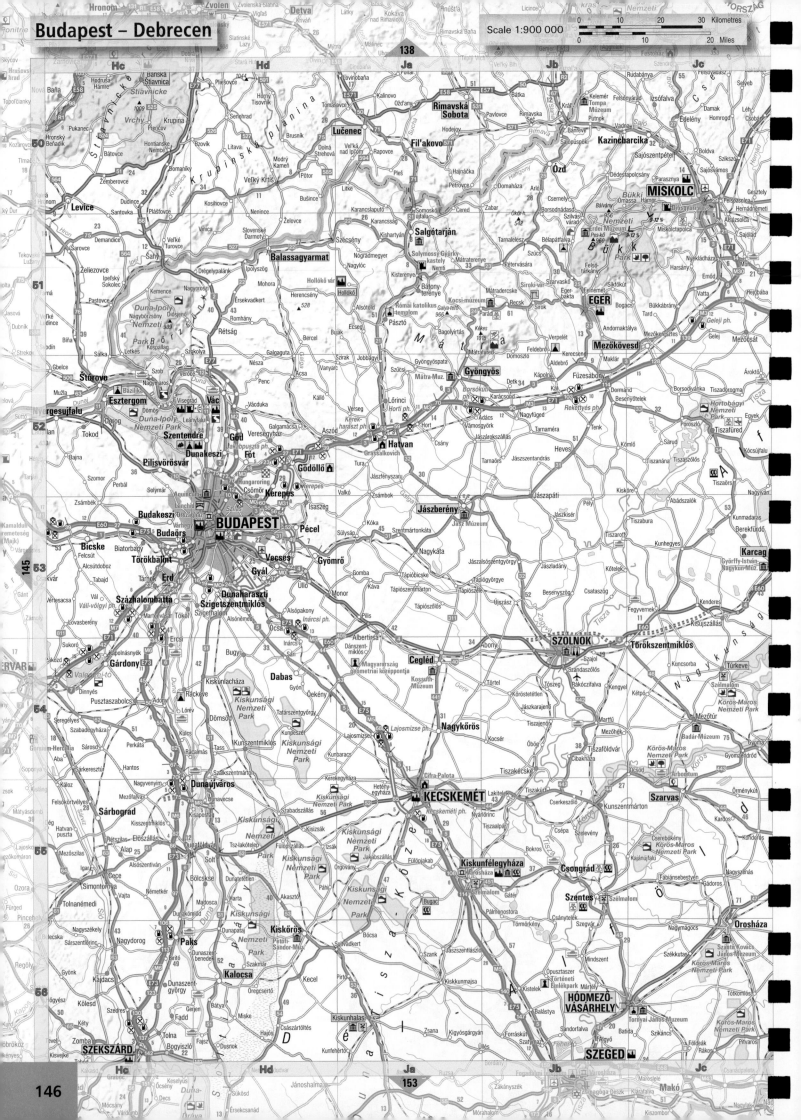

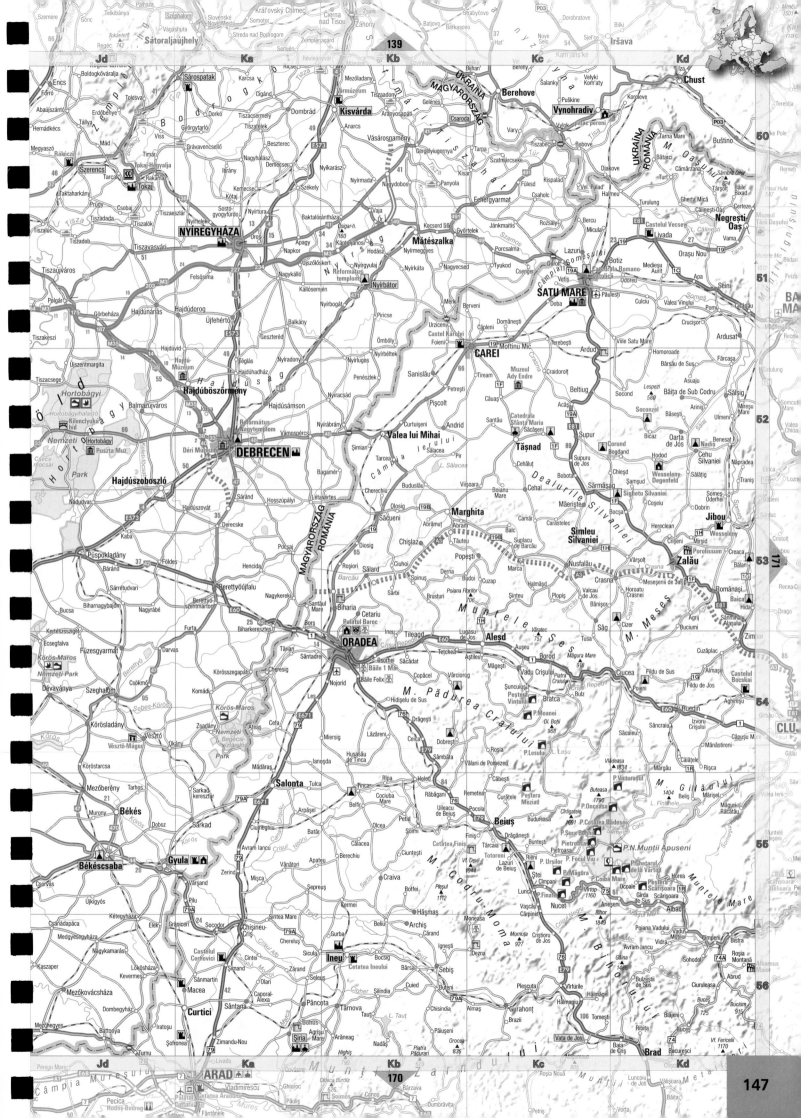

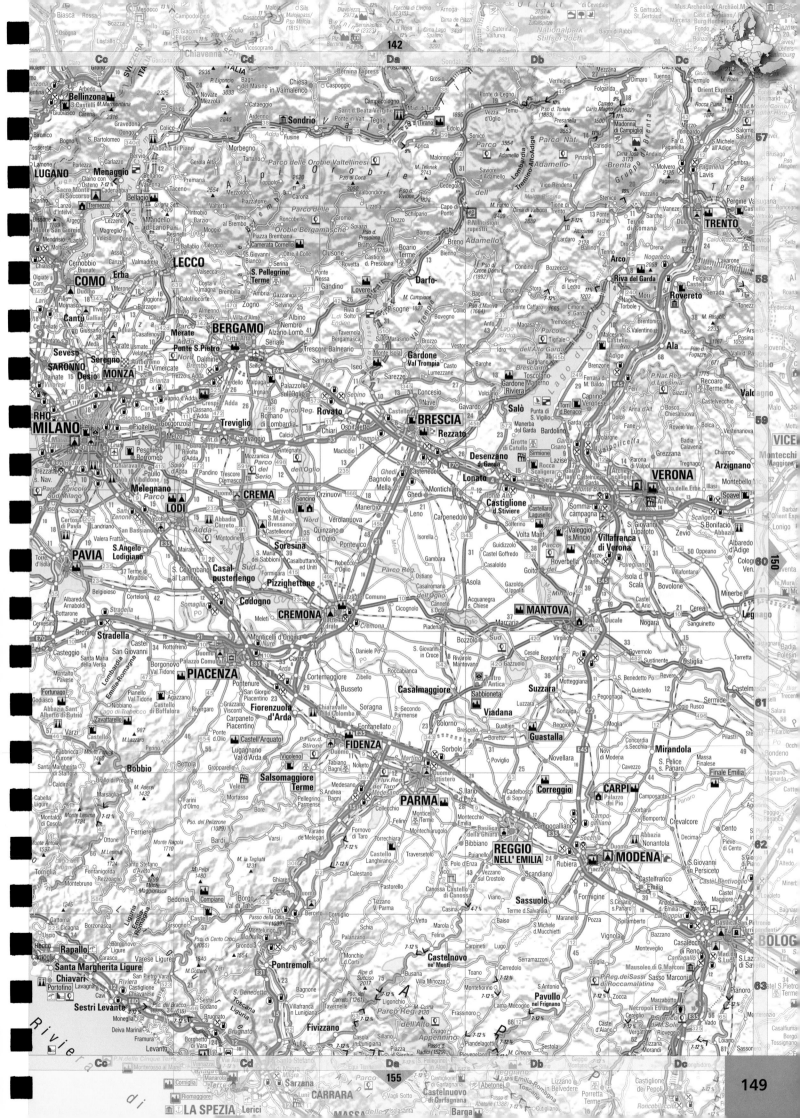

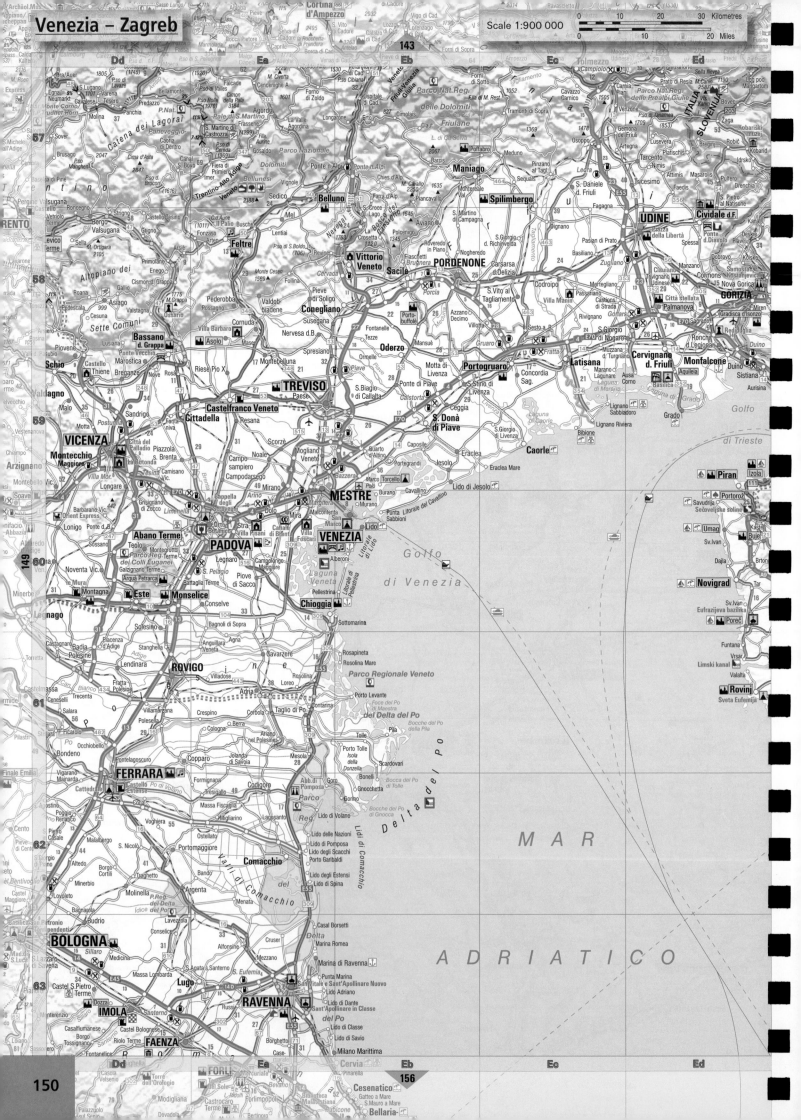

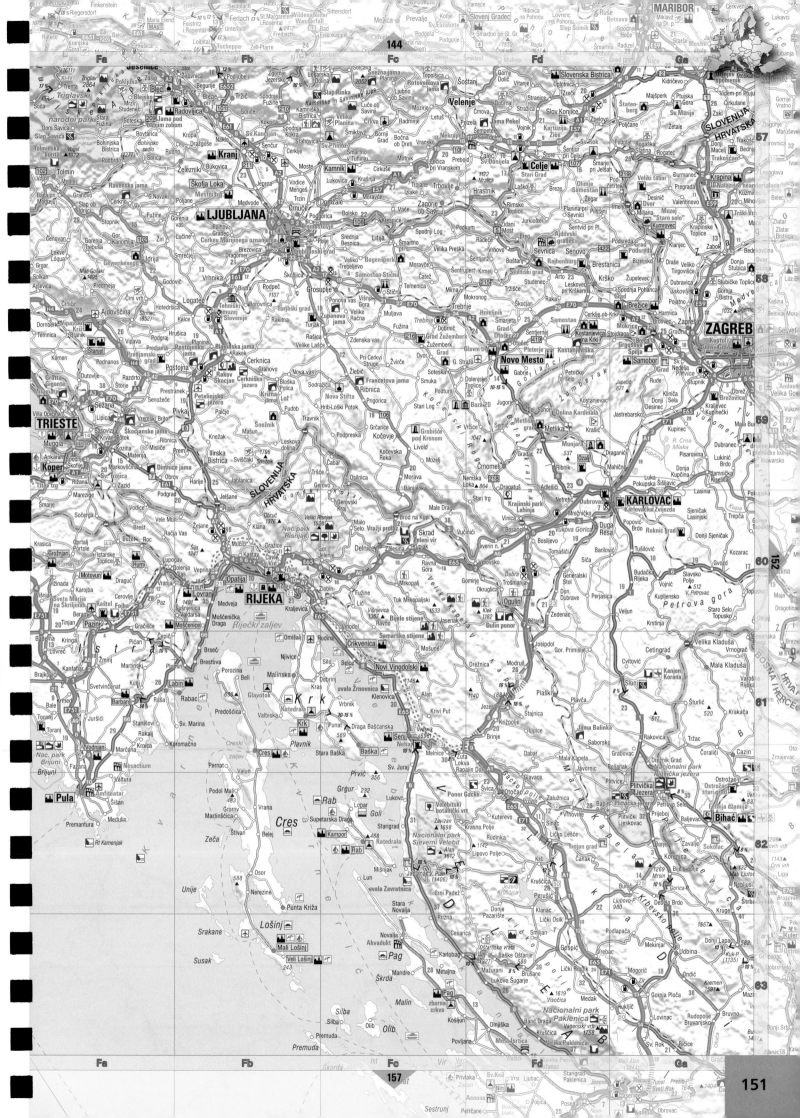

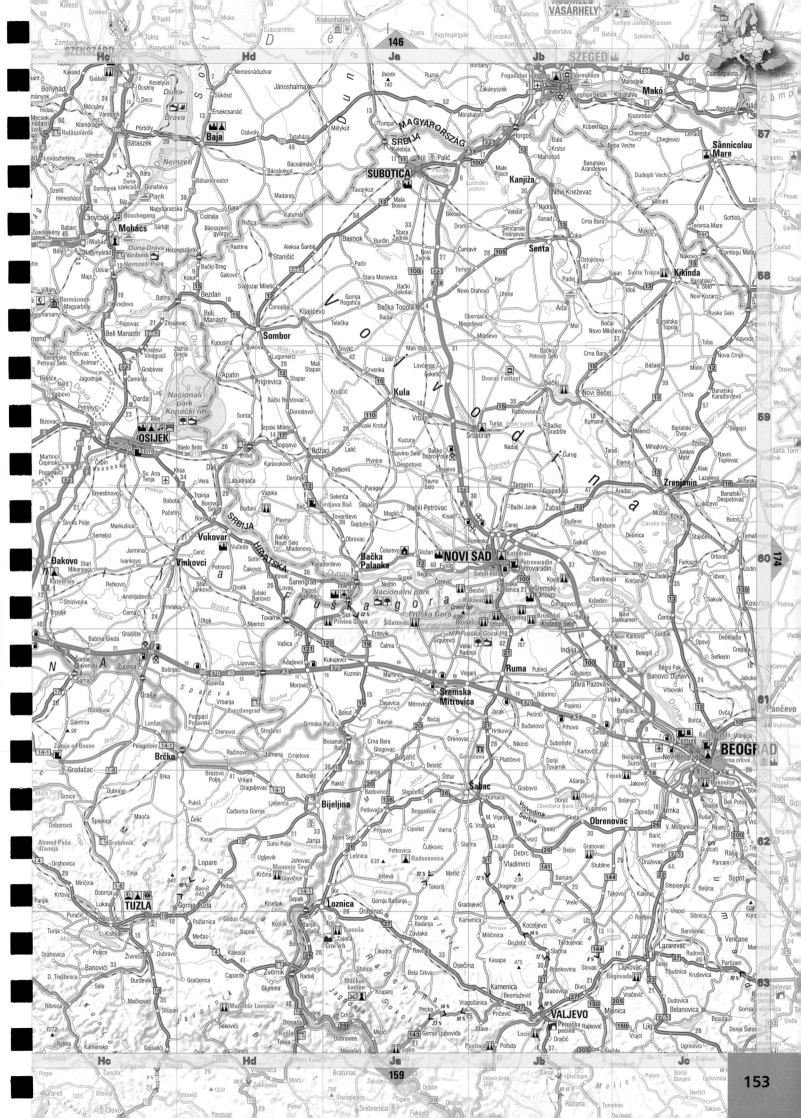

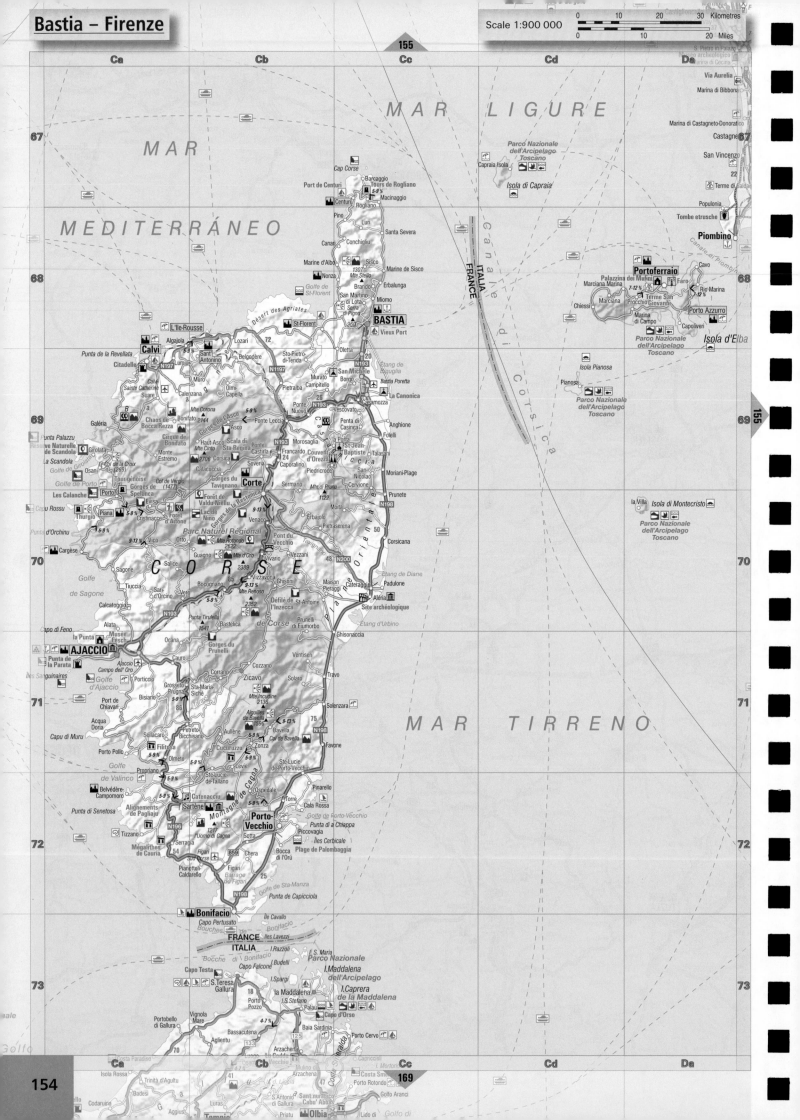

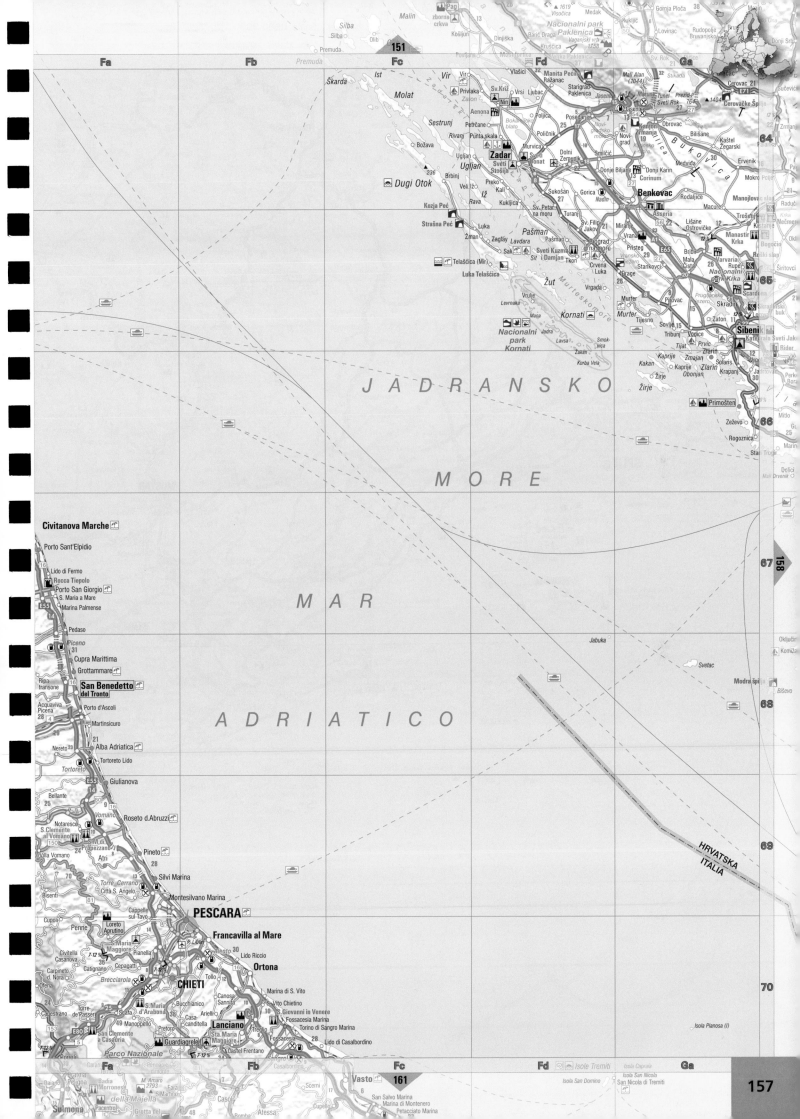

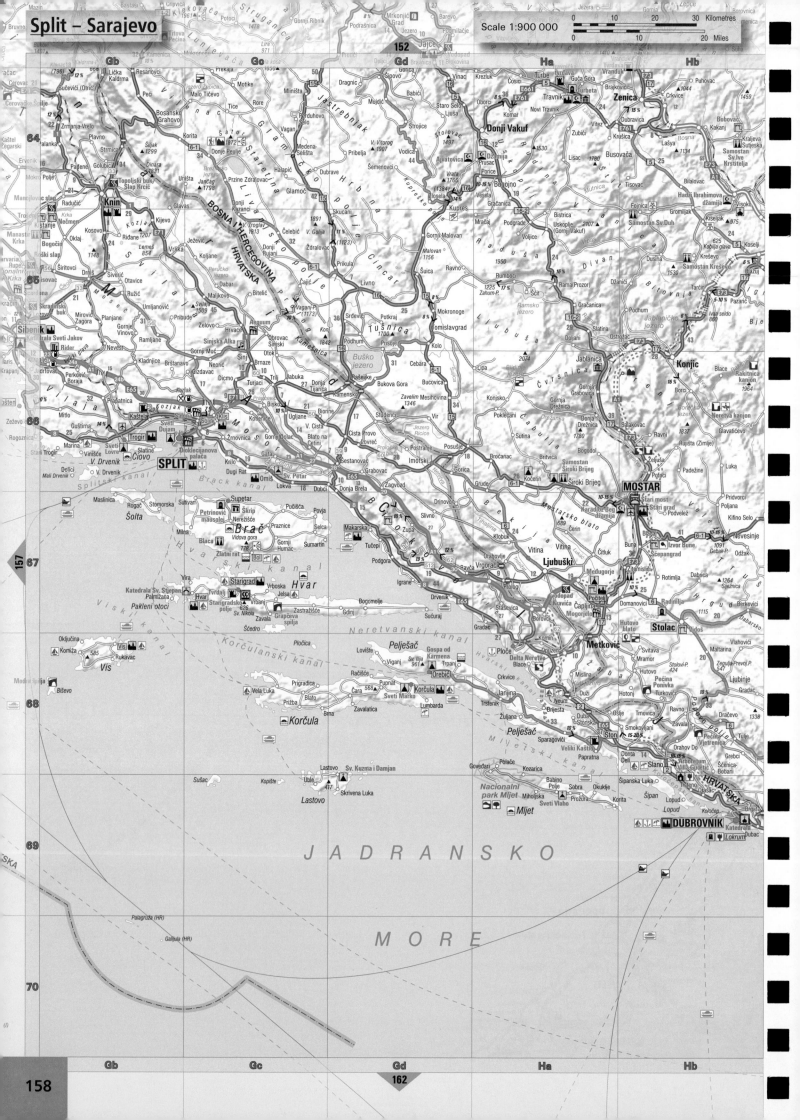

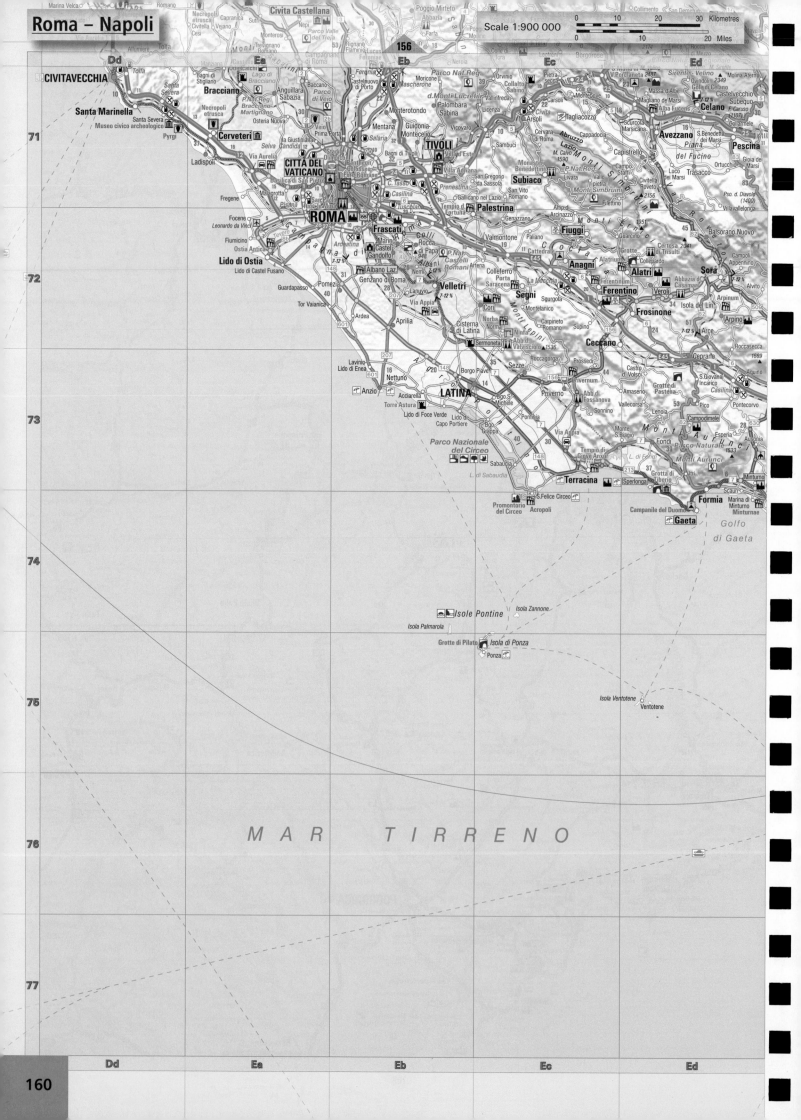

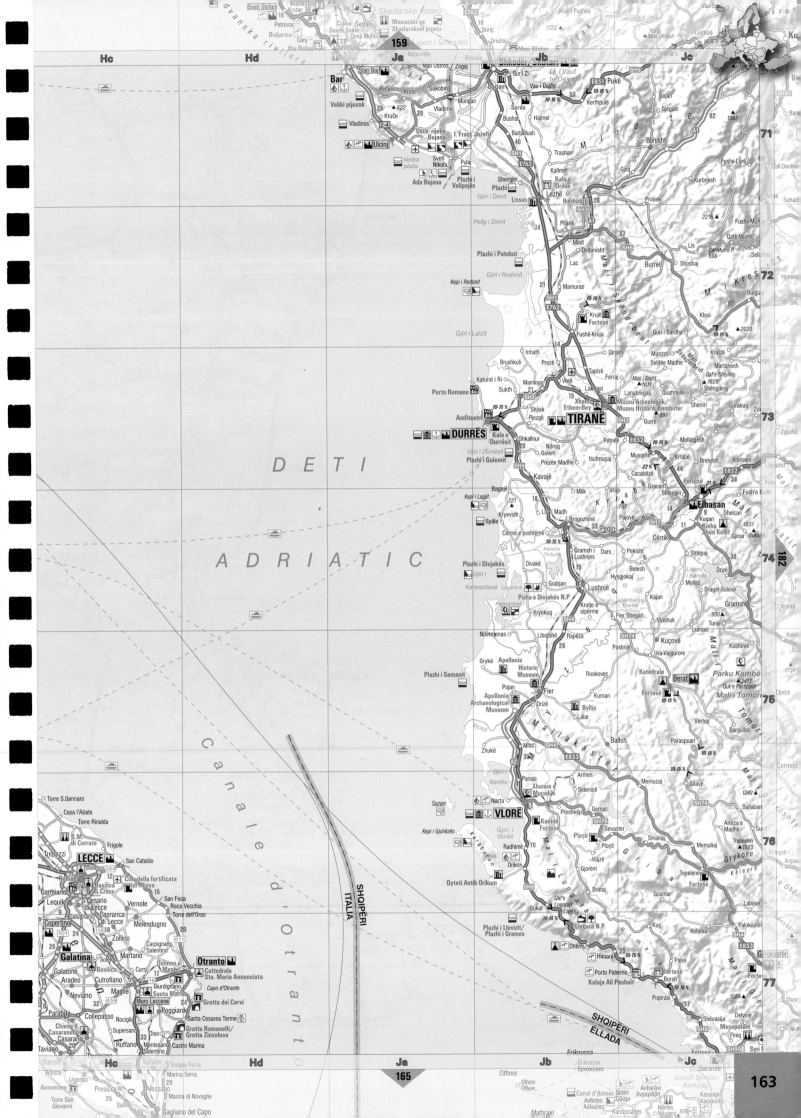

MAR   TIRRENO

Golfo di
Policastro

Golfo di
Sant'Eufemia

Isole Eolie o Lipari

Golfo di
Gioia

167

167

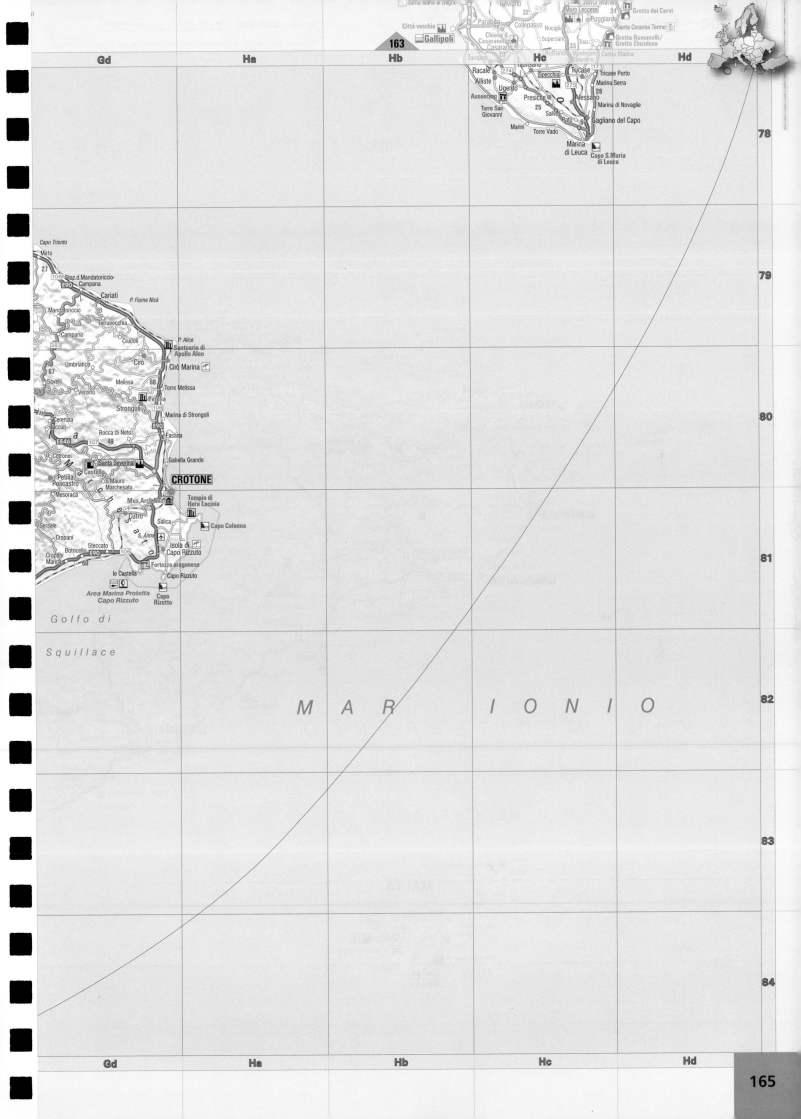

163 Gallipoli

Santa Maria di Bagno
Città vecchia
Parabita
Collepasso
Nociglia
Muro Leccese 24
Poggiardo
Grotta dei Cervi
Santa Cesarea Terme
Chiesa d. Casaranello
Casarano
Supersano
Diso
Ruffano
Montesano Salentino
Castro Marina
Grotta Romanelli/ Grotta Zinzulusa
Taviano
Racale
Alliste
Ugento
Ausentum
Presicce
Salve
Tricase
Tricase Porto
Marina Serra
Marina di Novaglie
Gagliano del Capo
Torre San Giovanni
Marini
Torre Vado
Patù
Marina di Leuca
Capo S.Maria di Leuca

Capo Trionto
Mirto
Staz.d.Mandatoriccio-Campana
Cariati
P. Fiume Nicà
Mandatoriccio
Terravecchia
Campana
Crucoli
Umbriatico
Cirò
P. Alice
Santuario di Apollo Aleo
Cirò Marina
Savelli
Verzino
Melissa
Torre Melissa
Strongoli
Petilia
Marina di Strongoli
Cerenzia
Caccuri
Rocca di Neto
Fasana
Cottronei
Santa Severina
Gabella Grande
Petilia Policastro
Castello
S.Mauro Marchesato
CROTONE
Mesoraca
Mus.Arch.Naz.
Tempio di Hera Lacinia
Sersale
Cutro
Salica
Capo Colonna
Cropani
S. Anna
Botricello
Steccato
Isola di Capo Rizzuto
Fortezza aragonese
Cropani Marina
le Castella
Capo Rizzuto
Area Marina Protetta Capo Rizzuto
Capo Rizzuto

Golfo di

Squillace

M A R   I O N I O

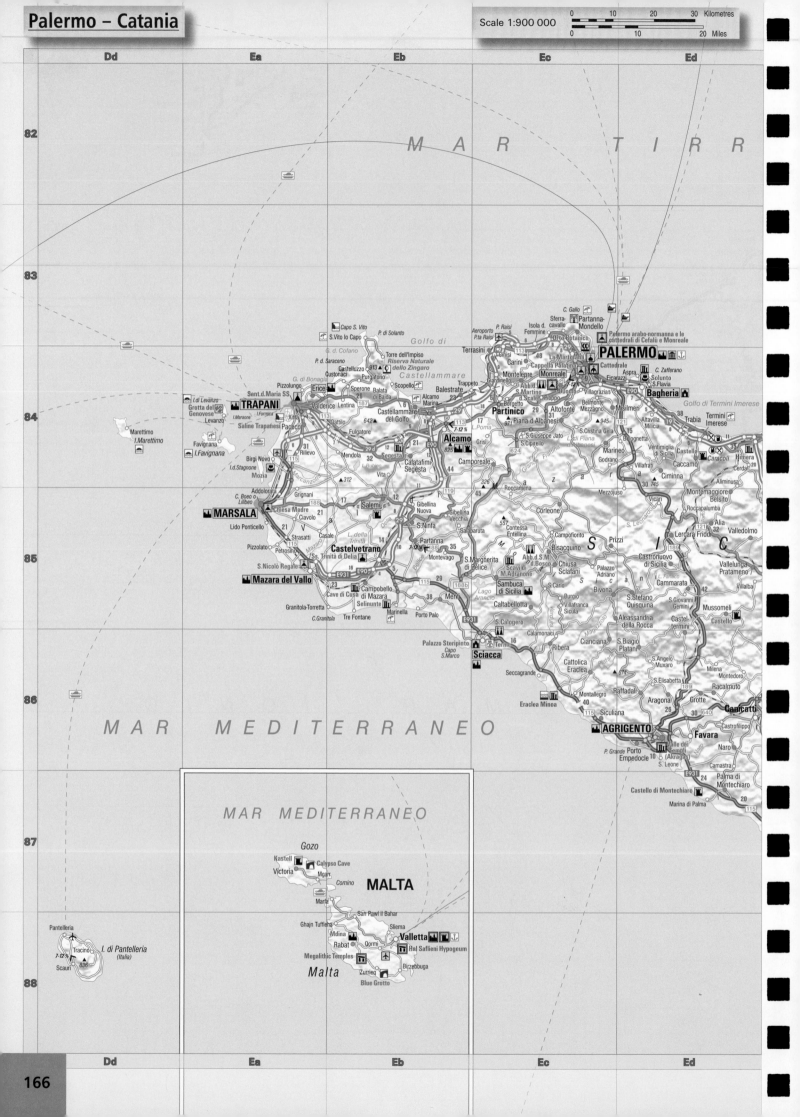

Scale 1:900 000

| 0 | 10 | 20 | 30 | Kilometres |
| 0 | | 10 | | 20 | Miles |

Dd   Ea   Eb   Ec   Ed

82

M A R   T I R R

83

Capo S. Vito
S.Vito lo Capo   P. di Solanto
G. d. Cofano   Golfo di
P. d. Saraceno   Torre dell'Impiso   Terrasini
Castelluzzo   913   Riserva Naturale   Aeroporto   P. Raisi
Custonaci   dello Zingaro   P.ta Raisi   Isola d.   Sferra-   C. Gallo   Partanna-
Purgatorio   Scopello   Femmine   cavallo   Mondello   Palermo arabo-normanna e le
G. di Bonagia   Castellammare   Cinisi   Orto Botanico   cattedrali di Cefalù e Monreale
Pizzolungo   Balata   Carini   La Martorana   PALERMO
Erice   Sperone   di Baida   Alcamo   Cappella Palatina   Cattedrale   C. Zafferano
Valderice   Lentina   Marina   Montelepre   Monreale   Duomo   Aspra   Soluto
TRAPANI   187   Castellammare   23   S. Martino   Villagrazia   S.Flavia   Bagheria
I.di Levanzo   Xitta   113   del Golfo   9   d.Scale   Pioppo   E90
Grotta del   I.Maraone I.Formica   Dattilo   642▲   29   Partinico   31   Altofonte   Belmonte   Golfo di Termini Imerese
Genovese   Paceco   17   113   Piana d.Albanesi   Mezzagno   Misilmeri   38   Termini
Levanzo   Saline Trapanesi   Grisi   ▲945   Altavilla   Trabia   Imerese
Marettimo   I.d.Stagnone   Fulgatore   Alcamo   S.Giuseppe Jato   Milicia   19
I.Marettimo   Birgi Novo   12   Segesta   825▲   S.Cipirello   Marineo   Ventimiglia   Castello   Himera
Mozia   Mendola   32   Segesta   Camporeale   624   di Sicilia   Caracoli   Cerda
Addolorata   Grignani   Vita   44   Roccamena   S.Cristina Gela   15   Caccamo
C. Boeo o   Vita   ▲312   326   Godrano   Villafrati   121   Aliminusa
Lilibeo   188   17   119   M.   Mezzojuso   Vicari   Montemaggiore
MARSALA   Chiesa Madre   Gibellina   45   Roccamena   Corleone   Belsito
Lido Ponticello   Ciavolo   21   Salemi   Nuova   S I   Roccapalumba   Alia
21   Casale   12   S:Ninfa   557   Contessa   Prizzi   Lercara Friddi   121   32   Valledolmo
Pizzolato   Strasatti   L. della   Salaparuta   Entellina   Campofiorito   189   Vallelunga
Petrosino   Trinita   14   Partanna   35   Montevago   Bisacquino   Castronuovo   42   Pratameno
S.Nicolò Regale   Ss. Trinità di Delia   Gibellina   S.Margherita   Abb.d.S.M   di Sicilia   Cammarata
Castelvetrano   Vecchia   di Belice   d.Bosco   Chiusa   S. Carlo   Palazzo   Villalba
Mazara del Vallo   23   5   Scavi di   Sclafani   Burgio   Adriano   S.Stefano   Mussomeli
Cave di Cusa   Campobello   188b   M.Adranone   Sambuca   Bivona   Quisquina   S.Giovanni   Castello
di Mazara   115   29   di Sicilia   Villafranca   Gemini   Aleassandria   termini
Granitola-Torretta   Selinunte   38   Menfi   Caltabellotta   Sicula   della Rocca
C.Granitola   Marinella   Lago   S.Calogero   Cianciana   S.Biagio   Milena
Tre Fontane   Porto Palo   Arancio   E931   Calamonaci   Platani   Montedoro   Racalmuto
Seccagrande   Ribera   Cattolica   S.Angelo   674▲   Aragona   Grotte   Canicatti
Palazzo Steripinto   Eraclea   Muxaro   26   30   640   Castrofilippo
Capo   Termini   Raffadali   Milena
S.Marco   16   Montallegro   S.Elisabetta   189
Sciacca   Eraclea Minoa   40   Siculiana   AGRIGENTO   Favara
115   Naro   Camastra
84   M A R   M E D I T E R R A N E O   P. Grande Porto   Valle dei   S. Leone   E931   24   Palma di
Empedocle   10   Tempi   Montechiaro
(Akragas)   20
Castello di Montechiaro   115
Marina di Palma

86

87   M A R   M E D I T E R R A N E O
Gozo
Kastell   Calypso Cave
Victoria   Mgarr
Comino
MALTA
Marfa
San Pawl il Bahar
Ghajn Tuffieha   Sliema
Mdina   Valletta
Rabat   Qormi   Hal Saflieni Hypogeum
Pantelleria   Megalithic Temples   Birzebbuga
Tracino   I. di Pantelleria   Zurrieq
7-12%   (Italia)   Malta   Blue Grotto
Scauri   836

88

Dd   Ea   Eb   Ec   Ed

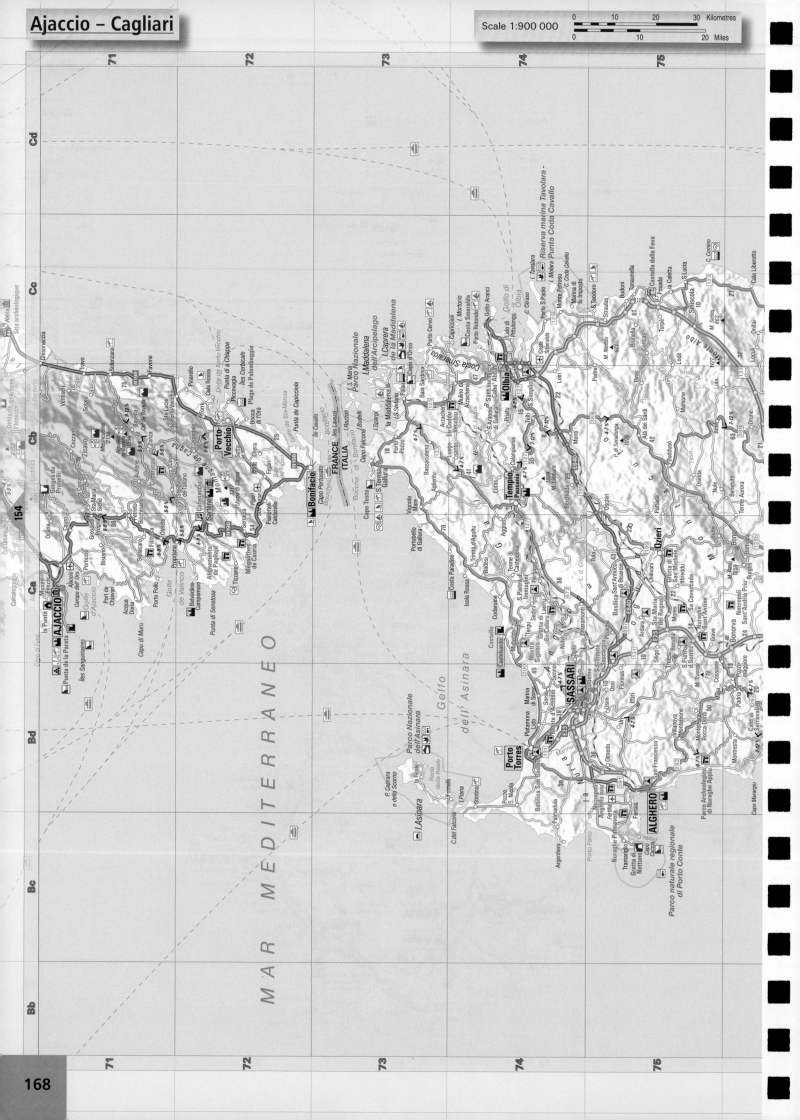

Scale 1:900 000

| | 0 | 10 | 20 | 30 | Kilometres |

| | 0 | | 10 | | 20 | Miles |

MAR MEDITERRANEO

Golfo dell'Asinara

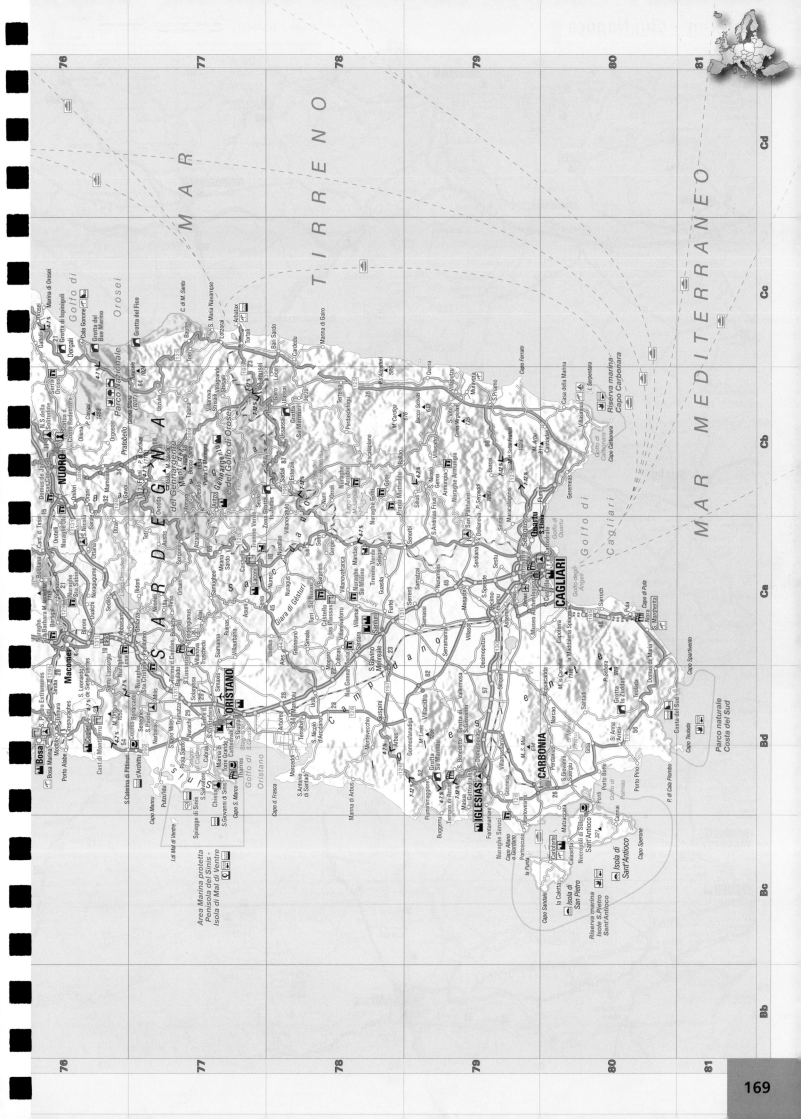

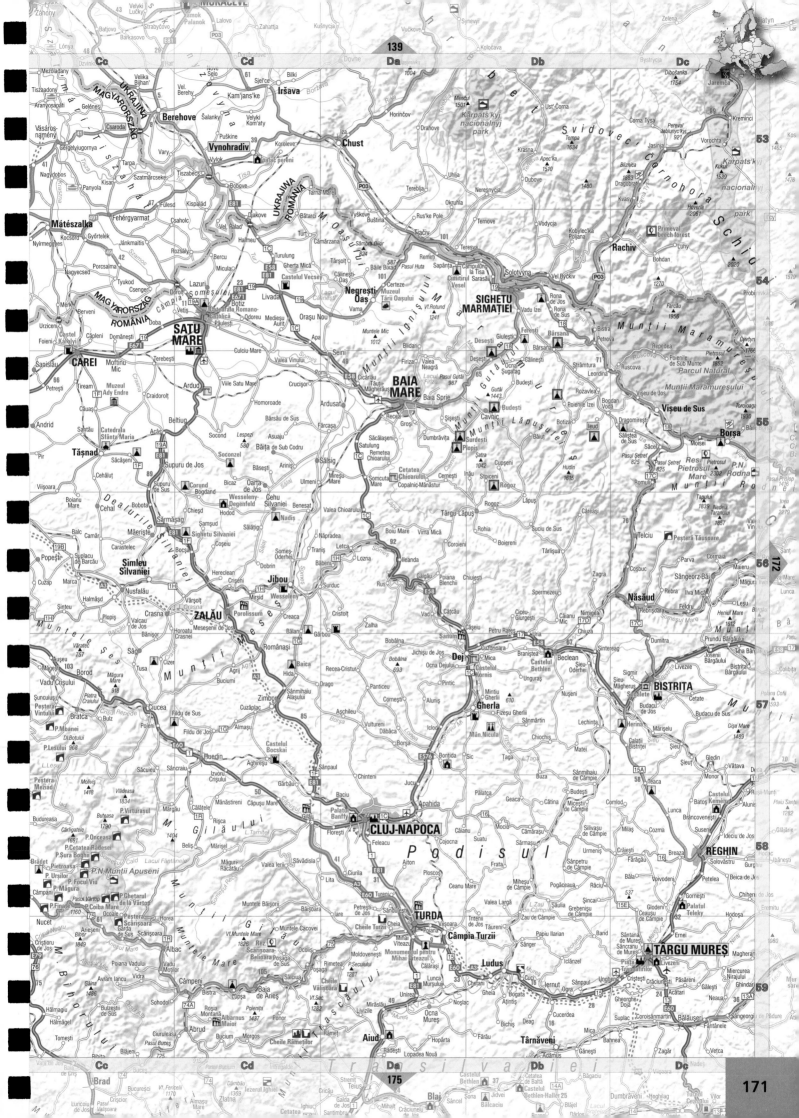

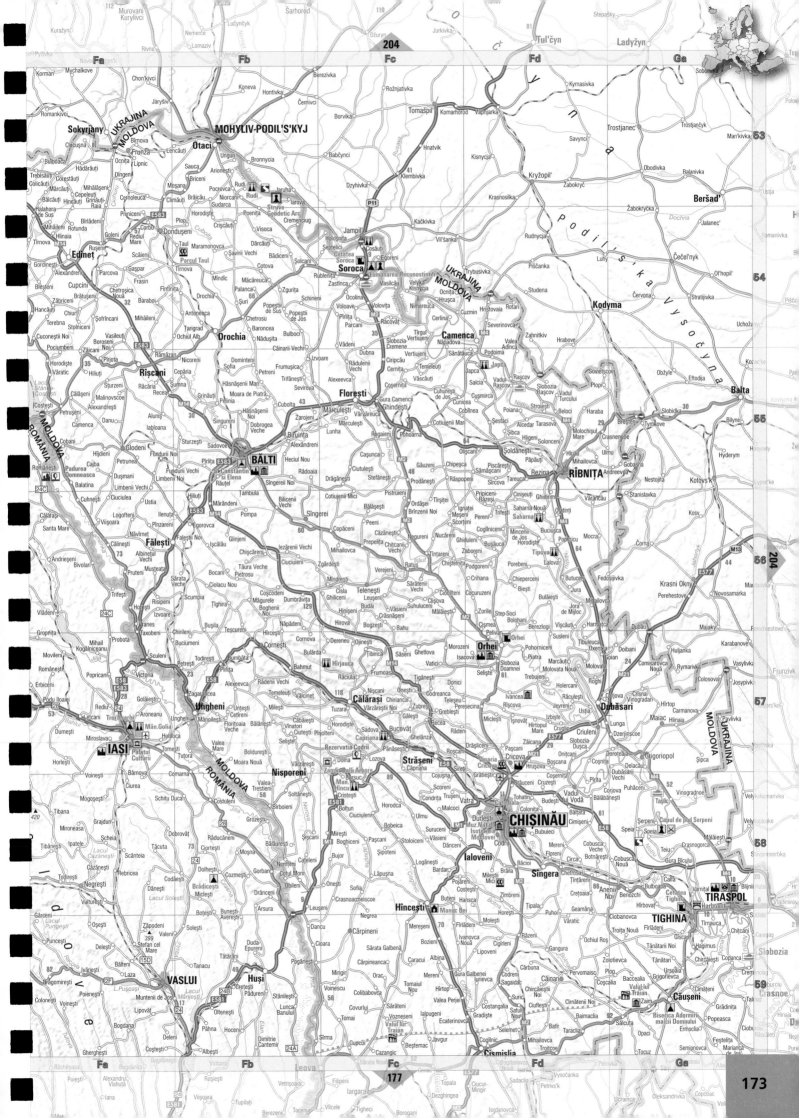

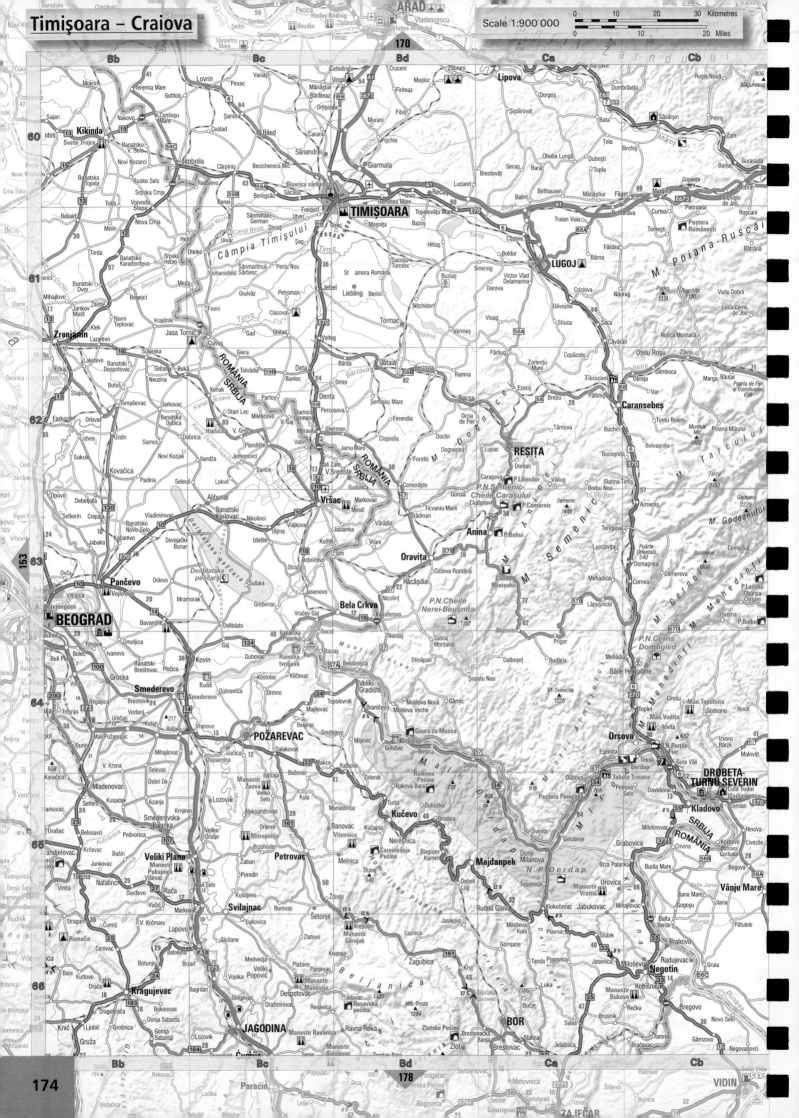

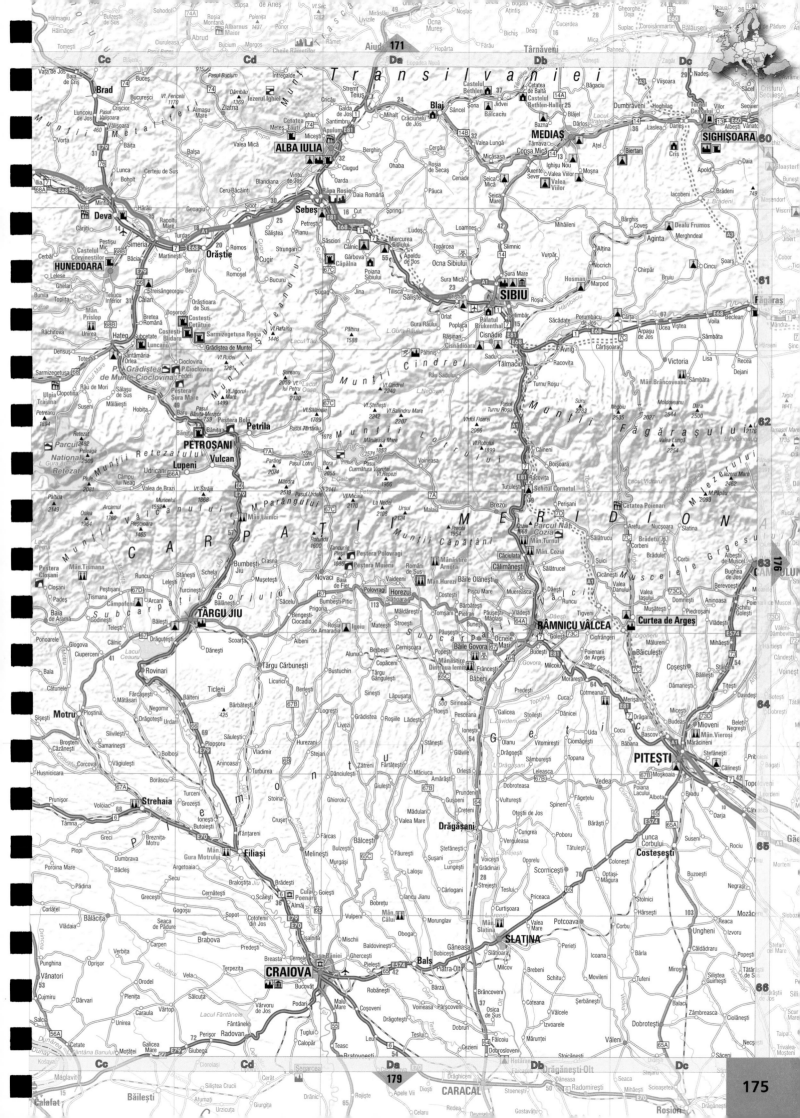

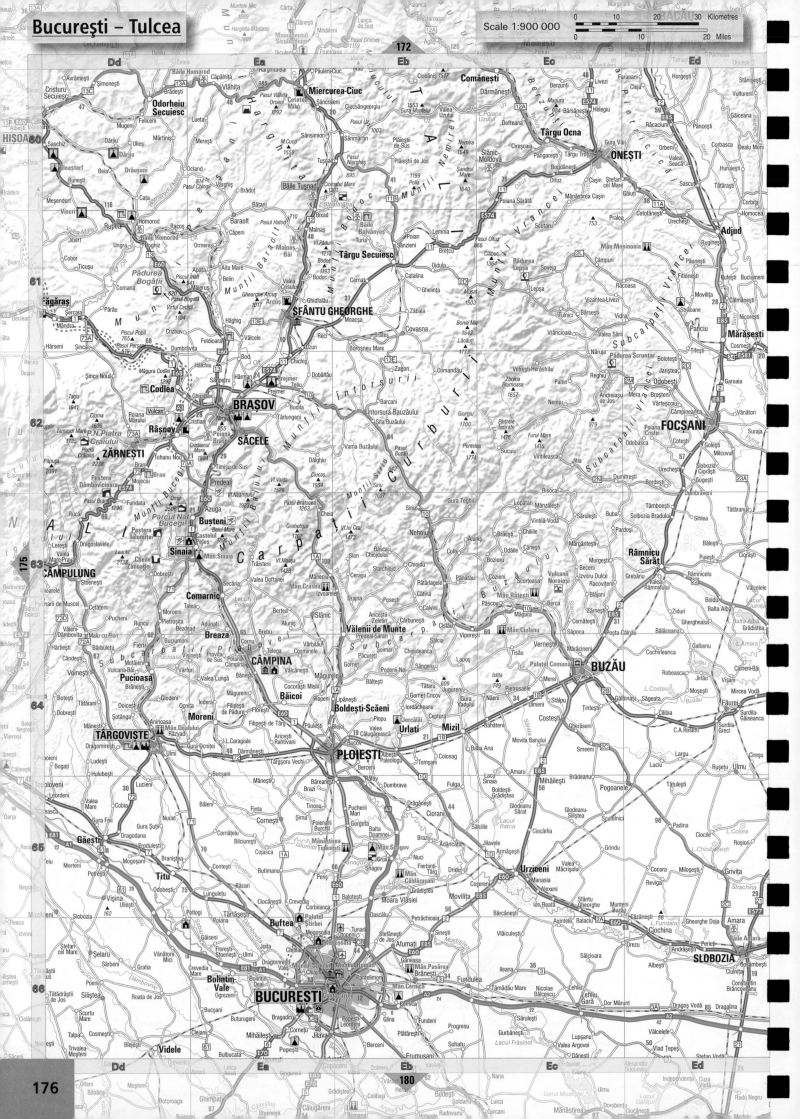

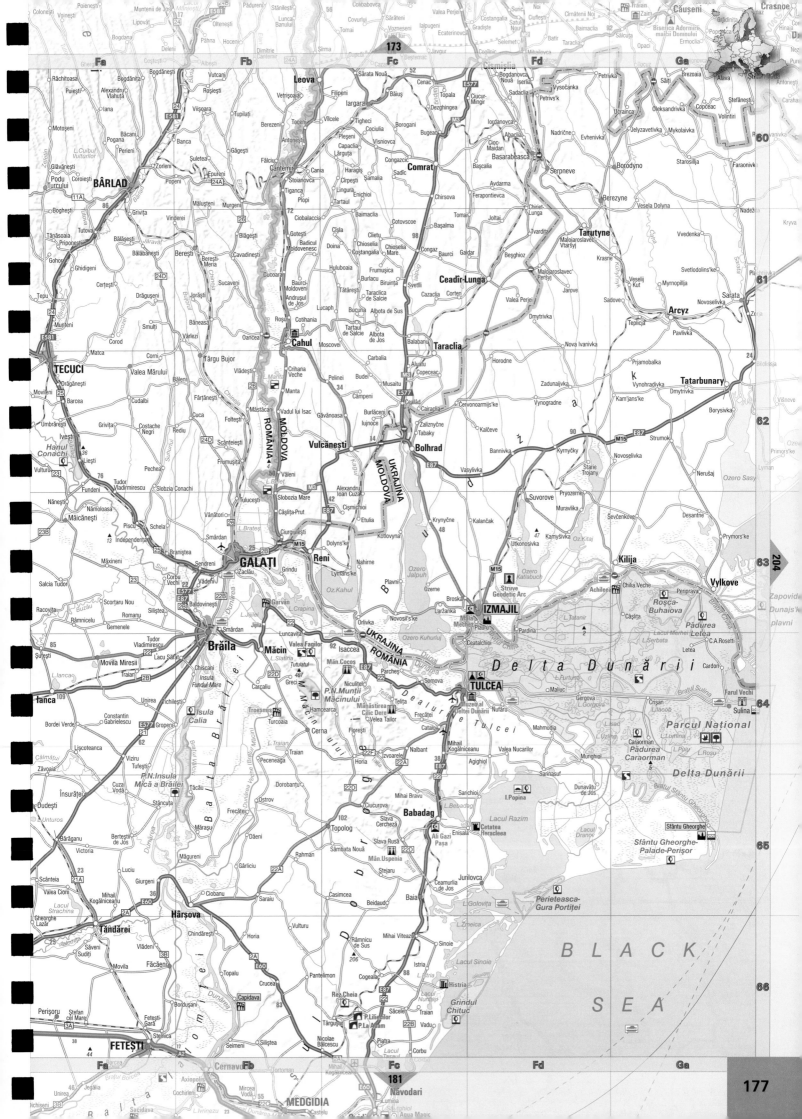

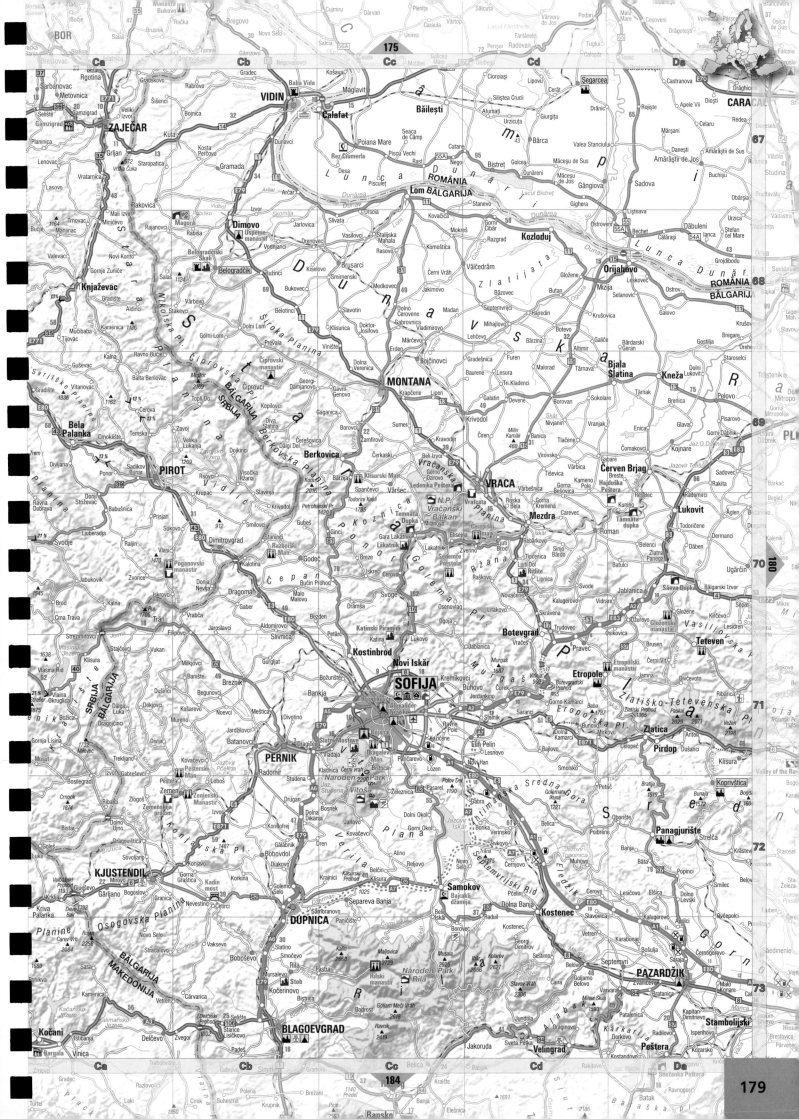

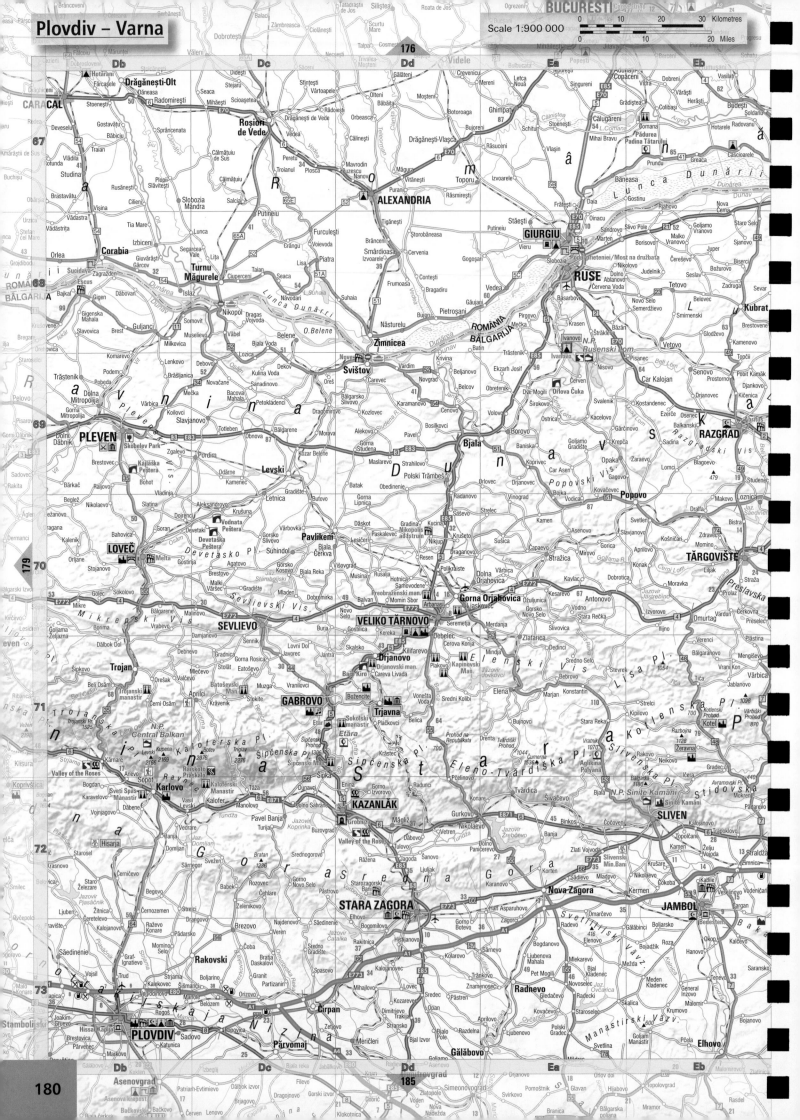

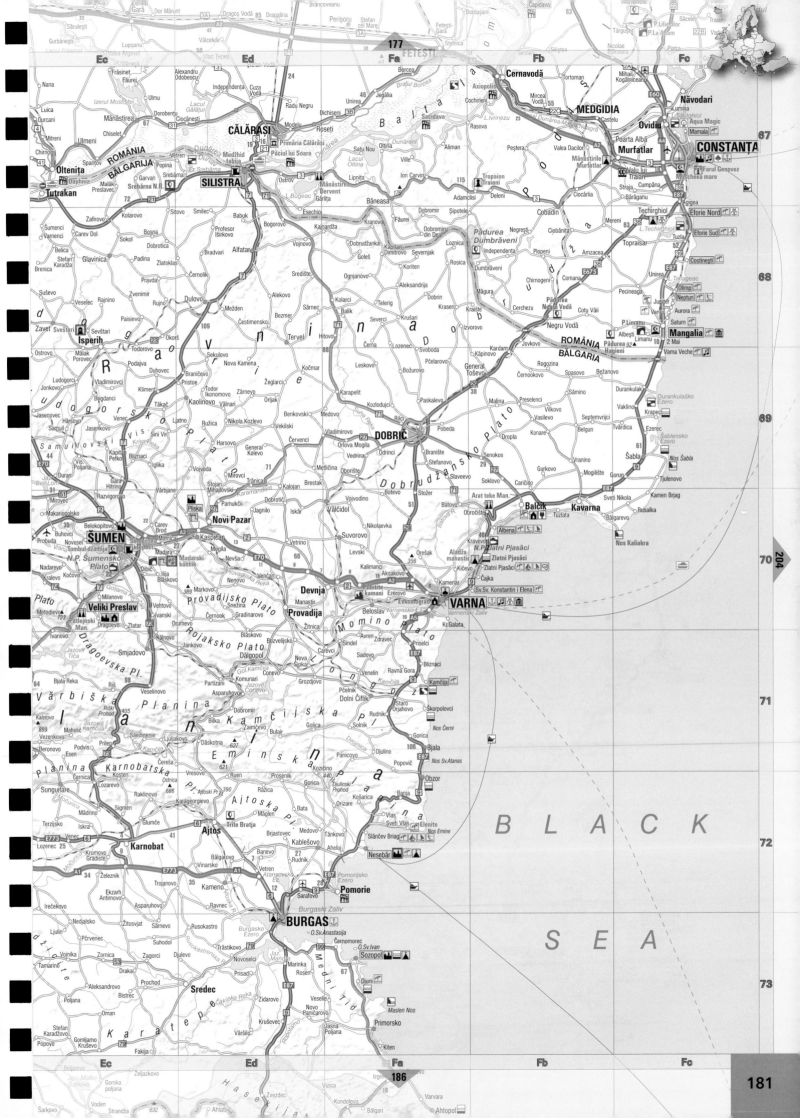

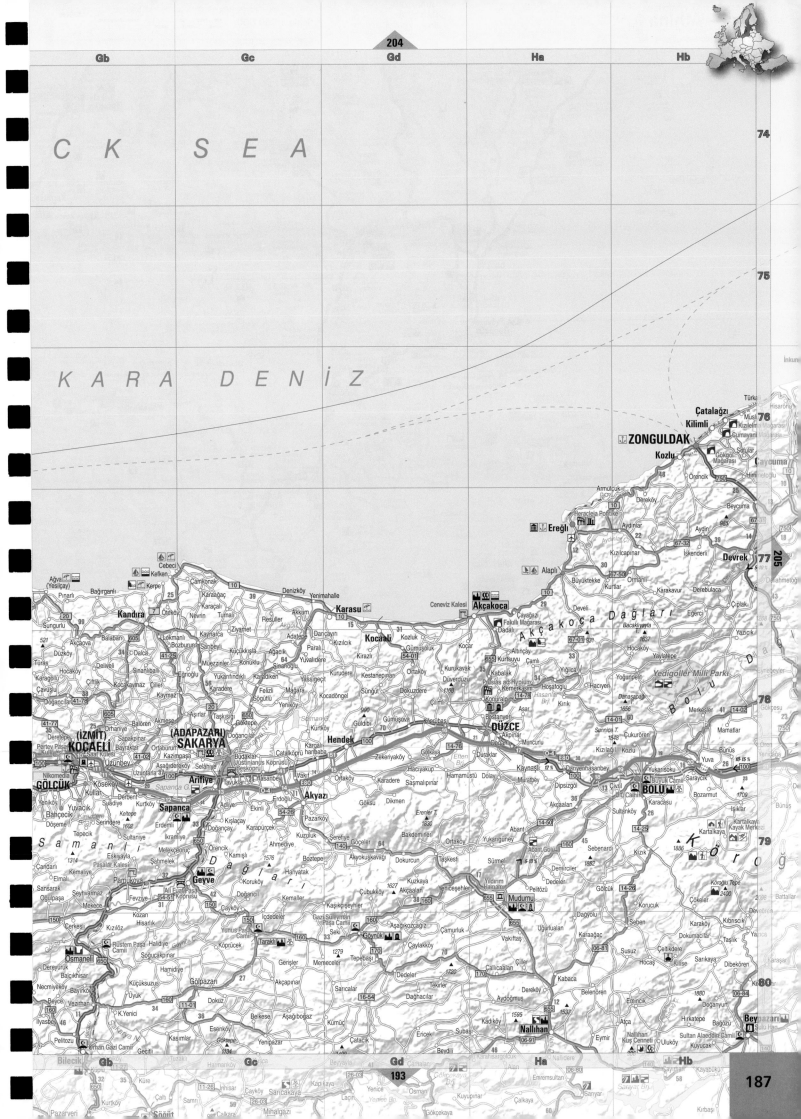

Gb   Gc   Gd   Ha   Hb

74

75

C K   S E A

K A R A   D E N İ Z

76

İnkum

Türkali   Hisarönü
Çatalağzı   Musl
Kilimli   Kızılelma Kızılelma Mağarası
ZONGULDAK   Gümayanî Mağarası
Kozlu   Sofular   Çaycuma
Gökgöl   10
Mağarası   48   Örencik   750   25   13
Armutçuk   Beycuma   67-31
Dereköy   985   67-32   39   14
Aydınlar Aydın   22   750
Heracleia Pontike Kızılcapınar İskenderli   Devrek   77
Ereğli   12   67-50   30   5-10%   205
Alaplı Büyüktekke Kurtlar   Ormanlı Karakavur Derebulaca Dalahmetoğl
Çayağzı   10   Develi   Çıplak   43
Cenevîz Kalesi Akçakoca Dadal   Akçakoça Dağları   Egerci   750
Fakıllı Mağarası   Bacaklıyayla   1288
Çayağzı Koçar   Altınçay Çamlı   1637   Yazıcık   78
Kocaali Kozluk   655 Yiğilca 33   Yoğunpelit Yaylatepe
54-01 Kurukavak Kabalak Hoçakoy   Yedigöller Milli Parkı
Ortaköy Düverdüzü 34 Hoşafoğlu Hacıyeri
Basilica ad Hypium 14-78 Danasapağı Merkeşler 41 14-02
Konuralp Hasanlar Kırık 1656   Gökçesu
Bostanyeri Asar   14-01 Sunnice T. Çukurören   750
DÜZCE Akpınar Muncurlu 1848   Yuva   Yenişarğa
14-76 Gölkaya 21 Kızılağıl Kozlu   19   10-15%
Zekeriyaköy Duraklar   Bünüş   100
Efteni Haciyakup Kaynaşlı 12% Danyerihasanbey Yukarısoku 16
Karadere Şaşmalıparan Hamamüstü Dölay Dipsizgöl   Büyük Cami Sarayçık
Göksu Dikmen   Muratbey 18   Çivril   BOLU   Bozarmut   23
Erenler T. Akçaalan   13   Camli 1709
1830 Bakdemirler Ortaköy Yukarıgüney Sultanköy   Karacasu
14-50   Abant 14-26   1886 Kartalkaya
Abant Gölü 160 Sebenardı Kızık   Kartalkaya Kayak Merkezi
5-10% Demirciler 1852   K ö r o ğ

Samanlı Dağları

187

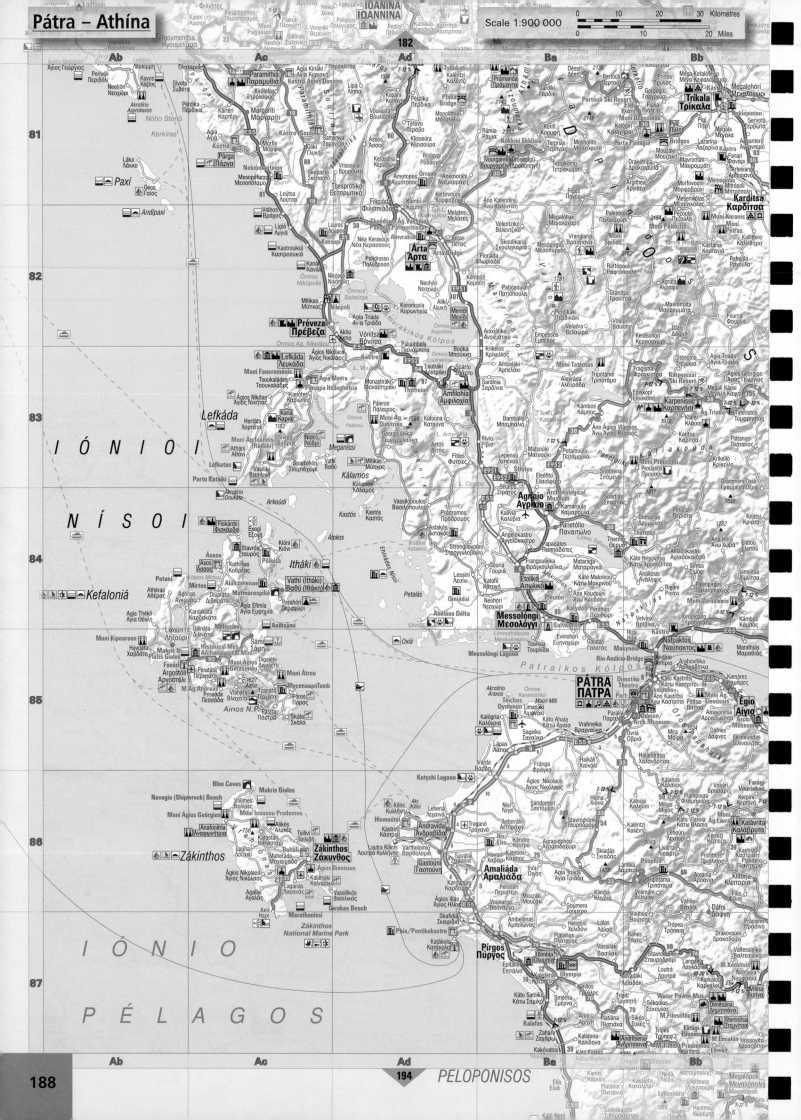

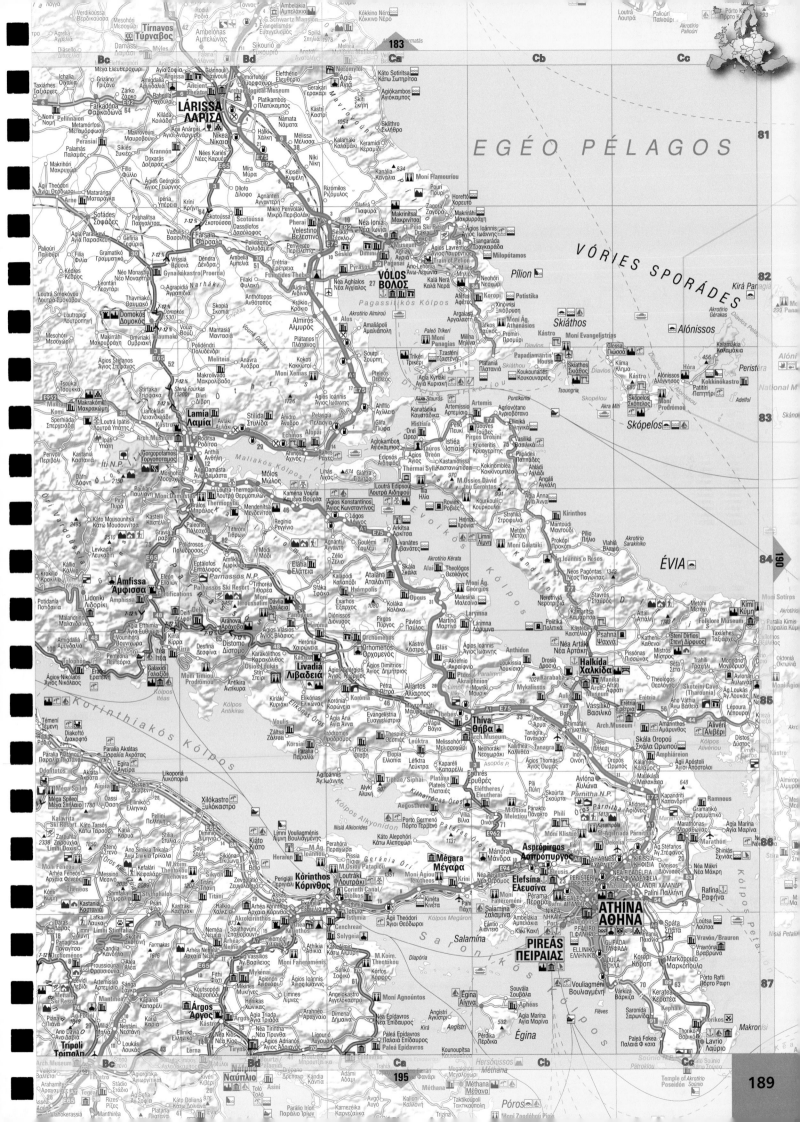

Scale 1:900 000

0   10   20   30   Kilometres
0   10   20   Miles

Cc   Cd   Da   Db   Dc

Límnos

Káspakas
Kornós
Város
Artemis Sanctuary
Kástro
Livadohóri Livadóhori
Mírina Arch.Museum
Mírina Kondiás Moúdros Kondopoúli Kontopoúli
Pláti Kóndas Moúdros
Plató Poliochni
Órmos Skandáli Skandáli

81

Akrotírio
Staurós
319
Akrotírio Agías Irínis

Ágios Efstrátios
Ágios Ευστρατίος   Ágii Apóstoli
Rumnos
303
Ágios Efstrátios
Akrotírio Tripití

82

Psathura

Akrotírio Erimítis
Gioúra
570

V Ó R I E S

Kírá Panagiá
Akrotírio
Gérakas
Moní
299 Panagiás
Pipéri

Alónissos

S P O R Á D E S

Glossa
Γλώσσα
Klíma
Κλήμα
Kástro
680
Kalamákia
Καλαμάκια
Alónissos Hóra
Αλόννησος Χώρα
456
Patitíri
Παπητήρι
Peristéra
Skópelos
Σκόπελος
**Moní
Pródromoú**
Adelfoí
Skándzoura

83

Alónissos
Αλόννησος
Kokkinókastro
Alónissos
National Marine Park

thos

Moní Evangelístrias

Skópelos
Σκόπελος
Akra Míti
Skopélou
Αλόννησος

M, AΘ
AΓ.
Stavrós
Σταυρός

ÉVIA

Skíros
Σκύρος
Arch.Museum
Melá
Μελά
Olímbos
403
Linariá
Λιναριά
Aspoús
Ασπούς
Skíros

84

Plio Πηλίο
Vlahiá
Βλαχιά
Akrotírio
Sarakíniko

Skiropoúla

Erinia
Valáxa
792
Tou Flias
Kalamítsi Beach

E G É O   P É L A

Moní Sotíros
**Kími
Κύμη**

Akrotírio Kími

Akrotírio Líthári

Sarakinó

85

Halkída
Χαλκίδα
Arch.
Museum

Metóhi
Μετόχι
Attáli
Ατταλη
1743
Folklore Museum
Katheni
Καθενοί
Steni Dírfios
Στενή Δίρφυος
Pissónas
Πισσώνας
Mistrós
Μίστρος
Sétia Σέτα
Theológos
Θεολόγος
Ano Váthia
Άνω Βάθεια
Eretria
Erétria
Ερέτρια
56
Amárinthos
Αμάρυνθος
Skála Oropoú
Σκάλα Ωρωπού
Amphiáreion

Ágii Apóstoli
Άγιοι Απόστολοι

Malakása
Μαλακάσα
648
Kapandríti
Καπανδρίτι
Ramnous
Gramatikó
Γραμματικό
Marathónas
Marathón
Ag.Stéfanos
Αγ. Στέφανος
Néa Mákri
Νέα Μάκρη

86

Taxiárhes
Ταξιάρχες
Oxílothos
Οξύλιθος
Trahíli
Τραχήλι
Orió Οριό
Oktoniá
Οκτωνιά
Avlonári
Αυλωνάρι
Ag.Loukás
Αγ. Λουκάς
Neohóri
Νεοχώρι
Lépoura
Λέπουρα
Kriezá
Κριεζά
Akrotírio Poúnta

Almirótamos
Αλμυροπόταμος
Mesohória
Μεσοχώρια

Amphiáreion
Oropós
Ωρωπός
Kálamos
Κάλαμος

Moní Ágios Charálampos

Kástro

Kólpos
Aliveríou
Distos
Δύστος
Límni
Distos
Δίστος
Kástro

Paralía Kímis
Παραλία Κύμης

Moní Kimíseos Theotókou
Antipsara
Psará Ψαρά
Psará

Mesohória
Μεσοχώρια

87

ATHÍNA
AΘHNA
Spáta
Σπάτα
Peanía
Παιανία
Koropí
Κορωπί
Markópoulo
Μαρκόπουλο
Pórto Ráfti
Πόρτο Ράφτι
Keratéa
Κερατέα
Kephale
Thoriko
Θορικό
Lavrio
Λαύριο
Paléa Fókea
Παλαιά Φώκαια

Néa Stíra
Νέα Στύρα
Larmena
Stíra
Στύρα
Gianítsi
Γιανίτσι
Figiás
Φυγιάς
Marmári
Μαρμάρι
Distos
Δύστος
Drakospito
Káristos
Κάρυστος
Kástro Boúrtzi/
Kokkinókastro
Arch.Museum

Kalérgo
Καλέργο
Ágios Dimítrios
Άγιος Δημήτριος
Ohi 1399
Mausoléio
Platanistós
Πλατανιστός
Kómito
Κόμιτο

Akrotírio
Kampanós
Kalivári
Καλιβάρι
Epáno Fellós
Επάνω Φελλός
Ándros

Makronísi

Nisiá Petalií

Mandiloú

Erápo Fellós
Kalivári

Ándros
Pírgos Ágiou Petroú
Gávrio
Γαύριο
Arnás
Αρνάς
Batsí
Μπατσί
Paleopolis
Παλαιόπολη Παλεόπολη
Μ. Panahraándou
Zagorá
Ζαγορά

Stenies
Στενιές
994
Mesariá
Μεσαριά
Moní Zoodóhou Pigis
Ándros
Άνδρος
Arch.Museum/
Museum of Modern Art
Kástro Faneroménis
Κόρθι
Órmos Kórthiou

Sounío
Σούνιο
Temple of
Poseidon
Akrotírio
Sounío

Kéa
Agia Iríni
Agía Iríni
Koríssia
Κορησσία
Ioulís/Lion of Kéa
Ioulis
Ioúlis
561
Káto Meriá
Κάτω Μεριά

Akrotírio Stenó
Órmos Kórthiou
Κόρθι

Giáros

Akrotírio Peráti
Órmos Panórmou
Pánormos
Πάνορμος

Tínos

Cc   Cd   Da   Db   Dc

190

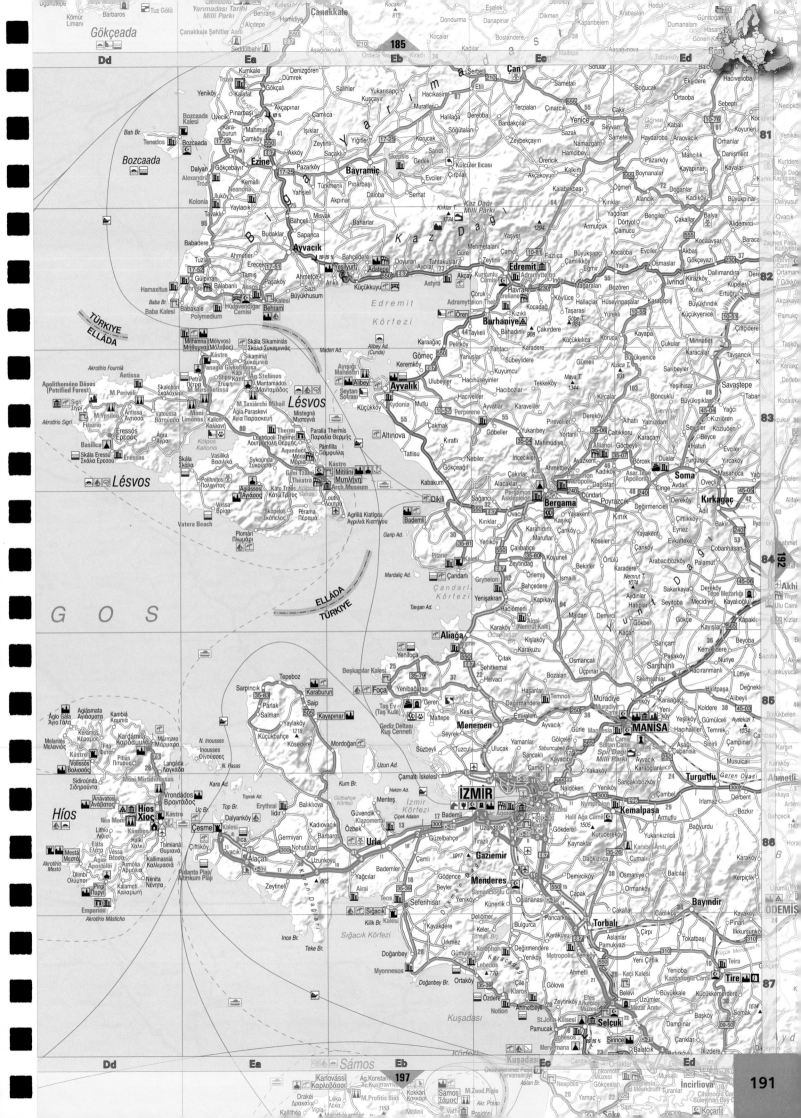

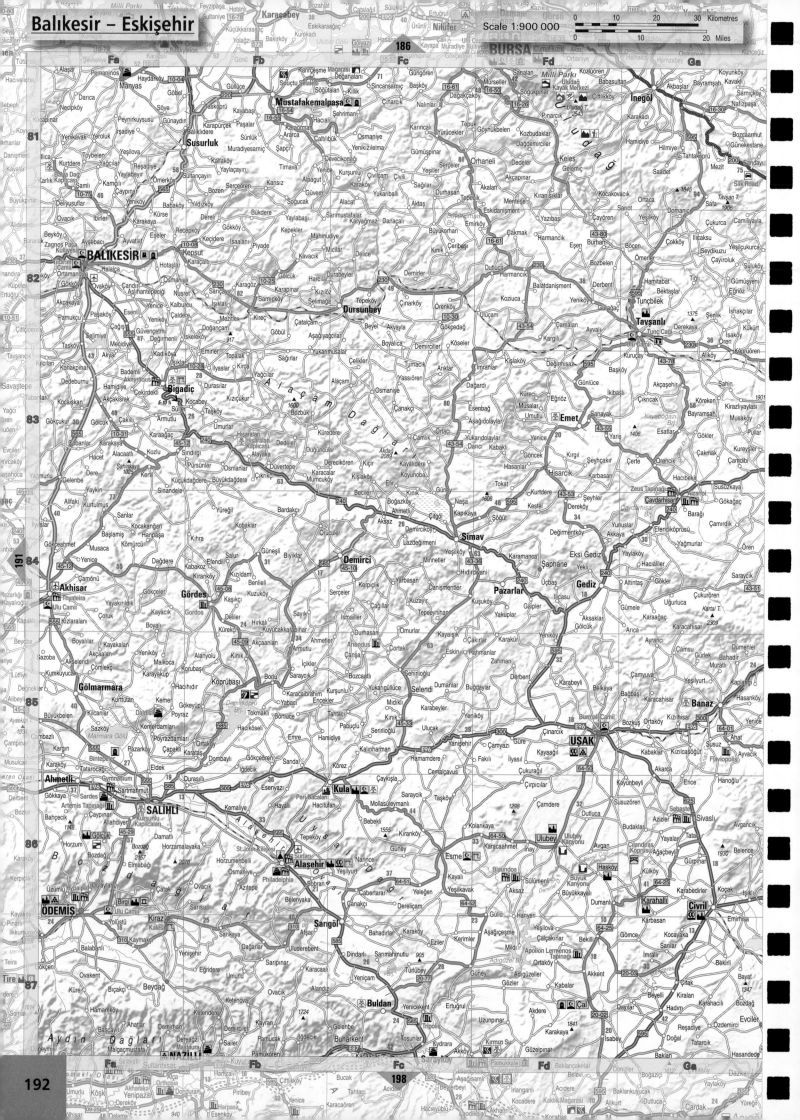

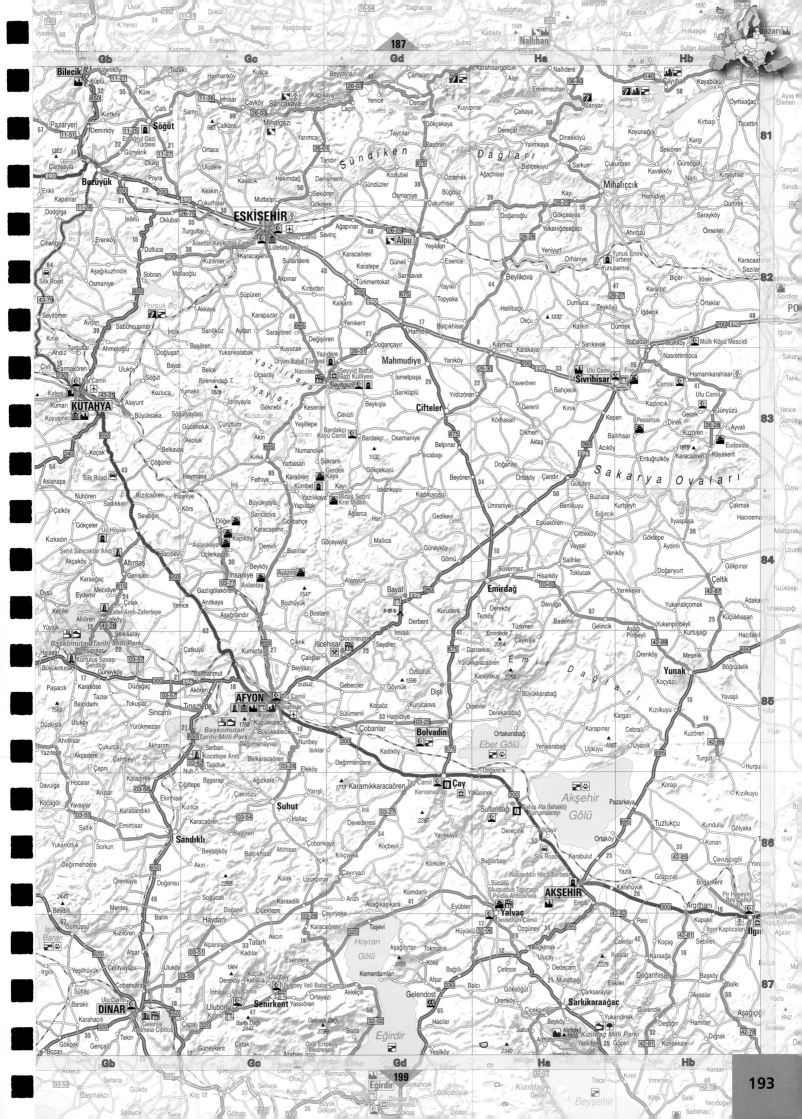

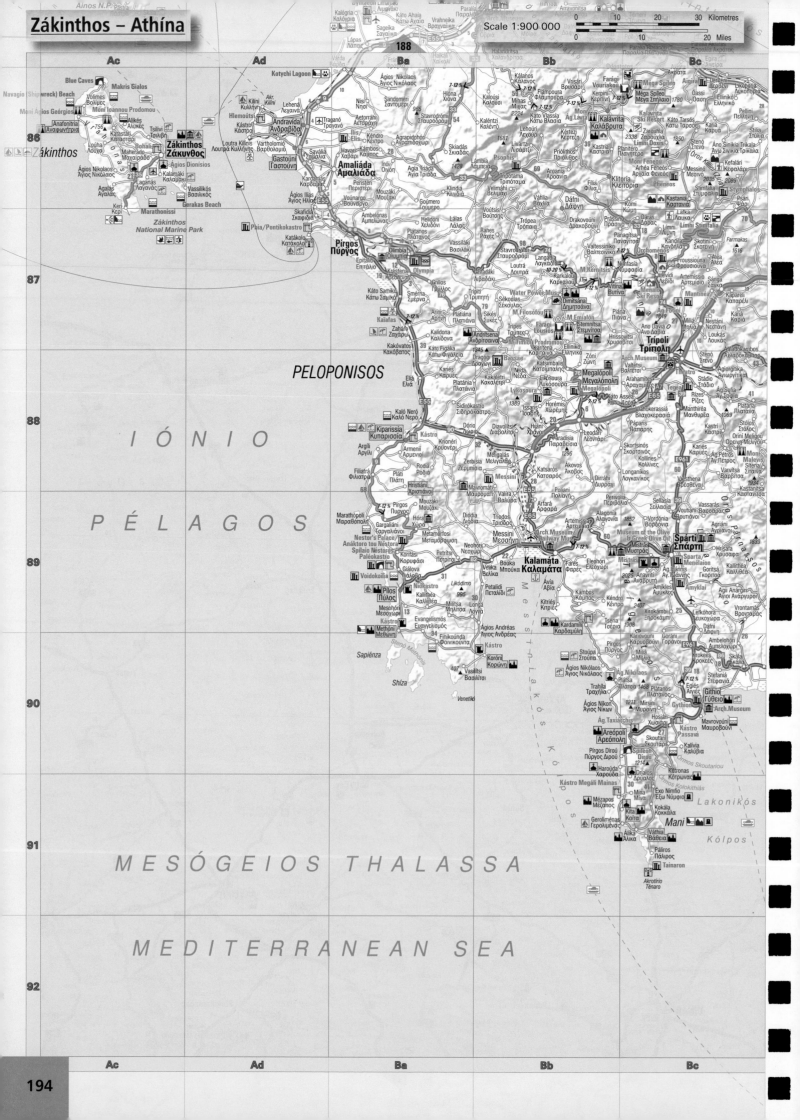

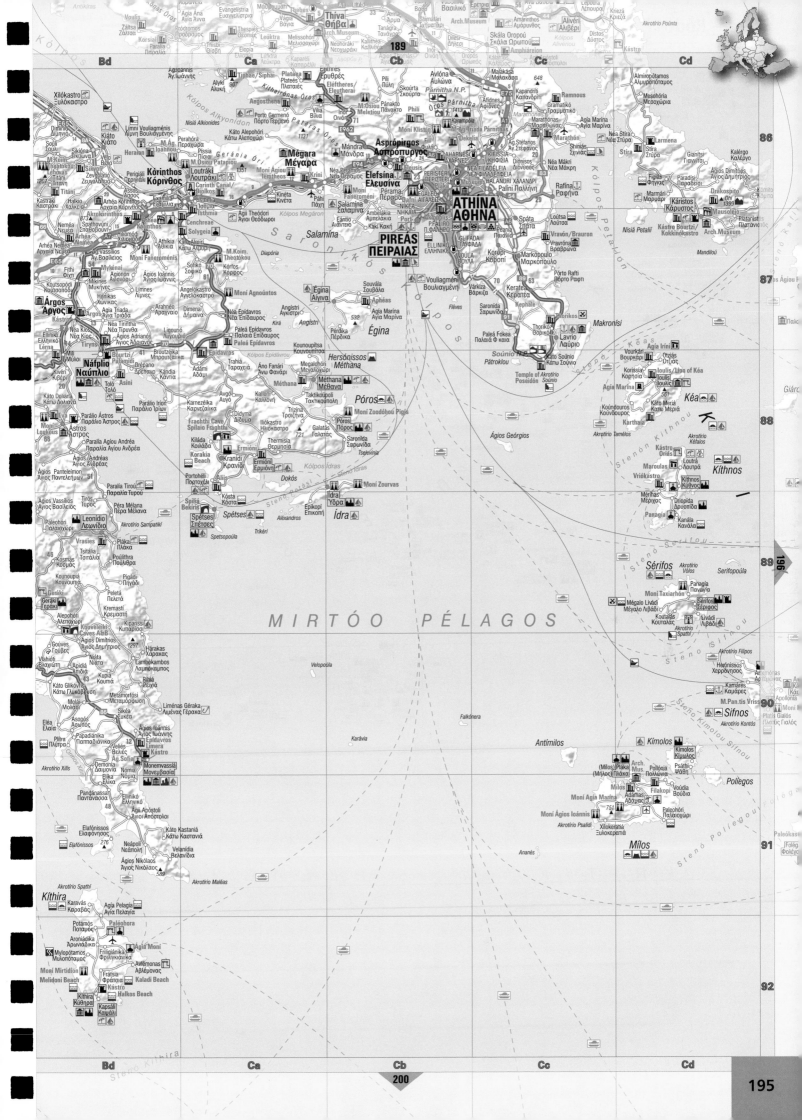

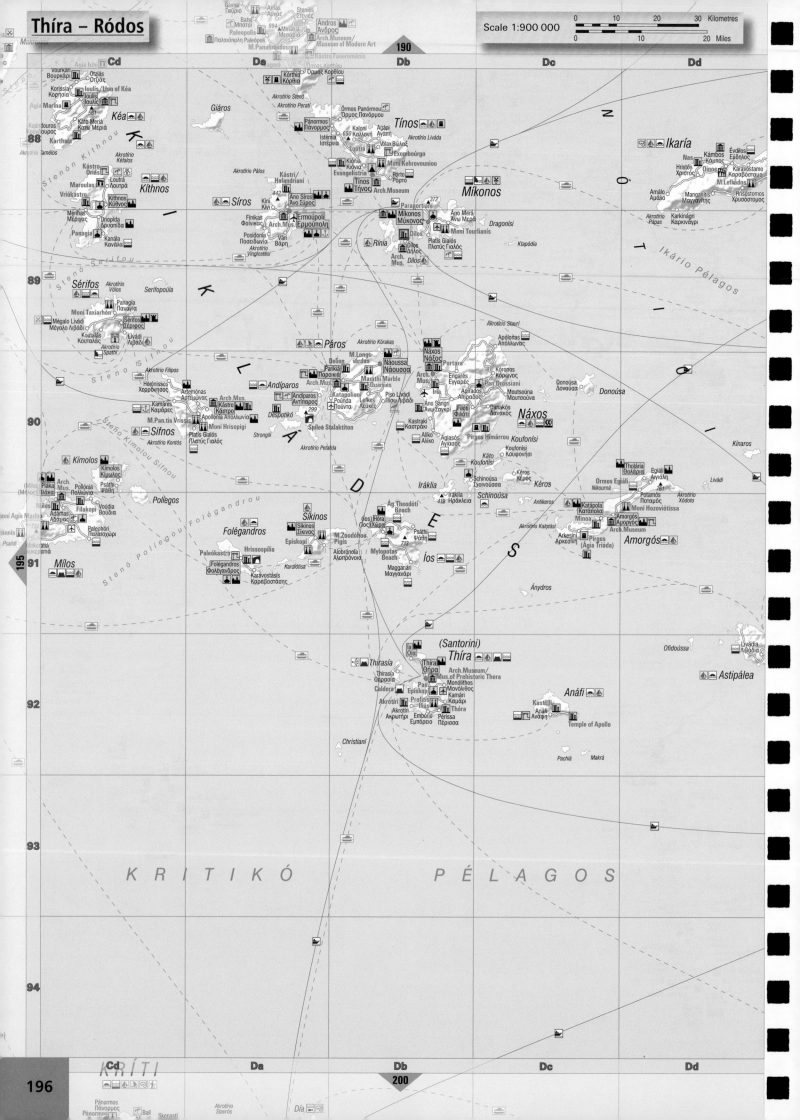

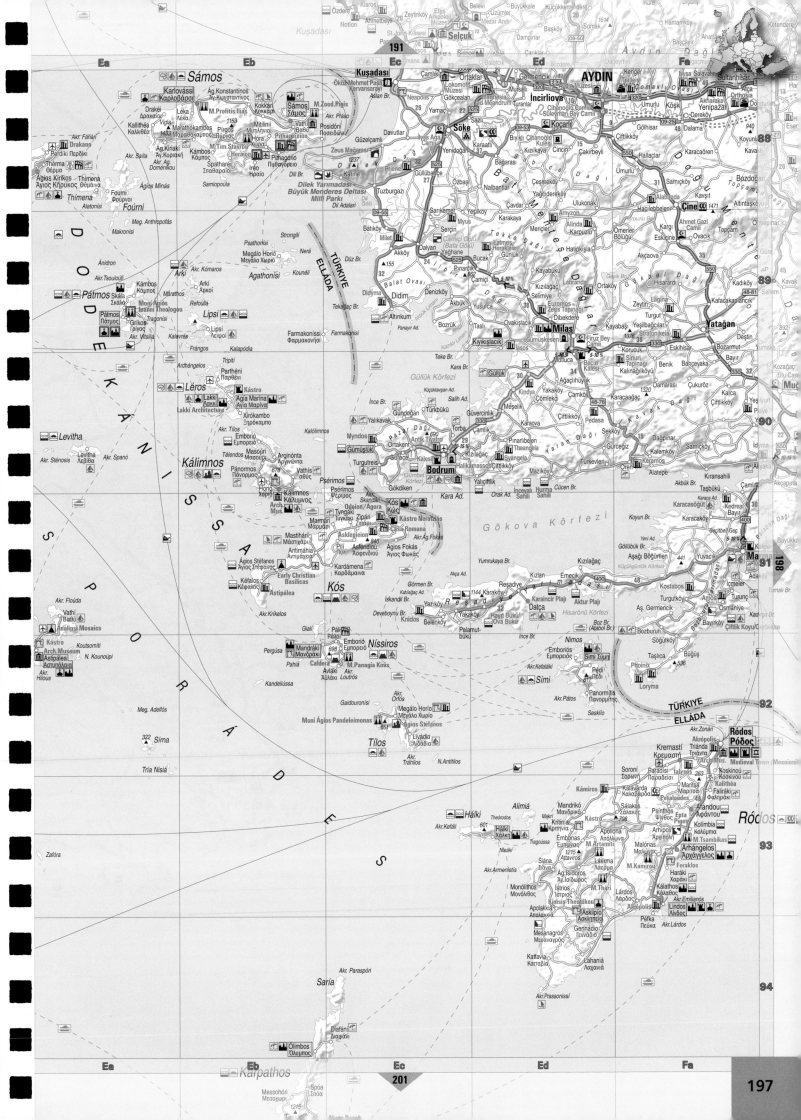

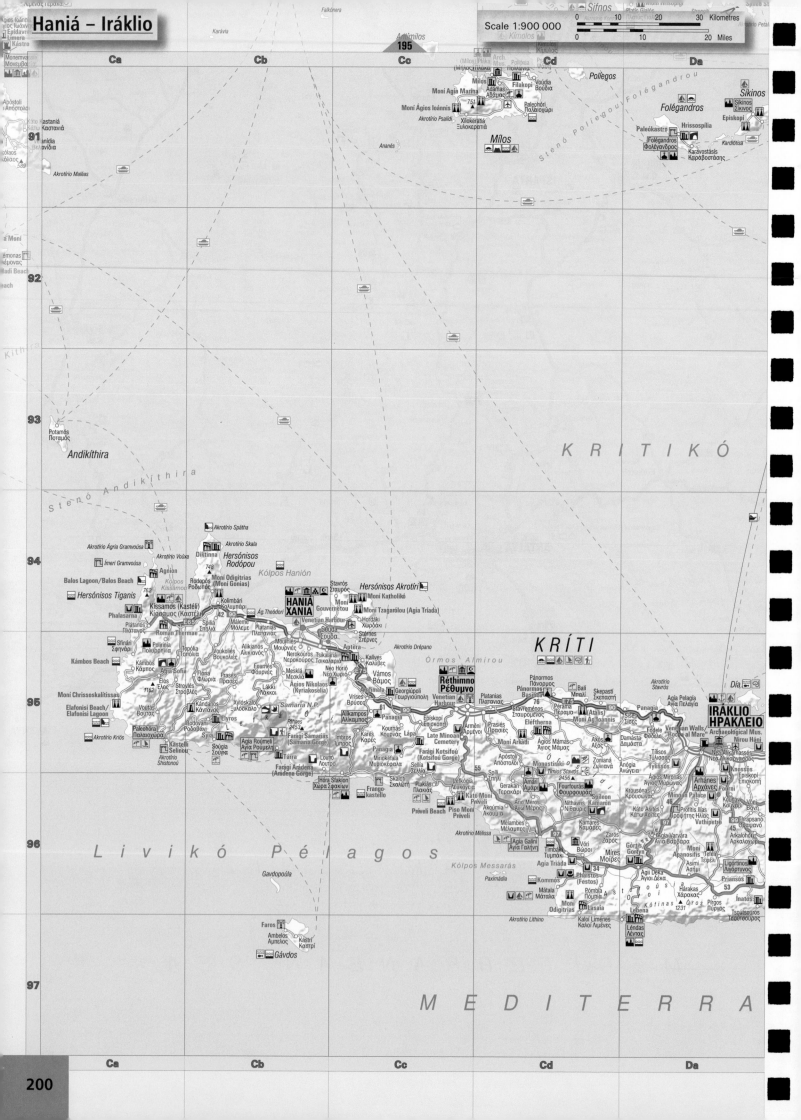

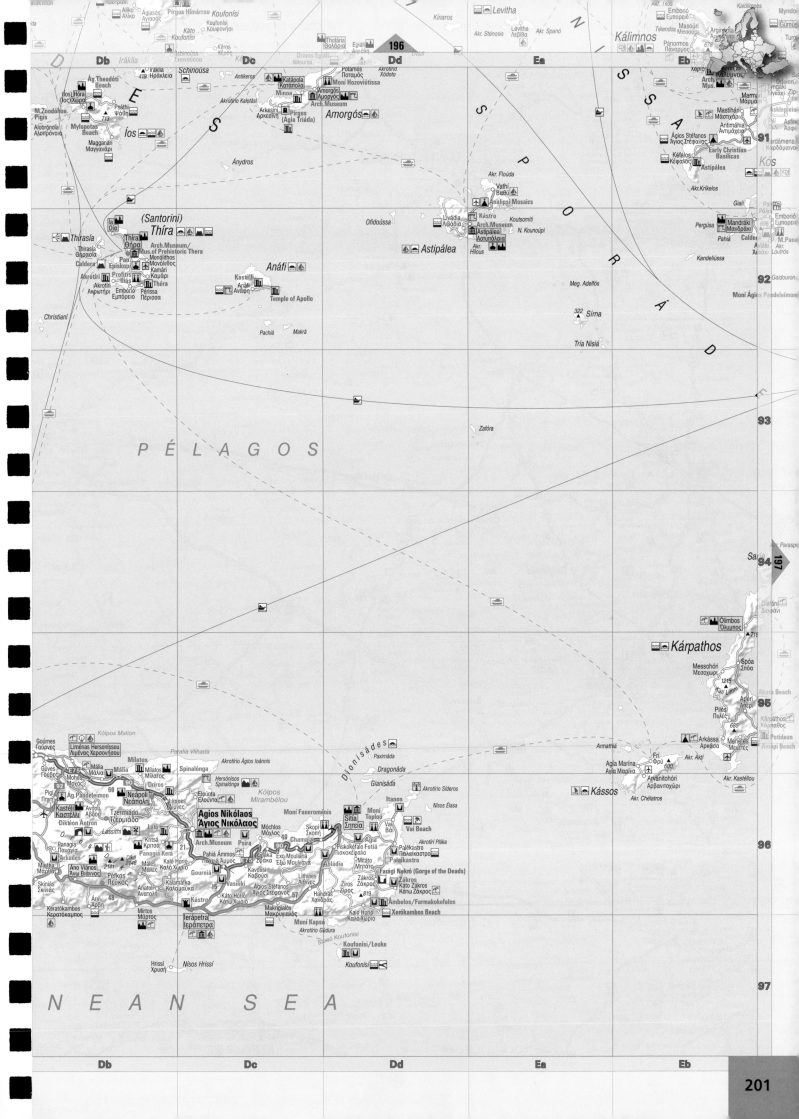

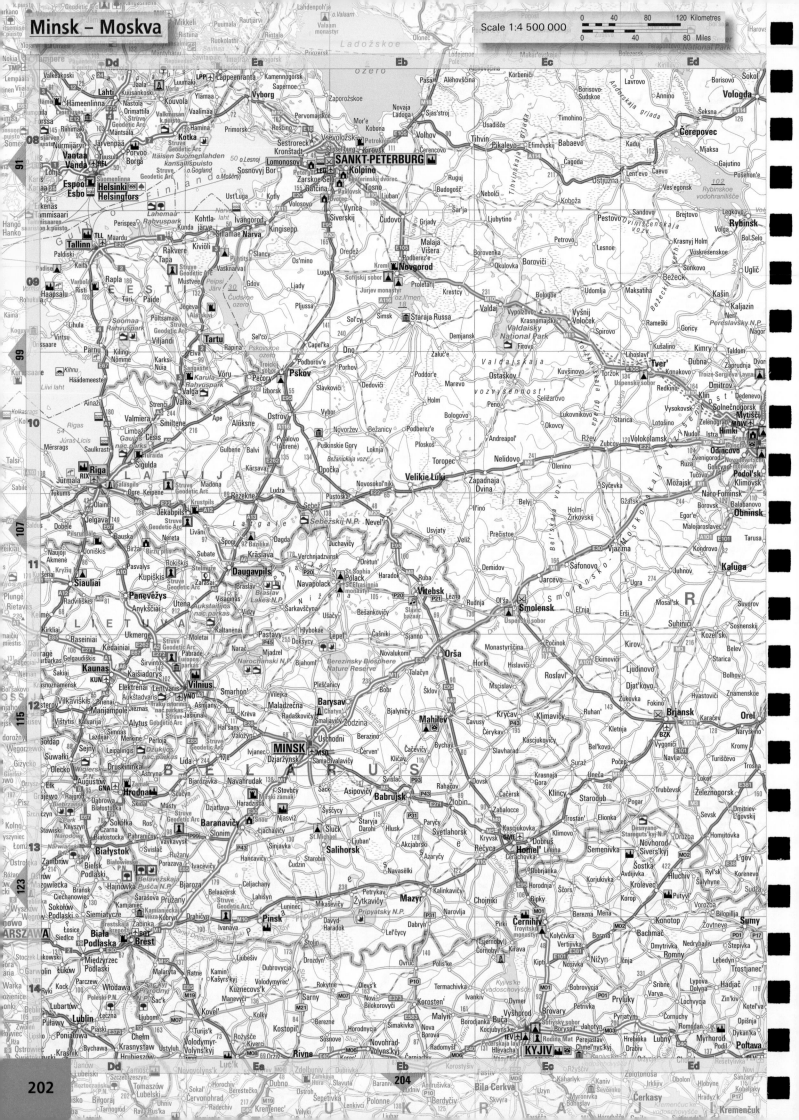

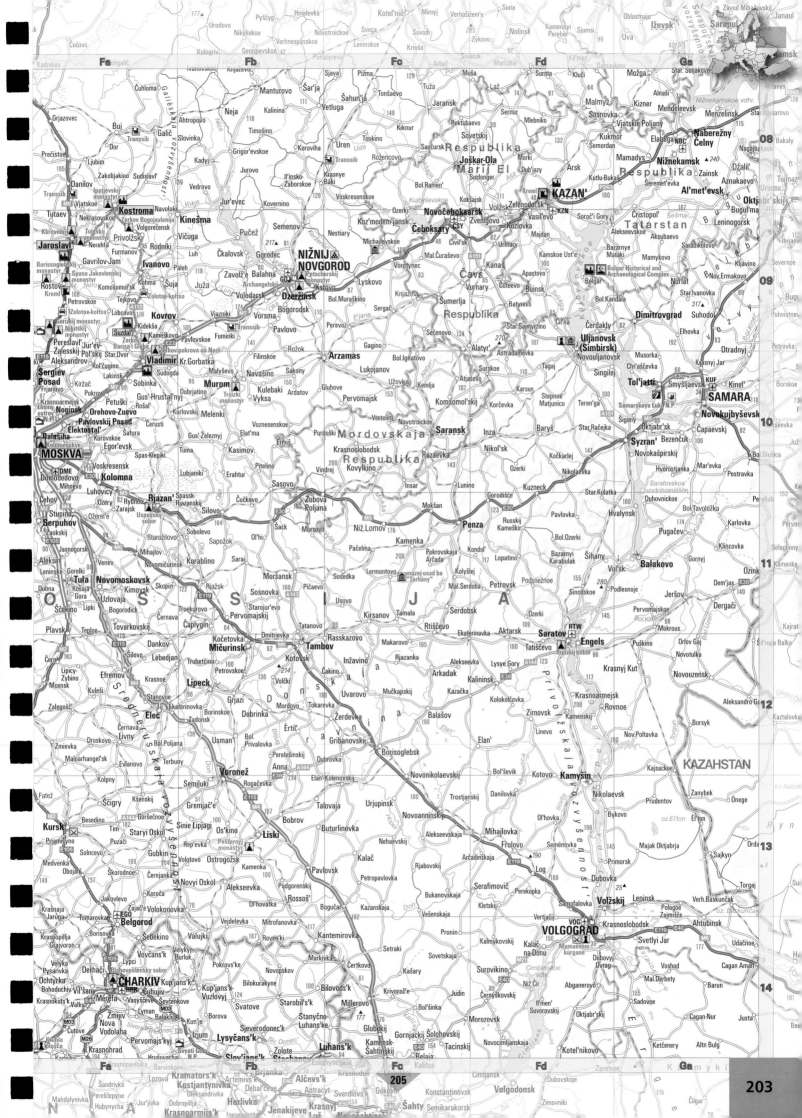

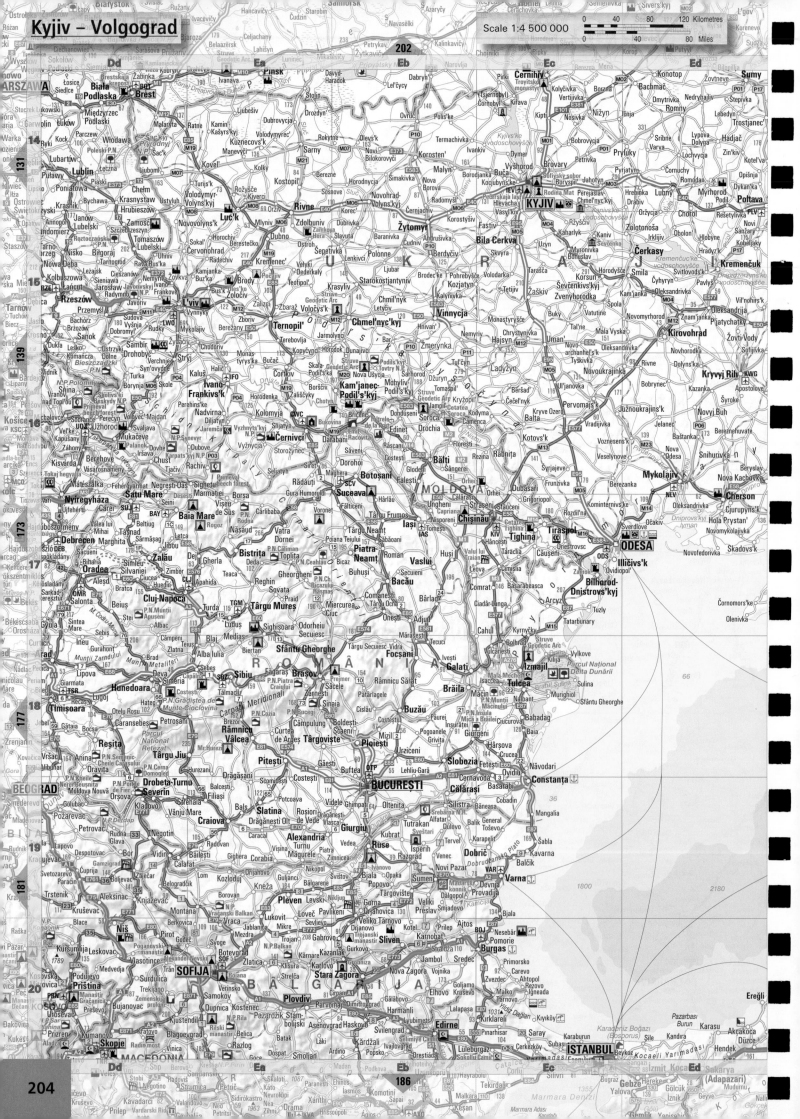

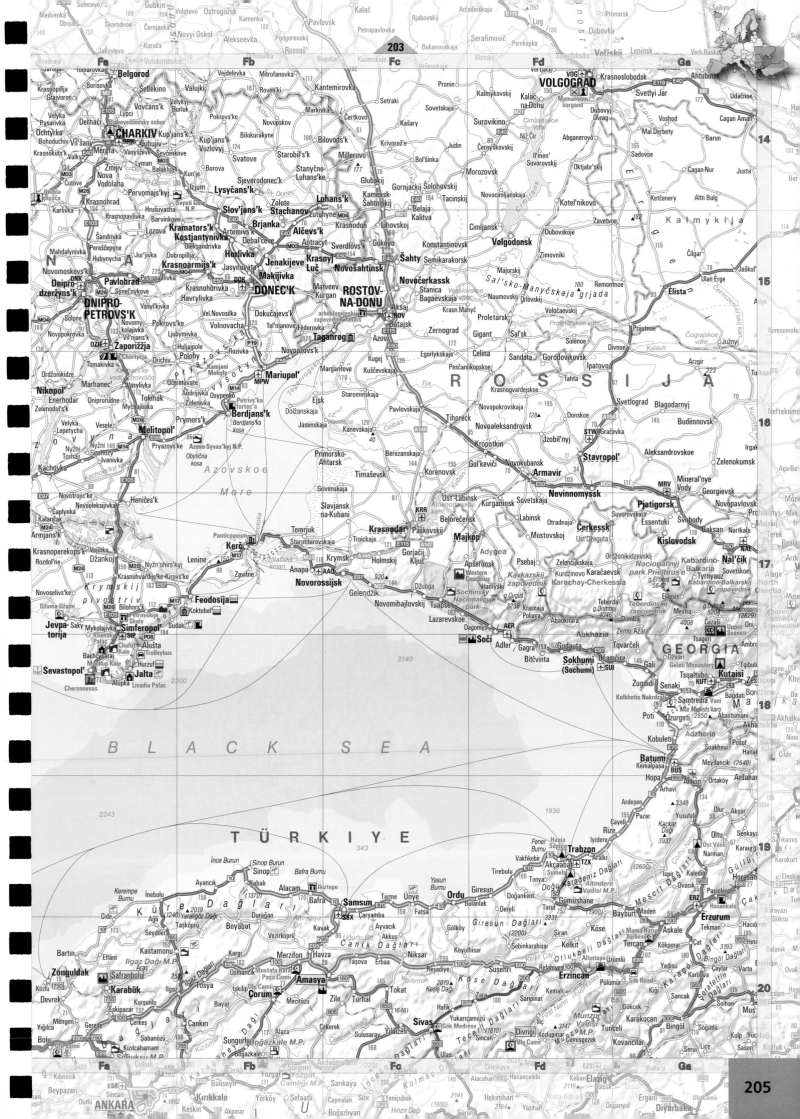

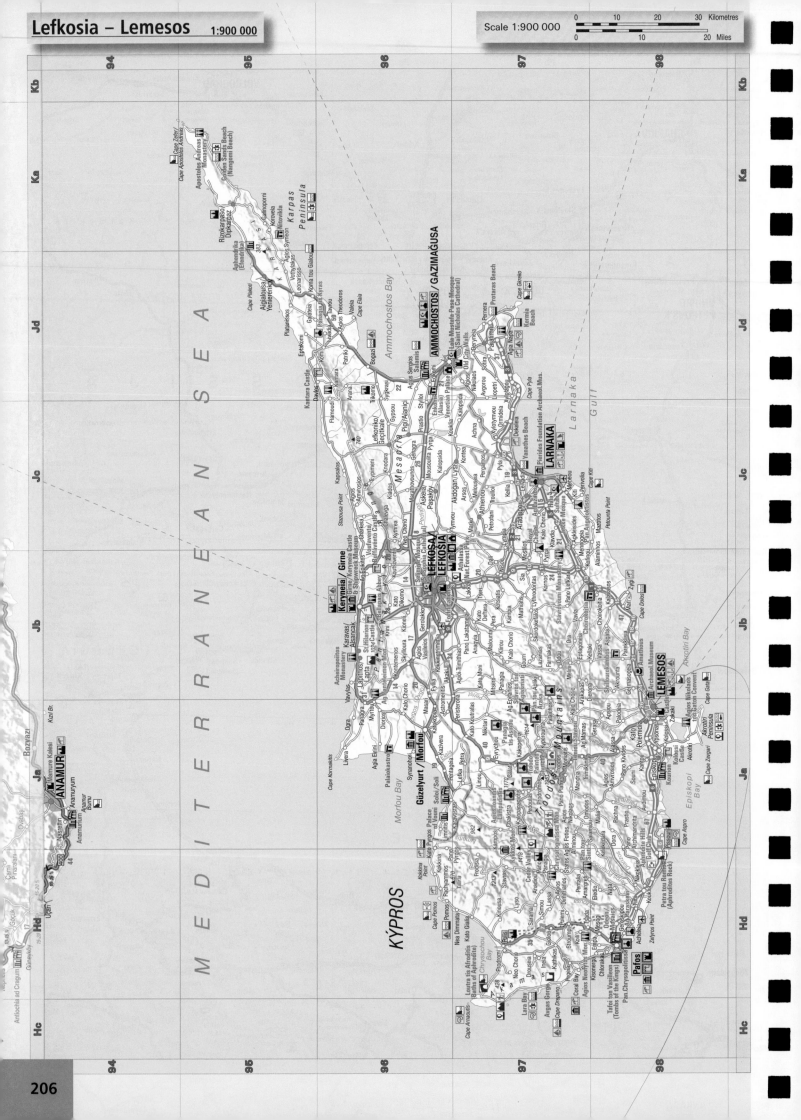

Scale 1:900 000

0   10   20   30   Kilometres
0   10   20   Miles

MEDITERRANEAN SEA

KÝPROS

Karpas Peninsula

Cape Zafer / Cape Apostolos Andreas
Apostolos Andreas Monastery
Golden Sand's Beach (Nangomi Beach)
Rizokarpaso / Dipkarpaz
Aphendrika (Efendrika)
Aigialousa / Yenierenköy
Galinoporni
Korovia
Nitovikla
Vothylakas
Agios Symeon
Leonarisso
Komi tou Gialou
Cape Plakoti
Platanissos
Eptakomi
Cape Kormakitis

AMMOCHOSTOS / GAZIMAĞUSA
Lala Mustafa Pasa Mosque (Saint Nicholas Cathedral)
Old City Walls
Salamis
Agios Sergios
Enkomi (Alasia)
Venetian Palace
Famagusta / Gazimağusa
Protaras Beach
Pernera
Paralimni
Agia Napa
Cape Greko
Kermia Beach

Ammochostos Bay

Kantara Castle
Davlos
Kantara
Akanas
Flamoudi
Kapsalos
Lefkoniko / Geçitkale
Tikomo
Gypsou
Sygkrasi
Prastio
Stylloi
Styloi
Agios Nikolaos
Avgorou
Liopetri
Xylophagou
Ormideia
Xylotymvou
Dekeleia
Pyla

LARNAKA
Pierides Foundation Archaeol.Mus.

Larnaka Gulf

Mesaoria
Marathovounos
Prastio
Pyrga
Mousoulita
Kalopsida
Achna
Pergamos
Kontea
Kioneli
Neo Chorio
Askeia
Melousia
Akdoğan / Lysi
Arsos
Athienou
Troulloi
Kellia
Dekeleia
Petounta Point

GIRNE / KERYNEIA
Keryneia / Girne
Keryneia Castle & Shipwreck Museum
Bellapais Abbey
St Hilarion Castle
Buffavento Castle
Vouffaventol

LEFKOSIA / LEFKOSA
Selimiye Mosque
Sophia Cathedral

Karavas / Alsancak
Lapithos / Lapta
Kato Dikomo
Agios Vasileios
Skylloura
Agios Panteleimon
Berolakkos
Kokkinotrimithia
Pano Lakatameia
Kato Deftera
Dali
Nisou
Sia
Lymbia
Pyrga
Kornos
Meneou

Achaeiropoitos Monastery
Morfou Bay
Güzelyurt / Morfou
Synachori / Morfou
Livera
Agia Eirini
Palaiokastro
Diorios
Myrtou
Kalo Chorio
Masari
Kato Koutrafas
Peristerona
Akaki
Agioi Trimithias
Kato Moni
Malounta
Klirou
Kampia

Troodos Mountains

Kato Pyrgos
Kato Pyrgos Palace of Vouni
Pomos
Kokkina Point
Pachyammos
Pyrgos
Livadia
Pedoulas
Agios Nikolaos tis Stegis
Kakopetria
Galata
Evrychou
Linou
Pentageia
Lefka / Soli
Sahoi / Soli
Kozivera
Nikitari
Panagia tis Asinou
Klirou

Chrysochou Bay
Loutra tis Afroditis (Baths of Aphrodite)
Nea Dimmata
Polis
Lara Bay
Avgas Gorge
Cape Drepano
Cape Arnaoutis
Coral Bay
Agios Georgios
Pegeia
Kissonerga
Kathikas
Drouseia
Inia
Lyso
Simou
Lassa
Steni
Kinousa
Stroumpi
Polemi
Tsada
Mesogi

PAFOS
Pafos
Tafoi ton Vasileion (Tombs of the Kings)
Pan.Chrysopolitissa
Geroskipou
Petra tou Romiou (Aphrodite's Rock)

LEMESOS
Amathous
Archaeol. Museum
Agios Nikolaos ton Gaton Convent
Kolossi Castle
Kolossi
Akrotiri
Cape Gata
Episkopi
Kourion
Akrotiri Peninsula
Akrotiri Bay
Cape Zevgari
Episkopi Bay
Pissouri
Cape Aspro

Chirokitia
Tochni
Kalavasos
Zygi
Cape Dolos
Maroni
Psematismenos
Kofinou
Skarinou
Lefkara

Troodos
Mandria
Amiantos
Agros
Trimiklini
Platres
Omodos
Vasa
Arsos
Malia
Pachna
Alassa
Kantou
Kolossi
Kouklia

Pera
Pedoulas
Prodromos
Kykkos Monastery

ANAMUR
Mamure Kalesi
Anamur
Anamurium
Anemurium
Anamur Burnu
Antiochia ad Cragum
Güneyköy
Gazipaşa
Bozyazı
Kizil Br.
Nasretin
Ovabaşı
Uğrak
Çamlı
Piñarataşı
Göçük

Cape Pyla
Kiti
Mazotos
Alaminos
Zygi

2. Mai RO 181 Fc68
23. August RO 181 Fc68

A

Å N 66 Fa15
Å N 77 Dd31
Å N 78 Ea28
Aabenraa DK 108 Db27
Aabybro DK 100 Dc20
Aach D 142 Cc51
Aachen D 125 Bb41
Aadorf CH 142 Cc52
Aakirkeby DK 111 Fc58
Aakre EST 106 La46
Aalborg DK 100 Dc21
Aalburg NL 124 Ba37
Aalen D 134 Db48
Aalestrup DK 100 Db22
Aalsmeer NL 116 Ba36
Aalst B 124 Ac40
Aalten NL 125 Bd37
Äänekoski FIN 82 Kb31
Aapajärvi FIN 69 Kb16
Aapajärvi FIN 74 Jc20
Aapajoki FIN 74 Jc20
Aapua S 74 Jb18
Aarau CH 141 Ca53
Aarberg CH 141 Bc54
Aarburg CH 141 Ca53
Aardenburg NL 124 Ab38
Aareavaara S 68 Ja16
Aarhus DK 108 Dc24
Aarneniemi FIN 65 Kb09
Aarninjarga FIN 65 Kb09
Aars DK 100 Db22
Aarschot B 124 Ad40
Aarup DK 108 Dc26
Aaşağinova TR 185 Ec80
Ääsmäe EST 98 Kb43
Aatsinki FIN 69 Kd17
Aavajärvi S 73 Jb21
Aavasaksa FIN 73 Jb19
Åbacka S 72 Gb23
Abaclia MD 177 Fd60
Abad E 36 Bb53
Abades E 46 Da63
Abadía E 45 Ca64
Abadín E 36 Bc54
Abádszalók H 146 Jc53
A Baiuca E 36 Ad54
Abalar TR 185 Eb76
Abaliget H 152 Hb57
A Baña E 36 Ad55
Abancourt F 23 Gc34
Abanilla E 55 Fa72
Abano Terme I 150 Dd60
Abant TR 187 Ha79
Abarán E 55 Ed72
Abárzuza E 39 Ec57
Abaucourt-Hautecourt F 24 Jb35
Abaújszántó H 147 Jd50
Abaurrea Alta E 39 Fa56
Abaurrea Baja E 39 Fa56
Abbadia San Salvatore I 156 Dd68
Abbasanta I 169 Ca76
Abbas Combe GB 19 Ec29
Abbekås S 110 Fa57
Abberley GB 15 Ec25
Abbeville F 23 Gc33
Abbey IRL 12 Bd22
Abbey Dore GB 15 Eb26
Abbeydorney IRL 12 Bb24
Abbeyfeale IRL 12 Bb24
Abbeyleix IRL 13 Cb22
Abbiategrasso I 148 Cb59
Abborrberg S 71 Ga23
Abborrberget S 95 Gb43
Abborrtjärn S 80 Hb27
Abborrträsk S 72 Ha23
Abborrträsk S 80 Ha26
Abbots Bromley GB 16 Ed23
Abbotsbury GB 19 Eb31
Abbots Leigh GB 19 Eb28
Abbots Ripton GB 20 Fc25
Abbytown GB 11 Eb17
Abda H 145 Gd52
Abdürrahim TR 185 Ea78
Abdurrahmanlar TR 199 Gd91
Abejar E 47 Ea60
Abejuela E 54 Fa66
Abejuela E 61 Ec74
Åbel N 93 Da46
Abela P 50 Ab71
Ābeļi LV 106 La52
Abellá E 36 Ba55
Abella de la Conca E 48 Gb59
Abelsborg N 65 Kb06
Abelvær N 78 Eb25
Abenberg D 134 Dc47
Abengibre E 54 Ed68
Abenójar E 52 Da69
Abensberg D 135 Ea48
Aber GB 15 Dd22
Aberaeron GB 15 Dd25
Aberaman GB 19 Ea27
Aberangell GB 15 Ea24
Abercarn GB 19 Eb27
Aberchirder GB 7 Ec08
Abercraf GB 19 Ea27
Aberdare GB 19 Ea27
Aberdaron GB 14 Dc23
Aberdeen GB 7 Ed09
Aberdovey GB 15 Dd24
Abereiddy GB 14 Db26
Aberfeldy GB 7 Ea11
Aberford GB 16 Fa20
Aberfoyle GB 7 Dd12
Abergavenny GB 19 Eb27
Abergele GB 15 Ea22
Åberget S 72 Ha21
Abergwesyn GB 15 Ea25
Abergwynfi GB 19 Ea27
Abergynolwyn GB 15 Dd24
Aberlady GB 11 Ec13
Aberlour GB 7 Eb08
Abermule GB 15 Eb24
Abernyte GB 7 Eb11
Aberporth GB 14 Dc25
Abersoch GB 14 Dc23
Abertamy CZ 135 Ec43
Abertillery GB 19 Eb27
Abertura E 51 Ca68
Aberystwyth GB 15 Dd25
Abetone I 155 Db64
Abganerovo RUS 203 Fd14
Abia de la Obispalía E 53 Eb66
Abiego E 48 Fc59
Abild DK 108 Da28
Abild S 102 Ed51
Abildå DK 108 Da24
Abingdon GB 20 Fa27
Abington GB 10 Ea14
Abington GB 20 Fd26
Abington IRL 12 Bd23
Abisko S 67 Gd14
Abizanda E 48 Fd59
Abja-Paluoja EST 106 Kd46
Abla E 61 Dd75
Ablanica BG 184 Cd75
Ablis F 29 Gc38
Ablitas E 47 Ed59
Abmelaseter N 62 Ha10
Åbo FIN 97 Jb39
Åbo S 78 Ed29
Åbo S 87 Ga35
Abod H 138 Jc49
Abondance F 35 Kb45
Abony H 146 Jb54
Aborim P 44 Ad59
Åbosjö S 80 Gc29
Aboyne GB 7 Ec09
Abram RO 171 Cc56
Abramów PL 131 Ka39
Abrămuț RO 170 Cb56
Abrantes P 50 Ad66
Abraure S 72 Gd21
Abreiro P 45 Bc60
Abrene RUS 107 Ld49
Abrene = Pytalovo RUS 202 Ea10
Abreschviller F 25 Kb37
Abridge GB 20 Fd27
Abriès F 35 Kb49
Abrud RO 171 Cd59
Abruka EST 105 Jc47
Abrupe LV 106 La49
Absberg D 134 Dc47
Absdorf A 144 Ga50
Abstatt D 134 Cd47
Abtei A 144 Fb56
Abtei I 143 Ea56
Abtenau A 143 Ed53
Abtsgmünd D 134 Da48
Abtsteinach D 134 Cc46
Abula EST 105 Jc46
Abusland N 92 Cd46
Åby N 93 Dc44
Åby S 103 Ga46
Åby S 103 Fc47
Åby S 103 Fc51
Åbyen DK 100 Dc19
Åbyggeby S 95 Gb39
Åbyn S 73 Hc24
Åbyskov DK 109 Dd27
Åbytorp S 95 Fc44
A Cañiza E 36 Ba57
Acaş RO 171 Cc55
Acătari RO 171 Dc59
Acate I 167 Fb87
Accadia I 161 Fd74
Acceglio I 148 Bb62
Accettura I 162 Gb76
Acciarella I 160 Eb73
Acciaroli I 161 Fc77
Accrington GB 15 Ec20
Accumoli I 156 Ec69
Acebuche E 59 Bc75
Acedera E 51 Cb68
Acedo E 39 Eb57
Acehuche E 51 Bd66
Acered E 47 Ed62
Acerenza I 162 Gb75
Acerno I 161 Fc75
Acerra I 161 Fb74
Aceuchal E 51 Bd70
Ach A 143 Ec51
Achahoish GB 6 Db13
Achanalt GB 4 Dd07
Achel B 124 Ba39
Acheleia CY 206 Hd98
Achenkirch A 143 Ea53
Achères F 29 Ha42
Achern D 133 Ca48
Achill Sound IRL 8 Bb18
Achiltibuie GB 4 Dc06
Achim D 118 Cd34
Achleck GB 6 Da11
Achmore GB 4 Da05
Achmore GB 4 Db08
Achna CY 206 Jc97
Achnacroish GB 6 Db11
Achnasheen GB 4 Dc07
Achosnich GB 6 Da10
Achranich GB 6 Db11
Achslach D 135 Ec48
Achstetten D 142 Da50
Achvaich GB 5 Ea06
Aci Castello I 167 Fd86
Aci Catena I 167 Fd85
Acıdere TR 198 Fc88
Acıdere TR 198 Fd88
Acıköy TR 193 Ha83
Acıpayam TR 198 Fd89
Acireale I 167 Fd85
Aci Trezza I 167 Fd85
Aciveiro E 36 Ba56
Acklinga S 102 Fa47
Acksi S 87 Fb38
Aclare IRL 8 Bd18
Acle GB 17 Gb24
A Coruña E 36 Ba54
Acquacadda I 169 Bd80
Acquacalda I 167 Fc82
Acqua Doria F 154 Ca71
Acquaformosa I 164 Gb78
Acquafredda I 161 Ga77
Acqualagna I 156 Eb66
Acquanegra sul Chiese I 149 Db60
Acquapendente I 156 Dd68
Acquaro I 164 Gb82
Acquasanta Terme I 156 Ed68
Acquasparta I 156 Eb69
Acquaviva delle Fonti I 162 Gd75
Acquaviva Picena I 157 Fa68
Acquedolci I 167 Fb84
Acqui Terme I 148 Ca62
Acri I 164 Gc79
Ács H 145 Ha52
Acsa H 146 Hd52
Ácsteszér H 145 Hb53
Acton GB 20 Fc28
Acy-en-Multien F 23 Ha36
Ada SRB 153 Jb58
Adács H 146 Ja52
Adahuesca E 48 Fc59
Adak S 72 Gd23
Adakasım TR 193 Hb84
Adakavas LT 113 Jd56
Adaköy TR 197 Fa91
Ådalsbruk N 86 Eb38
Ådals-Liden S 79 Gb30
Adámas GR 195 Cd91
Adamclisi RO 181 Fb67
Adámi GR 195 Ca88
Adamów PL 130 Hd40
Adamów PL 131 Ka38
Adamowo PL 122 Hd35
Ādams LV 107 Lb48
Adamsfjord N 64 Jd06
Adămuș RO 175 Db60
Adamuz E 60 Cd72
Adâncata RO 172 Ec55
Adâncata RO 176 Eb65
Adánd H 145 Hb55
Adanero E 46 Da62
Adapazarı = Sakarya TR 187 Gc78
Adare IRL 12 Bc23
Adaševci SRB 153 Hd61
Adatepe TR 187 Gc78
Adatepe TR 191 Eb82
Adaúfe P 44 Ad59
Adavere EST 98 Kd44
Ādaži LV 106 Kb50
Ādaži LV 106 Kc50
Adderley GB 15 Ec23
Addit DK 108 Db24
Addolorata I 166 Ea85
Adelán E 36 Bc53
Adelboden CH 141 Bd55
Adelebsen D 126 Da39
Adelfia I 162 Gd74
Adelheidsdorf D 126 Db36
Adelmannsfelden D 134 Da48
Adelöv S 103 Fc48
Adelschlag D 135 Dd48
Adelsdorf D 134 Dc45
Adelsheim D 134 Cd46
Adelshofen D 134 Db46
Adelsö S 96 Gc43
Adelsried D 134 Dc49
Ademuz E 54 Ed66
Adenau D 125 Bd42
Adenbüttel D 126 Dc36
Adendorf D 118 Dc33
Ádendro GR 183 Ca77
Adenstedt D 126 Db38
Adıgüzeller TR 192 Fd87
Adil TR 191 Ed84
Adinkerke B 21 Gd29
Adjud RO 176 Ed61
Ådland N 84 Cb39
Adlešiči SLO 151 Fd60
Adlington GB 16 Ed22
Adliswil CH 141 Cb53
Adliye TR 186 Fd80
Adliye TR 187 Gc79
Adlkofen D 135 Eb49
Admont A 144 Fb53
Ådneram N 92 Cc44
Adobes E 47 Ed64
Adolfsberg S 95 Fd44
Adolfsström S 71 Ga20
Adony H 146 Hc54
Adorf D 126 Cd40
Adorf D 135 Eb43
Adra E 61 Dd76
Adradas E 47 Eb61
Adraku EST 99 Lb43
Adrall E 40 Gc58
Adrano I 167 Fc85
Adria I 150 Ea61
Adriani GR 184 Da76
Adriers F 33 Ga45
Adrigole IRL 12 Ba26
Adsbøl DK 108 Db28
Aduard NL 117 Bd33
Adunați RO 176 Ea63
Adunații-Copăceni RO 180 Ea67
Adutiškis LT 115 Lc56
Adzes LV 105 Jb51
Ādžūni LT 114 Kb53
Aegviidu EST 98 Kd42
Ænes N 84 Cb40
A Ermida E 36 Ba56
Ærøskøbing DK 108 Dc28
Aerzen D 126 Da37
Aesch CH 141 Bd52
Aesoo EST 98 Kc45
A Estrada E 36 Ad56
Aetohóri GR 183 Bd76
Aetomilitsa GR 182 Ad78
Aetópetra GR 182 Ac80
Aetorráhi GR 188 Ba86
Aetós GR 183 Bb77
Aetós GR 188 Ad83
Äetsä FIN 89 Jb36
Afándou GR 197 Fa93
Åfarnes N 77 Da32
Afétes GR 189 Ca82
Affalterbach D 134 Cd48
Affing D 134 Dc49
Affoltern CH 141 Cb53
Affoux F 34 Ja46
Affric Lodge GB 6 Dc08
Afídnes GR 189 Cc86
Afionas GR 182 Aa79
Áfitos GR 183 Cb80
Aflenz Kurort A 144 Fd53
A Fonsagrada E 37 Bd55
Åfors S 103 Fd52
A Forxa E 36 Bb58
A Forxa (Punxín) E 36 Ba57
Afragola I 161 Fb75
Afráti GR 189 Cb85
Africo Nuovo I 164 Gb84
Afritz A 144 Fa55
Afşar TR 192 Fb87
Afşar TR 193 Gb87
Afşar TR 193 Gd87
Aftret N 78 Eb30
Afumați RO 176 Eb66
Afumați RO 179 Cd67
Afyon TR 193 Gc85
Aga N 84 Cc40
Ağaçbeyli TR 192 Ga86
Ağaçhisar TR 193 Ha81
Ağaçlı TR 187 Gc78
Ağaçlı TR 186 Fc77
Ağaçlıhüyük TR 197 Ed90
Ağaköy TR 185 Ec80
Agalás GR 188 Ac86
Agápi GR 196 Db88
Agapia RO 172 Eb57
Ağapınar TR 193 Gd82
Ågarden N 78 Fa26
Agaryševo RUS 107 Ma50
Agăş RO 172 Eb59
Agatovo BG 180 Dc70
Agay F 43 Kc54
Agazzano I 149 Cc61
Agde F 41 Hc55
Ågedalstø N 92 Cc46
Agen F 40 Ga52
Àger E 48 Ga59
Agerbæk DK 108 Da25
Agerskov DK 108 Da27
Agersø DK 109 Ea27
Agersted DK 101 Dd20
Agger DK 100 Cd21
Aggersund DK 100 Db21
Aggius I 168 Ca74
Aggsbach Dorf A 144 Fd50
Aggsbach Markt A 144 Fd50
Aggtelek H 138 Jb49
Aghadoon IRL 8 Bb17
Aghagallon GB 9 Da17
Aghamore IRL 8 Ca19
Aghavannagh IRL 13 Cd23
Aghaville IRL 12 Bb26
Aghireșu RO 171 Cd57
Aghleam IRL 8 Bb18
Agiá GR 188 Ac81
Agiá GR 189 Ca81
Agía Ána GR 189 Cc85
Agía Ánna GR 189 Cb84
Agía Efimía GR 188 Ac84
Agía Efthimía GR 189 Bc84
Agía Eiríni CY 206 Ja96
Agía Galíni GR 200 Cd96
Agía Kiriakí GR 188 Ac81
Agía Kyriakí GR 189 Ca83
Agía Marina GR 189 Cc86
Agía Marina GR 195 Cb87
Agía Marina GR 197 Eb90
Agía Marina GR 201 Eb95
Agía Napa CY 206 Jd97
Agía Paraskeví GR 182 Ad79
Agía Paraskeví GR 189 Bc82
Agía Paraskeví GR 191 Ea83
Agía Pelagía GR 195 Bd91
Agía Pelagía GR 200 Da95
Agía Roúmeli GR 200 Cb95
Agiásma GR 184 Dc77
Agiásmata GR 191 Dd85
Agía Sofía GR 189 Bd81
Agía Sofía GR 194 Bc88
Agiasós GR 196 Db90
Agiássos GR 191 Ea83
Agía Thékli GR 188 Ab84
Agía Triáda GR 188 Ad82
Agía Triáda GR 188 Ba86
Agía Triáda GR 188 Bb83
Agia Triada GR 195 Bd87
Agía Triás GR 183 Ca78
Agía Varvára GR 200 Da96
Agigea RO 181 Fc67
Agighiol RO 177 Fd64
Agii Anárgiri GR 189 Bd81
Agii Anárgiri GR 194 Bc89
Agii Apóstoli GR 189 Cc85
Ágii Apóstoli GR 195 Bd91
Agii Déka GR 200 Da96
Agii Theódori GR 189 Bc81
Agii Theódori GR 189 Ca86
Ağılköy TR 199 Gd88
Agimont B 132 Ad43
Aginta RO 175 Dc61
Agiófillo GR 183 Bb79
Ágio Gála GR 191 Dd85
Agioi Pántes GR 182 Ac80
Agioi Trimithias CY 206 Jb97
Agiókambos GR 189 Ca81
Agiokambos GR 189 Ca83
Agionas stacija LV 107 Lc52
Agionóri GR 195 Bd87
Agios Pnévma GR 184 Cc76
Agiorgítika GR 194 Bc88
Ágios GR 189 Ca83
Ágios Adrianós GR 195 Bd87
Ágios Ahílios GR 182 Ba77
Agios Amvrosios CY 206 Ja98
Agios Amvrosios CY 206 Jc96
Ágios Andréas GR 194 Bb89
Ágios Andréas GR 195 Bd88
Ágios Antónios GR 183 Cb78
Ágios Athanásios GR 183 Bc77
Ágios Athanássios GR 183 Ca77
AgiosDimitrianos CY 206 Hd97
Ágios Dimítrios GR 183 Bd79
Ágios Dimítrios GR 189 Ca85
Ágios Dimítrios GR 190 Cd86
Ágios Dimítrios GR 195 Bd90
Ágios Efstrátios GR 190 Db82
Ágios Epifanios CY 206 Jb97
Agios Epiktitos CY 206 Jb96
Ágios Fokás GR 197 Ec91
Ágios Geórgios GR 182 Ab80
Ágios Geórgios GR 183 Bd78
Ágios Geórgios GR 188 Bb83
Ágios Geórgios GR 189 Ca85
Ágios Germanós GR 182 Ba76
Ágios Harálambos GR 184 Dc76
Ágios Ilías GR 188 Ad86
Ágios Ioánnis GR 189 Bd83
Ágios Ioánnis GR 189 Ca82
Ágios Ioánnis GR 189 Ca83
Ágios Ioánnis GR 189 Ca85
Ágios Ioánnis GR 189 Ca85
Ágios Ioánnis GR 194 Bc89
Ágios Ioánnis GR 195 Bd87
Ágios Ioánnis GR 195 Bd90
Ágios Isídoros GR 197 Ed93
Ágios Kiriakí GR 197 Ea88
Ágios Kírikos GR 197 Ea88
Ágios Konstantínos GR 189 Bd84
Ágios Konstantínos GR 197 Eb88
Ágios Lavréntios GR 189 Ca82
Ágios Loukás GR 189 Cc85
Agios Mamas CY 206 Ja97
Ágios Mámas GR 183 Cb79
Ágios Mámas GR 200 Cd95
Ágios Mathéos GR 182 Ab80
Ágios Míronas GR 200 Da96
Ágios Nikítas GR 188 Ac83
Agios Nikolaos CY 206 Ja97
AgiosNikolaos CY 206 Jd97
Ágios Nikólaos GR 184 Cc79
Ágios Nikolaos GR 188 Ac86
Ágios Nikólaos GR 188 Ad83
Ágios Nikolaos GR 188 Ba86
Ágios Nikólaos GR 189 Bc85
Ágios Nikólaos GR 194 Bb90
Ágios Nikólaos GR 195 Bd91
Agios Nikólaos GR 201 Dc96
Ágios Níkon GR 194 Bb90
Ágios Pandeleímonas GR 183 Bc77
Ágios Panteleímon GR 195 Bd88
Ágios Pávlos GR 183 Cb79
Ágios Pétros GR 183 Ca77
Ágios Pétros GR 194 Bc88
Ágios Pródromos GR 183 Cb78
Agios Sergios CY 206 Jd96
Ágios Stéfanos GR 189 Bc83
Ágios Stéfanos GR 189 Cc86
Ágios Stéfanos GR 197 Eb91
Ágios Stéfanos GR 201 Dc96
Agios Symeon CY 206 Jd95
Agios Theodoros CY 206 Jd96
Ágios Thomás GR 189 Cb85
Agios Vasileios CY 206 Jb96
Ágios Vassílios GR 183 Cb78
Ágios Vassílios GR 195 Bd87
Ágios Vassílios GR 195 Bd89
Ágios Vlásios GR 189 Bd84
Agira I 167 Fb85
Agivey GB 9 Cd15
Ağızkara TR 193 Gc86
Agkleisides CY 206 Jc97
Ağla TR 198 Fc90
Ağlarca TR 193 Gd84
Ağlaşan TR 186 Fd80
Aglasterhausen D 134 Cc46
Ağlasun TR 199 Gc89
Agle N 78 Ed27
Aglen BG 179 Da70
Åglen N 78 Eb26
Ağli TR 205 Fa20
Agliano Terme I 148 Ca61
Agliè I 148 Bd59
Aglientu I 168 Cb73
Aglona LV 107 Lc52
Agna I 150 Ea61
Agnano Terme I 161 Fa75
Agnanterí GR 189 Bd81
Agnanteró GR 188 Bb81
Agnánti GR 189 Ca84
Agnantiá GR 183 Bb80
Agnesberg S 102 Ec48
Agno CH 148 Cb57
Agnone I 161 Fb72
Agnone Bagni I 167 Fd86
Agoitz E 39 Ed57
Agónas GR 188 Ac84
Agon-Coutainville F 22 Ed36
Agordo I 150 Ea57
Agost E 55 Fb71
Ågotnes N 84 Bd39
Ágra GR 191 Dd83
Agrafa GR 188 Bb82
Agramón E 53 Ec71
Agramunt E 48 Gb60
A Graña E 36 Ba57
Agrapidiá GR 189 Bc82
Agrapidohóri GR 188 Ba86
Agras GR 183 Bc77
Agrate Conturbia I 148 Cb58
Ágreda E 47 Ec60
Agreliá GR 183 Bc80
Agriá GR 189 Ca82
Agriani GR 184 Cd76
Agriáni GR 194 Bc89
Agrigent = Agrigento (Sizilien) I 166 Ed86
Agrigento I 166 Ed86
Agrij RO 171 Cd57
Agriliá Kiatígou GR 191 Eb84
Agrínio GR 188 Ba84
Agriovótano GR 189 Cb83
Agrișu Mare RO 170 Ca59
Agrochão P 45 Bc59
Agropoli I 161 Fc76
Ågskardet N 70 Fa19
Ag. Theódori GR 183 Bb79
Aguadulce E 60 Cc74
Aguadulce E 61 Ea76
Aguafría E 59 Bc72
Agualada E 36 Ad54
Agua Longa P 44 Ad60
A Guarda E 36 Ac58
Aguarón E 47 Ed61
Aguas E 48 Fc59
Aguasantas E 36 Ad57
Águas de Moura P 50 Ab69
Águas dos Fusos P 58 Ad74
Aguas Frias P 44 Bb59
Aguas Nuevas E 53 Ec69
Aguatón E 47 Fa64
Aguaviva E 48 Fc63
Aguaviva de la Vega E 47 Eb62
A Gudiña E 36 Bc58
Agudo E 52 Cd69
Águeda P 44 Ad63
Agüera E 38 Dd55
Agüera E 38 Dd56
Agüerina E 37 Ca55
Agüero E 39 Fb58
Aguessac F 41 Hb52
Agugliano I 156 Ed66
Aguiar P 50 Ad70
Aguiar da Beira P 44 Bb62
Aguiar de Sousa P 44 Ad61
Aguilafuente E 46 Db62
Aguilar de Campoo E 38 Db56
Aguilar de Campos E 46 Cd59
Aguilar de Codés E 39 Eb57
Aguilar de la Frontera E 60 Cd74
Aguilar del Alfambra E 48 Fb64
Aguilar del Río Alhama E 47 Ec59
Águilas E 61 Ec74
Aguilón E 47 Fa62
Aguiño E 36 Ac56
Agunnaryd S 103 Fb52
Agusalu EST 99 Lc42
Agustín E 36 Bc55
Ağva TR 187 Gb77
Aha S 72 Gc23
Ahakista IRL 12 Ba26
Aham D 135 Eb49
Aharávi GR 182 Ab79
Aharnés GR 189 Cb86
Ahaste EST 98 Kb45
Ahat TR 192 Ga85
Ahatlar TR 192 Fa87
Ahatlı TR 198 Ga92
Ahaus D 125 Ca37
Ahausen D 118 Da34
Åheim N 84 Cb34
Aheloj BG 181 Fa72
Ahievren TR 185 Ec78
Ahigal E 45 Ca65
Ahigal de Villarino E 45 Ca61
Ahillio GR 189 Ca83
Ahillones E 51 Ca71
Ahimehmet TR 186 Fa76
Ahinós GR 184 Cc77
Ahinós GR 189 Bd83
Ahırhisar TR 193 Gb85
Ahırözü TR 193 Hb82
Ahja EST 99 Lb45
Ahjärvi FIN 91 Ld34
Ahjola FIN 75 La22
Ähkäänniemi FIN 91 Ld33
Ahkiolahti FIN 82 Kd29
Ahládi GR 189 Cb83
Ahladiá GR 184 Cd75
Ahladohóri GR 184 Cc76
Ahladókambos GR 194 Bc88
Ahladókastro GR 188 Bb84
Ahlainen FIN 89 Ja35
Ahlajärvi FIN 89 Jd37
Ahlatlı TR 185 Ed74
Ahlbeck D 120 Fb32
Ahlden D 118 Da35
Ahlen D 125 Cb38
Ahlerstedt D 118 Da33
Ahli EST 98 Ka44
Ahmas FIN 74 Kb24
Ahmediye TR 187 Gc79
Ahmetbey TR 185 Ed76
Ahmetbey TR 186 Fc80
Ahmetbeyler TR 191 Ec83
Ahmetbeyli TR 191 Ec87
Ahmetçe TR 185 Ed75
Ahmetçe TR 191 Ea82
Ahmet Gazi Camii (Eskiçine) TR 197 Fa89
Ahmetler TR 185 Ed74
Ahmetler TR 191 Ea82
Ahmetler TR 192 Fc85
Ahmetler TR 199 Hb91
Ahmetli TR 191 Ec87
Ahmetli TR 192 Fa86
Ahmetli TR 192 Fc84
Ahmetoğlu TR 193 Gb82
Ahmoo FIN 90 Ka38
Ahmovaara FIN 83 Lc29
Ahnatal D 126 Da40
Ahnsbeck D 126 Dc36
Aho FIN 75 Kc19
Ahoghill GB 9 Cd16
Ahoinen FIN 90 Ka37
Ahokylä FIN 82 Kc27
Ahola FIN 74 La18
Ahola FIN 75 Kd19
Ahola FIN 75 La20
Ahola FIN 81 Jc30
Ahola FIN 82 Ka27
Ahola FIN 83 Ld30
Aholanvaara FIN 74 Kd18
Aholfing D 135 Eb48
Aholming D 135 Ec49
Ahonkylä FIN 81 Jb31
Ahonperä FIN 81 Jd26
Ahorn D 134 Da46
Ahorn D 134 Dc44
Aho-Vastinki FIN 82 Ka31
Ahrbergen D 133 Cb43
Ahrbrück D 125 Bd42
Ahrensbök D 119 Dd31
Ahrensburg D 118 Dc32
Ahrensdorf D 128 Fb37
Ahrensfelde-Blumberg D 128 Fa36
Ahrenshagen D 119 Ec30
Ahrenshoop D 119 Ec30
Ahrweiler, Bad Neuenahr- D 125 Bd42
Ähtäri FIN 89 Jd32
Ähtärinranta FIN 81 Jd31
Ähtävä FIN 81 Jb29
Ahtiala FIN 97 Jd39
Ahtme EST 99 Lb42
Ahtopol BG 186 Fa74
Ahtropovo RUS 203 Fb08
Ahtubinsk RUS 203 Ga14
Ahujärvi FIN 69 Kb11
Ahun F 33 Gd46
Ahunapalu EST 99 Lc45
Åhus S 111 Fb55
Ahvela FIN 75 La23
Ahveninen FIN 82 Kc30
Ahveninen FIN 83 Ld29
Ahveninen FIN 90 Ka34
Ahvenisto FIN 90 Kd35
Ahvenniemi FIN 75 Lb20
Ahvensaari FIN 97 Ja40
Ahvensalmi FIN 91 Lb32
Ahvenselkä FIN 69 Kc17
Ahvio FIN 90 La38
Ahvionsaari FIN 91 Lc33
Aia E 39 Ec55
Aia E 39 Ec55
Aialvir E 46 Dc64
Aibaladejo del Cuende E 53 Eb66
Aibar E 39 Ed57
Aich A 144 Fa53
Aicha D 135 Ed49
Aichach D 135 Dd49
Aichhalden D 141 Cb50
Aichstetten D 142 Da51
Aichtal D 134 Cd49
Aiddejavrre fjellstue N 68 Ja12
Aidenbach D 135 Ed49
Aidhausen D 134 Db44
Aidinío GR 189 Bd82
Aidone I 167 Fb86
Aidonohóri GR 184 Cc77
Aidu EST 98 La44
Aiello Calabro I 164 Gb80
Aielo de Malferit E 55 Fb70
Aigen A 144 Fb53
Aigen im Mühlkreis A 136 Fa49
Aigialousa CY 206 Jd95
Aigle CH 141 Bb56
Aiglsbach D 135 Ea49
Aignan F 40 Fd54
Aignay-le-Duc F 30 Ja40
Aigre F 32 Fc47
Aigrefeuille-d'Aunis F 32 Fa46
Aigrefeuille-sur-Maine F 28 Fa43
Aiguafreda E 49 Ha60
Aiguebelle F 35 Ka47
Aigueblanche F 35 Ka47
Aiguefonde F 41 Ha54
Aigueperse F 34 Hb46
Aigues-Mortes F 42 Ja54
Aigues-Vives F 41 Hb55
Aiguilles F 35 Kb49
Aiguillon F 40 Fd52
Aiguines F 42 Ka53
Aigurande F 33 Gc45
Äijäjoki FIN 68 Ja14
Äijälä FIN 90 Kc32
Aijala FIN 97 Jd40
Äijänneva FIN 89 Jc33
Äijävaara S 73 Hd18
Ailefroide F 35 Ka49
Aillant-sur-Tholon F 30 Hb40
Aillas F 32 Fc51
Aillevillers-et-Lyaumont F 31 Jd39
Aillianville F 31 Jc38
Aillon-le-Jeune F 35 Jd47
Ailly-le-Haut-Clocher F 23 Gc33
Ailly-sur-Noye F 23 Gd34
Ailt an Chorráin IRL 8 Ca15
Aimargues F 42 Ja54
Aime F 35 Kb47
Ainali FIN 81 Jc27
Ainali FIN 82 Ka26
Ainay-le-Château F 29 Ha44
Ainaži LV 106 Kb47
Ainet A 143 Ec55
Ainhoa F 39 Ed55
Ainijärvi FIN 69 Kd14
Ainring D 143 Ec52
Ainsa E 40 Fd58
Ainzón E 47 Ed60
Airaines F 23 Gc33
Airaksela FIN 82 Kd31
Airasca I 148 Bc61
Aird GB 6 Db12
Aird Mhór IRL 13 Ca26

Aird of Sleat – Almaceda

Aird of Sleat GB 6 Db09
Airdrie GB 10 Ea13
Airel F 22 Fa36
Airėnai LT 114 Kd57
Aire-sur-l'Adour F 40 Fc54
Aire-sur-la-Lys F 23 Gd31
Airisto FIN 97 Jb40
Airola I 161 Fb74
Airolo CH 141 Cb56
Airvault F 28 Fc43
Aisa E 39 Fb57
Aisey-sur-Seine F 30 Ja40
Aislingen D 134 Db49
Aissey F 31 Jd41
Aisy-sur-Armançon F 30 Hd40
Aita Mare RO 176 Ea61
Aiterhofen D 135 Ec48
Aith GB 5 Ec02
Aith GB 5 Fa04
Aitolahti FIN 89 Jd35
Aiton RO 171 Da58
Aitona E 48 Ga61
Aitoniemi FIN 89 Jd35
Aitoo FIN 90 Ka36
Aitrach D 142 Da51
Aitrang D 142 Da52
Aittaniemi FIN 75 Kc19
Aittijoki FIN 64 Jc08
Aittojärvi FIN 74 Kb24
Aittojärvi FIN 82 Kc28
Aittokoski FIN 82 Kd27
Aittokylä FIN 75 Kd23
Aittolahti FIN 91 Ld32
Aittoperä FIN 82 Ka27
Aittovaara FIN 75 Lb23
Aiud RO 171 Da59
Äivo FIN 81 Jb28
Aix-en-Othe F 30 Hc39
Aix-en-Provence F 42 Jc54
Aixe-sur-Vienne F 33 Gb47
Aix-les-Bains F 35 Jd47
Aizdzire LV 105 Jd51
Aizenay F 28 Ed44
Aizkalne LV 107 Lc52
Aizkraukle LV 106 Kd51
Aizkuja LV 107 Lb50
Aizpūre LV 107 Ma51
Aizpute LV 105 Jb52
Aizviki LV 113 Jb53
Ajaccio F 154 Ca71
Ajain F 33 Gd45
Ajaur S 80 Ha25
Ajaureforsen S 71 Fd23
Ajdovščina SLO 151 Fa58
Ajka H 145 Ha54
Ajo E 38 Dc54
Ajofrín E 52 Db66
Ajos FIN 74 Jc21
Ajševica SLO 151 Fa58
Ajtos BG 181 Ed72
Akācijas LV 106 Ka52
Akácliget H 152 Ha58
Akademija LV 114 Kb56
Akaki CY 206 Jb97
Akalan TR 192 Fd81
Akalan TR 198 Fd89
Akarca TR 192 Ga86
Åkarp S 110 Ed56
Äkäsjokisuu FIN 68 Jb16
Äkäslompolo FIN 68 Jb15
Akasztó H 146 Hd55
Akbaş TR 191 Ed82
Akbaş TR 198 Fd88
Akbaşlar TR 192 Ga81
Akbük TR 197 Ec89
Akburun TR 199 Hb88
Akçaabat TR 205 Fd19
Akçaalan TR 187 Gd79
Akçaalan TR 187 Ha79
Akçaalan TR 192 Fa85
Akçaanlan TR 192 Fb85
Akçabelen TR 199 Ha89
Akçadere TR 193 Gb85
Akçakavak TR 198 Fb91
Akçakaya TR 192 Fa82
Akçakese TR 186 Ga77
Akçakısrak TR 192 Fa83
Akçaköy TR 193 Gb84
Akçaköy TR 198 Ga88
Akçakoyun TR 191 Ec81
Akcalar TR 199 Hb89
Akçaören TR 199 Gb89
Akçaova TR 187 Gb78
Akçaova TR 197 Fa89
Akçapınar TR 187 Gc80
Akçapınar TR 191 Ea81
Akçapınar TR 192 Fd81
Akçapınar TR 198 Fb90
Akçaşehir TR 192 Ga83
Akçat TR 186 Ga79
Akçay TR 191 Eb82
Akçay TR 198 Ga92
Akcın TR 193 Gc87
Akcjabrski BY 202 Eb13
Akçokoca TR 187 Ha77
Akdam TR 199 Hb92
Akdera TR 199 Gb92
Akdere TR 192 Fd87
Akdoğan = Lysi CY 206 Jc97
Aken D 127 Eb38
Aken = Aachen D 125 Bb41
Åker S 95 Gb44
Åker S 103 Fb50
Åkerbäck S 80 Hb27
Åkerbränna S 79 Gb28
Åkerby S 73 Hc21
Åkerby S 96 Gc41
Åkerholmen S 73 Hc21
Åkermark S 73 Hc22
Åkernes N 92 Cd45
Åkerö S 88 Gc33
Åkerøya N 70 Ed21
Åkersberga S 96 Gd43
Åkersjön S 79 Fb29
Akersloot NL 116 Ba35
Åkers styckebruk S 95 Gb44
Åkervika N 71 Fb22
Akhan TR 198 Fd88
Akharım TR 193 Gb85
Akhisar TR 192 Fa84
Akin TR 193 Gc83
Akın TR 193 Gc86
Akkala FIN 90 La34
Akkan S 71 Ga23
Akkaor TR 198 Fd92
Akkarfjord N 63 Hd06
Akkarfjord N 63 Hd05
Akkarvik N 62 Ha08
Akkavare S 67 Ha17
Akkavare S 72 Ha22
Akkaya TR 192 Fd84
Akkaya TR 193 Gc82
Akkaya TR 198 Fb89
Akkaya TR 198 Fd91
Akkaya TR 199 Gb89
Akkeçili TR 193 Gd87
Akkeçili TR 199 Gb88
Akkent TR 192 Fd87
Akköy TR 191 Ea81
Akköy TR 192 Fd87
Akköy TR 197 Ec89
Akkrum NL 117 Bc33
Akkum TR 187 Gc77
Akkuş TR 205 Fc20
Akland N 93 Db45
Aklar TR 198 Fd92
Akmeņdziras LV 105 Jb49
Akmenė LT 113 Jd53
Akmeniai LT 114 Kc56
Akmeniši LV 107 Ld52
Akmeşe TR 187 Gb78
Akniste LV 114 La53
Akoluk TR 193 Gc83
Akonpohja FIN 83 Lb29
Akören TR 185 Ed75
Akören TR 186 Fb77
Akören TR 193 Gc85
Akören TR 199 Gb89
Akoúmia GR 200 Cd96
Ákovos GR 194 Bb88
Akpınar TR 186 Fc77
Akpınar TR 187 Ha78
Akpınar TR 191 Eb81
Akpınar TR 193 Gc82
Akpınar TR 198 Fd90
Åkra N 92 Bd43
Åkra N 92 Cb41
Åkrahamn N 92 Bd42
Åkran N 78 Ec28
Akranes IS 2 Ac04
Akráta GR 189 Bc85
Akréfnio GR 189 Ca85
Åkrestrømmen N 86 Eb35
Ákri GR 183 Bc79
Akriní GR 183 Bc78
Akrítas GR 183 Bb77
Akritohóri GR 183 Cb76
Akrogiáli GR 184 Cc77
Akrolímni GR 183 Bd77
Akropótamos GR 184 Cd77
Akrotiri CY 206 Ja98
Akrotíri GR 196 Db92
Akrounta CY 206 Jb98
Akşahap TR 199 Hb90
Aksaj RUS 205 Fc15
Aksakal TR 186 Fa80
Aksaklar TR 192 Fd84
Aksakovo BG 181 Fa70
Akşar TR 198 Fd90
Akşar TR 205 Ga19
Aksaz TR 185 Ec79
Aksaz TR 192 Fc84
Aksaz TR 192 Fd86
Aksdal N 92 Ca42
Akşehir TR 193 Ha86
Akseki TR 198 Fb88
Akseki TR 199 Hb90
Akselendi TR 192 Fa85
Akset N 77 Dc29
Äksi EST 99 Lb45
Aksicim TR 186 Fa76
Aksla N 84 Cc35
Akstinai LT 114 Ka56
Aksu TR 186 Fd80
Aksu TR 199 Gd88
Aksu TR 199 Gd91
Aksubaevo RUS 203 Ga09
Aktarsk RUS 203 Fd12
Aktaş TR 192 Fc81
Aktaş TR 193 Ha83
Aktio GR 188 Ad82
Aktse S 67 Gc17
Akujärvi FIN 69 Kb11
Åkullsjön S 80 Hc27
Akureyri IS 2 Ba04
Åkvåg N 93 Db45
Akyaka TR 198 Fb90
Akyar TR 192 Fa82
Akyar TR 199 Gb90
Akyayla TR 192 Fc82
Akyazı TR 187 Gc79
Akyazı TR 198 Fd93
Akyer TR 198 Fb89
Akyokuşkavagı TR 187 Gd79
Ål N 85 Db39
Ala EST 106 Kd46
Ala I 149 Dc58
Ala S 87 Gb37
Ala S 104 Ha50
Alaattin TR 198 Fd89
Alabey TR 185 Ec78
Alaca TR 205 Fb20
Alacaatlı TR 192 Fa83
Alacaklar TR 191 Ec83
Alaçam TR 192 Fc83
Alaçam TR 205 Fb19
Alacant E 55 Fb71
Alacaoğlu TR 185 Ed76
Alacat TR 192 Fc81
Alaçati TR 191 Ea86
Alacón E 48 Fb62
Alà dei Sardi I 168 Cb75
Ala di Stura I 148 Bc59
Alaejos E 45 Cc61
Alafors S 102 Ec48
Alagna Valsesia I 148 Bd58
Alagoa P 50 Ba67
Alagón E 47 Fa60
Alagonía GR 194 Bb89
Alahärmä FIN 81 Jb30
Ala-Honkajoki FIN 89 Jb34
Alainenjoki FIN 89 Jc37
Alaior E 57 Ja66
Alájar E 59 Bc72
Alajärvi FIN 75 La23
Alajärvi FIN 81 Jc30
Alajärvi FIN 82 La26
Alajõe EST 99 Lb43
Alajoki FIN 69 Ka12
Alajoki FIN 82 Ka27
Ala-Jokikylä FIN 74 Jd21
Ala-Keyritty FIN 82 La28
Ala-Kolkki FIN 89 Jd33
Ala-Kuona FIN 91 Lc32
Alakylä FIN 68 Jc16
Alakylä FIN 74 Ka23
Alakylä FIN 81 Jd28
Alakylä FIN 81 Jb31
Alakylä FIN 89 Ja35
Alakylä FIN 89 Ja33
Alakylä FIN 91 Ld33
Ala-Livo FIN 74 Kb22
Alamaa FIN 82 Kb30
Alameda E 60 Cd74
Alameda de la Sagra E 52 Db66
Alamedilla E 60 Dc74
Alaminnos CY 206 Jc98
Alaminos E 47 Ea63
Alamillo E 52 Cd70
Alan HR 151 Fc61
Alan TR 193 Ha81
Ala-Nampa FIN 74 Ka18
Alanäs S 79 Fd27
Alancık TR 191 Ed81
Åland S 96 Gc42
Alandız TR 192 Fb87
Alandroal P 50 Ba69
Ålandsbro S 88 Gc32
Alange E 51 Bd69
Alaniçi = Pigi CY 206 Jc96
Alaniemi FIN 74 Jd21
Alanis E 59 Ca72
Alanta LT 114 La55
Alanyolu TR 192 Fb85
Alanyurt TR 193 Gd84
Alap H 146 Hc55
Alapää FIN 81 Jd27
Alapitkä FIN 82 Kd29
Alaplı TR 187 Ha77
Alapohja FIN 90 Kb32
Ala-Postojoki FIN 69 Ka15
Alappmo N 67 Gd11
Alaraz E 45 Cc63
Alarcia E 38 Dd58
Alarcón E 53 Eb67
Alar del Rey E 38 Db57
Alaró E 57 Hb67
Alarup AL 182 Ad76
Alaşar TR 192 Fa81
Alaşehir TR 192 Fb86
Ålåsen S 79 Fc28
Ala-Siurua FIN 74 Kb22
Alaskylä FIN 89 Jc34
Alassa CY 206 Ja98
Alassio I 43 La52
Alastaro FIN 89 Jc37
Ala-Sydänmaa FIN 82 Ka27
Alata F 154 Ca70
Ala-Temmes FIN 74 Ka24
Alatepe TR 197 Fa90
Alatornio FIN 74 Jc21
Alatoz E 54 Ed69
Alatri I 160 Ed72
Alatskivi EST 99 Lb44
Alatyr' RUS 203 Fd09
Alava MD 177 Ga60
Alavaara S 73 Hc18
Ala-Valli FIN 89 Jb32
Alavattnet S 79 Fd28
Alaveteli FIN 81 Jc28
Ala-Vieksi FIN 83 Lb25
Alavieska FIN 81 Jd26
Ala-Viirre FIN 81 Jc27
Ala-Vuokki FIN 75 Lb23
Ala-Vuotto FIN 74 Kb23
Alavus FIN 89 Jc32
Alayaka TR 192 Fb83
Alaylı TR 186 Ga80
Alayunt TR 193 Gb83
Alba E 36 Bb54
Alba E 47 Ed64
Alba I 148 Bd61
Alba RO 172 Ec54
Alba Adriatica I 157 Fa68
Albac RO 171 Cc59
Albacete E 53 Ec69
Albacken S 87 Ga32
Alba de Cerrato E 46 Da60
Alba de Tormes E 45 Cc63
Albæk DK 101 Dd19
Albaida E 55 Fb70
Albaina E 38 Ea57
Alba Iulia RO 175 Da60
Albaladejo E 53 Ea70
Albalate de Cinca E 48 Fd60
Albalate del Arzobispo E 48 Fb62
Albalate de las Nogueras E 47 Eb65
Albalate de Zorita E 47 Ea65
Alban F 41 Ha53
Albánchez E 61 Eb75
Albánchez de Úbeda E 60 Dc73
Albaneto I 156 Ec69
Albano di Lucania I 162 Gb76
Albano Laziale I 160 Eb72
Albanyà E 41 Hb58
Albarca E 48 Gb62
Albaredo Arnaboldi I 149 Cc60
Albaredo d'Adige I 149 Dc60
Albarellos E 36 Ba56
Albares E 46 Dd65
Albarracín E 47 Ed64
Albarreal de Tajo E 52 Da66
Albas F 33 Gb51
Albatana E 55 Ed70
Albatàrrec E 48 Ga61
Albatera E 55 Fa72
Albbruck D 141 Ca52
Albelda de Iregua E 39 Eb58
Albena BG 181 Fb70
Albendín E 60 Da73
Albenga I 43 La52
Albeni RO 175 Cd64
Albeniz E 39 Eb56
Albens F 35 Jd46
Albentosa E 54 Fb66
Albercastle GB 14 Db26
Alberese I 155 Dc69
Ålberga S 95 Ga44
Ålberga S 95 Gb45
Albergaria-a-Nova P 44 Ad62
Albergaria-a-Velha P 44 Ad62
Alberguería E 36 Bb58
Alberique E 54 Fb69
Alberite E 39 Eb58
Albernoa P 58 Ad72
Alberobello I 162 Ha75
Alberona I 161 Fd73
Alberoni I 150 Eb60
Alberschwende A 142 Da53
Albersdorf D 118 Da30
Albert F 23 Ha33
Albertirsa H 146 Ja53
Albertville F 35 Ka47
Albesa E 48 Ga60
Albeşti RO 172 Ed55
Albeşti RO 173 Fb59
Albeşti RO 175 Dc60
Albeşti RO 176 Ed66
Albeşti RO 181 Fc68
Albeştii de Muscel RO 175 Dc63
Albeşti Paleologu RO 176 Eb64
Albi F 41 Gd53
Albias F 40 Gc52
Albidona I 164 Gc78
Albigowa PL 139 Ka44
Albina MD 173 Fc59
Albineţul Vechi MD 173 Fa56
Albinia I 155 Dc69
Albino I 149 Cd58
Albires E 37 Cc58
Albisola Marina I 148 Ca63
Albizzate I 148 Cb58
Alblasserdam NL 124 Ad37
Albocàsser E 54 Fd65
Alboga S 102 Ed48
Alböke S 103 Gb51
Alboloduy E 61 Ea75
Albolote E 60 Db75
Albondón E 60 Dc76
Alborea E 54 Ed68
Albota RO 175 Dc65
Albota de Jos MD 177 Fc61
Albota de Sus MD 177 Fc61
Alboussière F 34 Jb49
Albox E 61 Eb74
Albrechtice nad Vltavou CZ 136 Fb47
Albrighton GB 15 Eb24
Albrighton GB 15 Ec24
Albstadt D 142 Cc50
Albu EST 98 Kd43
Albudeite E 55 Ed72
Albufeira P 58 Ac74
Albujón E 55 Fa73
Albuñol E 60 Dc76
Albuñuelas E 60 Db76
Albuquerque E 51 Bc67
Alby S 87 Fd33
Alby-sur-Chéran F 35 Jd46
Alcácer do Sal P 50 Ac70
Alcáçovas P 50 Ad70
Alcadağ TR 199 Gb93
Alcadozo E 53 Ec70
Alcafozes P 45 Bc65
Alcaine E 48 Fb63
Alcalá de Gurrea E 48 Fb59
Alcalá de Henares E 46 Dd64
Alcalá de la Selva E 54 Fb65
Alcalá de la Vega E 54 Ed66
Alcalá del Júcar E 54 Ed68
Alcalá del Opispo E 48 Fc59
Alcalá de los Gazules E 59 Ca77
Alcalá del Río E 59 Ca73
Alcalá del Valle E 60 Cc75
Alcalà de Xivert E 54 Fd65
Alcalá la Real E 60 Db74
Alcamo I 166 Eb84
Alcamo Marina I 166 Eb84
Alcampell E 48 Fd60
Alcanadre E 39 Ec58
Alcanar E 48 Ga64
Alcanede P 50 Ab66
Alcanena P 50 Ac66
Alcañices E 45 Ca60
Alcañiz E 48 Fc62
Alcántara E 51 Bc66
Alcantarilha P 58 Ac74
Alcantarilla E 53 Ea71
Alcantarilla E 55 Ed72
Alcantud E 47 Eb64
Alcaracejos E 52 Cc71
Alcaraz E 53 Ea70
Alcaria P 44 Bb64
Alcaria Rulva P 58 Ad72
Alcarràs E 48 Ga61
Alcaucín E 60 Da76
Alcaudete E 60 Da73
Alcaudete de la Jara E 52 Cd66
Alcázar del Rey E 47 Ea65
Alcázar de San Juan E 53 Dd68
Alcazarén E 46 Da61
Alceda E 38 Dc55
Alcedar MD 173 Fd55
Alcester GB 20 Ed25
Alčevs'k UA 205 Fb15
Alcı TR 198 Fd90
Alçıtepe TR 185 Ea80
Alcobaça P 50 Ab66
Alcoba de los Montes E 52 Da68
Alcobendas E 46 Dc64
Alcocer E 47 Ea64
Alcochete P 50 Ab68
Alcoentre P 50 Ab67
Alcohujate E 47 Ea64
Alcoi E 55 Fb70
Alcolea E 60 Cd72
Alcolea E 61 Dd75
Alcolea de Calatrava E 52 Da69
Alcolea de Cinca E 48 Fd60
Alcolea del Pinar E 47 Eb62
Alcolea del Río E 59 Ca73
Alcoletge E 48 Ga60
Alcollarín E 51 Cb68
Alconbury GB 20 Fc25
Alconchel E 51 Bb70
Alconera E 51 Bd70
Alcóntar E 61 Ea74
Alcorcón E 46 Db64
Alcorisa E 48 Fc63
Alcoroches E 47 Ec64
Alcossebre E 54 Fd65
Alcoutim P 58 Ba73
Alcover E 48 Gb62
Alcoy E 55 Fb70
Alcsútdoboz H 146 Hc53
Alcubierre E 48 Fb60
Alcubilla de Avellaneda E 46 Dd60
Alcubillas E 53 Dd70
Alcublas E 54 Fb66
Alcúdia E 57 Hc66
Alcudia de Gaudix E 61 Dd75
Alcuéscar E 51 Bd68
Alcuneza E 47 Ea62
Aldborough GB 11 Fa19
Aldbourne GB 20 Ed28
Aldbrough GB 17 Fc20
Aldeacentenera E 51 Cb67
Aldeadávila de la Ribera E 45 Bd61
Aldea del Cano E 51 Bd67
Aldea del Fresno E 46 Db64
Aldea del Obispo E 45 Bd63
Aldea del Rey E 52 Db70
Aldea de Pallarés E 51 Bd71
Aldea de San Esteban E 46 Dd61
Aldeahermosa E 53 Dd71
Aldealafuente E 47 Eb60
Aldealcorvo E 46 Dc62
Aldealengua de Santa Maria E 46 Dc61
Aldeamayor de San Martín E 46 Da61
Aldeanueva de Barbarroya E 52 Cc66
Aldeanueva de la Vera E 45 Cb65
Aldeanueva de San Bartolomé E 52 Cc67
Aldeaquemada E 52 Dc71
Aldea Quintana E 60 Cc73
Aldearrodrigo E 45 Cb62
Aldeaseca de la Frontera E 45 Cc62
Aldeavieja E 46 Da63
Aldebrő H 146 Jb52
Aldeburgh GB 21 Gb26
Aldehuela de la Bóveda E 45 Ca63
Aldehuela de Liestos E 47 Ec62
Aldehuela de Yeltes E 45 Ca63
Aldeia da Mata P 50 Ba67
Aldeia da Ponte P 45 Bc64
Aldeia da Serra P 50 Ba69
Aldeia de João Pires P 45 Bc65
Aldeia dos Palheiros P 58 Ac72
Aldeia Gavinha P 50 Ab67
Aldeia Velha P 50 Ad68
Aldenhoven D 125 Bc41
Aldenueva de Figueroa E 45 Cc62
Aldenueva de la Serrezuela E 46 Dc61
Aldenueva del Codonal E 46 Da62
Aldeonte E 46 Dc61
Alderbury GB 20 Ed29
Aldernäset S 79 Fd27
Aldersbach D 135 Ed49
Aldershot GB 20 Fb29
Aldfield GB 11 Fa19
Aldford GB 15 Eb22
Aldinci MK 178 Bb73
Aldinci SRB 179 Ca68
Aldingen D 142 Cc50
Aldomirovci BG 179 Cb70
Aldover E 48 Ga63
Aldsworth GB 20 Ed27
Aldtsjerk NL 117 Bc33
Aldwincle GB 20 Fc25
Ale S 73 Hd22
Aléa GR 194 Bc87
Åleby S 94 Fa41
Åled S 102 Ed52
Aledo E 55 Ed73
Ålefjær N 92 Cd47
Alegrete P 51 Bb67
Alëhovščina RUS 202 Eb08
Alekovo BG 180 Dd69
Alekovo BG 181 Ed68
Aleksandrevėlė LT 115 Lb53
Aleksandrija BG 181 Fa68
Aleksandrija LT 113 Jb53
Aleksandro Gaj RUS 203 Ga12
Aleksandrov RUS 203 Fa10
Aleksandrovac SRB 178 Bb68
Aleksandrovo BG 180 Dc70
Aleksandrovo BG 181 Ec73
Aleksandrovskaja RUS 99 Mb40
Aleksandrovskoe RUS 205 Ga16
Aleksandrów PL 130 Ja37
Aleksandrów PL 130 Ja40
Aleksandrów PL 131 Ka38
Aleksandrów PL 131 Kb42
Aleksandrów Kujawski PL 121 Hb35
Aleksandrów Łódzki PL 130 Hc38
Aleksa Šantić SRB 153 Hd58
Alekseevka RUS 99 Ld41
Alekseevka RUS 107 Mb46
Alekseevka RUS 203 Fb13
Alekseevka RUS 203 Fc12
Alekseevskaja RUS 203 Fc13
Alekseevskoe RUS 203 Ga09
Aleksin RUS 202 Ed11
Aleksinac SRB 178 Bd68
Aleksinac Bujmir SRB 178 Bd68
Älekulla S 102 Ed50
Ålem S 103 Gb51
Ålen N 86 Eb32
Alençon F 28 Fd38
Alenica SRB 159 Jc64
Alenquer P 50 Ab68
Alentisque E 47 Eb61
Alepohóri GR 195 Bd89
Alepoú GR 182 Ab80
Alera E 39 Ed58
Alerheim D 134 Dc48
Aléria F 154 Cc70
Alès F 41 Hd52
Ales I 169 Ca78
Alesanco E 38 Ea58
Aleşd RO 170 Cb57
Alesjaure sameviste S 67 Gc14
Ale-Skövde S 102 Ec48
Alessandria I 148 Cb61
Alessandria del Carretto I 164 Gc78
Alessandria della Rocca I 166 Ec85
Alessano I 165 Hc78
Ålesund N 76 Cc32
Alet-les-Bains F 41 Gd56
Alevráda GR 188 Ba83
Alexain F 28 Fb39
Alexăndreni MD 173 Fa54
Alexăndreni MD 173 Fb55
Alexandreşti MD 173 Fa55
Alexándria GR 183 Bd78
Alexandria RO 180 Dd67
Alexandroúpoli GR 185 Dd78
Alexandru Ioan Cuza MD 177 Fc63
Alexandru I.Cuza RO 172 Ed57
Alexandru Odobescu RO 181 Ed67
Alexandru Vlahuţă RO 177 Fa60
Alexeevca MD 173 Fb57
Alexeevca MD 173 Fc55
Alexeni RO 176 Ec65
Alfacar E 60 Dc75
Alfajarín E 48 Fb61
Alfambra E 47 Fa64
Alfambra P 58 Ab73
Alfamén E 47 Fa61
Alfândega da Fé P 45 Bc61
Alfano I 161 Fd77
Alfara de Carles E 48 Fd63
Alfarela de Jales P 44 Bb60
Alfarelos P 44 Ac64
Alfarim P 50 Aa69
Alfarnate E 60 Da75
Alfaro E 47 Ec59
Alfarràs E 48 Ga60
Alfatar BG 181 Ed68
Alfaz del Pi E 55 Fc70
Alfdorf D 134 Da48
Alfedena I 161 Fa72
Alfeld D 126 Db38
Alfeld D 135 Ea46
Alfhausen D 117 Cb36
Alfonsine I 150 Ea63
Alford GB 7 Ec09
Alford GB 17 Fd22
Alforja E 48 Gb62
Ålfoten N 84 Cb34
Alfreton GB 16 Fa23
Alfstedt D 118 Da32
Alfta S 87 Ga37
Älga S 94 Ec42
Algaida E 57 Hb67
Algajola F 154 Ca68
Algallarín E 60 Cd72
Algamitas E 60 Cc75
Älganå S 94 Ec44
Algar E 59 Ca76
Älgarås S 95 Fb45
Ålgård N 92 Ca44
Ålgård N 92 Cb46
Algarinejo E 60 Da74
Algarrobo E 60 Da76
Algatocin E 59 Cb76
Algeciras E 59 Cb78
Algemesí E 54 Fb68
Älgered S 87 Gb34
Algermissen D 126 Db37
Algerri E 48 Ga60
Algestrup DK 109 Eb27
Algete E 46 Dc64
Alghero I 168 Bd75
Ålghult S 103 Fd51
Algimia de Almonacid E 54 Fb66
Alginet E 54 Fb68
Algodonales E 59 Cb75
Algodor P 58 Ad72
Algora E 47 Ea63
Algoso P 45 Bd60
Algoz P 58 Ac74
Älgsjö S 80 Gc27
Alguaire E 48 Ga60
Alguazas E 55 Ed72
Algueña E 55 Fa71
Algutsboda S 103 Fd52
Algutsrum S 103 Gb52
Algyő H 146 Jb56
Alhabia E 61 Ea75
Alhadas P 44 Ac64
Alhama de Almería E 61 Ea76
Alhama de Aragón E 47 Ec62
Alhama de Granada E 60 Da75
Alhama de Murcia E 55 Ed73
Alhambra E 53 Dd69
Alhamn S 73 Hd23
Alharilla E 52 Da72
Alhatlı TR 191 Ed83
Alhaurín de la Torre E 60 Cd76
Alhaurín el Grande E 60 Cd76
Alhojärvi FIN 90 Kb34
Alholm FIN 89 Ja32
Alhóndiga E 47 Ea64
Ålhus N 84 Cc35
Ali I 167 Fd84
Alia I 166 Ed85
Alía E 52 Cc67
Aliaga E 48 Fb64
Aliağa TR 191 Eb85
Aliaguilla E 54 Ed67
Aliano I 162 Gb77
Alíartos GR 189 Ca85
Alibánfa H 145 Gc55
Alibey TR 191 Eb83
Alibeyli TR 191 Ed85
Alibunar SRB 174 Bc63
Aliç TR 185 Eb77
Alicante E 55 Fb71
Alice Castello I 148 Bd59
Alıçlıkuyu TR 198 Fd91
Alicudi Porto I 167 Fb82
Alicún de Ortega E 61 Dd73
Alidemirci TR 191 Ed82
Aliden S 80 Hc25
Alifakı TR 192 Fa84
Alife I 161 Fb73
Alija del Infantado E 37 Cb58
Alijó P 44 Bb61
Álika GR 194 Bc91
Alíkampos GR 200 Cc95
Alikés GR 188 Ac86
Alikí GR 184 Db78
Alikí GR 188 Ad82
Alikianós GR 200 Cb95
Alíko GR 196 Db90
Aliköy TR 192 Ga83
Aliköy TR 199 Gc88
Alikurt TR 198 Fd88
Alikylä FIN 81 Jc28
Alil Abasi MK 183 Ca74
Aliman RO 181 Fa67
Alimena I 167 Fa85
Aliminusa I 166 Ed84
Alınca TR 198 Fd92
Alinci MK 183 Bb75
Alingsås S 102 Ec48
Alino BG 179 Cc72
Alins E 40 Gb58
Alinyà E 49 Gc59
Alionys LT 114 La56
Aliseda E 51 Bc67
Alise-Sainte-Reine F 30 Ja41
Alistráti GR 184 Cd77
Ali Terme I 167 Fd84
Alivéri GR 189 Cc85
Alixan F 34 Jb49
Alizava LT 114 Kd53
Aljaraque E 59 Bb74
Aljezur P 58 Ab73
Aljinovići SRB 159 Jb66
Aljucén E 51 Bd68
Aljustrel P 50 Ac71
Alken B 124 Ba40
Alkiškiai LT 113 Jd53
Alkkia FIN 89 Jb33
Alkmaar NL 116 Ba34
Alkoven A 144 Fa50
Alkpınar TR 186 Fa76
Alksėnai LT 114 Ka58
Alksnėnai LT 113 Jc54
Alksnėnai LV 114 Kb55
Alksniupiai LT 114 Kb54
Allahdiyen TR 192 Fa86
Allai I 169 Ca77
Allaines-Mervilliers F 29 Gc39
Allainville-en-Beauce F 29 Gd39
Allaire F 27 Ec41
Allaman CH 140 Ba55
Allanche F 34 Hb49
Allariz E 36 Bb58
Allasac F 33 Gc49
Allauch F 42 Jd55
Allavaara S 67 Ha17
Allažmuiža LV 106 Kc50
Alle CH 141 Bc52
Alle DK 108 Da24
Alleen N 92 Cc47
Alleghe I 143 Ea56
Alleknjarg N 64 Ka07
Allemagne-en-Provence F 42 Ka53
Allemant F 24 Hc37
Allen IRL 13 Cc21
Allenbach D 133 Bd45
Allendale Town GB 11 Ed16
Allendorf D 126 Cd42
Allendorf, Bad Sooden- D 126 Db40
Allenheads GB 11 Ed17
Allensbach D 142 Cc52
Allentsteig A 136 Fd49
Allenstein = Olsztyn PL 122 Ja32
Allepuz E 48 Fb64
Allerborn L 133 Bb43
Allerey-sur-Saône F 30 Jb43
Allersberg D 135 Dd47
Allershausen D 143 Ea50
Allerslev DK 109 Eb28
Allerston GB 16 Fb19
Allerum S 110 Ec54
Allés E 38 Da55
Alleuze F 34 Hb49
Allevard F 35 Jd48
Allex F 34 Jb50
Allgunnen S 103 Ga51
Allhallows GB 21 Ga28
Allibaudières F 24 Hd37
Alligny-Cosne F 30 Hb41
Allihies IRL 12 Ba26
Allinge DK 111 Fc57
Allington GB 20 Ed28
Alliören TR 193 Gb84
Alliste I 165 Hc78
Allistragh GB 9 Cd18
Allmendingen D 142 Da50
Allo E 39 Ec57
Alloa GB 7 Ea12
Allogny F 29 Gd42
Alloluokta S 67 Ha17
Allonby GB 11 Eb17
Allones F 28 Fd40
Allones F 29 Gc38
Allonne F 28 Fc44
Allons F 40 Fc52
Alloon Lower IRL 12 Bd21
Allos F 43 Kb51
Alloue F 33 Ga46
Alloza E 48 Fb63
Allstedt D 127 Ea40
Allumiere I 156 Dd70
Ally F 33 Gd49
Ally F 34 Hc49
Almaça P 44 Ad64
Almaceda P 44 Ba65

Almacelles – Ansnes

Almacelles E 48 Fd60
Almacíles E 61 Eb72
Almada P 50 Aa69
Almadén E 52 Cd69
Almadén de la Plata E 59 Bd72
Almadenejos E 52 Cd70
Almagro E 52 Db69
Almăj RO 175 Cd65
Almajano E 47 Eb60
Almaluez E 47 Eb62
Almancil P 58 Ac74
Almansa E 55 Fa70
Almanza E 37 Cd57
Almaraz E 51 Cb66
Almarda E 54 Fc67
Almargen E 60 Cc75
Almarza E 47 Eb59
Almås N 78 Ed26
Almaş RO 170 Cb59
Almásfüzitő H 145 Hb52
Almassora E 54 Fc66
Almaşu RO 171 Cd57
Almaşu Mare RO 175 Cd60
Almatret E 48 Fd62
Almazán E 47 Eb61
Almazora E 54 Fc66
Almberget S 94 Fa39
Almby S 95 Fd44
Almdalen N 70 Fa22
Alme D 126 Cc39
Almeda de Cervera E 53 Dd68
Almedíjar E 54 Fb66
Almedina E 53 Dd70
Almedinilla E 60 Da74
Almeida E 45 Ca61
Almeida P 45 Bc63
Almeirim P 50 Ac67
Almelo NL 117 Bd36
Almenar E 48 Ga60
Almenara E 54 Fc67
Almenar de Soria E 47 Eb60
Almendar TR 186 Fd77
Almendra E 45 Ca61
Almendral E 51 Bc69
Almendralejo E 51 Bd69
Almendricos E 61 Ec74
Almendros E 53 Ea66
Almenêches F 22 Fd37
Almenno San Salvatore I 149 Cd58
Almens CH 142 Cd55
Almensilla E 59 Bd74
Almere NL 116 Ba35
Almere-Buiten NL 116 Ba35
Almere-Haven NL 116 Ba36
Almería E 61 Ea76
Almerimar E 61 Dd76
Almesåkra S 103 Fc49
Almese I 148 Bc60
Al'met'evsk RUS 203 Ga08
Älmhult S 111 Fb53
Almidar E 61 Dd74
Almind DK 108 Db26
Almiropótamos GR 190 Cd86
Almirós GR 189 Bd82
Almklov N 84 Cb34
Almlia N 78 Eb27
Almlia N 78 Eb28
Ålmo N 77 Db30
Almodôvar P 58 Ac73
Almodóvar del Campo E 52 Da70
Almodóvar del Pinar E 53 Ec67
Almodóvar del Río E 60 Cc72
Almogia E 60 Cd76
Almograve P 58 Ab72
Almoguera E 46 Dd65
Almoharín E 51 Ca68
Almonacid de la Sierra E 47 Ed61
Almonacid del Marquesado E 53 Ea66
Almonacid de Toledo E 52 Db66
Almonacid de Zorita E 47 Ea65
Almonáster la Real E 59 Bc72
Almonte E 59 Bc74
Almoradí E 55 Fb72
Almoraima E 59 Cb77
Almorox E 46 Da65
Almoster P 44 Ac65
Almourol P 50 Ac66
Almsele S 79 Gb27
Älmsta S 96 Ha41
Almstedt D 126 Db37
Almudaina E 55 Fc70
Almudema E 61 Ec72
Almudévar E 48 Fb59
Almuñécar E 60 Db76
Almunge S 96 Gd42
Almunia de San Juan E 48 Fd60
Almuradiel E 52 Dc70
Almussafes E 54 Fb68
Alna N 93 Ea41
Alnaši RUS 203 Ga08
Alnes N 76 Cc32
Alness GB 5 Ea07
Alnö S 88 Gc33
Alnwick GB 11 Fa15
Alobrónoia GR 196 Da91
Alocén E 47 Ea64
Aloja LV 106 Kc47
Alomartes E 60 Db74
Alónissos GR 189 Cc83
Alonsontegi E 38 Ea55
Álora E 60 Cd76
Alosno E 59 Bb73
Alovė LT 114 Kc59
Alovera E 46 Dd64
Alozaina E 60 Cc76
Alp E 41 Gd58
Alpagut TR 192 Fb81
Alpalhão P 50 Ba67
Alparslan TR 193 Gc87
Alpbach A 143 Ea53
Alpe Colombino I 148 Bc60
Alpe di Siusi I 143 Dd56
Alpedrete E 46 Db63
Alpedrinha P 44 Bb65
Alpen D 125 Bc38
Alpera E 54 Ed69
Alphen NL 124 Ad38
Alphen aan de Rijn NL 116 Ad36
Alpheton GB 21 Ga26
Alpiarça P 50 Ac67
Alpicat E 48 Ga60
Alpirsbach D 133 Cb49
Alpnach Dorf CH 141 Ca54
Alpu TR 193 Gd82
Alpua FIN 82 Ka25
Alpuente E 54 Fa66
Alpullu TR 185 Ec76
Alqueva P 50 Ba71
Alquézar E 48 Fd59
Als DK 101 Dd22
Alsån S 73 Ja19
Alsån S 73 Jb21
Alsancak = Karavas CY 206 Jb96
Alsasua E 39 Ec56
Alsdorf D 125 Bc41
Alseda S 103 Fd50
Alsėdžiai LT 113 Jc54
Alsen S 79 Fb30
Alsenz D 133 Ca45
Alsfeld D 126 Cd42
Ålsgårde DK 109 Ec24
Alsheim D 133 Cb45
Ålshult S 111 Fc53
Alsike S 96 Gc42
Alsjärv S 73 Ja19
Alsjö S 87 Ga34
Alskog S 104 Ha50
Alsleben D 127 Ea39
Alslev DK 108 Cd25
Alslev DK 108 Da27
Ålsø DK 101 Dd23
Alsónémedi H 146 Hd53
Alsópáhok H 145 Gd55
Alsópakony H 146 Hd53
Alsószentiván H 146 Hc55
Alsótold H 146 Ja51
Alsózsolca H 146 Jc51
Ålsrode DK 101 Dd23
Alstad N 78 Eb29
Alstadt S 110 Ed56
Alstätte D 125 Bd37
Alster S 94 Fa43
Alsterbro S 103 Ga51
Alsterfors S 103 Fd51
Alstermo S 103 Fd51
Alston GB 11 Ec17
Alstrup DK 109 Dd25
Alsunga LV 105 Jb51
Ålsvåg N 66 Fd12
Alsvik N 66 Fb17
Alsviķi LV 107 Lc48
Alswear GB 19 Dd29
Alta N 63 Hd08
Älta S 96 Gd44
Altach A 142 Cd53
Altamura I 162 Gc75
Altarejos E 53 Eb66
Altaussee A 144 Fa52
Altavilla Irpina I 161 Fc74
Altavilla Milicia I 166 Ed84
Altavilla Silentina I 161 Fd76
Altbüron CH 141 Ca53
Altdöbern D 128 Fb39
Altdorf CH 141 Cb54
Altdorf D 135 Dd46
Altdorf D 135 Eb49
Alt Duvenstedt D 118 Db30
Alte P 58 Ac74
Altea E 55 Fc70
Altedo I 150 Dd62
Alteglofsheim D 135 Eb48
Alteidet N 63 Hc08
Altena D 125 Cb40
Altenahr D 125 Bd42
Altenbeken D 126 Cd38
Altenberg D 128 Fa42
Altenberge D 125 Ca37
Altenbuch D 134 Cd45
Altenburg D 127 Eb41
Altendorf D 135 Dd45
Altendorf D 135 Eb46
Altenfelden A 144 Fa50
Altenglan D 133 Ca45
Altenhausen D 127 Dd37
Altenhof D 119 Ec33
Altenkirchen (Rügen) D 119 Ed29
Altenkirchen (Westerwald) D 125 Ca42
Altenkrempe D 119 Dd31
Altenkunstadt D 135 Dd44
Altenmark bei Sankt Gallen A 144 Fc52
Altenmarkt D 143 Eb51
Altenmarkt an der Triesting A 144 Ga51
Altenmarkt im Isperthale A 144 Fc50
Altenmarkt im Pongau A 143 Ed53
Altenmedingen D 118 Dc34
Altenstadt D 134 Cd43
Altenstadt D 135 Eb45
Altenstadt D 142 Da50
Altenstadt D 142 Dc52
Altensteig D 133 Cb49
Altenthann D 135 Eb48
Altentreptow D 119 Ed32
Altenwalde D 118 Cd31
Altenweddingen D 127 Ea38
Alter do Chão P 50 Ba67
Alteren N 71 Fb20
Altertheim D 134 Da45
Altes Lager D 127 Ed38
Altfraunhofen D 143 Eb50
Altfriesack D 119 Ec35
Althegnenberg D 142 Dc50
Altheim A 143 Ed50
Altheim D 134 Cd46
Altheim D 134 Da49
Althofen A 144 Fb55
Althorne GB 21 Ga27
Althütte D 134 Da48
Altimir BG 179 Cd69
Alţina RO 175 Db61
Altınçay TR 187 Ha78
Altınkaya TR 199 Ha90
Altınkum TR 197 Ec89
Altınkum TR 198 Gd91
Altınova TR 186 Ga79
Altınova TR 191 Eb83
Altınova TR 199 Gd91
Altıntaş TR 185 Eb77
Altıntaş TR 192 Ga84
Altıntaş TR 193 Gb84
Altıntaşköyü TR 198 Fb88
Altınyaka TR 199 Gc92
Altınyayla TR 198 Ga91
Altipiani di Arcinazzo I 160 Ec72
Alt Käbelich D 120 Fa33
Altkalen D 119 Ec32
Altkirch F 31 Kb40
Altlandsberg D 128 Fa36
Altmannstein D 135 Ea48
Altmünster A 144 Fa52
Altnabreac Station GB 5 Eb05
Altnacallich GB 4 Dd05
Altnaharra GB 4 Dd05
Altnamackan GB 9 Cd18
Altn Bulj RUS 203 Ga14
Altnes N 63 Hd07
Altobordo E 61 Ec74
Alto da Serra P 50 Ab67
Alto de la Madera E 37 Cc54
Altofonte I 166 Ec84
Altomonte I 164 Gb79
Altomünster D 143 Dd50
Alton GB 16 Ed23
Alton GB 20 Fb29
Altopascio I 155 Db65
Altorricón E 48 Fd60
Altötting D 143 Ec50
Altråsk S 73 Hc22
Altrip D 134 Cc46
Alt Ruppin D 119 Ec35
Altsasu E 39 Ec56
Alt Schadow D 128 Fa38
Alt Schönau D 119 Ec33
Altshausen D 142 Cd51
Altstätten CH 142 Cd53
Altsvattnets sameviste S 71 Fd21
Alttajärvi S 67 Hb15
Alttojärvi FIN 69 Kb12
Altuna S 95 Gb42
Altura E 54 Fb66
Altusried D 142 Db52
Altwarp D 120 Fb32
Alu EST 98 Kb43
Alutai MD 177 Fc62
Alūksne LV 107 Lc48
Ålum DK 100 Dc23
Ålund S 73 Hc24
Alunda S 96 Gd41
Aluniş MD 173 Fa55
Aluniş RO 171 Da57
Aluniş RO 171 Dc58
Aluniş RO 176 Ea63
Aluniş RO 176 Eb63
Alunu RO 175 Da64
Aluokta S 67 Gd17
Alupka UA 205 Fa18
Aluskylä FIN 89 Jb35
Aluśta UA 205 Fa18
Alustante E 47 Ed64
Alvaiázere P 44 Ad65
Alvajärvi FIN 82 Ka29
Alvalade P 50 Ac71
Alvan S 103 Fd46
Älvängen S 102 Ec48
Alvarado E 51 Bc69
Alvarenga P 44 Ad61
Alvares P 44 Ad65
Álvaro P 44 Ba65
Alvarrões P 51 Bb67
Alvdal N 85 Ea34
Älvdalen S 87 Fb37
Alvegal P 50 Ad66
Alverca do Ribatejo P 50 Ab68
Alversund N 84 Ca38
Alves GB 5 Eb07
Alveslohe D 118 Db32
Alvesta S 103 Fc52
Alvestad N 92 Ca43
Alveston GB 19 Ec28
Alvettula FIN 90 Ka36
Älvho S 87 Fc36
Alviano I 156 Ea69
Alvignac F 33 Gc50
Alvik N 76 Cc32
Ålvik N 84 Cc39
Alvik S 73 Hd22
Alvik S 95 Fc39
Alvitas LT 114 Ka58
Alvito I 160 Ed72
Alvito P 50 Ad70
Älvkarleby S 96 Gc39
Älvkarleö S 96 Gc39
Alvor P 58 Ab74
Alvorge P 44 Ac65
Alvøy N 84 Ca39
Älvros S 87 Fc34
Älvsbacka S 72 Gd21
Älvsbacka S 94 Fa42
Älvsbyn S 73 Hc22
Älvsered S 102 Ed50
Älvsund S 87 Gb34
Alwernia PL 138 Hd44
Alwinton GB 11 Ed15
Alykí GR 189 Ca86
Alyth GB 7 Eb11
Alytus LT 114 Kc59
Alzano Lombardo I 149 Cd58
Alzenau D 134 Cd44
Alzey D 133 Cb45
Alzira E 54 Fb69
Alzola E 39 Eb55
Alzon F 41 Hc53
Amadora P 50 Aa68
Amagne F 24 Hd34
Amailloux F 28 Fc44
Åmål S 94 Ed44
Amalfi I 161 Fb76
Amaliáda GR 188 Ba86
Amaliápoli GR 189 Ca82
Amálo GR 196 Dd88
Amance F 30 Ja38
Amance F 31 Jd40
A Manchica E 36 Ba57
Amandola I 156 Ed68
Amange F 31 Jc42
Amantea I 164 Gb80
Amara RO 176 Ed66
Amarante P 44 Ba61
Amarantos GR 182 Ad78
Amărăşti RO 175 Da65
Amărăştii de Jos RO 179 Da67
Amărăştii de Sus RO 179 Da67
Amareleja P 51 Bb71
Amares P 44 Ad59
Amargreti CY 206 Hd98
Amári GR 200 Cd96
Amárinthos GR 189 Cc85
Amaru RO 176 Ec64
Amaseno I 160 Ec73
Amasya TR 205 Fc20
Amatrice I 156 Ec69
Amay B 124 Ba41
Amaya E 38 Db57
Ambarès-et-Lagrave F 32 Fb50
Ambarkaya TR 198 Fd91
Ambas E 37 Cc54
Ambazac F 33 Gb46
Ambeláki GR 188 Ba83
Ambelákia GR 183 Bd80
Ambelákia GR 195 Cb87
Ambeļi LV 115 Lc53
Ambelía GR 182 Ad80
Ambelía GR 189 Bd82
Ambelohóri GR 182 Ba80
Ambelohóri GR 194 Bc90
Ambelónas GR 182 Ac80
Ambelónas GR 183 Bd80
Ambelónas GR 194 Ba87
Ambelos GR 200 Cb97
Amberg D 135 Ea46
Ambérieu-en-Bugey F 35 Jc46
Ambérieux-en-Dombes F 34 Jb46
Ambert F 34 Hc47
Ambialet F 41 Ha53
Ambierle F 34 Hd46
Ambiévillers F 31 Jd39
Ambjörby S 94 Fa40
Ambjörnarp S 102 Fa50
Ambla EST 98 Kd43
Amblainville F 23 Gd35
Amble GB 11 Fa15
Ambleside GB 11 Eb18
Ambleteuse F 21 Gb30
Ambleville F 23 Gc36
Amboise F 29 Gb42
Ambon F 27 Eb41
Ambra EST 98 Kd43
Ambra I 156 Dd66
Ambrault F 29 Gd44
Ambria I 149 Cd58
Ambrières-les-Vallées F 28 Fb38
Ambronay F 35 Jc46
Åmdal N 92 Cd46
Amden CH 142 Cc54
Ameixial P 58 Ad73
Amel B 125 Bb42
Amele LV 105 Jc49
Åmelfot N 84 Cb34
Amelia I 156 Eb69
Amélie-les-Bains-Palalda F 41 Ha58
Amelin PL 122 Jc34
Amelinghausen D 118 Dc34
Amelunxen D 126 Da38
Amendoeira P 58 Ad72
Amendolara I 164 Gc78
Amer E 49 Ha59
Amerang D 143 Eb51
A Merca E 36 Ba58
Amerongen NL 125 Bb37
Amersfoort NL 116 Bb36
Amersham GB 20 Fb27
Amesbury GB 20 Ed29
Amezketa E 39 Ec56
A Mezquita E 36 Bc58
Amfíklia GR 189 Bd84
Amfilohía GR 188 Ad83
Amfípolis GR 184 Cd77
Ámfissa GR 189 Bc84
Amieira P 50 Ba70
Amiens F 23 Gd33
Amieva E 37 Cd55
Amigdaliá GR 189 Bc81
Amigdaliá GR 189 Bc85
Amigdaliés GR 182 Ba79
Amikles GR 194 Bc89
Amillano E 39 Ec57
Amilly F 29 Ha40
Amíndeo GR 183 Bb77
Äminne FIN 81 Hd31
Äminne S 104 Ha49
Amla N 84 Cd37
Åmli N 93 Da45
Åmliden S 72 Ha24
Amlwch GB 15 Dd21
Amlwch Port GB 15 Dd21
Ämmälä FIN 89 Jb33
Ammanford GB 19 Dd27
Ammänsaari FIN 75 La23
Ammarnäs S 71 Ga21
Ämmeberg S 95 Fc45
Ammenäs S 102 Eb47
Ammern D 126 Dc40
Ammersbek D 118 Dc32
Ammerthal D 135 Ea46
Ammerzoden NL 124 Ba37
Ammeville F 22 Fd36
Ammochostos CY 206 Jd96
Ammehärad S 95 Fb45
Amnéville F 25 Jd35
Amnøyhamna N 70 Fa19
Amolianí GR 184 Cd79
Amöneburg D 126 Cd41
Amorbach D 134 Cd45
Amorebieta E 38 Ea55
Amorgós GR 196 Dc91
Amóri GR 185 Eb76
Amorosa P 44 Ac59
Amorosi I 161 Fb74
Åmot N 85 Dd38
Åmot N 86 Eb37
Åmot N 93 Dd41
Åmot N 93 Da42
Åmot S 87 Ga38
Åmot S 94 Ed42
Åmotfors S 94 Ec42
Amotopos GR 188 Ad81
Åmotsdal N 93 Da42
Amou F 39 Fb54
Amous F 43 Kb53
Ampezzo I 143 Ec56
Ampfing D 143 Eb50
Ampflwang A 143 Ed51
Ampfurth D 127 Dd38
Ampiala FIN 90 Ka33
Amplepuis F 34 Ja46
Amplier F 23 Gd32
Ampola FIN 97 Jc40
Amposta E 48 Ga64
Ampthill GB 20 Fc26
Ampudia E 46 Cd59
Ampuero E 38 Dd55
Amriswil CH 142 Cd52
Amroth GB 18 Dc27
Åmsele S 80 Ha26
Amsteg CH 141 Cb55
Amstelveen NL 116 Ba35
Amsterdam NL 116 Ba35
Amstetten A 144 Fc51
Amtoft DK 100 Da21
Amtsberg D 127 Ec42
Amtzell D 142 Da52
Amulreo GB 7 Ea11
Amurrio E 38 Ea56
Amusco E 38 Da58
Amusquillo E 46 Db60
Amvrossía GR 184 Dc77
Amzacea RO 181 Fb68
Ån S 79 Fb31
Anacapri I 161 Fa76
Anadiou CY 206 Hd97
Anadolufeneri TR 186 Fd77
Anáfi GR 196 Dc92
Anafonitria GR 188 Ac86
Anagénisis GR 183 Cb76
Anagni I 160 Ec72
Anagyia CY 206 Jb97
Análipsis GR 188 Bb84
Anapa RUS 205 Fb17
Anår FIN 69 Ka11
Anarcs H 147 Kb50
Anárgiri GR 183 Bb77
Anascaul IRL 12 Ba24
Ånäset S 80 Hc27
Åna-Sira N 92 Cb46
Änätinpää FIN 75 Lc24
Anatolí GR 183 Bd80
Anatolí GR 201 Db96
Anatolikó GR 183 Bc78
Anatolikó GR 183 Ca78
Anavainen FIN 97 Ja39
Anávatos GR 191 Dd86
Anávra GR 189 Bd83
Anavrití GR 194 Bc89
Anaya E 46 Da62
Anaya de Alba E 45 Cc63
An Bun Beag IRL 8 Ca15
Ançã P 44 Ac64
An Cabhán IRL 9 Cb19
An Caiseal IRL 8 Bb20
An Caisleán Nua IRL 12 Bc24
An Caisleán Riabhach IRL 8 Bd19
Ance LV 105 Jc49
Ancelle F 35 Ka50
Ancenis F 28 Fa42
Ančenki RUS 107 Ma50
Ancerville F 24 Ja37
An Charraig IRL 8 Ca16
An Chathair IRL 13 Ca24
Anché F 32 Fd45
Anchor GB 15 Eb25
Anchuras E 52 Cd67
Ancín E 39 Eb57
Ancíverovo RUS 107 Ld49
Ančkini LV 107 Lc52
An Clochán IRL 8 Bb20
An Clochán IRL 9 Cb16
An Clochán Liath IRL 8 Ca15
An Cloigeann IRL 8 Ba20
An Cóbh IRL 12 Bd26
An Coireán IRL 12 Ba25
Ancona I 156 Ed66
An Creagán IRL 8 Bd20
Ancroft GB 11 Ed14
Ancy-le-Franc F 30 Hd40
An Daingean IRL 12 Ba24
Andalo I 149 Dc57
Åndalseter N 77 Da31
Åndalsnes N 77 Da32
Andance F 34 Jb48
Andåsen S 87 Fc34
Andau A 145 Gc52
Andavías E 45 Cb60
Anddalsvågen N 70 Ed23
Andebu N 93 Dd43
Andechs D 143 Dd51
Andeer CH 142 Cd55
Andelfingen CH 141 Cb52
Andelot-Blancheville F 30 Jb38
Andelot-en-Montagne F 31 Jd43
Andelsbuch A 142 Da53
Andelst NL 125 Bb37
Åndenäs S 94 Fa40
Andenes N 66 Ga11
Andeņi LV 107 Ld52
Andenne B 124 Ad42
Andermatt CH 141 Cb55
Andernach D 125 Ca42
Andernos-les-Bains F 32 Fa50
Andersby FIN 90 Kd38
Andersby N 65 Kc06
Anderslöv S 110 Ed56
Anderssko N 77 Db29
Anderstorp S 102 Fa50
Andersvattnet S 80 Hc26
Andijk NL 116 Bb34
Andilly F 32 Fa45
Andíparos GR 196 Da90
Andirio GR 188 Bb85
Andız TR 193 Gb83
Andlau F 25 Kb37
Andoain E 39 Ec55
Andocs H 145 Ha56
Andoins F 40 Fc55
Andon F 43 Kb53
Andorf A 143 Ed50
Åndørja N 67 Gb12
Andorlia N 67 Gd11
Andornaktálya H 146 Jb51
Andorra E 48 Fb63
Andorra la Vella AND 40 Gc58
Andosilla E 39 Ec58
Andouillé F 28 Fb39
Andover GB 20 Fa29
Andoversford GB 20 Ed27
Andrarum S 111 Fb56
Andrăşeşti RO 176 Ed66
Andratx E 56 Ha67
Andravida GR 188 Ad86
Andreapol' RUS 202 Ec10
Andreas GB 10 Dd18
Andreevca MD 173 Ga55
Andreiaşu de Jos RO 176 Ec62
Andrespol PL 130 Hd39
Andrest F 40 Fd55
Andrésy F 23 Gd36
Andretta I 161 Fd75
Andrézieux-Bouthéon F 34 Ja47
Andria I 162 Gb74
Andrid RO 171 Cc55
Andrieşeni RO 173 Fa56
Andrijaševci HR 153 Hc60
Andrijevica MNE 159 Jb68
Andrijivka UA 205 Fb16
Andrioniškis LT 114 Kd55
Andritsena GR 194 Bb87
An Droichead Nua IRL 13 Cc22
Ándros GR 190 Da87
Andrup DK 108 Cd26
Andrupene LV 107 Ld52
Andrušivka UA 204 Eb15
Andruškoniai LT 114 Kc57
Andruşul de Jos MD 177 Fb61
Andrychów PL 138 Hd45
Andryjanki PL 123 Kb35
Andrzejewo PL 123 Jd34
Andselv N 67 Gc11
Andsnes N 63 Hb07
An Dúchoraidh IRL 8 Ca16
Andújar E 52 Da72
Anduze F 41 Hd52
Andvikgrend N 84 Ca37
Anebakelv N 63 Hb09
Anebjør N 92 Cd44
Aneboda S 103 Fc51
Aneby S 103 Fc48
Anelema EST 98 Kb45
Anemoráhi GR 188 Ad81
Anenii Noi MD 173 Ga58
Anero E 38 Dc55
Ånes N 66 Fd11
Anessletta N 66 Fd12
Anet F 23 Gb37
Anetjärvi FIN 75 Kd20
Anevo BG 180 Db72
Anfo I 149 Db58
Äng S 103 Fc49
Anga S 104 Ha49
Angáli GR 189 Cb83
Angarn S 96 Gd43
Angé F 29 Gb42
Ånge S 72 Gc21
Ånge S 79 Fb30
Ånge S 87 Fd33
Ängebäck S 94 Ec43
Ängebo S 87 Ga35
Angelbachtal D 134 Cc47
Angelburg D 126 Cc41
Ängelholm S 110 Ed54
Angeli FIN 68 Jc11
Angelniemi FIN 97 Jc40
Angelohóri GR 183 Bd77
Angelohóri GR 183 Ca78
Angelókastro GR 188 Ba84
Angelókastro GR 195 Ca87
Ängelsberg S 95 Ga41
Angelstad S 102 Fa52
Anger A 144 Ga54
Angera I 148 Cb58
Angerdshestra S 103 Fb49
Angered S 102 Ec49
Angerlo NL 125 Bc37
Angermoen N 70 Fa21
Angermünde D 120 Fa35
Angern D 127 Ea37
Angern an der March A 145 Gc50
Angerneset N 70 Ed21
Angers F 28 Fb41
Ängersjö S 80 Hb29
Ängersjö S 87 Fc35
Angerville F 29 Gd38
Ängesån S 73 Hd18
Angesbyn S 73 Hd22
Ängesleva FIN 74 Ka24
Ängesträsk S 73 Hd21
Anghiari I 156 Ea66
Anghione F 154 Cc69
Angista GR 184 Cd77
Angístri GR 195 Ca87
Angistro GR 184 Cc75
Angla EST 97 Jc45
Anglards-de-Salers F 33 Ha49
Angle GB 18 Db27
An Gleann Garbh IRL 12 Bb26
Anglefort F 35 Jd46
Angles F 32 Fa45
Anglès F 41 Ha54
Anglès E 49 Ha59
Anglesola E 48 Gb60
Angles-sur-l'Anglin F 29 Ga44
Anglet F 39 Ed54
Angliers F 28 Fd43
Anglure F 24 Hc37
Angnäs S 80 Ha28
Angoncillo E 39 Eb58
An Gort IRL 12 Bd22
An Gort Mór IRL 8 Bb20
Angoulême F 32 Fd47
Angri I 161 Fb75
Ängskär S 96 Gd40
Ängsö S 95 Gb43
Angstedt, Gräfinau- D 127 Dd42
Ängsvik S 96 Ha43
Angüés E 48 Fc59
Anguiano E 38 Ea58
Anguillara Sabazia I 160 Ea71
Anguillara Veneta I 150 Ea61
Anguita E 47 Eb62
Anguix E 47 Ea64
Anguse EST 98 La42
Angvik N 77 Db31
Anhée B 124 Ad42
Anholt D 125 Bc37
Anholt DK 101 Eb22
Aniane F 41 Hc54
Aniche F 24 Hb32
Ánidro GR 189 Bd83
Anies E 39 Fb58
Ånimskog S 94 Ec45
Anina RO 174 Ca63
Aninoasa RO 175 Cd64
Aninoasa RO 175 Dc63
Aninoasa RO 176 Dd64
Aniñón E 47 Ed61
Anıtkaya TR 193 Gc84
Anixiátiko GR 188 Ba82
Anizy-le-Château F 24 Hb34
Anjala FIN 90 La37
Anjalankoski FIN 90 La37
Anjan S 78 Ed29
Anjum NL 117 Bc32
Ankaran SLO 151 Fa59
Ankarsrum S 103 Ga49
Ankarsund S 71 Ga23
Ankarsvik S 88 Gc33
Ankarvattnet S 79 Fb25
Änkilänsalo FIN 91 Ld34
Anklam D 120 Fa32
Ankum D 117 Cb35
An Leacht IRL 12 Bc22
An Longfort IRL 9 Cb20
Anloo NL 117 Bd34
An Mhala Raithní IRL 8 Bb19
An Móta IRL 13 Cb21
An Muileann gCearr IRL 9 Cb20
Anna E 54 Fb69
Anna EST 98 Kd43
Anna LV 107 Lc48
Anna RUS 203 Fb12
Annaberg A 144 Fd52
Annaberg-Buchholz D 135 Ed43
Annaberg im Lammertal A 143 Ed53
Annaburg D 127 Ed39
Annacloy GB 9 Da18
Annahütte D 128 Fa39
Annalong GB 9 Da19
Annan GB 11 Eb16
Anna Paulowna NL 116 Ba34
An Nás IRL 13 Cc22
Annas LV 106 Kd50
Annayalla IRL 9 Cd18
Anneberg S 102 Ec49
Anneberg S 103 Fc49
Annecy F 35 Jd46
Annel FIN 68 Jc11
Annelund S 102 Ed48
Annemasse F 35 Ka45
Annenieki LV 106 Ka52
Annental A 144 Ga51
Annerstad S 102 Fa52
Annestown IRL 13 Cb25
Annevoie-Rouillon B 124 Ad42
Annfield Plain GB 11 Ed17
Annį LV 106 La48
Annikvere EST 98 Kd41
Annino RUS 99 Mb39
Annino RUS 202 Ed08
Annonay F 34 Ja48
Annonen FIN 82 Ka26
Annopol PL 131 Jd41
Annot F 43 Kb52
Annstad N 66 Fc13
Annweiler amTrifels D 133 Ca47
Áno Ágios Vlássios GR 188 Ba83
Áno Damásta GR 189 Bd83
Ano Daviá GR 194 Bc87
Áno Drossiní GR 185 Dd77
Annœullin F 23 Ha31
Áno Fanári GR 195 Ca88
Anógia GR 200 Da95
Áno Hóra GR 188 Bb84
Áno Kalendíni GR 188 Ba82
Áno Kalliníki GR 183 Bb76
Áno Kariófito GR 184 Db76
Áno Kastrítsi GR 188 Bb85
Áno Kómi GR 183 Bc79
Áno Korakiána GR 182 Ab80
Áno Koudoúni GR 188 Ba84
Áno-Lehónia GR 189 Ca82
Ano Mathráki GR 182 Aa79
Áno Merá GR 196 Db89
Áno Méros GR 200 Cd96
Añón E 47 Ec60
Ånonjalme sameviste S 67 Gb16
Áno Poróia GR 183 Cb76
Añora E 52 Cc71
Áno Sangrí GR 196 Db90
Áno Sinikia Trikala GR 189 Bc86
Áno Síros GR 196 Da88
Anost F 30 Hd42
Anould F 31 Ka38
Áno Váthia GR 189 Cc85
Áno Viános GR 201 Db96
Áno Vrondoú GR 184 Cc76
Anoye F 40 Fc55
Anquela del Ducado E 47 Eb63
An Ráth IRL 12 Bd24
Anröchte D 126 Cc39
An Ros IRL 13 Da21
Ans DK 100 Db23
Ansac-sur-Vienne F 33 Ga46
Ansager DK 108 Da25
Ansalahti FIN 90 Kd36
Ansbach D 134 Dc47
An Scairbh IRL 12 Bd22
An Sciobairín IRL 12 Bb26
Anse F 34 Ja46
An Seanchaisleán IRL 9 Cc20
Ansedonia I 155 Dc69
Anselküla EST 105 Jc47
Anserall E 40 Gc58
Ansião P 44 Ac65
Ansignan F 41 Ha57
Ansio FIN 90 Kc34
Ansku FIN 97 Jd40
Ansnes N 62 Gc10
Ansnes N 77 Dc29

Ansó E 39 Fb57
An Spidéal IRL 12 Bc21
Anspoki, L. LV 107 Lc52
Anstad N 85 Db35
Anstruther GB 7 Ec12
Antagnod I 148 Bd58
Antakalnis LT 114 Kc57
Antakalnis LT 114 Kc57
Antaliepté LT 115 Lb54
Antalya TR 199 Gc91
Antanavas LV 114 Kb58
An tAonach IRL 13 Ca22
Antas E 61 Ec75
Antas P 44 Bb62
Antašava LT 114 Kd54
Antas de Ulla E 36 Bb56
Antazavé LT 115 Lb54
An Teach Dóite IRL 8 Bb20
An Teampall Mór IRL 13 Ca23
Antegluonis LT 113 Jd56
Antegnate I 149 Cd59
Antemil (Cerceda) E 36 Ba54
Anten S 102 Ec48
Antequera E 60 Cd75
Anterselva di Mezzo I 143 Ea55
Antey-Saint-André I 148 Bd58
Anthée B 124 Ad42
Anthéor F 43 Kc54
Anthi GR 184 Cc77
Anthíli GR 189 Db83
Anthófito GR 183 Ca77
Antholz Mittertal I 143 Ea55
Anthorn GB 11 Eb16
Anthótopos GR 183 Bb78
Anthótopos GR 189 Bd82
Anthy F 31 Ka44
Antibes F 43 Kc53
Antignano I 155 Da66
Antigonos GR 183 Bc77
Antigüedad E 46 Db59
Antikira GR 189 Bd85
Antilä FIN 89 Jb34
Antillo I 167 Fd84
Antimáhia GR 197 Eb91
An tinbhear Mór IRL 13 Cd23
Antinrova S 68 Ja17
Ántissa GR 191 Dd83
Antjärn S 88 Gc32
Antnäs S 73 Hd22
Anton BG 179 Da71
Antonešti MD 173 Fb54
Antoneuca MD 173 Fb54
Antonimina I 164 Gb83
Antonin PL 122 Hc32
Antonin PL 129 Ha39
Antoniów PL 130 Jc40
Antoniów PL 131 Jd41
Antonovo BG 180 Eb71
Antonsthal D 135 Ec43
Antracyt UA 205 Fb15
Antraigues-sur-Volane F 34 Ja50
Antrain F 28 Ed38
Antrim GB 9 Da17
Antrodoco I 156 Ec70
Antronapiana I 148 Ca57
Antskog FIN 97 Jd40
Antsla EST 107 Lb47
Anttila FIN 90 La36
Anttila FIN 98 Kc39
Anttis S 68 Ja17
Anttola FIN 90 La34
Anttola FIN 91 Lc33
An Tulach IRL 13 Cc23
Antuži LV 106 La51
Antwerpen B 124 Ac39
An Uaimh IRL 9 Cd20
Anundsjö S 80 Gd30
Anversa di Abruzzi I 161 Fa71
Anvin F 23 Gd31
Anxeriz E 36 Ad54
Anykščiai LT 114 Kd55
Anzat-le-Luguet F 34 Hb48
Anzi I 161 Ga76
Anzin F 24 Hb32
Anzing D 143 Ea51
Anzio I 160 Eb73
Anzlezy F 30 Hc43
Anzola dell'Emilia I 149 Dc62
Anzur E 60 Cd74
Anzy-le-Duc F 34 Hd45
Aoiz E 39 Ed57
Aosta I 148 Bc58
Aouste F 24 Hd33
Aovere EST 99 Lb45
Apa N 146 Hc54
Apa RO 171 Cd54
Apače SLO 144 Ga56
Apagy H 147 Ka51
Apahida RO 171 Da58
Aparhant H 152 Ha54
Apastovo RUS 203 Fd09
Apata RO 176 Ea61
Apateu RO 170 Ca58
Apatin SRB 153 Hd59
Apatovac HR 152 Gc57
Ape LV 107 Lb48
Apecchio I 156 Ea66
Apelern D 126 Da37
Apele Vii RO 179 Da67
Apelscha NL 117 Bd34
Apen D 117 Cb33
Apenburg D 119 Dd35
Apensen D 118 Db33

Apéri GR 201 Eb95
A Peroxa E 36 Bb57
Apice I 161 Fc74
Apidiá GR 195 Bd90
Apiés E 48 Fc59
Apirados GR 196 Dc90
Apiro I 156 Ec66
Aplared S 102 Ed49
Apliki CY 206 Jb97
A Pobra de Caramiñal E 36 Ac56
Apolakkiá GR 197 Ed93
Apold RO 175 Dc60
Apolda D 127 Ea41
Apoldu de Jos RO 175 Da61
Apóllona GR 197 Fa93
Apollonia GR 196 Da90
Apólonas GR 196 Dc89
Apolonia GR 184 Cc78
Apóstoli GR 200 Cd95
Apostolove UA 204 Ed16
Appel D 118 Db33
Äppelbo S 95 Fb40
Appeltern NL 125 Bb37
Appenweier D 133 Ca49
Appenzell CH 142 Cd53
Appiano I 142 Dc56
Appingedam NL 117 Ca33
Appleby GB 16 Fa21
Appleby-in-Westmorland GB 11 Ec18
Appleby Magna GB 16 Fa24
Applecross GB 4 Db08
Appledore GB 21 Ga29
Apples CH 140 Ba55
Appletreewick GB 11 Ed19
Äpplö FIN 97 Ja40
Appoigny F 30 Hc40
Apremont F 28 Ed44
Apremont-la-Forêt F 25 Jc36
Apremont-sur-Allier F 30 Hb43
Aprica I 149 Da57
Apricale I 43 Kd52
Apricena I 161 Fd72
Aprigliano I 164 Gc80
Apriki LV 105 Jb51
Aprilci BG 180 Da73
Aprilci BG 180 Dc71
Aprilia I 160 Eb72
Aprilovo BG 180 Ea73
Aprilovo BG 180 Eb70
Ápsalos GR 183 Bc77
Apsella I 156 Eb65
Apšeronsk RUS 205 Fc17
Apsiou CY 206 Ja98
Apšuciems LV 106 Ka50
Apšupe LV 106 Ka51
Apt F 42 Jc53
Aquila CH 142 Cc56
Aquileia I 150 Ed59
Aquilonia I 161 Fd74
Aquino I 160 Ed73
Arabaalan TR 185 Ed80
Arabacıbozköy TR 191 Ed84
Arabba I 143 Ea56
Araç TR 205 Fa20
Aracena E 59 Bc72
Aráches F 35 Ka45
Aračinovo MK 178 Bc73
Arad RO 170 Bd59
Aradac SRB 153 Jc60
Aradeo I 163 Hc77
Aradippou CY 206 Jc97
Aradninkai LV 123 Kb30
Araglin IRL 13 Ca25
Aragnouet F 40 Fd57
Aragona I 166 Ed86
Aragoncillo E 47 Ec61
Aragüés del Puerto E 39 Fb57
Arahamites GR 194 Bc88
Arahnéo GR 195 Bd87
Aráhova GR 189 Bd84
Arahovitika GR 188 Bb85
Arakapas CY 206 Jb97
Arakste LV 106 Kd47
Aralkı TR 205 Fd19
Aralla E 37 Cb55
A Ramallosa E 36 Ac58
Aramits F 39 Fb56
Aramon F 42 Jb53
Arana CY 206 Jd96
Aranaz F 39 Ec56
Aranda de Duero E 46 Dc60
Aranda de Moncayo E 47 Ec61
Arándiga E 47 Ed61
Arandilla del Arroyo E 47 Ec61
Åraneag RO 170 Ca59
Aranga E 36 Bb54
Aranjuez E 52 Dc66
Aranos CY 206 Jd96
Arantzazu E 39 Eb56
Aranyosapáti H 147 Kb50
Aranzueque E 46 Dd64
Araovacık TR 191 Ed81
Ararca TR 192 Fb81
Åras N 84 Ca37
Aras de Alpuente E 54 Fa66
Araševo RUS 107 Mb46
Arasi I 164 Ga84
Arasluokta sameviste S 66 Ga17
Áratos GR 185 Dd77
Arauzo de Miel E 46 Dd60

Aravete EST 98 Kd43
Aravissós GR 183 Bd77
Arazede P 44 Ac64
Arbanasi BG 180 Dd70
Arbatax I 169 Cc77
Arbeca E 48 Gb61
Arbedo CH 149 Cc57
Arberg D 134 Dc47
Arbesbach A 144 Fc50
Arbeteta E 47 Eb64
Arbigny F 30 Jb44
Arbing A 144 Fc51
Arbinovo MK 182 Ba75
Arbirlot GB 7 Ec11
Arbois F 31 Jc43
Arbon CH 142 Cd52
Arbonne-la-Forêt F 29 Ha38
Arboréa I 169 Bd78
Arborio I 148 Ca59
Arbostad N 67 Gb12
Arbrå S 87 Ga37
Arbroath GB 7 Ec11
Arbúcies E 49 Ha60
Arbuniel E 60 Dc73
Arbus I 169 Bd78
Arby S 111 Ga53
Arc F 31 Jc41
Arc F 44 Ad63
Arcachon F 32 Fa51
Arcallana E 37 Ca54
Arcani RO 175 Cc63
Arčar BG 179 Cb67
Arcas E 53 Eb66
Arce I 160 Ed72
Arcen NL 125 Bc39
Arcenant F 30 Ja42
Arc-en-Barrois F 30 Jb39
Arcens F 34 Ja50
Arcentales E 38 Dd55
Arces-Dilo F 30 Hc39
Arcevia I 156 Ec66
Arcey F 31 Ka40
Archangel'skoje RUS 113 Jd58
Archena E 55 Ed72
Archiac F 32 Fc48
Archidona E 60 Cd75
Archiestown GB 7 Eb08
Archigny F 29 Ga44
Archiš RO 170 Cb58
Archivel E 61 Eb72
Arcidosso I 156 Dd68
Árciems LV 106 Kc48
Arcille I 155 Dc68
Arcins F 32 Fb50
Arcis-sur-Aube F 30 Hd38
Arco I 149 Dc58
Arco de Baúlhe P 44 Ba60
Arco de las Salinas E 54 Fa66
Arcos E 36 Bb56
Arcos E 38 Dc58
Arcos de Jalón E 47 Eb62
Arcos de la Frontera E 59 Ca76
Arcos de la Sierra E 47 Eb65
Arcos de Valdevez P 44 Ad59
Arcy-sur-Cure F 30 Hc41
Arcyz UA 204 Ec17
Arda BG 184 Db75
Ardagh IRL 12 Bc23
Ardahan TR 205 Ga18
Årdal N 92 Cb43
Årdal N 92 Cd45
Årdala S 95 Gb45
Ardales E 60 Cc76
Ardalstangen N 85 Da37
Ardan IRL 13 Cb21
Ardanairy IRL 13 Cd23
Ardara I 168 Ca75
Árdassa GR 183 Bb78
Ardbeg GB 9 Da16
Ardcharnich GB 4 Dc06
Ardchyle GB 7 Dd11
Ardea I 160 Eb72
Ardee IRL 9 Cd19
Arden DK 100 Dc22
Ardentes F 29 Gc44
Ardentinny GB 6 Dc12
Ardenza I 155 Da66
Ardeoani RO 172 Ec59
Ardes F 34 Hb48
Ardentes TR 205 Ga19
Ardèvol E 49 Gc60
Ardez CH 142 Da55
Ardfert IRL 12 Bb24
Ardfield IRL 12 Bc27
Ardfinnan IRL 13 Ca24
Ardgay GB 5 Ea06
Ardglass GB 10 Db18
Ardgroom IRL 12 Ba26
Ardino RO 199 Gb88
Ardino BG 184 Dc75
Ardisa E 48 Fc59
Ardleigh GB 21 Ga26
Ardlussa GB 6 Db12
Ardminish GB 6 Db13
Ardmore IRL 13 Ca26

Ardon CH 141 Bc56
Ardón E 37 Cc57
Ardore Marina I 164 Gb83
Ardpatrick IRL 12 Bd24
Ardrahan IRL 12 Bd21
Ardre S 104 Ha50
Ardrossan GB 10 Dc14
Ardrishaig GB 6 Db12
Ardstraw GB 9 Cc16
Ardtalla GB 6 Da13
Ardtoe GB 6 Db10
Ardu EST 98 Kc43
Arduaine GB 6 Db12
Ardud RO 171 Cd55
Ardwell GB 10 Dc17
Åre S 78 Fa30
Areatza E 38 Ea56
Arèches F 35 Ka47
Arefu RO 175 Dc63
Aremark N 94 Eb44
Aremberg D 125 Bd42
Arenales de San Gregorio E 53 Dd68
Arenas E 60 Da76
Arenas de Cabrales E 38 Da55
Arenas del Rey E 60 Db75
Arenas de San Juan E 52 Dc68
Arenas de San Pedro E 45 Cc65
Arendal N 93 Da46
Arendonk B 124 Ba39
Arendsee D 119 Ea35
Arengosse F 39 Fb53
Arenshausen D 126 Db40
Arentsminde DK 100 Dc21
Arenys de Mar E 49 Ha61
Arenys de Munt E 49 Ha60
Arenzano I 148 Cb63
Areópoli GR 194 Bc90
Ares E 36 Ba54
Arès F 32 Fa50
Ares del Maestrat E 48 Fc64
Aresing I 135 Dd49
Årestrup DK 100 Dc22
Aresvik N 77 Db30
Areta E 38 Ea55
Aréthoussa GR 184 Cc77
Arette F 39 Fb56
Arevalillo E 45 Cc63
Arévalo de la Sierra E 47 Eb59
Arez P 50 Ba66
Arezzo I 156 Dd66
Arfará GR 194 Bb89
Argalastí GR 189 Cb82
Argallón E 51 Cb71
Argamasilla de Alba E 53 Dd69
Argamasilla de Calatrava E 52 Db70
Argamasón E 53 Ec70
Arganda E 46 Dc65
Arganil P 44 Ad64
Argaño E 38 Dc58
Argegno I 149 Cc58
Argein F 40 Ga56
Argelès-Gazost F 40 Fc56
Argelès-Plage F 41 Hb57
Argelès-sur-Mer F 41 Hb57
Argelita E 54 Fc66
Argemil P 44 Bb60
Argenbühl D 142 Da52
Argenta I 150 Dd62
Argentan F 22 Fc37
Argentat F 33 Gd49
Argente E 47 Fa64
Argentera I 148 Ba62
Argenteuil F 23 Gd36
Argentiera I 168 Bc74
Argentière F 35 Kb45
Argentona E 49 Ha61
Argenton-Château F 28 Fc43
Argenton-sur-Creuse F 29 Gc44
Argentré F 28 Fb39
Argentré-du-Plessis F 28 Fa39
Argés E 52 Db66
Argés E 55 Fb70
Argés E 52 Db66
Argetoaia RO 175 Cd65
Argili GR 194 Ba88
Arginónta GR 197 Eb90
Argithani TR 193 Hb86
Argithéa GR 188 Bb81
Árgos GR 195 Bd87
Árgos Orestikó GR 183 Ba78
Argostóli GR 188 Ac85
Argovë AL 182 Ac78
Arguedas E 47 Ed59
Argueil F 23 Gb34
Argüero E 37 Cc54
Arguisuelas E 53 Ec66
Árhanes GR 200 Da96
Arhángelos GR 183 Bd76
Arhángelos GR 197 Fa93
Arhavi TR 205 Ga19
Arhéa Feneós GR 189 Bc86

Arhéa Kórinthos GR 195 Bd87
Arhéa Neméa GR 195 Bd87
Arhípoli GR 197 Fa93
Ariano Irpino I 161 Fd74
Ariano nel Polesine I 150 Ea61
Arıca TR 192 Ga84
Aricestii Zeletin RO 176 Eb63
Aricesti Rahtivani RO 176 Ea64
Aridéa GR 183 Bc76
Arielli I 157 Fb70
Arienzo I 161 Fb74
Arieşeni RO 171 Cc59
Arifiye TR 187 Gc79
Arifköyü TR 199 Gb92
Arija E 38 Dc56
Arıklar TR 192 Fc83
Arıklı TR 191 Ea81
Arild S 110 Ec54
Arileod GB 6 Da10
Arileod GB 9 Da14
Arilje SRB 178 Ad67
Arinagh IRL 8 Bd18
Arinagour GB 9 Da14
Aríni GR 194 Ba87
Ariniş RO 171 Cd55
Ariño E 48 Fb62
Arinsal AND 40 Gc57
Arinsal AND 40 Gc57
Arinthod F 31 Jc44
Ariogala LV 114 Kb56
Arionești MD 173 Fb53
Arisaig GB 6 Db09
Ariscal E 59 Bd74
Arisgotas E 52 Db67
Aristava LT 114 Kc56
Aristot E 40 Gc58
Arisvere EST 98 Kd44
Arisvi GR 185 Dd77
Aritzo I 169 Cb77
Arive E 39 Fa56
Arivruaich GB 4 Da05
Ariza E 47 Ec61
Arızlar TR 193 Gb86
Arızlı TR 193 Gd86
Årjäng S 94 Ec43
Arjeplog S 72 Gc21
Arjepluovve S 72 Gc21
Arjona E 52 Da72
Arjonilla E 52 Da72
Arjuzanx F 39 Fb53
Arkadak RUS 203 Fc11
Arkadia PL 130 Ja37
Arkalohóri GR 200 Da96
Arkássa GR 201 Eb95
Arkelstorp S 111 Fb54
Arkesíni GR 196 Dc91
Arkhyttan S 95 Ga40
Arkí GR 197 Eb89
Arkitsa GR 189 Ca84
Arklow IRL 13 Cd23
Arkna EST 98 La42
Arkösund S 103 Gb46
Ärla S 95 Gb44
Arlanc F 34 Hc48
Aralavıškes LT 114 Kc57
Arlempdes F 34 Hd50
Arles F 42 Jb54
Arles-sur-Tech F 41 Ha58
Arleuf F 30 Hd42
Arlingham GB 19 Ec27
Arló H 146 Jb50
Arlon B 132 Ba44
Arlöv S 110 Ed56
Árma GR 189 Cb85
Armação de Pera P 58 Ac74
Arma di Taggia I 43 La52
Armagh GB 9 Cd18
Armallones E 47 Eb63
Armamar P 44 Bb61
Ármani F 23 Ha31
Armašești RO 176 Ec65
Ármata GR 182 Ad79
Armavir RUS 205 Fd16
Armellada E 37 Cb57
Armen AL 182 Ab77
Arméni GR 200 Cc95
Armenií GR 194 Bd84
Armenis RO 174 Cb63
Armeniškiai LV 114 Kb57
Armenohóri GR 183 Bb77
Armentia E 38 Ea56
Armentières F 23 Ha31
Armilla E 60 Db75
Arminou CY 206 Ja97
Armintza E 38 Ea55
Armivesi FIN 90 Kd32
Armjans'k UA 205 Fa17
Armoy GB 9 Da15
Armólia GR 191 Dd86
Armonys LT 114 La53
Armoy GB 9 Da15
Armuña de Tajuña E 46 Dd64
Armungia I 169 Cb79
Armutçuk TR 189 Ha77
Armutçuk TR 191 Ec82
Armutlu TR 185 Ed80
Armutlu TR 186 Fc79
Armutlu TR 191 Ed86
Armutlu TR 192 Fa83
Armutlu TR 192 Fb85
Armutlu TR 193 Ha87

Armutlu TR 198 Ga92
Arnabost GB 6 Da10
Arnabost GB 9 Da14
Arnaccio I 155 Da65
Arnac-Pompadour F 33 Gb48
Arnac-sur-Dourdou F 41 Hb54
Arnafjord N 84 Cc37
Arnage F 28 Fd40
Arnager DK 111 Fd58
Arnás GR 190 Da87
Ärnäs S 86 Fa38
Ånäsvall S 80 Ha30
Arnay-le-Duc F 30 Ja42
Arnborg DK 108 Da24
Arnbruck D 135 Ec47
Arncott GB 20 Fa27
Arnéa GR 184 Cc78
Arneberg N 86 Ec38
Arneberg N 94 Eb44
Arneburg D 127 Eb36
Arnedillo E 47 Eb59
Arnedo E 47 Ec59
Arnemark S 73 Hc23
Arnemuiden NL 124 Ab38
Årnes N 62 Gd09
Årnes N 67 Gb14
Årnes N 78 Be26
Årnes N 94 Eb41
Arnesby GB 16 Fa24
Arnfels A 144 Fd56
Arnhem NL 125 Bb37
Arnionys LT 115 Lb56
Arnis D 108 Dc29
Arnisdale GB 6 Db09
Árnissa GR 183 Bc77
Arnö S 95 Gb45
Arnö S 96 Gc43
Arnoga I 142 Da56
Arnold GB 16 Fa23
Arnoldstein A 144 Fa56
Arnøyhamn N 62 Ha08
Arnprior GB 7 Dd12
Arnsberg D 125 Cb39
Arnschwang D 135 Ec47
Arnsdorf D 128 Fa41
Arnside GB 11 Eb19
Arnstadt D 127 Dd42
Arnstein D 134 Db44
Arnstein D 135 Ec49
Arnstorf D 135 Ec49
Aroania I 188 Bb86
Aroche E 59 Bb72
Aroffe F 31 Jc38
Aröd S 102 Eb47
Arona I 148 Cb58
Aroneanu RO 173 Fa57
Aroniádika GR 195 Bd92
Åros N 93 Dd42
Arosa CH 142 Cd55
Arosa P 44 Ba60
Årosjåkk S 67 Gd15
Årøsund DK 108 Db27
Arouca P 44 Ad62
Arousa E 36 Ac56
Årøysund N 93 Dd44
Arpacık TR 198 Fd91
Arpajon la Norville F 29 Gd38
Arpașel RO 170 Ca57
Arpasu de Jos RO 175 Dc61
Arpela FIN 74 Jc20
Arpino I 160 Ed72
Arquà Petrarca I 150 Dd60
Arquata Scrivia I 148 Cb62
Arques F 21 Gd30
Arques-la-Bataille F 23 Gb33
Arquillos E 52 Dc72
Arrabal (Oia) E 36 Ac58
Arrach D 135 Ec47
Arracourt F 25 Ka37
Arradon F 27 Eb41
Arraiolos P 50 Ad69
Arrakoski FIN 90 Kb35
Arrankorpi FIN 90 Kb37
Arrans F 30 Hd40
Arras AL 178 Ad73
Arras F 23 Ha32
Arrasate Mondragon E 39 Eb56
Arrayán E 38 Dc55
Årre DK 108 Da26
Arreau F 40 Fd56
Arredondo E 38 Dc55
Árrenjarka S 72 Gc18
Arrens F 40 Fc56
Arreza e Madhe AL 182 Ac77
Arriand GR 185 Dd73
Arriano E 38 Ea56
Arriate E 60 Cc76
Arriba S 80 Ha26
Arrien F 40 Fc55
Arrifana P 44 Ad64
Arrifana P 45 Bc63
Arrifana P 58 Aa73
Arrigny F 24 Ja37
Arrigorriaga E 38 Ea55
Arzacq-Arraziguet F 39 Fb54

Arzádigos E 45 Bc59
Arzamas RUS 203 Fc10
Arzano F 27 Dd40
Arzberg D 127 Ed39
Arzberg D 135 Eb44
Arzgir RUS 205 Ga16
Arzignano I 149 Dc59
Arróniz E 39 Ec57
Arzúa E 36 Ba55
Arzulu TR 185 Ed77
Aš B 125 Bb40
Aš CZ 135 Eb44
Aš N 78 Ec31
Ås N 93 Ea42
Ås N 93 Db45
Ås S 79 Fc30
Ås S 111 Gb54
Åsa S 102 Ec50
Asa S 103 Fc51
Aşağıboğaz TR 187 Gc80
Aşağıçeşme TR 192 Fd87
Aşağıçigli TR 193 Hb87
Aşağı Çobanisa TR 191 Ed85
Aşağıdereköy TR 187 Gc78
Aşağıdolaylar TR 192 Fc83
Aşağı Germencik TR 197 Fa91
Aşağıgökdere TR 199 Gd89
Aşağıgürlek TR 198 Fc91
Aşağıkaraçay TR 198 Fd88
Aşağıkaşıkara TR 193 Gd86
Aşağıkozcağız TR 187 Gd80
Aşağıkuzfındık TR 193 Gb82
Aşağıokçular TR 185 Ea80
Aşağı Piribeyli TR 193 Hb84
Aşağısamlı TR 198 Fc88
Aşağısevindikli TR 185 Ed77
Aşağıtandır TR 193 Gc84
Aşağıtırtar TR 193 Gd87
Aşağıyağcılar TR 192 Fc82
Aşağıyaylabeli TR 199 Ha89
Asak N 94 Eb44
Asamati MK 182 Ba76
Asane N 84 Ca39
Asäng S 88 Gc32
Ašanja SRB 153 Jb62
Asar TR 187 Ha78
Asare LV 115 Lb53
Åsaren N 85 Dc35
Åsarna S 79 Fb25
Åsarna S 87 Fb32
Åsarp S 102 Fa48
Asarum S 111 Fc54
Asasp-Arros F 39 Fb56
Asău RO 172 Ec59
Asbach D 125 Ca42
Asbach-Bäumenheim D 134 Dc49
Asby S 103 Fd48
Åsbyrgi IS 3 Bb04
Ascád H 145 Gc54
Ascain F 39 Ed55
Ascea I 161 Fd77
Ascha D 135 Ec48
Aschach an der Donau A 144 Fa50
Aschaffenburg D 134 Cd44
Aschau D 143 Eb51
Aschbach-Markt A 144 Fc51
Ärtrik S 79 Gb30
Artvin TR 205 Ga19
Artziniega E 38 Dd56
A Rúa E 36 Bc57
Arudy F 39 Fb56
Arukula EST 98 Kc42
Arum NL 116 Bb33
Arundel GB 20 Fb30
Aruvalla EST 98 Kc43
Arvåg N 77 Dc30
Arvant F 34 Hc48
Arvert F 32 Fa47
Arvesund S 79 Fb30
Árvi GR 201 Db96
Arvidsjaur S 72 Gd22
Arvidsträsk S 73 Hc22
Arvieux F 35 Kb50
Arvika S 94 Ec43
Årviksand N 62 Ha08
Árvíkstrand N 84 Cb40
Arville F 29 Ga39
Arvola FIN 82 Ka27
Arvospuoli FIN 69 Kb16
Arvträsk S 80 Ha26
Áryd S 103 Fc52
Åryd S 111 Fc54
Arzachena I 168 Cb73
Åsen N 78 Ec29
Åsen S 80 Hb26
Åsen S 87 Fb38
Åsen S 87 Fb37
Asendorf D 118 Cd35
Asendorf D 118 Db33
Åsenhöga S 102 Fa50

Asenovgrad - Bad Bertrich

Asenovgrad BG 184 Db74
Asenovo BG 180 Ea70
Åsensbruk S 94 Ec45
Åseral N 92 Cc45
Aseri EST 98 La41
Åserud N 94 Eb42
Asevelikylä FIN 89 Jb32
Asfáka GR 182 Ad80
Asfeld F 24 Hd34
Asfendioú GR 197 Ec91
Asferg DK 100 Dc22
Asfordby GB 16 Fb24
Åsgårdstrand N 93 Dd43
Asgata CY 206 Jb98
Ash GB 20 Fd28
Åshagen S 94 Ed41
Åshammar S 95 Gb39
Ashbourne GB 16 Ed23
Ashbourne IRL 13 Cd21
Ashburton GB 19 Dd31
Ashbury GB 20 Ed28
Ashby-de-la-Zouch GB 16 Fa24
Ashdon GB 20 Fd26
Ashford GB 21 Ga29
Ashford IRL 13 Cd22
Ashford-in-the-Water GB 16 Ed22
Ashill GB 17 Ga24
Ashington GB 11 Fa16
Ashington GB 20 Fc30
Ashkirk GB 11 Ec14
Ashley GB 20 Fd26
Ashmore GB 19 Ec30
Ashperton GB 15 Ec26
Ashton-in-Makerfield GB 15 Ec21
Ashton Keynes GB 20 Ed27
Ashton-under-Lyne GB 16 Ed21
Ashwater GB 18 Dc30
Ashwell GB 16 Fb24
Ashwell GB 20 Fc26
Ashwellthorpe GB 17 Gb24
Asiago I 150 Dd58
Asikkala FIN 90 Kc36
Asikkala FIN 91 Lb32
Asila FIN 90 La34
Asími GR 200 Da96
Asipovičy BY 202 Eb13
Aşırlar TR 187 Gc78
Ask N 84 Ca39
Ask N 85 Dd40
Ask N 93 Ea41
Ask S 103 Fc46
Ask S 110 Ed55
Aska FIN 69 Ka16
Askainen FIN 97 Ja39
Aşkale TR 205 Ga20
Askanmäki FIN 75 Kd23
Askeaton IRL 12 Bc23
Askeby S 103 Ga47
Askeia CY 206 Jc96
Asker N 93 Dd42
Askerıye TR 199 Gc88
Askern GB 16 Fa21
Askeröd S 110 Fa55
Askersby S 95 Fd44
Askersund S 95 Fc45
Askerswell GB 19 Eb30
Askeryd S 103 Fc49
Askesta S 87 Gb37
Askett GB 20 Fb27
Åskilje S 80 Gc25
Askiljeby S 80 Gc25
Askim N 93 Ea42
Askim S 102 Eb49
Asklanda S 102 Ed48
Asklipío GR 197 Ed93
Åskloster S 102 Ec50
Askø By DK 109 Ea28
Askola FIN 90 Kc38
Askome S 102 Ec51
Asköping S 95 Ga44
Askós GR 183 Cb77
Askov DK 108 Da26
Askum S 102 Eb46
Askvoll N 84 Ca36
As Lamas E 36 Bb58
Aslanapa TR 193 Gb83
Aslanlar TR 191 Ec87
Aslestad N 92 Cd43
Aslıhantepeciği TR 192 Fa82
Åsljunga S 110 Fa54
Asma E 36 Bb56
Asmalı TR 186 Fa79
Asmali TR 198 Fd90
Åsmansbo S 95 Fd40
Åsmarka N 86 Ea38
Asmíni GR 189 Ca83
Ašmjany BY 202 Ea12
Asmo N 67 Gd11
Åsmon S 79 Gb30
Asmundtorp S 110 Ed55
Asmunti FIN 74 Kb21
Åsmyra N 70 Ed22
Asnæs DK 109 Ea25
Åsnes N 78 Eb27
Åsnes Finnskog N 94 Ec39
As Neves E 36 Ad58
Asnières-sur-Vègre F 28 Fc40
As Nogais E 36 Bc56
Asola I 149 Da60
Asolo I 150 Ea58
Asopós GR 195 Bd90
Asos GR 188 Ac84
Asp DK 100 Da23
Aspach D 134 Cd48
Aspai E 36 Bb55
Aspang Markt A 145 Gb53
Aspariegos E 45 Cc60
Asparn an der Zaya A 137 Gb49
Asparuhovo BG 181 Ec72
Asparuhovo BG 181 Ed71
Aspås S 79 Fc30
Aspåsnäset S 79 Fc30
Aspatria GB 11 Eb17
Aspberget S 86 Ec38
Aspe E 55 Fb71
Aspeå S 80 Ha29
Aspeå S 80 Gc30
Aspeboda S 95 Fd39
Aspenes N 62 Gd10
Aspenstedt D 127 Dd38
Åspered S 102 Ed49
Asperen NL 124 Ba37
Asperg D 134 Cd48
Åsperöd S 110 Fa56
Aspet F 40 Ga56
Aspliden S 72 Ha23
Aspliden S 73 Hc24
Asplund S 72 Gc23
Aspnäs S 88 Gc32
Aspnes N 79 Fb27
Aspö S 95 Gb43
Aspö S 111 Fd54
As Pontes de García Rodríguez E 36 Bb54
Aspoús GR 190 Da84
Aspra I 166 Ed84
Aspremont F 42 Jd51
Aspres-sur-Buëch F 35 Jd50
Áspro GR 183 Bd77
Asprógia GR 183 Bb77
Asproklisiá GR 183 Bb80
Aspropirgos GR 189 Cb86
Áspros GR 183 Ca77
Asproválta GR 184 Cc78
Aspsele S 80 Gd28
Assamalla EST 98 La42
Assamstadt D 134 Da46
Assat F 40 Fc55
Assé-le-Bérenger F 28 Fc39
Assé-le-Boisne F 28 Fc38
Assemini I 169 Ca79
Assen NL 117 Bd34
Assenois B 132 Ba44
Assens DK 100 Dc22
Assens DK 108 Dc27
Assentoft DK 100 Dc23
Assérac F 27 Ec41
Asserbo DK 109 Eb24
Assergi I 156 Ed70
Assesse B 124 Ad42
Assier F 33 Gd51
Assikvere EST 99 Lb44
Ássiros GR 183 Cb77
Assisi I 156 Eb67
Åsskard N 77 Db31
Aßlar D 126 Cc42
Aßling D 143 Ea51
Asso I 149 Cc58
Asson F 40 Fc56
Assoro I 167 Fb85
Ássos GR 188 Ad81
Ássos GR 189 Bd86
Åsta N 86 Eb37
Åstad N 66 Fd15
Astaffort F 40 Ga53
Astakós GR 188 Ad84
Åstan N 77 Dd29
Astašova LV 107 Ld52
Aste EST 105 Jc46
Åsteby S 94 Ed40
Astee IRL 12 Bb23
Asten A 144 Fb51
Asten NL 125 Bb39
Astfeld I 143 Dd56
Asti I 148 Ca61
Aştileu RO 170 Cb57
Astipálea GR 197 Ea92
Åstol S 102 Eb48
Aston GB 16 Fa22
Aston GB 20 Fa27
Astorga E 37 Cb57
Åstorp S 110 Ed54
Astradamovka RUS 203 Fd10
Astráin E 39 Ec57
Åsträsk S 80 Hb26
Astromeritis CY 206 Ja96
Ástros GR 195 Bd88
Astrup DK 100 Dc19
Astrup DK 100 Dc22
Åstrup DK 108 Da24
Åstrup DK 108 Dc27
Astruptunet N 84 Cc35
Astryna BY 202 Dd13
Astudillo E 38 Db58
Asuaju RO 171 Cd55
Asuja EST 106 Kc46
Asūne LV 107 Ld52
Asuni I 169 Ca77
Asunta FIN 90 Ka33
Asuny PL 122 Jc30
Ásványráró H 145 Gd52
Asvestohóri GR 183 Cb78
Asvestópetra GR 183 Bb78
Ászár H 145 Ha53
Aszód H 146 Hd52
Aszófő H 145 Ha55
Atabey TR 186 Fd78
Atabey TR 199 Gc88
Atajate E 59 Cb76
Ataki RUS 107 Ma47
Ataláanti GR 189 Ca84
Atalaya del Cañavate E 53 Eb67
Atanzón E 46 Dd64
Ataquines E 46 Cd62
Atarte E 60 Db75
Atašiene LV 107 Lb51
Atbükü TR 199 Gc92
Atça TR 187 Hb80
Atça TR 197 Fa88
Atea E 47 Ed62
Ateaş RO 170 Ca57
Ateca E 47 Ec61
Atelham GB 15 Ec24
Aţel RO 175 Db60
Ateleta I 161 Fa71
Atella I 161 Ga75
Atena Lucana I 161 Ga76
Atessa I 161 Fb71
Atháni GR 188 Ac83
Athboy IRL 9 Cc20
Áth Cinn IRL 8 Bc20
Athea IRL 12 Bb23
Athée F 31 Jc42
Athenry IRL 12 Bd21
Athéras GR 188 Ab84
Atherstone GB 16 Fa24
Athesans F 31 Ka40
Athienou CY 206 Jc97
Athies F 23 Ha33
Athíkia GR 195 Bd87
Athína GR 189 Cb86
Athis-de-l'Orne F 22 Fb37
Athleague IRL 8 Ca20
Athlone IRL 13 Ca21
Athy IRL 13 Cc22
Atid RO 172 Dd59
Atienza E 47 Ea62
Atina I 161 Fa72
Aţintiş RO 171 Db59
Atios E 36 Ba53
Atjaševo RUS 203 Fc10
Atla EST 105 Jb46
Atlanterra E 59 Ca78
Atlıhisar TR 193 Gc86
Åtlo N 78 Eb29
Atnbrua N 85 Ea35
Atnmoen N 85 Ea35
Åtran S 102 Ed51
Atrani I 161 Fb75
Åträsk S 73 Hc23
Åträsk S 73 Hc21
Atri I 157 Fa69
Atripalda I 161 Fc75
Atsalama EST 99 Lb42
Atšali GR 189 Cc84
Attendorn D 125 Cb40
Attenkirchen D 135 Ea49
Attersee A 143 Ed52
Attert B 132 Ba44
Attigny F 24 Hd34
Attimis I 150 Ed57
Attiökylä FIN 74 Kb24
Attleborough GB 21 Ga25
Attlebridge GB 17 Gb24
Attmar S 87 Gb33
Attnang-Puchheim A 144 Fa51
Åttonträsk S 80 Gc26
Attrup DK 100 Db21
Attsjö S 103 Fc52
Attu FIN 97 Jb40
Attvika N 66 Ga12
Åtvidaberg S 103 Ga47
Atzara I 169 Ca77
Atzendorf D 127 Ea38
Atzeneta del Maestrat E 54 Fc65
Au D 135 Ea49
Aub D 134 Db46
Aubagne F 42 Jd55
Aubange B 132 Ba45
Aubazine F 33 Gc49
Aubel B 125 Bb41
Aubenas F 34 Ja50
Aubenton F 24 Hd33
Aubepierre-sur-Aube F 30 Jb39
Aubergenville F 23 Gc36
Aubérive F 24 Hd35
Auberive F 30 Jb40
Aubeterre-sur-Dronne F 32 Fd49
Aubiat F 34 Hb46
Aubiet F 40 Ga54
Aubigné F 32 Fc46
Aubigny F 28 Ed44
Aubigny-au-Bac F 24 Hb32
Aubigny-en-Artois F 23 Gd32
Aubigny-sur-Nère F 29 Gd41
Aubin F 33 Gd51
Aubonne CH 140 Ba55
Aubrac F 34 Hb51
Aubusson F 33 Gd46
Auby F 23 Ha31
Auce LV 105 Jd52
Auch F 40 Ga54
Aucharnie GB 7 Ec08
Auchavan GB 7 Eb10
Auchel F 23 Gd31
Auchencairn GB 10 Ea17
Auchenmaig GB 10 Dc16
Auchentiber GB 10 Dd14
Auchronie GB 7 Ec10
Auchterarder GB 7 Ea12
Auchtermuchty GB 7 Eb12
Auchy-au-Bois F 23 Gd31
Aucun F 40 Fc56
Audenge F 32 Fa51
Audenhain D 127 Ec40
Auderville F 22 Ed34
Audevälja EST 98 Ka43
Audierne F 27 Db39
Audincourt F 31 Ka41
Audlata EST 105 Jd46
Audlem GB 15 Ec23
Audru EST 106 Kb46
Audruicq F 21 Gc30
Audrupi LV 106 Kc52
Audun-le-Roman F 25 Jc34
Audun-le-Tiche F 25 Jc34
Aue D 135 Ec43
Auer I 150 Dd57
Auerbach D 135 Ea45
Auerbach D 135 Eb43
Auerbach D 135 Ed49
Auerswalde D 127 Ec42
Auetal D 126 Da37
Aufferville F 29 Ha39
Aufhausen D 135 Eb48
Aufles N 70 Fa22
Aufseß D 135 Dd45
Augan F 27 Ec40
Augé F 32 Fc45
Augerolles F 34 Hc47
Augerum S 111 Fd54
Aughacasla IRL 12 Ba24
Augher GB 9 Cc17
Aughils IRL 12 Ba24
Aughnacloy GB 9 Cc18
Aughrim IRL 13 Ca21
Aughrim IRL 13 Cd23
Augland N 93 Da46
Augmėnai LV 114 Kb55
Augsburg D 142 Dc50
Augsligatne LV 106 Kd49
Augstasils LV 107 Ld49
Augstkalne LV 106 Ka52
Augusta I 167 Fd87
Augustdorf D 126 Cd38
Auguste LV 113 Jc53
Augustenborg DK 108 Db28
Augustów PL 123 Ka31
Augustów PL 130 Jc39
Augustowo PL 123 Kb34
Augustusburg D 127 Ed42
Auho FIN 75 Kc23
Auiņi LV 105 Jc52
Aukan N 77 Db30
Aukland N 92 Cd47
Auklandshamn N 92 Ca41
Aukra N 76 Cd31
Aukrug D 118 Db31
Aukštadvaris LT 114 Kd58
Aukštelkai LT 114 Kb54
Aukštelkė LT 114 Ka54
Auktsjaur S 72 Ha22
Auleben D 127 Dd40
Auleja LV 107 Ld52
Aulendorf D 142 Cd51
Aulesti E 39 Eb55
Auletta I 161 Fd76
Aulla I 149 Cd63
Aullène F 154 Cb71
Aulnay F 32 Fc46
Aulnay-la-Riviere F 29 Gd39
Aulnay-sous-Bois F 23 Gd36
Aulnizeux F 24 Hc37
Aulnoye-Aymeries F 24 Hc32
Aulstad N 85 Dd37
Ault F 23 Gb33
Aultbea GB 4 Dc06
Aulum DK 100 Da23
Aulus-les-Bains F 40 Gb57
Auma D 127 Ea42
Aumale F 23 Gc34
Aumeisteri LV 106 La48
Aumetz F 25 Jc34
Aumont F 31 Jc43
Aumont-Aubrac F 34 Hc50
Aumühle D 118 Dc33
Aun N 66 Ga12
Aunay F 29 Gc38
Aunay-en-Bazois F 30 Hc42
Aunay-sur-Odon F 22 Fb36
Aune N 77 Dd30
Auneau F 29 Gc38
Aunebakksetra N 77 Dc31
Aunet N 78 Ed25
Aunet N 78 Ed26
Aunet N 78 Eb27
Aunet N 78 Ea29
Auneuil F 23 Gc35
Auning DK 101 Dd23
Aunslev DK 109 Dd27
Aups F 42 Ka53
Aura D 134 Da44
Aura FIN 89 Jc38
Aurach D 134 Db47
Aurachtal D 134 Dc46
Auray F 27 Ea41
Aurdal N 85 Dc38
Aure N 77 Db30
Aureskoski FIN 89 Jc34
Aurice F 39 Fb53
Aurich D 117 Cb32
Aurignac F 40 Ga55
Aurillac F 33 Ha50
Auriol F 42 Jd54
Aurisina I 151 Fa59
Auritz E 39 Ed56
Aurlandsvangen N 84 Cd38
Aurolzmünster A 143 Ed50
Auron F 43 Kc51
Aurons F 42 Jc53
Auronzo di Cadore I 143 Eb56
Aurora RO 181 Fc68
Auros F 32 Fc51
Aursfjordbotn N 67 Gc11
Aursmoen N 94 Eb41
Ausa Corno I 150 Ed59
Ausås S 110 Ed54
Auschwitz = Oświęcim PL 138 Hd44
Ausdal N 92 Cc44
Ausejo E 39 Eb58
Auşeu RO 171 Cc57
Auskarnes N 64 Ka05
Ausonia I 160 Ed73
Ausserferrera CH 142 Cd56
Ausserfragant A 143 Ec55
Außervillgraten A 143 Eb55
Aussonne F 40 Gb54
Austad N 92 Cd44
Austad N 92 Cc47
Austafjord N 78 Eb25
Austanå N 93 Da45
Austbø N 70 Ed21
Austbygda N 93 Db41
Austefjord N 84 Cc34
Austervika N 67 Gb13
Austevoll N 84 Ca40
Austhasselstrand N 92 Cb47
Austis I 169 Ca77
Austmarka N 94 Ec41
Austnes N 66 Ga12
Austnes N 76 Cc32
Austpollen N 66 Fd13
Austrått N 77 Dd29
Austre Amøy N 92 Ca43
Austreim N 84 Cb36
Austre Moland N 93 Db46
Austre Vikebygd N 92 Ca42
Austrheim N 84 Ca38
Austrumdal N 92 Cb45
Auterive F 40 Gc55
Auteuil F 23 Gd35
Autheuil-Authouillet F 23 Gb36
Authon F 42 Ka51
Authon-du-Perche F 29 Ga39
Authon-la-Plaine F 29 Gc38
Autilla del Pino E 46 Da59
Autio FIN 74 Kb24
Autio FIN 81 Jd31
Autio FIN 82 Kb31
Autionperä FIN 82 Ka30
Autol E 47 Ec59
Autrans F 35 Jc48
Autrêche F 29 Gb41
Autrey F 31 Jc41
Autricourt F 30 Ja39
Autry-le-Châtel F 29 Ha41
Autti FIN 74 Kb19
Auttoinen FIN 90 Kb36
Autun F 30 Hd43
Auvåg N 66 Fc13
Auverse F 28 Fd41
Auvers-sur-Oise F 23 Gd36
Auvillar F 40 Ga53
Auvillars-sur-Saône F 30 Jb42
Auvre F 24 Ja36
Auw bei Prüm D 133 Bc43
Auxerre F 30 Hc40
Auxi-le-Château F 23 Gd32
Auxon F 30 Hc39
Auxonne F 31 Jc42
Auxy F 30 Ja43
Auzances F 33 Ha46
Auzat-la-Combelle F 34 Hc48
Auziņas LV 106 Ka51
Auziņi LV 106 Kd51
Auziņi LV 107 Ld51
Åva FIN 97 Hd39
Ava S 80 Ha29
Avafors S 73 Hd21
Availles-Limouzine F 33 Ga46
Avaldsnes N 92 Bd42
Avallon F 30 Hc41
Avan S 73 Hd22
Avan S 73 Hd24
Avanäs S 80 Ha27
Avant-lès-Marcilly F 30 Hc38
Avant-lès-Remerupt F 30 Hd38
Ávas GR 185 Dd77
Avasjö S 79 Gb27
Avaträsk S 79 Ga27
Avaviken S 72 Gd22
Avcılar TR 186 Fa75
Avcılar TR 191 Eb82
Avcıoğlu TR 198 Fd91
Avdan TR 186 Ga80
Avdan TR 191 Ed83
Avdan TR 193 Gb82
Avdan TR 198 Fc89
Avdarma MD 177 Fd60
Avdebo DK 109 Eb25
Avdijivka UA 202 Ed13
Avdimou CY 206 Ja98
Ávdira GR 184 Db77
Avdoú GR 201 Db96
Avebury GB 20 Ed28
Åvedal N 92 Cb45
Åvedal N 92 Cb46
A Veiga E 36 Bc58
Aveiras de Cima P 50 Ab67
Aveiro P 44 Ac62
Avelengo I 142 Dc56
Avella I 161 Fb74
Avellanosa del Páramo E 38 Dc58
Avellino I 161 Fc75
Avenas F 34 Ja45
Avenches CH 141 Bc54
Avening GB 19 Ec27
Åvensor FIN 97 Ja40
Avereest NL 117 Bd35
Avernak By DK 108 Dc28
Avernay-Val-d'Or F 24 Hd36
A Ver-o-Mar P 44 Ac60
Aversa I 161 Fa74
Averton F 28 Fc38
Aves P 44 Ad60
Avesnes-le-Comte F 23 Gd32
Avesnes-lès-Aubert F 24 Hb32
Avesnes-sur-Helpe F 24 Hc32
Avessac F 27 Ec41
Avesta S 95 Ga41
Avetrana I 162 Hb76
Avezzano I 160 Ed71
Avgan TR 192 Fd86
Avgancık TR 192 Ga86
Avgerinós GR 182 Ba78
Avgó GR 195 Ca88
Avgorou CY 206 Jd97
Avia GR 194 Bb89
Avià E 49 Gd59
Aviano I 150 Eb58
Aviemore GB 7 Ea09
Avigliana I 148 Bc60
Avigliano I 161 Ga75
Avignon F 42 Jb53
Avignonet-Lauragais F 40 Gc55
Ávila E 46 Cd63
Avilés E 37 Cb54
Aviliai LT 115 Lb54
Avilley F 31 Jd41
Avinurme EST 99 Lb43
Avinyó E 49 Gd60
Avio I 149 Dc58
Avion F 23 Ha31
Avión E 36 Ba57
Avirey F 30 Hd39
Avis P 50 Ad68
Åvist FIN 81 Jb29
Avize F 24 Hc36
Avižieniai LT 123 Kc30
Avláki GR 189 Bd83
Avláki GR 197 Ec92
Avlémonas GR 195 Bd92
Avliótes GR 182 Aa79
Avlóna GR 189 Cb86
Avlonári GR 189 Cc85
Avô P 44 Ba64
Avoca IRL 13 Cd23
Avoch GB 5 Ea07
Avoine F 28 Fd42
Avola I 167 Fd88
Avord F 29 Ha43
Avoriaz F 35 Kb45
Avot F 30 Jb40
Avoudrey F 31 Ka42
Avrămeni RO 172 Ed54
Avrămeşti RO 176 Dd60
Avram Iancu RO 170 Ca58
Avram Iancu RO 171 Cc59
Avranches F 22 Fa37
Avren BG 185 Dd76
Avren BG 181 Fa71
Avrig RO 175 Db61
Avrillé F 28 Fb41
Avrillé F 32 Ed45
Avsallar TR 199 Hb92
Avtovac BIH 159 Hc67
Avtovo RUS 99 Mb39
Avvakajjo S 67 Ha17
Avvakko S 67 Hb17
Avvil FIN 69 Ka11
Avžže N 68 Ja11
Axalp CH 141 Ca55
Axamer Lizum A 143 Dd54
Axams A 143 Dd54
Axat F 41 Gd57
Axberg S 95 Fd43
Axel NL 124 Ab39
Axente Sever RO 175 Db60
Axford GB 20 Fa29
Axintele RO 176 Ec66
Axioúpoli GR 183 Ca76
Ax-les-Thermes F 41 Gd57
Axmarby S 87 Gb38
Axminster GB 19 Eb30
Axós GR 183 Bd77
Axós GR 200 Cd95
Axstedt D 118 Cd33
Axvall S 102 Fa47
Ayamonte E 58 Ba74
Ayancık TR 205 Fb19
Ayas I 148 Bd58
Ayaslar TR 193 Hb87
Ayaz E 36 Bb56
Ayazini TR 193 Gc84
Ayazkent TR 191 Ec83
Aydan TR 193 Gc82
Aydın TR 187 Hb77
Aydin TR 197 Ed88
Aydıncık TR 185 Dd80
Aydınkent = İbradı TR 199 Hb90
Aydınlar TR 186 Fb76
Aydınlar TR 187 Hb77
Aydinlar TR 191 Ed84
Aydınlı TR 186 Fd78
Aydınlı TR 193 Hb84
Aydoğdu TR 186 Ga80
Aydoğmuş TR 187 Ha80
Aydoğmus TR 198 Fd89
Ayen F 33 Gb49
Ayer CH 141 Bd56
Ayerbe E 39 Fb58
Ayguesvives F 40 Gc55
Aylesbury GB 20 Fb27
Aylesham GB 21 Gb29
Ayllón E 46 Dd61
Aylsham GB 17 Gb24
Aylton GB 15 Ec26
Aynac F 33 Gc50
Ayódar E 54 Fc66
Ayora E 54 Fa69
Ayr GB 10 Dd14
Ayrancı TR 192 Ga85
Ayron F 28 Fd44
Ayşebacı TR 192 Fa82
Aysgarth GB 11 Ed19
Äyskoski FIN 82 Kc30
Aystetten D 142 Dc50
Äystö FIN 89 Ja32
Ayton GB 11 Ed13
Ayton GB 17 Fc19
Aytré F 32 Fa46
Ayvacık TR 191 Ea82
Ayvacık TR 191 Ec85
Ayvacık TR 191 Ed85
Ayvacık TR 192 Ga85
Ayvacık TR 205 Fc20
Ayvalı TR 192 Fd82
Ayvalı TR 193 Hb83
Ayvalık TR 191 Eb83
Ayvalıpınar TR 199 Gd88
Ayvanpazarı TR 186 Ga79
Ayvatlar TR 191 Ec83
Ayvatlat TR 192 Fa82
Aywaille B 124 Ba42
Azaila E 48 Fb62
Azambuja P 50 Ab68
Azanja SRB 174 Bb65
Azannes F 24 Jb35
Azanúy E 48 Fd59
Azaruja P 50 Ba69
Azaryčy BY 202 Eb13
Azatlı TR 185 Eb76
Azay-le-Ferron F 29 Gb43
Azay-le-Rideau F 28 Fd42
Azé F 29 Gb40
Azeitada P 50 Ac67
Azincourt F 23 Gd31
Azinhal P 58 Ba74
Azinheira dos Barros P 50 Ac71
Azinhoso P 45 Bd61
Azıtepe TR 192 Fb86
Aziziye BG 185 Ed74
Azizler TR 192 Ga86
Azkoitia E 39 Eb55
Aznakaevo RUS 203 Ga08
Aznalcázar E 59 Bd74
Aznalcóllar E 59 Bd73
Azoia P 44 Ab65
Azov RUS 205 Fc15
Azpeitia E 39 Eb55
Azuaga E 51 Cb71
Azuara E 47 Fa62
Azuel E 52 Da71
Azuga RO 176 Ea63
Ažulaukė LT 114 La57
Ažuolu Būda LV 114 Kb58
Azuoliniai LV 114 Kb59
Azuqueca de Henares E 46 Dd64
Azur F 39 Fa53
Azurara P 44 Ac60
Azy F 29 Ha42
Ažyteniai LV 114 Kb55
Azzano Decimo I 150 Eb58
Azzate I 148 Cb58

B

Ba SRB 159 Jc64
Baak NL 125 Bc37
Baal D 125 Bc40
Baalberge D 127 Ea39
Baamonde E 36 Bb54
Baar CH 141 Cb53
Baarland NL 124 Ab38
Baarle-Nassau B 124 Ad38
Baarlo NL 125 Bc39
Baarn NL 116 Bb36
Baasdorf D 127 Eb39
Baba Ana RO 176 Eb64
Babadag RO 177 Fc65
Babadağ TR 198 Fc88
Babadat TR 193 Hb82
Babadere TR 191 Ea82
Babaeski TR 185 Ec76
Babaevo RUS 202 Ec08
Băbăiţa RO 180 Dd67
Babakale TR 191 Ea82
Babaköy TR 192 Fa81
Băbana RO 175 Dc64
Babarc H 153 Hc58
Babasultan TR 192 Fd81
Babek BG 180 Dc72
Babenhausen D 134 Cd44
Babenhausen D 142 Db50
Băbeni RO 171 Da56
Băbeni RO 175 Db64
Babensham D 143 Eb51
Babiak PL 122 Ja30
Babiak PL 129 Hb37
Babiak PL 130 Hc37
Babica PL 139 Ka44
Babice PL 138 Hd44
Babići BIH 158 Gd64
Băbiciu RO 180 Db67
Babięta PL 122 Jb32
Babigoszcz PL 120 Fc32
Babilafuente E 45 Cc62
Babimost PL 128 Ga37
Babina Greda HR 153 Hc61
Babin Most KSV 178 Bb70
Babino RUS 99 Ld40
Babino Polje HR 158 Ha69
Babin Potok HR 151 Fd62
Babjak BG 184 Cd74
Babljak MNE 159 Ja68
Babócsa H 152 Gd58
Bábolna H 145 Ha52
Bábonymegyer H 145 Hb55
Baborów PL 137 Ha44
Baboszewo PL 122 Ja35
Babriškės LT 114 Kd59
Babrujsk BY 202 Eb13
Babrungas LT 113 Jc54
Babsk PL 130 Ja38
Babtai LV 114 Kb57
Babuk BG 181 Ed68
Babušnica SRB 179 Ca70
Bač SRB 153 Hd60
Băcani RO 177 Fa60
Bača pri Modreju SLO 151 Fa57
Bacares E 61 Ea75
Bacău RO 172 Ed59
Băcăvani BIH 152 Gc61
Baccano I 160 Ea71
Baccarat F 25 Ka37
Baccealia MD 173 Ga59
Baccon F 29 Gc40
Baceno I 141 Ca56
Băceşti RO 172 Ed58
Bach A 142 Db53
Bach D 135 Eb48
Bach F 40 Gc52
Bachant F 24 Hc32
Bacharach D 133 Ca44
Bachčysaraj UA 205 Fa18
Bachmač UA 202 Ed14
Bachórz PL 139 Ka44
Bachórzec PL 139 Kb44
Bachotek PL 122 Hc33
Băcia RO 175 Cc61
Bačina SRB 178 Bc67
Băcioi MD 173 Fd58
Baciu RO 171 Da58
Baciuty PL 123 Kb34
Back GB 4 Db05
Bäck S 103 Fb46
Backa S 87 Fc38
Backa S 96 Ha41
Backa S 102 Eb49
Bäckaby S 103 Fc50
Backaland GB 5 Ec02
Bačka Palanka SRB 153 Ja60
Backaryd S 111 Fd53
Bačka Topola SRB 153 Ja58
Backberg S 95 Gb39
Backbodarna S 95 Fc40
Bäckby FIN 81 Jb28
Backe S 79 Ga28
Bäcke S 94 Ec45
Bäckebo S 103 Ga52
Bäckefors S 94 Ec45
Backen S 87 Gb32
Backen S 87 Ga33
Backgränd FIN 97 Jd40
Bački Breg SRB 153 Hd58
Bački Brestovac SRB 153 Hd59
Bački Jarak SRB 153 Jb60
Bačkininkai LT 114 Kc58
Bački Petrovac SRB 153 Ja60
Bački Sokolac SRB 153 Ja58
Bäckmark S 72 Gb23
Backnang D 134 Cd48
Bäcknäs S 72 Gd23
Bačko Dobro Polje SRB 153 Ja59
Bačko Gradište SRB 153 Jb59
Bačko Novo Selo SRB 153 Hd60
Bačko Petrovo Selo SRB 153 Jb59
Bačkovo BG 184 Db74
Bäckseda S 103 Fc50
Bäckträsk S 73 Hc22
Băcleş RO 175 Cc65
Bacoli I 161 Fa75
Bacor Olivar E 61 Dd74
Bacova Mahala BG 180 Dc69
Bacqueupuis F 23 Gb36
Bácsalmás H 153 Hd57
Bácsbokod H 153 Hd57
Bácsszentgyörgy H 153 Hd58
Bacton GB 21 Ga25
Bacup GB 16 Ed20
Bad Abbach D 135 Ea48
Badachro GB 4 Db07
Badacsonytomaj H 145 Ha55
Bad Aibling D 143 Ea52
Badajoz E 51 Bc69
Badalona E 49 Ha61
Badalucco I 43 La52
Badarán E 38 Ea58
Bad Arolsen D 126 Cd40
Bad Aussee A 144 Fa53
Bad Bederkesa D 118 Cd32
Bad Bentheim D 117 Ca36
Badbergen D 117 Cc35
Bad Bergzabern D 133 Ca47
Bad Berka D 127 Dd41
Bad Berleburg D 126 Cc40
Bad Berneck im Fichtelgebirge D 135 Ea44
Bad Bertrich D 133 Bd43

Balsupiai – Bebertal

Balsupiai LV 114 Kb59
Balta UA 204 Ec16
Balta Albă RO 176 Ed63
Balta Berilovac SRB 179 Ca69
Balta Doamnei RO 176 Eb65
Baltanás E 46 Db59
Baltar E 36 Bb58
Baltasound GB 5 Fa03
Bălţata MD 173 Fd58
Bălţăteşti RO 172 Ec57
Balta Verde RO 174 Cb66
Bălteni RO 173 Fa59
Bălteni RO 175 Cd64
Bălţeşti RO 176 Eb64
Bălti MD 173 Fb55
Baltijsk RUS 113 Hd59
Baltimore IRL 12 Bb27
Baltinava LV 107 Ld49
Baltinglass IRL 13 Cc22
Bal'tino RUS 107 Ma50
Baltoji Vokė LT 114 La58
Bałtów PL 131 Jd41
Baltrušaičiai LT 113 Jd57
Balugães P 44 Ad59
Băluseni RO 172 Ed55
Balvan BG 180 Dd70
Balve D 125 Cb39
Balvi LV 107 Lc49
Balya TR 191 Ed82
Balze I 156 Ea65
Balzers FL 142 Cd54
Balzo I 156 Ed68
Bambalió GR 188 Ba83
Bamberg D 134 Dc45
Bamble N 93 Dc44
Bamburgh GB 11 Fa14
Bamford GB 16 Ed22
Bammental D 134 Cc46
Bampton GB 19 Ea29
Banafjäl S 80 Ha30
Banagher IRL 13 Ca21
Banarlı TR 185 Ed77
Banatska Dubica SRB 174 Bb62
Banatska Palanka SRB 174 Bc64
Banatska Topola SRB 153 Jc58
Banatska Topola SRB 174 Bb60
Banatski Despotovac SRB 174 Bb62
Banatski Dvor SRB 153 Jc59
Banatski Karlovac SRB 174 Bc63
Banatsko Aranđelovo SRB 170 Bb59
Banatsko Karađorđevo SRB 153 Jc59
Banatsko Novo Selo SRB 174 Bb63
Banatsko Veliko Selo SRB 174 Bb60
Banaz TR 192 Ga85
Banbridge GB 9 Da18
Banbury GB 20 Fa26
Banca RO 177 Fb60
Band RO 171 Db59
Bande E 36 Ba58
Bandeira E 36 Ba56
Bandenitz D 119 Ea33
Bandholm DK 109 Ea28
Bandırma TR 186 Fa80
Bando I 150 Ea62
Bandol F 42 Jd55
Bandon IRL 12 Bc26
Băneasa RO 177 Fb61
Băneasa RO 180 Ea67
Băneasa RO 181 Fa67
Bañeres E 55 Fb70
Bånes N 63 Hc08
Băneşti RO 176 Ea64
Banevo BG 181 Ed72
Banff GB 5 Ec07
Bångnäs S 79 Fd25
Bangor GB 10 Db17
Bangor GB 15 Dd22
Bangor IRL 8 Bb18
Bangor-is-y-coed GB 15 Eb23
Bangsund N 78 Ec26
Bangueses E 36 Ba58
Banica BG 179 Cd69
Banie PL 120 Fc34
Banie Mazurskie PL 123 Jd30
Baniewice PL 120 Fc34
Baniska BG 180 Ea69
Bănişor RO 171 Cc57
Banište BG 179 Cb71
Băniţa RO 175 Cd62
Banja BG 184 Cc74
Banja BG 179 Da72
Banja BG 180 Db72
Banja BG 180 Ea72
Banja BG 181 Fa72
Banja BIH 159 Ja65
Banja SRB 159 Ja66
Banja e Kukës AL 182 Ad79
Banja Koviljača SRB 153 Hd63
Banjaloka SLO 151 Fc60
Banja Luka BIH 152 Gd62
Banjani SRB 153 Jb62
Banja Vrućica BIH 152 Hb62
Banje KSV 178 Ba69
Banjica KSV 178 Ad70
Banjica SRB 159 Jc68
Banjište MK 182 Ad74
Banjska KSV 178 Ba69
Bankekind S 103 Ga47
Bankeryd S 103 Fb48
Bankja BG 179 Cc71
Banloc RO 174 Bc62
Bannalec F 27 Dd40
Bännbäck S 95 Gb41
Bannegon F 29 Ha43
Bannes F 24 Hc37
Bannes F 30 Jb39
Bannewitz D 128 Fa41
Bannockburn GB 7 Ea12
Bannoncourt F 24 Jb36
Bannow IRL 13 Cc25
Banon F 42 Jd52
Bañón E 47 Fa63
Banos de Alicún de las Torres E 61 Dd74
Baños de Benasque E 40 Ga57
Baños de Fuente de la Encina E 52 Db72
Baños de la Encina E 52 Db71
Baños de Molgas E 36 Bb58
Baños de Montemayor E 45 Cb64
Baños de Río Tobia E 38 Ea58
Baños de Valdearados E 46 Dc60
Baños de Valdeganga E 53 Eb66
Bánov CZ 137 Ha48
Bánov SK 145 Hb51
Banova Jaruga HR 152 Gc60
Bánovce nad Bebravou SK 137 Hb49
Banovci Dunav SRB 153 Jc61
Banovići BIH 153 Hc63
Bánréve H 146 Jb50
Bansha IRL 13 Ca24
Bansin D 120 Fb31
Bansjo MK 183 Ca75
Banská Bystrica SK 138 Hd49
Banská Štiavnica SK 146 Hc50
Banské SK 139 Jd48
Bansko BG 184 Cc74
Banstead GB 20 Fc29
Banteer IRL 12 Bc25
Banteln D 126 Db37
Bantheville F 24 Ja35
Bantry IRL 12 Bb26
Bantzenheim F 31 Kc39
Bañuelos de Bureba E 38 Dd58
Bañugues E 37 Cc53
Bānūži LV 106 Kd49
Banwell GB 19 Eb28
Banyalbufar E 56 Ha67
Banyoles E 49 Hb59
Banyuls-sur-Mer F 41 Hb58
Banzi I 162 Gb75
Banzkow D 119 Ea33
Bapaume F 23 Ha32
Bár H 153 Hc57
Bar MNE 163 Ja71
Bar UA 204 Eb15
Băra RO 172 Ed58
Bara RO 174 Ca60
Bara S 110 Ed56
Barabany RUS 107 Mb50
Baraboi MD 173 Fa54
Baracak TR 191 Ed82
Bărăganu RO 177 Fa65
Bărăganu RO 181 Fc67
Baragem da Aguieira P 44 Ad63
Barağı TR 192 Ga84
Barago E 38 Da55
Barahona E 47 Ea62
Barajas E 46 Dc64
Barajas de Melo E 47 Ea65
Barakaldo E 38 Ea55
Baraklı TR 193 Gb87
Baranavičy BY 202 Ea13
Báránd H 147 Jd53
Barane KSV 178 Ad71
Baranivka UA 204 Eb15
Baranjsko Petrovo Selo HR 153 Hc59
Barano d'Ischia I 161 Fa75
Baranovka LV 107 Ld50
Baranów PL 129 Ha40
Baranów PL 130 Ja37
Baranów PL 131 Ka39
Baranowo PL 122 Jc31
Baranowo PL 122 Jc33
Baranowo PL 129 Gc36
Baranów Sandomierski PL 131 Jd42
Baranyajenő H 152 Hb57
Baraolt RO 176 Ea61
Baraque-Saint-Jean F 41 Ha52
Baraqueville F 41 Ha52
Bårared S 102 Ed52
Barásoain E 39 Ed57
Bărăşti RO 175 Db65
Bărăteaz RO 174 Bc60
Barbacena P 51 Bb68
Barbadillo E 45 Cb62
Barbadillo de Herreros E 46 Dd59
Barbadillo del Mercado E 46 Dd59
Barbadillo del Pez E 46 Dd59
Barbalimpia E 53 Eb66
Barban HR 151 Fa61
Barbantes E 36 Ba57
Barbarano Vicentino I 150 Dd60
Barbaros TR 185 Dd80
Barbaros TR 185 Ed78
Barbaros TR 191 Ea86
Barbarušince SRB 178 Bd71
Barbaste F 40 Fd52
Barbastro E 48 Fd59
Barbate E 59 Bd77
Bărbăteşti RO 175 Cd64
Bărbăteşti RO 175 Da63
Barbatovac SRB 178 Bb69
Barbâtre F 27 Ec43
Barbazan F 40 Ga56
Barbeitos E 37 Bd55
Bārbele LV 106 Kc52
Barber Booth GB 16 Ed22
Barberino di Mugello I 155 Dc64
Barberino Val d'Elsa I 155 Dc66
Barbezieux-Saint-Hilaire F 32 Fc48
Barbières F 35 Jc49
Barbing D 135 Eb48
Barbizon F 29 Ha38
Bärbo S 95 Gb45
Bárboles E 47 Fa60
Barbonne-Fayel F 24 Hc37
Barbotan-les-Thermes F 40 Fc53
Barbu N 93 Db46
Bărbuleţu RO 176 Dd64
Barbullush AL 163 Jb71
Barbuñales E 48 Fc59
Barby D 127 Eb38
Barca E 47 Ea61
Bârca RO 179 Cd67
Barca de Alva P 45 Bc62
Barcaggio F 154 Cc67
Barcaldine GB 6 Dc11
Bărcăneşti RO 176 Ec65
Barcani RO 176 Eb62
Barcarrota E 51 Bc70
Barcea RO 177 Fa62
Barcellona Pozzo di Gotto I 167 Fd84
Barcelona E 49 Ha61
Barcelonne-du-Gers F 40 Fc54
Barcelonnette F 43 Kb51
Barcelos P 44 Ad60
Bárcena de Ebro E 38 Db56
Bárcena del Monasterio E 37 Ca54
Bárcena de Pie de Concha E 38 Db55
Bárcena Mayor E 38 Db55
Barchem NL 125 Bd37
Barchín del Hoyo E 53 Eb67
Barčiai LT 114 Kd59
Barcial del Barco E 45 Cb59
Barciany PL 122 Jb30
Barcillonnette F 42 Jd51
Barcin PL 121 Ha35
Barcis I 150 Eb57
Barco P 44 Ba64
Barcones E 47 Ea61
Barcos P 44 Bb61
Barcs H 152 Ha58
Barcus F 39 Fb55
Barczewko PL 122 Ja31
Barczewo PL 122 Ja31
Bard I 148 Bd58
Bârda RO 174 Bd62
Bardakçı TR 192 Fb84
Bardakçı TR 193 Gd83
Bardakçılar TR 191 Ec81
Bardal N 70 Fa21
Bardallur E 47 Fa60
Bardar MD 173 Fc58
Bărdarski Geran BG 179 Da68
Barde DK 108 Da24
Bardejov SK 139 Jd46
Bardejovské Kúpele SK 139 Jd46
Bårdesø DK 109 Dd26
Bardi I 149 Cd62
Bardineto I 148 Bd63
Bard-le-Régulier F 30 Hd42
Bardney GB 17 Fc22
Bardo PL 137 Gc43
Bardolino I 149 Db59
Bardonecchia I 148 Ba60
Bardowick D 118 Dc33
Bardsea GB 11 Eb19
Bardsey GB 16 Fa20
Bardu bygdetun N 67 Gc12
Bardujord N 67 Gc12
Bare BIH 159 Hd65
Bare MNE 159 Jb68
Bare SRB 174 Bb66
Băreaneşti RO 176 Eb65
Bäreberg S 102 Ed47
Barèges F 40 Fd56
Bärenbad A 143 Ea54
Barenburg D 118 Cd35
Barendrecht NL 124 Ad37
Bärenstein D 128 Fa42
Bärenstein D 135 Ed43
Barentin F 23 Ga34
Barenton F 28 Fb38
Barevo BIH 152 Gd63
Bärfendal S 102 Eb46
Barfleur F 22 Fa34
Barford GB 17 Ga24
Barford Saint Martin GB 20 Ed29
Barga I 155 Da64
Bargas E 52 Db66
Bărgăuani RO 172 Ec58
Barge I 148 Bc61
Bargême F 43 Kb53
Bargemon F 43 Kb53
Bargen, Helmstadt- D 134 Cd46
Bargeshagen D 119 Eb31
Bargfeld-Stegen D 118 Dc32
Barghe I 149 Db59
Bărghis RO 175 Dc61
Bargłówka PL 137 Hb44
Bargłów Kościelny PL 123 Ka31
Bargoed GB 19 Ea27
Bargrennan GB 10 Dd16
Bargstedt D 118 Da33
Bargteheide D 118 Dc32
Bargullas AL 182 Ac77
Bar Hill GB 20 Fd25
Bari I 162 Gd74
Barić SRB 153 Jc62
Barić Draga HR 151 Fd63
Barice SRB 174 Bc62
Barilović HR 151 Fd60
Barinas E 55 Fa71
Båring DK 108 Dc26
Bari Sardo I 169 Cc78
Barisciano I 156 Ed70
Barisey-la-Côte F 25 Jc37
Barjac F 34 Hc51
Barjac F 34 Ja51
Bårjås S 72 Ha18
Barjols F 42 Ka54
Bark D 118 Dc31
Bărkač BG 180 Db69
Barkåker N 93 Dd43
Barkarö S 95 Gb43
Barkava LV 107 Lb50
Barkelsby D 108 Db29
Barkeryd S 103 Fc49
Barkestad N 66 Fc12
Barking GB 20 Fd28
Barklainiai LT 114 Kc55
Barkowo PL 120 Fd32
Barkowo PL 121 Gc32
Barkston GB 16 Fb23
Barkway GB 20 Fd26
Bârla RO 175 Dc66
Barla TR 193 Gd87
Bârlad RO 177 Fa60
Barleben D 127 Ea37
Bar-le-Duc F 24 Jb37
Barles F 42 Ka51
Barletta I 162 Gb73
Barlinek PL 120 Fd35
Barlingbo S 104 Ha49
Barlo D 125 Bd37
Barlow GB 16 Fa22
Barmash AL 182 Ad78
Barmouth GB 15 Dd24
Barmstedt D 118 Db32
Barna IRL 12 Bc21
Bârna RO 174 Ca61
Barnaderg IRL 8 Bd20
Barnard Castle GB 11 Ed18
Barnarp S 103 Fb49
Bärnau D 135 Eb45
Barnave F 35 Jc50
Barnay F 30 Hd42
Barne-Åsaka S 102 Ed47
Barneberg D 127 Dd37
Barnes GB 20 Fc28
Barnesmore IRL 9 Cb16
Barnetby le Wold GB 17 Fc21
Barneveld NL 116 Bb36
Barneville-Carteret F 22 Ed35
Barnewitz D 127 Ec36
Barney GB 17 Ga23
Barnim PL 120 Fc34
Bärnkopf A 144 Fc50
Barnoldswick GB 16 Ed20
Bârnova RO 173 Fa58
Barnówko PL 120 Fc35
Barnsley GB 16 Fa21
Barnsley GB 20 Ed27
Barnstädt D 127 Ea40
Barnstaple GB 19 Dd29
Barnstorf D 118 Cd35
Barntrup D 126 Cd38
Baron F 23 Ha36
Baroncea MD 173 Fb54
Baronissi I 161 Fc75
Baronville F 25 Ka36
Baroševac SRB 153 Jc63
Barösund FIN 98 Ka40
Barovo MK 183 Bd75
Barqueiro P 44 Ad65
Barqueiros P 44 Ac60
Barquilla de Pinares E 45 Cc65
Barr F 25 Kb37
Barracas E 54 Fb66
Barrachina E 47 Fa63
Barraco E 46 Da64
Barra de Mira P 44 Ac63
Barrado E 45 Cb65
Barraduff IRL 12 Bb25
Barrafranca I 167 Fa86
Barral (Castrelo de Miño) E 36 Ba57
Barrancos P 51 Bb71
Barranco Velho P 58 Ad74
Barranda E 61 Ec72
Barrax E 53 Eb69
Barrea I 161 Fa72
Barreiro P 50 Aa69
Barrême F 42 Ka52
Barret-le-Bas F 42 Jd51
Barrhead GB 10 Dd13
Barrhill GB 10 Dc16
Barriada de Jarana E 59 Bd76
Barriada Las Canteras E 61 Eb75
Barrière de Champlon B 132 Ba43
Barrigone IRL 12 Bc23
Barri Mar E 54 Fc67
Barrio de Nuestra Señora E 37 Cc57
Barrit DK 108 Dc25
Barro E 38 Da54
Barrô P 44 Ba61
Barroca P 44 Ba64
Barroças e Taias P 36 Ad58
Barros E 38 Db55
Barroselas P 44 Ac59
Barrosinha P 50 Ac70
Barrou F 29 Ga43
Barrowby GB 16 Fb23
Barrow-in-Furness GB 11 Eb19
Barrow-upon-Soar GB 16 Fa24
Barruç AL 178 Ad73
Barruecopardo E 45 Bd62
Barruelo de Santullán E 38 Db56
Barry GB 19 Ea28
Bârsa RO 170 Cb59
Bârsana RO 171 Db54
Bârsăneşti RO 176 Ec60
Barsanges F 33 Gd48
Bârsău de Sus RO 171 Cd55
Barsbüttel D 118 Dc32
Bârse DK 109 Eb27
Barsebäckshamm S 110 Ed55
Barsele S 72 Gc24
Bârseşti RO 176 Ec61
Barsinghausen D 126 Da36
Barsinghausen D 126 Da37
Barsk MNE 159 Jb67
Barßel D 117 Cb33
Barst F 25 Ka35
Barstyčiai LT 113 Jc53
Bar-sur-Aube F 30 Ja38
Bar-sur-Seine F 30 Hd39
Barsviken S 88 Gc33
Barszczewo PL 123 Kb33
Bârta LV 113 Jb53
Bartąg PL 122 Ja32
Bartenheim F 31 Kc40
Bartenstein D 134 Da46
Barth D 119 Ec30
Bartholomä D 134 Da48
Bartın TR 205 Fa20
Bartne PL 139 Jd45
Bartniki PL 130 Ja38
Bartninkai LT 114 Ka59
Bartołtky Wielkie PL 122 Jb31
Barton GB 16 Ed24
Barton Mills GB 20 Fd25
Barton-upon-Humber GB 17 Fc21
Bartoszyce PL 122 Jb30
Barty PL 122 Hd31
Baru RO 175 Cc62
Baruchowo PL 130 Hc36
Barum D 118 Dc34
Barumini I 169 Ca78
Barun RUS 203 Ga14
Baruth/Mark D 128 Fa38
Barutin BG 184 Da75
Barva S 95 Gb43
Barvas GB 4 Da04
Barvaux B 124 Ba42
Barvaux-Condroz B 124 Ba42
Barver D 118 Cd35
Bårvik N 63 Hc06
Barvinkove UA 205 Fb15
Barwice PL 121 Gb32
Barwinek PL 139 Jd46
Barwino PL 121 Gc30
Barycz PL 139 Ka44
Baryczka PL 139 Ka44
Baryš RUS 203 Fd10
Barysav BY 202 Eb12
Bârza RO 175 Da66
Barzago I 149 Cc58
Bârzava RO 174 Ca60
Barzdai LV 114 Kb58
Barzdžiūnai LT 123 Kc30
Bârzija BG 179 Cc69
Bârzina BG 179 Cd68
Barzio I 149 Cc58
Bås N 93 Da45
Bašaid SRB 174 Bb61
Başalma MD 177 Fc61
Basarabeasca MD 177 Fd60
Basarabi RO 181 Fc67
Başarap TR 193 Gd85
Basarbovo BG 180 Ea68
Basardilla E 46 Db62
Basauri E 38 Ea55
Basavžže N 65 Kb06
Bâsca Chiojdului RO 176 Eb63
Başçalia MD 177 Fd60
Bâscara E 49 Hb59
Başçayır TR 192 Fa87
Baschi I 156 Ea69
Baschurch GB 15 Eb24
Basconcillos del Tozo E 38 Db57
Bascones de Ojeda E 38 Da57
Bascov RO 175 Dc64
Basdahl D 118 Da33
Basdorf D 119 Ed35
Basel CH 141 Bd52
Båseland N 93 Da46
Baselga di Piné I 149 Dc57
Baselice I 161 Fc73
Băseşti RO 171 Cd55
Başgöze TR 199 Hb88
Båsheim N 93 Dc41
Basi LV 105 Jb51
Başıbüyük TR 186 Fd78
Basicò I 167 Fc84
Basigo de Bakio E 38 Ea55
Basildon GB 20 Fd28
Basiliano I 150 Ec58
Basilique de Hennebont F 27 Ea40
Bašin SRB 174 Bb65
Bäsinge S 95 Ga41
Basingstoke GB 20 Fa29
Basırlar TR 193 Gc84
Bäsjösätern S 86 Fa38
Baška CZ 137 Hb46
Baška HR 151 Fc61
Båskas FIN 81 Ja30
Baskemölla S 111 Fb56
Baške Oštarije HR 151 Fd63
Başköy TR 191 Ed87
Başköy TR 192 Fc81
Başköy TR 192 Fd83
Başköy TR 193 Hb87
Bäsksele S 79 Gb26
Bäsksjö S 79 Gb26
Başlamiş TR 192 Fa84
Başlar TR 199 Ha90
Baslow GB 16 Fa22
Başmakçı TR 199 Gb88
Bäsna S 95 Fd39
Basonys LT 114 Kc58
Başören TR 193 Gc82
Başören TR 193 Gc86
Başören TR 193 Gd81
Basovizza I 151 Fa59
Basuka LV 106 Kc52
Başpınar TR 199 Gb90
Bassac F 32 Fc47
Bassacutena I 168 Cb73
Bassano del Grappa I 150 Dd59
Basse D 119 Ec31
Bassella E 48 Gb59
Bassenthwaite GB 11 Eb17
Bassevuovdde N 68 Jc11
Bassignac F 33 Ha48
Bassignac-le-Haut F 33 Gd49
Bassilac F 33 Ga49
Bassingham GB 16 Fb22
Bassou F 30 Hc40
Bassoues F 40 Fd54
Bassum D 118 Cd35
Bast FIN 81 Jb28
Båstad N 94 Eb42
Båstad S 110 Ed53
Baštanka UA 204 Ed16
Bastardo I 156 Eb68
Bastasi BIH 152 Gb63
Bästdal S 88 Gc35
Bastelica F 154 Cb70
Bastheim D 134 Db43
Bastia F 154 Cc68
Bastia Umbra I 156 Eb67
Båstlund DK 108 Da25
Bastnäs S 94 Ed41
Bastogne B 132 Ba43
Baston GB 17 Fc24
Bastorf D 119 Eb31
Bastuträsk S 80 Hb25
Bastuträsk S 80 Ha28
Bastuträsk by S 80 Hb25
Bastwick GB 17 Gb24
Baszków PL 129 Gd39
Băta BG 179 Db72
Bata BG 181 Ed72
Báta H 153 Hc57
Bata MNE 159 Hd69
Bata RO 174 Ca60
Batajnica SRB 153 Jc61
Batajsk RUS 205 Fc15
Batak BG 184 Da74
Batak BG 180 Dd69
Batakiai LT 113 Jd56
Batalha P 50 Ab66
Bátamonostor H 153 Hd57
Băţani RO 176 Ea60
Batanovci BG 179 Cb71
Batăr RO 170 Ca58
Bătarci RO 171 Cd54
Båtas S 79 Fd25
Bátaszék H 153 Hc57
Batea E 48 Fd62
Båteng N 64 Ka07
Baterno E 52 Cd69
Bath GB 19 Ec28
Bathgate GB 10 Ea13
Bathmen NL 117 Bc36
Batida H 146 Jc56
Batignano I 155 Dc68
Batıköy TR 197 Ec89
Batin BG 180 Dd68
Batina HR 153 Hc58
Batır MD 173 Fd59
Bátka SK 146 Jb50
Batković BIH 153 Hd62
Batlava KSV 178 Bb70
Batley GB 16 Ed20
Batnfjordsøra N 77 Da31
Batočina SRB 174 Bb66
Bátonyterenye H 146 Ja51
Batorz PL 131 Kb41
Batoş RO 171 Dc58
Bátovce SK 146 Hc50
Batovo BG 181 Fa70
Batowo PL 120 Fc34
Bătrâna RO 174 Cb61
Batrage SRB 178 Ad69
Batrina HR 152 Ha60
Båtsfjord N 65 Kc05
Batsí GR 190 Da87
Båtsjaur S 72 Gb21
Båtskärsnäs S 73 Jb21
Battaglia Terme I 150 Dd60
Battenberg D 126 Cc41
Bätterkinden CH 141 Bd53
Battipaglia I 161 Fc76
Battle GB 20 Fd30
Battonya H 147 Jd56
Batulci BG 179 Da70
Batuša SRB 174 Bc65
Båtvik S 73 Hc24
Bátya H 146 Hd56
Batyk H 145 Gd55
Batyrevo RUS 203 Fd09
Baud F 27 Ea40
Baudreville F 29 Gc38
Bauduen F 42 Ka53
Baugé F 28 Fc41
Baugy F 29 Ha42
Bauladu I 169 Bd77
Baulmes CH 141 Bb54
Bauma CH 142 Cc53
Baumbach, Ransbach- D 125 Ca42
Baumber GB 17 Fc22
Baume-les-Doubs F 31 Ka41
Baume-les-Messieurs F 31 Jc43
Baumholder D 133 Bd45
Baunatal D 126 Da40
Baunei I 169 Cc77
Bauņi LV 106 Kd47
Baurci MD 177 Fc61
Baurci-Moldoveni MD 177 Fb61
Baurene BG 179 Cd69
Bauska LV 106 Kc52
Băuţar RO 174 Cb62
Bautzen D 128 Fb41
Bavanište SRB 174 Bb63
Bavay F 24 Hc32
Bavella F 154 Cb72
Bavigne L 133 Bb44
Bavorov CZ 136 Fa48
Bawdeswell GB 17 Ga24
Bawdsey GB 21 Gb26
Bawinkel D 117 Cb35
Bawnboy IRL 9 Cb18
Bawtry GB 16 Fb21
Bayat TR 192 Ga87
Bayat TR 193 Gb83
Bayat TR 193 Gd84
Bayat TR 205 Fb20
Bayatbademler TR 199 Gc90
Bayburt TR 205 Ga19
Baye F 24 Hc37
Bayerbach D 135 Eb49
Bayerbach D 143 Ed50
Bayerisch Eisenstein D 135 Ed48
Bayeux F 22 Fb35
Bayındır TR 186 Ga79
Bayındır TR 191 Ed86
Bayındır TR 199 Gb91
Bayındır TR 199 Gc89
Bayır TR 197 Fa90
Bayır TR 197 Fa91
Bayırköy TR 185 Eb79
Bayırköy TR 186 Ga80
Bayırköy TR 187 Gb80
Bayırköy TR 197 Fa91
Bayo E 37 Cb54
Bayon F 25 Jd37
Bayonne F 39 Ed54
Bayons F 42 Ka51
Bayraktar TR 187 Gb78
Bayralar TR 198 Ga92
Bayramdere TR 185 Ed75
Bayramdere TR 186 Fb80
Bayramiç TR 191 Eb81
Bayramlı TR 185 Ec76
Bayramoğlu TR 186 Fd78
Bayramşah TR 192 Ga81
Bayramşah TR 192 Ga83
Bayreuth D 135 Ea45
Bayrischzell D 143 Ea52
Bayubas de Abajo E 47 Ea61
Baza E 61 Ea74
Băzân BG 180 Ea68
Bazán E 52 Dc70
Bazarnye Mataki RUS 203 Ga09
Bazarnyi Karabulak RUS 203 Fd11
Bazas F 32 Fc51
Bazenheid CH 142 Cc53
Baziaș RO 174 Bc64
Bazicourt F 23 Ha35
Baziège F 40 Gc55
Bazna RO 175 Db60
Bazoches F 30 Hc41
Bazoches-les-Gallerandes F 29 Gd39
Bazoches-sur-Hoëne F 28 Fd38
Bazolles F 30 Hc42
Bazoques F 23 Ga36
Bazoș RO 174 Bd61
Bazougues-la-Perouse F 28 Ed38
Băzovec BG 179 Cd68
Bazsi H 145 Gd55
Bazzano I 149 Dc63
Beaconsfield GB 20 Fb28
Beal IRL 12 Bb23
Bealach an Doirín IRL 8 Bd19
Bealach Conglais IRL 13 Cc22
Bealach Féich IRL 9 Cb16
Bealaha IRL 12 Bb23
Bealalaw Bridge IRL 12 Ba25
Béal an Átha IRL 8 Bc18
Béal an Átha Móir IRL 9 Cb19
Béal an Mhuirthead IRL 8 Bb17
Béal Átha an Ghaorthaidh IRL 12 Bb26
Béal Átha hAmhnais IRL 8 Bd19
Béal Átha na Muice IRL 8 Bd19
Béal Átha na Sluaighe IRL 13 Ca21
Béal Átha Seanaidh IRL 8 Ca17
Béal Deirig IRL 8 Bc17
Bealdovuobmi FIN 68 Jb13
Bealnablath IRL 12 Bc26
Beaminster GB 19 Eb30
Beanntrai IRL 12 Bb26
Béard F 30 Hb43
Beardsen GB 10 Dd13
Beare Green GB 20 Fc29
Beariz E 36 Ba57
Bearna IRL 12 Bc21
Béar Tairbirt IRL 9 Cb18
Beas E 59 Bc73
Beasain E 39 Eb56
Beas de Segura E 53 Dd71
Beateberg S 103 Fb46
Beatenberg CH 141 Bd55
Beaucaire F 42 Jb53
Beaucamps-le-Vieux F 23 Gc33
Beauchamps F 22 Fa37
Beauchamps F 23 Gb33
Beauchastel F 34 Jb50
Beauche F 23 Ga37
Beauchêne F 22 Fb37
Beaufay F 28 Fd39
Beaufort F 35 Ka46
Beaufort IRL 12 Bb25
Beaufort L 133 Bb44
Beaugency F 29 Gc40
Beaujeu F 31 Jc41
Beaujeu F 34 Ja45
Beaujeu F 42 Ka51
Beaulard I 148 Bb60
Beaulieu F 23 Ga37
Beaulieu F 29 Ha41
Beaulieu GB 20 Fa30
Beaulieu-sur-Dordogne F 33 Gc50
Beauly GB 7 Dd08
Beaumaris GB 15 Dd22
Beaumesnil F 22 Fa37
Beaumesnil F 23 Ga36
Beaumetz-lès-Loges F 23 Ha32
Beaumont B 124 Ac42
Beaumont F 25 Jc36
Beaumont-de-Lomagne F 40 Gb53
Beaumont-du-Gâtinais F 29 Ha39
Beaumont-du-Périgord F 33 Ga50
Beaumont-en-Argonne F 24 Ja34
Beaumont-Hague F 22 Ed34
Beaumont-Hamel F 23 Ha33
Beaumont-la-Ronce F 29 Ga41
Beaumont-le-Roger F 23 Ga36
Beaumont-lès-Valence F 34 Jb50
Beaumont-sur-Oise F 23 Gd36
Beaumont-sur-Sarthe F 28 Fd39
Beaumont-sur-Vingeanne F 30 Jb41
Beaune F 30 Ja42
Beaune-la-Rolande F 29 Gd39
Beaupréau F 28 Fa42
Beauquesne F 23 Gd33
Beauraing B 132 Ad43
Beaurainville F 23 Gc31
Beauregard F 40 Gc52
Beaurepaire F 34 Jb48
Beaurières F 35 Jc50
Beauvais F 23 Gd35
Beauval F 23 Gd33
Beauvezer F 43 Kb52
Beauvoir-sur-Mer F 27 Ec43
Beauvoir-sur-Niort F 32 Fb46
Beauzac F 34 Hd48
Beauzée-sur-Aire F 24 Jb36
Bebares E 37 Ca54
Beba Veche RO 170 Bb59
Bebe LV 105 Jb52
Bebekli TR 192 Fc86
Bebertal D 127 Ea37

Betton – Blumau

Betton F 28 Ed39
Bettona I 156 Eb68
Bettws Cedewain GB 15 Ea24
Bettyhill GB 5 Ea04
Bettystown IRL 9 Cd20
Betws-y-Coed GB 15 Ea22
Betxi E 54 Fc66
Betz F 23 Ha36
Betzdorf D 125 Cb41
Betzenstein D 135 Dd45
Betzweiler-Wälde D 133 Cb49
Beugneux F 24 Hb35
Beuil F 43 Kc52
Beulah GB 15 Ea26
Beuna D 127 Eb40
Beuningen NL 125 Bb37
Beunza E 39 Ed56
Beura I 148 Ca57
Beuren D 126 Db40
Beurnevésin CH 141 Bc52
Beuron D 142 Cc51
Beutelsbach D 135 Ed49
Beuvron-en-Auge F 22 Fc36
Beuvry F 23 Ha31
Beuzec-Cap-Sizun F 27 Db39
Beuzeville F 22 Fd35
Bevagna I 156 Eb68
Bevensen D 126 Da36
Beverley GB 17 Fc20
Bevern D 126 Da38
Beverstedt D 118 Cd33
Beverungen D 126 Da39
Beverwijk NL 116 Ad35
Béville-le-Comte F 29 Gc38
Bevorchians I 143 Ec56
Bevtoft DK 108 Da27
Bewcastle GB 11 Ec16
Bexbach D 133 Bd46
Bexhill GB 20 Fd30
Beyağaç TR 198 Fc90
Beyazköy TR 186 Fa76
Beyçayırı TR 185 Ec80
Beyce TR 187 Gb80
Beyce TR 191 Ed83
Beycik TR 199 Gc92
Beyciler TR 186 Fb77
Beycuma TR 187 Hb77
Beydağ TR 192 Fa87
Beydili TR 187 Gd80
Beydili TR 199 Ha89
Beydilli TR 193 Gb86
Beyel TR 192 Fc82
Beyelli TR 192 Ga87
Beyerli TR 198 Fb88
Beykışla TR 193 Gd83
Beyköy TR 185 Eb78
Beyköy TR 192 Fa82
Beyköy TR 193 Gb85
Beyköy TR 193 Ha87
Beyköy TR 198 Ga90
Beyler TR 191 Eb86
Beylerbeyi TR 198 Fc88
Beylerli TR 198 Ga88
Beylikova TR 193 Ha82
Beymelek TR 199 Gb93
Beynac-et-Cazenac F 33 Gb50
Beynat F 33 Gc49
Beynes F 23 Gc37
Beyoba TR 185 Ec79
Beyoba TR 191 Ed85
Beyobası TR 198 Fc91
Beyoğlu TR 185 Ec78
Beyören TR 193 Gd83
Beypazarı TR 187 Hb80
Beyşehir TR 199 Hb88
Beyyayla TR 193 Gd81
Beyyazı TR 193 Gc85
Bežanicy RUS 202 Eb10
Bežanovo BG 179 Da70
Bežanovo BG 181 Fb69
Bežany RUS 99 Mb42
Bezas E 47 Ed65
Bezau A 142 Da53
Bézaudun-sur-Bine F 35 Jc50
Bezdan SRB 153 Hd58
Bezdead RO 176 Dd63
Bezden BG 179 Cb70
Bezděz CZ 136 Fc43
Bezdonys LT 114 La57
Bèze F 30 Jb41
Bežeck RUS 202 Ed09
Bezenčuk RUS 203 Ga10
Béziers F 41 Hc55
Bezkese TR 198 Fc91
Bezledy PL 122 Ja30
Bezmer BG 181 Ed68
Bezno CZ 136 Fc43
Bez'va RUS 99 Ld44
Bezvěrov CZ 135 Ed45
Biała PL 120 Fd33
Biała PL 121 Gb34
Biała PL 129 Ha38
Biała PL 130 Hd38
Biała PL 131 Ka38
Biała PL 137 Gd43
Białaczów PL 130 Ja40
Biała Góra PL 121 Hb31
Biała Piska PL 123 Jd32
Biała Podlaska PL 131 Kb37
Biała Rawska PL 130 Ja38
Białaszewo PL 123 Ka32
Białawy Wielkie PL 129 Gc40
Białebłoto-Kobyla PL 122 Jc35
Białka PL 138 Ja46
Białobłoty PL 129 Ha38
Białobrzegi PL 123 Ka31
Białobrzegi PL 130 Jb36
Białobrzegi PL 130 Jb39
Białobrzegi PL 139 Kb43
Białogard PL 120 Ga31
Białogarda PL 121 Gd29
Białogóra PL 112 Gd58
Białogóry PL 123 Kb30
Białopole PL 131 Kd40
Białośliwie PL 121 Gc34
Białousy PL 123 Kb32
Białowąs PL 121 Gb32
Białowieża PL 123 Kc35
Białuty PL 122 Ja34
Biały Bór PL 121 Gc32
Biały Dunajec PL 138 Ja46
Białystok PL 123 Kb33
Biancavilla I 167 Fc85
Bianchi I 164 Gc80
Bianco I 164 Gb84
Biandrate I 148 Ca59
Biar E 55 Fb70
Biarritz F 39 Ed54
Biarrotte F 39 Fa54
Bias F 39 Fa52
Biasca CH 142 Cc56
Biatorbágy H 146 Hc53
Bibaktad N 64 Jc07
Bibbiano I 149 Da62
Bibbiena I 156 Dd65
Bibbona I 155 Da67
Biberach D 133 Ca49
Biberach an der Riß D 142 Da50
Biberbach D 134 Dc49
Biberist CH 141 Bd53
Bibertal D 142 Db50
Biberwier A 142 Dc53
Bibiana I 148 Bc61
Bibione I 150 Ec59
Biblis D 134 Cc45
Bibury GB 20 Ed27
Bicaj AL 178 Ad72
Bıçakçı TR 192 Fa87
Bicaz RO 171 Cd55
Bicaz RO 172 Eb58
Bicaz-Chei RO 172 Eb58
Bicazu Ardelean RO 172 Eb58
Biccari I 161 Fd73
Biçer TR 193 Hb82
Bicester GB 20 Fa27
Bichiș RO 171 Db59
Bichl D 143 Dd52
Bichlbach A 142 Dc53
Bickendorf D 133 Bc43
Bickenriede D 126 Dc40
Bicker GB 17 Fc23
Bickleigh GB 19 Ea30
Bickley Moss GB 15 Ec23
Bicorp E 54 Fb69
Bicos P 58 Ab72
Bicske H 146 Hc53
Bidalite S 111 Ga53
Biddenden GB 21 Ga29
Biddestone GB 19 Ec28
Biddinghuizen NL 116 Bb35
Biddulph GB 16 Ed22
Bideford GB 19 Dd29
Bidegyan E 39 Ec55
Bidingen D 142 Dc52
Bidjovagge N 63 Hd10
Bidoni I 169 Ca77
Bidovce SK 139 Jd48
Biduedo E 36 Ba57
Bie S 95 Ga44
Biebelried D 134 Db45
Bieberehren D 134 Db46
Biebergemünd D 134 Cd44
Biebersdorf D 128 Fa38
Biebertal D 126 Cc42
Biebesheim D 134 Cc45
Biecz PL 128 Fc39
Biecz PL 139 Jd45
Biedaszek PL 122 Hc33
Biedenkopf D 126 Cc41
Biederitz D 127 Ea37
Biedrusko PL 129 Gc36
Biel CH 141 Bc53
Biel E 39 Fa58
Bielanka PL 138 Ja46
Bielany-Żyłaki PL 131 Ka36
BielatalRosenthal D 128 Fa42
Bielawa PL 129 Gb42
Bielawy PL 128 Ga39
Bielawy PL 130 Hd37
Bielba (Herrerías) E 38 Db55
Bielcza PL 138 Jb44
Bielefeld D 126 Cc37
Bielica PL 122 Hd31
Bielice PL 122 Hc33
Biella I 148 Ca59
Bielland N 92 Cb46
Bielmonte I 148 Ca58
Bielsa E 40 Fd57
Bielsk PL 122 Hd35
Bielsko-Biała PL 138 Hc45
Bielsk Podlaski PL 123 Kb34
Bienenbüttel D 118 Dc34
Bieniów PL 128 Fd39
Bieńkowice PL 137 Hb44
Bienne CH 141 Bc53
Bienno I 149 Da58
Bienservida E 53 Ea71
Bientina I 155 Db65
Bienvenida E 51 Bd71
Bienvenida E 52 Cd70
Bierawa PL 137 Hb44
Bierdzany PL 129 Ha42
Bière CH 140 Ba55
Biere D 127 Ea38
Bierge E 48 Fc59
Biergenis S 71 Ga21
Bieringen D 134 Da46
Bierné F 28 Fb40
Biersted DK 100 Dc20
Biertan RO 175 Dc60
Bieruń PL 138 Hc44
Bieruń Str. PL 138 Hc44
Bierutów PL 129 Gd41
Bierwart B 124 Ad41
Bierzwienna Długa PL 129 Hb37
Bierzwnica PL 120 Ga32
Biesal PL 122 Ja32
Biescas E 40 Fc57
Biesenthal D 120 Fa35
Biesiekierz PL 120 Ga31
Biesles F 30 Jb39
Biești MD 173 Fd56
Bieszkowice PL 121 Ha29
Bietigheim D 133 Cb48
Bietigheim-Bissingen D 134 Cd48
Bieuzy-Lanvaux F 27 Ea40
Bièvre B 132 Ad43
Biez B 124 Ad41
Bieżuń PL 122 Hd34
Biga TR 185 Ec80
Bigadiç TR 192 Fa83
Bigalı TR 185 Ea80
Biganos F 32 Fa51
Bigauņciems LV 106 Ka50
Bigbury-on-Sea GB 19 Dd32
Bigganjarg N 65 Kb06
Biggar GB 11 Eb14
Biggleswade GB 20 Fc26
Bignan F 27 Eb40
Bignasco CH 141 Cb56
Bignor GB 20 Fb30
Bigny F 29 Gd43
Bigor MNE 159 Ja70
Bigorne P 44 Ba61
Bigüezal E 39 Fa57
Bihać BIH 151 Ga62
Biharia RO 170 Cb56
Biharkeresztes H 147 Ka53
Biharnagybajom H 147 Jd53
Bihireşti RO 172 Ed59
Bijela MNE 159 Hd69
Bijele Poljane MNE 159 Hd69
Bijeljani BIH 159 Hc67
Bijeljina BIH 153 Hd62
Bijelo Brdo HR 153 Hd59
Bijelo polje HR 151 Ga62
Bijelo Polje MNE 159 Jb67
Bikal H 152 Hb57
Bikavėnai LT 113 Jc56
Biķernieki LV 115 Lc53
Bikovo SRB 153 Ja58
Biksēre LV 107 Lb50
Biksti LV 105 Jd51
Bila Cerkva UA 204 Ec15
Bilalovac BIH 158 Hb64
Bílá Voda CZ 137 Gc43
Bilbao E 38 Ea55
Bilbo = Bilbao E 38 Ea55
Bilbor RO 172 Ea57
Bilčice CZ 137 Gd45
Bilciureşti RO 176 Ea65
Bilcza PL 130 Jb42
Bildsberg S 102 Fa48
Bildudalur IS 2 Ac02
Bileća BIH 159 Hc68
Bilecik TR 187 Gb80
Biled RO 174 Bc60
Bileyeri TR 199 Gc91
Bilgoraj PL 131 Kb42
Bilhorod-Dnistrovs'kyj UA 204 Ec17
Biliat F 35 Jd45
Bilicenii Vechi MD 173 Fb56
Bilina CZ 136 Fa43
Bilišane HR 157 Ga64
Bilisht AL 182 Ba77
Biljača KSV 178 Bc72
Bilje HR 153 Hc59
Bilka BG 181 Ed71
Billdal S 102 Eb49
Billé F 28 Fa39
Billeberga S 110 Ed55
Billerbeck D 125 Ca37
Billericay GB 20 Fd27
Billesdon GB 16 Fb24
Billesholm S 110 Ed54
Billigheim D 134 Cd46
Billigheim-Ingenheim D 133 Cb47
Billingborough GB 17 Fc23
Billinge S 110 Fa55
Billingen N 85 Da34
Billingham GB 11 Fa17
Billinghay GB 17 Fc23
Billingsfors S 94 Ec45
Billingshurst GB 20 Fc30
Billnäs FIN 97 Jd40
Billom F 34 Hc47
Billsta S 80 Gd30
Billum DK 108 Cd25
Billund DK 108 Da25
Billy F 34 Hc45
Bilohors'k UA 205 Fa17
Bilokurakyne UA 203 Fb14
Bilopillja UA 202 Ed13
Bilovec CZ 137 Ha45
Bilovods'k UA 203 Fb14
Bilshausen D 126 Db39
Bilska LV 106 La48
Bilsko PL 138 Jb45
Bilto N 63 Hb10
Bilzingsleben D 127 Dd40
Bimeda E 37 Ca55
Biňa SK 146 Hc51
Binaced E 48 Fd60
Binarowa PL 138 Jc45
Binarville F 24 Ja35
Binas F 29 Gb40
Binasco I 149 Cc60
Binbrook GB 17 Fc21
Binche B 124 Ac42
Bińcze PL 121 Gc32
Bindalseidet N 70 Ed24
Bindslev DK 101 Dd19
Binéfar E 48 Fd60
Bingen D 133 Cb44
Bingen D 142 Cd50
Bingen N 93 Dc41
Bingen N 94 Eb42
Bingham GB 16 Fb23
Bingley GB 16 Ed20
Bingöl TR 205 Ga20
Bingsjö S 87 Fd38
Bingsta S 87 Fc32
Binibèquer Vell E 57 Ja66
Binic F 26 Eb37
Biniés E 39 Fb57
Binimel·là E 57 Ja65
Binissafullet E 57 Ja66
Binissalem E 57 Hb67
Binkos BG 180 Ea72
Binn CH 141 Ca56
Binn Éadair IRL 13 Da21
Binneberg S 102 Fa46
Binsfeld D 133 Bc44
Binswangen D 134 Dc49
Binz D 120 Fa30
Bioča MNE 159 Jb68
Bioče MNE 159 Ja69
Biograd na moru HR 157 Fd65
Biokovina BIH 152 Gd63
Bionaz I 148 Bc57
Biorine HR 158 Gc66
Biorra IRL 13 Ca22
Bioska SRB 159 Jb65
Biot F 43 Kc53
Biota E 39 Fa58
Bippen D 117 Cb35
Birboieni MD 173 Fb58
Birchiș RO 174 Cb60
Bircza PL 139 Kb45
Birdhill IRL 12 Bd23
Birdlip GB 20 Ed27
Birdsmoor Gate GB 19 Eb30
Birgi TR 192 Fa86
Birgi Novo I 166 Ea84
Birgland D 135 Ea46
Biri N 86 Ea38
Biriņi LV 106 Kc49
Biristrand N 86 Ea38
Birító H 146 Hc56
Birkeland N 92 Ca45
Birkeland N 92 Cc46
Birkeland N 93 Da46
Birkelse DK 100 Dc20
Birkenau D 134 Cc46
Birkende DK 109 Dd26
Birkenes N 93 Da46
Birkenfeld D 133 Bd45
Birkenfeld D 134 Cc48
Birkenfeld D 134 Da45
Birkenhead GB 15 Eb22
Birkenwerder D 127 Ed36
Birkerød DK 109 Ec25
Birkestrand N 64 Ka05
Birket DK 109 Ea28
Birkfeld A 144 Ga53
Birkungen D 126 Dc40
Birlădeni MD 173 Fa54
Birmingham GB 20 Ed25
Bîrnova MD 173 Fa53
Birónico CH 149 Cc57
Birsay GB 5 Eb02
Birstein D 134 Cd43
Birštonas LT 114 Kc58
Biruința MD 173 Fb55
Biruința MD 177 Fc61
Biržai LT 114 Kd53
Birzebbuga M 166 Eb88
Birzes LV 106 Kc52
Birzgale LV 106 Kc51
Birži LV 105 Jb51
Birži LV 106 La52
Birzuļi LV 106 La48
Bisaccia I 161 Fd74
Bisacquino I 166 Ec85
Biscarrosse F 32 Fa51
Biscarrosse-Plage F 32 Fa51
Bisceglie I 162 Gc73
Bischberg D 134 Dc45
Bischbrunn D 134 Da45
Bischheim F 25 Kc37
Bischoffen D 126 Cc42
Bischofsgrün D 135 Ea44
Bischofsheim D 133 Cb44
Bischofsheim D 134 Db43
Bischofshofen A 143 Ed53
Bischofsmais D 135 Ec48
Bischofsreut D 136 Fa48
Bischofswerda D 128 Fb41
Bischofswiesen D 143 Ec52
Bischofszell CH 142 Cd52
Bischwiller F 25 Kc36
Bisenti I 157 Fa69
Biser BG 185 Ea74
Biserci BG 180 Eb68
Bishop Auckland GB 11 Fa17
Bishop's Castle GB 15 Eb24
Bishop's Lydeard GB 19 Ea29
Bishop's Stortford GB 20 Fd27
Bishop's Waltham GB 20 Fa30
Bisiano F 154 Ca71
Bisignano I 164 Gb79
Bisingen D 142 Cc50
Bisisthal CH 142 Cc54
Bisko HR 158 Gc66
Biskopsbyn S 86 Fa38
Biškupci HR 152 Ha60
Biskupice PL 129 Ha41
Biskupice PL 131 Kb40
Biskupiec PL 122 Hc33
Biskupiec PL 122 Jb31
Biskupin PL 121 Gd35
Bislev DK 100 Dc21
Bisley GB 19 Ec27
Bisllch D 125 Bc38
Bismark D 127 Ea36
Bismervik N 63 Hd05
Bismo N 85 Db34
Bisoca RO 176 Ec62
Bispberg S 95 Fd40
Bispgården S 79 Gb31
Bispingen D 118 Db34
Bissendorf D 126 Cc37
Bissendorf D 126 Cc37
Bisserup DK 109 Ea27
Bissingen D 134 Dc49
Bissingen, Bietigheim- D 134 Cd48
Bissjön S 80 Hc26
Bissone I 149 Cc58
Bissy-sur-Fley F 30 Ja44
Bistagno I 148 Ca62
Bistar SRB 179 Ca72
Bistarac BIH 153 Hc63
Bistra BG 180 Eb70
Bistra RO 171 Cd59
Bistra RO 171 Db54
Bistra SLO 151 Fb58
Bistražin KSV 178 Ad71
Bistrec BG 181 Ec73
Bistreț RO 179 Cd67
Bistrica BG 179 Cb73
Bistrica BG 179 Cc71
Bistrica BIH 152 Gd61
Bistrica BIH 152 Gd62
Bistrica BIH 158 Ha65
Bistrica BIH 159 Hc65
Bistrica MK 183 Bb76
Bistrica MNE 159 Ja68
Bistrica SRB 159 Jb66
Bistričak BIH 152 Hb63
Bistrița RO 171 Dc57
Bistrița Bârgăului RO 171 Dc57
Biszcza PL 131 Kb42
Bisztynek PL 122 Jb31
Bitburg D 133 Bc44
Bitche F 25 Kb35
Bitelić HR 158 Gc65
Bitem E 48 Ga63
Bitetto I 162 Gc74
Bitola MK 183 Bb76
Bitonto I 162 Gc74
Bitterfeld D 127 Eb39
Bitterna S 102 Ed47
Bitterstad N 66 Fc13
Bitti I 168 Cb75
Bitton GB 19 Ec28
Bitz D 142 Cc50
Biville F 22 Ed34
Bivio CH 142 Cd56
Bivolari RO 173 Fa56
Bivona I 166 Ec85
Bixad RO 176 Ea61
Bixter GB 5 Ed05
Bıyıklar TR 192 Fb84
Bıyıklı TR 197 Ed88
Bize H 145 Gd56
Bizeljsko SLO 151 Ga58
Bizeneuille F 33 Ha45
Bizovac HR 153 Hc59
Bizzarone I 148 Cb58
Bjæverskov DK 109 Eb26
Bjahoml' BY 202 Ea12
Bjala BG 180 Dd69
Bjala BG 180 Ea72
Bjala BG 181 Fa71
Bjala čerkva BG 184 Db74
Bjala Čerkva BG 180 Dc70
Bjala reka BG 184 Dc74
Bjala Reka BG 180 Dc70
Bjala Reka BG 181 Ec71
Bjala Slatina BG 179 Da69
Bjala Voda BG 180 Dc68
Bjälbo S 103 Fc47
Bjal izvor BG 184 Dc75
Bjal Izvor BG 180 Dd73
Bjal Kladenec BG 180 Ea73
Bjalo Pole BG 180 Dd73
Bjalyničy BY 202 Eb12
Bjännberg S 80 Hb29
Bjännfors S 80 Hc27
Bjår N 93 Db42
Bjäresjö S 110 Fa56
Bjärklunda S 102 Fa47
Bjarkøy N 66 Ga12
Bjärme S 87 Gb33
Bjar'movo RUS 107 Ma50
Bjärnum S 110 Fa54
Bjaroza BY 202 Ea13
Bjarozavka BY 202 Ea13
Bjärred S 110 Ed56
Bjärsjölagård S 110 Fa56
Bjärten S 80 Ha28
Bjärtrå S 80 Gc31
Bjästa S 80 Gd30
Bjela BIH 159 Hd66
Bjelahe KSV 178 Ad70
Bjelahe SRB 159 Jc68
Bjelajci BIH 152 Gc61
Bjelland N 92 Cd46
Bjeloperica SRB 159 Jb64
Bjelovar HR 152 Gc58
Bjerangen N 71 Fb19
Bjergby DK 100 Dc19
Bjergby DK 100 Da23
Bjerghuse DK 100 Cd23
Bjerka N 71 Fb21
Bjerkreim N 92 Ca45
Bjerkvik N 67 Gb13
Bjerre DK 101 Dd22
Bjerre DK 108 Dc25
Bjerreby DK 109 Dd28
Bjerregård DK 108 Cd24
Bjerregrav DK 100 Db22
Bjerringbro DK 100 Db23
Bjkörkö-Arholma S 96 Ha41
Bjoestrand N 92 Ca41
Bjølstad N 85 Dc35
Bjönsaberg S 87 Fb37
Bjøranes N 85 Ea36
Björbo S 95 Fc40
Björboholm S 102 Ec48
Bjordal N 84 Cb37
Bjørdal N 84 Cd34
Bjordal N 92 Cb45
Bjorelvnes N 62 Gc10
Bjørgan N 86 Ea32
Bjørgo N 85 Dc38
Bjørhusdalen N 78 Fa25
Björka S 87 Fc38
Björkås N 67 Gd12
Björkås S 71 Fd23
Björkbäcken S 71 Fd22
Björkberg S 73 Hc21
Björkberg S 80 Gc26
Björkberg S 87 Fc36
Björkboda FIN 97 Jc40
Björkborn S 95 Fc43
Björkbysätern S 94 Ed40
Bjørke N 84 Cc34
Bjørke S 96 Gc39
Bjørkebakken N 67 Gb11
Bjørkebol S 94 Ec43
Bjørkedal N 84 Cc34
Bjørkedal N 93 Da46
Bjørkekjær N 93 Db45
Bjørkelangen N 94 Eb41
Bjørketorp S 102 Ec50
Björkfors S 73 Jb21
Björkfors S 103 Ga48
Björkhöjden S 79 Ga30
Björkholmen S 72 Gd19
Björkland S 72 Gd23
Bjørklia N 77 Ea30
Björkliden S 67 Gd13
Björkliden S 72 Gb22
Björkliden S 73 Hb24
Björklinge S 96 Gc41
Björklund S 72 Gd23
Björklunda S 72 Gd20
Bjørkneset N 65 Kc08
Bjørkness N 94 Eb41
Björkö FIN 97 Hd40
Björkö FIN 97 Ja40
Björkö FIN 97 Ja41
Björkö S 103 Fc50
Björköby FIN 81 Hd30
Björköby S 103 Fc49
Björksele S 79 Gb28
Björksele S 80 Gd25
Björksjön S 80 Gc30
Björksta S 95 Gb42
Björkvattnet S 79 Fb26
Björkvik S 95 Gb45
Bjørlanda S 102 Eb49
Bjørlia N 78 Ed25
Bjørn N 70 Ed21
Björna S 80 Gd29
Bjørndalen N 78 Ec25
Björneborg S 95 Fb44
Bjørnengen N 63 Hd08
Bjørnera N 66 Ga12
Bjørnerheim N 84 Cc35
Bjørnevatn N 65 Kd08
Bjørnhaugseter N 85 Dd36
Björnhult S 103 Ga50
Björnliden S 86 Ed34
Björnlunda S 96 Gc44
Bjørnrike S 87 Fb33
Bjørnset N 63 Ja08
Bjørnsjö S 80 Gd29
Bjørnskinn N 66 Fd12
Bjørnstad N 65 Kd07
Bjørnstad N 71 Fc18
Bjørnstad N 78 Fa25
Björnvik FIN 90 Kd38
Björsäter S 102 Fa46
Björsäter S 103 Ga47
Björsberg S 95 Fd39
Bjuråker S 87 Ga35
Bjurbäck S 102 Fa48
Bjurberget S 94 Ed39
Bjurfors S 80 Hc25
Bjurfors S 80 Hb26
Bjurholm S 80 Ha28
Bjurön S 81 Hd26
Bjursås S 95 Fd39
Bjursele S 80 Ha26
Bjursele S 80 Ha25
Bjurselet S 73 Hc24
Bjurström S 80 Hb25
Bjurtjärn S 95 Fb43
Bjurträsk S 72 Ha24
Bjurträsk S 73 Hd22
Bjurum S 102 Fa47
Bjurvattnet S 80 Ha28
Bjurvattnet S 80 Hb25
Bjuv S 110 Ed54
Blaby GB 16 Fa24
Blace BIH 158 Hb66
Blace HR 158 Ha68
Blace SRB 178 Bc69
Blachownia PL 130 Hc42
Black Bull IRL 13 Cd21
Blackburn GB 10 Ea13
Blackburn GB 15 Ec20
Blacke S 81 Hd26
Blackhall GB 11 Fa17
Blackhill GB 4 Da07
Blacklion IRL 9 Cb18
Blacklunans GB 7 Eb10
Blackmoor Gate GB 19 Dd29
Black Mount GB 7 Dd11
Black Notley GB 21 Ga27
Blackpool GB 15 Eb20
Blackridge GB 10 Ea13
Blacksnäs FIN 89 Hd32
Blacksta S 95 Gb45
Blackstad S 103 Ga49
Blackwater GB 20 Fa31
Blackwater IRL 13 Cd24
Blackwaterfoot GB 10 Db14
Blackwood GB 19 Ea27
Bladåker S 96 Gd41
Bladel NL 124 Ba39
Błądzim PL 121 Ha33
Blaenau Ffestiniog GB 15 Dd23
Blaenavon GB 19 Eb27
Blaengarw GB 19 Ea27
Blæsbjerg DK 101 Dd19
Blagaj BIH 152 Gb61
Blagaj BIH 158 Hb67
Blagdon GB 19 Eb28
Blăgești RO 172 Ec59
Blăgești RO 177 Fb61
Blagnac F 40 Gb54
Blagodarnyj RUS 205 Ga16
Blagoevgrad BG 179 Cb73
Blagoevo BG 180 Eb69
Blagojev Kamen SRB 174 Bd65
Blagon F 32 Fa50
Blåhøj DK 108 Da25
Blaibach D 135 Ec47
Blaichach D 142 Db52
Blaiken S 72 Gb24
Blaikliden S 71 Fd24
Blain F 28 Ed41
Blainville-Crevon F 23 Gb35
Blainville-sur-l'Eau F 25 Jd37
Blairgowrie GB 7 Eb11
Blaise F 30 Ja38
Blaisy-Bas F 30 Ja41
Blaj RO 175 Da60
Blajan F 40 Ga55
Blăjani RO 176 Ec63
Blăjel RO 175 Db60
Blăjeni RO 171 Cc59
Błąkały PL 123 Ka30
Blakeney GB 17 Ga23
Blakeney GB 19 Ec27
Blaker N 94 Eb41
Blakesley GB 20 Fa26
Blakstad N 77 Da31
Blakstad N 93 Da46
Blâmont F 25 Ka37
Blan F 41 Gd54
Blanca E 55 Ed72
Blancafort F 29 Ha41
Blancas E 47 Ed63
Blanchardstown IRL 13 Cd21
Blanchland GB 11 Ed17
Blancos E 36 Bb58
Blandford Forum GB 19 Ec30
Blandiana RO 175 Cd60
Blanes E 49 Hb60
Blaney GB 9 Cb17
Blangy-sur-Bresle F 23 Gc33
Blangy-sur-Ternoise F 23 Gd31
Blankaholm S 103 Gb49
Blankenau D 126 Da42
Blankenberg D 135 Ea43
Blankenberge B 124 Aa38
Blankenburg D 127 Dd38
Blankenfelde-Mahlow D 127 Ed37
Blankenhain D 127 Dd42
Blankenhain D 127 Eb42
Blankenheim D 125 Bc42
Blankenheim D 127 Ea39
Blankenrath D 133 Bd44
Blankensee D 119 Ed33
Blanquefort F 32 Fb50
Blans DK 108 Db28
Blansko CZ 137 Gc47
Blanzac F 32 Fd48
Blanzy F 30 Ja44
Blarnalearoch GB 4 Dc06
Blarney IRL 12 Bd25
Blaron F 43 Kb52
Blåskovo BG 181 Ed71
Blåsmark S 73 Hc23
Blåsut S 102 Ec47
Błaszki PL 129 Hb39
Blatna BIH 152 Gb61
Blatná CZ 136 Fa47
Blatné SK 145 Gd50
Blato HR 158 Gc68
Blato na Cetini HR 158 Gc66
Blatten CH 141 Bd56
Blatten CH 141 Ca56
Blattniksele S 72 Gc23
Blatzheim D 125 Bc41
Blaubeuren D 134 Da49
Blaufelden D 134 Da47
Blaustein D 134 Da49
Blauwe Hand NL 117 Bc35
Blauwhuis NL 116 Bb33
Blåvand DK 108 Cd26
Blåvik S 80 Gc25
Blåviksjön S 80 Gc25
Blavozy F 34 Hd49
Blaxton GB 16 Fb21
Blaye F 32 Fb49
Blaye F 41 Ha52
Blaye-les-Mines F 41 Gd53
Blaževo SRB 178 Bb69
Blāzma LV 105 Jc49
Błażowa PL 139 Ka44
Blažuj BIH 158 Hb65
Bleadon GB 19 Eb28
Bleckåsen S 79 Fb30
Bleckede D 119 Dd33
Blecket S 87 Fd38
Bled SLO 151 Fa57
Błędów PL 130 Jb38
Błędów PL 138 Hd43
Błędowo PL 121 Hb33
Bledzew PL 128 Fd36
Bleialf D 133 Bc43
Bleiburg A 144 Fc56
Bleicherode D 126 Dc40
Bleik N 66 Fd11
Bleiknesmo N 71 Fd18
Bleikvasslia N 71 Fb22
Blejești RO 176 Dd66
Blejoi RO 176 Ea64
Bleken S 102 Ec46
Blekendorf D 119 Dd30
Bleket S 102 Eb48
Blender D 118 Da34
Blendija SRB 178 Bd68
Bléneau F 29 Ha40
Błenna PL 129 Hb36
Blennerville IRL 12 Bb24
Blénod-lès-Toul F 25 Jc37
Blentarp S 110 Fa56
Blera I 156 Ea70
Blérancourt F 24 Hb34
Bléré F 29 Ga42
Blesa E 47 Fa62
Bleskestad N 92 Cc42
Blesle F 34 Hb48
Blessington IRL 13 Cd22
Blesteni MD 173 Fa54
Blet F 29 Ha43
Bletchingdon GB 20 Fa27
Bletsoe GB 20 Fc26
Bletterans F 31 Jc43
Bleurville F 31 Jd39
Bleury F 30 Hb40
Blévaincourt F 31 Jc39
Blèves F 28 Fd38
Blewbury GB 20 Fa28
Blidari RO 171 Da54
Blīdene LV 105 Jd52
Blidö S 96 Ha42
Bliedersdorf D 118 Da33
Bliedersdorf D 118 Db33
Bliesbruck F 25 Kb35
Blieskastel D 133 Bd46
Blievenstorf D 119 Ea33
Bligny F 24 Hc35
Bligny F 30 Ja39
Bligny-sur-Ouche F 30 Ja42
Blijnii Hutor MD 173 Ga58
Bliksund N 93 Da47
Blikværn N 66 Fb17
Blinisht AL 163 Jc71
Blinja HR 152 Gb60
Bliūdžiai LT 114 Ka56
Blizanów PL 129 Ha38
Bližejov CZ 135 Ec46
Bliznaci BG 181 Ec69
Bliznaci BG 181 Fa71
Blizne PL 139 Ka45
Bllacë AL 182 Ad74
Blockley GB 20 Ed26
Bloemendaal NL 116 Ad35
Blois F 29 Gb41
Blokhus DK 100 Dc20
Blokzijl NL 117 Bc34
Blombacka S 94 Fa43
Blomberg D 117 Cb32
Blomberg D 126 Cd38
Blome LV 106 La48
Blomhöjden S 79 Fc26
Blommenslyst DK 108 Dc26
Blomskog S 94 Ec44
Blomsøy N 70 Ed22
Blomstermåla S 103 Gb51
Blomvåg N 84 Bd38
Blond F 33 Gb46
Blönduós IS 2 Ad03
Błonie PL 129 Gc41
Błonie PL 130 Jb37
Bloška Polica SLO 151 Fb59
Blötberget S 95 Fc41
Błotnica Strzelecka PL 137 Hb43
Błotno PL 120 Fc32
Blovice CZ 135 Ed46
Blovstrød DK 109 Ec25
Blowatz D 119 Ea31
Bloxham GB 20 Fa26
Bludenz A 142 Da54
Bludov CZ 137 Gc45
Błudowo PL 122 Hd30
Blue Ball IRL 13 Cb21
Blueford IRL 12 Bc24
Blumau A 145 Gb53

Blumau – Bösdorf

Blumau I 143 Dd56
Blumberg D 141 Cb51
Blumberg, Ahrensfelde- D 128 Fa36
Blumenhagen D 120 Fa33
Blumenthal D 119 Ec34
Blyberg S 87 Fb37
Blynki RUS 99 Ld43
Blyth GB 11 Fa16
Blyth Bridge GB 11 Eb14
Bnin PL 129 Gc37
Bø N 62 Gc09
Bø N 66 Fc13
Bø N 66 Fd13
Bø N 77 Db31
Bø N 84 Ca36
Bø N 92 Ca43
Bø N 92 Cd45
Bø N 93 Db43
Bø N 93 Dc43
Bo S 95 Fd45
Bo'Ness GB 10 Ea13
Boadilla del Monte E 46 Db64
Boadilla de Rioseco E 37 Cd58
Boal E 37 Bd54
Boalt S 111 Fb53
Boan MNE 159 Ja68
Boario Terme I 149 Da58
Boat of Garten GB 7 Ea08
Boa Vista P 44 Ac65
Boba H 145 Gd54
Bobadilla del Campo E 46 Cd62
Bobadilla Estación E 60 Cd75
Bobâlna RO 171 Da57
Bobbau D 127 Eb39
Bobbio I 149 Cc61
Bobbio Pellice I 148 Bb61
Bobeica MD 173 Fc58
Bobenheim-Roxheim D 133 Cb45
Boberg S 79 Fd30
Bobicești RO 175 Da66
Bobigny F 23 Gd36
Böbing D 142 Dc52
Bobingen D 142 Dc50
Böbingen an der Rems D 134 Da48
Bobitz D 119 Ea32
Böblingen D 134 Cc48
Bobolice PL 121 Gb31
Boboševo BG 179 Cb73
Bobota HR 153 Hd60
Bobota RO 171 Cc56
Bobovdol BG 179 Cb72
Boboviště MNE 159 Ja70
Bobowa PL 138 Jc45
Bobowo PL 121 Hb31
Bobr BY 202 Eb12
Bobrețu RO 175 Da65
Bóbrka PL 139 Kb46
Bobrov RUS 203 Fb13
Bobrovec SK 138 Hd47
Bobrovycja UA 202 Ec14
Bobrowice PL 128 Fc38
Bobrówko PL 120 Fd35
Bobrówko PL 122 Jc32
Bobrowniki PL 122 Hc35
Bobrowniki PL 123 Kc33
Bobrowniki Wielkie PL 138 Jc44
Bobrynec' UA 204 Ed16
Boc MNE 159 Jc68
Boc MNE 178 Ad69
Bóč SK 145 Gd51
Boca de Huérgano E 37 Cd56
Bocairent E 55 Fb70
Bocale I 164 Ga84
Bocani MD 173 Fb56
Bočar SRB 153 Jb58
Bocca di l'Orú F 154 Cb72
Bocca di Piazza I 164 Gc80
Bocchigliero I 164 Gc79
Boceguillas E 46 Dc61
Böçen TR 192 Ga82
Bochnia PL 138 Jb44
Bocholt B 125 Bb39
Bocholt D 125 Bd38
Bochov CZ 135 Ed44
Bochum D 125 Ca39
Bocigas E 46 Da61
Bockara S 103 Ga50
Bockau D 135 Ec43
Bockenem D 126 Db38
Bockfliess A 145 Gc50
Bockhorn D 118 Cc33
Bockhorn D 143 Ea50
Böcki PL 123 Kb35
Böckstein A 143 Ec54
Bockträsk S 72 Gc23
Böckweiler D 133 Bd46
Bočna ob Dreti SLO 151 Fc57
Bocognano F 154 Cb70
Bócsa H 146 Ja56
Bocșa RO 171 Cd56
Bocșa RO 174 Bd62
Bocsig RO 170 Ca59
Boczów PL 128 Fc37
Bod RO 176 Ea62
Boda S 87 Fd38
Boda S 87 Gb32
Boda S 94 Ed43
Boda S 94 Ed43
Böda S 104 Gc50
Bodaczów PL 131 Kc41
Boda glasbruk S 103 Fd52
Bodajk H 145 Hb53
Bødal N 84 Cd35
Bodange B 132 Ba44
Bođani SRB 153 Hd60
Bodaño E 36 Ba56
Bodators S 103 Fc50
Bodbacka FIN 89 Hd32
Bodbyn S 80 Hb28
Boddam GB 5 Fa08
Boddensdorf A 144 Fa56
Boddum DK 100 Da22
Bodegraven NL 116 Ad36
Boden A 142 Db53
Boden D 125 Cb42
Boden S 73 Hd21
Bodenfelde D 126 Da39
Bodenheim D 133 Cb44
Bodenkirchen D 143 Eb50
Bodenmais D 135 Ed48
Bodenwerder D 126 Da38
Bodenwöhr D 135 Eb47
Bodești RO 172 Ec57
Bodfari GB 15 Ea22
Bodilsker DK 111 Fc58
Bodman D 142 Cc51
Bodmin GB 18 Db31
Bodnegg D 142 Da52
Bodö FIN 81 Jb28
Bodø N 66 Fc17
Bodoc RO 176 Ea61
Bodom N 78 Ec28
Bodonal de la Sierra E 51 Bc71
Bodonci SLO 145 Gb55
Bodorgan Station GB 15 Dd22
Bodrost BG 179 Cc73
Bodrum TR 197 Ec90
Bodsjö S 87 Fc32
Bodsjöedet S 78 Ed30
Bodträskfors S 73 Hc21
Bodyke IRL 12 Bd22
Bodzanów PL 130 Ja36
Bodzanowice PL 129 Hb41
Bodzechów PL 131 Jd41
Bodzentyn PL 130 Jc41
Bodzewo PL 129 Gc38
Boé F 40 Ga52
Boecillo E 46 Da60
Boedapest = Budapest H 146 Hd53
Boëge F 35 Ka45
Boekel NL 125 Bb38
Boekelo NL 117 Bd36
Boën F 34 Hd47
Boen N 93 Da47
Boeslunde DK 109 Ea27
Boeza E 37 Ca56
Bofara S 87 Ga37
Boffzen D 126 Da38
Bofin IRL 8 Ba19
Bofors S 95 Fc43
Boftsa N 64 Ka06
Bogács H 146 Jc51
Bogaczów PL 128 Fd38
Bogádmindszent H 152 Hb58
Bogan N 78 Ed25
Bøgard N 66 Fd11
Bogarra E 53 Eb70
Bogata RO 171 Db59
Bogați RO 176 Dd64
Bogatić SRB 153 Ja61
Bogatovo RUS 113 Jb58
Bogatovo RUS 122 Ja30
Bogatynia PL 128 Fc42
Boğazak TR 199 Ha91
Boğazcık TR 198 Ga92
Bogazi CY 206 Jd96
Boğaziçi TR 198 Ga88
Boğaziçi TR 199 Gb89
Boğaziği TR 198 Fd92
Boğazkale TR 205 Fb20
Boğazkent TR 193 Hb86
Boğazköy TR 186 Ga80
Boğazköy TR 192 Fc84
Bogdan BG 180 Db72
Bogdana RO 173 Fa59
Bogdanci BG 181 Ec69
Bogdanci MK 183 Ca76
Bogdand RO 171 Cd56
Bogdănești RO 172 Ec56
Bogdănești RO 176 Ec60
Bogdănești RO 177 Fa60
Bogdănița RO 177 Fa60
Bogdanovca Nouă MD 177 Fd60
Bogdanovo BG 180 Ea73
Bogdanów PL 130 Hd40
Bogdan Vodă RO 171 Db55
Bogë AL 159 Jb69
Boge S 104 Ha49
Bogen D 135 Ec48
Bogen N 66 Fd15
Bogen N 67 Gb13
Bogen S 94 Ed41
Bogense DK 108 Dc26
Bogetići MNE 159 Hd69
Boggan IRL 9 Cc19
Boghenii Noi MD 173 Fb56
Boghești RO 177 Fa61
Boghiceni MD 173 Fc58
Bogliasco I 148 Cb63
Boglösa S 96 Gc43
Bognanco Fonti I 148 Ca57
Bognelv N 63 Hc08
Bognelvdalen N 63 Hc08
Bognes N 66 Ga14
Bogno CH 149 Cc57
Bognor Regis GB 20 Fb30
Bogny-sur-Meuse F 24 Ja33
Bogø By DK 109 Eb28
Bogodol BIH 158 Ha66
Bogojevac SRB 178 Bc69
Bogojevice SRB 178 Bd70
Bogojevo SRB 153 Hd59
Bogojina SLO 145 Gb56
Bogomila MK 183 Bb74
Bogomilovo BG 180 Dd73
Bogomolje HR 158 Gd67
Bogoria PL 130 Jc42
Bogorodick RUS 203 Fa11
Bogorodsk RUS 203 Fb09
Bogorovo BG 181 Ed68
Bogosavac SRB 153 Ja62
Bogoslov BG 179 Ca72
Bögöte H 145 Gd54
Bogova RO 174 Cb65
Bogovina SRB 178 Bd67
Boğrüdelik TR 193 Hb85
Bogsta S 96 Gc45
Bogstad N 84 Cc35
Bogsund N 92 Cb43
Bogučar RUS 203 Fc13
Boguchwałów PL 137 Ha44
Boguchwały PL 122 Hd31
Bogue GB 10 Dd16
Bogumiłów PL 129 Hb39
Bogumiłowice PL 130 Hc40
Boguszewo PL 121 Hb33
Boguszów-Gorce PL 129 Gb42
Bogutovac SRB 178 Ba67
Boguty-Pianki PL 123 Ka35
Bogyiszló H 146 Hc56
Bogzești MD 173 Fc56
Bohain-en-Vermandois F 24 Hb33
Bohan B 132 Ad44
Bohdalice CZ 137 Gc47
Bohdalov CZ 136 Ga46
Bohdašin CZ 137 Gb43
Boheden S 73 Ja20
Böheimkirchen A 144 Ga51
Boherboy IRL 12 Bc25
Boherlalan IRL 13 Ca23
Bohinjska Bistrica SLO 151 Fa57
Böhl-Iggelheim D 133 Cb46
Böhme D 118 Da35
Böhmenkirch D 134 Da49
Böhmte D 117 Cc36
Bohoduchiv UA 203 Fa14
Boholt RO 175 Cc60
Bohonal de Ibor E 51 Cb66
Böhönye H 145 Gd56
Bohot BG 180 Db69
Bohukaly PL 131 Kc36
Bohula MK 183 Bd75
Bohumín CZ 137 Hb45
Bohuňovice CZ 137 Gd46
Bohus S 102 Ec48
Bohuslav UA 204 Ec15
Bohutín CZ 136 Fa46
Boialvo P 44 Ad63
Boianu Mare RO 171 Cc56
Boiereni RO 171 Db56
Boiro E 36 Ac56
Boiry-Saint-Matin F 23 Ha32
Boiscommun F 29 Gd39
Bois-de-Céné F 28 Ed43
Bois-le-Roi F 29 Ha38
Boismont F 25 Jc34
Boișoara RO 175 Db62
Boisredon F 32 Fb48
Boisseron F 41 Hd53
Boisson F 42 Ja52
Boišta = Slepač most MNE 159 Jb67
Boisville F 29 Gc38
Boitzenburg D 120 Fa34
Boiu Mare RO 171 Da56
Bóixols E 48 Gb59
Boizenburg D 119 Dd33
Böja S 102 Fa46
Bojadła PL 128 Ga38
Bojadžik BG 180 Eb73
Bojančište MK 183 Bc75
Bojane MK 178 Bb73
Bojano I 161 Fb73
Bojanovo BG 180 Eb73
Bojanów PL 139 Ka43
Bojanowo PL 129 Gc39
Bojas LV 105 Jb52
Bojčinovci BG 179 Cc69
Bøjden DK 108 Dc27
Bojewyan GB 18 Cd32
Bojišta MK 182 Ba75
Bojka BG 180 Ea70
Bojkovice CZ 137 Ha48
Bojmie PL 131 Jd37
Bojná SK 137 Ha49
Bojnica BG 179 Cb67
Bojnice SK 137 Hb48
Bojnik SRB 178 Bc70
Bojszowy PL 138 Hc44
Bojtiken S 71 Fc23
Boka SRB 174 Bb62
Bókaháza H 145 Gd55
Bokel D 118 Cd33
Bokenäs S 102 Eb47
Bokinka Pańska PL 131 Kc37
Böklund D 108 Db29
Bokod H 145 Hb53
Boków PL 130 Jb40
Bokros H 146 Jb55
Boksholm S 103 Fc51
Boksjok N 64 Ka05
Boksjön S 71 Fd22
Bol HR 158 Gc67
Bol' SK 139 Ka49
Bolandoz F 31 Jd42
Bolaños de Calatrava E 52 Dc69
Bolaños de Campos E 45 Cc59
Bolayır TR 185 Eb79
Bolbec F 22 Fd34
Bölberget S 86 Fa34
Bolboși RO 175 Cc64
Bolca I 149 Dc59
Bölcskse H 146 Hd55
Bolderaja LV 106 Kb50
Boldești-Grădiștea RO 176 Ec65
Boldești-Scăeni RO 176 Ea64
Boldogkőváralja H 147 Jd50
Boldon GB 11 Fa16
Boldu RO 176 Ed63
Boldur RO 174 Ca61
Boldurești MD 173 Fb57
Boldva H 146 Jc50
Böle FIN 98 Ka40
Bøle N 78 Eb26
Böle S 73 Hc23
Böle S 73 Hd21
Böle S 79 Fb30
Böle S 79 Gb31
Böle S 87 Fb33
Bolea E 39 Fb58
Boleč SRB 153 Jc62
Boleč SRB 174 Bb64
Bolemin PL 128 Fd36
Boleráz SK 145 Gd50
Bolesław PL 138 Hd43
Bolesławiec PL 128 Fd40
Bolesławiec PL 129 Ha40
Boleszkowice PL 128 Fc36
Boleszyn PL 122 Hd33
Bolewice PL 128 Ga37
Bolewicko PL 128 Ga37
Bolfan HR 152 Gc57
Bolfoss N 94 Eb41
Bolga N 70 Fa19
Bolgatovo RUS 107 Mb49
Bolgheri I 155 Db67
Bolhás H 152 Gd57
Bolhó H 152 Gd58
Bolhov RUS 202 Ed12
Bolhrad UA 204 Ec18
Boliden S 80 Hb25
Bolimów PL 130 Ja37
Bolinglanna IRL 8 Bb19
Bolintin-Deal RO 176 Ea66
Bolintin-Vale RO 176 Ea66
Boljanic BIH 152 Hb62
Boljanići MNE 159 Ja66
Boljarino BG 180 Dc73
Boljarovo BG 185 Ec74
Boljarsko BG 180 Eb73
Boljevac SRB 178 Bd67
Boljevci SRB 153 Jc62
Boljkovci SRB 159 Jc64
Bolkesjø N 93 Dc42
Bölkow D 119 Eb31
Bolków PL 128 Ga42
Boll, Bad D 134 Da49
Bollebygd S 102 Ec49
Bollendorf D 133 Bc44
Bollène F 42 Jb52
Bollermoen N 71 Fb21
Bollezeele F 21 Gd30
Bólliga E 47 Eb65
Bollnäs S 87 Ga37
Bollosetra N 63 Ja08
Bollsbyn S 94 Ec44
Bollstabruk S 80 Gc31
Bolluca TR 186 Fc77
Bollullos de la Mitación E 59 Bd74
Bollullos par del Condado E 59 Bc74
Bolman HR 153 Hc59
Bolmen S 102 Fa52
Bölmepınar TR 198 Ga90
Bolmsö S 102 Fa51
Bolnhurst GB 20 Fc26
Bolnuevo E 55 Ed74
Bologna I 149 Dc63
Bologne F 30 Jb39
Bolognetta I 166 Ed84
Bolognola I 156 Ed68
Bologoe RUS 202 Ec09
Bologovo RUS 202 Eb10
Bolohani MD 173 Fd56
Bolotana I 169 Ca76
Bolotești RO 176 Ed62
Bolotovo RUS 107 Ma47
Bol'šaja Polja RUS 99 Lc42
Bol'šaja Poljana RUS 113 Jb59
Bol'šakovo RUS 113 Jc58
Bolsena I 156 Ea69
Bol'ševik RUS 203 Fd12
Bol'šie Berezki RUS 113 Jb57
Bol'šinka RUS 203 Fc14
Bol'šoe Zareč'e RUS 99 Mb41
Bol'šoj Borovnja RUS 99 Ld42
Bol'šoj Ižora RUS 99 Ma39
Bol'šoj Jamno RUS 99 Ld44
Bol'šoj Kolpany RUS 99 Mb40
Bol'šoj Kuzemkino RUS 99 Lc41
Bol'šoj L'zi RUS 99 Mb44
Bol'šoj Ozerticy RUS 99 Ma41
Bol'šoj Pustomerža RUS 99 Ld41
Bol'šoj Rožki RUS 99 Ld43
Bol'šoj Ruddilovo RUS 99 Ld40
Bol'šoj Sabicy RUS 99 Ma43
Bol'šoj Sabsk RUS 99 Ma42
Bol'šoj Selo RUS 113 Jd57
Bol'šoj Stremlenie RUS 99 Ld40
Bol'šoj Taglino RUS 99 Mb40
Bol'šoj Teškovo RUS 99 Ma40
Bol'šoj Vruda RUS 99 Ma41
Bol'šoj Zagorje RUS 107 Ma46
Bol'šoj Zahon'e RUS 99 Mb44
Bolsover GB 16 Fa22
Bolstad S 102 Ec46
Bolsward NL 116 Bb33
Bolszewo PL 121 Ha29
Boltaña E 40 Fd58
Boltenhagen D 119 Ea31
Boltigen CH 141 Bc55
Bolton GB 15 Ec21
Bolton Abbey GB 16 Ed20
Bolton-le-Sand GB 11 Ec19
Boltun MD 173 Fc58
Bolu TR 187 Hb79
Bölüceağac TR 198 Ga93
Bolungarvik IS 2 Ac02
Bolvadin TR 193 Gd85
Bolvașnița RO 174 Cb62
Bóly H 153 Hc58
Bolzano I 143 Dd56
Bomal B 124 Ba42
Bomarken S 94 Eb44
Bomba I 161 Fb71
Bombarral P 50 Aa67
Bomlitz D 118 Db35
Bømlo N 92 Bd41
Bompas F 41 Hb57
Bomporto I 149 Dc62
Bomsund S 79 Fd31
Bona F 30 Hc43
Bona S 103 Fc46
Bonac F 40 Gb56
Bönan S 96 Gc39
Bonanza E 59 Bd75
Boñar E 37 Cc56
Bonar Bridge GB 5 Ea06
Bonarcado I 169 Bd77
Bonares E 59 Bc74
Bonäset S 78 Fa30
Bonäset S 79 Fd28
Bonåsjøen N 66 Fd16
Bonawe GB 6 Dc11
Bonboillon F 31 Jc41
Boncath GB 14 Dc26
Bonchester Bridge GB 11 Ec15
Boncuklu TR 191 Ed83
Bończa PL 131 Kc40
Bondari RUS 107 Mb52
Bondary PL 123 Kc34
Bondeborg S 73 Ja21
Bondemon S 94 Eb45
Bondeno I 150 Dd61
Bonderup DK 100 Db21
Bondorf D 134 Cc49
Bondstorp S 103 Fb49
Bondyrz PL 131 Kc42
Bönebüttel D 118 Dc31
Bonefro I 161 Fc72
Bonelli I 150 Eb62
Bönen D 125 Cb39
Bones N 67 Gc13
Bonese D 119 Dd35
Bonete E 55 Ed70
Bönhamn S 80 Gd31
Bonhill GB 10 Dd13
Bonhomme F 31 Kb38
Boniches E 54 Ed66
Boniewo PL 129 Hb36
Bonifacio F 154 Cb72
Bonifato F 154 Ca69
Bonilla de la Sierra E 45 Cc64
Bonin PL 120 Fd34
Bonlieu F 31 Jd44
Bonn D 125 Bd41
Bonnat F 33 Gc45
Bonndorf D 141 Cb51
Bonne F 35 Ka45
Bonnebosq F 22 Fd36
Bønnerup Strand DK 101 Dd23
Bonnet DK 100 Cd22
Bonnétable F 28 Fd39
Bonneuil-Matours F 29 Ga44
Bonneval F 29 Gb39
Bonneval F 35 Kb47
Bonneval-en-Diois F 35 Jd50
Bonnevaux F 31 Jd43
Bonnevaux F 31 Ka44
Bonneville F 35 Ka45
Bonneville-la-Louvet F 22 Fd35
Bonnières-sur-Seine F 23 Gc36
Bonnieux F 42 Jc53
Bönnigheim D 134 Cd47
Bönningstedt D 118 Db32
Bonnyapuszta H 145 Ha56
Bonny-sur-Loire F 29 Ha41
Bono E 40 Ga58
Bono I 168 Ca76
Bonorva I 168 Ca76
Bonrepaux F 40 Gc53
Bons F 35 Ka45
Bonsecours F 23 Gb35
Bønsnes N 93 Dd41
Bønsvig DK 109 Eb27
Bontgoch Elerch GB 15 Dd24
Bonțida RO 171 Da57
Bonvilston GB 19 Ea28
Bőny H 145 Ha52
Bonyhád H 153 Hc57
Boo S 96 Gd43
Boock D 119 Ea35
Boolakennedy IRL 13 Ca24
Boos D 142 Db51
Boos F 23 Gb35
Boostedt D 118 Dc31
Bootle GB 11 Eb18
Bopfingen D 134 Db48
Boppard D 133 Ca43
Boquiñeni E 47 Fa60
Bor CZ 135 Ec46
Bor S 103 Fb51
Bor SRB 174 Ca66
Boraja HR 158 Gb66
Borås S 102 Ed49
Borăscu RO 175 Cc65
Borawe PL 122 Jc34
Borawskie PL 123 Ka30
Borba P 50 Ba69
Borca RO 172 Ea57
Borča SRB 153 Jc61
Borca di Cadore I 143 Eb56
Borcea RO 181 Fa67
Börcek TR 191 Ed83
Borchen D 126 Cd39
Borci BIH 152 Ha63
Borci BIH 158 Hb66
Borculo NL 125 Bd37
Bordalba E 47 Ec61
Bordalen N 78 Eb30
Bordány H 146 Jb56
Bordeaux F 32 Fb50
Bordeira P 58 Aa73
Bordei Verde RO 177 Fa64
Bordelum D 108 Da29
Bordères-Louron F 40 Fd57
Bordesholm D 118 Dc30
Bordessoule F 33 Gd45
Bordești RO 176 Ed62
Borðeyri IS 2 Ad03
Bordighera I 43 Kd52
Bording DK 108 Db24
Bordon GB 20 Fb29
Bords F 32 Fb47
Bordușani RO 177 Fa66
Bore I 149 Cd62
Borehamwood GB 20 Fc27
Borek PL 138 Jb44
Borek Wielkopolski PL 129 Gc38
Boreland GB 11 Eb15
Borello I 156 Ea64
Borensberg S 103 Fd46
Boretto I 149 Db61
Bore Verdalen N 92 Ca44
Borg N 66 Fb14
Borgå FIN 98 Kc39
Borgafjäll S 79 Fc25
Borgan N 78 Eb25
Borgarnes IS 2 Ac04
Borgata Marina I 164 Gc78
Borge N 93 Ea44
Borgen N 92 Cd43
Borgen S 80 Gc27
Borgentreich D 126 Da39
Börger D 117 Cb34
Börger D 117 Cb34
Borger NL 117 Bd34
Borger NL 117 Ca34
Borgetto I 166 Ec84
Borggård S 95 Fd45
Borghamn S 103 Fc47
Borghetto I 150 Ea63
Borghetto d'Arroscia I 148 Bd63
Borghetto di Vara I 149 Cd63
Borghetto Santo Spirito I 148 Bd63
Borgholm S 103 Gb52
Borgholzhausen D 126 Cc37
Borghorst D 125 Ca37
Borghusseter N 77 Dd33
Borgia I 164 Gc81
Borgloon B 124 Ba41
Borglum DK 100 Dc20
Borgo F 154 Cc69
Borgo a Mozzano I 155 Da64
Borgo Cortili I 150 Dd62
Borgoforte I 149 Db61
Borgofranco d'Ivrea I 148 Bd59
Borgo Grappa I 160 Ec73
Borgo Libertà I 161 Ga74
Borgomanero I 148 Ca58
Borgomasino I 148 Bd59
Borgonovo Ligure I 149 Cc63
Borgonovo Val Tidone I 149 Cc61
Borgo Piave I 160 Eb73
Borgorose I 156 Ec70
Borgo San Dalmazzo I 148 Bc63
Borgo San Giusto I 161 Fd73
Borgo San Lorenzo I 155 Dc64
Borgo San Michele I 160 Ec73
Borgo San Siro I 148 Cb60
Borgo Schisina I 167 Fd84
Borgo Segezia I 161 Fd73
Borgosesia I 148 Ca58
Borgo Tossignano I 150 Dd63
Borgo Val di Taro I 149 Cd62
Borgo Valsugana I 150 Dd58
Borgsdorf D 127 Ed36
Borgsjö S 80 Gc27
Borgsjö S 87 Ga33
Borgstena S 102 Ed48
Borgund N 85 Da37
Borgunda S 102 Fa47
Borgvattnet S 79 Fd30
Borgvik S 94 Ed43
Bori RUS 99 Ma43
Boriç AL 159 Jb70
Borika BG 179 Cd72
Borima BG 180 Db70
Borina SRB 153 Hd63
Borino BG 184 Da75
Borinskoe RUS 203 Fb12
Borisenki RUS 107 Ma51
Borisoglebsk RUS 203 Fc12
Borisovka RUS 203 Fa14
Borisovo BG 180 Eb68
Borisovo RUS 202 Ed08
Borisovo-Sudskoe RUS 202 Ec08
Borja E 47 Ed60
Børja N 94 Ec41
Borje HR 151 Ga62
Börjelsbyn S 73 Ja21
Börjelslandet S 73 Hd22
Borkan S 71 Fd24
Borkel NL 124 Ba39
Borken D 125 Bd38
Borken (Hessen) D 126 Cd41
Borkheide D 127 Ec37
Borki PL 131 Ka38
Borki PL 138 Jc43
Borki RUS 99 Ma39
Børkop DK 108 Db25
Borków PL 130 Jb42
Borkowo PL 123 Jd33
Borkum D 117 Bd32
Borlänge S 95 Fd40
Borlaug N 85 Da37
Borlești RO 172 Ec58
Børlja N 86 Ea32
Borlu TR 192 Fb85
Bormes-les Mimosas F 43 Kb55
Bormida I 148 Ca63
Bormio I 142 Db56
Born D 119 Ec30
Born NL 125 Bb40
Born S 87 Fd38
Borna D 127 Ec41
Borna D 127 Ed40
Borne D 127 Ea38
Borne F 34 Hd49
Borne NL 117 Bd36
Borness GB 10 Dd17
Borne Sulinowo PL 121 Gb33
Bornheim D 125 Bd41
Bornhöved D 118 Dc31
Börnichen D 127 Ed42
Børnnes N 64 Jc05
Borno I 149 Da58
Bornos E 59 Ca76
Bornstedt D 118 Dc33
Bornstedt D 127 Ea39
Boroaia RO 172 Ec56
Borobia E 47 Ec60
Borod RO 171 Cc57
Borodino RUS 113 Jc59
Borodjanka UA 202 Ec14
Borogani MD 177 Fc60
Borohrádek CZ 136 Ga44
Boronów PL 130 Hc42
Borore I 169 Ca76
Boroseni Noi MD 173 Fa54
Boroșneu Mare RO 176 Eb61
Borotin CZ 136 Fc46
Borotno RUS 99 Mb45
Borova UA 203 Fb14
Borova Glava SRB 159 Jb65
Borová Lada CZ 136 Fa48
Borovan BG 179 Cd69
Borovany CZ 136 Fc48
Borovci BG 179 Cc69
Borovci HR 158 Ha67
Borovec BG 179 Cc73
Borovenka RUS 202 Ec09
Borovići RUS 202 Ec09
Borovik HR 152 Hb60
Borovik RUS 99 Ld45
Borovnica BIH 152 Hb63
Borovnica SLO 151 Fb58
Borovnice CZ 137 Gb46
Borovno CZ 136 Fa46
Borovo BG 180 Ea69
Borovo HR 153 Hd60
Borovo Selo HR 153 Hd60
Borovsk RUS 202 Ed11
Borovye RUS 107 Mb52
Borów PL 129 Gc42
Borów PL 131 Jd41
Borowa PL 138 Jc43
Borowie PL 131 Jd37
Borowiec PL 128 Ga39
Borowina PL 128 Fd39
Borówno PL 121 Ha33
Borowno PL 130 Hc41
Borowo PL 121 Ha30
Borox E 46 Dc65
Borrby S 111 Fb56
Borrby strandbad S 111 Fb57
Borre N 93 Dd43
Borredà E 49 Gd59
Borres E 37 Ca54
Borrèze F 33 Gb50
Borriana E 54 Fc66
Borringe S 110 Fa56
Borriol E 54 Fc66
Borris DK 108 Da24
Borris IRL 13 Cc24
Borris in Ossory IRL 13 Cb22
Borrisokane IRL 13 Ca22
Borrisoleigh IRL 13 Ca23
Börrum S 103 Gb47
Borș RO 170 Ca56
Børsa N 77 Ea30
Borșa RO 171 Da57
Borșa RO 171 Dc55
Borsækoia N 92 Cd43
Borščiv UA 204 Ea16
Borsdorf D 127 Ec40
Borsec RO 172 Ea58
Børselv N 64 Jc06
Borsfa H 145 Gc56
Borsh AL 182 Ab78
Borsk PL 121 Gd31
Borskoe RUS 113 Jb59
Borský Mikuláš SK 137 Gd49
Borsodivánka H 146 Jc52
Borsodnádasd H 146 Jb51
Borsosgyőr H 145 Gd53
Borssele NL 124 Ab38
Borßum D 126 Dc37
Borsted DK 109 Eb27
Borstel D 118 Cd35
Börstig S 102 Fa48
Börstil S 96 Gd40
Bortan S 94 Ed41
Borth D 125 Bd38
Borth GB 15 Dd24
Bortigali I 169 Ca76
Bort-les-Orgues F 33 Ha48
Börtlüce TR 192 Fb85
Börtnan S 87 Fb32
Bortnen N 84 Cb34
Boruja PL 128 Ga37
Boruja Kościelna PL 128 Ga37
Borum DK 108 Dc24
Borup DK 100 Db21
Borup DK 109 Eb26
Boruszyn PL 121 Gb35
Borutta I 168 Ca75
Borve GB 4 Cd06
Borynja UA 204 Dd16
Boryspil' UA 202 Ec14
Boryszyn PL 128 Fd37
Borzechów PL 131 Ka40
Borzechowo PL 121 Ha31
Borzęcice PL 129 Gd38
Borzęciczki PL 129 Gd38
Borzecin PL 138 Jb44
Borzęcin Duży PL 130 Jb37
Borzna UA 202 Ec14
Borzonasca I 149 Cc63
Borzykowa PL 130 Hd41
Borzymy PL 123 Ka31
Borzysław PL 121 Gc31
Borzytuchom PL 121 Gc31
Bosa I 169 Bd76
Bosa Marina I 169 Bd76
Bosanci RO 172 Ec56
Bosanic HR 151 Fd60
Bosanka Kostajnica BIH 152 Gc60
Bosanki Dubočac BIH 152 Hb61
Bosanska Bojna BIH 151 Ga61
Bosanska Krupa BIH 152 Gb62
Bosanska Rača BIH 153 Ja61
Bosanski Brod BIH 152 Hb61
Bosanski Kobaš BIH 152 Ha61
Bosanski Petrovac BIH 152 Gb63
Bosansko Grahovo BIH 158 Gb64
Bošany SK 137 Hb49
Bősárkány H 145 Gd52
Bosau D 118 Dc31
Bosbury GB 15 Ec26
Boscamnant F 32 Fc49
Boscana MD 173 Fd57
Boscastle GB 18 Db30
Bosco I 156 Eb67
Bosco/Gurin CH 141 Cb56
Bosco Chiesanuova I 149 Dc59
Bosco Marengo I 148 Cb61
Boscotrecase I 161 Fb75
Bösdorf D 118 Dc31

Bosebo – Brisley

Bosebo S 102 Fa50
Bosebyn S 94 Ed42
Bösel D 117 Cc34
Bösenbrunn D 135 Eb43
Bosherston GB 18 Db27
Bosilegrad SRB 179 Ca72
Bosiljevo HR 151 Fd60
Bosilkovci BG 180 Dd69
Bosjön S 95 Fb42
Boskic HR 152 Hb59
Boskoop NL 116 Ad36
Boškov CZ 137 Gd46
Boskovice CZ 137 Gc46
Bosley GB 16 Ed22
Bosna BG 181 Ec68
Bosna TR 185 Eb75
Bosnek BG 179 Cc72
Bošnjace SRB 178 Bd70
Bošnjaci HR 153 Hc61
Boşorod RO 175 Cc61
Bossbøen N 93 Da42
Bossbu N 92 Cc43
Bossea I 148 Bd63
Bossée F 29 Ga42
Bossolasco I 148 Bd62
Bossòst E 40 Ga57
Bostanci TR 185 Ed80
Bostandere TR 185 Ec80
Bostandere TR 199 Hb89
Boštanj SLO 151 Fd58
Bostanlı TR 185 Ec75
Bostanlı TR 193 Gc84
Bostanyeri TR 187 Ha78
Böste läge S 110 Ed57
Boston GB 17 Fc23
Bostrak N 93 Db44
Bošulja BG 179 Da73
Bosund FIN 81 Jb28
Bosundet S 79 Ga28
Bosut SRB 153 Ja61
Bosuta SRB 153 Jc63
Boswil CH 141 Cb53
Böszénfa H 152 Ha57
Boszkowo PL 129 Gb38
Bot E 48 Fd63
Bote S 80 Gc31
Botesdale GB 21 Ga25
Botești RO 172 Ec57
Boțești RO 173 Fb58
Botești RO 176 Dd64
Botevgrad BG 179 Cd70
Botevo BG 179 Cd68
Botevo BG 181 Fa70
Botfei RO 170 Cb58
Bothel D 118 Da34
Bothel GB 17 Eb17
Bothenheilingen D 126 Dc40
Boticas P 44 Bb59
Botilsäter S 94 Ed44
Botiz RO 171 Cd54
Botiza RO 171 Db55
Botley GB 20 Fa30
Botn N 62 Ha09
Botn N 67 Gb13
Botnărești MD 173 Fd58
Botne N 92 Ca44
Botne N 93 Dd43
Botnen N 84 Cc34
Botngård N 77 Dd28
Botnlia N 86 Ec32
Bótoa E 51 Bc68
Botoroaga RO 180 Dd67
Botorrita E 47 Fa61
Botoš SRB 153 Jc60
Botoš SRB 174 Bb62
Botoşana RO 172 Eb55
Botoşani RO 172 Ec55
Botrange B 125 Bb42
Botricello I 165 Gd81
Botsmark S 80 Hb27
Bottarone I 149 Cc60
Botteghelle I 167 Fb87
Botten S 94 Ed43
Bottesford GB 16 Fb23
Bottheim N 85 Dc34
Bottidda I 168 Ca76
Böttingen D 142 Cc50
Bottna S 102 Eb46
Bottnaryd S 102 Fa49
Bottrop D 125 Bd39
Bottsfjord N 63 Hd06
Botun MK 182 Ba75
Botunje SRB 174 Bb66
Boturić SRB 178 Bb68
Bötzingen D 141 Ca50
Bötzow D 127 Ed36
Bouaye F 28 Ed42
Bouça P 45 Bc60
Bouce F 22 Fc37
Bouchain F 24 Hb32
Bouçoães P 45 Bc59
Boucq F 25 Jc37
Boudin F 35 Ka46
Boudreville F 30 Ja39
Boudry CH 141 Bb54
Boueilho F 40 Fc54
Bouessay F 28 Fc40
Bouesse F 29 Gc44
Bouges-le-Château F 29 Gc43
Bouglainval F 29 Gb38
Bouguenais F 28 Ed42
Bouilland F 30 Ja42
Bouillargues F 42 Ja53
Bouillé-Ménard F 28 Fa40
Bouillon B 132 Ad43
Bouillon B 132 Ad44
Bouilly F 30 Hd39
Bouin F 27 Ec43
Boujailles F 31 Jd43
Boúka GR 188 Ad83
Boúka GR 194 Bb89
Bouladuff IRL 13 Ca23
Boulay-Moselle F 25 Jd35
Bouligneux F 34 Jb46
Bouligny F 25 Jc35
Bouloc F 41 Hb52
Boulogne-Billancourt F 23 Gd37
Boulogne-sur-Gesse F 40 Ga55
Boulogne-sur-Mer F 21 Gc30
Bouloire F 29 Ga40
Bouloz CH 141 Bb55
Bouniagues F 33 Ga50
Bouray sur-Juine F 29 Gd38
Bourbon-Lancy F 30 Hc44
Bourbon-l'Archambault F 30 Hb44
Bourbonne-les-Bains F 31 Jc39
Bourbourg F 21 Gd30
Bourbriac F 26 Ea38
Bourdeaux F 35 Jc50
Bourdeilles F 33 Ga48
Bourdon F 23 Gc33
Bourdons-sur-Rognon F 30 Jb39
Bouresse F 33 Ga45
Bourg F 32 Fb49
Bourg-Achard F 23 Ga35
Bourganeuf F 33 Gc46
Bourg-Archambault F 33 Gb45
Bourg-Argental F 34 Ja48
Bourg-Beaudouin F 23 Gb35
Bourg-Blanc F 26 Db38
Bourg-de-Péage F 34 Jb49
Bourg-des Comptes F 28 Ed40
Bourg-de-Visa F 40 Gb52
Bourg-d'Oueil F 40 Ga57
Bourg-en-Bresse F 34 Jb45
Bourges F 29 Gd43
Bourg-et-Comin F 24 Hc35
Bourg-Lastic F 33 Ha47
Bourg-Madame F 41 Gd58
Bourgneuf F 29 Gd42
Bourgneuf F 35 Ka47
Bourgneuf-en-Retz F 27 Ec43
Bourgogne F 24 Hd35
Bourgoin-Jallieu F 35 Jc47
Bourg-Saint-Andéol F 42 Jb51
Bourg-Saint-Maurice F 35 Kb47
Bourg-Saint Pierre CH 148 Bc57
Bourgthéroulde-Infreville F 23 Ga35
Bourgueil F 28 Fd42
Bourn GB 20 Fc26
Bournand F 28 Fd43
Bourne GB 17 Fc24
Bournemouth GB 20 Ed31
Bourneville F 23 Ga35
Bournezeau F 28 Fa44
Bournos F 40 Fc55
Bouro P 44 Ad59
Bourriot-Bergonce F 40 Fc52
Bourron F 29 Ha38
Bourtange NL 117 Ca34
Bourth F 23 Ga37
Bourton-on-the-Water GB 20 Ed27
Bousières F 31 Jd42
Boussac F 33 Gd45
Boussais F 28 Fc43
Boussens F 40 Gb56
Bousses F 40 Fd52
Boussière-Poitevine F 33 Ga45
Bouvières F 42 Jc51
Bouville F 29 Gd38
Bouvron F 28 Ed41
Bouxwiller F 25 Kb36
Bouy F 24 Hd36
Bouzas E 36 Ad57
Bouzonville F 25 Jd35
Bouzov CZ 137 Gc46
Bova I 164 Gb84
Bøvær N 62 Gb10
Bovalino I 164 Gb83
Bovalino Marina I 164 Gb84
Bovallstrand S 102 Eb46
Bova Marina I 164 Gb84
Bovan SRB 178 Bd68
Bovec SLO 150 Ed57
Bóveda E 36 Bc56
Bóveda E 38 Dd56
Bovegno I 149 Da58
Bovenau D 118 Db30
Bovenden D 126 Db39
Bovense DK 109 Dd26
Bøverdal N 85 Db35
Bøverfjord N 77 Db31
Boves F 23 Gd33
Boves I 148 Bc63
Bovey Tracey GB 19 Dd31
Boviel GB 9 Cd16
Bovigny B 133 Bb43
Bovik FIN 96 Hb40
Boviken S 80 Hc25
Bovingdon GB 20 Fb27
Bovino I 161 Fd74
Bøvlingbjerg DK 100 Cd23
Bovolone I 149 Dc60
Bovrup DK 108 Db28
Bowburn GB 11 Fa17
Bowes GB 11 Ed18
Bowmore GB 6 Da13
Bowness-on-Solway GB 11 Eb16
Box FIN 98 Kc39
Box GB 19 Ec28
Boxberg D 128 Fb40
Boxberg D 134 Da46
Boxford GB 20 Fa28
Boxholm S 103 Fc47
Boxmeer NL 125 Bb38
Boxtel NL 124 Ba38
Boyabat TR 205 Fb20
Boyalı TR 192 Fa84
Boyalı TR 199 Hb89
Boyalıca TR 186 Ga79
Boyalıca TR 192 Fc82
Boyalık TR 186 Fc77
Boyalılar TR 192 Fa85
Boyardville F 32 Fa46
Boyle IRL 8 Ca19
Bøylestad N 93 Da46
Boynanalar TR 191 Ed81
Boynes F 29 Gd39
Boynton GB 17 Fc19
Bøyum N 84 Cc36
Bozahlat TR 186 Fb80
Bozalan TR 191 Ec85
Bozan TR 193 Gb87
Bozan TR 193 Gd82
Božanka PL 121 Gc31
Bozarmut TR 187 Hb79
Bozarmut TR 197 Fa89
Božava HR 157 Fc64
Bozbelen TR 192 Fd82
Bozbük TR 192 Fb83
Bozburun TR 187 Gb78
Bozburun TR 197 Fa91
Bozcaada TR 191 Ea81
Bozcaarmut TR 192 Ga81
Bozcaatlı TR 192 Fc85
Bozdağ TR 192 Fa86
Bozdağ TR 192 Ga87
Bozdoğan TR 198 Fb88
Bożejewo PL 123 Jd33
Božejov CZ 136 Fd47
Bozel F 35 Kb47
Bozen I 143 Dd56
Bożeń PL 129 Gb40
Bozen TR 192 Fb81
Božencite BG 180 Dd71
Bożepole Wielkopolski PL 121 Gd29
Božetići SRB 178 Ad67
Boževac SRB 174 Bc65
Bożewo PL 122 Hd35
Bozhane TR 186 Fd77
Bozhigrad AL 182 Ba77
Bozhüyük TR 193 Gc84
Bozhüyük TR 199 Gb91
Božica SRB 179 Ca71
Božice CZ 137 Gb48
Bozieni MD 173 Fc59
Bozieni RO 172 Ed58
Bozioru RO 176 Ec63
Bozkaya TR 199 Ha90
Bozkır TR 191 Ed86
Bozkurt TR 198 Ga88
Bozkuş TR 192 Ga85
Bozlar TR 185 Ed80
Bozören TR 191 Ed82
Bozouls F 33 Ha51
Bozova TR 199 Gb90
Bozovici RO 174 Ca64
Bozrük TR 197 Ec89
Bozsok H 145 Gb54
Boztepe TR 187 Gc79
Boztepe TR 199 Gd91
Boztepe TR 199 Hb92
Božurište BG 179 Cc71
Božurovo BG 180 Eb68
Božurovo BG 181 Fa69
Bozüyük TR 193 Gb81
Bozveliisko BG 181 Ed71
Bozyaka TR 198 Fd91
Bozzecca I 149 Db58
Bozzolo I 149 Db61
Bra B 124 Ba42
Bra I 148 Bd61
Braaid GB 10 Dc19
Braak D 118 Dc32
Braås S 103 Fc51
Brabova RO 175 Cd66
Bracadale GB 4 Da08
Braccagni I 155 Db68
Bracciano I 160 Ea71
Bracebridge Heath GB 17 Fc22
Braćevac SRB 174 Cb66
Brach F 32 Fa49
Brachlewo PL 121 Hb32
Brachstedt D 127 Eb39
Bracht D 125 Bc39
Brachttal D 134 Cd43
Bracieux F 29 Gc41
Bracigliano I 161 Fc75
Bracigovo BG 184 Da74
Brackagh IRL 13 Cc21
Bräcke S 87 Fd32
Bräcke S 94 Ec44
Brackel D 118 Db33
Brackenheim D 134 Cd47
Brackley GB 20 Fa26
Bracknell GB 20 Fb28
Braco GB 7 Ea12
Brad RO 175 Cc60
Bradaiž LV 107 Ld51
Brădeanu RO 176 Ec65
Brădeni RO 175 Dc60
Bradesiai LT 115 Lb54
Brădești RO 175 Cd65
Brădești RO 176 Dd60
Bradfield GB 20 Fa28
Bradford GB 16 Ed20
Bradford-on-Avon GB 19 Ec28
Brådland N 92 Cb44
Brádno SK 138 Ja49
Bradu RO 175 Dc65
Brădulet RO 175 Dc63
Brădut RO 176 Ea60
Bradvari BG 181 Ed68
Bradwell-on-Sea GB 21 Ga27
Bradworthy GB 18 Dc30
Brae GB 5 Fa04
Brædstrup DK 108 Db24
Braemar GB 7 Eb09
Brændstrup DK 108 Da26
Brăești RO 172 Ec55
Brăești RO 172 Ed57
Brăești RO 176 Ec63
Braeswick GB 5 Ec02
Braga P 44 Ad60
Bragadiru RO 176 Ea66
Bragadiru RO 180 Dd68
Bragança P 45 Bd59
Bragayrac F 40 Gb54
Brăicău MD 173 Fb53
Braies I 143 Ea55
Brail CH 142 Da55
Brăila MD 173 Fd58
Brăila RO 177 Fb64
Brailes GB 20 Fa26
Brailovo MK 183 Bb74
Braine F 24 Hb35
Braintree GB 20 Fd27
Braives B 124 Ba41
Brajkovići BIH 158 Ha64
Brajkovići HR 151 Fa61
Brajkovići SRB 159 Jb64
Brake D 118 Cd33
Brakel D 126 Cd38
Brakel NL 124 Ba37
Bråkne-Hoby S 111 Fd54
Brålanda S 102 Ec46
Bralin PL 129 Ha40
Braljina SRB 178 Bc67
Brallo di Pregola I 149 Cc62
Brálos GR 189 Bd84
Braloștița RO 175 Cd65
Bram F 41 Gd55
Bramberg A 143 Eb54
Bramhope GB 16 Fa20
Brämhult S 102 Ed49
Bramming DK 108 Da26
Brampton GB 11 Ec16
Brampton GB 21 Gb25
Bramsche D 117 Cb36
Bramstedt D 118 Cd33
Bran RO 176 Dd62
Brånaberg S 71 Ga23
Branäs S 94 Ed39
Braña Vieja E 38 Db56
Branč SK 145 Hb50
Branca I 156 Eb67
Brancaleone Marina I 164 Gb84
Br'ančaninovo RUS 107 Ma48
Brancaster GB 17 Ga23
Brânceni RO 180 Dd68
Brancion F 30 Ja44
Brâncovenești RO 171 Dc58
Brâncoveni RO 175 Db66
Brand A 142 Cd54
Brandal N 76 Cc32
Brändåsen S 86 Ed33
Brandasund N 84 Bd40
Brandberg A 143 Ea54
Brandbu N 85 Ea40
Brande DK 108 Da24
Brände S 80 Hc26
Brandenberg A 143 Ea53
Brandenburg D 127 Ec36
Brand-Erbisdorf D 127 Ed42
Branderup DK 108 Da27
Brandeso E 36 Ba55
Brandis D 127 Ec40
Brandlecht D 117 Ca36
Brando F 154 Cc68
Brandö FIN 97 Hd39
Brandomil E 36 Ac55
Brandon GB 11 Fa17
Brandon GB 21 Ga25
Brändön S 73 Ja22
Brändövik FIN 81 Hd30
Brandsby GB 16 Fb19
Brandshagen D 119 Ed30
Brandsøy N 84 Ca35
Brandstad N 77 Db32
Brandstorp S 103 Fb48
Brandsvoll N 92 Cd46
Brandval N 94 Ec40
Brandýs nad Labem-Stará Boleslav CZ 136 Fc44
Brănești RO 176 Dd64
Brănești RO 176 Eb66
Branica BG 185 Ea74
Branice PL 137 Ha44
Braničevo BG 181 Ed69
Braničevo SRB 174 Bd64
Braniewo PL 122 Hd30
Branik SLO 151 Fa58
Brănișca RO 175 Cc60
Branište BG 181 Fa69
Braniștea RO 171 Db57
Braniștea RO 176 Dd65
Braniștea RO 177 Fa63
Brankovina SRB 153 Jb63
Branków PL 130 Jc38
Branná CZ 137 Gc44
Bränna S 94 Ec45
Brännåker S 79 Fd25
Brännan FIN 81 Jb29
Brannan N 78 Ec29
Brännan S 73 Hb23
Brännan S 73 Hd21
Brännäs S 73 Hb24
Brännås S 87 Ga34
Brannay F 30 Hb39
Brännberg S 73 Hc22
Branne F 32 Fc50
Brannenburg D 143 Ea52
Brännfors S 73 Hc24
Brännholmen S 72 Gd21
Brännkälen S 80 Hc25
Brännland S 80 Hb28
Brännland S 80 Ha28
Brännö S 102 Eb49
Brännvattnet S 80 Hb26
Brännvattnet S 80 Hc26
Brañosera E 38 Db56
Brańsk PL 123 Kb35
Bransles F 29 Ha39
Brańszczyk PL 122 Jc35
Brant Broughton GB 16 Fb23
Brantevik S 111 Fb56
Branti LV 106 La49
Brantice CZ 137 Gd44
Brantôme F 33 Ga48
Braset N 71 Fb19
Braskereidfoss N 94 Ec39
Braslav BY 202 Ea11
Brăšljanica BG 180 Db69
Brașov RO 176 Ea62
Brasparts F 26 Dc38
Brassac F 41 Ha54
Brasschaat B 124 Ad39
Brassempouy F 39 Fb54
Brassy F 30 Hd42
Brastad N 70 Ed22
Brastad S 102 Eb46
Brastavățu RO 180 Db67
Břasy CZ 136 Fa45
Brąszewice PL 129 Hb39
Braszowice PL 137 Gc43
Brataj AL 182 Ab78
Bratanica BG 179 Da73
Bratca RO 171 Cc57
Brateljevići BIH 159 Hc64
Bratești RO 176 Eb61
Bratian PL 122 Hd33
Bratislava SK 145 Gd51
Bratja Daskalovi BG 180 Dc73
Bratkowice PL 139 Ka44
Bratonci SLO 145 Gb56
Bratoszewice PL 130 Hd38
Bratovoești RO 175 Da66
Bratronice CZ 136 Fa44
Brattåker S 71 Ga24
Bråttas S 81 Hd26
Brattbäcken S 79 Fd27
Brattby S 71 Ga24
Brattby S 80 Hb28
Bratteborg S 103 Fb49
Bratten N 66 Fc17
Bratten S 80 Gd26
Brattfors S 80 Hb29
Brattfors S 95 Fb42
Bratthøvollseter N 77 Ea33
Brattli N 65 Kd08
Brattli N 67 Gc12
Brattmon S 94 Ed39
Brättö FIN 96 Hc41
Bratto I 149 Da58
Bratton GB 19 Ec29
Brattsbäcken S 80 Ha28
Brattsele S 79 Gb28
Brattset N 77 Dc31
Brattvåg N 76 Cc32
Bratunac BIH 159 Ja64
Brătușeni MD 173 Fa54
Braubach D 133 Ca43
Braughing GB 20 Fd27
Braunau a.Inn A 143 Ec50
Braunfels D 126 Cc42
Braunlage D 126 Dc39
Bräunlingen D 141 Cb51
Braunsbach D 134 Da47
Braunsbedra D 127 Ea40
Braunschweig D 126 Dc37
Bräunsdorf-Langhennersdorf D 127 Ed41
Braunton GB 19 Dd29
Brauteseter N 94 Eb41
Bravães P 44 Ad59
Bravnica BIH 152 Gd63
Bravuogn CH 142 Cd55
Bray IRL 13 Cd22
Bray Shop GB 18 Dc31
Bray-sur-Seine F 30 Hb38
Bray-sur-Somme F 23 Ha33
Braz A 142 Da54
Brazatortas E 52 Da70
Brazey-en-Plain F 30 Jb42
Brazi RO 176 Ea65
Brazii RO 170 Cb59
Brazii RO 176 Eb65
Brbinj HR 157 Fc64
Brčigovo BIH 159 Hd65
Brčko BIH 153 Hc61
Brdani SRB 159 Jc64
Brdovec HR 151 Ga58
Brdów PL 129 Hb37
Bré IRL 13 Cd22
Brea de Aragón E 47 Ed61
Breakish GB 4 Db08
Brean GB 19 Eb28
Breasclete GB 4 Da05
Breasta RO 175 Cd66
Bréau F 29 Ha38
Breaza RO 171 Dc58
Breaza RO 172 Ea55
Breaza RO 176 Ea63
Brebeni RO 175 Db66
Brebu RO 174 Ca62
Brebu RO 176 Ea64
Brebu Nou RO 174 Ca62
Brécey F 22 Fa37
Brechfa GB 15 Dd26
Brechin GB 7 Ec10
Brecht B 124 Ad39
Breckerfeld D 125 Ca40
Břeclav CZ 137 Gc49
Brecon GB 15 Ea26
Bred S 95 Gb42
Breda E 49 Ha60
Breda NL 124 Ad38
Bredablikk N 92 Cd45
Bredal DK 108 Db25
Bredared S 102 Ed48
Bredaryd S 102 Fa51
Bredballe DK 108 Db25
Bredbyn S 79 Fb29
Bredbyn S 80 Gd30
Breddin D 119 Eb35
Breddorf D 118 Da33
Bredebro DK 108 Da27
Bredenbury GB 15 Ec25
Bredene B 21 Ha29
Bredenfelde D 119 Ed33
Bredereiche D 119 Ed34
Bredestad S 103 Fc49
Bredevad DK 108 Da28
Bredgar GB 21 Ga29
Bredkälen S 79 Fd28
Bredon GB 20 Ed26
Bredsäter S 102 Fa46
Bredsättra S 103 Gb52
Bredsel S 73 Hb22
Bredsjö S 95 Fc42
Bredsjön S 87 Gb32
Bredstedt D 108 Da29
Bredsten DK 108 Db25
Bredstrup DK 108 Db26
Bredträsk S 80 Gd28
Bredvik S 80 Hb29
Bredviken S 73 Jb21
Bredwardine GB 15 Eb26
Bredynki PL 122 Jb31
Bree B 125 Bb40
Breg SLO 151 Fd58
Bregana HR 151 Ga58
Breganze I 150 Dd59
Bregare BG 179 Da68
Bregenz A 142 Da53
Breginj SLO 150 Ed57
Bregninge DK 108 Dc28
Bregninge DK 109 Dd28
Bregovo BG 174 Cb66
Bréhal F 22 Ed37
Bréhand F 26 Eb38
Bréhec-en-Plouha F 26 Eb37
Brehme D 126 Dc39
Brehna D 127 Eb39
Breibuktnes N 68 Hd11
Breidablik N 85 Da34
Breiðdalsvík IS 3 Bc06
Breidenbach D 126 Cc41
Breidenbach F 25 Kb35
Breidvik N 78 Eb28
Breidvik N 93 Da44
Breidvika N 66 Fc13
Breiholz D 118 Db30
Breil CH 142 Cc55
Breil F 28 Fd41
Breil-sur-Roya F 43 Kd52
Brein N 84 Cc35
Breisach D 141 Bd50
Breistein N 84 Ca39
Breitenaich A 144 Fa50
Breitenau A 144 Fb52
Breitenbach CH 141 Bd52
Breitenbach D 126 Da42
Breitenbach D 126 Da42
Breitenberg D 136 Fa49
Breitenbrunn A 145 Gc51
Breitenbrunn D 135 Ea48
Breitenbrunn D 135 Ec43
Breitenbrunn D 142 Db50
Breitenfelde D 119 Dd32
Breitenfurth bei Wien A 145 Gb51
Breitengüßbach D 134 Dc44
Breitenworbis D 126 Dc40
Breitscheid D 125 Cb42
Breitungen D 126 Db42
Breivik N 63 Hc06
Breivik N 64 Ka05
Breivik N 66 Ga12
Breivik N 66 Fd17
Breivik N 66 Ga11
Breivik N 92 Cb43
Breivikbotn N 63 Hd05
Breivikeidet N 62 Gd09
Breja RUS 99 Ma42
Brejning DK 108 Db25
Brejtovo RUS 202 Ed09
Brekka N 70 Fa22
Brekke N 84 Ca37
Brekken N 78 Eb29
Brekken N 86 Ec32
Brekkestø N 93 Da47
Brekkhus N 84 Cb38
Brekko N 92 Ca44
Brekkvasselv N 78 Fa25
Breklum D 108 Da29
Brekov SK 139 Ka48
Brekovo SRB 178 Ad67
Brekstad N 77 Dd29
Breland N 92 Cc45
Brembilla I 149 Cd58
Breme I 148 Cb60
Bremen D 118 Cd34
Bremen D 125 Cb39
Bremerhaven D 118 Cd32
Bremervörde D 118 Da33
Bremgarten CH 141 Cb53
Bremm D 133 Bd43
Bremnes N 66 Fd12
Bremnes N 92 Bd41
Bremsnes N 77 Da30
Brem-sur-Mer F 28 Ed44
Breń PL 120 Ga34
Brénaz F 35 Jd46
Brence E 36 Bc57
Brenderup DK 108 Dc26
Brenes E 59 Ca73
Brenesh AL 182 Ac75
Brenguli LV 106 Kd48
Brenica BG 179 Da69
Brenica BG 181 Ec68
Brenish GB 4 Cd05
Brenna N 66 Fc14
Brenna PL 138 Hc45
Brennan N 78 Ec30
Brennberg D 135 Eb48
Brennbergbánya H 145 Gb52
Brennfjell N 62 Ha10
Brennsvik N 63 Ja06
Breno I 149 Da58
Brenod F 35 Jc46
Brensbach D 134 Cc45
Breńsk PL 121 Gc32
Brentonico I 149 Dc58
Brentwood GB 20 Fd28
Brény F 24 Hb35
Brenzett GB 21 Ga30
Brenzone I 149 Db59
Bres E 37 Bd54
Brescello I 149 Db61
Brescia I 149 Da59
Bresinchen D 128 Fc38
Breskens NL 124 Ab38
Breslau = Wrocław PL 129 Gc41
Bresles F 23 Gd35
Bressanone I 143 Dd55
Bressuire F 28 Fb43
Brest BG 180 Db68
Brest BY 202 Dd14
Brest F 26 Db38
Brest HR 151 Fa60
Brestak BG 181 Ed69
Brestanica SLO 151 Fd58
Breste BG 179 Da69
Brestova HR 151 Fb61
Brestovac SRB 174 Ca66
Brestovac SRB 178 Bd69
Brestovačka Banja SRB 174 Ca66
Brestovac Požeški HR 152 Ha60
Brestovăț RO 174 Ca60
Brestovec BG 180 Db69
Brestovene BG 180 Eb68
Brestovica BG 180 Db70
Brestovik SRB 174 Bb64
Brestovo BG 180 Dc70
Brețcu RO 176 Eb61
Bretea Română RO 175 Cc61
Breteau F 29 Ha40
Bretenoux F 33 Gc50
Breteuil F 23 Gd34
Breteuil-sur-Iton F 23 Ga37
Bretford GB 20 Fa25
Bretforton GB 20 Ed26
Brétignolles-sur-Mer F 28 Ed44
Bretigny-sur-Orge F 23 Gd37
Bretnig-Hauswalde D 128 Fb41
Bretoncelles F 29 Ga38
Bretstein A 144 Fb53
Bretten D 134 Cc47
Brettesnes N 66 Fc14
Bretteville-sur-Ay F 22 Dc37
Bretteville-sur-Laize F 22 Fc36
Bretzfeld D 134 Cd47
Breuil-Cervinia I 148 Bd57
Breuillet F 29 Gd38
Breuilpont F 23 Gb36
Breukelen NL 116 Ba36
Breum DK 100 Db22
Breuna D 126 Cd39
Breuvannes-en-Bassigny F 31 Jc39
Brevens bruk S 95 Fd45
Brevik N 93 Dc44
Brevik S 96 Gd43
Brevik S 96 Gd44
Brevik S 103 Fb46
Breza BIH 158 Hb64
Breza MK 178 Bc72
Brežani BG 183 Cb74
Brežde SRB 153 Jb63
Breze BG 179 Cc70
Breze SLO 151 Fd57
Březí CZ 137 Gb49
Brežice SLO 151 Ga58
Brézins F 35 Jc48
Brezje pri Tržič SLO 151 Fb57
Breznica KSV 178 Bc71
Breznica PL 122 Jc30
Breznica Đakovačka HR 152 Hb60
Breznica Našička HR 152 Hb59
Březnice CZ 136 Fa46
Breznički Hum HR 152 Gb58
Breznik BG 179 Cb71
Breznița-Motru RO 175 Cc65
Březno CZ 136 Fc43
Brezno SK 138 Ja48
Brezno SLO 144 Fd56
Brezoaia MD 177 Ga60
Brezoi RO 175 Db63
Brezolles F 23 Gb37
Brezolupy CZ 137 Gd47
Březová CZ 135 Ec44
Březová nad Svitavou CZ 137 Gb46
Brezová pod Bradlom SK 137 Gd49
Brezovica KSV 178 Ba72
Brezovica SK 138 Jc47
Brezovica SLO 151 Fb58
Brezovo BG 180 Dc73
Brezovo Polje BIH 153 Hd62
Brezovo Polje HR 152 Gb61
Brgat HR 158 Hb69
Briançon F 35 Kb49
Briare F 29 Ha41
Briatexte F 41 Gd54
Briatico I 164 Gb82
Bribir HR 157 Ga65
Briceni MD 172 Ed53
Briceni MD 173 Fb53
Bricherasio I 148 Bc61
Bricon F 30 Jb39
Bricquebec F 22 Ed35
Bricqueville F 22 Fb35
Bridaga LV 106 Kb48
Bride GB 10 Dd18
Bridel L 133 Bb45
Brideswell IRL 8 Ca20
Bridge End IRL 9 Cc15
Bridgend GB 19 Ea28
Bridgent GB 6 Da13
Bridge of Baldie GB 7 Dd11
Bridge of Ericht GB 7 Dd10
Bridge of Orchy GB 7 Dd11
Bridgetown IRL 13 Cc25
Bridgnorth GB 15 Ec24
Bridgwater GB 19 Eb29
Břidličná CZ 137 Gd45
Bridlington GB 17 Fc19
Bridport GB 19 Eb30
Briec F 27 Dc39
Brie-Comte-Robert F 23 Ha37
Brielle NL 124 Ac37
Brienne-le-Château F 30 Ja38
Briénon-sur-Armançon F 30 Hc39
Brienz CH 141 Ca55
Brienza I 161 Ga76
Brienzwiler CH 141 Ca55
Brieselang D 127 Ed36
Briesen D 128 Fb37
Brieskow-Finkenheerd D 128 Fb37
Brietlingen D 118 Dc33
Brieulles-sur-Bar F 24 Ja34
Brieva de Cameros E 47 Ea59
Brieves E 37 Ca54
Briey F 25 Jc35
Brig CH 141 Ca56
Brigachtal D 141 Cb51
Brigels CH 142 Cc55
Brigg GB 17 Fc21
Brighouse GB 16 Ed20
Brightlingsea GB 21 Ga27
Brighton GB 18 Db31
Brighton GB 20 Fc30
Brigi LV 107 Ma51
Brignais F 34 Jb47
Brignogan-Plage F 26 Dc37
Brignoles F 42 Ka54
Brignoud F 35 Jd48
Brig o'Turk GB 7 Dd12
Brigueuil F 33 Ga46
Brihuega E 47 Ea63
Brijesta HR 158 Ha68
Brik BIH 159 Hd65
Briksdal N 84 Cd35
Brillon-en-Barrois F 24 Jb37
Brilon D 126 Cc39
Brimfield GB 15 Ec25
Brimnes N 84 Cc39
Brinches P 50 Ba71
Brindisi I 162 Hb75
Bringetofta S 103 Fc50
Brinje HR 151 Fd61
Brinkum D 118 Cd34
Brinkworth GB 20 Ed28
Brinlack IRL 8 Ca15
Brinon-sur-Beuvron F 30 Hc42
Brinon-sur-Sauldre F 29 Gd41
Brintbodarna S 95 Fb39
Brinzeni MD 172 Ed54
Brinzenii Noi MD 173 Fc56
Brinzio I 148 Cb58
Brion F 29 Gc43
Briones E 38 Ea57
Brione Verzasca CH 141 Cb56
Brionne F 23 Ga36
Brion-près-Thouet F 28 Fc43
Brion-sur-Ource F 30 Ja39
Brioude F 34 Hc48
Brioux-sur-Boutonne F 32 Fc46
Briouze F 22 Fc37
Briscous F 39 Ed55
Brisighella I 156 Dd64
Brisley GB 17 Ga24

Brismene – Busachi

Brismene S 102 Fa48
Brissac-Quince F 28 Fc42
Brissago CH 148 Cb57
Bristen CH 141 Cb55
Bristol GB 19 Ec28
Briston GB 17 Ga23
Britiande P 44 Ba61
Brittas IRL 13 Cd22
Britten D 133 Bc45
Britvica BIH 158 Ha66
Britz D 120 Fa35
Brive-la-Gaillarde F 33 Gc49
Brives F 29 Ga40
Briviesca E 38 Dd57
Brivio I 149 Cd58
Brixen I 143 Dd55
Brixen im Thale A 143 Eb53
Brixham GB 19 Ea31
Brixlegg A 143 Ea53
Brize Norton GB 20 Fa27
Brjagovo BG 184 Dc74
Brjanka UA 205 Fb15
Brjansk RUS 202 Ed12
Brjastovec BG 181 Ed72
Brka BIH 153 Hc62
Brložnik BIH 159 Hd64
Brmyan GB 5 Ec02
Brna HR 158 Gc68
Brnaze HR 158 Gc66
Brněnec CZ 137 Gb46
Brničko CZ 137 Gc45
Brniště CZ 128 Fc42
Brnjica SRB 178 Ad68
Brno CZ 137 Gb47
Bro S 94 Ed44
Bro S 96 Gc43
Bro S 104 Ha49
Broad Chalke GB 20 Ed29
Broadford GB 4 Db08
Broadford IRL 12 Bc24
Broadford IRL 12 Bd22
Broad Haven GB 18 Db27
Broad Hinton GB 20 Ed28
Broad Oak GB 21 Ga30
Broadstairs GB 21 Gb28
Broadwas GB 15 Ec25
Broadway GB 19 Eb30
Broadway GB 20 Ed26
Broadwell Ho GB 11 Ed17
Broadwey GB 19 Ec31
Broadwindsor GB 19 Eb30
Broager DK 108 Db28
Broaryd S 102 Ed51
Broby S 111 Fb54
Brobyværk DK 108 Dc27
Broćanac BIH 158 Ha66
Brocas F 39 Fb53
Brocēni LV 105 Jd52
Brochel GB 4 Db08
Brochów PL 130 Ja37
Bročice HR 152 Gc60
Brock D 125 Cb37
Brockel D 118 Da34
Bröckel D 126 Dc36
Brockenhurst GB 20 Ed30
Brockhagen D 126 Cc37
Broczyno PL 121 Gb33
Brod BIH 159 Hd66
Brod KSV 178 Ba73
Brod MK 183 Bb74
Brod MK 183 Bb76
Brod SRB 179 Ca70
Brodalen S 102 Eb46
Brodarevo SRB 159 Jb67
Brodce CZ 136 Fc44
Broddarp S 102 Fa48
Broddbo S 95 Ga41
Broddetorp S 102 Fa47
Brodec MK 178 Ba72
Brodec'ke UA 204 Eb15
Brodek u Přerova CZ 137 Gd46
Brodek u Prostějova CZ 137 Gc47
Brodenbach D 133 Ca43
Broderstorf D 119 Eb31
Broderup DK 108 Da28
Brodica SRB 174 Bd65
Brodick GB 10 Dc14
Brodie Castle GB 5 Eb07
Brodina RO 172 Ea55
Brodina de Jos RO 172 Ea55
Brod na Kupi HR 151 Fc60
Brodnica PL 122 Hc34
Brodowe Łąki PL 122 Jb33
Brodowo PL 129 Gd37
Brodski Stubnik HR 152 Ha61
Brody PL 128 Fc39
Brody PL 128 Fd38
Brody PL 130 Jb36
Brody UA 204 Ea15
Broglie F 23 Ga36
Brojce PL 120 Fd31
Brok PL 123 Jd35
Brokdorf D 118 Da31
Brokęcino PL 121 Gc33
Brokefjell N 93 Da43
Brokind S 103 Fd47
Brokke N 92 Cd44
Brokstedt D 118 Db31
Brolo I 167 Fc84
Bromarv FIN 97 Jc41
Bromberg A 145 Gb52
Bromberg = Bydgoszcz PL 121 Ha34
Brome D 127 Dd36
Brome GB 21 Gb25
Bromley GB 20 Fd28
Bromma N 85 Dc39
Brommösund S 94 Fa45
Bromnes N 62 Gd08
Bromölla S 111 Fb54
Brompton GB 17 Fc19
Brömsebro S 111 Ga54
Bromsgrove GB 20 Ed25
Bromskirchen D 126 Cc40
Bromyard GB 15 Ec26
Bron F 34 Jb47
Brönäs S 94 Ed39
Bronchales E 47 Ed64
Brøndby Strand DK 109 Ec26
Brønderslev DK 100 Dc20
Broni I 149 Cc61
Bronice PL 128 Fc39
Bronikowo PL 120 Ga34
Bronikowo PL 129 Gb38
Broniszew PL 130 Hc41
Bronken N 94 Eb39
Bronkow D 128 Fa39
Brönnestad S 110 Fa54
Brønnøysund N 70 Ed23
Bronowo PL 123 Jd33
Brøns DK 108 Da27
Bronte I 167 Fc85
Bronzani BIH 152 Gc62
Brook GB 20 Ed30
Brookhouse GB 11 Ec19
Broomfield GB 20 Fd27
Broomfield IRL 9 Cd19
Broomhaugh GB 11 Ed16
Broons F 26 Ec38
Brora GB 5 Ea06
Brørup DK 108 Da26
Brösarp S 111 Fb56
Broscauți RO 172 Ec54
Brossac F 32 Fc48
Brøstadbotn N 67 Gb11
Broșteni MD 173 Ga55
Broșteni RO 172 Ea57
Broșteni RO 175 Cc64
Broșteni RO 176 Ed62
Broszków PL 131 Jd37
Brotas P 50 Ad68
Broto E 40 Fc57
Broträsk S 80 Hc26
Brottby S 96 Gd43
Brøttem N 77 Ea30
Brotterode D 126 Dc42
Brøttum N 86 Ea38
Brou F 29 Gb39
Brouage F 32 Fa47
Broué F 23 Gb37
Brough GB 11 Ec18
Brough Lodge GB 5 Fa03
Broughshane GB 9 Da16
Broughton GB 11 Eb17
Broughton GB 15 Eb22
Broughton GB 15 Ec20
Broughton GB 16 Fb21
Broughton GB 20 Fa29
Broughton Astley GB 16 Fa24
Broughton-in-Furness GB 11 Eb18
Broughton Poggs GB 20 Ed27
Broumov CZ 137 Gb43
Brousse-le-Château F 41 Ha53
Broussey-Raulecourt F 25 Jc36
Broutzéika GR 195 Bd87
Brouvelieures F 31 Ka38
Brouwershaven NL 124 Ac37
Brouzet-lès-Alès F 42 Ja52
Brovary UA 202 Ec14
Brovst DK 100 Db21
Brown Candover GB 20 Fa29
Brownhills GB 16 Ed24
Brownston GB 19 Dd32
Broxton GB 15 Eb23
Broye F 31 Jc41
Brozas E 51 Bc66
Brożec PL 129 Gc42
Brozolo I 148 Bd60
Brozzo I 149 Da58
Brseč HR 151 Fb61
Brštanovo HR 158 Gb66
Brtnice CZ 136 Ga47
Brtonigla HR 150 Ed60
Brú IS 2 Ad04
Brua N 86 Eb34
Bruay-la-Buissière F 23 Gd31
Bruay-sur-les-Eaux F 24 Hb31
Brubakk N 78 Eb30
Bruchhausen-Vilsen D 118 Cd35
Bruchköbel D 134 Cd43
Bruchmühlbach-Miesau D 133 Bd46
Bruchsal D 134 Cc47
Bruck A 143 Ec54
Brück D 127 Ec37
Bruck/Opf. D 135 Eb47
Bruck an der Leitha A 145 Gc51
Bruck an der Mur A 144 Fd53
Bruckberg D 134 Dc46
Bruckberg D 135 Ea49
Brücken D 133 Bd46
Brückl A 144 Fb55
Bruckmühl D 143 Ea52
Brucoli I 167 Fd86
Bruc-sur-Aff F 27 Ec40
Brudzeń Duzy PL 122 Hc35
Brudzew PL 129 Hb37
Brudzowice PL 138 Hc43
Brue-Auriac F 42 Ka54
Brüel D 119 Ea32
Bruès E 36 Ba57
Bruff IRL 12 Bd24
Bruflat N 85 Dc38
Brugg CH 141 Ca52
Brugge B 124 Aa39
Brüggen D 125 Bc39
Brüggen D 126 Db37
Brugnato I 149 Cd63
Bruhagen N 77 Da31
Bruheim N 84 Cd35
Brühl D 125 Bd41
Brühl D 134 Cc46
Bruinisse NL 124 Ac37
Bruino I 148 Bc60
Bruino I 148 Bc60
Bruiu RO 175 Dc61
Bruksvallarna S 86 Ed32
Brullés E 38 Dc57
Brûlon F 28 Fc40
Brumath F 25 Kc36
Brumby D 127 Ea38
Brummen NL 125 Bc37
Brumov-Bylnice CZ 137 Ha48
Brumovice CZ 137 Gc48
Brumundal N 86 Ea38
Brunate I 149 Cc58
Brunau D 119 Ea35
Brunava LV 106 Kc52
Brundby DK 109 Dd25
Brune N 76 Cd33
Bruneck I 143 Ea55
Brunehamel F 24 Hd33
Brunella I 168 Cc75
Brünen D 125 Bd38
Brunet F 42 Ka53
Brunete E 46 Db64
Bruneval F 22 Fd34
Brunflo S 79 Fc31
Brunhosinho P 45 Bd61
Brunico I 143 Ea55
Bruniquel F 40 Gc53
Brunkeberg N 93 Da43
Brunmyrheden S 72 Gd23
Brunn D 119 Ed32
Brunn S 96 Ha43
Brunn S 102 Fa49
Brünn = Brno CZ 137 Gb47
Brunna S 96 Gc43
Brunnalm A 144 Fd53
Brunn an der Wild A 136 Fd49
Brunnen CH 141 Cb54
Brunnsberg S 87 Fb37
Brunnthal D 143 Ea51
Brunsbüttel D 118 Da31
Brunskog S 94 Ed42
Brunssum NL 125 Bb40
Brunswijk = Braunschweig D 126 Dc37
Bruntál CZ 137 Gd45
Bruree IRL 12 Bd24
Brus SRB 178 Bb68
Brusago I 150 Dd57
Brusand N 92 Ca45
Brušane HR 151 Fd63
Brusarci BG 179 Cc68
Brusasco I 148 Bd60
Brusen BG 179 Da71
Brüsewitz D 119 Ea32
Brushkuli AL 182 Ab74
Bruskowo Wielkopolski PL 121 Gc30
Brusnik SRB 174 Ca66
Brusník SK 146 Hd50
Brusno-kúpele SK 138 Hd48
Br'usovo RUS 113 Jd59
Brušperk CZ 137 Hb45
Brusque F 41 Hb53
Brussel B 124 Ac40
Brusson I 148 Bd58
Brüssow D 120 Fb33
Brusturi RO 170 Cb56
Brusturi-Drăgănești RO 172 Ec57
Brusturoasa RO 172 Eb59
Brusy PL 121 Gd32
Brutelles F 23 Gb32
Bruton GB 19 Ec29
Brutovce SK 138 Jc47
Bruttig-Fankel D 133 Bd43
Brutuļi LV 106 La48
Bruvik N 84 Cb39
Bruvno HR 151 Ga63
Bruvoll N 94 Eb40
Bruxelles B 124 Ac40
Bruyères F 31 Ka38
Bruyères-et-Montberault F 24 Hc34
Bruz F 28 Ed39
Bruzaholm S 103 Fd49
Bruzilas LV 105 Jd52
Bruzzano Zeffirio I 164 Gb84
Břvarty CZ 136 Fa43
Brvenica MK 178 Ba73
Brvenik SRB 178 Ba68
Brwinow PL 130 Jb37
Brydalen N 86 Eb34
Bryggesåk N 92 Cc46
Bryggia N 84 Cb34
Brylle DK 108 Dc27
Bryn N 93 Dd41
Brynamman GB 19 Dd27
Bryncethin GB 19 Ea28
Bryne N 92 Ca44
Bryngwran GB 14 Dc22
Bryngwyn GB 15 Eb26
Bryn-henllan GB 14 Db26
Brynica PL 129 Ha42
Brynje S 79 Fc31
Brynmawr GB 19 Eb27
Bryrup DK 108 Db24
Bryzgiel PL 123 Kb30
Brzączowice PL 138 Ja45
Brzan SRB 174 Bc66
Brza Palanka SRB 174 Cb65
Brzava MNE 159 Jb67
Brzeće SRB 178 Bb68
Brzechowo PL 122 Hd35
Brzeg PL 129 Gd42
Brzeg Dolny PL 129 Gc40
Brzeg Głogowski PL 128 Ga39
Brzemiona PL 121 Ha33
Brześce PL 130 Jc37
Brześć Kujawski PL 129 Hb36
Brzesko PL 138 Jb44
Brzeszcze PL 138 Hc44
Brzezie PL 121 Gc32
Brzezie PL 129 Ha38
Brzezina PL 120 Fd34
Brzezinki PL 129 Ha41
Brzeziny PL 120 Ga34
Brzeziny PL 129 Ha39
Brzeziny PL 130 Hd38
Brzeziny PL 139 Jd44
Brzeźnica PL 138 Hd44
Brzeźnica Krajeńska PL 121 Gb33
Brzeźnio PL 129 Hb39
Brzeżno PL 120 Ga32
Brzeżno PL 121 Hb34
Brzeżno PL 128 Fc37
Brzeźno PL 131 Kd40
Brzeźno Lęborskie PL 121 Gd29
Brzeźno Szlacheckie PL 121 Gc31
Brzezówka PL 138 Jc43
Brzohode SRB 174 Bc65
Brzostek PL 139 Jd44
Brzotín SK 138 Jb49
Brzoza PL 121 Ha34
Brzóza PL 130 Jc39
Brzóza Królewska PL 139 Ka43
Brzozie PL 122 Hd33
Brzozie Lubawskie PL 122 Hc33
Brzózka PL 128 Fc38
Brzozów PL 139 Ka45
Brzozowa PL 123 Kb32
Brzozowiec PL 128 Fd36
Brzozowo PL 122 Ja34
Brzozowo PL 123 Kb32
Brzuska PL 139 Kb45
Brzuze PL 122 Hd34
Bšezno CZ 135 Ed43
Bû F 23 Gb37
Bua S 102 Ec50
Buais F 28 Fb38
Buar S 94 Eb45
Buavåg N 92 Ca41
Buba RO 176 Ec63
Bubakken N 77 Ea33
Bubbio I 148 Ca62
Bubenreuth D 135 Dd46
Buberget S 80 Hb27
Bubiai LT 114 Ka54
Bublava CZ 135 Ec43
Bubnevo RUS 107 Ld48
Bubry F 27 Ea40
Bubuieci MD 173 Fd58
Bubwith GB 16 Fb20
Buc F 23 Gd37
Buča UA 202 Ec14
Bučač UA 204 Ea16
Bucak TR 197 Ed89
Bucak TR 198 Fc88
Bucak TR 199 Gc89
Bucak TR 199 Ha91
Bucakşeyhler TR 199 Ha91
Buccheri I 167 Fc87
Bucchianico I 157 Fa70
Buccino I 161 Fd75
Buccleuch GB 11 Eb15
Bucelas P 50 Aa68
Buceş RO 175 Cc60
Buch D 142 Db50
Buch D 143 Eb50
Buchanty GB 7 Ea11
Buchau, Bad D 142 Cd51
Buchbach D 143 Eb50
Buchdorf D 134 Dc48
Bucheben A 143 Ec54
Bücheloh D 127 Dd42
Büchen D 118 Dc33
Buchen D 134 Cd46
Buchenbach D 134 Da47
Büchenbach D 135 Dd47
Buchenberg D 142 Db52
Büchenbeuren D 133 Bd44
Buchholz D 118 Db33
Buchholz D 118 Db35
Buchholz D 127 Ed37
Buchholz (Westerwald) D 125 Ca41
Buchin RO 174 Ca62
Buchişu RO 179 Da67
Büchlberg D 135 Ed49
Buchloe D 142 Dc51
Buchlovice CZ 137 Gd48
Buchs CH 142 Cd54
Buchy F 23 Gb34
Bučin MK 183 Bb75
Bucine I 156 Dd66
Bučin Prohod BG 179 Cc70
Bučionys LT 114 Kd57
Bučište MK 178 Bd73
Bucium RO 171 Cd59
Buciumeni MD 173 Fa57
Buciumeni RO 176 Ed61
Buciumi RO 171 Cd57
Buciumoni RO 176 Dd64
Bučiūnai LT 114 Kb53
Bučje HR 152 Gd60
Bučje SRB 174 Ca66
Buckarby S 95 Gb41
Buckden GB 11 Ed19
Buckden GB 20 Fc25
Bückeburg D 126 Cd37
Bücken D 118 Da35
Buckfastleigh GB 19 Dd31
Buckhaven GB 7 Eb12
Buckie GB 5 Ec07
Buckingham GB 20 Fb26
Buckland GB 20 Fa27
Bucklay GB 15 Eb22
Buckminster GB 16 Fb24
Bucknell GB 15 Eb25
Buckow D 128 Fb36
Bucks Green GB 20 Fc29
Bucoşnița RO 174 Cb62
Bucov RO 176 Eb64
Bucovăț MD 173 Fc57
Bucovăț RO 175 Cd66
Bucovica BIH 158 Gd66
Bučovice CZ 137 Gc47
Bucquoy F 23 Ha32
Bucsa H 147 Jd53
Bucșani RO 176 Ea64
Bucșani RO 176 Ea66
Bucureșci RO 175 Cc60
București RO 176 Eb66
Bucuria MD 177 Fc61
Bucuru RO 175 Cd61
Bucy-lès-Pierrepont F 24 Hc34
Buczek PL 130 Hc39
Buczkowice PL 138 Hc45
Bud N 76 Cd31
Budachów PL 128 Fc37
Budačka Rijeka HR 151 Ga60
Budacu de Jos RO 171 Dc57
Budacu de Sus RO 171 Dc57
Budăi MD 173 Fc56
Budakdoğanca TR 185 Eb75
Budakeszi H 146 Hc53
Budaklar TR 187 Gc78
Budaklar TR 191 Ea82
Budaklar TR 192 Ga86
Budakovo MK 183 Bb76
Buđanovci SRB 153 Jb61
Budaörs H 146 Hc53
Budapest H 146 Hd53
Búðardalur IS 2 Ac03
Budby GB 16 Fb22
Buddbyn S 73 Hd21
Buddenstedt D 127 Dd37
Buddusò I 168 Cb75
Bude GB 18 Dc30
Budeasa RO 175 Dc64
Budel NL 125 Bb39
Büdelsdorf D 118 Db30
Budënnovsk RUS 205 Ga16
Budens P 58 Aa74
Büderich D 125 Bd38
Büdesheim D 133 Bc43
Budești MD 173 Fd58
Budești RO 171 Db55
Budești RO 171 Db58
Budești RO 175 Db64
Budești RO 180 Eb67
Buđevo SRB 178 Ad68
Budia E 47 Ea64
Budila RO 176 Ea62
Budilovo RUS 99 Ma43
Budimci HR 152 Hb60
Budimír SK 139 Jd48
Budimlić Japra BIH 152 Gb62
Büdingen D 134 Cd43
Budišov CZ 136 Ga47
Budišov nad Budišovkou CZ 137 Gd45
Budkovce SK 139 Ka48
Budleigh Salterton GB 19 Ea31
Budmerice SK 145 Gd50
Budogošč' RUS 202 Eb08
Budoi RO 170 Cb56
Budomierz Duży PL 139 Kc43
Budoni I 168 Cc75
Budovič' RUS 107 Ld46
Budraičiai LT 114 Ka55
Budrio I 150 Dd63
Budry PL 122 Jc30
Budumirci MK 183 Bc76
Budureasa RO 171 Cc58
Buduslău RO 170 Cb55
Budva MNE 159 Hd70
Būdviečiai LT 113 Jc56
Būdviečiai LT 114 Ka59
Būdviečiai LT 114 Ka59
Būdvietis LV 114 Kb59
Budweis = České Budějovice CZ 136 Fb48
Budy PL 130 Hd36
Budyně CZ 136 Fb43
Budzeń PL 120 Fc33
Budziska PL 123 Jd30
Budzisz PL 122 Hc31
Budziszewice PL 130 Ja39
Budzyń PL 121 Gc35
Buenache de Alarcón E 53 Eb67
Buenache de la Sierra E 47 Ec65
Buenaventura E 46 Cd65
Buenavista de Valdavia E 38 Da57
Buendía E 47 Ea65
Buer D 126 Cc37
Bueräs S 102 Eb50
Bueres E 37 Cd55
Bueu E 36 Ad57
Buftea RO 176 Ea66
Bugac H 146 Ja55
Bugarra E 54 Fb67
Buğdaylar TR 192 Fd85
Buğdaylı TR 186 Fa80
Büğdüz TR 193 Gd81
Büğdüz TR 199 Gb89
Bugeac MD 177 Fc60
Bugeat F 33 Gd47
Būgeniai LT 113 Jc53
Buggerru I 169 Bd79
Bughea de Jos RO 175 Dc63
Būginiai LT 114 Kd53
Buglose F 39 Fa54
Bugnara I 161 Fa71
Bugojno BIH 158 Ha64
Bugøyfjord N 65 Kc07
Bugøynes N 65 Kc07
Bugraz TR 186 Fd78
Buguchwała PL 139 Ka44
Bugul'ma RUS 203 Ga09
Bugurzyn PL 122 Ja34
Bügüş TR 197 Fa92
Bugyi H 146 Hd54
Buharkent TR 192 Fc87
Bühl D 133 Cb48
Bühlertal D 133 Cb48
Bühlertann D 134 Da47
Bühlerzell D 134 Da48
Buhoci RO 172 Ed59
Buhølen N 92 Cc47
Buholmen N 65 Kc07
Buhovci BG 181 Ec70
Buhovo BG 179 Cc71
Buhuși RO 172 Ec59
Builth Wells GB 15 Ea26
Buinsk RUS 203 Fd09
Buiríos Uí Chéin IRL 13 Ca22
Buironfosse F 24 Hc33
Buis-les-Baronnies F 42 Jc51
Buitenpost NL 117 Bc33
Buitrago del Lozoya E 46 Dc62
Buivydžiai LT 115 Lb57
Buj RUS 203 Fa08
Buják H 146 Ja51
Bujalance E 52 Da72
Bujanicy RUS 99 Ma40
Bujanovac KSV 178 Bc71
Bujaraloz E 48 Fc61
Buje HR 150 Ed60
Bujnovci BG 180 Ea71
Bujor MD 173 Fc58
Bujoreni RO 180 Dd67
Bujoru RO 180 Dd68
Buk H 145 Gc53
Buk PL 129 Gb37
Bukaiši LV 106 Ka52
Bukanovskaja RUS 203 Fc13
Bukas LV 106 Kd48
Bükdere TR 192 Fb82
Bükkábrány H 146 Jc51
Bukkemoen N 62 Gb10
Bükkösd H 152 Hb57
Büklüce TR 199 Ha91
Bukonys LT 114 Kc56
Bukorovac SRB 174 Bb66
Bukovac SRB 153 Hd59
Bukova Gora BIH 158 Gd66
Bukovec BG 179 Cb68
Bukovi SRB 159 Jb64
Bukovica HR 152 Ha59
Bukovica MNE 159 Ja67
Bukovica SLO 151 Fb57
Bukowa PL 131 Kb42
Bukowice PL 129 Gc40
Bukowiec PL 121 Ha33
Bukowiec PL 128 Ga37
Bukowina Tatrzańska PL 138 Ja46
Bukówko PL 120 Ga31
Bukownica PL 129 Ha40
Bukowno PL 138 Hd43
Bukowsko PL 139 Ka46
Buksnes N 66 Fd12
Bukta N 64 Jd05
Bukta N 78 Ea29
Buky UA 204 Ec15
Bülach CH 141 Cb52
Bulăiești MD 173 Fd56
Bulair BG 181 Ed71
Bulanlak TR 205 Fd19
Bulărda MD 173 Fc57
Bulavėnai LT 114 Ka55
Bulboaca MD 173 Fa53
Bulboaca MD 173 Ga58
Bulboci MD 173 Fb54
Bulbucata RO 176 Ea66
Bulbuente E 47 Ed60
Buldan TR 192 Fc87
Bulduri LV 106 Kb50
Bulgar RUS 203 Fd09
Bulgiza AL 163 Jc72
Bulgiza AL 182 Ac74
Bulgurca TR 191 Ec87
Buli Potok SRB 178 Bd68
Bülkau D 118 Da32
Bulken N 84 Cb38
Bulkowo PL 130 Ja36
Bull N 92 Cc46
Bullas E 61 Ec72
Bullaun IRL 12 Bd21
Bulle CH 141 Bc55
Bullerup DK 109 Dd26
Büllingen B 125 Bc42
Bullmark S 80 Hc27
Bully-les-Mines F 23 Ha31
Bulnes E 38 Da55
Bulshizë AL 163 Jb71
Bultei I 168 Ca75
Bulz RO 171 Cc57
Bulzești RO 175 Da65
Bulzeștii de Sus RO 171 Cc59
Bumbăta MD 173 Fb57
Bumbești-Jiu RO 175 Cd63
Bumbești-Pitic RO 175 Da63
Buna BIH 158 Hb67
Bun an Phobail IRL 9 Cc15
Bunarkaig GB 6 Dc09
Bunbeg IRL 8 Ca15
Bunbrosna IRL 9 Cb20
Bunclody IRL 13 Cc23
Buncrana IRL 9 Cc15
Bun Cranncha IRL 9 Cc15
Bünde D 117 Ca33
Bünde D 126 Cd37
Bundenthal D 133 Ca47
Bun Dobhráin IRL 8 Ca17
Bundoran IRL 8 Ca17
Bundorf D 134 Dc44
Bunes N 65 Kb06
Bunessan GB 6 Da11
Bunești RO 172 Ec56
Bunești RO 175 Db63
Bunești RO 176 Dd60
Bunești-Averești RO 173 Fb59
Bungay GB 21 Gb25
Bunge S 104 Ha48
Bunić HR 151 Ga62
Bunila RO 175 Cc61
Bunka LV 105 Jb52
Bunkeflostrand S 110 Ed56
Bunken DK 101 Dd19
Bunkris S 86 Fa36
Bunmahon IRL 13 Cb25
Bun na hAbhna IRL 8 Bb18
Bunnahowen IRL 8 Bb18
Bun na Leaca IRL 8 Ca15
Bunnyconnellan IRL 8 Bd18
Buño E 36 Ad54
Buñol E 54 Fb68
Bunovo BG 179 Cd71
Bunschoten NL 116 Bb36
Buntești RO 170 Cb58
Buntingford GB 20 Fc26
Buntowo PL 121 Gc34
Buñuel E 47 Ed59
Bünüs TR 187 Hb78
Bunyola E 57 Hb67
Buochs CH 141 Cb54
Buoldavárre S 68 Hc16
Buonabitacolo I 161 Ga77
Buonalbergo I 161 Fc74
Buonconvento I 155 Dc67
Bur DK 100 Cd23
Burano I 150 Eb60
Burbach D 125 Cb41
Burbáguena E 47 Ed63
Burbia E 37 Bd56
Burbiškiai LV 114 Kb56
Burcei I 169 Cb79
Burcin F 35 Jc48
Burcun TR 186 Ga80
Burdąg PL 122 Jb32
Burdnomohkki FIN 69 Ka13
Burdur TR 199 Gb88
Bureå S 72 Gc23
Bureå S 80 Hc25
Bureåborg S 80 Gc30
Burela E 36 Bc53
Burelles F 24 Hc33
Büren D 126 Cc39
Buren NL 117 Bc32
Buren NL 124 Ba37
Büren an der Aare CH 141 Bd53
Bures GB 21 Ga26
Burfjord N 63 Hc08
Burford GB 20 Ed27
Burg D 118 Da31
Burg D 127 Eb37
Burg D 128 Fb38
Burgas BG 181 Ed73
Burgau A 145 Gb54
Burgau D 134 Db49
Burg auf Fehmarn D 119 Ea30
Burgberg D 142 Db52
Burgbernheim D 134 Db46
Burgbrohl D 125 Bd42
Burgdorf CH 141 Bd54
Burgdorf D 126 Db36
Burgdorf D 126 Db37
Burgebrach D 134 Dc45
Bürgel D 127 Ea41
Burgess Hill GB 20 Fc30
Burghagel D 134 Db49
Burghammer D 128 Fb40
Burghaslach D 134 Dc45
Burghaun D 126 Da42
Burghausen D 127 Eb40
Burghausen D 143 Ec51
Burghead GB 5 Eb07
Burgheim D 134 Dc49
Burgh-Haamstede NL 124 Ab37
Burgh le Marsh GB 17 Fd22
Burgh Saint Peter GB 21 Gb25
Burgillos del Cerro E 51 Bc70
Burgio I 166 Ec85
Burgio I 167 Fc88
Burgkirchen A 143 Ec51
Burgkirchen D 143 Ec51
Burgkunstadt D 135 Dd44
Burg Lauenstein D 135 Dd43
Burglauer D 134 Db43
Burglengenfeld D 135 Ea47
Burgo E 36 Bb55
Burgo P 44 Ad62
Burgoberbach D 134 Dc47
Burgohondo E 46 Cd64
Burgos E 38 Dc58
Burgos I 168 Ca76
Burgpreppach D 134 Dc44
Burgsalach D 135 Dd48
Burgsinn D 134 Da44
Burgstädt D 127 Ec41
Bürgstadt D 134 Cd45
Burg Stargard D 119 Ed33
Burgsteinfurt D 125 Ca37
Burgsvik S 104 Gd51
Burgthann D 135 Dd47
Burgueira E 36 Ac58
Burguete E 39 Ed56
Burgui E 39 Fa57
Burguillos E 59 Ca73
Burguillos de Tajo E 52 Db66
Burgum NL 117 Bc33
Burgwald D 126 Cd41
Burgwedel D 126 Db36
Burgwindheim D 134 Dc45
Burhan TR 192 Fd82
Burhaniye TR 191 Ec82
Buriasco I 148 Bc61
Burie F 32 Fc47
Burila Mare RO 174 Cb65
Burja BG 180 Dc70
Burjassot E 54 Fb67
Burjuc RO 174 Cb60
Burk D 134 Db47
Burkal DK 108 Da28
Burkardroth D 134 Db43
Burkat PL 122 Ja33
Burkaty PL 122 Jb35
Burkhardtsdorf D 127 Ec42
Burlăceni MD 177 Fc62
Burlacu MD 177 Fc61
Burladingen D 142 Cc50
Burlănești MD 172 Ed54
Burley in Wharfedale GB 16 Ed20
Burlo D 125 Bd37
Burlton GB 15 Eb23
Burmahan TR 199 Ha90
Burness GB 5 Ed02
Burnham-on-Crouch GB 21 Ga27
Burnham-on-Sea GB 19 Eb29
Burnley GB 16 Ed20
Burntisland GB 11 Eb13
Buronzo I 148 Ca59
Burovac SRB 174 Bc65
Burow D 119 Ed32
Burøysund N 62 Gd07
Burrafirth GB 5 Fa03
Burravoe GB 5 Fa04
Burrel AL 163 Jc72
Burren IRL 12 Bc21
Burres E 36 Ba55
Burringham GB 16 Fb21
Burry Port GB 19 Dd27
Burs S 104 Ha50
Bursa TR 186 Fd80
Burscheid D 125 Bd40
Burscough GB 15 Eb21
Burseryd S 102 Fa51
Bursiljum S 80 Hc26
Bürstadt D 134 Cc45
Bursuc MD 173 Fc58
Burszewo PL 122 Jb31
Burtenbach D 142 Db50
Burtnieki LV 106 Kd48
Burton Agnes GB 17 Fc19
Burton Constable GB 17 Fc20
Burton-in-Kendal GB 11 Ec19
Burton Latimer GB 20 Fb25
Burtonport IRL 8 Ca15
Burton-upon-Stather GB 16 Fb21
Burton-upon-Trent GB 16 Fa23
Burträsk S 80 Hc26
Burujón E 52 Da66
Burvik S 81 Hd25
Burwash GB 20 Fd30
Burwell GB 17 Fd22
Burwell GB 20 Fd25
Burwick GB 5 Ec04
Bury GB 15 Ec21
Bury Saint Edmunds GB 21 Ga25
Burzenin PL 129 Hb40
Burzyn PL 123 Ka33
Busachi I 169 Ca77

Busalla – Cañaveral de León

Busalla I 148 Cb62
Busana I 149 Da63
Busano I 148 Bd59
Bușăuca MD 173 Fd56
Busca I 148 Bc62
Busche I 150 Ea58
Busdorf D 108 Db29
Buseck D 126 Cc42
Busemarke DK 109 Ec28
Busenberg D 133 Ca47
Busendorf D 134 Dc44
Bušetina HR 152 Gd58
Buševec HR 152 Gb59
Bushat AL 163 Jb71
Bushey GB 20 Fc27
Bushfield IRL 12 Bd23
Bushmills GB 9 Cd15
Busici MK 183 Bc74
Busigny F 24 Hb33
Bușila MD 173 Fb56
Busilovac SRB 178 Bc67
Bušince SK 146 Hd50
Bus'k UA 204 Ea15
Buske DK 109 Eb27
Buskhyttan S 103 Gb46
Busko-Zdrój PL 138 Jb43
Bušletić BIH 152 Hb62
Bušno PL 131 Kd40
Busnovi HR 152 Ha60
Busot E 55 Fb71
Busovača BIH 158 Hb64
Bussac-Forêt F 32 Fc49
Bussang F 31 Ka39
Busséol F 34 Hb47
Busseto I 149 Da61
Bussière-Badil F 33 Ga47
Bussières F 24 Hb36
Büßleben D 127 Dd41
Bussö FIN 96 Hc40
Bussoleno I 148 Bb60
Busson F 30 Jb38
Bussum NL 116 Ba36
Bussy-le-Repos F 30 Hb39
Bustadmon S 78 Fa30
Bustares E 46 Dd62
Bustarviejo E 46 Dc63
Bușteni RO 176 Ea63
Bustidoño E 38 Db56
Bustillo de Páramo E 37 Cb57
Bustnes N 71 Fb20
Busto E 37 Ca53
Busto Arsizio I 148 Cb59
Buštranje SRB 178 Bd72
Bustuchin RO 175 Da64
Büsum D 118 Da30
Buszkowo PL 121 Gd33
Buszów PL 120 Fd35
Butan BG 179 Cd68
Butea RO 172 Ed57
Buțeni MD 173 Fc58
Buteni RO 170 Cb59
Butera I 167 Fa87
Bütgenbach B 125 Bb42
Butimanu RO 176 Ea65
Bütingė LT 113 Jb54
Butjadingen D 117 Cc32
Butkaičiai I LT 114 Ka56
Butkiškė LT 114 Ka55
Butkiškiai LT 114 Kc55
Butler's Bridge IRL 9 Cb19
Butlerstown IRL 12 Bc26
Butley GB 21 Gb26
Butniūnai LT 114 Kd53
Butoiești RO 175 Cd65
Butovo BG 180 Dc70
Butrimonys LT 114 Kc59
Butrint AL 182 Ab79
Butron E 38 Ea55
Butryny PL 122 Ja32
Butryny PL 122 Ja32
Bütschwil CH 142 Cc53
Büttelborn D 134 Cc44
Buttenheim D 135 Dd45
Buttenwiesen D 134 Dc49
Buttevant IRL 12 Bd24
Buttington GB 15 Eb24
Buttlar D 126 Db42
Buttle S 104 Ha50
Buttlerstown IRL 13 Cb25
Buttstädt D 127 Ea41
Büttstedt D 126 Db40
Butuceni MD 173 Fd56
Buturlinovka RUS 203 Fb13
Buturugeni RO 176 Ea66
Butzbach D 134 Cc43
Bützow D 119 Eb32
Buurse NL 125 Bd37
Buvåg N 66 Fd14
Buvarp N 78 Eb27
Buvik N 77 Da32
Buvika N 70 Fa19
Buvika N 70 Fa20
Buvika N 77 Ea30
Buvika N 86 Ec34
Buxières-les-Mines F 30 Hb44
Buxtehude D 118 Db33
Buxton GB 16 Ed22
Buxy F 30 Ja43
Büyükalan TR 198 Ga90
Büyükanafarta TR 185 Ea80
Büyükbelen TR 192 Fa85
Büyükbelkıs TR 199 Ha91
Büyükçavuşlu TR 185 Ed76
Büyükçavuşlu TR 186 Fa77
Büyük Çekmece TR 186 Fc77
Büyükdağdere TR 192 Fb83
Büyükdöllük TR 185 Eb75
Büyükfındık TR 191 Ed82
Büyük Gökçeli TR 199 Gd88
Büyükhusum TR 191 Ea82
Büyükışıklar TR 191 Ed83
Büyükkale TR 191 Ed87
Büyükkalecik TR 193 Gc85
Büyükkaraağaç TR 198 Fb91
Büyükkarabağ TR 193 Ha85
Büyükkarıştıran TR 185 Ed77
Büyükkayalı TR 192 Fd86
Büyükkılıclı TR 186 Fb77
Büyükköy TR 199 Gb90
Büyükkumluca TR 199 Gd91
Büyükmandıra TR 185 Ec76
Büyüköğünlü TR 185 Eb74
Büyükorhan TR 192 Fc82
Büyükoturak TR 193 Gb85
Büyükpınar TR 191 Ed81
Büyüksaka TR 193 Gb83
Büyükşapçı TR 191 Ec82
Büyüksöğle TR 199 Gb92
Büyüktekke TR 187 Ha77
Büyükyayla TR 193 Gc84
Büyükyenice TR 191 Ed83
Büyükyoncalı TR 186 Fa76
Buza RO 171 Db57
Buzançais F 29 Gb43
Buzancy F 24 Ja34
Buzău RO 176 Ec64
Buzescu RO 180 Dd67
Buzet HR 151 Fa60
Buziaș RO 174 Bd61
Buzica SK 138 Jc49
Bužim BIH 152 Gd61
Buzluca TR 193 Ha84
Buzoești RO 175 Dc65
Buzovgrad BG 180 Dd72
Buzsák H 145 Ha56
Bweeng IRL 12 Bc25
Bwlch GB 15 Ea26
Bwlchllan GB 15 Dd25
Bwlch-y-ffridd GB 15 Ea24
Bwlch-y-Sarnau GB 15 Ea25
By N 78 Ea28
By S 94 Ed42
By S 94 Ed44
By S 95 Ga41
Byans-sur-Doubs F 31 Jd42
Byarum S 103 Fb49
Byberget S 87 Fd33
Bybjerg DK 109 Eb25
Bychav BY 202 Eb12
Bychawa PL 131 Kb40
Bycina PL 137 Hb43
Byczki PL 130 Ja38
Byczyna PL 129 Ha41
Byczyna PL 138 Hd44
Bydalen S 79 Fb31
Bydgoszcz PL 121 Ha34
Bydlino PL 121 Gc29
Bye S 88 Gc33
Byford GB 15 Eb26
Bygdeå S 80 Hc27
Bygdeträsk S 80 Hc26
Bygdisheim N 85 Db36
Bygdsiljum S 80 Hc26
Bygget S 102 Ed52
Bygland N 92 Cd45
Byglandsfjord N 92 Cd45
Bykle N 92 Cd43
Byklestøylane N 92 Cd43
Bykovo RUS 203 Fd13
Bylchau GB 15 Ea22
Byluft N 65 Kb07
Byn S 94 Ed42
Byneset N 77 Ea30
Byremo N 92 Cc46
Byrkjedal N 92 Cb44
Byrkjelo N 84 Cc35
Byrness GB 11 Ec15
Byrudstua N 85 Ea40
Byrum DK 101 Ea20
Byšice CZ 136 Fc44
Byske S 73 Hc24
Byškovice CZ 137 Ha46
Bysław PL 121 Ha33
Byssträsk S 80 Ha27
Býšť CZ 136 Ga44
Bysting N 77 Dd29
Bystrá SK 138 Hd48
Bystré CZ 137 Gb46
Bystré SK 139 Jd47
Bystrecovo RUS 107 Ma47
Bystřice CZ 136 Fc46
Bystřice CZ 138 Hc46
Bystřice nad Pernštejnem CZ 137 Gb46
Bystřice pod Hostýnem CZ 137 Ha47
Bystrzyca PL 131 Ka41
Bystrzyca Kłodzka PL 137 Gc44
Byszyno PL 120 Ga31
Bytča SK 137 Hb47
Bytnica PL 128 Fd37
Bytom PL 138 Hc43
Bytom Odrzański PL 128 Ga39
Bytoń PL 129 Hb36
Bytów PL 121 Gd31
Bytyń PL 129 Gb36
Byvattnet S 80 Gc30
Byxelkrok S 104 Gc50
Bzenec CZ 137 Gd48
Bzovík SK 146 Hd50

C

Căbăiești MD 173 Fb57
Cabaj-Cápor SK 145 Ha50
Cabaleiros (Tordoia) E 36 Ad54
Cabanac F 32 Fb51
Cabañaquinta (Aller) E 37 Cc55
Cabañas de la Dornilla E 37 Ca57
Cabanes E 54 Fd65
Cabañes de Esgueva E 46 Dc60
Cabanillas E 47 Ed59
Cabanillas de la Sierra E 46 Dc63
Čabar HR 151 Fc59
Cabasse F 42 Ka54
Cabdella E 40 Gb58
Cabeça de Carneiro P 50 Ba70
Cabeça Gorda P 50 Ad71
Cabeço de Vide P 50 Ba68
Cabella Ligure I 149 Cc62
Cabertarar TR 192 Fc86
Čabești RO 170 Cb57
Cabezabellosa E 45 Ca65
Cabeza del Buey E 52 Cc69
Cabeza la Vaca E 51 Bd71
Cabezamesada E 53 Dd66
Cabezarados E 52 Da69
Cabezarrubias E 52 Da70
Cabezas del Villar E 45 Cc63
Cabezas Rubias E 59 Bb72
Cabezón E 46 Da60
Cabezón de la Sal E 38 Db55
Cabezón de Liébana E 38 Da55
Cabezuela E 46 Db62
Cabezuela del Valle E 45 Cb65
Cabia E 38 Dc58
Čabiny SK 139 Ka47
Caboalles de Arriba E 37 Ca56
Cabourg F 22 Fc35
Cabra E 60 Cd74
Čabra KSV 178 Ba70
Cabrach GB 7 Ec08
Cabra del Santo Cristo E 60 Dc73
Cabra de Mora E 54 Fb65
Cabragh GB 9 Cc17
Cabrahigos E 59 Ca77
Cabras I 169 Bd77
Cabredo E 39 Eb57
Cabreiros E 36 Bb54
Cabrejas del Pinar E 47 Ea60
Cabrela P 50 Ac69
Cabrerets F 33 Gc51
Cabrières F 41 Hc54
Cabrillas E 45 Ca63
Cabruñana E 37 Cb54
Cabuna HR 152 Ha59
Cacabelos E 37 Bd57
Cacabëzë AL 182 Ab75
Čačak SRB 159 Jc64
Caccamo I 166 Ed84
Caccuri I 165 Gd80
Cacela Velha P 58 Ba74
Cáceres E 51 Bd67
Čačërsk BY 202 Ec13
Čačevičy BY 202 Eb12
Cachafeiro E 36 Ba56
Cachão P 45 Bc60
Cachopo P 58 Ad73
Cachtice SK 137 Ha49
Cacia P 44 Ac62
Cacica RO 172 Eb55
Cacin E 60 Db75
Čačinci HR 152 Ha59
Căciulata RO 175 Db63
Cádabo (Baleira) E 36 Bc55
Cadafresnas E 37 Bd57
Cadagua E 38 Dd56
Cadalen F 41 Gd53
Cadalso de los Vidrios E 46 Da65
Cadaqués E 41 Hc58
Cadaval P 50 Ab67
Cadavedo E 37 Ca54
Čađavica BIH 152 Gd63
Čađavica HR 152 Ha59
Čađavica Gornja BIH 153 Hd62
Čadca SK 138 Hc46
Cadelbosco di Sopra I 149 Db62
Caden F 27 Ec41
Cadenabbia I 149 Cc57
Cadenberge D 118 Da32
Cadenet F 42 Jc53
Cádiar E 60 Dc76
Cadillac F 32 Fc51
Cadillon F 40 Fc54
Čadinje SRB 159 Jb66
Cadis F 41 Gd54
Cádiz E 59 Bd76
Cadolzburg D 134 Dc46
Cadouin F 33 Ga50
Cadreita E 47 Ed59
Cadzand NL 124 Ab38
Caen F 22 Fc36
Caerleon GB 19 Eb27
Caernarfon GB 15 Dd22
Caerphilly GB 19 Eb28
Caersws GB 15 Ea24
Čaevo RUS 202 Ed08
Ćafa MK 182 Ba74
Ćafe MNE 159 Ja69
Cagan Aman RUS 203 Ga14
Cagan-Nur RUS 203 Ga14
Caggiano I 161 Fd76
Çağıllar TR 192 Fc84
Çağış TR 192 Fa82
Cagitán E 61 Ec72
Çağlarca TR 199 Gc91
Çağlayık TR 185 Ed74
Cagli I 156 Eb66
Cagliari I 169 Ca80
Čaglin HR 152 Hb60
Çağman TR 199 Gb93
Cagnano Varano I 161 Ga72
Cagnes-sur-Mer F 43 Kc53
Cagnotte F 39 Fa54
Čagoda RUS 202 Ec08
Caher IRL 8 Bc20
Cahir IRL 13 Ca24
Caherdaniel IRL 12 Ba26
Cahersiveen IRL 12 Ba25
Cahors F 33 Gc51
Cahul MD 177 Fb61
Cahuzac-sur-Vére F 41 Gd53
Căianu RO 171 Da58
Căianu Mic RO 171 Db56
Caiazzo I 161 Fb74
Cain E 38 Da55
Căinari MD 173 Fd59
Căinarii Vechi MD 173 Fb54
Căineni RO 175 Db62
Căineni-Băi RO 176 Ed64
Caión E 36 Ad54
Čaira BG 179 Cd73
Cairaclia MD 177 Fc62
Cairnborrow GB 7 Ec08
Cairndow GB 6 Dc12
Cairnryan GB 10 Dc16
Cairo Montenotte I 148 Ca62
Caiseal IRL 13 Ca24
Caisleán an Bharraigh IRL 8 Bc19
Caisleán an Chomair IRL 13 Cb23
Caister-on-Sea GB 17 Gc24
Caistor GB 17 Fc21
Caivano I 161 Fb74
Cajarc F 33 Gc51
Čajba MD 173 Fa55
Čajetina SRB 159 Jb65
Čajić BIH 158 Gc65
Čajka BG 181 Fb70
Čajle MK 178 Ba73
Čajniče BIH 159 Hd66
Cajvana RO 172 Eb55
Cák H 145 Gb53
Çakallar TR 191 Ec86
Çakallar TR 191 Ed82
Čakany SK 145 Gd51
Çakılköyü TR 186 Fa79
Çakıllı TR 186 Fa76
Çakıllı TR 192 Fa83
Čakino RUS 203 Fc12
Çakır TR 191 Ed81
Çakır TR 198 Fd90
Çakırbeyli TR 197 Ed88
Çakırca TR 186 Ga79
Çakırdere TR 191 Ec82
Çakırlar TR 191 Ec83
Çakırlar TR 192 Fc85
Çakırlar TR 193 Hb87
Çakırlar TR 199 Gc91
Çakırözü TR 193 Gc86
Çakmak TR 191 Eb83
Çakmak TR 192 Fd82
Çakmak TR 192 Ga83
Çakmak TR 193 Hb84
Çakmak TR 198 Fb90
Čakovci HR 153 Hd60
Čakovec HR 152 Gb57
Çal TR 192 Fd87
Cala E 59 Bd72
Cala P 51 Bb69
Cala Antena E 57 Hc67
Calabernardo I 167 Fd88
Cala Blanca E 57 Ja66
Cala Blava E 57 Hb67
Calabritto I 161 Fd75
Călacea RO 170 Ca58
Calaceite E 48 Fd63
Calacuccia F 154 Cb69
Cala de Mijas E 60 Cd77
Cala d'Or E 57 Hc68
Cala en Porter E 57 Ja66
Calaf E 49 Gc60
Calafat RO 179 Cc67
Calafell E 49 Gc62
Cala Figuera E 57 Hc68
Calafindești RO 172 Eb55
Calafort Ros Láir IRL 13 Cd25
Calafuria I 155 Da66
Cala Galdana E 57 Ja66
Cala Gonone I 169 Cc76
Calahonda E 60 Cd77
Calahonda E 60 Dc76
Calahorra de Boedo E 38 Db57
Calahorra E 39 Ec58
Calais F 21 Gc30
Cala Liberotto I 168 Cc76
Cala Llenya E 56 Gc69
Cala Llonga E 56 Gc69
Calalzo di Cadore I 143 Eb56
Cala Major E 57 Hb67
Calambrone I 155 Da65
Cala Mesquida E 57 Jb66
Cala Millor E 57 Hd67
Calamocha E 47 Ed63
Calamonaci I 166 Ec86
Calamonte E 51 Bd69
Cala Morell E 57 Ja65
Călan RO 175 Cc61
Calañas E 59 Bb72
Calanda E 48 Fc63
Calangianus I 168 Cb74
Cala Pi E 57 Hb68
Calapica BG 180 Db73
Cala Rajada E 57 Hd67
Călărași MD 173 Fc57
Călărași RO 171 Da59
Călărași RO 173 Fa56
Călărași RO 179 Da68
Călărași RO 181 Ed67
Cala Rossa F 154 Cb72
Cala Sant Vicenç E 56 Gc69
Cala Sant Vicenç E 57 Hc66
Calascibetta I 167 Fa85
Călășeni MD 173 Fa55
Calasetta I 169 Bc80
Calasparra E 61 Ec72
Calatafimi-Segesta I 166 Eb84
Calatañazor E 47 Ea60
Calatayud E 47 Ed61
Călățele RO 171 Cd58
Calații Bistriței RO 171 Dc57
Calatorao E 47 Ed61
Cala Turqueta E 57 Ja66
Calau D 128 Fa39
Cala Vedella E 56 Gb69
Calbe D 127 Ea38
Calberlah D 126 Dc36
Çalçakırlar TR 192 Fd87
Calcatoggio F 154 Ca70
Calcena E 47 Ec60
Çalcı TR 193 Ha81
Calcinelli I 156 Ec65
Calcio I 149 Cd59
Calco I 149 Cc58
Căldădraru RO 175 Dc66
Caldaro I 142 Dc56
Caldarola I 156 Ec67
Caldas da Felgueira P 44 Ba63
Caldas da Rainha P 50 Ab66
Caldas de Monchique P 58 Ab73
Caldas de Reis E 36 Ad56
Caldas de Vizela P 44 Ad60
Caldbeck GB 11 Eb17
Calde E 36 Bb55
Caldearenas E 39 Fb58
Caldebarcos E 36 Ac55
Caldelas E 36 Ad58
Caldelas P 44 Ad60
Caldelas P 44 Ad59
Calden D 126 Da39
Calderari I 167 Fb86
Çaldere TR 192 Fb82
Calder Mains GB 5 Eb04
Calders E 49 Gd60
Caldes de Boí E 40 Ga58
Caldes de Malavella E 49 Hb60
Caldes de Montbui E 49 Gd60
Caldirola I 149 Cc62
Caldueño E 38 Da54
Caleao E 37 Cc55
Caledon GB 9 Cd18
Calella E 49 Hb60
Calella de Palafrugell E 49 Hc60
Calenzana F 154 Ca69
Calera de León E 51 Bd71
Calera y Chozas E 52 Cd66
Caleruega E 46 Dc60
Caleruela E 52 Cc66
Cales de Mallorca E 57 Hc67
Calestano I 149 Da62
Calfa MD 173 Ga58
Calfsound GB 5 Ec02
Calgary GB 6 Da10
Çalı TR 186 Fc80
Çalıbahçe TR 191 Ec84
Calig E 48 Fd64
Calignac F 40 Fd52
Călimănești RO 175 Db63
Călinești MD 173 Fa56
Călinești RO 171 Db55
Călinești RO 175 Dc64
Călinești RO 180 Dd67
Călinești-Oaș RO 171 Da54
Çalışlar TR 193 Gc85
Calitri I 161 Fd75
Calizzano I 148 Bd63
Çalkara TR 193 Gc81
Çalkaya TR 193 Ha81
Çalkaya TR 199 Gd91
Çalköy TR 193 Gb84
Çalköy TR 193 Gb84
Callac F 26 Ea38
Callainn IRL 13 Cb24
Callan IRL 13 Cb24
Callander GB 7 Dd12
Callanish GB 4 Da05
Callantsoog NL 116 Ba34
Callas F 43 Kb53
Callelongue F 42 Jc55
Calliano I 148 Ca60
Calliano I 149 Dc58
Çallıca TR 199 Gb89
Çallıcaalan TR 187 Ha80
Callington GB 18 Dc31
Callosa d'En Sarrià E 55 Fc70
Callosa de Segura E 55 Fa72
Callow IRL 8 Bd19
Callús E 49 Gd60
Čalma SRB 153 Ja61
Călmănești RO 176 Ed61
Călmățuiu RO 180 Dc67
Călmățuiu de Sus RO 180 Dc67
Calne GB 20 Ed28
Calnegre y Los Curas E 55 Ed74
Călnic RO 175 Cc64
Călnic RO 175 Da61
Calolziocorte I 149 Cd58
Calonge E 49 Hc60
Calonge E 57 Hc68
Calonne-Ricouart F 23 Gd31
Calopăr RO 175 Cd66
Calp E 55 Fd70
Calpe E 55 Fd70
Caltabellotta I 166 Ec85
Caltagirone I 167 Fb87
Caltanissetta I 167 Fa86
Caltavuturo I 167 Fa85
Çaltepe TR 198 Ga89
Çaltepe TR 199 Ha90
Çaltı TR 193 Gb81
Çaltı TR 198 Ga88
Çaltıçukur TR 199 Hb91
Çaltıkkoru TR 191 Ec83
Çaltılıbük TR 192 Fc81
Caltojar E 47 Ea61
Călugăreni RO 180 Ea67
Caluso I 148 Bd59
Calvão P 44 Ac63
Calvarrasa de Abajo E 45 Cb62
Calvello I 161 Ga76
Calver GB 16 Fa22
Calvering GB 20 Fd26
Calverrasa de Arriba E 45 Cb62
Calvi F 154 Ca69
Calvià E 56 Ha67
Calviac F 33 Gd50
Calvi dell' Umbria I 156 Eb70
Calvine GB 7 Ea10
Calvinet F 33 Ha50
Calvini RO 176 Eb63
Calvisson F 42 Ja53
Calvos de Randín E 36 Ba58
Calw D 134 Cc48
Calzada de Bureba E 38 Dd57
Calzada de Calatrava E 52 Db70
Calzada del Coto E 37 Cd58
Calzada de los Molinos E 38 Da58
Calzada de Valdunciel E 45 Cb62
Calzadilla E 45 Bd65
Calzadilla de los Barros E 51 Bd71
Camaiore I 155 Da64
Çamalan TR 192 Fd82
Çamalan TR 193 Gd81
Camaldoli I 156 Dd65
Camaleño E 38 Da55
Çamaltı İskelesi TR 191 Eb86
Camañas E 47 Fa64
Camăr RO 171 Cc56
Camarasa E 48 Ga60
Çamarası TR 198 Fc88
Cămărașu RO 171 Db58
Camarena E 46 Db65
Camarena de la Sierra E 47 Fa65
Camarenilla E 52 Db66
Camarès F 41 Hb53
Camaret-sur-Mer F 26 Db38
Camarinal E 59 Ca78
Camariñas E 36 Ac54
Camarles E 48 Ga63
Camarma de Esteruelas E 46 Dc64
Camarmeña E 38 Da55
Cămărzana RO 171 Da54
Camarzana de Tera E 45 Cb59
Camas E 59 Bd74
Camastra I 166 Ed86
Cambados E 36 Ad56
Cambas P 44 Ba65
Cambazlı TR 192 Fa85
Çambel TR 191 Ed86
Cambela E 36 Bc58
Cambeo E 36 Bb57
Camber GB 21 Ga30
Çambeyli TR 193 Gb85
Cambil E 60 Dc73
Camblesforth GB 16 Fb20
Cambo GB 11 Ed16
Cambo-les-Bains F 39 Ed55
Camborne GB 18 Da32
Cambra P 44 Ad62
Cambrai F 24 Hb32
Cambre E 36 Ba54
Cambres P 44 Ba61
Cambridge GB 20 Fd26
Cambrils E 48 Gb62
Cambs D 119 Ea32
Camburg D 127 Ea41
Çamcı TR 191 Ec82
Çamdere TR 192 Fd86
Çamdibi TR 192 Ga83
Camedo CH 148 Cb57
Camelford GB 18 Dc31
Çameli TR 198 Fd90
Camelle E 36 Ac54
Camenca MD 173 Fa55
Camenca MD 173 Fd54
Camerano I 156 Ed66
Camerata Cornello I 149 Cd58
Cameri I 148 Cb59
Camerino I 156 Ec67
Camerota I 161 Fd77
Çamiçi TR 191 Ec85
Çamiçi TR 197 Ed89
Camiers F 23 Gc31
Çamiliyayla TR 192 Ga82
Caminha P 36 Ac58
Caminomorisco E 45 Ca64
Caminreal E 47 Ed63
Çamırdık TR 192 Ga84
Camisano Vicentino I 150 Dd59
Çamızlar TR 198 Fd92
Çamkonak TR 187 Gc77
Çamköy TR 191 Ea81
Çamköy TR 197 Ed90
Çamköy TR 198 Ga90
Çamköy TR 199 Gd91
Çamlı TR 187 Ha78
Çamlı TR 191 Eb86
Çamlı TR 197 Fa90
Çamlıca TR 191 Ea81
Çamlıca TR 199 Hb88
Çamlıdere TR 199 Gc89
Çamlık TR 192 Fc83
Çamlık TR 197 Ec88
Çamlık TR 197 Ed90
Çamlık TR 199 Hb89
Çamlıkköy TR 191 Ec82
Çamlıköy TR 198 Fd92
Çamlıtepe TR 199 Hb91
Cammarata I 166 Ed85
Camogli I 149 Cc63
Camolin IRL 13 Cd24
Çamoluk TR 198 Fb89
Çamönü TR 192 Fa84
Camors F 27 Ea40
Camp IRL 12 Ba24
Campagna I 161 Fd75
Campagnano di Roma I 156 Ea70
Campagne F 39 Fb53
Campana I 165 Gd79
Campanario E 51 Cb69
Campanas E 39 Ed57
Campanet E 57 Hb66
Câmpani RO 171 Cc58
Campanillas E 60 Cd76
Campaspero E 46 Db61
Campbeltown GB 10 Db14
Campel F 27 Ec40
Campénéac F 27 Ec40
Câmpeni MD 177 Fc62
Câmpeni RO 171 Cd59
Camperduin NL 116 Ba34
Campia P 44 Ad62
Campi Bisenzio I 155 Dc65
Câmpie Turzii RO 171 Da59
Campiglia Marittima I 155 Da67
Campiglia Soana I 148 Bc59
Campigliatello Silano I 164 Gc80
Campigna I 156 Dd65
Campillo E 45 Cb60
Campillo E 47 Fa65
Campillo de Altobuey E 53 Ec67
Campillo de Arenas E 60 Db74
Campillo de Azaba E 45 Bd63
Campillo de Deleitosa E 51 Cb66
Campillo de Dueñas E 47 Ed63
Campillo de las Doblas E 53 Ec70
Campillo de Llerena E 51 Ca70
Campillos E 60 Cc75
Campillos Sierra E 47 Ec65
Câmpina RO 176 Ea64
Câmpinar TR 191 Ed85
Câmpineanca RO 176 Ed62
Campisábalos E 46 Dd62
Campi Salentina I 162 Hb76
Campitello F 154 Cb69
Campitello di Fassa I 143 Dd56
Campitello Matese I 161 Fb73
Campli I 156 Eb69
Camplongo E 37 Cc56
Campo E 40 Fd58
Campo Arcís E 54 Fa68
Campobasso I 161 Fc72
Campobecerros E 36 Bc58
Campobello di Licata I 167 Fa86
Campobello di Mazara I 166 Eb85
Campo Blenio CH 142 Cc55
Campocologno CH 149 Da57
Campodarsego I 150 Ea59
Campo de Besteiros P 44 Ad63
Campo de Caso E 37 Cd55
Campo de Criptana E 53 Dd68
Campo del Hospital E 36 Bb53
Campo de San Pedro E 46 Dc61
Campo de Víboras P 45 Bd60
Campo di Giove I 161 Fa71
Campodimele I 160 Ed73
Campo do Gerês P 44 Ba59
Campodolcino I 142 Cd56
Campo Felice I 156 Ed70
Campofelice di Roccella I 167 Fa84
Campofiorito I 166 Ec85
Campofrío E 59 Bc72
Campogalliano I 149 Db62
Campohermoso E 61 Eb76
Campolasta I 143 Dd56
Campolattaro I 161 Fc73
Campoli Appennino I 160 Ed72
Campo Ligure I 148 Cb62
Campolongo E 36 Ba54
Campolongo Maggiore I 150 Ea60
Campo Lugar E 51 Cb68
Campo Maior P 51 Bb68
Campomarino I 161 Fc71
Campomarino I 162 Ha76
Camponaraya E 37 Bd57
Campora San Giovanni I 164 Gb81
Campo Real E 46 Dc65
Camporeale I 166 Ec84
Campo Redondo P 58 Ab72
Camporrells E 48 Ga59
Camporrobles E 54 Ed67
Campos E 57 Hc68
Camposampiero I 150 Ea59
Camposancos E 36 Ac58
Camposanto I 149 Dc62
Campo Staffi I 160 Ed71
Campotéjar E 60 Db74
Campo Tenese I 164 Gb78
Campotosto I 156 Ed69
Campo Tures I 143 Ea55
Campo Vallemaggia CH 141 Cb56
Campo Xestada E 36 Ad54
Camprodon E 41 Ha58
Camps-en-Amiénois F 23 Gc33
Camptown GB 11 Ec15
Câmpu lui Neag RO 175 Cc62
Câmpulung RO 175 Dc63
Câmpulung la Tisa RO 171 Db54
Câmpulung Moldovenesc RO 172 Ea56
Câmpuri RO 176 Ec61
Camrose GB 14 Db26
Çamsu TR 192 Ga85
Çamucu TR 191 Ed82
Camuñas E 52 Dc68
Çamurköy TR 198 Fd92
Çamurluk TR 187 Gd80
Çamyayla TR 193 Gb81
Çamyazı TR 192 Fd85
Çamyuva TR 192 Ga85
Çamyuva TR 199 Gc92
Çan TR 191 Ec81
Čaňa SK 139 Jd49
Canabal E 36 Bb57
Cañada E 55 Fa70
Cañada de la Cruz E 61 Eb72
Cañada del Hoyo E 53 Ec66
Cañada del Rosal E 60 Cc73
Cañadajuncosa E 53 Eb67
Cañada Vellida E 47 Fa64
Canadillas E 60 Cd74
Čanak HR 151 Fd62
Çanakçı TR 192 Fc83
Çanakçı TR 192 Fc86
Çanakçı TR 199 Gd91
Çanakkale TR 185 Ea80
Çanaklı TR 199 Gc89
Canale I 148 Bd61
Canalejas del Arroyo E 47 Eb65
Canals E 54 Fb69
Canal San Bovo I 150 Dd57
Cañamares E 47 Eb64
Cañamares E 53 Ea70
Cañamero E 51 Cb67
Canaples F 23 Gd33
Canara E 61 Ec72
Canari F 154 Cc68
Canas de Senhorim P 44 Ba63
Cañaveral E 51 Bd66
Cañaveral de León E 51 Bc71

Castel San Pietro Terme – Chalais

Castel San Pietro Terme I 150 Dd63
Castelsantangelo sul Nera I 156 Ec68
Castel San Vincenzo I 161 Fa72
Castelsaraceno I 162 Gb77
Castelsardo I 168 Ca74
Castelsarrasin F 40 Gb53
Castelseprio I 148 Cb58
Castelserás E 48 Fc63
Casteltermini I 166 Ed86
Castelu RO 181 Fb67
Castelvecchio I 149 Dc59
Castelvecchio di Rocca Barbena I 148 Bd63
Castelvecchio Subequo I 160 Ed71
Castelvetrano I 166 Eb85
Castel Viscardo I 156 Ea68
Castel Volturno I 161 Fa74
Castenedolo I 149 Da59
Castéra-Verduzan F 40 Fd53
Castets F 39 Fa53
Castex F 40 Fd55
Casti CH 142 Cd55
Castiadas I 169 Cb80
Castiblanco de los Arroyos E 59 Ca73
Castiello de Jaca E 39 Fb57
Castigaleu E 48 Ga59
Castiglioncello I 155 Da66
Castiglione I 161 Fb71
Castiglione Chiavarese I 149 Cc63
Castiglione dei Pepoli I 155 Dc64
Castiglione del Lago I 156 Ea67
Castiglione della Pescaia I 155 Db68
Castiglione delle Stiviere I 149 Db60
Castiglione di Garfagnana I 155 Da64
Castiglione di Sicilia I 167 Fd84
Castiglione d'Orcia I 156 Dd68
Castiglione Olona I 148 Cb58
Castiglion Fiorentino I 156 Dd66
Castilblanco E 52 Cc68
Castil de Peones E 38 Dd58
Castilfabib E 47 Ed65
Castilfrío de la Sierra E 47 Eb60
Castiliscar E 39 Fa58
Castilléjar E 61 Ea73
Castillejo de Iniesta E 53 Ec67
Castillejo de Martín Viejo E 45 Bd63
Castillejo de Mesleón E 46 Dc61
Castillejo de Robledo E 46 Dc61
Castillo de Bayuela E 46 Cd65
Castillo de Garcimuñoz E 53 Eb67
Castillo de la Reina E 46 Dd59
Castillo de Locubín E 60 Db74
Castillon-du-Gard F 42 Ja53
Castillon-en-Couserans F 40 Gb56
Castillon-la-Bataille F 32 Fc50
Castillonnès F 33 Ga51
Castilruiz E 47 Ec60
Castino I 148 Ca62
Castione della Presolana I 149 Da58
Castions di Strada I 150 Ec58
Částkov CZ 135 Ec45
Castle Acre GB 17 Ga24
Castle Ashby GB 20 Fb25
Castlebaldwin IRL 8 Ca18
Castlebar IRL 8 Bc19
Castlebay GB 6 Cc09
Castlebellingham IRL 9 Cd19
Castleblayney IRL 9 Cd19
Castlebridge IRL 13 Cd24
Castle Bytham GB 17 Fc24
Castle Cary GB 19 Ec29
Castle Combe GB 19 Ec28
Castlecomer IRL 13 Cb23
Castlecove IRL 12 Ba26
Castlederg GB 9 Cb16
Castledermot IRL 13 Cc23
Castle Douglas GB 10 Ea16
Castlefinn IRL 9 Cb16
Castleford GB 16 Fa20
Castlegal IRL 8 Ca17
Castlehill IRL 8 Bb18
Castleisland IRL 12 Bb24
Castlejordan IRL 13 Cc21
Castlemaine IRL 12 Bb24
Castlemartin GB 18 Db27
Castlemartyr IRL 13 Ca26
Castlepollard IRL 9 Cb20
Castlerea IRL 8 Bd19
Castleton GB 16 Ed22
Castleton GB 19 Eb28
Castletown GB 5 Eb04
Castletown GB 10 Dc19
Castletown IRL 12 Bc24
Castletown IRL 13 Cb21
Castletown IRL 13 Cd23
Castletownbere IRL 12 Ba26
Castletownshead IRL 12 Bb27
Castlewellan GB 9 Da18
Casto I 149 Da59
Castranova RO 179 Da67
Castrejón E 45 Cc61
Castrejón de la Peña E 38 Da56
Castrelo do Val E 36 Bb58
Castrelos P 45 Bd59
Castres F 41 Gd54
Castres-Gironde F 32 Fb51
Castricum NL 116 Ad35
Castries F 41 Hd54
Castril E 61 Ea73
Castrillo de Cabezón E 38 Db58
Castrillo de Don Juan E 46 Db60
Castrillo de la Vega E 46 Dc60
Castrillo de Río Pisuerga E 38 Db57
Castrillo de Sepúlveda E 46 Dc61
Castrillo de Villavega E 38 Da57
Castrillo-Tejeriego E 46 Da60
Castriz E 36 Ad54
Castro E 36 Ba53
Castro E 36 Bb57
Castro E 36 Bc55
Castrobarto E 38 Dd56
Castrobol E 37 Cc58
Castrocalbón E 37 Cb58
Castro Caldelas E 36 Bc57
Castro (Carballedo) E 36 Bb57
Castrocaro Terme I 156 Ea64
Castrocontrigo E 37 Ca58
Castro Daire P 44 Ba62
Castro de Filabres E 61 Ea75
Castro de Fuentidueña E 46 Dc61
Castro dei Volsci I 160 Ed73
Castro del Río E 60 Cd73
Castro de Rei E 36 Bc54
Castro (Dozón) E 36 Ba56
Castrofilippo I 166 Ed86
Castrojeriz E 38 Db58
Castro Laboreiro P 36 Ba58
Castromao E 36 Bc58
Castro Marim P 58 Ba74
Castro Marina I 163 Hc77
Castromonte E 46 Cd60
Castronuevo E 45 Cc60
Castronuño E 45 Cc61
Castronuovo di San Andrea I 162 Gb77
Castronuovo di Sicilia I 166 Ed85
Castropol E 37 Bd54
Castrop-Rauxel D 125 Ca39
Castroreale I 167 Fd84
Castroreale Terme I 167 Fd84
Castro-Urdiales E 38 Dd55
Castrovega de Valmadrigal E 37 Cc58
Castroverde E 36 Bc55
Castro Verde P 58 Ac72
Castroverde de Campos E 45 Cc59
Castroverde de Cerrato E 46 Db60
Castroviejo E 38 Ea58
Castrovillari I 164 Gb78
Castuera E 51 Cb69
Caşunca MD 173 Fc55
Çat TR 205 Ga20
Caţa RO 176 Dd60
Çatacık TR 187 Gd80
Cataeggio I 149 Cd57
Çatak TR 192 Fa86
Çatak TR 193 Gc87
Çataklı TR 186 Ga77
Çatalağıl TR 186 Fc80
Çatalağzı TR 187 Hb76
Çatalca TR 186 Fb77
Çatalçam TR 192 Fb82
Catalina RO 176 Eb61
Çatalköprü TR 187 Gc78
Çatallar TR 199 Gb92
Çatallar TR 199 Gd90
Cataloi RO 177 Fc64
Çataltepe TR 186 Fd80
Catane RO 179 Cd67
Catania I 167 Fd86
Catanzaro I 164 Gc81
Catanzaro Marina I 164 Gc81
Catarroja E 54 Fb68
Câţcău RO 171 Da56
Cateasca RO 175 Dc65
Caţeleni MD 173 Fb58
Catenanuova I 167 Fc85
Cateraggio F 154 Cc70
Caterham GB 20 Fc29
Čatež SLO 151 Fc58
Cathair na Mart IRL 8 Bc19
Cathair Saidhbhín IRL 12 Ba25
Cati E 48 Fd64
Catignano I 157 Fa70
Cătina RO 171 Db58
Cătina RO 176 Eb63
Catívelos P 44 Ba63
Çatkuyu TR 193 Gc85
Catlowdy GB 11 Ec16
Catoira E 36 Ad56
Çatoluk TR 198 Ga93
Catral E 55 Fa72
Cattedrale di Anagni I 160 Ec72
Catterick Bridge GB 11 Fa18
Catterick Garrison GB 11 Ed18
Cattolica I 156 Eb65
Cattolica Eraclea I 166 Ec86
Cătunele RO 175 Cc64
Catus F 33 Gb51
Căuaş RO 171 Cc55
Caudebec-en-Caux F 23 Ga34
Caudebec-lès-Elbeuf F 23 Gb35
Caudecoste F 40 Ga52
Caudete E 55 Fa70
Caudete de las Fuentes E 54 Ed67
Caudiel E 54 Fb66
Caudiès-de-Fenouillèdes F 41 Ha57
Caudrot F 32 Fc51
Caudry F 24 Hb32
Caujac F 40 Gc55
Caulnes F 27 Ec39
Caulonia I 164 Gc83
Caumont F 40 Gb53
Caumont-l'Éventé F 22 Fb36
Caumont-sur-Durance F 42 Jb53
Caunes-Minervois F 41 Ha55
Cauro F 154 Ca71
Căuşeni MD 173 Ga59
Causeway IRL 12 Bb24
Çaush AL 182 Ab79
Caussade F 40 Gc52
Cautano I 161 Fb74
Cauterets F 40 Fc56
Cava d'Aliga I 167 Fc88
Cava de' Tirreni I 161 Fc75
Cavadineşti RO 177 Fb61
Cavagnac F 33 Gd51
Cavaillon F 42 Jc53
Cavalaire-sur-Mer F 43 Kb55
Cavaleiro P 58 Ab72
Cavalese I 150 Dd57
Cavalière F 43 Kb55
Cavallermaggiore I 148 Bc61
Cavallino I 150 Eb60
Cavan IRL 9 Cb19
Cavanagarvan IRL 9 Cc18
Căvăran RO 174 Ca61
Cavarzere I 150 Ea61
Cavazzo Carnico I 150 Ec57
Çavdar TR 197 Ed88
Çavdar TR 198 Fb89
Çavdarhisar TR 192 Ga84
Çavdır TR 198 Fd93
Çavdır TR 198 Ga90
Cave di Predil I 143 Ed56
Caveirac F 42 Ja53
Cavertitz D 127 Ed40
Cavezzo I 149 Dc61
Cavi I 149 Cc63
Cavignac F 32 Fc49
Čavle HR 151 Fb60
Cavnic RO 171 Db55
Cavo I 155 Da68
Cavour I 148 Bc61
Cavriglia I 156 Dd66
Cavtat HR 159 Hc69
Çavuşbaşı TR 186 Fd77
Çavuşçugöl TR 193 Hb86
Çavuşköy TR 185 Ec76
Çavuşköy TR 199 Gc93
Çavuşlu TR 187 Gb78
Čavusy BY 202 Ec12
Cawood GB 16 Fa20
Cawsand GB 18 Dc32
Cawston GB 17 Gb24
Caxarias P 50 Ac66
Caxton GB 20 Fc26
Çay TR 193 Gd86
Çayağazı TR 187 Ha77
Çayağzı TR 186 Fa79
Çayağzı TR 186 Fd77
Çayeli TR 205 Ga19
Cayeux-sur-Mer F 23 Gb32
Çayhisar TR 198 Fc91
Çayır TR 198 Fc90
Çayırgan TR 198 Fc89
Çayırhan TR 193 Hb81
Çayıroluk TR 192 Ga82
Çayıryaka TR 193 Gd86
Çayıryazı TR 193 Gd86
Çaykışla TR 192 Fc86
Çaykışla TR 193 Ha85
Çayköy TR 187 Gc79
Çayköy TR 193 Gc81
Çayköy TR 199 Gd88
Çaylakköy TR 187 Gd80
Çaylar TR 205 Ga20
Caylus F 40 Gc52
Caynham GB 15 Ec25
Çayören TR 192 Fd82
Çaypınar TR 192 Fa81
Çaypınar TR 192 Fa86
Cayres F 34 Hd50
Cayrols F 33 Gd50
Caythorpe GB 16 Fb23
Cazaclia MD 177 Fc61
Cazalegas E 46 Cd65
Cazalla de la Sierra E 59 Ca72
Cazals F 33 Gb51
Căzăneşti MD 173 Fc56
Căzăneşti RO 173 Fa58
Căzăneşti RO 175 Cc64
Căzăneşti RO 176 Ed66
Cazangic MD 173 Fc59
Cazanuecos E 37 Cb58
Cazaubon F 40 Fc53
Cazaux F 32 Fa51
Cazères F 40 Gb55
Cazes-Mondenard F 40 Gb52
Cazin BIH 151 Ga61
Čazma HR 152 Gc59
Cazorla E 61 Db72
Cazouls-lès-Béziers F 41 Hb55
Cea E 37 Cd57
Ceadea E 45 Ca60
Ceadîr-Lunga MD 177 Fd61
Ceahlău RO 172 Eb57
Cealâd MD 177 Fc62
Ceamurlia de Jos RO 177 Fc65
Ceanannus Mór IRL 9 Cc20
Ceann Toirc IRL 12 Bc24
Ceanu Mare RO 171 Db58
Ceapach Choinn IRL 13 Ca25
Cea (San Cristóbal de Cea) E 36 Ba57
Ceatad RO 174 Bc60
Ceatalchioi RO 177 Fc64
Ceatharlach IRL 13 Cc23
Ceaucé F 28 Fb38
Ceauşu de Câmpie RO 171 Dc58
Cebara BIH 158 Gd66
Cebas E 61 Dd73
Cebeceiras de Basto P 44 Ba60
Cebeci TR 187 Gb77
Čeboksary RUS 203 Fc09
Cebolais de Cima P 50 Ba66
Cebolla E 52 Da66
Cebrail TR 193 Hb85
Cebreros E 46 Da64
Cebrones del Río E 37 Cb58
Čečava BIH 152 Ha62
Ceccano I 160 Ec72
Cece H 146 Hc55
Čečejovce SK 138 Jc49
Čečel'nyk UA 204 Ec16
Cecenowo PL 121 Gd29
Čechtice CZ 136 Fc46
Čechtín CZ 136 Ga47
Čechy pod Kosířem CZ 137 Gc46
Cecina I 155 Da66
Ceclavín E 51 Bc66
Cecos E 37 Bd55
Čečovice CZ 135 Ec46
Cedasai LT 114 La53
Cedegolo I 149 Da57
Cedeira E 36 Bb53
Cedillo E 51 Bb66
Cedrillas E 47 Fa64
Cedynia PL 120 Fb35
Cée E 36 Ac55
Cefa RO 170 Ca57
Cefalù I 167 Fa84
Ceggia I 150 Eb59
Cegléd H 146 Ja54
Ceglie Messapica I 162 Ha75
Cegłów PL 131 Jd37
Cegrane MK 178 Ba73
Cehal RO 171 Cc56
Cehăluţ RO 171 Cc55
Cehegín E 61 Ec72
Čehlare BG 180 Dc72
Čehov RUS 203 Fa11
Čehovo RUS 113 Ja59
Cehu Silvaniei RO 171 Cd56
Ceica RO 170 Cb57
Ceikiniai LT 115 Lc55
Ceilhes-et-Rocozels F 41 Hb53
Ceinos de Campos E 46 Cd59
Ceintrey F 25 Jd37
Ceira P 44 Ad64
Ceivães P 36 Ad58
Čejč CZ 137 Gc48
Čejkov SK 139 Ka49
Čejkovice CZ 137 Gc48
Cekcyn PL 121 Ha33
Çekerek TR 205 Fb20
Çekirdekli TR 192 Fa83
Čekiškė LV 114 Kb56
Čekonje MNE 159 Hd69
Ceków-Kolonia PL 129 Ha38
Cela E 36 Bc56
Celada E 37 Cb57
Celadas E 47 Fa64
Čelakovice CZ 136 Fc44
Celano I 160 Ed71
Celanova E 36 Ba58
Čelanovo RUS 107 Ma50
Čelarevo SRB 153 Ja60
Celaru RO 179 Da67
Celbowo PL 121 Ha29
Celbridge IRL 13 Cd21
Čelebić BIH 158 Gc65
Čelebići BIH 159 Hd66
Celeiro P 44 Ba60
Celepköy TR 186 Fb76
Celerina CH 142 Da56
Celestynów PL 130 Jc37
Čelić BIH 153 Hd62
Čelije SRB 153 Jc63
Çelikler TR 192 Fc83
Čelina CZ 136 Fb46
Celina RUS 205 Fd15
Čelinac Donji BIH 152 Gd62
Celjachany BY 202 Ea13
Celje SLO 151 Fd57
Cella E 47 Ed64
Cellarhead GB 16 Ed23
Celldömölk H 145 Gd54
Celle D 126 Db36
Celle Ligure I 148 Ca63
Cellers E 48 Ga59
Celles B 124 Ad42
Celles-sur-Belle F 32 Fc45
Cellettes F 29 Gb41
Celliers F 35 Ka47
Cellino San Marco I 162 Hb76
Cellole I 161 Fa74
Celmenieki LV 105 Jc52
Celmini LV 106 Kb51
Čelopeč BG 179 Da71
Čelopeci MK 182 Ba74
Čelopek MK 178 Ba73
Celorico da Beira P 44 Bb63
Cel'ovce SK 139 Ka49
Celrà E 49 Hb59
Çeltek TR 199 Gb89
Çeltik TR 185 Eb78
Çeltik TR 186 Fb77
Çeltik TR 193 Hb84
Çeltikçi TR 186 Fa79
Çeltikçi TR 186 Ga80
Çeltikçi TR 199 Gc89
Çeltikçi TR 199 Ha91
Çeltikdere TR 187 Hb80
Cemalçavus TR 192 Fc85
Cembra I 149 Dc57
Čemerno BIH 159 Hc67
Čeminac HR 153 Hc59
Çemişgezek TR 205 Fd20
Cemke TR 186 Fd77
Cemmaes Road GB 15 Ea24
Cempi LV 106 Kd48
Cenac MD 177 Fc60
Cenad RO 170 Bb59
Cenade RO 175 Da60
Cenajo E 53 Ec71
Cenarth GB 14 Dc26
Cenas LV 106 Kb51
Cencenighe Agordino I 150 Ea57
Çendik TR 199 Gb88
Cenei RO 174 Bc60
Čenej SRB 153 Jb60
Çeneköy TR 185 Ec77
Cenes de la Vega E 60 Dc75
Ceneselli I 149 Dc61
Cénevières F 33 Gc51
Çengelli TR 185 Ed77
Çenger TR 198 Fd91
Çenger TR 199 Hb92
Cengio I 148 Bd62
Cenicero E 38 Ea58
Cenicientos E 46 Da65
Cenizate E 53 Ec68
Cenlle E 36 Ba57
Čenovan SLO 151 Fa58
Cenovo BG 180 Dd69
Censeau F 31 Jd43
Čenta SRB 153 Jc60
Centallo I 148 Bc62
Centelles E 49 Ha60
Cento I 149 Dc62
Centuri F 154 Cc67
Centuripe I 167 Fc85
Cepagatti I 157 Fa70
Cepăria MD 173 Fb55
Čepelare BG 184 Db75
Cepeleuţi MD 173 Fa53
Cépet F 40 Gc54
Čepić HR 151 Fa61
Čepigova MK 183 Bb75
Čepin HR 153 Hc59
Ceplenița RO 172 Ed56
Çepni TR 186 Fa80
Çepni TR 186 Fc80
Çepni TR 193 Gb85
Ceppo I 156 Ed69
Ceprano I 160 Ed73
Ceptura RO 176 Eb64
Cequeril E 36 Ad56
Cer MK 182 Ba75
Čerachovka BY 202 Ec13
Čeralije HR 152 Ha59
Cerami I 167 Fb85
Cerano I 148 Cb59
Ceranów PL 123 Jd35
Cérans-Foulletourte F 28 Fd40
Ceraso I 161 Fd77
Cerașu RO 176 Eb63
Cerăt RO 179 Cd67
Ceraukste LV 106 Kc52
Cëravë AL 182 Ad76
Cerbaia I 155 Dc65
Cerbăl RO 175 Cc61
Cerbère F 41 Hc58
Cercadillo E 47 Ea62
Cercal P 50 Ab67
Cercal P 58 Ab72
Čerčany CZ 136 Fc45
Cerceda E 36 Ba55
Cerceda E 46 Db63
Cercedilla E 46 Db63
Cercemaggiore I 161 Fc73
Cerchezu RO 181 Fb68
Cerchiara di Calabria I 164 Gc78
Cercs E 49 Gd59
Cercy-la-Tour F 30 Hc43
Cerda I 166 Ed84
Čerdakly RUS 203 Fd09
Cerdanyola E 49 Gd61
Cerdedelo E 36 Bc58
Cerdedo E 36 Ad56
Cerdeira P 45 Bc63
Cerdeirinhas P 44 Ba59
Cerdon F 29 Gd41
Céré F 29 Gc43
Cēre LV 105 Jd50
Cerea I 149 Dc60
Cereceda E 38 Dd57
Cerecinos de Campos E 45 Cc59
Cereglio I 149 Dc63
Cerëha RUS 107 Ma47
Cerekwica PL 121 Gd35
Cerekwica PL 129 Gb36
Cérences F 22 Fa37
Čerencovo RUS 202 Eb08
Cerentino CH 141 Cb56
Cerenzia I 165 Gd80
Cereo E 36 Ad54
Čerepovec RUS 202 Ed08
Čerepovo BG 185 Ea74
Ceres I 148 Bc59
Čereša BG 181 Ec71
Čereševo BG 180 Eb68
Ceresole Reale I 148 Bc59
Čereševica BG 179 Cb69
Céreste F 42 Jd53
Céret F 41 Hb58
Čeretelevo BG 180 Db73
Čerević SRB 153 Ja60
Cerezal E 45 Ca64
Cerezal de Peñahorcada E 45 Bd61
Cerezo de Abajo E 46 Dc62
Cerezo de Riotirón E 38 Dd58
Cergău RO 175 Da60
Cergnago I 148 Cb60
Ceriana I 43 La52
Cerić HR 153 Hd60
Cëricë AL 182 Ac77
Cerignola I 161 Ga73
Cérilly F 29 Ha44
Cérilly F 30 Ja40
Čerin BIH 158 Ha67
Čerín SK 138 Hd49
Cerisiers F 30 Hb39
Cérisy-la-Forêt F 22 Fb36
Cerisy-la-Salle F 22 Fa36
Cerityaylası TR 193 Gb87
Cerizay F 28 Fb43
Čerjë AL 182 Ba77
Čerkaski BG 179 Cc69
Čerkasy UA 204 Ed15
Çerkeş TR 205 Fa20
Çerkeşli TR 186 Ga78
Çerkesli TR 187 Gb80
Čerkessk RUS 205 Fd17
Çerkezköy TR 186 Fa77
Çerkezmüsellim TR 185 Ec76
Cerkiewnik PL 122 Ja31
Cerklje SLO 151 Fb57
Cerklje ob Krki SLO 151 Fd58
Cerknica SLO 151 Fb59
Cerkno SLO 151 Fa57
Čerkovna BG 180 Eb70
Čerkste LV 106 Ka50
Čerkvenjak SLO 144 Ga56
Cerkwica PL 120 Fc31
Cerlina MD 173 Fc54
Čerma RUS 99 Lc43
Cermë e poshtëme AL 182 Ab75
Cermei RO 170 Ca58
Cermenate I 149 Cc58
Cermone I 156 Ec70
Cern' RUS 203 Fa12
Černa BG 181 Fa68
Cerna HR 153 Hc60
Cerna RO 177 Fb64
Cernache de Bonjardim P 44 Ad65
Černá Hora CZ 137 Gb47
Černaja Lahta RUS 99 Ma39
Cerna-Sat RO 174 Cb63
Cernat RO 176 Eb61
Cernăteşti RO 175 Cd65
Cernăteşti RO 176 Ec63
Černava RUS 203 Fa11
Černava RUS 203 Fa12
Cernavodă RO 181 Fb67
Černavskije LV 107 Ma52
Cernay F 31 Kb39
Cernay-la-Ville F 23 Gc37
Cerne Abbas GB 19 Ec30
Cernégula E 38 Dc57
Černeja RUS 107 Mb51
Cernele RO 175 Cd66
Cerneşti RO 171 Da55
Cerneux F 24 Hb37
Černevo RUS 99 Ld44
Černica BG 181 Ec72
Cernica RO 176 Eb66
Černičevo BG 180 Db72
Černihiv UA 202 Ec14
Černik HR 152 Gd60
Černilov CZ 136 Ga44
Černi Osăm BG 180 Db71
Černi Rid BG 185 Ea75
Cernişoara RO 175 Da64
Cerniţa MD 173 Fc55
Černivci UA 204 Ea16
Černi Vit BG 179 Da71
Černi Vrăh BG 179 Cc68
Černjachiv UA 202 Eb14
Černjahovsk RUS 113 Jc59
Černjanka RUS 203 Fa13
Černjovo BG 179 Cd72
Černo RUS 99 Ld43
Cernobbio I 149 Cc58
Černochov CZ 136 Fa43
Černoe RUS 99 Mb41
Černogorovo BG 179 Da73
Cernoleuca MD 173 Fa53
Černolik BG 181 Ed68
Černomorec BG 181 Fa73
Černoočene BG 184 Dc75
Černook BG 181 Ed70
Černookovo BG 181 Fb69
Černošice CZ 136 Fb45
Černošin CZ 135 Ec45
Černovice CZ 136 Fc47
Černovskoe RUS 99 Ld42
Cernoy-en-Berry F 29 Ha41
Černozemen BG 180 Db72
Cerny-en-Laonnois F 24 Hc35
Černyševskoe RUS 114 Ka58
Černyškovskij RUS 203 Fd14
Cerova SRB 179 Ca69
Cerovac HR 157 Ga64
Cerovac SRB 174 Bb66
Cerova Korija BG 180 Dd71
Cerovica SRB 178 Bd68
Cerovljani BIH 152 Gd61
Cerovlje HR 151 Fa60
Cerovo BG 179 Cc70
Cerovo BG 179 Cd72
Cerponzons E 36 Ad56
Cerqueto I 156 Ea68
Cerralbo E 45 Bd62
Cerredo E 37 Ca56
Cerredolo I 149 Db63
Cerreto d'Esi I 156 Ec67
Cerreto Sannita I 161 Fb73
Cerrigydrudion GB 15 Ea23
Cërrik AL 182 Ac75
Cerro al Volturno I 161 Fa72
Cerro Muriano E 60 Cd72
Čerskaja RUS 107 Ma47
Certaldo I 155 Dc66
Çerte TR 192 Ga83
Certeju de Sus RO 175 Cc60
Certeşti RO 177 Fa61
Certeze RO 171 Da54
Čertižné SK 139 Ka46
Čertkovo RUS 203 Fc14
Čertovidvo RUS 107 Ma48
Ceru-Băcăinţi RO 175 Cd60
Čerusti RUS 203 Fa10
Cervara di Roma I 160 Ec71
Cervaro I 161 Fa73
Cervatos de la Cueza E 38 Da58
Červen BG 184 Db74
Červen BG 180 Ea69
Červen' BY 202 Eb12
Červená CZ 136 Fb47
Çervenakë AL 182 Ad76
Červená Řečice CZ 136 Fd46
Červená Skalá SK 138 Jb48
Červena Voda BG 180 Ea68
Červená Voda CZ 137 Gc44
Červen Brjag BG 179 Da69
Červenci BG 181 Ed69
Cervenia RO 180 Dd68
Červený Kláštor SK 138 Jb46
Červený Kostelec CZ 136 Ga43
Cervera E 48 Gb60
Cervera de Buitrago E 46 Dc63
Cervera de Llano E 53 Eb66
Cervera del Maestrat E 48 Fd64
Cervera del Río Alhama E 47 Ec59
Cervera de Pisuerga E 38 Da56
Cervesina I 149 Cc60
Cerveteri I 160 Ea71
Cervia I 156 Eb64
Cervià de les Garrigues E 48 Ga61
Cervià de Ter E 49 Hb59
Cervico Navero E 46 Db59
Cervières F 35 Kb49
Cervignano di Friuli I 150 Ed59
Cervinara I 161 Fb74
Cervione F 154 Cc69
Cervo E 36 Bc53
Cervo I 43 La52
Cervon F 30 Hc42
Červonohrad UA 204 Dd15
Čërykav BY 202 Ec12
Cerzeto I 164 Gb79
Cesana Torinese I 148 Bb60
Cesarica HR 151 Fc63
Cesarò I 167 Fc85
Cesarowice PL 129 Gb41
Cescau F 39 Fb55
Cesena I 156 Ea64
Cesenatico I 156 Eb64
Cēsis LV 106 Kd49
Česká Bělá CZ 136 Ga46
Česká Kamenice CZ 128 Fb42
Česká Kubice CZ 135 Ec47
Česka Lípa CZ 128 Fb42
Česká Skalice CZ 136 Ga43
Česká Třebová CZ 137 Gb45
České Budějovice CZ 136 Fb48
České Velenice CZ 136 Fc49
Český Brod CZ 136 Fc44
Česky Dub CZ 136 Fc43
Český Krumlov CZ 136 Fb49
Český Těšín CZ 137 Hb45
Çeşme TR 191 Ea86
Çeşmealtı TR 185 Ed80
Çeşmekolu TR 185 Ed76
Çeşmeköy TR 197 Ed88
Çeşmeköy TR 198 Ga93
Çeşmeli TR 186 Fa77
Cesole I 149 Db61
Cespedosa de Tormes E 45 Cb63
Cessenon F 41 Hb54
Cessières F 24 Hb34
Cestas F 32 Fb50
Čestice CZ 136 Fa47
Čestimensko BG 181 Ed68
Čestín CZ 136 Fd45
Čestobrodica SRB 159 Jb64
Cesuna I 150 Dd58
Cesvaine LV 107 Lb50
Cetara I 161 Fc75
Cetariu RO 170 Cb56
Cetate RO 171 Dc57
Cetate RO 175 Cc66
Cetatea de Baltă RO 175 Db60
Cetăţeni RO 176 Dd63
Cetenov CZ 136 Fc43
Cetina E 47 Ec62
Çetince TR 193 Ha87
Cetingrad HR 151 Ga61
Cetinje MNE 159 Hd70
Četirci BG 179 Cb72
Cetireni MD 173 Fb57
Ceton F 29 Ga39
Cetona I 156 Dd68
Cetraro I 164 Gb79
Cetraro Marina I 164 Gb79
Céüse 2000 F 42 Jd51
Ceuta E 59 Cb79
Ceuti E 55 Ed72
Ceva I 148 Bd62
Cevico de la Torre E 46 Da59
Cevio CH 141 Cb56
Çevizli TR 193 Gd83
Cevizli TR 199 Hb90
Çevlik TR 199 Gb88
Čevo MNE 159 Hd69
Cewice PL 121 Gd30
Cewków PL 139 Kc43
Ceylanköy TR 198 Ga91
Ceyzériat F 35 Jc45
Cézens F 34 Hb49
Cezieni RO 175 Da66
Cezura E 38 Db56
Chaam NL 124 Ad38
Chabanais F 33 Ga47
Chabeuil F 34 Jb49
Chabielice PL 130 Hc40
Chablis F 30 Hc40
Chabrac F 33 Ga46
Chabreloche F 34 Hc46
Chabris F 29 Gc42
Chacim P 45 Bd60
Chaffayer F 35 Jd50
Chaffois F 31 Jd43
Chagny F 30 Ja43
Chailland F 28 Fb39
Chaillé-les-Marais F 32 Fa45
Chailley-Turny F 30 Hc39
Chailly-en-Bière F 29 Ha38
Chailly-en-Brie F 24 Hb37
Chailly-sur-Armançon F 30 Ja42
Chaintré F 34 Ja45
Chaintrix F 24 Hd36
Chakistra CY 206 Ja97
Chalabre F 41 Gd56
Chalais F 32 Fd49

Chalamera – Čioiškiai

Chalamera E 48 Fd60
Chalamont F 34 Jb46
Chale GB 20 Fa31
Châlette-sur-Loing F 29 Ha39
Chalevga CY 206 Jc96
Chalindrey F 30 Jb40
Chalivoy-Milon F 29 Ha43
Challacombe GB 19 Dd29
Challain-la-Potherie F 28 Fa41
Challans F 28 Ed43
Challock GB 21 Ga29
Chalmazel F 34 Hd47
Chalmoux F 30 Hc44
Chalonnes-sur-Loire F 28 Fb42
Châlons-en-Champagne F 24 Hd36
Chalon-sur-Saône F 30 Jb43
Chalou-Moulineux F 29 Gd38
Chałupy PL 121 Ha29
Châlus F 33 Gb47
Chalvraines F 30 Jb38
Cham CH 141 Cb53
Cham D 135 Ec47
Chamalières-sur-Loire F 34 Hd49
Chamaloc F 35 Jc50
Chambeire F 30 Jb42
Chambellay F 28 Fb41
Chamberet F 33 Gc47
Chambéria F 31 Jc44
Chambéry F 35 Jd47
Chambilly F 34 Hd45
Chamblet F 33 Ha45
Chambley-Bussières F 25 Jc36
Chambly F 23 Gd36
Chambois F 22 Fd37
Chambon-la-Forêt F 29 Gd39
Chambon-sur-Voueize F 33 Ha45
Chambord F 29 Gc41
Chamborigaud F 41 Hd52
Chambost-Allières F 34 Ja46
Chambray F 23 Gb36
Chamdeniers-Saint-Denis F 32 Fc45
Chamerau D 135 Ec47
Chammes F 28 Fc39
Chamonix-Mont-Blanc F 35 Kb46
Chamouilley F 24 Jb37
Chamoy F 30 Hc39
Champagnac F 33 Ha48
Champagnac-le-Vieux F 34 Hc48
Champagné-les-Marais F 32 Fa45
Champagne-Mouton F 32 Fd46
Champagnole F 31 Jd43
Champaubert F 24 Hc36
Champdieu F 34 Hd47
Champeaux F 28 Fa39
Champeix F 34 Hb47
Champéry CH 141 Bb56
Champex CH 148 Bc57
Champier F 35 Jc48
Champigne F 28 Fb41
Champignelles F 30 Hb40
Champigneul-Champagne F 24 Hd36
Champignol-lez-Mondeville F 30 Ja39
Champigny F 23 Ha37
Champigny-le-Sec F 28 Fd44
Champigny-sur-Veude F 28 Fd43
Champlemy F 30 Hb42
Champlitte F 31 Jc40
Champlong I 148 Bc58
Champmotteux F 29 Gd38
Champniers F 32 Fd47
Champoluc I 148 Bd58
Champorcher I 148 Bd58
Champrond-en-Gâtine F 29 Gb38
Champs-sur-Yonne F 30 Hc40
Champtoceaux F 28 Fa42
Champvans F 31 Jc41
Chamrousse F 35 Jd49
Chamsk PL 122 Hd34
Chamusca P 50 Ac67
Chana E 37 Ca57
Chanac F 34 Hc51
Chança P 50 Ba67
Chanceaux F 30 Ja41
Chancelade F 33 Ga49
Chancelaria P 50 Ac66
Chancelaria P 50 Ac66
Chancery GB 15 Dd25
Chancia F 35 Jc45
Chancy CH 140 Ad56
Chandai F 23 Ga37
Chandler's Ford GB 20 Fa30
Chandolin CH 141 Bd56
Chandrexa E 36 Bc58
Chañe E 46 Da61
Changé F 28 Fb39
Changé F 28 Fd40
Changy F 24 Ja37
Changy F 34 Hd45
Chaniers F 32 Fb47
Channay-sur-Lathan F 28 Fd41
Chantada E 36 Bb56
Chantelle F 34 Hb45
Chanteloup F 28 Fb44
Chantemerle F 35 Kb49
Chantenay-Villedieu F 28 Fc40
Chantepie F 28 Ed39
Chantilly F 23 Gd35
Chantonnay F 28 Fa44
Chão de Codes P 50 Ad66
Chaon F 29 Gd41
Chaource F 30 Hd39
Chapaize F 30 Ja44
Chapeau-Rouge F 24 Hc33
Chapeauroux F 34 Hd50
Chapela E 36 Ad57
Chapel-en-le Frith GB 16 Ed22
Chapelle-Royale F 29 Gb39
Chapel Saint Leonards GB 17 Fd22
Chappes F 34 Hb46
Charbonnat F 30 Hd43
Charbowo PL 129 Gd36
Charcenne F 31 Jc41
Charches E 61 Dd74
Charchów Pański PL 130 Hc38
Chard GB 19 Eb30
Charenton-du-Cher F 29 Ha44
Charing GB 21 Ga29
Charkeia CY 206 Jc96
Charkiv UA 203 Fa14
Charlbury GB 20 Fa27
Charleroi B 124 Ac42
Charles GB 19 Dd29
Charlestown GB 9 Cd17
Charlestown IRL 8 Bd19
Charleval F 23 Gb35
Charleville-Mézières F 24 Ja33
Charlieu F 34 Hd45
Charlottenberg S 94 Ec42
Charlton Kings GB 20 Ed27
Charłupia Wielka PL 129 Hb39
Charly F 24 Hb36
Charmant F 32 Fd48
Charmé F 32 Fd46
Charmes F 31 Jd38
Charmes-sur-Rhône F 34 Jb50
Charmey CH 141 Bc55
Charmoille F 31 Jd40
Charmont-en-Beauce F 29 Gd39
Charmont-sur-Barbuise F 30 Hd38
Charnay-lès-Mâcon F 34 Ja45
Charney Bassett GB 20 Fa27
Charny F 23 Ha36
Charny F 30 Hb40
Charolles F 30 Hd44
Chârost F 29 Gd43
Charpey F 34 Jb49
Charquemont F 31 Ka41
Charras F 32 Fd48
Charritte-de-Bas F 39 Fa55
Charron F 32 Fa45
Charroux F 32 Fd46
Chars F 23 Gc36
Charsonville F 29 Gc40
Chartów PL 128 Fc36
Chartres F 29 Gb38
Chartridge GB 20 Fb27
Charzykowy PL 121 Gd32
Chasné F 28 Ed39
Chąśno PL 130 Hd37
Chasseneuil-sur-Bonnieure F 32 Fd47
Chassenon F 33 Ga47
Chassepierre B 132 Ad44
Chasse-sur-Rhône F 34 Jb47
Chassillé F 28 Fc39
Chastanier F 34 Hd50
Chastellux-sur-Cure F 30 Hc41
Chastleton GB 20 Ed26
Chatain F 32 Fd46
Château-Arnoux F 42 Ka52
Châteaubernard F 32 Fc47
Château-Bernard F 35 Jc49
Châteaubourg F 28 Fa39
Châteaubriant F 28 Fa40
Château-Chervix F 33 Gb47
Château-Chinon F 30 Hd42
Château-des-Prés F 31 Jd44
Château-d'Oex CH 141 Bc55
Château d'Olonne F 28 Ed44
Château-du-Loir F 28 Fd41
Châteaudun F 29 Gb39
Châteaufort F 42 Ka51
Château-Garnier F 32 Fd45
Châteaugiron F 28 Ed39
Château-Gontier F 28 Fb40
Château-Landon F 29 Ha39
Château-Larcher F 32 Fd45
Château-la-Vallière F 28 Fd41
Château-l'Evêque F 33 Ga49
Châteaulin F 27 Dc39
Châteaumeillant F 29 Gd44
Châteauneuf-de-Galaure F 34 Jb48
Châteauneuf-de-Randon F 34 Hc50
Châteauneuf-d'Ille-et-Vilaine F 28 Ed38
Châteauneuf-du-Faou F 27 Dd39
Châteauneuf-du-Pape F 42 Jb52
Châteauneuf-en-Auxois F 30 Ja42
Châteauneuf-en-Thymerais F 29 Gb38
Châteauneuf-la-Forêt F 33 Gc47
Châteauneuf-les-Bains F 34 Hb46
Châteauneuf-sur-Charente F 32 Fc48
Châteauneuf-sur-Cher F 29 Gd43
Châteauneuf-sur-Loire F 29 Gd40
Châteauneuf-sur-Sarthe F 28 Fb41
Châteauneuf-Val-de-Bargis F 30 Hb42
Châteauponsac F 33 Gb46
Château-Porcien F 24 Hd34
Château-Queyras F 35 Kb50
Châteauredon F 42 Ka52
Château-Renard F 29 Ha40
Châteaurenard F 42 Jb53
Château-Renault F 29 Ga41
Châteauroux F 29 Gc43
Châteauroux F 35 Kb50
Château-Salins F 25 Jd36
Château-Thierry F 24 Hb36
Châteauvillain F 30 Ja39
Châtel F 35 Kb45
Châtelaillon-Plage F 32 Fa46
Châtelard F 35 Ka47
Châtelaudren F 26 Ea38
Châtel-Censoir F 30 Hc41
Châtel-de-Neuvre F 34 Hb45
Châtel-Gérard F 30 Hd41
Châtelguyon F 34 Hb46
Châtellerault F 29 Ga44
Châtel-Montagne F 34 Hc46
Châtel-sur-Moselle F 31 Jd38
Châtelus-le-Marcheix F 33 Gc46
Châtelus-Malvaleix F 33 Gd45
Châtenois F 31 Jc38
Châtenoy F 29 Gd40
Chatham GB 20 Fd28
Châtillon F 30 Hb44
Châtillon F 31 Jc44
Châtillon I 148 Bd58
Châtillon-Coligny F 29 Ha40
Châtillon-en-Bazois F 30 Hc42
Châtillon-en-Diois F 35 Jc50
Châtillon-en-Vendelais F 28 Fa39
Châtillon-la-Palud F 35 Jc46
Châtillon-sur-Chalaronne F 34 Jb45
Châtillon-sur-Colmont F 28 Fb38
Châtillon-sur-Indre F 29 Gb43
Châtillon-sur-Loire F 29 Ha41
Châtillon-sur-Marne F 24 Hc36
Châtillon-sur-Seine F 30 Ja40
Châtillon-sur-Thouet F 28 Fc44
Chatrans F 31 Jd42
Châtres-sur-Cher F 29 Gc42
Chattancourt F 24 Jb35
Chatteris GB 20 Fd25
Chatton GB 11 Ed14
Chauchina E 60 Db75
Chaudefontaine F 31 Jd41
Chaudes-Aigues F 34 Hb50
Chaudieu F 35 Jd46
Chauffailles F 34 Ja45
Chaulnes F 23 Ha33
Chaumard F 30 Hd42
Chaumergy F 31 Jc43
Chaumes-en-Brie F 23 Ha37
Chaumont F 30 Jb39
Chaumont-en-Vexin F 23 Gc35
Chaumont-Porcien F 24 Hd34
Chaumont-sur-Aire F 24 Jb36
Chaumont-sur-Loire F 29 Gb41
Chaumont-sur-Tharonne F 29 Gc41
Chaunay F 32 Fd46
Chauny F 24 Hb34
Chauray F 32 Fc45
Chaussin F 31 Jc43
Chauvé F 27 Ec42
Chauvigné F 29 Gd44
Chauvigny F 29 Ga44
Chaux-Neuve F 31 Jd43
Chavagnes-en-Paillers F 28 Fa43
Chavanay F 34 Ja48
Chavanges F 30 Ja38
Chaves P 44 Bb59
Chawleigh GB 19 Dd30
Chazelles-sur-Lyon F 34 Ja47
Chazeuil F 34 Hc45
Cheadle GB 15 Ec22
Cheadle GB 16 Ed23
Cheb CZ 135 Eb44
Checa E 47 Ec64
Chechło PL 138 Hd43
Chęciny PL 130 Jb42
Checkendon GB 20 Fb28
Cheddar GB 19 Eb29
Cheddleton GB 16 Ed23
Chedworth GB 20 Ed27
Chef-Boutonne F 32 Fc46
Chef-du-Pont F 22 Fa35
Cheglevici RO 170 Bb59
Cheia RO 171 Da59
Cheia RO 176 Ea63
Cheissoux F 33 Gc47
Cheles E 51 Bb70
Chelford GB 15 Ec22
Chełm PL 131 Kc40
Chełm PL 138 Hd43
Chełmce PL 129 Hb36
Chełmek PL 128 Ga38
Chełmek PL 138 Hd44
Chełmno PL 121 Ha33
Chełmno PL 129 Gb36
Chełmno PL 129 Hb37
Chelmsford GB 20 Fd27
Chełmsko Śląskie PL 128 Ga42
Chełmża PL 121 Hb34
Chełst PL 120 Ga35
Chelsworth GB 21 Ga26
Cheltenham GB 20 Ed27
Chelun F 28 Fa40
Chelva E 54 Fa67
Chemazé F 28 Fb40
Chémeré-le-Roi F 28 Fc40
Chémery F 29 Gc42
Chémery-sur-Bar F 24 Ja34
Chemillé F 28 Fb42
Chemillé-sur-Dême F 29 Ga41
Cheminon F 24 Ja37
Chemiré-le-Gaudin F 28 Fc40
Chemnitz D 127 Ec42
Chenay F 32 Fc45
Chenay-le-Châtel F 34 Hd45
Chénelette F 34 Ja45
Chénerailles F 33 Gd46
Chenies GB 20 Fc27
Chennebrun F 23 Ga37
Chennevières F 23 Gb37
Chenoise F 24 Hb37
Chenonceaux F 29 Gb42
Chenôve F 30 Jb42
Chepoix F 23 Gd34
Chepstow GB 19 Eb27
Chepy F 24 Hd36
Chera E 54 Fa67
Chera F 154 Cb72
Cherain B 133 Bb43
Cherasco I 148 Bd62
Cherbonnières F 32 Fc46
Cherbourg-Octeville F 22 Ed34
Cherechiu RO 170 Cb55
Chereluş RO 170 Ca58
Chérencé-le-Roussel F 22 Fa37
Cheresig RO 170 Ca56
Cherestur RO 170 Bb59
Cheriton GB 20 Fa29
Chéroy F 29 Ha39
Cherson UA 204 Ed16
Chertsey GB 20 Fb28
Cherves-Richemont F 32 Fc47
Cheseaux CH 141 Bb55
Chesham GB 20 Fb27
Cheshunt GB 20 Fc27
Chesley F 30 Hd39
Chesney's Corner GB 9 Cd16
Cheste E 54 Fb67
Chester GB 15 Eb22
Chesterfield GB 16 Fa22
Chester-le-Street GB 11 Fa17
Chețani RO 171 Db59
Chetroşica Nouă MD 173 Fa54
Chetrosu MD 173 Fb54
Chetrosu MD 173 Fd58
Chevagnes F 30 Hc44
Chevanceaux F 32 Fc49
Chevenez CH 141 Bc52
Cheverny F 29 Gb41
Chevetogne B 132 Ad43
Chevillon F 30 Hb40
Chevilly F 29 Gc39
Cheviré-le-Rouge F 28 Fc41
Chevreuse F 23 Gd37
Chevroux F 34 Jb45
Chew Magna GB 19 Ec28
Cheylade F 33 Ha49
Chezal-Benoît F 29 Gd43
Chézeaux F 31 Jc39
Chézery-Forens F 35 Jd45
Chiajna RO 176 Ea66
Chialamberto I 148 Bc59
Chiampo I 149 Dc59
Chianale I 148 Bb61
Chianciano Terme I 156 Dd67
Chiappera I 148 Bb62
Chiaramonte Gulfi I 167 Fc87
Chiaramonti I 168 Ca74
Chiaravalle I 156 Ed66
Chiaravalle Centrale I 164 Gc82
Chiareggio I 142 Cd56
Chiari I 149 Cd59
Chiaromonte I 162 Gb77
Chiasso I 149 Cc58
Chiatona I 162 Gd76
Chiauci I 161 Fb72
Chiavari I 149 Cc63
Chiavenna I 142 Cd56
Chiché F 28 Fc44
Chicheley GB 20 Fb26
Chichester GB 20 Fb30
Chichilianne F 35 Jc50
Chichiş RO 176 Ea62
Chichy PL 128 Fd39
Chiclana de la Frontera E 59 Bd77
Chiclana de Segura E 53 Dd71
Chiddingfold GB 20 Fb29
Chiddingstone GB 20 Fd29
Chieming D 143 Eb52
Chieperceni MD 173 Fd56
Chieri I 148 Bd60
Chiesa in Valmalenco I 149 Cd57
Chieşd RO 171 Cd56
Chies d'Alpago I 150 Eb57
Chiessi I 155 Cd68
Chieti I 157 Fa70
Chieuti I 161 Fd72
Chiggiogna CH 141 Cb56
Chigné F 28 Fd41
Chigwell GB 20 Fd28
Chiheru de Jos RO 171 Dc58
Chilcompton GB 19 Ec29
Childrey GB 20 Fa28
Chilham GB 21 Ga29
Chilia Veche RO 177 Ga63
Chiliile RO 176 Ec63
Chilivani I 168 Ca75
Chillarón de Cuenca E 47 Eb65
Chilleurs-aux-Bois F 29 Gd39
Chillón E 52 Cd69
Chilluevar E 61 Db72
Chilmark GB 20 Ed29
Chiloeches E 46 Dd64
Chilsworthy GB 18 Dc30
Chimay B 132 Ac43
Chimeneas E 60 Db75
Chimparra E 36 Bb53
Chinchilla de Monte Aragón E 53 Ec69
Chinchón E 46 Dc65
Chindăreşti RO 177 Fb66
Chingford GB 20 Fc27
Chinnor GB 20 Fb27
Chinon F 28 Fd42
Chinteni RO 171 Da58
Chiochiş RO 171 Db57
Chioggia I 150 Ea60
Chiojdeanca RO 176 Eb64
Chiojdu RO 176 Eb63
Chioselia MD 177 Fc61
Chioselia Mare MD 177 Fc61
Chipeşca MD 173 Fc55
Chipiona E 59 Bc76
Chippenham GB 19 Ec28
Chipping GB 15 Ec20
Chipping Campden GB 20 Ed26
Chipping Norton GB 20 Fa26
Chipping Ongar GB 20 Fd27
Chiprana E 48 Fc62
Chirbury GB 15 Eb24
Chircăieşti MD 173 Ga59
Chircăieştii Noi MD 173 Fd59
Chirens F 35 Jc48
Chirianca MD 173 Fc57
Chiriet-Lunga MD 177 Fd60
Chirileni MD 173 Fb57
Chirivel E 61 Eb74
Chirnogeni RO 181 Fb68
Chirnogi RO 181 Ec67
Chirnside GB 11 Ed13
Chirols F 34 Ja50
Chirpăr RO 175 Dc61
Chirsova MD 177 Fc60
Chiscani RO 177 Fb64
Chişcăreni MD 173 Fb56
Chiselet RO 181 Ec67
Chişinău MD 173 Fd58
Chisindia RO 170 Cb59
Chişineu-Criş RO 170 Bd58
Chişlaz RO 170 Cb56
Chissey-en-Morvan F 30 Hd42
Chiştelniţa MD 173 Fc56
Chiţcani MD 173 Ga59
Chiţcanii Vechi MD 173 Fc56
Chitila RO 176 Ea66
Chiuieşti RO 171 Db56
Chiurt MD 173 Fa54
Chiusa I 143 Dd56
Chiusa di Pesio I 148 Bc63
Chiusaforte I 150 Ed57
Chiusa Sclafani I 166 Ec85
Chiusavecchia I 43 La52
Chiusi I 156 Dd68
Chiusi della Verna I 156 Ea65
Chiuza RO 171 Db56
Chiva E 54 Fb68
Chivasso I 148 Bd60
Chizé F 32 Fc46
Chłapowo PL 112 Ha58
Chlebiotki PL 123 Ka33
Chlebówka PL 122 Hc31
Chlebowo PL 128 Fc38
Chlewice PL 130 Ja42
Chlewiska PL 130 Jb40
Chlewnica PL 121 Gd30
Chlewo PL 129 Hb39
Chłopiatyn PL 131 Kd42
Chłopice PL 139 Kb44
Chlorakas CY 206 Hd98
Chłudowo PL 129 Gc36
Chlum CZ 136 Fa48
Chlumčany CZ 135 Ed46
Chlumčany CZ 136 Fa44
Chlumec nad Cidlinou CZ 136 Fd44
Chlumín CZ 136 Fb44
Chlum u Třeboně CZ 136 Fc48
Chmel'nyc'kyj UA 204 Eb15
Chmel'ov SK 139 Jd47
Chmieleń PL 128 Fd41
Chmielnik PL 130 Jb42
Chmielnik PL 139 Ka44
Chmielno PL 121 Ha30
Chmielów PL 131 Jd42
Chmil'nyk UA 204 Eb15
Chobienice PL 128 Ga37
Choceň CZ 137 Gb45
Choceń PL 130 Hc36
Chocholná-Velčice SK 137 Ha48
Chochołów PL 138 Ja46
Chocianów PL 128 Ga40
Chociw PL 130 Ja39
Chociwel PL 120 Fd33
Chocz PL 129 Ha38
Choczewo PL 121 Gd29
Chodaków PL 130 Ja37
Chodecz PL 130 Hc36
Chodel PL 131 Ka40
Chodoriv UA 204 Ea15
Chodorówka PL 123 Kb32
Chodov CZ 135 Ec44
Chodová Planá CZ 135 Ec45
Chodský Újezd CZ 135 Ec45
Chodzież PL 121 Gc35
Choiny Młode PL 123 Jd33
Choirokoitia CY 206 Jb98
Choiseul F 31 Jc39
Choisy-au-Bac F 23 Ha35
Choisy-en-Brie F 24 Hb37
Chojewo PL 123 Kb35
Chojna PL 120 Fb35
Chojnice PL 121 Gd32
Chojnik PL 129 Gd40
Chojniki BY 202 Eb13
Chojno PL 129 Gc39
Chojnow PL 128 Ga40
Chojnowo PL 122 Jb34
Cholderton GB 20 Ed29
Cholesbury GB 20 Fb27
Cholet F 28 Fb43
Chollerford GB 11 Ed16
Chomérac F 34 Jb50
Chomutov CZ 135 Ed43
Chorges F 35 Ka50
Chorley GB 15 Ec21
Chorol UA 202 Ed14
Choroszcz PL 123 Kb33
Chorupnik PL 131 Kb41
Chorzele PL 122 Jb33
Chorzów PL 138 Hc43
Choszczno PL 120 Fd34
Chotcza PL 131 Jd40
Chotěboř CZ 136 Ga46
Chotěšov CZ 135 Ed46
Chotilsko CZ 136 Fb45
Chotín SK 145 Hb52
Chouvigny F 34 Hb46
Choye F 31 Jc41
Chozas de Canales E 46 Db65
Chraboły PL 123 Kb33
Chr'aščevka RUS 203 Ga10
Chrást CZ 135 Ed45
Chrast CZ 136 Ga45
Chrastava CZ 128 Fc42
Chrewt PL 139 Kb46
Chřibská CZ 128 Fb42
Chřič CZ 136 Fa45
Chrisí Ammoudiá GR 184 Db78
Christchurch GB 20 Ed30
Christiansfeld DK 108 Db26
Chropyne CZ 137 Gd47
Chróścina PL 121 Ha35
Chróślice PL 128 Ga41
Chrostkowo PL 122 Hc35
Chróstnik PL 128 Ga40
Chrudim CZ 136 Ga45
Chruściel PL 122 Hd30
Chruślin PL 130 Hd37
Chrustowo PL 129 Gb36
Chrystynivka UA 204 Ec15
Chrzanów PL 131 Kb41
Chrzanów PL 138 Hd44
Chrzanowo PL 121 Gd29
Chrząstowice PL 129 Ha42
Chrząstowo PL 129 Gc38
Chrzypsko Wielkie PL 129 Gb36
Chtelnica SK 137 Ha49
Chucena E 59 Bd74
Chudoba PL 129 Hb42
Chudolazy CZ 136 Fb43
Chudolipie PL 130 Jb38
Chuelles F 29 Ha39
Chulilla E 54 Fa67
Chulmleigh GB 19 Dd30
Chur CH 142 Cd55
Church Cross IRL 12 Bb26
Church Eaton GB 15 Ec24
Churchill GB 20 Fa26
Church Lench GB 20 Ed26
Church Stoke GB 15 Eb24
Churchstow GB 19 Dd32
Church Stretton GB 15 Eb24
Churchtown GB 10 Dd18
Churchtown IRL 13 Cd25
Churwalden CH 142 Cd55
Chust UA 204 Dd16
Chustki PL 130 Jb40
Chvaleč CZ 136 Ga43
Chvaletice CZ 136 Fd45
Chvalšiny CZ 136 Fb48
Chwałowice PL 131 Jd41
Chwarstnica PL 120 Fc34
Chwarszczany PL 128 Fc36
Chwaszczyno PL 121 Ha30
Chwiram PL 121 Gb34
Chyňava CZ 136 Fb45
Chynorany SK 137 Hb49
Chýnov CZ 136 Fc47
Chynów PL 130 Jc38
Chynowie PL 121 Ha29
Chyše CZ 135 Ed44
Chyšky CZ 136 Fb46
Ciacova RO 174 Bc61
Cianciana I 166 Ec86
Ciasna PL 129 Hb42
Ciavolo I 166 Ea85
Ciavoş RO 174 Bc61
Ciążeń PL 129 Gd37
Cibakháza H 146 Jb54
Cibla LV 107 Ma51
Ciborro P 50 Ad69
Cibourg CH 141 Bc53
Cicagna I 149 Cc63
Cicăneşti RO 175 Db63
Cicârlău RO 171 Da55
Čičava SK 139 Ka48
Çiçekler TR 199 Hb89
Çiçekli TR 186 Ga80
Çiçekoluk TR 199 Hb91
Çiçekpınar TR 193 Ha87
Çiçektepe TR 193 Gc86
Cicero E 38 Dd54
Ciceu-Giurgeşti RO 171 Db56
Ćićevac SRB 178 Bc67
Cichy PL 123 Jd30
Ciclova Română RO 174 Bd63
Čičmany SK 137 Hb48
Cicognolo I 149 Da60
Cide TR 205 Fa20
Cidones E 47 Ea60
Ciechanów PL 122 Ja35
Ciechanów PL 129 Gb39
Ciechanowiec PL 123 Ka35
Ciechocin PL 121 Hb34
Ciechocinek PL 121 Hb35
Cieksyn PL 130 Jb36
Cielądz PL 130 Ja38
Ciemnik PL 120 Fd33
Ciemnoszyje PL 123 Ka32
Ciempozuelos E 46 Dc65
Cieniawa PL 138 Jc45
Ciepielów PL 131 Jd40
Cieplice Śląskie-Zdrój PL 128 Ga42
Ciepłowody PL 129 Gc42
Čierna nad Tisou SK 139 Kb49
Čierny Balog SK 138 Ja48
Cierznie PL 121 Gc33
Cierzpięty PL 122 Jc31
Ciesina PL 122 Jc32
Cieszków PL 129 Gd39
Cieśle PL 129 Gd40
Cieszanów PL 139 Kc43
Cieszyn PL 129 Gd40
Cieszyn PL 137 Hb45
Cieszyno PL 120 Fd33
Cieux F 33 Gb46
Cieza E 55 Ed72
Ciężkowice PL 130 Hd41
Ciężkowice PL 138 Jc45
Cifer SK 145 Gd50
Ciflik Tusha AL 182 Ab80
Çiftalan TR 186 Fc77
Çiftçidere TR 191 Ed82
Çifteler TR 193 Gd83
Çiftlik TR 187 Gb78
Çiftlikköy TR 185 Ed77
Çiftlikköy TR 186 Fd79
Çiftlikköy TR 191 Ed84
Çiftlikköy TR 192 Fd81
Çiftlikköy TR 193 Ha84
Çiftlikköy TR 197 Ed90
Çiftlikköy TR 197 Ed90
Çiftlikköy TR 197 Fa88
Çiftlikköy TR 197 Fa90
Çiftlikköy TR 198 Fb88
Çiftlikköy TR 198 Ga88
Çiftliköy TR 186 Fb76
Çiftliköy TR 191 Ea86
Cifuentes E 47 Ea63
Cigales E 46 Da60
Cigánd H 147 Ka50
Cigel'ka SK 138 Jc46
Çiğiltepe TR 193 Gb86
Cigirleni MD 173 Fd59
Cigliano I 148 Bd59
Čigoč HR 152 Gc60
Çiğri TR 199 Gb88
Ciguñuela E 46 Cd60
Cihangazi TR 193 Gb82
Ciietu MD 177 Fc61
Cijara E 52 Cc67
Çıkrıcak TR 192 Ga83
Çıkrık TR 193 Gc85
Çıkrıkçı TR 192 Fb83
Çile TR 191 Ec87
Cilibia RO 176 Ed64
Cilieni RO 180 Db67
Çilimli TR 187 Gd78
Čilipi HR 159 Hc69
Čilipina LV 107 Ld49
Cill Airne IRL 12 Bb25
Cillamayor E 38 Db56
Cillas E 47 Ec63
Cill Chainnigh IRL 13 Cb23
Cill Chaoi IRL 12 Bb23
Cill Chiaráin IRL 8 Bb20
Cill Chiaráin IRL 12 Bb21
Cill Dalua IRL 12 Bd23
Cill Dara IRL 13 Cc22
Çiller TR 187 Gb78
Çiller TR 187 Ha80
Cilleros E 45 Bc65
Cilleruelo de Abajo E 46 Dc59
Cillervelo de Bezana E 38 Dc56
Cill Mhantáim IRL 13 Da22
Cill Mocheallog IRL 12 Bd24
Cill Orglan IRL 12 Ba25
Cill Rois IRL 12 Bb23
Cilmery GB 15 Ea26
Čil'na RUS 203 Fd09
Cimanes de la Vega E 37 Cc58
Cimanes del Tejar E 37 Cb57
Cîmăţeni MD 173 Ga59
Čimelice CZ 136 Fa46
Çimendere TR 185 Ec78
Číměř CZ 136 Fc48
Çimiköy TR 199 Hb91
Ciminna I 166 Ed84
Cimişeni MD 173 Fd58
Cimitile I 161 Fb74
Cimljansk RUS 205 Fd15
Cimolais I 150 Eb57
Cimoszki PL 123 Ka31
Çınaraltı TR 185 Ec77
Çınarcık TR 186 Fd79
Çınarcık TR 191 Ec81
Çınarcık TR 192 Fc81
Çınarcık TR 192 Fd85
Çınarköy TR 192 Fc82
Çınarlı TR 185 Ed79
Cincin TR 197 Ed88
Cinco Casas E 53 Dd68
Cinctorres E 48 Fc64
Cincu RO 175 Dc61
Cinderford GB 19 Ec27
Çine TR 197 Fa88
Ciñera E 37 Cc56
Ciney B 124 Ad42
Cinfães P 44 Ba61
Cinge TR 191 Ed83
Cingoli I 156 Ec66
Cinigiano I 155 Dc68
Cinişeuţi MD 173 Fd56
Cinisi I 166 Ec84
Cinobaňa SK 138 Ja49
Cinovec CZ 128 Fa42
Cinq-Mars-la-Pile F 28 Fd42
Cinquefrondi I 164 Gb83
Cintegabelle F 40 Gc55
Cintei RO 170 Ca58
Cintrey F 31 Jc40
Cintruénigo E 47 Ec59
Cioara MD 173 Fb59
Ciobalaccia MD 177 Fc61
Ciobăniş RO 176 Eb60
Ciobăniţa RO 181 Fb68
Ciobanovca MD 173 Fd59
Ciobanu RO 177 Fb65
Ciobiškis LT 114 Kd57
Ciocăneşti RO 172 Dd56
Ciocăneşti RO 176 Ea65
Ciocăneşti RO 181 Ed67
Ciocârlia RO 176 Ec65
Ciocârlia RO 181 Fb67
Ciochina RO 176 Ed66
Ciocile RO 176 Ed65
Ciocîlteni MD 173 Fc56
Cioclovina RO 175 Cc62
Cioc-Maidan MD 177 Fd60
Ciofrângeni RO 175 Db64
Čioiškiai LT 113 Jd54

223

Czerwone – Diakovo

Czerwone PL 123 Jd33
Czerwonka PL 122 Jb31
Czerwonka PL 122 Jc34
Czerwonki PL 123 Ka32
Czerwony Dwór PL 123 Jd30
Czestków PL 130 Hc39
Częstochowa PL 130 Hc42
Czeszów PL 129 Gd40
Człopa PL 120 Ga34
Człuchów PL 121 Gc32
Czorsztyn PL 138 Jb46
Czudec PL 139 Ka44
Czumów PL 131 Kd41
Czyczkowy PL 121 Gd32
Czyże PL 123 Kc34
Czyżew-Osada PL 123 Ka35
Czyżkowo PL 121 Gc33

D

Daaden D 125 Cb41
Dăbâca RO 171 Da57
Dabar HR 151 Fd61
Dabar HR 158 Gc65
Dabas H 146 Hd54
Dabbnäs S 79 Fd25
Dabel D 119 Eb32
Däben BG 179 Da70
Dăbene BG 180 Db72
Dąbie PL 120 Fd32
Dąbie PL 128 Fd38
Dąbie PL 129 Hb37
Dąbie PL 131 Ka37
Dabilja MK 183 Ca75
Dąbki PL 121 Gb30
Dăbnica BG 184 Cd75
Dăbovan BG 180 Db68
Dăbovec BG 185 Ea75
Dăbovo BG 180 Dd72
Dabrac BIH 152 Gd63
Dabrica BIH 158 Hb67
Dąbrowa PL 120 Fc35
Dąbrowa PL 121 Ha35
Dąbrowa PL 122 Hc30
Dąbrowa PL 129 Ha42
Dabrowa Białostocka PL 123 Kb31
Dąbrowa Biskupia PL 121 Hb35
Dabrowa Chełmińska PL 121 Ha34
Dąbrowa Górnicza PL 138 Hc43
Dąbrowa Tarnowska PL 138 Jc44
Dąbrowa Zielona PL 130 Hd41
Dąbrowice PL 131 Kb42
Dąbrowice PL 130 Hc37
Dąbrówka PL 122 Hc33
Dąbrówka PL 122 Jc33
Dąbrówka PL 130 Jc36
Dąbrówka PL 131 Jd40
Dabrówka PL 131 Jd41
Dąbrówka PL 139 Kb43
Dąbrówka-Kościelna PL 123 Ka34
Dabrówka Wielkopolska PL 128 Ga37
Dąbrówki PL 139 Ka43
Dąbrówno PL 122 Hd33
Dąbrowy PL 122 Jc33
Dabryn' BY 202 Eb14
Dăbuleni RO 179 Da68
Dachau D 143 Dd50
Dachnów PL 139 Kc43
Dachsbach D 134 Dc46
Dačice CZ 136 Fd48
Dacón E 36 Ba57
Dadalı TR 187 Ha77
Dädesjö S 103 Fc51
Dadiá GR 185 Ea77
Dådran S 87 Fd38
Dăeni RO 177 Fb65
Dăeşti RO 175 Db63
Dafjord N 62 Gd08
Dáfnes GR 188 Bb85
Dafni GR 184 Cd79
Dáfni GR 188 Bb82
Dáfni GR 188 Bb86
Dáfni GR 189 Bc83
Dáfni GR 194 Bc89
Dağ TR 199 Gc90
Dağakçaköy TR 192 Fc81
Dagali N 85 Db39
Dağardı TR 192 Fc83
Dağarlar TR 192 Fb87
Dağâta RO 172 Ed58
Dağbağ TR 199 Gb92
Dagda LV 107 Ld52
Dağdemirciler TR 192 Fd81
Dağdere TR 192 Fa84
Dagdere TR 198 Ga88
Dagebüll D 108 Cd28
Dagenham GB 20 Fd28
Dağeymiri TR 191 Ed87
Dağhacılar TR 187 Gd80
Dağirmandere TR 191 Ec85
Dağıstan TR 191 Ec83
Dağkadı TR 186 Fb80
Dağkızılca TR 191 Ec86
Daglingworth GB 20 Ed27
Dagomys RUS 205 Fd17
Dağpınar TR 197 Fa90
Dagsås S 102 Ec51
Dagsmark FIN 89 Ja33
Dağyenice TR 186 Fb77
Dağyolu TR 187 Ha80
Dahlem D 125 Bc42
Dahlen D 127 Ed40
Dahlenburg D 119 Dd34
Dahme D 119 Dd30
Dahme D 127 Ed38
Dahn D 133 Ca47
Dähre D 119 Dd35
Daia RO 175 Dc60
Daia RO 180 Ea67
Daia Română RO 175 Da60
Daikanberg S 71 Ga24
Daikanvik S 71 Ga24
Dailly GB 10 Dc15
Dailučiai LT 114 Ka58
Daimiel E 52 Dc69
Dainville-Bertheléville F 30 Jb38
Dairsie GB 7 Ec12
Dajla HR 150 Ed60
Dakovica KSV 178 Ad71
Đakovo HR 153 Hc60
Daksti LV 106 Kd47
Dal N 93 Db41
Dal N 93 Db44
Dal N 94 Eb40
Dal S 80 Gc31
Dala S 102 Fa47
Đala SRB 153 Jb57
Dalaas A 142 Da54
Dalachów PL 129 Hb41
Dalama TR 197 Fa88
Dalaman TR 198 Fc91
Dalarö S 96 Ha44
Dalasjö S 79 Gb26
Dalavardo S 71 Fd21
Dalavich GB 6 Dc12
Dalbe LV 106 Kb51
Dalbeattie GB 10 Ea16
Dălbok Dol BG 180 Db71
Dălbok izvor BG 184 Dc74
Dalboşeţ RO 174 Ca64
Dalby DK 109 Eb27
Dalby DK 109 Dd26
Dalby S 94 Ed39
Dalby S 96 Gc42
Dalby S 110 Fa56
Dalbyn S 87 Fc37
Dalbyover DK 100 Dc22
Dalca TR 187 Gb78
Dalchalloch GB 7 Ea10
Dalchruin GB 7 Ea12
Dale GB 18 Db27
Dale N 66 Ga12
Dale N 84 Ca36
Dale N 84 Cb38
Dale N 84 Cc34
Dale N 84 Cd36
Dale N 92 Cd45
Dale N 93 Da44
Dale N 93 Da44
Dale N 93 Da46
Dalen N 77 Db32
Dalen N 92 Cb43
Dalen N 93 Da43
Dalen N 94 Eb42
Dalen NL 117 Bd35
Dalen S 78 Fa30
Daleng N 67 Gd12
Dalesjukhus N 92 Ca44
Daleszyce PL 130 Jb41
Dalewo PL 129 Gc38
Dalfors S 87 Fd37
Dalfsen NL 117 Bc35
Dălga Luka BG 179 Ca71
Dălghiu RO 176 Ea62
Dălgi Del BG 179 Cb69
Dălgopol BG 181 Ed71
Dalhavaig GB 5 Ea04
Dalheim L 133 Bb45
Dalheim N 62 Ha10
Dalheim N 70 Ed21
Dalhem B 125 Bb41
Dalhem S 103 Ga48
Dalhem S 104 Ha49
Dalholen N 85 Dd34
Dali CY 206 Jb97
Dalías E 61 Dd76
Daliburgh GB 6 Cd08
Dalików PL 130 Hc38
Daliowa PL 139 Ka46
Dalj HR 153 Hd59
Dalkarlså S 80 Hc27
Dalkarsberg S 95 Fc43
Dalkeith GB 11 Eb13
Dallas GB 5 Eb07
Dalleagles GB 10 Dd15
Dallgow-Döberitz D 127 Ed36
Dallımandıra TR 191 Ed82
Dallmin D 119 Eb34
Dällogilli S 73 Ja18
Dall Villaby DK 100 Dc21
Dalmally GB 6 Dc11
Dalmellington GB 10 Dd15
Dalmine I 149 Cd59
Dalmose DK 109 Ea27
Dal'nee RUS 113 Jc58
Dalness GB 6 Dc10
Daloba TR 191 Eb81
Dalry GB 10 Dc14
Dalsbruk FIN 97 Jc41
Dalselv N 71 Fb20
Dalsetra N 77 Dd33
Dalsfjord N 76 Cc33
Dalshult S 102 Ed52
Dalsjöfors S 102 Ed49
Dalskog S 94 Ec45
Dals Långed S 94 Ec45
Dalsøyra N 84 Ca37
Dals Rostock S 94 Ec45
Dalston GB 11 Eb17
Dalstorp S 102 Fa49
Dalstuga S 87 Fd38
Dalton GB 11 Eb16
Dalton-in-Furness GB 11 Eb19
Daluis F 43 Kb52
Dalum S 102 Fa48
Dalvík IS 2 Ba03
Dálvvadis S 72 Ha19
Dalyan TR 191 Ea81
Dalyan TR 197 Ec89
Dalyan TR 198 Fb91
Dalyanköy TR 191 Ea86
Damak H 146 Jc50
Dămăneşti RO 175 Dc64
Damarası TR 197 Fa90
Damas-aux-Bois F 31 Jd38
Damaskinia GR 182 Ba78
Damasławek PL 121 Gd35
Damássi GR 183 Bc80
Damásta GR 200 Da95
Damatlı TR 192 Fa86
Damazan F 40 Fd52
Dambaslar TR 185 Ed77
Damelang-Freienthal D 127 Ec37
Dameliai LT 114 Ka53
Damerey F 30 Jb43
Damerham GB 20 Ed30
Damery F 24 Hc36
Damgan F 27 Ed41
Dămieneşti RO 172 Ed59
Damjanovo BG 180 Dc70
Dammarie F 29 Gb38
Dammarie-les-Lys F 29 Ha38
Dammartin-en-Goële F 23 Ha36
Damme B 124 Aa39
Damme D 117 Cc36
Dammen N 93 Dc43
Dammet S 73 Ja21
Damnica PL 121 Gc30
Damno PL 121 Gc29
Damp D 108 Dc29
Dampierre F 24 Hd37
Dampierre F 31 Jc42
Dampierre-en-Bray F 23 Gc34
Dampierre-en-Burly F 29 Ha40
Dampierre-en-Yvelines F 23 Gc37
Dampierre-Saint-Nicolas F 23 Gb33
Dampierre-sur-Boutonne F 32 Fc46
Dampierre-sur-Salon F 31 Jc41
Dampınar TR 191 Ed87
Damprichard F 31 Kb41
Damsdorf D 127 Ec37
Damsdorf D 127 Ed38
Damsholte DK 109 Ec28
Dămuc RO 172 Eb58
Damüls A 142 Da53
Damville F 23 Gb37
Damvillers F 24 Jb35
Damwoude NL 117 Bc33
Danaçalı TR 192 Fc82
Danakós GR 196 Dc90
Danamandıra TR 186 Fb77
Danapinar TR 185 Ec80
Danasjö S 71 Ga23
Danbury GB 21 Ga27
Danby GB 11 Fb18
Dănceni MD 173 Fc58
Dănciuleşti RO 175 Da65
Dancu MD 173 Fb59
Dăneasa RO 180 Db67
Daneş RO 175 Dc60
Danesfort IRL 13 Cb24
Dăneşti RO 172 Ea59
Dăneşti RO 173 Fa58
Dăneşti RO 175 Cd64
Dăneşti RO 176 Ec66
Daneşti RO 179 Da67
Dangast D 118 Cc33
Dangeau F 29 Gb39
Dångebo S 111 Fd53
Dângeni RO 172 Ed55
Dangé-Saint-Romain F 29 Ga43
Dangy F 22 Fa36
Danholn S 95 Fd39
Dănicei RO 175 Db64
Daniec PL 129 Ha42
Danilov RUS 203 Fa08
Danilova RUS 99 Ma42
Danilovgrad MNE 159 Ja69
Danilovka RUS 203 Fd13
Dänischenhagen D 118 Dc30
Danişment TR 185 Ec80
Danişment TR 191 Ed81
Danişment TR 193 Gd81
Danişmentler TR 192 Fc84
Daniszyn PL 129 Gd39
Dankov RUS 203 Fa12
Danków PL 120 Fd35
Dannäs S 102 Fa51
Danndorf D 127 Dd36
Dannemare DK 109 Ea29
Dannemarie F 31 Kb40
Dannemora S 96 Gc41
Dannenberg D 119 Dd34
Dannenwalde D 119 Ed34
Dannike S 102 Ed49
Danören TR 199 Gd88
Dánszentmiklós H 146 Ja54
Danu MD 173 Fa55
Danzé F 29 Gb40
Danzig = Gdańsk PL 121 Hb30
Daoulas F 26 Dc38
Dapšiai LT 114 Kd54
Dapsici MNE 159 Jb68
Dapšioniai LT 114 Kb54
Darabani RO 172 Ec54
Darány H 152 Ha58
Dáras GR 194 Bc87
Darbėnai LT 113 Jb54
Dărcăuţi MD 173 Fb54
Darda HR 153 Hc59
Dardesheim D 127 Dd38
Dardhë AL 182 Ad77
Darenth GB 20 Fd28
Daretorp S 103 Fb47
Darfo I 149 Da58
Dargosław PL 120 Fd31
Dargov SK 139 Jd48
Dargun D 119 Ec32
Darıca TR 186 Fd78
Darıca TR 192 Fa81
Darıçayırı TR 187 Gc78
Darıcı TR 192 Fc83
Darısekisi TR 193 Ha85
Darıveren TR 198 Fd90
Darıyerihasanbey TR 187 Ha78
Dârjiu RO 176 Dd60
Darlaston GB 16 Ed24
Darlık TR 186 Ga77
Darlington GB 11 Fa18
Dârlos RO 175 Db60
Darłówko PL 121 Gb30
Darłowo PL 121 Gb30
Darlton GB 16 Fb22
Dărmăneşti RO 172 Eb55
Dărmăneşti RO 176 Ea64
Dărmăneşti RO 176 Ec60
Darmstadt D 134 Cc44
Darneke sameviste S 71 Fc23
Darnétal F 23 Gb35
Darney F 31 Jd39
Darnowo PL 121 Gc31
Daroca E 47 Ed62
Darova RO 174 Ca61
Darque E 44 Ac59
Darragh IRL 12 Bc22
Darro E 60 Dc74
Dars AL 182 Ab75
Darsūniškis LT 114 Kc58
Dārte LV 105 Jd49
Dartford GB 20 Fd28
Dartmouth GB 19 Ea32
Dartsel S 73 Hb23
Daruvar HR 152 Gd59
Dărvari RO 175 Cc66
Darvas H 147 Jd54
Darvel GB 10 Dd14
Darwen GB 15 Ec20
Daržininkai LT 114 Ka58
Darzininkai LT 114 La58
Dasburg D 133 Bb43
Dascălu RO 176 Eb65
Daseburg D 126 Cd39
Dasing D 142 Dc50
Dáski GR 183 Bc78
Dăskot BG 180 Dd70
Dăskotna BG 181 Ed71
Dassel D 126 Da38
Dassendorf D 118 Dc33
Dassólofos GR 189 Bd82
Dassow D 119 Dd31
Dasze PL 123 Kb35
Daszyna PL 130 Hc37
Datça TR 197 Ed91
Datchworth GB 20 Fc27
Datteln D 125 Ca38
Dattilo I 166 Eb84
Daubach D 133 Ca44
Daudzese LV 106 Kd52
Daudzeva LV 106 Kd52
Daugai LT 114 Kd59
Daugailiai LT 115 Lb54
Daugård DK 108 Db25
Daugavpils LV 115 Lc53
Daugbjerg DK 100 Db23
Daugėlišiai LV 114 Kb57
Daugėliškis LT 115 Lc55
Dauginčiai LT 113 Jb54
Dauglaukis LT 113 Jd57
Daugstad N 76 Cd32
Dauguļi LV 106 Kd48
Daujėnai LT 114 Kc54
Daukšiai LT 113 Jb53
Daukšiai LV 114 Kb59
Daukstes LV 107 Lb49
Daumazan-sur-Arize F 40 Gb56
Daumeray F 28 Fc41
Daun D 133 Bd43
Dausse F 40 Ga52
Dautphetal D 126 Cc41
Daužnagiai LV 114 Kb55
Dava GB 7 Eb08
Daventry GB 20 Fa25
Davézieux F 34 Jb48
Davideşti RO 175 Dc64
Davidovac SRB 174 Cb65
Davidstow GB 18 Dc30
Davik N 84 Cb34
Davle CZ 136 Fb45
Dávlia GR 189 Bd84
Davlos CY 206 Jd95
Davor HR 152 Ha61
Davos CH 142 Da55
Davulga TR 193 Gb86
Davulga TR 193 Hb84
Davutlar TR 197 Ec88
Davyd-Haradok BY 202 Ea14
Dawley GB 15 Ec24
Dawlish GB 19 Ea31
Dax F 39 Fa54
Dayılar TR 192 Ga87
Dazkırı TR 198 Ga88
D. Bijelo Bučje BIH 152 Ha63
D. Dubrava HR 152 Gc57
Deag RO 171 Db59
Deal GB 21 Gb29
Dealu RO 172 Dd59
Dealu Morii RO 176 Ed60
Deanich Lodge GB 4 Dd06
Deanshanger GB 20 Fb26
Deargget S 68 Hd17
Deauville F 22 Fd35
Deba E 39 Eb55
Debal'ceve UA 205 Fb15
Débanos E 47 Ec60
Debar MK 182 Ad74
Dębe PL 130 Jb36
Debeikiai LT 114 La55
Debel DK 100 Da21
Debelec BG 180 Dd70
Debeli Lug SRB 174 Bd65
Debeljača SRB 153 Jc61
Debeljača SRB 174 Bb63
Debelo Brdo HR 151 Ga62
Dębe Wielkie PL 130 Jc37
Dębica PL 120 Fd31
Dębica PL 139 Jd44
Dębice PL 129 Gb41
Dębiec PL 129 Hb40
Dębień PL 122 Hd33
Dębieniec PL 121 Hb33
De Bilt NL 116 Ba36
De Blesse NL 117 Bc34
Dęblin PL 131 Jd39
Deblín CZ 137 Gb47
Debnevo BG 180 Db71
Dębnica Kaszubska PL 121 Gc30
Dębno PL 120 Fc35
Dębno PL 121 Gd34
Dębno PL 138 Jb44
Dębno PL 138 Jb46
Dębno PL 139 Kb43
Dęboleka PL 129 Hb39
Debovo BG 180 Dc69
Dębowa Kłoda PL 131 Kb38
Debowa Łąka PL 122 Hc34
Dębowa Łęka PL 129 Gb39
Dębowiec PL 139 Jd45
Dębowo PL 123 Ka32
Debrc SRB 153 Jd62
Debrecen H 147 Ka52
Debrešte MK 183 Bb74
Debrznica PL 128 Fc37
Debrzno PL 121 Gc33
Dębsk PL 122 Ja34
Debsko PL 120 Ga34
Dęby Szlacheckie PL 129 Hb37
Deč SRB 153 Jb61
Dečani KSV 178 Ad71
Dečani SRB 159 Jc69
Decazeville F 33 Gd51
Decima I 149 Dc62
Decimomannu I 169 Ca79
Decimoputzu I 169 Ca79
Děčín CZ 128 Fb42
Decize F 30 Hc43
De Cocksdorp NL 116 Ba33
Decollatura I 164 Gc81
Decs H 153 Hc57
Deda RO 172 Dd57
Deddington GB 20 Fa26
Dedeburnu TR 192 Fa83
Dedeçam TR 193 Ha87
Dedeleben D 127 Dd38
Dedeler TR 187 Gd80
Dedeler TR 187 Ha79
Dedeler TR 192 Fb83
Dedeler TR 192 Fd81
Dedeli MK 183 Ca75
Dedelow D 120 Fa33
Dedelstorf D 118 Dc35
Dedems-vaart NL 117 Bd35
Dedenevo RUS 202 Ed10
Dédestapolcsány H 146 Jb50
Dedinci BG 180 Ea71
Dedinky SK 138 Jb48
Dedino MK 183 Ca75
Dedoviči RUS 202 Eb10
Deelish IRL 12 Bb26
Deensen D 126 Da38
Deeping Saint Nicholas GB 17 Fc24
Deetz D 127 Eb38
Deetz D 127 Ec36
Defurovy Lažany CZ 136 Fa47
Dég H 145 Hb55
Degaña E 37 Ca55
Degeberga S 111 Fb55
Degerbäcken S 73 Hc21
Degerby FIN 96 Hc41
Degerby FIN 98 Ka40
Degerfors S 80 Hc26
Degerfors S 95 Fb44
Degerhamn S 111 Gb53
Degernes N 94 Eb43
Degerö FIN 98 Ka40
Degersheim CH 142 Cc53
Degersjö S 80 Gc29
Degerträsk S 73 Hb24
Deggendorf D 135 Ec48
Deggenhausertal D 142 Cd51
Deggingen D 134 Da49
Degionys LT 114 Kd55
Değirmen TR 186 Fa77
Değirmenalanı TR 198 Fc89
Değirmenayvalı TR 193 Gc85
Değirmencieli TR 191 Ed84
Değirmencik TR 185 Ed75
Değirmendere TR 186 Ga79
Değirmendere TR 191 Ec87
Değirmendere TR 193 Gb86
Değirmendere TR 193 Gd85
Değirmendüzü TR 185 Eb79
Değirmenli TR 192 Fa82
Değirmenlik TR 199 Hb90
Değirmenözü TR 199 Ha89
Değirmentköy TR 192 Fd84
Değirmisaz TR 192 Fd83
Değişören TR 193 Gc82
Değnekler TR 192 Fa85
Dego I 148 Ca62
Degolados P 51 Bb68
Degole LV 106 Ka51
Degučiai LT 113 Jc56
Degučiai LT 114 Kb54
Degučiai LT 115 Lb54
De Haan B 21 Ha29
Dehesa de Campoamor E 55 Fb73
Dehesa Mayor E 46 Db61
Dehesas E 37 Bd57
Deià E 57 Hb67
Deidesheim D 133 Cb46
Deifontes E 60 Db74
Deining D 135 Dd47
Deining D 135 Ea47
Deiningen D 134 Dc48
Deinste D 118 Da32
Deißlingen D 141 Cb50
Deiva Marina I 149 Cc63
Dej RO 171 Da57
Dejani RO 175 Dc62
Deje S 94 Fa43
Dejret DK 109 Dd24
Dekanovec HR 145 Gc56
Dekeleia CY 206 Jc97
Deknepollen N 84 Ca34
De Koog NL 116 Ba33
De Kooy NL 116 Ba33
Dekov BG 180 Dc69
Dekutince SRB 178 Bd71
Delacău MD 173 Ga57
Delamere GB 15 Ec22
Delary S 111 Fb53
Délasse F 22 Ed34
Delbinisht AL 163 Jb72
Delbrück D 126 Cc38
Delčevo MK 179 Ca73
Delden NL 117 Bd36
Delecke D 125 Cb39
Deleitosa E 51 Cb66
Đelekovec HR 152 Gc57
Delémont CH 141 Bd53
Deleni RO 172 Ed56
Deleni RO 173 Fa59
Deleni RO 181 Fb67
Deleşti RO 173 Fa59
Delfi GR 189 Bd84
Delft NL 116 Ad36
Delfzijl NL 117 Ca33
Delia I 167 Fa86
Deliblato SRB 174 Bc63
Delice TR 192 Fc82
Deliceto I 161 Fd74
Deligrad SRB 178 Bc68
Deliler TR 192 Fb84
Deliömer TR 191 Ec87
Delitzsch D 127 Eb39
Deliveli TR 187 Gb78
Deliyusuflar TR 192 Fa81
Dellach A 143 Ec56
Dellach A 143 Ed55
Dellach im Drautal A 143 Ec55
Delle F 31 Kb40
Delligsen D 126 Db38
Delme F 25 Jd36
Delmenhorst D 118 Cd34
Delnice HR 151 Fc60
Delphi IRL 8 Bb19
Delsbo S 87 Gb35
Deltebre E 48 Ga63
Deltuva LT 114 Kd56
Delvin IRL 9 Cc20
Delvináki GR 182 Ac79
Delvinë AL 182 Ab79
Demandice SK 146 Hc51
Demandolx F 43 Kb53
Dem'anka RUS 107 Mb46
Demanová SK 138 Hd47
de Meca E 59 Bd77
Demecser H 147 Ka50
Demen D 119 Eb32
Demene LV 115 Lc54
Demeškino RUS 107 Ma48
Demidov RUS 202 Ec11
Demigny F 30 Jb43
Demirci TR 191 Ec84
Demirci TR 192 Fc84
Demircihali TR 185 Ed75
Demirciköy TR 191 Ec86
Demirciköy TR 192 Fc84
Demirciler TR 186 Ga78
Demirciler TR 187 Ha79
Demirciler TR 192 Fb87
Demirciller TR 192 Fc82
Demirhan TR 192 Fa87
Demirhanlı TR 185 Eb75
Demirışık TR 186 Ga80
Demir Kapija MK 183 Bd75
Demirköy TR 186 Fa75
Demirköy TR 193 Gb81
Demirler TR 187 Gb79
Demirler TR 192 Fc82
Demirli TR 193 Gc84
Demirli TR 198 Fc91
Demirtaş TR 186 Fd80
Demitz-Thumitz D 128 Fb41
Demjansk RUS 202 Eb09
Dem'jas RUS 203 Ga11
Demmin D 119 Ed32
Demonia GR 195 Bd90
Demonte I 148 Bb63
Demre TR 199 Gb93
Demstrup DK 100 Db23
Dena E 36 Ac56
Denain F 24 Hb32
Denbigh GB 15 Ea22
Den Burg NL 116 Ba33
Denby Dale GB 16 Fa21
Dencsháza H 152 Ha58
Dendermonde B 124 Ac40
Déndra GR 189 Bd88
Dendrohóri GR 182 Ba77
Denekamp NL 117 Ca36
Den Haag NL 116 Ad36
Den Ham NL 117 Bd35
Den Helder NL 116 Ba33
Denholm GB 11 Ec15
den Hoorn NL 117 Bd32
Denia E 55 Fd70
Denizgören TR 191 Ea81
Denizköy TR 187 Gc77
Denizköy TR 197 Ec89
Denizler TR 198 Fd88
Denizli TR 198 Fd88
Denkendorf D 135 Dd48
Denkingen D 142 Cc50
Denklingen D 142 Dc51
Denkte D 126 Dc37
Dennebrœucq F 23 Gd31
Dennington GB 21 Gb25
Denny GB 10 Ea13
Densuş RO 175 Cc62
Denta RO 174 Bc62
Dentlein D 134 Db47
Denzlingen D 141 Ca50
Deonica SRB 153 Jc60
De Panne B 21 Gd29
Děpoltovice CZ 135 Ec44
Deputycze Królewskie PL 131 Kc40
Derben D 127 Eb36
Derbent TR 187 Gb79
Derbent TR 191 Ed86
Derbent TR 192 Fd82
Derbent TR 192 Fd85
Derbent TR 193 Gd84
Derborence CH 141 Bc56
Derby GB 16 Fa23
Dere TR 192 Fa83
Dereağzı TR 192 Fb87
Derebucak TR 199 Ha89
Derebulaca TR 187 Hb77
Dereçat TR 193 Ha81
Dereciköreni TR 192 Fb83
Dereçine TR 193 Ha86
Derecske H 147 Ka53
Derekarabağ TR 193 Ha85
Đerekari SRB 178 Bb69
Derekaya TR 192 Ga82
Dereköy TR 185 Dd80
Dereköy TR 185 Eb77
Dereköy TR 185 Ec80
Dereköy TR 185 Ed74
Dereköy TR 186 Fc80
Dereköy TR 186 Ga80
Dereköy TR 187 Ha80
Dereköy TR 187 Hb77
Dereköy TR 191 Ec83
Dereköy TR 191 Ed82
Dereköy TR 191 Ed84
Dereköy TR 191 Ed84
Dereköy TR 192 Fd84
Dereköy TR 193 Gc87
Dereköy TR 193 Ha84
Dereköy TR 197 Fa88
Dereköy TR 198 Fd92
Dereköy TR 199 Gb90
Dereli TR 192 Fb82
Dereli TR 205 Fd19
Dereliçam TR 192 Fc86
Derenburg D 127 Dd38
Dereneu MD 173 Fc57
Dereoba TR 191 Ec81
Deretepe TR 187 Gb78
Derevkovo RUS 107 Mb46
Dereyürük TR 187 Gb80
Dergači RUS 203 Ga11
Derhači UA 203 Fa14
Dermanci BG 179 Da70
Dermbach D 126 Db42
Dermulo I 149 Dc57
Derna RO 170 Cb56
Dernau D 125 Bd42
Dernbach D 125 Cb42
Deronje SRB 153 Hd59
Derreen IRL 8 Bc18
Derreendarragh IRL 12 Ba25
Derringstone GB 21 Gb29
Derry GB 9 Cc16
Derrybrien IRL 12 Bd22
Derrydruel IRL 8 Ca16
Derryerglinna IRL 8 Bc20
Derrygonelly GB 9 Cb17
Derrykeevan GB 9 Cd17
Derrylin GB 9 Cb18
Derrynawilt GB 9 Cc18
Dersca RO 172 Ec54
Dersekow D 119 Ed31
Dersingham GB 17 Fd23
Dërsnik AL 182 Ad77
Dersum D 117 Ca34
Dertini RUS 99 Mb45
Deruta I 156 Eb68
Dervaig GB 6 Da10
Derval F 28 Ed41
Derveliai LT 114 Kb54
Dervéni GR 189 Bc86
Derventa BIH 152 Hb61
Dervio I 149 Cc57
Deryneia CY 206 Jd97
Deržavino RUS 113 Jc59
Desa RO 179 Cc67
Désaignes F 34 Ja49
Desana I 148 Ca60
Desborough GB 20 Fb25
Descargamaría E 45 Bd64
Descartes F 29 Ga43
Desenzano del Garda I 149 Db59
Désertines F 28 Fb38
Desertmartin GB 9 Cd16
Deşeşti RO 171 Db55
Deset N 86 Eb37
Desfina GR 189 Bd85
Desinić HR 151 Ga57
Desio I 149 Cc59
Deskáti GR 183 Bb80
Deskie SLO 150 Ed58
Desna CZ 128 Fd42
Desno Trebarjevo HR 152 Gb59
Dešov CZ 136 Ga48
Despeñaperros E 61 Ec74
Despetal D 126 Db37
Despotis GR 183 Bb79
Despotovac SRB 174 Bc66
Despotovo SRB 153 Ja59
Dessau-Roßlau D 127 Eb38
Dessel B 124 Ba39
Déssi GR 188 Ba81
Deştiğin TR 193 Hb87
Deştin TR 197 Fa89
Deštná CZ 136 Fc47
Deštné CZ 137 Gb44
Destriana E 37 Cb58
Desulo I 169 Cb77
Desvres F 23 Gc31
Deszczno PL 128 Fd36
Deszk H 153 Jb57
Deta RO 174 Bc62
Detern D 117 Cb33
Detk H 146 Jb52
Detkovo RUS 99 Ma43
Dětmarovice CZ 137 Hb45
Detmold D 126 Cd38
Dettelbach D 134 Db45
Dettenheim D 133 Cb47
Dettey F 30 Hd43
Dettmannsdorf D 119 Ec31
Dettwiller F 25 Kb36
Detva SK 138 Hd49
Deuerling D 135 Ea48
Deuna D 126 Dc40
Deurne NL 125 Bb39
Deutsch-Evern D 118 Dc34
Deutsch-Griffen A 144 Fa55
Deutsch Jahrndorf A 145 Gd51
Deutschkreuz A 145 Gc53
Deutschlandsberg A 144 Fd55
Deutsch-Wagram A 145 Gb50
Deux-Chaises F 34 Hc45
Deva RO 175 Cc61
Devauden GB 19 Eb27
Dévaványa H 147 Jd54
Deveci TR 185 Ec78
Devecikonağı TR 192 Fb81
Devecser H 145 Gd54
Devederesi TR 193 Gd86
Develi TR 186 Fa76
Develi TR 187 Ha77
Devene BG 179 Cd69
Deventer NL 117 Bc36
Deveören TR 187 Hb80
Devesa E 37 Bd53
Deveselu RO 180 Db67
Deveso E 36 Bb53
Devesos E 36 Bb53
Devetaki BG 180 Dc70
Deviat F 32 Fd48
Devic MK 183 Bb74
Devic'i SRB 178 Ba68
Devil's Bridge GB 15 Dd25
Devin BG 184 Da74
Devin SK 145 Gc51
Devizes GB 20 Ed28
Devletliağaç TR 185 Ec74
Devnja BG 181 Fa70
Devojački Bunar SRB 174 Bb63
Devrek TR 187 Hb77
Devynduoniai LV 114 Kb55
De Wijk NL 117 Bc35
Dewsbury GB 16 Fa21
Deza E 47 Ec61
Dežanovac HR 152 Gd59
Dezghingea MD 177 Fc60
Dezna RO 170 Cb59
Dezzo I 149 Da58
Dhërm AL 182 Aa78
Dhrovjan AL 182 Ac79
Dhuizon F 29 Gc41
Dhuvjan AL 182 Ac79
Diablerets CH 141 Bc56
Diafáni GR 197 Ec94
Diakoftó GR 189 Bc85
Diákos GR 183 Bb79
Diakovce SK 145 Ha51
Diakovo BG 179 Cb72

Dialambí - Dörnholthausen

Dialambí GR 184 Dc77
Dialektó GR 182 Ba78
Diamante I 164 Ga79
Dianalund DK 109 Ea26
Diano d'Alba I 148 Bd62
Diano Marina I 43 La52
Diarville F 31 Jd38
Diásello GR 183 Bc80
Diavatá GR 183 Ca77
Diavolítsi GR 194 Bb88
Dibekdere TR 197 Ed89
Dibekören TR 187 Hb80
Dibič BG 181 Ec70
Dichiseni RO 181 Fa67
Dicmo HR 158 Gc66
Dicomano I 156 Dd65
Didam NL 125 Bc37
Diddlebury GB 15 Eb25
Didești RO 175 Dc66
Didieji Ibėnai LT 114 Kc57
Didim TR 197 Ec89
Didimótiho GR 185 Eb76
Didkiemis LT 113 Jc56
Didvyžiai LT 114 Ka58
Didyma GR 195 Ca88
Didžiasalis LT 115 Lc55
Die F 35 Jc50
Dieburg D 134 Cc44
Diedorf D 142 Dc50
Dieglial LT 113 Jb56
Diego Álvaro E 45 Cc63
Diekholzen D 126 Db37
Diekirch L 133 Bb44
Diélette F 22 Ed34
Dielmissen D 126 Da38
Diemelstadt D 126 Cd39
Diemen NL 116 Ba35
Diémoz F 34 Jb47
Dienheim D 133 Cb45
Dienne F 33 Ha49
Dienstedt D 127 Dd42
Dienstedt-Hettstedt D 127 Dd42
Dienten am Hochkönig A 143 Ec53
Dienville F 30 Ja38
Diepenau D 126 Cd36
Diepenbeek B 124 Ba40
Diepenheim NL 117 Bd36
Diepenveen NL 117 Bc36
Diepholz D 117 Cc35
Dieppe F 23 Gb33
Diera-Zehren D 127 Ed41
Dierdorf D 125 Ca42
Dieren NL 125 Bc37
Dierhagen D 119 Ec30
Dierona CY 206 Jb97
Dierrey-Saint-Pierre F 30 Hc38
Diersbach A 143 Ed50
Dierzki PL 122 Jb32
Diesdorf D 119 Dd35
Dieskau D 127 Eb40
Diespeck D 134 Dc46
Dießen D 142 Dc51
Diessenhofen CH 142 Cc52
Diest B 124 Ad40
Diestedde D 126 Cc38
Dietachdorf A 144 Fb51
Dietenheim D 142 Da50
Dietenhofen D 134 Dc46
Dieterode D 126 Db40
Dietersburg D 143 Ec50
Dietersdorf D 127 Ec38
Dietfurt D 135 Ea48
Dietharz, Tambach- D 126 Dc42
Dietikon CH 141 Cb53
Dietkaušćizna LT 115 Lc55
Dietmannsried D 142 Db52
Dietramszell D 143 Dd52
Dietramszell D 143 Ea52
Dietzenbach D 134 Cc44
Dietzhölztal D 126 Cc41
Dieue F 24 Jb36
Dieulefit F 42 Jb51
Dieulouard F 25 Jd36
Dieupentale F 40 Gb53
Dieuze F 25 Ka36
Dieveniškės LT 115 Lb59
Diever NL 117 Bd34
Diez D 133 Cb43
Diezma E 60 Dc74
Differdange L 132 Ba45
Digaléto GR 188 Ac85
Digerberget S 87 Fc33
Digerberget S 87 Fc38
Digerberget S 94 Ed40
Digermulen N 66 Fc14
Dignac F 32 Fd48
Dignāja LV 107 Lb52
Dignano I 150 Ec58
Digne-les-Bains F 42 Ka52
Digny F 29 Gb38
Digoin F 30 Hd44
Diğrak TR 193 Hb87
Dijon F 30 Jb41
Dikanäs S 71 Ga24
Dikance KSV 178 Ba72
Dikea GR 185 Ea75
Dikenli TR 186 Ga78
Dikili TR 191 Eb84
Dikļi LV 106 Kd48
Dikmen TR 185 Ec80
Dikmen TR 187 Gd79
Dikmen TR 193 Ha83
Diksmuide B 21 Ha29
Dil TR 186 Fd78
Dílesi GR 189 Cb85
Dilináta GR 188 Ac85
Diljatyn UA 204 Ea16
Dillenburg D 126 Cc41
Dillingen D 133 Bc46
Dillingen a.d.Donau D 134 Db49
Dillnäs S 96 Gc44
Dillön S 94 Fa45
Dilofo GR 189 Bd81
Dilofos GR 185 Eb75
Dilos GR 196 Db89
Dilsen B 125 Bb40
Dimaro I 149 Dc57
Dimbo S 102 Fa47
Dimena GR 195 Ca87
Diminió GR 189 Bd86
Dimitrie Cantemir RO 173 Fb59
Dimitrievo BG 180 Dd73
Dimitritsi GR 184 Cc77
Dimitrovgrad BG 185 Dd74
Dimitrovgrad RUS 203 Ga09
Dimitrovgrad SRB 179 Cb70
Dimitsána GR 194 Bb87
Dimmelsvik N 84 Cb40
Dimovo BG 179 Cb68
Dinami I 164 Gb82
Dinan F 26 Ec37
Dinant B 124 Ad42
Dinar TR 193 Gb87
Dinard F 26 Ec37
Dindarlı TR 192 Fc87
Dinek TR 193 Hb83
Dinekköyü TR 193 Ha81
Dinevo BG 185 Dd74
Dingden D 125 Bd38
Dingé F 28 Ed38
Dingelstädt D 126 Dc40
Dingelstedt D 127 Dd38
Dingeni MD 173 Fa53
Dingle IRL 12 Ba24
Dingle S 102 Eb46
Dingolfing D 135 Eb49
Dingolshausen D 134 Db45
Dingtuna S 95 Ga43
Dingwall GB 4 Dd07
Diniaș RO 174 Bc61
Dinjiška HR 151 Fd63
Dinkelsbühl D 134 Db47
Dinkelscherben D 134 Db50
Dinklage D 117 Cc35
Dinnington GB 16 Fa22
Dinnyés H 146 Hc54
Dinsdurbe LV 105 Jb52
Dinslaken D 125 Bd38
Dinteloord NL 124 Ac38
Dinxperlo NL 125 Bd37
Diö S 103 Fb52
Diódia GR 194 Ba89
Diomídia GR 184 Db77
Díon GR 183 Bd79
Diónisos GR 189 Cc86
Diónissos GR 189 Ca84
Diorios CY 206 Ja96
Diors F 29 Gc43
Diosig RO 170 Cb56
Diósjenő H 146 Hc51
Dióskál H 145 Gd56
Diosti RO 179 Da67
Diou F 30 Hc44
Dipevler TR 193 Gd85
Dipkarpaz = Rizokarpaso CY 206 Ka95
Dipótama GR 184 Da76
Dipotamiá GR 182 Ba77
Dipótamos GR 184 Da77
Dippach D 126 Db41
Dippach L 133 Bb45
Dippen GB 10 Db14
Dipperz D 126 Da42
Dippoldiswalde D 128 Fa42
Dipsizgöl TR 187 Ha79
Dırazali TR 186 Ga80
Dirdal N 92 Cb44
Direkli TR 199 Gc88
Direnler TR 198 Ga93
Dirksland NL 124 Ac37
Dirlewang D 142 Db51
Dirráhi GR 194 Bb88
Dirvonakiai LT 114 Kb57
Dirvonėnai LT 113 Jd54
Dischingen D 134 Db49
Disentis/ Mustér CH 141 Cb55
Dişli TR 193 Gd85
Diso I 163 Hc77
Dison B 125 Bb41
Dispilió GR 182 Ba78
Diss GB 21 Gb25
Dissen D 126 Cc37
Dissenchen D 128 Fb39
Distington GB 10 Ea17
Distomo GR 189 Bd85
Distos GR 189 Cc85
Distrato GR 182 Ba79
Ditchling GB 20 Fc30
Ditfurt D 127 Dd38
Diträu RO 172 Ea58
Dittelbrunn D 134 Db44
Dittenheim D 134 Dc47
Dittmannsdorf D 127 Ec41
Ditton Priors GB 15 Ec24
Dituva LT 113 Jb55
Ditzingen D 134 Cc48
Diux A 144 Fc55
Divača SLO 151 Fa59
Divakë AL 182 Ab75
Divaráta GR 188 Ac84
Diva Slatina BG 179 Cb69
Divčevoto BG 179 Da71
Divci SRB 153 Jb63
Divčibare SRB 159 Jb64
Divčice CZ 136 Fb48
Divenskaja RUS 99 Mb41
Dives-sur-Mer F 22 Fc35
Diviaky SK 138 Hc48
Dividal N 67 Gd12
Divieto I 167 Fd83
Divin SK 138 Hd49
Divišov CZ 136 Fc45
Divlja BG 179 Ca71
Divljana SRB 179 Ca69
Divnoe RUS 205 Ga15
Divonne F 31 Jd44
Divotino BG 179 Cb71
Dívri GR 189 Bd83
Divriği TR 205 Fd20
Divuša HR 152 Gb61
Dixmont F 30 Hb39
Dižstende LV 105 Jd50
Dizy F 24 Hc36
Djäkneboda S 80 Hc28
Djäkneböle S 80 Hb28
Djankovo BG 180 Eb69
Djärström FIN 96 Hc40
Djat'kovo RUS 202 Ed12
Djatlicy RUS 99 Ma40
Djenäs S 94 Fa43
Djulevo BG 181 Ed73
Djulino BG 181 Fa71
Djuni BG 181 Fa73
Djupdal N 93 Dc41
Djupdal S 79 Ga26
Djupfest N 77 Dd28
Djupfjord N 66 Fd13
Djupfors S 71 Ga22
Djúpivogur IS 3 Bb06
Djupsjö S 78 Fa29
Djupsjö S 80 Hb28
Djupslia N 85 Ea36
Djupträsk S 73 Hc21
Djupvik N 62 Ha09
Djupvika N 66 Fd17
Djupviken S 67 Gd13
Djupviken S 94 Ed44
Djura S 95 Fc39
Djurås S 95 Fc39
Djurdj HR 152 Gc57
Djurgården S 95 Fb44
Djurmo S 95 Fc39
Djurö S 96 Ha43
Djurröd S 110 Fa55
Djursdala S 103 Ga49
Dlhá Ves SK 138 Jb49
Długa Goślina PL 129 Gc36
Długie PL 120 Fd33
Długie PL 120 Ga35
Długie PL 122 Hc34
Długołęka PL 121 Ka33
Długołęka PL 129 Gc41
Długołęka PL 130 Hd37
Długopole-Zdrój PL 137 Gb44
Długosiodło PL 122 Jc35
Długoszyn PL 128 Fc36
Dłutów PL 130 Hd39
Dłutówka PL 122 Jc34
Dłutowo PL 122 Hd34
Dłużniewo PL 122 Ja35
Dmitrievka RUS 203 Fb12
Dmitriev-L'govskij RUS 202 Ed13
Dmitrov RUS 202 Ed10
Dmitrovo RUS 107 Mb51
Dmosin PL 130 Hd38
Dmusy PL 123 Jd32
Dmytrivka UA 202 Ed14
Dniprodzeržyns'k UA 205 Fa15
Dnipropetrovs'k UA 205 Fa15
Dniprorudne UA 205 Fa16
Dno RUS 202 Eb10
Doade E 36 Bc57
Doagh GB 9 Da17
Doba RO 171 Cc54
Dobârceni RO 172 Ed55
Dobârlău RO 176 Ea62
Dobbertin D 119 Eb32
Dobbiaco I 143 Eb55
Dobčice CZ 136 Fb48
Dobczyce PL 138 Ja45
Dobel D 133 Cb48
Dobele LV 106 Ka52
Döbeln D 127 Ed41
Doberlug-Kirchhain D 128 Fa39
Döbern D 128 Fc39
Dobersberg A 136 Fd48
Doberschütz D 127 Ec40
Dobiegniew PL 120 Ga35
Dobieszczyn PL 120 Fb33
Dobieszewo PL 121 Gc30
Dobl A 144 Fd55
Dobnište BG 184 Cc74
Dobo RUS 99 Ma42
Doboj BIH 152 Hb62
Doborovci BIH 153 Hc62
Doboz H 147 Jd55
Dobrá CZ 137 Hb46
Dobra PL 120 Fb33
Dobra PL 120 Fd33
Dobra PL 129 Hb38
Dobra PL 138 Jb45
Dobra PL 139 Kb43
Dobra PL 139 Kb45
Dobra RO 174 Cb60
Dobra SRB 174 Bd64
Dobra Gora MNE 159 Hd69
Dobrá Niva SK 138 Hd49
Dobřany CZ 135 Ed46
Dobrá Voda SK 137 Gd49
Dobrcane KSV 178 Bc71
Dobrcz PL 121 Ha34
Dobre PL 121 Hb35
Dobre PL 131 Jd36
Dobre Miasto PL 122 Ja31
Dobreni RO 172 Ec58
Dobreni RO 180 Eb67
Dobre Polje SRB 178 Bd67
Dobrești RO 170 Cb57
Dobrești RO 176 Dd63
Dobrești RO 176 Dd64
Dobrevo MK 178 Bd73
Dobri H 145 Gc56
Döbriach A 144 Fa55
Dobrič BG 185 Dd74
Dobrič BG 181 Fa69
Dobrica SRB 174 Bb62
Dobričevo SRB 174 Bc63
Dobřichovice CZ 136 Fb45
Dobri Do MK 178 Ba73
Dobri Do SRB 174 Bb65
Dobrilovjna MNE 159 Ja67
Dobrin BG 181 Fa68
Dobrin RO 171 Cd56
Dobrinci SRB 153 Jb61
Dobrinj HR 151 Fc61
Dobrinka RUS 203 Fb12
Dobrino RUS 113 Ja58
Dobříš CZ 136 Fb45
Dobritz D 127 Eb38
Dobrjanka UA 202 Ec13
Dobrjatino RUS 203 Fb10
Dobrljin BIH 152 Gc61
Dobrna SLO 151 Fd57
Dobrnič SLO 151 Fc58
Dobrnja BIH 152 Gd62
Dobrnja BIH 153 Hc62
Dobrocin PL 122 Hd31
Dobrodzień PL 129 Hb42
Dobrogea Veche MD 173 Fb55
Dobroje Pole RUS 107 Mb47
Dobrököz H 145 Hb56
Dobromierz PL 129 Gb42
Dobromierz PL 130 Ja41
Dobromir BG 181 Ed71
Dobromir RO 181 Fa68
Dobromirci BG 184 Dc76
Dobromirka BG 180 Dc70
Dobromiru din Deal RO 181 Fa68
Dobromyl' UA 204 Dd15
Dobron PL 130 Hc39
Dobronín CZ 136 Ga46
Dobropillja UA 205 Fb15
Dobro Polje BIH 159 Hc66
Dobro selo HR 152 Gb63
Dobrošinci MK 183 Ca75
Dobrosławice PL 137 Ha44
Dobrosloveni RO 175 Db66
Dobrosołowo PL 129 Ha37
Dobrošte MK 178 Bb72
Dobroszyce PL 129 Gd40
Dobroteasa RO 175 Db65
Dobrotești RO 175 Dc66
Dobrotič BG 181 Ed70
Dobrotica BG 180 Eb70
Dobrotica BG 181 Ec68
Dobrotino BG 184 Cc75
Dobrovăț RO 173 Fa58
Dobrovice CZ 136 Fc43
Dobrovnik SLO 145 Gb56
Dobrovo SLO 150 Ed58
Dobrovol'sk RUS 113 Jd58
Dobruči RUS 99 Lc43
Dobrudžanka BG 181 Fa68
Dobrun BIH 159 Ja65
Dobrun RO 175 Da66
Dobruš BY 202 Ec13
Dobruševo MK 183 Bb75
Dobruška CZ 137 Gb44
Dobry Las PL 123 Jd33
Dobrzany PL 120 Fd33
Dobrzejewice PL 121 Hb34
Dobrzelin PL 130 Hd37
Dobrzeń Wielki PL 129 Ha42
Dobrzyca PL 129 Gd38
Dobrzyków PL 130 Hd36
Dobrzyniewo Duże PL 123 Kb33
Dobrzyń nad Wisłą PL 130 Hc36
Dobšiná SK 138 Jb48
Dobsza H 152 Ha58
Docelles F 31 Ka38
Docking GB 17 Ga23
Docksta S 80 Gd31
Dockweiler D 133 Bc43
Doclin RO 174 Bd62
Doddington GB 16 Fb22
Döderhult S 103 Gb50
Dodington GB 19 Ec28
Dodorga TR 193 Gb82
Dodro E 36 Ad56
Dodurgalar TR 198 Ga89
Doesburg NL 125 Bc37
Doetinchem NL 125 Bc37
Dofteana RO 176 Ec60
Doğal TR 192 Ga87
Doğanalanı TR 192 Fc81
Doğanay TR 193 Ha83
Doğanbaba TR 198 Ga89
Doğanbey TR 191 Eb87
Doğanbey TR 199 Hb88
Doğanca TR 185 Ec76
Doğançam TR 192 Fb82
Doğançay TR 187 Gc79
Doğançayır TR 193 Gd82
Doğancık TR 193 Ha85
Doğancık TR 193 Ha86
Doğancıl TR 187 Gc79
Doğancılar TR 187 Gb78
Doğancılar TR 187 Gc78
Doğanhisar TR 193 Hb87
Doğankent TR 205 Fd19
Doğanlar TR 186 Fa79
Doğanlar TR 191 Ed81
Doğanlı TR 187 Ha78
Doğanlı TR 193 Gc86
Doğanoğlu TR 193 Ha82
Doganović KSV 178 Bb72
Doğanpınar TR 186 Fa80
Doğansu TR 193 Gb86
Doğanyurt TR 187 Hb80
Doğanyurt TR 193 Hb84
Döğer TR 193 Gc84
Doğla TR 186 Fb80
Dogliani I 148 Bd62
Doğluşah TR 193 Gb83
Dognecea RO 174 Bd62
Dogueno P 58 Ad73
Döğüşbelen TR 198 Fb91
Döhlau D 135 Ea44
Dohna D 128 Fa41
Dohren D 117 Cb35
Doibani MD 173 Ga57
Doicești RO 176 Dd64
Doina MD 177 Fc61
Doiráni GR 183 Ca76
Doiras E 37 Bd54
Doische B 132 Ac43
Dojevići SRB 178 Ba69
Dojkinci SRB 179 Cb69
Dojrenci BG 180 Db70
Dokjovci BG 179 Ca71
Dokka N 85 Dd38
Dokkas S 68 Hc17
Dokkedal DK 101 Dd21
Dokkum NL 117 Bc32
Doksany CZ 136 Fb43
Doksy CZ 136 Fc43
Dokšycy BY 202 Ea12
Doktor-Josifovo BG 179 Cc68
Dokučajevs'k UA 205 Fb15
Dokumacılar TR 187 Hb80
Dokurcun TR 187 Gd79
Dokuz TR 187 Gc80
Dokuzdere TR 187 Gd78
Dolac KSV 178 Ba71
Dolancourt F 30 Ja38
Dolany CZ 135 Ed46
Dolay TR 187 Ha79
Dolaylar TR 192 Fa86
Dolbenmaen GB 15 Dd23
Dolcè I 149 Dc59
Dolceacqua I 43 Kd52
Dol-de-Bretagne F 28 Ed38
Dole BIH 153 Hd63
Dole F 31 Jc42
Dølemo N 93 Da45
Dolenci MK 182 Ba75
Dolenja Vas HR 151 Fa60
Dolenjske Toplice SLO 151 Fc59
Dolfor GB 15 Ea25
Dolgarrog GB 15 Ea22
Dolgellau GB 15 Dd24
Dolgie PL 120 Fc34
Dolgie PL 120 Ga33
Dolgorukovo RUS 113 Ja59
Dolgovka RUS 99 Mb42
Dolhan TR 185 Ec75
Dolhasca RO 172 Ec56
Dolhești RO 172 Ec56
Dolhești RO 173 Fb58
Dolianova I 169 Ca79
Dolice PL 120 Fd34
Dolici HR 158 Gb66
Doliești RO 172 Ed58
Dolihi GR 183 Bc79
Dolina Völgyifalu SLO 145 Gb56
Doliwy PL 123 Jd30
Doljani BIH 158 Ha65
Doljani HR 152 Gb63
Dolla IRL 13 Ca23
Döllach im Mölltal A 143 Ec55
Dollar GB 7 Ea12
Dollart D 117 Ca33
Dolle D 127 Ea36
Dollern D 118 Db32
Dollerup D 108 Db28
Döllingen D 128 Fa40
Döllnitz D 127 Eb40
Dollnstein D 135 Dd48
Dolna MD 173 Fc57
Dolna Banja BG 179 Cd72
Dolna Dikanja BG 179 Cb72
Dolna Gradešnica BG 183 Cb74
Dolna Kamarci BG 179 Cd71
Dolná Krupá SK 145 Gd50
Dolná Mariková SK 137 Hb47
Dolna Mitropolija BG 180 Db69
Dolna Orjahovica BG 180 Dd70
Dolna Ribnica BG 183 Cb75
Dolná Strehová SK 146 Hd50
Dolna Verenica BG 179 Cc69
Dolneni MK 183 Bb75
Dolné Vestenice SK 137 Hb49
Dolní Benešov CZ 137 Ha45
Dolní Bousov CZ 136 Fd43
Dolní Břežany CZ 136 Fb45
Dolni Bukovsko CZ 136 Fb47
Dolni Čiflik BG 181 Fa71
Dolni Dăbnik BG 180 Db69
Dolní Dvořiště CZ 136 Fb49
Dolni Glavanak BG 185 Dd75
Dolní Kounice CZ 137 Gb48
Dolni Krupá CZ 136 Fc43
Dolni Lom BG 179 Cb68
Dolni Lukovit BG 179 Da69
Dolní Město CZ 136 Fd46
Dolní Němčí CZ 137 Gd48
Dolni Okol BG 179 Cc72
Dolní Újezd CZ 137 Gb45
Dolni Zemunik HR 157 Fd64
Dolno Ablanovo BG 180 Ea68
Dolno Botevo BG 185 Dd75
Dolno Cerovene BG 179 Cc68
Dolno Drjanovo BG 184 Cd75
Dolno Dupeni MK 182 Ba76
Dolno Levski BG 179 Da72
Dolno Paničerevo BG 180 Ea72
Dolno Sahrane BG 180 Dc72
Dolno Ujno BG 179 Ca72
Dolný Kubín SK 138 Hd47
Dolný Turček SK 138 Hc48
Dolo I 150 Ea60
Dolores E 55 Fb72
Dolovo SRB 174 Bb63
Dölsach A 143 Ec55
Dolscy RUS 107 Mb52
Dólsk PL 121 Ha33
Dólsk PL 129 Gc38
Dolsko SLO 151 Fc58
Dol. Suhor SLO 151 Fd59
Dolton GB 19 Dd30
Dołubowo PL 123 Kb35
Dołuje PL 120 Fb33
Dolus-d'Oléron F 32 Fa46
Dolyns'ka UA 204 Ed16
Dol. Žandov CZ 135 Ec44
Dolžanskaja RUS 205 Fb16
Dolžicy RUS 99 Ma44
Dölzig D 127 Eb40
Domaháza H 146 Jb50
Domaine-de-Méjanes F 42 Ja54
Doman RO 174 Ca62
Domănești RO 171 Cc54
Domaniç TR 192 Ga82
Domanice PL 129 Gb41
Domanice PL 131 Ka37
Domanico I 164 Gb80
Domaniewice PL 130 Hd38
Domaniewice PL 130 Ja39
Domaniki SK 146 Hc50
Domaniža SK 137 Hb48
Domanovići BIH 158 Hb67
Domanów PL 128 Ga42
Domaradz PL 121 Gc30
Domaradz PL 139 Ka45
Domarby FIN 97 Jb40
Domaševo BIH 159 Hc68
Domaškovicy RUS 99 Ma41
Domașnea RO 174 Cb63
Domaszków PL 137 Gc44
Domaszowice PL 129 Ha41
Domats F 30 Hb39
Domažlice CZ 135 Ec46
Domba N 84 Ca35
Dombaj RUS 205 Ga17
Dombås N 85 Dc34
Dombasle-sur-Meurthe F 25 Jd37
Dombay TR 185 Eb74
Dombaylı TR 192 Fb85
Dombegyház H 147 Jd56
Dombóvár H 145 Hb56
Dombrád H 147 Ka50
Dombresson CH 141 Bc53
Dombrot-le-Sec F 31 Jc39
Domburg NL 124 Ab38
Domeikava LT 114 Kc57
Domène F 35 Jd48
Domeño E 54 Fa67
Domerat F 33 Ha45
Domersleben D 127 Ea37
Domèvre-sur-Vezouze F 25 Ka37
Dómez E 45 Ca60
Domfront F 28 Fb38
Domingo Pérez E 52 Da66
Domingo Pérez E 60 Dc74
Dominikowo PL 120 Ga34
Domino F 32 Ed46
Dominowo PL 129 Gd37
Dominteni MD 173 Fb55
Dömitz D 119 Ea34
Domljan BG 180 Db72
Dommartin-les-Cuiseaux F 31 Jc44
Domme F 33 Gb50
Dommitzsch D 127 Ec39
Domnești RO 175 Dc63
Domnitz D 127 Ea39
Domnovo RUS 113 Jb59
Domodedovo RUS 203 Fa10
Domodossola I 148 Ca57
Domokós GR 189 Bc82
Domorovce KSV 178 Bc71
Dömös H 146 Hc52
Domoszló H 146 Jb51
Domousnice CZ 136 Fc43
Dompaire F 31 Jd38
Dompierre-du-Chemin F 28 Fa39
Dompierre-sur-Besbre F 30 Hc44
Dompierre-sur-Mer F 32 Fa46
Dompierre-sur-Veyle F 34 Jb46
Domps F 33 Gc47
Domrémy-la-Pucelle F 31 Jc38
Dom Savica SLO 151 Fa57
Dömsöd H 146 Hd54
Domsten S 110 Ec54
Domsühl D 119 Eb33
Domurcalı TR 185 Ec75
Domus de Maria I 169 Bd80
Domusnovas I 169 Bd79
Domžale SLO 151 Fc57
Donabate IRL 13 Cd21
Donadea IRL 13 Cc21
Donagh GB 9 Cb18
Donaghadee GB 10 Db17
Donaghmore GB 9 Cd17
Don Álvaro E 51 Bb69
Doña Mencía E 60 Da73
Donaueschingen D 141 Cb51
Donaustauf D 135 Eb48
Donauwörth D 134 Dc49
Don Benito E 51 Ca69
Doncaster GB 16 Fa21
Donchery F 24 Ja34
Doncos E 36 Bc56
Don. Dubrave HR 151 Fd60
Donduran TR 197 Fa88
Dondurma TR 185 Eb80
Dondușeni MD 173 Fa54
Donec'k UA 205 Fb15
Donegal IRL 8 Ca16
Doneztebe E 39 Ed56
Dongen NL 124 Ba38
Donges F 27 Ec42
Dongio CH 142 Cc56
Dongo I 149 Cc57
Donici MD 173 Fc57
Donja Bačuga HR 152 Gb60
Donja Badanja SRB 153 Ja63
Donja Bebrina HR 152 Hb61
Donja Brela HR 158 Gd66
Donja Brezna MNE 159 Hd68
Donja Drežnica BIH 158 Ha66
Donja Gatnja KSV 178 Bb72
Donja Gorevnica SRB 159 Jc64
Donja Kržanja MNE 159 Ja69
Donja Kupčina HR 151 Ga59
Donja Lepenica BIH 152 Ha61
Donja Nevlja SRB 179 Cb70
Donja Sabanta SRB 174 Bb66
Donja Stubica HR 151 Ga58
Donja Suvaja HR 152 Gb63
Donja Tijarica HR 158 Gc66
Donja Toponica SRB 178 Bc69
Donja Vrijeska HR 152 Gd59
Donje Biljane HR 157 Fd64
Donje Crkvice MNE 159 Hc68
Donje Grančarevo BIH 159 Hc69
Donje Pazarište HR 151 Fd62
Donje Peulje BIH 158 Gc64
Donji Agići BIH 152 Gc61
Donji Aglarci MK 183 Bb76
Donji Andrijevci HR 152 Hb60
Donji Čaglić HR 152 Gd60
Donji Čičevo MK 183 Bc74
Donji Desinec HR 151 Ga59
Donji Dubovnik BIH 152 Gb62
Donji Dušnik SRB 178 Bd69
Donji Kamengrad BIH 152 Gc62
Donji Karin HR 157 Ga64
Donji Kazanci BIH 158 Gc64
Donji Krčin SRB 178 Bc67
Donji Krnjin KSV 178 Ba69
Donji Lapac HR 151 Ga63
Donji Lipovik MK 183 Ca75
Donji Livoč KSV 178 Bc71
Donji Macelj HR 151 Ga57
Donji Martijanec HR 152 Gc57
Donji Medum MNE 159 Ja69
Donji Miholjac HR 152 Hb59
Donji Milanova SRB 174 Ca65
Donji Mosti HR 152 Gc58
Donji Murici MNE 159 Ja70
Donji Rujani BIH 158 Gc65
Donji Sjeničak HR 151 Ga60
Donji Solnje MK 178 Bb73
Donji Srb HR 152 Gb63
Donji Stajevac SRB 178 Bd72
Donji Striževac SRB 179 Ca70
Donji Tovarnik SRB 153 Jb61
Donji Vakuf BIH 158 Ha64
Donji Vijačani BIH 152 Ha62
Donji Zirovac HR 152 Gb61
Donkerbroek NL 117 Bd34
Donnalucata I 167 Fb88
Donnemarie-Dontilly F 30 Hb38
Donnersbach A 144 Fb53
Donnersbachwald A 144 Fb53
Donnersdorf D 134 Db44
Donnerskirchen A 145 Gc52
Donohill IRL 13 Ca24
Donop D 126 Cd38
Donostia E 39 Ec55
Donoughmore IRL 12 Bc25
Donoúsa GR 196 Dc90
Donskoe RUS 205 Fd16
Donskoje RUS 113 Hd58
Donsö S 102 Eb49
Donta Deli HR 158 Hb68
Dontreix F 33 Ha46
Dontrien F 24 Hd35
Donyatt GB 19 Eb30
Donzac F 40 Ga52
Donzdorf D 134 Da49
Donzère F 42 Jb51
Donzy F 30 Hb42
Doocharry IRL 8 Ca16
Dooega IRL 8 Bb18
Doogary IRL 9 Cb19
Doogort IRL 8 Bb18
Doolin IRL 12 Bc22
Doon IRL 12 Bd23
Doorn NL 125 Bb37
Dopiewo PL 129 Gb37
Dor RUS 203 Fa08
Dora CY 206 Ja98
Dørålseter N 85 Dd34
Dörarp S 103 Fb51
Đorče Petrov MK 178 Bb73
Dorchester GB 19 Ec30
Dorchester GB 20 Fa27
Dørdal N 93 Dc44
Dordives F 29 Ha39
Dordrecht NL 124 Ad37
Dore-l'Eglise F 34 Hc48
Dorénaz CH 141 Bc56
Dörentrup D 126 Cd37
Dores GB 7 Dd08
Dorf A 143 Ed51
Dorfchemnitz D 127 Ed42
Dorfen D 143 Eb50
Dorfgastein A 143 Ec54
Dörfles-Esbach D 135 Dd43
Dörfli CH 141 Cb54
Dorf Mecklenburg D 119 Ea32
Dorfprozelten D 134 Cd45
Dorgali I 169 Cc76
Dorgoș RO 174 Ca60
Doria I 148 Cb62
Dorikó GR 185 Ea77
Dório GR 194 Ba88
Doriskos GR 185 Ea78
Dorking GB 20 Fc29
Dorkó H 147 Ka50
Dorkovo BG 179 Da73
Dormagen D 125 Bd40
Dormánd H 146 Jb52
Dormans F 24 Hc36
Dormansland GB 20 Fd29
Dor Mărunt RO 176 Ec66
Dormitz D 135 Dd46
Dörna D 126 Dc40
Dorna- Arini RO 172 Ea56
Dorna Candrenilor RO 172 Dd56
Dornas F 34 Ja50
Dornava SLO 144 Ga56
Dornberk SLO 151 Fa58
Dornbirn A 142 Da53
Dornburg D 125 Cb42
Dornburg D 127 Ea41
Dorndorf D 126 Db42
Dorndorf-Steudnitz D 127 Ea41
Dornecy F 30 Hc41
Dornes F 30 Hb44
Dornești RO 172 Eb55
Dornhan D 133 Cb49
Dörnholthausen D 125 Cb40

East Hanningfield GB 21 Ga27
East Horsley GB 20 Fc29
East Ilsley GB 20 Fa28
East Kilbride GB 10 Dd13
East Leake GB 16 Fa23
Eastleigh GB 20 Fa30
East Linton GB 11 Ec13
East Morden GB 19 Ec30
East Norton GB 16 Fb24
Eastoft GB 16 Fb21
Easton GB 17 Gb24
Easton GB 19 Ec31
Easton Grey GB 19 Ec27
East Poringland GB 17 Gb24
East Portlemouth GB 19 Dd32
East Ravendale GB 17 Fc21
East Rudham GB 17 Ga24
East Tisted GB 20 Fb29
Eastville GB 17 Fd23
East Winch GB 17 Fd24
Eastwood GB 16 Fa23
Eatoševo BG 180 Dc71
Eaux-Bonnes F 40 Fc56
Eauze F 40 Fd53
Ebberup DK 108 Dc27
Ebbo FIN 98 Kc39
Ebbw Vale GB 19 Eb27
Ebchester GB 11 Ec15
Ebeleben D 126 Dc40
Ebeltoft DK 109 Dd24
Eben A 143 Ea53
Ebene Reichenau A 144 Fa55
Ebenfurt A 145 Gb52
Ebensee A 144 Fa52
Ebensfeld D 134 Dc44
Eberbach D 134 Cd46
Eberdingen D 134 Cc48
Ebergassing A 145 Gb51
Ebergötzen D 126 Db39
Eberhardzell D 142 Da51
Ebermannsdorf D 135 Ea47
Ebermannstadt D 135 Dd45
Ebern D 134 Dc44
Ebernburg D 133 Ca45
Eberndorf A 144 Fc56
Ebersbach D 127 Ed41
Ebersbach D 128 Fa40
Ebersbach D 128 Fc41
Ebersbach D 134 Cd48
Ebersberg D 143 Ea51
Ebersburg D 134 Da43
Eberschwang A 143 Ed51
Ebersdorf D 135 Dd44
Ebersdorf, Saalburg- D 135 Ea43
Eberswalde D 120 Fa35
Ebnat-Kappel CH 142 Cc53
Eboli I 161 Fc76
Ebrach D 134 Dc45
Ebreichsdorf A 145 Gb51
Ebreuil F 34 Hb46
Ebsdorfergrund D 126 Cd42
Ebstorf D 118 Dc34
Ecaterinovca MD 173 Fd59
Écaussinnes-Lalaing B 124 Ac41
Eccles GB 11 Ec14
Eccleshall GB 15 Ec21
Eceabat TR 185 Ea80
Echalar E 39 Ed55
Echallens CH 141 Bb55
Echalot F 30 Ja41
Echarri- E 39 Ec56
Echassières F 34 Hb45
Echauri E 39 Ec57
Eching D 135 Ea49
Eching D 143 Ea50
Echiré F 32 Fc45
Echourgnac F 32 Fd49
Echt GB 7 Ed09
Echt NL 125 Bb40
Echterdingen, Leinfelden- D 134 Cd49
Echternach L 133 Bc44
Écija E 60 Cc73
Ecirli TR 199 Ha89
Ečka SRB 174 Bb62
Eckartsau A 145 Gc51
Eckartsberga D 127 Ea41
Eckental D 135 Dd46
Eckernförde D 108 Db29
Eckerö FIN 96 Hb40
Eckersdorf D 135 Dd45
Eckington GB 16 Fa22
Éclaron-Braucourt F 24 Ja37
Ecly F 24 Hd34
Écommoy F 28 Fd40
Écouché F 22 Fc37
Écouflant F 28 Fb41
Écouis F 23 Gb35
Ecoyeux F 32 Fb47
Ecques F 23 Gd31
Écueillé F 29 Gd43
Écury-sur-Coole F 24 Hd36
Ed S 79 Gb30
Ed S 94 Ec42
Eda S 94 Ec41
Eda Glasbruck S 94 Ec41
Edam NL 116 Ba35

Edane S 94 Ed42
Édas LV 105 Jc51
Eddelak D 118 Da31
Edderton GB 5 Ea07
Eddleston GB 11 Eb14
Ede NL 125 Bb37
Ede S 79 Fd29
Ede S 87 Ga33
Edebäck S 94 Fa41
Edebo S 96 Ha41
Edeby S 96 Ha41
Edefors S 73 Hc21
Edelave By DK 108 Dc25
Edelény H 146 Jc50
Edelschrott A 144 Fc55
Edelsfeld D 135 Ea46
Edemissen D 126 Db38
Edemissen D 126 Dc36
Eden S 79 Gb29
Edenbridge GB 20 Fd29
Edenderry IRL 13 Cc21
Edenkoben D 133 Cb46
Edersleben D 127 Dd40
Edertal D 126 Cd40
Edesheim D 133 Cb46
Édessa GR 183 Bc77
Edestad S 111 Fd54
Edevik S 78 Ed28
Edewecht D 117 Cc34
Edgbaston GB 20 Ed25
Edgeworthstown = Mostrim IRL 9 Cc20
Edhem S 103 Fb47
Edinburgh GB 11 Eb13
Edincik TR 186 Fa80
Edinet MD 173 Fa54
Edipsós GR 189 Ca83
Edirne TR 185 Eb75
Edith Weston GB 16 Fb24
Edlingham GB 11 Ed15
Edlitz A 145 Gb54
Edmundbyers GB 11 Ed17
Édole LV 105 Jb51
Edolo I 149 Da57
Edremit TR 191 Ec82
Edrželija MK 183 Bd74
Edsberg S 95 Fc44
Edsbro S 96 Ha41
Edsbruk S 103 Gb48
Edsele S 79 Ga30
Edshult S 103 Fd49
Edshultshall S 102 Eb47
Edsleskog S 94 Ec44
Edsta S 87 Gb35
Edsvalla S 94 Fa43
Edsvära S 102 Ed47
Edsvik FIN 89 Hd32
Edzell GB 7 Ec10
Eelde NL 117 Bd33
Eemshaven NL 117 Ca32
Eemsmond NL 117 Ca32
Eerbeek NL 125 Bc37
Eernegem B 21 Ha29
Eersel NL 124 Ba39
Efeköy TR 193 Gc86
Efendiköprüsü TR 192 Ga84
Efendili TR 192 Fb84
Eferding A 144 Fa50
Effelder D 135 Dd43
Effretikon CH 141 Cb53
Efimovskij RUS 202 Ec08
Efir TR 192 Fc83
Efkarpía GR 183 Ca76
Efkarpía GR 183 Ca77
Efkarpía GR 184 Cc77
Eflâni TR 205 Fa20
Eforie Nord RO 181 Fc68
Eforie Sud RO 181 Fc68
Efremov RUS 203 Fa12
Eftelot N 93 Dc42
Eg DK 108 Da25
Egáleo GR 189 Cb86
Egáni GR 183 Bd80
Egby S 103 Gb50
Egebæk DK 108 Da27
Egebjerg DK 108 Dc25
Egebjerg DK 109 Eb25
Egeln D 127 Ea38
Egense DK 101 Dd21
Eger H 146 Jb51
Egerbakta H 146 Jb51
Egerci TR 187 Hb77
Egeris DK 108 Da24
Egersund N 92 Ca45
Egeskov DK 108 Db26
Egestorf D 118 Db34
Egg A 142 Da53
Eggby S 102 Fa46
Eggebek DK 108 Da29
Eggedal N 85 Dc40
Eggemoen N 65 Kd07
Eggenburg A 136 Ga49
Eggenfelden D 143 Ec50
Eggenstein-Leopoldshafen D 133 Cb47
Eggerding A 143 Ed50
Eggermühlen D 117 Cb35
Eggersdorf, Fredersdorf- D 128 Fa36
Eggesin D 120 Fb32
Eggiwil CH 141 Bd54
Egglescliffe GB 11 Fa18
Egglham D 135 Ec49
Egglkofen D 143 Eb50
Eggolsheim D 135 Dd45
Eggstätt D 143 Eb51
Egham GB 20 Fb28
Eghezée B 124 Ad41
Egiáli GR 196 Dd90

Egiertowo PL 121 Ha30
Egiés GR 194 Bc90
Egileta E 39 Eb57
Egilsstaðir IS 3 Bc05
Égina GR 195 Cb87
Eging am See D 135 Ed49
Eginio GR 183 Bd78
Égio GR 188 Bb85
Égira GR 189 Bc85
Eğirdir TR 199 Gd88
Égiros GR 184 Bc77
Egkomi CY 206 Jd96
Egletons F 33 Gd48
Eğlikler TR 199 Hb88
Egling D 142 Dc50
Egling D 143 Dd51
Eglingham GB 11 Ed15
Eglisau CH 141 Cb52
Égliseneuve-d'Antraigues F 33 Ha48
Egloffstein D 135 Dd45
Eglwysfach GB 15 Dd45
Eglwyswrw GB 14 Dc26
Eğmir TR 191 Ec82
Egmond aan Zee NL 116 Ad34
Egna I 150 Dd57
Egnach CH 142 Cd52
Ego're RUS 202 Ed11
Egoreni MD 173 Fc54
Egor'evsk RUS 203 Fa10
Egorlykskaja RUS 205 Fc16
Egorovca MD 173 Fb56
Egreville F 29 Ha39
Eğridere TR 192 Fb87
Eğrigöl TR 187 Gc78
Eğriöz TR 192 Fd83
Eğriöz TR 192 Ga82
Egton GB 11 Fb18
Egtved DK 108 Db26
Éguilles F 42 Jc54
Eguisheim F 31 Kb39
Eguzon F 33 Gc45
Egyek H 146 Jc52
Egyházasradoc H 145 Gc54
Egyptinkorpi FIN 83 Lc27
Ehekirchen D 134 Dc49
Ehingen D 134 Dc47
Ehingen am Ries D 134 Dc48
Ehingen (Donau) D 142 Da50
Ehínos GR 184 Db76
Ehningen D 134 Cc48
Ehra-Lessien D 127 Dd36
Ehrang D 133 Bc44
Ehrenberg D 134 Db43
Ehrenburg D 118 Cc35
Ehrenfriedersdorf D 127 Ec42
Ehrenhain D 127 Ec41
Ehrenhausen A 144 Fd55
Ehrenkirchen D 141 Ca55
Ehringshausen D 126 Cc42
Ehrwald A 142 Dc53
Ehtamo FIN 89 Jb37
Eia N 92 Cb45
Eiane N 92 Cb44
Eibar E 39 Ec55
Eibau D 128 Fc41
Eibelstadt D 134 Db45
Eibenstock D 135 Ec43
Eibergen NL 125 Bd37
Eibiswald A 144 Fd56
Eiby N 63 Hd08
Eich D 133 Cb45
Eichenbarleben D 127 Ea37
Eichenbrunn A 137 Gb49
Eichenzell D 134 Da43
Eichstätt D 135 Dd48
Eichstetten D 141 Ca50
Eičiai LT 113 Jd57
Eicklingen D 126 Dc36
Eid N 77 Dc29
Eid N 77 Da32
Eid N 78 Ea28
Eidanger N 93 Dc44
Eidapere EST 98 Kc44
Eiðar IS 3 Bc05
Eidbukt N 66 Fd12
Eidbukta N 71 Fb19
Eide N 66 Fc14
Eide N 77 Da31
Eide N 84 Ca36
Eide N 84 Cc39
Eide N 92 Cb45
Eide N 93 Dd47
Eidet N 70 Ec23
Eidet N 92 Ca43
Eidet N 62 Gc07
Eidet N 65 Kd07
Eidet N 66 Ga14
Eidet N 93 Db45
Eidet N 94 Cb36
Eidfjord N 84 Cd39
Eiði DK 3 Ca06
Eidkjosen N 62 Gc09
Eidnes N 63 Jb04
Eidsberg N 94 Eb43
Eidsbygda N 93 Da42
Eidsdal N 76 Cd33
Eidsfoss N 93 Dd42
Eidskog N 94 Ec41

Eidslandet N 84 Cb38
Eidsnes N 63 Hd08
Eidsøra N 77 Db31
Eidsvåg N 77 Db32
Eidsvåg N 92 Ca41
Eidsvoll N 94 Eb40
Eidvågeid N 63 Hd06
Eiesland N 92 Cc45
Eige N 92 Ca45
Eigebrekk N 92 Cd47
Eigeland N 92 Ca44
Eigeland N 92 Ca45
Eigeltingen D 142 Cc51
Eigirdonys LT 114 Kd58
Eigirdžiai LT 113 Jd54
Eigirgala LT 114 Kc57
Eik N 92 Ca43
Eik N 92 Cb45
Eikanger N 84 Ca38
Eikåsgrend N 92 Cb46
Eikefjord N 84 Cb35
Eikeland N 92 Cd46
Eikeland N 92 Cd46
Eikeland N 93 Db45
Eikelandsosen N 84 Ca40
Eiken N 92 Cc46
Eikenes N 84 Ca36
Eikla EST 105 Jc46
Eiknes N 84 Cb40
Eilenburg D 127 Ec40
Eilgar RUS 205 Ga15
Eilsleben D 127 Dd37
Eime D 126 Db37
Eimen D 126 Db38
Eimisjärvi FIN 83 Ma30
Eimke D 118 Dc34
Eina N 85 Ea39
Einastrand N 85 Ea39
Einavoll N 85 Ea39
Einbeck D 126 Db38
Eindhoven NL 125 Bb39
Einhausen D 134 Cc45
Einola FIN 83 Lb28
Einsiedel D 127 Ec42
Einsiedeln CH 141 Cb54
Einville-au-Jaurd F 25 Jd37
Eisden B 125 Bb40
Eisenach D 126 Db41
Eisenbach D 141 Cb51
Eisenberg D 127 Ea41
Eisenberg D 133 Cb45
Eisenerz A 144 Fc53
Eisenheim D 134 Db45
Eisenhüttenstadt D 128 Fc37
Eisenkappel A 144 Fb56
Eisenstadt A 145 Gb52
Eisentratten A 143 Ed55
Eisfeld D 134 Dc43
Eisgarn A 136 Fd48
Eišiškes LT 114 La59
Eiskene LV 105 Jb50
Eisma EST 98 Kd41
Eitensheim D 135 Dd48
Eiterfeld D 126 Da42
Eitorf D 125 Ca41
Eitrheimsnes N 84 Cc40
Eivere EST 98 Kd43
Eivindvik N 84 Ca37
Eivissa E 56 Gc69
Ejby DK 108 Dc26
Ejby DK 109 Eb26
Ejea de los Caballeros E 47 Fa59
Ejheden S 87 Fd37
Ejsing DK 100 Da22
Ejsk RUS 205 Fb16
Ejstrupholm DK 108 Db24
Ejulve E 48 Fb63
Ek S 102 Fa46
Ekängen S 103 Fd46
Eke S 104 Ha50
Ekeberga S 103 Fd52
Ekeby S 96 Gd41
Ekeby S 96 Gc44
Ekeby S 103 Fc47
Ekeby S 104 Ha49
Ekeby S 110 Ed55
Ekeby-Almby S 95 Fd44
Ekebyborna S 103 Fd46
Ekedalen S 102 Fa47
Ekenäs FIN 97 Jd40
Ekenässjön S 103 Fc50
Eker S 95 Fc44
Ekerö S 96 Gd44
Ekeskog S 103 Fb46
Eket S 110 Ed54
Eketånga S 102 Ed52
Ekfors S 73 Jb20
Eksili TR 185 Fb76
Ekinli TR 186 Fb80
Ekinli TR 187 Gc79
Ekkerøy N 65 Kc06
Ekne N 78 Eb29
Ekola FIN 81 Jb30
Ekorrsele S 80 Ha26
Ekorrträsk S 80 Ha26
Ekså N 92 Cd45
Ekshärad S 94 Fa41
Eksi Gediz TR 192 Fd84
Eksili TR 199 Gc90
Eksingedal N 84 Cb38
Eksjö S 103 Fc49

Ekskogen S 96 Gd42
Eksta S 104 Gd50
Ekträsk S 80 Hb26
Ekzarh Antimovo BG 181 Ec72
Ekzarh Josif BG 180 Ea69
Elabuga RUS 203 Ga08
Elafohóri GR 185 Ea76
Elafónissos GR 195 Bd91
Elafótopos GR 182 Ad79
El Álamo E 46 Db65
El Álamo E 59 Bd73
El Álamo E 59 Bd73
El Algar E 55 Fa71
El Aljibe y las Brencas de Sicilia E 61 Ec73
El Alquián E 61 Eb76
Elämäjärvi FIN 82 Kb28
Elan' RUS 203 Fd12
El Ángel E 60 Cc77
Elan'-Kolenovskij RUS 203 Fc13
Elantxobe E 39 Eb55
El Arahal E 59 Cb74
El Arenal E 45 Cc65
Elassóna GR 183 Bc80
El Astillero E 38 Dc55
Eláta GR 191 Dd86
Eláti GR 183 Bc79
Elati GR 188 Bb81
Elátia GR 189 Bd84
Elat'ma RUS 203 Fb10
Elatohóri GR 182 Ba79
Elatohóri GR 183 Bd78
Élatos GR 182 Ba79
Elatoú GR 188 Bb84
El Azagador E 54 Fa67
El Ballestero E 53 Ea70
El Barco de Ávila E 45 Cb64
El Batán E 45 Bd65
El Baúl E 61 Dd74
El Bayo E 47 Fa59
Elbe D 126 Dc37
El Bercial E 52 Cc66
Elbeuf F 23 Ga35
Elbeyli TR 186 Fa79
Elbingerode D 126 Dc38
Elblag PL 122 Hc30
El Bocal E 47 Ed59
El Bodón E 45 Bd64
El Bonillo E 53 Ea69
El Bosque E 59 Cb75
El Bujeo E 59 Ca78
El Bullaque E 52 Da65
El Burgo E 60 Cc76
El Burgo de Ebro E 48 Fb61
El Burgo de Osma E 46 Dd60
El Burgo Ranero E 37 Cd57
El Buste E 47 Ed60
El Cabaco E 45 Ca63
El Cabo de Gata E 61 Eb76
El Calonge E 59 Cb73
El Campamento E 59 Cb78
El Campello E 55 Fb71
El Campillo E 53 Dd71
El Campillo E 53 Ea71
El Campillo de la Jara E 52 Cc67
El Campo de Peñaranda E 45 Cc62
El Cañavate E 53 Ec67
El Cardoso de la Sierra E 46 Dc62
El Carpio E 60 Cd72
El Carpio de Tajo E 52 Da66
El Casar de Escalona E 46 Da65
El Casar de Talamanca E 46 Dc63
El Castaño E 59 Ca77
El Castellar E 47 Fa65
El Castillo de las Guardas E 59 Bd73
El Centenillo E 52 Db71
El Cerro de Andévalo E 59 Bb72
El Chaparral E 60 Cd77
Elche E 55 Fb71
Elche de la Sierra E 53 Eb71
Elchesheim-Illingen D 133 Cb47
Elchingen D 134 Da49
Elciego E 39 Eb58
Elcóaz E 39 Fa57
Elda E 55 Fa71
El Collado E 54 Fa66
El Colmenar E 59 Cb76
El Colmenar E 59 Cb77
El Colorado E 59 Ca77
El Corchuelo E 59 Bc74
El Coronil E 59 Ca75
El Crucero E 37 Ca54
El Cuartón E 59 Ca78
El Cubillo de Uceda E 46 Dc63
El Cubo de Don Sancho E 45 Ca62
El Cubo de la Tierra del Vino E 45 Cb61

El Cuervo E 59 Bd75
Elda E 55 Fa71
Elda N 66 Ga12
Eldalen N 92 Cd46
Eldek TR 192 Fa85
Eldena D 119 Ea34
Eldforsen S 95 Fb40
Eldingen D 118 Dc35
Eldsberga S 110 Ed53
Eléa GR 195 Bd91
Elec RUS 203 Fa12
Eledio CY 206 Hd98
Elefsína GR 189 Cb86
Eléftheres GR 189 Bd81
Eléfthero GR 182 Ad79
Eleftherohóri GR 183 Bb79
Eleftheroúpoli GR 184 Da77
Eleja LV 106 Kb52
El Ejido E 61 Dd76
Elek H 147 Jd56
Elektostal' RUS 203 Fa10
Elektrėnai LT 114 Kd58
Elemir SRB 153 Jc59
Elemno RUS 99 Ma43
Elena BG 180 Ea71
Elenovo BG 180 Ea73
Eleófito GR 188 Ba83
Eleohóri GR 184 Cd77
Eleohóri GR 194 Bb89
Eleón GR 184 Cc76
Eleón GR 189 Bc84
Eleoússa GR 182 Ad80
El Escorial E 46 Db64
Eléšnica BG 184 Cc74
El Espinar E 46 Da63
El Musel E 37 Cc54
El Herrumblar E 54 Ed68
El Higuerón E 60 Cc72
El Hijate E 61 Ea74
Elhovka RUS 203 Ga09
Elhovo BG 180 Eb73
El Hoyo E 52 Db71
El Hoyo de Pinares E 46 Da64
Eliá GR 194 Ba88
Elijärven kaivos FIN 74 Jc21
Elika GR 195 Bd91
Elikónas GR 189 Bd85
Elimäki FIN 90 Kd38
Elin Pelin BG 179 Cd71
Elionka RUS 202 Ec13
Elisejna BG 179 Cc70
Élista RUS 205 Ga15
Elizarovo RUS 107 Ld46
Elizavetino RUS 99 Mb40
Elizondo E 39 Ed56
El Jardín E 53 Eb70
El Jardón E 60 Cc72
Eljaröd S 111 Fb56
Eljk PL 123 Jd31
Elkeland N 92 Cd46
Elkenroth D 125 Cb41
Elkṣni LV 106 La52
Elkṣnukrogs LV 106 La52
Ellamaa EST 98 Ka43
El Lance de la Virgen E 61 Dd76
Ellastone GB 16 Ed23
Elleholm S 111 Fc54
Ellenberg D 134 Db48
Ellen's Green GB 20 Fc29
El Lentiscal E 59 Ca78
Ellerau D 118 Db31
El Llano (San Tirso de Abres) E 37 Bd54

Ellmau A 143 Eb53
Ellon GB 5 Ed08
Ellös S 102 Eb47
Ellrich D 126 Dc39
Ellwangen D 142 Da51
Ellwangen/Jagst D 134 Db48
Elm CH 142 Cc54
Elmabağı TR 192 Fa86
Elmacık TR 185 Ed74
Elmacık TR 199 Bd89
El Maderal E 45 Cb61
El Madroño E 59 Bc73
Elmalı TR 185 Ec78
Elmalı TR 186 Fd77
Elmalı TR 187 Gb79
Elmalı TR 198 Ga91
El Manantial E 59 Ca76
el Masnou E 49 Ha61
Elmdon GB 20 Fd26
Elmelunde DK 109 Ec28
Elmen A 142 Db53
Elmenhorst D 118 Dc32
Elmenhorst D 119 Eb31
Elmley Castle GB 20 Ed26
el Molar E 54 Fc68
el Molar E 48 Ga62
el Molar E 61 Dd72
El Molinillo E 52 Da67
El Moncayo E 55 Fb72
El Moral E 61 Eb72
Elmore GB 19 Ec27
el Morell E 48 Gb62
Elmshorn D 118 Db32
Elmstein D 133 Ca46
Elne F 41 Hb57
Elnesvågen N 76 Cd31
El Niño E 55 Ed72
El'nja RUS 202 Ed11
Elopía GR 189 Ca85
Elorrio E 39 Eb56
Elos GR 200 Ca95
Elöszállás H 146 Hc55
Eloúnta GR 201 Dc96
Eloyes F 31 Ka39
El Palmar E 54 Fc68
El Palmar E 55 Fa72
El Palmar de Troya E 59 Ca75
El Parador de las Hortichuelas E 61 Ea76
El Paraíso E 60 Cc77
El Pardo E 46 Dc64
el Pas de la Casa AND 40 Gc58
el Pas de la Casa AND 40 Gc58
El Pedernoso E 53 Ea68
El Pedregal E 47 Ed63
El Pedroso E 59 Ca73
El Pedroso de la Armuña E 45 Cc62
El Peral E 53 Ec67
El Perdigón E 45 Cb61
El Perelló E 48 Ga63
El Perelló E 54 Fc68
Elphin GB 4 Dc06
Elphin IRL 8 Ca19
El Picazo E 53 Eb68
el Pinell de Brai E 48 Ga63
El Piñero E 45 Cc61
El Pintado E 59 Ca73
el Poblenou del Delta E 48 Ga64
El Pobo E 47 Fa64
El Pobo de Dueñas E 47 Ed63
El Portil E 59 Bb74
El Pozo de los Frailes E 61 Eb76
El Priorato E 59 Cb73
El Provencio E 53 Ea68
El Puente del Arzobispo E 52 Cc66
El Puente del Río E 61 Dd76
El Puente (Guriezo) E 38 Dd55
El Puerto E 37 Cb55
El Puerto E 51 Dc71
El Puerto de Santa María E 59 Bd76
El Pulpillo E 55 Ed70
El Puntal E 37 Cd54
El Real de la Jara E 59 Bd72
El Real de San Vicente E 46 Cd65
El Rincón E 61 Ec74
El Robledo E 52 Da68
El Rocío E 59 Bc74
el Rodriguillo E 55 Fa71

El Romeral E 52 Dc67
El Rompido E 59 Bb74
El Ronquillo E 59 Bd72
El Royo E 47 Ea60
El Rubio E 60 Cc74
El Sabinar E 47 Fa59
El Sabinar E 61 Eb72
El Sahuco E 61 Ea74
el Saler E 54 Fc68
El Salobral E 53 Ec69
El Saltador E 61 Ec74
El Santiscal E 59 Ca76
els Arcs E 48 Fd61
El Saucejo E 60 Cc75
Elsazı TR 199 Gd89
Elsdon GB 11 Ed15
Elsdorf D 118 Da33
Elsdorf-Westermühlen D 118 Db30
Elsenborn E 125 Bb42
Elsenfeld D 134 Cd45
Elsenham GB 20 Fd27
el Serrat AND 40 Gc57
el Serrat AND 40 Gc57
Elsfjord N 71 Fb21
Elsfleth D 118 Cc33
els Hostalets d'en Bas E 49 Ha59
els Prats de Rei E 49 Gc60
Elšica BG 179 Da72
Elsing D 127 Ec39
Elsing GB 17 Ga24
Elsinvaara FIN 83 Lc25
el Soleràs E 48 Ga61
Elspeet NL 116 Bb36
Elsrickle GB 11 Eb14
Elst NL 125 Bb37
Elstad N 78 Ed26
Elstal D 127 Ed41
Elstead GB 20 Fb29
Elster D 127 Ec38
Elsterberg D 127 Eb41
Elstertrebnitz D 127 Ed41
Elsterwerda D 128 Fa40
Elstow GB 20 Fc26
Elstra D 128 Fb41
Eltendorf A 145 Gb55
Elterlein D 135 Ec43
Eltham GB 20 Fd28
El Tiemblo E 46 Da64
El Toboso E 53 Dd67
Elton IRL 12 Bd24
El Toro E 54 Fa66
El Toro E 59 Bc78
El Tricheto E 52 Da68
El Trobal E 59 Ca75
El Tumbalejo E 59 Bc73
Eltville D 133 Cb44
Elva EST 106 La46
Elva I 148 Bb62
El Vacar E 60 Cc72
Elvanfoot GB 10 Ea15
Elvas P 51 Bb68
Elvåsen N 78 Ec25
Elvdal N 86 Ec36
Elve N 92 Cb46
Elvebakken N 62 Gd08
Elvebakken N 63 Hd08
Elveden GB 21 Ga25
Elvedjupkroken N 64 Ka06
Elvegården N 67 Gb14
El Vellón E 46 Dc63
Elvemund N 64 Jc09
Elven F 27 Ea40
El Vendrell E 49 Gc62
Elvenes N 65 Kd07
Elvenes N 66 Fc17
Elvenheim N 65 La07
El Ventorillo E 38 Db56
Elverum N 67 Gc11
Elverum N 86 Eb38
Elvestad N 93 Ea42
Elvevollen N 62 Ha10
el Villar de Arnedo E 39 Ec58
el Vilosell E 48 Gb61
Elviria E 60 Cc77
El Viso E 52 Cc70
El Viso del Alcor E 59 Ca74
Elvkroken N 66 Fd16
Elvran N 78 Eb30
Elwick GB 11 Fa17
Elworthy GB 19 Ea29
Elx E 55 Fb71
Elxleben D 127 Dd41
Ely GB 20 Fd25
Elz D 133 Cb43
Elzach D 141 Ca50
Elztal D 134 Cd46
Elze D 126 Db37
Emagny F 31 Jc41
Emanville F 23 Ga36
Embid E 47 Ec63
Embid de Ariza E 47 Ec61
Émbonas GR 197 Ed93
Embório GR 183 Bd78
Embório GR 196 Db92
Embório GR 197 Eb90
Embório GR 197 Ec92
Emborió GR 197 Ed92
Emborió GR 197 Ed92
Embrach CH 141 Cb52
Embrun F 35 Kb50
Embsen D 118 Dc34
Embún E 39 Fb57
Emburga LV 106 Kb52
Embüte LV 105 Jc52
Emecik TR 197 Ed91
Emerando E 38 Ea55
Emersleben D 127 Dd38

Emet – Fåker

Emet TR 192 Fd83
Emincik TR 187 Hb80
Emiralem TR 191 Ec85
Emirdağ TR 193 Ha84
Emirhisa TR 192 Ga86
Emirhisar TR 193 Gb86
Emirköy TR 192 Fd82
Emirler TR 192 Fb83
Emirler TR 198 Ga91
Emiryakup TR 185 Ec77
Emkendorf D 118 Db30
Emlichheim D 117 Bd35
Emly IRL 12 Bd24
Emmaboda S 111 Fd53
Emmaljunga S 110 Fa53
Emmaste EST 97 Jc45
Emmeloord NL 117 Bc34
Emmelsbüll-Horsbüll D 108 Cd28
Emmelshausen D 133 Ca43
Emmen NL 117 Ca34
Emmendingen D 141 Ca50
Emmer-Compascuum NL 117 Ca34
Emmerich D 125 Bc37
Emmerik = Emmerich D 125 Bc37
Emmerthal D 126 Da37
Emmerting D 143 Ec51
Emmingen-Liptingen D 142 Cc51
Emmoo IRL 8 Ca20
Emo IRL 13 Cb22
Emőd H 146 Jc51
Emoniemi FIN 82 Kb28
Empa CY 206 Hd98
Empessós GR 188 Ba82
Empfingen D 134 Cc49
Empo FIN 97 Jb39
Empoli I 155 Db65
Empuriabrava E 41 Hc58
Emre TR 186 Fb80
Emre TR 192 Fb85
Emremsultan TR 193 Ha81
Emsbüren D 117 Ca36
Emsdetten D 125 Cb37
Emsfors S 103 Gb51
Emskirchen D 134 Dc46
Emstek D 117 Cc35
Emtinghausen D 118 Cd34
Emyvale IRL 9 Cc18
Ena E 39 Fb58
Enafors S 78 Ed30
Enäjärvi FIN 90 La37
Enåker S 95 Gb41
Enånger S 87 Gb36
Enarsvedjan S 79 Fb29
Enåsa S 95 Fb45
Encekler TR 192 Fb85
Encima-Angulo E 38 Dd56
Encinas E 46 Dc61
Encinas de Abajo E 45 Cc62
Encinas de Esgueva E 46 Db60
Encinasola E 51 Bc71
Encinasola de los Comendadores E 45 Bd62
Encinas Reales E 60 Cd74
Encio E 38 Dd57
Enciso E 47 Eb59
Encs H 147 Jd50
Endach A 143 Eb53
Endingen CH 141 Cb52
Endingen D 141 Ca50
Endla EST 98 La44
Endon GB 16 Ed23
Endre S 104 Ha49
Endriejavas LT 113 Jc55
Endrinal E 45 Cb63
Endrup DK 108 Da26
Enebakk N 93 Ea42
Enego I 150 Dd58
Enerhodar UA 205 Fa16
Eneryda S 103 Fb52
Enez TR 185 Ea78
Enfesta E 36 Ad56
Engan N 70 Ed21
Engarés GR 196 Db90
Engdal N 77 Dc30
Enge N 77 Dc30
Engelberg CH 141 Cb55
Engelhartszell A 144 Fa50
Engeln D 118 Cd35
Engels RUS 203 Fd12
Engelsberg D 143 Eb51
Engelsbrand D 134 Cc48
Engelskirchen D 125 Ca41
Engelst DK 100 Db21
Engelsviken N 93 Ea43
Engelthal D 135 Dd46
Engen D 142 Cc51
Engene N 93 Da46
Engenes N 67 Gb12
Enger D 126 Cc37
Enger N 85 Dd39
Engerdal N 86 Ec35
Engerneset N 86 Ec36
Engesland N 93 Da46
Engesvang DK 108 Db24
Enghien B 124 Ab41
Engi CH 142 Cc54
Engilli TR 193 Ha86
Engis B 124 Ba41
Englancourt F 24 Hc33
Englefontaine F 24 Hc32
Engstingen D 134 Cd49
Engstlenalp CH 141 Cb55
Enguera E 54 Fb69
Enguídanos E 54 Ed67
Engure LV 106 Ka50
Engürücük TR 186 Fd80
Engvik N 62 Gc08
Engvoll N 85 Ea34
Enica BG 179 Da69
Enichioi MD 177 Fc60
Enina BG 180 Dd72
Eningen D 134 Cd49
Enisala RO 177 Fc65
Enix E 61 Ea76
Enkenbach-Alsenborn D 133 Ca46
Enkhausen D 126 Cc40
Enkhuizen NL 116 Bb34
Enklinge FIN 97 Hd40
Enköping S 95 Gb42
Enköpings-Näs S 95 Gb43
Enmo N 86 Ea32
Enna I 167 Fa86
Enneberg I 143 Ea56
Ennepetal D 125 Ca39
Enney CH 141 Bc55
Ennezat F 34 Hb46
Ennigerloh D 125 Cb38
Enningdal N 94 Eb44
Ennis IRL 12 Bc22
Enniscorthy IRL 13 Cc24
Enniskean IRL 12 Bc26
Enniskerry IRL 13 Cd22
Enniskillen GB 9 Cb18
Ennistimon IRL 12 Bc22
Enns A 144 Fb51
Ennyinen FIN 97 Ja39
Eno FIN 83 Ld30
Enodden N 78 Ea31
Enokunta FIN 89 Jd35
Enonkoski FIN 91 Lc32
Enonkylä FIN 82 Kc25
Enonlahti FIN 82 La30
Enontekiö FIN 68 Ja13
Ens NL 117 Bc35
Enschede NL 117 Bd36
Ensdorf D 135 Ea47
Ense D 125 Cb39
Ensen S 87 Fd38
Ensisheim F 31 Kb39
Enskogen S 87 Fd35
Enstone GB 20 Fa26
Enter NL 117 Bd36
Entlebuch CH 141 Ca54
Entracque I 148 Bc63
Entradas P 58 Ad72
Entrages F 42 Ka52
Entraigues F 29 Gc43
Entraigues F 35 Jd49
Entrains-sur-Nohain F 30 Hb41
Entrambasmestas E 38 Dc55
Entrammes F 28 Fb40
Entraunes F 43 Kb51
Entraygues-sur-Truyère F 33 Ha51
Entrecasteaux F 42 Ka54
Entrechaux F 42 Jc52
Entrena E 39 Eb58
Entre-os-Rios P 44 Ad61
Entrevaux F 43 Kb52
Entrin Bajo E 51 Bc69
Entroncamento P 50 Ac66
Entuğrulköy TR 193 Hb83
Entzheim F 25 Kc37
Envendos P 50 Ba66
Envermeu F 23 Gb33
Envernallas E 37 Bd55
Enviken S 95 Fd39
Enville GB 15 Ec25
Enying H 145 Hb55
Enzenkirchen A 144 Fa50
Enzersdorf im Thale A 137 Gb49
Enzesfeld A 145 Gb52
Enzinger Boden A 143 Eb54
Enzklösterle D 133 Cb48
Eochaill IRL 13 Ca26
Čohkkiras S 67 Hb15
Epagny F 24 Hb35
Epagny F 30 Jb41
Epaignes F 22 Fd35
Epáno Fellós GR 190 Da87
Epanomi GR 183 Ca78
Epaux-Bézu F 24 Hb36
Epe NL 117 Bc36
Épehy F 24 Hb33
Épernay F 24 Hc36
Epernon F 29 Gc38
Epfig F 31 Kb38
Epieds F 24 Hb36
Epierre F 35 Ka47
Epikopí GR 195 Ca89
Épila E 47 Fa61
Épinal F 31 Jd38
Epineuil-le-Fleuriel F 29 Ha44
Epiry F 30 Hc42
Episcopia I 162 Gb77
Episkopi CY 206 Ja98
Episkopí GR 188 Bb83
Episkopí GR 200 Cc95
Episkopí GR 200 Da96
Epitálio GR 194 Ba87
Epizon F 30 Jb38
Époisses F 30 Hd41
Epoo FIN 98 Kc39
Epoye F 24 Hd35
Eppan I 142 Dc56
Eppelborn D 133 Bd46
Eppenbrunn D 133 Ca47
Eppendorf D 127 Ed42
Eppe-Sauvage F 24 Hd32
Epping GB 20 Fd27
Eppingen D 134 Cc47
Eppstein D 134 Cc44
Epsom GB 20 Fc28
Eptagoneia CY 206 Jb97
Eptahóri GR 182 Ba78
Eptakomi CY 206 Jd95
Eptálofos GR 183 Cb76
Eptálofos GR 189 Bd84
Epuisay F 29 Ga40
Epureni RO 177 Fb60
Epworth GB 16 Fb21
Équeurdreville-Hainneville F 22 Ed34
Equihen-Plage F 23 Gb31
Equi Terme I 155 Da64
Eraclea I 150 Eb59
Eraclea Mare I 150 Ec59
Erahtur RUS 203 Fb10
Eräjärvi FIN 90 Ka35
Eräjärvi FIN 91 Lc34
Eranova I 164 Gb83
Eräslahti FIN 90 Ka34
Erastvere EST 107 Lb46
Eratini GR 189 Bc85
Erátira GR 183 Bb78
Erba I 149 Cc58
Erbaa TR 205 Fc20
Erbach D 134 Cd45
Erbach D 142 Da50
Erbajolo F 154 Cb70
Erbalunga F 154 Cc68
Erbedeiro E 36 Bb57
Erbendorf D 135 Eb45
Ērberge LV 106 Kd52
Erbes-Büdesheim D 133 Cb45
Erbiceni RO 173 Fa57
Ercheu F 23 Ha34
Erchie I 162 Hb76
Ercolano I 161 Fb75
Ercsi H 146 Hc54
Érd H 146 Hc53
Erdal N 63 Ja06
Erdal N 84 Cd34
Erdal N 84 Cb35
Erdeborn D 127 Ea40
Erdek TR 186 Fa79
Erdelek TR 198 Ga91
Erdemli TR 187 Gb79
Erden BG 179 Cc69
Erdeven F 27 Ea41
Erdevik SRB 153 Ja61
Erding D 143 Ea50
Erdington GB 16 Ed24
Erdőbénye H 147 Jd50
Erdoğlu TR 187 Gc79
Erdut HR 153 Hd59
Erdweg D 143 Dd50
Eréac F 27 Ec39
Erecek TR 191 Ea82
Ereğli TR 187 Ha77
Erehnovo RUS 107 Ld46
Ereira P 50 Ab67
Eremitu RO 172 Dd58
Erenköy TR 193 Gb82
Erenler TR 186 Ga77
Eresfjord N 77 Db32
Eressós GR 191 Dd83
Erétria GR 189 Bd82
Erétria GR 189 Cc85
Erezée B 124 Ba42
Erfde D 118 Da30
Erfjord N 92 Cb42
Erftstadt D 125 Bd41
Erfurt D 127 Dd41
Ērgeme LV 106 La47
Ergersheim D 134 Db46
Ergili TR 186 Fa80
Ērgli LV 106 La50
Ergolding D 135 Eb49
Ergoldsbach D 135 Eb49
Ergué-Gabéric F 27 Dc39
Eriboll GB 4 Dd04
Erice I 166 Ea84
Erice TR 192 Ga86
Ericeira P 50 Aa68
Ericek TR 186 Fd80
Ericek TR 187 Gd80
Erikler TR 185 Ec75
Erikli TR 185 Eb78
Erikli TR 186 Fa80
Erikli TR 193 Gb81
Erikoussa GR 182 Aa79
Eriksberg S 71 Fd24
Eriksberg S 102 Eb47
Erikslund S 87 Ga33
Eriksmåla S 103 Fd52
Eriksrud N 85 Ea39
Erikstad N 66 Fd13
Erikstad S 102 Ec46
Ering D 143 Ed50
Eringsboda S 111 Fd53
Ēriškiai LT 114 Kc55
Eriskirch D 142 Cd52
Eriswell GB 20 Fd25
Eriswil CH 141 Ca54
Erithrés GR 189 Ca86
Erka N 85 Db34
Erkelenz D 125 Bc40
Erkheikki S 68 Ja17
Erkheim D 142 Db51
Erkner D 128 Fa36
Erla E 47 Fa59
Erlabrunn D 134 Da45
Erlach A 145 Gb52
Erlangen D 135 Dd46
Erlau D 127 Ec41
Erlbach D 143 Ec50
Erle D 125 Bd38
Erlėnai LT 113 Jb54
Erlenbach D 134 Cd45
Erlenbach D 134 Cd47
Erlensee D 134 Cd44
Erligheim D 134 Cd47
Erlinsbach CH 141 Ca53
Erlsbach A 143 Eb55
Erm NL 117 Bd35
Ermakiá GR 183 Bc78
Ermakovo RUS 122 Jb30
Ermakovo RUS 203 Ga09
Erma reka BG 184 Db76
Ermatingen CH 142 Cc52
Ermelo NL 116 Bb36
Ermelo P 44 Ba60
Ermenonville F 23 Ha36
Ermesinde P 44 Ad61
Ermida P 44 Ac63
Ermidas-Aldeia P 50 Ac71
Ermióni GR 195 Ca88
Ermiš RUS 203 Fb10
Ermita de Carrión E 51 Bb68
Ermita del Ramonete E 55 Ed74
Ermoclia MD 173 Ga59
Ermoúpoli GR 196 Da89
Ermsleben D 127 Dd39
Ermua E 39 Eb55
Erndtebrück D 126 Cc41
Ernée F 28 Fb39
Ernei RO 171 Dc59
Ernestinovo HR 153 Hc60
Ernsgaden D 135 Ea49
Ernstbrunn A 137 Gb49
Erolzheim D 142 Da51
Erôme F 34 Jb49
Erp NL 125 Bb38
Erpingham GB 17 Gb23
Erquy F 26 Eb37
Erriff Bridge IRL 8 Bb19
Erril IRL 13 Cb23
Errindlev DK 109 Ea29
Erritsø DK 108 Db26
Erro E 39 Ed56
Errol GB 7 Eb11
Erschwil CH 141 Bd53
Érsekcsanád H 153 Hd57
Ersekë AL 182 Ad78
Érsekvadkert H 146 Hd51
Ersfjordbotn N 62 Gc09
Erši RUS 202 Ed11
Erska S 102 Ec47
Erslev DK 100 Da21
Ersmark S 72 Gb24
Ersmark S 80 Hc25
Ersmark S 80 Hb28
Ersnäs S 73 Hd22
Eršovo RUS 107 Ld46
Erstein F 25 Kc37
Erstfeld CH 141 Cb55
Ersvika N 66 Fc17
Ertingen D 142 Cd50
Erto I 150 Eb57
Ertsjärv S 73 Hd19
Ertuğrul TR 185 Ed76
Ertuğrul TR 186 Fc80
Ertuğrul TR 191 Ed82
Ertuğrul TR 192 Fc87
Ervalla S 95 Fd43
Ervasti FIN 75 Kc22
Ervauville F 29 Ha39
Ervedal P 50 Ba68
Ervedosa do Douro P 44 Bd61
Ervelä FIN 97 Jd40
Ervenik HR 157 Ga64
Ervidel P 50 Ad71
Ervik N 76 Ca33
Ervita EST 98 Kd43
Ervy-le-Châtel F 30 Hc39
Erwitte D 126 Cc39
Erwood GB 15 Ea26
Erxleben D 127 Dd37
Erzgrube D 133 Cb49
Erzincan TR 205 Fd20
Erzurum TR 205 Ga19
Eržvilkas LT 114 Ka56
Esadiye TR 186 Fd79
Esanos E 38 Da55
Esatlar TR 192 Ga83
Esbjerg DK 108 Cd26
Esbo FIN 98 Kb39
Esbønderup DK 109 Ec24
Escairón (Saviñao) E 36 Bb56
Escalada E 38 Dc56
Escalaplano I 169 Cb78
Escalhão P 45 Bc62
Escalles F 21 Gc30
Escalona E 40 Fd58
Escalona E 46 Da65
Escalona del Prado E 46 Db62
Escalonilla E 52 Da66
Escalos de Baixo P 44 Bb65
Escalos de Cima P 44 Bb65
Escamplero E 37 Cb54
Escañuela E 52 Da72
es Capdellà E 56 Ha67
Escarabote E 36 Ac56
Escariche E 46 Dd64
Escároz E 39 Fa56
Escarrilla E 40 Fc57
es Castell E 57 Jb66
Escatalens F 40 Gb53
Escatrón E 48 Fc62
Eschach D 134 Da48
Eschau D 134 Cd45
Eschborn D 134 Cc44
Escheburg D 118 Dc33
Eschede D 118 Dc35
Eschenau A 144 Fd51
Eschenbach D 135 Ea45
Eschenburg D 126 Cc41
Eschenfelden D 135 Ea46
Eschenlohe D 143 Dd52
Eschershausen D 126 Da38
Eschkam D 135 Ec47
Esch-s.-Alz. L 133 Bb45
Esch-sur-Sûre L 133 Bb44
Eschwege D 126 Db40
Eschweiler D 125 Bc41
Escombreras E 55 Fa74
Escorihuela E 47 Fa64
Escos F 39 Fa55
Escot F 39 Fb56
Escouloubre F 41 Gd57
Escource F 39 Fa52
Escrennes F 29 Gd39
es Cubells E 56 Gb69
Escucha E 48 Fb63
Escudeiros P 44 Ad60
Escuderos E 46 Db59
Escurial E 51 Ca68
Escusa P 50 Ad67
Esechioi RO 181 Ed68
Eşelek TR 185 Ec80
Eşeler TR 192 Fa82
Eşelnița RO 174 Ca64
Esen BG 181 Ec71
Eşen TR 192 Fd82
Eşen TR 198 Fd92
Esenbağ TR 192 Fc83
Esence TR 186 Fc80
Esence TR 193 Gd82
Esendere TR 193 Gc87
Esenkaya TR 198 Fb89
Esenköy TR 187 Gc80
Esenköy TR 198 Fb88
Esenköy TR 198 Fd92
Esenler TR 185 Ed77
Esenli TR 192 Fa82
Esens D 117 Cb32
Esenyazı TR 192 Fb86
Esenyurt TR 186 Fc77
Esgos E 36 Bb57
es Grau E 57 Jb66
Esguevillas de Esgueva E 46 Da60
Esher GB 20 Fc28
Esh Winning GB 11 Fa17
Eskdale Green GB 11 Eb18
Eskdalemuir GB 11 Eb15
Eskebjerg DK 109 Ea25
Eskelhem S 104 Gd49
Eskiakören TR 193 Ha84
Eskiçine TR 197 Fa89
Eskidanişment TR 192 Fd81
Eskifjörður IS 3 Bc05
Eskihisar TR 197 Fa89
Eskikaraağaç TR 186 Fc80
Eskiler TR 193 Ha87
Eskilsäter S 94 Ed45
Eskilstrup DK 109 Eb28
Eskilstuna S 95 Gb43
Eskin TR 192 Fc85
Eskipazar TR 205 Fa20
Eskişehir TR 193 Gc82
Eskisığırcı TR 186 Fa80
Eskiyayla TR 187 Gb79
Eskola FIN 81 Jd27
Eskragh GB 9 Cc17
Esku EST 98 Kd44
Eslared S 102 Fa52
Eslarn D 135 Eb46
Eslida E 54 Fc66
es Llombards E 57 Hc68
Eslohe D 125 Cb40
Eslöv S 110 Ed55
Esmared S 102 Ed52
Esme TR 192 Fc86
es Mercadal E 57 Ja65
es Migjorn Gran E 57 Ja66
es Molinar E 57 Hb67
Esmoriz P 44 Ac61
Esna EST 98 Kd43
Esnandes F 32 Fa45
Esneux B 124 Ba42
Esnouveaux F 30 Jb39
Espadañedo E 37 Ca58
Espalion F 33 Ha51
Esparragal E 61 Ec74
Esparragalejo E 51 Bd68
Esparragosa de la Serena E 51 Cb70
Esparreguera E 49 Gd61
Esparron F 42 Jd54
Esparron-de-Verdon F 42 Ka53
Espås N 77 Ea30
Espe DK 108 Dc27
Espe N 84 Cc40
Espejo E 38 Ea56
Espejo E 60 Cd73
Espel NL 116 Bb34
Espeland N 84 Ca39
Espeland N 92 Cb45
Espeli N 92 Cd45
Espelkamp D 126 Cd36
Espeluche F 42 Jb51
Espenau D 126 Da40
Espera E 59 Ca75
Esperança P 51 Bb68
Espéraza F 41 Gd56
Esperia I 160 Ed73
Esperstedt D 127 Dd40
Espetøl N 93 Da44
Espevær N 92 Bd41
Espezel F 41 Gd57
Espiel E 52 Cc71
Espinama E 38 Da55
Espiñaredo E 36 Bb53
Espinasses F 42 Ka51
Espinhal P 44 Ad65
Espinho P 44 Ac61
Espinilla E 38 Db56
Espinosa de Cerrato E 46 Db59
Espinosa de Cervera E 46 Dc59
Espinosa de Henares E 46 Dd63
Espinosa de los Monteros E 38 Dc56
Espinoso del Rey E 52 Cd67
Espírito Santo P 58 Ba73
Esplantas F 34 Hc50
Esplús E 48 Fd60
Espoey F 40 Fc55
Espolla E 41 Hb58
Espoo FIN 98 Kb39
Esporles E 57 Hb67
es Port E 57 Hb68
Esposende P 44 Ac59
Esprels F 31 Jd40
es Pujols E 56 Gc70
Esquedas E 48 Fb59
Esquivias E 46 Db65
Esrange S 67 Hb15
Esrum DK 109 Ec24
Essay F 28 Fd38
Esse FIN 81 Jb29
Esselbach D 134 Da45
Essen B 124 Ad38
Essen D 117 Cb35
Essen D 125 Bd39
Essenbach D 135 Eb49
Essenniki RUS 107 Mb50
Essentuki RUS 205 Ga17
Essertaux F 23 Gd34
Essertenne F 31 Jc41
Essími GR 185 Dd77
Essing D 135 Ea48
Essingen D 134 Da48
Esslingen D 134 Cd48
Essômes-sur-Marne F 24 Hb36
Essoyes F 30 Ja39
Essunga S 102 Ed47
Essvik S 88 Gc33
Establet F 42 Jc51
Estação de Ourique P 58 Ac72
Estacas E 36 Ad57
Estación de Cártama E 60 Cd76
Estación de Páramo E 37 Ca56
Estación de Salinas E 60 Da75
Estadilla E 48 Fd59
Estagel F 41 Ha57
Estaing F 33 Ha51
Estaires F 23 Ha31
Estang F 40 Fc53
Estarreja P 44 Ac62
Estavayer-le-Lac CH 141 Bb54
Este I 150 Dd60
Estedt D 127 Ea36
Estela P 44 Ac60
Estella E 39 Ec57
Estellencs E 56 Ha67
Estenfeld D 134 Db45
Esteng F 43 Kb51
Estepa E 60 Cc74
Estépar E 38 Dc58
Estepona E 59 Cb77
Estercuel E 48 Fb63
Esternay F 24 Hc37
Esternberg A 135 Ed49
Esterri d'Àneu E 40 Gb57
Estersmark S 80 Hc26
Esterwegen D 117 Cb34
Esterzili I 169 Cb78
Estiche de Cinca E 48 Fd60
Estissac F 30 Hc38
Estivella E 54 Fc67
Estorf D 118 Da32
Estorf D 126 Da36
Estoril P 50 Aa68
Estorninhos P 58 Ad74
Estrées-Saint-Denis F 23 Ha35
Estrée-Wamin F 23 Gd32
Estreito P 44 Ba65
Estremera E 46 Dd65
Estremoz P 50 Ba69
Estrup DK 109 Eb26
Estry F 22 Fb37
Estuna S 96 Ha42
Estvad DK 100 Da22
Esztergom H 146 Hc52
Étain F 25 Jc35
Etais F 30 Ja40
Etalans F 31 Jd42
Etalle B 132 Ba44
Étampes F 29 Gd38
Étang-sur-Arroux F 30 Hd43
Étaples F 23 Gc31
Etauliers F 32 Fb49
Etel F 27 Ea41
Eteläinen FIN 90 Ka37
Eteläkylä FIN 90 Kd34
Etelälahti FIN 82 Ka27
Etelä-Niskamäki FIN 90 Kd32
Eteläpää FIN 89 Hd33
Etelä Varisala FIN 97 Ja39
Etelhem S 104 Ha50
Eterna E 38 Dd58
Etevaux F 30 Jb41
Etili TR 191 Ec81
Etival F 31 Jd44
Etival-Clairefontaine F 31 Ka38
Etne N 92 Cb41
Étoges F 24 Hc36
Etoile-Rhône F 34 Jb50
Etola FIN 90 Kb37
Etolikó GR 188 Ba84
Etouy F 23 Gd35
Étréaupont F 24 Hc33
Étréchy F 29 Gd38
Etrembières F 35 Jd45
Etrépagny F 23 Gc35
Étretat F 22 Fd34
Étreux F 24 Hc33
Etrœungt F 24 Hc33
Etropole BG 179 Cd71
Etroubles I 148 Bc58
Etsaut F 39 Fb56
Ettelbruck L 133 Bb44
Ettenheim D 141 Ca50
Etten-Leur NL 124 Ad38
Ettiswil CH 141 Ca53
Ettlingen D 133 Cb48
Ettrickbridge GB 11 Eb14
Ettringen D 142 Dc51
Etu-Ikola FIN 90 Kc33
Etulia MD 177 Fc63
Etusson F 28 Fb43
Etuz F 31 Jd41
Etxano E 38 Ea55
Etzen A 136 Fc49
Etzenricht D 135 Eb46
Eu F 23 Gb33
Euerbach D 134 Db44
Euerdorf D 134 Db44
Eugénie-les-Bains F 40 Fc54
Eulatal D 127 Ec41
Eupen B 125 Bb41
Eura FIN 89 Jb37
Eurajoki FIN 89 Ja37
Euratsfeld A 144 Fc51
Eursinge NL 117 Bd34
Euskirchen D 125 Bd42
Eußenheim D 134 Da44
Euston GB 21 Ga25
Euthal CH 142 Cc54
Eutin D 119 Dd31
Euzet F 42 Ja52
Evaillé F 29 Ga40
Eväjärvi FIN 90 Ka34
Evangelismós GR 183 Bd80
Evangelismós GR 194 Ba89
Evangelístria GR 189 Ca85
Evanger N 84 Cb38
Evanton GB 5 Ea07
Evaux-les-Bains F 33 Ha45
Evciler TR 185 Ed75
Evciler TR 191 Eb81
Evciler TR 191 Ed82
Evciler TR 191 Ed83
Evciler TR 192 Ga87
Évdilos GR 196 Dd88
Evele LV 106 Kd48
Evelix GB 5 Ea06
Evenhus N 78 Ea29
Evenskjer N 66 Ga13
Evenstad N 86 Eb36
Evercreech GB 19 Ec29
Everleigh GB 20 Ed29
Everöd S 111 Fb55
Eversley GB 20 Fb28
Everswinkel D 125 Cb38
Evertsberg S 87 Fb37
Evesham GB 20 Ed26
Évian-les-Bains F 31 Ka44
Evijärvi FIN 81 Jc29
Evillers F 31 Jd42
Evinohóri GR 188 Ba85
Evisa F 154 Ca70
Evitskog FIN 98 Ka40
Evja N 66 Fc17
Evje N 92 Cd45
Evkafteke TR 191 Ed84
Évlalo GR 184 Db77
Evlanovo RUS 203 Fa12
Évora P 50 Ad69
Évora Monte P 50 Ba69
Evran F 26 Ec38
Evrecy F 22 Fb36
Evrencik TR 186 Fa75
Evrensekiz TR 185 Ed76
Evreşe TR 185 Ec78
Évreux F 23 Gb36
Evrieu F 35 Jc47
Evriguet F 27 Ec39
Évron F 28 Fc39
Évry F 23 Gd37
Evrychou CY 206 Ja97
Ewell GB 20 Fc28
Examília GR 195 Bd87
Exaplátanos GR 183 Bd76
Exarhos GR 189 Ca84
Exbourne GB 19 Dd30
Excideuil F 33 Gb48
Exeter GB 19 Ea30
Exford GB 19 Ea29
Exilles I 148 Bb60
Exloo NL 117 Ca34
Exmes F 22 Fd37
Exmouth GB 19 Ea31
Exogí GR 188 Ac84
Exohí GR 182 Ad79
Exohí GR 184 Cd75
Exohí GR 184 Db77
Éxo Moulianá GR 201 Dc96
Éxo Nímfio GR 194 Bc91
Extertal D 126 Cd37
Extremo P 36 Ad58
Eyam GB 16 Ed22
Eydehavn N 93 Db46
Eydelstedt D 118 Cd35
Eydemir TR 193 Gb84
Eye GB 17 Fc24
Eye GB 21 Gb25
Eyerci TR 186 Fc80
Eyeries IRL 12 Ba26
Eygalières F 42 Jb53
Eygluy-Escoulin F 35 Jc50
Eyguians F 42 Jd51
Eyguières F 42 Jb53
Eygurande F 33 Ha47
Eygurande-et-Gardedeuil F 32 Fd49
Eymet F 32 Fd51
Eymir TR 187 Ha80
Eymoutiers F 33 Gc47
Eynez TR 191 Ed84
Eyrarbakki IS 2 Ac05
Eyrecourt IRL 13 Ca21
Eyrein F 33 Gd48
Eystrup D 118 Da35
Eyübler TR 193 Gd87
Ezaro E 36 Ac55
Ezcaray E 38 Ea58
Ezcurra E 39 Ec56
Eze F 43 Kd53
Ezerče BG 180 Eb69
Ezere LV 113 Jd53
Ezerec BG 181 Fc69
Ežerėlis LV 114 Kb57
Ezeriş RO 174 Ca62
Ezermala LV 107 Ld51
Ezernieki LV 107 Ld52
Ezerovo BG 181 Fa70
Eziler TR 192 Fc87
Ezine TR 191 Ea81
Ezy-sur-Eure F 23 Gb37

F

Faaborg DK 108 Dc27
Faak am See A 144 Fa56
Fabara E 48 Fd62
Fabas F 40 Ga55
Fabas F 40 Gb56
Fabbrica Curone I 149 Cc61
Fåberg N 84 Cd35
Fåberg N 85 Ea37
Fabero E 37 Bd56
Fábiánsebestyén H 146 Jc55
Fäboda FIN 81 Jb28
Fäbodliden S 80 Gc26
Fåborg DK 108 Da26
Fabrègues F 41 Hd54
Fabrezan F 41 Ha56
Fabriano I 156 Ec67
Fabrica di Roma I 156 Ea70
Fabro Scalo I 156 Ea68
Făcăeni RO 177 Fa66
Facho P 50 Ab66
Facinas E 59 Ca78
Fadd H 146 Hc56
Fadón E 45 Cb61
Faedis I 150 Ed57
Faenza I 150 Dd63
Færvik N 93 Db46
Faeto I 161 Fd73
Fafe P 44 Bb60
Fafleralp CH 141 Bd56
Fagagna I 150 Ec57
Făgăraş RO 175 Dc61
Fågelberget S 79 Fc27
Fågelfors S 103 Ga51
Fågelmara S 111 Ga54
Fågelsjö S 87 Fc35
Fågelsta S 79 Ga27
Fågelsta S 103 Fc46
Fågelsundet S 96 Gd39
Fågeltofta S 111 Fb56
Fagerås S 94 Fa43
Fagerdal S 79 Fd29
Fagerhaug N 64 Jb04
Fagerhaug N 77 Dd32
Fagerhult S 94 Eb45
Fagerhult S 102 Ec46
Fagerhult S 103 Fb48
Fagerhult S 103 Fd51
Fagermoen N 71 Fb21
Fagernes N 62 Gd10
Fagernes N 67 Gb13
Fagernes N 85 Dc38
Fagersanna S 103 Fb46
Fagersta S 95 Fd41
Fagerstrand N 93 Ea42
Fagertun N 65 Ec17
Fagervik FIN 98 Ka40
Fagervik N 78 Eb28
Fagervika N 70 Fa21
Fagerviken S 96 Gc39
Făget RO 174 Cb60
Făgetelu RO 175 Db65
Faggeby S 95 Ga40
Faggen A 142 Db54
Fåglavik S 102 Ed47
Fåglum S 102 Ed47
Fagnano Castello I 164 Gb79
Fägre S 103 Fb46
Fagurhólsmýri IS 2 Ba06
Fahan IRL 9 Cc15
Fahrenbach D 134 Cd46
Fahrenkrug D 118 Dc31
Fahrenwalde D 120 Fb33
Fahrenzhausen D 143 Dd50
Fährhafen Sassnitz D 120 Fa30
Fahrland D 127 Ed36
Fahrwangen CH 141 Ca53
Fai della Paganella I 149 Dc57
Faido CH 141 Cb56
Fain-lès-Montbard F 30 Hd41
Fairbourne GB 15 Dd24
Fairford GB 20 Ed27
Fairlight GB 21 Ga30
Fairy Cross GB 18 Dc29
Fajsławice PL 131 Kb40
Fajsz H 146 Hd56
Fakenham GB 17 Ga23
Fåker S 79 Fc31

Foča – Furset

Foča BIH 159 Hd66
Foça TR 191 Eb85
Focene I 160 Ea72
Fochabers GB 5 Ec07
Fockbek D 118 Db30
Focşani RO 176 Ed62
Focuri RO 172 Ed57
Fódele GR 200 Da95
Foeni RO 174 Bc61
Fogdö S 95 Gb43
Foggia I 161 Ga73
Föglö FIN 96 Hc41
Fohnsdorf A 144 Fc54
Föhren D 133 Bc44
Foiano della Chiana I 156 Dd67
Foiano di Val Fortore I 161 Fc73
Foieni RO 171 Cc54
Foissiat F 34 Jb45
Foix F 40 Gc56
Fojnica BIH 158 Hb64
Fojnica BIH 159 Hc67
Fokino RUS 202 Ed12
Fokovci SLO 145 Gb55
Føland N 92 Cc46
Folby DK 100 Dc23
Földeák H 146 Jc56
Foldereid N 78 Ed25
Földes H 147 Jd53
Foldingbro DK 108 Da26
Fole S 104 Ha49
Folégandros GR 196 Da91
Folelli F 154 Cc69
Folgaria I 149 Dc58
Folgarida I 149 Dc57
Folgensbourg F 31 Kc40
Folgosinho P 44 Bb63
Folgoso E 36 Ba56
Folgoso de la Ribera E 37 Ca57
Folgoso do Courel E 36 Bc56
Folgueiro E 36 Bc53
Foliá GR 184 Cd77
Foligno I 156 Eb68
Føling N 78 Ec27
Folkestad N 76 Cc33
Folkestone GB 21 Gb29
Folkingham GB 17 Fc23
Folladal N 78 Eb28
Follafoss N 78 Eb28
Folldal N 85 Dd34
Følle DK 101 Dd23
Follebu N 85 Dd37
Follina I 150 Ea58
Follingbo S 104 Ha49
Föllinge S 79 Fc29
Follonica I 155 Db68
Fölsbyn S 94 Ec43
Folsztyn PL 121 Gb35
Folteşti RO 177 Fb62
Folusz PL 139 Jd45
Folven N 84 Cd34
Folwarki PL 130 Hd41
Fombellida E 38 Db56
Fominki RUS 203 Fb09
Fompedraza E 46 Db61
Fon N 93 Dd43
Foncebadón E 37 Ca57
Foncine-le-Bas F 31 Jd44
Foncquevillers F 23 Ha32
Fondi I 160 Ed73
Fondo I 142 Dc56
Fondón E 61 Dd75
Föne S 87 Ga35
Fönebo S 87 Gb35
Fonelas E 60 Dc74
Fonfria E 36 Bc56
Fonfria E 45 Ca60
Fonn N 84 Cc35
Fonni I 169 Cb77
Fonollosa E 49 Gc60
Fons F 42 Ja53
Fonsorbes F 40 Gb54
Fontainebleau F 29 Ha38
Fontaine-Chalendray F 32 Fc46
Fontaine-de-Vaucluse F 42 Jc53
Fontaine-Française F 30 Jb41
Fontaine-la-Gaillarde F 30 Hb39
Fontaine-le-Bourg F 23 Gb34
Fontaine-le-Dun F 23 Ga34
Fontaine-les-Grès F 30 Hc38
Fontaines-en-Duesmois F 30 Ja40
Fontaine-sur-Coole F 24 Hd37
Fontainhas P 44 Ac60
Fontainhas P 50 Ab70
Fontan F 43 Kd52
Fontanamare I 169 Bd79
Fontanar E 46 Dd63
Fontanar E 61 Dd73
Fontanarejo E 52 Da68
Fontanars dels Alforins E 55 Fb70
Fontane Bianche I 167 Fd87
Fontanelice I 150 Dd63
Fontanella I 155 Db65
Fontanellato I 149 Da61
Fontanelle I 150 Eb58
Fontanes-du-Causse F 33 Gc51
Fontanières F 33 Ha46
Fontanigorda I 149 Cc62
Fontaniva I 150 Dd59
Fontanosas E 52 Cd69
Fontdepou E 48 Ga59
Fonteblanda I 155 Dc69
Fontecchio I 156 Ed70
Fontecha E 37 Cc57
Fonte da Telha P 50 Aa69
Fontenai-les-Louvets F 28 Fc38
Fontenay-le-Comte F 32 Fb45
Fontenay-le-Marmion F 22 Fc36
Fontenay-Trésigny F 23 Ha37
Fontenelle-en-Brie F 24 Hb36
Fontet F 32 Fc51
Fontette F 30 Ja39
Fontevraud-l'Abbaye F 28 Fd42
Fontibre E 38 Db56
Fontioso E 46 Dc59
Fontiveros E 46 Cd62
Font-Romeu F 41 Gd58
Fontstown IRL 13 Cc22
Fontvieille F 42 Jb53
Fonyód H 145 Ha55
Fonz E 48 Fd59
Fonzaso I 150 Ea58
Foppiano I 141 Ca56
Foppolo I 149 Cd57
Fora S 103 Gb51
Foraşti RO 172 Ec56
Forbach D 133 Cb48
Forbach F 25 Ka35
Förby FIN 97 Jc40
Forcall E 48 Fc64
Forcalqueiret F 42 Ka54
Forcalquier F 42 Jd52
Forcarei E 36 Ba56
Forchheim D 135 Dd45
Forchtenberg D 134 Da47
Ford GB 6 Db12
Ford GB 11 Ed14
Ford GB 20 Ed26
Førde N 84 Cb36
Førde N 84 Cc35
Førde N 92 Ca41
Förderstedt D 127 Ea38
Førdesfjorden N 92 Ca42
Fordham GB 20 Fd25
Fordingbridge GB 20 Ed30
Fordongianus I 169 Ca77
Fordoun GB 7 Ed10
Fordstown IRL 9 Cc20
Fore N 71 Fb18
Forenza I 161 Ga75
Forestburn Gate GB 11 Ed15
Forest Green GB 20 Fc29
Forest-Montiers F 23 Gc32
Forest Row GB 20 Fd29
Forfar GB 7 Ec11
Forgés F 33 Gc49
Forges-les-Eaux F 23 Gb34
Foria I 161 Fd77
Forio I 161 Fa75
Förkärla S 111 Fd54
Förlanda S 102 Ec50
Forlev DK 109 Ea27
Forlì I 156 Ea64
Forlimpopoli I 156 Ea64
Formazza I 141 Ca56
Formby GB 15 Eb21
Formentor E 57 Hc66
Formerie F 23 Gc34
Formia I 160 Ed73
Formiche Alto E 47 Fa65
Formicola I 161 Fb74
Formigara I 149 Cd60
Formigine I 149 Db62
Formigliana I 148 Ca59
Formignana I 150 Ea62
Formigny F 22 Fb35
Formiguères F 41 Gd57
Formofoss N 78 Ed27
Fornalhas Novas P 58 Ac72
Fornåsa S 103 Fd46
Fornazzo I 167 Fd85
Forneby S 95 Gb41
Fornelli I 168 Bd74
Fornells E 57 Ja65
Fornelos E 36 Ad58
Fornelos P 44 Ad59
Fornelos de Montes E 36 Ad57
Fornes N 67 Gb12
Forneset N 62 Ha09
Forni Avoltri I 143 Ec56
Forni di Sopra I 143 Eb56
Forni di Sotto I 150 Eb57
Forno I 148 Bc60
Forno I 148 Ca57
Forno Alpi Graie I 148 Bc59
Forno di Zoldo I 150 Ea57
Fornoli I 155 Db64
Fornos de Algodres P 44 Bb63
Fornovo di Taro I 149 Da62
Foros da Fonte de Pau P 50 Ac68
Foros de Vale de Figueira P 50 Ac69
Foros do Arrão P 50 Ad67
Foros do Cortiço P 50 Ad69
Forotic RO 174 Bd62
Forøya N 70 Fa19
Forráskút H 146 Jb56
Forres GB 5 Eb07
Forronda E 38 Ea56
Fors S 80 Gd30
Fors S 95 Ga41
Fors S 102 Ec47
Forsa N 66 Ga14
Forsa S 87 Gb35
Forsand N 92 Cb44
Forsås S 79 Gb30
Forsbacka S 80 Hb25
Forsbacka S 87 Gb37
Forsbacka S 95 Gb39
Forsby FIN 81 Jb29
Forsby FIN 90 Kd38
Forsby S 103 Fb47
Forsby Koskenkyla FIN 90 Kc38
Forsen N 71 Fb21
Forserum S 103 Fb49
Forset N 85 Dd37
Forshaga S 94 Fa43
Forshälla S 102 Eb47
Forshed S 73 Hd20
Forsheda S 102 Fa51
Forshem S 102 Fa46
Forsholm S 80 Ha25
Forsinard GB 5 Ea05
Forsland N 70 Fa20
Förslöv S 110 Ed53
Forsmark S 71 Fd23
Forsmark S 96 Gd40
Forsmo S 79 Gb30
Forsmo S 79 Gb29
Forsmoen N 70 Fa21
Forsnäs S 72 Gd20
Forsnäs S 72 Gb22
Forsnäs S 73 Hd21
Forsnäs S 73 Hc20
Forsnäs S 79 Gb27
Forsnes N 77 Db29
Forsøl N 63 Ja05
Forssa FIN 89 Jd38
Forssa S 95 Gb45
Forssjö S 95 Ga45
Forst D 128 Fc39
Forst D 134 Cc47
Forstau A 143 Ed53
Forstern D 143 Ea51
Forstinning D 143 Ea51
Forstranda N 71 Fb18
Forsträskhed S 73 Hd21
Forsvik S 72 Gb24
Forsvik S 103 Fb46
Fortan F 29 Ga40
Fortanete E 48 Fb64
Fort Augustus GB 7 Dd09
Forte dei Marmi I 155 Da64
Fortezza I 143 Dd55
Forth GB 10 Ea13
Förtha D 126 Db41
Fortino I 161 Ga77
Fort-Mahon-Plage F 23 Gb32
Forton GB 15 Ec24
Fortrose GB 5 Ea07
Fortun N 85 Da36
Fortuna E 55 Fa72
Fortunago I 149 Cc61
Fortuneswell GB 19 Ec31
Fort William GB 6 Dc10
Forvika N 70 Ed22
Forza d'Agrò I 167 Fd84
Forzo I 148 Bc59
Fos F 40 Ga56
Fösked S 94 Fa42
Foskros S 86 Ed34
Foskvallen S 86 Ed35
Fosnavåg N 76 Cb33
Fosnes N 78 Ec25
Foss S 102 Eb46
Fossacesia I 157 Fb70
Fossacesia Marina I 157 Fb70
Fossano I 148 Bc62
Fossato di Vico I 156 Eb67
Fossato Ionico I 164 Ga84
Fossbakken N 67 Gc12
Fossbua N 67 Ha12
Fosse N 84 Cb39
Fossegården N 85 Ea37
Fossemagne F 33 Gb49
Fossen N 84 Cd36
Fosser N 94 Eb42
Fosses F 23 Gd36
Fosses-la-Ville B 124 Ad42
Fossestrand N 64 Jb07
Fosshaug N 67 Gc12
Fossheim N 62 Ha10
Fossheim N 65 Kc09
Fossheim N 85 Db35
Fossholm N 64 Ka07
Fossli N 84 Cd39
Fossmoen N 78 Fa25
Fossombrone I 156 Eb65
Fos-sur-Mer F 42 Jb54
Fót H 146 Hd52
Fotheringhay GB 17 Fc24
Fotiní GR 183 Bb77
Fotinovo BG 184 Da74
Fotlandsvåg N 84 Ca38
Fotolívos GR 184 Cd77
Fouesnant F 27 Dc40
Fougeré F 28 Fc41
Fougères F 28 Fa38
Fougères-sur-Bièvre F 29 Gb41
Fougerolles F 31 Jd39
Fougerolles-du-Plessis F 28 Fb38
Fouilloy F 23 Gc34
Foulain F 30 Jb39
Foulayronnes F 40 Ga52
Fouligny F 25 Jd35
Foulsham GB 17 Ga24
Foulum DK 100 Db23
Fountain Cross IRL 12 Bc22
Fountainhal GB 11 Ec14
Fouquerolles F 23 Gd35
Fouras F 32 Fa46
Fourcamont F 23 Gb33
Fourcès F 40 Fd53
Fourchambault F 30 Hb43
Four Crosses GB 15 Eb24
Fourfourás GR 200 Cd96
Fourka GR 182 Ad78
Fourmies F 24 Hc33
Four Mile House IRL 8 Ca20
Fourná GR 188 Bb82
Fournaudin F 30 Hc39
Fournels F 34 Hb50
Fournés GR 200 Cb95
Fournet F 31 Kb42
Fourni GR 197 Ea88
Fourques F 41 Hb57
Fours F 30 Hc43
Fousing Kirkeby DK 100 Cd23
Foussais F 28 Fb44
Foústani GR 183 Bd76
Fovrfeld DK 108 Cd26
Fowey GB 18 Dc31
Fownhope GB 15 Ec26
Foxford IRL 8 Bc18
Foxhall IRL 8 Bc20
Foxo E 36 Ba56
Foxup GB 11 Ed19
Foynes IRL 12 Bc23
Foz E 36 Bc53
Foz de Arouce P 44 Ad64
Foz de Odeleite P 58 Ba73
Foz do Arelho P 50 Aa66
Foz Giraldo P 44 Ba65
Frabosa Soprana I 148 Bd63
Frącki PL 123 Kb30
Fraddon GB 18 Db31
Frades de la Sierra E 45 Cb63
Fraga E 48 Fd61
Fragagnano I 162 Ha76
Fragístra GR 188 Bb83
Frahier-et-Châtebier F 31 Ka40
Frailes E 60 Db74
Frais F 31 Kb40
Fraisse-sur-Agout F 41 Hb54
Fraize F 31 Kb38
Framlev DK 108 Dc24
Framlingham GB 21 Gb25
Frammersbach D 134 Da44
Främmestad S 102 Ed47
Framnäs S 72 Ha19
Frampol PL 131 Kb42
Framura I 149 Cc63
França P 45 Bb59
Francaltreff F 25 Ka36
Francardo F 154 Cb69
Francavilla al Mare I 157 Fb70
Francavilla di Sicilia I 167 Fd84
Francavilla Fontana I 162 Ha76
Francavilla sul Sinni I 162 Gb77
Francescas F 40 Fd53
Françeşti RO 175 Db64
Franciszkowo PL 122 Hd34
Francofonte I 167 Fc87
Francolise I 161 Fa74
Francorchamps B 125 Bb42
Francos E 46 Dd61
Francova Lhota CZ 137 Ha47
Frändefors S 102 Ec46
Franeker NL 116 Bb33
Franekeradeel NL 116 Bb33
Fránga GR 188 Ba85
Frangádes GR 182 Ad80
Frangouléika GR 188 Ba84
Frangy F 35 Jd46
Frankenau D 126 Cd40
Frankenberg D 126 Cd41
Frankenberg D 127 Ed42
Frankenburg A 143 Ed51
Frankenförde D 127 Ed38
Frankenhardt D 134 Da47
Frankenmarkt A 143 Ed51
Frankenstein D 133 Cb46
Frankenthal D 133 Cb46
Frankfurt am Main D 134 Cc44
Frankfurt (Oder) D 128 Fb37
Frankleben D 127 Ea40
Franknowo PL 122 Ja31
Frankrike S 78 Fa29
Frånö S 80 Gc31
Franqueville F 40 Ga56
Františkovy Lázně CZ 135 Eb44
Franzburg D 119 Ed31
Franzensfeste I 143 Dd55
Frascati I 160 Eb72
Frascineto I 164 Gb78
Frasdorf D 143 Eb52
Fraserburgh GB 5 Ed07
Fra'shër AL 182 Ac78
Frasin MD 173 Fa54
Frasin RO 172 Eb56
Frăsinet RO 181 Ec67
Frasne F 31 Jd43
Frassene I 150 Ea57
Frassinoro I 149 Db63
Frasso Telesino I 161 Fb74
Frastanz A 142 Cd54
Frata RO 171 Db58
Frătăuţii Noi RO 172 Eb54
Frataulţii Vechi RO 172 Eb54
Fratel P 50 Ba66
Frăteşti RO 180 Ea67
Frátsia GR 195 Bd92
Frattamaggiore I 161 Fb74
Fratta Polesine I 150 Dd61
Frauenau D 135 Ed48
Frauenfeld CH 142 Cc52
Frauenhain D 127 Ed40
Frauenkirch CH 142 Cd55
Frauenkirchen A 145 Gc52
Frauensee D 126 Db41
Frauenstein D 128 Fa42
Frauenwald D 126 Dc42
Fraugde DK 109 Dd27
Fraunberg D 143 Ea50
Frayssinet-le-Gélat F 33 Gb51
Frecăţei RO 177 Fb65
Frecăţei RO 177 Fc64
Frechen D 125 Bd41
Frechilla E 37 Cd58
Freckenhorst D 125 Cb38
Freckleben D 127 Ea39
Freckleton GB 15 Eb20
Frécourt F 31 Jc39
Freden D 126 Db38
Fredenbeck D 118 Da32
Fredensborg DK 109 Ec25
Fredericia DK 108 Db26
Frederiks DK 100 Db23
Frederiksberg DK 109 Ec26
Frederiksberg DK 109 Ea26
Frederikshavn DK 101 Dd20
Frederikssund DK 109 Eb25
Frederiksværk DK 109 Eb25
Fredersdorf-Eggersdorf D 128 Fa36
Frednowy PL 122 Hd32
Fredrika S 80 Gd28
Fredriksberg S 95 Fb41
Fredriksli N 77 Dd30
Fredrikstad N 93 Ea44
Fredriksten N 94 Eb44
Fredropol PL 139 Kb45
Fredros S 94 Ed41
Fredsberg S 95 Fb45
Fredvang N 66 Fa14
Freeland GB 20 Fa27
Freemount IRL 12 Bc24
Freethorpe GB 17 Gb24
Fregenal de la Sierra E 51 Bc71
Fregene I 160 Ea71
Fréhel F 26 Ec37
Frei N 77 Da31
Freiamt D 141 Ca50
Freibach A 144 Fb56
Freiberg D 127 Ed42
Freiberg (Neckar) D 134 Cd48
Freiburg D 118 Da31
Freiburg D 141 Ca51
Freidorf RO 174 Bc61
Freienhufen D 128 Fa39
Freiensteinau D 134 Da43
Freienwill D 108 Db29
Freigericht D 134 Cd44
Freihung D 135 Ea46
Freila E 61 Dd74
Freilassing D 143 Ec52
Freisen D 133 Bd45
Freising D 143 Ea50
Freissinières F 35 Kb50
Freistadt A 144 Fb50
Freistatt D 118 Cd35
Freiston GB 17 Fd23
Freital D 128 Fa41
Freixedas P 45 Bc63
Freixeiro E 36 Bc57
Freixianda P 44 Ac65
Freixo de Espada à Cinta P 45 Bd61
Fréjairolles F 41 Gd53
Frejlev DK 100 Dc21
Frejlev DK 109 Eb29
Fréjus F 43 Kb54
Fremdingen D 134 Db48
Frenchpark IRL 8 Ca19
Frencq F 23 Gc31
Frende P 44 Ba61
Frenelle F 31 Jd38
Frenelles F 23 Gb35
Frensdorf D 134 Dc45
Frensham GB 20 Fb29
Frenštát pod Radhoštěm CZ 137 Hb46
Freren D 117 Cb36
Freshford IRL 13 Cb23
Freshwater GB 20 Fa31
Fresnay-sur-Sarthe F 28 Fd39
Fresneda E 38 Dd58
Fresneda E 53 Eb66
Fresnedillas E 46 Db64
Fresnedo de Valdellorma E 37 Cd56
Fresnedoso de Ibor E 51 Cb66
Fresne-Léguillon F 23 Gc35
Fresne-Saint-Mamès F 31 Jc41
Fresnes-au-Mont F 24 Jb36
Fresnes-en-Woëvre F 25 Jc35
Fresnes-sur-Apance F 31 Jc39
Fresnes-sur-les-Eaux F 24 Hb31
Fresno-Alhándiga E 45 Cb63
Fresno de Cantespino E 46 Dc61
Fresno de Caracena E 46 Dd61
Fresno de la Ribera E 45 Cc60
Fresno de la Vega E 37 Cc58
Fresno de Sayago E 45 Cb61
Fresno el Viejo E 45 Cc61
Fresnoy-en-Bassigny F 31 Jc39
Fresnoy-Folny F 23 Gb33
Fresnoyrand F 24 Hb33
Fresselines F 33 Gc45
Fressingfield GB 21 Gb25
Fresvik N 84 Cd37
Freswick GB 5 Ec04
Fretigney-et-Velloreille F 31 Jd41
Frétigny F 29 Ga38
Frettes F 31 Jc40
Fretzdorf D 119 Ec34
Freudenberg D 125 Cb41
Freudenberg D 134 Cd45
Freudenberg D 135 Ea46
Freudenstadt D 133 Cb49
Freudental D 134 Cc47
Frévent F 23 Gd32
Freyburg D 127 Ea40
Freyenstein D 119 Ec34
Freyming-Merlebach F 25 Ka35
Freystadt D 135 Dd47
Freyung D 135 Ed49
Frí GR 201 Eb95
Frías E 38 Dd57
Frías de Albarracín E 47 Ed65
Fribourg CH 141 Bc54
Frick CH 141 Ca52
Frička SK 138 Jc46
Frickenhausen D 134 Db45
Frickhofen D 125 Cb42
Frickingen D 142 Cd51
Fričovce SK 138 Jc47
Fridafors S 111 Fc53
Fridaythorpe GB 16 Fb19
Fridene S 103 Fb47
Fridhem S 102 Ed47
Fridingen D 142 Cc51
Fridlevstad S 111 Fd54
Fridolfing D 143 Ec51
Fridleberg A 144 Ga53
Friedberg D 134 Cc43
Friedberg D 142 Dc50
Friedberg D 143 Dd52
Friedburg A 143 Ed51
Friedeburg D 117 Cc32
Friedenfels D 135 Eb45
Friedenweiler D 141 Cb51
Friedersdorf D 127 Eb39
Friedersdorf D 128 Fa37
Friedewald D 126 Db41
Friedland D 120 Fa32
Friedland D 126 Db40
Friedland D 128 Fb38
Friedrichroda D 126 Dc41
Friedrichsbrunn D 127 Dd39
Friedrichsdorf D 134 Cc43
Friedrichshafen D 142 Cd52
Friedrichshain D 128 Fb39
Friedrichskoog D 118 Da31
Friedrichsruhe D 119 Eb33
Friedrichstadt D 118 Da30
Friedrichsthal D 119 Ed35
Friedrichsthal D 133 Bd46
Friedrichswalde D 120 Fa34
Friel S 102 Ed46
Frielendorf D 126 Da41
Friera E 37 Bd57
Friesach A 144 Fb55
Friesack D 119 Ec35
Friesenheim D 133 Ca49
Friesenried D 142 Db51
Friesoythe D 117 Cb34
Frifelt DK 108 Da27
Friggesund S 87 Ga35
Frigiliana E 60 Db76
Frigole I 163 Hc76
Frihetsli N 67 Ha12
Frilford GB 20 Fa27
Friligiánika GR 195 Bd92
Frillesås S 102 Ec50
Frimley GB 20 Fb29
Frinnaryd S 103 Fc48
Frinton-on-Sea GB 21 Gb27
Friockheim GB 7 Ec11
Friol E 36 Bb55
Frisange L 133 Bb45
Friskney GB 17 Fd23
Frithville GB 17 Fc23
Fritsla S 102 Ed49
Fritzlar D 126 Cd40
Friville-Escarbotin F 23 Gb33
Frjanovo RUS 203 Fa10
Froan N 77 Dd28
Fröderyd S 103 Fc50
Frödinge S 103 Ga49
Frodisia CY 206 Hd97
Frogn N 93 Ea42
Frogner N 93 Ea41
Frogner (Oslo) N 93 Ea41
Frohburg D 127 Ec41
Frohen-le-Grand F 23 Gd32
Frohnleiten A 144 Fd54
Froissy F 23 Gd34
Fröjel S 104 Gd50
Fröjered S 103 Fb47
Froland N 93 Da46
Frolovo RUS 203 Fd13
Frombork PL 122 Hc30
Frome GB 19 Ec29
Fromentel F 22 Fc37
Fromentine F 27 Ec43
Frómista E 38 Da58
Fröndenberg D 125 Cb39
Fronhausen D 126 Cc42
Fronreute D 142 Cd51
Front I 148 Bd59
Fronteira P 50 Ba68
Frontenard F 30 Jb43
Frontenay-Rohan-Rohan F 32 Fb45
Frontenex F 35 Ka47
Frontenhausen D 135 Eb49
Frontignan F 41 Hd54
Fronton F 40 Gb53
Frørup DK 109 Dd27
Frose D 127 Ea38
Fröseke S 103 Ga51
Frosinone I 160 Ed72
Frøskeland N 66 Fc12
Fröskog S 94 Ec45
Frøslev DK 100 Da21
Fröslunda S 96 Gc42
Frösö S 79 Fc31
Frosolone I 161 Fb72
Frossay F 27 Ec42
Frosta N 78 Eb29
Frösthult S 95 Gb42
Frostkåge S 80 Hc25
Frøstrup DK 100 Db21
Frösunda S 96 Gd42
Frösve S 103 Fb46
Frötuna S 96 Ha42
Frouard F 25 Jd36
Froussioúna GR 194 Bc87
Frövi S 95 Fd43
Frövifors S 95 Fd43
Froxfield GB 20 Ed28
Frøyset N 84 Ca37
Frøysnes N 92 Cd44
Fruflällan S 102 Ed49
Fruges F 23 Gd31
Frula E 48 Fb60
Frumoasa MD 173 Fc57
Frumoasa RO 172 Ea59
Frumoasa RO 180 Dd68
Frumosu RO 172 Ea55
Frumuşani RO 180 Eb67
Frumuşica MD 173 Fb55
Frumuşica MD 177 Fc61
Frumuşica RO 172 Ed56
Frumuşiţa RO 177 Fb62
Fruniz E 38 Ea55
Frunză MD 173 Fa53
Frunzivka UA 204 Ec16
Frúrio GR 183 Bc79
Frutak MNE 159 Hd69
Frutigen CH 141 Bd55
Fruzenskoe RUS 113 Jc59
Frýdek-Místek CZ 137 Hb45
Frýdlant CZ 128 Fc42
Frýdlant nad Ostravicí CZ 137 Hb46
Fryele S 103 Fb50
Frygnowo PL 122 Hd33
Frykerud S 94 Ed43
Fryksände S 94 Ed41
Fryksås S 87 Fc37
Frymburk CZ 136 Fb49
Fryšták CZ 137 Ha47
Frysztak PL 139 Jd44
Fterë AL 182 Ab78
Fuans F 31 Ka42
Fubine I 148 Ca61
Fucecchio I 155 Db65
Fuchsmühl D 135 Eb45
Fuchsstadt D 134 Da44
Fuchstal D 142 Dc51
Füchtorf D 125 Cb37
Fuencaliente E 52 Da71
Fuendejalón E 47 Ed60
Fuendetodos E 47 Fa61
Fuengirola E 60 Cd77
Fuenlabrada E 46 Db65
Fuenlabrada de los Montes E 52 Cd68
Fuensalida E 46 Da65
Fuensanta E 53 Eb68
Fuensanta E 61 Ec73
Fuensanta de Martos E 60 Db73
Fuente-Álamo E 55 Fa73
Fuente-Álamo E 55 Ed70
Fuentealbilla E 54 Ed68
Fuentearmegil E 46 Dd60
Fuente-Blanca E 55 Fa71
Fuentecaliente de Lucio E 38 Db57
Fuente Carreteros E 60 Cc73
Fuentecén E 46 Dc60
Fuente Dé E 38 Da55
Fuente de Cantos E 51 Bd71
Fuente del Arco E 51 Ca71
Fuente del Maestre E 51 Bd70
Fuente del Pino E 55 Ed71
Fuente de Pedro Naharro E 53 Dd66
Fuente de Piedra E 60 Cd75
Fuente de Reina E 54 Fb66
Fuente el Fresno E 52 Db68
Fuente el Olmo de Íscar E 46 Da61
Fuente el Saz de Jarama E 46 Dc64
Fuente el Sol E 46 Cd62
Fuente Encalada E 37 Cb58
Fuenteheridos E 59 Bc72
Fuentelapeña E 45 Cc61
Fuentelcésped E 46 Dc60
Fuentelespino deHaro E 53 Ea67
Fuentelespino de Moya E 54 Ed66
Fuentelmonje E 47 Eb61
Fuentelsaz E 47 Ec62
Fuentemilanos E 46 Db63
Fuente Obejuna E 51 Cb71
Fuente Palmera E 60 Cc73
Fuentepelayo E 46 Db62
Fuentepinilla E 47 Ea61
Fuenterrebollo E 46 Db61
Fuenterrobles E 54 Ed67
Fuentes E 53 Ec66
Fuentesaúco E 45 Cc61
Fuentesaúco de Fuentidueña E 46 Db61
Fuentes Claras E 47 Ed63
Fuentes de Andalucía E 59 Cb73
Fuentes de Béjar E 45 Cb64
Fuentes de Carbajal E 37 Cc58
Fuentes de Cesna E 60 Da74
Fuentes de Ebro E 48 Fb61
Fuentes de León E 51 Bc71
Fuentes de Nava E 46 Da59
Fuentes de Oñoro E 45 Bc63
Fuentes de Ropel E 45 Cc59
Fuentes de Valdepero E 46 Da59
Fuentespalda E 48 Fd63
Fuentespina E 46 Dc60
Fuente Tójar E 60 Da74
Fuentidueña E 46 Db61
Fuentidueña E 53 Dd65
Fuentidueña de Tajo E 46 Dd65
Fuerte del Rey E 60 Db72
Fuestrup D 125 Cb37
Fügen A 143 Ea53
Fugleberg N 67 Gb12
Fuglebjerg DK 109 Ea27
Fuglestad N 92 Ca45
Fuglsø DK 109 Dd24
Fuglstad N 70 Ed24
Fuhrberg D 126 Db36
Fulacik TR 186 Ga79
Fulda D 126 Da42
Fülesd H 147 Kc50
Fulga RO 176 Eb65
Fulgatore I 166 Eb84
Fullerton GB 20 Fa29
Fullestad S 102 Ed48
Fullösa S 102 Fa46
Fulnek CZ 137 Ha45
Fulnetby GB 17 Fc22
Fülöpjakab H 146 Ja55
Fülöpszállás H 146 Hd55
Fulpmes A 143 Dd54
Fulunäs S 86 Ed37
Fumay F 24 Ja33
Fumel F 33 Gb51
Funäsdalen S 86 Ed33
Funbo S 96 Gd42
Funchal P
Fundão P 44 Bb64
Fundata RO 176 Dd63
Fundeni RO 176 Eb66
Fundeni RO 177 Fa62
Fundres I 143 Ea55
Fundulea RO 176 Eb66
Fundu Moldovei RO 172 Ea56
Fundurii Noi MD 173 Fa55
Fundurii Vechi MD 173 Fb55
Funes E 39 Ec58
Fünfstetten D 134 Dc48
Funtana HR 150 Ed61
Funzie GB 5 Fa03
Furadouro P 44 Ac62
Furco E 36 Bb56
Furculeşti RO 180 Dc68
Furen BG 179 Cd69
Fürfeld D 133 Ca45
Fürged H 145 Hb55
Furingstad S 103 Ga46
Furiz- E 38 Ea55
Furlo I 156 Eb66
Furmanov RUS 203 Fa09
Furmanovo RUS 113 Jd59
Furore I 161 Fb76
Furset N 77 Da31

G

Gerişler – Gonnesa

Gerişler TR 187 Gc80
Gerjen H 146 Hc56
Ģērķēni LV 107 Lb52
Gerlev DK 109 Eb25
Gerlos A 143 Ea54
Germagnano I 148 Bc59
Germaringen D 142 Dc51
Germasogeia CY 206 Jb98
Germay F 30 Jb38
Germencik TR 197 Ed88
Germendorf D 119 Ed35
Germering D 143 Dd51
Germersheim D 133 Cb47
Germignaga I 148 Cb57
Germigny-des-Prés F 29 Gd40
Germiyan TR 191 Ea86
Gernec AL 182 Ab77
Gernika E 38 Ea55
Gernrode D 127 Dd39
Gernsbach D 133 Cb48
Gernsheim D 134 Cc45
Geroda D 134 Da43
Gerola Alta I 149 Cd57
Gerolakkos CY 206 Jb96
Geroldsgrün D 135 Ea43
Gerolfingen D 134 Db47
Geroliménas GR 194 Bc91
Gerolsbach D 135 Dd49
Gerolstein D 133 Bc43
Gerolzhofen D 134 Db45
Gerona = Girona E 49 Hb59
Geroplátanos GR 182 Ad79
Geroskipou CY 206 Hd98
Gerovo HR 151 Fc59
Gerovski Kraj HR 151 Fc60
Gerri de la Sal E 40 Gb58
Gerrikaiz E 39 Eb55
Gersdorf D 127 Ec41
Gersdorf D 127 Ec42
Gersfeld D 134 Db43
Gersheim D 133 Bd47
Gersten A 144 Fc51
Gersten D 117 Cb35
Gerstetten D 134 Da49
Gerstheim F 25 Kc37
Gersthofen D 134 Dc49
Gerstungen D 126 Db41
Gerswalde D 120 Fa34
Gerum S 104 Gd50
Gervelės LT 115 Lc55
Gerviškes LT 114 La59
Gerwisch D 127 Ea37
Gerzen D 135 Eb49
Gesäter S 94 Eb45
Gescher D 125 Ca37
Geschwenda D 126 Dc42
Geseke D 126 Cc39
Geslau D 134 Dd46
Gespunsart F 24 Ja33
Gessertshausen D 142 Dc50
Gestad S 102 Ec46
Gestalgar E 54 Fa67
Gesté F 28 Fa42
Gesten DK 108 Da26
Gesties F 40 Gc57
Gestingthorpe GB 21 Ga26
Gęstowice PL 128 Fc37
Gesualdo I 161 Fc74
Gesunda S 87 Fc38
Gesves B 124 Ad42
Gesztely H 146 Jc50
Geszteréd H 147 Ka51
Geta FIN 96 Hb40
Getafe E 46 Dc65
Getaria E 39 Eb55
Getelo D 117 Bd36
Getinge S 102 Ed52
Gettorf D 118 Dc30
Getxo E 38 Ea55
Gevelsberg D 125 Ca39
Gevensleben D 127 Dd37
Gévezé F 28 Ed39
Gevgelija MK 183 Ca76
Gevigney-et-Mercey F 31 Jc40
Gévora del Caudillo E 51 Bc68
Gevrekli TR 199 Hb89
Gevsjön S 78 Ed30
Gex F 35 Jd45
Gey TR 198 Fd92
Geyre TR 198 Fc88
Geyve TR 187 Gc79
Gföhl A 144 Fd50
Għajn Tuffieha M 166 Eb88
Ghedi I 149 Da60
Gheia RO 171 Db59
Ghelănza MD 173 Fc57
Ghelari RO 175 Cc61
Ghelința RO 176 Eb61
Ghemme I 148 Ca59
Gheorghe Doja RO 171 Dc59
Gheorghe Doja RO 176 Ed66
Gheorghe Lazăr RO 177 Fa66
Gheorgheni RO 172 Ea58
Gherăseni RO 176 Ec64
Ghercești RO 175 Da66
Ghergheasa RO 176 Ed63
Gherghești RO 173 Fa59
Gherla RO 171 Db57
Gherman RO 172 Eb58
Gherman RO 174 Bd62
Gherța Mică RO 171 Cd54
Ghetlova MD 173 Fc57
Ghiare I 149 Cd62
Ghidfalău RO 176 Ea61
Ghidigeni RO 177 Fa61
Ghidirim MD 173 Fd56
Ghiduleni MD 173 Fd56
Ghigo I 148 Bb61
Ghilad RO 174 Bc61
Ghilarza I 169 Ca77
Ghilavăț MD 172 Ed53
Ghiliceni MD 173 Fc56
Ghimbav RO 176 Ea62
Ghimeș-Făget RO 172 Eb59
Ghimpați RO 180 Ea67
Ghindari RO 172 Dd59
Ghindești MD 173 Fc55
Ghioroc RO 170 Bd59
Ghioroiu RO 175 Da65
Ghirla I 148 Cb58
Ghisonaccia F 154 Cc71
Ghisoni F 154 Cb70
Giálova GR 194 Ba89
Giáltra GR 189 Ca83
Gianádes GR 182 Aa80
Gianitsá GR 183 Bd77
Gianítsi GR 190 Cd86
Giánnouli GR 189 Bd81
Gianotá GR 183 Bc79
Giardinello I 166 Ec84
Giardinetto Vecchio I 161 Fd73
Giardini-Naxos I 167 Fd85
Giarmata RO 174 Bd60
Giarratana I 167 Fc87
Giarre I 167 Fd85
Giat F 33 Ha47
Giave I 168 Ca75
Giaveno I 148 Bc60
Giazza I 149 Dc59
Giba I 169 Bd80
Gibaldin E 59 Ca75
Gibellina Nuova I 166 Eb85
Gibellina Vecchia I 166 Eb85
Gibostad N 62 Gc10
Gibraleón E 59 Bb73
Gibraltar GB 59 Cb78
Ģibuļi LV 105 Jc50
Giby PL 123 Kb30
Gibzde LV 105 Jc49
Gic H 145 Ha53
Gidböle S 80 Ha30
Gideå S 80 Ha29
Gideå S 80 Gd29
Gideå bruk S 80 Ha29
Gideåkroken S 80 Gc26
Gidle PL 130 Hd41
Giebelstadt D 134 Da45
Gieboldehausen D 126 Db39
Giecz PL 129 Gd37
Gieczno PL 130 Hd38
Giedlarowa PL 139 Kb43
Giedraičiai LT 114 La56
Giekau D 118 Dc30
Gielas S 71 Fc23
Gielde D 126 Dc38
Gielniów PL 130 Jb40
Gielow D 119 Ec32
Gien F 29 Ha40
Giengen D 134 Db49
Giens F 42 Ka55
Giera RO 174 Bc62
Gierdingen N 85 Ea40
Giersleben D 127 Ea39
Gierzwałd PL 122 Hd32
Giesen D 126 Db37
Giessen D 126 Cc42
Gietelo NL 117 Bc36
Gieten NL 117 Ca34
Giethoorn NL 117 Bc34
Gietrzwałd PL 122 Ja32
Giffaumont-Champaubert F 24 Ja37
Giffers CH 141 Bc54
Gifford GB 11 Ec13
Gifhorn D 126 Dc36
Gigant RUS 205 Fd15
Gige H 152 Ha57
Gigean F 41 Hd54
Gigen BG 180 Db68
Gigenska Mahala BG 180 Db68
Gighera RO 179 Cd67
Giglio Campese I 155 Db70
Giglio Castello I 155 Db70
Giglio Porto I 155 Db70
Gignac F 41 Hc54
Gignese I 148 Cb58
Gignod I 148 Bc58
Gigny F 30 Hd40
Gigny F 31 Jc44
Gigors F 42 Ka51
Gigors-et-Luzeron F 34 Jb50
Gijano E 38 Dd55
Gijón E 37 Cc54
Ģikši LV 106 Kd49
Gilău RO 171 Cd58
Gilavë AL 182 Ab77
Gilbbesjavri FIN 67 Hb11
Gilberdyke GB 16 Fb20
Gilching D 143 Dd51
Gilcrux GB 11 Eb17
Gilena E 60 Cc74
Gilgenberg A 143 Ec51
Gilja N 92 Cb44
Gillanda S 94 Eb45
Gillberga S 94 Ed43
Gillberga S 95 Ga44
Gilleleje DK 109 Ec24
Gillenfeld D 133 Bd43
Gilley F 31 Ka42
Gillhov S 87 Fc32
Gillingham GB 19 Ec29
Gillingham GB 21 Ga28
Gillstad S 102 Ed46
Gilocourt F 23 Ha35
Gilserberg D 126 Cd41
Gilten D 118 Da35
Gilučiai LT 114 Kd57
Gilūtos LT 115 Lc55
Gilvrazino P 58 Ac74
Gilwern GB 19 Eb27
Gilze NL 124 Ad38
Gim S 87 Ga33
Gimåfors S 87 Ga32
Gimbsheim D 133 Cb45
Gimdalen S 87 Fd32
Gimel-les-Cascades F 33 Gc48
Gimenells E 48 Fd60
Gimigliano I 164 Gc81
Gimileo E 38 Ea57
Gimmestad N 84 Cc35
Gimo S 96 Gd41
Gimont F 40 Ga54
Gimsøy N 66 Fb14
Ginasservis F 42 Jd53
Ginci BG 179 Cc70
Gindulai LT 113 Jb55
Ginestas F 41 Hb55
Ginestra degli Schiavoni I 161 Fc73
Gingelom B 124 Ba41
Gingst D 119 Ed30
Ginosa I 162 Gc76
Ginostra I 167 Fd82
Ginsheim D 133 Cb44
Gintališkė LT 113 Jc54
Ginzling A 143 Ea54
Gio E 37 Bd54
Gioi I 161 Fd77
Gioia dei Marsi I 160 Ed71
Gioia del Colle I 162 Gd75
Gioia Sannitica I 161 Fb73
Gioia Tauro I 164 Gb83
Gioiosa Jonica I 164 Gc83
Gioiosa Marea I 167 Fc84
Giolou CY 206 Hd97
Giornico CH 142 Cc56
Giovinazzo I 162 Gc74
Ģipka LV 105 Jd49
Giraltovce SK 139 Jd47
Girancourt F 31 Jd38
Girdiškė LT 113 Jd56
Girdvainiai LT 113 Jc55
Girdžiai LT 114 Ka57
Girecourt-sur-Durbion F 31 Ka38
Girėnai LT 113 Jc55
Girėnai LT 114 Ka59
Giresun TR 205 Fd19
Girifalco I 164 Gc81
Giriniai LT 115 Lb56
Girininkai LT 113 Jb55
Girkalnis LT 114 Ka56
Girmeler TR 198 Fd92
Girne = Keryneia CY 206 Jb96
Giroc RO 174 Bd61
Girolata F 154 Ca69
Giromagny F 31 Ka40
Giron S 67 Ha15
Girona E 49 Hb59
Gironcourt-sur-Vraine F 31 Jc38
Gironella E 49 Gd59
Gironville F 25 Jc36
Girov RO 172 Ec58
Girvan GB 10 Dc15
Gisburn GB 15 Ec20
Gîsca MD 173 Ga59
Gisholt N 93 Dc44
Giske N 76 Cc32
Gislaved S 102 Fa50
Gislev DK 109 Dd27
Gislingham GB 21 Ga25
Gislövsläge S 110 Ed57
Gisløy N 66 Fd12
Gisors F 23 Gc35
Gisselås S 79 Fd29
Gisslarbo S 95 Ga42
Gissträsk S 72 Ha24
Gistad S 103 Ga46
Gistel B 21 Ha29
Gistel B 124 Aa39
Gistrup DK 100 Dc21
Giswil CH 141 Ca54
Githio GR 194 Bc90
Gittelde D 126 Db38
Gittun S 72 Gd20
Giubega RO 175 Cd66
Giubiasco CH 149 Cc57
Giugliano in Campania I 161 Fa75
Giulești RO 171 Db54
Giulești RO 175 Da65
Giulianova I 157 Fa69
Giulvăz RO 174 Bc61
Giumarra I 167 Fb86
Giurdignano I 163 Hc77
Giurgeni RO 177 Fa65
Giurgița RO 179 Cd67
Giurgiu RO 180 Ea68
Giussano I 149 Cc58
Giuvărăști RO 180 Db68
Give DK 108 Db25
Giverny F 23 Gc36
Givet F 24 Ja32
Givors F 34 Jb47
Givry F 30 Ja43
Givry-en-Argonne F 24 Ja36
Givskud DK 108 Db25
Giżai LV 114 Kb58
Giżałki PL 129 Gd38
Gizdavac HR 158 Gc66
Gizeux F 28 Fd42
Giżycko PL 122 Jc31
Giżynek PL 122 Hc34
Gizzeria Lido I 164 Gb81
Gjæsingen N 77 Dc28
Gjegjan AL 163 Jc71
Gjelbuneset N 66 Fd17
Gjelleråsen N 93 Ea41
Gjellerup DK 108 Da24
Gjelsvik N 84 Ca35
Gjemnes N 77 Da31
Gjengstøa N 77 Dc29
Gjerde N 84 Cd35
Gjerdemyro N 93 Dc44
Gjerlev DK 100 Dc22
Gjermundshamn N 84 Cb40
Gjern DK 108 Dc24
Gjerrild DK 101 Dd23
Gjerstad N 66 Fd13
Gjerstad N 84 Ca39
Gjerstad N 93 Db45
Gjersvika N 78 Fa25
Gjesdal N 92 Ca44
Gjesing DK 108 Cd26
Gjesvær N 64 Jb04
Gjevaldshaugen N 86 Ec37
Gjevdeli N 93 Da44
Gjinar AL 182 Ac75
Gjinikas AL 182 Ad77
Gjirokastër AL 182 Ac78
Gjøl DK 100 Dc21
Gjølga N 78 Ea28
Gjølme N 77 Dd30
Gjøra N 77 Dc32
Gjorëm AL 182 Ab78
Gjøvdal N 93 Da45
Gjøvik N 67 Gb11
Gjøvik N 86 Ea38
Gjuševo BG 179 Ca72
Gladbach D 125 Bc41
Gladbeck D 125 Bd38
Gladenbach D 126 Cc41
Gladhammer S 103 Gb49
Gladstad N 70 Ec22
Glafirá GR 189 Ca81
Glainans F 31 Ka41
Glăjărie RO 172 Dd58
Glamis GB 7 Ec11
Glamoč BIH 158 Gc64
Glamsbjerg DK 108 Dc27
Glanaman GB 19 Dd27
Glandieu F 35 Jc47
Glandore IRL 12 Bb26
Glandorf D 125 Cb37
Glanegg A 144 Fb56
Glanerbrug NL 117 Ca36
Glanet F 28 Ed41
Glangevlin IRL 9 Cb18
Glanoe IRL 12 Bb24
Glanshammar S 95 Fd43
Glanworth IRL 12 Bd25
Glarryford GB 9 Da16
Glarus CH 142 Cc54
Glasbach, Mellenbach- D 127 Dd42
Glasgow GB 10 Dd13
Glashütte D 120 Fb33
Glashütte D 128 Fa42
Glashütten A 144 Fc55
Glashütten D 135 Dd45
Glassan IRL 8 Ca20
Glastonbury GB 19 Eb29
Glattbrugg CH 141 Cb53
Glatten D 133 Cb49
Glaubitz D 127 Ed40
Glauburg D 134 Cd43
Glauchau D 127 Ec42
Glava BG 179 Da69
Glava S 94 Ed43
Glavace HR 151 Fd62
Glava glasbruk S 94 Ec43
Glavan BG 185 Ea74
Glăvănești RO 177 Fa60
Glavas HR 158 Gb64
Glavatićevo BIH 158 Hb66
Glavičice BIH 153 Hd62
Glăvile RO 175 Da64
Glavinica BG 181 Ec68
Glavnik KSV 178 Bb70
Glāžškūnis LV 106 Kc51
Gleann Cholm Cille IRL 8 Bd16
Gleba PL 122 Jc33
Głębock PL 122 Hd30
Głębock PL 122 Ja30
Głębocz Wielki PL 123 Jd34
Głębokie PL 128 Fd36
Głębokie PL 131 Kc39
Gledačevo BG 180 Ea73
Gledić SRB 178 Bb67
Gledica SRB 178 Ad68
Gledin RO 171 Dc57
Gleichen D 126 Db39
Glein N 70 Ed21
Gleinstätten A 144 Fd55
Gleisdorf A 144 Ga54
Glejbjerg DK 108 Da26
Glemsford GB 21 Ga26
Glenade IRL 8 Ca17
Glenariff or Waterfoot GB 9 Da16
Glenarm GB 9 Da16
Glenbarr GB 10 Db14
Glenbeigh IRL 12 Ba25
Glenborrodale GB 6 Db10
Glenbrittle GB 4 Da08
Glencolumbkille IRL 8 Bd16
Glendalough IRL 13 Cd22
Glendorragha IRL 8 Ca16
Glenealy IRL 13 Cd22
Gleneely IRL 9 Cc15
Glenegedale GB 6 Da13
Glenelg GB 4 Db08
Glenfarne IRL 8 Ca18
Glenfeshie Lodge GB 7 Ea09
Glenfinnan GB 6 Dc10
Glengarriff IRL 12 Bb26
Glénic F 33 Gc45
Glenkindie GB 7 Ec09
Glenlivet GB 7 Eb08
Glenluce GB 10 Dc16
Glenmaye GB 10 Dc19
Glenmore IRL 12 Bc22
Glenmore IRL 13 Cc24
Glennamaddy IRL 8 Bd20
Glenridding GB 11 Eb18
Glenrothes GB 7 Eb12
Glenties IRL 8 Ca16
Glen Trool Lodge GB 10 Dd16
Glère F 31 Kb41
Glesborg DK 101 Dd23
Glesien D 127 Eb40
Glesne N 93 Dc41
Glespin GB 10 Ea14
Gletness GB 5 Fa05
Gletsch CH 141 Ca55
Glewe, Neustadt- D 119 Ea33
Glewitz D 119 Ed31
Glibaći MNE 159 Ja67
Glienicke D 127 Ed36
Glifa GR 189 Ca83
Glifáda GR 182 Ab80
Glifáda GR 195 Cb87
Glikí GR 188 Ac81
Glikolar AL 182 Ad78
Glikomiliá GR 183 Bb80
Glimåkra S 111 Fb54
Glimboca RO 174 Cb62
Glin IRL 12 Bc23
Glina HR 152 Gb60
Glina RO 176 Eb66
Glinde D 118 Dc33
Glindow D 127 Ec37
Gliniec PL 130 Jb39
Glinik PL 139 Jd44
Glinjeni MD 173 Fb56
Glinka PL 129 Gb39
Glinojeck PL 122 Ja35
Glinsce IRL 8 Bb20
Glinsk IRL 8 Bb20
Glisno PL 128 Fd36
Glissjöberg S 87 Fb34
Gliwice PL 137 Hb43
Gljadino RUS 99 Mb40
Globicy RUS 99 Ma40
Globočica KSV 178 Ba72
Globočica KSV 178 Bb72
Głochów PL 129 Gb39
Glodeanu Sărat RO 176 Ec65
Glodeanu-Siliștea RO 176 Ec65
Glodeni MD 173 Fa55
Glodeni RO 171 Dc58
Glodeni RO 176 Dd64
Glödnitz A 144 Fa55
Głodowa PL 121 Gb31
Głodówko PL 122 Hd31
Glodževo BG 180 Eb68
Gloggnitz A 144 Ga52
Glogova RO 175 Cc64
Glogovac KSV 178 Ba71
Glogovac SRB 174 Bc66
Glogovnica HR 152 Gc58
Głogów PL 128 Ga39
Głogówek PL 137 Ha43
Głogowiec PL 130 Hc37
Głogów Małopolski PL 139 Ka43
Glomel F 27 Ea39
Glomfjord N 71 Fb19
Glommen S 102 Ec51
Glommersträsk S 72 Ha23
Glömminge S 103 Gb52
Głomno PL 122 Ja30
Głomsk PL 121 Gc33
Glonn D 143 Ea51
Glorenza I 142 Db55
Glória do Ribatejo P 50 Ac68
Glösa S 79 Fb30
Glos-la-Ferrière F 23 Ga37
Glossa GR 189 Cb83
Glössbo S 87 Gb37
Glossop GB 16 Ed21
Glostrup DK 109 Ec26
Glöte S 86 Fa34
Glottertal D 141 Ca50
Gloucester GB 19 Ec27
Gloup GB 5 Fa03
Głowaczów PL 130 Jc39
Główczyce PL 121 Gc29
Glowe D 120 Fa29
Glöwen D 119 Eb35
Główiew PL 129 Ha37
Głowno PL 130 Hd38
Glożan SRB 153 Ja61
Glożane SRB 174 Bc66
Gložene BG 179 Cd68
Gložene BG 179 Da70
Głubczyce PL 137 Ha44
Głubczyn PL 121 Gc34
Glubokij RUS 203 Fc14
Glubokoe RUS 107 Mb50
Głuchołazy PL 137 Gd43
Głuchów PL 130 Ja38
Głuchowo PL 128 Fc36
Głuchowo PL 129 Gb37
Glücksburg D 108 Db28
Glückstadt D 118 Da32
Glud DK 108 Dc25
Gludsted DK 108 Db24
Gluhove RUS 203 Fb10
Gluhovo RUS 99 Mb40
Glumče BG 181 Ec72
Glumina BIH 153 Hd63
Glumslöv S 110 Ed55
Glumsø DK 109 Eb27
Glurns I 142 Db55
Glusburn GB 16 Ed20
Głusk PL 131 Kb40
Gluškovo RUS 113 Jb59
Głuszyca PL 129 Gb42
Glutt Lodge GB 5 Eb05
Glyn Ceiriog GB 15 Eb23
Glyncorrwg GB 19 Ea27
Glyngøre DK 100 Da22
Glyn-neath GB 19 Ea27
Glyxnäs S 96 Ha42
Gmünd A 136 Fc49
Gmünd A 143 Ed55
Gmund D 143 Ea52
Gmunden A 144 Fa52
Gmyrino RUS 99 Mb45
Gnarp S 87 Gb34
Gnarrenburg D 118 Da33
Gnas A 144 Ga55
Gneevgullia IRL 12 Bb25
Gneisenaustadt Schildau D 127 Ec40
Gneotina MK 183 Bb76
Gnesau A 144 Fa55
Gnesta S 96 Gc44
Gniazdowo PL 123 Jd34
Gniebing A 144 Ga55
Gniechowice PL 129 Gc41
Gniew PL 121 Hb32
Gniewino PL 121 Ha29
Gniewkowo PL 121 Hb35
Gniewoszów PL 131 Jd39
Gniezno PL 129 Gd36
Gnilišče RUS 99 Ld44
Gnissau D 118 Dc31
Gnisvärd S 104 Gd49
Gnjilane KSV 178 Bc71
Gnjili Potok MNE 159 Jb68
Gnocchetta I 150 Eb62
Gnoien D 119 Ec31
Gnojewo PL 121 Hb31
Gnojna PL 129 Gd42
Gnojnik PL 138 Jb45
Gnosall GB 15 Ec24
Gnosjö S 102 Fa50
G. Novaki SLO 151 Fa57
Goathland GB 11 Fb18
Gob an Choire IRL 8 Bb18
Gobasna MD 173 Ga55
Göbel TR 192 Fa81
Göbeller TR 191 Ec83
Gobesh AL 182 Ac77
Gobowen GB 15 Eb23
Göbül TR 192 Fb82
Göçbeyli TR 191 Ed83
Goce Delčev BG 184 Cc74
Goce Delčev BG 184 Cc75
Göcek TR 198 Fc91
Göçeler TR 187 Gd79
Göçeri TR 193 Hb87
Göçeri TR 199 Ha90
Göçeyayla TR 193 Gd84
Goch D 125 Bc38
Goch GB 19 Ea27
Gockenholz D 118 Dc35
Goczałki PL 122 Hc33
Goczałkowice-Zdrój PL 138 Hc45
Göd H 146 Hd52
Göda D 128 Fb41
Godačica SRB 178 Bb67
Godalming GB 20 Fb29
Godby FIN 96 Hc40
Goddelsheim D 126 Cd40
Godeanu RO 174 Cb64
Godeč BG 179 Cb70
Godegård S 95 Fd45
Godejorda N 78 Ed26
Godelleta E 54 Fb68
Gödence TR 191 Eb86
Gödenstorf D 118 Dc34
Goderville F 22 Fd34
Godestad S 102 Ec51
Godętowo PL 121 Gd29
Godfjordbotn N 66 Fd12
Godiasco I 148 Cb61
Godinești RO 175 Cc63
Godkowo PL 122 Hd31
Godlaukis LT 114 Ka56
Godlewo PL 123 Ka35
Godmanchester GB 20 Fc25
Godmilje BIH 159 Hd64
Godnowa PL 129 Gd39
Gödöllő H 146 Hd52
Godovič SLO 151 Fa58
Godovo SRB 178 Ad69
Godów PL 131 Ka40
Godowa PL 139 Ka44
Godøynes N 66 Fc17
Godrano I 166 Ec84
Gödre H 152 Hb57
Godsted DK 109 Ea29
Godstone GB 20 Fd29
Godus BIH 153 Hd63
Godzieszе Wielkie PL 129 Ha39
Godzikowice PL 129 Gd41
Godziszewo PL 121 Hb31
Godziszów PL 131 Kb41
Goente E 36 Bb53
Goes NL 124 Ab38
Goglio I 141 Ca56
Gogolin PL 137 Ha43
Gogołowice PL 129 Gb40
Gogoșari RO 180 Ea68
Gogoșu RO 174 Cb65
Gogoșu RO 175 Cd65
Göhl D 119 Dd30
Gohor RO 177 Fa61
Göhren D 120 Fa30
Goian MD 173 Fd57
Goián E 36 Ac58
Goiești RO 175 Cd65
Goirle NL 124 Ba38
Góis P 44 Ad64
Goito I 149 Db60
Goizueta E 39 Ec55
Gojan AL 163 Jc71
Gojna Gora SRB 159 Jc64
Gojsalići BIH 153 Hc63
Gójsk PL 122 Hd35
Gökağaç TR 192 Ga84
Gökbahçe TR 193 Gc84
Gökbel TR 191 Ed84
Gökbel TR 198 Fb91
Gökben TR 198 Fd92
Gökçalı TR 191 Ea81
Gokčanica SRB 178 Ba68
Gökçe TR 191 Ed84
Gökçe TR 199 Gd88
Gökçeada TR 185 Dd80
Gökçeağıl TR 191 Eb83
Gökçeahmet TR 192 Fa84
Gökçealan TR 197 Ec88
Gökçeayva TR 193 Ha82
Gökçebağ TR 199 Gc88
Gökçebayır TR 191 Ea81
Gökçedağ TR 192 Fc82
Gökçehüyük TR 199 Gd88
Gökçek TR 193 Gb87
Gökçek TR 205 Ga20
Gökçekaya TR 193 Gd81
Gökçekuyu TR 193 Gd83
Gökçeler TR 192 Fa84
Gökçeler TR 193 Gb84
Gökçen TR 192 Fa87
Gökçeören TR 186 Fc80
Gökçeören TR 192 Fb85
Gökçeören TR 198 Ga93
Gökçesu TR 186 Ga80
Gökçetepe TR 185 Eb78
Gökçeyazı TR 191 Ed82
Gökçeyazı TR 198 Ga93
Gökçimen TR 199 Hb89
Gökçukur TR 192 Fa83
Gökdere TR 191 Ec86
Gökdere TR 193 Gc81
Gökdiken TR 197 Ec90
Gökeyüp TR 192 Fb85
Gökhem S 102 Fa47
Gökkaya TR 192 Fa86
Gökköy TR 192 Fa82
Gökköy TR 192 Fb82
Gökler TR 192 Ga83
Gökler TR 192 Ga84
Göknebi TR 193 Gc83
Gökpınar TR 193 Hb84
Göksöğüt TR 193 Ha87
Göksu TR 187 Gd79
Göktaş TR 199 Gd88
Göktepe TR 187 Gc78
Göktepe TR 193 Hb84
Göktepe TR 198 Fb89
Gol N 85 Db38
Gola HR 152 Gd57
Gola PL 129 Ha40
Gołąb PL 131 Jd39
Gołąbki PL 131 Ka38
Golada E 36 Ba56
Golăiești RO 173 Fa57
Gołańcz PL 121 Gc35
Golany PL 122 Jb34
Goławin PL 130 Ja36
Gölbaşı TR 199 Gc88
Golborne GB 15 Ec21
Gölby FIN 96 Hc40
Gölçayir TR 193 Ha86
Golce PL 121 Gb33
Golcea RO 179 Cd67
Gölçeler TR 191 Ec85
Gölcük TR 185 Ec78
Gölcük TR 186 Fd80
Gölcük TR 186 Ga79
Gölcük TR 187 Ha79
Gölcük TR 192 Fa83
Gölcük TR 192 Fa86
Gölcük TR 192 Fb82
Gölcük TR 192 Fd84
Gölcük TR 198 Ga90
Gölcük TR 199 Gc92
Golčův Jeníkov CZ 136 Fd45
Golczewo PL 120 Fc32
Gołdap PL 123 Jd30
Goldbach D 126 Dc41
Goldbach D 134 Cd44
Goldbeck D 119 Eb35
Goldberg D 119 Eb33
Goldcliff GB 19 Eb28
Goldden N 63 Ja10
Goldelund D 108 Da29
Golden IRL 13 Ca24
Golden Cross GB 20 Fd30
Goldenstedt D 117 Cc35
Goldkronach D 135 Ea44
Goldsborough GB 11 Fb18
Goldscheuer D 133 Ca49
Göle TR 205 Ga19
Golec BG 180 Db70
Gölecil TR 186 Fb80
Goleen IRL 12 Ba27
Golegã P 50 Ac67
Golem AL 182 Ab75
Golemo Selo BG 179 Cb72
Golemo Selo SRB 178 Bd71
Goleni MD 173 Fa54
Golenice PL 120 Fc35
Goleniów PL 120 Fc33
Goleš BG 181 Fa68
Goleš SRB 179 Ca72
Golești RO 175 Db63
Golești RO 176 Ed62
Golesze PL 130 Hd39
Goleszyn PL 122 Hd35
Golfe-Juan F 43 Kc53
Golfo Aranci I 168 Cc74
Gölhisar TR 197 Fa88
Gölhisar TR 198 Ga90
Golica BG 181 Ed71
Golicyno RUS 202 Ed10
Goliševo LV 107 Ld50
Goljama Željazna BG 180 Db70
Goljam Dervent BG 185 Ec74
Goljam izvor BG 185 Dd75
Goljam Manastir BG 180 Eb73
Goljamo Asenovo BG 185 Dd74
Goljamo Belovo BG 179 Cd73
Goljamo Gradište BG 180 Ea69
Goljamo Kamenjane BG 185 Dd76
Goljamo Vranovo BG 180 Eb68
Gölkaşı TR 199 Hb88
Gölkaya TR 187 Gd78
Gołkowice PL 138 Jb46
Gölköy TR 199 Gb92
Gölköy TR 205 Fc20
Gölle H 145 Hb56
Göllersdorf A 145 Gb50
Gollin D 120 Fa34
Golling an der Salzach A 143 Ed52
Göllingen D 127 Dd40
Gollomboc AL 182 Ba76
Gollrad A 144 Fd52
Golm D 127 Ed37
Golma N 77 Db30
Gölmarmara TR 192 Fa85
Golmbach D 126 Da38
Golokino RUS 113 Jb58
Gološčapy RUS 107 Mb50
Gölova TR 191 Ec87
Gölova TR 199 Gb91
Gölova TR 199 Gb92
Gölpazarı TR 187 Gc80
Golpejas E 45 Cb62
Golspie GB 5 Ea06
Golßen D 128 Fa38
Golubac SRB 174 Bd64
Golub-Dobrzyń PL 122 Hc34
Golubevo RUS 113 Ja59
Golubic HR 158 Gb64
Golubinci SRB 153 Jb61
Golubinje SRB 174 Ca65
Golubovicy RUS 99 Ma40
Gołuchów PL 129 Ha38
Golvari LV 107 Lc50
Gölyaka TR 186 Fa80
Gölyaka TR 193 Hb86
Gölyaka TR 199 Ha88
Gölyazı TR 186 Fc80
Gołymin-Ośrodek PL 122 Jb35
Golzow D 127 Ec37
Golzow D 128 Fb36
Gomadingen D 134 Cd49
Gomagoi I 142 Db56
Gomantlaukis LT 113 Jc55
Gómara E 47 Eb60
Gomaringen D 134 Cc49
Gomáti GR 184 Cc79
Gomba H 146 Ja53
Gömbe TR 198 Ga92
Gombergean F 29 Gb41
Gombo I 155 Da65
Gombrèn E 41 Gd58
Gömce TR 192 Ga87
Gömeç TR 191 Eb83
Gomecello E 45 Cc62
Gomes Aires P 58 Ac73
Gomezserracín E 46 Da61
Gomirje HR 151 Fd60
Gomljamo Kruševo BG 181 Ec73
Gommern D 127 Ea38
Gommersheim D 133 Cb46
Gomont F 24 Hd34
Gömü TR 193 Gd84
Gomulin PL 130 Hd40
Gomunice PL 130 Hd40
Gonäs S 95 Fc41
Gönc H 139 Jd49
Göncek TR 192 Fd83
Goncelin F 35 Jd48
Goncourt F 31 Jc38
Gończyce PL 131 Jd38
Gondelsheim D 134 Cc47
Gondomar E 36 Ad58
Gondomar P 44 Ad61
Gondorf D 133 Ca43
Gondrame E 36 Bb56
Gondrecourt-le-Château F 25 Jc37
Gondreville F 25 Jc37
Gondrin F 40 Fd53
Gönen TR 185 Ed80
Gönen TR 199 Gc88
Gonfaron F 42 Ka54
Gonfreville l'Orcher F 22 Fd35
Goni GR 183 Bd80
Goni I 169 Cb78
Goniądz PL 123 Ka32
Gonnesa I 169 Bd79

Grenctāle – Gutowiec

Grenctāle **LV** 114 Kc53
Grendavė **LT** 114 Kd58
Grenivík **IS** 2 Ba03
Grenoble **F** 35 Jd48
Grense Jakobselv **N** 65 Kd07
Grentzingen **F** 31 Kb40
Grenzhausen, Höhr- **D** 125 Ca42
Gréolières **F** 43 Kc53
Gréoux-les-Bains **F** 42 Jd53
Greppin **D** 127 Eb39
Gresse-en-Vercors **F** 35 Jc49
Gressoney-La-Trinité **I** 148 Bd58
Gressoney-Saint-Jean **I** 148 Bd58
Gressvik **N** 93 Ea44
Grésy-sur-Isère **F** 35 Ka47
Gretna **GB** 11 Eb16
Grettstadt **D** 134 Db44
Greußen **D** 127 Dd40
Grevbäck **S** 103 Fb47
Greve **DK** 109 Ec26
Greve in Chianti **I** 155 Dc66
Greven **D** 125 Cb37
Grevená **GR** 183 Bb79
Grevenbroich **D** 125 Bc40
Greveniti **GR** 182 Ba80
Grevenmacher **L** 133 Bc45
Grevesmühlen **D** 119 Ea32
Greve Strand **DK** 109 Ec26
Grevie **S** 110 Ed53
Grevnäs **FIN** 90 Kc38
Greyabbey **GB** 10 Db17
Greysteel **GB** 9 Cc15
Greystoke **GB** 11 Eb17
Greystone **GB** 9 Cd17
Greystones **IRL** 13 Da22
Grézels **F** 33 Gb51
Grez-en-Bouère **F** 28 Fb40
Grèzes **F** 33 Gc51
Grezzana **I** 149 Dc59
Grgar **SLO** 151 Fa58
Grgurevci **SRB** 153 Ja61
Grgurnica **MK** 178 Bb73
Gribanovskij **RUS** 203 Fc12
Gribuli **RUS** 107 Ld48
Gridino **RUS** 99 Ld45
Grieben **D** 127 Eb36
Griebenow **D** 119 Ed31
Griem'ačje **RUS** 113 Jc58
Gries **A** 142 Dc54
Griesalp **CH** 141 Bd55
Gries am Brenner **A** 143 Dd54
Griesbach, Bad Peterstal- **D** 133 Cb49
Griesheim **D** 134 Cc45
Gries im Sellrain **A** 142 Dc54
Grieskirchen **A** 144 Fa50
Griesstätt **D** 143 Eb51
Griffen **A** 144 Fc56
Grigale **LV** 114 Kd53
Grigiškes **LT** 114 La58
Grignan **F** 42 Jb51
Grignani **I** 166 Ea85
Grignasco **I** 148 Ca58
Grigno **I** 150 Dd58
Grignols **F** 33 Ga49
Grignols **F** 40 Fc52
Grigor'evskoe **RUS** 203 Fb08
Grigorievca **MD** 173 Ga59
Grigoriopol **MD** 173 Ga57
Grijota **E** 46 Da59
Grijpskerk **NL** 117 Bd33
Griķi **LV** 105 Jc51
Grikos **GR** 197 Ea89
Grillby **S** 96 Gc42
Grilli **I** 155 Db68
Grillos **GR** 194 Ba87
Grimaldi **I** 164 Gb80
Grimăncăuţi **MD** 172 Ed53
Grimaud **F** 43 Kb54
Grimbråten **S** 94 Ed44
Grimdalen **N** 93 Da43
Grimentz **CH** 141 Bd56
Grimeton **S** 102 Ec51
Grimma **D** 127 Ec40
Grimmen **D** 119 Ed31
Grimmenstein **A** 145 Gb53
Grimmialp **CH** 141 Bd55
Grimnäs **S** 87 Fd32
Grimo **N** 84 Cc39
Grimsås **S** 102 Fa50
Grimsey **IS** 3 Bb03
Grimslöv **S** 103 Fc52
Grímsstaðir **IS** 3 Bb04
Grimstad **N** 93 Da46
Grimston **GB** 17 Fd24
Grimstorp **S** 103 Fc49
Grimstrup **DK** 108 Da26
Grimzdai **LT** 113 Jc55
Grinăuţi **MD** 173 Fb55
Grinăuţi-Raia **MD** 173 Fa53
Grindavík **IS** 2 Ab05
Grinde **N** 84 Cc37
Grindelwald **CH** 141 Ca55
Grinder **N** 94 Ec40
Grindheim **N** 92 Cb41
Grindheim **N** 92 Cc46
Grindholmen **FIN** 81 Jb29
Grindjorda **N** 67 Gb14
Grindon **GB** 16 Ed23
Grindsted **DK** 108 Da25
Grindu **RO** 176 Ec65
Grindu **RO** 177 Fb63
Gringley on the Hill **GB** 16 Fb21
Griniai **LT** 114 Ka55
Grinkiškis **LV** 114 Kb55
Grinneröd **S** 102 Eb47
Griñón **E** 46 Db65
Grinstad **S** 102 Ec46
Grinţieş **RO** 172 Eb57
Grip **N** 77 Da30
Gripenberg **S** 103 Fc48
Grisì **I** 166 Ec84
Grisignano di Zocco **I** 150 Dd60
Griškabūdis **LV** 114 Kb58
Grisolia **I** 164 Ga78
Grisolles **F** 40 Gb53
Grisselören **FIN** 81 Ja29
Grisslehamn **S** 96 Ha41
Griva **LV** 115 Lc53
Grivaši **LV** 105 Jd52
Grivenskaja **RUS** 205 Fc16
Griviţa **RO** 176 Ed65
Griviţa **RO** 177 Fa61
Griviţa **RO** 177 Fa62
Grizáno **GR** 189 Bc81
Grizebeck **GB** 11 Eb19
Grizic **HR** 152 Ha60
Grizzana Morandi **I** 149 Dc63
Grjadišče **RUS** 99 Ld45
Grjady **RUS** 202 Eb09
Grjazi **RUS** 203 Fb12
Grjazovec **RUS** 203 Fa08
Grljan **SRB** 179 Ca67
Grøa **N** 77 Dc32
Gröbers **D** 127 Eb40
Grobiņa **LV** 105 Jb52
Grobla **PL** 138 Jb44
Grobla **PL** 129 Hb43
Gröbming **A** 144 Fa53
Gröbzig **D** 127 Ea39
Grocka **SRB** 174 Bb64
Grodås **N** 84 Cc34
Gródek **PL** 121 Gb33
Gródek **PL** 123 Kc33
Gródek **PL** 131 Ka36
Gródek **PL** 131 Kd42
Gródek nad Dunajcem **PL** 138 Jc45
Gröden **D** 128 Fa40
Gröding **A** 143 Ec52
Grödinge **S** 96 Gd44
Gröditsch **D** 128 Fa38
Gröditz **D** 127 Ed40
Gródki **PL** 122 Hd33
Gródki **PL** 131 Kb41
Grodków **PL** 129 Gd42
Grodziczno **PL** 122 Hd33
Grodziec **PL** 128 Ga41
Grodziec **PL** 129 Ha38
Grodziec **PL** 129 Hb42
Grodziec **PL** 138 Hc45
Grodzisk **PL** 123 Jd34
Grodzisk **PL** 123 Ka35
Grodzisk Mazowiecki **PL** 130 Jb37
Grodzisko **PL** 123 Jd30
Grodzisko **PL** 139 Kb43
Grodzisk Wielkopolski **PL** 129 Gb37
Grodziszcze **PL** 129 Gb42
Groeningen **NL** 125 Bc38
Groenlo **NL** 125 Bd37
Groesbeek **NL** 125 Bb38
Grogan **IRL** 13 Cb21
Grohotno **BG** 184 Da75
Groitzsch **D** 127 Eb41
Groix **F** 27 Ed41
Grojdibodu **RO** 179 Da68
Grójec **PL** 129 Gd37
Grójec **PL** 130 Jb38
Grolanda **S** 102 Fa48
Grom **PL** 122 Jb32
Gromada **PL** 131 Kb42
Gromadka **PL** 128 Ga40
Gromadno **PL** 121 Gd34
Gromandcyzna **PL** 123 Ka29
Gromiljak **BIH** 158 Hb64
Grömitz **D** 119 Dd31
Gromnik **PL** 138 Jc45
Gromo **I** 149 Da58
Gromovo **RUS** 113 Jb58
Gron **F** 30 Hb39
Grøna **N** 85 Db35
Grönahög **S** 102 Fa49
Gronau (Leine) **D** 126 Db37
Gronau (Westfalen) **D** 117 Ca36
Grønbæk **DK** 100 Db23
Grønbjerg **DK** 108 Cd24
Grønbjerg **DK** 108 Da25
Grönbo **S** 73 Hb24
Grönbo **S** 95 Fc43
Grønbua **N** 85 Db35
Grøndal **N** 84 Cb35
Gröndal **S** 71 Fc22
Grondola **I** 149 Cd63
Grönenbach **D** 142 Db51
Grönfjäll **S** 71 Fd24
Grong **N** 78 Ed26
Grönhögen **S** 111 Gb54
Grønhøj **DK** 100 Db23
Gröningen **D** 127 Dd38
Groningen **NL** 117 Bd33
Grønlia **N** 78 Ea28
Grönliden **S** 80 Hb25
Grønnemose **DK** 108 Dc26
Grono **CH** 149 Cc57
Gronów **PL** 128 Fc36
Gronowo **PL** 122 Hd30
Gronowo Elbląskie **PL** 122 Hc31
Grönskara **S** 103 Fd51
Grönskåra **S** 103 Ga51
Grönwohld **D** 118 Dc32
Grootegast **NL** 117 Bd33
Gropello Cairoli **I** 148 Cb60
Gropen **S** 95 Fc44
Gropeni **RO** 177 Fa64
Gropniţa **RO** 173 Fa57
Gropparello **I** 149 Cd61
Grornv **HR** 151 Fb62
Grosbliederstroff **F** 25 Ka35
Grosbous **L** 133 Bb44
Grosbreuil **F** 28 Ed44
Groscavallo **I** 148 Bc59
Grosebay **GB** 4 Da06
Groşi **RO** 171 Da55
Grosio **I** 149 Da57
Grošnica **SRB** 174 Bb66
Großaitingen **D** 142 Dc50
Großalmerode **D** 126 Db40
Großalsleben **D** 127 Dd38
Groß Ammensleben **D** 127 Ea37
Großarl **A** 143 Ed54
Großbeeren **D** 127 Ed37
Groß-Bieberau **D** 134 Cc45
Großbodungen **D** 126 Dc39
Großbothen **D** 127 Ec41
Großbottwar **D** 134 Cd47
Großbreitenbach **D** 127 Dd42
Großburgwedel **D** 126 Db36
Groß Dölln **D** 120 Fa35
Großdubrau **D** 128 Fb40
Großefehn **D** 117 Cb33
Großeibstadt **D** 134 Dc43
Grosselfingen **D** 142 Cc50
Großenaspe **D** 118 Db31
Großenbrode **D** 119 Dd30
Großenehrich **D** 126 Dc40
Großenhain **D** 128 Fa40
Großenkneten **D** 117 Cc34
Großenlüder **D** 126 Da42
Großenlüder **D** 126 Da42
Großenlupnitz **D** 126 Dc41
Großensee **D** 118 Dc32
Großenseebach **D** 134 Dc46
Großenwiehe **D** 108 Da29
Grossenzersdorf **A** 145 Gb51
Grossepeterdorf **A** 145 Gb54
Großerlach **D** 134 Cd47
Grosseto **I** 155 Dc68
Grosseto Prugna **F** 154 Ca71
Großfurra **D** 126 Dc40
Groß Gaglow **D** 128 Fb39
Groß Garz **D** 119 Ea35
Groß-Gerau **D** 134 Cc44
Großgerungs **A** 136 Fc49
Groß Glienicke **D** 127 Ed36
Großglobnitz **A** 136 Fd49
Großgörschen **D** 127 Eb40
Groß Grönau **D** 119 Dd32
Großhabersdorf **D** 134 Dc46
Großhansdorf **D** 118 Dc32
Großharthau **D** 128 Fb41
Großhartmannsdorf **D** 127 Ed42
Großheide **D** 117 Cb32
Großheirath **D** 135 Dd44
Großhennersdorf **D** 128 Fc41
Großheubach **D** 134 Cd45
Großhöchstetten **CH** 141 Bd54
Groß Ippener **D** 118 Cd34
Großkarolinenfeld **D** 143 Ea52
Groß Kiesow **D** 120 Fa31
Groß Kölzig **D** 128 Fc39
Groß Köris **D** 128 Fa37
Großkoschen **D** 128 Fb40
Groß Kreutz **D** 127 Ec37
Großkugel **D** 127 Eb40
Großlangheim **D** 134 Db45
Großlehna **D** 127 Eb40
Groß Leine **D** 128 Fb38
Großlittgen **D** 133 Bc44
Großlohra **D** 126 Dc40
Groß Miltzow **D** 120 Fa33
Groß Muckrow **D** 128 Fb38
Grossmugl **A** 145 Gb50
Groß Mühlingen **D** 127 Ea38
Groß Naundorf **D** 127 Ed39
Groß Oesingen **D** 126 Dc36
Großostheim **D** 134 Cd44
Grossouvre **F** 30 Hb43
Groß Pankow **D** 119 Eb34
Großpertholz **A** 136 Fc49
Groß Pösna **D** 127 Ec40
Großpostwitz **D** 128 Fb41
Groß Quenstedt **D** 127 Dd38
Großraming **A** 144 Fb52
Großräschen **D** 128 Fa39
Großreifling **A** 144 Fc52
Großrinderfeld **D** 134 Da45
Groß Rodensleben **D** 127 Ea37
Groß-Rohrheim **D** 134 Cc45
Großröhrsdorf **D** 128 Fa41
Groß Rosenburg **D** 127 Eb38
Groß-Sankt-Florian **A** 144 Fd55
Groß Särchen **D** 128 Fb40
Groß Schacksdorf **D** 128 Fc39
Großschirma **D** 127 Ed41
Großschönau **D** 128 Fc42
Groß Schönebeck **D** 120 Fa35
Groß Schwechten **D** 127 Ea36
Großschweidnitz **D** 128 Fc41
Gross-Schweinparth **A** 145 Gc50
Groß-Siegharts **A** 136 Fd49
Großsölk **A** 144 Fa53
Großsolt **D** 108 Db29
Großsteinberg **D** 127 Ec40
Großthiemig **D** 128 Fa40
Großtreben **D** 127 Ed39
Groß Twülpstedt **D** 127 Dd36
Groß-Umstadt **D** 134 Cc45
Großwallstadt **D** 134 Cd45
Groß Warnow **D** 119 Ea34
Grossweikersdorf **A** 144 Ga50
Großweitzschen **D** 127 Ed41
Groß Wokern **D** 119 Ec32
Großwudicke **D** 127 Eb36
Groß Ziescht **D** 128 Fa38
Grostenquin **F** 25 Ka36
Grosuplje **SLO** 151 Fc58
Grotavær **N** 66 Ga12
Grote **LV** 107 Lb49
Grotle **N** 84 Ca34
Grotli **N** 85 Da34
Grötlingbo **S** 104 Ha51
Grøtnes **N** 63 Hd06
Grøtnesdalen **N** 62 Gd09
Grotniki **PL** 130 Hc38
Grotów **PL** 120 Ga35
Grötsch **D** 128 Fb39
Grottaglie **I** 162 Ha76
Grottaminarda **I** 161 Fc74
Grottammare **I** 157 Fa68
Grotte **I** 166 Ed86
Grotte di Castro **I** 156 Dd69
Grotteria **I** 164 Gb83
Grotte Santo Stefano **I** 156 Ea69
Grottole **I** 162 Gc76
Grötvågen **N** 77 Dc30
Grou **NL** 117 Bc33
Grov **N** 67 Gb13
Grova **N** 93 Db43
Grozas **LV** 107 Lc51
Grozdjovo **BG** 181 Ed71
Grozeşti **RO** 173 Fb58
Grozeşti **RO** 175 Cd65
Grožnjan **HR** 151 Fa60
Grua **N** 85 Ea40
Grub **D** 135 Dd44
Grubben **N** 71 Fb22
Grubbenvorst **NL** 125 Bc39
Grubišno Polje **HR** 152 Gd59
Gruczno **PL** 121 Ha33
Gruda **HR** 159 Hc69
Gruda Donja **BIH** 159 Hc68
Grude **BIH** 158 Ha66
Grudusk **PL** 122 Ja34
Grudziądz **PL** 121 Hb33
Grues **F** 32 Fa45
Gruffy **F** 35 Jd46
Gruia **RO** 174 Cb66
Gruissan **F** 41 Hb56
Gruissan-Plage **F** 41 Hb56
Gruiu **RO** 176 Eb65
Grumăzeşti **RO** 172 Ec57
Grumento Nova **I** 161 Ga77
Grumo Appula **I** 162 Gc74
Grums **S** 94 Ed43
Grünau im Almtal **A** 144 Fa52
Grünbach **D** 135 Eb43
Grünbach am Schneeberg **A** 144 Ga52
Grünberg **D** 126 Cd42
Grünberg **PL** 128 Fd38
Grünburg **A** 144 Fb51
Grundarfjörður **IS** 2 Ab03
Grundfors **S** 71 Fc24
Grundfors **S** 80 Gc25
Grundforsen **S** 86 Ed37
Grundsel **S** 73 Hb22
Grundsjö **S** 79 Ga28
Grundsjö **S** 79 Gb25
Grundsjön **S** 87 Fd33
Grundsund **S** 102 Eb47
Grundsunda **FIN** 96 Hc40
Grundsunda **S** 80 Hb30
Grundtjärn **S** 79 Gb29
Grundträsk **S** 72 Ha23
Grundträsk **S** 72 Ha24
Grundträsk **S** 73 Hd20
Grundträsk **S** 73 Hb24
Grundvattnet **S** 73 Hb22
Grundzāle **LV** 106 Ld48
Grüneberg **D** 119 Ed35
Grunewald **D** 125 Bc38
Grünewalde **D** 128 Fa40
Grungedal **N** 92 Cd42
Grünhain **D** 135 Ec43
Grünheide **D** 128 Fa37
Grunnerud **S** 94 Eb44
Grunnfjord **N** 62 Gd08
Grunnfjordbotn **N** 66 Ga15
Grünsfeld **D** 134 Da46
Grünstadt **D** 133 Cb45
Grüntal **D** 120 Fa35
Grünwald **D** 143 Dd51
Grunwald **PL** 122 Hd33
Grupčin **MK** 178 Bb73
Grury **F** 30 Hd44
Grüsch **CH** 142 Cd54
Grūšlaukė **LT** 113 Jb54
Gruszeczka **PL** 129 Gc40
Gruszka **PL** 130 Ja41
Gruta **PL** 121 Hb33
Grūtas **LT** 123 Kc30
Gruvbyn **S** 87 Fc35
Gruyères **CH** 141 Bc55
Gruža **SRB** 174 Bb66
Gruzdiškė **LT** 114 Ka56
Gruzdžiai **LT** 114 Ka53
Grybėnai **LT** 115 Lb55
Grybów **PL** 138 Jc45
Gryckbro **S** 95 Fd39
Gryfice **PL** 120 Fd32
Gryfino **PL** 120 Fb34
Gryfów Śląski **PL** 128 Fd41
Grykë **AL** 182 Aa76
Gryllefjord **N** 62 Gb10
Grymyr **N** 85 Dd40
Grynberget **S** 79 Gb27
Gryt **S** 95 Gb44
Gryt **S** 103 Gb47
Gryta **N** 77 Dc29
Gryta **S** 96 Gc42
Grytåa **N** 70 Ed22
Gryteryd **S** 102 Ed51
Grytgöl **S** 95 Fd45
Grythyttan **S** 95 Fc42
Grytnäs **S** 95 Ga41
Grytsjö **S** 79 Fd25
Gryttjom **S** 96 Gd40
Gryzavino **RUS** 107 Ma48
Gryzy **PL** 123 Jd30
Gryżyce **PL** 129 Gb40
Gryżyna **PL** 129 Gb38
Grza **SRB** 178 Bd67
Grzebienisko **PL** 129 Gb37
Grzechotki **PL** 122 Hd30
Grzęda **PL** 122 Jb30
Grzegorzew **PL** 129 Hb37
Grzegrzółki **PL** 122 Jb32
Grzmiąca **PL** 121 Gb32
Grzybiany **PL** 129 Gb41
Grzybno **PL** 120 Fc35
Grzybno **PL** 122 Hc33
Grzybowo **PL** 129 Gd37
Grzymałków **PL** 130 Jb41
Grzymiszew **PL** 129 Hb38
Grzywna Biskupia **PL** 121 Hb34
Gschnitz **A** 143 Dd54
Gschwandt **A** 144 Fa51
Gschwend **D** 134 Da48
Gstaad **CH** 141 Bc55
Gsteig **CH** 141 Bc56
Guadahortuna **E** 60 Dc74
Guadalajara **E** 46 Dd64
Guadalaviar **E** 47 Ec65
Guadalcanal **E** 51 Ca71
Guadalcázar **E** 60 Cc73
Guadalix de la Sierra **E** 46 Dc63
Guadalmedina **E** 60 Cd76
Guadalmez **E** 52 Cc70
Guadalupe **E** 52 Cc67
Guadalupe **E** 61 Eb73
Guadamur **E** 52 Db66
Guadarrama **E** 46 Db63
Guadassuar **E** 54 Fb69
Guadiana del Caudillo **E** 51 Bc68
Guadix **E** 61 Dd74
Guadramil **P** 45 Bd59
Guagnano **I** 162 Hb76
Guagno **F** 154 Cb70
Guaire **IRL** 13 Cd23
Guájar-Faragüit **E** 60 Db76
Gualachulain **GB** 6 Dc11
Gualdo Tadino **I** 156 Eb67
Gualöv **S** 111 Fb54
Gualtieri **I** 149 Db61
Guarcino **I** 160 Ec72
Guarda **CH** 142 Da55
Guarda **P** 44 Bb63
Guardalfiera **I** 161 Fc72
Guardamar del Segura **E** 55 Fb72
Guardapasso **I** 160 Ea72
Guardavalle **I** 164 Gc82
Guardea **I** 156 Ea69
Guàrdia de Tremp **E** 48 Ga59
Guardiagrele **I** 157 Fb70
Guardia Lombardi **I** 161 Fd75
Guardia Perticara **I** 162 Gb76
Guardia Piemontese Marina **I** 164 Gb79
Guardiaregia **I** 161 Fb73
Guardia Sanframondi **I** 161 Fb73
Guardias Viejas **E** 61 Dd76
Guardiola de Berguedà **E** 49 Gd59
Guardiola de Font-rubí **E** 49 Gc61
Guardo **E** 38 Da56
Guareña **E** 51 Ca69
Guaro **E** 60 Cc76
Guarromán **E** 52 Db71
Guasila **I** 169 Ca78
Guastalla **I** 149 Db61
Guaza de Campos **E** 37 Cd58
Gubanicy **RUS** 99 Ma40
Gubavac **MNE** 159 Jb67
Gubbhögen **S** 79 Fd27
Gubbio **I** 156 Eb67
Gubbmyran **S** 86 Fa37
Gubbträsk **S** 72 Gc24
Guben **D** 128 Fc38
Gubeš **BG** 179 Cb70
Gubin **PL** 128 Fc38
Gubkin **RUS** 203 Fa13
Guča **SRB** 178 Ad67
Guča Gora **BIH** 158 Ha64
Gücenoluk **TR** 193 Gc83
Güçlüköy **TR** 199 Hb91
Gudai **LT** 113 Jc57
Gúdar **E** 48 Fb64
Gudbjerg **DK** 109 Dd27
Guddal **N** 84 Cb36
Guddalbru **N** 92 Cb45
Gudeliai **LT** 123 Kc30
Gudeliai **LV** 114 Kb59
Gudenieki **LV** 105 Jb51
Gudensberg **D** 126 Da40
Guderup **DK** 108 Db28
Gudhjem **DK** 111 Fc57
Gudin **N** 78 Ec27
Gudinge **S** 96 Gd39
Gudkaimis **LT** 114 Ka58
Gudme **DK** 109 Dd27
Gudmindrup **DK** 109 Ea25
Gudmont-Villiers **F** 30 Jb38
Gudmundrå **S** 80 Gc31
Gudmuntorp **S** 110 Fa55
Gudow **D** 119 Dd33
Gudowo **PL** 120 Ga33
Gudum **DK** 100 Cd22
Gudumholm **DK** 100 Dc21
Gudurica **SRB** 174 Bd62
Gudvangen **N** 84 Cc38
Gudžiūnai **LV** 114 Kb55
Guebwiller **F** 31 Kb39
Güéjar Sierra **E** 60 Dc75
Guémar **F** 31 Kb38
Guémené-Penfao **F** 28 Ed41
Guémené-sur-Scorff **F** 27 Ea39
Guengat **F** 27 Dc39
Guenrout **F** 27 Ec41
Guer **F** 27 Ec40
Guérande **F** 27 Eb42
Guéret **F** 33 Gc46
Guérigny **F** 30 Hb42
Guernica = Gernika **E** 38 Ea55
Güesa **E** 39 Fa57
Gües-d'Oloron **F** 39 Fb55
Gueugnon **F** 30 Hd44
Guevejar **E** 60 Db74
Gugalj **SRB** 159 Jc64
Gugeşti **RO** 176 Ed62
Güglingen **D** 134 Cc47
Guglionesi **I** 161 Fc71
Gugney-aux-Aulx **F** 31 Jd38
Gugny **PL** 123 Ka33
Gugutka **BG** 185 Ea76
Guhttás **S** 68 Hd13
Guia **P** 44 Ac65
Guichen **F** 28 Ed40
Guidizzolo **I** 149 Db60
Guidonia-Montecelio **I** 160 Eb71
Guiglia **I** 149 Db63
Guignen **F** 28 Ed40
Guignes **F** 23 Ha37
Guijo de Coria **E** 45 Bd65
Guijosa **E** 47 Ea62
Guijuelo **E** 45 Cc63
Guildford **GB** 20 Fb29
Guilheta **P** 44 Ac59
Guillar **E** 36 Ba56
Guillaumes **F** 43 Kb52
Guillena **E** 59 Bd73
Guillestre **F** 35 Kb50
Guillos **F** 32 Fb51
Guilsfield **GB** 15 Eb24
Guilvinec **F** 27 Dc40
Guimarães **P** 44 Ad60
Guimiliau **F** 26 Dc38
Guines **F** 21 Gc30
Guingamp **F** 26 Ea38
Guipavas **F** 26 Dc38
Guipry **F** 28 Ed40
Guipy **F** 30 Hc42
Guisando **E** 45 Cc65
Guisborough **GB** 11 Fb18
Guiscard **F** 23 Ha34
Guiscriff **F** 27 Dd39
Guise **F** 24 Hc33
Guissona **E** 48 Gb60
Guist **GB** 17 Ga24
Guitalens **F** 41 Gc54
Guiting Power **GB** 20 Ed26
Guitiriz **E** 36 Bb54
Guitres **F** 32 Fc49
Guizan **E** 36 Ad57
Gujan-Mestras **F** 32 Fa51
Gukovo **RUS** 205 Fc15
Gulbene **LV** 107 Lb49
Gulbēris **LV** 106 La50
Gulbji **LV** 105 Jb48
Gülçayır **TR** 193 Ha83
Gulcz **PL** 121 Gb35
Güldalı **TR** 199 Ha89
Guldborg **DK** 109 Eb28
Güldibi **TR** 187 Gd78
Guldrupe **S** 104 Ha50
Gulen **N** 84 Ca37
Gulgofjorden **N** 65 Kb05
Guljanci **BG** 180 Db68
Gul'kevići **RUS** 205 Fd16
Gülköy **TR** 199 Gb88
Gulla **N** 77 Dc31
Gullabo **S** 111 Ga53
Gulladuff **GB** 9 Cd16
Gullan **GB** 11 Ec13
Gullaskruv **S** 103 Fd52
Gullberg **S** 87 Fd37
Gullbrandstorp **S** 102 Ed52
Gulleråsen **S** 87 Fd38
Gullered **S** 102 Fa49
Gullesfjordbotn **N** 66 Fd13
Gullgammen **N** 64 Jb04
Gullhaug **N** 93 Dd43
Gullholmen **N** 64 Ka05
Gullholmen **S** 102 Eb47
Gullön **S** 72 Gd22
Gullringen **S** 103 Fd49
Gullsby **S** 94 Ed41
Gullspång **S** 95 Fb45
Gulltjärn **S** 80 Hb27
Gullträsk **S** 73 Hc20
Güllü **TR** 192 Fd86
Güllübahçe **TR** 197 Ec88
Güllüce **TR** 192 Fb81
Güllük **TR** 197 Ed90
Gullvik **S** 80 Gd30
Gülpınarı **TR** 191 Ea82
Gulsele **S** 79 Gb28
Gulsrud **N** 93 Dd41
Gulstøa **N** 84 Ca34
Gulsvik **N** 85 Dc40
Gumboda **S** 73 Hb24
Gumboda **S** 80 Hc27
Gumbodahamn **S** 80 Hc27
Gümele **TR** 192 Ga84
Gümeli **TR** 191 Ec83
Gumiel de Hizán **E** 46 Dc60
Gumiel de Mercado **E** 46 Dc60
Gumlösa **S** 111 Fb54
Gummark **S** 80 Hc25
Gummersbach **D** 125 Ca40
Gumowo **PL** 122 Ja35
Gumpelstadt **D** 126 Db42
Gumpersdorf **D** 143 Ec50
Gumpoldskirchen **A** 145 Gb51
Gumtow **D** 119 Eb35
Gümülceli **TR** 191 Ed85
Gümüldür **TR** 191 Eb87
Gümüşçay **TR** 185 Ec80
Gümüşdamla **TR** 199 Hb90
Gümüşhane **TR** 205 Fd19
Gümüşlük **TR** 197 Ec90
Gümüşoluk **TR** 187 Gd78
Gümüşova **TR** 187 Gd78
Gümüşpınar **TR** 186 Fb77
Gümüşpınar **TR** 192 Fc81
Gümüşsu **TR** 193 Gb87
Gümüşsuyu **TR** 186 Fa77
Gümüşyaka **TR** 199 Gb91
Gümüşyeni **TR** 192 Ga82
Günaydın **TR** 192 Fa81
Guncati **SRB** 153 Jc62
Gundelfingen **D** 134 Db49
Gundelfingen **D** 141 Ca50
Gundelsheim **D** 134 Cd47
Gundelsheim **D** 134 Dc45
Gundertshausen **A** 143 Ec51
Gunderup **DK** 108 Cd25
Gündoğan **TR** 185 Ed80
Gündoğan **TR** 197 Ec90
Gündoğdu **TR** 185 Ec80
Gündoğdu **TR** 185 Ed79
Gündoğdu **TR** 186 Fd80
Gündüzler **TR** 193 Gd81
Gündüzlü **TR** 185 Ed77
Günekestane **TR** 192 Ga81
Güneli **TR** 193 Gd82
Güneşli **TR** 192 Fb84
Güneşli **TR** 199 Gc92
Güney **TR** 192 Fc83
Güney **TR** 192 Fc86
Güney **TR** 192 Fc87
Güney **TR** 198 Fc89
Güney **TR** 198 Ga89
Güneyce **TR** 199 Gd88
Güneykaya **TR** 199 Hb91
Güneykent **TR** 193 Gc87
Güneyköy **TR** 193 Gb85
Güneyköy **TR** 193 Gd84
Güngören **TR** 192 Fc81
Güngörmez **TR** 186 Fa76
Güngörmez **TR** 186 Fb80
Gunhåberget **S** 94 Fa39
Günlüce **TR** 192 Fd83
Günlük **TR** 197 Ed89
Günlükbaşı **TR** 198 Fd92
Gunnarn **S** 80 Gc25
Gunnarnes **N** 63 Ja05
Gunnarp **S** 102 Ed51
Gunnarsbyn **S** 73 Hd21
Gunnarsjö **S** 102 Ec50
Gunnarskog **S** 94 Ed42
Gunnarskulla **FIN** 98 Kb40
Gunnarsnäs **S** 94 Ec45
Gunnarvattnet **S** 79 Fb27
Gunnebo **S** 103 Gb49
Gunnfarnes **N** 66 Ga11
Gunnilbo **S** 95 Ga42
Gunnislake **GB** 18 Dc31
Günseck **A** 145 Gb53
Gunskirchen **A** 144 Fa51
Gunsta **S** 96 Gd42
Günstedt **D** 127 Dd40
Gunten **CH** 141 Bd55
Guntersblum **D** 133 Cb45
Gunter's Bridge **GB** 20 Fb30
Guntersdorf **A** 136 Ga49
Günthersleben **D** 126 Dc41
Gunthorpe **GB** 16 Fb23
Guntín de Pallares **E** 36 Bb55
Günyarık **TR** 193 Gb81
Günyüzü **TR** 193 Hb83
Günzburg **D** 134 Db49
Gunzenhausen **D** 134 Dc47
Guovdageaidnu **N** 68 Hd11
Gura Bîcului **MD** 173 Ga58
Gura Camencii **MD** 173 Fc55
Gura Foii **RO** 176 Dd65
Gürağaç **TR** 192 Fd82
Gura Galbenei **MD** 173 Fc59
Gura Haitii **RO** 172 Dd57
Gurahonţ **RO** 170 Cb59
Gura Humorului **RO** 172 Eb56
Gurakuq **AL** 182 Ac75
Gura Ocniţei **RO** 176 Dd64
Gura Râului **RO** 175 Da61
Gurasada **RO** 174 Cb60
Gura Şuţii **RO** 176 Dd65
Gura Teghii **RO** 176 Eb63
Gura Vadului **RO** 176 Eb64
Gura Văii **RO** 174 Cb64
Gura Văii **RO** 176 Ec60
Gurb **E** 49 Gd59
Gurba **RO** 170 Ca58
Gurbăneşti **RO** 176 Ec66
Gürceğiz **TR** 197 Ed90
Güre **TR** 191 Eb82
Güre **TR** 192 Fd85
Güre **TR** 198 Fb89
Gürece **TR** 197 Ec90
Güreci **TR** 185 Ec79
Gur'evsk **RUS** 113 Ja58
Gurghiu **RO** 171 Dc58
Gurgljat **BG** 179 Cb71
Guri i Bardha **AL** 182 Ac74
Guri i Zi **AL** 163 Jb71
Gurk **A** 144 Fb55
Gurkovo **BG** 180 Db72
Gurkovo **BG** 181 Fb69
Gürle **TR** 191 Ec85
Gürlek **TR** 192 Ga85
Gurnos **GB** 19 Dd27
Gürpınar **TR** 186 Fc78
Gürpınar **TR** 192 Ga86
Gurrë **AL** 182 Ac75
Gurre **DK** 109 Ec24
Gurrea de Gállego **E** 48 Fb59
Gurr'e madhë **AL** 182 Ac74
Gursken **N** 76 Cb33
Gürsöğüt **TR** 193 Hb81
Gürsü **TR** 186 Fd80
Gurteen **IRL** 8 Ca18
Gurteen **IRL** 12 Bd21
Gurten **A** 143 Ed50
Gurunhuel **F** 26 Ea38
Gurviksdalen **N** 77 Dc28
Gusborn **D** 119 Dd34
Gušće **HR** 152 Gc60
Güsen **D** 127 Eb37
Gusendo de los Oteros **E** 37 Cc58
Gusev **RUS** 113 Jd59
Guševac **SRB** 179 Ca69
Gusevo **RUS** 107 Mb51
Gusevo **RUS** 113 Jc59
Gus'-Hrustal'nyj **RUS** 203 Fa10
Gusinje **MNE** 159 Jb69
Gusmar **AL** 182 Ab78
Guşoeni **RO** 175 Da65
Gusow **D** 128 Fb36
Guspini **I** 169 Bd78
Gusselby **S** 95 Fd42
Güsselfeld **D** 119 Ea35
Güssing **A** 145 Gb54
Gusswerk **A** 144 Fd52
Gustav Adolf **S** 95 Fb41
Gustav Adolf **S** 103 Fb48
Gustavsberg **S** 80 Ha25
Gustavsberg **S** 96 Gd43
Gustavsfors **S** 94 Fa41
Gustavsfors **S** 94 Ec44
Güsten **D** 127 Ea38
Guštirna **HR** 158 Gb66
Güstrow **D** 119 Eb32
Gusum **S** 103 Gb47
Gusvattnet **S** 79 Fb26
Gus'-Železnyj **RUS** 203 Fb10
Gutach **D** 141 Ca50
Gutach **D** 141 Cb50
Gutar **E** 61 Dd72
Gutau **A** 144 Fb50
Gutcher **GB** 5 Fa03
Gutenbrunn **A** 144 Fd50
Gutenstein **A** 144 Ga52
Gutenswegen **D** 127 Ea37
Gutenzell **D** 142 Da50
Güterfelde **D** 127 Ed37
Gütersloh **D** 126 Cc38
Gutorfölde **H** 145 Gc56
Gutowiec **PL** 121 Gd32

Harwell – Hiirijärvi

Harwell GB 20 Fa28
Harwich GB 21 Gb26
Harworth GB 16 Fb21
Harzgerode D 127 Dd39
Hasanağa TR 185 Eb75
Hasanağa TR 186 Fc80
Hasanbey TR 185 Ed80
Hasanbey TR 187 Gc78
Håsand N 66 Fc16
Hasandede TR 192 Ga87
Hasanköy TR 192 Ga85
Hasanlar TR 191 Ec85
Hasanlar TR 192 Fd83
Hasanlı TR 186 Ga78
Hasanpaşa TR 198 Ga90
Hasbergen D 125 Cb37
Hasborn D 133 Bd44
Hasdümen TR 199 Gd90
Haselbach D 135 Ec48
Haselbourg F 25 Kb36
Häselgehr A 142 Db53
Haselund D 108 Da29
Haselünne D 117 Cb35
Hasfjord N 63 Hc06
Hasgebe TR 199 Gd90
Håsjö S 79 Ga31
Haskovo BG 185 Dd74
Hasköy TR 185 Ea78
Hasköy TR 185 Ec75
Hasköy TR 192 Fd86
Hasla N 93 Da46
Haslach D 141 Ca50
Haslach an der Mühl A 136 Fa49
Hasle CH 141 Bd54
Hasle DK 111 Fc57
Haslemere GB 20 Fb29
Haslemoen N 94 Ec39
Haslev DK 109 Eb27
Haslingden GB 15 Ec20
Hasloch D 134 Da45
Hasloh D 118 Db32
Håslöv S 110 Ed56
Hasmark DK 109 Dd26
Hăşmaş RO 170 Cb58
Hăsnăşenii Mari MD 173 Fb55
Hăsnăşenii Noi MD 173 Fb55
Hasparren F 39 Fa55
Haßbergen D 118 Da35
Hassel D 118 Da35
Hassel S 87 Gb34
Hassela S 87 Gb34
Hasselfelde D 127 Dd39
Hasselfors S 95 Fc44
Hasselösund S 102 Ea47
Hasselroth D 134 Cd44
Hasselt B 124 Ba40
Hasselt NL 117 Bc35
Haßfurt D 134 Dc44
Hassi FIN 90 Kb34
Hässjö S 88 Gc33
Hasslarp S 110 Ed54
Hassle S 95 Fb45
Haßleben D 120 Fa34
Hässleholm S 110 Fa54
Hasslö S 111 Fd54
Haßloch D 133 Cb46
Hasslösa S 102 Fa46
Haßmersheim D 134 Cd46
Håstad N 78 Eb26
Hästbacka FIN 81 Jc29
Hästbo S 95 Gb39
Hästbo S 95 Ga40
Haste D 126 Da36
Hästhagen S 96 Gd43
Hästholmen S 103 Fc47
Hastiere-Lavaux B 124 Ad42
Hastings GB 21 Ga30
Hästö FIN 97 Jc40
Hästveda S 111 Fb54
Håsum DK 100 Da22
Hasvik N 63 Hc06
Haţeg RO 175 Cc61
Hatfield GB 15 Ec25
Hatfield GB 16 Fb21
Hatfield GB 20 Fc27
Hatfield Heath GB 20 Fd27
Hatfield Peverel GB 21 Ga27
Hatherleigh GB 19 Dd30
Hathersage GB 16 Fa22
Hätila FIN 90 Ka37
Hatipkışla TR 197 Ed89
Hatıplar TR 191 Ed84
Hatlestrand N 84 Cb40
Hatlinghus N 78 Ec27
Hatrik N 84 Ca40
Hatsola FIN 90 La33
Hattem NL 117 Bc35
Hatten D 117 Cc34
Hatten F 25 Kc36
Hattersheim D 134 Cc44
Hattert D 125 Cb42
Hattevik N 77 Dc29
Hattfjelldal N 71 Fb23
Hatting DK 108 Db25
Hattingen D 125 Ca39
Hattorf D 126 Db39
Håttorp S 95 Fb45
Hattstedt D 108 Da29
Hattula FIN 90 Ka37
Hattusaari FIN 83 Lc28
Hattuselkonen FIN 83 Ld27
Hatu EST 98 Ka43
Hatulanmäki FIN 82 Kd26
Hatun TR 191 Ed83
Håtuna S 96 Gc42
Hatunkylä FIN 83 Ld28
Hatvan H 146 Ja52
Hatvanpuszta H 146 Hc55
Hatzfeld D 126 Cc41
Haubourdin F 23 Ha31
Haudainville F 24 Jb35
Hauenstein D 133 Ca47
Haug N 67 Gb11
Haug N 85 Da36
Haug N 93 Dd42
Haugastøl N 85 Da39
Hauge N 65 Kc09
Hauge N 84 Cd37
Hauge N 92 Cb46
Haugen N 92 Cc44
Haugesund N 92 Bd42
Haugeveit N 92 Cd44
Haugfoss N 93 Da43
Haughom N 92 Cb45
Haugland N 70 Fa20
Haugli N 67 Gc12
Haugnes N 62 Ha08
Haugsdorf A 136 Ga49
Haugsvik N 84 Cc38
Hauho FIN 90 Ka36
Hauhuu FIN 89 Jd33
Haukanmaa FIN 90 Kc33
Haukedal N 84 Cc36
Haukeligrend N 92 Cd41
Haukeliseter N 92 Cc41
Haukijärvi FIN 75 Kd22
Haukijärvi FIN 89 Jc35
Haukilahti FIN 83 Lb25
Haukilahti FIN 91 Lc35
Haukiniemi FIN 91 Lc32
Haukipudas FIN 74 Ka23
Haukitaipale FIN 74 Ka20
Haukivaara FIN 83 Ma30
Haukivuori FIN 90 La33
Haukkilahti FIN 81 Jd29
Hauklappi FIN 91 Lc34
Hauknes N 71 Fb20
Hauneck D 126 Da41
Haunetal D 126 Da42
Haunia FIN 89 Jb35
Haunsheim D 134 Db49
Hauptstuhl D 133 Ca46
Haurida S 103 Fc48
Haurukylä FIN 74 Ka24
Haus N 84 Ca39
Hausach D 141 Cb50
Hausen D 134 Db45
Hausen D 135 Ea48
Hausen D 141 Ca52
Häusern D 141 Ca51
Hausham D 143 Ea52
Hausjärvi FIN 90 Kb38
Hausmannstätten A 144 Fd55
Haustreisa N 70 Fa23
Hausvik N 92 Cc47
Hauta-Aho FIN 83 Lb31
Hautajärvi FIN 74 Kd18
Hautajoki FIN 82 Kb27
Hautajoki FIN 82 Kc28
Hautakylä FIN 81 Jd31
Hautaranta FIN 75 La19
Haut-Asco F 154 Cb69
Hautefort F 33 Gb49
Hauteluce F 35 Ka46
Haute-Nendaz CH 141 Bc56
Hauterives F 34 Jb48
Hauteville-Lompnès F 35 Jc46
Hauteville-Plage F 22 Ed36
Hautjärvi FIN 90 Kc38
Hautmont F 24 Hc32
Hautolahti FIN 82 Kc29
Hautvillers F 24 Hc36
Hauzenberg D 136 Fa49
Havaj SK 139 Ka46
Havant GB 20 Fb30
Havari GR 188 Ba86
Havârna RO 172 Ec54
Håvberget S 95 Fc40
Havbro DK 100 Db22
Havdáta GR 188 Ab85
Havdhem S 104 Gd51
Havdrup DK 109 Eb26
Håve S 94 Eb45
Havelange B 124 Ba42
Havelberg D 119 Eb35
Havelte NL 117 Bc34
Havenbuurt NL 116 Ba35
Haverdal S 102 Ec52
Haverdalsstrand S 102 Ec52
Haverfordwest GB 18 Db27
Haverhill GB 20 Fd26
Haverö S 87 Fc33
Häverö S 96 Ha41
Haversin B 124 Ad42
Haverslev DK 100 Dc22
Håverud S 94 Ec45
Havířov CZ 137 Hb45
Havixbeck D 125 Ca37
Hävla S 95 Ga45
Havlíčkův Brod CZ 136 Ga46
Havnbjerg DK 108 Db27
Havndal DK 100 Dc22
Havneby DK 108 Cd27
Havnemark DK 109 Dd26
Havnsø DK 109 Ea25
Havnstrup DK 108 Da24
Havøysund N 63 Ja04
Havraň CZ 136 Fa43
Havran TR 191 Ec82
Håvre S 87 Fd32
Havrebjerg DK 109 Ea26
Havrylivka UA 205 Fb15
Havsa TR 185 Ec76
Havsnäs S 79 Fd28
Havstenssund S 94 Ea45
Havumäki FIN 90 Kc33
Havusalmi FIN 82 Kb30
Havusalmi FIN 90 Kc32
Havvness N 62 Ha09
Havza TR 205 Fb20
Hawes GB 11 Ed18
Hawick GB 11 Ec15
Hawkhurst GB 20 Fd29
Hawkinge GB 21 Gb29
Hawkshead GB 11 Eb18
Hawsker GB 11 Fb18
Haxey GB 16 Fb21
Hayalli TR 192 Fb86
Hayange F 25 Jc35
Haydar TR 185 Ec80
Haydarköy TR 192 Fa81
Haydarlı TR 193 Gc87
Haydaroba TR 191 Ed81
Haydere TR 198 Fb89
Haydon Bridge GB 11 Ed16
Hayes GB 20 Fc28
Hayfield GB 16 Ed22
Häyhtiönmaa FIN 89 Jb36
Hayingen D 142 Cd50
Hayle GB 18 Da32
Haymana TR 193 Gc83
Hay-on-Wye GB 15 Eb26
Hayrabolu TR 185 Ec77
Hayriye TR 186 Fc79
Hayriye TR 198 Ga88
Hayscastle GB 14 Db26
Haywards Heath GB 20 Fc30
Haza del Lino E 60 Dc76
Hazebrouck F 21 Gd30
Hazelbank GB 10 Ea14
Hazinedar TR 185 Ec76
Hazırlar TR 198 Fd93
Hažlín SK 139 Jd46
Hazlov CZ 135 Eb44
Heacham GB 17 Fd23
Headcorn GB 21 Ga29
Headford IRL 8 Bc20
Headley GB 20 Fb29
Heager DK 108 Cd24
Heanor GB 16 Fa23
Heath End GB 20 Fa28
Heather GB 16 Fa24
Heathfield GB 20 Fd30
Heath Hayes GB 16 Ed24
Heber D 118 Db34
Heberg S 102 Ec52
Hebertsfelden D 143 Ec50
Hebnes N 92 Cb42
Heby S 95 Gb41
Hèches F 40 Fd56
Hechingen D 142 Cc50
Hecho E 39 Fb57
Hechtel-Eksel B 124 Ba40
Hechthausen D 118 Da32
Heciul Nou MD 173 Fb55
Heckelberg D 120 Fa35
Heckfield GB 20 Fb28
Heckington GB 17 Fc23
Hecklingen D 127 Ea38
Hed S 95 Fd42
Heda S 103 Fc47
Hedalen N 85 Dc39
Hedared S 102 Ed48
Hedås S 94 Fa43
Hedben Bridge GB 16 Ed20
Hedberg S 72 Gd23
Hedby S 95 Fc39
Hedbyn S 95 Fd41
Heddal N 93 Db42
Hedderen N 92 Cd44
Hédé F 28 Ed39
Hede S 86 Fa33
Hede S 95 Ga40
Hede S 95 Gb41
Hede S 102 Eb46
Hedegård DK 108 Db25
Hedehusene DK 109 Ec26
Hedekas S 102 Eb46
Hedemora S 95 Ga40
Heden DK 108 Dc27
Heden S 73 Hd22
Heden S 86 Ed35
Heden S 87 Fb37
Hedenäset S 73 Jb20
Hedenstad N 93 Dc42
Hedensted DK 108 Db25
Hedersleben D 127 Dd38
Hedersleben D 127 Ea39
Hedesunda S 95 Gb40
Hedeviken S 86 Fa33
Hedon GB 17 Fc20
Hedon GB 17 Fc21
Hedrum N 93 Dd44
Hedwiżyn PL 131 Kb42
Hee DK 108 Cd24
Heede D 117 Ca34
Heek D 125 Ca37
Heel NL 125 Bb40
Heemsen D 118 Da35
Heemskerk NL 116 Ad35
Heemstede NL 116 Ad35
Heerbrugg CH 142 Cd53
Heerde NL 117 Bc36
Heere D 126 Dc37
Heerenveen NL 117 Bc34
Heerhugowaard NL 116 Ba34
Heerlen NL 125 Bb41
Heers B 124 Ba41
Heesch NL 125 Bb38
Heeslingen D 118 Da33
Heestrand S 102 Ea46
Heeten NL 117 Bc36
Heeze NL 125 Bb39
Hegge N 85 Dc37
Heggelia N 67 Gc11
Heggen N 93 Dd41
Heggenes N 67 Gd11
Heggheim N 84 Cb36
Heggmoen N 66 Fc17
Heglesvollen N 78 Ec29
Hegra N 78 Eb30
Hegyeshalom H 145 Gd51
Hegyfalu H 145 Gc53
Hegyhátsál H 145 Gc55
Hegykő H 145 Gc53
Hegyközség H 145 Gc54
Hehlen D 126 Da38
Heia N 67 Gd11
Heia N 78 Ed27
Heidal N 85 Dc35
Heide D 118 Da30
Heideck D 135 Dd47
Heidelberg D 134 Cc46
Heiden D 125 Bd38
Heidenau D 118 Db33
Heidenau D 128 Fa41
Heidenheim D 134 Db49
Heidenheim D 134 Dc48
Heidenreichstein A 136 Fd48
Heidenrod D 133 Cb43
Heiderscheid L 133 Bb44
Heidersdorf D 127 Ed42
Heidgraben D 118 Db32
Heigrestad N 92 Ca45
Heikendorf D 118 Dc30
Heikinkylä FIN 90 Kd38
Heikkil N 68 Hd11
Heikkilä FIN 75 La19
Heikkilä FIN 75 Kd21
Heikkilä FIN 81 Jc29
Heikkilä FIN 82 Kb28
Heikkilä FIN 83 Lb25
Heikkilä FIN 89 Ja33
Heikkilä FIN 89 Jb37
Heikkurila FIN 91 Lb33
Heikola FIN 89 Ja38
Heilbronn D 134 Cd47
Heilevong N 84 Cb35
Heiligenberg D 142 Cd51
Heiligenblut A 143 Ec54
Heiligendamm D 119 Eb31
Heiligenfelde D 119 Ea35
Heiligengrabe D 119 Ec34
Heiligenhafen D 119 Dd30
Heiligenhaus D 125 Bd39
Heiligenkreuz A 144 Ga55
Heiligenkreuz A 145 Gb51
Heiligenkreuz im Lafnitztal A 145 Gb55
Heiligenstadt D 126 Db40
Heiligenstadt D 135 Dd45
Heiligenthal D 127 Ea39
Heiligerlee NL 117 Ca33
Heilitz-le-Maurupt F 24 Ja37
Heiloo NL 116 Ba35
Heilsbronn D 134 Dc47
Heim N 77 Dc30
Heimbuchenthal D 134 Cd45
Heimburg D 127 Dd38
Heimdal N 62 Gd10
Heimdal N 77 Ea30
Heimenkirch D 142 Da52
Heimertingen D 142 Db51
Heimola FIN 69 Kb15
Heimsheim D 134 Cc48
Heimsnes N 78 Ed25
Heinäaho FIN 83 Ma30
Heinade D 126 Da38
Heinajoki FIN 90 Kb37
Heinälahti FIN 83 Lb25
Heinämaa FIN 90 Kc37
Heinämäki FIN 82 Kc29
Heinämäki FIN 82 La25
Heinäperä FIN 89 Jd32
Heinävaara FIN 83 Ld30
Heinävesi FIN 83 Lb31
Heinebach D 126 Da41
Heinersdorf D 128 Fb36
Heinijärvi FIN 74 Ka24
Heinijoki FIN 89 Jb38
Heinikoski FIN 74 Jd22
Heinilä FIN 89 Ja35
Heiningen D 126 Dc37
Heiniranta FIN 82 Kd26
Heinisuo FIN 74 Kb20
Heinlahti FIN 90 La38
Heino NL 117 Bc35
Heinola FIN 90 Kc36
Heinolanperä FIN 82 Ka25
Heinoniemi FIN 91 Ld32
Heinoo FIN 89 Jc36
Heinsberg D 125 Bc40
Heinsen D 126 Da38
Heistad N 93 Dc44
Heiste EST 97 Jc44
Heitersheim D 141 Bd51
Heiterwang A 142 Dc53
Heituinlahti FIN 90 La36
Hejde S 104 Gd50
Hejls DK 108 Db26
Hejlsminde DK 108 Db26
Hejnice CZ 128 Fd42
Hejnsvig DK 108 Da25
Hejnum S 104 Ha49
Hejőbába H 146 Jc51
Hejsager DK 108 Db27
Hekimdağ TR 193 Gc81
Heksem N 78 Eb31
Hel PL 121 Hb29
Helbra D 127 Ea39
Heldburg, Bad Colberg- D 134 Dc43
Helden NL 125 Bb39
Heldrungen D 127 Dd40
Helechal E 51 Cb70
Helechosa E 52 Cd68
Helegiu RO 176 Ec60
Helenelund FIN 89 Hd32
Helensburgh GB 10 Dd13
Helfenberg A 136 Fb49
Helgarö S 95 Gb43
Helgatun N 84 Cc38
Helgen N 93 Dc43
Helgeroa N 93 Dc44
Helgerød N 93 Dd44
Helgesta S 95 Gb44
Helgheim N 84 Cc35
Helgøy N 62 Gd08
Helgøy N 85 Ea39
Helgøysund N 92 Ca43
Helgum S 79 Gb31
Heli N 93 Ea43
Helidóni GR 194 Ba87
Heligfjäll S 79 Ga25
Héliopolis F 43 Kb55
Hell N 78 Eb30
Hella IS 2 Ac05
Hella N 84 Cc36
Hellamaa EST 97 Jd44
Hellamaa EST 97 Jd45
Helland N 66 Ga15
Helland N 77 Dc30
Hellandsbygd N 92 Cb41
Hellanmaa FIN 81 Jb30
Helle N 92 Cb44
Helle N 92 Cd44
Hellebæk DK 109 Ec24
Hellefjord N 63 Hd06
Helleland N 92 Ca45
Hellendoorn NL 117 Bd36
Hellenthal D 125 Bc42
Hellesøy N 84 Bd38
Hellesvikan N 77 Dc28
Hellesylt N 84 Cd34
Hellevad DK 108 Da27
Hellevik N 84 Ca36
Hellevoetsluis NL 124 Ac37
Helligvær N 66 Fb17
Hellimer F 25 Ka36
Hellín E 53 Ec71
Hellissandur IS 2 Ab03
Hellmobotn N 66 Ga15
Hellmonsödt A 144 Fb50
Hellnar IS 2 Ab03
Hellnes N 63 Hb08
Hellsö FIN 97 Hd41
Helmbrechts D 135 Ea44
Helmdange L 133 Bb44
Helme EST 106 La46
Helminghausen D 126 Cd39
Helmlüla EST 98 Ka45
Helmond NL 125 Bb38
Helmsdale GB 5 Eb06
Helmsley GB 16 Fb19
Helmstadt D 134 Da45
Helmstadt-Bargen D 134 Cd46
Helmstedt D 127 Dd37
Helnæs By DK 108 Dc27
Helnessund N 66 Fc16
Hel'pa SK 138 Ja48
Helpfau-Uttendorf A 143 Ed51
Helppi FIN 68 Jc17
Helsa D 126 Da40
Helsby GB 15 Ec22
Helse D 118 Da31
Helshan AL 178 Ad72
Helsingborg S 110 Ec54
Helsingby FIN 81 Ja31
Helsinge DK 109 Ec24
Helsingfors FIN 98 Kb39
Helsingør DK 109 Ec24
Helsinki FIN 97 Ja39
Helsinki FIN 98 Kb39
Helstad N 70 Ed24
Helston GB 18 Da32
Heltermaa EST 97 Jd44
Helvacı TR 191 Ec85
Hem N 93 Dd43
Hemau D 135 Ea48
Hemavan S 71 Fc22
Hemden D 125 Bd37
Hemeiuș RO 172 Ed59
Hemel Hempstead GB 20 Fc27
Hemer D 125 Cb39
Hemfjällstangen S 86 Fa38
Hemfurth D 126 Cd40
Hemhofen D 134 Dc45
Héming F 25 Ka37
Hemingbrough GB 16 Fb20
Hemling S 80 Gd29
Hemmesjö S 103 Fc52
Hemmesta S 96 Ha43
Hemmet DK 108 Cd25
Hemmingen D 126 Db37
Hemmingen D 134 Cc48
Hemmingen S 80 Ha25
Hemmingsjord N 67 Gc11
Hemmingsmark S 73 Hc23
Hemmingstedt D 118 Da30
Hemmonranta FIN 82 La30
Hemmoor D 118 Da32
Hemnes N 94 Eb42
Hemnesberget N 71 Fb21
Hemsbach D 134 Cc45
Hemse S 104 Ha50
Hemsedal N 85 Db38
Hemsjö S 102 Ec48
Hemslingen D 118 Db34
Hemsö S 88 Gd32
Hemyock GB 19 Ea30
Hen N 85 Dd40
Henån S 102 Eb47
Henarejos E 54 Ed66
Hencida H 147 Ka53
Henclová SK 138 Jb48
Hendaye F 39 Ec55
Hendek TR 187 Gd78
Hendungen D 134 Db43
Henfield GB 20 Fc30
Henfort GB 18 Dc30
Henfort GB 18 Dc30
Hengelo NL 117 Bd36
Hengelo NL 125 Bc37
Hengersberg D 135 Ec49
Hengevelde NL 117 Bd36
Heni N 93 Ea41
Heničes'k UA 205 Fa17
Hénin-Beaumont F 23 Ha31
Henley GB 20 Ed25
Henley-on-Thames GB 20 Fb28
Henllys GB 19 Eb27
Hennan S 87 Ga34
Hennebont F 27 Ea40
Hennef D 125 Ca41
Henne Stationsby DK 108 Cd25
Henne Strand DK 108 Cd25
Hennickendorf D 128 Fa36
Hennigsdorf D 127 Ed36
Henning N 78 Ec28
Henningen D 119 Dd35
Henningskälen S 79 Fc28
Henningsvær N 66 Fb14
Hennstedt D 118 Da30
Henrichemont F 29 Ha42
Henriksdal FIN 89 Hd34
Henryków PL 129 Gc42
Henrykowo PL 122 Hd30
Hensås N 85 Db37
Henstedt-Ulzburg D 118 Db32
Henstridge GB 19 Ec30
Hentorp S 102 Fa47
Hentula FIN 91 Lb35
Heol Senni GB 15 Ea26
Hepberg D 135 Dd48
Hepojoki FIN 97 Jc39
Hepola FIN 74 Jc21
Heppenheim D 134 Cc45
Herad N 85 Dc38
Herad N 92 Cb47
Heradsbygd N 86 Eb38
Herajärvi FIN 83 Ma30
Herajoki FIN 83 Ld29
Herajoki FIN 90 Kb38
Heraklion = Iráklio GR 200 Da95
Herakulma FIN 90 Ka34
Herálec CZ 136 Fd46
Herand N 84 Cc39
Heraniemi FIN 83 Ld29
Herăşti RO 180 Eb67
Herbault F 29 Gb41
Herbeli AL 182 Ad74
Herbern D 125 Cb38
Herbertingen D 142 Cd51
Herbertstown IRL 12 Bd23
Herbeumont B 132 Ad44
Herbignac F 27 Ec41
Herbisse F 24 Hd37
Herbitzheim F 25 Kb35
Herbolzheim D 141 Ca50
Herborn D 126 Cc42
Herbrechtingen D 134 Db49
Herbsleben D 126 Dc41
Herbstein D 126 Cd42
Herby PL 130 Hc42
Herceg-Novi MNE 159 Hc69
Hercegovac HR 152 Gd59
Hercegszántó H 153 Hd58
Herdal N 76 Cd33
Herdecke D 125 Ca39
Herdla N 84 Bd38
Herdorf D 125 Cb41
Herdwangen-Schönach D 142 Cd51
Hereclean RO 171 Cd56
Hereford GB 15 Eb26
Héreg H 145 Hb52
Hereke TR 186 Ga78
Herencia E 52 Dc68
Herencsény H 146 Hd51
Herend H 145 Ha54
Herentals B 124 Ad39
Herépian F 41 Hb54
Herfølge DK 109 Eb26
Herford D 126 Cd37
Herguijuela E 51 Cb67
Héric F 28 Ed41
Héricourt F 31 Ka40
Héricourt-en-Caux F 23 Ga34
Hérimoncourt F 31 Kb41
Heringen D 126 Db41
Heringsdorf D 119 Dd30
Heringsdorf D 120 Fb31
Heriot GB 11 Ec13
Herisau CH 142 Cd53
Hérisson F 29 Ha44
Herjangen N 67 Gb13
Herk-de-Stad B 124 Ba40
Herl'any SK 139 Jd48
Herleshausen D 126 Db41
Herlev DK 109 Ec25
Herlies F 23 Ha31
Herlufmagle DK 109 Eb27
Herm F 39 Fa53
Hermagor A 143 Ed56
Hermannsburg D 118 Db35
Heřmanova Huť CZ 135 Ed46
Heřmanovice CZ 137 Gd44
Hermanowice PL 139 Kc45
Hermansverk N 84 Cd37
Heřmanův Městec CZ 136 Ga45
Hermaringen D 134 Db49
Hérmedes de Cerrato E 46 Db60
Herment F 33 Ha47
Hermes F 23 Gd35
Hermeskeil D 133 Bd45
Hermsdorf D 127 Ea42
Hermsdorf D 128 Fa40
Hermsdorf D 128 Fa42
Hernádkécs H 147 Jd50
Hernádnémeti H 146 Jc51
Hernani E 39 Ec55
Hernansancho E 46 Cd63
Herne D 125 Ca39
Herne Bay GB 21 Gb28
Herning DK 108 Da24
Herold D 127 Ec42
Heroldsbach D 134 Dc45
Heroldsberg D 135 Dd46
Herongen D 125 Bc39
Heronía GR 189 Bd85
Herónissos GR 195 Cd90
Herøyholmen N 70 Ed21
Herpont F 24 Ja36
Herråkra S 103 Fd52
Herrala FIN 90 Kc37
Herräng S 96 Ha41
Herraskylä FIN 89 Jd33
Herrberga S 103 Fd47
Herre N 93 Dc44
Herrefoss N 93 Da46
Herrenberg D 134 Cc49
Herrera E 60 Cc74
Herrera de Alcántara E 51 Bb66
Herrera del Duque E 52 Cc68
Herrera de los Navarros E 47 Fa62
Herrera de Pisuerga E 38 Db57
Herrere F 39 Fb56
Herreros de Jamuz E 37 Cb58
Herreros de Suso E 46 Cd63
Herreruela E 51 Bc67
Herreruela de Castillería E 38 Db56
Herrestad S 102 Eb47
Herrestrup DK 109 Eb25
Herrieden D 134 Db47
Herrischried D 141 Ca52
Herrljunga S 102 Ed48
Herrngiersdorf D 135 Eb49
Herrnhut D 128 Fc41
Herrö S 87 Fb34
Herröskaten FIN 96 Hc41
Herrsching D 143 Dd51
Herrskog S 80 Gc31
Herrstein D 133 Bd45
Herrup DK 100 Da23
Herry F 30 Hb42
Hersbruck D 135 Dd46
Herschbach D 125 Ca42
Herscheid D 125 Cb40
Herselt B 124 Ad40
Hérso GR 183 Ca76
Herstadberg S 103 Ga46
Hersvik N 84 Ca36
Herten D 125 Ca38
Hertford GB 20 Fc27
Hertnik SK 139 Jd47
Hertsånger S 80 Hc27
Herttuansaari FIN 91 Ld33
Herukka FIN 74 Ka23
Hervanta FIN 89 Jd36
Hervás E 45 Cb64
Herve B 125 Bb41
Herveland N 92 Cb46
Herves E 36 Ba54
Hervik N 92 Ca42
Herxheim D 133 Cb47
Herzberg D 119 Ed35
Herzberg D 127 Ed39
Herzberg am Harz D 126 Dc39
Herzebrock-Clarholz D 126 Cc38
Herzfeld D 126 Cc38
Herzfelde D 128 Fa36
Herzhorn D 118 Db32
Herzlake D 117 Cb35
Herzogenaurach D 134 Dc46
Herzogenbuchsee CH 141 Bd53
Herzogenburg A 144 Ga50
Herzogenrath D 125 Bb41
Herzsprung D 119 Ec34
Hesby N 92 Ca43
Hesdin F 23 Gc32
Hesel D 117 Cb33
Heskestad N 92 Cb45
Hesnæs DK 109 Eb28
Hespe D 126 Cd36
Hesperange L 133 Bb45
Hesselager DK 109 Dd27
Hesselbjerg DK 100 Da21
Hessellund DK 100 Db23
Hessen D 126 Dc38
Hesseng N 65 Kd07
Hessfjord N 62 Gd08
Hessisch Lichtenau D 126 Da40
Hessisch Oldendorf D 126 Da37
Hessvik N 84 Cb40
Hestad N 84 Cb36
Hestad N 92 Cb45
Hesteneset N 64 Jb09
Hestenesøyri N 84 Cc34
Hestmona N 70 Fa20
Hestnes N 64 Jb06
Hestnes N 66 Ga14
Heston GB 20 Fc28
Hestra S 102 Fa50
Hestra S 103 Fc48
Hestvika N 63 Hb08
Hestvika N 77 Dc29
Hetekylä FIN 74 Kb23
Hetényegyháza H 146 Ja55
Hetes H 145 Ha56
Hethpool GB 11 Ed14
Hetin SRB 174 Bc61
Hetta FIN 68 Ja13
Hettange-Grande F 25 Jd34
Hettensen D 126 Db39
Hetton-le-Hole GB 11 Fa17
Hettstedt D 127 Ea39
Hettstedt, Dienstedt- D 127 Dd42
Hetvebely H 152 Hb57
Hetzbach D 134 Cd45
Hetzerath D 133 Bc44
Heubach D 134 Da48
Heuchelheim D 126 Cc42
Heuchin F 23 Gd31
Heuchlingen D 134 Da48
Heudeber D 127 Dd38
Heumen NL 125 Bb38
Heusden NL 124 Ba38
Heusden-Zolder B 124 Ba40
Heusenstamm D 134 Cc44
Heustreu D 134 Db43
Heves H 146 Jb52
Hevilliers F 24 Jb37
Hevingham GB 17 Gb24
Hévíz H 145 Gd55
Hevlín CZ 137 Gb49
Hevosmäki FIN 82 Kd28
Hevosoja FIN 90 Ka38
Hevosoja FIN 90 La36
Hevossuo FIN 90 Kd37
Hewas Water GB 18 Db32
Hexham GB 11 Ed16
Heybeli TR 199 Gc89
Heybrook Bay GB 19 Dd32
Heyerode D 126 Db40
Heygendorf D 127 Dd40
Heyrieux F 34 Jb47
Heysham GB 11 Eb19
Heytesbury GB 19 Ec29
Hickling GB 16 Fb23
Hickling Green GB 17 Gb24
Hickstead GB 20 Fc30
Hida RO 171 Cd57
Hidas H 153 Hc57
Hidasnémeti H 139 Jd49
Hiddenhausen D 126 Cd37
Hidinge S 95 Fc44
Hıdırdivani TR 192 Fc84
Hıdırköyü TR 197 Ed88
Hidişelu de Sus RO 170 Cd57
Hieflau A 144 Fc53
Hiekkaniemi FIN 75 Kc24
Hiendelaencina E 46 Dd62
Hierden NL 116 Bb36
Hiersac F 32 Fc47
Hietakylä FIN 82 La31
Hietalanperä FIN 82 Ka26
Hietana FIN 90 Kd37
Hietanen FIN 90 La34
Hietaniemi FIN 69 Kd15
Hietaniemi FIN 90 Kd35
Hietaperä FIN 83 Lb25
Hietaranta FIN 75 La21
Hietoinen FIN 90 Kb37
Higham GB 21 Ga26
Higham Ferrers GB 20 Fb25
Highampton GB 19 Dd30
High Bentham GB 11 Ec19
Highbridge GB 19 Eb29
Highclere GB 20 Fa28
High Easter GB 20 Fd27
High Ercall GB 15 Ec24
Higher Town GB 18 Cc32
High Halden GB 21 Ga29
High Hesket GB 11 Ec17
Highworth GB 20 Ed27
High Wycombe GB 20 Fb27
Higuera de Arjona E 60 Db72
Higuera de Calatrava E 60 Da73
Higuera de las Dueñas E 46 Da65
Higuera de la Serena E 51 Ca70
Higuera de la Sierra E 59 Bd72
Higuera de Llerena E 51 Ca70
Higuera de Vargas E 51 Bb70
Higuera la Real E 51 Bc71
Higueruela E 54 Ed69
Higueruela E 54 Fa67
Hihnavaara FIN 69 Kc15
Hiidenkylä FIN 82 Kb28
Hiidenlahti FIN 83 Lb30
Hiidensaari FIN 90 Kd36
Hiirijärvi FIN 89 Jb36

Hiirola - Horodyszcze

Hiirola FIN 90 La34
Hiisi FIN 82 La27
Hiisijärvi FIN 82 La25
Hiitelä FIN 90 Kc37
Hiittinen FIN 97 Jc41
Hijar E 48 Fb62
Hijdieni MD 173 Fa55
Hijosa E 38 Db57
Hikiä FIN 90 Kb38
Hilchenbach D 125 Cb41
Hildburghausen D 134 Dc43
Hilden D 125 Bd40
Hilders D 126 Db42
Hildesheim D 126 Db37
Hildre N 76 Cc32
Hilgermissen D 118 Da35
Hilgertshausen D 143 Dd50
Hiliódendro GR 182 Ba78
Hiliomódi GR 195 Bd87
Hilişeu-Horia RO 172 Ec54
Hiliuţi MD 173 Fa55
Hiliuţi MD 173 Fb56
Hill GB 19 Ec27
Hilla FIN 98 Ka40
Hillared S 102 Ed49
Hille D 126 Cd36
Hille S 95 Gb39
Hillegom NL 116 Ad35
Hillerød DK 109 Ec25
Hillersboda S 95 Ga39
Hillerse D 126 Dc36
Hillerslev DK 100 Da21
Hillerslev DK 108 Dc27
Hillerstorp S 102 Fa50
Hillesheim D 133 Bc43
Hilleshög S 96 Gc43
Hillesøy N 62 Gc10
Hillestad N 93 Dd43
Hillested DK 109 Ea29
Hillhead GB 10 Dd16
Hillilä FIN 81 Jc27
Hillilä FIN 90 Kb36
Hillington GB 17 Ga24
Hillion F 26 Eb38
Hillmersdorf D 128 Fa39
Hillo FIN 90 La38
Hill of Fearn GB 5 Ea07
Hillosensalmi FIN 90 Kd36
Hillringsberg S 94 Ed43
Hillsand S 79 Fd28
Hillsborough GB 9 Da18
Hillswick GB 5 Ed04
Hilltown GB 9 Da18
Hilmiye TR 192 Ga81
Hilok RUS 99 Ma42
Hilovo RUS 107 Mb46
Hilpoltstein D 135 Dd47
Hilsenheim F 31 Kc38
Hiltenfingen D 142 Dc50
Hilter D 126 Cc37
Hiltpoltstein D 135 Dd46
Hiltula FIN 91 Lb33
Hiltulanlahti FIN 82 La30
Hiltunen FIN 75 Lb20
Hiltusen vaara FIN 75 La22
Hilvarenbeek NL 124 Ba38
Hilversum NL 116 Ba36
Hilzingen D 142 Cc51
Himalansaari FIN 90 La35
Himanka FIN 81 Jc27
Himankakylä FIN 81 Jc27
Himarë AL 182 Ab78
Hímaros GR 183 Cb76
Himbergen D 119 Dd34
Himesháza H 153 Hc57
Himki RUS 202 Ed10
Himmelberg A 144 Fa55
Himmelkron D 135 Ea44
Himmelpforten D 118 Da32
Himmelstadt D 134 Da44
Himmeta S 95 Ga43
Himmetoğlu TR 187 Hb76
Hinbjørgen N 78 Eb31
Hincăuţi MD 173 Fa53
Hinceşti MD 173 Fc58
Hinckley GB 16 Fa24
Hindår FIN 98 Kc39
Hindås S 102 Ec49
Hindelang, Bad D 142 Db53
Hindeloopen NL 116 Bb34
Hindersby FIN 90 Kd38
Hindersön S 73 Ja22
Hindhead GB 20 Fb29
Hindsby FIN 98 Kc39
Hindsig DK 108 Cd25
Hınıs TR 205 Ga20
Hinişeni MD 173 Fc56
Hinka GR 182 Ad80
Hinna N 92 Ca44
Hinnerjoki FIN 89 Jb37
Hinnerup DK 100 Dc23
Hinneryd S 110 Fa53
Hinojal E 51 Bd66
Hinojales E 51 Bc71
Hinojar E 55 Ed73
Hinojares E 61 Dd73
Hinojos E 59 Bd74
Hinojosa de la Sierra E 47 Ea60
Hinojosa del Duque E 52 Cc70
Hinojosa del Valle E 51 Bd70
Hinojosas de Calatrava E 52 Da70
Hinova RO 174 Cb65
Hinsala FIN 89 Jd36
Hinstock GB 15 Ec23
Hinte D 117 Ca32
Hinterbichl A 143 Eb54
Hinterrhein CH 142 Cc56
Hinterriß A 143 Dd53
Hintersee A 143 Ed52
Hintersee D 120 Fb33
Hinterstoder A 144 Fb52
Hintertux A 143 Dd54
Hinterweidenthal D 133 Ca47
Hinterzarten D 141 Ca51
Hinthaara FIN 98 Kc39
Hinwil CH 142 Cc53
Hio E 36 Ac57
Hióna GR 188 Ba86
Híos GR 191 Dd86
Hippolytushoef NL 116 Ba34
Hipstedt D 118 Da33
Hîrbovaţ MD 173 Ga58
Hîrceşti MD 173 Fb56
Hird H 152 Hb57
Hirel F 28 Ed38
Hîrjău MD 173 Fd55
Hırka TR 198 Fc89
Hırkalı TR 192 Fb84
Hırkatepe TR 187 Hb80
Hirla EST 98 La43
Hirova MD 173 Fc56
Hirsala FIN 98 Kb40
Hirschaid D 134 Dc45
Hirschau A 142 Da53
Hirschau D 135 Ea46
Hirschbach D 135 Ea46
Hirschberg D 134 Cc46
Hirschegg A 142 Da53
Hirschegg-Rein A 144 Fc55
Hirschfeld D 128 Fa40
Hirschfelde D 128 Fc42
Hirschhorn D 134 Cc46
Hirsijärvi FIN 74 Kb24
Hirsikangas FIN 83 Lb27
Hirsilä FIN 90 Ka34
Hirsingue F 31 Kb40
Hirsjärvi FIN 89 Jd38
Hirson F 24 Hc33
Hirtolahti FIN 90 Ka35
Hîrtop MD 173 Fc59
Hirtop MD 173 Ga57
Hirtopul Mare MD 173 Fd57
Hirtshals DK 100 Dc19
Hirtzfelden F 31 Kc39
Hirvaanmäki FIN 82 Kb31
Hirvälä FIN 97 Jd39
Hirvas FIN 74 Jd19
Hirvasniemi FIN 74 Ka24
Hirvassalmi FIN 69 Jd12
Hirvasvaara FIN 74 Kd18
Hirvelä FIN 83 Lc25
Hirvelä FIN 90 La37
Hirvelänpää FIN 89 Ja32
Hirvenlahti FIN 90 Kd34
Hirvensalmi FIN 90 Kd34
Hirviäkuru FIN 69 Ka16
Hirvihaara FIN 90 Kb38
Hirvijärvi FIN 82 Kd27
Hirvijärvi FIN 82 Kd30
Hirvijärvi FIN 89 Ja34
Hirvijärvi FIN 90 Ka38
Hirvijärvi S 73 Ja19
Hirvijoki FIN 81 Jc31
Hirvikangas FIN 90 Kb32
Hirvikoski FIN 90 Kd38
Hirvikylä FIN 90 Ka32
Hirvilahti FIN 82 Kd30
Hirvimäki FIN 90 Kb33
Hirviperä FIN 89 Jc34
Hirvipohja FIN 90 Kc34
Hirvisalo FIN 90 Kd36
Hirvivaara FIN 75 Lb24
Hirvlax FIN 81 Ja29
Hirwaun GB 19 Ea27
Hirzenhain D 134 Cd43
Hisar TR 198 Fd90
Hisar TR 199 Gc89
Hisaralan TR 192 Fb83
Hisarardı TR 197 Fa89
Hisarcık TR 192 Fd83
Hisarja BG 180 Db72
Hisarköy TR 193 Ha84
Hisarlık TR 187 Gb80
Hisarönü Köy TR 198 Fd92
Hischberg D 135 Ea43
Hishult S 110 Fa53
Hisingen S 102 Eb49
Hiski RUS 99 Lb40
Hislaviči RUS 202 Ec12
Hisøy N 93 Da46
Hissjön S 80 Hb28
Histijanovo BG 180 Dd73
Hita E 46 Dd63
Hitcham GB 21 Ga26
Hitchin GB 20 Fc26
Hitiaş RO 174 Bd61
Hitis FIN 97 Jc41
Hitovo BG 181 Fa68
Hitra N 77 Dc29
Hittarp S 110 Ec54
Hittisau A 142 Da53
Hitzacker D 119 Dd34
Hitzhofen D 135 Dd48
Hiukamaa FIN 89 Jd33
Hiukkaa FIN 90 Ka34
Hiukkajoki FIN 91 Ld33
Hızırkahya TR 199 Gb93
Hjäggsjö S 80 Hb28
Hjallerup DK 100 Dc20
Hjällstad S 94 Ed39
Hjälmseryd S 103 Fc50
Hjälmsjö S 110 Ed54
Hjälsta S 96 Gc42
Hjälstad S 103 Fb46
Hjältevad S 103 Fd49
Hjärnarp S 110 Ed53
Hjärsås S 111 Fb54
Hjartdal N 93 Db42
Hjärtum S 102 Ec47
Hjarup DK 108 Db26
Hjelle N 84 Cc34
Hjelle N 85 Da36
Hjellestad N 84 Ca39
Hjelm DK 109 Eb28
Hjelmeland N 92 Cb43
Hjelmset N 70 Ed24
Hjelset N 77 Da31
Hjemås N 66 Fd17
Hjerkinn N 85 Dd34
Hjerm DK 100 Da23
Hjerpsted DK 108 Cd27
Hjerting DK 108 Cd26
Hjo S 103 Fb47
Hjøllund DK 108 Db24
Hjordkær DK 108 Db27
Hjørring DK 100 Dc19
Hjortdal DK 100 Db20
Hjorte DK 108 Dc26
Hjorted S 103 Ga49
Hjorteset N 84 Cb35
Hjortkvarn S 95 Fd45
Hjortsberga S 103 Fb52
Hjortshøj DK 100 Dc23
Hjulsbro S 103 Fd47
Hjulsjö S 95 Fc42
Hlebine HR 152 Gc57
Hlevacha UA 202 Ec14
Hligeni MD 173 Fd55
Hlina MD 172 Ed53
Hlinaia MD 173 Fa54
Hlinaia MD 173 Ga57
Hlinky CZ 135 Ec44
Hlinsko CZ 136 Ga45
Hlipiceni RO 172 Ed56
Hljabovo BG 185 Ea74
Hlobyne UA 204 Ed15
Hlohovec SK 145 Ha50
Hlubočky CZ 137 Gd46
Hluboká nad Vltavou CZ 136 Fb48
Hluchiv UA 202 Ed13
Hlučín CZ 137 Ha45
Hluk CZ 137 Gd48
Hlusk BY 202 Eb13
Hlybokae BY 202 Ea11
Hniedzdne SK 138 Jb46
Hnilec SK 138 Jb48
Hnivan' UA 204 Eb15
Hnjótur IS 2 Ab02
Hnojník CZ 137 Hb45
Hnúšt'a SK 138 Ja49
Hobeck D 127 Eb38
Hõbesalu EST 98 Ka45
Hobiţa RO 175 Cc62
Hobol H 152 Ha58
Hobro DK 100 Dc22
Hocaköy TR 187 Gb78
Hocaköy TR 187 Hb78
Hocalar TR 193 Gb86
Hocalı TR 199 Hb91
Hocaş TR 187 Hb80
Hoceni RO 173 Fb59
Höchberg D 134 Da45
Hochburg A 143 Ec51
Hochdonn D 118 Da31
Höchenschwand D 141 Ca51
Hochfinstermünz A 142 Db55
Hochgurgl A 142 Dc55
Hochheim D 133 Cb44
Höchheim D 134 Dc43
Hochnaukirchen A 145 Gb53
Hochspeyer D 133 Ca46
Höchst CH 142 Cd53
Höchst D 134 Cd45
Hochstadt D 133 Cb46
Höchstädt D 134 Db49
Höchstadt D 134 Dc45
Hochstadt D 135 Dd44
Höchstädt D 135 Eb44
Hochwolkersdorf A 145 Gb52
Hoçisht AL 182 Ba77
Hockenheim D 134 Cc46
Hockley Heath GB 20 Ed25
Hoczew PL 139 Kb46
Hodac RO 172 Dd58
Hodal N 86 Eb33
Hodász H 147 Kb51
Hodde DK 108 Da25
Hoddesdon GB 20 Fc27
Hoddevika N 76 Ca33
Hodejov SK 146 Ja50
Hodenhagen D 118 Da35
Hodkovice nad Mohelkou CZ 128 Fc42
Hódmezővásárhely H 146 Jb56
Hodnanes N 92 Ca41
Hodnet GB 15 Ec23
Hodod RO 171 Cd56
Hodøl N 86 Ec33
Hodonín CZ 137 Gd48
Hodoš SLO 145 Gb55
Hodoşa RO 171 Dc59
Hodošan HR 152 Gc57
Hodrua-Hámre SK 146 Hc50
Hodsager DK 100 Da23
Hodslavice CZ 137 Ha46
Hodul TR 185 Ed80
Hoegaarden B 124 Ad41
Hoek NL 124 Ab38
Hoek van Holland NL 116 Ac36
Hoenderloo NL 117 Bc36
Hoeselt B 124 Ba41
Hoetmar D 125 Cb38
Hof D 135 Ea43
Hof N 93 Dd42
Hof N 93 Dd43
Hofbieber D 126 Da42
Höfen A 142 Db53
Höfen D 134 Cc48
Höfer D 118 Dc35
Hoff N 76 Cc32
Hoffen F 25 Kc36
Hofgeismar D 126 Da39
Hofheim D 134 Cc44
Hofheim D 134 Dc44
Hofkirchen A 144 Fa51
Hofkirchen D 135 Ed49
Hofkirchen im Traunkreis A 144 Fb51
Hofles N 78 Ec25
Höfn IS 3 Bb06
Hofors S 95 Ga39
Hofsós IS 2 Ba03
Hofsøy N 67 Gb11
Hofstad N 78 Ea27
Hofstätten A 144 Ga54
Hofstetten D 142 Dc51
Hofsvík IS 2 Ac04
Hög S 87 Gb35
Höga S 102 Eb48
Höganäs S 110 Ec54
Högås S 80 Gc26
Högås S 102 Eb47
Högbo S 95 Gb39
Högbränna S 72 Gc23
Högbränna S 72 Ha23
Högby S 104 Gc51
Hogdal S 93 Ea44
Høgebru N 84 Cd36
Högen S 94 Eb45
Högerund S 94 Ed43
Høgeset N 85 Da37
Högfors S 95 Fc41
Högfors S 95 Ga41
Hoggais FIN 97 Jb40
Höggeröd S 102 Eb47
Högheden S 73 Hb24
Hoghilag RO 175 Dc60
Hoghiz RO 176 Dd61
Høgild DK 108 Da24
Hogland RUS 98 La39
Högland S 79 Fd26
Högland S 80 Ha29
Högland S 87 Gb35
Höglekardalen S 79 Fb31
Höglunda S 79 Fd31
Högnabba FIN 81 Jc29
Hogne B 124 Ba42
Hognes N 78 Ed25
Högsåra FIN 97 Jb41
Högsäter S 102 Ec46
Högsätter S 94 Ec42
Högsbo S 95 Gb41
Högsby S 103 Ga51
Högsjö S 88 Gc32
Högsjö S 95 Fd44
Högsön S 73 Ja21
Hogstad S 103 Fc47
Høgstadgård N 67 Gd12
Högstena S 102 Fa47
Högträsk S 73 Hb19
Högvålen S 86 Ed34
Högvalta S 94 Ed42
Hőgyész H 146 Hc56
Hohberg D 133 Ca49
Hohburg D 127 Ec40
Hoheleye D 126 Cc40
Hohen D 128 Fa36
Hohenahr D 126 Cc42
Hohenaspe D 118 Db31
Hohenau A 137 Gc49
Hohenau D 135 Ed48
Hohenberg A 144 Ga52
Hohenberg D 135 Eb44
Hohenbocka D 128 Fa40
Hohenbrunn D 143 Ea51
Hohenbucko D 127 Ed39
Hohenems A 142 Cd53
Hohenfels D 135 Ea47
Hohenfurch D 142 Dc51
Hohengörsdorf D 127 Ed38
Hohenhameln D 126 Db37
Höhenkirchen D 143 Ea51
Hohenleipisch D 128 Fa40
Hohenleuben D 127 Eb42
Hohenlinden D 143 Ea51
Hohenlobese D 127 Eb37
Hohenlockstedt D 118 Db31
Hohenmocker D 119 Ed32
Hohenmölsen D 127 Eb41
Hohennauen D 127 Eb36
Hohen Neuendorf D 127 Ed36
Hohenpolding D 143 Eb50
Hohenroth D 134 Db43
Hohensaaten D 120 Fb35
Hohenseeden D 127 Eb37
Hohenseefeld D 127 Ed38
Hohenselchow D 120 Fb34
Hohen Sprenz D 119 Eb31
Hohenstein D 133 Cb43
Hohenstein D 142 Cd50
Hohenstein-Ernstthal D 127 Ec42
Hohentauern A 144 Fb53
Hohentengen D 142 Cd51
Hohenthann D 135 Eb49
Hohen Wangelin D 119 Ec32
Hohenwarsleben D 127 Ea37
Hohenwart D 135 Dd49
Hohenwarth A 144 Ga50
Hohenwarth D 135 Ec47
Hohenwestedt D 118 Db31
Hohenziatz D 127 Eb37
Hohn D 118 Db30
Hohne D 126 Dc36
Höhnhart A 143 Ed51
Höhnhart A 143 Ed52
Höhnstedt D 127 Ea39
Hohnstein D 128 Fb41
Hohnstorf D 118 Dc33
Hoho FIN 90 Kc32
Höhr-Grenzhausen D 125 Ca42
Hohwacht D 119 Dd30
Høiby DK 109 Eb25
Hoikankylä FIN 82 Kd31
Hoikka FIN 75 La24
Hoilola FIN 83 Ma31
Hoisko FIN 81 Jd30
Højby DK 109 Dd27
Højen DK 101 Dd19
Højer DK 108 Cd28
Højerup DK 109 Ec27
Højmark DK 108 Cd24
Højslev DK 100 Db22
Højslev Stationsby DK 100 Db22
Hojsova Stráž CZ 135 Ed47
Hok S 103 Fb50
Hökåsen S 95 Gb42
Hökhuvud S 96 Gd40
Hokka FIN 90 Kd33
Hokkåsen N 94 Ec40
Hokkaskylä FIN 89 Jd33
Hokksund N 93 Dd42
Hokland N 66 Ga12
Hökmark S 81 Hd26
Hökön S 111 Fb53
Hököpinge S 110 Ed56
Hokstad N 78 Eb28
Hökvattnet S 79 Fc28
Hol N 77 Dd31
Hol N 85 Da39
Holand N 66 Fc14
Holand N 79 Fb26
Holandsvika N 70 Fa21
Holapantörmä FIN 75 Kc23
Hola Prystan' UA 204 Ed17
Hólar IS 2 Ba03
Holasovice CZ 137 Ha44
Holbæk DK 101 Dd22
Holbæk DK 109 Eb25
Holbeach GB 17 Fd24
Holbeach Saint Matthew GB 17 Fd23
Holboca RO 173 Fa57
Holbøl DK 108 Db28
Holdenstedt D 127 Ea40
Holdorf D 117 Cc35
Holdre EST 106 Kd47
Høle N 92 Ca44
Hole N 93 Dd41
Hole S 94 Fa41
Holeby DK 109 Ea29
Hølen N 93 Ea43
Holercani MD 173 Fd57
Holešov CZ 137 Gd47
Holevik N 84 Ca35
Holford GB 19 Ea29
Holguera E 45 Bd65
Holíč SK 137 Gd49
Holice CZ 136 Ga44
Holice SK 145 Gd51
Hölick S 88 Gc36
Holiseva FIN 90 Ka34
Holja FIN 90 Ka36
Höljäkkä FIN 83 Lc28
Höljes S 86 Ed38
Holkestad N 66 Fc15
Holkonkylä FIN 89 Jd32
Holla N 77 Dc30
Hollabrunn A 136 Ga49
Hollád H 145 Gd56
Hollandstoun GB 5 Ed02
Hollange B 132 Ba44
Holle D 126 Db37
Holleben D 127 Ea40
Høllen N 92 Cd47
Hollenfels L 133 Bb44
Hollenstedt D 118 Db33
Hollerath D 125 Bc42
Hollern-Twielenfleth D 118 Db32
Hollersbach A 143 Eb54
Hollfeld D 135 Dd45
Hollingsholm N 76 Cd31
Hollóháza H 139 Jd49
Hollókő H 146 Ja51
Hollola FIN 90 Kc37
Hollolan FIN 90 Kb37
Hollstadt D 134 Db43
Hollum NL 117 Bc32
Höllviken S 110 Ed57
Hollybush GB 10 Dd15
Hollyford IRL 13 Ca23
Hollyfort IRL 13 Cd23
Hollymount IRL 8 Bc20
Hollywood IRL 13 Cd22
Holm D 118 Db32
Holm DK 108 Db27
Holm FIN 81 Jb28
Holm N 66 Fd12
Holm N 70 Ed24
Holm N 77 Da32
Holm N 93 Ea44
Holm RUS 202 Eb10
Holm S 87 Gb32
Holm S 94 Ec45
Holm S 96 Gc42
Holma FIN 90 Ka35
Hólmavík IS 2 Ad03
Holme S 79 Gb30
Holmedal N 92 Cb41
Holmedal S 94 Ec43
Holmegil N 94 Eb44
Holmen N 70 Fa23
Holmenkollen N 93 Ea41
Holme-Olstrup DK 109 Eb27
Holme-on-Spalding-Moor GB 16 Fb20
Holmes Chapel GB 15 Ec22
Holmestad S 102 Fa46
Holmestrand N 93 Dd43
Holmfirth GB 16 Ed21
Holmfors S 72 Gc24
Holmfors S 73 Hb23
Holmfors S 73 Hc24
Holmisperä FIN 82 Ka29
Holmmo N 78 Fa25
Holmön S 80 Hc28
Holmøyane N 84 Cc34
Holmsbu N 93 Dd42
Holmsjö S 72 Gd24
Holmsjö S 79 Fd31
Holmsjö S 80 Gc29
Holmsjö S 111 Fd53
Holmskij RUS 205 Fc17
Holmstrand N 64 Jb09
Holmsund S 80 Hc29
Holmsvattnet S 80 Hc26
Holmsveden S 87 Gb37
Holmträsk S 73 Hc23
Holmträsk S 80 Hb25
Holmträsk S 80 Ha26
Holmträsk S 80 Gc28
Holmudden S 104 Hb48
Holmvassdalen N 70 Fa23
Holm-Žirkovskij RUS 202 Ec11
Hölö S 96 Gc44
Holod RO 170 Cb57
Holoşniţa MD 173 Fc54
Holøydal N 86 Eb34
Holsbybrunn S 103 Fd50
Holsen N 84 Cc36
Holsljunga S 102 Ed50
Hølstad N 78 Eb27
Holstebro DK 100 Da23
Holsted DK 108 Da26
Holsted Stationsby DK 108 Da26
Holstinmäki FIN 74 Ka23
Holsworthy GB 18 Dc30
Holt GB 17 Ga23
Holt N 93 Db45
Holtdalsvollen N 78 Eb31
Holte N 78 Ea31
Holten NL 117 Bd36
Holtet DK 101 Dd21
Holtgast D 117 Cb32
Holt Heath GB 15 Ec25
Holtsee D 118 Db30
Holtslåtten N 94 Eb39
Holum N 92 Cc47
Holungen D 126 Dc39
Holven N 84 Cc39
Holvika N 78 Eb26
Holwerd NL 117 Bc32
Holy Cross IRL 13 Ca23
Holyhead GB 14 Dc22
Holýšov CZ 135 Ed46
Holywell GB 15 Eb22
Holywell GB 19 Eb30
Holywood GB 9 Da17
Holzbach D 133 Ca44
Holzdorf D 127 Ed39
Holzgerlingen D 134 Cc49
Holzhausen D 133 Cb43
Holzheim D 134 Db49
Holzkirchen D 143 Ea52
Holzminden D 126 Da38
Holzthaleben D 126 Dc40
Holzweiler D 125 Bc40
Holzweißig D 127 Eb39
Holzwickede D 125 Ca39
Hömb S 103 Fb47
Homberg (Efze) D 126 Da41
Homberg (Ohm) D 126 Cd42
Homborsund N 93 Da47
Hombourg-Budange F 25 Jd35
Hombourg-Haut F 25 Ka35
Hombukt N 63 Hc08
Homburg am Main D 134 Da45
Homburg (Saar) D 133 Bd46
Homel' BY 202 Ec13
Homeshi AL 182 Ad74
Homme N 92 Cd46
Homme N 92 Cd46
Hommelstø N 70 Ed23
Hommelvik N 78 Eb30
Hommerts NL 116 Bb34
Homocea RO 176 Ed61
Homokszentgyörgy H 152 Ha57
Homoroade RO 171 Cd55
Homorod RO 176 Dd61
Hompland N 92 Cb45
Homps F 41 Ha55
Homrogd H 146 Jc50
Homstad N 78 Ec26
Homstean N 92 Cd46
Homutovka RUS 202 Ed13
Hømvejle DK 108 Da26
Hömyrfors S 73 Jb21
Honaz TR 198 Fd88
Hondarribia E 39 Ec55
Hondelange B 132 Ba45
Hondón de las Nieves E 55 Fa71
Hondón de los Frailes E 55 Fa71
Hondschoote F 21 Gd30
Hønefoss N 85 Dd40
Honfleur F 22 Fd35
Høng DK 109 Ea26
Hongisto FIN 90 Ka38
Hongset N 70 Ed23
Hónikas GR 195 Bd87
Honing GB 17 Gb24
Honiton GB 19 Ea30
Honkajärvi FIN 89 Ja34
Honkajoki FIN 89 Jb34
Honkakoski FIN 82 Kd28
Honkakoski FIN 89 Ja35
Honkakylä FIN 89 Jb32
Honkalahti FIN 91 Lc35
Honkamäki FIN 83 Lb31
Honkamukka FIN 69 Kd15
Honkaperä FIN 82 Kb26
Honkaperä FIN 82 Kb28
Honkaranta FIN 82 Ka29
Honkilahti FIN 89 Jb37
Honkola FIN 82 Kb31
Honkola FIN 89 Jd37
Hønning DK 108 Da27
Honningsvåg N 64 Jc04
Hönö S 102 Eb49
Honrubia E 53 Eb67
Hønseby N 63 Hd06
Hontalbilla E 46 Db61
Hontanares E 46 Cd65
Hontanaya E 53 Ea67
Hontangas E 46 Dc60
Hontianske Nemce SK 146 Hc50
Hontoria del Pinar E 46 Dd60
Hoofddorp NL 116 Ad35
Hoofdplaat NL 124 Ab38
Hoogerheide NL 124 Ac38
Hoogersmilde NL 117 Bd34
Hoogeveen NL 117 Bd35
Hoogezand-Sappemeer NL 117 Ca33
Hooge Zwaluwe NL 124 Ad37
Hooghalen NL 117 Bd34
Hoogkarspel NL 116 Ba34
Hoogkerk NL 117 Bd33
Hoogstade B 21 Ha30
Hoogstede D 117 Ca35
Hoogstraten B 124 Ad38
Hook GB 20 Fb29
Hook Norton GB 20 Fa26
Hooksiel D 117 Cc32
Höör S 110 Fa55
Hoorn NL 116 Ba34
Hopa TR 205 Ga19
Hopârta RO 171 Da59
Hope GB 4 Dd04
Hope GB 15 Eb22
Hope GB 19 Dd32
Hope N 93 Db45
Hope Bowdler GB 15 Eb24
Hopen N 66 Fc14
Hopen N 66 Fd15
Hopen N 77 Db29
Hopfgarten A 143 Ea53
Hopfgarten A 143 Eb55
Höpfingen D 134 Cd46
Hôpital-Camfrout F 26 Dc38
Hopovo SRB 153 Jb60
Hoppegarten D 128 Fa36
Hoppula FIN 74 Kb19
Hopseidet N 64 Ka05
Hopsten D 117 Cb36
Hopsu FIN 90 Kb34
Hopton GB 17 Gc24
Hopton Wafers GB 15 Ec25
Hoptrup DK 108 Db27
Hóra GR 194 Ba89
Hóra GR 196 Db91
Hóra GR 197 Eb88
Horam GB 20 Fd30
Horasan TR 205 Ga19
Horasanlı TR 198 Fc89
Hóra Sfakion GR 200 Cc95
Hora Svatého Kateřiny CZ 135 Ed43
Hora Svaté Šebestiána CZ 135 Ed43
Horaždovice CZ 136 Fa47
Horb am Neckar D 134 Cc49
Horbelev DK 109 Eb28
Horbury GB 16 Fa21
Hörby DK 100 Dc22
Hörby DK 101 Dd20
Hörby S 110 Fa55
Horcajada de la Torre E 53 Ea66
Horcajo de las Torres E 46 Cd62
Horcajo de los Montes E 52 Cd68
Horcajo de Santiago E 53 Dd66
Horcajo Medianero E 45 Cc63
Horche E 46 Dd64
Horda S 103 Fb51
Hörda S 103 Fb51
Hordabø N 84 Ca38
Hordáki GR 200 Cc94
Hörden D 126 Dc39
Hordorf D 127 Dd38
Hørdum DK 100 Da21
Høre N 85 Db37
Horea RO 171 Cc59
Horeb GB 14 Dc26
Höreda S 103 Fc49
Horeftó GR 189 Ca81
Horémis GR 194 Bb88
Horeşti MD 173 Fa56
Horeşti MD 173 Fd58
Horezu RO 175 Da63
Horgau D 142 Dc50
Horgen CH 141 Cb53
Horgenzell D 142 Cd51
Hörgertshausen D 135 Ea49
Horgeşti RO 176 Ed60
Horgevik N 93 Da43
Horgheim N 77 Da33
Horgoš SRB 153 Jb57
Horhausen D 125 Ca42
Höri CH 141 Cb52
Horia RO 172 Ed58
Horia RO 177 Fb66
Horia RO 177 Fc64
Hořice CZ 136 Ga43
Hořice na Šumavě CZ 136 Fb49
Horígio GR 183 Ca76
Hořiněves CZ 136 Ga44
Horió GR 197 Eb90
Horistí GR 184 Cd76
Hörja S 110 Fa54
Horka D 128 Fc40
Horki BY 202 Eb12
Hörkkölä FIN 91 Lc35
Horleşti RO 173 Fa57
Horley GB 20 Fc29
Horlivka UA 205 Fb15
Hörlösa S 103 Gb51
Hormakumpu FIN 68 Jc15
Hormanloukko FIN 81 Jb31
Hormigos E 46 Da65
Horn A 136 Ga49
Horn N 70 Ed23
Horn N 70 Fa21
Horn S 103 Fb46
Horn S 103 Ga48
Horna E 55 Ed70
Hornachos E 51 Ca70
Hornachuelos E 60 Cc72
Horná Súča SK 137 Ha48
Hornbach D 133 Bd46
Horn-Bad Meinberg D 126 Cd38
Hornbæk DK 109 Ec24
Hornberg D 141 Cb50
Hornberga S 87 Fc37
Hornburg D 126 Dc38
Horncastle GB 17 Fc22
Horndal S 95 Ga40
Horne DK 100 Dc19
Horne DK 108 Dc27
Hörnebo S 103 Fb47
Horneburg D 118 Db33
Hörnefors S 80 Hb29
Horné Motešice SK 137 Hb48
Horné Mýto SK 145 Ha51
Hornesund N 92 Cd46
Horní Bečva CZ 137 Hb46
Horní Benešov CZ 137 Gd45
Horní Blatná CZ 135 Ec43
Horní Bříza CZ 135 Ed45
Horní Cerekev CZ 136 Fd47
Horní Jelení CZ 136 Ga44
Horní Jiřetín CZ 135 Ed43
Horní Kněžeklady CZ 136 Fb47
Horní Kruty CZ 136 Fc45
Horní Lideč CZ 137 Ha47
Hornillatorre E 38 Dc56
Hornillos de Cerrato E 46 Db59
Hornindal N 84 Cc34
Hørning DK 108 Dc24
Horning GB 17 Gb24
Horninglow GB 16 Ed23
Hornio FIN 89 Jc36
Horní Planá CZ 136 Fa49
Horní Slavkov CZ 135 Ec44
Horní Vitavice CZ 136 Fa48
Hornmyr S 80 Gd26
Hornnes N 92 Cd45
Hornoy-le-Bourg F 23 Gc33
Hornsea GB 17 Fc20
Hornsjø N 85 Ea37
Hörnsjö S 80 Ha28
Hornslet DK 100 Dc23
Hornstein A 145 Gb52
Hornsträsk S 73 Hb24
Hornsyld DK 108 Dc25
Hörnum D 108 Cd28
Hornum DK 100 Db21
Horný Tisovník SK 146 Hd50
Horoatu Crasnei RO 171 Cc56
Horochiv UA 204 Ea15
Horodca MD 173 Fc58
Horodenka UA 204 Ea16
Horodişte MD 173 Fa55
Horodişte MD 173 Fb54
Horodişte MD 173 Fc57
Horodişte MD 173 Fd56
Horodło PL 131 Kd40
Horodnic RO 172 Eb55
Horodniceni RO 172 Eb56
Horodnja UA 202 Ec13
Horodnycja UA 202 Eb14
Horodok UA 204 Ea15
Horodyšče UA 204 Ec15
Horodyszcze PL 131 Kb38

Horonkylä – Impalata

Horonkylä FIN 82 Kc30
Horonkylä FIN 89 Ja32
Horoszki Duże PL 131 Kb36
Hořovice CZ 136 Fa45
Hořovičky CZ 135 Ed44
Horoz TR 198 Ga89
Horrabridge GB 19 Dd31
Horred S 102 Ec50
Hörröd S 111 Fb55
Horrskog S 95 Gb40
Horsdal N 71 Fb18
Horse and Jockey IRL 13 Ca23
Horseleap IRL 13 Cb21
Horsens DK 108 Dc25
Horsham GB 20 Fc29
Hørsholm DK 109 Ec25
Horslunde DK 109 Ea28
Horsmanaho FIN 83 Lc30
Hörsne S 104 Ha49
Horšovský Týn CZ 135 Ec46
Horst D 118 Db32
Horst NL 125 Bc39
Hörstel D 117 Cb36
Horstmar D 125 Ca37
Horstwalde D 127 Ed38
Horsunlu TR 198 Fb88
Hort H 146 Ja52
Horta de Sant Joan E 48 Fd63
Hortas E 36 Ba55
Hortáta GR 188 Ac83
Hørte N 93 Da46
Horten N 93 Dd43
Hortes F 31 Jc40
Hortezuela E 47 Ea61
Hortiátis GR 183 Cb78
Hortigüela E 46 Dd59
Hortlax S 73 Hd23
Hortobágy H 147 Jd52
Horton GB 20 Ed30
Horton GB 20 Fb26
Horton-cum-Studley GB 20 Fa27
Horton in Ribbledale GB 11 Ec19
Hörup D 108 Da28
Hørup DK 108 Dc28
Hørve DK 109 Ea25
Horven N 78 Ec25
Hörvik S 111 Fc54
Horwich GB 15 Ec21
Horyniec PL 139 Kc43
Horyszów Ruski PL 131 Kd41
Horzamalayaka TR 192 Fb86
Horzum TR 192 Fa86
Horzumenbelli TR 192 Fb86
Hoşafoglu TR 187 Ha78
Hosanger N 84 Ca38
Hösbach D 134 Cd44
Hosby DK 108 Dc25
Hoscheid L 133 Bb44
Hosena D 128 Fa40
Hosenfeld D 134 Da43
Hoset N 66 Fc17
Hoset N 77 Da31
Hosiári GR 194 Bc90
Hosingen L 133 Bb43
Hosio FIN 74 Ka21
Hoslemo N 92 Cd42
Hospice de France F 40 Ga57
Hospital E 36 Bc56
Hospital E 40 Fd58
Hospital IRL 12 Bd24
Hospital de Órbigo E 37 Cb57
Hossa FIN 75 Lb21
Hossegor F 39 Ed54
Hössjö S 80 Hb28
Hössjön S 79 Fd28
Hössna S 102 Fa48
Hosszúhetény H 152 Hb57
Hosszúpályi H 147 Ka53
Hosszúpereszteg H 145 Gc54
Hostal de Ipiés E 40 Fc58
Hostalric E 49 Hb60
Hostens F 32 Fb51
Hostěradice CZ 137 Gb48
Hostikka FIN 91 Lb37
Hostinné CZ 136 Ga43
Hostivice CZ 136 Fb44
Hošťka CZ 136 Fb43
Hostomice CZ 136 Fa45
Höstoppen S 79 Fd28
Hostouň CZ 135 Ec46
Hostrupskov DK 108 Db27
Hotanlı TR 186 Fb80
Hotarele RO 180 Eb67
Hotaşlar TR 192 Fa82
Hotedršica SLO 151 Fa58
Hötensleben D 127 Dd37
Hoticy RUS 107 Ld46
Hoting S 79 Ga27
Hotneža RUS 99 Ma42
Hotnica BG 180 Dd70
Hotolisht AL 182 Ad75
Hotonj BIH 158 Hb68
Hotton B 124 Ba42
Hötzelsdorf A 136 Ga49
Hou DK 101 Dd21
Hou DK 108 Dc25
Houdain F 23 Gd31
Houdan F 23 Gc37
Houdelaincourt F 24 Jb37
Houeillès F 40 Fd52
Houetteville F 23 Gb36
Houffalize B 133 Bb43
Houghton-le-Spring GB 11 Fa17
Houhajärvi FIN 89 Jc36
Houlbjerg DK 100 Dc23
Houlgate F 22 Fc35
Houliarádes GR 182 Ad80
Houmnikó GR 184 Cc77
Hourtin F 32 Fa49
Hourtin-Plage F 32 Fa49
Houssay F 28 Fb40
Housukoski FIN 90 Ka32
Houten NL 124 Ba37
Houthalen-Helchteren B 124 Ba40
Houtsala FIN 97 Ja40
Houtskär FIN 97 Ja40
Houyet B 132 Ad43
Hov N 62 Gd09
Hov N 66 Ga13
Hov N 78 Eb26
Hov N 85 Dd39
Hov S 103 Fc47
Hov S 110 Ed53
Hova S 95 Fb45
Høvåg N 93 Da47
Hovås S 102 Eb49
Hovborg DK 108 Da26
Hovda N 92 Cb43
Hovden N 66 Fc12
Hove GB 20 Fc30
Hove N 84 Cb35
Hovedgård DK 108 Dc24
Hövej H 145 Gc53
Hövelhof D 126 Cd38
Hoven DK 108 Da25
Hovenäset S 102 Ea46
Hovet N 85 Da39
Hověží CZ 137 Ha47
Hovi FIN 82 La30
Hovid S 88 Gc33
Hovika N 78 Ec26
Höviken S 94 Ed41
Höviksnäs S 102 Eb48
Hovin N 78 Ea31
Hovin N 93 Db41
Hovin N 93 Ea42
Hovinmäki FIN 90 La34
Hovinsalo FIN 90 Kd33
Hovland N 92 Cb45
Hovmantorp S 103 Fd52
Hovorany CZ 137 Gc48
Hovsherad N 92 Cb45
Hovslätt S 103 Fb49
Hovslund Stationsby DK 108 Db27
Hovsta S 95 Fd43
Hovsund N 66 Fb14
Hovsvågen N 70 Ed21
Howden GB 16 Fb20
Howmore GB 6 Cd08
Hownam GB 11 Ec15
Howth IRL 13 Da21
Höxter D 126 Da38
Hoya D 118 Da35
Hoya de Santa María E 59 Bd72
Hoya-Gonzalo E 54 Ed69
Høyanger N 84 Cb36
Høydalsmo N 93 Da42
Hoyerswerda D 128 Fb40
Høyholm N 70 Ed22
Høyjord N 93 Dd43
Höykkylä FIN 81 Jc30
Höylä FIN 83 Lb28
Hoylake GB 15 Eb21
Høylandet N 78 Ed26
Hoyland Nether GB 16 Fa21
Hoym D 127 Dd38
Hoyocasero E 46 Cd64
Hoyo de Manzanares E 46 Db64
Hoyos E 45 Bd64
Höytiä FIN 90 Kb32
Høyvik N 63 Hc06
Høyvik N 84 Ca35
Hoz E 40 Fc57
Hozabejas E 38 Dc57
Hrabrovo RUS 113 Ja58
Hrabušice SK 138 Jb48
Hrabyně CZ 137 Ha45
Hradčany CZ 136 Fc43
Hradec Králové CZ 136 Ga44
Hradec nad Moravicí CZ 137 Ha45
Hradec nad Svitavou CZ 137 Gb46
Hrádek CZ 136 Fa46
Hrádek CZ 137 Gb49
Hrádek nad Nisou CZ 128 Fc42
Hradyz'k UA 204 Ed15
Hrafnagil IS 2 Ba04
Hrafnseyri IS 2 Ac02
Hráni GR 194 Bb88
Hranice CZ 135 Eb43
Hranice CZ 137 Ha46
Hraničné SK 138 Jc46
Hranovnica SK 138 Jb48
Hrastelnica HR 152 Gb60
Hrastje HR 152 Gb58
Hrastnik SLO 151 Fd57
Hrebenne PL 139 Kd43
Hrebinka UA 202 Ed14
Hredino RUS 99 Mb45
Hřensko CZ 128 Fb42
Hrhov SK 138 Jc49
Hrib-Loški Potok SLO 151 Fb59
Hriňová SK 138 Hd49
Hrisafa GR 194 Bc89
Hrísey IS 2 Ba03
Hříškov CZ 136 Fa44
Hrisópetra GR 183 Cb77
Hrisóstomos GR 196 Dd88
Hrissí GR 201 Db97
Hrissó GR 184 Cc76
Hrissoúpoli GR 184 Db77
Hrissovítsi GR 194 Bb87
Hristiáni GR 194 Ba88
Hristós GR 196 Dd88
Hristovaia MD 173 Fd54
Hrnjadi BIH 152 Gb63
Hrochův Týnec CZ 136 Ga45
Hrodna BY 202 Dd13
Hrómio GR 183 Bb79
Hrónia GR 189 Cb84
Hronov CZ 137 Gb43
Hronský Beňadik SK 146 Hc50
Hrostovice SK 139 Ka47
Hrotovice CZ 136 Ga48
Hroznětín CZ 135 Ec44
Hrtkovci SRB 153 Jb61
Hrubieszów PL 131 Kd41
Hrubov SK 139 Ka47
Hrud PL 131 Kb37
Hruşca MD 173 Fc54
Hrušica SLO 144 Fa56
Hrušica SLO 151 Fa58
Hruşova MD 173 Fd57
Hruštín SK 138 Hd47
Hrušuvacha UA 203 Fa14
Hrvaćani BIH 152 Ha62
Hrvace HR 158 Gc65
Hrvatska Dubica HR 152 Gc60
Hrvatska Kostajnica HR 152 Gc60
Hrženica HR 152 Gc57
Huaröd S 111 Fb55
Hubbo S 95 Gb42
Huben A 143 Eb55
Huby PL 129 Gb36
Hubynycha UA 205 Fa15
Huchet F 39 Ed53
Hückelhoven D 125 Bc40
Hückeswagen D 125 Ca40
Hucknall GB 16 Fa23
Hucqueliers F 23 Gc31
Huddersfield GB 16 Ed21
Huddunge S 95 Gb41
Hüde D 117 Cc36
Hude D 118 Cd34
Hudene S 102 Ed48
Hudënisht AL 182 Ad76
Hudeşti RO 172 Ec54
Hudiksvall S 87 Gb35
Huedin RO 171 Cd57
Huélago E 60 Dc74
Huélamo E 47 Ec65
Huelgoat F 26 Dd38
Huelma E 60 Dc73
Huelva E 59 Bb74
Huéneja E 61 Dd75
Huércal-Overa E 61 Ec74
Huércanos E 38 Ea58
Huergas E 37 Cb56
Huergas E 37 Cc56
Huérmeces E 38 Dc57
Huerta de Arriba E 46 Dd59
Huerta de la Obispalía E 53 Eb66
Huerta del Rey E 46 Dd60
Huerta de Valdecarábanos E 52 Dc66
Huertahernado E 47 Eb63
Huérteles E 47 Eb59
Huerto E 48 Fc60
Huesa E 61 Dd73
Huesa del Común E 47 Fa63
Huesca E 48 Fc59
Huéscar E 61 Ea73
Huete E 47 Ea65
Huétor Santillán E 60 Dc75
Huétor Tajar E 60 Da75
Hüfingen D 141 Cb51
Hugh Town GB 18 Cc32
Hugla N 70 Ea21
Hugley GB 15 Ec24
Huglfing D 143 Dd52
Huğlu TR 199 Hb89
Huhmarkoski FIN 81 Jc30
Huhtaa FIN 89 Jc36
Huhtala FIN 74 Jd21
Huhtalanniemi FIN 74 Jd18
Huhtamo FIN 89 Jc37
Huhtapuhto FIN 81 Jd27
Huhti FIN 89 Jd37
Huhtia FIN 90 Kb33
Huhtijärvi FIN 90 Ka33
Huhtilampi FIN 83 Ma31
Huhus FIN 83 Ma29
Huikkola FIN 83 Ma31
Huilliécourt F 31 Jc39
Huisheim D 134 Dc48
Huissen NL 125 Bc37
Huissinkylä FIN 81 Jb31
Huittinen FIN 89 Jc37
Huizen NL 116 Ba36
Hujakkala FIN 91 Lb37
Hujansalo FIN 90 Kd36
Hukanmaa S 68 Hd16
Hukkajärvi FIN 83 Ld25
Hukkala FIN 83 Lc30
Hukkala FIN 89 Jc32
Hulby DK 109 Ea27
Hulderbu N 85 Dc34
Hulín CZ 137 Gd47
Huljajpole UA 205 Fb15
Huljen S 87 Gb33
Hullbridge GB 21 Ga27
Hüllhorst D 126 Cd36
Hullo EST 97 Jd44
Hülsede D 126 Da37
Hulsig DK 101 Dd19
Hulst NL 124 Ac39
Hult S 95 Fb44
Hult S 103 Fd49
Hultafors S 102 Ed49
Hulterstad S 111 Gb53
Hultsfred S 103 Ga50
Hultsjö S 103 Fc50
Hulubeşti RO 176 Dd64
Huluboaia MD 177 Fc61
Hum BIH 159 Hd66
Hum HR 151 Fa60
Humada E 38 Db57
Humaloja FIN 82 Ka26
Humanby GB 17 Fc19
Humanes E 46 Dd63
Humberston GB 17 Fc21
Humbie GB 11 Ec13
Humble DK 109 Dd28
Humenné SK 139 Ka47
Humes-Jorquenay F 30 Jb39
Humilladero E 60 Cd75
Humla S 102 Fa48
Humlebæk DK 109 Ec25
Humljani HR 152 Ha59
Humlum DK 100 Da22
Hummelholm S 80 Ha29
Hummelo NL 125 Bc37
Hummelsta S 95 Gb42
Hummelvik N 63 Hc07
Hummersö FIN 96 Hc41
Hummovaara FIN 91 Ld32
Hummuli EST 106 La47
Humpolec CZ 136 Fd46
Humppi FIN 82 Ka31
Humppila FIN 89 Jd37
Hunawihr F 31 Kb38
Hundåla N 70 Fa22
Hundberg N 62 Gd10
Hundberg S 72 Gd23
Hundborg DK 100 Da21
Hundeidvik N 76 Cc33
Hundelev DK 100 Dc20
Hundeluft D 127 Eb38
Hunderdorf D 135 Ec48
Hundeshagen D 126 Db40
Hundested DK 109 Eb25
Hundholmen N 66 Ga14
Hundisburg D 127 Ea37
Hundorp N 85 Dd36
Hundred House GB 15 Ea25
Hundsangen D 125 Cb42
Hundsbach D 133 Ca45
Hundsjö S 80 Ha29
Hundsjön S 73 Hd21
Hundslund DK 108 Dc25
Hundsnes N 76 Cb33
Hundvin N 84 Ca38
Hune DK 100 Dc20
Hunedoara RO 175 Cc61
Hünfeld D 126 Da42
Hunge S 87 Fc32
Hungen D 134 Cd43
Hungerford GB 20 Fa28
Hunnebostrand S 102 Ea46
Hunnefossen N 92 Ca46
Hunnestad S 102 Ec51
Hunspach F 25 Kc35
Hunstanton GB 17 Fd23
Huntingdon GB 20 Fc25
Huntley GB 19 Ec27
Huntly GB 7 Ec08
Hünxe D 125 Bd38
Huopana FIN 82 Kb30
Huopanankoski FIN 82 Kb30
Huparlac F 33 Ha50
Huppy F 23 Gc33
Hüpstedt D 126 Dc40
Hurbanovo SK 145 Hb52
Hurdal N 85 Ea40
Hurdegrave NL 117 Bc33
Hurezani RO 175 Cd64
Huriel F 33 Ha45
Hurissalo FIN 91 Lb34
Hurlers Cross IRL 12 Bc23
Hurliness GB 5 Eb03
Hurones E 38 Dc58
Hurskaala FIN 90 La32
Hurstbourne Priors GB 20 Fa29
Hurstbourne Tarrant GB 20 Fa29
Hurst Green GB 20 Fd30
Hurşunlu TR 193 Hb85
Hürtgenwald D 125 Bc41
Hürth D 125 Bd41
Hurttala FIN 91 Lb37
Huruieşti RO 176 Ed60
Huruksela FIN 90 La38
Hurum N 93 Dd42
Hurup DK 100 Cd22
Huruslahti FIN 90 La32
Hurva S 110 Fa55
Hurworth-on-Tees GB 11 Fa18
Hurzuf UA 205 Fa18
Husa N 84 Cb40
Husa S 78 Fa30
Husaby S 102 Fa46
Húsafell IS 2 Ac04
Husasău de Tinca RO 170 Ca57
Húsavík IS 3 Bb03
Husbondliden S 80 Gd25
Husby D 108 Db28
Husby DK 100 Cd23
Husby N 70 Fa21
Husby S 95 Ga40
Husby-Ärlinghundra S 96 Gd42
Husby-Rekarne S 95 Ga43
Husby-Sjuhundra S 96 Ha42
Husby-Sjutolft S 96 Gc42
Hüseyin TR 199 Gb92
Hüseyinpaşalar TR 191 Ec82
Hushinish GB 4 Cd06
Huşi RO 173 Fb59
Husinec CZ 136 Fa48
Huskvarna S 103 Fb49
Huslenky CZ 137 Ha47
Husnes N 92 Ca41
Husnicioara RO 175 Cc64
Husøy N 62 Gb10
Hustad N 76 Cd31
Hustopeče CZ 137 Gc48
Husula FIN 90 La38
Husula FIN 91 Lb36
Husum D 108 Da29
Husum D 126 Da36
Husum S 80 Ha30
Husum-Ballum DK 108 Cd27
Husvika N 70 Ed22
Huszlew PL 131 Kb37
Hutovo BIH 158 Hb68
Hüttenberg A 144 Fb55
Hüttenberg D 126 Cc42
Hüttenrode D 127 Dd39
Hutthurm D 135 Ed49
Hüttlingen D 134 Db48
Hutton Sessay GB 17 Fa19
Hüttschlag A 143 Ed54
Huttukylä FIN 74 Ka23
Huttula FIN 90 Ka33
Huttwil CH 141 Ca54
Huuhilo FIN 90 La36
Huuhilonkylä FIN 83 Lb25
Huuhkala FIN 69 Ka11
Huukki S 68 Jb16
Huutijärvi FIN 89 Jd35
Huutokoski FIN 83 Lc29
Huutokoski FIN 90 La32
Huutoperä FIN 82 Kb28
Huuttila FIN 90 Kd35
Huuvari FIN 90 Kc38
Huwniki PL 139 Kb45
Huy B 124 Ba41
Hüyük TR 199 Hb88
Hüyüklü TR 193 Ha87
Huzenbach D 133 Cb49
Hvåle N 85 Db40
Hvaler N 93 Ea44
Hvalpsund DK 100 Db22
Hvalvík DK 3 Ca06
Hvalynsk RUS 203 Ga11
Hvam DK 100 Da23
Hvam Mejeriby DK 100 Da23
Hvammstangi IS 2 Ad03
Hvam Stationsby DK 100 Db22
Hvanneyri IS 2 Ac04
Hvar HR 158 Gc67
Hvarnes N 93 Dd43
Hvastoviči RUS 202 Ed12
Hveragerði IS 2 Ac05
Hvidbjerg DK 100 Da22
Hvide Sande DK 108 Cd24
Hvilson DK 100 Db22
Hvirring DK 108 Db25
Hvitsten N 93 Ea42
Hvittingfoss N 93 Dd43
Hvitträsk FIN 98 Kb40
Hvojna BG 184 Db74
Hvolsvöllur IS 2 Ac05
Hvornum DK 100 Dc22
Hvorostjanka RUS 203 Ga10
Hvorslev DK 100 Dc23
Hybo S 87 Ga35
Hycklinge S 103 Ga48
Hyde GB 16 Ed21
Hyen N 84 Cb35
Hyenville F 22 Fa36
Hyères F 42 Ka55
Hyères-Plage F 42 Ka55
Hyet F 31 Jd41
Hylestad N 92 Cd44
Hylke DK 108 Dc24
Hylla N 78 Eb28
Hyllestad N 84 Ca36
Hyllested Skovgårde DK 109 Dd24
Hyllinge DK 109 Eb27
Hyltebruk S 102 Ed51
Hyltinge S 95 Gb44
Hymont F 31 Jd38
Hynish GB 9 Da14
Hynnekle N 93 Da45
Hyönölä FIN 98 Ka39
Hyötyy FIN 90 La33
Hyrkäs FIN 74 Kb24
Hyrkkälä FIN 91 Lb35
Hyrkkölä FIN 98 Ka39
Hyrsylä FIN 98 Ka39
Hyrvälä FIN 90 Ka37
Hyry FIN 74 Ka22
Hyrylä FIN 98 Kb39
Hyrynsalmi FIN 75 La24
Hysgjokaj AL 182 Ab76
Hysnes N 77 Dd29
Hyssna S 102 Ec49
Hythe GB 20 Fa30
Hythe GB 21 Gb29
Hytölä FIN 82 Kc31
Hytti FIN 91 Lc36
Hyttikoski FIN 82 Kb25
Hyväniemi FIN 75 Kd19
Hyvikkälä FIN 90 Ka37
Hyvinkää FIN 90 Kb38
Hyvölänranta FIN 82 Kb26
Hyvönmäki FIN 91 Ld32
Hyynilä FIN 89 Jc35
Hyypiö FIN 74 Kb18
Hyyppä FIN 89 Ja33
Hyyrylä FIN 90 Ka34
Hyytiälä FIN 90 Ka34
Hyżne PL 139 Ka44

I

Ía GR 196 Db92
Iabloana MD 173 Fa55
Iacobeni RO 172 Ea56
Iacobeni RO 175 Dc60
Ialoveni MD 173 Fd58
Ialpugeni MD 173 Fc59
Iam RO 174 Bd63
Iana RO 177 Fa60
Ianca RO 177 Fa64
Ianca RO 179 Da68
Iancu Jianu RO 175 Da65
Ianoşda RO 170 Ca57
Iare RO 171 Da58
Iargara MD 177 Fc60
Iarova MD 173 Fb53
Iaşi RO 173 Fa57
Íasmos GR 184 Dc77
Ibahernando E 51 Ca67
Iballë AL 159 Jc70
Ibăneşti RO 172 Dd58
Ibăneşti RO 172 Ec54
Ibarra E 39 Ec56
Ibbenbüren D 117 Cb36
Ibdes E 47 Ec62
Ibeas de Juarros E 38 Dc58
İbecik TR 198 Fd90
Ibi E 55 Fb70
İbirler TR 192 Fa82
Ibiza E 56 Gc69
İbradı TR 199 Hb90
Ibramovice PL 138 Ja43
Ibrány H 147 Ka50
İbrikbaba TR 185 Eb79
İbriktepe TR 185 Eb77
Ibros E 52 Dc72
Ibstone GB 20 Fb27
İçdedeler TR 187 Gc79
Ičera BG 180 Eb72
Ichalia GR 189 Bc81
Ichenhausen D 142 Db50
Ichenheim D 133 Ca49
Ichtershausen D 127 Dd41
İçikler TR 192 Fb85
İçikli TR 193 Gc86
Icking D 143 Dd51
Icklingham GB 21 Ga25
Icksjö S 87 Fc38
Iclănzel RO 171 Db59
Iclod RO 171 Da57
İçmeler TR 197 Fa91
Ičnja UA 202 Ec14
Icoana RO 175 Db66
Icuşeşti RO 172 Ed58
Idala S 102 Ec50
Idala S 110 Fa56
Idanha-a-Nova P 44 Bb65
Idar-Oberstein D 133 Bd45
Idbacka S 79 Gb26
Idd N 94 Eb44
Ideciu de Jos RO 171 Dc58
Iden D 119 Eb35
Iden GB 21 Ga30
Ideņa LV 107 Lc50
Idenor S 87 Gb36
Idivuoma S 68 Hd13
Idkerberget S 95 Fd40
Idom DK 100 Cd23
Idoméni GR 183 Ca76
Idoš SRB 174 Bb60
Ídra GR 195 Cb88
Idre S 86 Ed35
Idrica RUS 107 Mb51
Idrija RUS 107 Mb51
Idrija SLO 151 Fa58
İdrisyayla TR 193 Gc83
Idro I 149 Db58
Idrsko SLO 150 Ed57
Idstein D 133 Cb43
Idus LV 106 Kc47
Idvattnet S 79 Gb26
Idvor SRB 153 Jc60
Idvor SRB 174 Bb62
Idzików PL 137 Gc44
Iecava LV 106 Kb52
Iecelnieki LV 107 Lc50
Iedera RO 176 Ea64
Ieper B 21 Ha30
Iepureşti RO 180 Ea67
Ierápetra GR 201 Dc96
Ieras LV 105 Jc51
Ieriķi LV 106 Kd49
Ierissós GR 184 Cd79
Iernut RO 171 Db59
Ieropigí GR 182 Ba77
Ieud RO 171 Db55
Iezărenii Vechi MD 173 Fb56
Ifac E 55 Fd70
Iffeldorf D 143 Dd52
Iffendic F 27 Ec39
Iffezheim D 133 Cb48
Iffigenalp CH 141 Bc56
Ifield GB 20 Fc29
Ig SLO 151 Fb58
Igaküla EST 97 Jd45
Igal H 145 Ha56
Igalo MNE 159 Hc69
Igar H 146 Hc55
Igate LV 106 Kc49
Iğdeci TR 199 Gc88
Iğdecik TR 192 Fb85
Iğdecik TR 192 Fb87
Iğdecik TR 193 Hb82
Iğdır TR 186 Fd80
Igé F 34 Ja45
Igea E 47 Ec59
Igea Marina I 156 Eb64
Igel D 133 Bc45
Igelfors S 95 Fd45
Igelstorp S 103 Fb47
Igensdorf D 135 Dd46
Igerøy N 70 Ed22
Igersheim D 134 Da46
Iggaldas N 64 Jb07
Iggensbach D 135 Ed49
Iggesund S 87 Gb36
Iggön S 88 Gc38
Ighişu Nou RO 175 Db60
Ighiu RO 175 Cd60
Ightham GB 20 Fd29
Iglarevo KSV 178 Ba71
Iglesiarrubia E 46 Dc59
Iglesias E 38 Db58
Iglesias I 169 Bd79
Iglauka LV 114 Kb58
Iglika BG 181 Ec69
Igliškėliai LV 114 Kb58
Igls A 143 Dd54
Ignaberga S 110 Fa54
Ignalina LT 115 Lb55
Ignaţei MD 173 Fc56
Igneada TR 186 Fa75
Igneler TR 185 Ed76
Igneşti RO 170 Cb59
Igny-Comblizy F 24 Hc36
Igołomia PL 138 Ja44
Igomel' RUS 99 Ma44
Igoumenítsa GR 182 Ac80
Igrane HR 158 Gd67
Igrejinha P 50 Ad69
Igualada E 49 Gc61
Igualeja E 60 Cc76
Igüeña E 37 Ca56
Ihamäki FIN 89 Jd38
Ihamaniemi FIN 91 Lc32
Ihamaru EST 107 Lb46
Ihari FIN 90 Ka36
Iharos H 152 Gd57
Iharosberény H 152 Gd57
Ihasalu EST 98 Kc42
Ihaste EST 99 Lb45
Ihastjärvi FIN 90 La33
Ihlienworth D 118 Cd32
Ihlow D 117 Cb33
Ihode FIN 89 Ja37
Iholdy F 39 Fa55
Ihotunlahti FIN 82 Kd28
Ihova SLO 144 Ga56
Ihrlerstein D 135 Ea48
İhsaniye TR 186 Fc79
İhsaniye TR 186 Ga79
İhsaniye TR 193 Gc83
İhsaniye TR 193 Gc84
İhsaniye TR 199 Gd91
Ii FIN 74 Ka23
Iidir TR 191 Ea86
Iigaste EST 106 La47
Iijärvi FIN 64 Ka09
Iiksenvaara FIN 83 Ld30
Iinattijärvi FIN 75 Kc22
Iinattiniemi FIN 75 Kc22
Iiroonranta FIN 81 Jd31
Iisalmi FIN 82 Kd28
Iisinki FIN 74 Jd18
Iisvesi FIN 82 Kd31
Iitin FIN 90 Kd37
Iittala FIN 90 Ka37
IJmuiden NL 116 Ad35
IJsselmuiden NL 117 Bc35
IJsselstein NL 124 Ba37
IJzendijke NL 124 Ab38
Ikaalinen FIN 89 Jc35
Ikast DK 108 Db24
Ikervár H 145 Gc54
İkibaşlı TR 192 Fd83
İkizce TR 198 Fd93
İkizdere TR 191 Ed87
Ikkala FIN 89 Jd33
Ikkala FIN 98 Ka39
Ikkeläjärvi FIN 89 Jb33
Ikla EST 106 Kb47
Ikornnes N 76 Cc33
Ikosenniemi FIN 74 Kb22
İkramiye TR 187 Gb79
Ikrény H 145 Gd52
Ikšķile LV 106 Kc51
Ilandža SRB 174 Bc62
Ilanz CH 142 Cc55
Ilava SK 137 Hb48
Iława PL 122 Hc32
Ilberstedt D 127 Ea38
Ilbro DK 100 Dc20
il Castagno I 155 Db66
Ilche E 48 Fd59
Ilchester GB 19 Eb30
Ileana RO 176 Ec66
Ileanda RO 171 Da56
Île de Fédrun F 27 Ec42
Ilenuţa MD 173 Fb56
Il'eši RUS 99 Ma41
Ilfeld D 126 Dc39
Ilford GB 20 Fd28
Ilfracombe GB 19 Dd29
Ilgardere TR 185 Eb80
Ilgaz TR 205 Fb20
Ilgın TR 193 Hb87
Ilgižiai LV 114 Kb56
Ilguva LV 114 Kb57
Ílhavo P 44 Ac63
Ilia GR 189 Ca83
Ilia RO 175 Cc60
Iliç TR 205 Fd20
Ilıca TR 191 Ea86
Ilıca TR 192 Fa81
Ilıcabaşı TR 193 Gd83
Ilıcak TR 186 Fa80
Ilıcaköy TR 199 Ha91
Ilıcaksu TR 192 Ga82
Ilıcasu TR 192 Fd84
Ilidža BIH 159 Hc65
Ilija Blăskovo BG 181 Ec70
Ilijaš BIH 159 Hc64
Ilijno BG 180 Eb70
Il'ino RUS 202 Eb11
Il'insko-Zaborskoe RUS 203 Fb08
Iliókastro GR 195 Ca88
Iliokómi GR 184 Cd77
Ilirska Bistrica SLO 151 Fb59
Iljinskoje RUS 113 Jd59
Iljušino RUS 113 Jd59
Ilkestone GB 16 Fa23
İlkkurşunköy TR 192 Fa87
Ilkley GB 16 Ed20
Illana E 47 Ea65
Illano E 37 Bd54
Illar E 61 Ea76
Illasi I 149 Dc59
Illby FIN 90 Kc38
Illerrieden D 142 Da50
Illertissen D 142 Da50
Illescas E 46 Db65
Ille-sur-Têt F 41 Ha57
Illičivs'k UA 204 Ec17
Illiers-Combray F 29 Gb39
Illingen D 133 Bd46
Illingen D 134 Cc48
Illkirch-Graffenstaden F 25 Kc37
Illmensee D 142 Cd51
Illmitz A 145 Gc52
Illo FIN 89 Jc36
Illo FIN 97 Jc40
Illois F 23 Gc34
Íllora E 60 Db74
Illschwang D 135 Ea46
Illueca E 47 Ed61
Illuka EST 99 Lb42
Illzach F 31 Kb39
Ilmajoki FIN 89 Jb32
Ilmenau D 127 Dd42
Il'men' Suvorovskij RUS 203 Fd14
Ilmington GB 20 Ed26
Ilminster GB 19 Eb30
Ilmjärve EST 107 Lb47
Ilmoila FIN 90 Ka36
Ilmola FIN 74 Jc21
Ilmolahti FIN 82 Kb30
Il'mova Gora RUS 107 Mb49
Ilok HR 153 Ja60
Ilola FIN 90 Kc38
Ilomäki FIN 82 Kc31
Ilomäki FIN 89 Jd33
Ilomantsi FIN 83 Ma30
İlören TR 193 Hb82
Ilosjoki FIN 82 Kb29
Ilovăt RO 174 Cb64
Ilovice BIH 159 Hc65
Ilovita RO 174 Cb64
Iłów PL 130 Ja36
Iłowa PL 128 Fd40
Iłowo PL 121 Gd33
Iłowo-Osada PL 122 Ja34
Ilsbo S 87 Gb35
Ilsede D 126 Dc37
Ilsenburg D 126 Dc38
Ilseng N 86 Eb38
Ilsfeld D 134 Cd47
Ilshofen D 134 Da47
Ilskov DK 100 Da23
Ilttula FIN 97 Jc39
Ilūkste LV 115 Lb53
Ilumäe EST 98 Kd41
Ilva Mare RO 172 Dd56
Ilva Mică RO 171 Dc56
Ilvesjoki FIN 89 Jb33
Ilyas TR 199 Gb88
İlyasbey TR 187 Gb80
İlyaslı TR 192 Fb85
İlyaslar TR 191 Ed84
İlyaslar TR 192 Fb83
İlyaslar TR 193 Hb87
İlyaspaşa TR 193 Hb84
Iłża PL 130 Jc40
Ilzene LV 107 Lb48
İmamlar TR 198 Fd90
Imatra FIN 91 Lc35
Imatrankoski FIN 91 Lc35
Imavere EST 98 Kd44
Imbarė LT 113 Jb54
Imbradas LT 115 Lb54
Ímbros GR 200 Cc95
İmecik TR 199 Gb91
İmeciksusuzu TR 199 Gb91
Imeľ SK 145 Hb51
Imenicy RUS 99 Mb42
Imeno SLO 151 Ga57
Imer I 150 Ea57
Ímeros GR 184 Dc77
Imielin PL 138 Hc44
Imirizaldu E 39 Fa57
Imjärvi FIN 90 Kd36
Immeln S 111 Fb54
Immendingen D 142 Cc51
Immenhausen D 126 Da39
Immenreuth D 135 Ea45
Immenstaad D 142 Cd52
Immenstadt D 142 Db52
Immilä FIN 90 Kc37
Immingham GB 17 Fc21
Immolanmäki FIN 91 Lb32
Imola I 150 Dd63
Imón E 47 Ea62
Imotski HR 158 Gd66
Impalata I 162 Ha75

Imperia I 43 La52
Imphy F 30 Hb43
Impió IS 75 Kc20
Imposte I 156 Ed69
Impruneta I 155 Dc65
İmrallı TR 192 Ga87
İmrallı TR 193 Ga87
İmranlar TR 192 Fd83
İmrenler TR 199 Hb88
İmroz = Gökçeada TR 185 Dd80
Ims N 92 Ca44
Imsland N 92 Cb42
Imst A 142 Dc54
Ina FIN 81 Jc29
İňačovce SK 139 Ka48
Inagh IRL 12 Bc22
Ináres H 146 Hd54
Inari FIN 69 Ka11
İnau RO 171 Db55
İnay TR 192 Fd86
Inca E 57 Hb87
İncecikler TR 191 Ec83
İncehisar TR 193 Ga87
İnceler TR 198 Ga88
Inch IRL 12 Ba24
Inch IRL 13 Cd23
Inchenhofen D 135 Dd49
Inchnadamph GB 4 Dd05
Inchree GB 6 Dc10
Inciems LV 106 Kc49
İncik TR 193 Gb82
Incinillas E 38 Dc56
İncircık TR 199 Gc92
İncirliova TR 197 Ed88
Incisa in Val d'Arno I 155 Dc65
Incourt B 124 Ad41
Inčukalns LV 106 Kc50
Indal S 87 Gb33
Independența RO 177 Fa63
Independența RO 181 Ed67
Independența RO 181 Fb68
Indjija SRB 153 Jb61
Indor S 87 Fb37
Indra LV 115 Ld53
Indrâni LV 106 La50
Indre N 65 Kd05
Indre N 93 Db45
Indreabhán IRL 12 Bc21
Indre Arna N 84 Ca39
Indreeide N 76 Cd33
Indre Leirpollen N 64 Jb06
Indre Vieluft N 63 Hd07
Induno Olona I 148 Cb58
İnece TR 185 Ec75
İnecik TR 185 Ed78
İnegöl TR 192 Ga81
Ineia CY 206 Hd97
İneu RO 170 Ca58
İneu RO 170 Cb56
Inevo MK 183 Ca74
Infantado P 50 Ab68
Infiesto (Piloña) E 37 Cc54
Ingå FIN 98 Ka40
Ingå station FIN 98 Ka40
Ingatestone GB 20 Fd27
Ingatrop S 103 Fd49
Ingavangis LT 114 Kc59
Ingdalen N 77 Dd29
Ingedal N 93 Ea44
Ingelfingen D 134 Da47
Ingelheim D 133 Cb44
Ingelstad S 103 Fc52
Ingelsvatnet N 78 Fa26
Ingevallsbo S 95 Fd40
Ingøy N 63 Ja04
Ingham GB 21 Ga25
Ingleton GB 11 Ec19
Ingoldingen D 142 Da51
Ingoldmells GB 17 Fc23
Ingoldsby GB 17 Fc23
Ingolstadt D 135 Dd48
Ingøy N 63 Ja04
Ingrandes F 28 Fb42
Ingrandes F 29 Ga44
Ingstrup DK 100 Dc20
Ingwiller F 25 Kb36
Inha FIN 89 Jd32
İnhisar TR 193 Gc81
İnhisar TR 193 Gc87
Iniesta E 53 Ec68
Iniö FIN 97 Ja39
Inis IRL 12 Bc22
Inis Córthaidh IRL 13 Cc24
Inis Díomáin IRL 12 Bc22
Inishannon IRL 12 Bc26
Inishcrone IRL 8 Bd18
Inistioge IRL 13 Cc24
Inkaliai LT 113 Jc56
Inkberrow GB 20 Ed25
Inke H 152 Gd57
Inkee FIN 75 Kd20
Inkere FIN 97 Ja39
Inkerilä FIN 90 La36
Inkernen FIN 90 La37
Inkilä FIN 90 La34
Inkilä FIN 90 La36
Inkoo FIN 98 Ka40
Inkoon asema FIN 98 Ka40
İnli TR 193 Gc83
İnli TR 193 Gd86
Innala FIN 89 Jd33
Innamo FIN 97 Ja40
Innansjön S 80 Hc26
Inndyr N 71 Fb18

Innellan GB 6 Dc13
Innerdalen N 71 Fb21
Inner-Eriz CH 141 Bd55
Innerferrera CH 142 Cd56
Innerkrems A 144 Fa55
Innerleithen GB 11 Eb14
Innermessan GB 10 Dc16
Innerzell D 135 Ed48
Innertällmo S 80 Gc29
Innertavle S 80 Hc28
Innerthal CH 142 Cc54
Innertkirchen CH 141 Ca55
Inner-Torga N 70 Ed23
İnnervillgraten A 143 Eb55
Innfield IRL 13 Cc21
Innfjorden N 77 Da32
Innfjorden N 77 Da32
Innhavet N 66 Fd15
Innichen I 143 Eb55
Innisken LV 67 Gd13
Innset N 67 Gd13
Innset N 77 Dd32
Innvik N 84 Cc34
Inói GR 188 Ba86
Inói GR 189 Cb85
İnönü TR 191 Ec82
İnönü TR 193 Gb82
Inor F 24 Jb34
Inousses GR 191 Ea85
Inowłódz PL 130 Ja39
Inowrocław PL 121 Ha35
Ins CH 141 Bc54
Insel Poel D 119 Ea31
Insch GB 7 Ec08
Insel Poel D 119 Ea31
Insjön S 95 Fc39
İnsko PL 120 Fd33
Insming F 25 Ka36
Instefjord N 84 Ca37
İnsuratei RO 177 Fa65
Interlaken CH 141 Bd55
Întorsura Bauzăului RO 176 Eb62
Intra I 148 Cb57
Întregalde RO 175 Cd60
Introbio I 149 Cd58
Introd I 148 Bc58
Introdacqua I 161 Fa71
Inturkė LT 114 La56
Inver IRL 8 Ca16
Inveran GB 4 Dd06
Inveraray GB 6 Db12
Inverarnan GB 7 Dd11
Inverbervie GB 7 Ed08
Invercassley GB 4 Dd06
Inverchapel GB 6 Dc12
Inverdruie GB 7 Ea09
Inverey S 7 Eb09
Invergarry GB 7 Dd09
Invergordon GB 4 Dd07
Inverin IRL 12 Bc21
Inverkeilor GB 7 Ec11
Inverkeithing GB 11 Eb13
Inverlochlarig GB 7 Dd11
Invermoriston GB 7 Dd08
Inverness GB 7 Ea08
Inveruglas GB 7 Dd12
Inverurie GB 5 Ed08
Inviken S 79 Fc26
Inwałd PL 138 Hd45
Inza RUS 203 Fd10
Inžavino RUS 203 Fc12
Inzell D 143 Ec52
Ioánina GR 182 Ad80
Iohanisfeld RO 174 Bc61
Ion Carvin RO 181 Fa67
Ionești RO 175 Cd65
Ionești RO 175 Da66
Ion Greangă RO 172 Ed58
Ion Roată RO 176 Ec65
Iordăcheanu RO 176 Eb64
Íos = Hóra GR 196 Db91
Ioulís GR 195 Cd88
Ipatele RO 173 Fa58
İpáti GR 189 Bc83
Ipatovo RUS 205 Fd16
Ipelský Sokolec SK 146 Hc51
İperia GR 189 Bc81
Iphofen D 134 Db45
İpiki LV 106 Kc47
İpolyszög H 146 Hb50
Ipoteşti RO 172 Ec56
Ippesheim D 134 Db46
Ipplepen GB 19 Dd31
İpsala TR 185 Eb78
Ipsheim D 134 Db46
Ipsilí Ráhi GR 184 Da76
Ipswich GB 21 Gb26
Iráklia GR 183 Cb76
Iráklia GR 196 Db91
Iráklio GR 200 Da95
Irase EST 105 Jc46
Iratoşu RO 170 Bd59
Irbene LV 105 Jb49
Irbes LV 105 Jc49
Irchenrieth D 135 Eb46
Irchester GB 20 Fb25
Irdning A 144 Fa53
Irečekovo BG 181 Ec72
Iregszemcse H 145 Hb55
Iréo GR 197 Eb88
Irevik S 104 Ha48
İrgıllı TR 193 Gb87
İrig SRB 153 Jb61
Irissarry F 39 Fa55
Irixo E 36 Ba56
Irixoa E 36 Bb54
Irjanne FIN 89 Ja37

Irklijiv UA 204 Ed15
İrlamaz TR 191 Ed86
İrlaganlı TR 198 Fd88
Irlava LV 105 Jd51
İrmaklı TR 199 Hb89
Irmath AL 182 Ab74
İrmfritz A 136 Fd49
Irnniniemi FIN 75 La21
Iron Acton GB 19 Ec28
Iron Bridge GB 15 Ec24
Irrel D 133 Bc44
Irrhausen D 133 Bb43
İrşadiye TR 186 Ga79
İrşadiye TR 192 Fa81
İrşava UA 204 Dd16
Irsee D 142 Db51
İrsi LV 105 Jb50
İrši LV 106 La51
Irsina I 162 Gb75
İsaccea RO 177 Fc64
Isaba E 39 Fa57
İsabey TR 192 Fd87
İsaccea RO 177 Fc64
Isacova MD 173 Fd57
İsafjörður IS 2 Ac02
İsaki RUS 107 Mb50
İsaköy TR 192 Ga81
İsaköy TR 192 Ga82
İsaku EST 99 Lb42
İşalnița RO 175 Cd66
Isane N 84 Cb34
İsaszeg H 146 Hd53
Isbister GB 5 Fa03
İscar E 46 Da61
Ischgl A 142 Db54
Ischia I 161 Fa75
Ischia di Castro I 156 Dd69
Ischitella I 161 Ga71
Isdes F 29 Gd41
Iselvmo N 67 Gd12
Isen D 143 Ea50
İsenbüttel D 126 Dc36
İsenvad DK 108 Db24
Iseo I 149 Da59
İserlia MD 177 Fd60
Iserlohn D 125 Cb39
İsernhagen D 126 Db36
Isernia I 161 Fb72
İshakçılar TR 192 Ga82
İshaklı TR 185 Ec72
İsigny-le-Buat F 28 Fa38
İsigny-sur-Mer F 22 Fa35
İşıklar TR 187 Hb79
İşıklar TR 191 Ea81
İşıklar TR 191 Ec86
İşıklar TR 192 Fa83
İşıklar TR 192 Fb82
İşıklar TR 193 Gc85
İşıklar TR 198 Ga89
İşıklı TR 185 Ea78
İşıklı TR 192 Ga86
İsili I 169 Ca78
İslip GB 20 Fa27
İsmailler TR 192 Fa81
İtziar E 39 Eb55
İsmailli TR 191 Ec84
İsmaning D 143 Ea50
İsmeri LV 107 Ld51
İsmetpaşa TR 193 Gd83
Isna P 44 Ba65
Isnäs FIN 98 Kd39
Isnauda LV 107 Ld51
Isnello I 167 Fa84
Isny im Allgäu D 142 Da52
Isoaho FIN 74 Kb35
Isoba E 37 Cd55
Iso-Evo FIN 90 Kb36
Isohalme FIN 69 Kc17
Iso-Hiisi FIN 97 Jd39
Isojoki FIN 89 Ja34

İsokumpu FIN 75 Kd21
Isokylä FIN 74 Kc18
Isokylä FIN 81 Jb31
Isokylä FIN 81 Ja31
Isokylä FIN 81 Ja31
Isokylä FIN 82 Ka31
Isokylä FIN 82 Ka25
Isokylä FIN 90 Kd32
Isokylä S 68 Hd37
Isokyrö FIN 81 Ja31
Isola E 43 Kc51
Isola 2000 F 43 Kc51
Isola d'Asti I 148 Ca61
Isola del Gran Sasso d'Italia I 156 Ed69
Isola della Scala I 149 Dc60
Isola delle Femmine I 166 Ec83
Isola del Liri I 160 Ed72
Isola di Capo Rizzuto I 165 Gd81
Isolahti FIN 90 Kb33
Isola Maggiore I 156 Ea67
Isola Rossa I 168 Ca74
Isolasanta I 155 Da64
Iso-Leppijärvi FIN 89 Ja34
Isomäki FIN 82 Kc27
Isona E 48 Gb59
Isoperä FIN 89 Jc38
Isorella I 149 Da60
Iso-Vimma FIN 89 Jb37
Isparta TR 199 Gc88
Isperih BG 181 Ec68
Isperihovo BG 179 Da73
Ispica I 167 Fc88
İspir TR 205 Ga19
Ispra I 148 Cb58
Ispringen D 134 Cc48
Issa RUS 107 Mb49
Issakka FIN 82 La28
Issakka FIN 83 Ma30
İssaris GR 194 Bb88
Isselburg D 125 Bc38
İssigeac F 33 Ga36
İssigeac F 33 Ga36
Issime I 148 Bd58
Issing D 142 Dc51
Isso E 53 Ec71
Issogne I 148 Bd58
Issoire F 34 Hb47
Issoudun F 29 Gd43
Issum D 125 Bc38
İsthmia GR 189 Ca86
Istia d'Ombrone I 155 Dc68
İstibanja MK 179 Ca73
Istiéa GR 189 Cb83
İstok KSV 178 Ba70
Istorp S 102 Ec50
Istra RUS 202 Ed10
İsträsk S 73 Hc22
Istres F 42 Jb54
İstria RO 177 Fc66
İstrios GR 197 Ed93
İstruala FIN 90 Kd34
İstunmäki FIN 82 Kc31
İsufmuçaj AL 182 Ab75
Isverna RO 174 Cb63
İszkáz H 145 Gd54
İttäaho FIN 82 La28
İttä-Ähtäri FIN 81 Jd31
İttä-Aure FIN 89 Jc34
İttä-Karttula FIN 82 Kd30
İttäkeskus FIN 98 Kb39
İttäkoski FIN 74 Jc21
İttäkylä FIN 81 Jc30
İttämeri FIN 89 Jd33
İttä-Peränne FIN 89 Jd32
İttäranta FIN 74 Kb18
İttäranta FIN 82 Kd26
İttäsalmi FIN 98 Kb39
Itéa GR 183 Bb77
Itéa GR 183 Bb79
Itéa GR 189 Bc85
İtháki = Vathí GR 188 Ac84
Itrabo E 60 Db76
Itri I 160 Ed73
Itterbeck D 117 Bd35
Ittiri I 168 Ca75
Itzehoe D 118 Db31
İtzgrund D 134 Dc44
İtziar E 39 Eb55
Iujnoe MD 177 Fc62
Iurievca MD 173 Fd59
Ivacēvičy BY 202 Ea13
Ivajlovgrad BG 185 Ea76
Ivalo FIN 69 Ka11
Ivalon Matti FIN 69 Jd13
Iván P 53 Dd74
Ivanava BY 202 Ea14
Ivancea MD 173 Fd57
Ivančice CZ 137 Gb48
İvande LV 105 Jb51
Ivanec HR 152 Gb58
İvangorod RUS 99 Ld41
İvangorod RUS 202 Ea09
Ivanić Grad HR 152 Gb59

Ivanivka UA 205 Fa16
Ivanja Reka HR 152 Gb59
Ivanje SRB 178 Bc70
Ivanjevci MK 183 Bb75
Ivanjica SK 145 Hb50
Ivanka SK 145 Hb50
Ivanka pri Dunaji SK 145 Gd51
Ivankiv UA 202 Ec14
Ivankovo HR 153 Hc60
Ivano-Frankivs'k UA 204 Dd15
Ivano-Frankove UA 204 Dd15
Ivanovca Nouă MD 173 Fc59
Ivanovka RUS 99 Mb40
Ivanovka RUS 113 Jb58
Ivanovka RUS 203 Ga09
Ivanovo BG 180 Ea68
Ivanovo BG 181 Ec71
Ivanovo BG 185 Ea74
Ivanovo RUS 203 Fa09
Ivanovo SRB 174 Bb64
Ivanovskoe RUS 99 Ma41
Ivanovskoe RUS 203 Fb08
Ivanska HR 152 Gb59
Ivanski BG 181 Ec70
Ivanskaja BIH 152 Gb61
Ivanski BG 181 Ec70
Ivarrud N 71 Fb23
Ivarsberg S 94 Ec42
Ivars de Noguera E 48 Ga60
Ivedal N 92 Cd46
Iveland N 92 Cd46
Iveni MK 183 Bb76
Iversfjord N 64 Ka04
Ivești RO 177 Fa62
Ivetofta S 111 Fb54
Ivgolova LV 107 Ld51
Iville F 23 Ga36
Ivinghoe GB 20 Fb27
İvira GR 184 Cc77
Ivjanec BY 202 Ea12
Ivö S 111 Fb54
Ivoskai LV 123 Kb30
İvrea I 148 Bd59
İvrindi TR 191 Ed82
Ivry-la-Bataille F 23 Gb37
Ivybridge GB 19 Dd31
Iwaniska PL 130 Jc42
Iwanowice Dworskie PL 138 Ja44
Iwierzyce PL 139 Jd44
Iwiny PL 128 Ga41
İwkowa PL 138 Jb45
Iwonicz PL 139 Ka45
Iwonicz-Zdrój PL 139 Ka45
Iwuy F 24 Hb32
İyidere TR 205 Fd19
Izarra E 38 Ea56
İzbegligj BG 184 Dc74
Izbica PL 121 Gd29
Izbica PL 131 Kd41
Izbica Kujawska PL 129 Hb36
İzbičanj SRB 159 Jb66
Izbice PL 129 Gc39
Izbiceni RO 180 Db68
Izbicko PL 137 Ha43
Izbişte MD 173 Fd57
Izbişte SRB 174 Bc63
Izborsk RUS 107 Ld47
Izborsk RUS 202 Ea10
İzdebki PL 139 Ka45
Izeaux F 35 Jc48
Izeda P 45 Bd60
İzernore F 35 Jc45
Izgrev BG 186 Fa74
Izjum UA 203 Fb14
Izlake SLO 151 Fc57
İzmail UA 204 Ec18
İzmir TR 191 Ec86
İzmit = Kocaeli TR 187 Gb78
Iznájar E 60 Da74
İznalloz E 60 Dc74
İznik TR 186 Ga80
Izola SLO 150 Ed59
Izon F 32 Fc50
İžora, Mal. RUS 99 Ma39
Izsák H 146 Hd55
İzsófalva H 146 Jc50
İzvalta LV 115 Lc53
Izvara RUS 99 Ma41
Izvin RO 174 Bd60
Izvoare MD 173 Fa56
Izvoare MD 173 Fb55
Izvoare RO 175 Db66
Izvoare RO 177 Fc64
Izvoare RO 180 Dc74
Izvoare RO 180 Ed67
Izvoarele RO 175 Db66
Izvoarele RO 177 Fc64
Izvoarele RO 180 Ed67
Izvoarele Sucevei RO 172 Dd55
Izvor BG 179 Cb68
Izvor MK 182 Ba74
Izvor SRB 178 Bc67
Izvor SRB 179 Ca71
Izvori MNE 159 Hd68
Izvorovo BG 180 Eb70
Izvorovo BG 180 Ed70
Izvorovo BG 185 Ea74
Izvoru BG 179 Cc66
Izvoru Alb RO 172 Eb58
Izvoru Bârzii RO 174 Cb64
Izvoru Berheciului RO 172 Ed60
Izvoru Crişului RO 171 Cd57

Izvoru Dulce RO 176 Ec63
Izvoru Mureşului RO 172 Ea59
Izvoz RUS 99 Ma42
İzzetinköy TR 186 Fb77
Jääjoki FIN 82 Ka29

Jaakkolankylä FIN 89 Jc34
Jaala FIN 90 Kd36
Jaalanka FIN 75 Kc22
Jaalanka FIN 82 Kc25
Jääli FIN 74 Ka23
Jaama FIN 91 Ld32
Jabălkovo BG 185 Dd74
Jabalquinto E 60 Db72
Jabapuszta H 145 Hb55
Jabbeke B 21 Ha29
Jablan Do MNE 159 Hc69
Jablanac HR 151 Fc62
Jablanica BG 179 Cd71
Jablanica BG 179 Da70
Jablanica BIH 158 Ha66
Jablanica MK 182 Ad75
Jablanica SLO 151 Fc57
Jablanica SRB 159 Jc64
Jablanovo BG 180 Eb72
Jablčníki CZ 137 Gb44
Jablonec nad Nisou CZ 128 Fd42
Jablonevka RUS 113 Ja59
Jablonica SK 137 Gd49
Jablonka PL 138 Ja46
Jabłonka PL 138 Ja46
Jabłonka Kościelne PL 123 Ka34
Jabłonki PL 139 Ka46
Jabłonka-Kościelna PL 123 Ka34
Jabłonna PL 129 Gb37
Jabłonna PL 130 Jb36
Jabłonna PL 131 Kb40
Jabłonna-Lacka PL 131 Ka36
Jablonné nad Orlicí CZ 137 Gb44
Jablonné v. Podještědí CZ 128 Fc42
Jabłonowo PL 121 Gb35
Jabłonowo Pomorskie PL 122 Hc33
Jabłonna PL 121 Hb31
Jablůnka CZ 137 Ha46
Jablunkov CZ 138 Hc46
Jabučje SRB 153 Jc63
Jabugo E 59 Bc72
Jabuka BIH 159 Hd65
Jabuka BIH 159 Hd66
Jabuka HR 158 Gc66
Jabuka SRB 153 Jc61
Jabuka SRB 174 Bb63
Jabukovac HR 152 Gb60
Jabukovac SRB 174 Ca65
Jabukovik SRB 179 Ca70
Jaca E 39 Fb57
Jacentów PL 130 Jc41
Jáchymov CZ 135 Ec43
Jacinki PL 121 Gb31
Jackarby FIN 90 Kc38
Jackerath D 125 Bc40
Jadagonia LV 114 Kd57
Jade D 118 Cc33
Jäder S 95 Gb43
Jaderberg D 118 Cc33
Jádow PL 130 Jc36
Jadowniki PL 138 Jb44
Jädraås S 87 Gb37
Jadraque E 47 Ea63
Jadrtovac HR 157 Ga65
Jægerspris DK 109 Eb25
Jægervatn N 62 Ha09
Jaén E 60 Db73
Jagare BIH 152 Gd62
Jagel D 108 Db29
Jagėlonys LT 114 Kd58
Jagenbach A 136 Fc49
Jägerberg A 144 Ga55
Jagnilo BG 181 Ed70
Jagodina SRB 174 Bc66
Jagodna RUS 99 Mb45
Jagodne Małe PL 122 Jc31
Jagodnjak HR 153 Hc59
Jagsthausen D 134 Cd46
Jagstzell D 134 Db47
Jähdyspohja FIN 89 Jd33
Jahkola FIN 90 Kb37
Jahna-Löthain D 127 Ed41
Jahodná SK 145 Ha51
Jahorina BIH 159 Hc65
Jahotyn UA 202 Ec14
Jajce BIH 152 Gd63
Jajkowo PL 122 Hc33
Ják H 145 Gc54
Jakabszállás H 146 Ja55
Jäkälätieva FIN 68 Hc12
Jakalj SRB 159 Jb64
Jąki LV 105 Jc49
Jakimovo BG 179 Cc68

Jakkukylä FIN 74 Ka23
Jakkula FIN 81 Ja31
Jakkula FIN 97 Jd39
Jäkkvik S 72 Gb20
Jaklovce SK 138 Jc48
Jakobsbyn S 94 Ed44
Jakobsfors S 73 Hc24
Jakobshagen D 120 Fa34
Jakobsnes N 65 Kd07
Jakobstad FIN 81 Jb28
Jakokoski FIN 83 Ld30
Jakola FIN 91 Lc35
Jakoruda BG 179 Cd73
Jakovo SRB 153 Jc62
Jaksamo FIN 75 Kd19
Jaksice PL 121 Ha35
Jaktorów PL 130 Ja37
Jakubany SK 138 Jc47
Jakubčovice n. O. CZ 137 Ha45
Jakubów PL 131 Jd37
Jakubowo Lubińskie PL 128 Ga40
Jakunówko PL 123 Jd30
Jäla S 102 Fa48
Jalance E 54 Fa68
Jalasjärvi FIN 89 Jb32
Jalasjoki FIN 89 Jc37
Jalhay B 125 Bb41
Jalkala FIN 82 Kd31
Jallais F 28 Fb42
Jällby S 102 Ed48
Jällintuotfa S 102 Fa51
Jalón E 55 Fc70
Jalón de Cameros E 47 Eb59
Jâlons F 24 Hd36
Jalová SK 139 Kd47
Jałówka PL 123 Kb32
Jałówka PL 123 Kc33
Jalta UA 205 Fa18
Jamali FIN 83 Lc28
Jämäs FIN 83 Lc26
Jambol BG 180 Eb72
Jameln D 119 Dd34
Jamena SRB 153 Hd61
Jametz F 24 Jb34
Jämijärvi FIN 89 Jb35
Jamilena E 60 Db73
Jäminkipohja FIN 89 Jd34
Jämjö S 111 Ga54
Jamkino RUS 107 Ma46
Jamm RUS 99 Ld44
Jammerdal N 94 Ec41
Jamna BG 179 Da71
Jamnice CZ 136 Fd48
Jamnička Kiselica HR 151 Ga59
Jamno PL 120 Ga30
Jamoigne B 132 Ba44
Jampil' UA 204 Eb16
Jämsä FIN 90 Kb34
Jämsänkoski FIN 90 Kb34
Jämshög S 111 Fb54
Jämton S 73 Ja21
Jamu-Mare RO 174 Bd62
Janaillat F 33 Gc46
Janakkala FIN 90 Kb37
Janapolė LT 113 Jd55
Jančа SRB 178 Ad68
Jandelsbrunn D 136 Fa49
Janderup DK 108 Da25
Jäneda EST 98 Kd42
Janežovci SLO 144 Ga56
Jänhiälä FIN 91 Lc35
Janik PL 130 Jc41
Janikowo PL 121 Ha35
Jāniškyla FIN 90 Kd35
Janiszowice PL 128 Fc34
Janja BIH 153 Hd62
Janjevo KSV 178 Bb71
Janjici BIH 159 Ja65
Janjina HR 158 Ha68
Jankai LV 114 Kd59
Jänkisjärvi S 73 Ja19
Jánkmaitis H 147 Kc51
Jankov CZ 136 Fc46
Jankov Most SRB 174 Bb61
Jankovo BG 181 Ed71
Jankówek PL 138 Jb46
Jankówka LV 114 Kd57
Janków PL 129 Gd38
Janova Lehota SK 138 Hc49
Janovice nad Úhl. CZ 135 Ed47
Janovice na Hane CZ 137 Gd47
Janów PL 123 Kb32
Janów PL 130 Hd42
Janów PL 137 Ha43
Janów PL 131 Jd40
Janowiec Wielkopolski PL 121 Gd35
Janówka PL 123 Ka31
Janów Lubelski PL 131 Ka41
Janowo PL 122 Ja33
Janowo PL 123 Jd33
Janów Podlaski PL 131 Kb36
Jánský PL 130 Jd42
Jänschwalde D 128 Fb38
Jansjö S 79 Ga28

Janské Lázně CZ 136 Ga43
Jänsmässholmen S 79 Fb29
Jantar PL 121 Hb30
Jantarnyi RUS 113 Hd58
Jantra BG 180 Dc71
Januškowice PL 137 Ha43
Janville F 29 Gc39
Janzé F 28 Ed40
Japca MD 173 Fd55
Jäppilä FIN 90 La32
Jaraba E 47 Ec62
Jarabá SK 138 Jc48
Jaraczewo PL 129 Gd38
Jarafuel E 54 Fa69
Jaraicejo E 51 Cb66
Jaraiz de la Vera E 45 Cb65
Jarak SRB 153 Jb61
Järämä lappläger S 67 Hb13
Jarandilla de la Vera E 45 Cb65
Jaransk RUS 203 Fc08
Jarantowice PL 121 Hb33
Järbo S 94 Ec45
Järbo S 95 Gb39
Jarceley E 37 Ca55
Jarcevo RUS 202 Ec11
Jarcieu F 34 Jb48
Jarczew PL 131 Jd38
Jard-sur-Mer F 32 Ed48
Jardžilovci BG 179 Cb71
Jarek HR 152 Gb58
Jaren N 85 Ea40
Jargeau F 29 Gd40
Jarhoinen FIN 68 Jb17
Jarhois S 68 Jb17
Järise EST 105 Jc46
Jarištea RO 176 Ed62
Jårkastaka S 68 Hc13
Jarkovac SRB 174 Bb62
Jarlovce SRB 179 Ca70
Jarlovo BG 179 Cc72
Jarmen D 119 Ed32
Jarmenina SRB 153 Jc63
Jarmolynci UA 204 Eb15
Jarmina HR 153 Hc60
Jarmen D 119 Ed32
Jarmenina SRB 153 Jc63
Jarnac F 32 Fc47
Jarnages F 33 Gd47
Järnes S 80 Hb29
Järnesklubb S 80 Hb30
Järnforsen S 103 Fd50
Järnskog S 94 Ec42
Jarny F 25 Jc35
Jarocin PL 129 Gd38
Jarocin PL 131 Ka42
Jaroměř CZ 136 Ga43
Jaroměřice CZ 137 Gc46
Jaroměřice nad Rokytnou CZ 136 Ga48
Jaroslavci BG 179 Cb70
Jaroslavice CZ 137 Gb49
Jaroslavl' RUS 203 Fa09
Jarosław PL 139 Kb44
Jarosławiec PL 121 Gb29
Jarosławiec PL 130 Fd35
Jaroszów PL 129 Gb41
Järpås S 102 Ed47
Järpen S 78 Fa30
Järpliden S 94 Ec39
Jarplund-Weding D 108 Db28
Järrestad S 111 Fb56
Jars F 29 Ha41
Jarszewko PL 120 Fc32
Jarszewo PL 120 Fc32
Jarszówka PL 128 Ga40
Järva-Jaani EST 98 Kd43
Järvakandi EST 98 Kc44
Järva-Madise EST 98 Kd43
Järvberget S 80 Gc29
Järvelä FIN 90 Kb37
Järvelänranta FIN 75 Lb23
Järvenpää FIN 82 Kd27
Järvenpää FIN 82 Kb31
Järvenpää FIN 82 La28
Järvenpää FIN 89 Ja32
Järvenpää FIN 90 Kb38
Järvenpää FIN 91 Lb33
Järvenpää FIN 97 Ja39
Järvenperä FIN 97 Ja39
Järventaus FIN 91 Ma32
Järventaus FIN 81 Jd36
Järventausta FIN 89 Jb36
Järvikäinen FIN 69 Jd11
Järvikylä FIN 81 Jd32
Järvikylä FIN 82 Kc26
Järvikylä FIN 82 Kc25
Järvikylä FIN 89 Ja36
Järvikylä FIN 88 Jb17
Järvsand S 79 Fd28
Järvselja EST 99 Lc45
Järvsjö S 79 Ga28
Järvsö S 87 Ga36
Järvsta S 96 Gc39
Järvtjärn S 80 Hc26
Järvträsk S 72 Ha24
Jarząbki PL 130 Jc42
Jarzé F 28 Fc41
Jasanova AL 159 Jb69

Jasa Tornič SRB 174 Bc61
Jaščera RUS 99 Mb41
Jasenak HR 151 Fc60
Jasenica BIH 152 Gb62
Jasenica SRB 174 Ca66
Jasenice HR 157 Ga64
Jasenik HR 152 Gd58
Jasenkovo BG 181 Ec69
Jasenovac HR 152 Gc60
Jasenovec BG 181 Ec69
Jasenovo SRB 174 Bc63
Jasenovo SRB 178 Ad67
Jasenskaja RUS 205 Fc16
Jasień PL 121 Gd28
Jasień PL 121 Hb30
Jasień PL 128 Fc39
Jasienica PL 120 Fb33
Jasienica PL 128 Fc38
Jasienica PL 130 Jc36
Jasienica PL 138 Hc45
Jasienica Dolna PL 137 Gd43
Jasienie PL 129 Ha41
Jasieniec PL 130 Jb38
Jasika SRB 178 Bc68
Jasikovo SRB 174 Bd66
Jasionka PL 139 Ka43
Jasionna PL 121 Gb35
Jasionna PL 130 Hd38
Jasionów PL 138 Ja46
Jasionówka PL 123 Kb32
Jasionowo PL 123 Ka30
Jasiūnai LT 114 La58
Jaškul' RUS 205 Ga15
Jaślany PL 139 Jd43
Jasło PL 139 Jd45
Jasnaja Poljana RUS 113 Jd59
Jasna Poljana BG 181 Fa73
Jasnoe RUS 113 Jc57
Jasnogorsk RUS 203 Fa11
Jasov SK 138 Jc48
Jásova SK 145 Hd51
Jastarnia PL 121 Hb29
Jastkowice PL 131 Ka42
Jastrebarsko HR 151 Ga59
Jastrebino RUS 99 Ma41
Jastrowie PL 121 Gc33
Jastrząb PL 130 Jc40
Jastrząbka PL 122 Jc34
Jastrzębia PL 130 Jc39
Jastrzębia PL 138 Jc45
Jastrzębia Góra PL 112 Ha58
Jastrzębie-Zdrój PL 137 Hb45
Jaświły PL 123 Kb32
Jasynuvata UA 205 Fb15
Jászalsószentgyörgy H 146 Jb53
Jászapáti H 146 Jb53
Jászárokszállás H 146 Ja52
Jászberény H 146 Ja53
Jaszczołty PL 123 Ka35
Jászfényszaru H 146 Ja52
Jászkarajenő H 146 Jb54
Jászkisér H 146 Jb53
Jászladány H 146 Jb53
Jaszów PL 137 Gd43
Jászszentandrás H 146 Jb52
Jászszentlászló H 146 Ja56
Ját S 103 Fc52
Játar E 60 Db75
Jatko FIN 75 Kc22
Jättendal S 87 Gb35
Jättensö S 87 Ga33
Jättölä FIN 98 Ka39
Jatwież PL 123 Kb32
Jatznick D 120 Fa33
Jauge F 32 Fb51
Jauhojärvi FIN 68 Jc16
Jauja E 60 Cd74
Jaulin E 47 Fa61
Jaulnay F 28 Fd43
Jaun CH 141 Bc55
Jaunaglona LV 107 Lc52
Jaunalūksne LV 107 Lc48
Jaunanna LV 107 Lc49
Jaunauce LV 105 Jd52
Jaunbērze LV 106 Ka51
Jaunciems LV 105 Jd49
Jaundziras LV 105 Jd45
Jaungulbene LV 107 Ld49
Jauniūnai LT 114 La57
Jaunjelgava LV 106 Kd51
Jaunjērčēni LV 106 Kd48
Jaunkalsnava LV 106 La51
Jaunlaicene LV 107 La48
Jaunlutrini LV 105 Jc51
Jaunmuiža LV 105 Jc50
Jaunpasts LV 105 Jd50
Jaunpiebalga LV 106 La49
Jaunpils LV 106 Ka51
Jaunsaras E 39 Ec56
Jaunsāti LV 105 Jd52
Jaunsaule LV 106 Kc52
Jaunsmiltene LV 106 La48
Jaunsvirlauka LV 106 Kb52
Jaurakkajärvi FIN 75 Kc23
Jausa EST 97 Jc45
Jausiers F 43 Kb51
Javarus FIN 69 Kb17
Jávea E 55 Fd70
Jävenitz D 127 Ea36
Javerlhac-et-la-Chapelle-Saint-Robert F 33 Ga48

Javgur MD 173 Fc59
Javier E 39 Fa57
Javierre E 40 Fc58
Javorani BIH 152 Gd62
Javorec BG 180 Db71
Javorina SK 138 Ja47
Javoriv UA 204 Dd15
Javorná CZ 135 Sc43
Javorná CZ 135 Ed47
Javornic HR 151 Fd61
Javornik CZ 137 Gc43
Jävre S 73 Hd24
Javron F 28 Fc38
Jawor PL 129 Gb41
Jaworki PL 138 Jb46
Jawornik PL 138 Ja45
Jaworowice PL 139 Kb45
Jaworze PL 138 Hc45
Jaworzno PL 129 Hb41
Jaworzno PL 138 Hd44
Jaworzyna Śląska PL 129 Gb42
Jayena E 60 Db75
Jaywick GB 21 Gb27
Jaz MNE 159 Hd70
Jazente P 44 Ba61
Jeantes F 24 Hc33
Jebel RO 174 Bc61
Jedburgh GB 11 Ec15
Jedlicze PL 139 Jd45
Jedlina-Zdrój PL 129 Gb42
Jedlińsk PL 130 Jc39
Jedlnia-Letnisko PL 130 Jc39
Jednorożec PL 122 Jb34
Jedovnice CZ 137 Gc47
Jędrychowo PL 122 Hc32
Jędrychowo PL 122 Hd30
Jędrzejów PL 130 Ja42
Jędrzychowice PL 129 Gb39
Jédula E 59 Ca76
Jedwabne PL 123 Jd33
Jedwabno PL 122 Jb32
Jeesiö FIN 69 Jd15
Jeesiöjärvi FIN 69 Jd15
Jegália RO 181 Fa67
Jegerup DK 108 Db27
Jeggau D 127 Dd36
Jegind DK 100 Da22
Jegłownik PL 122 Hc31
Jégun F 40 Fd54
Jegunovce MK 178 Bb72
Jēkabpils LV 106 La52
Jeksen DK 108 Dc24
Jektvika N 70 Fa19
Jektvika N 70 Fa19
Jelaci SRB 178 Bb68
Jelah BIH 152 Hb62
Jelanec' UA 204 Ed16
Jelašca BIH 159 Hc66
Jelašnica SRB 174 Ca66
Jelcz-Laskowice PL 129 Gd41
Jelen Do SRB 159 Jc64
Jelenec SK 145 Hb50
Jelenia Gora PL 128 Ga42
Jeleniewo PL 123 Ka30
Jelenin PL 128 Fd39
Jelenino PL 121 Gb32
Jelesejeviči SRB 159 Jb64
Jelésnia PL 138 Hd46
Jelgava LV 106 Kb51
Jelgavkrasti LV 106 Kc49
Jelling DK 108 Db25
Jel'niki RUS 113 Jc58
Jelonki PL 123 Jd34
Jelovac SRB 174 Bd66
Jelovoje RUS 113 Jd58
Jełowa PL 129 Ha42
Jels DK 108 Da26
Jelsa HR 158 Gc67
Jelsa N 92 Cb40
Jelšane SLO 151 Fb60
Jelsi I 161 Fc73
Jemelle B 132 Ba43
Jemenovci SRB 174 Bc62
Jemenuño E 46 Da62
Jemeppe-sur-Meuse B 124 Ad42
Jemgum D 117 Cb33
Jemielnica PL 137 Hb43
Jemielno PL 129 Gb39
Jena D 127 Ea41
Jenakijeve UA 205 Fb15
Jenaz CH 142 Cd54
Jenbach A 143 Ea53
Jenikowo PL 120 Fd33
Jenlain F 24 Hc32
Jennersdorf A 145 Gb55
Jenny S 103 Gb49
Jensåsvoll N 86 Ec32
Jenstad N 77 Dc33
Jenzat F 34 Hb45
Jeppo FIN 81 Jb29
Jeprca SLO 151 Fb57
Jepua FIN 81 Jb29
Jerez de la Frontera E 59 Bd76
Jerez del Marquesado E 61 Dd75
Jerez de los Caballeros E 51 Bc70
Jérica E 54 Fb66
Jerichow D 127 Eb36
Jerka PL 129 Gc38
Jerlev DK 108 Db25
Jerli Perlez KSV 178 Bb71
Jerpåsen N 71 Fb23
Jerrettspass GB 9 Cd18
Jersika LV 107 Lb52

Jeršov RUS 203 Ga11
Jeršovo RUS 113 Jb58
Jerte E 45 Cb65
Jerup DK 101 Dd19
Jerxheim D 127 Dd37
Jerzens A 142 Dc54
Jerzmanowa PL 128 Ga39
Jerzmanowice PL 138 Hd44
Jerzu I 169 Cb78
Jerzwałd PL 122 Hc32
Jesberg D 126 Cd41
Jesenice CZ 135 Ed44
Jesenice CZ 136 Fb45
Jesenice SLO 144 Fa56
Jeseník CZ 137 Gd44
Jeserig D 127 Ec37
Jesewitz D 127 Ec40
Jesi I 156 Ec66
Jesolo I 150 Eb59
Jésonville F 31 Jd39
Jessen D 127 Ed39
Jessheim N 94 Eb41
Jeßnitz D 127 Eb39
Jesteburg D 118 Db33
Jestetten D 141 Cb52
Jestřebí CZ 136 Fc43
Jeti EST 106 La47
Jettingen D 134 Cc49
Jettingen-Scheppach D 142 Db50
Jetzendorf D 143 Dd50
Jeugny F 30 Hd39
Jeumont F 24 Hc32
Jeurre F 31 Jc44
Jevenstedt D 118 Db30
Jevičko CZ 137 Gc46
Jevišovice CZ 136 Ga48
Jevnaker N 85 Dd40
Jevpatorija UA 205 Fa17
Jevreni MD 173 Fd57
Ježe PL 123 Jd32
Jezera BIH 152 Ha63
Jezerane HR 151 Fd61
Jezerce KSV 178 Bb71
Ježević HR 158 Gc65
Ježevo HR 152 Gb59
Jeżewo PL 121 Hb33
Jeżewo PL 122 Hd35
Jeziora Wielkie PL 129 Ha36
Jeziorki Wałeckie PL 120 Ga34
Jeziorko PL 123 Jd33
Jeziorowice PL 130 Hd42
Jeziorsko PL 129 Hb38
Jeziory Wielkie PL 129 Gc37
Jeziorzany PL 131 Ka39
Jeżów PL 130 Ja38
Jeżowe PL 139 Ka43
Jiana RO 174 Cb65
Jiana Mare RO 174 Cb65
Jibert RO 176 Dd61
Jibou RO 171 Cd56
Jichișu de Jos RO 171 Da57
Jičín CZ 136 Fd43
Jičíněves CZ 136 Fd43
Jidvei RO 175 Db60
Jierijärvi S 73 Ja18
Jieznas LT 114 Kc58
Jihlava CZ 136 Fd47
Jijila RO 177 Fb63
Jijona E 55 Fb71
Jilava RO 176 Ea66
Jilavele RO 176 Ec65
Jilemnice CZ 136 Fd43
Jilové CZ 128 Fb46
Jilové u Prahy CZ 136 Fb45
Jiltjaur S 72 Gb23
Jimbolia RO 174 Bb60
Jimena E 60 Dc73
Jimena de la Frontera E 59 Cb77
Jiménez de Jamuz E 37 Cb58
Jimramov CZ 137 Gb46
Jina RO 175 Da61
Jince CZ 136 Fa45
Jindřichov CZ 137 Gd44
Jindřichovice CZ 135 Ec44
Jindřichovice pod Smrkem CZ 128 Fd42
Jindřichův Hradec CZ 136 Fc48
Jinošov CZ 137 Gb47
Jirkov CZ 135 Ed44
Jirlău RO 176 Ed64
Jistebnice CZ 136 Fb46
Jitia RO 176 Ec63
Jivjany CZ 135 Ec46
Joachimsthal D 120 Fa35
Joakim-Gruevo BG 180 Db73
João Serra P 58 Ad72
Joarilla de las Matas E 37 Cd58
Jobbágyi H 146 Ja52
Jochberg A 143 Eb53
Jocketa D 135 Eb43
Jockfall S 73 Ja19
Jockgrim D 133 Cb47
Jódar E 60 Dc73
Jodłowa PL 139 Jd44
Jodłownik PL 138 Ja45
Jodoigne B 124 Ad41
Jõelähtme EST 98 Kc42
Joensuu FIN 83 Ld30

Joesjö S 71 Fc22
Joensuu FIN 90 La32
Jorenen FIN 90 La32
Johampolis LT 114 Ka55
Johannesfors S 80 Hc28
Johann-Georgenstadt D 135 Ec43
Johannishus S 111 Fd54
Johanniskirchen D 135 Ec49
Johanniskreuz D 133 Ca46
Johansfors S 102 Ed52
Johanspolis LT 103 Fd52
John o'Groats GB 5 Ec04
Johnsbach A 144 Fb53
Johnshaven GB 7 Ec10
Johnstone GB 10 Dd13
Johnstown IRL 13 Cb23
Johnstown IRL 13 Cd23
Johovac BIH 152 Hb62
Johovac BIH 153 Hd62
Jöhstadt D 135 Ed43
Jõhvi EST 99 Lb42
Joigny F 30 Hb39
Joinville F 30 Jb38
Joița RO 176 Ea66
Jokela FIN 74 Ka19
Jokela FIN 82 Kc27
Jokela FIN 90 Kb38
Jøkelfjord N 63 Hc08
Jokihaara FIN 81 Jd19
Jokihaara FIN 90 Kb32
Jokijärvi FIN 75 Kd21
Jokijärvi FIN 82 Kc30
Jokijärvi FIN 83 Ld29
Joki-Kokko FIN 74 Kb23
Jokikunta FIN 98 Ka39
Jokikylä FIN 74 Ka23
Jokikylä FIN 75 La24
Jokikylä FIN 81 Jd27
Jokikylä FIN 81 Jc29
Jokikylä FIN 81 Ja31
Jokikylä FIN 82 Kb27
Jokikylä FIN 82 Ka25
Jokikylä FIN 82 Kc33
Jokina Čuprija SRB 159 Jb65
Jokiniemi FIN 90 Ka38
Jokioinen FIN 89 Jd38
Jokiperä FIN 81 Ja31
Jokipii FIN 89 Jb32
Jokisalo FIN 81 Ja31
Jokivarsi FIN 81 Jd31
Jokivarsi FIN 89 Jb34
Jokivarsi FIN 89 Jc32
Jokkikylä FIN 83 Lb27
Jokkmokk S 72 Ha19
Jokūbavas LT 113 Jb55
Jola E 51 Bb67
Jolanda di Savoia I 150 Ea61
Jolda P 44 Ad59
Jolkka FIN 81 Jc28
Jølle N 92 Cb47
Jöllen S 87 Fb37
Joloskylä FIN 74 Kb23
Jølstad N 86 Ea38
Joltai MD 177 Fd61
Jomala FIN 96 Hc40
Jomås N 93 Da45
Jonai LV 114 Kd59
Jönåker S 95 Gb45
Jonasvollen N 86 Ec34
Jonava LT 114 Kc57
Joncherey F 31 Kb40
Jonchery F 30 Jb39
Jonchery-sur-Vesle F 24 Hc35
Joncy F 30 Ja44
Jondal N 84 Cb39
Jondalen N 93 Dc42
Joniec PL 122 Ja35
Joniškis LT 114 Kb53
Joniškis LT 115 Lb56
Jonišlėlis LT 114 Kc53
Jonkeri FIN 83 Lc26
Jönköping S 103 Fb49
Jonkovo BG 181 Ec69
Jonkowe PL 122 Ja33
Jonku FIN 75 Kc22
Jonquières F 42 Jb52
Jonsa FIN 82 La28
Jonsberg S 103 Gb46
Jonsdorf D 128 Fc42
Jonsered S 102 Ec49
Jönshyttan S 95 Fc42
Jønsrud N 86 Eb38
Jonsrud N 94 Eb39
Jonstorp S 110 Ec54
Jonvelle F 31 Jc39
Jonzac F 32 Fc48
Jonzier F 35 Jd45
Jöpiste EST 97 Jd45
Joppolo I 164 Ga82
Jora de Mijloc MD 173 Fd56
Jorăști RO 177 Fb61
Jordanów BG 179 Cd71
Jordanów PL 138 Ja45
Jordanów Śląski PL 129 Gc42
Jordbro S 96 Gd44
Jördenstorf D 119 Ec32
Jordet N 86 Ec36
Jordløse DK 108 Dc27
Jorgastak N 64 Jc10
Jörgesberg GB 106 La47
Jork D 118 Db33
Jörlanda S 102 Eb48
Jørlunde DK 109 Ec25
Jormasjokisuu FIN 82 La26
Jormlien S 79 Fb25
Jormua FIN 82 Kd25
Jormvattnet S 79 Fb25

Jörn S 73 Hb24
Jornini LV 105 Jc49
Jöroinen FIN 90 La32
Jørpeland N 92 Ca44
Jorquera E 54 Ed69
Jørstad N 78 Ed27
Jørstad N 92 Ca43
Jørstadmoen N 85 Ea37
Jorvas FIN 98 Kb40
Jošanica BIH 159 Hc65
Jošanica KSV 178 Ba70
Jošanička Banja SRB 178 Ba68
Joseni RO 172 Ea58
Josenii Bârgăului RO 171 Dc57
Joševa SRB 153 Ja62
Josipdol HR 151 Fd61
Josipovac HR 153 Hc59
Još-kar-Ola RUS 203 Fc08
Joskaudai LT 113 Jb54
Josnes F 29 Gc40
Jósok N 76 Cb33
Jossa D 134 Da43
Jössefors S 94 Ec42
Josselin F 27 Eb40
Jøssenøya N 77 Dc29
Jossgrund D 134 Da44
Jøssund N 78 Bz27
Jostaji LV 105 Jd51
Jósvafő H 138 Jb49
Josvainiai LV 114 Kb56
Jotainiai LT 114 Kc55
Jou P 44 Bb60
Joudeikiai LT 114 Ka53
Joudikienė FIN 90 La32
Joué-Etiau F 28 Fb42
Joué-lès-Tours F 29 Ga42
Joué-sur-Erdre F 28 Fa41
Jouet-sur-l'Aubois F 30 Hb43
Jõuga EST 99 La42
Jougne F 31 Ka43
Jouhenvaara FIN 91 Ld32
Jouhet F 33 Ga45
Jouix F 33 Gd48
Joukio FIN 91 Lc34
Joukokylä FIN 75 Kd23
Jouques F 42 Jd53
Joure NL 117 Bc34
Journy F 21 Gc30
Joutenniva FIN 82 Ka27
Joutsa FIN 90 Kc34
Joutseno FIN 91 Lc36
Joutsenlampi FIN 90 Kc34
Joutsenkylä FIN 75 La20
Joutsijärvi FIN 74 Kc18
Joutsijärvi FIN 90 Kd35
Jouy-le-Châtel F 24 Hb37
Jouy-le-Potier F 29 Gc40
Jovkovo BG 181 Fb68
Jovnes N 93 Db45
Jovsa SK 139 Ka48
Joyeuse F 34 Ja51
Józefów BG 180 Db73
Józefów PL 131 Jd41
Józefów PL 131 Kc42
Józsa F 147 Ka52
Juankoski FIN 83 Lb29
Juan-les-Pins F 43 Kc53
Jübar D 119 Dd35
Jübek D 108 Db29
Jublains F 28 Fb39
Jubrique E 59 Cb76
Jučačiai LT 113 Jd56
Jüchen D 125 Bc40
Jüchnowiec Dolny PL 123 Kb34
Juchowo PL 121 Gb32
Jüchsen D 134 Dc43
Jucu RO 171 Da58
Judaberg N 92 Ca43
Judaži LV 106 Kd50
Judel'nik BG 180 Eb68
Judenau A 144 Ga50
Judenburg A 144 Fc54
Judin RUS 107 Ma48
Judino RUS 90 Kb34
Judrėnai LT 113 Jc55
Juelsminde DK 108 Dc25
Juf CH 142 Cc56
Juggijaur S 72 Ha19
Jugon-les-Lacs F 26 Ec38
Jugorje SLO 151 Fd59
Jugureni RO 176 Eb64
Jugy F 30 Ja44
Juhnov RUS 202 Ed11
Juhonperä S 68 Ja17
Juhtimäki FIN 89 Jc34
Juigné-des-Moutiers F 28 Fa41
Juillac F 33 Gb48
Juilly F 23 Ha36
Juist D 117 Ca32
Jüterbog D 127 Ed38
Jutigny F 30 Hb39
Jutis S 72 Gb20
Jutrosin PL 129 Gc39
Jutsajaure S 72 Ha18
Juttila FIN 90 Ka36
Juttuanvaara FIN 83 Lc25
Juuanniemi FIN 83 Lc29
Juujärvi FIN 74 Kb19
Juuka FIN 83 Lc28
Juuka FIN 74 La18
Julita S 95 Ga44
Julo FIN 83 Ld28

Jumesniemi FIN 89 Jc35
Jumilhac-le-Grand F 33 Gb48
Jumilla E 55 Ed71
Juminda EST 98 Kc41
Juminen FIN 82 La28
Jumisko FIN 75 Kc19
Jumkil S 96 Gc41
Jumo FIN 97 Ja39
Jumprava LV 106 Kd51
Jumurda LV 106 La50
Juncosa E 48 Ga61
Jundola BG 179 Cd73
Juneda E 48 Ga61
Jung S 102 Ed47
Jungėnai LV 114 Kb59
Jungingen D 142 Cc50
Junglinster L 133 Bb44
Jungsund FIN 81 Hd30
Junik SRB 159 Jc69
Juniskär S 88 Gc33
Juniville F 24 Hd35
Junkerdal N 71 Fd19
Junkerdal turistcenter N 71 Fd19
Junkovac SRB 174 Bb65
Junnikkala FIN 91 Lc35
Junnonoja FIN 82 Kb26
Junnonperä FIN 81 Jd27
Junosando S 68 Hd16
Junqueira P 44 Ad62
Junquera de Tera E 45 Ca59
Junsele S 79 Gb29
Juntinaapa FIN 69 Ka16
Juntinvaara FIN 83 Lc25
Juodaičiai LT 114 Ka53
Juodainiai LT 113 Jd55
Juodeikiai LT 113 Jb56
Juodkrantė LT 113 Jb56
Juodpėnai LT 114 Kd54
Juodupė LT 114 La53
Juojärvi FIN 83 Lc31
Juoksenki S 73 Jb19
Juokslahti FIN 90 Kb34
Juokuanvaara FIN 74 Jd21
Juonto FIN 83 Lb25
Juopuli FIN 74 Kb23
Juorkuna FIN 75 Kc23
Juornaankylä FIN 90 Kc38
Juostininkai LT 114 Kd55
Juotasjärvi FIN 74 Kb19
Juper BG 180 Eb68
Jupilles F 28 Fd40
Jupiter RO 181 Fc68
Juprelle B 124 Ba41
Jura MD 173 Fd56
Jurata FIN 121 Hb29
Jurbarkas LT 114 Ka57
Jurė F 34 Hd46
Jūré LV 114 La56
Jūre LV 114 Kb58
Jur'evec RUS 203 Fb08
Jur'ev-Pol'skij RUS 203 Fa09
Jurfalla S 96 Gd43
Jurilovca RO 177 Fc64
Jurignac F 32 Fc48
Jur'jivka UA 205 Fa15
Jūrkalne LV 105 Jb51
Jurki PL 122 Hd31
Jurklošter SLO 151 Fd58
Jurkowice PL 130 Jc42
Jurkowo Węgorzewskie PL 123 Jd30
Jūrmala LV 106 Kb50
Jūrmaciems LV 113 Ja53
Jurmo FIN 97 Hd39
Jurmo FIN 97 Ja41
Jurmu FIN 75 Kd21
Juromenha P 51 Bb69
Jurovo RUS 203 Fb08
Juršići HR 151 Fa61
Juršičī SLO 144 Ga56
Jursla S 103 Ga46
Jurva FIN 89 Ja32
Jurvala FIN 91 Lb36
Jurvansalo FIN 82 Kb30
Juseu E 48 Fd59
Juškino RUS 99 Lc44
Juškovo RUS 107 Ld48
Jussac F 33 Ha49
Jussey F 31 Jc40
Juškino RUS 99 Lc44
Jussy-Champagne F 29 Ha43
Jussy-le-Chaudrier F 30 Hb42
Justa RUS 203 Ga14
Justøy N 93 Da47
Juta H 145 Ha56
Juterbog D 127 Ed38
Jutigny F 30 Hb39
Jutis S 72 Gb20
Jutrosin PL 129 Gc39
Jutsajaure S 72 Ha18
Juttila FIN 90 Ka36
Juttuanvaara FIN 83 Lc25
Juujärvi FIN 74 Kb19
Juujärvi FIN 74 Kb19
Juuka FIN 83 Lc28
Juuka FIN 74 La18
Juupajoki FIN 90 Ka34
Juupakylä FIN 89 Jb33
Juurikka FIN 83 Lb31
Juurikka FIN 91 Ma32
Juurikkalahti FIN 82 La26

Juurikkamäki FIN 83 Lb30
Juurikkasalmi FIN 91 Ld32
Juurikorpi FIN 90 La38
Juuru EST 98 Kc43
Juurussuo FIN 74 Ka24
Juutinen FIN 82 Kc26
Juva FIN 89 Jb38
Juva FIN 91 Lb33
Juvigné F 28 Fa39
Juvigny-en-Perthois F 24 Jb37
Juvigny-le-Tertre F 22 Fa37
Juvola FIN 91 Lc32
Juvre DK 108 Cd27
Juža RUS 203 Fb09
Juzanvigny F 30 Ja39
Juzennecourt F 30 Ja39
Juzet-d'Izaut F 40 Ga56
Jūžintai LT 114 La54
Južnoukrajins'k UA 204 Ec16
Južnyj RUS 113 Ja59
Južnyj RUS 205 Ga13
Jyderup DK 109 Ea26
Jylhä FIN 82 Kc29
Jylhämä FIN 82 Kc25
Jyllinge DK 109 Eb25
Jyllinkoski FIN 89 Jb32
Jyllintaival FIN 89 Jb32
Jyrinki FIN 81 Jd27
Jyrkänkoski FIN 75 La19
Jyrkkä FIN 82 Kd27
Jyry FIN 81 Ja31
Jyväskylä FIN 90 Kb33
Jyväskylän maalaiskunta FIN 90 Kb32
Jzobil'nyj RUS 205 Fd16

K

Kaagjärve EST 106 La47
Kaagvere EST 99 Lb45
Kaagvere EST 107 Lb46
Kaakamo FIN 74 Jc21
Kaalasjärvi S 67 Ha15
Kaali EST 105 Jc46
Kaali EST 105 Jd46
Kaamanen FIN 64 Ka10
Kaamasjoki FIN 64 Ka10
Kaamasmukka FIN 64 Jd09
Kaanaa FIN 89 Jd34
Kaanaa FIN 90 Kb38
Kaanaa FIN 97 Jb39
Kääntöjärvi S 68 Hc16
Kaapa EST 107 Lc47
Kaarakkala FIN 82 Kd27
Kaarela FIN 89 Jd33
Kaarma EST 105 Jc46
Kaarnevaara S 68 Ja15
Kaarnijärvi FIN 74 Kb19
Kaaro FIN 89 Ja37
Kaarßen D 119 Dd34
Kaarst D 125 Bd40
Kaartilankoski FIN 91 Lb33
Kaarto FIN 69 Jd16
Kaartotieperä FIN 74 Jd23
Kaartunen FIN 81 Jc30
Kaasmarkku FIN 89 Ja36
Kaavere EST 98 Kd45
Kaavi FIN 83 Lb29
Kaba H 147 Ka52
Kababağaç TR 198 Fc88
Kabaca TR 187 Ha80
Kabaça TR 186 Fb77
Kabaklar TR 192 Fd83
Kabaklı TR 192 Fd83
Kabakoz TR 186 Ga77
Kabakoz TR 192 Fa83
Kabakum TR 191 Eb84
Kabala EST 98 Kd44
Kabalak TR 187 Ha78
Kabalar TR 192 Fd87
Kabalı TR 191 Ed81
Kabalı TR 205 Fb19
Kabardino RUS 99 Lc40
Kabare RO 176 Ec64
Kabböle FIN 98 Kd39
Kåbdalis S 73 Hb21
Kabeliai LT 123 Kd30
Kabelvåg N 66 Fc14
Kabile BG 180 Eb72
Kabile LV 105 Jc51
Kabli EST 106 Kb47
Kabmasmohkki FIN 64 Jd09
Kabriste EST 106 Kb46
Kač SRB 153 Jb60
Kačanik KSV 178 Bb72
Kačarevo SRB 174 Bb63
Kačërginė LV 114 Kb57
Kačevo RUS 107 Ld48
Kačićkol KSV 178 Bb70
Kaçlıca TR 192 Fd83
Kácov CZ 136 Fc45

Kaczanowo PL 129 Gd39
Kaczkowo PL 129 Gb39
Kaczorów PL 128 Ga42
Kaczory PL 121 Gc34
Kadaga LV 106 Kc50
Kadaň CZ 135 Ed43
Kadıdondurma TR 185 Eb77
Kadijača KSV 178 Ba69
Kadiki LV 106 Kb51
Kadıköy TR 185 Ec78
Kadıköy TR 186 Fa76
Kadıköy TR 186 Fd79
Kadıköy TR 187 Ha80
Kadıköy TR 191 Ec83
Kadıköy TR 191 Ed81
Kadıköy TR 193 Gd85
Kadıköy TR 197 Fa89
Kadıköya TR 192 Fa83
Kadıköy = Evreşe TR 185 Ec78
Kadıkuyusu TR 193 Gd84
Kadlar TR 185 Eb80
Kadlar TR 193 Gc87
Kadlı TR 186 Ga78
Kadıncık TR 193 Hb83
Kadıovacık TR 191 Ea86
Kadirler TR 198 Ga93
Kadłub PL 129 Ha42
Kadłubówka PL 123 Kb35
Kadłub Turawski PL 129 Ha42
Kadrifakovo MK 183 Bd74
Kadrina EST 98 Kd42
Kadriye TR 185 Ec76
Kaduj RUS 202 Ed08
Kadva EST 98 Kc44
Kadyj RUS 203 Fb08
Kadymka RUS 113 Jd59
Kadzidło PL 122 Jc33
Kædeby DK 109 Dd28
Kaelase EST 98 Kb45
Käenkoski FIN 83 Ma29
Kafacakaplancık TR 197 Fa89
Kåfjord N 62 Ha09
Kåfjord N 64 Jc05
Kåfjordbotn N 63 Hb10
Kåfjorddalen N 63 Hb10
Kåfjord TR 191 Ed85
Kåge S 80 Hc25
Kågeröd S 110 Ed55
Kaharlyk UA 204 Ec15
Kähkölä FIN 83 Lc26
Kahl D 134 Cd44
Kahla D 127 Ea42
Kähtävä FIN 81 Jd27
Kahya TR 198 Fc92
Kaidankylä FIN 89 Jd34
Kaihlasjärvi FIN 75 Kc23
Kaikino RUS 99 Lc41
Kaikul S 73 Hb20
Käina EST 97 Jc44
Kainach A 144 Fc54
Kainasto FIN 81 Jb30
Kainasto FIN 89 Ja32
Kaindorf A 144 Ga54
Kainu FIN 81 Jc29
Kainulasjärvi S 73 Ja18
Kainuunkylä FIN 73 Jb20
Kainuunmäki FIN 82 Kd27
Kaipiainen FIN 90 La37
Kaipola FIN 90 Kb34
Kairahta FIN 90 Kc33
Kairala FIN 69 Kb16
Kairala FIN 75 Kd20
Kairėnai LV 114 Kb55
Kairėnai LT 114 Kd54
Kairiai LT 114 Kb54
Kairiai LT 113 Jd55
Kairila FIN 89 Jb35
Kairiškiai LT 113 Jd53
Kaisepakte S 67 Gd14
Kaisers A 142 Db54
Kaisersbach D 134 Da48
Kaisersesch D 133 Bd43
Kaiserslautern D 133 Ca46
Kaisheim D 134 Dc48
Kaisiadorys LT 114 Kd57
Kaitainen FIN 90 La33
Kaitainsalmi FIN 82 La26
Kaitajärvi FIN 74 Jc21
Kaitsor FIN 81 Ja30
Kaitum S 67 Ha16
Kaiu EST 98 Kc43
Kaivanto FIN 82 Kc25
Kaive LV 106 La50
Kaivola FIN 89 Ja38
Kaivomäki FIN 90 La33
Kajaani FIN 82 Kd26
Kajala FIN 97 Jb39
Kajan AL 182 Ab76
Kajánújfalu H 146 Jc55
Kajárpéc H 145 Ha53
Kajdacs H 146 Hc56
Kajnardža BG 181 Fa68
Kájov CZ 136 Fb49
Kajsackoe RUS 203 Ga12
Kakalétri GR 194 Bb88
Kakanj BIH 153 Hc64
Kakasd H 153 Hc57
Kakavija AL 182 Ac79
Kakerbeck D 127 Ea36
Kaki GR 195 Cb87
Käkilahti FIN 82 Kc27
Kakkisenvaara FIN 83 Ld28
Kaklık TR 198 Fd88
Kakmuži MNE 159 Ja67
Kąkol PL 121 Hb34
Kąkolewnica Wschodnia PL 131 Kb37

Kakolewnica Wschodnia – Karjalaisenniemi

Kakolewnica Wschodnia PL 131 Kb37
Kąkolewo PL 129 Gb38
Kakopetria CY 206 Ja97
Kakóvatos GR 194 Ba87
Kakskerta FIN 97 Jb39
Kakslauttanen FIN 69 Ka12
Kakuåsen S 79 Fc29
Kál H 146 Jb52
Kälä FIN 90 Kc34
Kalabakbaşı TR 191 Ec81
Kålaboda S 80 Hc26
Kalač RUS 203 Fc13
Kalace MNE 159 Jc68
Kalace MNE 178 Ad70
Kalač-na-Donu RUS 203 Fd14
Kalafat TR 191 Ea81
Kalafati SRB 159 Ja66
Kalaja FIN 82 Ka28
Kalajoki FIN 81 Jc26
Kalak N 64 Jd05
Kalakoski FIN 89 Jc32
Kalamáfka GR 201 Db96
Kalamáki GR 188 Ac86
Kalamáki GR 189 Ca81
Kalamákia GR 189 Cc83
Kalamariá GR 183 Ca78
Kalamark S 73 Hc23
Kalamáta GR 194 Bb89
Kalambáka GR 183 Bb80
Kalambáki GR 184 Cd77
Kalamítsi GR 184 Cd80
Kálamos GR 188 Ad83
Kálamos GR 189 Cc85
Kalamotí GR 191 Dd86
Kalamotó GR 183 Cb78
Kalana EST 97 Jb44
Kalana EST 98 La44
Kalančak UA 205 Fa17
Kalándra GR 183 Cb80
Kalá Nerá GR 189 Ca82
Kálanos GR 188 Bb86
Kalanti FIN 89 Ja38
Kalapódi GR 189 Ca84
Kälarne S 79 Ga31
Kálathos GR 197 Fa93
Kalavárda GR 197 Ed93
Kalavasos CY 206 Jb98
Kalávrita GR 188 Bb86
Kalax FIN 89 Hd32
Kalbach D 134 Da43
Kalbe D 127 Ea36
Kalbensteinberg D 134 Dc47
Kalburcu TR 186 Ga78
Kalburcu TR 192 Fa82
Kalce SLO 151 Fb58
Kalčevo BG 180 Eb73
Kalchreuth D 135 Dd46
Káld H 145 Gd54
Kaldal N 79 Fb26
Kaldenkirchen D 125 Bc39
Kaldfarnes N 67 Gb11
Kaldfjord N 62 Gc09
Kaldvika N 66 Ga14
Kale TR 198 Fc89
Kalealtı TR 185 Eb78
Kale = Demre TR 199 Gb93
Kaledibi TR 205 Ga19
Kalefeld D 126 Db38
Kalekovec BG 180 Db73
Kaleköy TR 185 Dd80
Kaleköy TR 198 Ga93
Kalela FIN 89 Jb38
Kalemköy TR 197 Fa90
Kälen S 73 Hc24
Kalenci SRB 153 Jc62
Kalenik BG 180 Db70
Kaléntzi GR 188 Ad81
Kaléntzi GR 188 Bb86
Kalérgo GR 190 Cd86
Kalesi EST 98 Kc42
Kalesija BIH 153 Hd63
Kalesninkai LT 114 Kc59
Kalesninkai LT 114 La59
Kaleste EST 97 Jb44
Kalēti LV 113 Jb53
Kaletnik PL 123 Kb30
Kalety PL 138 Hc43
Kaleüçağız TR 198 Ga93
Kaleva FIN 97 Jc39
Kalfaköy TR 192 Fb81
Kalho FIN 90 Kc35
Kalí GR 183 Bd77
Kali HR 157 Fd64
Kalídona GR 194 Ba87
Kalífitos GR 184 Da76
Kalimanci BG 181 Fa70
Kálimnos GR 197 Eb90
Kalina FIN 83 Ld28
Kalınağılköyü TR 197 Fa90
Kalınharman TR 192 Fc85
Kalinina RUS 203 Fb08
Kaliningrad RUS 113 Ja58
Kalininsk RUS 203 Fd12
Kalininskoe RUS 113 Jd59
Kalinkavičy BY 202 Eb13
Kalınkoz TR 198 Fd90
Kalinovik BIH 159 Hc66
Kalinovka RUS 113 Jc58
Kalinovo SK 146 Ja50
Kalinowa PL 129 Hb39
Kalinówka Kościelna PL 123 Kb32
Kalinowo PL 123 Ka31
Kalipéfki GR 183 Bd80
Kaliroi GR 182 Ba80
Kaliska PL 121 Ha31
Kalisko PL 130 Hd40
Kališta MK 182 Ad75
Kalisty PL 122 Hd31
Kalisz PL 121 Gd31
Kalisz PL 129 Ha39
Kaliszki PL 123 Jd32
Kalisz Pomorski PL 120 Ga34
Kalithéa GR 183 Cb80
Kalithía GR 184 Cd76
Kalīti LV 105 Jc50
Kalitino RUS 99 Mb41
Kalivári GR 190 Da87
Kalíves GR 184 Da78
Kalíves GR 200 Cc95
Kalívia GR 188 Ba84
Kalívia GR 194 Bc90
Kalí Vríssi GR 184 Cd76
Kalix S 73 Jb21
Kalixforsbron S 67 Ha15
Kaljazin RUS 202 Ed09
Kaljord N 66 Fd13
Kaljunen FIN 91 Ld34
Kalkan TR 198 Fd93
Kalkanlı TR 193 Gd82
Kalkar D 125 Bc38
Kalkhorst D 119 Dd31
Kalki LV 105 Jc49
Kalkım TR 191 Ec81
Kalkkiainen FIN 69 Kc17
Kalkkikangas FIN 68 Jb16
Kalkkimaa FIN 74 Jc21
Kalkkinen FIN 90 Kc36
Kalkstein A 143 Eb55
Kalkstrand FIN 98 Kc39
Kalküne LV 115 Lc53
Kall D 125 Bc42
Kall S 78 Fa30
Källa S 104 Gc51
Kalland N 92 Cd46
Kållands-Åsaka S 102 Ed46
Kallarberg N 93 Da45
Källarbo S 95 Fd40
Kallaste EST 99 Lb44
Kallax S 73 Hd22
Källbäcken S 95 Fc40
Källbomark S 73 Hc24
Kållby FIN 81 Jb29
Källby S 102 Fa46
Källered S 102 Ec49
Kallernäs S 95 Fd42
Kållerstad S 102 Fa51
Kalletal D 126 Cd37
Källfallet S 95 Fd42
Kallham A 144 Fa50
Källholen S 87 Fc37
Kalli EST 98 Ka45
Kallimassiá GR 191 Dd86
Kallinge S 111 Fd54
Kallio FIN 83 Lb26
Kallio FIN 89 Jd34
Kállio GR 189 Bc84
Kalliojoki FIN 83 Lc25
Kalliokylä FIN 82 Kc28
Kalliola FIN 90 Kc36
Kallioluoma FIN 75 Lb20
Kalliomäki FIN 82 Kd27
Kallislahti FIN 91 Lc33
Kallithéa GR 183 Bc80
Kallithéa GR 189 Cb85
Kallithéa GR 194 Ba89
Kallithéa GR 194 Bc89
Kallithéa GR 197 Ea88
Kallíthiro GR 188 Bb82
Kallivere RUS 99 Lc41
Kallmet AL 163 Jb71
Kallmora S 87 Fc37
Kallmünz D 135 Ea47
Kallo FIN 68 Jc16
Kálló H 146 Hd52
Källö-Knippla S 102 Eb49
Kallön S 72 Gc22
Kalloní GR 191 Ea83
Kalloní GR 195 Ca88
Kállósemjén H 147 Ka51
Käll-Rör S 78 Fa29
Källsjö S 102 Ec50
Källsjön S 87 Ga38
Kallträsk FIN 89 Ja34
Källunga S 102 Ed48
Källunge S 104 Ha49
Källvik S 103 Gb48
Kallviken S 81 Hd26
Kalmaküla EST 99 Lb43
Kalmar S 96 Gc43
Kalmar S 103 Gb52
Kalmari FIN 82 Ka31
Kalmonmäki FIN 82 La27
Kalmthout B 124 Ad38
Kalmykovskij RUS 203 Fd14
Kalna SRB 179 Ca69
Kalna SRB 179 Ca70
Kalnaberže LT 114 Kc56
Kalnamuiža LV 105 Jc52
Kálna nad Hronom SK 145 Hb50
Kalná Roztoka SK 139 Kb47
Kalnbirze LV 107 Lb51
Kalncempji LV 107 Lb48
Kalnciems LV 106 Ka51
Kalniena LV 107 Lc49
Kalnik PL 122 Hd31
Kalniški LV 113 Jb53
Kalniškiai LT 113 Jb54
Kalnovo BG 181 Ec71
Kalnujai LT 114 Ka56
Kalócfa H 145 Gc55
Kalo Chorio CY 206 Ja96
Kalo Chorio CY 206 Ja97
Kalo Chorio CY 206 Jb97
Kalo Chorio CY 206 Jc97
Kalocsa H 146 Hd56
Kalofer BG 180 Dc72
Kalógiri GR 188 Bb81
Kalógria GR 188 Ba85
Kalóhio GR 183 Bb79
Kalohóri GR 182 Ba78
Kaló Horió GR 201 Dc96
Kaló Horió GR 201 Dd96
Kaloí Liménes GR 200 Cd96
Kalojan BG 181 Ed69
Kalojanovec BG 180 Dd73
Kalojanovo BG 180 Db73
Kalojanovo BG 180 Eb72
Kalókastro GR 183 Cb77
Kälom S 79 Fb30
Kalonéri GR 183 Bb78
Kaló Neró GR 194 Ba88
Kaloni GR 196 Db88
Kalopanagiotis CY 206 Ja97
Kalopsida CY 206 Jc96
Kalopsida CY 206 Jc97
Kalotina BG 179 Cb70
Kaloúsi GR 188 Bb86
Kálóz H 146 Hc55
Kaložicy RUS 99 Ma41
Kalpáki GR 182 Ad79
Kalpio FIN 75 Kd24
Kals A 143 Eb54
Kalsdorf bei Graz A 144 Fd55
Kälsjärv S 73 Jb21
Kalsko PL 128 Fd36
Kaltanėnai LT 115 Lb56
Kaltbrunn CH 142 Cc53
Kaltenbach A 143 Ea53
Kaltenbrunn A 142 Dc54
Kaltene LV 105 Jd49
Kaltenkirchen D 118 Db32
Kaltennordheim D 126 Db42
Kaltensundheim D 126 Db42
Kaltental D 142 Dc51
Kaltern I 142 Dc56
Kaltesluokta S 67 Gd17
Kaltinėnai LT 113 Jd55
Kaltsila FIN 89 Jc36
Kalttonen FIN 82 Kc29
Kaluđerovići SRB 159 Ja66
Kaluđerovo SRB 174 Bd63
Kaludra MNE 159 Jb68
Kaluga RUS 202 Ed11
Kalugerovc BG 179 Da72
Kalugerovo BG 179 Cd70
Kalundborg DK 109 Ea25
Kalupe LV 115 Lc53
Kaluš UA 204 Ea16
Kałuszyn PL 131 Jd37
Kalužskoe RUS 113 Jc58
Kalv S 102 Ed50
Kalvåg N 84 Ca34
Kalvarija LV 114 Kb59
Kalvatn N 84 Cc34
Kalvbäcken S 80 Gc28
Kalvehave DK 109 Eb28
Kalvene LV 105 Jb52
Kälvene S 102 Fa48
Kalvi EST 98 La41
Kälviä FIN 81 Jc28
Kalviai LT 114 Kc58
Kalvitsa FIN 90 La33
Kalvjärv S 73 Ja20
Kalvola FIN 90 Ka37
Kalvslund DK 108 Da26
Kalvträsk S 80 Hb25
Kalwang A 144 Fc53
Kalwaria Zebrzydowska PL 138 Hd45
Kalwy PL 129 Gb37
Kalynivka UA 204 Eb15
Kám H 145 Gc54
Kamajai LT 114 La54
Kämäränkylä FIN 83 Lc25
Kamārde LV 114 Kc53
Kamáres GR 188 Bb85
Kamáres GR 195 Cd90
Kamáres GR 200 Cd96
Kamári GR 196 Db92
Kamarino RUS 99 Mb45
Kamariótissa GR 184 Dc79
Kamarítsa GR 189 Cb84
Kamaroúla GR 188 Ba84
Kambánis GR 183 Ca77
Kambí GR 188 Ad81
Kambiá GR 191 Dd85
Kambja EST 107 Lb46
Kambo N 93 Ea43
Kámbos GR 188 Ba83
Kámbos GR 188 Ba86
Kámbos GR 188 Bb84
Kámbos GR 194 Bb89
Kámbos GR 196 Dd88
Kámbos GR 197 Ea89
Kámbos GR 197 Eb88
Kámbos GR 200 Ca95
Kamčija BG 181 Fa71
Kamçılı TR 192 Fa81
Kamen BG 180 Ea70
Kamen BG 180 Eb72
Kamen D 125 Cb39
Kamenar BG 181 Fa70
Kaména Voúrla GR 189 Bd84
Kamen Brjag BG 181 Fc70
Kamenec BG 180 Dc69
Kamenec RUS 99 Ld43
Kamenica BIH 152 Gb63
Kamenica BIH 152 Hb63
Kamenica BIH 159 Ja64
Kamenica MK 179 Ca73
Kamenica SK 138 Jc47
Kamenica SRB 178 Ba67
Kamenica SRB 178 Bd69
Kamenica SRB 179 Ca68
Kamenica nad Cirochou SK 139 Ka47
Kamenicë AL 182 Ad77
Kamenice CZ 136 Fc45
Kamenice nad Lipou CZ 136 Fc47
Kamenjane MK 178 Ba73
Kamenka RUS 99 Ld43
Kamenka RUS 107 Ld46
Kamenka RUS 203 Fb13
Kamenka RUS 203 Fc11
Kamennogorsk RUS 202 Ea08
Kamennyj Konec RUS 99 Lc43
Kamenný Přívoz CZ 136 Fb45
Kameno BG 181 Ed72
Kameno Pole BG 179 Cd69
Kamenovo BG 180 Eb68
Kamenskij RUS 203 Fd12
Kamenski Vučjak HR 152 Ha60
Kamensko BIH 153 Hc63
Kamensko HR 152 Ha60
Kamensko HR 158 Gd66
Kamenskoe RUS 113 Jc59
Kamensk-Šahtinskij RUS 203 Fc14
Kamenz D 128 Fb40
Kames GB 6 Dc13
Kameškovo RUS 203 Fa09
Kamičak BIH 152 Gc62
Kamień PL 122 Jc32
Kamien PL 128 Fc36
Kamień PL 129 Ha38
Kamień PL 130 Ja39
Kamień PL 131 Jd40
Kamień PL 131 Kd40
Kamień PL 139 Ka43
Kamienica PL 121 Gc35
Kamienica PL 128 Fd42
Kamienica PL 138 Jb46
Kamienica Dolna PL 139 Jd44
Kamieniec PL 122 Hc32
Kamieniec PL 129 Gb37
Kamieniec Ząbkowicki PL 137 Gc43
Kamienka SK 138 Jb46
Kamień Krajeński PL 121 Gd33
Kamienna Góra PL 128 Ga42
Kamiennik PL 137 Gc43
Kamiennik Wielkopolski PL 122 Hc30
Kamień Pomorski PL 120 Fc31
Kamieńsk PL 130 Hd40
Kamilski Dol BG 185 Ea75
Kamin'-Kašyrs'kyj UA 202 Ea14
Kamion PL 130 Ja38
Kamionek Wielki PL 122 Jc30
Kamionka PL 131 Ka39
Kamionka Wielka PL 138 Jc46
Kamionna PL 128 Ga36
Kamışlı TR 187 Gc79
Kam'janec-Podil's'kyj UA 204 Eb16
Kamjaniec BY 202 Dd13
Kam'janka UA 204 Ed15
Kamjanka-Buz'ka UA 204 Ea15
Kamlunge S 73 Ja21
Kämmäkka FIN 89 Jc36
Kammela FIN 89 Ja38
Kammeltal D 142 Db50
Kämmenniemi FIN 89 Jd35
Kammerstein D 134 Dc47
Kamminke D 120 Fb32
Kammlach D 142 Db51
Kamnik AL 182 Ad78
Kamnik SLO 151 Fc57
Kamniška Bistrica SLO 151 Fb57
Kamorūnai LT 114 Kd59
Kamøyvær N 64 Jc04
Kampen D 108 Cd28
Kampen NL 117 Bc35
Kampertal A 144 Fb52
Kampevoll N 67 Gb11
Kampia CY 206 Jb97
Kampinkylä FIN 89 Ja32
Kampinos PL 130 Ja37
Kamp-Lintfort D 125 Bc39
Kampor HR 151 Fc62
Kampos CY 206 Ja97
Kamsdorf D 127 Dd42
Kamsjö S 80 Hb27
Kamskoe Ust'e RUS 203 Fd09
Kamula FIN 82 Kb27
Kamyk PL 130 Hc41
Kamýk nad Vltavou CZ 136 Fb46
Kamyšin RUS 203 Fd13
Kanaküla EST 106 Kc46
Kanal SLO 150 Ed58
Kanala FIN 81 Jd29
Kanála GR 195 Cd89
Kanáli GR 182 Ab80
Kanáli GR 188 Ac82
Kanália GR 189 Ca81
Kanan S 71 Fd23
Kanaš RUS 113 Jc57
Kanaš RUS 113 Jc59
Kanaš RUS 203 Fd09
Kanatádika GR 189 Ca83
Kanatlarci MK 183 Bb75
Kańczuga PL 139 Kb44
Kandakjulja RUS 99 Ld39
Kandakopšino RUS 99 Mb40
Kándanos GR 200 Cb95
Kandava LV 105 Jd50
Kandel D 133 Cb47
Kandergrund CH 141 Bd55
Kandern D 141 Bd51
Kandersteg CH 141 Bd55
Kandestederne DK 101 Dd19
Kándia GR 195 Bd88
Kandila GR 194 Bc87
Kandıra TR 187 Gb77
Kandle EST 98 Kd41
Kandyty PL 122 Ja30
Kanepi EST 107 Lb46
Kånešštohpu FIN 64 Jd08
Kanevskaja RUS 205 Fc16
Kanfanar HR 151 Fa61
Kangarisi LV 106 Kc50
Kangas FIN 81 Jd26
Kangas FIN 81 Jb30
Kangas FIN 81 Jb31
Kangasaho FIN 82 Ka31
Kangasala FIN 89 Jd35
Kangasalan asema FIN 89 Jd35
Kangashäkki FIN 90 Kb32
Kangaskylä FIN 82 Kc25
Kangaskylä FIN 82 Kb26
Kangaskylä FIN 82 Ka28
Kangaskylä FIN 82 Ka29
Kangaslahti FIN 82 La28
Kangaslampi FIN 91 Lb32
Kangasniemi FIN 90 Kd33
Kangasoja FIN 81 Jd28
Kangasperä FIN 82 Kc25
Kangasvieri FIN 81 Jd29
Kangos S 68 Hd16
Kangosjärvi FIN 68 Ja15
Kania PL 120 Fd33
Kania PL 121 Ha35
Kanigowo PL 122 Ja33
Kaniów PL 128 Fc38
Kaniv UA 204 Ec15
Kanjiža SRB 153 Jb57
Kankaanpää FIN 89 Jb35
Kankaanpää FIN 89 Jb37
Kankaanpää FIN 90 Ka33
Kankainen FIN 90 Kd32
Kankainen FIN 90 Kc33
Kankari FIN 82 Kc25
Kankberg S 80 Hb25
Kankböle FIN 90 Kc38
Kankkula FIN 82 Kd29
Kånna S 102 Fa52
Kannas FIN 91 Ld34
Kannawurf D 127 Dd40
Kannonkoski FIN 82 Ka30
Kannonsaha FIN 82 Ka30
Kannus FIN 81 Jc27
Kannusjärvi FIN 90 La37
Kannuskoski FIN 90 La36
Kansız TR 192 Fb81
Kanstad N 66 Fd13
Kantala FIN 90 La33
Kantara CY 206 Jd96
Kanteenmaa FIN 89 Jc37
Kantele FIN 90 Kc38
Kantemirovka RUS 203 Fb14
Kantii FIN 89 Jb34
Kantinieki LV 107 Lc51
Kantküla EST 98 La44
Kantojärvi FIN 74 Jc21
Kantojoki FIN 75 La19
Kantokylä FIN 81 Jd27
Kantola FIN 74 Jd22
Kantomaanpää FIN 73 Jb19
Kantoperä FIN 89 Jc33
Kántorjánosi H 147 Kb51
Kantornes N 62 Gd10
Kantou CY 206 Ja98
Kantsjö S 80 Gd29
Kanturk IRL 12 Bc24
Kánya H 145 Hb55
Kányavár H 145 Gc56
Kaolinovo BG 181 Ed69
Kaona SRB 178 Ba67
Kaonik SRB 178 Bc68
Kapaklı TR 186 Fa76
Kapaklı TR 186 Fc79
Kapaklı TR 191 Ed84
Kapaklı TR 193 Hb87
Kapanbelem TR 185 Ec80
Kapandriti GR 189 Cc86
Kapanlar TR 193 Gb81
Kaparéli GR 189 Ca85
Kaparéli GR 194 Bc87
Kapčiamiestis LT 123 Kc30
Kapee FIN 89 Jd34
Kapela HR 152 Gc58
Kapellen A 144 Ga52
Kapellen B 124 Ac39
Kapellen D 125 Bc38
Kapelln A 144 Ga50
Kapera EST 107 Lc47
Kāpessils LV 107 Ld50
Kapfenberg A 144 Fd53
Kápi GR 191 Ea83
Kapice PL 123 Ka32
Kapıkaya TR 191 Ec84
Kapıkaya TR 192 Fd84
Kapıkaya TR 193 Gd81
Kapiņi LV 107 Ld52
Kápinovo BG 181 Fb69
Kapitan Andeevo BG 185 Ea75
Kapitan-Dimitrievo BG 179 Da73
Kapitan Dimitrovo BG 181 Fa68
Kapitan Petko BG 181 Ec69
Kapız TR 198 Fc90
Kapłan PL 123 Ka35
Kaplangı TR 192 Ga85
Kaplice CZ 136 Fb49
Kapljuh BIH 152 Gb63
Kapolcs H 145 Ha55
Kápolna H 146 Jb52
Kápolnásnyék H 146 Hc54
Kapolypuszta H 145 Ha55
Kaposfüred H 145 Ha56
Kaposgyarmat H 152 Ha57
Kaposmérő H 152 Ha57
Kaposszekcső H 152 Hb57
Kaposvár H 152 Ha57
Kapp N 85 Ea39
Kappel D 133 Bd44
Kappel D 133 Ca44
Kappel DK 109 Dd28
Kappel Grafenhausen D 141 Ca50
Kappeln D 108 Dc29
Kappelrodeck D 133 Cb49
Kappelshamn S 104 Ha48
Kappelskär S 96 Ha42
Kappl A 142 Db54
Kåpponis S 73 Hb20
Kaprije HR 157 Ga66
Kaprun A 143 Ec54
Kapsajoki FIN 68 Jc14
Kapsáli GR 195 Bd92
Kapsalos CY 206 Jc96
Kapsēde LV 105 Ja52
Kapshtica AL 182 Ba77
Káptalanfa H 145 Gd54
Káptalantóti H 145 Ha55
Kaptol HR 152 Ha60
Kapūne LV 107 Lc50
Kapušany SK 139 Jd47
Kapuvár H 145 Gc53
Käpysalo FIN 82 Kd30
Karaád H 145 Ha55
Karaadilli TR 193 Gc86
Karaağa TR 193 Hb87
Karaağaç TR 185 Eb75
Karaağaç TR 185 Ed76
Karaağaç TR 186 Fc77
Karaağaç TR 187 Gc77
Karaağaç TR 187 Hd80
Karaağaç TR 191 Eb82
Karaağaç TR 192 Fa83
Karaağaç TR 192 Ga84
Karaağaç TR 193 Gb84
Karaağaçlı TR 191 Ed85
Karaahmetler TR 198 Fb88
Karaahmetler TR 199 Gd90
Karaahmetli TR 186 Ga79
Karaali TR 199 Hb88
Karaaliler TR 199 Gc89
Karaatlı TR 197 Ed88
Karababadır TR 186 Ga80
Karabayır TR 198 Fd91
Karabedirler TR 192 Ga86
Karabeyler TR 192 Fc85
Karabeyli TR 185 Ed76
Karabeyli TR 186 Ga77
Karabeyli TR 192 Fd85
Karabiga TR 185 Ed79
Karaböğürtlen TR 198 Fb90
Karabucak TR 199 Ha90
Karabük TR 199 Ha90
Karabük TR 205 Fa20
Karabulut TR 193 Hb86
Karabunar BG 179 Da73
Karabürçek TR 185 Ec77
Karaburun TR 186 Fc76
Karaburun TR 191 Ea81
Karaburun TR 191 Ea85
Karaby S 102 Ed46
Karacaağaç TR 197 Fa90
Karacaahmet TR 192 Fd86
Karacaahmet TR 193 Hb82
Karacaali TR 186 Fd79
Karacaali TR 192 Fb87
Karacabey TR 186 Fb80
Karacadağ TR 186 Fa74
Karačaevsk RUS 205 Ga17
Karacahisar TR 192 Ga84
Karacahisar TR 192 Ga85
Karacahisar TR 199 Ha88
Karacaibrahim TR 192 Fb85
Karacakılavuz TR 185 Ed77
Karacaköy TR 186 Fb76
Karacaköy TR 186 Ga77
Karacaköy TR 197 Fa91
Karacalar TR 191 Ed83
Karacalar TR 192 Fb83
Karacalar TR 199 Hb91
Karaçalç TR 185 Ed78
Karacalı TR 186 Fa80
Karaçalı TR 187 Gc77
Karaçaltı TR 192 Fb82
Karaçam TR 191 Ed83
Karaçam TR 198 Fc90
Karacaoğlan TR 185 Ec76
Karacaören TR 193 Gc86
Karacaören TR 193 Gc87
Karacaören TR 193 Gd82
Karacaören TR 193 Hb83
Karacaören TR 197 Fa88
Karacaören TR 198 Fb88
Karacaören TR 198 Fc91
Karacaören TR 199 Gb89
Karacaören TR 199 Gd89
Karacaşehir TR 193 Gc82
Karacaşehir TR 193 Gc84
Karacasu TR 187 Hb79
Karacasu TR 198 Fb88
Karaçepiş TR 191 Ed82
Karačev RUS 202 Ed12
Karácsond H 146 Jb52
Karaçulha TR 198 Fd92
Karaçulha TR 198 Ga91
Karadağ TR 198 Ga93
Karadat TR 193 Hb82
Karadayı TR 199 Gd91
Karadere TR 185 Ed74
Karadere TR 187 Gc78
Karadere TR 187 Gd79
Karadere TR 191 Ec82
Karadere TR 191 Ed84
Karadiken TR 187 Gc78
Karadiken TR 198 Fc90
Karadiken TR 199 Gd89
Karadirek TR 193 Gb86
Karadordevo SRB 153 Ja60
Karageorgievo BG 181 Ed72
Karagöl TR 198 Fc89
Karagöllü TR 186 Ga78
Karagöz TR 192 Fb82
Karahacılı TR 192 Ga87
Karahacılı TR 193 Gb87
Karahallı TR 192 Ga86
Karahamza TR 185 Ec75
Karahasantaşı TR 198 Ga91
Karahıdırlı TR 191 Ec84
Karahisar TR 185 Eb78
Karahisar TR 198 Fc89
Karahisargölcük TR 193 Ha81
Karahka FIN 74 Ka21
Karahka FIN 74 Kb23
Karahüyük TR 193 Ha86
Karahüyük TR 198 Fd89
Karainebeyli TR 185 Ea79
Karakadı TR 192 Ga81
Karakavur TR 187 Hb77
Karakaya TR 192 Fa82
Karakaya TR 192 Fa83
Karakaya TR 192 Fd87
Karakaya TR 193 Ha83
Karakaya TR 197 Ed89
Karakiraz TR 186 Fd77
Karakışla TR 199 Hb90
Karako H 145 Gd54
Karakoca TR 186 Fb80
Karakoçan TR 205 Ga20
Karakólithos GR 189 Bd85
Karaköse TR 193 Gb85
Karaköy TR 187 Hb80
Karaköy TR 191 Ec84
Karaköy TR 191 Ed86
Karaköy TR 192 Fa85
Karaköy TR 192 Fc81
Karaköy TR 192 Fc87
Karaköy TR 197 Ed91
Karaköy TR 198 Fc89
Karaköy TR 199 Gb91
Karakür TR 192 Fd85
Karakütük TR 199 Gd90
Karakuyu TR 191 Ec87
Karakuyu TR 199 Gc90
Karakuzu TR 191 Ec85
Karala EST 105 Jb46
Karalaks N 64 Jb08
Karališkiai LT 114 Ka57
Karališkiai LT 114 La56
Karalkreslis LT 114 Ka59
Karamanca TR 192 Fd84
Karamanci BG 184 Dc74
Karamandere TR 186 Fb76
Karamanlar TR 199 Hb92
Karamanlı TR 198 Ga89
Karamanovo BG 180 Dd69
Karamehmet TR 186 Fa76
Karamık TR 198 Ga92
Karamıkkaracaören TR 193 Gd86
Karamürsel TR 186 Ga79
Karamyševo RUS 107 Ma46
Karamyševo RUS 113 Jd59
Karancslapujtő H 146 Ja50
Karancsság H 146 Ja51
Karankamäki FIN 82 Kc27
Karanovo BG 180 Ea72
Karaoğlanlı TR 191 Ed85
Karaören TR 193 Gc83
Karaorman TR 192 Fb81
Karaot TR 199 Gc90
Karaova TR 197 Ed90
Karaöz TR 199 Gc93
Karapazar TR 193 Gc82
Karapelit BG 181 Fa69
Karapınar TR 192 Fb82
Karapınar TR 193 Ha85
Karapınar TR 199 Gb89
Karapınar TR 199 Gc89
Karapürçek TR 187 Gc79
Karapürçek TR 192 Fb81
Kararkút H 152 Ha57
Karasandıklı TR 193 Gb86
Karášjohka N 64 Jc09
Karasjok N 64 Jc09
Karász H 152 Hb57
Karataş TR 192 Fb85
Karatas TR 199 Gc90
Karatepe TR 185 Ea80
Karatepe TR 193 Gd82
Karats S 72 Gd19
Karaurgan TR 205 Ga19
Karavas CY 206 Jb96
Karavás GR 195 Bd91
Karaveliler TR 191 Ec83
Karaveliler TR 199 Gc90
Karavelovo BG 180 Db72
Karavóstamo GR 196 Dd88
Karavostasi CY 206 Ja96
Karavostásis GR 196 Da91
Karavukovo SRB 153 Hd59
Karayakup TR 192 Fa85
Karayakuplu TR 186 Ga78
Karayayla TR 198 Fc89
Karayokuş TR 193 Ha85
Karbach D 134 Da45
Karbasan TR 192 Fd83
Karbasan TR 192 Ga87
Karben D 134 Cc43
Karbenning S 95 Ga41
Karbinci MK 183 Bd74
Kårböle S 87 Fd35
Karbowo PL 122 Hc33
Karbow-Vietlübbe D 119 Eb33
Karby DK 100 Da22
Karby S 96 Gd43
Karca TR 197 Fa90
Karcag H 146 Jc53
Karcsa H 147 Ka50
Karczew PL 130 Jc37
Karczmiska PL 131 Jd40
Karczmy PL 130 Hc39
Karczyn PL 129 Gc42
Kärda S 103 Fb51
Kardakáta GR 188 Ab84
Kardam BG 181 Fb69
Kardamás GR 188 Ad86
Kardámena GR 197 Ec91
Kardámila GR 191 Dd85
Kardamíli GR 194 Bb89
Kardašova Řečice CZ 136 Fc47
Kärde EST 98 La44
Kardis S 68 Jb17
Kardítsa GR 188 Bb81
Kärdla EST 97 Jc44
Kardos H 146 Jc55
Kărdžali BG 184 Dc75
Kareby S 102 Eb48
Karegasnjarga FIN 64 Jc09
Kårehamn S 103 Gb51
Kåremo S 103 Gb52
Karepa EST 98 La41
Karés GR 200 Cc95
Karesuando S 68 Hd13
Kärevere EST 98 Kd44
Kärevere EST 98 La45
Kärevete EST 98 Kd43
Kargalı TR 186 Ga78
Kargalı TR 193 Hb85
Kargalı TR 198 Ga90
Kargalıhanbaba TR 187 Gc78
Kargersee I 143 Dd56
Kargı TR 193 Hb81
Kargı TR 197 Fa89
Kargı TR 198 Fc91
Kargı TR 199 Gd90
Kargı TR 205 Fb20
Kargılı TR 192 Fd82
Kargılı TR 199 Gc91
Kargın TR 192 Fa85
Kargın TR 199 Gc90
Kargınkürü TR 198 Fc91
Kargów PL 130 Jc42
Kargowa PL 128 Ga38
Kärgula EST 107 Lb47
Karhe FIN 89 Jc35
Karhi FIN 81 Jc27
Karhila FIN 90 Ka32
Karhujärvi FIN 74 Kd18
Karhukangas FIN 82 Ka26
Karhula FIN 89 Jc38
Karhula FIN 90 La38
Karhunkylä FIN 89 Jd33
Karhunoja FIN 89 Jc38
Karhunpää FIN 83 Lb27
Karhusjärvi FIN 91 Lc36
Karhuvaara FIN 75 Kd22
Karhuvaara FIN 75 Lb24
Kari FIN 83 Lb28
Kariá GR 188 Ac83
Kariá GR 189 Bc86
Kariá GR 194 Bc87
Kariani GR 184 Cd78
Kariés GR 183 Bc77
Karidohóri GR 184 Cc76
Kariés GR 182 Ba77
Kariés GR 184 Cd79
Kariés GR 194 Ba88
Kariés GR 194 Bc88
Karigasniemi FIN 64 Jc09
Karihaugen N 66 Ga14
Karijoki FIN 89 Ja33
Karilatsi EST 107 Lb46
Karinainen FIN 89 Jc38
Karıncalı TR 192 Fc81
Karine TR 197 Ec88
Käringön S 102 Ea47
Karinkanta FIN 74 Jd24
Kariótes GR 188 Ac83
Kariótissa GR 183 Bd77
Kariovoúni GR 194 Bc90
Karırçeşme TR 192 Fb81
Karis FIN 97 Jd40
Karise DK 109 Ec27
Karisjärvi FIN 98 Ka39
Káristos GR 195 Cd87
Karítena GR 194 Bb87
Karítsa GR 188 Bb83
Karja EST 97 Jc45
Karjaa FIN 97 Jd40
Karjala FIN 89 Jb38
Karjalaisenniemi FIN 75 Kd19

Karjalan – Kičenica

Karjalan FIN 89 Jb38
Karjalankylä FIN 74 Ka22
Karjalanvaara FIN 74 Kb19
Karjalohja FIN 97 Jd40
Karjatnurme EST 106 Kd47
Kärjenkoski FIN 89 Ja34
Kärjenniemi FIN 89 Jd36
Karjula FIN 89 Jd34
Karjulanmäki FIN 81 Jd28
Karkaloú GR 194 Bb87
Karkažiškė LT 115 Lb57
Karkeamaa FIN 90 La33
Kärkelä FIN 97 Jd39
Karken D 125 Bb40
Kārķi LV 106 Kd47
Karkın TR 193 Ha82
Karkinágri GR 196 Dd88
Kärkkäälä FIN 82 Kc31
Karkkila FIN 90 Ka38
Karkku FIN 89 Jc36
Karkkula FIN 90 Kc37
Karklampi FIN 90 Kb35
Kärklax FIN 81 Ja30
Karklėnai LT 113 Jd55
Karkliniai LV 114 Kb59
Kärkna EST 99 Lb45
Kärkölä FIN 90 Kb37
Kärkölä FIN 90 Ka38
Karksi EST 106 Kd46
Karksi-Nuia EST 106 Kd46
Karkučiai LT 114 Kd58
Kärla EST 105 Jc46
Karlanda S 94 Ec43
Karlbo S 95 Ga41
Karlby FIN 97 Hd41
Karleby FIN 81 Jb28
Karleby FIN 81 Jb28
Karleby S 102 Fa46
Karlewo PL 122 Hd35
Karl Gustav S 102 Ec50
Karlholmsbruk S 96 Gc39
Kārļi LV 106 Kc51
Kārļi LV 106 Kd49
Karlık TR 191 Ed81
Karlino PL 120 Ga31
Karlıova TR 205 Ga20
Karlivka UA 203 Fa14
Karlobag HR 151 Fc63
Karlovac HR 151 Ga60
Karlovássi GR 197 Eb88
Karlova Studánka CZ 137 Gd44
Karlovčić SRB 153 Jb61
Karlovice CZ 137 Gd44
Karlovka RUS 203 Ga11
Karlovo BG 180 Db72
Karlovy Vary CZ 135 Ec44
Karłów PL 137 Gb43
Karłowice PL 129 Gd42
Karlsbäck S 80 Gd28
Karlsbad D 133 Cb48
Karlsbad = Karlovy Vary CZ 135 Ec44
Karlsberg S 87 Fd36
Karlsborg S 103 Fb47
Karlsborg S 73 Jb21
Karlsborg S 103 Fc46
Karlsburg D 120 Fa31
Karlsby S 103 Fc46
Karlsfeld D 143 Dd50
Karlshagen D 120 Fa31
Karlshamn S 111 Fc54
Karlshuld D 135 Dd49
Karlskoga S 95 Fc43
Karlskrona S 111 Fd54
Karlslunda S 111 Ga53
Karlslunde Strand DK 109 Ec26
Karlsøy N 62 Ha08
Karlsruhe D 133 Cb47
Karlstad N 67 Gc11
Karlstad S 94 Fa43
Karlstadt D 134 Da44
Karlstein A 136 Fd48
Karlstift A 136 Fc49
Karlstorp S 103 Fd50
Karmacs H 145 Gd55
Karmannsbo S 95 Fd42
Karmas S 67 Gd17
Karmėlava LT 114 Kc57
Karmin PL 129 Gb38
Kärna FIN 81 Jc30
Kärnä FIN 82 Kb29
Kärna S 102 Eb48
Karnabrunn A 145 Gb50
Kärnare BG 180 Db71
Kärne S 95 Fc43
Karnezéika GR 195 Ca88
Karnice PL 120 Fc31
Karniewo PL 122 Jb35
Karnjarga N 64 Jd07
Karnkowo PL 122 Hc35
Karnobat BG 181 Ec72
Karojba HR 151 Fa60
Karolewo PL 121 Ha33
Karonsbo S 80 Gd26
Karoševina SRB 159 Ja66
Karoussádes GR 182 Aa79
Karow D 119 Eb33
Karpacz PL 128 Ga42
Kärpänkylä FIN 75 Lb20
Karpássi GR 184 Dc80
Karpbukt N 65 Kd07
Karpenissi GR 188 Bb83
Karperí GR 183 Cb76
Karperö FIN 81 Hd30
Karperó GR 183 Bb79
Kárpi GR 183 Bd76
Karpicko PL 128 Ga37
Karpinvaara FIN 75 La24
Karpowicze PL 123 Kb32
Kärppälä FIN 89 Jc36
Kärppäsuo FIN 74 Ka22
Karpuzlu TR 197 Ed89
Kärra FIN 97 Jb40
Kärråkra S 102 Fa48
Kärrbäck S 95 Gb41
Kärrbackstrand S 86 Ed38
Kärrbo S 95 Fd42
Kärrbo S 95 Gb43
Karrebæksminde DK 109 Eb27
Karrsjö S 80 Gd29
Karsak TR 186 Fd80
Karsakiškis LT 114 Kc54
Kärsämä FIN 82 Ka25
Kärsämäki FIN 82 Kb27
Karsanlahti FIN 82 La28
Kārsava LV 107 Ld50
Karsbach D 134 Da44
Karsdorf D 127 Ea40
Karsibór PL 120 Fb32
Karsikas FIN 82 Ka27
Karsikko FIN 74 Jd22
Karsikkovaara FIN 82 Kd26
Karsin PL 121 Gd31
Karşıyaka TR 186 Fa79
Karsjö S 87 Ga36
Karskog FIN 98 Ka40
Kårsta S 96 Gd42
Karstädt D 119 Ea34
Kärstna EST 106 Kd46
Karstula FIN 82 Ka31
Karsun RUS 203 Fd10
Kartalkaya TR 187 Hb79
Kartalpınar TR 199 Gc89
Kartena LT 113 Jb54
Karterés GR 183 Cb77
Karterés GR 183 Cb77
Kartéri GR 188 Ac81
Kårtjevuolle sameviste S 67 Gc15
Kartno PL 120 Fc34
Karttiperä FIN 89 Jc34
Karttula FIN 82 Kd30
Kartuzy PL 121 Ha30
Käru EST 98 Ka45
Käru EST 98 Kc44
Karula EST 106 La47
Karulõpe EST 98 La41
Karuna FIN 97 Jc40
Karungi S 73 Jb20
Karunki FIN 74 Jc20
Karup DK 100 Db23
Karvala FIN 81 Jc30
Karvasalmi FIN 82 Kd29
Kärväskylä FIN 82 Kb29
Karvia FIN 89 Jb33
Karviankylä FIN 89 Jb33
Karvila FIN 91 Lc32
Karviná CZ 137 Hb45
Karvio FIN 83 Lb31
Karvoskylä FIN 82 Ka27
Karvys LT 114 La57
Karwia PL 112 Ha58
Karwica PL 122 Jc32
Karwin PL 120 Ga31
Karwowo-Wszebory PL 123 Jd33
Karyağmaz TR 192 Fc82
Karzec PL 129 Gc39
Kås DK 100 Dc20
Kaş TR 198 Ga93
Kåsa N 77 Dc32
Kasaba TR 198 Ga93
Kasaböle FIN 89 Hd34
Kasala FIN 89 Hd34
Kašalj SRB 178 Ba69
Kasapa SRB 153 Jb63
Kašary RUS 203 Fc14
Kascjukovičy BY 202 Ec12
Kascjukovka BY 202 Ec13
Kåseberga S 111 Fb57
Kasejovice CZ 136 Fa46
Kasendorf D 135 Dd44
Kasepää EST 99 Lb44
Kasfjord N 66 Ga12
Kaşıkçı TR 185 Ec77
Kaşıkçı TR 191 Ec84
Kaşıkçı TR 192 Fb84
Kaşıkçışeyhler TR 187 Gc79
Kasımlar TR 187 Gb80
Kasımlar TR 199 Ha89
Kasimov RUS 203 Fb10
Kašin RUS 202 Ed09
Kašina HR 152 Gb58
Kasina Wielka PL 138 Ja45
Kasiniemi FIN 90 Kb35
Kasinka Mała PL 138 Ja45
Kaširskoe RUS 113 Ja58
Kåskats S 73 Hb19
Kaskii FIN 91 Lb33
Kaskinen FIN 89 Hd33
Kaskö FIN 89 Hd33
Kas'kovo RUS 99 Ma40
Käsma FIN 75 La20
Käsmänlatva FIN 69 Kd17
Käsmu EST 98 Kd41
Kasnäs FIN 97 Jb41
Kåspakas GR 190 Db81
Kašperské Hory CZ 135 Ed47
Kaspičan BG 181 Ed70
Kassa S 68 Jb17
Kassari EST 97 Jd45
Kassari saar EST 97 Jd45
Kasseedorf D 119 Dd31
Kassel D 126 Da40
Kassiópi GR 182 Ab79
Kassjö S 80 Hb28
Kastamonu TR 205 Fa20
Kastanées GR 183 Ca76
Kastanerí GR 183 Bd76
Kastaniá GR 182 Ad78
Kastaniá GR 182 Ba80
Kastaniá GR 183 Bc78
Kastaniá GR 188 Bb82
Kastaniá GR 189 Bc83
Kastaniá GR 189 Bc86
Kastaniés GR 185 Eb75
Kastaniótissa GR 189 Ca83
Kastanítsa GR 194 Bc88
Kastanófito GR 182 Ba78
Kastav HR 151 Fb60
Kastel HR 150 Ed60
Kastéla GR 189 Cb85
Kaštela HR 158 Gb66
Kastelev DK 109 Eb28
Kastéli GR 201 Db96
Kastellaun D 133 Ca44
Kastélli GR 189 Bc84
Kastelruth I 143 Dd56
Kastelyosdombó H 152 Ha58
Kaštel Žegarski HR 157 Ga64
Kasterlee B 124 Ad39
Kastl D 143 Ec51
Kastlösa S 111 Gb53
Kastneshamn N 67 Gb12
Kastoriá GR 182 Ba77
Kastós GR 188 Ad84
Kastráki GR 189 Bd86
Kastraki GR 196 Db90
Kastre EST 99 Lb45
Kastrí GR 182 Ac80
Kastrí GR 189 Bd81
Kastrí GR 194 Bc88
Kastrí GR 200 Cb97
Kastria GR 188 Bb86
Kastrítsa GR 182 Ad80
Kástro GR 188 Ad86
Kástro GR 189 Ca85
Kástro GR 196 Da90
Kastrosikiá GR 188 Ac82
Kastrup DK 109 Eb28
Kašučiai LT 113 Jb54
Kasukkala FIN 91 Lc36
Kaszaper H 147 Jd56
Kasztanowo PL 122 Hd31
Kaszyce PL 129 Gc40
Katafígio GR 183 Bc79
Katáfito GR 184 Cc76
Katahás GR 183 Bd78
Katajamäki FIN 83 Lb28
Katajamäki FIN 90 La32
Katákolo GR 194 Ad87
Kåtaliden S 72 Gc23
Kataloinen FIN 90 Kb37
Katalónia GR 183 Bd78
Kätänjoki FIN 81 Jc31
Katápola GR 196 Dc91
Kåtaselet S 73 Hb23
Katastári GR 188 Ac86
Katauskiai LT 114 Ka55
Kåtaviken S 71 Fc21
Kateczyn PL 122 Jb32
Katerini GR 183 Bd79
Katerma FIN 83 Lb26
Katesbridge GB 9 Da18
Katheni GR 189 Cc85
Kathikas CY 206 Hd97
Katići SRB 178 Ad67
Kåtilla S 87 Fb37
Katina BG 179 Cc71
Katinac HR 152 Gd59
Katinhänta FIN 89 Ja38
Kätkäsuvanto FIN 68 Ja14
Kätkävaara FIN 74 Jd20
Kätkesuando S 68 Ja14
Katko FIN 89 Jb34
Katlanovska Banja MK 178 Bc73
Katlenburg-Lindau D 126 Db39
Katleši LV 107 Ld48
Káto Ahaïa GR 188 Ba85
Káto Alepohóri GR 189 Ca86
Káto Almirí GR 195 Ca87
Káto Asítes GR 200 Da96
Káto Asséa GR 194 Bc88
KatoDeftera CY 206 Jb97
Káto Dikomo CY 206 Jb96
Káto Doliana GR 195 Bd88
Káto Figália GR 194 Ba88
Kato Gialia CY 206 Hd97
Káto Glikóvrisi GR 195 Bd90
Katohí GR 188 Ba84
Káto Horió GR 201 Dc96
Káto Hrisovítsa GR 188 Bb84
Káto Kastaniá GR 195 Bd91
Káto Kastrítsi GR 188 Bb85
Katokopia CY 206 Ja96
Kato Koutrafas CY 206 Ja97
Káto Lapsísta GR 182 Ad80
Káto Makrinoú GR 188 Ba84
Káto Meriá GR 195 Cd88
Kato Moni CY 206 Jb97
Káto Mousounítsa GR 189 Bc84
Káto Nevrokópi GR 184 Cd76
Kato Polemidia CY 206 Ja98
Kato Pyrgos CY 206 Ja96
Káto Samikó GR 194 Ba87
Káto Sotirítsa GR 189 Ca81
Káto Soúnio GR 195 Cc88
Katosranta FIN 75 La21
Káto Tarsós GR 189 Bc86
Káto Theodoráki GR 183 Cb76
Káto Trítos GR 191 Ea83
Katoúna GR 188 Ad83
Káto Vérmio GR 183 Bc78
Káto Vlassía GR 188 Bb86
Kátó Vrontoú GR 184 Cc76
Katowice PL 138 Hc44
Káto Zákros GR 201 Dd96
Katrina LV 106 La50
Katrineholm S 95 Ga45
Katsarós GR 194 Bb88
Katsch an der Mur A 144 Fb54
Katsikás GR 182 Ad80
Katsimbalis GR 194 Bb88
Kattarp S 110 Ed54
Kattavía GR 197 Ed94
Kättbo S 87 Fb38
Kattelus FIN 89 Jd32
Katterat N 67 Gc13
Katterjåkk S 67 Gc13
Katthammarsvik S 104 Ha50
Kattilainen FIN 91 Lb38
Kattilakoski FIN 81 Jc29
Kattilasaari S 73 Jb21
Kattisavan S 80 Gc25
Kattisberg S 80 Ha25
Kattlunds S 104 Ha51
Kattowitz = Katowice PL 138 Hc44
Kattuvuoma S 67 Ha14
Katunci BG 184 Cc75
Katund i Ri AL 182 Ab74
Katunica BG 180 Db73
Katusice CZ 136 Fc43
Katvari LV 106 Kc48
Katwijk aan Zee NL 116 Ad36
Kąty PL 123 Jd33
Katy PL 131 Ka42
Katyčiai LT 113 Jc56
Katymár H 153 Hd58
Kąty Rybackie PL 122 Hc30
Katy Wrocławskie PL 129 Gc41
Katzenelnbogen D 133 Cb43
Katzhütte D 135 Dd43
Kaub D 133 Ca44
Kaufbeuren D 142 Db51
Kaufering D 142 Dc51
Kaufungen D 126 Da40
Kauhajärvi FIN 81 Jc30
Kauhajärvi FIN 89 Jb33
Kauhajoki FIN 89 Ja33
Kauhanoja FIN 89 Jc38
Kauhava FIN 81 Jb30
Kauhee FIN 83 Ld29
Kauk- FIN 98 Kb40
Kaukalampi FIN 90 Kc38
Kaukas FIN 90 Kb38
Kaukassalo FIN 97 Jc40
Kaukela FIN 90 Kb35
Kauklainen FIN 89 Ja37
Kaukola FIN 97 Jd39
Kaukolikai LT 113 Jc53
Kaukonen FIN 68 Jc16
Kauksi EST 99 Lb43
Kaukuri FIN 97 Jd40
Kaulaci LV 105 Jd51
Kaulakiai LT 114 Ka56
Kaulinranta FIN 73 Jb19
Kaulio FIN 90 La36
Kaunas LT 114 Kc57
Kaunata LV 107 Ld52
Kaunatava LT 113 Jd54
Kauniainen FIN 98 Kb39
Kaunisjoensuu S 68 Jb16
Kaunisvaara S 68 Ja16
Kaunitz D 126 Cc38
Kaupanger N 84 Cd37
Kauppila FIN 90 Kd32
Kauppilanmäki FIN 82 Kd27
Kaupuži LV 107 Ld50
Kaurajärvi FIN 81 Jb30
Kauria FIN 90 La35
Kaurissalo FIN 97 Ja39
Kauronkylä FIN 83 Lc25
Kauša LV 107 Lc52
Kausala FIN 90 Kd37
Kausen D 125 Cb41
Kausland N 84 Bd39
Kaustajärvi FIN 83 Ma31
Kaustari FIN 81 Jb28
Kaustinen FIN 81 Jc29
Kautokeino N 68 Hd11
Kauttua FIN 89 Jb37
Kautzen A 136 Fd48
Kauvatsa FIN 89 Jb36
Káva H 146 Ja53
Kavacık TR 185 Eb77
Kavacık TR 192 Fb82
Kavacık TR 193 Gc81
Kavacık TR 199 Gb88
Kavadarci MK 183 Bd75
Kavajë AL 182 Ab75
Kavak TR 205 Fc20
Kavakarası TR 198 Fc91
Kavakçalı TR 198 Fb90
Kavakdere TR 185 Ed75
Kavakdere TR 191 Eb87
Kavakköy TR 185 Ec79
Kavakköy TR 193 Hb81
Kavaklı TR 185 Eb77
Kavaklı TR 185 Ec75
Kavaklı TR 186 Fb77
Kavaklı TR 186 Fc78
Kavaklı TR 192 Ga81
Kavaklı TR 198 Fb88
Kavaklıdere TR 198 Fb89
Kavala FIN 90 Ka34
Kavála GR 184 Da77
Kavarna BG 181 Fb70
Kavarskas LT 114 Kd55
Kavelstorf D 119 Eb31
Kåvenvallen S 86 Ed33
Kavgacılar TR 199 Gd91
Kavlac BG 180 Ea70
Kävlinge S 110 Ed55
Kavos GR 188 Ab81
Kavoúsi GR 201 Dc96
Kavşıt TR 197 Fa88
Kavslunde DK 108 Db26
Kawęczyn PL 129 Hb38
Kawice PL 129 Gb40
Kaxås S 79 Fb30
Kaxholmen S 103 Fb48
Kayaağıl TR 192 Fd85
Kayabaşı TR 186 Fc77
Kayabaşı TR 192 Fb81
Kayabaşı TR 197 Ed89
Kayabaşı TR 198 Fd92
Kayabaşı TR 198 Ga91
Kayabaşı TR 199 Ha89
Kayabükü TR 193 Hb81
Kayabükü TR 197 Ed89
Kayacık TR 186 Fd80
Kayacık TR 192 Fa84
Kayacık TR 198 Fc91
Kayadibi TR 191 Ec85
Kayaışık TR 192 Fc84
Kayakalan TR 192 Fa85
Kayakent TR 193 Hb83
Kayaköy TR 191 Ed87
Kayaköy TR 198 Fc92
Kayalar TR 191 Ed81
Kayalar TR 199 Ha89
Kayalı TR 185 Ec75
Kayalı TR 192 Fc86
Kayalı TR 199 Gb90
Kayalıdere TR 192 Fc83
Kayalıoğlu TR 191 Ed84
Kayapa TR 185 Eb75
Kayapa TR 186 Fc80
Kayapa TR 191 Ed82
Kayapınar TR 191 Ea85
Kayapınar TR 191 Ed81
Kayapınar TR 198 Fc89
Kayı TR 185 Ed77
Kayı TR 193 Gd83
Kayı TR 193 Ha81
Kayıköy TR 199 Gc88
Kayış TR 199 Gc89
Kayışlar TR 191 Ed84
Käylä FIN 74 La18
Käymäjärvi S 68 Ja16
Kaymakçı TR 192 Fa87
Kaymakoba TR 186 Fc80
Kaymaz TR 187 Gb78
Kaymaz TR 193 Ha83
Kayna D 127 Eb41
Kaynaklar TR 191 Ec86
Kaynarca TR 187 Gc78
Kaynaşlı TR 187 Ha78
Käyppälä FIN 81 Ja31
Käyrämö FIN 69 Ka17
Kayran TR 192 Fb87
Kaysersberg F 131 Kb38
Kazačka RUS 203 Fc12
Kazan' RUS 203 Fd08
Kažani MK 182 Ba76
Kazanka UA 204 Ed16
Kazanlăk BG 180 Dd72
Kazanów PL 130 Jc40
Kazanskaja RUS 203 Fc13
Kazdanga LV 105 Jb52
Kazičene BG 179 Cc71
Kazıklı TR 186 Fd80
Kazimierza Wielka PL 138 Jb43
Kazimierz Biskupi PL 129 Ha37
Kazimierz Dolny PL 131 Jd40
Kazimierzewo PL 121 Hb35
Kazimierzewo PL 122 Hc30
Kazımpaşa TR 187 Gc78
Kazincbarcika H 146 Jc50
Kazitiškis LT 115 Lb55
Kazivera CY 206 Ja96
Kazlišķis LT 114 La53
Kazlų Rūda LV 114 Kb58
Kaźmierz PL 129 Gb36
Kaznějov CZ 135 Ed45
Kcynia PL 121 Gd35
Kdyně CZ 135 Ec47
Keadew IRL 8 Ca18
Keady GB 9 Cd18
Keal GB 17 Fd22
Kealkil IRL 12 Bb26
Keava EST 98 Kc44
Keb RUS 107 Ma46
Kecel H 146 Hd56
Kecerovce SK 139 Jd48
Keçiborlu TR 199 Gc88
Keçidere TR 192 Fb82
Keçiler TR 193 Gb84
Kecskemét H 146 Ja55
Kėdainiai LT 114 Kc56
Kédros GR 189 Bc82
Kędzyno PL 120 Fd31
Kędzierzyn-Koźle PL 137 Ha43
Keeagh IRL 12 Bc21
Keeken D 125 Bc37
Keel IRL 8 Bb18
Keelby GB 17 Fc21
Keeni EST 106 La47
Kefalári GR 189 Bc86
Kéfalos GR 197 Eb91
Kefalóvrisso GR 183 Bc80
Kefenrod D 134 Cd43
Kefermarkt A 144 Fb50
Kefferhausen D 126 Db40
Kefken TR 187 Gb77
Keflavík IS 2 Ab04
Ķegums LV 106 Kc51
Kegworth GB 16 Fa23
Kehidakustány H 145 Gd55
Kehl D 133 Ca49
Kehra EST 98 Kc42
Kehrigk D 128 Fa37
Kehrókambos GR 184 Da76
Kehtna EST 98 Kc44
Keighley GB 16 Ed20
Keihärinkoski FIN 82 Kb30
Keihäskoski FIN 89 Jb38
Keihäsniemi FIN 90 Kb34
Keikyä FIN 89 Jb36
Keila EST 98 Kb42
Keila-Joa EST 98 Kb42
Keillmore GB 6 Db13
Keimola FIN 98 Kb39
Keinäsperä FIN 75 Kc23
Keinojärvi FIN 65 Kb10
Keino sameviste S 67 Gd17
Keinovuopio S 67 Hb12
Keinton Mandeville GB 19 Eb29
Ķeipene LV 106 Kd50
Keisala FIN 81 Jd31
Keistiö FIN 97 Ja40
Keitele FIN 82 Kc29
Keitelepohja FIN 82 Kb29
Keith GB 7 Ec08
Keitjärvi FIN 90 La37
Keituri FIN 90 Kc37
Ķekava LV 106 Kb51
Kéked H 139 Jd49
Kekkilä FIN 82 Kb31
Kekkonen FIN 89 Jd34
Kelankylä FIN 74 Kb21
Kelberg D 133 Bd43
Kelbra D 127 Dd40
Kelč CZ 137 Ha46
Kelchsau A 143 Ea53
Këlcyrë AL 182 Ac78
Keld GB 11 Ed18
Keldbylille DK 109 Ec28
Keldernæs DK 109 Ea28
Keldinge FIN 97 Jb40
Kelebija SRB 153 Ja57
Keléd H 145 Gd54
Kelekci TR 198 Fd90
Kelemér H 146 Jb50
Keler TR 191 Ec87
Keles TR 192 Fd81
Kelheim D 135 Ea48
Kéli GR 183 Bb77
Kelionkangas FIN 90 Kb33
Kelkheim D 134 Cc44
Kelkit TR 205 Fd20
Kelkkala FIN 97 Jd40
Kellahti FIN 89 Ja35
Kellaki CY 206 Jb97
Kellenhusen D 119 Dd30
Kellerberg A 144 Fa56
Kelling GB 17 Gb23
Kellinghusen D 118 Db31
Kello FIN 74 Ka23
Kellokoski FIN 90 Kb38
Kelloniemi FIN 74 Kc18
Kellosalmi FIN 90 Kb35
Kelloselkä FIN 69 Kd17
Kells IRL 9 Cc20
Kells IRL 12 Ba25
Kellybray GB 18 Dc31
Kelmė LT 114 Ka55
Kelmis B 125 Bb41
Kelokedara CY 206 Hd98
Kelontekemä FIN 69 Jd15
Kelottijärvi FIN 68 Hc13
Kelovaara FIN 68 Ja14
Kelsale GB 21 Gb25
Kelsall GB 15 Ec22
Kelso GB 11 Ec14
Kelstrup DK 108 Db27
Keltakangas FIN 90 La37
Keltaniemi FIN 90 Kc36
Keltiäinen FIN 89 Jd38
Keltti FIN 90 Kd37
Kelty GB 7 Eb12
Kelujärvi FIN 69 Ka15
Kelvä FIN 83 Ld29
Kelvedon GB 21 Ga27
Kemah TR 205 Fd20
Kemaliye TR 187 Gb79
Kemaliye TR 192 Fb86
Kemaller TR 185 Ed77
Kemaller TR 187 Gc79
Kemallı TR 191 Ea81
Kemalpaşa TR 191 Ec86
Kemalpaşa TR 205 Ga18
Ķemari LV 106 La51
Kematen A 144 Fc51
Kemberg D 127 Ec39
Kemble GB 20 Ed27
Kemecse H 147 Ka50
Kemence H 146 Hc51
Kemeneshőgyész H 145 Gd53
Kemer TR 185 Ec79
Kemer TR 192 Fa85
Kemer TR 198 Ga93
Kemer TR 199 Gb89
Kemer TR 199 Gc92
Kemerburgaz TR 186 Fc77
Kemerdamları TR 192 Fa85
Kemerdamları TR 193 Gd87
Kemerkasım TR 187 Ha78
Kémes H 152 Hb58
Kemeten A 145 Gb54
Kemi FIN 74 Jc21
Kemie FIN 83 Ma31
Kemihaara FIN 69 Kc13
Kemijärvi FIN 74 Kb18
Kemiklidere TR 191 Ed85
Kemilä FIN 75 La20
Keminmaa FIN 74 Jc21
Keminperä FIN 75 La21
Kemiö FIN 97 Jc40
Kemlja RUS 203 Fc10
Kemmel B 21 Ha30
Kemnath D 135 Ea45
Kemnay GB 7 Ed09
Kemnitz D 120 Fa31
Kemnitz D 127 Ed37
Kempele FIN 74 Ka24
Kempen D 125 Bc39
Kempenich D 125 Bd42
Kempsey GB 15 Ec26
Kempston GB 20 Fc26
Kempten CH 142 Cc53
Kempten D 142 Db52
Kemtau D 127 Ec42
Kena LT 115 Lb58
Kendal GB 11 Ec18
Kenderes H 146 Jc53
Kendice SK 139 Jd48
Kéndro GR 188 Ba86
Kéndro GR 194 Bb89
Kenestupa FIN 64 Jd08
Kenfig GB 19 Dd28
Kenger TR 197 Fa88
Kengis S 68 Ja17
Kengyel H 146 Jb54
Kenilworth GB 20 Fa25
Kenknock GB 7 Dd11
Kenmare IRL 12 Bb25
Neidín IRL 12 Bb25
Kenmore GB 7 Ea11
Kenn GB 19 Ea31
Kennää FIN 82 Kb30
Kennacraig GB 6 Db13
Kenninghall GB 21 Ga25
Kenraalinkylä FIN 83 Ma31
Kentisbury Ford GB 19 Dd29
Kentmere GB 11 Ec18
Kentrikó GR 183 Ca76
Kéntro GR 183 Bb79
Kenttan N 64 Jc09
Kenyeri H 145 Gd53
Kenzingen D 141 Ca50
Kepaliai LT 114 Kb53
Kepekler TR 192 Fb82
Kepen TR 193 Ha83
Kepenekli TR 185 Ed77
Kepezbeleni TR 199 Hb91
Kępice PL 121 Gc30
Kępno PL 129 Ha40
Kepsut TR 192 Fa82
Kerälä FIN 82 Ka25
Keramídi GR 189 Ca81
Kéramos GR 191 Dd85
Keramotí GR 184 Db77
Keränen FIN 75 Kd19
Keräntöjärvi S 68 Ja15
Kerasohóri GR 188 Bb82
Kerasóna GR 188 Ad81
Keräs-Sieppi FIN 68 Jb14
Kerássovo GR 182 Ac79
Keratea GR 195 Cc87
Keratókambos GR 201 Db96
Kerauzern F 26 Ea37
Kerava FIN 98 Kb39
Keravere EST 98 Ka44
Kerbanlar TR 187 Hb80
Kerč UA 205 Fb17
Kerecsend H 146 Jb52
Kereka BG 180 Dd70
Kerekegyháza H 146 Ja55
Kereki H 145 Ha55
Keremköy TR 191 Eb83
Kerepestarcsa H 146 Hd52
Kergrist-Moëlou F 26 Ea38
Kergu EST 98 Kc45
Kerí GR 188 Ac86
Kérien F 26 Ea38
Kerimäki FIN 91 Ld33
Kerimler TR 192 Fc87
Keriniemi FIN 91 Lb34
Kerisalo FIN 91 Lb32
Kérity F 27 Dc40
Kerkafavla H 145 Gb55
Kerken D 125 Bc39
Kerkini GR 183 Cb76
Kérkira GR 182 Ab80
Kerkkoo FIN 90 Kc38
Ķerkliņi LV 105 Jd52
Kerko FIN 90 Kc38
Kerkola FIN 89 Jd38
Kerkonkoski FIN 82 Kc31
Kerkow D 120 Fa34
Kerkrade NL 125 Bb41
Kerma FIN 83 Lc31
Kermen BG 180 Ea72
Kernascléden F 27 Ea39
Kernavė LT 114 Kd57
Kernhof A 144 Fd52
Kernovo RUS 99 Ld40
Kerns CH 141 Ca54
Kernu EST 98 Kb43
Kéros GR 196 Dc90
Kerpe TR 187 Gb77
Kerpen D 125 Bc41
Kerpen (Eifel) D 133 Bc43
Kerpiçlik TR 191 Ed86
Kerpiçlik TR 192 Fc84
Kerpiní GR 188 Bb86
Kerry GB 15 Eb24
Kersalu EST 98 Ka42
Kersilö FIN 69 Ka15
Kersleti EST 97 Jd44
Kerstovo RUS 99 Ld41
Kerstovo RUS 99 Ld41
Kerteminde DK 109 Dd26
Kertészsziget H 147 Jd54
Kértezi GR 188 Bb86
Kerthpulë AL 163 Jb71
Kertil TR 192 Fa83
Kerttuankylä FIN 81 Jc29
Keryneia CY 206 Jb96
Kerzers CH 141 Bc54
Kesälahti FIN 91 Ld33
Kesämäki FIN 82 La29
Keşan TR 185 Eb78
Kesäpuro FIN 64 Ka07
Kesarevo BG 180 Ea70
Kesasjärv S 73 Hd20
Kesčiai LT 113 Jd56
Kesecik TR 199 Hb89
Keselyüs H 153 Hc57
Kesenler TR 193 Gc83
Kesh GB 9 Cb17
Kesh IRL 8 Ca18
Keshcarigan IRL 8 Ca19
Kesik TR 191 Eb85
Keskijärvi FIN 83 Ld30
Keskikylä FIN 74 Ka22
Keskikylä FIN 74 Jd24
Keskikylä FIN 74 Ka24
Keskikylä FIN 81 Jd31
Keskikylä FIN 81 Jd26
Keskikylä FIN 89 Jb33
Keskikylä FIN 91 Lb33
Keskin TR 193 Gc81
Keskinen FIN 75 Lb24
Keski-Nurmo FIN 81 Jb31
Keski-Palokka FIN 90 Kb32
Keskipiiri FIN 74 Ka24
Keskisaari FIN 91 Lb32
Keski-Valli FIN 89 Jb32
Keski-Vuokko FIN 83 Lb28
Kesme TR 199 Ha89
Kesnacken S 94 Ec44
Kęsowo PL 121 Gd33
Kessel NL 125 Bc39
Kesselfall A 143 Ec54
Kesselinkylä FIN 83 Lc26
Kesselsdorf D 128 Fa41
Kessingland GB 21 Gc25
Kessock GB 7 Ea08
Kestad S 102 Fa46
Kestanelik TR 186 Fb77
Kestanepınarı TR 187 Gd78
Kestel TR 192 Fd84
Ķesterciems LV 106 Ka50
Kesteren NL 125 Bb37
Kesteri LV 113 Jb53
Kesti FIN 89 Ja32
Kestilä FIN 74 Jd23
Kestilä FIN 82 Kb26
Kesusmaa FIN 91 Ld33
Keswick GB 11 Eb17
Keszthely H 145 Gd55
Ketčenery RUS 203 Ga14
Kétegyháza H 147 Jd56
Ketelhaven NL 117 Bc35
Ketendere TR 192 Fb87
Ketenova TR 192 Fb87
Kéthely H 145 Gd56
Ketola FIN 74 Kb18
Ketomella FIN 68 Jb13
Kétpó H 146 Jc54
Keträvaara FIN 75 La22
Kętrzyn PL 122 Jc30
Ketsch D 134 Cc46
Kettenkamp D 117 Cb35
Kettering GB 20 Fb25
Kettilsbyn S 94 Ed44
Kettinge DK 109 Eb29
Kettletoft GB 5 Ed02
Kettlewell GB 11 Ed19
Kéttornyúlak H 145 Gd54
Kettula FIN 97 Jd39
Ketūnai LT 113 Jc53
Keturkaimis LT 114 Ka58
Keturvalakiai LV 114 Kb59
Kéty H 146 Hc56
Kęty PL 138 Hd45
Ketzin D 127 Ec36
Ketzür D 127 Ec36
Keula D 126 Dc40
Keula D 126 Dc40
Keuruu FIN 90 Ka33
Keväjärvi FIN 69 Kb11
Kevastu EST 99 Lb45
Kevelaer D 125 Bc38
Kevele LV 105 Jd52
Kevermes H 147 Jd56
Kevi SRB 153 Jb58
Kewstoke GB 19 Eb28
Kexby GB 16 Fb22
Keynsham GB 19 Ec28
Keyritty FIN 82 La28
Keyston GB 20 Fc25
Keyworth GB 16 Fb23
Kežmarok SK 138 Jb47
Kiaby S 111 Fb54
Kiados CY 206 Jc96
Kiannanniemi FIN 75 La22
Kiáto GR 189 Bd86
Kiaunoriai LT 114 Ka55
Kibæk DK 108 Da24
Kiberg N 62 Gc09
Kiberg N 65 Kd05
Kıbrıscık TR 187 Hb80
Kiburi LV 113 Jb53
Kiby N 65 Kc06
Kibyšiai LT 123 Kc30
Kičenica BG 180 Eb69

Kičevo - Klenovec

Kičevo BG 181 Fa70
Kičevo MK 182 Ba74
Kiçir TR 192 Fc83
Kidderminster GB 15 Ec25
Kidekša RUS 203 Fa09
Kidelv N 63 Hd08
Kidričevo SLO 151 Ga57
Kidsgrove GB 15 Ec23
Kiduliai LT 114 Ka57
Kidwelly GB 18 Dc27
Kiefersfelden D 143 Eb52
Kiekinkoski FIN 83 Ld26
Kiekrz PL 129 Gc36
Kieksiäisvaara S 68 Jb17
Kiel D 118 Dc30
Kielajoki FIN 64 Jd09
Kielce PL 130 Jb41
Kielcza PL 137 Hb43
Kiełczygłów PL 130 Hc40
Kielder GB 11 Ec15
Kielkenes N 84 Ca34
Kiełpiny PL 122 Hd33
Kiemėnai LT 114 Kc53
Kiemunkivaara FIN 69 Kb17
Kienberg A 144 Fd51
Kienberg D 143 Eb51
Kienes LV 106 Kd49
Kiental CH 141 Bd55
Kierinki FIN 69 Jd16
Kiernozia PL 130 Hd37
Kierspe D 125 Ca40
Kiesen CH 141 Bd54
Kiesilä FIN 90 La35
Kiesimä FIN 82 Kc31
Kietävälä FIN 91 Lb35
Kietävälä FIN 91 Lb34
Kietrz PL 137 Ha44
Kietz D 128 Fc36
Kiewłaki PL 123 Ka34
Kifino Selo BIH 158 Hb67
Kifissiá GR 189 Cc86
Kifjord N 64 Jd04
Kiğı TR 205 Ga20
Kigyósgárgyán H 146 Ja56
Kihelkonna EST 105 Jb46
Kihlanki FIN 68 Ja15
Kihlanki S 68 Ja16
Kihlepa EST 106 Kb46
Kihlevere EST 98 Kd42
Kihniä FIN 89 Jc32
Kihniö FIN 89 Jc33
Kihniön asema FIN 89 Jc33
Kıhra TR 192 Fb84
Kiideva EST 98 Ka44
Kiihtelysvaara FIN 83 Ma30
Kiikala FIN 97 Jd39
Kiikka FIN 89 Jc36
Kiikla EST 99 Lb42
Kiikoinen FIN 89 Jb36
Kiilholma FIN 89 Ja35
Kiimajärvi FIN 89 Jb36
Kiiminki FIN 74 Ka23
Kiipu FIN 89 Jd38
Kiisa EST 98 Kb43
Kiiskilä FIN 81 Jd28
Kiistala FIN 68 Jc14
Kiiu EST 98 Kc42
Kije PL 130 Jb42
Kijevo BIH 159 Hc65
Kijevo HR 158 Gb65
Kijevo KSV 178 Ba71
Kijewo PL 123 Ka31
Kijewo Królewskie PL 121 Ha34
Kijowiec PL 129 Ha36
Kijowiec PL 131 Kc37
Kikerino RUS 99 Mb41
Kikersy RUS 99 Ld41
Kikinda SRB 153 Jc58
Kiknur RUS 203 Fc08
Kikoł PL 122 Hc35
Kikorze PL 120 Fc33
Ķikuri LV 105 Jb51
Kil N 93 Db45
Kil S 94 Fa43
Kil S 95 Fc43
Kila S 94 Ed44
Kila S 95 Gb42
Kiláda GR 189 Bc81
Kiláda GR 195 Ca88
Kilafors S 87 Gb37
Kilan N 78 Eb26
Kilanda S 102 Ec48
Kilás GR 183 Bc78
Kılavuzlar TR 199 Gb90
Kilb A 144 Fd51
Kilbaha IRL 12 Ba23
Kilbarry IRL 12 Bc26
Kilbeheny IRL 12 Bd24
Kilberry GB 6 Db13
Kilberry IRL 13 Cc22
Kilbirnie GB 10 Dd13
Kilboghamn N 70 Fa20
Kilbotn N 66 Ga12
Kilbreedy IRL 12 Bc23
Kilbride IRL 13 Cd22
Kilbride IRL 13 Cd23
Kilbrien IRL 13 Ca25
Kilcanlar TR 192 Fa85
Kilcar IRL 8 Ca16
Kilcarn IRL 9 Cd20
Kilchattan GB 6 Dc13
Kilchberg CH 141 Cb53
Kilchoan GB 6 Da10
Kilchoman GB 6 Da13
Kilchreest IRL 12 Bd21
Kilchrenan GB 6 Dc11
Kılcılan TR 192 Fa83
Kilconfert IRL 13 Cb21
Kilcock IRL 13 Cd21
Kilcolgan IRL 12 Bd21
Kilcoo GB 9 Da18
Kilcormac IRL 13 Cb21
Kilcullen IRL 13 Cc22
Kilcummin IRL 8 Bc17
Kilcummin IRL 12 Ba24
Kilcurry IRL 9 Cd19
Kildal N 63 Hb09
Kildare IRL 13 Cc22
Kildavanan GB 6 Dc13
Kildavin IRL 13 Cc23
Kildebrønde DK 109 Ec26
Kildermmorie Lodge GB 4 Dd07
Kildonan GB 10 Dc14
Kildonan Lodge GB 5 Ea05
Kildorrery IRL 12 Bd24
Kildress GB 9 Cd17
Kildrum GB 9 Da16
Kildrummy GB 7 Ec09
Kile S 94 Ea45
Kilebygd N 93 Dc44
Kilefjorden N 92 Cd46
Kilegrend N 93 Da44
Kilen N 93 Db43
Kilfeakle IRL 13 Ca24
Kilgarvan IRL 12 Bb25
Kilgi EST 106 Ka46
Kilglass IRL 13 Ca21
Kilgobnet IRL 12 Ba25
Kilham GB 11 Ed14
Kilham GB 17 Fc19
Kılıç TR 186 Fd79
Kiliç TR 199 Gc88
Kılıçlı TR 198 Ga93
Kılıçyaka TR 193 Gd86
Kilifarevo BG 180 Dd71
Kilija UA 204 Ec18
Kilimán H 145 Gd56
Kilimli TR 187 Hb76
Kilingi-Nõmme EST 106 Kc46
Kilini GR 188 Ad86
Kilitbahir TR 185 Ea80
Kilkcowan GB 10 Dd16
Kilkeary IRL 13 Ca23
Kilkee IRL 12 Bb23
Kilkeel GB 9 Da19
Kilkenny IRL 13 Cb23
Kilkhampton GB 18 Dc30
Kilkieran IRL 8 Bb20
Kilkieran IRL 12 Bb21
Kilkinkylä FIN 90 Kd34
Kilkís GR 183 Ca76
Kilkishen IRL 12 Bd22
Kill IRL 13 Cb25
Kill IRL 13 Cd21
Killadeas GB 9 Cb17
Killadysert IRL 12 Bc23
Killagan Bridge GB 9 Da16
Killakee IRL 13 Cd22
Killala IRL 8 Bc18
Killaloe IRL 12 Bd23
Killamery IRL 13 Cb24
Killanena IRL 12 Bd22
Killarga IRL 8 Ca18
Killarney IRL 12 Bb25
Killashandra IRL 9 Cb19
Killbeggan IRL 13 Cb21
Killderry IRL 13 Cb23
Killea IRL 9 Cc16
Killea IRL 13 Ca23
Killeagh IRL 13 Ca25
Killeany IRL 12 Bb21
Killearn GB 7 Dd12
Killeberg S 111 Fb53
Killeen IRL 12 Bd22
Killeigh IRL 13 Cb21
Killen GB 9 Cb17
Killeter GB 9 Cb17
Killiecrankie GB 7 Ea10
Killik TR 192 Fc81
Killik TR 199 Gc90
Killimor IRL 13 Ca21
Killin GB 7 Dd11
Killinge S 67 Hb16
Killinkoski FIN 89 Jd32
Killkelly IRL 8 Bd19
Killmuckridge IRL 13 Cd24
Killorglin IRL 12 Ba25
Killough IRL 13 Cd22
Killukin IRL 8 Ca19
Killurin IRL 13 Cc24
Killybegs IRL 8 Ca16
Killyleagh GB 10 Db18
Kilmacrenan IRL 9 Cb15
Kilmacthomas IRL 13 Cb25
Kilmaganny IRL 13 Cb24
Kilmaine IRL 8 Bc20
Kilmaley IRL 12 Bc22
Kilmallock IRL 12 Bd24
Kilmanagh IRL 13 Cb23
Kilmarnock GB 10 Dd14
Kilmartin GB 6 Db12
Kilmeadan IRL 13 Cb25
Kilmeelickin IRL 8 Bb20
Kilmessan IRL 9 Cd20
Kilmichael IRL 12 Ad26
Kilmichael IRL 12 Bc26
Kilmington GB 19 Eb30
Kilmona IRL 12 Bd25
Kilmoon IRL 12 Bb27
Kilmorack GB 7 Dd08
Kilmore Quay IRL 13 Cc25
Kilmory GB 10 Dc14
Kilmurry IRL 12 Bd23
Kilmurvy IRL 12 Bb21
Kilnalag IRL 8 Bd20
Kilnaleck IRL 9 Cc19
Kilninver GB 6 Db11
Kilnsea GB 17 Fd21
Kilpeck GB 15 Eb26
Kilpilahti FIN 98 Kc39
Kilpisjärvi FIN 67 Hb11
Kilpola FIN 90 La33
Kilpoole IRL 13 Da23
Kilpua FIN 81 Jd26
Kilrea GB 9 Cd16
Kilreekill IRL 12 Bd21
Kilrush IRL 12 Bb23
Kilshanchoe IRL 13 Cc21
Kilshannig IRL 12 Ba24
Kilsheelan IRL 13 Cb24
Kilskeery GB 9 Cb17
Kilsmo S 95 Fd44
Kilsund N 93 Db46
Kilsyth GB 10 Ea13
Kiltealy IRL 13 Cc24
Kiltimagh IRL 8 Bd19
Kiltoom IRL 8 Ca20
Kiltsi EST 98 La43
Kiltullagh IRL 12 Bd21
Kilvakkala FIN 89 Jc35
Kilve GB 19 Ea29
Kilvo S 73 Hc18
Kilwaughter GB 9 Da16
Kilwinning GB 10 Dd14
Kilworth Camp IRL 12 Bd25
Kimberley GB 17 Ga24
Kimbolton GB 20 Fc25
Kiméria GR 184 Db77
Kimi GR 189 Cc84
Kimina GR 183 Ca78
Kiminki FIN 82 Kb30
Kiminki FIN 82 Ka30
Kimissis GR 183 Cb76
Kimito FIN 97 Jc40
Kimle H 145 Gd52
Kimo FIN 81 Ja30
Kimola FIN 90 Kd36
Kimolos GR 195 Cd90
Kimonkylä FIN 90 Kd37
Kimovsk RUS 203 Fa11
Kimpton GB 20 Fc27
Kimry RUS 202 Ed09
Kimstad S 103 Ga46
Kinahmo FIN 83 Lc30
Kınalı TR 186 Fd78
Kınalı TR 198 Fc92
Kinbrace GB 5 Ea05
Kincasslagh IRL 8 Ca15
Kincraig GB 7 Ea09
Kindberg A 144 Fd53
Kindelbrück D 127 Dd40
Kinderbeuern D 133 Bd44
Kinderdijk NL 124 Ad37
Kinding D 135 Dd48
Kindsjön S 94 Ed39
Kinel' RUS 203 Ga10
Kinešma RUS 203 Fb09
Kinéta GR 189 Ca86
Kineton GB 20 Fa26
Kingarth GB 6 Dc13
Kingersheim F 31 Kb39
Kingham GB 20 Ed26
Kinghorn GB 7 Eb12
Kingisepp RUS 99 Ld41
Kingisepp RUS 202 Ea09
Kingsbarns GB 7 Ec12
Kingsbridge GB 19 Dd32
Kingsbury GB 16 Ed24
Kingsclere GB 20 Fa28
King's Cliffe GB 17 Fc24
Kingscote GB 19 Ec27
Kingscourt IRL 9 Cc19
Kingsdown GB 21 Gb29
Kingskerswell GB 19 Ea31
Kingsland IRL 8 Ca19
King's Lynn GB 17 Fd24
Kingsmill GB 9 Cd17
King's Somborne GB 20 Fa29
King's Sutton GB 20 Fa26
Kingsteignton GB 19 Ea31
Kingstone GB 15 Eb26
Kingston Seymour GB 19 Eb28
Kingston-upon-Hull GB 17 Fc20
Kingston-upon-Hull GB 17 Fc21
Kingstown IRL 8 Ba20
King's Walden GB 20 Fc27
Kingswear GB 19 Ea32
Kingswood GB 15 Eb24
Kingswood GB 19 Ec27
Kings Worthy GB 20 Fa29
Kington GB 15 Eb25
Kington Langley GB 20 Ed28
Kingussie GB 7 Ea09
Kini GR 196 Da88
Kınık TR 191 Ed82
Kınık TR 191 Ed84
Kınık TR 192 Fb85
Kınık TR 192 Fc83
Kınık TR 192 Fc85
Kınık TR 193 Gb82
Kınık TR 193 Ha83
Kınık TR 198 Ga91
Kınıklı TR 198 Fd93
Kinisjärvi FIN 68 Jc16
Kinkiai LT 114 Ka53
Kinknockie GB 5 Ed08
Kinkomaa FIN 90 Kb33
Kinlet GB 15 Ec25
Kinloch GB 4 Dd05
Kinloch GB 6 Da09
Kinlochard GB 7 Dd12
Kinlochbervie GB 4 Dd04
Kinlochewe GB 4 Dc07
Kinloch Hourn GB 6 Dc09
Kinlochleven GB 6 Dc10
Kinlochmoidart GB 6 Db10
Kinloch Rannoch GB 7 Ea10
Kinloss GB 5 Eb07
Kinlough IRL 8 Ca17
Kinmel Bay GB 15 Ea22
Kinn N 66 Fd12
Kinn N 85 Dd38
Kinna S 102 Ed49
Kinnadoohy IRL 8 Bb19
Kinnakyrkja N 84 Ca35
Kinnared S 102 Ed51
Kinnarp S 102 Fa48
Kinnarumma S 102 Ed49
Kinnasniemi FIN 83 Ma30
Kinnbäck S 73 Hd24
Kinnegad IRL 13 Cc21
Kinnerley GB 15 Eb24
Kinne-Vedum S 102 Fa46
Kinni FIN 90 La35
Kinnitty IRL 13 Cb22
Kinnula FIN 82 Ka29
Kinnulanlahti FIN 82 Kd29
Kinousa CY 206 Hd97
Kinrooi B 125 Bb40
Kinsale IRL 12 Bd26
Kinsalebeg IRL 13 Ca25
Kinsarvik N 84 Cc39
Kintai LT 113 Jb56
Kintaus FIN 90 Kb33
Kintilloch GB 10 Ea13
Kintore GB 7 Ed09
Kintra GB 6 Da13
Kintus FIN 89 Jc35
Kinvarra IRL 8 Bb20
Kinvarra IRL 12 Bb21
Kinvarre IRL 12 Bc21
Kioneli CY 206 Jb96
Kióni GR 188 Ac84
Kiónia GR 196 Db88
Kiparíssi GR 195 Bd89
Kiparissia GR 194 Ba88
Kiparluoto FIN 97 Ja39
Kipeacan Cross Roads IRL 12 Ba25
Kipen' RUS 99 Mb40
Kipfenberg D 135 Dd48
Kipi EST 105 Jb47
Kipi GR 182 Ad79
Kipi GR 185 Ea77
Kipía GR 184 Cd77
Kipilovo BG 180 Eb71
Kipinä FIN 74 Kb22
Kipourio GR 182 Ba79
Kippel CH 141 Bd56
Kiprinos GR 185 Ea75
Kipséli GR 182 Ba78
Kipséli GR 183 Bd78
Kipséli GR 189 Bd81
Kipti UA 202 Ec14
Kirakkajärvi FIN 65 Kb08
Kirakkaköngäs FIN 69 Ka11
Kiralan TR 192 Ga87
Királyegyháza H 152 Hb58
Kiran N 78 Ea27
Kıranısıklar TR 192 Fd81
Kıranköy TR 192 Fb84
Kıranköy TR 192 Fc86
Kıransahili TR 197 Fa90
Kıratlı TR 191 Eb83
Kirava UA 202 Ec14
Kiravdan TR 193 Gc82
Kiraz TR 192 Fa87
Kirazköy TR 191 Ed82
Kirazlı TR 185 Eb80
Kirazlı TR 186 Fd79
Kirazlı TR 187 Gd78
Kirazlıyaylası TR 192 Ga83
Kırbaşı TR 193 Hb81
Kirberg D 133 Cb43
Ķirbiži LV 106 Kc48
Kirbla EST 98 Ka45
Kirby Bellars GB 16 Fb24
Kirby Hill GB 11 Fa19
Kirby Lonsdale GB 11 Ec19
Kirby Misperton GB 16 Fb19
Kirby Underwood GB 17 Fc23
Kirca TR 192 Fb83
Kircalar TR 191 Ec83
Kırcasalih TR 185 Ec76
Kirčevo BG 179 Da70
Kirchardt D 134 Cc47
Kirchbach A 143 Ed56
Kirchbach in der Steiermark A 144 Ga55
Kirchberg A 143 Eb53
Kirchberg CH 141 Bd53
Kirchberg CH 142 Cc53
Kirchberg D 127 Ec42
Kirchberg D 135 Ed48
Kirchberg D 142 Da50
Kirchberg am Wagram A 144 Ga50
Kirchberg am Walde A 136 Fc49
Kirchberg am Wechsel A 144 Ga53
Kirchberg an der Jagst D 134 Da47
Kirchberg an der Pielach A 144 Fd51
Kirchberg (Hunsrück) D 133 Ca44
Kirchbichl A 143 Ea53
Kirchbrak D 126 Da38
Kirchdorf A 144 Fd53
Kirchdorf D 118 Cd35
Kirchdorf D 143 Ea50
Kirchdorf am Inn D 143 Ec50
Kirchdorf an der Krems A 144 Fb52
Kirchdorf im Wald D 135 Ed48
Kirchehrenbach D 135 Dd45
Kirchen D 125 Cb41
Kirchendemenreuth D 135 Eb45
Kirchenlamitz D 135 Ea44
Kirchenpingarten D 135 Ea45
Kirchensittenbach D 135 Dd46
Kirchentellinsfurt D 134 Cd49
Kirchenthumbach D 135 Ea45
Kirchenthurnen CH 141 Bd54
Kirchfidisch A 145 Gb54
Kirchgellersen D 118 Dc34
Kirchhain D 126 Cd41
Kirchham D 143 Ed50
Kirchhasel, Uhlstädt- D 127 Dd42
Kirchheim D 126 Da41
Kirchheim D 134 Cd47
Kirchheim D 134 Cd49
Kirchheim D 134 Da45
Kirchheim D 142 Db50
Kirchheim D 143 Ea51
Kirchheimbolanden D 133 Cb45
Kirchhellen D 125 Bd38
Kirchhundem D 125 Cb40
Kirchlauter D 134 Dc44
Kirchlengern D 126 Cd37
Kirchlinteln D 118 Da34
Kirch Mulsow D 119 Eb31
Kirchroth D 135 Eb48
Kirchsahr D 125 Bd42
Kirchschlag in der Buckligen Welt A 145 Gb53
Kirchseelte D 118 Cd34
Kirchseeon D 143 Ea51
Kirchwalsede D 118 Da34
Kirchweidach D 143 Ec51
Kirchzarten D 141 Ca51
Kirchzell D 134 Cd45
Kircubbin GB 10 Db18
Kirdeikiai LT 115 Lb55
Kireç TR 192 Fb82
Kirehasjärvi FIN 65 Kb08
Kireli TR 199 Hb88
Kiremitçisalih TR 185 Eb76
Kirf D 133 Bc45
Kırgıl TR 192 Fd83
Kiriakí GR 185 Ea76
Kiriáki GR 189 Bd85
Kırık TR 185 Ed76
Kırık TR 187 Ha78
Kirikküla EST 98 Ka43
Kırıklar TR 191 Ec81
Kırıklar TR 191 Ec84
Kirimäe EST 98 Ka44
Kirjais FIN 97 Jb40
Kirjakkala FIN 97 Jc40
Kirjaluokta S 67 Gd17
Kirjamo RUS 99 Lc40
Kirjavala FIN 91 Ld33
Kirjavalansalo FIN 91 Ld33
Kırka TR 193 Gc83
Kırkağaç TR 191 Ed84
Kirkbean GB 10 Ea16
Kirkbride GB 11 Eb16
Kirkbuddo GB 7 Ec11
Kirkby GB 15 Eb21
Kirkby-in Ashfield GB 16 Fa23
Kirkby-la-Thorpe GB 17 Fc23
Kirkby Mallory GB 16 Fa24
Kirkbymoorside GB 16 Fb19
Kirkby Stephen GB 11 Ec18
Kirkcaldy GB 7 Eb12
Kirkcolm GB 10 Dc16
Kirkconnel GB 10 Ea15
Kirkcudbright GB 10 Dd17
Kirkeby DK 108 Cd25
Kirkeby DK 109 Dd27
Kirkeby N 78 Ec30
Kirkehamn N 92 Cb46
Kirke Helsinge DK 109 Ea26
Kirke Hvalsø DK 109 Eb26
Kirke Hyllinge DK 109 Eb25
Kirkel D 133 Bd46
Kirkenær N 94 Ec40
Kirkenes N 65 Kd07
Kirke Såby DK 109 Eb26
Kirke Stillinge DK 109 Ea26
Kirkham GB 15 Eb20
Kirkholt DK 100 Dc20
Kirkhope GB 10 Ea15
Kírki GR 185 Dd77
Kirk Ireton GB 16 Ed23
Kirkjubæjarklaustur IS 2 Ad06
Kirkjubøur DK 3 Ca07
Kirkkavak TR 199 Ha90
Kırkkepenekli TR 185 Ed77
Kirkkokangas FIN 74 Ka23
Kirkkonummi FIN 98 Ka40
Kirkkovo RUS 99 Ld41
Kirkland GB 10 Ea15
Kırklareli TR 185 Ed75
Kirkliai LT 113 Jd56
Kirklington GB 11 Fa19
Kirk Michael GB 10 Dc18
Kirkonkylä FIN 82 Kb28
Kirkonkylä FIN 89 Jb38
Kirkonkylä FIN 89 Jc38
Kirkonkylä FIN 90 La33
Kirkonkylä FIN 97 Jc39
Kirkoswald GB 11 Ec17
Kırkpınar TR 199 Gb90
Kirkton of Culsalmond GB 7 Ec08
Kirkton of Largo GB 7 Ec12
Kirkwall GB 5 Ec03
Kirkwhelpington GB 11 Ed16
Kirn D 133 Ca44
Kirnujärvi S 68 Ja17
Kirnula FIN 69 Jd17
Kirov RUS 202 Ed12
Kirovohrad UA 204 Ed15
Kirovsk RUS 202 Eb08
Kirovs'ke UA 205 Fa17
Kírra GR 189 Bc85
Kirriemuir GB 7 Eb11
Kirsanov RUS 203 Fc11
Kirschau D 128 Fb41
Kirschweiler D 133 Bd45
Kırşeyhler TR 193 Hb81
Kirtik S 73 Hb20
Kirtlebridge GB 11 Eb16
Kirton End GB 17 Fc23
Kirton in Lindsey GB 16 Fb21
Kirtorf D 126 Cd42
Kiruna S 67 Ha15
Kirzač RUS 203 Fa10
Kisa S 103 Fd48
Kisač SRB 153 Ja60
Kisapostag H 146 Hd55
Kisar H 147 Kc50
Kisbárapáti H 145 Ha56
Kisbér H 145 Hb53
Kiscsehi H 145 Gc56
Kisdorf D 118 Db32
Kiseljak BIH 153 Hc63
Kiseljak BIH 153 Hd62
Kiseljak BIH 158 Hb65
Kiselovo BG 179 Cb68
Kisfalud H 145 Gd53
Kisgörbő H 145 Gd55
Kishajmás H 152 Hb57
Kishartyán H 146 Ja51
Kishtë AL 182 Ac76
Ķiši LV 106 Kc47
Kisielice PL 122 Hc32
Kisielin PL 128 Fd38
Kisielnica PL 123 Jd33
Kısırkaya TR 186 Fd77
Kisizsák H 146 Hd55
Kiškino RUS 107 Mb50
Kiskkunmajsa H 146 Ja56
Kisko FIN 97 Jd40
Kisköre H 146 Jc52
Kiskőrös H 146 Hd56
Kiskunfélegyháza H 146 Ja55
Kiskunhalas H 146 Ja56
Kiskunlacháza H 146 Hd54
Kışlaçay TR 187 Gc79
Kışlacık TR 186 Fa75
Kişlaköy TR 191 Ec85
Kişlaköy TR 192 Fc83
Kişlaköy TR 192 Fd83
Kisláng H 145 Hb55
Kislovodsk RUS 205 Ga17
Kismórágy H 153 Hc57
Kisonerga CY 206 Hd98
Kispalád H 147 Kc50
Kissakoski FIN 90 Kd34
Kissakoski FIN 91 Lb33
Kíssamos (Kastéli) GR 200 Ca94
Kisselbach D 133 Ca44
Kissenbrück D 126 Dc37
Kissleberg S 102 Eb47
Kißlegg D 142 Da52
Kisszentmiklós H 146 Hc55
Kist D 134 Da45
Kistanje HR 157 Ga65
Kistelek H 146 Jb56
Kisterenye H 146 Ja51
Kistrand N 64 Jb06
Kisújszállás H 146 Jc53
Kisunyom H 145 Gc54
Kisvárda H 147 Kb50
Kisvejke H 146 Hc56
Kiszewo PL 129 Gb36
Kiszkowo PL 129 Gc36
Kiszombor H 153 Jc57
Kita GR 194 Bc91
Kitee FIN 91 Ma32
Kiten BG 181 Fa73
Kithas GR 183 Cb80
Kíthira GR 195 Bd92
Kíthnos GR 195 Cd88
Kiti CY 206 Jc97
Kitinoja FIN 81 Jb31
Kitka FIN 75 La19
Kitkiöjärvi S 68 Ja15
Kitkiöjoki S 68 Ja15
Kitriés GR 194 Bb89
Kítros GR 183 Bd78
Kitsi FIN 83 Ma28
Kittajaur S 72 Ha20
Kittelfjäll S 71 Fd24
Kittendorf D 119 Ed32
Kittilä FIN 68 Jc15
Kittius FIN 97 Ja40
Kittlitz D 128 Fc41
Kittsee A 145 Gc51
Kitula FIN 90 Kc34
Kitula FIN 97 Jd39
Kitzbühel A 143 Eb53
Kitzingen D 134 Db45
Kitzscher D 127 Ec41
Kiukainen FIN 89 Jb37
Kiurujärvi FIN 69 Kb15
Kiuruvesi FIN 82 Kc28
Kiutaköngäs FIN 74 La18
Kivarinjärvi FIN 75 Kc23
Kivenmäki FIN 81 Jc31
Kiverci UA 202 Ea14
Kivéri GR 195 Bd88
Kivesjärvi FIN 82 Kd25
Kiveskylä FIN 82 Kd25
Kiveslahti FIN 82 Kc25
Kiviapaja FIN 91 Lc34
Kivijärvi FIN 82 Ka30
Kivijärvi S 73 Ja18
Kivik S 111 Fb56
Kivikangas FIN 81 Jd29
Kivilahti FIN 83 Ma29
Kivilompolo FIN 68 Ja12
Kivilompolo FIN 74 Jc19
Kiviloo EST 98 Kc42
Kivilõppe EST 106 La46
Kivimäki FIN 82 Kd26
Kiviniemenkulma FIN 89 Jb35
Kiviniemi FIN 90 La38
Kivioja FIN 74 Jd20
Kiviõli EST 99 Lb42
Kiviperä FIN 75 Lb19
Kivisalmi FIN 82 Kc31
Kivisuo FIN 90 Kc34
Kivitaipale FIN 74 Ka19
Kivivaara FIN 75 Kd22
Kivivaara FIN 83 Ld27
Kivi-Vigala EST 98 Kb44
Kivotós GR 183 Bb79
Kivyliai LT 113 Jc56
Kiwajny PL 122 Ja30
Kiwity PL 122 Ja30
Kiwity PL 122 Ja30
Kıyıkışlacık TR 197 Ed89
Kıyıköy TR 186 Fb75
Kıyra TR 198 Fb90
Kızıçukur TR 192 Fb83
Kizielany PL 123 Kb32
Kızık TR 187 Hb79
Kızıklı TR 191 Ec82
Kızılağaç TR 197 Ec90
Kızılağaç TR 197 Ed89
Kızılağaç TR 197 Ed91
Kızılağıl TR 187 Ha78
Kızılaliler TR 199 Gb91
Kızılbel TR 198 Fd91
Kızılca TR 186 Ga77
Kızılca TR 193 Gc86
Kızılca TR 199 Hb89
Kızılcabölük TR 198 Fc89
Kızılcadağ TR 199 Gb91
Kızılcahamam TR 205 Fa20
Kızılcaören TR 193 Gb84
Kızılcapınar TR 187 Hb77
Kızılcasöğüt TR 192 Ga85
Kızılcık TR 187 Gd78
Kızılcıkdere TR 185 Ed75
Kızıldağ TR 199 Ha90
Kızıldam TR 192 Fb84
Kızılhisar TR 192 Ga85
Kızılinler TR 193 Gc82
Kızılkaya TR 197 Ed88
Kızılkaya TR 198 Fc91
Kızılkaya TR 199 Gc90
Kızılkuyu TR 193 Hb85
Kızılkuyu TR 193 Hb86
Kızıllar TR 199 Gd91
Kızıllı TR 199 Gc90
Kızılören TR 191 Ed83
Kızılören TR 193 Gb87
Kızılöz TR 187 Gb80
Kızılöz TR 192 Fb82
Kızkadın TR 193 Gb84
Kızlan TR 197 Ed91
Kızlaralanı TR 192 Fa84
Kizner RUS 203 Ga08
Kjærnes N 79 Fb25
Kjelda N 70 Ed24
Kjeldal N 93 Db43
Kjeldbjerg DK 100 Da23
Kjeldebotn N 66 Ga13
Kjelkvika N 66 Ga14
Kjellerup DK 100 Db23
Kjellmyra N 94 Ec39
Kjelstraumen N 84 Ca37
Kjengsnes N 66 Fd13
Kjenstad N 78 Ed27
Kjerag N 92 Cb44
Kjerknesvågen N 78 Eb28
Kjerkøya N 70 Ec22
Kjernmoen N 86 Ec37
Kjerr N 66 Ga15
Kjerringholmen N 63 Hd06
Kjerringøy N 66 Fc16
Kjerringvåg N 77 Dc29
Kjerringvik N 64 Jb06
Kjerringvik N 66 Fc12
Kjerringvik N 93 Dd44
Kjerringvika N 66 Ga14
Kjøllefjord N 64 Jd04
Kjølsdal N 84 Cb34
Kjøpmannskjær N 93 Dd44
Kjøpstad N 71 Fb18
Kjøpsvik N 66 Ga14
Kjøra N 77 Dd30
Kjos N 84 Cd36
Kjose N 93 Dc44
Kjosen N 62 Ha09
Kjøtta N 66 Ga12
Kjulaås S 95 Gb43
Kjustendil BG 179 Ca72
Klaaswaal NL 124 Ac37
Klacka-Lerberg S 95 Fc43
Kläckeberga S 103 Ga52
Kladanj BIH 159 Hc64
Kläden D 127 Ea36
Klädesholmen S 102 Eb48
Kladnica BG 179 Cc71
Kladnica SRB 178 Ad68
Kladnjice HR 158 Gb66
Kladno CZ 136 Fb44
Kladovo SRB 174 Cb65
Klæbu N 77 Ea30
Klafsi GR 188 Bb83
Klagenfurt A 144 Fb56
Klågerup S 110 Ed56
Klagstorp S 110 Fa57
Klaipėda LT 113 Jb55
Kłaj PL 138 Jb44
Klajpeda PL 123 Ka30
Klak SK 138 Hc49
Klakar Donji BIH 152 Hb61
Klakegg N 84 Cc35
Klakring DK 108 Dc25
Klaksvík DK 3 Ca06
Klamila FIN 91 Lb38
Klämmesbo S 103 Fb47
Klampju ciems LV 113 Ja53
Klana HR 151 Fb60
Klanac HR 151 Fd62
Klanino PL 121 Gb31
Klanjec HR 151 Ga58
Klapkalnciems LV 106 Ka50
Kläppen S 72 Gd22
Kläppen S 80 Hc25
Kläppsjö S 79 Gb29
Kläppvik S 87 Gb34
Klárafalva H 153 Jc57
Klarup DK 100 Dc21
Klašnice BIH 152 Gd62
Klässbol S 94 Ed43
Klášterec nad Ohří CZ 135 Ed43
Kláštor pod Znievom SK 138 Hc48
Klatovy CZ 135 Ed47
Klattrup DK 101 Dd20
Klaukkala FIN 98 Kb39
Klaus A 142 Cd53
Klaus an der Phyrnbahn A 144 Fb52
Klausdorf D 118 Dc30
Klausdorf D 119 Ed30
Klausdorf D 127 Ed37
Klausen D 133 Bd44
Klausen I 143 Dd56
Klausgalvai LT 113 Jb54
Klauvnes N 63 Hb08
Klavdia CY 206 Jc97
Klāvi LV 106 Kb51
Klavreström S 103 Fd51
Klavuzlu TR 185 Ed77
Kłębanowice PL 128 Ga39
Kleblach A 143 Ed55
Klečevce MK 178 Bc73
Klecko PL 129 Gd36
Klęcz PL 130 Hc40
Kleczew PL 129 Ha37
Kleczkowo PL 123 Jd34
Kleef = Kleve D 125 Bc38
Kleemola FIN 81 Jd28
Kleinarl A 143 Ed54
Klein Berßen D 117 Cb35
Kleinblittersdorf D 133 Bd47
Kleinbrembach D 127 Dd41
Klein Bünzow D 120 Fa32
Kleinenberg D 126 Cd39
Klein-Glödnitz A 144 Fb55
Kleinhaugsdorf A 136 Ga49
Kleinheubach D 134 Cd45
Kleinjena D 127 Ea41
Kleinlobming A 144 Fc54
Kleinmachnow D 127 Ed37
Klein Offenseth D 118 Db32
Klein Oschersleben D 127 Ea38
Kleinostheim D 134 Cd44
Kleinpaschleben D 127 Eb39
Kleinrarning A 144 Fb51
Kleinrinderfeld D 134 Da45
Klein Sankt Paul A 144 Fb55
Kleinschmalkalden D 126 Dc42
Klein Sien D 119 Eb31
Kleinsölk A 144 Fa53
Kleinstetteldorf A 137 Gb49
Kleinwallstadt D 134 Cd45
Klein Wanzleben D 127 Ea38
Kleinzell A 144 Ga51
Kleiva N 92 Cb46
Kleive N 77 Da31
Kleivegrend N 92 Cd43
Klejniki PL 123 Kc34
Klejtrup DK 100 Db22
Klek SRB 174 Bb61
Klembów PL 130 Jc36
Klemensker DK 111 Fc57
Klemetsrud N 93 Ea42
Klemetstad N 64 Jb08
Klempenow D 119 Ed32
Klenči pod Č. CZ 135 Ec46
Klenica PL 128 Ga38
Klenike SRB 178 Bb72
Klenjë AL 182 Ad74
Klenje SRB 153 Ja62
Klenovec SK 138 Ja49

Koriten – Kromy

Koriten BG 181 Fa68
Korjukivka UA 202 Ec13
Korkea FIN 83 Lc26
Korkeakangas FIN 91 Ma32
Korkeakoski FIN 90 Ka34
Korkeaoja FIN 89 Jb36
Korkee FIN 90 Kb35
Korkia-aho FIN 91 Lb36
Korkiakangas FIN 81 Jd30
Korkina BG 179 Cb72
Körküler TR 193 Gd86
Korkuteli TR 199 Gb90
Kõrkvere EST 97 Jd45
Körle D 126 Da40
Korly RUS 107 Ld46
Körmend H 145 Gc55
Kormunkylä FIN 74 Kb24
Korne PL 121 Gd31
Körner D 126 Dc40
Korneti LV 107 Lb48
Korneuburg A 145 Gb50
Kornevo RUS 113 Hd59
Kornevo RUS 113 Ja59
Kornica BG 184 Cc75
Kórnik PL 129 Gc37
Kornofoliá GR 185 Ea77
Kornos CY 206 Jb97
Kornós GR 190 Db81
Kornsjø N 94 Eb45
Kornstad N 77 Da31
Korntal D 134 Cd48
Kornwestheim D 134 Cd48
Környe H 145 Hb53
Koroča RUS 203 Fa13
Koromačno HR 151 Fa61
Koróni GR 194 Bb90
Korónia GR 189 Ca85
Koronissía GR 188 Ad82
Koronkylä FIN 89 Jc33
Kóronos GR 196 Dc90
Koronoúda GR 183 Cb77
Koronowo PL 121 Ha33
Korop UA 202 Ed13
Koropí GR 195 Cc87
Körösladány H 147 Jd54
Korospohia FIN 90 Kc34
Körösszegapáti H 147 Ka54
Köröstarcsa H 147 Jd54
Korosten' UA 202 Eb14
Kőröstetétlen H 146 Jb54
Korostyšiv UA 204 Eb15
Koroveia CY 206 Ka95
Koroviha RUS 203 Fb08
Korpavár H 145 Gc56
Korpela FIN 81 Jd29
Korpela FIN 97 Jc39
Korpi FIN 81 Jc28
Korpi FIN 89 Ja37
Korpiensuu FIN 90 Kd32
Korpijärvi FIN 90 Kd34
Korpijoki FIN 82 Kc28
Korpikå S 73 Ja21
Korpikylä FIN 73 Jb20
Korpikylä FIN 75 La23
Korpikylä FIN 90 Kc37
Korpikylä S 73 Jb20
Korpilahti FIN 82 Kc29
Korpilahti FIN 90 Kb33
Korpilombolo S 73 Ja18
Korpinen FIN 75 Kd23
Korpinen FIN 82 La28
Korpiperä FIN 82 Ka30
Korpivaara FIN 83 Lc31
Korpo FIN 97 Ja40
Korpoström FIN 97 Ja40
Korppinen FIN 82 Kb29
Korppoo FIN 97 Ja40
Korrö S 111 Fd53
Kors N 77 Da33
Körs TR 193 Gc84
Korså bruk S 95 Ga39
Korsåsen S 87 Fd37
Korsbäck FIN 89 Ja33
Korsbäck FIN 89 Hd32
Korsberga S 103 Fb47
Korsberga S 103 Fd50
Korschenbroich D 125 Bc40
Korshamn N 92 Cc47
Korsholm FIN 81 Ja30
Korskrogen S 87 Fd35
Korsmyrbränna S 79 Fd30
Korsnäs FIN 89 Hd32
Korsnäs S 95 Fd39
Korsnes N 66 Ga14
Korsnes N 77 Db30
Korsnes N 78 Ec25
Korsø DK 100 Da21
Korsö FIN 97 Hd39
Korso FIN 98 Kb39
Korsør DK 109 Ea27
Korssjön S 80 Hc27
Korsträsk S 73 Hc22
Korsun'-Ševčenkivs'kyj UA 204 Ec15
Korsvegen N 77 Ea30
Korsvoll N 77 Db30
Korsze PL 122 Jb30
Kortekylä FIN 81 Jd30
Kortemark B 21 Ha29
Korten BG 180 Ea72
Kortenaken B 124 Ad40
Kortesjärvi FIN 81 Jb30
Kortessem B 124 Ba40
Kortevaara FIN 83 Lc25
Kortgene NL 124 Ab38
Kórthio GR 196 Da88
Kortila FIN 83 Lc28
Kortjärvi FIN 81 Jc29
Kortrijk B 124 Aa40
Kortteenperä FIN 74 Kb20
Korttenkylä FIN 89 Ja34
Korttia FIN 90 Kc38
Korubaşı TR 192 Fb85
Korubükü TR 198 Fd92
Korucak TR 191 Eb81
Korucu TR 185 Eb78
Korucu TR 191 Ed82
Korucuk TR 187 Hb79
Korucuk TR 197 Fa89
Koruköy TR 185 Eb79
Koruköy TR 187 Gc79
Koruköy TR 198 Fd91
Korup DK 108 Dc26
Kõruse EST 105 Jb46
Koruste EST 106 La46
Korva S 73 Jb19
Korvajärvenkylä FIN 89 Jb33
Korvakumpu FIN 69 Kb16
Korvala FIN 69 Ka17
Korvaluoma FIN 89 Jb34
Kõrve küla EST 99 Lb45
Korvenkylä FIN 74 Ka23
Korvenkylä FIN 75 Kc24
Korvenkylä FIN 81 Jc27
Korvenkylä FIN 81 Jd26
Korvenkylä FIN 89 Ja36
Korvensuu FIN 89 Ja38
Korvua FIN 75 La22
Koryčany CZ 137 Gd48
Korycin PL 123 Kb32
Korytków PL 131 Kb42
Korytnica PL 131 Jd36
Korytnica-kúpele SK 138 Hd48
Korzeńsko PL 129 Gc39
Korzybie PL 121 Gc30
Korzyce PL 130 Jb40
Kós GR 197 Ec91
Koš SK 137 Hb49
Kosa RUS 113 Hd59
Kosaja Gora RUS 203 Fa11
Kosakowo PL 121 Ha29
Kosančić SRB 178 Bd69
Kosanica MNE 159 Ja67
Košarevo BG 179 Cb71
Košarica BG 181 Fa72
Košarovce SK 139 Ka47
Kosarzyn PL 128 Fc38
Košava BG 179 Cc67
Koschach A 143 Ed55
Kösching D 135 Dd48
Kościan PL 129 Gb38
Kościelec PL 129 Hb37
Kościelec PL 138 Jb44
Kościelisko PL 138 Ja47
Kościelna Wieś PL 129 Ha39
Kościernica PL 121 Gb31
Kościerzyna PL 121 Ha31
Kośclelec Kujawski PL 121 Ha35
Kose EST 98 Kc43
Köse TR 205 Fd20
Kösedere TR 191 Ea85
Köseilyas TR 185 Ed77
Köseköy TR 187 Gb79
Kosel MK 182 Ba75
Köseler TR 191 Ec84
Köseler TR 192 Fc82
Köseler TR 199 Gd90
Koselji BIH 158 Hb65
Koserow D 120 Fb31
Košetice CZ 136 Fd46
Kose-Uuemõisa EST 98 Kc43
Košice SK 139 Jd48
Košická Belá SK 138 Jc48
Kosierz PL 128 Fd38
Kosihovce SK 146 Hd50
Kosina PL 139 Kb44
Kosinë AL 182 Ac78
Kosino PL 120 Ga32
Kosinowo PL 130 Hc36
Kosjerić SRB 159 Jb64
Köşk TR 197 Fa88
Köşk TR 199 Hb88
Koška HR 152 Hb59
Koskama FIN 69 Jd15
Koskeby FIN 81 Ja30
Koskela FIN 81 Jd30
Koskela FIN 82 Ka25
Koskelankangas FIN 82 Ka25
Koskelankylä FIN 81 Jb31
Koskelokangas FIN 69 Kb15
Koskenkorva FIN 89 Jb32
Koskenkylä FIN 75 Lb20
Koskenkylä FIN 82 Kd30
Koskenkylä FIN 82 La25
Koskenkylä FIN 89 Jb37
Koskenkylä FIN 89 Jd36
Koskenkylä FIN 90 La32
Koskenkyla FIN 90 Kd38
Koskenmaa FIN 81 Jc28
Koskenmäki FIN 83 Lb25
Koskenniska FIN 69 Jd11
Koskenniska FIN 90 Kd36
Koskenpää FIN 90 Kb33
Koskenperä FIN 89 Jd33
Koskenranta FIN 74 Jd19
Koski FIN 82 Kc28
Koski FIN 89 Jb36
Koski FIN 89 Jc38
Koski FIN 97 Jd40
Koski FIN 98 Ka39
Koskimäki FIN 89 Ja32
Koškino RUS 99 Ld41
Koškino RUS 107 Mb49
Koskinoú GR 197 Fa92
Koskioinen FIN 89 Jc37
Koskolovo RUS 99 Ld40
Koskue FIN 89 Jb33
Koskullskulle S 67 Hb17
Koskunen FIN 90 Kc37
Košljun HR 151 Fc63
Kosman BIH 159 Hd66
Kosmás GR 195 Bd89
Kósmi GR 184 Dc77
Kosmo N 66 Fd17
Kosmonosy CZ 136 Fc43
Kosmów PL 131 Kd41
Košničari BG 180 Eb70
Kosobudy PL 121 Gd32
Kosobudy PL 131 Kc42
Kosola FIN 81 Jb30
Kosola FIN 91 Lc33
Kosovo HR 158 Gb65
Kosovo Polje KSV 178 Bb71
Kosovrasti MK 182 Ad74
Kosovska Kamenica KSV 178 Bc71
Kosovska Mitrovica KSV 178 Ba70
Kosów Lacki PL 123 Jd35
Kosowo PL 121 Gd34
Kóspallag H 146 Hc51
Koßdorf D 127 Ed40
Kössen A 143 Eb52
Kossenblatt D 128 Fb38
Kößlarn D 143 Ed50
Kósta GR 195 Ca89
Kosta S 103 Fd52
Kostamo FIN 69 Kb17
Kostandenec BG 180 Eb69
Kostandovo BG 179 Da73
Kostanjevac HR 151 Fd59
Kostanjevica na Krki SLO 151 Fd58
Kosta Perčovo BG 179 Cb67
Kostelec nad Černými Lesy CZ 136 Fc45
Kostelec nad Labem CZ 136 Fc44
Kostelec nad Orlicí CZ 137 Gb44
Kostelec na Hané CZ 137 Gc46
Kosten BG 181 Ec72
Kostenec BG 179 Cd72
Kostenec BG 179 Cd73
Kostila FIN 90 Kb36
Kostinbrod BG 179 Cc71
Kostivere EST 98 Kc42
Kostjantynivka UA 205 Fb15
Kostojevići SRB 159 Jb64
Kostolac SRB 174 Bc64
Kostomlaty pod Milešovkou CZ 136 Fa43
Kostomłoty PL 129 Gb41
Kostopil' UA 202 Ea14
Kostroma RUS 203 Fa08
Kostromino RUS 113 Jb59
Kostrzyn PL 128 Fc36
Kostrzyn PL 129 Gc37
Kostula FIN 89 Jc35
Kosturino MK 183 Ca75
Kosula FIN 83 Lb31
Koszalin PL 120 Ga31
Koszarawa PL 138 Hd46
Koszęcin PL 130 Hc42
Kőszeg H 145 Gb53
Koszelewy PL 122 Hd33
Koszelówka PL 130 Hd36
Koszkowo PL 129 Gc38
Kosztowo PL 121 Gc34
Koszuty PL 129 Gc37
Koszyce PL 138 Jb44
Kótaj H 147 Ka50
Kotajärvi FIN 74 Ka23
Kotajärvi FIN 83 Lc25
Kotakoski FIN 90 Kb34
Kotala FIN 69 Kd16
Kotala FIN 89 Jd33
Kotamäki FIN 90 Kd32
Kotaperä FIN 90 Kb32
Kotasalmi FIN 82 La30
Kotel BG 180 Eb71
Kőtelek H 146 Jb53
Kotel'nikovo RUS 203 Fd14
Kotel'skij RUS 99 Ld40
Kotel'va UA 202 Ed14
Köthen D 127 Eb39
Kothréas GR 188 Ac84
Kotikylä FIN 82 Kd28
Kotila FIN 75 Kd24
Kotíli GR 182 Ba78
Kotiranta FIN 75 Lb23
Kotka FIN 90 La38
Kotkajärvi FIN 90 Ka37
Kotlarnia PL 137 Hb43
Kotlenice HR 158 Gc66
Kotlin PL 129 Gd38
Kotlinki PL 130 Hc39
Kotlje SLO 144 Fc56
Kotly RUS 99 Ld40
Kotly RUS 202 Ea08
Kotomierz PL 121 Ha33
Kotor MNE 159 Hd69
Kotorani BIH 152 Gb61
Kotoriba HR 152 Gc57
Kotorsk RUS 99 Mb44
Kotorsko BIH 152 Hb62
Kotor Varoš BIH 152 Gd62
Kotovo RUS 203 Fd12
Kotovsk RUS 203 Fb12
Kotovs'k UA 204 Ec16
Kotowa Wola PL 131 Ka42
Kotraža SRB 178 Ad67
Kótronas GR 194 Bc90
Kotroniá GR 185 Ea77
Kötschach-Mauthen A 143 Ec56
Kotsiatis CY 206 Jb97
Köttkulla S 102 Fa49
Köttsjön S 79 Ga30
Kotuń PL 131 Jd37
Kotvala FIN 82 Ka29
Kötzlin D 119 Eb35
Kötzting D 135 Ec47
Koudekerke NL 124 Ab38
Koudoúnia GR 184 Cd77
Koudum NL 116 Bb34
Kõue EST 98 Kc43
Koufália GR 183 Ca77
Koufonísi GR 196 Dc90
Kouhi FIN 90 Kc33
Koukkula FIN 83 Lc25
Kouklia CY 206 Hd98
Kouklia CY 206 Jc97
Kouklií GR 182 Ac79
Koukomäki FIN 82 Kc27
Koúkos GR 183 Bd78
Koukounariés GR 189 Cb83
Kounávi GR 200 Da96
Koúndouros GR 195 Cd88
Kounoupiá GR 195 Bd89
Kounoupítsa GR 195 Ca88
Koura FIN 81 Jc31
Kouřim CZ 136 Fc45
Kourkoulí GR 189 Cb84
Kournás GR 200 Cc95
Kousa FIN 90 Kd35
Koutalás GR 195 Cd89
Koutaniemi FIN 82 Kd25
Koutojärvi S 73 Jb20
Koutsó GR 184 Db77
Koutsopódi GR 195 Bd87
Koutsoventis CY 206 Jb96
Koutus FIN 74 Jb18
Kouva FIN 75 Kc20
Kouvola FIN 90 Kd37
Kovačevci BG 179 Cb71
Kovačevci BG 179 Cc72
Kovačevec BG 180 Ea70
Kovačevica BG 184 Cd74
Kovačevo BG 180 Ea73
Kovačica BG 179 Cc68
Kovačica SRB 153 Jc60
Kovallberget S 80 Gc25
Kovancılar TR 205 Ga20
Kovanj BIH 159 Hd65
Kovářov CZ 136 Fb46
Kovařská CZ 135 Ed43
Kovaši RUS 99 Ma39
Kovel' UA 202 Ea14
Kovelahti FIN 89 Jb34
Kovernino RUS 203 Fb08
Kovero FIN 83 Ma30
Köveskál H 145 Ha55
Kovilj SRB 153 Jb60
Kovin SRB 174 Bc64
Kovjoki FIN 81 Jb29
Kovland S 87 Gb33
Kovren MNE 159 Jb67
Kovrov RUS 203 Fa09
Kovylkino RUS 203 Fc10
Kowal PL 130 Hc36
Kowale PL 129 Hb38
Kowale PL 129 Hb39
Kowale Oleckie PL 123 Jd30
Kowalewko PL 121 Gd34
Kowalewo PL 121 Gd35
Kowalewo Pomorskie PL 121 Hb34
Kowalów PL 128 Fc37
Kowalówka PL 139 Kc43
Kowańcz PL 120 Ga31
Kowanówko PL 129 Gc36
Kowary PL 128 Ga42
Kowiesy PL 130 Ja38
Kownaty PL 123 Jd33
Kownaty PL 131 Kb37
Köyceğiz TR 198 Fb91
Köyhäjoki FIN 81 Jc29
Köyhänperä FIN 82 Ka28
Köyliö FIN 89 Jb37
Köyliönkylä FIN 89 Jc37
Köylüce TR 191 Ec82
Köysivaara FIN 69 Ka12
Koyulhisar TR 205 Fc20
Koyunağılı TR 193 Hb81
Koyunbaba TR 185 Ec75
Koyunbeyli TR 192 Ga86
Koyuneli TR 191 Ec84
Koyuneri TR 191 Ed81
Koyunköy TR 192 Ga81
Koyunlar TR 197 Fa88
Koyunoba TR 192 Fc83
Koyunyeri TR 185 Eb78
Kozağaç TR 198 Fb90
Kozağaç TR 198 Ga90
Kozağacı TR 199 Gc90
Kozaki PL 123 Jd30
Kozan TR 187 Gb79
Kozan TR 199 Gd90
Kozáni GR 183 Bc78
Kozarac BIH 152 Gc61
Kozarac HR 151 Ga60
Kozar Belene BG 180 Dc69
Kozarevec BG 180 Dd73
Kozarica HR 158 Ha68
Kozármisleny H 152 Hb58
Kozárovce SK 145 Hb50
Kozarska Dubica BIH 152 Gc61
Kozarsko BG 179 Da73
Kozbudaklar TR 192 Fd81
Kozçeşme TR 185 Ec80
Kozdere TR 186 Ga80
Kozel'sk RUS 202 Ed11
Kozičino BG 181 Ed72
Koziebrody PL 122 Hd35
Koziegłowy PL 130 Hc42
Kozielice PL 120 Fc34
Kozienice PL 131 Jd39
Kozina SLO 151 Fa59
Kozińce PL 123 Kb33
Kozine LV 107 Ld48
Kozioł PL 123 Jd33
Koziuca TR 192 Fd82
Kozjak MK 182 Ba76
Kozjatyn UA 204 Eb15
Kozlar TR 198 Fc90
Kozloduj BG 179 Cd68
Kozlodujci BG 181 Fa69
Kozlov Bereg RUS 99 Lc43
Kozlovec BG 180 Dd69
Kozlovka RUS 203 Fd09
Kozłów PL 138 Ja43
Kozłów PL 138 Jc43
Kozłowice PL 129 Hb41
Kozłówka PL 131 Ka39
Kozłowo PL 122 Ja33
Kozlu TR 187 Hb76
Kozlu TR 187 Hb78
Kozlu TR 192 Fa83
Kozlubel TR 193 Gd81
Kozluca TR 193 Gb83
Kozluca TR 199 Gb89
Kozluk BIH 153 Hd63
Kozluk TR 187 Gd78
Kozluöen TR 191 Ed83
Kozluören TR 186 Fd80
Kozlupınar TR 205 Fd20
Kozły PL 131 Kb37
Kozly RUS 107 Ld47
Koźmin PL 129 Gd38
Koźmin PL 129 Hb38
Koźminek PL 129 Hb38
Koźminiec PL 129 Gd38
Koz'modem'jansk RUS 203 Fc09
Kożuchów PL 128 Fd39
Kožuhe BIH 152 Hb62
Kozyörük TR 185 Ec77
Krääkkiö FIN 89 Jd36
Krabi EST 107 Lb47
Kräckelbäcken S 87 Fb36
Kräcklinge S 95 Fc44
Kraddsele S 71 Ga22
Krag PL 121 Gb31
Krågeland N 92 Cc45
Kragelund DK 101 Dd20
Kragelund DK 108 Da26
Kragenæs DK 109 Ea28
Kragerø N 93 Dc45
Kragujevac SRB 174 Bb66
Krågvåg N 77 Dd29
Kraiburg D 143 Eb51
Kraichtal D 134 Cc47
Kraig A 144 Fb55
Kraište BG 181 Fb68
Kraište BG 184 Cc74
Krajenka PL 121 Gc34
Krajišnik SRB 174 Bb61
Krajková CZ 135 Ec44
Krajkovac SRB 178 Bc69
Krajná Poľana SK 139 Jd46
Krajné SK 137 Ha49
Krajnici BG 179 Cc72
Krajnik PL 120 Fb35
Krakača BIH 151 Ga61
Krakau = Kraków PL 138 Ja44
Kråkeland N 92 Cc46
Kråkerøy N 93 Ea44
Krakės LV 114 Kb56
Krakhella N 84 Ca36
Kräklingbo S 104 Ha50
Kråklivollen N 78 Ea31
Kråkmo N 66 Fd15
Kråkmo N 78 Ea29
Krakol'o RUS 99 Lc40
Kraków PL 138 Ja44
Krakow am See D 119 Eb32
Kråkshult S 103 Fd49
Kråksmåla S 103 Ga51
Kråkstad N 93 Ea42
Kr'akuša RUS 107 Ma46
Kråkviken S 94 Ec44
Král' SK 146 Jb50
Kralevo BG 181 Ec70
Králíky CZ 137 Gc44
Kraljeva Sutjeska BIH 158 Hb64
Kraljevec Kupinečki HR 151 Ga59
Kraljevica HR 151 Fb60
Kraljevo SRB 178 Ba67
Králóv Brod SK 145 Ha51
Kralovice CZ 135 Ed45
Kráľovský Chlmec SK 139 Ka49
Kralupy nad Vltava CZ 136 Fb44
Kramarzówka PL 139 Kb44
Kramarzyny PL 121 Gc31
Kramators'k UA 205 Fb15
Krambenes N 64 Jd04
Kramfors S 80 Gc31
Kramnitse DK 109 Ea29
Kramovik KSV 178 Ba71
Krampenes N 65 Kd06
Kramsach A 143 Ea53
Kramsk PL 129 Hb37
Kramvik N 65 Kd05
Kråmvik N 93 Da41
Kranéa GR 182 Ba79
Kranéa GR 183 Bd80
Kranenburg D 125 Bc38
Krani MK 182 Ba76
Kraniá GR 183 Bd77
Kranichfeld D 127 Dd42
Kranídi GR 195 Ca88
Kranj SLO 151 Fb57
Kranjska Gora SLO 144 Fa56
Kranovo BG 181 Fa68
Krapanj HR 157 Ga66
Krapčene BG 179 Cc69
Krapec BG 181 Fc69
Krąpiel PL 120 Fd34
Krapina HR 151 Ga57
Krapinske Toplice HR 151 Ga58
Krapje HR 152 Gc60
Krapkowice PL 137 Ha43
Krarup DK 101 Dd23
Kras HR 151 Fb61
Kraselov CZ 136 Fa47
Krasen BG 180 Ea68
Krasen BG 181 Fa68
Krašić SLO 151 Fd59
Krasica HR 151 Fa60
Krasiczyn PL 139 Kb45
Krasikovščina RUS 107 Ma46
Krasiniec PL 122 Jb34
Kraskowo PL 122 Jb30
Kraslava LV 115 Ld53
Kraslice CZ 135 Ec43
Krasna PL 130 Jb41
Krásná Hora CZ 136 Fb46
Krasnaja Dudrovka RUS 113 Jc58
Krasnaja Gora RUS 202 Ec13
Krasnaja Gorka RUS 99 Ma39
Krasnaja Jaruga RUS 203 Fa13
Krasnaja Poljana RUS 205 Fd17
Krásna nad Hornádom SK 139 Jd48
Krasna Wieś PL 123 Kb35
Krasne PL 122 Jb34
Krasne PL 139 Ka44
Krasne Folwarczne PL 123 Kb33
Kraśnik PL 131 Ka41
Kraśnik Fabryczny PL 131 Ka41
Krašnja SLO 151 Fc57
Krasnoarmejsk RUS 203 Fa10
Krasnoarmejsk RUS 203 Fd12
Krasnoarmijs'k UA 205 Fb15
Krasnoborskoje RUS 113 Jb59
Krasnobród PL 131 Kc42
Krasnodar RUS 205 Fc17
Krasnodon UA 205 Fc15
Krasnoe RUS 113 Jc58
Krasnoe RUS 203 Fa12
Krasnoe Selo RUS 99 Mb39
Krasnogorodskoe RUS 107 Ma50
Krasnogorskoe RUS 113 Jd58
Krasnogvardejskoe RUS 205 Fd16
Krasnohorivka UA 205 Fb15
Krásnohorské Podhradie SK 138 Jc49
Krasnohrad UA 203 Fa14
Krasnohvardijs'ke UA 205 Fa17
Krasnojarskoe RUS 113 Jc59
Krasnoje RUS 113 Jb58
Krasnoje Selo RUS 113 Jd57
Krasnoje Sosnoje RUS 107 Mb47
Krasnokuts'k UA 203 Fa14
Krasnomajskij RUS 202 Ec09
Krásno nad Kysucou SK 138 Hc46
Krasnookt'abr'skoje RUS 113 Jc58
Krasnopavlivka UA 205 Fa15
Krasnoperekops'k UA 205 Fa17
Krasnopillja UA 203 Fa14
Krasnopol PL 123 Kb30
Krasnopoljanokoe RUS 113 Jc59
Krasno Polje HR 151 Fc62
Krasnosel'e RUS 113 Jd59
Krasnosielc PL 122 Jb34
Krasnoslobodsk RUS 203 Fc10
Krasnoslobodsk RUS 203 Fd14
Krasnotorovka RUS 113 Hd58
Krasnovka RUS 113 Jc59
Krasnovo BG 179 Da72
Krasnoznamensk RUS 113 Jd57
Krasnoznamenskoje RUS 113 Ja59
Krasnybór PL 123 Kb31
Krásny Brod SK 139 Ka46
Krasnye Baki RUS 203 Fb08
Krasnye Gory RUS 99 Mb42
Krasnyi Bor RUS 113 Jb58
Krasnyj Holm RUS 202 Ed09
Krasnyj Jar RUS 203 Ga10
Krasnyj Kut RUS 203 Ga12
Krasnyj Luč UA 205 Fb15
Krasnystaw PL 131 Kc40
Krasocin PL 130 Ja41
Krasonice CZ 136 Ga48
Krasslandet FIN 81 Jc28
Krastë AL 182 Ac74
Krăstec BG 180 Dd71
Krăstevič BG 179 Da72
Krasti LV 106 Kd52
Krasyliv UA 204 Eb15
Kraszewice PL 129 Ha39
Kraszewo PL 122 Ja35
Krasznok-Vajda H 138 Jc49
Kraszowice PL 128 Fd41
Krateró GR 183 Bb76
Kratovo MK 178 Bd73
Kratzeburg D 119 Ed33
Kraubath A 144 Fc54
Krauchenwies D 142 Cd51
Krauja LV 115 Lc53
Kraujas LV 105 Jc50
Krauschwitz D 128 Fc40
Krausenbach D 134 Cd45
Krautheim D 134 Da46
Kravaře CZ 136 Fb43
Kravaře CZ 137 Ha45
Kravarsko HR 151 Ga59
Krăvenik BG 180 Dc71
Kravevo BG 181 Fb70
Kravnsø DK 108 Cd25
Kravoder BG 179 Cc69
Kražiai LT 113 Jd55
Krążki Bachowskie PL 139 Kb45
Krčedin SRB 153 Jb60
Krčevac SRB 174 Bb65
Krchleby CZ 136 Fc44
Krčina BIH 153 Hd62
Kreba-Neudorf D 128 Fc40
Krebeck D 126 Db39
Kreczanowo PL 122 Ja35
Krefeld D 125 Bc39
Kregme DK 109 Eb25
Kreiensen D 126 Db38
Kreileroord NL 116 Ba34
Kreischa D 128 Fa41
Kreivilä FIN 90 Kc38
Krekenava LT 114 Kc55
Krekila FIN 81 Jc28
Kremastí GR 195 Bd89
Kremastí GR 197 Fa92
Kremenčuk UA 204 Ed15
Kremenec' UA 204 Ea15
Kremikovci BG 179 Cc71
Kremmen D 119 Ed35
Kremna SRB 159 Ja65
Kremnica SK 138 Hc49
Krempe D 118 Db31
Kremperheide D 118 Db31
Krempna PL 139 Jd46
Krems an der Donau A 144 Ga50
Kremsbrücke A 143 Ed55
Kremsmünster A 144 Fb51
Křemže CZ 136 Fb48
Kreni RUS 99 Mb44
Krępa PL 129 Hb38
Krepča BG 180 Ea69
Kręp cewo PL 120 Fd34
Krepoljin SRB 174 Bd66
Krepšic BIH 153 Hc61
Krępsko PL 121 Gc34
Krerowo PL 129 Gc37
Kreševo BIH 158 Hb65
Kreševo RUS 107 Ma48
Kresk-Królowa PL 131 Ka37
Kresna BG 183 Cb74
Kresnice SLO 151 Fc58
Kreßberg D 134 Db47
Kressbronn D 142 Cd52
Krestcy RUS 202 Eb09
Kréstena GR 194 Ba87
Kreszów PL 131 Ka42
Kretinga LT 113 Jb54
Kretingalė LT 113 Jb55
Kretingsodis LT 113 Jb54
Kretowiny PL 122 Hd31
Kreuth D 143 Ea52
Kreuzau D 125 Bc41
Kreuzen A 143 Ed56
Kreuzlingen CH 142 Cc52
Kreuzstetten A 145 Gb50
Kreuztal D 125 Cb41
Kreuzwertheim D 134 Da45
Krëva BY 202 Ea12
Krezluk BIH 152 Ha63
Krezszów PL 128 Ga42
Kriátsi GR 188 Bb84
Kría Vríssi GR 183 Bd77
Kriebstein D 127 Ed41
Krieglach A 144 Fd53
Kriegsfeld D 133 Ca45
Krien D 120 Fa32
Kriens CH 141 Ca54
Krievciems LV 105 Jb50
Krievgaļi LV 114 Kc53
Krievragciems LV 105 Jd49
Kriezá GR 189 Cc85
Kríkello GR 188 Bb83
Kríkelos GR 188 Ba83
Krikliniai LT 114 Kc54
Krikštonys LT 123 Kc30
Krilo HR 158 Gc66
Krimpen aan de IJssel NL 124 Ad37
Krimūnas LV 106 Ka52
Krinčinas LT 114 Kc53
Křinec CZ 136 Fd44
Kringa HR 151 Fa61
Kringla N 84 Ca37
Kringlevatn N 92 Cc43
Krini CY 206 Jb96
Krini GR 183 Cb78
Kríni GR 189 Bd82
Krinídes GR 184 Da77
Kriokiš LT 113 Jd57
Krionéri GR 194 Ba88
Krioneritis GR 189 Cb83
Kriopigí GR 183 Cb80
Krischow D 128 Fb39
Kriskovci BIH 152 Ha61
Kristallopigí GR 182 Ba77
Kristberg S 103 Fd46
Kristdala S 103 Ga50
Kristianopel S 111 Ga54
Kristiansand N 92 Cd47
Kristianstad S 111 Fb55
Kristiansund N 77 Da30
Kristiinankaupunki FIN 89 Hd33
Kristineberg S 72 Gd24
Kristinefors S 94 Ed40
Kristinehamn S 95 Fb44
Kristinestad FIN 89 Hd33
Kristóni GR 183 Ca77
Kristvalla S 103 Ga52
Kristvallabrunn S 103 Ga52
Krithía GR 183 Cb77
Kritinía GR 197 Ed93
Kritsá GR 201 Db96
Kritzmow D 119 Eb31
Kriukai LT 114 Kb53
Kriūkai LV 114 Kb57
Kriva Feja SRB 178 Bd71
Krivaja BIH 152 Hb63
Kriváň SK 138 Hd49
Krivanda LV 107 Ma51
Krīvāni LV 115 Lc53
Kriva Palanka MK 179 Ca72
Krīvi LV 106 Kd49
Krivi Dol MK 183 Bd74
Krivina BG 180 Dd69
Krivi Put HR 151 Fc61
Krivi Vir SRB 178 Bd67
Krivodol BG 179 Cd69
Krivodol SRB 179 Cb70
Krivogaštani MK 183 Bb75
Křivoklát CZ 136 Fa44
Krivolak MK 183 Bd75
Krivorož'e RUS 203 Fc14
Krivsk RUS 107 Ld46
Kriż HR 152 Gc59
Křižanov CZ 136 Ga47
Křižany CZ 128 Fc42
Križevci HR 152 Gc58
Križevci SLO 145 Gb56
Križi LV 115 Lc53
Križpolje HR 151 Fd61
Krjukovo RUS 99 Ld43
Krk HR 151 Fb61
Krklja MK 179 Ca72
Krmed HR 151 Fa61
Krmelj SLO 151 Fd58
Krnica HR 151 Fa61
Krnja MNE 159 Ja68
Krnjeuša BIH 152 Gb62
Krnjevo SRB 174 Bc65
Krnov CZ 137 Gd44
Krobia PL 129 Gc39
Krobielewko PL 128 Ga36
Kroczyce PL 130 Hd42
Krøderen N 85 Dc40
Kroer N 93 Ea42
Krögis D 127 Ed41
Krogsbølle DK 108 Dc26
Krogsered S 102 Ed51
Krogsētas LV 105 Jc51
Krokan N 93 Da41
Krokbäck S 80 Hb27
Krokedal N 94 Eb42
Krokeés GR 194 Bc90
Krokeide N 84 Ca39
Krokek S 103 Ga46
Krokelv N 62 Gc10
Krokelv N 63 Ja05
Kroken N 62 Gd09
Kroken N 64 Jc06
Kroken N 71 Fb23
Kroken N 84 Cd36
Kroken N 93 Db44
Kroken S 94 Eb44
Krokfors S 73 Hb20
Krokhaug N 85 Dd34
Krokialaukis LT 114 Kc59
Krokílio GR 189 Bc84
Krokininkai LT 114 Kc59
Krókio GR 189 Bd82
Krokom S 79 Fc30
Krókos GR 183 Bc79
Krokowa PL 121 Ha29
Krokowo PL 122 Ja33
Kroksätern S 86 Ed38
Króksfjarðarnes IS 2 Ac03
Kroksjö S 80 Gc26
Kroksjö S 80 Hb27
Kroksjön S 80 Hc25
Krokstad S 102 Eb46
Krokstranda N 71 Fc20
Kroksund N 94 Eb42
Kroktjärn S 73 Hb21
Kroktorp S 95 Fb40
Krokträsk S 73 Hd20
Krokträsk S 73 Hc22
Krokvåg S 79 Ga31
Krokvik S 67 Ha15
Krolevec' UA 202 Ed13
Królewiec PL 130 Jb41
Królowy Most PL 123 Kc33
Kroměříž CZ 137 Gd47
Krómni GR 183 Bd77
Kromołów PL 138 Hd43
Krompachy SK 138 Jc48
Kromy RUS 202 Ed12

Kronach – Kyselka

Kronach D 135 Dd44
Kronan S 94 Ed42
Kronau D 134 Cc47
Kronauce LV 106 Ka52
Kronberg D 134 Cc43
Kronburg D 142 Db51
Kronenburg D 125 Bc42
Kröning D 135 Eb49
Kronoby FIN 81 Jb28
Kronowo PL 122 Ja31
Kronprinzenkoog D 118 Da31
Kronsdorf A 144 Fb51
Kronshagen D 118 Db30
Kronshagen D 118 Dc30
Kronštadt RUS 202 Ea08
Kron-Vike S 79 Ga27
Krootuse EST 107 Lb46
Kropa SLO 151 Fb57
Kröpelin D 119 Eb31
Kropotkin RUS 205 Fd16
Kropp D 118 Db30
Kroppenstedt D 127 Dd38
Kropstädt D 127 Ec38
Krościenko PL 139 Kb46
Krościenko nad Dunajcem PL 138 Jb46
Kroševo Brdo BIH 152 Ha63
Kröslin D 120 Fa31
Krosna LV 114 Kb59
Krośnice PL 129 Gd40
Krośniewice PL 130 Hc37
Krosno PL 122 Hc31
Krosno PL 139 Ka45
Krosno Odrzańskie PL 128 Fc38
Krössbach A 143 Dd54
Krossen N 92 Cc47
Krossen N 93 Da42
Krossli N 93 Da43
Krostitz D 127 Ec40
Krote LV 105 Jb52
Krotoszyce PL 128 Ga41
Krotoszyn PL 129 Gd39
Krottendorf A 144 Fd54
Krouna CZ 136 Ga45
Krousónas GR 200 Da96
Kröv D 133 Bd44
Krovili GR 185 Dd77
Krowiarki PL 137 Ha44
Krpimej KSV 178 Bb70
Krrabë AL 182 Ac75
Krš HR 151 Fd62
Krško SLO 151 Fd58
Krst SRB 174 Bd66
Krstac MNE 159 Hd68
Krstac MNE 159 Hd70
Krstinja HR 151 Ga60
Krstur SRB 153 Jb57
Krtova BIH 153 Hc62
Kruče MNE 163 Ja71
Krucz PL 121 Gb35
Kruë i Fushës AL 159 Jb70
Kruge HR 151 Ga62
Krügersdorf D 128 Fb37
Kruglovka RUS 113 Jb59
Kruglovo RUS 113 Hd58
Kruishoutem B 124 Ab40
Krujë AL 163 Jb72
Krujë AL 182 Ab74
Kruk N 85 Dc37
Kruklanki PL 123 Jd30
Krukowo PL 122 Jb33
Krum BG 185 Dd74
Krumbach (Schwaben) D 142 Db50
Krumë AL 178 Ad72
Krummennaab D 135 Eb45
Krummesse D 119 Dd32
Krummhörn D 117 Ca32
Krumovgrad BG 185 Dd76
Krumovo BG 180 Eb73
Krumovo Gradiste BG 181 Ec72
Krumpendorf A 144 Fb56
Krün D 143 Dd53
Krunderup DK 100 Da23
Kruonis LT 114 Kc58
Kruopiai LT 113 Jc54
Kruopiai LT 114 Ka53
Krupá CZ 136 Fa44
Krupac BIH 159 Hc65
Krupac SRB 179 Cb70
Krupaja SRB 174 Bd66
Krupa na Vrbasu BIH 152 Gd62
Krupanj SRB 153 Ja63
Krupe PL 131 Kc40
Krupina SK 146 Hc50
Krupište MK 183 Bd74
Krupka CZ 128 Fa42
Krupnik BG 183 Cb74
Krupovo RUS 107 Ma52
Krupp RUS 107 Ld46
Kruså DK 108 Db28
Krušare BG 180 Eb72
Krušari BG 181 Fa68
Krušćić SRB 153 Ja59
Krušćica HR 151 Fd62
Krušćica HR 151 Fd63
Krušedol Selo SRB 153 Jb60
Krušeto BG 180 Dd70
Kruševac SRB 178 Bc68
Kruševec BG 181 Ed73
Kruševica SRB 153 Jc63
Kruševo BIH 159 Hc64
Kruševo MK 183 Bb75
Krušica BIH 158 Ha64
Krusin PL 121 Hb33
Krušovene BG 180 Db68
Krušovica BG 179 Cd68
Krustpils LV 106 La51
Krušuna BG 180 Dc70
Kruszewo PL 121 Gb35
Kruszewo PL 123 Ka33
Kruszki PL 123 Ka30
Kruszów PL 130 Hd39
Kruszwica PL 129 Ha36
Kruszyn PL 130 Hc36
Kruszyna PL 130 Hc41
Kruszyniany PL 123 Kc33
Kruszyny PL 122 Hc33
Krūte LV 113 Jb53
Krute MNE 163 Ja71
Kruth F 31 Kb39
Kruti LV 107 Ld48
Krutje e sipërme AL 182 Ab76
Krutneset N 71 Fb22
Krutyń PL 122 Jc32
Kruunupyy FIN 81 Jb28
Kruusila FIN 97 Jd39
Kruuvinkylä FIN 89 Jb36
Krużlowa Wyżna PL 138 Jc45
Krvavi Potok SLO 151 Fa59
Kryčav BY 202 Ec12
Kryekuq AL 182 Ab76
Kryevidh AL 182 Ab75
Kryg PL 139 Jd45
Kryle DK 100 Cd23
Krylovo RUS 122 Jc30
Krymsk RUS 205 Fc17
Krynica PL 138 Jc46
Krynica Morska PL 122 Hc30
Krynka PL 131 Ka37
Krynki PL 123 Kc33
Krypno Wielkie PL 123 Ka33
Kryry CZ 135 Ed44
Kryve Ozero UA 204 Ec16
Kryvsk BY 202 Ec13
Kryvyj Rih UA 204 Ed16
Kryżanów PL 130 Hc37
Kryžopil' UA 204 Eb16
Krzcięcice PL 130 Ja42
Krzczonów Wójtostwo PL 131 Kb40
Krzęcin PL 120 Fd34
Krzeczów PL 129 Hb40
Krzelów PL 129 Gb40
Krzemienica PL 139 Jd43
Krzemieniewo PL 121 Gc32
Krzemienowo PL 129 Gc38
Krzemlin PL 120 Fc34
Krzepice PL 129 Hb41
Krzepielów PL 128 Ga39
Krzepów PL 128 Ga39
Krześlin PL 131 Ka36
Krzeszów PL 139 Kb43
Krzeszowice PL 138 Hd44
Krzeszyce PL 128 Fc36
Krzewiny PL 121 Hb32
Krzyewo PL 122 Jb34
Krzymów PL 129 Hb37
Krzynowłoga Mała PL 122 Jb34
Krzystkowice PL 128 Fd39
Krzyszkowice PL 138 Ja45
Krzywa PL 128 Ga40
Krzywcza PL 139 Kb44
Krzywda PL 131 Ka38
Krzywe PL 123 Ka30
Krzywin PL 129 Gc38
Krzyż PL 120 Ga35
Krzyż PL 138 Jb43
Krzyżanowice PL 137 Ha44
Krzyżowa PL 128 Ga40
Krzyżowa PL 129 Gb42
Krzyżówka PL 138 Jc46
Kšenskij RUS 203 Fa13
Książenice PL 137 Hb44
Książki PL 122 Hc33
Książ Mały PL 138 Ja43
Książ Wielki PL 138 Ja43
Książ Wielkopolski PL 129 Gc38
Księginice PL 129 Gc41
Księżomierz PL 131 Ka41
Księżpol PL 131 Kb42
Księży Lasek PL 122 Jb33
Kstovo RUS 203 Fb09
Ktery PL 130 Hc37
Ktismata GR 182 Ac79
Ktová CZ 136 Fd43
Kubanovka RUS 113 Jd58
Kubbe S 80 Gc29
Kübekháza H 153 Jb57
Kublov CZ 136 Fa45
Kubrat BG 180 Eb68
Kubuļi LV 107 Lc49
Kuç AL 182 Ab78
Kučajna SRB 174 Bd65
Kučani HR 152 Hb59
Kučevište MK 178 Bb72
Kučevo SRB 174 Bd65
Kučgalys LT 114 Kd53
Kuchary PL 129 Ha38
Kuchen D 134 Da49
Kuchl A 143 Ed52
Kuchyňa SK 145 Gd50
Kucice PL 130 Ja36
Kucina BG 180 Dd70
Kućište SRB 178 Ad70
Kućište SRB 159 Jc68
Kučiūnai LV 123 Kb30
Kuc'i Zi AL 182 Ad77
Kučkova MK 178 Bb73
Kuçovë AL 182 Ab76
Küçükalan TR 198 Ga90
Küçükbahçe TR 191 Ea85
Küçükdağdere TR 192 Fb83
Küçükdanişmend TR 185 Ec76
Küçükhasan TR 193 Hb84
Küçükkabaca TR 193 Gc87
Küçükkalecik TR 193 Gc85
Küçükkaraağaç TR 186 Fb80
Küçükkaraağaç TR 198 Fb91
Kuçukkarakarlı TR 185 Ed76
Küçükkarıştıran TR 185 Ed76
Küçükkemerdere TR 191 Ed87
Küçükkılıca TR 191 Ec82
Küçükkışla TR 187 Gc78
Küçükköy TR 191 Eb83
Küçükköy TR 199 Gb90
Küçükkumla TR 186 Fd79
Küçükkuyu TR 191 Eb82
Küçükpınar TR 199 Gb92
Küçüksuzus TR 187 Gb80
Küçükyala TR 186 Fa75
Küçükyenice TR 191 Ed82
Küçükyonalı TR 186 Fa76
Kucura SRB 153 Ja59
Kuczbork-Osada PL 122 Hd34
Kuczków PL 129 Ha38
Kuczyn PL 123 Ka35
Kuddby S 103 Gb46
Kudinava LV 107 Lc48
Kudirkos Naumiestis LT 114 Ka58
Kudowa-Zdrój PL 137 Gb43
Kūdums LV 106 Kd49
Kufas H 152 Gd57
Kuflew PL 131 Jd37
Kufstein A 143 Eb53
Kugej RUS 205 Fc16
Kūgeliai LT 113 Jc57
Kuggeboda S 111 Fd54
Kuha FIN 74 Kb20
Kuhakoski FIN 91 Lb33
Kuhalankylä FIN 82 Kb29
Kuhanen FIN 82 La30
Kühbach D 135 Dd49
Kuhfelde D 119 Dd35
Kühlungsborn D 119 Eb31
Kuhmalahti FIN 90 Ka35
Kuhmirn A 145 Gb54
Kuhmo FIN 83 Lb25
Kuhmoinen FIN 90 Kb35
Kühnhausen D 127 Dd41
Kühnsdorf A 144 Fc56
Kuhnusta FIN 83 Lc29
Kühren-Burkartshain D 127 Ec40
Kühsen D 119 Dd32
Kühtai A 142 Dc54
Kuhtur FIN 69 Jd12
Kuijõe EST 98 Ka43
Kuikkalampi FIN 83 Ma29
Kuimetsa EST 98 Kc43
Kuinre NL 117 Bc34
Kuišiai LT 114 Kc58
Kuisma FIN 83 Ma30
Kuittua FIN 83 Lb31
Kuivainen FIN 91 Lb35
Kuivajärvi FIN 75 Lc24
Kuivajõe EST 98 Kc43
Kuivakangas S 73 Jb19
Kuivalahti FIN 89 Ja36
Kuivaniemi FIN 74 Jd22
Kuivanto FIN 90 Kc37
Kuivas järvi FIN 74 Ka23
Kuivasjärvi FIN 89 Jc33
Kuivaskylä FIN 89 Jc32
Kuivasmäki FIN 90 Kb32
Kuivastu EST 97 Jd45
Kuiviži LV 106 Kb48
Kujan PL 121 Gc33
Kujduzi RUS 99 Mb40
Kūkas LV 107 Lb51
Kukasjärvi FIN 69 Jd16
Kukasjärvi S 73 Jb20
Kukës AL 178 Ad72
Kukkaperä FIN 74 Kb23
Kukkaro FIN 90 Kb33
Kukko FIN 90 Ka32
Kukkola FIN 74 Jc21
Kukkola FIN 82 Kb25
Kukkola FIN 90 Ka36
Kukkola S 74 Jc21
Kukkolanmäki FIN 91 Lb32
Kukkolanvaara FIN 75 Lb20
Kuklen BG 184 Db74
Kuklin PL 122 Ja34
Kuklinów PL 129 Gd39
Kukliš MK 183 Ca75
Kukljić HR 151 Ga63
Kukljica HR 157 Fd64
Kukmor RUS 203 Fd08
Kukohijoki FIN 90 Ka36
Kukonharja FIN 89 Jc37
Kukonkylä FIN 81 Jd27
Kukonkylä FIN 81 Jd31
Kuks CZ 136 Ga43
Kuktiškės LT 114 La55
Kukujevci SRB 153 Ja61
Kukulje BIH 152 Ha61
Kukur AL 182 Ac76
Kukurečani MK 183 Bb76
Kukuri LV 106 Ka52
Kükürt TR 192 Ga82
Kula BG 179 Cb67
Kula HR 152 Hb60
Kula MNE 159 Ja68
Kula SRB 153 Ja59
Kula TR 192 Fc86
Kulak TR 193 Gc86
Kulaši BIH 152 Ha62
Kulata BG 184 Cc75
Kulautuva LV 114 Kb57
Kuļciems LV 105 Jd50
Kulcs H 146 Hc54
Kuldīga LV 105 Jc51
Kul'e RUS 107 Lc46
Kulebaki RUS 203 Fb10
Kuleli TR 185 Ec76
Kulennoinen FIN 91 Ld33
Kulen Vakuf BIH 152 Gb63
Kuleönü TR 199 Gc88
Kuleši RUS 203 Fa12
Kulesze PL 123 Ka32
Kulesze Kościelne PL 123 Ka34
Kuleszewo PL 121 Gc30
Kulho FIN 83 Ld30
Kulhuse DK 109 Eb25
Kulikovo RUS 113 Ja58
Kulina SRB 178 Bc68
Kulina Voda BG 180 Dc69
Kulju FIN 89 Jd35
Kulju FIN 89 Jd36
Kulköy TR 192 Ga86
Kulkwitz D 127 Eb40
Kulla EST 106 Kd46
Kullaa FIN 89 Jb36
Kullaberg S 110 Ec54
Kulla kap S 103 Fc49
Kullamaa EST 98 Ka44
Kullar TR 187 Gb79
Kullavik S 102 Eb49
Kullen S 79 Ga26
Kullenga EST 98 La42
Kullerstad S 103 Ga46
Kullo FIN 98 Kc39
Kulloo FIN 98 Kc39
Küllstedt D 126 Db40
Kulltorp S 102 Fa50
Kullunki FIN 69 Kd17
Kulmain D 135 Ea45
Kulmbach D 135 Dd44
Kulmenai LT 113 Jc57
Kuloharju FIN 75 Kd20
Kulp TR 205 Ga20
Külsheim D 134 Da45
Külsővat H 145 Gd54
Kultima FIN 68 Hd13
Kultugün TR 185 Ec77
Kultukka FIN 74 Kb20
Kuluntalahti FIN 82 Kd25
Kulupėnai LT 113 Jb54
Kulva LT 114 Kc57
Kulvemäki FIN 82 Kd27
Kuma TR 186 Fd78
Kumafşarı TR 198 Ga90
Kuman AL 182 Ab76
Kumane SRB 153 Jb59
Kumanica SRB 178 Ad68
Kumanovo MK 178 Bc72
Kumarı TR 193 Gb83
Kumartaş TR 193 Gc85
Kümbet TR 193 Gc83
Kumbuli LV 115 Lc54
Kumburgaz TR 186 Fb77
Kumdanlı TR 193 Gd86
Kumelsk PL 123 Jd32
Kumhausen D 143 Eb50
Kumielsk PL 123 Jd32
Kumilä FIN 89 Jc38
Kumio FIN 97 Jc39
Kumiseva FIN 82 Ka28
Kumja FIN 90 Kc37
Kumkadı TR 186 Fb80
Kumkale TR 191 Ea81
Kumköy TR 186 Fd77
Kumköy TR 199 Gd91
Kumköy TR 199 Ha91
Kumkuyucak TR 192 Fa85
Kumla S 95 Fd44
Kumla Kyrkby S 95 Gb42
Kumlinge FIN 97 Hd40
Kumluca TR 199 Gb93
Kummavuopio S 67 Hb12
Kummelnäs S 96 Gd43
Kümmersbruck D 135 Ea46
Kummunkylä FIN 82 Kc30
Kumpu FIN 91 Ld33
Kumpula FIN 82 Ka30
Kumpumäki FIN 82 Kb29
Kumpuranta FIN 91 Ld32
Kumpuselkä FIN 82 Kb29
Kumpuvaara FIN 74 Kb20
Kumrags LV 106 Kb48
Kumrovec HR 151 Ga58
Kumu FIN 90 Kc35
Kunbaracs H 146 Hd54
Kunceğiz TR 186 Ga80
Kuncsorba H 146 Jc54
Kunda EST 98 La41
Kundl A 143 Ea53
Kundullu TR 193 Hb86
Künerlik TR 191 Ec86
Kunes N 64 Jd06
Kunfehértó H 146 Ja56
Kungälv S 102 Eb48
Kungas FIN 81 Jc27
Kungbäck S 93 Ea44
Kungsängen S 96 Gc43
Kungsåra S 95 Gb43
Kungsäter S 102 Ec50
Kungsbacka S 102 Ec50
Kungsberg S 95 Ga39
Kungsfors S 95 Gb39
Kungsgarden S 95 Gb39
Kungshamn S 102 Ea47
Kungs-Husby S 96 Gc43
Kungsör S 95 Ga43
Kunhegyes H 146 Jc53
Kunice PL 129 Gb41
Kunigiškiai LT 114 Ka59
Kuningaküla EST 99 Lc42
Kuninkaanlähde FIN 89 Jb35
Kunino BG 179 Da70
Kunioniai LV 114 Kb56
Kunj HR 151 Fa61
Kun'je UA 203 Fb14
Kunmadaras H 146 Jc53
Kunnasniemi FIN 83 Ld30
Kunow D 119 Eb35
Kunów PL 130 Jc41
Kunowice PL 128 Fc37
Kunowo PL 129 Gc38
Kunpeszér H 146 Hd54
Kunrau D 127 Dd36
Kunreuth D 135 Dd45
Kunštat CZ 137 Gb46
Kunszentmárton H 146 Jb55
Kunszentmiklós H 146 Hd54
Kunžak CZ 136 Fd48
Künzell D 126 Da42
Künzelsau D 134 Da47
Künzing D 135 Ec49
Kuohatti FIN 83 Lc27
Kuohenmaa FIN 89 Jd36
Kuohu FIN 90 Kb33
Kuoksu S 68 Hc16
Kuolio FIN 75 La20
Kuomiokoski FIN 90 La35
Kuomiolahti FIN 90 La35
Kuona FIN 82 Kb28
Kuopio FIN 82 La30
Kuoppala FIN 82 Ka31
Kuora FIN 83 Ld29
Kuormuvaara FIN 83 Lc29
Kuorpak sameviste S 72 Gd18
Kuorsuma FIN 89 Jb35
Kuortane FIN 81 Jc31
Kuortti FIN 90 Kd35
Kuosku FIN 69 Kc16
Kup PL 129 Ha42
Kuparivaara FIN 75 La20
Kupčino RUS 99 Mb39
Küpeler TR 191 Ed82
Kupeli RUS 99 Mb43
Kupferberg D 135 Ea44
Kupferzell D 134 Da47
Kupiá GR 195 Bd90
Kupiala FIN 91 Lb32
Kupinec HR 151 Ga59
Kupinovo SRB 153 Jb62
Kupiski PL 123 Jd33
Kupiškis LT 114 Kd54
Kupjak HR 151 Fc60
Kup'jans'k UA 203 Fb14
Kup'jans'k- Vuzlovyj UA 203 Fb14
Kupljensko HR 151 Ga60
Küplü TR 185 Ea77
Küplü TR 193 Gb81
Kupovo RUS 99 Lc43
Kuppenheim D 133 Cb48
Kuprava LV 107 Ld49
Kupreliškis LT 114 Kd53
Kupres BIH 158 Gd64
Küps D 135 Dd44
Kupusina SRB 153 Hd59
Kuqan AL 182 Ac75
Kuraszków PL 129 Gc40
Kurbnesh AL 163 Jc71
Kurd H 145 Hb56
Kurdžinovo RUS 205 Fd17
Küre TR 192 Fa87
Küre TR 193 Gb81
Küreci TR 192 Fd83
Küredere TR 192 Fb83
Kurejoki FIN 81 Jc30
Kürekçi TR 192 Fb84
Kureküla EST 98 La45
Kuremaa EST 98 La44
Kuremäe EST 99 Lc42
Kuressaare EST 105 Jc46
Kurevere EST 98 Ka44
Kurevere EST 105 Jb46
Kureyşler TR 192 Ga83
Kurfallı TR 186 Fb77
Kurganinsk RUS 205 Fd17
Kurgja EST 98 Kc44
Kurgolovo RUS 99 Lc40
Kurhila FIN 90 Kb36
Kurianka PL 123 Kb31
Kurikka FIN 89 Jb32
Kurikkala FIN 81 Jc27
Kuřim CZ 137 Gb47
Kurima SK 139 Jd47
Kurisjärvi FIN 89 Jd37
Kuřivody CZ 136 Fc43
Kurjala FIN 83 Lb31
Kurjenkylä FIN 89 Jc33
Kürkçüler TR 198 Fb91
Kurkela FIN 97 Jd39
Kurkevicy RUS 99 Mb41
Kurki FIN 75 Kc22
Kurki PL 122 Ja32
Kurkikylä FIN 75 Kd22
Kurkimäki FIN 82 La30
Kurkkio FIN 68 Jb14
Kurkkio S 68 Hd16
Kurkliai LT 114 Kd55
Kurkse EST 98 Ka43
Kurlovskij RUS 203 Fa10
Kurmale LV 105 Jc51
Kurmelionys LT 115 Lb59
Kurmene LV 106 Kd52
Kürnüç TR 187 Gd80
Kurola FIN 91 Lb32
Kurolanlahti FIN 82 Kd29
Kurortnoe RUS 113 Jb59
Kurovicy RUS 99 Lc41
Kurovicy RUS 99 Mb41
Kurovskoe RUS 203 Fa10
Kurów PL 131 Ka39
Kurowice PL 130 Hd39
Kurowo PL 121 Gb31
Kurozwęki PL 130 Jc42
Kurravaara S 67 Hb15
Kurrokvejk S 72 Gc21
Kuršai LT 113 Jd54
Kürse TR 192 Fa82
Kuršėnai LT 114 Ka54
Kursi EST 98 La44
Kuršiai LT 114 Kc55
Kursīši LV 105 Jd52
Kursk RUS 99 Ma41
Kursk RUS 203 Fa13
Kursu FIN 69 Kc17
Kuršumlija SRB 178 Bb69
Kuršumlijska Banja SRB 178 Bb69
Kurşunlu TR 186 Fb80
Kurşunlu TR 186 Fd80
Kurşunlu TR 192 Fc81
Kurşunlu TR 192 Fc85
Kurşunlu TR 205 Fa20
Kurtakko FIN 68 Jb16
Kurtdere TR 186 Fa76
Kurtdere TR 192 Fa81
Kurtdere TR 192 Fd84
Kürten D 125 Ca40
Kurtköy TR 186 Fd78
Kurtköy TR 186 Fd79
Kurtköy TR 187 Gb79
Kurtköy TR 187 Gc78
Kurtköy TR 193 Gb81
Kurtlar TR 187 Ha77
Kurtna EST 99 Lb42
Kurtşeyh TR 193 Hb84
Kurtsuyu TR 187 Ha78
Kurttepe TR 185 Eb76
Kurtti FIN 75 Kd21
Kurtto FIN 75 Kd24
Kürttüllü TR 185 Eb77
Kurttutan TR 192 Fa85
Kurtul TR 186 Fd80
Kurtulmus TR 192 Fa84
Kurtuşağı TR 193 Hb85
Kurtuvėnai LT 114 Ka54
Kuru FIN 89 Jd34
Kuru FIN 89 Jd36
Kuru FIN 90 Kb38
Kurucaova TR 193 Gd85
Kuruçay TR 192 Ga83
Kurucuova TR 199 Ha88
Kurudere TR 185 Ed75
Kurudere TR 187 Gd78
Kurudere TR 193 Gd84
Kurudereköy TR 191 Ed86
Kurukavak TR 187 Gd78
Kurvinen FIN 75 Lb21
Kuryłówka PL 139 Kb43
Kurzelów PL 130 Ja41
Kurzętnik PL 122 Hd33
Kurzras I 142 Dc55
Kurzyna PL 131 Ka42
Kusadak SRB 174 Bb65
Kuşadası TR 197 Ec88
Kušalino RUS 202 Ed09
Kuşca TR 193 Gc81
Kuşçayır TR 191 Eb81
Kuščevskaja RUS 205 Fc16
Kuścińce PL 123 Kc32
Kusel D 133 Bd45
Kušela RUS 99 Ld42
Kusey D 127 Dd36
Kushovë AL 182 Ac76
Kušići SRB 178 Ad68
Kuside MNE 159 Hd68
Kušiljevo SRB 174 Bc65
Kuslin PL 129 Gb37
Kuşluca TR 199 Hb88
Kusmark S 80 Hc25
Küsnacht CH 141 Cb53
Kušnin KSV 178 Ad72
Kusowo PL 121 Gb32
Küssaberg D 141 Cb52
Kussjö S 80 Ha27
Küssnacht am Rigi CH 141 Cb54
Kustavi FIN 97 Ja39
Küstelberg D 126 Cc40
Küsten D 119 Dd35
Kuštili SRB 174 Bd63
Kustovo RUS 107 Ma48
Kuşuköy TR 192 Fc84
Kusuri FIN 83 Mb29
Kusva RUS 107 Ld46
Kuta BIH 159 Hc65
Kütahya TR 193 Gb83
Kutajoki FIN 90 Kc36
Kutala FIN 89 Jc36
Kutbey TR 185 Eb77
Kutemainen FIN 82 Kb30
Kutemajärvi FIN 90 Kd33
Kutenholz D 118 Da33
Kuterevo HR 151 Fd62
Kuti MNE 159 Jb69
Kuti EST 98 La42
Kutila FIN 90 Ka37
Kutina HR 152 Gc60
Kutinica HR 152 Gc59
Kutiškiai LT 114 Kb54
Kutjevo HR 152 Ha60
Kutlovo SRB 174 Bb66
Kutlu-Bukaš RUS 203 Ga08
Kutná Hora CZ 136 Fd45
Kutno PL 130 Hc37
Kutsu FIN 83 Ma31
Kuttainen S 68 Hd13
Kuttanen FIN 68 Hd13
Küttigen CH 141 Ca53
Kuttura FIN 69 Jd12
Kutumäki FIN 82 Kd31
Kutuzovo RUS 113 Jd59
Kutuzovo RUS 114 Ka58
Kuty PL 123 Jd30
Kúty SK 137 Gc49
Kutzleben D 127 Dd40
Kuukanniemi FIN 91 Lb36
Kuukasjärvi FIN 74 Kb21
Kuuksenvaara FIN 83 Ma30
Kuuminainen FIN 89 Ja36
Kuumu FIN 75 Lb24
Kuurna FIN 91 Ma32
Kuurtola FIN 75 La23
Kuurusenvaara FIN 68 Jb17
Kuusa FIN 90 Kc32
Kuusaa FIN 82 Ka27
Kuusajoki FIN 68 Jc15
Kuusalu EST 98 Kc42
Kuusamo FIN 75 La20
Kuusankoski FIN 90 Kd37
Kuusela FIN 75 Lb24
Kuusijärvi S 73 Jb19
Kuusijoki FIN 89 Jb34
Kuusikonkumpu FIN 69 Ka16
Kuusiku EST 98 Kb44
Kuusilaki S 73 Ja18
Kuusiniemi S 68 Ja15
Kuusiranta FIN 82 Kc26
Kuusirati FIN 82 Ka25
Kuusivaara FIN 74 Kb18
Kuusjärvi FIN 83 Lc30
Kuusjoenperä FIN 97 Jd39
Kuusjoki FIN 89 Jc38
Kuusjoki FIN 97 Jd39
Kuuskanlahti FIN 82 Kc25
Kuuslahti FIN 82 Kc30
Kuuslahti FIN 82 La29
Kuutsi EST 107 Lb48
Kuuttila FIN 81 Ja31
Kuvala FIN 90 La34
Kuvaskangas FIN 89 Ja34
Kuvšinovo RUS 202 Ec10
Kuyubaşı TR 199 Gc89
Kuyucak TR 187 Hb80
Kuyucak TR 193 Gc82
Kuyucak TR 198 Fb88
Kuyucak TR 199 Hb90
Kuyucakkarapınar TR 192 Fb84
Kuyumcu TR 191 Ec83
Kuyupınar TR 193 Gd81
Kuyusinir TR 193 Gb83
Kuzayır TR 192 Fc84
Kuzca TR 199 Gd89
Kužiai LT 114 Ka54
Kuzie PL 122 Jc33
Kuzkaya TR 187 Gd79
Kuzköy TR 199 Gc89
Kuzma SLO 145 Gb55
Kuzmica HR 152 Ha60
Kuzmice SK 139 Jd49
Kuzmin SRB 153 Ja61
Kuźmina PL 139 Kb45
Kuzminec HR 151 Ga57
Kuzminec HR 152 Gc57
Kuzneck RUS 203 Fd10
Kuznecovka RUS 107 Mb51
Kuznecovo RUS 99 Mb41
Kuznecovs'k UA 202 Ea14
Kuźnia Raciborska PL 137 Hb44
Kuźnica PL 121 Hb29
Kuźnica PL 123 Kc32
Kuźnica Czarnkowska PL 121 Gb35
Kuźnica Grodziska PL 130 Hd41
Kuźnica Zbąska PL 128 Ga37
Kuźnica Żelichowska PL 120 Ga35
Kuzören TR 193 Hb83
Kuzören TR 193 Hb85
Kuzovo RUS 107 Mb46
Kuzuköy TR 192 Fb84
Kuzulimanı TR 185 Dd80
Kuzuluk TR 187 Gc79
Kvačany SK 138 Hd47
Kvæfjord N 66 Ga12
Kvæl N 71 Fd18
Kvænangsbotn N 63 Hc09
Kværkeby DK 109 Eb26
Kværndrup DK 109 Dd27
Kværs DK 108 Db28
Kväkköl S 87 Fc37
Kvål N 77 Ea30
Kvalavåg N 92 Bd42
Kvåle N 92 Cc46
Kvalfjord N 63 Hd07
Kvalnes N 66 Fb14
Kvalnes N 70 Fa21
Kvaløysætra N 78 Eb26
Kvaløysletta N 62 Gd09
Kvalsund N 63 Ja06
Kvalsund N 76 Cb33
Kvalsvik N 76 Cb32
Kvalvåg N 77 Db31
Kvam N 85 Dd35
Kvammen N 77 Dc31
Kvamsøy N 84 Cc37
Kvanløse DK 109 Eb26
Kvanndal N 84 Cc39
Kvanne N 77 Db31
Kvantorp S 80 Ha27
Kvänum S 102 Ed47
Kvarnåsen S 80 Ha25
Kvarnbyn S 80 Hb26
Kvarnriset S 80 Hc26
Kvarnsjö S 87 Fb33
Kvarsätt S 87 Gb33
Kvarsebo S 103 Gb46
Kvarstadseter N 85 Ea37
Kvås N 92 Cc46
Kvasice CZ 137 Gd47
Kveaunet N 78 Fa27
Kvėdarna LT 113 Jc55
Kveina N 70 Ed24
Kvelde N 93 Dd44
Kvelia N 79 Fb26
Kvennland N 78 Eb27
Kvenvær N 77 Db29
Kvernes N 77 Da31
Kvernessetra N 86 Eb36
Kvernhaugen N 94 Ec39
Kvernmo N 86 Ed37
Kvernstad N 77 Dd29
Kvetkai LT 114 Kd53
Kvevlax FIN 81 Ja30
Kvi N 66 Fc17
Kvibille S 102 Ed52
Kviby N 63 Hd07
Kvicksund S 95 Ga43
Kvidinge S 110 Ed54
Kvien N 76 Cc33
Kvikkjokk S 72 Gc18
Kvikne N 85 Dd36
Kvikstad N 66 Fc17
Kvilda CZ 136 Fa48
Kvilldal N 92 Cc42
Kville S 102 Eb46
Kvillinge S 103 Ga46
Kvillsfors S 103 Fd50
Kvimo FIN 81 Ja30
Kvinen N 92 Cc44
Kvinesdal N 92 Cc46
Kvinlog N 92 Cc45
Kvinnestad S 102 Ed48
Kvinnherad N 84 Cb40
Kvisler N 94 Ec39
Kvissleby S 88 Gc34
Kvistbro S 95 Fc44
Kvisvik N 77 Db31
Kvitberget N 63 Hd06
Kvitblik N 66 Fd17
Kviteberg N 62 Ha09
Kviteseid N 93 Da43
Kvitfors N 66 Ga13
Kvitlen N 92 Cb45
Kvitnes N 66 Fd13
Kvitnes N 77 Da31
Kvitno N 84 Cc40
Kvitsøy N 92 Ca43
Kvitten N 86 Eb33
Kvitvik N 63 Hd07
Kvívík DK 3 Ca06
Kvong DK 108 Cd25
Kvorning DK 100 Dc23
Kwakowo PL 121 Gc30
Kwiatkowice PL 130 Hc39
Kwidzyn PL 121 Hb32
Kwiecewo PL 122 Ja31
Kwilcz PL 128 Ga36
Kybartai LT 114 Ka58
Kycklingvattnet S 79 Fb26
K. Yenici TR 187 Gb80
Kyjiv UA 202 Ec14
Kyjov CZ 137 Gd48
Kylämä FIN 90 Kb35
Kylänlahti FIN 83 Lc28
Kylänpää FIN 81 Ja31
Kyläsaari FIN 89 Ja36
Kyle of Lochalsh GB 4 Db08
Kylerhea GB 4 Db08
Kylestrome GB 4 Dd05
Kyllaj S 104 Ha49
Kylland N 92 Cc45
Kyllburg D 133 Bc43
Kylmäkoski FIN 89 Jd37
Kylmälä FIN 74 Ka21
Kylmälä FIN 82 Kb25
Kylmämäki FIN 90 Kd32
Kymbo S 102 Fa48
Kymentaka FIN 90 Kd37
Kymi FIN 90 La38
Kyminlinna FIN 90 La38
Kymönkoski FIN 82 Kb30
Kymstad S 94 Ed41
Kynsikangas FIN 89 Jb36
Kynsivaara FIN 75 Kd20
Kynšperk nad Ohří CZ 135 Ec44
Kyöstilä FIN 89 Jd35
Kypäräjärvi FIN 83 Lb31
Kypärävaara FIN 75 La24
Kypasjärv S 73 Ja20
Kyperounta CY 206 Ja97
Kyre Park GB 15 Ec25
Kyritz D 119 Ec35
Kyrkås S 79 Fc30
Kyrkberg S 72 Gb24
Kyrkesund S 102 Eb48
Kyrkhult S 111 Fc53
Kyrkjestølane N 85 Da37
Kyrkjeteig N 84 Cb35
Kyrkosund S 94 Ea45
Kyrksæterøra N 77 Dc30
Kyrkslätt FIN 98 Ka40
Kyrksten S 95 Fb43
Kyrnyčky UA 204 Ec17
Kyrönlahti FIN 89 Jd35
Kyröskoski FIN 89 Jc35
Kyrospohja FIN 89 Jc35
Kyrping N 92 Cb41
Kyrsyä FIN 91 Lb33
Kyselka CZ 135 Ec44

Lampiselkä FIN 69 Ka16
l'Ampolla E 48 Ga63
Lamport GB 20 Fb25
Lampovo RUS 99 Mb41
Lamppi FIN 89 Ja35
Lamsfeld D 128 Fb38
Lamspringe D 126 Db38
Lamstedt D 118 Da32
Lamu FIN 82 Kb26
La Mudarra E 46 Cd60
La Muela E 47 Ea60
La Muela E 47 Fa61
Lamujoki FIN 82 Kb26
la Mure F 35 Jd49
Lamure-sur-Azergues F
34 Ja46
Lamvik N 63 Hd07
Lana I 142 Dc56
Lanabregas AL 182 Ac74
Lanabukt N 65 Kd07
Lanaja E 48 Fc60
Lanaken B 125 Bb40
la Napoule F 43 Kc54
Lanarce F 34 Hd50
La Nava E 59 Bc72
La Nava de Ricomalillo E
52 Cd67
La Nava de Santiago E
51 Bd68
Lancaster GB 11 Ec19
Lanciano I 157 Fb70
Lanciego E 39 Eb57
Lancin F 35 Jc47
Lančiūnava LT 114 Kc56
Lanckorona PL 138 Ja55
Lançon-Provence F 42
Jc54
Lańcucka PL 139 Kb43
Lańcut PL 139 Kb44
Landa S 102 Ec50
Landau a.d. Isar D 135
Ec49
Landau in der Pfalz D
133 Cb47
Landaul F 27 Ea40
Landaville-la-Haut F 31
Jc38
Landbobyn S 95 Fb39
Lande N 70 Fa24
Landéan F 28 Fa38
Landeck A 142 Db54
Landeleau F 27 Dd39
Landen B 124 Ad41
Landepereuse F 23 Ga36
Landerum NL 116 Bb32
Landeryd S 102 Ed51
Landeryd S 103 Fd47
Landesbergen D 126
Da36
Landet DK 109 Dd28
Landete E 54 Ed66
Landévant F 27 Ea40
Landévennec F 26 Dc38
Landford GB 20 Ed30
Landgraaf NL 125 Bb40
Landiras F 32 Fb51
Landivisiau F 26 Dc38
Landivy F 28 Fa38
Landkey GB 19 Dd29
Landkirchen D 119 Ea30
Landl A 143 Ea53
Landön S 79 Fb29
Landön S 111 Fb55
Landos F 34 Hd50
Landouzy-la-Ville F 24
Hc33
Landquart CH 142 Cd54
Landrecies F 24 Hc32
Landres F 25 Jc35
Landriano I 149 Cc60
Landsberg D 127 Ed41
Landsberg = Gorzów
Wielkopolski PL 128
Fd36
Landsberg a. Lech D 142
Dc51
Landsbro S 103 Fc50
Landscheid D 133 Bc44
Landsee A 145 Gb53
Landshut D 135 Eb49
Landskrona S 110 Ed55
Landsmarkap N 93
Db43
Landsmeer NL 116 Ba35
Landstuhl D 133 Ca46
Landudec F 26 Dc39
Landvetter S 102 Ec49
Landvik N 93 Da46
Landze LV 105 Jb50
Låne N 84 Cc34
Lane End GB 20 Fb28
Lanersbach A 143 Ea54
Lane-Ryr S 102 Ec46
Lanesborough IRL 8 Ca20
Lanestosa E 38 Dd55
la Neuville-en-Tourne-à-Fuy
F 24 Hd35
Langå DK 100 Dc23
Langa E 46 Cd62
Långå S 86 Fa33
Langáda GR 191 Dd85
Langadás GR 183 Cb77
Langa de Duero E 46
Dd60
Langádia GR 194 Bb87
Långålmma FIN 81 Ja31
Langangen N 93 Dc44
Långared S 102 Ec48
Långaryd S 102 Fa51
Långås S 102 Ec51
Långsjö S 111 Fd53
Langau A 136 Ga49

Långbäcken S 80 Gc27
Långban S 95 Fb42
Långbo S 87 Ga36
Långby S 87 Gb35
Langdal N 77 Da33
Langdon Beck GB 11
Ed17
Langdorf D 135 Ed48
Langeac F 34 Hc49
Langeais F 28 Fd42
Langebæk DK 109 Eb28
Langedijk NL 116 Ba34
Langegg A 136 Fc49
Langeid N 92 Cd44
Langelsheim D 126 Dc38
Langeln D 126 Dc38
Längelmäki FIN 90 Ka34
Langen D 117 Cb35
Langen D 118 Cd32
Langen D 134 Cc44
Langenaltheim D 134
Dc48
Langenargen D 142 Cd52
Längenäs S 94 Ed41
Langenau D 127 Ed42
Langenau D 134 Db49
Langenbach D 143 Ea50
Langenberg D 127 Ec42
Langenberg/Westf. D
126 Cc38
Langenbernsdorf D 127
Eb42
Langenburg D 134 Da47
Langenenbach D 125
Cb42
Langeneichstädt D 127
Ea40
Langenenslingen D 142
Cd50
Langenes N 66 Fc12
Längenfeld A 142 Dc54
Langenfeld D 125 Bd40
Langenhagen D 126 Db36
Langenhahn D 125 Cb42
Langenhoe GB 21 Ga27
Langenhorn D 108 Da29
Langenleuba-Niederhain D
127 Ec41
Langenleuba-Oberhain D
127 Ec41
Langenlois A 144 Ga50
Langenlonsheim D 133
Ca44
Langennerie F 29 Ga41
Langenneufnach D 142
Db50
Langenpreising D 143
Ea50
Langen-Selbold D 134
Cd43
Langenthal CH 141 Bd53
Langenwang A 144 Ga53
Langenweddingen D 127
Ea38
Langenwetzendorf D 127
Eb42
Langenwolmsdorf D 128
Fb41
Langenzenn D 134 Dc46
Längen-Kalmari FIN 82 Ka31
Länsikoski FIN 74 Jc21
Länsikylä FIN 81 Jc31
Länsiranta FIN 64 Ka10
Länsiranta FIN 81 Jc31
Länsi-Saamainen FIN
82 La31
Länsi-Teisko FIN 89 Jd35
Länsi-Vuokka FIN 83 Lb28
Lansjärv S 73 Hd19
Langfjord N 63 Hc08
Langfjordbotn N 65 Kd08
Langfjordhamn N 63 Hc08
Langfjordnes N 64 Ka05
Långforsselet S 73 Ja19
Langfurth D 134 Db47
Langgöns D 126 Cc42
Langhagen D 119 Ec32
Långhed S 87 Ga37
Långhem S 102 Ed49
Langhirano I 149 Da62
Langholm GB 11 Eb16
Langhus N 93 Ea42
Länsjum S 102 Ed47
Langleeford GB 11 Ed14
Langli N 65 Kd08
Langlingen D 126 Dc36
Långlöt S 103 Gb52
Långnäs FIN 96 Hc41
Långnäs S 73 Hc23
Långnäs S 93 Ga39
Langnau im Emmental CH
141 Bd54
Langnes N 63 Ja06
Langø DK 109 Dd28
Langogne F 34 Hd50
Langoiran F 32 Fc51
Langon F 32 Fc51
Langonnet F 27 Dd40
Langør DK 109 Dd25
Langosco I 148 Ca60
Langport GB 19 Eb29
Langquaid D 135 Ea48
Langres F 30 Jb40
La Orbada E 45 Cc62
La Paca E 61 Ec73
Lápafő H 145 Hb56
Lapajärvi FIN 69 Kd17
Lapalisse F 34 Hd45
La Palma E 55 Fa73
La Palma del Condado E
59 Bc73
la Palmyre F 32 Fa47

la Palud-sur-Verdon F
42 Ka53
Lapan AL 182 Ac77
Lapan F 29 Gd43
la Panadella E 49 Gc61
Lapanów PL 138 Jb45
La Paquelais F 28 Ed42
Laparade F 40 Fd52
La Paradilla E 46 Db64
La Paraya E 37 Cc55
La Parra E 51 Bc70
La Parra de las Vegas E
53 Eb66
La Parte de Sotoscueva E
38 Dc56
Lápas GR 188 Ba85
La Pava E 61 Eb72
Łapczyca PL 138 Jb44
La Peña E 45 Bd61
La Peral F 37 Cb54
La Peraleja E 47 Ea66
Laperdiguera E 48 Fc59
La Pescia I 161 Ga73
La Pesga E 45 Ca64
La Pesquera E 54 Ed67
la Petite-Pierre F 25 Kb36
la Petrizia I 164 Gc81
Lapeyrade F 40 Fc53
Lapeyrouse F 34 Hd45
La Peza E 60 Dc74
Lapford GB 19 Dd30
la Pierre-Percée F 30
Hb44
Lapijoki FIN 89 Ja37
La Pinilla E 55 Ed73
Lapinkangas FIN 74 Ka24
Lapinkylä FIN 90 Kb44
Lapinkylä FIN 98 Ka39
Lapinlahti FIN 82 Kd28
Lapinsaari FIN 89 Jb32
Lapinsalo FIN 82 Kc27
Lapiosalmi FIN 75 Kd20
Lapiovaara FIN 83 Ma29
Lapithos CY 206 Jb96
Lapjärvi FIN 91 Lb37
La Plagne F 35 Kb47
La Plaine F 28 Fa43
la Plaine-sur-Mer F 27
Ec42
La Planchette F 35 Ka48
La Plaza (Teverga) E 37
Cb55
Lapleau F 33 Gd46
Laplume F 40 Ga52
Lapmežciems LV 106
Ka50
la Pobla de Benifassà E
48 Fd64
la Pobla de Cérvoles E
48 Gb61
la Pobla de Lillet E 41
Gd58
la Pobla de Massaluca E
48 Fd62
la Pobla de Montornès E
49 Gc62
la Pobla de Segur E 48
Gb59
la Pobla de Vallbona E
54 Fb67
la Pobla Llarga E 54 Fb69
la Pobla Tornesa E 54
Fc66
la Pobleta de Andilla E
54 Fa66
La Pola de Gordón E 37
Cc56
La Porta F 154 Cc69
La Portellada E 48 Fd63
La Portera E 54 Fa68
Lapoş RO 176 Eb64
La Póveda de Soria E
47 Eb59
Lapovo FIN 81 Jc30
Läppäkoski FIN 90 Kb37
Lappberg S 67 Ha16
Lappböle FIN 98 Ka39
Lappea FIN 68 Jb17
Lappersdorf D 135 Eb48
Lappetelä FIN 82 Kd29
Lappfjärd FIN 89 Hd33
Lappfors FIN 81 Jb29
Lappi FIN 89 Ja37
Lappi FIN 89 Jd33
Lappi FIN 89 Ja37
Lappila FIN 90 Kb37
Lappineva FIN 89 Jc34
Lappo FIN 97 Hd33
Lappohja FIN 97 Jd41
Lappoluobbal N 63 Ja10
Lappträsk FIN 90 Kd38
Lappträsk S 73 Jb21
Lao EST 106 Kb46
Laon F 24 Hc34
Laons F 23 Gb37
La Praye F 30 Hd44
La Preste F 41 Ha58
La Primaube F 41 Ha52
Lápseki TR 185 Eb79
La Rochefoucauld F 32
Fd47
La Roche-Guyon F 23
Gc36
la Rochebeaucourt-et-
Argentine F 32 Fd48
La Roche-Bernard F 27
Ec41
la Roche-Chalais F 32
Fc49
La Roche-de Rame F 35
Kb50
La Roche-Derrien F 26
Dd38
La Roche-des-Arnauds F
35 Jd50
La Roche-en-Ardenne B
132 Ba43

la Roche-Posay F 29 Ga44
La Rochepot F 30 Ja43
la Roche-sur-Foron F
35 Ka45
La Roche-sur-Yon F 28
Ed44
La Rochette F 35 Ka47
La Rochette F 43 Kc52
Larochette L 133 Bb44
La Roda E 37 Bd55
La Roda E 53 Eb68
La Roda de Andalucia E
60 Cd75
La Roë F 28 Fa40
Laroles E 61 Dd75
Las Navas E 60 Da74
Las Navas de la
Concepción E 59 Cb72
Las Navas del Marqués E
46 Da64
Las Negras E 61 Eb76
Las Nogueras E 54 Fa67
La Solana E 53 Dd69
La Solana E 53 Eb70
la Source F 29 Gc40
La Souterraine F 33 Gc45
Lasovo SRB 179 Ca67
Lasowice PL 129 Gd40
Lasówka PL 137 Gb44
Las Pachecas E 53 Dd69
Las Pajanosas E 59 Bd73
Laspaúles E 40 Ga58
Las Pedroñeras E 53
Ea68
Las Pedrosas E 47 Fa59
La Spezia I 155 Cd64
Las Planas E 48 Fc63
Las Quintanillas E 38
Dc58
Las Rozas E 46 Db64
Lassa CY 206 Hd97
Låssa S 96 Gc43
Lassahn D 119 Dd32
Las Salas E 37 Cd56
Lassan D 120 Fa31
Lassay-les-Châteaux F
28 Fb38
Lassee A 145 Gc50
Lassemoen N 78 Ed26
Lässerud S 94 Ec42
Lasseube F 39 Fb55
Lassigny F 23 Ha34
Lassila FIN 89 Jb35
Lassila FIN 89 Jc33
Lassnitz bei Murau A 144
Fb54
Låstad S 102 Fa46
Lastak sameviste S 72
Gc18
la Sterza I 155 Db66
Lastic F 33 Ha47
la Salzedella E 48 Fd64
Läsänkoski FIN 90 Kd33
Lastras de Cuéllar E 46
Db61
Lastres E 37 Cd54
Lästringe S 96 Gc45
Lastrup D 117 Cb35
Lastulahti FIN 82 La29
Las Uces E 45 Bd62
la Suze-sur-Sarthe F
Fd40
Lasva EST 107 Lc47
Las Veguillas E 45 Cb63
Las Ventanas E 55 Ed72
Las Ventas con Peña
Aguilera E 52 Da67
Las Berlanas E 46 Cd63
Låsby DK 108 Dc24
Las Ventas de Retamosa E
46 Db65
Las Ventas de San Julián E
45 Cc65
Las Viñas E 61 Dd74
Las Virtudes E 52 Dc70
Lašya BIH 158 Hb64
Łaszczów PL 131 Kd42
la Tannière F 28 Fa38
Latasa E 39 Ec56
La Tercia E 53 Ec71
la Terrasse-sur Dorlay F
34 Ja48
Laterza I 162 Gd76
la Teste F 32 Fa51
Lathen D 117 Ca34
Latheron GB 5 Eb05
Latiano I 162 Hb76
Latikberg S 79 Gb26
Latillé F 28 Fd44
Latina I 160 Eb73
Latisana I 150 Ec59
Látky SK 138 Ja49
La Toba E 47 Ec65
Latomaa FIN 89 Jc36
Latorpsbruk S 95 Fc44
La Torre de Cabdella E
40 Gb58
La Torre de Esteban
Hambrán E 46 Da65
la Torre de Fontaubella E
48 Ga62
La Torre del Cap E 54
Fc68
la Torre de l'Espanyol E
48 Ga62
La Torre dels Beltrans E
54 Fc65
La Torre d'En Besora E
54 Fc65

Laskino RUS 113 Ja59
Łasko PL 120 Ga34
Laško SLO 151 Fd57
Laskowa PL 138 Jb45
Laskowice PL 123 Ka33
Laskowice PL 137 Ha43
Laskowiec PL 121 Hd33
Las Labores E 52 Dc68
Las Lagunillas E 60 Da74
Laslea RO 175 Dc60
Las Majadas E 47 Ec65
Las Mellizas E 60 Cd75
Las Mesas E 53 Ea68
Las Minas E 53 Ec71
Las Navas E 60 Da74
La Torre de Cabdella E
La Torre de Esteban
La Tour-Blanche F 32 Fd48
La Tour-d'Aigues F 42 Jd53
La Tour-d'Auvergne F 33
Ha48
Latour-de-Carol F 41 Gd58
La Tour-du-Pin F 35 Jc47
La Tour-Fondue F 42 Ka55
La Toussuire F 35 Ka48
Latovainio FIN 89 Jd37
Latowicz PL 131 Jd37
la Tranche-sur-Mer F 32
Ed45
Latrány H 145 Ha55
La Tremblade F 32 Fa47
Latresne F 32 Fc50
la Trimouille F 33 Gb45
La Trinité-Porhoët F 27
Ed39
Latronico I 162 Gb77
Latronquière F 33 Gd51
Latsch I 142 Dc56
Latteluokta S 67 Ha14
Latterbach CH 141 Bd55
Lattern N 63 Hb09
Lattin IRL 12 Bd24
Lattomeri FIN 89 Ja36
Lattrop NL 117 Ca36
Lattuna FIN 69 Kc14
la Turballe F 27 Eb42
la Turbie F 43 Kd53
Latva FIN 75 Kd24
Latva FIN 82 Ka24
Latvajärvenperä FIN 75
Kd22
Latvalampi FIN 83 Lc31
Latvaset FIN 82 Ka28
Lau S 104 Ha50
Laubach D 126 Cd42
Lauben D 142 Db51
Laubere LV 106 Kd50
Laubert F 34 Hc51
Laubrières F 28 Fa40
Laubusch D 128 Fb40
Laucesa LV 115 Lc54
Laucha D 127 Ea40
Lauchhammer D 128 Fa40
Lauchheim D 134 Db48
Laučiai LT 113 Jc56
Lauda-Königshofen D
134 Da46
Laudal N 92 Cc46
Laudenbach D 134 Cc45
Lauder GB 11 Ec14
Lauderi LV 107 Ma51
Laudio E 38 Ea55
Laudiškiai LV 114 Kb55
Łaudona LV 107 Lb51
Laudun F 42 Jb52
Lauenau D 126 Da37
Lauenberg D 126 Db38
Lauenbrück D 118 Db34
Lauenburg D 118 Dc33
Lauenen CH 141 Bc56
Lauenförde D 126 Da39
Lauf D 135 Dd46
Laufach D 134 Cd44
Laufen CH 141 Bd52
Laufen D 143 Ec51
Laufenburg CH 141 Ca52
Laufenburg D 141 Ca52
Lauffen D 134 Cd47
Laugaland N 92 Cd43
Laugaliai LT 113 Jb55
Laugar IS 3 Bb04
Laugarbakki IS 2 Ad03
Laugarvatn IS 2 Ac05
Laugharne GB 18 Dc27
Laugnac F 40 Ga52
Lauhala FIN 89 Jb34
Lauhkea FIN 75 Kc20
Lauingen (Donau) D 134
Db49
Laujar de Andarax E 61
Dd75
Laujuzan F 40 Fc53
Lauka EST 97 Jc44
Laukaa FIN 90 Kc32
Laukansaari FIN 91 Ld33
Laukeland N 84 Cb36
Lauker S 72 Ha22
Laukgaļi LV 113 Jb53
Laukka-aho FIN 83 Lb30
Laukkala FIN 82 Kc29
Laukkala FIN 91 Lb36
Laukkuluspa S 67 Ha15
Laukna EST 98 Kb44
Laukoski FIN 98 Kc39
Laukuva LT 113 Jd55
Laukvik N 62 Gb09
Laukvik N 62 Gb10
Laukvik N 63 Hd07
Laukvika N 66 Fc14
Laukvik N 64 Jd08
Laukvika N 66 Fc16
La Uña E 37 Cd55
Launac F 40 Gb54
Launaguet F 40 Gc54
Launceston GB 18 Dc31
Laundos P 44 Ac60
La Unión E 55 Fa74
La Unión de Campos E
45 Cc59

Launois-sur-Vence F 24 Hd34
Launonen FIN 90 Ka38
Laupa EST 98 Kc44
Laupen CH 141 Bc54
Laupheim D 142 Da50
Laupstad N 66 Fc14
Laupunen FIN 97 Ja39
Laura I 161 Fc76
Lauragh IRL 12 Ba26
Laurbjerg DK 100 Dc23
Laureana di Borrello I 164 Gb82
Laurenan F 27 Eb39
Laurencekirk GB 7 Ec10
Laurencetown IRL 13 Ca21
Laurenzana I 162 Gb76
Lauri EST 107 Lb47
Laurière F 33 Gc46
Laurieston GB 10 Dd16
Laurino I 161 Fd76
Laurito I 161 Fd76
Lauritsala FIN 91 Lc36
Lauro I 161 Fb75
La Urz E 37 Cb56
Lausa KSV 178 Ba70
Lausanne CH 141 Bb55
Lauscha D 135 Dd43
Laussac F 33 Ha50
Laußig D 127 Ec39
Laußnitz D 128 Fa41
Lauta D 128 Fb40
Lautakoski S 68 Hd16
Lautaporras FIN 89 Jd37
Lauteala FIN 91 Lb33
Lautela FIN 97 Jd39
Lautenbach F 31 Kb39
Lauter D 135 Ec43
Lauterach A 142 Cd53
Lauterbach D 126 Da42
Lauterbourg F 133 Cb47
Lauterbrunnen CH 141 Bd55
Lautere LV 106 La50
Lauterecken D 133 Ca45
Lauterhofen D 135 Ea47
Lauterstein D 134 Da48
Lautertal D 126 Cd42
Lautertal D 134 Cc45
Lautertal D 135 Dd43
Lautiosaari FIN 74 Jc21
Lautrec F 41 Gd54
Lauttakulma FIN 89 Jd24
Lauttakylä FIN 75 Kd24
Lauttijärvi FIN 89 Jd34
Lauvåsen N 78 Ea31
Lauvdal N 92 Cd45
Lauvdalen N 66 Fb14
Lauve N 93 Dd44
Lauvsjøla N 79 Fb27
Lauvsnes N 78 Eb26
Lauvstad N 76 Cc33
Lauvuskylä FIN 83 Lc26
Lauvvik N 92 Ca44
Lauwersoog NL 117 Bd32
Lauzerte F 40 Gb52
Lauzun F 32 Ga51
Láva GR 183 Bc79
la Vacherie F 35 Jc49
Lavachey I 148 Bb57
Lavad S 102 Ed46
Lavadáki GR 194 Bb87
Lavagna I 149 Cc63
Lavajärvi FIN 89 Jc35
Laval F 28 Fb39
Laval-Atger F 34 Hd50
Lavaldens F 35 Jd49
la Valette F 35 Jd49
la Valette-du-Var F 42 Ka55
La Vall d'Alba E 54 Fc65
La Vall d'Uixó E 54 Fc66
La Valle Agordina I 150 Ea57
la Vallivana E 48 Fd64
Laval-Roquecézière F 41 Ha53
Lavamünd A 144 Fc56
Lavangen N 66 Ga13
Lavangen N 67 Gc12
Lávara GR 185 Eb76
Lavardac F 40 Fd52
Lavardens F 40 Ga52
Lavardin F 29 Ga40
Lavaré F 29 Ga39
la Varenne F 28 Fa42
Lavarone I 149 Dc58
Lavassaare EST 98 Kb45
Lavaudieu F 34 Hc48
Lavaufranche F 33 Gd45
Lavaur F 40 Gc54
Lavau-sur-Loire F 27 Ec42
Lávdas GR 182 Ba79
La Vecilla E 37 Cc56
La Vega de Almanza E 37 Cd57
La Vega (Riosa) E 37 Cb55
La Vega (Vega de Liébana) E 38 Da55
Lavelanet F 41 Gd56
La Vellés E 45 Cb62
Lavello I 161 Ga74
Lavendon GB 20 Fb26
Lavenham GB 21 Ga26
Laveno I 148 Cb58
la Venta del Poio E 54 Fb67
Laventie F 23 Ha31
La Ventosa E 47 Eb65
Lavercantière F 33 Gb51
la Verdière F 42 Ka53
La Verna I 156 Ea65

la Verrie F 28 Fa43
Laversines F 23 Gd35
Lavertezzo CH 141 Cb56
Laveyssière F 32 Fd50
Lavezzola I 150 Dd63
Lavia FIN 89 Jb35
Laviano I 161 Fd75
La Victoria E 60 Cc73
La Vid E 46 Dc60
La Vid de Ojeda E 38 Db57
la Vieille-Lyre F 23 Ga37
Lavik N 84 Ca37
le Bailleul F 28 Fc40
Lavikko FIN 90 Ka32
La Vila Joiosa E 55 Fc71
La Vilavella E 54 Fc66
La Vilella Baixa E 48 Ga62
La Villa I 143 Ea56
La Villa I 155 Da70
La Villa de Don Fadrique E 53 Dd67
la Ville-aux-Clercs F 29 Gb40
la Villedieu F 32 Fc46
la Villedieu F 33 Gc47
Lavilledieu F 34 Ja51
la Villedieu-du-Clain F 32 Fd45
la Villedieu-en-Fontenette F 31 Jd40
la Villeneuve F 33 Ha46
Lavinio-Lido di Enea I 160 Eb73
La Virgen del Camino E 37 Cc57
Lavis I 149 Dc57
la Visaille I 148 Bb58
Lavit-de-Lomagne F 40 Ga53
Lavoriškės LT 115 Lb57
Lavorovo RUS 107 Mb51
Lavorovo RUS 202 Ed08
Lavry RUS 107 Lc47
Lavsjö S 79 Gb27
la Wantzenau F 25 Kc36
Ławy PL 120 Fc35
Laxå S 95 Fc45
Laxarby S 94 Ec44
Laxbäcken S 79 Ga26
Laxe E 36 Ac54
Laxede S 73 Hc20
Laxey GB 10 Dd19
Laxfield GB 21 Gb25
Laxford Bridge GB 4 Dd05
Laxforsen S 67 Hb15
Laxnäs S 71 Fd22
Laxo GB 5 Fa04
Laxsjö S 79 Fc28
Laxsjön S 87 Gb32
Laxviken S 79 Fc29
Layer-de-la-Haye GB 21 Ga27
La Yesa E 54 Fa66
Läyliäinen FIN 90 Ka38
Layna E 47 Eb62
Layrac F 40 Ga52
Laytown IRL 9 Cd20
La Yunta E 47 Ed63
Laž RUS 203 Fd08
Laza E 36 Bb58
Laza RO 173 Fa59
Lazagurria E 39 Eb58
Lazani MK 183 Bb75
Lăzarea RO 172 Ea58
Lăzăreni RO 170 Cb57
Lazanias CY 206 Jb97
Lazarevac SRB 153 Jc63
Lazarevskoe RUS 205 Fc17
Lazarina GR 188 Bb81
Lazaropore MK 182 Ba74
La Zarza E 46 Cd61
Läzbergi LV 107 Lc48
Laz Bistrički HR 152 Gb58
Lazdigërmeni TR 192 Fc84
Lazdijai LV 123 Kb30
Lazdininkai LT 113 Jb54
Lazdona LV 107 Lb50
Lazdynai LT 114 La58
Łażek Ordynacki PL 131 Ka42
Lazise I 149 Db59
Łaziska Górne PL 138 Hc44
Lazisko SK 138 Hd48
Łaziuki PL 123 Ka33
Lazkao E 39 Ec56
Lázně Bohdaneč CZ 136 Ga44
Láznica SRB 174 Bd66
Lazovoskoe RUS 113 Jd38
Łazówek PL 123 Ka35
Lazuri RO 171 Cd54
Lazuri de Beiuş RO 170 Cb58
Łazy CZ 135 Ec44
Łazy PL 120 Ga30

Łazy PL 130 Jb37
Łazy PL 138 Hd43
Lazzaro I 164 Ga84
Leabgarrow IRL 8 Ca15
Leadburn GB 11 Eb13
Leadenham GB 16 Fb23
Leaden Roding GB 20 Fd27
Lealt GB 6 Db12
Leányfalu H 146 Hd52
Leatherhead GB 20 Fc29
Łeba PL 121 Gd29
Lebach D 133 Bc46
le Bailleul F 28 Fc40
Lebane SRB 178 Bc70
Lebanje KSV 178 Bb70
Le Barcarès F 41 Hb57
le Barp F 32 Fb51
le Bastit F 33 Gc50
le Beausset F 42 Jd55
le Bec-Hellouin F 23 Ga35
Lebedian RUS 203 Fa12
Lebedyn UA 202 Ed14
le Bégude-de-Mazenc F 42 Jb51
Lebeña E 38 Da55
Lednice CZ 137 Gc49
Lebeniškiai LT 114 Kc54
Lebeniškiai LT 114 Kd54
Lébény H 145 Gd52
Lebesby N 64 Jd05
le Bessat F 34 Ja48
Lebiedziew PL 131 Kc37
le Biot F 35 Kb45
le Blanc F 29 Gb44
le Bleymard F 34 Hd51
le Bleymard-Mont-Lozère F 34 Hd51
Łebno PL 121 Ha30
le Bodéo F 26 Eb38
le Bois F 35 Kb47
le Bois-d'Oingt F 34 Ja46
le Bolle I 155 Dc66
Leboreiro E 36 Bb55
le Boréon F 43 Kc52
Łębork PL 121 Gd29
le Bosquet-d'Orb F 41 Hb54
le Boulay F 28 Fa41
le Boulou F 41 Hb57
le Bourg F 33 Gd50
le Bourg-d'Oisans F 35 Jd49
le Bourget-du-Lac F 35 Jd47
le Bourgneuf-la-Forêt F 28 Fb39
le Bourg-Saint-Léonard F 22 Fd37
Lebrade D 118 Dc30
le Brassus CH 140 Ba55
le Breil-sur-Mérize F 28 Fd40
le Breil F 29 Gb38
le Breuil F 34 Hc45
le Breuil-en-Auge F 22 Fd35
le Bugue F 33 Ga50
le Buisson-de-Cadouin F 33 Ga50
Łebunia PL 121 Gd30
Lebus D 128 Fb37
Lebusa D 127 Ed39
le Busseau F 28 Fb44
le Caloy F 40 Fc53
le Camp-du-Castellet F 42 Jd55
le Cap d'Agde F 41 Hc55
le Castella I 165 Gd81
le Castellet F 42 Jd55
le Cateau-Cambrésis F 24 Hb32
le Catelet F 24 Hb33
le Caylar F 41 Hb53
Lecce I 163 Hc76
Lecco I 149 Cc58
le Cendre F 34 Hb47
Lécera E 48 Fb62
Lech A 142 Da54
le Chambon-Feugerolles F 34 Ja48
le Chambon-sur-Lignon F 34 Ja49
le Champ-Saint-Père F 28 Fa44
le Charme F 30 Hb40
le Château-d'Oléron F 32 Fa47
le Châtelet F 29 Gd44
le Châtelet-en-Brie F 29 Ha38
le Châtenet-en-Dognon F 33 Gc46
Lechbruck D 142 Dc52
Léchelle F 24 Hb37
le Chesne F 24 Ja34
Lechința RO 171 Db57
Lechlade GB 20 Ed27
Lechovice CZ 137 Gb48
le Chylo PL 122 Ja30
Lèci LV 105 Jb50
Lecina E 48 Fd60
Leck D 108 Da28
Leckanvy IRL 8 Bb19
Leckaun IRL 8 Ca18
Leckava LT 113 Jc53

le Conquet F 26 Db38
Le Corbier F 35 Ka48
le Coteau F 34 Hd46
Le Creusot F 30 Ja43
le Croisic F 27 Eb42
Le Crotoy F 23 Gc32
Lectoure F 40 Ga53
Lecumberri E 39 Ec56
Łęczna PL 131 Kb39
Łęczyca PL 120 Fc33
Łęczyca PL 130 Hc38
Łęczyce PL 121 Gd29
Ledai LT 114 Kc56
Ledaña E 53 Ec68
Ledbury GB 15 Ec26
Ledeč nad Sázavou CZ 136 Fd46
Ledenice CZ 136 Fc48
le Deschaux F 31 Jc43
le Désert F 35 Ka49
Ledenice E 45 Ca62
Lédignan F 41 Hd53
Leding S 80 Gd29
Ledmore GB 4 Dd06
Ledmane LV 106 La51
Lédmore GB 4 Dd06
Lednadóra PL 120 Gd36
le Donjon F 34 Hc45
le Dorat F 33 Gb45
le Douhet F 32 Fb47
Lędowo PL 121 Hb30
le Dramont F 43 Kb54
Lędyczek PL 121 Gc33
Lędziny PL 138 Hc44
Leebiku EST 106 La46
Leeds GB 16 Fa20
Leedstown GB 18 Da32
Leek GB 16 Ed22
Leek NL 117 Bd33
Leende NL 125 Bb39
Leer D 117 Cb33
Leerdam NL 124 Ba37
Leersum NL 125 Bb37
Leese D 126 Da36
Leesi EST 98 Kc41
Leeuwarden NL 117 Bc33
Leevi EST 107 Lc46
Leezdorf D 117 Cb32
Leezen D 118 Dc31
le Faou F 26 Dc38
le Faouët F 27 Dd39
le Ferté-Villeneuil F 29 Gc40
Leffonds F 30 Jb39
Lefka CY 206 Ja97
Lefkáda GR 188 Ac83
Léfkara GR 183 Bc78
Lefkes GR 196 Db90
Lefki GR 184 Da77
Lefkími GR 188 Ab81
Léfkimmi GR 185 Ea77
Lefkó GR 182 Ba77
Lefkógia GR 200 Cc96
Lefkónas GR 184 Cc76
Lefkoniko CY 206 Jc96
Lefkopigi GR 183 Bb79
Lefkoşa = Lefkosia CY 206 Jb96
Lefkosia CY 206 Jb96
Léfktra GR 189 Ca85
le Fleix F 32 Fd50
le Folgoët F 26 Dc37
le Fond-de-France F 35 Jd48
le Fossat F 40 Gc55
le Fousseret F 40 Gb55
le Frasnois F 31 Jd44
le Frêche F 40 Fc53
le Fret F 26 Db38
Leganés E 46 Db65
Leganiel E 46 Dd65
Legau D 142 Da51
le Gault-Perche F 29 Ga39
Łęgajny E 39 Ec56
Legbad PL 121 Ha32
Legden D 125 Ca37
Legé F 28 Ed43
Lège F 32 Fa50
Legedzino RUS 202 Ed09
Legenče PL 121 Gd31
Léglise B 132 Ba44
Legnago I 149 Dc60
Legnano I 148 Cb59
Legnaro I 150 Ea60
Legnica PL 128 Ga41
Legnickie Pole PL 129 Gb41
Łęgoń PL 129 Gb39
Łęgowo PL 121 Hb30
le Grand-Bourg F 33 Gd46
Le Grand-Lucé F 28 Fd40
le Grand-Madieu F 32 Fd46
le Grand-Piquey F 32 Fa50
le Grand-Pressigny F 29 Ga43
Le Grand-Quevilly F 23 Ga35
le Grand-Serre F 34 Jb48
le Grau-du-Roi F 42 Ja54
la Grotte I 161 Ga72

Léguevin F 40 Gb54
le Gurp F 32 Fa48
Legutiano E 39 Eb56
Léh H 146 Jc50
Le Havre F 22 Fd35
Lehčevo BG 179 Cd68
Lehená GR 188 Ad86
Lehesten D 135 Ea43
Lehliu RO 176 Eb66
Lehliu-Gară RO 176 Ec66
Lehmäjoki FIN 81 Jb30
Lehmikumpu FIN 74 Jd20
Lehmja EST 98 Kb42
Lehmo FIN 83 Ld30
Lehnice SK 145 Gd51
Lehnin D 127 Ec37
Lehnitz D 119 Ed35
Lehrberg D 134 Db46
Lehre D 126 Dc37
Lehrte D 126 Db37
Lehtimäki FIN 81 Jd31
Lehtiniemi FIN 75 Kc19
Lehtma EST 97 Jc44
Lehto FIN 75 La19
Lehtola FIN 74 Kc18
Lehtomäki FIN 82 La29
Lehtomäki FIN 82 Ka31
Lehtomäki FIN 83 Lb27
Lehtovaara FIN 75 Lb22
Lehtovaara FIN 82 Kd26
Lehtovaara FIN 83 Ld27
Lehtovaara FIN 83 Lc29
Lehtovaara FIN 83 Ma29
Lehtse EST 98 Kd42
Leibiku EST 106 La46
Leiblfing D 135 Eb49
Leibnitz A 144 Fd55
Leicester GB 16 Fa24
Leichlingen (Rheinland) D 125 Bd40
Leiden NL 116 Ad36
Leiderdorp NL 116 Ad36
Leie EST 98 La45
Leiferde D 126 Dc36
Leifers I 143 Dc56
Leigh GB 15 Ec21
Leighinbridge IRL 13 Cc23
Leigh Sinton GB 15 Ec26
Leighton-Buzzard GB 20 Fb27
Leignes-sur-Fontaine F 33 Ga45
Leignon B 124 Ad42
Leikanger N 76 Cb33
Leikanger N 84 Cc37
Leimbach D 126 Db42
Leimen D 133 Ca46
Leimen D 134 Cc46
Leina EST 106 Kd46
Leinach D 134 Da45
Leinburg D 135 Dd46
Leine N 76 Cb33
Leinefelde-Worbis D 126 Dc40
Leinelä FIN 90 Kb37
Leines N 70 Ed21
Leinfelden-Echterdingen D 134 Cd49
Leingarten D 134 Cd47
Leino FIN 75 La22
Leinolanlahti FIN 82 Kd30
Leinzell D 134 Da48
Leipalingis LT 123 Kc30
Leipämäki FIN 91 Lc32
Leipheim D 134 Db49
Leipivaara FIN 75 Kd24
Leipojärvi S 73 Hc18
Leippe-Torno D 128 Fb40
Leipsland N 92 Cd46
Leipzig D 127 Eb40
Leira N 70 Fa21
Leira N 71 Fb23
Leira N 77 Db30
Leira N 85 Dc38
Leiranger N 92 Ba42
Leirbakken N 78 Fa26
Leiria P 44 Ac65
Leirmoen N 71 Fc19
Leiro E 36 Ba57
Leirpollskogen N 65 Kb05
Leirskogen N 85 Dd38
Leirsund N 93 Ea41
Leirvåg N 84 Ca37
Leirvik N 63 Hc07
Leirvik N 92 Ca41
Leirvik GB 8 Gb13
Leirvik DK 109 Bd26
Leirvika N 70 Fa21
Leirviklandet N 77 Dc30
Leisi EST 105 Jc46
Leiston GB 21 Gb26
Leisu EST 97 Jd45
Leitariegos E 37 Ca55
Leite I 143 Ea53
Leitir Ceanainn IRL 9 Cb16
Leitir Meallain IRL 12 Bb21
Leitrim IRL 8 Ca19
Leitza E 39 Ec56
Leitzersdorf A 145 Gb50
Leitzkau D 127 Eb38

Leiva E 38 Ea58
Leivadia CY 206 Jc97
Leiviskänranta FIN 82 Kb25
Leivonmäki FIN 90 Kc34
Lehčevo BG 179 Cd68
le Lehčevo = Sankt-Peterburg RUS 99 Mb39
le Mont F 30 Jb40
le Montat F 40 Gc52
le Mont-Dore F 33 Ha47
le Montet F 34 Hd45
Lemós GR 182 Ba76
le Mouret CH 141 Bc54
le Moutchic F 32 Fa49
Lemovza RUS 99 Ma42
Lempää FIN 90 Kc34
Lempäälä FIN 89 Jd36
Lempdes F 34 Hb47
Lempdes F 34 Hb48
Lempiälä FIN 91 Lc36
Lempyy FIN 82 Kd31
Lemreway GB 4 Da06
Lemsi EST 106 Kb47
Lemu FIN 97 Jb39
le Muret F 32 Fb51
le Muy F 43 Kb54
Lemvig DK 100 Cd22
Lemwerder D 118 Cd34
Lemybrien IRL 13 Cb25
Łęna LV 105 Jc52
Lena N 85 Ea39
Lenart v. Slovenske gorice SLO 144 Ga56
Lenarty PL 123 Ka30
Lénas LT 114 Kd55
Lencâuţi MD 173 Fb53
Lences E 38 Dd57
Lenči LV 106 Kd49
Lencloître F 28 Fd44
l'Enclus F 35 Jd50
Lencouacq F 40 Fc52
Lend A 143 Ec54
Lendak SK 138 Jb47
Lendava SLO 145 Gb56
Lendinara I 150 Dd61
Lendinez E 60 Da73
Lendži LV 107 Ld51
Lenes N 77 Dc30
Le Neubourg F 23 Ga36
Lengdorf D 143 Ea50
Lengede D 126 Dc37
Lengefeld D 127 Ed42
Lengenes N 67 Gb14
Lengenfeld D 126 Db40
Lengenfeld D 135 Eb43
Lengenwang D 142 Db52
Lengerich D 117 Cb35
Lengerich D 125 Cb37
Lenggries D 143 Dd52
Lengronne F 22 Fa36
Lengyeltóti H 145 Ha56
Lenham GB 21 Ga29
Lenhovda S 103 Fd51
Lenina BY 202 Ec13
Lenine UA 205 Fb17
Leningrad = Sankt-Peterburg RUS 99 Mb39
Leninsk RUS 203 Ga13
Leninskij RUS 203 Fa11
Leninskoje RUS 113 Jc57
Lenk CH 141 Bd56
Lenkimai LT 113 Jb53
Lenksvik N 77 Dd28
Lenna I 149 Cd58
Lenne D 126 Da38
Lennartsfors S 94 Ec43
Lenne D 126 Da38
Lenningen D 125 Cd40
Lenningen D 134 Cd49
Leno I 149 Da60
Lenola I 160 Ed73
Lenora CZ 136 Fa48
Lenovac SRB 179 Ca67
Lenovo BG 184 Dc74
Lens F 23 Ha31
Lensahn D 119 Dd30
Lensvik N 77 Dd28
Lenti H 145 Gc56
Lentföhrden D 118 Db31
Lenti H 145 Gc56
Lentini I 167 Fc86
Lentvaris LT 114 La58
Lenungen S 94 Ec43
Lenungshammar S 94 Ec43
Lenz CH 142 Cd55
Lenzburg CH 141 Ca53
Lenzen D 119 Ea34
Lenzerheide CH 142 Cd55
Lenzkirch D 141 Ca51
Leoben A 144 Fc53
Leobendorf D 143 Ec50
Leobersdorf A 145 Gb52
Leofreni I 156 Ec70
Leogang A 143 Ec53
Léognan F 32 Fb50
Leominster GB 15 Eb25
Léon F 39 Fa53
Léon E 37 Cc57

Leonarisso CY 206 Jd95
Leonberg D 134 Cc48
Leonberg D 135 Eb45
Leonding A 144 Fb50
Leonessa I 156 Ec69
Leonforte I 167 Fb85
Leonidio GR 195 Bd89
Leonstein A 144 Fb52
Leontári GR 189 Bc82
Leopoldov SK 145 Ha50
Leopoldsburg B 124 Ba39
Leopoldschlag Markt A 136 Fb49
Leopoldsdorf im Marchfelde A 145 Gc51
Leopoldshafen D 133 Cb47
Leopoldshagen D 120 Fa32
Leopoldshöhe D 126 Cd37
Leorda RO 172 Ec55
Leordeni RO 176 Dd65
Leordina RO 171 Db55
Léouvé F 43 Kc52
Leova MD 177 Fc60
Leoz E 39 Ed57
Lepaa FIN 90 Ka37
le Pailly F 30 Jb40
le Palais F 27 Ea42
le Parcq F 23 Gd32
Lepassaare EST 107 Lc47
Lépaud F 33 Ha45
le Pavillon-Sainte-Julie F 30 Hc38
Lepe E 59 Bb74
le Péage-de-Roussillon F 34 Jb48
Lepel' BY 202 Eb12
le Pellerin F 28 Ed42
Lepenoú GR 188 Ba83
le Perray-en-Yvelines F 23 Gc37
le Perthus F 41 Hb58
le Petit Aspromonte F 34 Hd49
le Pertuis F 34 Hd49
Łępice PL 122 Jb35
l'Épine F 24 Hd36
l'Épine F 27 Ec43
le Pin-en-Mauges F 28 Fa42
le Pin-la-Garenne F 29 Ga38
Lepistö FIN 69 Kd16
Lepistönmäki FIN 81 Jc29
le Planay F 35 Kb46
le Planay F 35 Kb48
le Plessis-Belleville F 23 Ha36
Le Plessis-Grimoult F 22 Fb36
le Plot F 35 Ka46
Lepno PL 122 Hc31
le Poët F 42 Jd51
Lepoglava HR 152 Gb57
le Poinçonnet F 29 Gc44
le Poiré-sur-Vie F 28 Ed44
Lepola FIN 74 Ka18
le Pompidou F 41 Hc52
le Pont F 140 Ba55
le Pont-Béranger F 28 Ed42
le Pont-d'Agris F 32 Fd47
le Pont-de-Beauvoisin F 35 Jd47
le Pont-de-Claix F 35 Jd49
le Pont-de-Montvert F 34 Hd51
le Pontet F 32 Fb49
le Porge F 32 Fa50
le-Porge-Océan F 32 Fa50
le Portel F 23 Gb31
le Pouldu F 27 Dd40
le Pouliguen F 27 Eb42
Lepoura GR 189 Cc85
le Pouzin F 34 Jb50
Leppäjärvi FIN 68 Ja13
Leppäkorpi FIN 97 Jd37
Leppäkoski FIN 89 Jc37
Leppäkoski FIN 90 Kc34
Leppälä FIN 75 Kd22
Leppälä FIN 91 Lc36
Leppälahti FIN 82 Kd29
Leppälahti FIN 83 Ld31
Leppälänkylä FIN 81 Jc31
Leppämäki FIN 82 La31
Leppäniemi FIN 83 Ld31
Leppäselkä FIN 82 Kc30
Leppävesi FIN 90 Kb32
Leppävirta FIN 82 La31
Leppiniemi FIN 74 Kb24
Leppneeme EST 98 Kb42
le Pradet F 42 Ka55
Lepşa RO 176 Ec61
Lepsäma FIN 98 Kb39
le Puy-en-Velay F 34 Hd49
le Puy-Notre-Dame F 28 Fc42
le Puy-Saint-Reparade F 42 Jc53
le Quesnel F 23 Ha33
le Quesnoy F 24 Hb32
le Quilho F 27 Eb39
Ler N 77 Ea30
Lera MK 182 Ba76

Lindshammar – Loobu

Lindshammar S 103 Fd51
Lindstedt D 127 Ea36
Lindum DK 100 Dc22
Lindved DK 108 Db25
Lindwedel D 126 Db36
Linë CZ 135 Ed46
Linevo RUS 203 Fd12
Lingbo S 87 Gb38
Lingen D 117 Ca35
Lingen GB 15 Eb25
Lingenfeld D 133 Cb46
Lingfield GB 20 Fc29
Linghed S 95 Ga39
Linghem S 103 Ga46
Linguaglossa I 167 Fd85
Lingura MD 177 Fc60
Linhamari FIN 97 Jd40
Linia PL 121 Gd30
Liniewo PL 121 Ha31
Liniez F 29 Gc43
Linkmenys LT 115 Lb55
Linköping S 103 Fd47
Linksmakalnis LT 114 Kc58
Linksness GB 5 Eb03
Linkuva LT 114 Kb53
Linlithgow GB 10 Ea13
Linna EST 106 La46
Linna FIN 82 Kb31
Linnamäe EST 98 Ka44
Linnankylä FIN 89 Jc34
Linnanperä FIN 82 Kb29
Linnarnäs FIN 97 Jc40
Linnaste RUS 107 Ld46
Linnerud N 86 Eb37
Linneryd S 103 Fd52
Linnes N 86 Ed36
Linneset N 79 Fb28
Linnich D 125 Bc40
Linnunpää FIN 97 Jc39
Linnuse EST 97 Jd45
Linou CY 206 Ja97
Linovo RUS 107 Ld48
Linowo PL 122 Hc33
Linsburg D 126 Da36
Linsell S 87 Fb34
Linsengericht D 134 Cd44
Linthal CH 142 Cc54
Lintig D 118 Cd32
Lintrup DK 108 Da26
Lintula FIN 68 Jc14
Linxe F 39 Fa53
Linyola E 48 Gb60
Linz A 144 Fb50
Linz D 125 Ca42
Lioliai LT 113 Jc55
Lioni I 161 Fd75
Lion-sur-Mer F 22 Fc35
Liopetri CY 206 Jd97
Lios Dúin Bhearna IRL 12 Bc22
Lios Mor IRL 13 Ca25
Lios Tuathail IRL 12 Bb23
Lipa BIH 152 Gb62
Lipa BIH 158 Ha66
Lipa EST 98 Kb44
Lipa GR 188 Ad81
Lipa PL 122 Jb34
Lipa PL 128 Ga41
Lipa PL 131 Ka42
Lipa RUS 99 Ma42
Lipănești RO 176 Ea64
Lipany SK 138 Jc47
Lipar SRB 153 Ja59
Lipari I 167 Fc83
Lipasvaara FIN 83 Lc29
Lipcani MD 172 Ed53
Lipce Reymontowskie PL 130 Ja38
Lipczynek PL 121 Gc32
Lipeck RUS 203 Fb12
Lipen BG 179 Cc69
Lipenec CZ 136 Fa44
Liperi FIN 83 Lc31
Liperin asema FIN 83 Lc30
Liperinsalo FIN 83 Lc31
Liperonmäki FIN 90 Kd32
Liphook GB 20 Fb29
Lipia Góra PL 121 Gc34
Lipiany PL 120 Fc35
Lipica PL 122 Jb30
Lipica SLO 151 Fa59
Lipice HR 151 Fd61
Lipicy-Zybino RUS 203 Fa12
Lipie PL 130 Hc41
Lipik HR 152 Gd60
Lipinišķi LV 115 Lc53
Lipinki PL 121 Ha32
Lipinki PL 131 Kc38
Lipinlahti FIN 83 Lc27
Lipiny PL 130 Hd38
Lipiny Górne-Lewki PL 131 Kb42
Lipka PL 121 Gc33
Lipka PL 129 Gd41
Lipka PL 130 Hd38
Lipki RUS 203 Fa11
Lipkovo MK 178 Bc72
Lipljan KSV 178 Bb71
Lipniak PL 123 Ka30
Lipniak PL 123 Kb30
Lipniaki PL 131 Ka37
Lipnic MD 173 Fa53
Lipnica BG 179 Cd70
Lipnica PL 121 Gd31
Lipnica PL 122 Hc34
Lipnica PL 130 Ja42
Lipnica Murowana PL 138 Jb45
Lipnica Wielka PL 138 Hd46
Lipnice CZ 136 Fc48
Lipnice nad Sázavou CZ 136 Fd46
Lipnik PL 131 Jd42
Lipniki PL 122 Jc33
Lipniki PL 137 Gc43
Lipniki Łużyckie PL 128 Fc39
Lipník nad Bečvou CZ 137 Gd46
Lipnița RO 181 Fa67
Lipnjaki RUS 113 Jb59
Lipno PL 122 Hc35
Lipno PL 129 Gb38
Lipno PL 129 Hb40
Lipno nad Vltavou CZ 136 Fb49
Lipolist SRB 153 Ja62
Liposthey F 39 Fb52
Lipótfa H 152 Ha57
Lipová CZ 137 Gc46
Lipova RO 172 Ed59
Lipova RO 174 Ca60
Lipovac HR 153 Hd61
Lipoválázně CZ 137 Gc44
Lipovăț RO 173 Fa59
Lipovce SK 138 Jc47
Lipovec CZ 137 Gc47
Lipoveni MD 173 Fd59
Lipovljani HR 152 Gc60
Lipovo MNE 159 Ja68
Lipovo RUS 99 Lc40
Lipovo RUS 99 Ld39
Lipovo RUS 113 Jd59
Lipovo Polje HR 151 Fd62
Lipovu RO 179 Cd67
Lipowa PL 138 Hc45
Lipowczyce PL 130 Hd41
Lipowiec PL 122 Jb32
Lipowiec Kościelny PL 122 Ja34
Lipowina PL 122 Hd30
Lipówka PL 131 Kc38
Lippborg D 125 Cb38
Lippetal D 125 Cb38
Lippi FIN 83 Lc27
Lippstadt D 126 Cc38
Lipsí GR 197 Eb89
Lipsk PL 123 Kb31
Lipsko PL 131 Jd40
Lipsko PL 131 Kc41
Liptál CZ 137 Ha47
Liptingen, Emmingen- D 142 Cc51
Liptovská Lúžna SK 138 Hd48
Liptovská Osada SK 138 Hd48
LiptovskáTeplička SK 138 Ja48
Liptovské Revúce SK 138 Hd48
Liptovský Hrádok SK 138 Ja47
Liptovský Mikuláš SK 138 Hd47
Lipuški LV 107 Ld52
Lipusz PL 121 Gd31
Lira E 36 Ac55
Liré F 28 Fa42
Lis AL 163 Jc72
Lisa RO 175 Dc62
Lisa RO 180 Dc68
Lisac BIH 158 Ha64
Lisacul IRL 8 Bd19
Lišane Ostrovičke HR 157 Ga65
Lisberg D 134 Dc45
Lisboa P 50 Aa68
Lisburn GB 9 Da17
Liscannor IRL 12 Bc22
Liscarney IRL 8 Bc19
Liscarroll IRL 12 Bc24
Lișcoteanca RO 177 Fa64
Lisdoonvarna IRL 12 Bc22
Lisduff IRL 9 Cc20
Lisec MK 178 Ba73
Liseleje DK 109 Eb24
Lisewo PL 121 Hb33
Lisia Góra PL 138 Jc44
Lisięcice PL 137 Ha44
Lisie Jamy PL 139 Kc43
Lisieux F 22 Fd36
Lisino RUS 99 Ma41
Lisje RUS 107 Ld46
Liskeard GB 18 Dc31
Liski PL 123 Jd32
Liski RUS 203 Fb13
Liškiava LT 123 Kc30
Lisków PL 129 Hb38
Liskowate PL 139 Kb45
l'Isle CH 140 Ba55
Lisle F 33 Ga49
Lislea GB 9 Cd16
Lislea GB 9 Cd18
l'Isle-Adam F 23 Gd36
l'Isle-d'Abeau F 35 Jc47
l'Isle-deNoé F 40 Fd54
l'Isle-en-Dodon F 40 Ga55
Lisleherad N 93 Dc42
l'Isle-Jourdain F 33 Ga45
l'Isle-Jourdain F 40 Gb54
l'Isle-sur-la-Sorgue F 42 Jc53
l'Isle-sur-le-Doubs F 31 Ka43
l'Isle-sur-Serein F 30 Hd41
Lisle-sur-Tarn F 40 Gc53
Lisma FIN 68 Jc13
Lismacaffry IRL 9 Cb20
Lismanaapa FIN 69 Ka16
Lișmănița RO 172 Ec54
Lismore IRL 13 Ca25
Lisnagry IRL 12 Bd23
Lisnaskea GB 9 Cb18
Lišov CZ 136 Fc48
Lisów PL 128 Fc37
Lisowo PL 120 Fd33
Lisronagh IRL 13 Ca24
Liss GB 20 Fb29
Lissamona IRL 12 Bb27
Lisse NL 116 Ad36
Lissett GB 17 Fc20
Lissy F 23 Ha37
Lissycasey IRL 12 Bc23
List D 108 Cd27
Lista S 95 Ga43
Lișteava RO 179 Da68
Listellick IRL 12 Bb24
Listerby S 111 Fd54
Listowel IRL 12 Bb23
Lisvane GB 19 Eb28
Liszki PL 138 Ja44
Liszkowo PL 121 Gc34
Liszó H 152 Gd57
Lit S 79 Fc30
Lita RO 171 Da58
Lița RO 180 Dc68
Litakovo BG 179 Cd70
Litava SK 146 Hd50
Litcham GB 17 Ga24
Liteň CZ 136 Fb45
Litene LV 107 Lc49
Liteni RO 172 Ec56
Lit-et-Mixe F 39 Fa53
Lith NL 125 Bb37
Lithínes GR 201 Dc96
Lithío GR 191 Dd86
Lithótopos GR 183 Cb76
Lití GR 183 Cb77
Litija SLO 151 Fc58
Litke H 146 Ja50
Litmalahti FIN 82 La30
Litmaniemi FIN 83 Lb30
Litobratřice CZ 137 Gb48
Litóhoro GR 183 Bd79
Litoměřice CZ 136 Fb43
Litomyšl CZ 137 Gb45
Litos E 45 Cb59
Litovel CZ 137 Gc46
Litovo RUS 99 Mb39
Litschau A 136 Fc48
Litslena S 96 Gc42
Littiäinen S 73 Jb20
Little Barningham GB 17 Gb23
Littleborough GB 16 Ed21
Little Brington GB 20 Fb25
Littleferry GB 5 Ea06
Little Glenshee GB 7 Ea11
Littlehampton GB 20 Fb30
Little Langdale GB 11 Eb18
Little Mill GB 19 Eb27
Littleport GB 20 Fd25
Littleton IRL 13 Ca23
Little Torrington GB 19 Dd30
Little Walsingham GB 17 Ga23
Little Weighton GB 17 Fc20
Little Weighton GB 17 Fc21
Little Wenlock GB 15 Ec24
Littoinen FIN 97 Jb39
Lituénigo E 47 Ec60
Litultovice CZ 137 Ha45
Litvínov CZ 136 Fa43
Litzelsdorf A 145 Gb54
Litzendorf D 135 Dd45
Liu EST 106 Kb46
Liubavas LT 114 Ka59
Liudvinavas LV 114 Kb59
Liukko FIN 81 Jd30
Liukonys LT 114 Kd57
Liutonys LT 114 Kd58
Livada RO 170 Bd59
Livada RO 171 Cd54
Livaderó GR 183 Bc79
Livaderó GR 184 Da76
Livádi GR 183 Bc79
Livádi GR 183 Cb78
Livádi GR 197 Cd89
Livadia CY 206 Jd96
Livádia GR 183 Bd76
Livádia GR 189 Bd85
Livádia GR 196 Dd92
Livádia GR 197 Ec92
Livadohóri GR 190 Db81
Livanátes GR 189 Ca84
Livāni LV 107 Lb52
Livari MNE 159 Ja70
Livarot F 22 Fd36
Livártzi GR 188 Bb86
Livata I 160 Ec71
Livbērze LV 106 Ka51
Livenskoje RUS 113 Jd57
Liverá CY 206 Ja96
Liverá GR 183 Bb78
Livernon F 33 Gc51
Liverovići MNE 159 Hd68
Liverpool GB 15 Eb21
Livezeni RO 171 Dc59
Livezi RO 175 Da64
Livezi RO 176 Ec60
Livezile RO 171 Dc57
Livezile RO 174 Cb65
Livigno I 142 Da56
Livingston GB 11 Eb13
Liviöjärvi S 68 Jb12
Livizile RO 171 Da59
Livno BIH 158 Gd65
Livny RUS 203 Fa12
Livø DK 100 Db21
Livo FIN 74 Kb21
Livold SLO 151 Fc59
Livonniska FIN 75 Kc20
Livonsaari FIN 97 Ja39
Livorno I 155 Da66
Livorno Ferraris I 148 Ca60
Livov SK 138 Jc47
Livré-sur-Changeon F 28 Fa39
Livron-sur-Drôme F 34 Jb50
Livry-Louvercy F 24 Hd36
Liw PL 131 Jd36
Lixa P 44 Ba60
Lixnaw IRL 12 Bb24
Lixoúri GR 188 Ab85
Lizard GB 18 Da33
Lizarra E 39 Ec57
Lizarraga E 39 Ec56
Lizere LV 106 La50
Lizespasts LV 107 Lb48
Lizine F 31 Jd42
Lizio F 27 Eb40
Lizums LV 107 Lb49
Lizy-sur-Ourcq F 23 Ha36
Lizzano I 162 Ha76
Lizzano in Belvedere I 155 Db64
Lizzola I 149 Da57
Ljachavičy BY 202 Ea13
Ljady RUS 99 Ma44
Ljady RUS 202 Ea09
Ljahovo RUS 107 Ma52
Ljamcevo RUS 99 Mb44
Ljaskovec BG 180 Dd70
Ljatno BG 181 Ed69
Ljeljenča BIH 153 Hd62
Lješane KSV 178 Ad70
Ljeskove Vode BIH 152 Hb62
Ljig SRB 153 Jc63
Ljørdalen N 86 Ed37
Ljosland N 92 Cc45
Ljosland N 92 Cd45
Ljubac HR 157 Fd64
Ljuban' BY 202 Eb13
Ljuban' RUS 202 Eb08
Ljubaništa MK 182 Ad76
Ljubar UA 204 Eb15
Ljuben BG 180 Db72
Ljubenova Mahala BG 180 Ea73
Ljubenovo BG 180 Ea73
Ljuberadja SRB 179 Ca70
Ljubešiv UA 202 Ea14
Ljubić SRB 174 Bb66
Ljubija BIH 152 Gc61
Ljubim RUS 203 Fa08
Ljubimec BG 185 Ea74
Ljubinje BIH 158 Hb68
Ljubiš SRB 159 Jb65
Ljubište KSV 178 Bb72
Ljubljana SLO 151 Fb58
Ljubno ob Savinji SLO 151 Fc57
Ljubogošta BIH 159 Hc65
Ljubojno MK 182 Ba76
Ljuboml' UA 202 Dd14
Ljubovija SRB 159 Ja64
Ljubovo BIH 159 Hc69
Ljubusa BIH 158 Hb66
Ljubuški BIH 158 Ha67
Ljubymivka UA 205 Fb15
Ljubytino RUS 202 Ec09
Ljuder S 103 Fd52
Ljudinovo RUS 202 Ed12
Ljugarn S 104 Ha50
Ljulin BG 181 Ec73
Ljuljak BG 180 Dd72
Ljuljakovo BG 181 Ec71
Ljung S 102 Ed48
Ljung S 103 Fd46
Ljunga S 103 Ga46
Ljungaverk S 87 Ga33
Ljungby S 103 Fb52
Ljungbyhed S 110 Ed54
Ljungbyholm S 103 Ga52
Ljungdalen S 86 Ed32
Ljunghusen S 110 Ed57
Ljungsarp S 102 Fa49
Ljungsbro S 103 Fd46
Ljungskile S 102 Eb47
Ljuša BIH 158 Gd64
Ljusâ S 73 Hd21
Ljušci Palanka BIH 152 Gb62
Ljusdal S 87 Ga35
Ljusfallshammar S 95 Fd45
Ljusfors S 103 Ga46
Ljushult S 102 Ed49
Ljusne S 87 Gb37
Ljusnedal S 86 Ed33
Ljusterö S 96 Ha43
Ljustorp S 88 Gc32
Ljusträsk S 72 Ha22
Ljusvattnet S 80 Hb26
Ljuti Brod BG 179 Cd70
Ljuti Dol BG 179 Cd70
Ljutoglav KSV 178 Ba72
Ljutomer SLO 145 Gb56
Ljutovnica SRB 159 Jc64
Ljutye Bolota RUS 107 Mb47
Llaberia E 48 Ga62
Lladó E 41 Hb58
Lladomericë AL 182 Ad74
Lladorre E 40 Gb57
Lladurs E 49 Gc59
Llagostera E 49 Hb60
Llamas de Rueda E 37 Cd57
Llamas del Mouro E 37 Ca55
Llanallgo GB 15 Dd22
Llanarmon Dyffryn Ceiriog GB 15 Eb23
Llanarthney GB 15 Dd26
Llánaves de la Reina E 38 Da56
Llanbadarn Fawr GB 15 Dd25
Llanberis GB 15 Dd22
Llanbister GB 15 Ea25
Llanboidy GB 14 Dc26
Llanddarog GB 19 Dd27
Llanddewi Ystradenni GB 15 Ea25
Llanddona GB 15 Dd22
Llandegla GB 15 Eb23
Llandeilo GB 15 Dd26
Llandenny GB 19 Eb27
Llandinam GB 15 Ea24
Llandissilio GB 14 Dc26
Llandovery GB 15 Dd26
Llandrillo GB 15 Ea23
Llandrindod-Wells GB 15 Ea25
Llandrinio GB 15 Eb24
Llandudno GB 15 Ea22
Llandyfaelog GB 18 Dc27
Llanelidan GB 15 Ea23
Llanelli GB 19 Dd27
Llanelltyd GB 15 Dd23
Llanerchymedd GB 15 Dd22
Llanerfyl GB 15 Ea24
Llanes E 38 Da54
Llanfaethlu GB 14 Dc21
Llanfaidr-Caereinion GB 15 Ea24
Llanfair-fechan GB 15 Dd22
Llanfair Talhaiarn GB 15 Ea22
Llanfair-yn-Neubwll GB 14 Dc22
Llanfihangel GB 15 Ea26
Llanfihangel-nant-Melan GB 15 Eb25
Llanfihangel-y-Creuddyn GB 15 Dd25
Llanfihangel-yng-Ngwynfa GB 15 Ea24
Llanfyllin GB 15 Eb24
Llanfynydd GB 15 Dd26
Llanfyrnach GB 14 Dc26
Llangadog GB 15 Dd26
Llangaffo GB 15 Dd22
Llangain GB 18 Dc27
Llangammarch Wells GB 15 Ea26
Llangedwyn GB 15 Eb23
Llangefni GB 15 Dd22
Llangeinor GB 19 Ea27
Llangeler GB 14 Dc26
Llangenith GB 18 Dc27
Llangernyw GB 15 Ea22
Llangollen GB 15 Eb23
Llangorse GB 15 Ea26
Llangrannog GB 14 Dc25
Llangurig GB 15 Ea25
Llangwm GB 15 Ea23
Llangwm GB 18 Db27
Llangwm GB 19 Eb27
Llangwnnadl GB 14 Dc25
Llangybi GB 15 Dd25
Llangybi GB 19 Eb27
Llangynidr GB 19 Ea27
Llangynog GB 15 Ea23
Llangywer GB 15 Ea23
Llanharan GB 19 Ea28
Llanhilleth GB 19 Eb27
Llanidloes GB 15 Ea25
Llanillo E 38 Db57
Llanmadoc GB 19 Dd27
Llanon GB 15 Dd25
Llanrhaeadr-ym-Mochnant GB 15 Ea23
Llanrhystud GB 15 Dd25
Llanrug GB 15 Dd22
Llanrwst GB 15 Ea22
Llansilin GB 15 Eb23
Llansoy GB 19 Eb27
Llansteffan GB 18 Dc27
Llanthony GB 15 Eb26
Llantwit Major GB 19 Ea28
Llanuwchllyn GB 15 Ea23
Llanvetherine GB 19 Eb27
Llanwddyn GB 15 Ea24
Llanwrog GB 15 Dd22
Llanwrtyd Wells GB 15 Ea26
Llanybydder GB 15 Dd26
Llanynghenedl GB 14 Dc22
Llanystumdwy GB 15 Dd23
Llardecans E 48 Ga61
Llavorsí E 40 Gb58
Llechryd GB 14 Dc26
Lleida E 48 Ga61
Llengë AL 182 Ad76
Llera E 51 Ca70
Llessui E 40 Gb58
Llimiana E 48 Gb59
Llinars E 49 Gc59
Llinars del Vallès E 49 Ha60
Llíria E 54 Fb67
Llithfaen GB 14 Dc23
L'Ile-Rousse F 154 Cb68
Llobera E 49 Gc59
Llodio E 38 Ea55
Lloggerheads GB 15 Ec23
Llorac E 48 Gb61
Llorenç del Penedès E 49 Gc62
Lloret de Mar E 49 Hb60
Lloret de Vistalegre E 57 Hc67
Llosa de Ranes E 54 Fb69
Lloseta E 57 Hb67
Llovio E 37 Cd54
Llubí E 57 Hc67
Lluçà E 49 Gd59
Llucena E 54 Fc65
Llucmajor E 57 Hb67
Llutxent E 54 Fc69
Llwyngwril GB 15 Dd24
Llyswen GB 15 Ea26
Lnáře CZ 136 Fa46
Lniano PL 121 Ha33
Lo B 21 Ha30
Löa S 95 Fd42
Loamneș RO 175 Db61
Loanhead GB 11 Eb13
Loano I 148 Bd63
Loan-Villegruis-Fontaine F 24 Hb37
Loarre E 39 Fb58
Löbau D 128 Fc41
Lobcovo RUS 203 Fa09
Łobdowo PL 122 Hc34
Lobe LV 106 Kd51
Lobeiras E 36 Bc53
Löbejün D 127 Eb39
Lobera de Onsella E 39 Fa58
Lobērgi LV 106 La48
Löberitz D 127 Eb39
Löberöd S 110 Fa55
Łobez PL 120 Fd32
Lobinstown IRL 9 Cd20
Löbnitz D 119 Ec30
Löbnitz D 127 Ec39
Łobodno PL 130 Hc41
Lobón E 51 Bc69
Lobonäs S 87 Fd36
Loboš BG 179 Cb72
Loburg D 127 Eb37
Łobżenica PL 121 Gc34
Locana I 148 Bc59
Locarno CH 148 Cb57
Loccum, Rehburg- D 126 Da36
Loceri I 169 Cb78
Lochailort GB 6 Db10
Lochaline GB 6 Db11
Lochau A 142 Da52
Lochbuie GB 6 Db11
Lochcarron GB 6 Dc08
Lochdrum GB 4 Dd07
Lochearnhead GB 7 Dd11
Lochem NL 117 Bc36
Loches F 29 Gb42
Loché-sur-Indrois F 29 Gb43
Loch Garman IRL 13 Cd25
Löchgau D 134 Cd47
Lochgelly GB 7 Eb12
Lochgilphead GB 6 Db12
Lochinver GB 4 Dc05
Lochmaben GB 11 Eb16
Lochmaddy GB 6 Cd07
Lochore GB 7 Eb12
Lochów PL 131 Jd36
Lochranza GB 6 Dc13
Lochskipport GB 6 Cd08
Lochton GB 7 Ed09
Lochuisge GB 6 Db10
Lochvycja UA 202 Ed14
Lochwinnoch GB 10 Dd13
Locika pri Vranskem SLO 151 Fc57
Loćika SRB 178 Bc67
Lociki LV 115 Lc53
Lockenhaus A 145 Gb53
Lockerbie GB 11 Eb16
Locketorp S 103 Fb46
Lockne S 79 Fc31
Locknevi S 103 Ga49
Löcknitz D 120 Fb33
Locmaria F 27 Ea42
Locmariaquer F 27 Ea41
Locminé F 27 Eb40
Locoal-Mendon F 27 Ea40
Locorotondo I 162 Ha75
Locquémeau F 26 Dd37
Locquirec F 26 Dd37
Locri I 164 Gb83
Locronan F 27 Dc39
Loctudy F 27 Dc40
Loculi I 168 Cc76
Löddeköpinge S 110 Ed55
Loddin D 120 Fb31
Lødding N 78 Eb25
Loddon GB 17 Gb24
Lode GB 20 Fd25
Lodè I 168 Cc75
Lode LV 106 Kd47
Lode LV 106 La49
Lodenice CZ 136 Fb45
Löderburg D 127 Ea38
Lodersleben D 127 Ea40
Loderup S 111 Fb57
Löderups strandbad S 111 Fb57
Lodève F 41 Hc53
Lodi I 149 Cd60
Løding N 66 Fc17
Lødingen N 66 Fd13
Lodi Vecchio I 149 Cc60
Lodosa E 39 Ed58
Lödöse S 102 Ec48
Lodrino CH 142 Cc56
Lodrone I 149 Db58
Łódź PL 130 Hd38
Loechès E 46 Dc64
Loekton GB 16 Fb19
Loen N 84 Cd34
Loenen NL 117 Bc36
Lõetsa EST 97 Jd45
Løfallstrand N 84 Cb40
Lofer A 143 Ec53
Löffingen D 141 Cb51
Lófos GR 183 Bd79
Lofsdalen S 86 Fa34
Lofta S 103 Gb48
Loftahammar S 103 Gb48
Lofthouse GB 11 Ed19
Lofthus N 84 Cc39
Loftus GB 11 Fb18
Log RUS 203 Fd13
Loga N 92 Cb46
Logănești MD 173 Fc58
Logarska Dolina SLO 151 Fc57
Logatec SLO 151 Fb58
Lögda S 80 Gd27
Lögdeå S 80 Ha29
Loghill IRL 12 Bc23
Logi RUS 99 Ld40
Lognvik N 93 Da42
Logofteni MD 173 Fa56
Lógos GR 189 Ca84
Logovardi MK 183 Bb76
Logovo RUS 107 Ld48
Log pod Mangartom SLO 150 Ed57
Logrești RO 175 Cd64
Logron F 29 Gb39
Logroño E 39 Eb58
Logrosán E 51 Cb67
Løgstør DK 100 Db21
Løgstrup DK 100 Db23
Løgten DK 100 Dc23
Løgumgårde DK 108 Da27
Løgumkloster DK 108 Da27
Logvino RUS 113 Hd58
Lohals DK 109 Dd27
Lohärad S 96 Ha42
Lohberg D 135 Ed47
Lohéac F 28 Ed40
Lohfelden D 126 Da40
Lohheide D 118 Db35
Lohijärvi FIN 74 Jc19
Lohikoski FIN 91 Lc34
Lohilahti FIN 91 Lc34
Lohiluoma FIN 89 Ja32
Lohiniva FIN 68 Jc17
Lohiranta FIN 75 Kd19
Lohja FIN 98 Ka39
Lohjantaipale FIN 97 Jd39
Lohm D 119 Eb35
Lohmar D 125 Ca41
Lohmen D 128 Fa41
Löhnberg D 125 Cb42
Lohne D 117 Cc35
Löhne D 126 Cd37
Lohnsburg A 143 Ed51
Lohr D 134 Da44
Lohra D 126 Cc42
Lohsa D 128 Fb40
Lohtaja FIN 81 Jc27
Lohusalu EST 98 Ka42
Lohusuu EST 99 Lb43
Lohvanperä FIN 82 Kb27
Loiano I 149 Dc63
Loibltal A 144 Fb56
Loiching D 135 Eb49
Loima FIN 89 Jc37
Loimaa FIN 89 Jc38
Loimaankunta FIN 89 Jc38
Loiré F 28 Fa41
Loiri I 168 Cb74
Loisach A 143 Ec55
Loitsche D 127 Ea37
Loitz D 119 Ed31
Loivre F 24 Hc35
Loja E 60 Da75
Lojanice SRB 153 Jb62
Lojo FIN 98 Ka39
Lojsta S 104 Ha50
Løjt Kirkeby DK 108 Db27
Lokakylä FIN 82 Ka30
Lokalahti FIN 89 Ja38
Lokča SK 138 Hd46
Loke S 79 Fc31
Løken N 93 Ea41
Løken N 94 Eb42
Løkeng N 63 Hc08
Loket CZ 135 Ec44
Lokka FIN 69 Kb14
Løkken DK 100 Dc20
Løkken N 77 Dd31
Lokkiperä FIN 81 Jd28
Lokmanlı TR 187 Gb78
Loknja RUS 202 Eb10
Lökönen FIN 91 Lb36
Lőkösháza H 147 Jd56
Lokot RUS 170 Mb46
Lokot' RUS 202 Ed13
Łokowica PL 138 Jb45
Lokrume S 104 Ha49
Loksa EST 98 Kd41
Løksa N 67 Gb12
Lokuta EST 98 Kc44
Lokva HR 158 Gc66
Lokva SRB 159 Jb65
Lokvé SRB 174 Bc62
Lokve Lóqua SLO 151 Fa58
Løkvoll N 62 Ha10
l'Ollar D 126 Cc42
l'Olleria E 54 Fb69
Lölling A 144 Fc55
Lom BG 179 Cc67
Lom CZ 136 Fa43
Lom N 85 Db35
Lomas del Mar E 55 Fb72
Lomåsen S 79 Fc29
Łomazy PL 131 Kb37
Lombardore I 148 Bd60
Lomben S 73 Ja20
Lombez F 40 Ga55
Lombheden S 73 Ja20
Lomborg DK 100 Cd22
Lombreuil F 29 Ha40
Lombron F 28 Fd39
Lomci BG 180 Eb69
Lomello I 148 Cb60
Lomen N 85 Db37
Lomi LV 107 Lc51
Lomiai LT 113 Jd56
Łomianki PL 130 Jb36
Lomma S 110 Ed56
Lommel B 124 Ba39
Lommeland S 94 Eb44
Lom nad Rimavicou SK 138 Ja49
Łomnica PL 121 Gb34
Łomnica PL 128 Ga37
Lomnice CZ 135 Ec44
Lomnice CZ 137 Gd45
Lomnice nad Lužnicí CZ 136 Fc48
Lomnice nad Popelkou CZ 136 Fd43
Lomonosov RUS 99 Ma39
Lomonosov RUS 202 Ea08
Lomovo RUS 113 Jd58
Lompolo FIN 68 Jc14
Lompolo FIN 68 Jb16
Lomselenäs S 72 Gc24
Lomsjö S 79 Gb27
Lomträsk S 72 Ha22
Lomträsk S 73 Ja19
Łomy PL 122 Ja31
Lomy RUS 107 Ma48
Łomża PL 123 Jd33
Lonato I 149 Db59
Lønborg DK 108 Cd24
Lončari BIH 153 Hc61
Lončarica HR 152 Gd59
Londa I 156 Dd65
Londinières F 23 Gb33
London GB 20 Fc28
Londonderry = Derry GB 9 Cc16
Lone LV 106 La52
Lonevåg N 84 Ca38
Long S 102 Ed47
Longá GR 183 Bc80
Longá GR 194 Bb89
Longanikos GR 194 Bc88
Longare I 150 Dd59
Longares E 47 Fa61
Longarone I 150 Eb57
Longbridge Deverill GB 19 Ec29
Longchamp F 35 Ka48
Longchaumois F 31 Jd44
Long Crendon GB 20 Fb27
Long Eaton GB 16 Fa23
Longeau F 30 Jb40
Longecourt-en-Plaine F 30 Jb42
Longega I 143 Ea55
Longeville-sur-Mer F 32 Ed45
Longford GB 16 Ed23
Longford IRL 9 Cb20
Longformacus GB 11 Ec13
Longhorsley GB 11 Ed15
Longhoughton GB 11 Fa15
Longi I 167 Fc84
Longkamp D 133 Bd44
Longmanhill GB 5 Ed07
Long Melford GB 21 Ga26
Longnes F 23 Gc36
Longno GB 15 Eb24
Longnor GB 16 Ed22
Longny-au-Perche F 29 Ga38
Longobucco I 164 Gc79
Longos Vales P 36 Ad58
Longpont F 24 Hb35
Long Preston GB 11 Ed19
Longra P 44 Ad60
Longré F 32 Fc46
Longriddry GB 11 Ec13
Longride GB 15 Ec20
Longroiva P 45 Bc62
Longset N 70 Fa20
Long Stratton GB 21 Gb25
Long Sutton GB 17 Fd24
Long Sutton GB 19 Eb29
Longtown GB 11 Eb16
Longué-Jumelles F 28 Fc42
Longueval-Barbonval F 24 Hc35
Longueville F 30 Hb38
Longueville-sur-Scie F 23 Gb34
Longuich D 133 Bc44
Longuyon F 24 Jb34
Longwy F 25 Jc34
Lonigo I 150 Dd60
Lonin N 78 Ea27
Löningen D 117 Cb35
Löningsberg S 87 Fd32
Łoniów PL 131 Jd42
Lonja HR 152 Gc60
Lonkan N 66 Fd13
Lönnänger S 85 Fb37
Lönneberga S 103 Fd49
Lönnskog S 94 Ed43
Lönsboda S 111 Fb53
Lønsdal N 71 Fd19
Lønset N 77 Db31
Lønset N 77 Da31
Lons-le-Saunier F 31 Jc44
Lønstrup DK 100 Dc19
Lónya H 139 Kb49
Lonzac F 32 Fc48
Loo EST 98 Ka45
Loobu EST 98 Kd42

Looe – Luzaga

Looe GB 18 Dc31
Loon op Zand NL 124 Ba38
Loon-Plage F 21 Gd30
Lõõpõllu EST 105 Jc47
Loos F 23 Ha31
Loosdorf A 144 Fd51
Loosdrecht NL 116 Ba36
Loose D 108 Db29
Lopadea Nouă RO 171 Da59
Lopar HR 151 Fc62
Lopare BIH 153 Hd62
Lopătari RO 176 Ec63
Lopatica MK 183 Bb75
Lopatino RUS 107 Ma47
Lopatino RUS 203 Fd11
Łopatki PL 122 Hc33
Lopatnic MD 172 Ed54
Lopatovo RUS 107 Ma46
Lopcombe Corner GB 20 Ed29
Lõpe EST 98 Ka45
Lopera E 52 Da72
Łopiennik PL 131 Kc40
Loppa N 63 Hb07
Loppersum NL 117 Ca33
Loppi FIN 90 Ka38
Loppula FIN 74 Ka23
Lopud HR 158 Hb69
Lopuhinka RUS 99 Ma40
Łopuszna PL 138 Ja46
Łopuszno PL 130 Ja41
Loqueffret F 26 Dd38
Lora de Estepa E 60 Cc74
Lora del Río E 59 Cb73
Loranca de Tajuña E 46 Dd64
Lorbé E 36 Ba54
Lörby S 111 Fc54
Lorca E 61 Ec73
Lorch D 133 Ca44
Lorch D 134 Da48
Lorcha E 55 Fc70
Lordelo P 44 Ad61
Lordosa P 44 Ba62
Lørenfallet N 94 Eb41
Lorentzer F 25 Kb36
Lorenzago di Cadore I 143 Eb56
Lorenzana E 37 Cc57
Lorenzana I 155 Da66
Loreo I 150 Ea61
Loreto I 156 Ed66
Loreto Aprutino I 157 Fa70
Lórév H 146 Hc54
Lorgues F 43 Kb54
Lorguichon F 22 Fc36
Lorica I 164 Gc80
Lorient F 27 Ea40
Loriga P 44 Ba64
Loriguilla E 54 Fa67
Lőrinci H 146 Ja52
Loriol-sur-Drôme F 34 Jb50
Lormaison F 23 Gd35
Lormes F 30 Hc42
Loro Ciuffenna I 156 Dd66
Lorquí E 55 Ed72
Lörrach D 141 Bd52
Lorrez-le-Bocage F 29 Ha39
Lorris F 29 Ha40
Lorsch D 134 Cc45
Lørslev DK 100 Dc20
Lorton GB 11 Eb17
Lorup D 117 Cb34
l'Orxa E 55 Fc70
Lörzweiler D 133 Cb44
Loś PL 130 Jb38
Los S 87 Fd35
Losa del Obispo E 54 Fa67
Los Alares E 52 Cd67
Los Alazdres E 60 Da75
Los Alcázares E 55 Fa73
Los Algarbes E 60 Cc73
Los Arcos E 39 Eb57
Losar de la Vera E 45 Cb65
Los Arejos E 61 Ec74
Los Arenales E 59 Cb74
Los Ausines E 38 Dc58
Los Badalejos E 59 Ca77
Los Barrios E 59 Ca78
Los Barrios de Luna E 37 Cb56
Los Bayos E 37 Cb56
Los Belmontes E 53 Eb71
Los Belones E 55 Fb74
Los Blázquez E 51 Cb70
Los Caños E 59 Bd77
Los Castaños E 61 Eb75
Los Centenaros E 61 Ea72
Los Cerezos E 54 Fa66
Los Cerralbos E 52 Da66
Los Clementes E 61 Dd76
Los Corrales E 60 Cc75
Los Corrales de Buelna E 38 Db55
Los Cortijos de Arriba E 52 Db68
Loscos E 47 Fa62
Los Dolores E 55 Fa73
Losenstein A 144 Fb52
Los Escoriales E 52 Db71
Los Estrechos E 61 Ec74
Løsetdalen N 86 Ec36
Łosewo PL 123 Jd33
Los Gallardos E 61 Ec75
Los Guadalperales E 51 Cb68
Los Guiraos E 61 Eb74
Losheim am See D 133 Bc45
Los Hinojoso E 53 Ea67
Losi RUS 107 Ma49
Łosice PL 131 Kb36
Losicy RUS 99 Ma44
Losilla E 54 Fa66
Łosinka PL 123 Kc34
Łosino PL 121 Gc30
Los Isidros E 54 Ed68
Los Jinetes E 59 Ca73
Loskeran IRL 13 Ca25
Loškovicy RUS 99 Ma40
Los Lobos E 61 Ec74
Los Maldonados E 55 Ed73
Los Molares E 59 Ca74
Los Molinos E 46 Db63
Los Monteros E 60 Cc77
Los Montesinos E 55 Fb72
Los Morones E 60 Dc76
Los Navalmorales E 52 Cd66
Los Navalucillos E 52 Cd67
Los Nietos E 55 Fb73
Løsning DK 108 Db25
Los Nogueroñes E 60 Da73
Los Ojuelos E 59 Cb74
Losomäki FIN 83 Lb29
Losovaara FIN 75 Kd23
Los Palacios y Villafranca E 59 Ca74
Los Pastores E 59 Cb78
l'Ospedale F 154 Cb72
Los Pedrones E 54 Fa68
Los Piedros E 60 Cd74
Los Pozuelos de Calatrava E 52 Da69
Los Rábanos E 47 Eb60
Los Rosales E 59 Ca73
Los Ruices E 54 Ed67
Lossa D 127 Ea40
Los Santos E 45 Cb63
Los Santos de Malmona E 51 Bd70
Loßburg D 133 Cb49
Losse F 40 Fc52
Losser NL 117 Ca36
Losset IRL 9 Cb15
Lossiemouth GB 5 Eb07
Los Silos E 59 Bc72
Lößnitz D 135 Ec43
Los Tablones E 60 Dc76
Lostallo CH 142 Cc56
Loštice CZ 137 Gc45
Los Tonosas E 61 Eb74
Los Tuelas E 55 Ed73
Lostwithiel GB 18 Dc31
Los Villaesteres E 45 Cc60
Los Villares E 60 Db73
Los Villares E 60 Da74
Los Yébenes E 52 Db67
Los Yesos E 61 Eb75
Löt S 96 Gc43
Löt S 103 Gb51
Lote N 84 Cc34
Løten N 86 Eb38
Lothmore GB 5 Eb06
Lotlax FIN 81 Ja30
Lotorp S 95 Ga45
Lotošino RUS 202 Ed10
Lotovicy RUS 107 Mb50
Lotte D 117 Cb36
Lottefors S 87 Ga36
Löttorp S 104 Gc51
Lottum NL 125 Bc39
Lotyń PL 121 Gc33
Lotzorai I 169 Cc77
Louans F 29 Ga42
Louargat F 26 Ea38
Loubillé F 32 Fc46
Loučeň CZ 136 Fc44
Louchats F 32 Fb51
Loučka CZ 137 Ha46
Loučná Hora CZ 136 Fd44
Loučná nad Desnou CZ 137 Gc44
Loudéac F 27 Eb39
Loudun F 28 Fd43
Loué F 28 Fc40
Loue FIN 74 Jd20
Louejärvi FIN 74 Jd19
Louejoki FIN 74 Jd19
Loughanavally IRL 9 Cb20
Loughborough GB 16 Fa24
Lougher IRL 12 Ba24
Loughglinn IRL 8 Bd19
Lough Gowna IRL 9 Cb19
Loughlinstown IRL 13 Cd22
Loughmoe IRL 13 Ca23
Loughrea IRL 12 Bd21
Loughton GB 20 Fd27
Lougratte F 33 Ga51
Loúha GR 188 Ac86
Louhans F 30 Jb44
Louhioja FIN 83 Ld29
Louhivaara FIN 83 Ma28
Louisburgh IRL 8 Bb19
Loukás GR 194 Bc87
Loukee FIN 90 La33
Loukinainen FIN 97 Jb39
Loukísia GR 189 Cb85
Loukkojärvi FIN 74 Ka23
Loukunvaara FIN 91 Ma32
Loukusa FIN 75 Kd21
Loulans F 31 Jd41
Loulay F 32 Fb46
Loulé P 58 Ac74
Lõunaküla EST 98 Kb42
Lounovice CZ 136 Fc46
Louny CZ 136 Fa43
Lourdes F 40 Fc56
Louredo P 44 Ad61
Loures P 50 Aa68
Louriçal P 44 Ac64
Lourinhã P 50 Aa67
Lourmarin F 42 Jc53
Louro E 36 Ac55
Louro P 44 Ad60
Loúros GR 188 Ad82
Lourosa P 44 Ad61
Loury F 29 Gd39
Lousã P 44 Ad64
Lousa P 45 Bc61
Lousada E 36 Bb55
Lousada P 44 Ad60
Louth GB 17 Fd22
Louth IRL 9 Cd19
Loutrá GR 184 Cc76
Loutrá GR 184 Cc80
Loutrá GR 191 Ea84
Loutrá GR 194 Bb87
Loutrá GR 195 Cd88
Loutrá Edipsoú GR 189 Ca83
Loutrá Eleftherón GR 184 Cd78
Loutrá Ipátis GR 189 Bc83
Loutráki GR 183 Bc76
Loutráki GR 188 Ad83
Loutráki GR 189 Ca86
Loutra Kilinis GR 188 Ad86
Loutrá Smokóvou GR 189 Bc82
Loutrá Thermopilón GR 189 Bd83
Loutró GR 183 Bd78
Loutró GR 200 Cb95
Loutropigí GR 189 Bc82
Loutrópoli Thermís GR 191 Ea83
Loutrós GR 185 Ea78
Loútsa GR 188 Ac81
Loútsa GR 195 Cc87
Louvankylä FIN 89 Ja33
Louverné F 28 Fb39
Louvie-Juzon F 40 Fc56
Louviers F 23 Gb36
Louvigné-de-Bais F 28 Fa39
Louvigné-du-Desert F 28 Fa38
Louvois F 24 Hd36
Louvroil F 24 Hc32
Louze F 30 Ja38
Lovagny F 35 Jd46
Lövånger S 81 Hd26
Lovas HR 153 Hd60
Lövås S 80 Gd27
Lovasberény H 146 Hc53
Lövåsen S 79 Ga30
Lovászhetény H 153 Hc57
Lovászi H 145 Gc56
Lovászpatona H 145 Ha53
Lövberg S 71 Fc24
Lövberga S 79 Fd28
Lövberget S 95 Fc40
Lovćenac SRB 153 Ja59
Lovćić HR 152 Ha60
Loveč BG 180 Db70
Loveč BG 180 Dd73
Lovečkovice CZ 136 Fb43
Løvel DK 100 Db22
Lovelhe P 36 Ad58
Lovere I 149 Da58
Lövestad S 110 Fa56
Loviisa FIN 90 Kd38
Lovik N 66 Fd12
Løvik N 76 Cd31
Lovikka S 68 Hd16
Lovinac HR 151 Ga63
Lovinobaňa SK 146 Ja50
Lovisa FIN 90 Kd38
Lovište HR 158 Gd68
Lövliden S 79 Ga26
Lövnäs S 72 Gc20
Lövnäs S 79 Ga25
Lövnäs S 80 Gc27
Lövnäs S 86 Fa37
Lövnäsvallen S 86 Fa35
Lovni Dol BG 180 Dc71
Lövő H 145 Gc53
Lovoleto I 150 Dd62
Lovosice CZ 136 Fa43
Lovran HR 151 Fb60
Lovreć HR 151 Fa61
Lovreć HR 158 Gd66
Lovrenc na Pohorju SLO 144 Fd56
Lovrin RO 174 Bc60
Lovrup DK 108 Da27
Lövsjö S 96 Gc43
Lövsjön S 95 Fc40
Løvskal DK 100 Dc23
Lövstabruk S 96 Gd40
Lövstalöt S 96 Gc41
Lövstrand S 79 Ga27
Lovund N 70 Ed20
Lövvik S 79 Ga27
Łówcza PL 139 Kc43
Löwenberg D 119 Ed35
Löwenberger Land D 119 Ed35
Lower Beeding GB 20 Fc29
Lower Boddington GB 20 Fa26
Lower Cam GB 19 Ec27
Lower Diabaig GB 4 Db07
Lower Killeyan GB 9 Da14
Lowestoft GB 21 Gc25
Lowgill GB 11 Ec19
Łowicz PL 130 Hd37
Łowicz Wałecki PL 120 Ga33
Low Row GB 11 Ec16
Łowyń PL 128 Ga36
Loxstedt D 118 Cd33
Loyers GB 7 Dd08
Loyettes F 35 Jc46
Löytänä FIN 82 Kb29
Löytö FIN 90 La34
Löytökylä FIN 74 Kb23
Löytölä FIN 83 Lb25
Löytövaara FIN 75 Kd20
Löytty FIN 90 Kd37
Löyttymäki FIN 90 Kb37
Lož SLO 151 Fb59
Lozarevo BG 181 Ec72
Lozari F 154 Cb68
Lozen B 125 Bb39
Lozen BG 179 Cc71
Lozenec BG 181 Ec72
Lozenec BG 181 Fa68
Lozhan AL 182 Ad77
Lozica BG 180 Dc69
Łozina PL 129 Gc40
Lozna RO 171 Da56
Lozna SRB 178 Bb67
Loznica BG 180 Eb70
Loznica BG 181 Fa68
Łoźnica PL 120 Fc32
Loznica SRB 153 Ja62
Łoznik PL 122 Ja30
Lozorno SK 145 Gc50
Lozova MD 173 Fc57
Lozova UA 205 Fa15
Lozovac HR 157 Ga65
Lozovik SRB 174 Bc65
Lozovik SRB 174 Bc66
Lozoya E 46 Dc62
Lozoyuela E 46 Dc63
Lozzo di Cadore I 143 Eb56
Luaces E 36 Bc55
Luanco (Gozon) E 37 Cc53
Luaras AL 182 Ad78
Luarca E 37 Ca54
Lubaczów PL 139 Kc43
Lubań PL 128 Fd41
Lubāna LV 107 Lb50
Lubanie PL 121 Hb35
Lubanowo PL 120 Fc34
Lübars D 127 Eb37
Lubartów PL 131 Kb39
Lubasz PL 121 Gb35
Lubatowa PL 139 Ka45
Lubawa PL 122 Hd33
Lubawka PL 128 Ga42
Lübbecke D 126 Cd36
Lübben/Spreewald D 128 Fa38
Lübbenau/Spreewald D 128 Fa38
Lübbow D 119 Dd35
Lubcroy GB 4 Dd06
Lubczyna PL 120 Fc33
Lübeck D 119 Dd32
Lubenec CZ 135 Ed44
Lubenia PL 139 Ka44
Lubersac F 33 Gb48
Lubes LV 105 Jd49
Lubián E 37 Bd58
Łubianka PL 120 Fd35
Łubianka PL 121 Hb34
Lubiatów PL 128 Fd38
Lubiatowo PL 120 Fc34
Lubiaż PL 129 Gb40
Lubichowo PL 121 Ha32
Lubicz PL 121 Hb34
Łubiec PL 130 Jb37
Lubień PL 128 Fc37
Lubień PL 138 Ja45
Lubień Kujawski PL 130 Hc36
Lubieszewo PL 120 Ga33
Lubiewo PL 121 Ha33
Lubiewo Zalesie PL 120 Fb32
Lubimec RUS 99 Lc43
Lubin PL 120 Fb32
Lubin PL 129 Gb40
Lubiń PL 129 Gc38
Lubiń PL 129 Ha36
Łubin-Kościelny PL 123 Kb35
Lubiny PL 129 Ha38
Lubjaniki RUS 203 Fb10
Lubla PL 139 Jd45
Lublewo Gdańskie PL 121 Ha30
Lublin PL 131 Kb40
Lubliniec PL 129 Hb42
Lubliniec PL 139 Kc43
Lubmin D 120 Fa31
Lubnia PL 121 Gd31
Lubniany PL 129 Ha42
Łubnice PL 129 Ha41
Łubnice PL 138 Jc43
Lubniewice PL 128 Fd36
Lubno PL 120 Fc35
Lubno PL 121 Gb33
Lubno PL 121 Gc31
Łubno PL 130 Hc37
Lubny UA 202 Ed14
L'ubochňa SK 138 Hd47
Lubochnia PL 130 Ja39
Lubomierz PL 128 Fd41
Lubomierz PL 138 Ja45
Lubomino PL 122 Ja31
Luboń PL 129 Gc37
Luboradz PL 129 Gb41
Luborzyca PL 138 Ja44
Lubostroń PL 121 Ha35
Lubosz PL 128 Ga36
L'ubotín SK 138 Jc47
Lubotyń PL 129 Hb36
Lubowidz PL 122 Hd34
Łubowo PL 121 Gb33
Łubowo PL 129 Gd36
Lubraniec PL 129 Hb36
Lubrin E 61 Eb75
Lubrza PL 128 Fd37
Lubrza PL 137 Gd43
Lubsko PL 128 Fc39
Lübstorf D 119 Ea32
Lubstów PL 129 Hb37
Lubsza PL 129 Gd41
Lübtheen D 119 Dd33
Lubuczewo PL 121 Gc29
Luby CZ 135 Eb44
Łuby PL 121 Ha32
Lubycza Królewska PL 131 Kd42
Lübz D 119 Eb33
Lubzina PL 139 Jd44
Luc F 34 Hd50
Luc F 41 Ha52
Luca Cernii de Jos RO 174 Cb61
Lucainena de las Torres E 61 Eb75
Lucan IRL 13 Cd21
Lucaph MD 177 Fc61
Lúcar E 61 Ea74
Lucareț RO 174 Bd60
Lučatin SK 138 Hd48
Luçay-le-Malle F 29 Gb42
Lucca I 155 Da65
Lucena E 60 Cd74
Lucena del Puerto E 59 Bc74
Lucenay-le-Duc F 30 Ja41
Luc-en-Diois F 35 Jc50
Lučenec SK 146 Ja50
Luceni E 47 Fa60
Lucens CH 141 Bb55
Lucenza E 36 Bb58
Luče ob Savinji SLO 151 Fc57
Lucera I 161 Fd73
Lucéram F 43 Kd52
Lucey F 35 Jd46
Luché-Pringé F 28 Fd41
Lucheux F 23 Gd32
Lüchow D 119 Dd35
Luchów PL 139 Kb43
Luchy F 23 Gd34
Luciana E 52 Da69
Lučica SRB 174 Bc64
Lucień PL 130 Hd36
Lucieni RO 176 Dd65
Lucignano I 156 Dd67
Lucignano d' Arbia I 155 Dc67
Lucillos E 52 Cd66
Lučine SLO 151 Fb58
Lucito I 161 Fc72
Luciu RO 176 Ed64
Luciu RO 177 Fa65
Luc'k UA 204 Ea15
Lucka D 127 Eb41
Luckau D 128 Fa38
Luckenbach D 125 Cb42
Luckenwalde D 127 Ed38
Lucker GB 11 Fa14
Lucksta S 87 Gb34
Lückstedt D 119 Ea35
Lúčky SK 138 Hd47
Lucmau F 40 Fc52
Luco dei Marsi I 160 Ed71
Luçon F 32 Fa45
Luc-sur-Mer F 22 Fc35
Ludanice SK 137 Hb49
Ludborough GB 17 Fc21
Ludbreg HR 152 Gc57
Lüdelsen D 119 Dd35
Lüdenhausen D 126 Cd37
Lüdenscheid D 125 Ca40
Lüder D 118 Dc35
Lüderitz D 127 Ea36
Lüderode, Weißenborn- D 126 Dc39
Lüdersdorf D 119 Dd32
Ludești RO 176 Dd64
Ludford GB 17 Fc22
Ludgershall GB 20 Ed29
Ludgershall GB 20 Fb27
Ludgo S 96 Gc45
Ludiente E 54 Fc66
Lüdinghausen D 125 Ca38
Ludlow GB 15 Eb25
Ludogorci BG 181 Ec69
Ludomy PL 121 Gc35
Luduș RO 175 Da61
Luduș RO 171 Db59
Ludvigsborg S 110 Fa55
Ludvika S 95 Fd41
Ludwigsburg D 134 Cd48
Ludwigsfelde D 127 Ed37
Ludwigshafen D 142 Cc51
Ludwigshafen a. Rh. D 133 Cb46
Ludwigslust D 119 Ea33
Ludwigsstadt D 135 Dd43
Ludwigswinkel D 133 Ca47
Ludwin PL 131 Kb39
Ludza LV 107 Ld51
Lüe F 39 Fa52
Luesia E 39 Fa58
Lueta RO 176 Ea60
Lug BIH 159 Hc68
Lug HR 153 Hc59
Lug RUS 107 Mb46
Luga RUS 99 Mb43
Luga RUS 202 Ea09
Lugagnano Val d'Arda I 149 Cd61
Lugán E 37 Cc56
Lugano CH 149 Cc57
Lugasu de Jos RO 170 Cb57
Lugaži LV 106 La47
Lügde D 126 Da38
Lüge D 119 Ea35
Lugendorf A 144 Fd50
Ługi PL 122 Hd34
Luglon F 39 Fb53
Lugnano in Teverina I 156 Ea69
Lugnås S 102 Fa46
Lugnvik S 80 Gc31
Lugny F 30 Jb44
Lugo E 36 Bb55
Lugo I 149 Db63
Lugo I 150 Ea63
Lugo de Llanera E 37 Cc54
Lugoj RO 174 Ca61
Lugomerci SRB 153 Hd59
Lugones E 37 Cb54
Lugovoe RUS 113 Ja59
Lugovskoe RUS 99 Ma42
Lugros E 60 Dc75
Lugton GB 10 Dd13
Luh RUS 203 Fb09
Luhačovice CZ 137 Ha47
Luhalahti FIN 89 Jc35
Luhamaa EST 107 Lc47
Luhanka FIN 90 Kc34
Luhans'k UA 203 Fb14
Luhe-Wildenau D 135 Eb46
Lühmannsdorf D 120 Fa31
Luhovicy RUS 203 Fa10
Luhtaanmaa FIN 90 Kc36
Luhtanen FIN 90 Kd35
Luhtapohja FIN 83 Ma30
Luhtikylä FIN 90 Kc37
Luib GB 4 Db08
Luica RO 181 Ec67
Luidja EST 97 Jc44
Luige EST 98 Kb42
Luigny F 29 Gb39
Luik = Liège B 124 Ba41
Luikonlahti FIN 83 Lb30
Luimneach IRL 12 Bd23
Luino I 148 Cb57
Luintra (Nogueira de Ramuín) E 36 Bb57
Luiro FIN 69 Kb16
Luisant F 29 Gb38
Luisenthal D 126 Dc42
Luizi Călugăra RO 172 Ed59
Lújar E 60 Dc76
Luka BIH 158 Hb66
Luka HR 157 Fd65
Luka SRB 174 Ca66
Lukač HR 152 Gd58
Luka nad Jihlavou CZ 136 Ga47
Lukanja SLO 144 Fd56
Luka Pokupska HR 151 Ga59
Lukare SRB 178 Ba69
Lukaši RUS 99 Mb40
Lukavac BIH 153 Hc62
Lukavci SLO 145 Gb56
Lukavec CZ 136 Fc46
Łukawiec PL 139 Kc43
Luke MK 179 Ca72
Lukeswell IRL 13 Cb24
Lukićevo SRB 153 Jc60
Lukićevo SRB 174 Bb62
Lukinić Brdo HR 151 Ga59
Lukkaroistenperä FIN 81 Jd25
Luknės LT 113 Jb53
Lukojanov RUS 203 Fc10
Lukovica SLO 151 Fc57
Lukovica SRB 174 Bc66
Lukovit BG 179 Da70
Lukovnikovo RUS 202 Ec10
Lukovo BG 179 Cc71
Lukovo HR 151 Fc62
Lukovo MK 182 Ad75
Lukovo MNE 159 Hd68
Lukovo SRB 178 Bb69
Lukovo SRB 178 Bd67
Lukovo Šugarje HR 151 Fd63
Łuków PL 131 Ka37
Łukowa PL 130 Jb42
Łukowa PL 131 Kc42
Łukowica PL 138 Jb45
Łukowisko PL 131 Kb37
Łukowo PL 122 Jb35
Łukowo PL 129 Gc36
Lukšiai LT 114 Ka57
Lukštai LT 114 La53
Łukta PL 122 Hd32
Luktvatnet N 70 Fa21
Lula I 168 Cb75
Luleå S 73 Hd22
Lüleburgaz TR 185 Ed76
Lüllemäe EST 106 La47
Lullymore IRL 13 Cc21
Lułowo PL 121 Gd33
Lümanda EST 105 Jb46
Lumasi AL 182 Ac76
Lumbarda HR 158 Gd68
Lumbier E 39 Ed57
Lumbrales E 45 Bd62
Lumbrein CH 142 Cc55
Lumbres F 23 Gd31
Lumby DK 108 Dc26
Lumes F 24 Ja33
Lumezzane I 149 Da59
Lumijoki FIN 74 Ka24
Lumikylä FIN 82 Kd25
Lumimetsä FIN 82 Ka26
Lumina RO 181 Fc67
Lumio F 154 Ca69
Lummelunda S 104 Ha49
Lummen B 124 Ba40
Lummukka FIN 81 Jc30
Lumparland FIN 96 Hc41
Lumpiaque E 47 Ed60
Lumpzig D 127 Eb41
Lumsås DK 109 Ea25
Lumsheden S 95 Ga39
Lun HR 151 Fc62
Luna E 47 Fa59
Lunano I 156 Eb65
Lunas F 41 Hc54
Lunca RO 170 Cb58
Lunca RO 171 Dc58
Lunca RO 172 Ed56
Lunca RO 175 Cc60
Lunca RO 180 Dc68
Lunca Banului RO 173 Fb59
Lunca Bradului RO 172 Dd58
Lunca Corbului RO 175 Dc65
Lunca de Jos RO 172 Eb59
Lunca de Sus RO 172 Eb59
Lunca Ilvei RO 172 Dd56
Lunca Mureșului RO 171 Da59
Luncavița RO 174 Ca63
Luncavița RO 177 Fb63
Luncoiu de Jos RO 175 Cc60
Lund DK 108 Db25
Lund N 78 Ec25
Lund N 92 Cb46
Lund S 110 Ed56
Lunda S 96 Gd42
Lundamo N 78 Ea31
Lundbjörken S 95 Fc39
Lundby DK 100 Db21
Lundby DK 109 Dd28
Lundby DK 109 Eb27
Lundby S 95 Ga43
Lunde DK 108 Cd25
Lunde DK 108 Dc26
Lunde N 67 Gc12
Lunde N 84 Cd34
Lunde N 85 Dd38
Lunde N 93 Db43
Lunde S 88 Gc32
Lundeborg DK 109 Dd27
Lundebyvollen N 86 Ec38
Lunden D 118 Da30
Lunden N 93 Db45
Lundenes N 66 Ga12
Lundersæter N 94 Ec40
Lunderskov DK 108 Db26
Lundsbrunn S 102 Fa46
Lundsjön S 79 Fc29
Lüneburg D 118 Dc34
Lunel F 42 Ja54
Lünen D 125 Ca38
Lunestedt D 118 Cd33
Lunéville F 25 Jd37
Lunevščina RUS 99 Lc44
Lunga MD 173 Fd57
Lungeni RO 172 Ed57
Lungern CH 141 Ca55
Lungești RO 175 Da65
Lungön S 88 Gd32
Lungro I 164 Gb78
Lungsjön S 79 Ga30
Lungsund S 95 Fb43
Lunguletu RO 176 Ea65
Lunha MD 173 Fc55
Luninec BY 202 Ea13
Lunino RUS 113 Jd58
Lunino RUS 203 Fc10
Lunkkaus FIN 69 Kc16
Lünne D 117 Ca36
Lunneborg N 67 Gc11
Lunner N 85 Ea40
Lunning GB 5 Fa04
Lunow D 120 Fb35
Lunteren NL 116 Bb36
Lunz am See A 144 Fc52
Lunzenau D 127 Ec41
Luoba LT 113 Jc53
Luode FIN 89 Jc34
Luoftjok N 64 Ka06
Luogosanto I 168 Cb74
Luohua FIN 82 Ka25
Luohuan Ylipää FIN 82 Ka25
Luoke LT 113 Jd54
Luoma FIN 89 Jc32
Luoma-aho FIN 81 Jc30
Luomala FIN 82 Kb30
Luomankylä FIN 89 Ja33
Luonaala FIN 81 Ja31
Luonetjärvi FIN 90 Kb32
Luopa FIN 89 Jb32
Luopajärvi FIN 89 Jb32
Luopioinen FIN 90 Ka36
Luosto FIN 69 Kb16
Luosu FIN 68 Jb16
Luotakko FIN 82 Kb27
Luoto FIN 81 Jb28
Luotojärvi FIN 91 Lc32
Luotola FIN 91 Lb37
Luotolahti FIN 90 La35
Lupac RO 174 Ca62
Lupara I 161 Ga73
Łupawa PL 121 Gd30
Lupėnai LT 113 Jc57
Lupeni RO 172 Dd59
Lupeni RO 175 Cd62
Lupersat F 33 Gd46
Lupiac F 40 Fd54
Lupiana E 46 Dd64
Lupiñén E 48 Fb59
Łupków PL 139 Ka46
Luplanté F 29 Gb39
Lupogav HR 151 Fa60
Luppa D 127 Ec40
Lupoperä FIN 75 Kc23
Lupșa RO 171 Cd59
Lupșanu RO 176 Ec66
Lüptitz D 127 Ec40
Luque E 60 Da73
Luquin E 39 Ec57
Lur S 94 Eb45
Luras I 168 Cb74
Lurcy-Lévis F 30 Hb44
Lure F 31 Ka40
Lurgan GB 9 Cd17
Luri F 154 Cc68
Lurøy N 70 Fa20
Lurs F 42 Jd52
Lury-sur-Arnon F 29 Gd42
Lusanger F 28 Ed41
Lūšė LT 113 Jc53
Lüsen I 143 Ea55
Lüsens A 142 Dc54
Lusevera I 150 Ed57
Lushnjë AL 182 Ab76
Lusi FIN 90 Kc35
Lusiana I 150 Dd58
Lusignan F 32 Fd45
Lusigny F 30 Hc44
Lusigny-sur-Barse F 30 Hd38
Lusina PL 129 Gb41
Lusk IRL 13 Cd21
Luskovicy RUS 99 Mb40
Lus-la-Croix-Haute F 35 Jd50
Luso P 44 Ad63
Luson I 143 Ea55
Luspebryggan S 72 Ha18
Luspeholmen S 72 Gb24
Luss GB 7 Dd12
Lussac F 32 Fc50
Lussac-les-Châteaux F 33 Ga45
Lussac-les-Eglises F 33 Gb45
Lussan F 42 Ja52
Lussat F 33 Gd45
Lusta GB 4 Da07
Lustenau A 142 Cd53
Lustila FIN 89 Ja33
Łuszczów PL 131 Kb39
Luszkowo PL 121 Ha33
Luszyn PL 130 Hd37
Lutago I 143 Ea55
Lutcza PL 139 Ka45
Lutepää LV 107 Ld46
Lütersheim D 126 Cd40
Lütfiye TR 186 Ga79
Lütfiye TR 191 Ed85
Luthenay-Uxeloup F 30 Hb43
Luthern-Bad CH 141 Ca54
Lutherstadt Eisleben D 127 Ea39
Lutherstadt Wittenberg D 127 Ec38
Lutin CZ 137 Gc46
Lütjenburg D 119 Dd30
Lütjensee D 118 Dc32
Lutocin PL 122 Hd34
Lutol Suchy PL 128 Ga37
Lutomiersk PL 130 Hc39
Luton GB 20 Fc27
Lütow D 120 Fa31
Lutowiska PL 139 Kb46
Lutówko PL 121 Gd33
Lutriņi LV 105 Jd51
Lutry PL 122 Jb30
Lütschental CH 141 Ca55
Lutsi N 92 Ca44
Lutta FIN 89 Ja37
Luttach I 143 Ea55
Lutte D 127 Ec37
Lutter am Barenberge D 126 Dc38
Lutterworth GB 20 Fa25
Lüttich = Liège B 124 Ba41
Lutuhyne UA 205 Fb15
Lututów PL 129 Hb40
Lutynia PL 129 Gc41
Lützelbach D 134 Cd45
Lützen D 127 Eb40
Lutzerath D 133 Bd43
Lützkampen D 133 Bb43
Lutzmannsburg A 145 Gc53
Lützow D 119 Dd32
Luujoki FIN 74 Jd21
Luukkola FIN 91 Lb35
Luukkonen FIN 91 Lb34
Luumäen kirkonkylä FIN 91 Lb36
Luumäki FIN 91 Lb36
Luupujoki FIN 82 Kc28
Luupuvesi FIN 82 Kc27
Luusniemi FIN 90 Kd33
Luusua FIN 74 Kb18
Luutalahti FIN 83 Ma31
Luutsniku EST 107 Lc47
Luvelahti FIN 82 Kd30
Luvia FIN 89 Ja36
Luvos S 72 Gd19
Luxaondo E 38 Ea56
Luxembourg L 133 Bb45
Luxeuil-les-Bains F 31 Jd40
Luxey F 39 Fb52
Luyando E 38 Ea56
Luyères F 30 Hd38
Luynes F 29 Ga42
Luz P 50 Ba70
Luzaga E 47 Eb63

Mandelieu-la Napoule F 43 Kc53
Mandello del Lario I 149 Cc58
Mandelsloh D 126 Da36
Mander NL 117 Bd36
Manderfeld B 125 Bc42
Manderscheid D 133 Bc43
Mandeure F 31 Ka41
Mandø DK 108 Cd26
Mándok H 139 Kb49
Mándra GR 184 Db77
Mándra GR 185 Ea76
Mándra GR 189 Cb86
Mândra RO 176 Dd61
Mandre HR 151 Fc63
Mandria CY 206 Ja97
Mandrica BG 185 Ea76
Mandrikó GR 197 Ed93
Manduria I 162 Hb76
Mane F 40 Gb56
Mane F 42 Jd52
Manea GB 20 Fd25
Manebach D 126 Dc42
Mãneciu RO 176 Ea63
Manent-Montaine F 40 Ga55
Manerba del Garda I 149 Db59
Manerbio I 149 Da60
Måneset N 78 Ec25
Mãneşti RO 176 Dd64
Mãneşti RO 176 Ea65
Manětín CZ 135 Ed45
Manevyči UA 202 Ea14
Mánfa H 152 Hb57
Manfredonia I 161 Ga72
Mangalia RO 181 Fc68
Manganeses de la Lampreana E 45 Cb60
Manganeses de la Polvorosa E 45 Cb59
Manganítis GR 196 Dd88
Mångbyn S 81 Hd26
Mangen N 94 Eb41
Manger N 84 Ca38
Mangskog S 94 Ed42
Mangualde P 44 Ba63
Manhay B 124 Ba42
Máni GR 185 Eb76
Maniago I 150 Eb57
Maniáki GR 183 Bc77
Manieczki PL 129 Gc38
Manikūnai LT 114 Kc53
Manilva E 59 Cb77
Maninghem F 23 Gc31
Manısa TR 191 Ed85
Manises E 54 Fb67
Manjärv S 73 Hb23
Manjärvträsk S 73 Hb23
Manjaur S 80 Ha26
Manjinac SRB 179 Ca68
Mank A 144 Fd51
Mankaičai LT 113 Jd56
Mankala FIN 90 Kd37
Månkarbo S 96 Gc40
Mańki PL 122 Ja32
Mankila FIN 82 Ka25
Mankūnai LT 114 Ka56
Manlleu E 49 Ha59
Manna DK 100 Dc20
Männamaa EST 97 Jc44
Mannersdorf Leithagebirge A 145 Gc51
Mannestad N 85 Ea40
Mannheim D 134 Cc46
Männikkö S 68 Hd17
Männiku EST 98 Kb42
Männiku EST 98 Kc44
Mannila FIN 89 Jb37
Manningtree GB 21 Ga26
Männistönpää FIN 68 Jb17
Mănoileşti MD 173 Fb57
Manole BG 180 Db73
Manoleasa RO 172 Ed54
Manolovo BG 180 Dc72
Mañón E 36 Bb53
Manonville F 25 Jc36
Manoppello I 157 Fa70
Manorbier GB 18 Dc27
Manorhamilton IRL 8 Ca18
Manosque F 42 Jd53
Manowo PL 121 Gb31
Manresa E 49 Gd60
Månsåsen S 79 Fb31
Månsberg S 79 Ga27
Manschnow D 128 Fb36
Mansfeld D 127 Ea39
Mansfield GB 16 Fa22
Mansigné F 28 Fd40
Mansilla E 47 Ea59
Mansilla de las Mulas E 37 Cc57
Mansilla de las Mulas E 38 Dc58
Mansilla del Páramo E 37 Cb57
Manskivi FIN 90 Kb36
Mansle F 32 Fd47
Mansoniemi FIN 89 Jc34
Mönsted S 102 Ja49
Månsträsk S 72 Gd23
Mansuè I 150 Eb58
Manta MD 177 Fb62
Mantamádos GR 191 Ea83
Mantasiá GR 189 Bd82
Manteigas P 44 Bb63
Mantel D 135 Eb46
Mantes-la-Jolie F 23 Gc36
Mantes-la-Ville F 23 Gc36
Mantet F 41 Ha58

Manthelan F 29 Ga42
Manthiréa GR 194 Bc88
Mantila FIN 89 Jb32
Mantiloperä FIN 89 Jd33
Mäntlahti FIN 91 Lb38
Måntorp S 79 Ga27
Mantorp S 103 Fd47
Mantoúdi GR 189 Cb84
Mantova I 149 Db60
Mäntsälä FIN 90 Kc38
Mänttä FIN 90 Ka33
Mantua = Mantova I 149 Db60
Manturovo RUS 203 Fb08
Mantviliškis LV 114 Kb55
Mäntyharju FIN 90 Kd35
Mäntyjärvi FIN 74 Jd18
Mäntyjärvi FIN 75 Kc20
Mäntyjärvi FIN 83 Lb29
Mäntylä FIN 82 Kc30
Mäntyläperä FIN 81 Jd25
Marcilly-en-Gault F 29 Gc41
Marcilly-en-Villette F 29 Gd40
Marcilly-le-Hayer F 30 Hc38
Marcilly-sur-Seine F 24 Hc37
Marcinkonys LT 123 Kd30
Marcinkowice PL 129 Gd41
Marcinkowice PL 138 Jb45
Marcinowice PL 129 Gb42
Marciszów PL 128 Ga42
Marck F 21 Gc30
Marckolsheim F 31 Kc38
Marco E 36 Bb55
Marco de Canaveses P 44 Ba61
Marcoing F 24 Hb32
Mãrculeşti MD 173 Fc55
Mãrculeşti MD 173 Fc55
Mãrdaklev S 102 Ed50
Mardal N 70 Ed23
Mardalen N 77 Db33
Mar de Cristal E 55 Fb74
Marden GB 20 Fd29
Mardilly F 22 Fd37
Mårdsel S 73 Hc20
Mårdsele S 80 Ha26
Mårdsjö S 79 Ga27
Mårdsjö S 79 Fd30
Mårdsund S 79 Fb30
Måre DK 109 Dd27
Marebbe I 143 Ea56
Maredret B 124 Ad42
Mårem N 93 Db41
Marennes F 32 Fa47
Marentes E 37 Bd55
Maresfield GB 20 Fd30
Marettimo I 166 Dd84
Mareuil F 32 Fd48
Mareuil-en-Brie F 24 Hc36
Mareuil-sur-Arnon F 29 Gd43
Mareuil-sur-Lay F 28 Fa44
Mareuil-sur-Ourcq F 24 Hb36
Mar'evka RUS 203 Ga10
Marevo RUS 202 Eb10
Marezige SLO 151 Fa60
Marfa M 166 Eb87
Marga RO 174 Cb62
Margam GB 19 Dd27
Mărgăriteşti RO 176 Ec63
Margariti GR 188 Ac81
Margaritovo RUS 205 Fc16
Margate GB 21 Gb28
Mårgău RO 171 Cc58
Margaux F 32 Fb49
Margès F 34 Jb49
Margetshöchheim D 134 Da45
Margherita di Savoia I 162 Gb73
Marghita RO 170 Cb56
Margina RO 174 Cb60
Mărgineni RO 172 Ec55
Mărgineni RO 172 Ec58
Mărgineni RO 173 Fa55
Margolles E 37 Cd54
Margon F 29 Ga38
Margone I 148 Bc60
Margonin PL 121 Gc35
Margraten NL 125 Bb41
Margretetorp S 110 Ed53
Marguerittes F 42 Ja53
Margueron F 32 Fd50
Margut F 24 Jb34
Marham GB 17 Fd24
Marhaň SK 139 Jd47
Marholm GB 17 Fc24
Mari CY 206 Jb98
María E 61 Eb73
Maria de Huerva E 47 Fa61
Maria la Salut E 57 Hc67
Maria Elend A 144 Fa56
Mariager DK 100 Dc22
Marialva P 45 Bc62
Mariana E 47 Ed65
Marianca de Jos MD 177 Ga60
Maria Neustift A 144 Fc51
Marianelund S 103 Fd49
Marianopoli I 167 Fa85
Marianowo PL 120 Fd33

Marchenoir F 29 Gb40
Marcheprime F 32 Fb50
Marchiennes F 24 Hb31
Marchin B 124 Ba42
Marchtrenk A 144 Fa51
Marchwiel GB 15 Eb23
Marciac F 40 Fd54
Marciana I 155 Cd68
Marciana Marina I 155 Cd68
Marcianise I 161 Fb74
Marciena LV 107 Lb50
Marcigny F 34 Hd45
Marcilla E 39 Ec58
Marcillac-la-Croisille F 33 Gd48
Marcillac-Vallon F 33 Ha51
Marcillat-en-Combraille F 33 Ha46
Marcilliy-sur-Eure F 23 Gb37
Marcilloles F 34 Jb48
Mariánské Lázně CZ 135 Ec45
Maria Saal A 144 Fb56
Maria Schmolln A 143 Ed51
Maria Wörth A 144 Fb56
Maiazell A 144 Fd52
Maribáñez E 59 Ca74
Maribo DK 109 Ea29
Maribor SLO 144 Ga56
Marieberg S 95 Fd44
Marieby S 79 Fc31
Mariefred S 96 Gc44
Mariehamn FIN 96 Hc41
Marieholm S 102 Fa50
Marieholm S 110 Ed55
Marielund N 64 Ka06
Marielund S 72 Gc22
Marielund S 96 Gd42
Marielyst DK 109 Eb29
Marienbad = Mariánské Lázně CZ 135 Ec45
Marienbaum D 125 Bc38
Marienberg D 127 Ed42
Mariënberg NL 117 Bd35
Marienfließ D 119 Eb33
Marienhafe D 117 Cb32
Marienhagen D 126 Da37
Marienheide D 125 Ca40
Marienmünster D 126 Da38
Mariental D 127 Dd37
Marienwerder D 120 Fa35
Mariés GR 184 Da78
Mariestad S 102 Fa46
Marifjora N 84 Cd36
Marigenta E 59 Bc73
Marigliano I 161 Fb75
Marignac F 42 Jc54
Marigné F 28 Fb40
Marigny F 22 Fa36
Marigny-en-Orxois F 24 Hb36
Marigny-le Châtel F 30 Hc38
Marijampolé LV 114 Kb59
Marija na Muri HR 152 Gc57
Marijskoje RUS 113 Ja59
Marikostenovo BG 184 Cc75
Marín E 36 Ad57
Marina AR 183 Bc77
Marina HR 158 Gb65
Marina di Alberese I 155 Db69
Marina di Amendolara I 164 Gc78
Marina di Andora I 43 La52
Marina di Arbus I 169 Bd78
Marina di Ascea I 161 Fd77
Marina di Belmonte I 164 Gb80
Marina di Belvedere I 164 Ga79
Marina di Bibbona I 155 Da67
Marina di Camerota I 161 Fd78
Marina di Campo I 155 Da68
Marina di Caronia I 167 Fb84
Marina di Carrara I 155 Cd64
Marina di Castagneto-Donoratico I 155 Da67
Marina di Caulonia I 164 Gc83
Marina di Cecina I 155 Da66
Marina di Chieuti I 161 Fd71
Marina di Fuscaldo I 164 Gb79
Marina di Gairo I 169 Cc78
Marina di Ginosa I 162 Gd76
Marina di Gioia Tauro I 164 Ga83
Marina di Gioiosa Jonica I 164 Gc83
Marina di Grosseto I 155 Db68
Marina di Lago di Patria I 161 Fa75
Marina di Leuca I 165 Hc78
Marina di lu Impostu I 168 Cc74
Marina di Massa I 155 Da64
Marina di Minturno I 160 Ed74
Marina di Modica I 167 Fc88
Marina di Montemarciano I 156 Ed66
Marina di Montenero I 161 Fc71
Marina di Novaglie I 165 Hc78
Marina di Nova Siri I 162 Gc77
Marina di Orosei I 169 Cc76
Marina di Ostuni I 162 Ha75

Marina di Palma I 166 Ed87
Marina di Pescia Romana I 155 Dc70
Marina di Pietrasanta I 155 Da64
Marina di Pisa I 155 Da65
Marina di Pisciotta I 161 Fd77
Marina di Pulsano I 162 Ha76
Marina di Ravenna I 150 Ea63
Marina di San Vito I 157 Fb70
Marina di Sibari I 164 Gc78
Marina di Sorso I 168 Bd74
Marina di Strongoli I 165 Gd80
Marina di Torre Grande I 169 Bd77
Marina di Zambrone I 164 Gb82
Marina Palmense I 157 Fa67
Marina Romea I 150 Ea63
Marina Schiavonea I 164 Gc79
Marina Serra I 165 Hc78
Marina Velca I 156 Dd70
Marinbrod HR 152 Gb60
Marine d'Albo F 154 Cc68
Marine de Sisco F 154 Cc68
Marinella I 166 Eb85
Marineo I 166 Ec84
Marines E 54 Fb67
Marines F 23 Gc36
Maringues F 34 Hc46
Marinha das Ondas P 44 Ac64
Marinha Grande P 44 Ab65
Marini I 165 Hc78
Marlborough GB 20 Ed28
Marinka BG 181 Ed73
Marinkainen FIN 81 Jc27
Marino I 160 Eb72
Mar'insko RUS 99 Ld43
Mariotto I 162 Gc74
Maripérez E 53 Fa69
Mărişel RO 171 Cd58
Mărişelu RO 171 Dc57
Maritsá I 197 Fa93
Mariupol' UA 205 Fb16
Marjaliza E 52 Db67
Märjamaa EST 98 Kb44
Marjan BG 180 Ea71
Marjanci HR 152 Hb59
Marjaniemi FIN 74 Jd24
Marjokylä FIN 75 Lc23
Marjoniemi FIN 90 Kc36
Marjoperä FIN 82 Kb31
Marjovaara FIN 83 Ma30
Marjusaari FIN 81 Jd29
Mark S 79 Ga26
Marka N 71 Fb18
Marka S 102 Fa47
Märkalne LV 107 Lc48
Markaryd S 110 Fa53
Markby FIN 81 Jb29
Mark Cross GB 20 Fd29
Markdorf D 142 Cd52
Markelo NL 117 Bd36
Market Bosworth GB 16 Fa24
Market Deeping GB 17 Fc24
Market Drayton GB 15 Ec23
Market Harborough GB 20 Fb25
Markethill GB 9 Cd18
Market Rasen GB 17 Fc22
Market Weighton GB 16 Fb20
Markfield GB 16 Fa24
Markgröningen D 134 Cd48
Markhausen D 117 Cb34
Marki PL 130 Jb36
Markina-Xemein E 39 Eb55
Märkisch-Buchholz D 128 Fa38
Markitta S 68 Hc17
Markivka UA 203 Fb14
Markkina FIN 68 Hd13
Markkleeberg D 127 Eb40
Markkula FIN 81 Jd27
Märklkofen D 135 Eb49
Marklohe D 118 Da35
Marknesse NL 117 Bc34
Markneukirchen D 135 Eb43
Marko CY 206 Jc97
Markoldendorf D 126 Db38
Markop N 63 Ja06
Markópoulo GR 195 Cb87
Markovac SRB 174 Bb65
Markovac SRB 174 Bc65
Markovac SRB 174 Bd63
Markovo BG 180 Db73
Markovo BG 181 Ed70
Markovščina SLO 151 Fa59
Markov Sušica MK 178 Bb73
Markowa PL 139 Ka44

Markowice PL 121 Ha35
Markowo PL 122 Hd31
Marksewo PL 122 Jb32
Markranstädt D 127 Eb40
Marksuhl D 126 Db41
Markt Allhau A 145 Gb54
Marktbergel D 134 Db46
Markt Berolzheim D 134 Dc48
Markt Bibart D 134 Db45
Marktbreit D 134 Db45
Markt Einersheim D 134 Db45
Markt Erlbach D 134 Dc46
Marktgraitz D 135 Dd44
Marktheidenfeld D 134 Da45
Markt Indersdorf D 143 Dd50
Marktjärn S 87 Ga32
Marktl D 143 Ec50
Marktleugast D 135 Ea44
Marktleuthen D 135 Eb44
Markt Nordheim D 134 Db46
Marktoberdorf D 142 Db52
Markt Piesting A 145 Gb52
Marktredwitz D 135 Eb45
Markt Rettenbach D 142 Db51
Marktrodach D 135 Dd44
Markt Sankt Florian A 144 Fb51
Markt Sankt Martin A 145 Gb53
Marktschorgast D 135 Ea44
Markt Schwaben D 143 Ea51
Marktsteft D 134 Db45
Marktzeuln D 135 Dd44
Markušovce SK 138 Jb48
Markutišciai LT 114 Kc56
Markvarec CZ 136 Fd48
Marl D 125 Ca38
Marlborough GB 20 Ed28
Marle F 24 Hc34
Marlenheim F 25 Kb37
Marlishausen D 127 Dd42
Marloes GB 18 Db27
Marlow D 119 Ec31
Marlow GB 20 Fb28
Marly F 25 Jd35
Marly-Gomont F 24 Hc33
Marma S 96 Gc40
Marmagne F 30 Ja43
Marmande F 32 Fd51
Marmara TR 186 Db90
Marmara TR 185 Ed79
Marmaracık TR 186 Fa77
Marmaraereğlisi TR 186 Fa78
Marmári GR 190 Cd86
Marmaris TR 197 Fa91
Mármaro GR 191 Dd85
Marmelete P 58 Ab73
Marmolejo E 52 Da72
Marmorbyn S 95 Ga44
Marmore I 156 Eb69
Marmoutier F 25 Kb36
Marnand CH 141 Bb54
Marnäs S 87 Fd38
Marnay F 31 Jc41
Marne D 118 Da31
Mårnes N 71 Fb18
Marnheim D 133 Cb45
Marnitz D 119 Eb33
Marnoch GB 7 Ec08
Maro E 60 Db76
Marœuil F 23 Ha32
Maroilles F 24 Hc32
Marola I 156 Da63
Marola I 156 Da63
Marolles-les-Braults F 28 Fd39
Maron F 25 Jd37
Maroñas E 36 Ac55
Marónia GR 184 Dc77
Maroslele H 153 Jc77
Marostica I 150 Dd59
Marotta I 156 Ec66
Maroufenha P 58 Ab72
Marovac KSV 178 Bc71
Marpingen D 133 Bd46
Marple GB 16 Ed21
Marpod RO 175 Db61
Marquartstein D 143 Eb52
Marquion F 23 Ha32
Marquise F 21 Gc30
Marradi I 156 Dd64
Marrasjärvi FIN 69 Jd17
Marrasköski FIN 74 Jd18
Marrault F 30 Hd43
Marrazes P 44 Ab65
Marroquín-Encina Hermosa E 60 Db73
Marroule F 33 Gd51
Marrubiu I 169 Bd78
Marrum NL 117 Bc32
Marrupe E 46 Cd65
Marsaglia I 149 Cc62
Marsais F 32 Fb46
Marsala I 166 Ea85
Maršal'skoe RUS 113 Ja58
Mărşani RO 179 Da67
Marsberg D 126 Cd39

Marschacht D 118 Dc33
Marsciano I 156 Ea68
Marsden GB 16 Ed21
Marseillan F 41 Hc55
Marseillan-Plage F 41 Hc55
Marseille F 42 Jc55
Marseille-en-Beauvais F 23 Gc34
Marsh GB 19 Eb30
Marshfield GB 19 Ec28
Marsh Gibbon GB 20 Fb27
Marsia I 156 Ed68
Marsiconuovo I 161 Ga76
Marsicovetere I 161 Ga76
Marsiljärv S 73 Hd19
Marske-by-the-Sea GB 11 Fb18
Mars-la-Tour F 25 Jc35
Mårslet DK 108 Dc24
Marsliden S 71 Fd24
Mårsnëni LV 106 Kd48
Marson F 24 Hd36
Marssac-sur-Tarn F 41 Gd53
Marssum NL 117 Bc33
Märsta S 96 Gd42
Marstal DK 109 Dd28
Marston GB 16 Fb23
Marston Magna GB 19 Ec29
Marstrand S 102 Eb48
Marstrup DK 108 Db27
Märsylä FIN 81 Jc27
Marszów PL 128 Fd39
Marta I 156 Dd69
Martainville F 23 Gb35
Martanesh AL 182 Ac74
Martano I 163 Hc77
Martebo S 104 Ha49
Martel F 33 Gc50
Martelange B 132 Ba44
Mártely H 146 Jb56
Marten BG 180 Ea68
Mårtensboda S 80 Hc26
Martfeld D 118 Da35
Martfü H 146 Jb54
Mártha D 201 Db96
Martigné F 28 Fb39
Martigné-Briand F 28 Fc42
Martigné-Ferchaud F 28 Fa40
Martigny CH 148 Bc57
Martigny-le-Comte F 30 Ja44
Martigny-les-Bains F 31 Jc39
Martigny-lès-Gerbonvaux F 31 Jc38
Martigues F 42 Jc54
Martilla FIN 97 Jc39
Martim Longo P 58 Ad73
Martin SK 138 Hc47
Martina CH 142 Db55
Martina Franca I 162 Ha75
Martinán E 36 Bc54
Martin Brod BIH 152 Gb63
Martinci SRB 153 Ja61
Martinci Čepinski HR 153 Hc59
Martin de la Jara E 60 Cc75
Martín del Río E 47 Fa63
Martin de Yeltes E 45 Ca63
Martin Drove End GB 20 Ed30
Martinet E 40 Gc58
Martingança P 44 Ab65
Martin Muñoz de las Posadas E 46 Da62
Martinniemi FIN 74 Jd23
Martino GR 189 Ca84
Martinsberg A 144 Fd50
Martinšcica HR 151 Fb62
Martinsheim D 134 Db46
Martinsicuro I 157 Fa68
Martinskj HR 151 Fa61
Martinstown GB 9 Da16
Martizay F 29 Gb44
Martletwy GB 18 Dc27
Martley GB 15 Ec25
Martna EST 98 Ka44
Martock GB 19 Eb30
Martofte DK 109 Dd26
Martonoš SRB 153 Jb57
Martonvásár H 146 Hc53
Martorell E 49 Gd61
Martos E 60 Db73
Martragny F 22 Fb35
Martres F 32 Fd49
Martron F 32 Fc49
Marttila FIN 90 Kc37
Marttila FIN 97 Jc39
Marttuni LV 107 Ld50
Maruflar TR 191 Ec84
Marugán E 46 Da63
Maruggio I 162 Ha76
Marum N 71 Fd33
Marum S 102 Fa47
Marunowo PL 121 Gb35
Mărunţei RO 175 Db66

Mārupe LV 106 Kb51
Maruševec HR 152 Gb57
Maruszów PL 131 Jd40
Marvão P 51 Bb67
Marvejols F 34 Hc51
Marville F 24 Jb34
Marwald PL 122 Hd33
Marwitz D 127 Ed36
Marxzell D 133 Cb48
Märy FIN 97 Jc39
Marybank GB 4 Dd07
Maryfield GB 5 Fa05
Marykirk GB 7 Ec10
Marynewo PL 121 Hb30
Marypark GB 7 Eb08
Maryport GB 10 Ea17
Mary Tavy GB 19 Dd31
Marzabotto I 149 Dc63
Marzahna D 127 Ec38
Marzamemi I 167 Fd88
Marzán E 37 Cb56
Marzecice PL 122 Hc33
Marzell D 141 Bd51
Marzell D 141 Ca51
Marzewo PL 122 Hd31
Marzoa E 36 Ba55
Marzocca I 156 Ed66
Masa E 38 Dc57
Masari CY 206 Ja96
Masarolis I 150 Ed59
Masboquera E 48 Ga63
Mascali I 167 Fd85
Mascalucia I 167 Fc85
Mascaraque E 52 Db66
Mas-Carbadès F 41 Ha55
Mas de Barberans E 48 Fd63
Mas de las Matas E 48 Fc63
Masegosa E 47 Ec64
Masegoso E 53 Eb70
Masegoso de Tajuña E 47 Ea63
Maselheim D 142 Da50
Måsenes N 64 Jc06
Maser I 150 Ea58
Masera I 148 Ca57
Masevaux F 31 Kb40
Masfjorden N 84 Ca38
Mas-Grenier F 40 Gb53
Masham GB 11 Fa19
Maside E 36 Ba57
Masi Måze N 63 Ja10
Maskaur S 72 Gc22
Maskjok N 64 Ka06
Masku FIN 97 Jb39
Maslacq F 39 Fb55
Maslarevo BG 180 Dd69
Masléon F 33 Gc47
Maslinica HR 158 Gb67
Masloc RO 174 Bd60
Maslovare BIH 152 Ha63
Maslowice PL 130 Hd41
Masłowo PL 129 Gc38
Mas-Neuf-sur-Orb F 41 Hb53
Maso FIN 82 Kb31
Maso Corto I 142 Dc55
Masoúri GR 197 Eb90
Masøy N 64 Jb04
Masquefa E 49 Gd61
Massa I 155 Da64
Massa d'Albe I 160 Ed71
Massa Finalese I 149 Dc61
Massa Fiscaglia I 150 Ea62
Massafra I 162 Gd76
Massagette F 33 Ha47
Massais F 28 Fc43
Massa Lombarda I 150 Dd63
Massa Lubrense I 161 Fb76
Massamagrell E 54 Fc67
Massa Marittima I 155 Db67
Massa Martana I 156 Eb68
Massarosa I 155 Da65
Massat F 40 Gb56
Massay F 29 Gd42
Maßbach D 134 Db44
Massenbachhausen D 134 Cd47
Masserano I 148 Ca59
Masserberg D 135 Dd43
Masseret F 33 Gc48
Masseria I 143 Dd55
Masseria Airili I 161 Fd73
Masseria Anzani I 162 Gb73
Masseria Candelaro I 161 Ga72
Masseria Cangiulli I 162 Gc75
Masseria Monaco Cappelli I 161 Ga72
Masseria Montanaro I 162 Gd75
Masseria Motta Panetteria I 161 Fd72
Masseria Petrulli I 161 Fd72
Masseria Stimpato I 167 Fc86
Masseube F 40 Ga55
Massford GB 9 Da18
Massiac F 34 Hb48
Massiani EST 106 Kc47
Massignac F 33 Ga47
Massing D 143 Ec50
Massoult F 30 Ja40

Massu – Metamórfosi

Massu EST 98 Ka45
Mästăcani RO 177 Fb62
Mästerby S 104 Gd50
Masterelv N 63 Ja06
Mastergeehy IRL 12 Ba25
Masterud N 94 Ec41
Mas Thibert F 42 Jb54
Mastholte D 126 Cc38
Mastihári GR 197 Eb91
Mästocka S 110 Ed53
Masty BY 202 Dd13
Masua I 169 Bd79
Masugnsbyn S 68 Hd16
Mašun SLO 151 Fb59
Måsvik N 62 Gc08
Maszewko PL 121 Gd29
Maszewo PL 120 Fc33
Maszewo PL 128 Fc38
Mata E 38 Db55
Mata E 38 Dc57
Mata P 50 Ac66
Matabuena E 46 Dc62
Mata de Alcántara E 51 Bc66
Matala FIN 74 Jd21
Mátala GR 200 Cd96
Matalalahti FIN 82 Kd28
Matalascañas E 59 Bc75
Matalebreras E 47 Ec60
Matallana E 37 Cc58
Matamala de Almazán E 47 Ea61
Matamorisca E 38 Db56
Matamorosa E 38 Db56
Matanza E 37 Cc58
Mataporquera E 38 Db56
Matapozuelos E 46 Cd61
Matara FIN 83 Lb28
Mataräga GR 188 Ba84
Mataramäki FIN 90 Kd32
Mataránga GR 189 Bc81
Mataró E 49 Ha61
Mataruge MNE 159 Ja67
Mataruška Banja SRB 178 Ba67
Mătăsari RO 175 Cc64
Mätäsvaara FIN 83 Lc28
Mątawy PL 121 Hb33
Matca RO 177 Fa62
Matching Green GB 20 Fd27
Matcze PL 131 Kd40
Mateeşti RO 175 Da63
Matei RO 171 Db57
Matejče MK 178 Bc72
Matelica I 156 Ec67
Matera I 162 Gc75
Materija SLO 151 Fa59
Mateševo MNE 159 Jb68
Mátészalka H 147 Kb51
Mateus P 44 Bb61
Matfors S 87 Gb33
Matha F 32 Fc47
Mathi I 148 Bc59
Mathiatis CY 206 Jb97
Mathieu F 22 Fc35
Mathildedal FIN 97 Jc40
Mathopen N 84 Ca39
Matienzo E 38 Dd55
Matignon F 26 Ec38
Matigny F 23 Ha33
Matilda FIN 97 Jc40
Matilla de los Caños del Río E 45 Cb63
Matinella I 161 Fd76
Matiši LV 106 Kd48
Matka MK 178 Bb73
Matkaniva FIN 82 Ka26
Matkavaara FIN 75 La24
Matku FIN 89 Jd37
Matkule LV 105 Jd51
Matlaukys LT 114 Ka59
Matlock GB 16 Fa22
Mătnica BG 181 Ec70
Mato E 36 Bb54
Matojärvi S 73 Jb20
Matos P 50 Ad71
Matosinhos P 44 Ac61
Matour F 34 Ja45
Mátradercske H 146 Jb51
Mátrafüred H 146 Ja52
Mátraterenye H 146 Ja51
Matre N 92 Cb41
Matrei A 143 Eb54
Matrei am Brenner A 143 Dd54
Matrei in Osttirol A 143 Eb55
Matrice I 161 Fc72
Matrosovo RUS 113 Ja58
Matrosovo RUS 113 Jb57
Matsalu EST 98 Ka45
Matsdal S 71 Fd23
Matsi EST 106 Ka46
Matsoúki GR 188 Ba83
Matteröd S 110 Fa54
Mattersburg A 145 Gb52
Mattila FIN 89 Jb33
Mattila FIN 90 Kc38
Mattila FIN 91 Lc34
Mattilanmäki FIN 69 Kc17
Mattilanperä FIN 81 Jd25
Mattinata I 162 Gb72
Mattinen FIN 89 Ja38
Mattisudden S 72 Ha19
Mattmar S 79 Fb30
Mattnäs FIN 97 Ja40
Mattsee A 143 Ec51
Måttsund S 73 Hd22
Matuizos LT 114 Kd59
Matveev Kurgan RUS 205 Fc15
Mátyásdomb H 145 Hb55
Matzaccara I 169 Bd80
Maubeuge F 24 Hc32
Mauborget CH 141 Bb54
Maubourguet F 40 Fd55
Maubuisson F 32 Fa49
Mauchline GB 10 Dd14
Mauerkirchen A 143 Ed51
Mauern D 135 Ea49
Maughold GB 10 Dd18
Mauguio F 41 Hd54
Maukkula FIN 83 Ma30
Maula FIN 74 Jc21
Maulbronn D 134 Cc47
Maulburg D 141 Ca52
Maulde F 24 Hb31
Maule F 23 Gc37
Mauléon F 28 Fb43
Mauléon-Barousse F 40 Ga56
Mauléon-Licharre F 39 Fa55
Maulévrier F 28 Fb43
Mauls I 143 Dd55
Maumusson F 28 Fa41
Maunola FIN 91 Lb35
Maunu S 68 Hd13
Maunujärvi FIN 69 Jd16
Maunula FIN 74 Ka22
Mauperthuis F 23 Ha37
Mauprévoir F 33 Ga46
Maura N 85 Ea40
Maurach A 143 Ed54
Maure-de-Bretagne F 27 Ec40
Mauriac F 33 Gd49
Maurnes N 66 Fd12
Mauron F 27 Ec39
Maurrin F 40 Fc53
Maurs F 33 Gd50
Maurstad N 84 Cb34
Mauru FIN 74 Ka20
Mauručiai LT 114 Kc58
Mauruciems LV 105 Jb49
Maurumaa FIN 89 Ja38
Maurvangen N 85 Db36
Maury F 41 Ha57
Maussane F 42 Jb53
Mauterndorf A 144 Fa54
Mautern in Steiermark A 144 Fc53
Mauth D 136 Fa48
Mauthausen A 144 Fb50
Mauthen, Kötschach- A 143 Ec56
Mauvezin F 40 Fd56
Mauvezin F 40 Ga54
Mauvoisin CH 148 Bc57
Mauzé-sur-le-Mignon F 32 Fb46
Mevagissey GB 18 Db32
Mavas sameviste S 71 Ga18
Mavikent TR 199 Gc93
Mavranéi GR 182 Ba79
Mavréli GR 183 Bc80
Mavrodin RO 180 Dd67
Mavrohóri GR 183 Bb78
Mavromáta GR 188 Bb82
Mavromáti GR 188 Bb81
Mavromáti GR 194 Bb88
Mavrommáti GR 189 Ca85
Mavronéri GR 183 Ca77
Mavropigí GR 183 Bb78
Mavroúda GR 184 Cc77
Mavrovi Anovi MK 182 Ba74
Mavrovo MK 182 Ba74
Mavrovoúni GR 189 Bc81
Mavrovoúni GR 194 Bc90
Maxdorf D 133 Cb46
Maxent F 27 Ec40
Maxey-sur-Meuse F 31 Jc38
Maxey-sur-Vaise F 25 Jc37
Maxhütte-Haidhof D 135 Eb47
Maxieira P 50 Ad66
Măxineni RO 177 Fa63
Maxmo FIN 81 Ja30
Mayalde E 45 Cb61
Maybole GB 10 Dc15
Mayen D 133 Bd43
May-en-Multien F 23 Ha36
Mayenne F 28 Fb39
Mayerling A 145 Gb51
Mayet F 28 Fd40
Mayfield GB 16 Ed23
Mayfield GB 20 Fd30
Maynooth IRL 13 Cd21
Mayobridge GB 9 Da18
Mayorga E 37 Cc58
Mäyränperä FIN 82 Ka26
Mayreville F 41 Gd55
Mayrhofen A 143 Ea54
Mäyry FIN 81 Jc31
Máza H 152 Hb57
Mazagón E 59 Bb74
Mazaleón E 48 Fd62
Mazamet F 41 Ha54
Mazan-l'Abbaye F 34 Hd50
Mazara del Vallo I 166 Ea85
Mazarambroz E 52 Db67
Mazarete E 47 Eb63
Mazargan F 24 Hd35
Mazarrón E 55 Ed74
Mazarulleque E 47 Ea65
Mazaterón E 47 Ec61
Mazé F 28 Fc41
Mažeikiai LT 113 Jd53
Mazeley F 31 Jd38
Maženiai LT 114 Kc55
Mazères F 40 Gc55
Mazerny F 24 Hd34
Mazgramzda LV 113 Jb53
Mazières-en-Gâtine F 28 Fc44
Mazières-lès-Metz F 25 Jd35
Mazıköy TR 197 Ed90
Mazille F 34 Ja45
Mazilmaja LV 105 Jb52
Mazin HR 151 Ga63
Mazirbe LV 105 Jc48
Mažonai LT 113 Jd56
Mazotos CY 206 Jc98
Mazsalaca LV 106 Kc47
Mažucie PL 123 Jd30
Mažučište MK 183 Bb75
Mazuela E 38 Dc58
Mažurani HR 151 Fd63
Mazury PL 123 Ka34
Mazury PL 139 Ka43
Mazy B 124 Ad41
Mazyr BY 202 Eb13
Mazzarino I 167 Fa86
Mazzarò I 167 Fd85
Mazzarrà Sant'Andrea I 167 Fd84
Mcensk RUS 203 Fa12
Mchowo PL 122 Jb34
Mchy PL 129 Gc38
Mda RUS 99 Lc45
Mdzewo PL 122 Ja34
Méailles F 43 Kb52
Mealhada P 44 Ad63
Mealsgate GB 11 Eb17
Meana Sardo I 169 Ca77
Méaudre F 35 Jc49
Meaulne F 29 Ha44
Meaux F 23 Ha36
Meauzac F 40 Gb53
Mébecq F 29 Gb44
Mecca I 148 Bc59
Mechelen B 124 Ac40
Mechernich D 125 Bc42
Měcholupy CZ 135 Ed44
Mechowo PL 120 Fc32
Mecidiye TR 185 Eb78
Mecidiye TR 191 Ed84
Mecidiye TR 192 Fa82
Mecidiye TR 193 Gb84
Męcikal PL 121 Gd32
Měčín CZ 135 Ed46
Męcina PL 138 Jb45
Męcinka PL 128 Ga41
Mecitözü TR 205 Fb20
Mečka BG 180 Db69
Mečka BG 180 Ea68
Meckenbeuren D 142 Cd52
Meckenheim D 125 Bd42
Meckenheim/Pfalz D 133 Cb46
Meckesheim D 134 Cc46
Meco E 46 Dd64
Mecseknádasd H 153 Hc57
Męczki PL 123 Ka33
Meda I 149 Cc58
Meda SRB 174 Bc61
Mêda P 45 Bc62
Medak HR 151 Fd63
Medåker S 95 Fd43
Medas BIH 153 Hd63
Medaši BIH 153 Ja61
Médavy F 22 Fd37
Medbourne GB 16 Fb24
Medby N 66 Fd12
Medby N 67 Gb11
Meddo NL 125 Bd37
Meddon GB 18 Dc30
Mede I 148 Cb60
Medebach D 126 Cc40
Mededa BIH 159 Ja65
Medeikiai LT 114 Kd53
Medeiros E 44 Bb59
Medelås S 80 Gc25
Medelim P 44 Bb65
Medellín E 51 Ca69
Medelplana S 102 Fa46
Medemblik NL 116 Ba34
Medena-Selišta BIH 158 Gc64
Medeni Poljani BG 184 Cd74
Meden Kladenec BG 180 Eb73
Medeno polje BIH 152 Gb63
Medesano I 149 Da62
Medet TR 198 Fc89
Medevi S 103 Fc46
Medgidia RO 181 Fb67
Medgyesegyháza H 147 Jd56
Medhamn S 95 Fb44
Mediana E 48 Fb61
Mediaş RO 175 Db60
Medicina I 150 Dd63
Médière F 31 Ka41
Medieşu Aurit RO 171 Cd54
Medinaceli E 47 Eb62
Medina de las Torres E 51 Bd70
Medina del Campo E 46 Cd61
Medina de Pomar E 38 Dd56
Medina de Rioseco E 46 Cd59
Medina Sidonia E 59 Bd77
Medinci HR 152 Ha59
Medingėnai LT 113 Jc55
Medininkai LT 115 Lb58
Medinyà E 49 Hb59
Mediona E 49 Gc61
Mediševa LV 107 Ld50
Medjuhana SRB 178 Bc69
Medkovec BG 179 Cc68
Medle S 80 Hc25
Medņi LV 107 Lc49
Medovo BG 181 Ed72
Medovo BG 181 Fa69
Médréac F 27 Ec39
Mędrzechów PL 138 Jc43
Medskogen S 86 Ed33
Medstugan S 78 Ed29
Medulin HR 151 Fa62
Medumi LV 115 Lb54
Meduno I 150 Ec57
Međurečje SRB 178 Ad67
Međurić HR 152 Gc60
Međuriječje MNE 159 Ja68
Meduši, Star. RUS 99 Ma40
Međuvođe BIH 152 Gc61
Medvedja SRB 174 Bc66
Medvedja SRB 178 Bc70
Medved'ov SK 145 Ha52
Medveja HR 151 Fb60
Medveja MD 172 Ed53
Medvenka RUS 203 Fa13
Medvida HR 157 Ga64
Medvode SLO 151 Fb57
Medyka PL 139 Kc44
Medynia Głogowska PL 139 Ka43
Medze LV 105 Ja52
Medzev SK 138 Jc48
Medzilaborce SK 139 Ka46
Medžitlija MK 183 Bb76
Meeder D 134 Dc43
Meek N 77 Da31
Meenlaragh IRL 8 Ca15
Meerane D 127 Eb42
Meerapalu EST 99 Lc45
Meerbusch D 125 Bd39
Meerhout B 124 Ba39
Meerkerk NL 124 Ba37
Meerle B 124 Ad38
Meersburg D 142 Cd52
Meeth GB 19 Dd30
Meeuwen-Gruitrode B 124 Ba40
Mefjordvær N 62 Gb10
Méga Dério GR 185 Ea76
Méga Eleftherohóri GR 183 Bc80
Méga Kefalóvriso GR 188 Bb81
Megála GR 188 Bb81
Megáli Kápsi GR 188 Bb83
Megáli Panagía GR 184 Cc78
Megáli Stérna GR 183 Ca76
Megáli Vríssi GR 183 Ca76
Megalóhari GR 188 Ba82
Megalohóri GR 188 Bb81
Megalohóri GR 195 Ca88
Megálo Horió GR 197 Eb89
Megálo Horío GR 197 Ec92
Mégalo Livádi GR 195 Cd89
Megalópoli GR 194 Bb88
Méga Peristéri GR 182 Ba80
Mégara GR 189 Ca86
Megården N 66 Fd17
Megáro GR 182 Ba79
Méga Spíleo GR 189 Bc86
Megeces E 46 Da61
Megève F 35 Ka46
Meggenhofen A 144 Fa51
Megísti GR 198 Ga93
Megrunn N 85 Dc36
Megyaszó H 147 Jd50
Mehadia RO 174 Cb64
Mehadica RO 174 Ca63
Mehamn N 64 Ka04
Mehedeby S 96 Gc40
Mehikoorma EST 99 Lc45
Mehlis, Zella- D 126 Dc42
Mehmed Paša = Sokolovici BIH 159 Hd64
Mehmetalanı TR 191 Ec82
Mehren D 133 Bd43
Mehring D 133 Bc44
Mehring D 143 Ec51
Mehringen D 127 Ea39
Mehrnbach A 143 Ed51
Mehrstetten D 142 Cd50
Mehtäkylä FIN 81 Jc26
Mehtäperä FIN 81 Jd27
Mehun-sur-Yèvre F 29 Gd42
Meiåvollen N 86 Eb32
Meiden CH 141 Bd56
Meidrim GB 14 Dc26
Meifod GB 15 Eb24
Meijel NL 125 Bb39
Meijerinkylä FIN 82 Ka25
Meilán E 36 Bc54
Meilen CH 141 Cb53
Meillant F 29 Ha44
Meillerie F 31 Kb44
Meillers F 30 Hb44
Meilūnai LT 114 Kd56
Meimoa P 45 Bc64
Meina I 148 Cb58
Meine D 126 Dc36
Meineringhausen D 126 Cd40
Meinersen D 126 Dc36
Meinerzhagen D 125 Ca40
Meinhard D 126 Db40
Meiningen D 126 Dc42
Meinkenbracht D 125 Cb40
Meira E 36 Bc54
Meirāni LV 107 Lb50
Meirás E 36 Ba53
Meiringen CH 141 Ca55
Meisburg D 133 Bc43
Meisenheim D 133 Ca45
Meisingset N 77 Db31
Meißen D 127 Ed41
Meißner D 126 Db40
Meitene LV 106 Kb52
Meitingen D 134 Dc49
Meixdevant-Virton B 132 Ba45
Meixedo P 44 Bb59
Meixide P 44 Bb59
Mejlby DK 100 Dc23
Mejorada E 46 Cd65
Mejrup Kirkeby DK 100 Da23
Męka PL 129 Hb39
Mekece TR 187 Gb79
Mekényes H 145 Hb56
Mekinjar HR 151 Ga63
Mekrijärvi FIN 83 Ma29
Mel I 150 Ea58
Mel N 84 Cc36
Melá GR 190 Da84
Melaje SRB 178 Ad69
Melalahti FIN 82 La30
Melalahti FIN 82 Kd25
Mélambes GR 200 Cd96
Meland N 63 Hd06
Meland N 84 Ca38
Melaniós GR 191 Dd85
Melánthio GR 182 Ba78
Melás GR 182 Ba77
Melates GR 188 Ad82
Melay F 34 Hd45
Melbārži LV 106 La49
Melbeck D 118 Dc34
Melbourn GB 20 Fd26
Melbourne GB 16 Fa23
Melbu N 66 Fc13
Melby DK 109 Eb25
Melč CZ 137 Ha45
Melchsee Frutt CH 141 Ca55
Meldal N 77 Dd31
Meldola I 156 Ea64
Meldorf D 118 Da31
Meldzere LV 105 Jc52
Melegnano I 149 Cc60
Melekçeoruç TR 187 Gb79
Melen N 78 Ec26
Melenci SRB 153 Jc59
Melendugno I 163 Hc77
Melenki RUS 203 Fb10
Meleski EST 98 La45
Melesse F 28 Ed39
Meleti I 149 Cd60
Meletovo RUS 107 Ma46
Melfi I 161 Ga74
Melfjorden N 71 Fb20
Melfort GB 6 Db12
Melgaço P 36 Ba58
Melgar de Arriba E 37 Cd58
Melgar de Fernamental E 38 Db58
Melgar de Yuso E 38 Db58
Melgarve GB 7 Dd09
Melholt DK 101 Dd21
Melhus N 77 Ea30
Meliana E 54 Fc67
Mélida E 39 Ed58
Melide CH 148 Cb58
Melide E 36 Ba55
Melides P 50 Ab70
Meligalás GR 194 Bb88
Melíki GR 183 Bd78
Melilli I 167 Fd87
Melineşti RO 175 Cd65
Meling N 92 Ca44
Melini CY 206 Jb97
Mélisey F 31 Ka40
Melissa GR 189 Bd81
Melissa I 165 Gd80
Melissohóri GR 183 Ca77
Melissohóri GR 189 Ca85
Melissópetra GR 182 Ad79
Melissótopos GR 183 Bb77
Melissourgós GR 184 Cc78
Meliti GR 183 Bb77
Melitopol' UA 205 Fa16
Melito Porto Salvo I 164 Ga84
Melivia GR 183 Ca80
Melivia GR 184 Db76
Melk A 144 Fd51
Melkarlia N 71 Fb23
Melkas LV 106 Kc47
Melkkola FIN 91 Lb36
Melkoniemi FIN 91 Ld34
Melksham GB 19 Ec28
Mellajärvi FIN 74 Jc19
Mellakoski FIN 74 Jc19
Mellanfjärden S 88 Gc35
Mellansel S 80 Gd30
Mellansjö S 80 Ha28
Mellanström S 72 Gc22
Mellanzos E 37 Cc57
Mellau A 142 Da53
Mellby S 102 Ed46
Mellby S 103 Fb46
Mellbystrand S 110 Ed53
Melle D 126 Cc37
Melle F 32 Fc45
Melle I 148 Bc62
Mellen D 119 Ea34
Mellensee D 127 Ed37
Mellerud S 94 Ec45
Mellilä FIN 89 Jc38
Mellin D 127 Dd36
Mellinghausen D 118 Cd35
Mellingsmoen N 70 Fa24
Mellionnec F 27 Ea39
Mello F 23 Gd35
Mellomstrand N 92 Ca45
Mellösa S 95 Gb44
Mellrichstadt D 134 Db43
Melmerby GB 11 Ec17
Melnica MK 183 Bc74
Melnica SRB 174 Bd65
Melnice HR 151 Fc61
Mělnické Vtelno CZ 136 Fc43
Mel'nicy RUS 99 Ld45
Melnik BG 184 Cc75
Mělník CZ 136 Fb43
Mel'nikovo RUS 113 Ja58
Melnrage LT 113 Jb55
Melnsils LV 105 Jc48
Melón E 36 Ba57
Melouseia CY 206 Jc97
Meløysund N 71 Fb19
Meløyvær N 66 Ga11
Melrand F 27 Ea39
Melres P 44 Ad61
Melrose GB 11 Ec14
Mels CH 142 Cd54
Melsomvik N 93 Dd44
Melsted DK 111 Fc57
Melsträsk S 73 Hb24
Melsungen D 126 Da40
Melsvik N 63 Hd08
Meltaus FIN 69 Jd17
Meltham GB 16 Ed21
Melton Mowbray GB 16 Fb24
Meltosjärvi FIN 74 Jc19
Melun F 29 Ha38
Melvaig GB 4 Db06
Melvich GB 5 Ea04
Mélykút H 153 Ja57
Melzo I 149 Cc59
Memaliaj AL 182 Ab78
Membrilla E 52 Dc69
Membrillar E 38 Da57
Membrío E 51 Bc66
Memeceler TR 187 Gc80
Memele LV 106 Kd52
Memer F 41 Gd52
Memleben D 127 Ea40
Memmelsdorf D 134 Dc45
Memmingen D 142 Db51
Memória P 44 Ac65
Memucaj AL 182 Ab77
Mena UA 202 Ec13
Menaggio I 149 Cc57
Menai Bridge GB 15 Dd22
Mėnaičiai LV 114 Kb55
Menaldum NL 117 Bc33
Menàrguens E 48 Ga60
Menasalbas E 52 Da67
Menat F 34 Hb46
Menata I 150 Ea62
Menaza E 38 Db56
Menčiai LT 113 Jd53
Mencshely H 145 Ha55
Mendavia E 39 Eb58
Mende F 34 Hc51
Mendeleevsk RUS 203 Ga08
Menden D 125 Cb39
Mendenítsa GR 189 Bd84
Menderes TR 191 Ec86
Mendicino I 164 Gb80
Mendig D 133 Bd43
Mendiga P 50 Ad66
Mendigorría E 39 Ec57
Mendola I 166 Eb84
Ménéac F 27 Eb39
Menée F 35 Jc50
Menemen TR 191 Ec85
Menen B 21 Ha30
Menen B 124 Aa40
Meneou CY 206 Jc97
Ménerbes F 42 Jc53
Menesjärvi FIN 69 Jd11
Menestreau-en-Villette F 29 Gd40
Menetés GR 201 Eb95
Menetou-Salon F 29 Ha42
Ménétréol-sur-Sauldre F 29 Gd41
Menfi I 166 Eb85
Mengamuñoz E 46 Cd64
Mengara I 156 Eb67
Mengele LV 106 Kd51
Mengen D 142 Cd51
Mengen TR 205 Fa20
Mengerskirchen D 125 Cb42
Mengeš SLO 151 Fb57
Mengíbar E 60 Db72
Mengišēvo BG 180 Eb71
Mengkofen D 135 Eb49
Menidi GR 188 Ad82
Ménigoute F 32 Fc45
Ménil F 28 Fb40
Ménil-la-Tour F 25 Jc36
Menisjavri FIN 69 Jd11
Menkijärvi FIN 81 Jc31
Mennetou-sur-Cher F 29 Gc42
Mennogeia CY 206 Jb97
Menonen FIN 89 Jd37
Menouille F 31 Jc45
Mens F 35 Jd50
Menslage D 117 Cb35
Mensträsk S 72 Ha24
Menstrup DK 109 Ea27
Mentana I 160 Eb71
Menteroda D 126 Dc40
Menteş TR 191 Eb86
Menteş TR 193 Gb86
Menteşe TR 192 Fd81
Menteşe TR 198 Fb89
Menton F 43 Kd53
Mentoulles I 148 Bb60
Méntrida E 46 Da65
Menz D 119 Ed34
Menzelinsk RUS 203 Ga08
Meopham GB 20 Fd28
Méounes-les-Montrieux F 42 Ka55
Mepal GB 20 Fd25
Meppel NL 117 Bc35
Meppen D 117 Ca35
Mequinenza E 48 Fd61
Mer F 29 Gc41
Mera E 36 Bb53
Mera RO 176 Ed62
Meråker N 78 Ec30
Meran I 142 Dc55
Merano I 142 Dc55
Merás E 37 Ca54
Merasjärvi S 68 Hc16
Merate I 149 Cc58
Mercadillo E 38 Dd55
Mercadillo E 45 Cc63
Mercatello I 156 Eb68
Mercatello sul Metauro I 156 Ea66
Mercatino Conca I 156 Eb65
Mercato I 161 Fc75
Mercato San Severino I 161 Fc75
Mercato Saraceno I 156 Ea65
Merćez SRB 178 Bb69
Merching D 142 Dc50
Mercœur F 33 Gd49
Mercogliano I 161 Fc75
Mercues F 33 Gb51
Mercurey F 30 Ja43
Merdanja BG 180 Ea70
Merdare KSV 178 Bb70
Merdrignac F 27 Ec39
Mere GB 19 Ec29
Meré E 37 Cd54
Merefa UA 203 Fa14
Merei RO 176 Ec64
Meremäe EST 107 Lc47
Merendero E 36 Bb54
Mereni MD 173 Fc59
Mereni MD 173 Fd58
Mereni RO 180 Dd67
Mereni RO 181 Fb68
Merenlahti FIN 91 Lb36
Mereşeni MD 173 Fc59
Mereşti RO 176 Ea60
Mereworth GB 20 Fd29
Mergenli TR 198 Fb91
Merghndeal RO 175 Dc61
Mergozzo I 148 Ca57
Mëri LV 106 La48
Méribel F 35 Kb47
Meriç TR 185 Eb77
Meriçler TR 197 Ed89
Meričleri BG 180 Dd73
Mérida E 51 Bb69
Mérignac F 32 Fb50
Mérignac F 32 Fc47
Mérignac F 32 Fc48
Mérihas GR 195 Cd89
Merijärvi FIN 81 Jd26
Merikarvia FIN 89 Ja35
Meriläinen FIN 81 Jd29
Merilänranta FIN 83 Ld28
Merimasku FIN 97 Ja39
Měřín CZ 136 Ga47
Mérindol F 42 Jc53
Mering D 142 Dc50
Meri-Pori FIN 89 Ja36
Merişani RO 175 Dc64
Mérk H 147 Kb51
Merkebekk N 93 Db44
Merkem B 21 Ha30
Merkendorf D 134 Dc47
Merkeşler TR 187 Hb78
Merkinė LT 123 Kc30
Merklín CZ 135 Ed46
Merklingen D 134 Da49
Merlevenez F 27 Ea40
Merlimont F 23 Gc31
Merlimont-Plage F 23 Gb31
Merlines F 33 Ha47
Mern DK 109 Eb28
Mernieki LV 106 Kb47
Mernye H 145 Ha56
Merone I 149 Cc58
Merošina SRB 178 Bb69
Merriott GB 19 Eb30
Merry-Sec F 30 Hc40
Mersch L 133 Bb44
Merschwitz D 127 Ed40
Merseburg D 127 Eb40
Mērsrags LV 105 Jd49
Mers-sur-Indre F 29 Gc44
Merstham GB 20 Fc29
Merstola FIN 89 Jb36
Mertajärvi S 68 Hd13
Mertala FIN 91 Lc33
Merthyr Cynog GB 15 Ea26
Merthyr Tydfil GB 19 Ea27
Merthyr Vale GB 19 Ea27
Mertingen D 134 Dc49
Mértola P 58 Ba72
Méru F 23 Gd35
Merufe P 36 Ad58
Mervans F 30 Jb43
Mervent F 28 Fb44
Merville F 23 Ha31
Méry-sur-Seine F 30 Hc38
Merza E 36 Ba56
Merzdorf D 127 Ed38
Merzen D 117 Cb36
Merzenich D 125 Bc41
Merzhausen D 141 Ca51
Merzifon TR 205 Fb20
Merzig (Saar) D 133 Bc45
Mesagne I 162 Hb76
Mesanagrós GR 197 Ed94
Mésandans F 31 Ka41
Mesão Frio P 44 Ba61
Mesariá GR 190 Da87
Mesas de Ibor E 51 Cb66
Meschede D 126 Cc40
Meschers-sur-Gironde F 32 Fa48
Mešeišta MK 182 Ba75
Meselefors S 79 Gb26
Meşelik TR 193 Hb85
Meşelik TR 197 Ed90
Meşendorf RO 176 Dd60
Meşeni MD 173 Fc56
Meseníkólas GR 188 Bb81
Meseşenii de Jos RO 171 Cd56
Meshaw GB 19 Dd29
Mesía E 36 Ba55
Mesiano I 164 Gb82
Mesić SRB 174 Bd63
Mesići BIH 159 Hd65
Mesihovina BIH 158 Gd66
Mesinge DK 109 Dd26
Meškalaukis LT 114 Kc54
Meskenvaara FIN 83 Ma30
Meškinė LT 113 Jc56
Mesklá GR 200 Cb95
Meškučiai LT 114 Kd59
Meškuičiai LT 114 Kb53
Meslan F 27 Dd39
Meslay-du-Maine F 28 Fb40
Meslon F 29 Ha44
Mesnali N 85 Ea37
Mešnik SRB 159 Jb65
Mesnil-Saint-Père F 30 Hd38
Mesnil-Sellières F 30 Hd38
Mesocco CH 142 Cc56
Mesogi CY 206 Hd98
Mesohóri GR 183 Bb76
Mesohóri GR 183 Bc80
Mesohóri GR 189 Bc82
Mesohóri GR 194 Ba89
Mesohória GR 190 Cd86
Mesola I 150 Ea61
Mesón do Vento E 36 Ba54
Mesones E 46 Dc63
Mesópirgos GR 188 Ba82
Mesopotamiá GR 182 Ba77
Mesopótamo GR 188 Ac81
Mesoraca I 165 Gd81
Mesorópi GR 184 Cd77
Mesóvouno GR 183 Bc77
Mespelbrunn D 134 Cd44
Mesquer F 27 Eb41
Messac F 28 Ed40
Messancy B 132 Ba45
Messanges F 39 Ed53
Messanges-Plage F 39 Ed53
Messaure S 73 Hb19
Meßdorf D 119 Ea35
Messeix F 33 Ha47
Messejana P 58 Ac72
Messelt N 86 Eb36
Méssi GR 184 Dc77
Messigny-et-Vantoux F 30 Jb41
Messina I 164 Ga83
Messingen D 117 Ca36
Messingham GB 16 Fb21
Messini GR 194 Bb89
Messinó GR 189 Bc86
Meßkirch D 142 Cc51
Messlingen S 86 Ed32
Messohóri GR 201 Eb95
Messolóngi GR 188 Ba84
Messongi GR 182 Ab80
Meßstetten D 142 Cc50
Mesta BG 184 Cc74
Mestá GR 191 Dd86
Mestanza E 52 Db70
Mestas E 37 Ca55
Městečko Trnávka CZ 137 Gc46
Městec Králové CZ 136 Fd44
Mestervik N 62 Gd10
Mésti GR 185 Dd77
Meštica BG 179 Cb71
Mestilä FIN 89 Jb37
Mestlin D 119 Eb33
Město Albrechtice CZ 137 Gd44
Město Libavá CZ 137 Gd45
Město Touškov CZ 135 Ed45
Mestre I 150 Ea60
Mesudiye TR 186 Fc80
Mesum D 117 Ca36
Mesutlar TR 199 Hb88
Mesvres F 30 Hd43
Mesztegnyő H 145 Gd56
Meta I 161 Fb75
Metajna HR 151 Fc63
Metallikó GR 183 Ca76
Metamórfosi GR 183 Bb78
Metamórfosi GR 189 Bc81
Metamórfosi GR 194 Ba89

Metamorfósi – Mo

Metamorfósi GR 195 Bd90
Metamórfossi GR 183 Ca76
Metamórfossi GR 184 Cc79
Metangítsi GR 184 Cc79
Meṭaparks LV 106 Kb50
Metaurilia I 156 Ec65
Metaxádes GR 185 Ea76
Metaxás GR 183 Bc79
Metelen D 125 Ca37
Meteliai LT 114 Kc59
Meteş RO 175 Cd60
Méthamis F 42 Jc52
Méthana GR 195 Ca88
Metheringham GB 17 Fc22
Methil GB 7 Eb12
Methlick GB 5 Ed08
Methóni GR 194 Ba89
Methven GB 7 Ea11
Methwold GB 20 Fd25
Metković HR 158 Ha68
Metlič SRB 153 Ja62
Metličina BG 181 Ed69
Metlika SLO 151 Fd59
Metnitz A 144 Fb55
Mętno PL 120 Fb35
Metodievo BG 181 Ec70
Metóhi GR 189 Cb84
Metóhi GR 189 Cc84
Metovnica SRB 179 Ca67
Mętów PL 131 Kb40
Metsäkansa FIN 89 Jd36
Metsäkantano FIN 83 Lb27
Metsäkylä FIN 75 Kd22
Metsäkylä FIN 90 La37
Metsälä FIN 75 Kc21
Metsälä FIN 89 Ja34
Metsämaa FIN 89 Jc37
Metsä-Muuronen FIN 91 Lb37
Metsküla EST 97 Jc45
Metslawier NL 117 Bc32
Métsovo GR 182 Ba80
Mettä Dokkas S 68 Hc17
Mettäjärvi S 74 Jb18
Mettälä FIN 90 Kd37
Metten D 135 Ec48
Mettenheim D 133 Cb45
Mettenheim D 143 Eb50
Mettersdorf am Saßbach A 144 Ga55
Mettevoll N 63 Hb08
Mettingen D 117 Cb36
Mettlach D 133 Bc45
Mettlen CH 141 Ca54
Mettmann D 125 Bd40
Mettmenstetten CH 141 Cb53
Metveit N 93 Da46
Metz F 25 Jd35
Metzeral F 31 Kb39
Metzervisse F 25 Jd35
Metzingen D 134 Cd49
Meucon F 27 Eb40
Meulan F 23 Gc36
Meung-sur-Loire F 29 Gc40
Meursault F 30 Ja43
Meuse F 31 Jc39
Meuselwitz D 127 Eb41
Meussia F 31 Jc44
Meuzac F 33 Gb48
Mevassvika N 78 Ed26
Meximieux F 34 Jb46
Mey GB 5 Eb04
Meydancik TR 205 Ga18
Meyenburg D 118 Cd33
Meyenburg D 119 Eb33
Meymac F 33 Gd48
Meyrargues F 42 Jd53
Meyrueis F 41 Hc52
Meysee F 34 Jb50
Meysey Hampton GB 20 Ed27
Meyssac F 33 Gc49
Meyzieu F 34 Jb47
Mézapos GR 194 Bb91
Mežāre LV 107 Lb51
Mežatites LV 107 Lb51
Mežda BG 180 Ea73
Mežden BG 181 Ed68
Mezdra BG 179 Cd70
Meždureč'e RUS 113 Jc59
Meždurečje RUS 113 Jd58
Mèze F 41 Hc54
Mezek BG 185 Ea75
Meženin PL 123 Ka34
Mézeray F 28 Fc40
Mézérial F 34 Jb45
Mežica SLO 144 Fc56
Mézidon-Canon F 22 Fc36
Mézières-en-Brenne F 29 Gb43
Mézières-sur-Issoire F 33 Ga46
Mézilhac F 34 Ja50
Mézilles F 30 Hb40
Meziměstí CZ 137 Gb43
Mézin F 40 Fd53
Mezit TR 192 Ga81
Mezitler TR 192 Fb82
Mezőberény H 147 Jd55
Mezőcsát H 146 Jc51
Mezőfalva H 146 Hc55
Mezőhegyes H 147 Jd56
Mezőhék H 146 Jb54
Mezőkeresztes H 146 Jc51
Mezőkomárom H 145 Hb55
Mezőkovácsháza H 147 Jd56
Mezőkövesd H 146 Jc51
Mezőladany H 147 Kb50
Mezőörs H 145 Ha53
Mézos F 39 Fa52
Mézos F 39 Fa53
Mezőszilas H 146 Hc55
Mežotne LV 106 Kb52
Mezőtúr H 146 Jc54
Mežvidi LV 107 Ld50
Mezzana I 149 Db57
Mezzano I 150 Ea63
Mezzojuso I 166 Ed85
Mezzoldo I 149 Cd57
Mezzolombardo I 149 Dc57
Mgarr M 166 Ea87
Miączyn PL 131 Kd41
Miajadas E 51 Ca68
Mialet F 33 Ga48
Mialet F 41 Hd52
Miały PL 120 Ga35
Mianowice PL 121 Gc30
Miasteczko Krajeńskie PL 121 Gc34
Miasteczko Śląskie PL 138 Hc43
Miastko PL 121 Gc31
Miastków Kościelny PL 131 Jd38
Miastkowo PL 123 Jd33
Miavaig GB 4 Cd05
Miazzina I 148 Cb57
Mica RO 171 Db57
Mica RO 171 Db59
Micaičiai LT 114 Ka54
Micăsasa RO 175 Db60
Micereces de Tera E 45 Cb59
Miceşti RO 175 Da60
Miceşti RO 175 Dc64
Miceştii de Câmpie RO 171 Db58
Michaelchurch Escley GB 15 Eb26
Michaelnbach A 144 Fa50
Michajlovskoe RUS 203 Fc09
Michal'any SK 139 Ka49
Michalin PL 121 Hb35
Michałkowo PL 122 Jb30
Michalová SK 138 Ja48
Michalovce SK 139 Ka48
Michałów PL 131 Kd42
Michałów PL 138 Jb43
Michałowice PL 129 Gd42
Michałowice PL 138 Ja44
Michałowo PL 123 Kc33
Michelau D 134 Db45
Michelbach A 144 Ga51
Michelbach D 134 Da47
Micheldorf in Oberösterreich A 144 Fb52
Michelfeld D 134 Da47
Michelsdorf D 127 Ec37
Michelsneukirchen D 135 Eb47
Michelstadt D 134 Cd45
Michendorf D 127 Ed37
Michery F 30 Hb38
Michnowce PL 123 Kb30
Michorzewo PL 129 Gb37
Michów PL 131 Ka39
Mičići SRB 153 Ja63
Mıcılar TR 192 Fb82
Mickai LT 113 Jb55
Mickelsträsk S 80 Hb27
Mickhausen D 142 Dc50
Mickleton GB 11 Ed17
Micleşti MD 173 Fd57
Micleşti RO 173 Fb58
Micula RO 171 Cd54
Mičurin BG 186 Fa74
Mičurinsk RUS 203 Fb12
Midbea GB 5 Ec02
Middelbeers NL 124 Ba38
Middelburg NL 124 Ab38
Middelfart DK 108 Db26
Middelharnis NL 124 Ac37
Middelkerke B 21 Ha29
Middels D 117 Cb32
Middelstum NL 117 Bd33
Middenbeemster NL 116 Ba35
Middenmeer NL 116 Ba34
Middleham GB 11 Ed19
Middlemarsh GB 19 Ec30
Middle Rasen GB 17 Fc22
Middlesbrough GB 11 Fa18
Middleton GB 21 Gb25
Middleton in Teesdale GB 11 Ed17
Middleton-on-Sea GB 20 Fb30
Middleton-on-the-Wolds GB 16 Fb20
Middletown GB 9 Cc18
Middletown GB 15 Eb24
Middle Wallop GB 20 Ed29
Middlewich GB 15 Ec22
Midgeholme GB 11 Ec16
Midhurst GB 20 Fb30
Midıklı TR 192 Fc85
Midleton IRL 12 Bd26
Midlum D 108 Cd28
Midlum D 118 Cd32
Midrevaux F 31 Jc38
Midskog S 79 Fd30
Midsomer Norton GB 19 Ec29
Midsund N 76 Cd32
Midtgård N 65 Kd07
Midtre Fingervatn N 64 Ka06
Midtskogberget N 86 Ec37
Mid Yell GB 5 Fa03
Miechów PL 128 Fd36
Miechów PL 138 Ja43
Miechów-Charsznica PL 138 Ja43
Miechucino PL 121 Ha30
Miecze PL 123 Ka32
Miedes E 47 Ed62
Miedes de Atienza E 47 Ea62
Miedzichowo PL 128 Ga37
Miedzna PL 131 Jd36
Miedźno PL 130 Hc41
Międzybórz PL 129 Gd40
Międzybrodzie Bialskie PL 138 Hc45
Międzychód PL 128 Ga36
Międzygórze PL 137 Gc44
Międzyleś PL 131 Kc37
Międzylesie PL 137 Gc44
Międzyrzec Podlaski PL 131 Kb37
Międzyrzecz PL 128 Fd36
Międzywodzie PL 120 Fc31
Międzyzdroje PL 120 Fb32
Miegėnai LT 114 Kc55
Miehikkälä FIN 91 Lb37
Miehlen D 133 Ca43
Miejsce Piastowe PL 139 Ka45
Miejska Górka PL 129 Gc39
Miekak S 72 Gb18
Mięknia PL 129 Gc41
Miekojärvi S 73 Ja20
Miękowo PL 120 Fc33
Mielagėnai LT 115 Lc55
Miélan F 40 Fd55
Mielec PL 139 Jd43
Mielęcin PL 121 Gb34
Mielęcin PL 130 Hc36
Mielenko Drawskie PL 120 Ga33
Mieleszyn PL 129 Gd36
Mielnik PL 131 Kb36
Mielno PL 120 Fd33
Mielno PL 120 Ga30
Mielno PL 128 Fc39
Mielno PL 129 Gd36
Mieluskylä FIN 82 Ka26
Mielżyn PL 129 Gd37
Mieming A 142 Dc53
Miemo I 155 Db66
Mień PL 123 Ka35
Miera E 37 Cc55
Mieraslompolo FIN 64 Ka08
Mierašluobbal FIN 64 Ka08
Miercurea-Ciuc RO 176 Ea60
Miercurea Nirajului RO 171 Dc59
Miercurea Sibiului RO 175 Da61
Mierczany PL 128 Fc37
Mieres E 37 Cc55
Mieres E 49 Hb59
Miereszyn PL 121 Ha30
Mierlo NL 125 Bb39
Mierojokka N 68 Hd11
Mieroszów PL 129 Gb42
Miersig RO 170 Ca57
Mieruniszki PL 123 Ka30
Mierzawa PL 130 Ja42
Mierzęcice PL 138 Hc43
Mierzyno PL 121 Gd29
Miesbach D 143 Ea52
Mieścisko PL 121 Gd35
Miesenbach A 144 Ga53
Miesenbach D 133 Ca46
Mieslahti FIN 82 Kd25
Mieste D 127 Dd36
Miesterhorst D 127 Dd36
Mieszkow PL 129 Gd38
Mieszkowice PL 120 Fb35
Mietków PL 129 Gb41
Mietoinen FIN 97 Jb39
Miettinen FIN 89 Jc34
Mieza E 45 Bd61
Mieżaičiai LV 114 Kb55
Mieżiškiai LT 114 Kd55
Mifol AL 182 Aa77
Migennes F 30 Hc39
Migliarino I 150 Ea62
Migliarino I 155 Da65
Miglionico I 162 Gc76
Mignano Monte Lungo I 161 Fa73
Migné F 29 Gb44
Mignères F 29 Ha39
Miguel Esteban E 53 Dd67
Miguelturra E 52 Db69
Mihăeşti RO 175 Dc64
Mihăeşti RO 180 Dc67
Mihai Bravu RO 177 Fc65
Mihai Bravu RO 180 Ea67
Mihai Eminescu RO 172 Ec55
Mihăileni MD 173 Fa54
Mihăileni MD 173 Fa54
Mihăileni RO 172 Ea59
Mihăileni RO 172 Eb54
Mihăileni RO 175 Db61
Mihăileşti RO 176 Ea66
Mihăileşti RO 176 Ec65
Mihail Kogălniceanu RO 173 Fa57
Mihail Kogălniceanu RO 177 Fa65
Mihail Kogălniceanu RO 177 Fc64
Mihail Kogălniceanu RO 181 Fc67
Mihailovca MD 173 Fc56
Mihailovca MD 173 Fd55
Mihailovca MD 173 Fd56
Mihailovca MD 173 Fd59
Mihai Viteazu RO 171 Da59
Mihai Viteazu RO 177 Fc66
Mihajlov RUS 203 Fa11
Mihajlovac SRB 174 Bb64
Mihajlovac SRB 174 Cb65
Mihajlovka RUS 203 Fd13
Mihajlovo BG 179 Cd68
Mihajlovo BG 180 Dd73
Mihajlovo RUS 113 Jd58
Mihajlovo SRB 174 Bb61
Mihajlovskoe RUS 107 Mb49
Mihălăşeni MD 173 Fa53
Mihălăşeni RO 172 Ed55
Mihąld H 145 Gd56
Mihalgazi TR 193 Gc81
Mihalıççık TR 193 Ha81
Mihalkovo BG 184 Da74
Mihalț RO 175 Da60
Mihályfa H 145 Gd55
Mihas GR 188 Bb86
Miheşu de Câmpie RO 171 Db58
Mihkil EST 98 Kb45
Mihla D 126 Dc41
Mihnevo RUS 203 Fa10
Miholjska HR 158 Ha69
Mihovljan HR 151 Ga57
Miikkula FIN 91 Lc33
Miiluranta FIN 82 Kb27
Mijana HR 152 Ha59
Mijanès F 41 Gd57
Mijares E 46 Cd64
Mijas E 60 Cd76
Mijdrecht NL 116 Ba36
Mijoska SRB 159 Jb66
Mijoux F 31 Jd44
Mikaševičy BY 202 Eb13
Mikaszówka PL 123 Kb31
Mike H 152 Ha57
Mikeltornis LV 105 Jc49
Miki GR 184 Db76
Mikicin PL 123 Kb32
Mikínes GR 195 Bd87
Mikitamäe EST 107 Lc46
Mikkanen FIN 90 Kd35
Mikkelbostad N 67 Gb12
Mikkeli FIN 90 La34
Mikkelsnes N 65 Kc08
Mikkelvik N 62 Gd08
Mikkola FIN 69 Jd15
Mikkolanniemi FIN 91 Ld33
Miklavž na Dr. p. SLO 144 Ga56
Mikleuš HR 152 Ha59
Mikniūnai LT 114 Kb53
Mikołajki PL 122 Jc31
Mikołajki Pomorskie PL 122 Hc31
Mikolin PL 129 Gd42
Mikoliškiai LT 113 Jb55
Mikołów PL 138 Hc44
Mikonos GR 196 Db89
Mikorowo PL 121 Gd30
Mikorzyn PL 129 Ha40
Mikre BG 180 Db70
Mikrí Vólvi GR 184 Cc78
Mikró Dério GR 185 Ea76
Mikrókambos GR 183 Ca77
Mikrolímni GR 182 Ba77
Mikrolívado GR 182 Ba79
Mikromiliá GR 184 Cd75
Mikró Monastíri GR 183 Bd77
Mikró Perivoláki GR 189 Bd81
Mikrópoli GR 184 Cd76
Mikstat PL 129 Ha39
Mikulov CZ 137 Gc49
Mikulovice CZ 137 Gd44
Mikytai LV 114 Kb57
Miladinovci MK 178 Bc73
Miłakowo PL 122 Hd31
Milano E 45 Bd62
Milano I 149 Cc59
Milano Marittima I 150 Ea63
Milanovo BG 179 Cc70
Milanovo BG 181 Ec70
Milanovo SRB 178 Bd70
Milanów PL 131 Kb38
Milanówek PL 130 Jb37
Milaş RO 171 Dc58
Milas TR 197 Ed89
Milašaičiai LV 114 Kb56
Milašiūnai LT 114 Kd56
Milatkovice SRB 178 Ba68
Milatos GR 201 Db95
Milazzo I 167 Fd83
Milborne Saint Andrew GB 19 Ec30
Milcoiu RO 175 Db64
Milcov RO 175 Db66
Milcovul RO 176 Ed62
Mildenberg D 119 Ed35
Mildenhall GB 20 Fd25
Mildı TR 192 Fd87
Mildstedt D 108 Da29
Miléa GR 182 Ba80
Miléa GR 183 Bc79
Mileanca RO 172 Ed54
Milehouse IRL 13 Cc24
Milejów-Wieś PL 131 Kb40
Milena I 166 Ed86
Mileševo SRB 153 Jb58
Milešov CZ 136 Fb46
Milešov CZ 136 Fa43
Mileşti MD 173 Fb57
Mileştii Mici MD 173 Fd58
Milestone IRL 13 Ca23
Mileszewy PL 122 Hc33
Miletićevo SRB 174 Bc62
Miletín CZ 136 Ga43
Miletkovo MK 183 Bd75
Mileto I 164 Gb82
Milevsko CZ 136 Fb46
Milewo Gałązki PL 123 Jd32
Milford GB 20 Fb29
Milford Haven GB 18 Db27
Milhars F 41 Gd52
Mili GR 195 Bd88
Miliá GR 185 Ea75
Miliá GR 194 Bc87
Miliá GR 194 Bc90
Milianni I 167 Fa84
Milice PL 137 Ha44
Milići BIH 159 Hd64
Miličín CZ 136 Fc46
Miličinica SRB 153 Jb63
Milicz PL 129 Gd39
Miliés GR 189 Ca82
Milín CZ 136 Fa46
Milína GR 189 Cb82
Milino MK 183 Bc74
Miliotádes GR 182 Ad80
Milis I 169 Bd77
Milişăuţi RO 172 Eb55
Militello in Val di Catania I 167 Fc86
Militsa GR 194 Ba89
Miljana HR 151 Ga58
Miljen BIH 159 Hd66
Miljević SRB 174 Bd64
Miljevina BIH 159 Hc66
Miljkovac SRB 178 Bd68
Miljutino RUS 99 Mb44
Milki PL 122 Jc31
Milkjovci BG 179 Cb71
Milkovica BG 180 Db68
Millancay F 29 Gc41
Millares E 54 Fb68
Millas F 41 Ha57
Millau F 41 Hb52
Millerovo RUS 203 Fc14
Millesimo I 148 Bd63
Millesvik S 94 Ed45
Millevaches F 33 Gd47
Millford IRL 9 Cb15
Mill Hill GB 20 Fc27
Millinge DK 108 Dc27
Millingen aan de Rijn NL 125 Bc37
Millisle GB 10 Db17
Millom GB 11 Eb19
Millport GB 6 Dc13
Mill-Sint Hubert NL 125 Bb38
Millstatt A 143 Ed55
Millstreet IRL 12 Bc25
Millstreet IRL 13 Ca25
Milltown GB 11 Eb16
Milltown GB 19 Dd29
Milltown IRL 8 Bd20
Milltown IRL 12 Bb24
Milltown Malbay IRL 12 Bb22
Milly-la-Forêt F 29 Gd38
Milly-le-Meugnon F 28 Fc42
Milmarcos E 47 Ec62
Milmersdorf D 120 Fa34
Milnathort GB 7 Eb12
Milngavie GB 10 Dd13
Milnthorpe GB 11 Ec19
Milo I 167 Fd85
Miločaj SRB 178 Ba67
Miločer MNE 159 Hd70
Miłocice PL 121 Gc31
Miłogórze PL 122 Ja31
Miłomłyn PL 122 Hd32
Miłoradz PL 121 Hb31
Milosești RO 176 Ed65
Miloševa Kula SRB 174 Ca66
Milošev Do SRB 159 Jb66
Miloševo SRB 174 Cb66
Miłosław PL 129 Gd37
Milos = Pláka GR 195 Cd91
Milot AL 163 Jb72
Milotice CZ 137 Gd48
Milovaig GB 4 Da07
Milow D 127 Eb36
Milówka PL 138 Hc46
Mils bei Imst A 142 Db54
Miltach D 135 Ec47
Milte D 125 Cb37
Miltenberg D 134 Cd45
Miltern D 127 Eb36
Milton GB 5 Ea07
Milton GB 7 Dd08
Milton Abbas GB 19 Ec30
Milton Abbot GB 18 Dc31
Milton Keynes GB 20 Fb26
Miltzow D 119 Ed31
Milutinovac SRB 174 Cb65
Milverton GB 19 Ea29
Milwich GB 16 Ed23
Milžavėnai LT 114 Ka56
Milżyn PL 129 Hb36
Mimizan F 39 Fa52
Mimizan-Plage F 39 Fa52
Mimoň CZ 136 Fc43
Mina GR 194 Bc91
Mina da Juliana P 50 Ad71
Mina de São Domingos P 58 Ba72
Miñagón E 37 Bd54
Minard GB 6 Dc12
Minare TR 198 Fd92
Minas de Riotinto E 59 Bc72
Minaya E 53 Eb68
Mincenii de Jos MD 173 Fd56
Minchinhampton GB 19 Ec27
Minde P 50 Ac66
Mindelheim D 142 Db51
Mindelo P 44 Ac60
Mindelstetten D 135 Ea48
Minden D 126 Cd36
Mindić MD 173 Fb54
Mindja BG 180 Ea71
Mindreşti MD 173 Fc56
Mindszent H 146 Jb56
Mindtangen N 70 Ed22
Minehead GB 19 Ea29
Mineo I 167 Fc86
Mineralni bani BG 184 Dc74
Mineral'nye Vody RUS 205 Ga16
Minerbe I 149 Dc60
Minerbio I 150 Dd62
Minerve F 41 Ha55
Minervino Murge I 162 Gb74
Minety GB 20 Ed27
Minfeld D 133 Cb47
Minfford GB 15 Dd24
Mingajny PL 122 Hd30
Mingajny PL 122 Ja30
Mingir MD 173 Fc59
Minglanilla E 54 Ed67
Mingorría E 46 Cd63
Miničevo SRB 179 Ca68
Minija LT 113 Jb56
Mining A 143 Ec50
Miniszków PL 130 Ja40
Minkiö FIN 89 Jd38
Minkowskie PL 129 Gd41
Minnetler TR 191 Ed82
Minnetler TR 192 Fc84
Miño de Medinaceli E 47 Eb62
Miño de San Esteban E 46 Dd61
Miñol E 36 Ba54
Minot F 30 Ja40
Miñovce SK 139 Jd47
Minsk BY 202 Ea12
Mińsk Mazowiecki PL 130 Jc37
Minster GB 21 Ga28
Minster GB 21 Gb28
Minster Lovell GB 20 Fa27
Mintia RO 175 Cc60
Mintiu Gherlii RO 171 Db57
Mintlaw GB 5 Ed08
Mintraching D 135 Eb48
Minturno I 160 Ed73
Mioarele RO 176 Dd63
Miočinovići HR 152 Gb60
Miodnica PL 128 Fd39
Miokovci SRB 159 Jc64
Miomo F 154 Cc68
Mionica SRB 153 Jb63
Mions F 34 Jb47
Mios F 32 Fa51
Mioska MNE 159 Ja68
Miotek PL 138 Hc43
Mioveni RO 175 Dc64
Mira E 54 Ed67
Mira GR 188 Bb85
Mira GR 189 Bd81
Mira I 150 Ea60
Mira P 44 Ac63
Mirabeau F 42 Jd53
Mirabel E 51 Ca66
Mirabel F 34 Ja50
Mirabel F 34 Jb50
Mirabel F 40 Gc52
Mirabel-aux-Baronnies F 42 Jc51
Mirabella Eclano I 161 Fc74
Mirabella Imbaccari I 167 Fb86
Mirachowo PL 121 Ha30
Miradoux F 40 Ga53
Miraflores de la Sierra E 46 Dc63
Miralrío E 47 Ea63
Miramar F 43 Kc54
Miramar P 44 Ac61
Miramare I 156 Eb64
Miramas F 42 Jb54
Mirambeau F 32 Fb48
Mirambel E 48 Fc64
Miramont-de-Guyenne F 32 Fd51
Miranda de Arga E 39 Ec58
Miranda de Ebro E 38 Ea57
Miranda del Castañar E 45 Ca64
Miranda do Corvo P 44 Ad64
Miranda do Douro P 45 Ca60
Mirande F 40 Fd54
Mirandela P 45 Bc60
Mirandilla E 51 Bd68
Mirandola I 149 Dc61
Mirandol-Bourgnounac F 41 Gd52
Miranje HR 157 Ga65
Mirano I 150 Ea59
Mirantes de Luna E 37 Cb56
Miraš KSV 178 Bb71
Mirăslău RO 171 Da59
Miraumont F 23 Ha32
Miravci MK 183 Bd75
Miravet E 48 Ga62
Miravete E 48 Fb64
Mircea Vodă RO 176 Ed64
Mircea Vodă RO 181 Fb67
Mirceşti RO 172 Ed57
Mircze PL 131 Kd41
Miré F 28 Fb40
Mirebeau F 28 Fd44
Mirebeau-sur-Bèze F 30 Jb41
Mirebel F 31 Jc43
Mirecourt F 31 Jd38
Miren SLO 150 Ed58
Mirepoix F 41 Gd56
Mires GR 200 Cd96
Mireşti MD 173 Fc58
Mireşu Mare RO 171 Da55
Mireval F 41 Hd54
Miribel F 34 Jb46
Miričina BIH 153 Hc62
Mirina GR 190 Db81
Miriokéfala GR 200 Cc95
Mirkovo BG 179 Cd71
Mirmande F 34 Jb50
Mirna SLO 151 Fc58
Mirocin PL 128 Fd39
Mirojedy RUS 107 Ma51
Mironeasa RO 173 Fa58
Mirones E 38 Dc55
Miroševce SRB 178 Bd70
Miroşi RO 175 Dc66
Miroslav CZ 137 Gb48
Miroslava RO 173 Fa57
Miroslavas LT 114 Kc59
Mirosławiec PL 120 Ga33
Miroslovești RO 172 Ec57
Mirošov CZ 136 Fa46
Mirostowice PL 128 Fc39
Mirotice CZ 136 Fa47
Mirovci BG 181 Ed69
Mirovec BG 181 Ec70
Mirovice CZ 136 Fa46
Mirović Zagora HR 158 Gb65
Mirovo BG 179 Ca72
Mirovo BG 180 Ea70
Mirow D 119 Ec34
Mirów PL 130 Hd42
Mirów PL 130 Jc40
Mirşid RO 171 Cd56
Mirsina GR 183 Bb79
Mirsíni GR 194 Bc90
Mirsk PL 128 Fd41
Mirto I 165 Gd79
Mírtos GR 201 Db96
Mirzec PL 130 Jc40
Misa LV 106 Kc52
Misano Adriatico I 156 Eb64
Mişca RO 170 Ca58
Mischii RO 175 Da66
Misefa H 145 Gc55
Miševo RUS 99 Ma39
Misi FIN 74 Kb18
Misilmeri I 166 Ec84
Mišinci BIH 152 Hb61
Mišiniai LT 113 Jb30
Miske H 146 Hd56
Miskolc H 146 Jc50
Miskolctapolca H 146 Jc51
Misliče SLO 151 Fa59
Mislina HR 158 Ha68
Mislinja SLO 144 Fd56
Mišnjak HR 151 Fc62
Missanello I 162 Gb77
Missen D 142 Da52
Missenträsk S 72 Ha24
Missery F 30 Hd42
Missillac F 27 Ec41
Misso EST 107 Lc47
Mistegná GR 191 Ea83
Mistelbach A 137 Gb49
Mistelbach D 135 Ea45
Mistelgau D 135 Dd45
Misten N 66 Fc17
Misterbianco I 167 Fc86
Misterdalseter N 86 Eb35
Misterhult S 103 Gb50
Mistrás GR 194 Bc89
Mistretta I 167 Fb84
Místrós GR 189 Cc85
Mišučiai LT 113 Jd56
Misurina I 143 Eb56
Misvær N 71 Fc18
Misvak TR 191 Ea82
Misy-sur-Yonne F 30 Hb38
Miszewo PL 121 Hd30
Miszewo Murowane PL 130 Hd36
Mitáto GR 201 Db96
Mitcham GB 20 Fc28
Mitchell GB 18 Db31
Mitchelstown IRL 12 Bd24
Mithimna GR 191 Ea83
Mítikas GR 188 Ac82
Mítikas GR 188 Ad83
Mitilíni GR 191 Ea83
Mitilinií GR 197 Eb88
Mitkovcy RUS 107 Ld47
Mitlo HR 158 Gb66
Mitoc RO 172 Ed54
Mitocu Dragomirnei RO 172 Ec55
Mitragalys LT 114 La53
Mitrašinci MK 183 Ca74
Mitreni RO 181 Ec67
Mitrofanovka RUS 203 Fb14
Mitrópoli GR 188 Bb81
Mitrova Reka SRB 178 Ba68
Mitrovica SRB 153 Ja61
Mitrovići BIH 152 Hb63
Mitrovo SRB 178 Bb68
Mitry-Mory F 23 Ha36
Mitsero CY 206 Jb97
Mittådalen S 86 Ed32
Mittelbach D 127 Ec42
Mittelberg A 142 Da53
Mittelberg A 142 Dc55
Mittelbiberach D 142 Da51
Mitteldorf an der Raab A 144 Ga54
Mitteleschenbach D 134 Dc47
Mittelherwigsdorf D 128 Fc42
Mittelsinn D 134 Da44
Mittelurbach D 142 Da51
Mittenaar D 126 Cc42
Mittenwald D 143 Dd53
Mittenwalde D 120 Fa34
Mittenwalde D 128 Fa37
Mitterbach am Erlaufsee A 144 Fd52
Mitterfels D 135 Ec48
Mitterkirchen im Machland A 144 Fc51
Mittersheim F 25 Ka36
Mittersill A 143 Eb54
Mitterskirchen D 143 Ec50
Mitterteich D 135 Eb45
Mitterweissenbach A 144 Fa52
Mittet N 77 Da32
Mittewald an der Drau A 143 Eb55
Mittlidien S 79 Fb25
Mittweida D 127 Ec41
Mittweide D 128 Fb38
Mitwitz D 135 Dd44
Mizija BG 179 Cd68
Mizil RO 176 Eb64
Mjadzel BY 202 Ea12
Mjakiševo RUS 107 Mb50
Mjaksa RUS 202 Ed08
Mjåland N 92 Cb44
Mjåland N 93 Da45
Mjäldrunga S 102 Ed48
Mjällby S 111 Fc54
Mjällom S 80 Gd31
Mjävatn N 93 Db45
Mjåvatn N 93 Da46
Mjelde N 66 Fc15
Mjell N 84 Cc36
Mjels DK 108 Db27
Mjöbäck S 102 Ed50
Mjöhult S 110 Ec54
Mjölby S 103 Fd47
Mjölkberg S 72 Gc22
Mjölkvattnet S 78 Fa28
Mjølvik N 62 Gc08
Mjømna N 84 Ca37
Mjönäs S 94 Fa42
Mjøndalen N 93 Dd42
Mjønes N 77 Dd29
Mjørlund N 85 Ea39
Mjösjöby S 80 Gd28
Mjösund FIN 97 Jb40
Mladá Boleslav CZ 136 Fc43
Mladá Vožice CZ 136 Fc46
Mladé Buky CZ 136 Ga43
Mladen BG 180 Dc70
Mladenovac SRB 174 Bb65
Mladenovo SRB 153 Hd60
Mladikovina BIH 152 Ha63
Mladinovo BG 185 Ea74
Mlado MK 178 Bc72
Mladotice CZ 135 Ed45
Mladovo BG 180 Ea72
Mláka CZ 136 Fc48
Mlanča SRB 178 Ba68
Mława PL 122 Ja34
Mlebniko RUS 203 Fd08
Mlečevo BG 180 Dc71
Mlečino BG 184 Dc75
Mleczno PL 129 Gb40
Mlekarevo BG 180 Ea73
Mlik AL 182 Ab75
Mlini HR 159 Hc69
Mliništa BIH 158 Gc64
Mljetičak MNE 159 Ja68
Młock PL 122 Ja35
Młodasko PL 129 Gb36
Młodoszowice PL 129 Gd42
Młodzawy PL 138 Jb43
Młodzianów PL 129 Gd39
Młodzieszyn PL 130 Ja37
Mlogoszyn PL 130 Hd37
Mlynary PL 122 Hd30
Młynarze PL 122 Jc34
Mlyniv UA 204 Ea15
Mlýny CZ 136 Fc47
Mnich CZ 136 Fc47
Mnichovice CZ 135 Ec44
Mnichovice CZ 136 Fc45
Mnichovo Hradiště CZ 136 Fc43
Mnichow PL 130 Jb42
Mnin PL 130 Ja41
Mniów PL 130 Jb41
Mníšek nad Hnilcom SK 138 Jc48
Mniszew PL 130 Jc38
Mo N 70 Ed23
Mo N 76 Cd33
Mo N 77 Dc31
Mo N 84 Cb38

Mo – Montmelian

Mo N 92 Cd42
Mo N 93 Db45
Mo N 94 Eb40
Mo N 94 Eb42
Mo S 79 Gb30
Mo S 79 Gb29
Mo S 80 Gd30
Mo S 87 Gb37
Mo S 94 Ed44
Mo S 94 Eb45
Moacşa RO 176 Eb61
Moaña E 36 Ad57
Moara RO 172 Eb56
Moara de Piatră MD 173 Fb55
Moara Nouă MD 173 Fb57
Moara Vlăsiei RO 176 Eb65
Moate IRL 13 Cb21
Moçan AL 182 Ad76
Mocejón E 52 Db66
Močenok SK 145 Ha50
Mochau D 127 Ed41
Móchlos GR 201 Dc96
Mochowo PL 122 Hd35
Mochrum GB 10 Dd17
Mochy PL 129 Gb38
Močidlec CZ 135 Ed44
Mociu RO 171 Db58
Mockai LV 114 Kb59
Möckern D 127 Eb37
Mockfjärd S 95 Fc40
Möckmühl D 134 Cd46
Mockrehna D 127 Ec40
Mockträsk S 73 Hd22
Moclin E 60 Db74
Moclinejo E 60 Da76
Mocra MD 173 Fd56
Mocsa H 145 Hb52
Mőcsány H 153 Hc57
Moczydły-Kukiłki PL 123 Ka35
Modane F 35 Kb48
Modave B 124 Ba42
Modbury GB 19 Dd32
Modelu RO 181 Ed67
Modena I 149 Db62
Möderbrugg A 144 Fb54
Moderki PL 123 Ka35
Moderówka PL 139 Jd45
Módi GR 189 Bd84
Modica I 167 Fc88
Modigliana I 156 Dd64
Modliborzyce PL 131 Ka41
Mödling A 145 Gb51
Modliszewko PL 129 Gd36
Modlna PL 130 Hc38
Modolicy RUS 99 Mb44
Modolo I 169 Bd76
Modra SK 145 Gd50
Modran BIH 152 Hb61
Modrany SK 145 Hb52
Modrava CZ 135 Ed48
Modrej SLO 151 Fa57
Modriach A 144 Fc55
Modriča BIH 152 Hb61
Modrica SRB 178 Bc68
Mõdriku EST 98 La42
Modrovka SK 137 Ha49
Modruš HR 151 Fd61
Modrý Kameň SK 146 Hd50
Modrze PL 129 Gb37
Modrzejowice PL 130 Jc40
Modrzewie PL 120 Fc33
Modugno I 162 Gc74
Moeche E 36 Bb53
Moëlan-sur-Mer F 27 Dd40
Moelfre GB 15 Dd21
Moelv N 86 Ea38
Moen N 67 Gc11
Moen N 78 Eb29
Moena I 143 Dd56
Moerdijk NL 124 Ad37
Moergestel NL 124 Ba38
Moers D 125 Bd39
Mofalla S 103 Fb47
Moffat GB 11 Eb15
Mofreita P 45 Bd59
Moftinu Mic RO 171 Cc55
Mogadouro P 45 Bd61
Mogata S 103 Gb46
Møgeltønder DK 108 Da28
Mogenstrup DK 100 Da23
Mogenstrup DK 109 Eb27
Mogente E 55 Fb70
Moggio I 149 Cd58
Moggio Udinese I 143 Ed56
Mögglingen D 134 Da48
Mogielnica PL 130 Jb39
Mogila BG 181 Ed70
Mogila MK 183 Bb76
Mogilany PL 138 Ja45
Mogili RUS 107 Ma51
Mogilište BG 181 Fb69
Mogilno PL 129 Ha36
Moglia I 149 Db61
Mogliano I 156 Ed67
Mogliano Veneto I 150 Ea59
Möglingen D 134 Cd48
Mogón E 61 Dd72
Mogor E 36 Ad57
Mogorić HR 151 Ga63
Mogoro I 169 Bd78
Mogoşani RO 176 Dd65
Mogoşeşti RO 173 Fa58
Mogoşeşti-Siret RO 172 Ed57
Mogosoaia RO 176 Ea66
Mogro E 38 Dc54
Moguer E 59 Bb74
Mogutovo RUS 99 Ma45
Mohács H 153 Hc58
Moharras E 53 Eb68
Moheda S 103 Fc51
Mohedas E 45 Ca64
Mohedas de la Jara E 52 Cc67
Mohelnice CZ 137 Gc45
Mohelno CZ 137 Gb48
Mohil IRL 13 Cb23
Mohill IRL 9 Cb19
Möhkö FIN 83 Mb30
Möhlau D 127 Eb39
Möhnesee D 125 Cb39
Möhnesee D 126 Cc39
Moholm S 103 Fb46
Mohon F 27 Eb39
Mohora H 146 Hd51
Mohorn D 127 Ed41
Mohós GR 201 Db96
Mohrkirch D 108 Db29
Mohtola FIN 90 La32
Mohyliv-Podil's'kyj UA 204 Eb16
Moi N 92 Cb45
Moià E 49 Gd60
Moie I 156 Ec66
Moikipää FIN 81 Hd31
Moilala FIN 90 La33
Moimenta da Beira P 44 Bb62
Moineşti RO 172 Ec59
Moinniemi FIN 91 Lc33
Moinsalmi FIN 91 Ld33
Móinteach Milic IRL 13 Cb22
Mo i Rana N 71 Fb20
Moirans F 35 Jc48
Moirans-en-Montagne F 31 Jc44
Moirax F 40 Ga52
Moircy B 132 Ba43
Mõisaküla EST 98 Ka45
Mõisaküla EST 106 Kc46
Moisburg D 118 Db33
Moisei RO 171 Dc55
Moisio FIN 90 La34
Moisiovaara FIN 75 Lb24
Moissac F 40 Gb52
Moissac-Bellevue F 42 Ka53
Moissey F 31 Jc42
Moisson F 23 Gc36
Moisund N 92 Cd46
Moisy F 29 Gb40
Moita F 154 Cc70
Moita P 50 Ab69
Moitaselkä FIN 69 Kc17
Moixent E 55 Fb70
Möja S 96 Ha43
Mojácar E 61 Ec75
Mojados E 46 Da61
Mojecice PL 129 Gb40
Mojeciu RO 176 Dd62
Mojkovac MNE 159 Jb68
Mojstrana SLO 144 Fa56
Møkland N 66 Fc12
Möklinta S 95 Gb41
Mokliste RUS 107 Mb47
Mõkliste EST 98 La42
Mokobody PL 131 Jd36
Mokolai LV 114 Kb58
Mokra Gora SRB 159 Ja65
Mokre PL 121 Ha32
Mokre PL 129 Gb37
Mokren BG 180 Eb72
Mokreni MK 183 Bb74
Mokreš BG 179 Cc68
Mokrin SRB 153 Jc58
Mokrin SRB 174 Bb60
Mokro BIH 159 Hc65
Mokro MNE 159 Jb69
Mokronog SLO 151 Fd58
Mokronoge BIH 152 Gc63
Mokronoge BIH 158 Gd65
Mokro Polje HR 158 Gb64
Mokrous RUS 203 Ga11
Mokrzesz PL 130 Hd42
Mokrzyska PL 138 Jb44
Mokšan RUS 203 Fc11
Moksi FIN 90 Kb33
Mokster N 84 Bd40
Mol B 124 Ba39
Mol SRB 153 Jb58
Mola di Bari I 162 Gd74
Molái GR 195 Bd90
Molainiai LT 114 Kc54
Moland N 66 Fb14
Moland N 93 Da42
Molare I 148 Ca62
Molas F 40 Ga55
Molbergen D 117 Cb34
Mølby DK 108 Db26
Mold GB 15 Eb22
Moldava CZ 128 Fa42
Moldava nad Bodvou SK 138 Jc49
Mołdawin PL 120 Fd32
Molde N 76 Cd32
Moldova Nouă RO 174 Bd64
Moldova-Sulița RO 172 Dd55
Moldova Veche RO 174 Bd64
Moldoveneşti RO 171 Da59
Moldoveni RO 172 Ec58
Moldoviţa RO 172 Ea55
Moldrup DK 100 Db22
Moldusen N 94 Ed40
Moldvik N 66 Ga12
Moledo do Minho P 36 Ac58
Moleno CH 142 Cc56
Moléson CH 141 Bc55
Moleşti MD 173 Fd59
Molėtai LT 114 La56
Molezuelas de la Carballeda E 37 Ca58
Molfetta I 162 Gc74
Molfsee D 118 Dc30
Móli GR 183 Bd80
Moliden S 80 Gd30
Moliens-Dreuil F 23 Gc33
Molières F 40 Gb52
Moliets-et-Maa F 39 Ed53
Moliets-Plage F 39 Ed53
Molin SRB 153 Jc59
Molin SRB 174 Bb61
Molina I 150 Dd57
Molina Aterno I 160 Ed71
Molina de Aragon E 47 Ec63
Molina de Segura E 55 Fa72
Molinella I 150 Dd62
Molineuf F 29 Gb41
Molinges F 35 Jd45
Molinicos E 53 Eb71
Molinos E 36 Ac54
Molinos E 48 Fb63
Molinos de Duero E 47 Ea60
Molins del Rei E 49 Gd61
Moliterno I 161 Ga77
Molitg-les-Bains F 41 Ha57
Molkojärvi FIN 69 Jd16
Molkom S 94 Fa43
Molla S 102 Ed48
Mollafeneri TR 186 Ga78
Mollagjesh AL 182 Ac75
Molland N 93 Da46
Mollans-sur-Ouvèze F 42 Jc52
Mollaoğlu TR 193 Gc82
Mollas AL 182 Ac76
Mollasüleymanlı TR 192 Fc86
Möllbrücke A 143 Ed55
Mölle S 110 Ec54
Möllenhagen D 119 Ed33
Mollerussa E 48 Ga60
Mollet del Vallès E 49 Ha61
Mollia I 148 Ca58
Mollières F 43 Kc51
Mollina E 60 Cd75
Mollis CH 142 Cc54
Molln A 144 Fb52
Mölln D 119 Dd32
Möllösund S 102 Eb48
Mölltorp S 103 Fb46
Mølna N 78 Eb29
Mölnbo S 96 Gc44
Mølnbukt N 77 Dd29
Mölndal S 102 Eb49
Mölnebo S 102 Eb48
Mölnlycke S 102 Ec49
Molochişul Mare MD 173 Fd55
Moločišče RUS 107 Mb47
Molodi RUS 99 Ld45
Molodi RUS 107 Ma46
Mołodycz PL 139 Kc43
Molompize F 34 Hb49
Mólos GR 189 Bd83
Moloskovicy RUS 99 Ma41
Molovata MD 173 Fd57
Molovata Nouă MD 173 Fd57
Moloy F 30 Jb41
Moložva RUS 107 Ld46
Molpe FIN 81 Hd31
Molsheim F 25 Kb37
Mołtajny PL 122 Jb30
Moltjorda N 71 Fc18
Mołtowo PL 120 Ga31
Moltrasio I 149 Cc58
Moltustranda N 76 Cb33
Molunat HR 159 Hc69
Molvero I 149 Dc57
Molvízar E 60 Db76
Mólyvos = Míthimna GR 191 Ea83
Molzbichl A 143 Ed55
Momán E 36 Bb54
Momarken N 94 Eb43
Mombaldone I 148 Ca62
Mombaroccio I 156 Ec65
Mombaruzzo I 148 Ca61
Mömbris D 134 Cd44
Mombuey E 45 Ca59
Momčilgrad BG 184 Dc75
Momino BG 180 Eb70
Momino Selo BG 180 Db73
Momin Sbor BG 180 Dd70
Mömlingen D 134 Cd45
Mommark DK 108 Dc28
Mommila FIN 90 Kb37
Momoty Górne PL 131 Kb42
Momrak N 93 Da44
Momuy F 39 Fb54
Mon CH 142 Cd55
Mon S 79 Fb26
Monå FIN 81 Ja29
Monachil E 60 Dc75
Monaghan IRL 9 Cc18
Monahiti GR 182 Ba79
Monar Lodge GB 6 Dc08
Monäs FIN 81 Ja29
Monasterace Marina I 164 Gc83
Monasterevin IRL 13 Cc22
Monasterio de la Sierra E 46 Dd59
Monasterio del Coto E 37 Bd55
Monasterio de Rodilla E 38 Dd58
Monastir I 169 Ca79
Monastiráki GR 184 Cd76
Monastiráki GR 188 Ad83
Monastyrek RUS 99 Ld42
Monastyrščina RUS 202 Ec12
Monastyryšče UA 204 Ec15
Monastyrys'ka UA 204 Ea16
Monbahus F 33 Ga51
Monbiel CH 142 Da55
Moncada E 54 Fc67
Moncalieri I 148 Bd60
Moncalvillo E 46 Dd59
Moncalvillo del Huete E 47 Ea65
Moncalvo I 148 Ca60
Monção P 36 Ad58
Moncarapacho P 58 Ad74
Moncel-sur-Seille F 25 Jd36
Mönchberg D 134 Cd45
Mönchdorf A 144 Fc50
Mönchengladbach D 125 Bc40
Mönchhof A 145 Gc52
Mönchholzhausen D 127 Dd41
Monchio delle Corti I 149 Da63
Monchique P 58 Ab73
Mönchkirchen A 144 Ga53
Mönchsdeggingen D 134 Dc48
Mönchsroth D 134 Db48
Monclar F 33 Ga51
Monclar-de-Quercy F 40 Gc53
Moncofa E 54 Fc66
Moncontour F 26 Eb38
Moncontour F 28 Fc43
Moncoutant F 28 Fb44
Monda E 60 Cc76
Mondaino I 156 Eb65
Mondariz E 36 Ad57
Mondavio I 156 Ec66
Mondéjar E 46 Dd65
Mondello, Partanna- I 166 Ec83
Mondim da Beira P 44 Ba61
Mondim de Basto P 44 Ba60
Mondolfo I 156 Ec65
Mondoñedo E 36 Bc54
Mondonville F 40 Gb54
Mondorf-les-Bains L 25 Jd34
Mondorf-les-Bains L 133 Bb45
Mondoubleau F 29 Ga40
Mondovì I 148 Bd62
Mondragon F 42 Jb52
Mondragone I 161 Fa74
Mondreganes E 37 Cd57
Mondriz E 36 Bc55
Mondsee A 143 Ed52
Möne S 102 Fa48
Moneasa RO 170 Cb58
Moneen IRL 8 Bd20
Moneglia I 149 Cc63
Monegrillo E 48 Fb61
Monein F 39 Fb55
Monemvassiá GR 195 Bd90
Moneo E 38 Dd56
Mones E 37 Ca54
Monesi I 148 Bc63
Monesiglio I 148 Bd62
Monesma y Cajigar E 48 Ga59
Monesterio E 51 Bd71
Monestier-de-Clermont F 35 Jd49
Monestiés F 41 Gd52
Moneteau F 30 Hc40
Moneva E 47 Fa62
Moneygall IRL 13 Ca22
Moneygold IRL 8 Ca17
Moneymore GB 9 Cd17
Moneyneany GB 9 Cd16
Moneyslane GB 9 Da18
Monfalcone I 150 Ed59
Monfarracinos E 45 Cb60
Monfero E 36 Bb54
Monflanquin F 33 Ga51
Monflorite E 48 Fc59
Monforte P 51 Bb68
Monforte d'Alba I 148 Bd62
Monforte del Cid E 55 Fb71
Monforte de Lemos E 36 Bb57
Monforte San Giorgio I 167 Fd84
Monghidoro I 155 Dc64
Mongiana I 164 Gc82
Mongiardino Ligure I 148 Cb62
Mongstad N 84 Ca37
Monguelfo I 143 Ea55
Monguillem F 40 Fc53
Monheim D 134 Dc48
Monheim am Rhein D 125 Bd40
Moniaive GB 10 Ea15
Moniatis CY 206 Ja97
Mon-Idée F 24 Hd33
Monifieth GB 7 Ec11
Moninmäki FIN 82 La31
Mõniste EST 107 Lb48
Monistrol-d'Allier F 34 Hc49
Monistrol de Montserrat E 49 Gd61
Monistrol-sur-Loire F 34 Hd48
Mönkeberg D 118 Dc30
Monk Fryston GB 16 Fa20
Mońki PL 123 Ka32
Monleras E 45 Ca61
Monlezun-d'Armagnac F 40 Fc53
Monlong F 40 Ga55
Monmouth GB 19 Eb27
Monnai F 22 Fd37
Monnaie F 29 Ga41
Monnerville F 29 Gd38
Mönni FIN 83 Ld30
Monni FIN 90 Kb38
Monnickendam NL 116 Ba35
Monninkylä FIN 90 Kc38
Monnoinen FIN 97 Jb39
Monodéndri GR 182 Ad79
Monódrio GR 189 Cc85
Monolíthio GR 188 Ad81
Monólithos GR 196 Db92
Monólithos GR 197 Ed93
Monopoli I 162 Ha74
Monor H 146 Hd53
Monor RO 171 Dc57
Monoskylä FIN 89 Jd33
Monóspita GR 183 Bd77
Monostorapáti H 145 Ha55
Monóvar E 55 Fa71
Monpazier F 33 Ga51
Monreal D 133 Bd43
Monreal de Ariza E 47 Ec62
Monreal del Campo E 47 Ed63
Monreale I 166 Ec84
Monroy E 51 Ca66
Monroyo E 48 Fc63
Mons B 124 Ab41
Mons F 43 Kb53
Monsanto P 45 Bc65
Monsaraz P 50 Ba70
Monschau D 125 Bc42
Monsegur F 32 Fd51
Monselice I 150 Dd60
Monsheim D 133 Cb45
Mönsheim D 134 Cc48
Monsiega N 92 Cc44
Monsols F 34 Ja45
Mønsted DK 100 Db23
Monster NL 116 Ac36
Mönsterås S 103 Gb51
Monsummano Terme I 155 Db65
Montà I 148 Bd61
Montabaur D 125 Cb42
Montady F 41 Hb55
Montagna I 150 Dd60
Montagnac F 41 Hc54
Montagnac-d'Auberoche F 33 Gb49
Montagne F 35 Jc49
Montagnol F 41 Hb53
Montagny F 34 Hd46
Montaigu F 28 Fa43
Montaigu-de-Quercy F 40 Gb52
Montaiguët-en-Forez F 34 Hc45
Montaigu-les-Bois F 22 Fa37
Montaigut F 33 Ha45
Montaigut-le-Blanc F 33 Gc46
Montaigut-sur-Save F 40 Gb54
Montainville F 29 Gc39
Montaivo P 58 Ba72
Montalba-le-Château F 41 Ha57
Montalbán E 48 Fb63
Montalbán de Córdoba E 60 Cd73
Montalbanejo E 53 Ea67
Montalbano I 162 Ha75
Montalbano Elicona I 167 Fc84
Montalbano Jonico I 162 Gc77
Montalbo E 53 Ea66
Montalcino I 155 Dc67
Montaldo di Cosola I 149 Cc62
Montale I 155 Dc64
Montalegre P 44 Bb59
Montalieu-Vercieu F 35 Jc46
Montalivet-les-Bains F 32 Fa48
Montallegro I 166 Ec86
Montalto delle Marche I 156 Ed68
Montalto di Castro I 156 Dd70
Montalto Marina I 156 Dd70
Montalto Pavese I 149 Cc61
Montalto Uffugo I 164 Gb79
Montalvão P 50 Ba66
Montalvos E 53 Ec68
Montamarta E 45 Cb60
Montamy F 22 Fb36
Montán E 54 Fb66
Montana BG 179 Cc69
Montana CH 141 Bd56
Montañana E 48 Fb60
Montanaro I 148 Bd60
Montánchez E 51 Ca68
Montanejos E 54 Fb66
Montaner F 40 Fc55
Montano Antilia I 161 Fd77
Montans F 41 Gd53
Montargil P 50 Ad68
Montargis F 29 Ha39
Montargull E 48 Gb59
Montari FIN 90 Kc37
Montastruc-la-Coceillère F 40 Gc54
Montauban F 40 Gb53
Montauban-de-Bretagne F 27 Ec39
Montaud F 35 Jc48
Montazzoli I 161 Fb71
Montbard F 30 Hd41
Montbarrey F 31 Jc42
Montbazens F 33 Gd51
Montbazon F 29 Ga42
Montbéliard F 31 Ka40
Montbenidorm E 55 Fc71
Montbeugny F 30 Hc44
Montbizot F 28 Fd39
Montblanc E 48 Gb61
Montbovon CH 141 Bc55
Montbozon F 31 Jd41
Montbrand F 35 Jd50
Montbrió del Camp E 48 Gb62
Montbrison F 34 Hd47
Montbron F 33 Ga47
Montbrun-les-Bains F 42 Jc52
Montceau-les-Mines F 30 Ja44
Montceaux-les-Provins F 24 Hb37
Montcenis F 30 Ja43
Montchanin F 30 Ja43
Montchevrier F 33 Gc45
Montcornet F 24 Hc34
Montcresson F 29 Ha40
Montcuq F 40 Gb52
Montdardier F 41 Hc53
Mont-Dauphin F 35 Kb50
Mont-de-Marsan F 39 Fb53
Montdidier F 23 Gd34
Mont-Dol F 28 Ed38
Monteagudo E 47 Ed59
Monteagudo de las Salinas E 53 Ec66
Monteagudo de las Vicarías E 47 Eb61
Montealegre E 46 Cd59
Montealegre del Castillo E 55 Ed70
Montebello Vicentino I 150 Dd59
Montebelluna I 150 Ea59
Montebourg F 22 Fa35
Montebruno I 149 Cc62
Monte Buono I 156 Ea67
Montecalvo Irpino I 161 Fc74
Monte-Carlo MC 43 Kd53
Montecarotto I 156 Ec66
Montecastrilli I 156 Eb69
Montecatini Terme I 155 Db65
Montecchio I 156 Eb65
Montecchio Emilia I 149 Da62
Montecchio Maggiore I 150 Dd59
Monte Cerignone I 156 Eb65
Montech F 40 Gb53
Montechiarugolo I 149 Da62
Monteciccardo I 156 Eb65
Monte Claro P 50 Ba66
Montecorto E 59 Cb76
Montecorvino Rovella I 161 Fc75
Monte da Pedra P 50 Ba67
Monte das Flores P 50 Ad69
Monte de Baixo Grande P 58 Ba73
Monte de Goula P 44 Ba65
Montederramo E 36 Bb57
Montedor P 44 Ac59
Montedoro I 166 Ed86
Monte do Trigo P 50 Ba70
Monte Estremo F 154 Ca69
Montefalco I 156 Eb68
Montefalcone di Val Fortore I 161 Fc73
Montefalcone nel Sannio I 161 Fc71
Montefiascone I 156 Ea69
Monte Fidalgo P 50 Ba66
Montefiore Conca I 156 Eb65
Montefiore dell'Aso I 156 Ed68
Montefiorino I 149 Db63
Monteforte Cilento I 161 Fd76
Monteforte da Beira P 51 Bb66
Monteforte Irpino I 161 Fc75
Montefortino I 156 Ed68
Montefrío E 60 Da74
Montefurado E 36 Bc57
Montegil E 59 Cb75
Montegiordano Marina I 162 Gc77
Montegiorgio I 156 Ed67
Monte Gordo P 44 Ba65
Monte Gordo P 58 Ba74
Montegrotto Terme I 150 Dd60
Montehermoso E 45 Bd65
Montejaque E 59 Cb76
Montejícar E 60 Dc74
Montejo de Bricia E 38 Dc56
Montejo de la Sierra E 46 Dc62
Montejo de la Vega E 46 Dc61
Montejos del Camino E 37 Cc57
Montelanico I 160 Ec72
Montel-de-Gelat F 33 Ha46
Monteleone di Puglia I 161 Fd74
Monteleone di Spoleto I 156 Ec69
Monteleone d'Orvieto I 156 Ea68
Monteleone Rocca Doria I 168 Bd75
Montelepre I 166 Ec84
Montélimar F 42 Jb51
Montella I 161 Fc75
Montellano E 59 Cb75
Montellier F 34 Jb46
Monte Isola I 149 Da58
Montelungo I 149 Cd63
Montelupo Fiorentino I 155 Dc65
Montelupone I 156 Ed67
Montemaggiore Belsito I 166 Ed85
Montemagno I 148 Ca61
Montemarano I 161 Fc75
Montemarcello I 155 Cd64
Montemassi I 155 Db68
Montemayor E 60 Cd73
Montemayor del Río E 45 Cb64
Montemayor de Pililla E 46 Da61
Montemerano I 155 Dc69
Montemesola I 162 Ha76
Montemiletto I 161 Fc74
Montemilone I 162 Gb74
Montemolín E 51 Bd71
Montemonaco I 156 Ed68
Montemor-o-Novo P 50 Ad69
Montemor-o-Velho P 44 Ac64
Montemurro I 162 Gb77
Montendre F 32 Fc49
Montenegro de Cameros E 47 Ea59
Montenero I 155 Da66
Montenero di Bisaccia I 161 Fc71
Montenerodomo I 161 Fb71
Monteneuf F 27 Ec40
Monte Novo P 50 Ab70
Montepaone Lido I 164 Gc82
Montepescali I 155 Dc68
Monte Petrosu I 168 Cc74
Montepiano I 155 Dc64
Montepulciano I 156 Dd67
Monterchi I 156 Ea66
Monterde de Albarracín E 47 Ed64
Monte Real P 44 Ab65
Montereale I 156 Ec69
Montereale Valcellina I 150 Eb57
Montereau F 29 Ha38
Montereau F 29 Ha40
Monte Redondo P 44 Ac65
Monterenzio I 149 Dc63
Monteriggioni I 155 Dc66
Monte Romano I 156 Dd70
Monteroni d'Arbia I 155 Dc67
Monterosi I 156 Ea70
Monterosso al Mare I 155 Cd64
Monterosso Almo I 167 Fc87
Monterosso Calabro I 164 Gb82
Monterotondo I 160 Eb71
Monterotondo Marittimo I 155 Db67
Monterroso E 36 Bb56
Monterrubio de la Serena E 51 Cb70
Monterrubio de la Sierra E 45 Cb63
Montesa E 54 Fb69
Montesalgueiro E 36 Ba54
Monte San Biagio I 160 Ed73
Monte San Giusto I 156 Ed67
Monte San Maria Tiberina I 156 Ea66
Montesano Salentino I 163 Hc77
Montesano sulla Marcellana I 161 Ga77
Monte San Savino I 156 Dd67
Monte Sant'Angelo I 162 Gb72
Monte San Vito I 156 Ec66
Montesarchio I 161 Fb74
Montescaglioso I 162 Gc76
Montesclaros E 46 Cd65
Montesilvano Marina I 157 Fa69
Montespertoli I 155 Dc65
Montespluga I 142 Cc56
Montesquieu-Volvestre F 40 Gb55
Montesquieux F 40 Gb52
Montesquiou F 40 Fd54
Montestruc-sur-Gers F 40 Ga54
Monteux F 42 Jb52
Montevago I 166 Eb85
Montevarchi I 156 Dd66
Montevecchio I 169 Bd78
Monteveglio I 149 Dc63
Monteverde I 161 Ga74
Montevil P 50 Ab70
Montezemolo I 148 Bd62
Montfalcó Murallat E 49 Gc60
Montfaucon CH 141 Bc53
Montfaucon F 28 Fa43
Montfaucon-d'Argonne F 24 Jb35
Montfaucon-en-Velay F 34 Ja49
Montferrand-du-Périgord F 33 Ga50
Montferrat F 43 Kb53
Montfleur F 35 Jc45
Montfoort NL 116 Ba36
Montfort F 40 Ga53
Montfort NL 125 Bb40
Montfort-en-Chalosse F 39 Fb54
Montfort-l'Amaury F 23 Gc37
Montfort-sur-Meu F 28 Ed39
Montfort-sur-Risle F 23 Ga35
Montfranc F 41 Ha53
Montfrin F 42 Jb53
Montfront-le-Gesnois F 28 Fd39
Montgarri E 40 Gb57
Montgeron F 23 Gd37
Montgerval F 28 Ed39
Montgomery GB 15 Eb24
Montgueux F 30 Hc38
Montguyon F 32 Fc49
Monthermé F 24 Ja33
Monthey CH 141 Bb56
Monthois F 24 Ja35
Monthureux-sur-Saône F 31 Jd39
Monti I 168 Cb74
Montiano E 38 Dd56
Montiano I 155 Dc69
Monticchio Bagni I 161 Ga74
Monticelli I 162 Ha75
Monticelli d'Ongina I 149 Cd61
Monticelli Terme I 149 Da62
Montichiari I 149 Da60
Monticiano I 155 Dc67
Montiel E 53 Dd70
Montier-en-Der F 30 Ja38
Montieri I 155 Db67
Montiers-sur-Saulx F 24 Jb37
Montiglio I 148 Bd60
Montignac F 33 Gb49
Montignac-le-Coq F 32 Fd48
Montignac-sur-Charente F 32 Fd47
Montigny F 25 Ka37
Montigny F 29 Ha42
Montigny-la-Resle F 30 Hc40
Montigny-le Chartif F 29 Gb39
Montigny-Lencoup F 30 Hb38
Montigny-le-Roi = Val-de-Meuse F 31 Jc39
Montigny-lès-Metz F 25 Jd35
Montigny-sur-Aube F 30 Ja39
Montigny-sur-Loing F 29 Ha38
Montijo E 51 Bc69
Montijo P 50 Ab69
Montilla E 60 Cd73
Montilly F 30 Hb44
Montivilliers F 22 Fd34
Montjay F 42 Jd51
Montjean F 28 Fb40
Montjean F 32 Fd46
Montjean-sur-Loire F 28 Fb42
Montlaur F 41 Ha56
Montlel-lès-Lamarche F 31 Jc39
Montlieu-la-Garde F 32 Fc49
Montlivault F 29 Gb41
Mont-Louis F 41 Gd58
Montlouis-sur-Loire F 29 Ga42
Montluçon F 33 Ha45
Montluel F 34 Jb46
Montmajor E 49 Gc59
Montmarault F 34 Hb45
Montmaur F 35 Jd50
Montmaurin F 40 Ga55
Montmédy F 24 Jb34
Montmelian F 35 Jd47

259

Muro – Nejdek

Muro P 44 Ad60
Muro de Aguas E 47 Ec59
Muro del Alcoy E 55 Fb70
Murol F 34 Hb47
Murole FIN 89 Jd34
Muro Leccese I 163 Hc77
Muro Lucano I 161 Fd75
Murom RUS 203 Fb10
Muromskoe RUS 113 Ja58
Muron F 32 Fb46
Murony H 147 Jd55
Muros E 36 Ac55
Murovicy RUS 107 Ld46
Murów PL 129 Ha42
Murowana Goślina PL 129 Gc36
Mürren CH 141 Bd55
Murrhardt D 134 Da48
Murronkylä FIN 74 Kb24
Murs F 42 Jc53
Mursal TR 198 Ga92
Mursalevo BG 179 Cb73
Mursallı TR 185 Ec78
Mursallı TR 197 Ed88
Mürseller TR 192 Fd81
Mürseller TR 199 Gb89
Mûrs-Erigné F 28 Fb42
Murska Sobota SLO 145 Gb56
Mursko Središće HR 145 Gb56
Mursley GB 20 Fb26
Murtamo FIN 89 Ja37
Murtas E 61 Dd76
Murten CH 141 Bc54
Murter HR 157 Ga65
Murtino MK 183 Ca75
Murto FIN 74 Ka24
Murtoi FIN 83 Ma31
Murtoinen FIN 90 Kd32
Murtolahti FIN 82 La29
Murtomäki FIN 82 Kd26
Murtomäki FIN 82 Kc28
Murton GB 11 Fa17
Murtoranta FIN 83 Ld28
Murtosa P 44 Ac62
Murtovaara FIN 75 Lc24
Murtovaara FIN 75 La20
Murtovaara FIN 83 Lc27
Muruvik N 78 Eb30
Murvica HR 157 Fd64
Murviel-lès-Béziers F 41 Hb54
Mürzsteg A 144 Fd52
Murzynko PL 121 Hb35
Murzynowo PL 128 Fd36
Mürzzuschlag A 144 Ga53
Muş TR 205 Ga20
Muša RUS 203 Fd08
Musaca TR 192 Fa84
Musaitu MD 177 Fc62
Musaköy TR 192 Ga83
Musalar TR 192 Fd83
Musamaa FIN 81 Jc30
Muşăteşti RO 175 Dc63
Müsch D 125 Bd42
Müschenbach D 125 Cb42
Muselievo BG 180 Dc68
Müsellim TR 185 Ed76
Muşeniţa RO 172 Eb54
Muşeteşti RO 175 Cd63
Musetrene N 85 Dc36
Musina BG 180 Dd70
Musken N 66 Ga15
Muskö S 96 Gd44
Muslu TR 187 Hb76
Musninkai LT 114 Kd57
Musorka RUS 203 Ga10
Mušovića Rijeka MNE 159 Jb68
Musqetë AL 182 Ac75
Mussalo FIN 90 La38
Musselburgh GB 11 Eb13
Musselkanaal NL 117 Ca34
Mussidan F 32 Fd49
Mussomeli I 166 Ed85
Mussy-sur-Seine F 30 Ja39
Mustadfors S 94 Ec45
Mustafakemalpaşa TR 192 Fb81
Müstair CH 142 Db56
Mustajärvi FIN 89 Jb33
Mustajärvi FIN 89 Jd34
Mustajoki FIN 89 Jb35
Mustalahti FIN 90 Ka34
Mustalammi FIN 89 Jb33
Mustamaa FIN 81 Jd29
Mustamaa FIN 82 Kb25
Mustansalo FIN 82 La31
Mustasaari FIN 81 Ja30
Mustaskulma FIN 90 Ka35
Mustavaara FIN 75 La22
Mustavaara FIN 75 Kc20
Musteaţa MD 173 Fa56
Mustecep TR 185 Ec78
Mustikkaperä FIN 82 Ka30
Mustila FIN 90 Kd37
Mustinlahti FIN 83 Lb30
Mustinmäki FIN 82 La31
Mustinsalo FIN 91 Lb32
Mustio FIN 98 Ka40
Mustjala EST 105 Jc46
Mustla EST 106 La46
Mustola FIN 69 Kb11
Mustolanmäki FIN 82 Kd31
Mustolanmäki FIN 82 La28
Mustvee EST 99 Lb43
Musulcali TR 191 Ed85
Musut SRB 179 Ca71
Mušutište KSV 178 Ba72
Muszaki PL 122 Ja33
Muszyna PL 138 Jc46
Muta SLO 144 Fd56
Mutala FIN 89 Jd35
Mutalahti FIN 83 Mb30
Mutapohja FIN 82 Kb31
Mutěnice CZ 137 Gc48
Muthill GB 7 Ea12
Mutka FIN 74 Jd20
Mutlangen D 134 Da48
Mutlu TR 191 Eb83
Mutluca TR 197 Ed90
Muttalip TR 193 Gc81
Mutterberg-Alm A 142 Dc54
Mutters A 143 Dd54
Mutterstadt D 133 Cb46
Mutxamel E 55 Fb71
Mutzig F 25 Kb37
Mützlitz D 127 Ec36
Mutzschen D 127 Ec40
Muurame FIN 90 Kb33
Muurasjärvi FIN 82 Ka28
Muurikkala FIN 91 Lb37
Muurla FIN 97 Jd39
Muurola FIN 74 Jd19
Muurola FIN 91 Lb37
Muuruvesi FIN 82 La29
Muuskonkangas FIN 74 Kb18
Müüsleri EST 98 Kd43
Muvga EST 98 Kb42
Muxía E 36 Ac54
Muzga BG 180 Dc71
Muzillac F 27 Eb41
Muzinë AL 182 Ac79
Mužla SK 146 Hc52
Mužlja SRB 153 Jc60
Mužlja SRB 174 Bb62
Muzzana del Turgnano I 150 Ec58
Mybster GB 5 Eb04
Mychajlivka UA 205 Fa16
Mycielin PL 129 Ha38
Myckelgensjö S 80 Gc29
Myckle S 80 Hc25
Myckleby S 102 Eb47
Myckling S 80 Gd30
Myczków PL 139 Kb46
Myddfai GB 15 Dd26
Mydland N 92 Cb45
Mydroilyn GB 15 Dd25
Myggenäs S 102 Eb48
Myhinpää FIN 82 Kd31
Myjava SK 137 Gd49
Mykanów PL 130 Hc41
Myking N 84 Ca38
Mykland N 93 Da45
Myklebostad N 66 Ga13
Myklebostad N 66 Fc16
Myklebostad N 92 Cd45
Myklebust N 84 Ca35
Myklenes N 67 Gb11
Myklestøyl N 92 Cd47
Mykolajiv UA 204 Dd15
Mykolajiv UA 204 Ed16
Mykolajivka UA 205 Fa17
Mylau D 135 Eb43
Myllperä FIN 90 Ka33
Myllyaho FIN 82 Ka29
Mylly-Karttu FIN 89 Jc34
Myllykoski FIN 81 Jb31
Myllykoski FIN 90 La37
Myllykselä FIN 90 Kb36
Myllykylä FIN 82 Kb29
Myllykylä FIN 89 Jd38
Myllykylä FIN 90 Ka35
Myllykylä FIN 98 Ka39
Myllylahti FIN 75 Lb23
Myllymaa FIN 89 Jc36
Myllymäki FIN 89 Jd32
Myllypohja FIN 90 Kc37
Mylopótamos GR 195 Bd92
Mylund DK 100 Dc20
Mynamäki FIN 89 Jb38
Mynterlä FIN 98 Ka39
Mynttilä FIN 90 Kd35
Myon F 31 Jd42
Myöntäjä FIN 89 Jb35
Myr N 66 Fd16
Myra S 87 Gb35
Myran N 78 Ea29
Myrane N 92 Ca45
Myrås S 72 Gc22
Myrbacka S 72 Gd21
Myrbakken N 64 Ka06
Myre N 66 Fd11
Myre N 66 Fc12
Myreng N 85 Dc36
Myresjö S 103 Fc50
Myrhaug N 67 Gd11
Myrheden S 73 Hb21
Myrheden S 73 Hb23
Myrholen S 95 Fc40
Myrhorod UA 202 Ed14
Myrkdalen N 84 Cc38
Myrkky FIN 89 Ja33
Myrland N 66 Fd12
Myrland N 66 Fa14
Myrlandshaugen N 67 Gb12
Myrmoen N 86 Ec32
Myrnes N 63 Hc07
Myronivka UA 204 Ec15
Myrorna S 80 Hc28
Myrset N 64 Jb06
Myrset N 78 Ed27
Myrskylä FIN 90 Kc38
Myrtou CY 206 Ja96
Myrvika N 78 Ec26
Myrviken S 79 Fb31
Mysen N 94 Eb43
Myshall IRL 13 Cc23
Myślachowice PL 138 Hd44
Myślenice PL 138 Ja45
Myślibórz PL 120 Fc35
Myślibórz PL 128 Ga41
Myślice PL 122 Hc31
Myślina PL 129 Hb42
Mysłowice PL 138 Hc44
Mysovka RUS 113 Jb57
Myssjö S 79 Fb31
Mystki PL 120 Fc35
Myszków PL 130 Hd42
Myszyniec PL 122 Jc33
Mytišči RUS 202 Ed10
Mýtna SK 138 Hd49
Mýto CZ 136 Fa45
Mýto pod Ďumbierom SK 138 Ja48
Mzurki PL 130 Hd40

N

Naakenavuoma FIN 68 Jc15
Naaldwijk NL 116 Ac36
Naamanka FIN 75 Kc21
Naamijoki FIN 74 Jb18
Naantali FIN 97 Jb39
Naappila FIN 90 Ka35
Naapurinvaara FIN 82 La26
Naarajärvi FIN 83 Ld28
Naarajärvi FIN 90 Kd32
Naarajoki FIN 81 Ja31
Naaranlahti FIN 91 Ld33
Naarden NL 116 Ba36
Näärinki FIN 90 La33
Naarminkylä FIN 89 Jc33
Naartijärvi S 73 Jb21
Naarva FIN 83 Ma28
Naas IRL 13 Cc22
Näätämö FIN 65 Kc08
Näätänmaa FIN 83 Lb31
Näätävaara FIN 75 Lb23
Naatule FIN 89 Jc37
Nabbelund S 104 Gc50
Nabburg D 135 Eb46
Naberežny Čelny RUS 203 Ga08
Naburn GB 16 Fb20
Nabuvoll N 86 Eb33
Nacak TR 185 Ec76
Na Cealla Beaga IRL 8 Ca16
Načeradec CZ 136 Fc46
Nachamps F 32 Fb46
Náchod CZ 137 Gb43
Nachrodt-Wiblingwerde D 125 Ca39
Nacimiento E 61 Ea75
Nacina Ves SK 139 Ka48
Näckådalen S 87 Fb37
Nackenheim D 133 Cb44
Naclaw PL 121 Gb31
Na Clocha Liatha IRL 13 Da22
Nacpolsk PL 130 Ja36
Nad IRL 12 Bc25
Nadalj SRB 153 Jb59
Nadarevo BG 181 Ec70
Nadarzyce PL 121 Gb33
Nadăş RO 170 Ca59
Nádasd H 145 Gc55
Nádasdladány H 145 Hb54
Nadbory PL 123 Ka33
Nadvik N 85 Da37
Nådendal = Naantali FIN 97 Jb39
Nadeş RO 175 Dc60
Nadezdino RUS 122 Ja30
Nădlac RO 170 Bc59
Nădrag RO 174 Ca61
Nadrljan SRB 153 Jb58
Nádudvar H 147 Jd53
Nădușita MD 173 Fb54
Nadvirna UA 204 Ea16
Năeni RO 176 Ec64
Nærbø N 92 Ca45
Nærestad N 93 Db45
Nærøy N 78 Eb25
Nærøy N 84 Cc37
Nærsnes N 93 Dd42
Næs DK 109 Eb28
Næsbjerg DK 108 Da25
Næstved DK 109 Eb27
Näfels CH 142 Cc54
Nafızpaşa TR 192 Ga81
Náfpaktos GR 188 Bb85
Náfplio GR 195 Bd88
Nafría de Llana E 47 Ea60
Nag N 92 Ca43
Nagajbakovo RUS 203 Ga08
Nagele NL 116 Bb35
Naggen S 87 Ga34
Naglarby S 95 Fd40
Naglestad N 92 Cc46
Nagli LV 107 Lb52
Nagli LV 107 Lc51
Nagłowice PL 130 Ja42
Nagold D 134 Cc49
Nagore E 39 Ed57
Nagor'e RUS 202 Ed09
Nagórki PL 130 Hc37
Nagoszewo PL 123 Jd35
Nago-Torbole I 149 Dc58
Nagu FIN 97 Jb40
Nagyalásony H 145 Gd54
Nagyatád H 152 Gd57
Nagybajom H 152 Ha57
Nagybaracska H 153 Hd58
Nagyberki H 152 Hb57
Nagybörzsöny H 146 Hc51
Nagycenk H 145 Gc53
Nagydobos H 147 Kb50
Nagydorog H 146 Hc56
Nagyecsed H 147 Kb51
Nagyfüged H 146 Jb52
Nagyhalász H 147 Ka50
Nagyharsany H 153 Hc58
Nagyigmánd H 145 Hb52
Nagyiván H 146 Jc52
Nagykálló H 147 Ka51
Nagykamarás H 147 Jd56
Nagykanizsa H 145 Gc56
Nagykáta H 146 Ja53
Nagykereki H 147 Ka53
Nagykónyi H 145 Hb56
Nagykőrös H 146 Ja54
Nagylak H 153 Jc57
Nagylengyel H 145 Gc55
Nagylóc H 146 Ja51
Nagymágocs H 146 Jc56
Nagymányok H 153 Hc57
Nagymaros H 146 Hc52
Nagynyárád H 153 Hc58
Nagyoroszi H 146 Hd51
Nagypeterd H 152 Ha58
Nagyrábé H 147 Jd53
Nagyrécse H 145 Gd56
Nagyszékely H 146 Hc56
Nagyszénás H 146 Jc55
Nagyvázsony H 145 Ha55
Nagyvenyim H 146 Hc55
Naha EST 99 Lc45
Naharros E 53 Ea66
Nahe D 118 Dc32
Nahimovo RUS 113 Jb58
Nahkela FIN 98 Kb39
Nahkiaisoja FIN 74 Jc20
Nahrendorf D 119 Dd34
Nahwinden D 127 Dd42
Naidaş RO 174 Bd64
Naila D 135 Ea43
Nailloux F 40 Gc55
Nailly F 30 Hb39
Nailsea GB 19 Eb28
Nailstone GB 16 Fa24
Nailsworth GB 19 Ec27
Naipköy TR 185 Ed78
Nairn GB 5 Ea07
Naisjärv S 73 Hd19
Naitisuanto S 67 Hb16
Naiviai LT 114 Kd54
Naizin F 27 Eb39
Najac F 41 Gd52
Najdenovo BG 180 Dc73
Nájera E 38 Ea58
Nakielno PL 121 Gb34
Näkkälä FIN 68 Ja12
Nakkaş TR 186 Fc77
Nakkeri FIN 90 Kb34
Nakkeslett N 62 Gd07
Nakkila FIN 89 Jb36
Naklik PL 139 Kb43
Nakło PL 130 Hd42
Nakło PL 137 Ha43
Naklo SLO 151 Fb57
Nakło nad Notecią PL 121 Gd34
Nakolec MK 182 Ba76
Nakomiady PL 122 Jc31
Nakovo SRB 153 Jc58
Nakovo SRB 174 Bb60
Nakskov DK 109 Ea28
Nalbant RO 177 Fc64
Nalbantlar TR 197 Ed88
Nal'čik RUS 205 Ga17
Nalda E 39 Eb58
Nälden S 79 Fb30
Naldöken TR 191 Ec86
Nałęczów PL 131 Ka40
Naleda E 36 Bc55
Nálepkovo SK 138 Jc48
Nalınlar TR 192 Fc81
Näljänka FIN 75 Kd22
Nalkki FIN 75 Kd24
Nallıdere TR 193 Ha81
Nalliers F 32 Fa45
Nallıhan TR 187 Ha80
Nalzen F 40 Gc56
Nalžovské Hory CZ 135 Ed47
Námata GR 189 Bd81
Namazgâh TR 191 Ec81
Nambroca E 52 Db66
Namdalseid N 78 Eb27
Nämdö S 96 Ha44
Namen = Namur B 124 Ad42
Náměšť nad Oslavou CZ 137 Gb47
Náměšť na Hané CZ 137 Gc46
Námestovo SK 138 Hd46
Namiķi LV 105 Jd52
Namna N 94 Ec39
Nămoloasa RO 177 Fa63
Nampcel F 24 Hb34
Nämpnäs FIN 89 Hd32
Nampont F 23 Gc32
Namsos N 78 Ec26
Namsskogan N 78 Fa25
Namsvatn N 79 Fb25
Namur B 124 Ad42
Namysłów PL 129 Gd41
Nana RO 181 Ec67
Nançay F 29 Gd42
Nanclares de la Oca E 38 Ea56
Nancras F 32 Fb47
Nancray F 31 Jd41
Nancy F 25 Jd37
Nandlstadt D 135 Ea49
Năneşti RO 177 Fa63
Nangis F 30 Ha37
Nannerch GB 15 Eb22
Nanov RO 180 Dd67
Nans-les-Pins F 42 Jd54
Nans-sous-Sainte-Anne F 31 Jd42
Nant F 41 Hc53
Nant-ddu GB 19 Ea27
Nanterre F 23 Gd37
Nantes F 28 Ed42
Nantes P 44 Bb59
Nanteuil-en-Vallée F 32 Fd46
Nanteuil-la-Forêt F 24 Hc36
Nanteuil-le-Haudouin F 23 Ha36
Nantgaredig GB 15 Dd26
Nantiat F 33 Gb46
Nanton F 30 Jb44
Nantua F 35 Jc45
Nantwich GB 15 Ec23
Nantyffyllon GB 19 Ea27
Nantyglo GB 19 Eb27
Nant-y-moel GB 19 Ea27
Naours F 23 Gd33
Náousa GR 196 Db90
Náoussa GR 183 Bc77
Năpădeni MD 173 Fb56
Năpadova MD 173 Fc54
Nåpågard N 93 Db41
Napajedla CZ 137 Gd47
Napierki PL 122 Ja33
Napiwoda PL 122 Ja33
Napkor H 147 Ka51
Napoli I 161 Fb75
Năpradea RO 171 Cd56
Napton GB 20 Fa25
Náquera E 54 Fb67
När S 104 Ha50
Narač BY 202 Ea12
Ňárad SK 145 Ha52
Nárai H 145 Gc54
Narberth GB 18 Dc27
Narbolia I 169 Bd77
Narbonne F 41 Hb55
Narbonne-Plage F 41 Hb55
Narcao I 169 Bd80
Narcy F 30 Hb42
Nard HR 153 Hc59
Nardevitz D 120 Fa29
Nardò I 162 Hb77
Narečenski bani BG 184 Db74
Narew PL 123 Kc34
Narewka PL 123 Kc34
Närhilä FIN 82 Kc31
Narila FIN 90 La33
Narinceli TR 192 Fc86
Nariņciems LV 105 Jd50
Narjoki FIN 89 Ja37
Narjordet N 86 Eb33
Narkaus FIN 74 Ka19
Narken S 73 Ja18
Narlı TR 185 Ed79
Narlı TR 193 Hb81
Narman TR 205 Ga19
Narni I 156 Eb69
Naro I 166 Ed86
Narodowy PL 137 Gb43
Naro-Fominsk RUS 202 Ed10
Narol PL 131 Kc42
Narón E 36 Bb56
Narost PL 120 Fb35
Narovlja BY 202 Eb13
Närpes FIN 89 Hd33
Närpiö FIN 89 Hd33
Narros del Castillo E 46 Cd63
Närsäkkälä FIN 91 Ma32
Narsdorf D 127 Ec41
Närsen S 95 Fb40
Narta AL 182 Aa77
Narta HR 152 Gc58
Nartkala RUS 205 Ga17
Närtuna S 96 Gd42
Narty PL 122 Jb32
Năruja RO 176 Ec62
Nårunga S 102 Ed48
Naruska FIN 69 Kd16
Naruszewo PL 130 Ja36
Narva EST 99 Lc41
Narva FIN 89 Jd36
Närvä FIN 90 Kb35
Narva-Jõesuu EST 99 Lc41
Närvijoki FIN 89 Ja32
Narvik N 67 Gb13
Naryškino RUS 202 Ed12
Narzole I 148 Bd62
Näs N 93 Db44
Näs S 79 Fc31
Näs S 95 Fc40
Näs S 102 Ec48
Näs S 104 Gd51
Naşa TR 192 Fc84
Näsåker S 79 Gb30
Năsăud RO 171 Dc56
Nasavrky CZ 136 Ga45
Nasbinals F 34 Hb50
Näs bruk S 95 Ga41
Na Sceirí IRL 9 Da20
Naseby GB 20 Fb25
Našec KSV 178 Ba72
Näset FIN 81 Hd31
Näset S 79 Fd26
Näset S 87 Fc37
Näset S 87 Fd33
Näset S 87 Ga33
Näshult S 103 Fd50
Näshulta S 95 Ga44
Našice HR 152 Hb59
Nasiedle PL 137 Ha44
Nasielsk PL 130 Jb36
Näsinge S 94 Eb44
Näske S 80 Gd31
Näskott S 79 Fb30
Näsland S 80 Ha28
Näsliden S 72 Ha24
Naso I 167 Fc84
Nasrettinhoca TR 193 Hb83
Nassau D 133 Ca43
Nassenfels D 135 Dd48
Nassenheide D 119 Ed35
Nassereith A 142 Dc53
Nässja S 103 Fc46
Nässjö S 79 Ga29
Nässjö S 103 Fc49
Nässuma EST 105 Jd46
Nässvallen S 87 Fb33
Nästansjö S 79 Ga25
Nastätten D 133 Cb43
Nastazin PL 120 Fd33
Nästebacka S 94 Ec43
Nästi FIN 89 Ja38
Nastola FIN 90 Kc37
Năsturelu RO 180 Dd68
Näsum S 111 Fb54
Nasutów PL 131 Ka39
Nasuty PL 123 Jd30
Nasva EST 105 Jc47
Näsviken S 79 Fd28
Näsviken S 87 Gb35
Nata CY 206 Hd98
Natalinci SRB 174 Bb65
Natile Nuovo I 164 Gb83
Natkiškiai LT 113 Jc57
Natoye B 124 Ad42
Nattavaara S 73 Hc19
Nattavaara by S 73 Hc18
Natternbach A 144 Fa50
Nattheim D 134 Db49
Nättraby S 111 Fd54
Nattvatn N 64 Jc09
Naturno I 142 Dc55
Naturns I 142 Dc55
Naucelle F 41 Ha52
Naudaskalns LV 107 Lc49
Nauders A 142 Db55
Naudite LV 106 Ka52
Nauen D 127 Ec36
Nauendorf D 127 Eb39
Nauheim D 134 Cc44
Naujadvaris LT 114 La59
Naujakiemis LT 114 La58
Naujamiestis LT 114 Kc55
Naujasėdžiai LT 114 La59
Naujasis Obelynas LT 113 Jd56
Naujasodė LT 114 La53
Naujasodis LT 123 Kc30
Naujas Strūnaitis LT 115 Lb56
Naujene LV 115 Lc53
Naujieji Verkiai LT 114 La57
Naujoji Akmenė LT 113 Jd53
Naujoji Ūta LT 114 Kc58
Naujoji Vilnia LT 114 La58
Naukšēni LV 106 Kd47
Naul IRL 9 Cd20
Naulaperä FIN 75 Kd23
Naum S 102 Ed47
Naumburg D 126 Cd40
Naumburg D 127 Ea41
Naumovskij RUS 205 Fd15
Naundorf D 127 Ec40
Naundorf D 127 Ed40
Naunhof D 127 Ec40
Naurisvaara FIN 83 Mb29
Naurstad N 66 Fc17
Naustbukt N 62 Gc09
Naustdal N 84 Cb35
Naustvika N 77 Db33
Nautijaur S 72 Gd18
Nautsund N 84 Ca36
Nauviale F 33 Ha51
Nauvo FIN 97 Jb40
Nave E 37 Cc54
Nåva S 94 Ec42
Navacepeda de Tormes E 45 Cc64
Navacepedilla de Corneja E 45 Cc64
Navacerrada E 46 Db63
Navacerrada E 52 Da69
Navaconcejo E 45 Cb65
Nava de Abajo E 53 Ec70
Nava de Arévalo E 46 Cd62
Nava de Campana E 53 Ec71
Nava de la Asunción E 46 Da62
Nava del Rey E 46 Cd61
Nava de Roa E 46 Db60
Navahermosa E 52 Da67
Navahrudak BY 202 Ea13
Naval E 48 Fd59
Navalacruz E 46 Cd64
Navalagamella E 46 Db64
Navalcaballo E 47 Eb60
Navalcán E 45 Cc65
Navalcarnero E 46 Db65
Navalcuervo E 51 Cb71
Navaleno E 47 Ea60
Navalguijo E 45 Cb64
Navalilla E 46 Db61
Navalmanzano E 46 Db62
Navalmoral E 46 Cd64
Navalmoral de la Mata E 51 Cb66
Navalón de Arriba E 54 Fa69
Navalonguilla E 45 Cb64
Navalperal de Pinares E 46 Da64
Navaluenga E 46 Cd64
Navalvillar de Pela E 51 Cb68
Navamorcuende E 46 Cd65
Navan IRL 9 Cd20
Navapolack BY 202 Eb11
Navarcles E 49 Gd60
Navardún E 39 Fa58
Navarrenx F 39 Fb55
Navarrés E 54 Fb69
Navarrete E 39 Eb58
Navarrete del Río E 47 Fa63
Navarrevisca E 46 Cd64
Navàs E 49 Gd60
Navascués E 39 Fa57
Navas de Estena E 52 Da67
Navas de Jorquera E 53 Ec68
Navas del Madroño E 51 Bd66
Navas del Rey E 46 Da64
Navas de Oro E 46 Da62
Navas de San Antonio E 46 Da63
Navas de San Juan E 52 Dc72
Navasëlki BY 202 Eb13
Navašino RUS 203 Fb10
Navata E 41 Hb58
Navatalgordo E 46 Cd64
Navatrasierra E 52 Cc67
Nave I 149 Da59
Nävekvarn S 103 Gb46
Navelgas E 37 Ca54
Navelli I 156 Ed70
Navelsaker N 84 Cc34
Nävelsjö S 103 Fc50
Navenby GB 17 Fc23
Näveråsen FIN 89 Hd32
Nave Redonda P 58 Ab73
Näverkärret S 95 Fd42
Naveros E 59 Bd77
Näversjöberg S 79 Fc30
Naverstad S 94 Eb45
Navès E 49 Gc59
Navia E 37 Ca53
Navia de Suarna E 37 Bd55
Navilly F 30 Jb43
Năvirneţ MD 173 Fa56
Navit N 63 Hc09
Nävlinge S 110 Fa54
Navlja RUS 202 Ed12
Navlus N 78 Ed27
Năvodari RO 180 Dc68
Năvodari RO 181 Fc67
Navolok RUS 107 Ma49
Navoloki RUS 203 Fa09
Nävragöl S 111 Fd53
Návsí CZ 138 Hc46
Nawcz PL 121 Gd29
Nawiady PL 122 Jc32
Nawojowa PL 138 Jc46
Na Xamena E 56 Gc69
Náxos GR 196 Db90
Nay F 40 Fc56
Nayland GB 21 Ga26
Nažadovo RUS 99 Mb44
Nazaré P 50 Ab66
Nazilli TR 198 Fb88
Ndermenas AL 182 Aa76
Ndreja AL 159 Jb70
Ndroq AL 182 Ab74
Néa Aghíalos GR 189 Ca82
Néa Alikarnassós GR 200 Da95
Néa Apolonía GR 184 Cc78
Néa Artáki GR 189 Cb85
Néa Dimmata CY 206 Hd97
Néa Éfessos GR 183 Bd79
Néa Epídavros GR 195 Ca87
Néa Filadélfia GR 183 Ca77
Néa Filadélfia GR 189 Cc86
Néa Fókea GR 183 Cb79
Néa Hilí GR 185 Dd78
Neähtšil FIN 68 Ja12
Néa Ionía GR 189 Ca82
Nea Iraklitsa GR 184 Da77
Néa Kalikrátia GR 183 Cb79
Néa Karváli GR 184 Da77
Néa Kerasoús GR 188 Ad82
Néa Kerdília GR 184 Cc77
Néa Kíos GR 195 Bd87
Nealstown IRL 13 Cb22
Néa Mákri GR 189 Cc86
Néa Mesimvría GR 183 Ca77
Néa Messángala GR 183 Ca80
Néa Mihanióna GR 183 Ca78
Néa Moudania GR 183 Cb79
Néa Nikópolis GR 183 Bb78
Neap GB 5 Fa04
Néa Péla GR 183 Bd77
Neapel = Napoli I 161 Fb75
Néa Péramos GR 184 Cd78
Néa Péramos GR 189 Cb86
Néa Pétra GR 184 Cc77
Néa Plágia GR 183 Cb79
Neápoli GR 183 Bb78
Neápoli GR 195 Bd91
Neápoli GR 201 Db96
Néa Potídea GR 183 Cb79
Néa Róda GR 184 Cd79
Néa Sánda GR 185 Dd77
Néa Siláta GR 183 Cb79
Néa Stíra GR 190 Cd86
Néa Ténedos GR 183 Cb79
Neath GB 19 Dd27
Néa Tírintha GR 195 Bd87
Néa Tríglia GR 183 Cb79
Neaua RO 171 Dc59
Néa Víssa GR 185 Eb75
Néa Zíhni GR 184 Cd77
Néa Zoí GR 183 Bc77
Nebel D 108 Cd29
Nebenstedt D 119 Dd34
Nebiler TR 191 Eb83
Nebiler TR 199 Gb91
Nebiler TR 199 Gd91
Nebljusi HR 151 Ga62
Nebolči RUS 202 Ec08
Nebra D 127 Ea40
Nebreda E 46 Dc59
Nečemice CZ 136 Fa44
Nechanice CZ 136 Ga44
Necipköy TR 192 Fa81
Neckarbischofsheim D 134 Cc46
Neckargemünd D 134 Cc46
Neckargerach D 134 Cd46
Neckarsteinach D 134 Cc46
Neckarsulm D 134 Cd47
Neckartailfingen D 134 Cd49
Neckarzimmern D 134 Cd46
Neckenmarkt A 145 Gb53
Necmiyeköy TR 186 Ga80
Necşeşti RO 175 Dc66
Nečtiny CZ 135 Ed45
Nécy F 22 Fc37
Neda E 36 Ba53
Néda GR 194 Bb88
Nedansjö S 87 Gb33
Neded SK 145 Ha51
Nedelino BG 184 Dc76
Nedelišće HR 152 Gb57
Nederby DK 100 Db21
Neder Hvam DK 100 Db23
Nedervetil FIN 81 Jc28
Neder Vindinge DK 109 Eb28
Nederweert NL 125 Bb39
Nedingė LT 114 Kd59
Nedjalsko BG 181 Ec73
Nedlitz D 127 Eb38
Nedrabø N 92 Ca45
Nedre Bäck S 81 Hd26
Nedreberg N 86 Eb38
Nedre Flåsjön S 73 Hc21
Nedre Gärdsjö S 87 Fd38
Nedre Jervan N 77 Ea30
Nedre Kuouka S 73 Hb19
Nedre Maudal N 92 Cb44
Nedrenes N 64 Jc09
Nedre Parakka S 68 Hc16
Nedre Saxnäs S 72 Gb23
Nedre Soppero S 68 Hc14
Nedre Tväråsel S 73 Hc22
Nedre Vojakkala S 74 Jc21
Neðribær IS 2 Ac02
Nedryhajliv UA 202 Ed14
Nedstrand N 92 Ca42
Nedvědice CZ 137 Gb46
Nędza PL 137 Hb44
Neede NL 125 Bd37
Needham Market GB 21 Ga26
Neëlovo RUS 107 Ld47
Neerijnen NL 124 Ba37
Neeroeteren B 125 Bb40
Neerpelt B 124 Ba39
Nées Kariés GR 189 Bd81
Neftenbach CH 141 Cb52
Nefyn GB 14 Dc23
Negádes GR 182 Ad79
Negoi RO 179 Cc67
Negomir RO 175 Cc64
Negorci MK 183 Bd76
Negotin SRB 174 Cb66
Negotino MK 183 Bd75
Negovanovci BG 174 Cb66
Negraşi RO 175 Dc65
Negrea MD 173 Fc58
Negreira E 36 Ad55
Nègrepelisse F 40 Gc53
Negreşti RO 173 Fa58
Negreşti RO 181 Fb68
Negreşti-Oaş RO 171 Da54
Negri RO 172 Ed59
Négrondes F 33 Ga48
Negru Vodă RO 181 Fb68
Negureni MD 173 Fc56
Nehaevskij RUS 203 Fc13
Neheim D 125 Cb39
Nehoiu RO 176 Eb63
Nehringen D 119 Ed31
Nehrybka PL 139 Kb45
Nehvonniemi FIN 83 Mb30
Neiden N 65 Kc08
Neikovo BG 180 Eb71
Neikšāni LV 107 Ma52
Neila E 47 Ea59
Neißeaue D 128 Fc40
Neistenkangas S 74 Jb18
Neitaskaite S 73 Hd19
Neittävä FIN 82 Kc25
Neja RUS 203 Fb08
Nejdek CZ 135 Ec43

Nekla – Niva

Nekla PL 129 Gd37
Nekrasovo RUS 113 Ja58
Nekrasovskoe RUS 203 Fa09
Nelas P 44 Ba63
Nelaug N 93 Da45
Nelidovo RUS 202 Ec10
Nellimö FIN 69 Kb11
Nellingen D 134 Da49
Nelson GB 16 Ed20
Nelson GB 19 Ea27
Nemajūnai LT 114 Kc58
Nemakščiai LT 114 Ka56
Neman RUS 113 Jc57
Nemanjica MK 178 Bd73
Nemanskoe RUS 113 Jd57
Nembro E 37 Cc54
Nembro I 149 Cd58
Němčice nad Hanou CZ 137 Gd47
Neméa GR 195 Bd87
Nemecká SK 138 Hd48
Nemenčinė LT 114 La57
Nemescsó H 145 Gc53
Nemesgulács H 145 Gd55
Nemesnádudvar H 153 Hd57
Nemesvámos H 145 Ha54
Németkér H 146 Hc55
Nemežis LT 114 La58
Nemi I 160 Eb72
Nemojevo RUS 107 Ma48
Nemours F 29 Ha39
Nemška Loka SLO 151 Fc59
Nemšová SK 137 Ha48
Nemțeni MD 173 Fb58
Nemti H 146 Ja51
Nemunaitis LT 114 Kc59
Nemunėlio Radviliškis LT 106 Kd52
Nemyriv UA 204 Dd15
Nemyriv UA 204 Eb15
Nenagh IRL 13 Ca22
Nendeln FL 142 Cd54
Nenince SK 146 Hd50
Nénita GR 191 Dd86
Nennhausen D 127 Ec36
Nennslingen D 135 Dd48
Nenovo BG 181 Ed70
Nenset N 93 Dc44
Nentershausen D 125 Cb42
Nentershausen D 126 Db41
Nenthead GB 11 Ec17
Nenzing A 142 Cd54
Nenzingen D 142 Cc51
Neo Chorio CY 206 Hd97
Neo Chorio CY 206 Jc96
Néo Erásmio GR 184 Db77
Neohoráki GR 189 Cb85
Neohóri GR 182 Ac80
Neohóri GR 184 Cc78
Neohóri GR 185 Eb76
Neohóri GR 188 Ab81
Neohóri GR 188 Ad82
Neohóri GR 188 Ba84
Neohóri GR 189 Cb82
Neohóri GR 189 Cc85
Neohóri GR 194 Bb89
Néo Horió GR 200 Cc95
Néo Monastíri GR 189 Bc82
Neoneli I 169 Ca77
Néo Petrítsi GR 183 Cb76
Neorić HR 158 Gc66
Néo Ríssio GR 183 Ca78
Néo Sidirohóri GR 184 Dc77
Néos Marmarás GR 184 Cc80
Néo Soúli GR 184 Cc76
Néos Pagóntas GR 189 Cb84
Néos Skopós GR 184 Cc77
Nepi I 156 Ea70
Nepolje KSV 178 Ba71
Nepomuk CZ 136 Fa46
Neppermin D 120 Fb32
Neptun RO 181 Fc68
Nérac F 40 Fd52
Neratovice CZ 136 Fb44
Nerchau D 127 Ec40
Nerdal N 66 Ga14
Nerdvika N 77 Db30
Néré F 32 Fc46
Nerehta RUS 203 Fa09
Nereju RO 176 Ec62
Neresheim D 134 Db48
Neresnica SRB 174 Bd65
Nereta LV 114 Kd53
Neretaslauki LV 114 Kd53
Nereto I 157 Fa68
Nerezine HR 151 Fb62
Nerežišće HR 158 Gc67
Nerimdaičiai LT 113 Jd54
Neringa-Juodkrantė LT 113 Jb56
Neringa-Nida LT 113 Jb56
Neringa-Pervalka LT 113 Jb56
Neringa-Preila LT 113 Jb56
Néris-les-Bains F 33 Ha45
Nerja E 60 Db76
Nerkoo FIN 82 Kd28
Nerkoo FIN 89 Jc33
Nerkoonniemi FIN 82 Kd28
Nerl' RUS 202 Ed09
Nerokoúros GR 200 Cb95
Nerola I 156 Eb70
Nérondes F 29 Ha43
Nerotriviá GR 189 Cb84
Nerpio E 61 Eb72
Nersac F 32 Fd47
Nersingen D 134 Db49
Nerskogen N 77 Dd32
Nerva E 59 Bc72
Nervei N 64 Ka05
Nervesa della Battaglia I 150 Ea58
Nervi I 148 Cb63
Nerviano I 148 Cb59
Nes N 66 Fd14
Nes N 78 Ed26
Nes N 78 Eb29
Nes N 84 Cb35
Nes N 84 Cd36
Nes N 85 Dd39
Nes N 92 Cb43
Nes N 92 Cb46
Nes N 93 Db43
Nes NL 117 Bc32
Nesan N 78 Fa25
Nesberg N 66 Fd15
Nesbø N 84 Ca34
Nesbyen N 85 Dc39
Neschwitz D 128 Fb40
Nesebăr BG 181 Fa72
Neset N 63 Hb07
Neset N 78 Fa26
Neset N 92 Cd45
Nesflaten N 92 Cc42
Nesheim N 65 Kc09
Nesheim N 84 Cb38
Nesheim N 92 Ca43
Nesjahverfi IS 3 Bb06
Nes Jernverk N 93 Db45
Neskaupstaður IS 3 Bc05
Neslandsvatn N 93 Db44
Nesle F 23 Ha34
Nesna N 70 Fa21
Nesodden N 93 Ea42
Nesoddtangen N 93 Ea41
Nesovice CZ 137 Gc47
Nesscliff GB 15 Eb24
Nesse D 117 Cb32
Nesselwang D 142 Db52
Nessental CH 141 Ca55
Neßmersiel D 117 Cb32
Nestáni GR 194 Bc87
Nestavoll N 77 Dd33
Nesteri LV 107 Ld50
Nesterov RUS 113 Jd58
Nesterov RUS 202 Dd12
Nestiary RUS 203 Fc09
Neštin SRB 153 Ja60
Neston GB 15 Eb22
Nestório GR 182 Ba78
Nesttun N 84 Ca39
Nesvady SK 145 Hb51
Nesvik N 92 Cb43
Nésza H 146 Hd52
Netherfield GB 20 Fd30
Nether Langwith GB 16 Fa22
Netherley GB 7 Ed09
Netherton GB 11 Ed15
Netherwitten GB 11 Ed15
Netičkampis LV 114 Kb59
Netlandsnes N 92 Cc45
Netolice CZ 136 Fb48
Netphen D 125 Cb41
Netretic HR 151 Fd60
Nettaa FIN 98 Kb39
Netta II PL 123 Ka31
Nettancourt F 24 Ja36
Nettersheim D 125 Bc42
Nettetal D 125 Bc39
Nettlebed GB 20 Fb28
Nettleton GB 17 Fc21
Nettuno I 160 Eb73
Netunice CZ 135 Ed46
Netvořice CZ 136 Fb45
Neualbenreuth D 135 Eb45
Neuanspach D 134 Cc43
Neuberg an der Mürz A 144 Fd52
Neubeuern D 143 Eb52
Neubörger D 117 Cb34
Neubrandenburg D 119 Ed33
Neubruck A 144 Fd51
Neubrunn D 134 Da45
Neubukow D 119 Ea31
Neuburg D 143 Ed50
Neuburg an der Donau D 135 Dd49
Neuburg-Steinhausen D 119 Ea31
Neuchâtel CH 141 Bc54
Neuchâtel-Hardelot F 23 Gc31
Neuching D 143 Ea50
Neu Darchau D 119 Dd34
Neudau A 145 Gb54
Neudenau D 134 Cd46
Neudietendorf D 127 Dd41
Neudorf A 142 Dc54
Neudorf D 135 Ec43
Neudorf, Graben- D 133 Cb47
Neudrossenfeld D 135 Ea44
Neu-Eichenberg D 126 Db40
Neuenbürg D 134 Cc48
Neuenburg D 141 Bd51
Neuendettelsau D 134 Dc47
Neuendorf D 118 Cc33
Neuendorf D 128 Fa36
Neuenhagen D 120 Fb35
Neuenhagen D 128 Fa36
Neuenhaus D 117 Ca35
Neuenkirch CH 141 Ca54
Neuenkirchen D 117 Ca36
Neuenkirchen D 117 Cb36
Neuenkirchen D 118 Cd32
Neuenkirchen D 118 Db34
Neuenkirchen D 119 Ed31
Neuenkirchen-Vöhrden D 117 Cc36
Neuenrade D 125 Cb40
Neuenstadt D 134 Cd47
Neuenstein D 126 Da41
Neuenstein D 134 Da47
Neuenweg D 141 Ca51
Neuerburg D 133 Bb43
Neufahrn D 135 Eb49
Neufahrn D 143 Ea50
Neuf-Brisach F 31 Kc39
Neufchâteau B 132 Ba44
Neufchâteau F 31 Jc38
Neufchâtel-en-Bray F 23 Gb34
Neufchâtel-en-Saosnois F 28 Fd38
Neufchâtel-sur-Aisne F 24 Hc35
Neuffen D 134 Cd49
Neuf-Marché F 23 Gc35
Neufra D 142 Cd50
Neugattersleben D 127 Ea38
Neugersdorf D 128 Fc41
Neuhardenberg D 128 Fb36
Neuharlingersiel D 117 Cb32
Neuhaus A 144 Fd52
Neuhaus D 118 Da32
Neuhaus D 119 Dd33
Neuhaus D 135 Ea46
Neuhaus D 143 Ed50
Neuhaus am Rennweg D 135 Dd43
Neuhausen CH 141 Cb52
Neuhausen D 127 Ed42
Neuhausen D 128 Fb39
Neuhausen D 134 Cc48
Neuhausen ob Eck D 142 Cc51
Neuhaus-Schierschnitz D 135 Dd43
Neuhof D 134 Da43
Neuhof D 134 Dc46
Neuhofen an der Krems A 144 Fb51
Neuillay-les-Bois F 29 Gc44
Neuillé-Pont-Pierre F 29 Ga41
Neuilly-en-Donjon F 34 Hd45
Neuilly-en-Thelle F 23 Gd35
Neuilly-le-Réal F 30 Hc44
Neuilly-Saint-Front F 24 Hb36
Neuilly-sur-Eure F 29 Ga38
Neu-Isenburg D 134 Cc44
Neukalen D 119 Ec32
Neu Kaliß D 119 Ea34
Neukamperfehn D 117 Cb33
Neukieritzsch D 127 Eb41
Neukirch CH 142 Cc55
Neukirch D 128 Fa40
Neukirch D 128 Fb41
Neukirch D 142 Da52
Neukirchen A 143 Eb54
Neukirchen A 143 Ec51
Neukirchen D 108 Cd28
Neukirchen D 119 Dd30
Neukirchen D 126 Da41
Neukirchen D 127 Ec42
Neukirchen D 135 Ea46
Neukirchen D 135 Ec47
Neukirchen D 135 Ec48
Neukirchen am Walde A 144 Fa50
Neukirchen-Balbini D 135 Eb47
Neukirchen-Vluyn D 125 Bc39
Neukirchen-Wyhra D 127 Ec41
Neukloster D 119 Ea32
Neu Kosenow D 120 Fa32
Neulengbach A 144 Ga51
Neuler D 134 Db48
Neulikko FIN 75 Kd23
Neulingen D 134 Cc47
Neulise F 34 Hd46
Neulliac F 27 Ea39
Neu Lübbenau D 128 Fa38
Neum BIH 158 Ha68
Neumagen-Dhron D 133 Bd44
Neumark D 127 Eb42
Neumarkt A 144 Fa50
Neumarkt D 135 Dd47
Neumarkt I 150 Dd57
Neumarkt I 150 Dd57
Neumarkt am Wallersee A 143 Ed51
Neumarkt an der Ybbs A 144 Fc51
Neumarkt im Mühlkreis A 144 Fb50
Neumarkt in Steiermark A 144 Fb54
Neumarkt-Sankt Veit D 143 Eb50
Neumünster D 118 Db31
Neunburg vorm Wald D 135 Eb47
Neundorf D 127 Ea38
Neung-sur-Beuvron F 29 Gc41
Neunkirch CH 141 Cb52
Neunkirchen A 145 Gb52
Neunkirchen D 125 Cb41
Neunkirchen D 133 Bd46
Neunkirchen D 135 Dd46
Neunkirchen-Seelscheid D 125 Ca41
Neuötting D 143 Ec50
Neupetershain D 128 Fb39
Neupölla A 136 Fd49
Neupré B 124 Ba42
Neuranft D 120 Fb35
Neurázy CZ 135 Ed47
Neureichenau D 136 Fa49
Neurenberg = Nürnberg D 135 Dd46
Neuried D 133 Ca49
Neuruppin D 119 Ec35
Neusach A 143 Ed55
Neusalza-Spremberg D 128 Fb41
Neu Sankt Johann CH 142 Cc53
Neusäß D 142 Dc50
Neuschönau D 135 Ed48
Neuschoo D 117 Cb32
Neusiedl am See A 145 Gc51
Neusitz D 134 Db46
Neusorg D 135 Ea45
Neuss D 125 Bd40
Neussargues-Moissac F 34 Hb49
Neustadt D 119 Dd31
Neustadt D 119 Ec35
Neustadt D 126 Da36
Neustadt D 126 Dc39
Neustadt D 127 Dd42
Neustadt D 128 Fb41
Neustadt, Titisee- D 141 Ca51
Neustadt/ Donau D 135 Ea48
Neustadt am Kulm D 135 Ea45
Neustadt am Main D 134 Da44
Neustadt an der Aisch D 134 Dc46
Neustadt an der Orla D 127 Ea42
Neustadt an der Waldnaab D 135 Eb45
Neustadt an der Weinstraße D 133 Cb46
Neustadt bei Coburg D 135 Dd43
Neustadt-Glewe D 119 Ea33
Neustadt (Hessen) D 126 Cd41
Neustadt (Wied) D 125 Ca42
Neustift A 144 Fa50
Neustift im Stubaital A 143 Dd54
Neustrelitz D 119 Ed33
Neutraubling D 135 Eb48
Neutrebbin D 128 Fb36
Neu-Ulm D 142 Da50
Neuves-Maisons F 25 Jd37
Neuvic F 32 Fd49
Neuvic F 33 Gd48
Neuvic-Entier F 33 Gc47
Neuville F 33 Gc49
Neuville-aux-Bois F 29 Gd39
Neuville-de-Poitou F 28 Fd44
Neuville-les-Dames F 34 Jb45
Neuville-les-Decize F 30 Hb43
Neuville-sur-Saône F 34 Jb46
Neuvilly-en-Argonne F 24 Ja35
Neuvola FIN 90 Kd32
Neuvosenniemi FIN 82 Kd25
Neuvy-Bouin F 28 Fb44
Neuvy-le-Roi F 29 Ga41
Neuvy-Pailloux F 29 Gc43
Neuvy-Saint-Sépulcre F 29 Gc44
Neuvy-Sautour F 30 Hc39
Neuvy-sur-Barangeon F 29 Gd42
Neuvy-sur-Loire F 29 Ha41
Neuwied D 125 Ca42
Neuwiller-lès-Saverne F 25 Kb36
Neu Wulmstorf D 118 Db33
Neuzelle D 128 Fc38
Neuzina SRB 174 Bb62
Neu Zittau, Gosen- D 128 Fa37
Neva S 95 Fb41
Névache F 35 Kb49
Nevalan vaara FIN 75 Lb19
Nevardenai LT 113 Jd55
Neveja LV 105 Jc49
Neveklov CZ 136 Fb45
Nevel' RUS 202 Eb11
Neverėnai LT 113 Jc54
Neverėnai LT 115 Lc55
Neverfjord N 63 Ja06
Nevernes N 70 Ed23
Nevernes N 71 Fc20
Nevers F 30 Hb43
Nevesinje BIH 158 Hb67
Nevest HR 158 Gb65
Nevestino BG 179 Cb72
Neviano I 163 Hc77
Nevinnomyssk RUS 205 Fd16
Nevlunghavn N 93 Dc44
Nevrin TR 187 Gc77
Nevša BG 181 Ed70
New Abbey GB 10 Ea16
New Aberdour GB 5 Ed07
New Alresford GB 20 Fa29
Newark-on-Trent GB 16 Fb23
Newbald GB 16 Fb20
Newbiggin GB 11 Ed17
Newbiggin-by-the-Sea GB 11 Fa16
Newbliss IRL 9 Cc18
Newborough GB 15 Dd22
Newbridge IRL 8 Bd20
Newbridge IRL 13 Cc22
Newbridge-on-Wye GB 15 Ea25
New Buckenham GB 21 Ga25
Newburgh GB 5 Ed08
Newburgh GB 7 Eb12
Newburn GB 11 Ed16
Newbury GB 20 Fa28
Newby Bridge GB 11 Eb19
Newcastle GB 9 Da18
Newcastle GB 15 Eb25
Newcastle IRL 13 Ca24
Newcastle IRL 13 Cd21
Newcastle IRL 13 Da22
Newcastle Emlyn GB 14 Dc26
New Castleton GB 11 Ec15
Newcastle-under-Lyme GB 15 Ec23
Newcastle upon Tyne GB 11 Fa16
Newcastle West IRL 12 Bc24
Newchurch GB 14 Dc26
New Cumnock GB 10 Dd15
New Deer GB 5 Ed08
Newent GB 15 Ec26
Newgale GB 14 Db26
New Galloway GB 10 Dd16
New Grimsby GB 18 Cc32
Newham GB 11 Fa14
Newhaven GB 20 Fd30
New Holland GB 17 Fc21
Newick GB 20 Fd30
New Inn IRL 9 Cc19
Newinn IRL 13 Ca24
New Luce GB 10 Dc16
Newmachar GB 7 Ed09
Newmains GB 10 Ea13
New Malden GB 20 Fc28
Newmarket GB 4 Da05
Newmarket GB 20 Fd25
Newmarket IRL 12 Bc24
Newmarket on Fergus IRL 12 Bc23
New Mills GB 15 Ea24
New Mills GB 16 Ed22
New Milton GB 20 Ed30
Newnham Bridge GB 15 Ec25
New Pitsligo GB 5 Ed07
Newport GB 14 Dc26
Newport GB 15 Ec24
Newport GB 19 Eb28
Newport GB 20 Fa31
Newport IRL 8 Bc19
Newport IRL 12 Bd23
Newport Pagnell GB 20 Fb26
Newport Trench GB 9 Cd17
New Quay GB 14 Dc25
Newquay GB 18 Db31
New Romney GB 21 Ga30
New Ross IRL 13 Cc24
New Rossington GB 16 Fb21
Newry GB 9 Cd18
Newton Abbot GB 19 Ea31
Newton-Aycliffe GB 11 Fa17
Newtonhill GB 7 Ed09
Newton-le-Willows GB 15 Ec21
Newtonmore GB 7 Ea09
Newton-on-Trent GB 16 Fb22
Newton Poppleford GB 19 Ea30
Newton Stewart GB 10 Dd16
Newtown GB 15 Ea24
Newtown GB 15 Ec26
Newtown IRL 12 Bc22
Newtown IRL 12 Bd24
Newtown IRL 12 Bd24
Newtown IRL 13 Ca21
Newtown IRL 13 Ca22
Newtown IRL 13 Cc23
Newtownabbey GB 9 Da17
Newtownards GB 10 Db17
Newtownbreda GB 9 Da17
Newtownbutler GB 9 Cc18
Newtown Cunningham IRL 9 Cc15
Newtown Forbes IRL 9 Cb19
Newtownhamilton GB 9 Cd18
Newtown Saint Boswells GB 11 Ec14
Newtown Sandes IRL 12 Bb23
Newtownshandrum IRL 12 Bc24
Newtownstewart GB 9 Cc16
New Tredegar GB 19 Eb27
New Twopothouse IRL 12 Bd25
Nexø DK 111 Fd58
Nexon F 33 Gb47
Nežilovo MK 183 Bb74
Nežnovo RUS 99 Ld40
Nezvěstice CZ 135 Ed46
Nianfors S 87 Gb36
Niáta GR 195 Bd90
Nibbiano I 149 Cc61
Nibe DK 100 Dc21
Nīca LV 113 Ja53
Nicaj-Shalë AL 159 Jb70
Nicastro I 164 Gc81
Niccone I 156 Ea67
Nice F 43 Kd53
Nicey F 30 Hd40
Nīcgale LV 115 Lb53
Nickby FIN 98 Kc39
Nickelsdorf A 145 Gd51
Nicknoret S 72 Ha24
Nicolae Bălcescu RO 172 Ed59
Nicolae Bălcescu RO 176 Ec66
Nicolae Bălcescu RO 177 Fc66
Nicolinț RO 174 Bd63
Nicolosi I 167 Fc85
Nicoreni MD 173 Fb55
Nicorești RO 176 Ed61
Nicosia I 167 Fb85
Nicotera I 164 Gb82
Ničpur MK 178 Ba73
Nicșeni RO 172 Ec55
Niculițel RO 177 Fc64
Nida LT 113 Jb56
Nida LV 113 Ja54
Nidda D 134 Cd43
Niddatal D 134 Cc43
Nidderau D 134 Cc43
Nideggen D 125 Bc41
Nídri GR 188 Ac83
Nidzica PL 122 Ja33
Niebieszczany PL 139 Ka45
Niebla E 59 Bc73
Nieblum D 108 Cd28
Nieborow PL 130 Ja37
Niebüll D 108 Da28
Niechanowo PL 129 Gd36
Niechcice PL 130 Hd40
Niechłonin PL 122 Hd34
Niechlów PL 129 Gb39
Niechobórz PL 139 Ka44
Niechorze PL 120 Fc31
Niedalino PL 120 Ga31
Niederaichbach D 135 Eb49
Niederalp A 144 Fd52
Niederalteich D 135 Ec49
Niederau D 128 Fa41
Niederaula D 126 Da42
Niederbronn-les-Bains F 25 Kc35
Niederdorf I 143 Ea55
Niedereschach D 141 Cb50
Niederfischbach D 125 Cb41
Niederfüllbach D 135 Dd44
Niedergörsdorf D 127 Ed38
Niederkirchen D 133 Ca45
Niederkrüchten D 125 Bc40
Niederlangen D 117 Ca34
Niederleger A 143 Dd53
Niederlehme D 128 Fa37
Niedermurach D 135 Eb46
Niederndodeleben D 127 Ea37
Niedernhall D 134 Da47
Niedernwöhren D 126 Da36
Niederöblarn A 144 Fa53
Niederoderwitz D 128 Fc41
Nieder-Olm D 133 Cb44
Niederorschel D 126 Dc40
Niederrossbach D 125 Cb42
Niedersachswerfen D 126 Dc39
Nieder-Seifersdorf D 128 Fc41
Niederstetten D 134 Da46
Niederstotzingen D 134 Db49
Niedersulz A 145 Gc50
Niederurnen CH 142 Cc54
Niederviehbach D 135 Eb49
Nieder-Waroldern D 126 Cd40
Niederwerrn D 134 Db44
Niederwiesa D 127 Ed42
Niederwinkling D 135 Ec48
Niederwölz A 144 Fb54
Niederzier D 125 Bc41
Niedęwiednik PL 137 Gc43
Niedoradz PL 128 Ga38
Niedorp NL 116 Ba34
Niedrzew PL 130 Hc37
Niedrzwica Duża PL 131 Ka40
Niedzbórz PL 122 Ja34
Niedzica PL 138 Jb46
Niedźwiada PL 123 Jd32
Niedźwiada PL 131 Kb39
Niedźwiedź PL 122 Hc34
Niedźwiedź PL 128 Fd37
Niedźwiedź PL 138 Ja46
Niegosławice PL 128 Ga39
Niegosławice PL 130 Jb42
Niegowa PL 130 Hd42
Niegowonice PL 138 Hd43
Niegripp D 127 Ea37
Nieheim D 126 Cd38
Niekursko PL 121 Gb34
Nieledew PL 131 Kd41
Nielisz PL 131 Kc41
Nielstrup DK 101 Dd19
Niemberg D 127 Eb39
Niemce PL 131 Kb39
Niemcza PL 129 Gc42
Niemczyn PL 121 Gd35
Niemegk D 127 Ec38
Niemelä FIN 64 Ka07
Niemelä FIN 74 Kd18
Niemelänkylä FIN 81 Jd27
Niemenhylä FIN 90 Kc37
Niemenkylä FIN 82 Ka28
Niemenkylä FIN 89 Jb35
Niemenkylä FIN 89 Ja32
Niemenkylä FIN 89 Ja36
Niemenkylä FIN 90 La32
Niemetal D 126 Da39
Niemica PL 120 Fc32
Niemica PL 121 Gb30
Niemijärvi FIN 83 Mb29
Niemikylä FIN 83 Lb29
Nieminen FIN 82 Kd27
Niemirów PL 131 Kb36
Niemis S 73 Jb20
Niemisel S 73 Hd21
Niemisjärvi FIN 82 Kd30
Niemisjärvi FIN 90 Kc32
Niemiskylä FIN 82 Kc28
Niemiskylä FIN 89 Jd32
Niemodlin PL 129 Gd42
Niemojki PL 131 Ka36
Nienadowa PL 139 Kb44
Nienburg D 118 Da35
Nienburg D 127 Ea38
Nienhagen D 126 Db36
Nienstädt D 126 Da37
Niepars D 119 Ed30
Niepołomice PL 138 Ja44
Nieporęt PL 130 Jb36
Nierstein D 133 Cb44
Niesi FIN 69 Jd17
Niesky D 128 Fc40
Niestetal D 126 Da40
Niestronno PL 121 Ha35
Nieszawa PL 121 Hb35
Nietkowice PL 128 Fd38
Nieuil F 33 Gb46
Nieuil-l'Espoir F 32 Fd45
Nieul-le-Dolent F 28 Ed44
Nieuw-Amsterdam NL 117 Ca35
Nieuwegein NL 116 Ba36
Nieuwekerk aan de IJssel NL 124 Ad37
Nieuwendijk NL 124 Ba37
Nieuwe Pekela NL 117 Ca34
Nieuwerkerken B 124 Ba40
Nieuweschans NL 117 Ca33
Nieuwkerke B 21 Ha30
Nieuwkoop NL 116 Ba36
Nieuwleusen NL 117 Bc35
Nieuw Milligen NL 116 Bb36
Nieuwolda NL 117 Ca33
Nieuwpoort B 21 Ha29
Nieuwpoort-Bad B 21 Ha29
Nieves (Capela) E 36 Bb53
Niewęgłosz PL 131 Kb38
Niewierz PL 122 Hc34
Niewiesze PL 137 Hb43
Niezabyszewo PL 121 Gd31
Niezgoda PL 129 Gc40
Nigrán E 36 Ac58
Nīgrande LV 105 Jc52
Nigríta GR 184 Cc77
Nigula EST 98 Ka44
Niharra E 46 Cd64
Nihattula FIN 90 Ka37
Niilivaara FIN 68 Jc15
Niinikumpu FIN 91 Ld32
Niinilahti FIN 82 Kb30
Niinilahti FIN 83 Lc28
Niinimaa FIN 89 Jc32
Niinimäki FIN 82 Kb28
Niinimäki FIN 83 Lb31
Niininkoski FIN 90 Kc37
Niinisalo FIN 89 Jb34
Niinivedenpää FIN 82 Kc30
Niinivesi FIN 82 Kc30
Niirala FIN 83 Ma31
Niittumaa FIN 89 Ja36
Níjar E 61 Eb76
Nij Beets NL 117 Bc33
Nijemci HR 153 Hd60
Nijkerk NL 116 Bb36
Nijmegen NL 125 Bb37
Nijverdal NL 117 Bd36
Nikaranperä FIN 90 Ka32
Níkea GR 189 Bd81
Níkea GR 189 Cb86
Níki GR 183 Bb76
Níki GR 189 Bd81
Nikifóros GR 184 Da76
Nikinci SRB 153 Jb61
Nikíssiani GR 184 Cd77
Nikitari CY 206 Ja97
Nikítas GR 184 Cc79
Nikitsch A 145 Gc53
Nikjup BG 180 Dd70
Nikkala S 74 Jc21
Nikkaluokta S 67 Gd15
Nikkaroinen FIN 90 Kc35
Nikkeby N 63 Hb08
Nikkilä FIN 98 Kc39
Nikodim MK 183 Bc75
Nikokleia CY 206 Hd98
Nikolaeskoe RUS 99 Ma43
Nikolaevka BG 181 Fa70
Nikolaevka RUS 203 Fd10
Nikolaevo BG 180 Db70
Nikolaevo BG 180 Dd72
Nikolaevo BG 180 Eb72
Nikolaevo RUS 99 Mb45
Nikolaevsk RUS 203 Fd13
Nikola Kozlevo BG 181 Ed69
Nikolinac SRB 179 Ca67
Nikolinci SRB 174 Bc63
Nikolovo BG 180 Ea68
Nikol'sk RUS 203 Fd10
Nikol'skoe RUS 99 Mb40
Nikopol BG 180 Dc68
Nikopol' UA 205 Fa16
Nikópoli GR 183 Cb77
Nikópoli GR 188 Ad82
Nikosia = Lefkosia CY 206 Jb96
Nikrace LV 105 Jc52
Niksar TR 205 Fc20
Nikšić MNE 159 Hd68
Nikulannerä FIN 69 Ka11
Nilivaara S 68 Hc17
Nilsebu N 92 Cb43
Nilsiä FIN 82 La29
Nilüfer TR 186 Fc80
Nim DK 108 Db25
Nimereuca MD 173 Fc54
Nîmes F 42 Ja53
Nimfasía GR 194 Bb87
Nimféo GR 183 Bb77
Nímfes GR 182 Ab79
Nimigea RO 171 Db56
Nimis I 150 Ed57
Nimisjärvi FIN 82 Kc25
Nimtofte DK 101 Dd23
Nin HR 157 Fd64
Nina EST 99 Lb44
Ninebanks GB 11 Ec17
Ninfield GB 20 Fd30
Ninivaara FIN 83 Lb29
Ninove B 124 Ab40
Niorcani MD 173 Fb53
Niort F 32 Fb45
Nipen N 66 Ga13
Nipuli FIN 90 Kd35
Nirza LV 107 Ma51
Niš SRB 178 Bd69
Nisa P 50 Ba66
Nișcani MD 173 Fc57
Niscemi I 167 Fb87
Niševac SRB 178 Bd68
Nisí GR 188 Ba86
Niška Banja SRB 178 Bd69
Niskala FIN 75 Kc20
Niskanperä FIN 74 Jd19
Niskanperä FIN 74 Jd20
Nisko PL 131 Ka42
Niskos FIN 89 Jc33
Nisou CY 206 Jb97
Nisovo BG 180 Ea69
Nispen NL 124 Ad38
Nisporeni MD 173 Fb58
Nissafors S 102 Fa50
Nissaki GR 182 Ab79
Nissan-lez-Enserune F 41 Hb55
Nissedal N 93 Da44
Nissi EST 98 Kb43
Nissí GR 183 Bc77
Nissí GR 183 Bd77
Nissilä FIN 82 Kc27
Nissumby DK 100 Cd22
Nissum Seminarieby DK 100 Cd22
Nistelrode NL 125 Bb38
Nisula FIN 90 Kc33
Nisus FIN 90 Kd36
Nītaure LV 106 Kd50
Nițchidorf RO 174 Bd61
Níthavris GR 200 Cd96
Niton GB 20 Fa31
Nitra SK 145 Hb50
Nitrianske Pravno SK 138 Hc48
Nitrianske Rudno SK 137 Hb48
Nitry F 30 Hc40
Nittedal N 93 Ea41
Nittel D 133 Bc45
Nittenau D 135 Eb47
Nittendorf D 135 Ea48
Nittorp S 102 Fa49
Niukkala FIN 91 Ld33
Niuraičiai LT 114 Kb53
Niūronys LT 114 Kd55
Nivå DK 109 Ec25
Niva FIN 83 Lb25

Nuh – Ollikkala

Nuh TR 193 Gc85
Nuhören TR 193 Gb84
Nuiasodis LT 115 Lb54
Nuijamaa FIN 91 Lc36
Nuin E 39 Ed56
Nuisement-sur-Coole F 24 Hd36
Nuits F 30 Hd40
Nuits-Saint-Georges F 30 Jb42
Nukari FIN 90 Kb38
Nukkumajoki FIN 69 Ka11
Ņukši LV 107 Ld51
Nuksujärvi S 68 Hd16
Nuksujärvi S 73 Ja18
Nuland N 92 Cb46
Nule I 168 Cb75
Nules E 54 Fc66
Nulvi I 168 Ca74
Numana I 156 Ed66
Numanoluk TR 193 Gc83
Numansdorp NL 124 Ad37
Nümbrecht D 125 Ca41
Numerne LV 107 Ld50
Numijoki FIN 81 Jd30
Nummela FIN 89 Jd38
Nummela FIN 98 Ka39
Nummenkylä FIN 90 Ka37
Nummenpää FIN 98 Kb39
Nummi FIN 97 Jb39
Nummi FIN 98 Ka39
Nummijärvi FIN 89 Jb33
Nummikoski FIN 89 Jb33
Nummilahti FIN 89 Jb33
Numminen FIN 90 Kc38
Nünchritz D 127 Ed40
Nuneaton GB 16 Fa24
Nunnanen FIN 68 Jb13
Nunnanlahti FIN 83 Lc28
Nunney GB 19 Ec29
Nunspeet NL 116 Bb36
Nunton GB 20 Ed29
Nuojua FIN 82 Kc25
Nuolijärvi FIN 83 Lb27
Nuomininkai LT 113 Jd55
Nuoramoinen FIN 90 Kc35
Nuorgam FIN 64 Ka07
Nuoritta FIN 74 Kb23
Nuoro I 169 Cb76
Nuorpinniemi FIN 64 Jc08
Nuortikon S 73 Hb18
Nuorunka FIN 75 Kc21
Nuottikylä FIN 75 La24
Nuottiranta FIN 83 Lc29
Núpsstaður IS 2 Ba06
Nur PL 123 Ka35
Nurachi I 169 Bd77
Nuragus I 169 Ca78
Nurallao I 169 Ca78
Nuraminis I 169 Ca79
Nureci I 169 Ca78
Nuribey TR 193 Gc85
Nuriye TR 191 Ed85
Nurlat RUS 203 Ga09
Nurmaa FIN 90 Kd35
Nurme EST 98 Kb45
Nurmes FIN 83 Lb27
Nurmeslahti FIN 82 La28
Nurmesperä FIN 82 Kb27
Nurmi FIN 89 Jd36
Nurmi LV 106 Kd47
Nurmijärvi FIN 83 Lc27
Nurmijärvi FIN 98 Kb39
Nurmo FIN 81 Jb31
Nurmsi EST 98 Kd44
Nurmuiža LV 105 Jd50
Nürnberg D 135 Dd46
Nurney IRL 13 Cc22
Nurrasuanto S 68 Hd16
Nurri I 169 Cb78
Nürtingen D 134 Cd49
Nurzec PL 123 Kb35
Nurzec-Stacja PL 131 Kb36
Nus I 148 Bc58
Nusco I 161 Fd75
Nuşeni RO 171 Db57
Nuşfalau RO 171 Cc56
Nusfjord N 66 Fa15
Nüshetiye TR 186 Ga80
Nusnäs S 87 Fc38
Nusplingen D 142 Cc50
Nusratlı TR 185 Ed78
Nusret TR 192 Fa82
Nussdorf A 143 Ed52
Nußdorf D 143 Eb52
Nußloch D 134 Cc46
Nuthetal D 127 Ed37
Nutley GB 20 Fd29
Nuttuperä FIN 82 Kb27
Nuulanki S 68 Hd14
Nuupas FIN 74 Ka20
Nuutajärvi FIN 89 Jd37
Nuutila FIN 82 Kb25
Nuutilanmäki FIN 90 La33
Nuuttila FIN 89 Jd33
Nuvvos FIN 64 Jc08
Nuvvus FIN 64 Jc08
Ny S 94 Ec42
Nyåker S 80 Ha28
Nyåker S 80 Gc29
Nyárlőrinc H 146 Ja55
Nya Storbäcken S 80 Hc27
Nyberg S 80 Ha25
Nybergsund N 86 Ec37
Nyborg DK 109 Dd27
Nyborg N 65 Kb06
Nyborg N 79 Fb28
Nyborg S 73 Jb21
Nybro S 103 Ga52
Nybrostrand S 110 Fa57
Nybrott N 63 Hd08
Nyby FIN 81 Hd31
Nyby N 64 Jb07
Nyby S 79 Fd30
Nybyn S 73 Hc23
Nybyn S 73 Ja20
Nydala S 103 Fb50
Nyékládháza H 146 Jc51
Nyergesujfalu H 146 Hc52
Nygård N 67 Gc11
Nygård N 67 Gb13
Nygarden N 85 Ea35
Nyhammar S 95 Fc40
Nyhamnsläge S 110 Ec54
Nyheim N 65 Kd08
Nyhem S 87 Fd32
Ny Højen DK 108 Db25
Nyhyttan S 95 Fc42
Nýidalur IS 2 Ba05
Nyikarász H 147 Kb50
Nyírábrány H 147 Kb52
Nyíracsád H 147 Kb52
Nyírád H 145 Gd54
Nyíradony H 147 Ka52
Nyírbátor H 147 Kb51
Nyírbéltek H 147 Kb52
Nyírbogát H 147 Kb51
Nyíregyháza H 147 Ka51
Nyírgyulaj H 147 Kb51
Nyírkáta H 147 Kb51
Nyírlugos H 147 Kb52
Nyírmada H 147 Kb50
Nyírmeggyes H 147 Kb51
Nyírtelek H 147 Ka51
Nyírtura H 147 Ka51
Nykälä FIN 90 Kd33
Nykarleby FIN 81 Ja29
Nyker DK 111 Fc57
Nykil S 103 Fd47
Nykirke N 85 Dd38
Nykirke N 93 Dd41
Nykirke N 93 Dd43
Nykøbing Falster DK 109 Eb29
Nykøbing M DK 100 Da21
Nykøbing S DK 109 Eb25
Nykøbing Strandhuse DK 109 Eb29
Nyköping S 95 Gb45
Nykroppa S 95 Fb42
Nyksund N 66 Fc12
Nykvarn S 96 Gc44
Nykyrka S 102 Fa48
Nyland S 79 Gb26
Nyland S 79 Fc30
Nyland S 80 Gc31
Nyland S 80 Ha29
Nyland S 80 Hb29
Nyland S 87 Gb33
Nylars DK 111 Fc58
Nyliden S 72 Gc22
Nyliden S 80 Gd29
Nyliden S 80 Ha27
Nyluspen S 79 Gb25
Nymburk CZ 136 Fc44
Nymindegab DK 108 Cd25
Nymo N 62 Ha08
Nymoen N 62 Gb10
Nynäshamn S 96 Gd45
Nyneset N 78 Ed26
Ny Nørup DK 108 Db25
Nyon CH 140 Ba55
Nyons F 42 Jc51
Nyord DK 109 Eb28
Nýřany CZ 135 Ed46
Nyröla FIN 90 Kb32
Nýrsko CZ 135 Ed47
Nyrud N 65 Kc09
Nysa PL 137 Gd43
Nysäter S 94 Ed44
Nysätern S 86 Fa33
Nysätra S 96 Gc42
Nysele S 80 Ha27
Nyseter N 85 Db34
Nyskoga S 94 Ed40
Nystadt = Uusikaupunki FIN 89 Ja38
Nysted DK 109 Eb29
Nystrand S 73 Hc22
Nystu Trønnes N 86 Eb36
Nysund S 95 Fb44
Nytjärn S 80 Gc28
Nytorp S 68 Hd17
Nyträsk S 73 Hb24
Nytrøa N 77 Ea33
Nyúl H 145 Ha53
Nyvall S 72 Ha23
Nyvoll N 63 Hd07
Nyvollen N 78 Ec29
Nyystölä FIN 90 Kb36
Nyžni Sirohozy UA 205 Fa16
Nyžni Torhaji UA 205 Fa16
Nyžn'ohirs'kyj UA 205 Fa17

O

Oaivos N 68 Hd11
Oakford GB 19 Ea30
Oakham GB 16 Fb24
Oakington GB 20 Fd25
Oakley GB 20 Fa29
Oakley GB 20 Fb27
Oalahti FIN 83 Lc31
Oancea RO 177 Fb61
Oanes N 92 Ca44
Oarda RO 175 Da60
Oarja RO 175 Dc65
Oarța de Jos RO 171 Cd55
Óassi GR 189 Bc86
Obalj BIH 159 Hc66
Oban GB 6 Db11
Obârșia RO 179 Da67
Obârșia-Cloșani RO 174 Cb63
Obbekær DK 108 Da26
Obbnäs FIN 98 Ka40
Obbola S 80 Hb29
Obdach A 144 Fc54
Obecnice CZ 136 Fa46
Obedinenie BG 180 Dd69
Obejo E 60 Cd72
Obeliai LT 114 La53
Oberammergau D 142 Dc52
Oberasbach D 134 Dc46
Oberau A 143 Ea53
Oberau D 142 Dc53
Oberaudorf D 143 Eb52
Oberaula D 126 Da41
Oberaurach D 134 Dc45
Oberbeisheim D 126 Da41
Oberbergkirchen D 143 Eb50
Obercunnersdorf D 128 Fc41
Oberdachstetten D 134 Db46
Oberderdingen D 134 Cc47
Oberding D 143 Ea50
Oberdorla D 126 Dc40
Oberdrauburg A 143 Ec55
Oberei CH 141 Bd54
Obereisesheim D 134 Cd47
Oberelsbach D 134 Db43
Obergrafendorf A 144 Fd51
Obergünzburg D 142 Db51
Obergurgl A 142 Dc55
Oberhaching D 143 Dd51
Oberhaid D 134 Dc45
Oberharmersbach D 133 Cb49
Oberhausen D 125 Bd39
Oberheldrungen D 127 Dd40
Oberhof D 126 Dc42
Oberhofen CH 141 Bd55
Oberhoffen F 25 Kc36
Oberkail D 133 Bc43
Oberkappel A 136 Fa49
Oberkirch D 133 Ca49
Oberkirchen D 126 Cc40
Oberkochen D 134 Db48
Oberkotzau D 135 Ea44
Oberlödla D 127 Eb41
Oberlungwitz D 127 Ec42
Obermaßfeld-Grimmenthal D 134 Dc43
Obermehler D 126 Dc40
Ober-Mörlen D 134 Cc43
Obermoschel D 133 Ca45
Obernai F 25 Kb37
Obernberg A 143 Ed50
Obernberg am Brenner A 143 Dd54
Obernbreit D 134 Db45
Obernburg D 134 Cd45
Oberndorf D 118 Da32
Oberndorf am Neckar D 141 Cb50
Oberndorf an der Melk A 144 Fd51
Oberndorf bei Salzburg A 143 Ec51
Obernheim D 142 Cc50
Obernholz D 118 Dc35
Obernkirchen D 126 Da37
Obernzell D 136 Fa49
Obernzenn D 134 Db46
Oberostendorf D 142 Dc51
Oberpframmern D 143 Ea51
Oberpleis D 125 Ca41
Oberpullendorf A 145 Gb53
Ober-Ramstadt D 134 Cc45
Oberreute D 142 Da52
Oberrickenbach CH 141 Cb54
Oberried CH 141 Ca55
Oberried D 141 Ca51
Oberriet CH 142 Cd53
Oberröblingen D 127 Dd40
Oberrot D 134 Da47
Oberscheinfeld D 134 Db45
Oberschleißheim D 143 Dd50
Oberschöna D 127 Ed42
Oberschwarzach D 134 Db45
Obersiggenthal CH 141 Cb52
Obersontheim D 134 Da47
Oberstadion D 142 Da50
Oberstadtfeld D 133 Bc43
Oberstaufen D 142 Da52
Oberstdorf D 142 Db53
Obersteigen F 25 Kb37
Obersteinbach F 25 Ka35
Oberstenfeld D 134 Cd47
Oberstreu D 134 Db43
Obersulm D 134 Cd47
Obertauern A 143 Ed54
Obertaufkirchen D 143 Eb50
Oberthal D 133 Bd45
Oberthulba D 134 Db44
Obertiefenbach D 125 Cb42
Obertilliach A 143 Eb55
Obertraubling D 135 Eb48
Obertraun A 144 Fa53
Oberturm am See A 143 Ec51
Oberursel D 134 Cc43
Obervellach A 143 Ed55
Oberviechtach D 135 Eb46
Oberwald CH 141 Ca55
Oberwart A 145 Gb54
Oberweis D 133 Bc44
Oberweissbach A 143 Ec53
Oberweißbach D 127 Dd42
Oberwesel D 133 Ca43
Oberweser D 126 Da39
Oberwiesenthal D 135 Ec43
Oberwölz A 144 Fb54
Oberzeiring A 144 Fb54
Obhausen D 127 Ea40
Óbidos P 50 Ab67
Obiedzino PL 121 Jd33
Obileni MD 173 Fb58
Obilić KSV 178 Bb70
Obing D 143 Eb51
Obinitsa EST 107 Lc47
Obiža RUS 107 Ld46
Objat F 33 Gb49
Objazda PL 121 Gc29
Objezierze PL 129 Gc36
Öblarn A 144 Fa53
Obljaj HR 152 Gb60
Obninsk RUS 202 Ed11
Obnova BG 180 Dc69
Öbög H 146 Jb54
Oboga RO 175 Da66
Obojan' RUS 203 Fa13
Obolon' UA 204 Ed15
Obón E 48 Fb63
Oborci BIH 158 Ha64
Oborin SK 139 Ka49
Oborište BG 179 Da72
Oborište BG 181 Fa69
Oborniki PL 129 Gc36
Oborniki Śląskie PL 129 Gc40
Obornjača SRB 153 Jb58
Oborowo PL 121 Hb35
Obory CZ 136 Fb46
Oborzany PL 120 Fc35
Obra PL 128 Ga38
Obreja RO 174 Cb62
Obrenovac SRB 153 Jc62
Obretenik BG 180 Ea69
Obrež HR 151 Ga59
Obrež SRB 153 Jb62
Obrigheim D 134 Cd46
Obrnice CZ 136 Fa43
Obročište BG 181 Fb70
Obrov SLO 151 Fa59
Obrovac HR 157 Ga64
Obrovac SRB 153 Ja60
Obrovac Sinjski HR 158 Gc65
Obršani MK 183 Bb75
Obrtići BIH 159 Hd65
Obryte PL 122 Jc35
Obrytki PL 123 Jd33
Obrzycko PL 129 Gb36
Obšistvi CZ 136 Fb44
Obsza PL 139 Kc43
Obudovac BIH 153 Hc61
Øby DK 100 Cd23
Obzor BG 181 Fa72
Očakiv UA 204 Ed17
Ocaklar TR 186 Fa79
Ocaklı TR 185 Eb79
Ocaña E 52 Dc66
Ocana F 154 Ca71
O Canizo E 36 Bc58
Occhiobello I 150 Dd61
Occold GB 21 Gb25
Ocentejo E 47 Eb63
Očeretuvate UA 205 Fa16
Očevlja BIH 159 Hc64
Ocharán E 38 Dd55
Ochiltree GB 10 Dd14
Ochiul Alb MD 173 Fb54
Ochiul Roș MD 173 Fd59
Ochla PL 128 Fd38
Ochojec PL 137 Hb44
Ochsenfurt D 134 Db45
Ochsenhausen D 142 Da51
Ochtendung D 133 Ca43
Ochtrup D 117 Ca36
Ochtyrka UA 202 Ed14
Ocieka PL 139 Jd43
Ocieseki PL 130 Jc42
Ockelbo S 87 Gb38
Ockholm D 108 Da29
Ockle GB 6 Db10
Ockley GB 20 Fc29
Ocksjön S 87 Fc32
Ocland RO 176 Dd60
Ocna de Fier RO 174 Ca62
Ocna Dejului RO 171 Da57
Ocna Mureș RO 171 Da59
Ocna Sibiului RO 175 Db61
Ocna Șugatag RO 171 Db55
Ocnele Mari RO 175 Db64
Ocnița MD 173 Fa53
Ocnița MD 173 Fc54
Ocnița RO 176 Dd64
Ocoale RO 171 Cc58
Ocolina MD 173 Fc54
Ocoliș RO 171 Cd59
Ocón E 39 Eb58
Očová SK 138 Hd49
Ocrkavlje BIH 159 Hc66
Ócsa H 146 Hd53
Ócsárd H 152 Hb58
Öcsény H 153 Hc57
Öcsöd H 146 Jc54
Octeville, Cherbourg F 22 Ed34
Octeville-sur-Mer F 22 Fd34
Octon F 41 Hc54
Ocypel PL 121 Ha32
Öd S 79 Fc31
Od S 102 Ed48
Odäile RO 176 Ec63
Odåkra S 110 Ed54
Odals verk N 94 Ec40
Odängla S 103 Gb51
Odärne BG 180 Dc69
Odby DK 100 Da22
Odda N 84 Cc40
Odde DK 101 Dd22
Odden N 62 Ha09
Odden N 70 Ed23
Odden N 86 Eb36
Odden Færgehavn DK 109 Ea25
Oddense DK 100 Da22
Odder DK 108 Dc24
Oddernes N 92 Cd47
Oddesund Nord DK 100 Da22
Oddesund Syd DK 100 Da22
Ödeborg S 102 Ec46
Ödeby S 95 Fd43
Odeceixe P 58 Ab73
Odelzhausen D 143 Dd50
Odemira P 58 Ab72
Ödemiş TR 192 Fa86
Odèn E 49 Gc59
Ódena E 49 Gc61
Ödenäs S 102 Ec48
Odensåker S 103 Fb46
Odensala S 96 Gd42
Odensbacken S 95 Fd44
Odense DK 108 Dc26
Odensjö S 102 Fa52
Odensjö S 103 Fb49
Odensvi S 95 Ga43
Odensvi S 103 Ga48
Oderberg D 120 Fb35
Oderljunga S 110 Fa54
Oderwitz D 128 Fc42
Oderzo I 150 Eb59
Odesa UA 204 Ec17
Ödeshög S 103 Fc47
Ödestugu S 103 Fb49
Odiáxere P 58 Ab74
Odiham GB 20 Fb29
Odincovo RUS 202 Ed10
Ødis DK 108 Db26
Odivelas P 50 Ac71
Ödkarby FIN 96 Hc40
Odnes N 85 Dd38
Odobasca RO 176 Ed62
Odobești RO 176 Dd65
Odobești RO 176 Ed62
Odolanów PL 129 Gd39
Odolena Voda CZ 136 Fb44
Odón E 47 Ed63
Odoorn NL 117 Ca34
Odoreu RO 171 Cd54
Odorheiu Secuiesc RO 176 Dd60
Odos F 40 Fd55
Odou CY 206 Jb97
Odrinci BG 181 Fa69
Odrowąż PL 130 Jb40
Odry CZ 137 Ha46
Odry PL 121 Ha31
Odrzykoń PL 139 Jd45
Odrzywół PL 130 Jb39
Ödskölt S 94 Ec45
Ödsmål S 102 Eb46
Ödsmål S 102 Eb47
Ødsted DK 108 Db25
Ødum DK 100 Dc23
Odžaci SRB 153 Hd59
Odžak BIH 152 Hb61
Odžak BIH 158 Hb67
Odžak MNE 159 Ja67
Odziena LV 106 La51
Oebisfelde D 127 Dd36
Oed A 144 Fc51
Oederan D 127 Ed42
Oederquart D 118 Da32
Oeffelt NL 125 Bb38
Oegstgeest NL 116 Ad36
Oehna D 127 Ed38
Oeiras P 50 Aa69
Öekény H 146 Hd54
Oelde D 126 Cc38
Oelsig D 127 Ed39
Oelsnitz D 127 Ec42
Oelsnitz D 135 Eb43
Oencia E 37 Bd57
Oensingen CH 141 Bd53
Oerel D 118 Da33
Oerlenbach D 134 Db44
Oerlinghausen D 126 Cd38
Oestrich-Winkel D 133 Cb44
Oettingen D 134 Dc48
Oetz A 142 Dc54
Oetzen D 119 Dd34
Œuf-en-Ternois F 23 Gd32
Oeversee D 108 Db29
Ofatinți MD 173 Fd56
Ofena I 157 Fa70
Offenau D 134 Cd47
Offenbach D 134 Cc44
Offenbach an der Queich D 133 Cb47
Offenbach-Hundheim D 133 Ca45
Offenberg D 135 Ec48
Offenburg D 133 Ca49
Offenhausen D 135 Dd46
Offerdal S 79 Fb30
Offersøya N 66 Fd14
Offida I 156 Ed68
Offingen D 134 Db49
Offne S 79 Fb30
Offranville F 23 Ga33
Oftedal N 92 Cb45
Ofterdingen D 134 Cc49
Oftringen CH 141 Ca53
Ogardy PL 120 Fd35
Ogbourne Saint George GB 20 Ed28
Øgelund DK 108 Da25
Ogéviller F 25 Ka37
Öggestorp S 103 Fb49
Oggevatn N 92 Cd46
Oggiono I 149 Cc58
Oglaine LV 106 Kb52
Oğlananasi TR 191 Ec86
Ogliastro Cilento I 161 Fc76
Ogliastro Marina I 161 Fc77
Öglunda S 102 Fa46
Öğmen TR 191 Ec81
Ogmore-by-Sea GB 19 Ea28
Ogna N 92 Ca45
Ognina I 167 Fd87
Ognjanovo BG 181 Fa68
Ognjanovo BG 184 Cd75
Ogoja BG 179 Cc70
Ogonki PL 122 Jc30
Ogonnelloe IRL 12 Bd22
Ogošte KSV 178 Bc71
Ogra CY 206 Ja96
Ogra RO 171 Db59
Ogre LV 106 Kc51
Ogreskalns LV 106 Kd50
Ogrezeni RO 176 Ea66
Ogródek PL 123 Jd31
Ogrodniczki PL 123 Kb33
Ogrodniki PL 123 Jd35
Ogrodniki PL 123 Kb30
Ogrodzieniec PL 138 Hd43
Ogrosen D 128 Fa39
O Grove E 36 Ac56
Ogulin HR 151 Fd60
Oğulpaşa TR 187 Gb79
Ohaba RO 175 Da60
Ohaba Lungă RO 174 Ca60
Ohanes E 61 Ea75
Ohenmäki FIN 82 Kd28
Ohey B 124 Ad42
Ohiró GR 184 Cd76
Ohkola FIN 90 Kb34
Ohlstadt D 143 Dd52
Öhningen D 142 Cc52
Ohotnoe RUS 113 Jc58
Ohrdruf D 126 Dc42
Ohrid MK 182 Ba75
Ohrikylä FIN 89 Ja33
Öhringen D 134 Cd47
Ohtaanniemi FIN 83 Lb30
Ohtanajärvi S 73 Ja18
Ohtinen FIN 89 Jd37
Ohtola FIN 89 Jd33
Ohtsejohka FIN 64 Jd07
Oiã P 44 Ac63
Oidrema EST 98 Ka45
Oijärvi FIN 74 Ka21
Oijusluoma FIN 75 La20
Oikarainen FIN 74 Ka19
Oileán Ciarraí IRL 12 Bb24
Oilgate IRL 13 Cc24
Oilgate IRL 13 Cd24
Oimbra E 44 Bb59
Oinaala FIN 90 Ka37
Oinacu RO 180 Ea68
Oinas FIN 69 Kb17
Oinasjärvi FIN 82 Kd27
Oinasjärvi FIN 97 Jd39
Oingt F 34 Ja46
Oinoskylä FIN 82 Ka30
Oinville F 23 Gc36
Oion E 39 Eb58
Oiron F 28 Fc43
Oirschot NL 124 Ba38
Ois E 36 Ba54
Øisang N 93 Db45
Oiselay-et-Grachaux F 31 Jd41
Oisemont F 23 Gc33
Oissel F 23 Gb35
Oisterwijk NL 124 Ba38
Oisu EST 98 Kd44
Õisu EST 106 Kd46
Oitti FIN 90 Kb37
Oittila FIN 90 Kc33
Oituz RO 176 Ec60
Oiu EST 98 La45
Oivu FIN 81 Jb28
Oix E 41 Ha58
Öja FIN 81 Jb28
Öja S 95 Ga44
Öja S 103 Fc52
Öja S 104 Gd51
Öjaby S 103 Fc52
Ojakkala FIN 98 Ka39
Ojakylä FIN 74 Jd24
Ojakylä FIN 74 Ka23
Ojakylä FIN 81 Jd27
Ojakylä FIN 82 Ka26
Ojakylä FIN 82 Ka27
Ojala FIN 81 Jc30
Ojalehto FIN 82 Ka27
Ojanperä FIN 82 Ka27
Ojanperä FIN 82 Kc26
Öjarn S 79 Fc28
Ojasoo EST 98 Kc43
Ojców PL 138 Ja44
Ojdula RO 176 Eb61
Öje S 88 Gc33
Öje S 95 Fb39
Öjebyn S 73 Hc23
Ojedo E 38 Da55
Ojén E 60 Cc77
Öjenäs S 94 Fa41
Ojineşti MD 173 Fc57
Ojos Negros E 47 Ed63
Ojrzeń PL 122 Ja35
Ojuelos Altos E 51 Cb71
Öjvasseln S 86 Fa35
Okainiai LT 114 Kc56
Okalewko PL 122 Hd34
Okalewo PL 122 Hd34
Okány H 147 Jd54
Okartowo PL 122 Jc31
Okçu TR 193 Ha82
Okcyn PL 131 Kc37
Økdal N 78 Ea31
Okehampton GB 19 Dd30
Okeroinen FIN 90 Kc37
Okkelberg N 78 Eb29
Okkenhaug N 78 Ec29
Oklaj HR 158 Gb65
Okletac SRB 159 Ja64
Oključina HR 158 Gb68
Oklubalı TR 193 Gb82
Ökna S 103 Fd50
Okoč SK 145 Ha51
Okół PL 131 Jd41
Okoli HR 152 Gc59
Okome S 102 Ed51
Okonek PL 121 Gc33
Okonin PL 121 Hb33
Okop BG 180 Eb73
Okopy PL 131 Kd40
Okorág H 152 Ha58
Okorš BG 181 Ec68
Okovcy RUS 202 Ec10
Okřišky CZ 136 Ga47
Okrouhlice CZ 136 Fd46
Okruglica HR 151 Fd60
Okrúhle SK 139 Jd47
Okrzeja PL 131 Ka38
Oksa PL 130 Ja42
Oksajärvi S 68 Hd15
Oksakoski FIN 81 Jd29
Oksava FIN 82 Ka27
Oksbøl DK 108 Cd25
Oksby DK 108 Cd25
Økseidet N 68 Hd11
Øksendalen N 70 Fa22
Øksendalsøra N 77 Db32
Øksendalssetra N 85 Ea36
Øksfjord N 63 Hc07
Øksfjordbotn N 63 Hc08
Okskulma FIN 90 Kb34
Øksna N 86 Eb38
Øksnes N 78 Ec27
Øksneshavn N 66 Fd14
Øksninga N 78 Ec25
Okstad N 78 Eb30
Okstveit N 92 Cb41
Oksvoll N 77 Dd28
Okt'abr'skoje RUS 113 Jb59
Oktjabr'sk RUS 203 Ga10
Oktjabr'skij RUS 203 Fd14
Oktoniá GR 190 Cd85
Okučani HR 152 Gd60
Okuklje HR 158 Ha69
Okulice PL 138 Jb44
Okulovka RUS 202 Ec09
Okuniew PL 130 Jc36
Okuninka PL 131 Kc39
Okurçalar TR 199 Hb92
Öküzler TR 198 Fc90
Ólafsfjörður IS 2 Ba03
Ólafsvík IS 2 Ab03
Olagüe E 39 Ed56
Olaine LV 106 Kb51
Olalla E 47 Fa63
Oland N 93 Da45
Oland N 93 Da45
Olanes N 63 Hd07
Olang I 143 Ea55
Olanu RO 175 Db64
Olargues F 41 Hb54
Olari FIN 98 Kb40
Olari RO 170 Bd59
Oława PL 129 Gd41
Olazagutía E 39 Eb56
Olba E 54 Fb65
Olbernhau D 127 Ed42
Olbia I 168 Cb74
Olbięcin PL 131 Ka41
Olbramovice CZ 136 Fc46
Olbramovice CZ 137 Gb48
Olcea RO 170 Ca58
Olching D 143 Dd50
Ol'chovka RUS 113 Jb58
Old GB 20 Fb25
Oldcastle IRL 9 Cc20
Old Castleton GB 11 Ec15
Old Deer GB 5 Ed08
Olde DK 108 Dc28
Oldeberkoop NL 117 Bc34
Oldeboorn NL 117 Bc33
Oldebroek NL 117 Bc35
Oldeide N 84 Ca34
Oldekerk NL 117 Bd33
Oldemarkt NL 117 Bc34
Olden N 84 Cd34
Olden S 78 Fa29
Oldenburg D 117 Cc34
Oldenburg in Holstein D 119 Dd30
Oldendorf D 118 Da32
Oldenswort D 118 Da30
Oldenzaal NL 117 Bd36
Oldenzaal NL 117 Ca36
Olderdalen N 62 Ha09
Olderfjord N 64 Jb06
Oldernes N 63 Ja06
Olderneset N 64 Ka07
Oldervik N 62 Gd09
Oldervik N 64 Jd06
Oldervika N 70 Fa20
Oldham GB 16 Ed21
Oldhamstocks GB 11 Ec13
Old Head IRL 12 Bd26
Oldisleben D 127 Dd40
Old Lake GB 17 Fd23
Oldmeldrum GB 5 Ed08
Old Radnor GB 15 Eb25
Oldřichovice CZ 137 Hb46
Oldrões P 44 Ad61
Old Sodbury GB 19 Ec28
Old Somerby GB 16 Fb23
Old Warden GB 20 Fc26
Oldways End GB 19 Ea29
Olea E 38 Db56
Oleby S 94 Ed41
Olecko PL 123 Ka30
Olędy PL 123 Ka35
Oleggio I 148 Cb59
Oleiros E 36 Ac56
Oleiros P 44 Ba65
Oleksandrija UA 204 Ed15
Oleksandrivka UA 204 Ed15
Oleksandrivka UA 204 Ed15
Oleksandrivka UA 204 Ed17
Oleksandrivka UA 205 Fb15
Olelas E 36 Ba58
Olen B 124 Ad39
Ølen N 92 Ca42
Olenino RUS 202 Ec10
Olenivka UA 204 Ed17
Oleri LV 106 Kd47
Olesa de Montserrat E 49 Gd61
Olešná CZ 136 Fa45
Oleśnica PL 129 Gd40
Oleśnica PL 138 Jc43
Olešnice CZ 137 Gb46
Oleśniczka PL 129 Gd41
Olesno PL 129 Hb41
Olesno PL 138 Jc43
Oleszno PL 130 Ja41
Oleszyce PL 139 Kc43
Oletta F 154 Cc69
Olette F 41 Ha57
Olevs'k UA 202 Eb14
Olfen D 125 Ca38
Olgiate Comasco I 149 Cc58
Ol'gino RUS 99 Mb39
Ølgod DK 108 Da25
Olhalvo P 50 Ab67
Ølhammaren N 78 Ec26
Olhão P 58 Ad74
Olhava FIN 74 Jd22
Ol'hi RUS 203 Fb11
Ølholm DK 108 Db25
Ol'hovatka RUS 113 Jd59
Ol'hovatka RUS 203 Fb13
Ol'hovka RUS 203 Fd13
Oliana E 48 Gb59
Olib HR 151 Fc63
Oliena I 169 Cb76
Oliete E 48 Fb63
Olímbi GR 191 Dd86
Olimbía GR 194 Ba87
Ólimbos GR 197 Eb94
Olimp RO 181 Fc68
Olimpiáda GR 184 Cc78
Oliņas LV 106 La48
Olingdal S 87 Fb35
Olișcani MD 173 Fd55
Olite E 39 Ed58
Oliva E 54 Fc69
Oliva de la Frontera E 51 Bc71
Oliva de Mérida E 51 Ca69
Oliva de Plasencia E 45 Ca65
Olivadi I 164 Gc82
Olivares E 59 Bd73
Olivares de Júcar E 53 Eb67
Oliveira de Azeméis P 44 Ad62
Oliveira de Barreiros P 44 Ba63
Oliveira do Bairro P 44 Ad63
Oliveira do Douro P 44 Ba61
Oliveira do Hospital P 44 Ba64
Olivenza E 51 Bb69
Olivet F 29 Gc40
Olivone CH 142 Cc56
Öljehult S 111 Fc53
Ol'ka SK 139 Ka47
Olkamangi S 74 Jb18
Olkijoki FIN 81 Jd25
Olkiluoto FIN 89 Ja37
Olkkajärvi FIN 74 Ka18
Olkkala FIN 98 Ka39
Olkkola FIN 82 Ka27
Olkusz PL 138 Hd43
Ollaberry GB 5 Fa04
Ollala FIN 82 Ka26
Ollebacken S 79 Fc29
Ollerias E 38 Ea56
Olleros de Pisuerga E 38 Db57
Ollerton GB 16 Fb22
Ollerup DK 109 Dd27
Olleta E 39 Ed57
Olliergues F 34 Hc47
Ollikkala FIN 90 La35

Ollikkala – Ostende

Ollikkala FIN 91 Lb33
Ollila FIN 89 Jc38
Ollilanvaara FIN 74 Jd18
Ollioules F 42 Jd55
Öllölä FIN 83 Ma31
Ollomont I 148 Bc57
Ollon CH 141 Bc56
Olloniego E 37 Cc55
Ölmbratorp S 95 Fd43
Ölme S 95 Fb43
Olmeda de la Cuesta E 47 Eb65
Olmeda del Rey E 53 Ec66
Olmedilla de Alarcón E 53 Eb67
Olmedillo de Roa E 46 Db60
Olmedo E 46 Da61
Olmedo I 168 Bd75
Olmeto F 154 Ca71
Ölmevalla S 102 Ec50
Ölmhult S 95 Fb43
Olmi-Capella F 154 Cb69
Olmillos de Castro E 45 Cb60
Olmillos de Sasamón E 38 Db58
Olmo al Brembo I 149 Cd58
Olmos P 45 Bd60
Olmos de la Picaza E 38 Db58
Olmos de Ojeda E 38 Da57
Olmos de Pisuerga E 38 Db57
Ölmstad S 103 Fb48
Olmütz = Olomouc CZ 137 Gd46
Olney GB 20 Fb26
Ołobok PL 129 Ha39
Olocau E 54 Fb67
Olocau del Rey E 48 Fc64
Olofsfors S 80 Ha29
Olofstorp S 102 Ec48
Olofström S 111 Fc54
Olombrada E 46 Db61
Olomouc CZ 137 Gd46
Olonne-sur-Mer F 28 Ed44
Olonzac F 41 Ha55
Oloron-Sainte-Marie F 39 Fb55
Olosig RO 170 Cb56
Olost E 49 Gd59
Olot E 49 Ha59
Oloví CZ 135 Ec44
Olovo BIH 159 Hc64
Olpe D 125 Cb39
Olpe D 125 Cb40
Ol'ša RUS 202 Ec11
Olsberg D 126 Cc40
Olsbrücken D 133 Ca45
Olsbu N 93 Da45
Olseröd S 111 Fb55
Ölserud S 94 Ed44
Olsewo Węrorzewskie PL 122 Jc30
Olshammar S 95 Fc45
Olší CZ 137 Gb46
Olsker DK 111 Fc57
Olsøy N 78 Ea29
Ölsremma S 102 Fa49
Olst NL 117 Bc36
Ølsted DK 108 Dc25
Ølsted DK 109 Eb25
Ølstrup DK 108 Cd24
Ølstykke DK 109 Eb25
Olsvika N 70 Ed24
Olszamy PL 130 Jb38
Olszanica PL 139 Kb46
Olszanka PL 123 Ka30
Olszanka PL 129 Gd42
Olszanka PL 131 Ka37
Olszany PL 139 Kb45
Olszewka PL 122 Jb33
Olszewnica PL 131 Ka37
Olszewo-Borki PL 122 Jc34
Olsztyn PL 122 Ja32
Olsztyn PL 130 Hc42
Olsztynek PL 122 Ja32
Olszyn PL 131 Kc37
Olszyna PL 128 Fc39
Olszyna PL 128 Fd41
Olszyny PL 122 Jb32
Oltedal N 92 Ca44
Olten CH 141 Ca53
Olteneşti RO 173 Fb59
Olteni RO 180 Dd67
Olteniţa RO 181 Ec67
Oltesvig N 92 Cb44
Oltina RO 181 Fa67
Oltre il Colle I 149 Cd58
Oltu TR 205 Ga19
Olukbaşı TR 198 Fb89
Olukbaşı TR 198 Fd90
Oluku TR 193 Gb81
Olula del Río E 61 Eb74
Olur TR 205 Ga19
Olustvere EST 98 Kd45
Olvan E 49 Gd59
Olvasjärvi FIN 75 Kc23
Ølve N 84 Ca40
Olveda E 36 Bb56
Olvega E 47 Ec60
Olveiroa E 36 Ac55
Olvera E 59 Cb75
Ólvio GR 184 Db77
Ólynthos GR 183 Cb79
Olzai I 169 Ca76
Olzheim D 133 Bc43
Omagh GB 9 Cc17
Omali GR 182 Ba78
Omaló GR 183 Bd77
Oman BG 181 Ec73
Omarčevo BG 180 Ea72
Omarska BIH 152 Gc62
Ömassa H 146 Jb50
Ombléze F 35 Jc49
Ömböly H 147 Kb51
Omeath IRL 9 Cd19
Omedu EST 99 Lb44
Omegna I 148 Ca58
Ömen TR 186 Fc77
Omeñaca E 47 Eb60
Ömerköy TR 192 Fa81
Ömerler TR 192 Ga82
Ömerler TR 193 Hb82
Ömerler Bölüğü TR 197 Fa89
Ömeroba TR 185 Ec74
Omiš HR 158 Gc66
Omišalj HR 151 Fb61
Ommen NL 117 Bd35
Ommunddalen N 78 Ea28
Omø DK 109 Ea27
Omodos CY 206 Ja97
Omoljica SRB 174 Bb64
Omont F 24 Ja34
Omonville-la-Rogue F 22 Ed34
Omor RO 174 Bd62
Omorani MK 183 Bc74
Omorfohóri GR 189 Bd81
Ömossa FIN 89 Ja34
Omsjö S 79 Gb29
Omurlar TR 192 Fc84
Omurtag BG 180 Eb70
Omvriakí GR 189 Bc82
Øn N 84 Ca36
Ön S 73 Hc23
Ön S 79 Gb30
On S 79 Fd28
Oña E 38 Dd57
Ona N 76 Cd31
Onaç TR 199 Gc88
Onali FIN 90 Kc36
Onarheim N 84 Ca40
Oñati E 39 Eb56
Onceşti RO 172 Ed59
Onda E 54 Fc66
Ondara E 55 Fc70
Ondarroa E 39 Eb55
Ondić HR 151 Ga63
Ondres F 39 Ed54
Ondrovo RUS 99 Mb40
Önerler TR 186 Fa77
Onesse-et-Laharie F 39 Fa53
Oneşti MD 173 Fc57
Oneşti MD 173 Fc58
Oneşti RO 176 Ec60
Onet-le-Château F 33 Ha51
Oniceni RO 172 Ed58
Onich GB 6 Dc10
Onifai I 168 Cc76
Oniferi I 169 Cb76
Onil E 55 Fb70
Oniţcani MD 173 Fd57
Onkamaa FIN 91 Lb37
Onkamo FIN 69 Kd17
Onkamo FIN 74 Ka23
Onkamo FIN 83 Ld31
Onkemäki FIN 89 Jd36
Onkijoki FIN 89 Jc37
Onkiniemi FIN 90 Kc35
Onnaing F 24 Hb32
Önneköp S 110 Fa55
Önnestad S 111 Fb54
Önningeby FIN 96 Hc41
Onno I 149 Cc58
Onoz F 31 Jc44
Onsares E 53 Ea71
Onsbjerg DK 109 Dd25
Onsevig DK 109 Ea28
Onsey N 93 Ea44
Onslunda S 111 Fb56
Onstwedde NL 117 Ca34
Ontika EST 99 Lb41
Ontinar del Salz E 48 Fb59
Ontiñena E 48 Fd60
Ontinyent E 55 Fb70
Ontojoki FIN 83 Lb26
Ontón E 38 Dd55
Onttola FIN 83 Ld30
Ontur E 55 Ed70
Onum S 102 Ed47
Onuškis LT 114 Kd58
Onuškis LT 114 La53
Onville F 25 Jc36
Onzain F 29 Gb41
Onzonilla E 37 Cc57
Oola IRL 12 Bd23
Oonga EST 98 Ka44
Oonurme EST 99 Lb43
Oostburg NL 124 Ab38
Oost-Cappel F 21 Gd30
Oostduinkerke-Bad B 21 Ha29
Oostende B 21 Ha29
Oosterend NL 116 Ba33
Oosterend NL 116 Bb32
Oosterhesselen NL 117 Bd35
Oosterhout NL 124 Ad38
Oosterwolde NL 117 Bd34
Oosterzee NL 117 Bc34
Oosthuizen NL 116 Ba35
Oostkapelle NL 124 Ab38
Oostmalle B 124 Ad39
Oost-Souburg NL 124 Ab38
Oostvleteren B 21 Ha30
Oost-Vlieland NL 116 Bb32
Oostvoorne NL 124 Ac37
Ootmarsum NL 117 Bd36
Opaci MD 173 Ga59
Opaka BG 180 Ea69
Opalenica PL 129 Gb37
Opalenie PL 121 Hb32
Opaleniec PL 122 Jb33
Opaljenik SRB 178 Ad67
Opan BG 180 Dd73
Opařany CZ 136 Fb47
Oparić SRB 178 Bb67
Opatinec HR 152 Gb59
Opatjia HR 151 Fb60
Opatov CZ 137 Gb45
Opatovac HR 153 Hd60
Opatovice nad Labem CZ 136 Ga44
Opatów PL 129 Ha40
Opatów PL 130 Hc41
Opatów PL 131 Jd41
Opatówek PL 129 Ha39
Opatowiec PL 138 Jb43
Opava CZ 137 Ha45
Opawica PL 137 Gd44
Ope S 79 Fc31
O Pedrouzo (O Pino) E 36 Ba55
Opglabeek B 125 Bb40
Ophemert NL 125 Bb37
Opi I 161 Fa72
Opinan GB 4 Dc06
O Pindo E 36 Ac55
Opinogóra PL 122 Jb34
Opišnja UA 202 Ed14
Opitter B 125 Bb40
Oploo NL 125 Bb38
Oplotnica SLO 151 Fd57
Opocka RUS 107 Mb50
Opočka RUS 202 Ea10
Opočno CZ 137 Gb44
Opoczno PL 130 Ja40
Opole PL 129 Ha42
Opol'e RUS 99 Ld41
Opole Lubelskie PL 131 Jd40
Opolno-Zdrój PL 128 Fc42
Oporelu RO 175 Db65
Oporów PL 130 Hd37
Opovo SRB 153 Jc61
Opovo SRB 174 Bb63
Oppach D 128 Fb41
Oppala S 95 Gb39
Oppdal N 77 Dd32
Oppdal N 78 Ec26
Oppdalen N 85 Ea40
Oppdøl N 77 Db32
Oppeano I 149 Dc60
Oppeby S 103 Ga48
Oppède-le-Vieux F 42 Jc53
Oppegård N 93 Ea42
Oppegard N 94 Eb39
Oppenau D 133 Cb49
Oppenberg A 144 Fb53
Oppenheim D 133 Cb45
Oppenwehe D 117 Cc36
Oppenweiler D 134 Cd48
Opphaug N 77 Dd29
Oppheim N 84 Cc38
Opphus N 86 Eb37
Oppido Lucano I 162 Gb75
Oppido Mamertina I 164 Gb83
Oppmanna S 111 Fb54
Opponitz A 144 Fc52
Oppsal N 92 Ca44
Oppstryn N 84 Cd34
Oppurg D 127 Ea42
Oprişor RO 175 Cc66
Oprtalj Pórtole HR 151 Fa60
Opshaugvik N 76 Cd33
Optaşi-Măgura RO 175 Db65
Optedal N 92 Cc47
Ópusztaszer H 146 Jb56
Opuzen HR 158 Ha68
Oquillas E 46 Dc60
Ör S 102 Ec46
Ör S 103 Fc51
Ör H 147 Kb51
Ora CY 206 Jb97
Ora I 150 Dd57
Øra N 63 Hb07
Öra S 102 Fa48
Orac MD 173 Fc59
Orada P 50 Ba71
Orada P 50 Ba68
Oradea RO 170 Cb56
Oradour-Saint-Genest F 33 Gb45
Oradour-sur-Glane F 33 Gb46
Orah BIH 159 Hc68
Orahovac BIH 152 Gd61
Orahovac KSV 178 Ba71
Orahovac MNE 159 Hd69
Orahov Do BIH 158 Hb68
Orahovica BIH 153 Hc62
Orahovica BIH 153 Hc63
Orahovica HR 152 Ha59
Orahovičko Polje BIH 152 Ha63
Orahovlje BIH 158 Ha67
Oraison F 42 Ka52
Orajärvi FIN 74 Jb18
Orakylä FIN 69 Ka16
Orange F 42 Jb52
Orani I 169 Cb76
Oranienbaum D 127 Eb39
Oranienburg D 119 Ed35
Oranmore IRL 12 Bc21
Orašac HR 158 Hb69
Orašac SRB 174 Bb65
Orašac SRB 178 Bd70
Orasi MNE 159 Hd69
Orašje BIH 153 Hc61
Orăştie RO 175 Cd61
Orăştioara de Sus RO 175 Cd61
Oraşu Nou RO 171 Da54
Orava EST 107 Lc46
Orava FIN 81 Jc30
Oravainen FIN 81 Ja30
Oravais FIN 81 Ja30
Oravala FIN 90 Kd36
Öravan S 80 Gc26
Oravasaari FIN 90 Kc33
Oravi FIN 91 Lb32
Oravica SRB 178 Bd70
Oravice SK 138 Ja47
Oravijoki FIN 82 Kd27
Oravikoski FIN 82 La31
Oravisalo FIN 83 Ld31
Oraviţa RO 174 Bd63
Oravivaara FIN 75 La24
Oravská Lesná SK 138 Hd46
Oravská Polhora SK 138 Hd46
Oravské Veselé SK 138 Hd46
Oravský Podzámok SK 138 Hd47
Orba E 55 Fc70
Orbacém E 44 Ac59
Ørbæk DK 109 Dd27
Orbais-l'Abbaye F 24 Hc36
Orbassano I 148 Bc60
Orbe CH 141 Bb54
Orbeasca RO 180 Dd67
Orbec F 22 Fd36
Orbeni RO 176 Ed60
Örberga S 103 Fc46
Orbetello I 155 Dc69
Orbigny F 29 Gb42
Ørby DK 108 Db27
Ørby DK 109 Dd24
Örby S 102 Ed50
Örbyhus S 96 Gc40
Orca P 44 Bb65
Orcau E 48 Gb59
Orce E 61 Ea73
Orcera E 53 Ea71
Orchamps F 31 Jc42
Orchies F 24 Hb31
Orchowo PL 129 Ha36
Orcières F 35 Ka50
Orcival F 34 Hb47
Ordaca TR 185 Eb80
Ordan-Larroque F 40 Fd54
Ordăşei MD 173 Fc56
Ordejón de Arriba E 38 Db57
Ordes E 36 Ba55
Ørding DK 100 Da22
Ordizia E 39 Ec56
Ordona I 161 Ga73
Ordu TR 205 Fc19
Orduña E 38 Ea56
Ordžonikidze UA 205 Fa16
Ordžonikidzevskij RUS 205 Ga17
Øre N 77 Da31
Öre S 80 Hb29
Ore S 87 Fd37
Orea E 47 Ec64
Orebić HR 158 Gd68
Örebro S 95 Fd44
Oredež RUS 202 Eb09
Öregcsertő H 146 Hd56
Öregrund S 96 Gd40
Orehova RUS 107 Ma47
Orehovec HR 152 Gb58
Orehovec MK 183 Bc75
Orehoved DK 109 Eb28
Orehovica BG 180 Db68
Orehoviči RUS 107 Ma47
Orehovno RUS 99 Ma44
Orehovo BG 184 Db74
Orehovo-Zuevo RUS 203 Fa10
Orei GR 189 Ca83
Orel RUS 99 Lc43
Orel RUS 202 Ed12
Orellana de la Sierra E 51 Cb68
Orellana la Vieja E 51 Cb68
Ören TR 191 Ec82
Ören TR 192 Ga82
Ören TR 192 Ga84
Ören TR 197 Fa90
Ören TR 198 Fd90
Ören TR 198 Fd90
Ören TR 198 Fd91
Oreña E 38 Db54
Örencik TR 186 Fb76
Örencik TR 187 Gc79
Örencik TR 187 Hb76
Örencik TR 191 Ec81
Örencik TR 192 Ga83
Örenkaya TR 193 Gb86
Örenköy TR 192 Fc82
Örenköy TR 193 Ha87
Örenköy TR 193 Hb85
Orense E 36 Bb57
Oréo GR 184 Db76
Oreókastro GR 183 Ca77
Öreryd S 102 Fa50
Oreš BG 180 Dc69
Orešak BG 180 Db71
Orešak BG 181 Fa70
Orešan BG 185 Dd75
Orešec BG 185 Dd75
Orestiáda GR 185 Eb76
Öreström S 80 Ha28
Oresvika N 70 Fa20
Oreye B 124 Ba41
Öreyköy TR 185 Ec77
Orezu RO 176 Ec66
Orford GB 21 Gb26
Orfű H 152 Hb57
Orgáni GR 185 Dd76
Organyà E 48 Gb59
Orgaz E 52 Db67
Orgelet F 31 Jc44
Orgères-en-Beauce F 29 Gc39
Órgiva E 60 Dc76
Orglandes F 22 Fa35
Orgnac-l'Aven F 34 Ja51
Orgnac-sur-Vézère F 33 Gc48
Orgon F 42 Jb53
Orgosolo I 169 Cb76
Orgovány H 146 Ja55
Orhaneli TR 192 Fc81
Orhangazi TR 186 Fd79
Orhaniye TR 185 Eb78
Orhaniye TR 186 Fd80
Orhaniye TR 186 Ga79
Orhaniye TR 187 Gb78
Orhaniye TR 193 Ha82
Orhanlar TR 191 Ed81
Orhanlı TR 186 Fd78
Orhanlı TR 198 Ga89
Orhei MD 173 Fd57
Orhomenós GR 189 Ca85
Oria E 61 Eb74
Oria I 162 Hb76
Orichiv UA 205 Fa16
Origny-en-Thiérache F 24 Hc33
Origny-Sainte-Benoite F 24 Hb33
Orihuela E 55 Fa72
Orihuela del Tremedal E 47 Ed64
Orijahovo BG 179 Da68
Orikon AL 182 Aa77
Orillena E 48 Fc60
Orimattila FIN 90 Kc37
Oriniemi FIN 83 Lc29
Oriniemi FIN 89 Jc37
Oriní Meligoú GR 195 Bd88
Oriñón E 38 Dd55
Orio E 39 Ec55
Ório GR 189 Cc85
Oriola P 50 Ad70
Oriolo I 162 Gc77
Oripää FIN 89 Jc38
Orisberg FIN 81 Jb31
Orismala FIN 81 Ja31
Orísoain E 39 Ed57
Orissaare EST 97 Jd45
Oristano I 169 Bd77
Orisuo FIN 89 Jc37
Öriszentpéter H 145 Gb55
Oriveden asema FIN 90 Ka35
Orivesi FIN 90 Ka35
Orizare BG 181 Fa72
Orizovo BG 180 Dc73
Orjahovec BG 184 Db75
Orjaku EST 97 Jc45
Orjal E 36 Ba55
Orjanovo BG 185 Ea74
Ørje N 94 Eb43
Orkanger N 77 Dd30
Örkelljunga S 110 Ed54
Orkesta S 96 Gd42
Orkland N 77 Dd30
Orla PL 123 Kb35
Orlamünde D 127 Ea42
Orlane KSV 178 Bc70
Orlat RO 175 Da61
Orlea RO 180 Db68
Orléans F 29 Gc40
Örlemiş TR 191 Ec84
Orleşti RO 175 Db64
Orljak BG 181 Ed69
Orljane BG 180 Db70
Orljevo SRB 174 Bc65
Orlová CZ 137 Hb45
Orlova Mogila BG 181 Fa69
Orlovat SRB 153 Jc60
Orlovat SRB 174 Bb62
Orlov dol BG 185 Ea74
Orlovec BG 180 Ea69
Orlov Gaj RUS 203 Ga12
Orlovskij RUS 205 Fd15
Orłowo PL 123 Jd30
Orłowo PL 123 Jd32
Orly F 23 Gd37
Orly RUS 99 Lc41
Órma GR 183 Bc76
Ormaiztegi E 39 Eb56
Ormanköy TR 191 Ed86
Ormanlı TR 186 Fb76
Ormanlı TR 187 Hb77
Ormaryd S 103 Fc49
Ormea I 148 Bd63
Ormelet N 93 Dd44
Ormelle I 150 Eb59
Ormemyr N 93 Db42
Orméni GR 185 Ea75
Ormeniş RO 176 Ea61
Örményküt H 146 Jc55
Örmepınar TR 198 Fb89
Ormesberga S 103 Fc51
Ormesby Saint Margaret GB 17 Gc24
Ormideia CY 206 Jc97
Ormília GR 184 Cc79
Ormont D 125 Bc42
Órmos GR 183 Ca78
Órmos Korthíou GR 190 Da87
Órmos Panagías GR 184 Cc79
Órmos Panórmou GR 196 Db88
Órmos Prínou GR 184 Da78
Ormož SLO 152 Gb57
Ormskirk GB 15 Eb21
Ormstad N 94 Eb41
Ornans F 31 Jd42
Ornäs S 95 Fd40
Örnäsudden S 72 Gb23
Ornavasso I 148 Ca57
Ornbau D 134 Dc47
Örnberg FIN 81 Ja30
Ørnes N 71 Fb18
Orneta PL 122 Hd31
Ørnhøj DK 100 Da23
Ornö S 96 Ha44
Örnsköldsvik S 80 Gd30
Ørnvika N 70 Fa20
Orodel RO 175 Da66
Oroftiana RO 172 Ec54
Orolik HR 153 Hd60
Oron-la-Ville CH 141 Bb55
Orońsko PL 130 Jc40
Oropa I 148 Bd58
Oropesa E 52 Cc66
Oropós GR 189 Cc85
Ororbia E 39 Ec57
Oros H 147 Ka51
Orosei I 169 Cc76
Orosháza H 146 Jc56
Oroszlány H 145 Hb53
Oroszló H 152 Hb57
Orotelli I 169 Ca76
Orozko E 38 Ea56
Orpesa E 54 Fd66
Orphir GB 5 Ec03
Orpierre F 42 Jd51
Orp-Jauche B 124 Ad41
Orrbyn S 73 Hd21
Orre N 92 Ca44
Orrefors S 103 Ga52
Orrestad N 92 Cb46
Orrfors S 73 Ja19
Orri I 161 Fd77
Orriols E 49 Hb59
Orrliden S 86 Ed37
Orrmo S 87 Fb35
Orroli I 169 Cb78
Orrträsk S 73 Ja21
Orrviken S 79 Fb31
Orša BY 202 Eb12
Orsa S 87 Fc37
Orsala S 95 Fb40
Orsan F 29 Gd44
Orsans F 31 Ka41
Orsara di Puglia I 161 Fd73
Örsås S 102 Ed50
Örsåsen S 95 Fb39
Orsay F 23 Gd37
Örsbäck S 80 Hb29
Orscholz D 133 Bc45
Örserum S 103 Fc48
Orsingen D 142 Cc51
Örsjö S 103 Ga52
Ørslev DK 109 Ea26
Ørslev DK 109 Eb28
Örslösa S 102 Ed46
Orsmaal B 124 Ad41
Ørsnes N 76 Cd32
Orsoia BG 179 Cc68
Orsomarso I 164 Gb78
Orşova RO 174 Cb64
Orsoy D 125 Bd39
Ørsta N 76 Cc33
Ørsted DK 101 Dd23
Ørsted DK 108 Dc27
Örsundsbro S 96 Gc42
Orsy PL 122 Ja30
Ort A 143 Ed50
Ortaburun TR 187 Gb78
Ortaca TR 192 Ga81
Ortaca TR 193 Gc81
Ortaca TR 198 Fc91
Ortacı TR 192 Fc83
Ortakarabağ TR 193 Ha85
Ortakent TR 197 Ec90
Ortaklar TR 193 Hb82
Ortaklar TR 197 Ed88
Ortaköy TR 185 Ec79
Ortaköy TR 187 Gd78
Ortaköy TR 187 Gd79
Ortaköy TR 187 Gd79
Ortaköy TR 191 Ec87
Ortaköy TR 192 Fb85
Ortaköy TR 192 Fd87
Ortaköy TR 192 Ga85
Ortaköy TR 193 Ha83
Ortaköy TR 193 Ha86
Ortaköy TR 197 Ed89
Ortaköy TR 198 Fb90
Ortaköy TR 198 Fc89
Ortaköy TR 205 Ga19
Ortamandıra TR 192 Fa82
Orta Nova I 161 Ga73
Ortaoba TR 191 Ed81
Orta San Giulio I 148 Ca58
Ortasarıbey TR 186 Fb80
Ortayazı TR 193 Gc87
Orte I 156 Ea69
Orten N 76 Cd31
Ortenberg D 133 Ca49
Ortenberg D 134 Cd43
Ortenburg D 135 Ed49
Orth an der Donau A 145 Gc51
Orthez F 39 Fb54
Orthovoúni GR 183 Bb80
Ortigosa E 47 Ea59
Ortigosa P 44 Ac65
Ortigosa de Rioalmar E 46 Cd63
Ortigueira E 36 Bb53
Ortiguera E 37 Bd53
Ortihovo RUS 107 Ld48
Ørting DK 108 Dc25
Ortisei I 143 Dd56
Orţişoara RO 174 Bd60
Ortnevik N 84 Cb37
Orto F 154 Ca70
Örtomta S 103 Ga46
Orton GB 11 Ec18
Ortona I 157 Fb70
Ortrand D 128 Fa40
Örträsk S 80 Ha27
Ortschwaben CH 141 Bd54
Ortucchio I 160 Ed71
Ortueri I 169 Ca77
Örtülü TR 191 Ec84
Örtülü TR 198 Fb89
Örtülüce TR 185 Ec79
Ortved DK 109 Eb26
Ortwig D 128 Fb36
Oru EST 99 Lc41
Õru EST 106 La47
Orubica HR 152 Ha61
Oruçoğlu TR 186 Ga77
Örüculer TR 192 Fb84
Ørum DK 100 Db23
Ørum DK 101 Dd23
Orune I 168 Cb76
Orusco E 46 Dd65
Orval F 29 Ha44
Orvault F 28 Ed42
Ørvella N 93 Db42
Orvelte NL 117 Bd34
Orvieto I 156 Ea69
Örviken S 80 Hc25
Orville F 30 Jb41
Orvilliers-Saint-Julien F 30 Hc38
Orvinio I 160 Ec71
Orwell GB 20 Fc26
Orzechowo PL 121 Hb34
Orzechowo PL 122 Ja31
Orzechowo PL 129 Gd37
Orzesze PL 138 Hc44
Orzinuovi I 149 Cd59
Orživ UA 202 Ea14
Oržycja UA 204 Ed15
Orzyny PL 122 Jb32
Orzysz PL 123 Jd31
Os N 66 Fc16
Os N 84 Ca40
Os N 85 Eb33
Os N 94 Eb43
Os S 103 Fb51
Ósa GR 183 Cb77
Osa N 84 Cd39
Osa de la Vega E 53 Ea67
Osamaniye TR 193 Gd83
Osani F 154 Ca69
Osbakk N 71 Fc18
Osby DK 108 Db27
Osby S 111 Fb53
Oščadnica SK 138 Hc46
Oscaig GB 4 Db08
Oschatz D 127 Ed40
Oschersleben D 127 Dd38
Oschiri I 168 Cb75
Osdorf D 118 Dc30
Øse DK 108 Da25
Øse N 67 Gb13
Øse N 92 Cd44
Osečina SRB 153 Ja63
Osečišče RUS 107 Mb46
Osečná CZ 128 Fc42
O Seixo (Tomiño) E 36 Ac58
Oseja de Sajambre E 37 Cd55
Osek CZ 136 Fa43
Osekovo HR 152 Gc59
Osen N 77 Db32
Osen N 78 Ea27
Osen N 84 Cb36
Osenec BG 180 Eb69
Osenovlag BG 179 Cc70
Oşeşti RO 173 Fa59
Oset E 54 Fb66
Oset N 86 Eb38
Osetno PL 129 Gb39
Ősi H 145 Hb54
Osica de Sus RO 175 Db66
Osidda I 168 Cb75
Osie PL 121 Ha32
Osiec PL 129 Hb42
Osięciny PL 129 Hb36
Osieck PL 130 Jc37
Osieczna PL 121 Ha32
Osieczna PL 129 Gb38
Osiecznica PL 128 Fc38
Osieczno PL 120 Ga35
Osiek PL 121 Ha32
Osiek PL 121 Hb35
Osiek PL 122 Hc34
Osiek PL 122 Hd31
Osiek PL 131 Jd42
Osiek PL 138 Hd44
Osiek Drawski PL 120 Ga33
Osieki PL 120 Ga30
Osiek Jasielski PL 139 Jd45
Osiek nad Notecią PL 121 Gc34
Osielsko PL 121 Ha34
Osiglia I 148 Bd63
Osijek HR 153 Hc59
Osikovica BG 179 Da70
Osilnica SLO 151 Fc59
Osilo I 168 Ca74
Osimo I 156 Ed66
Osinja BIH 152 Hb62
Osinki PL 123 Ka30
Osinkino RUS 107 Mb48
Osinoviči RUS 107 Ma47
Osinovka RUS 113 Jb58
Osinów PL 120 Fb35
Osiny PL 130 Jc40
Osiny PL 131 Jd38
Osipaonica SRB 174 Bc64
Osišče RUS 99 Ld42
Osivica BIH 152 Ha62
Osjaków PL 130 Hc40
Osječenica MNE 159 Hd69
Oskal N 68 Ja12
Oskar S 111 Ga53
Oskarshamn S 103 Gb50
Oskarström S 102 Ed52
Os'kino RUS 203 Fb13
Oskola FIN 83 Ma31
Oskowo PL 121 Gd30
Öskü H 145 Hb54
Oslany SK 137 Hb49
Ošlejas LV 106 Ka51
Ösli H 145 Gd52
Ošlje HR 158 Ha68
Oslo N 93 Ea41
Oslon F 30 Jb43
Øsløs DK 100 Db21
Osloß D 126 Dc36
Osma E 46 Dd61
Osma FIN 64 Jd07
Osma N 77 Db30
Osman TR 193 Gd81
Osmancalı TR 191 Ec85
Osmancık TR 185 Ed76
Osmancık TR 205 Fb20
Osmaneli TR 187 Gb80
Osmangazi TR 186 Fd80
Osmaniye TR 186 Ga80
Osmaniye TR 191 Ed86
Osmaniye TR 192 Fa82
Osmaniye TR 192 Fb86
Osmaniye TR 192 Fc81
Osmaniye TR 192 Fc83
Osmaniye TR 193 Gb82
Osmaniye TR 193 Gd81
Osmaniye TR 197 Fa91
Osmaniye TR 198 Fb91
Osmankalfalar TR 198 Ga90
Osmanlar TR 192 Fb83
Osmanlı TR 185 Ec75
Osmanville F 22 Fa35
Osmaslar TR 191 Ed82
Osmery F 29 Ha43
Osmington GB 19 Ec31
Os'mino RUS 99 Ma42
Os'mino RUS 202 Ea09
Ösmo S 96 Gd44
Osmotherley GB 11 Fa18
Osnabrück D 117 Cc36
Osne-le-Val F 24 Jb37
Ośno PL 122 Hc32
Ośno Lubuskie PL 128 Fc36
Osny F 23 Gc36
Osoblaha CZ 137 Ha44
Osogna CH 142 Cc56
Osoppo I 150 Ec57
Osor E 49 Ha59
Osor HR 151 Fb62
Osorhei RO 170 Cb56
Osorno la Mayor E 38 Db58
Osowa PL 123 Ka30
Osøyro N 84 Ca40
Osøyvollen N 86 Ea32
Os Peares E 36 Bb57
Ospedaletti I 43 La52
Ospedaletto I 156 Ea68
Ospitale di Cadore I 150 Eb57
Ospitaletto I 149 Da59
Oss NL 125 Bb38
Ossa de Montiel E 53 Ea69
Össeby-Garn S 96 Gd43
Osses F 39 Fa55
Ossett GB 16 Fa21
Ossi I 168 Bd75
Ossiach A 144 Fa56
Össjö S 110 Ed54
Oßling D 128 Fb40
Oßmannstedt D 127 Ea41
Osso E 48 Fd60
Östa S 95 Gb41
Ostabat F 39 Fa55
Östanå S 111 Fb54
Östanbäck S 80 Hc25
Östanberg FIN 97 Jc41
Östanbo S 87 Gb37
Östanfjärden S 73 Ja21
Östansjö S 72 Gd21
Östansjö S 87 Fb35
Östansjö S 95 Fc44
Östanskär S 87 Gb33
Oštarije HR 151 Fd60
Ostaškov RUS 202 Ec10
Ostaszewo PL 121 Hb30
Ostatija SRB 178 Ba68
Östavall S 87 Fd33
Östavik S 87 Fd37
Ostbevern D 125 Cb37
Østbirk DK 108 Db24
Østby N 78 Ec31
Østby N 86 Ed37
Osted DK 109 Eb26
Osteel D 117 Cb32
Ostellato I 150 Ea62
Osten D 118 Da32
Ostende = Oostende B 21 Ha29

Paljasmaa – Pembroke

Paljasmaa EST 98 Kb44
Paljevo SRB 178 Ba69
Pälkäene FIN 90 Ka36
Pålkem S 73 Hc20
Palkino RUS 107 Ld47
Palkisoja FIN 69 Kb12
Pallanza I 148 Cb58
Pallaruelo de Monegros E 48 Fc60
Pallasgreen (New) IRL 12 Bd23
Pallegney F 31 Jd38
Pallerols dell Cantó E 40 Gb58
Palling D 143 Ec51
Pallosenvaara FIN 83 Ma28
Palma P 50 Ac69
Palma Campania I 161 Fb75
Pálmaces de Jadraque E 47 Ea62
Palma del Río E 59 Cb73
Palma de Mallorca E 57 Hb67
Palma di Montechiaro I 166 Ed87
Palmadula I 168 Bc74
Palmanova I 150 Ed58
Palmanyola E 57 Hb67
Palme P 44 Ac59
Palmeira E 36 Ac56
Palmeira P 44 Ad59
Palmela P 50 Ab69
Palmi I 164 Ga83
Palmiano I 156 Ed68
Palmiry PL 130 Jb36
Palmižana HR 158 Gb67
Palmones E 59 Cb78
Pálmonostora H 146 Jb55
Palmschoss I 143 Ea56
Palmse EST 98 Kd41
Palo FIN 68 Jb16
Palo FIN 83 Ma30
Palo I 148 Ca62
Palodeia CY 206 Ja98
Palo del Colle I 162 Gc74
Palohuornas S 73 Hc18
Palojärvi FIN 68 Ja12
Palojärvi FIN 74 Jd18
Palojärvi FIN 74 Kb18
Palojoensuu FIN 68 Ja13
Palojoki FIN 98 Kb39
Palokastër AL 182 Ac78
Palokki FIN 83 Lb31
Palomaa FIN 64 Ka09
Palomaa FIN 90 Kb37
Palomar de Arroyos E 48 Fb63
Palomares E 61 Ec75
Palomares del Campo E 53 Ea66
Palomas E 51 Ca69
Palombara Sabina I 160 Eb71
Palomenė LT 114 Kd57
Palomera E 53 Ec66
Palonai LV 114 Kb55
Palonen FIN 75 La19
Palonkylä FIN 81 Jd25
Palonurmi FIN 82 La28
Paloperä FIN 74 Kc18
Palopuro FIN 90 Kb38
Palos de la Frontera E 59 Bb74
Palosenjärvi FIN 82 Kd27
Paloskylä FIN 90 Kc33
Palota SK 139 Ka46
Palovaara FIN 74 Ka20
Palovaara FIN 75 Lb23
Palovaara FIN 83 Ma29
Paloviita FIN 82 Kc28
Pals E 49 Hc59
Palsankylä FIN 90 Kb32
Pålsboda S 95 Fd44
Palsina FIN 90 Ka34
Palsmane LV 106 La48
Pålsträsk S 73 Hc22
Paltamo FIN 82 Kd25
Paltanen FIN 90 Kd32
Paltaniemi FIN 82 Kd25
Paltin RO 176 Ec62
Păltiniş RO 172 Ec54
Păltiniş RO 174 Ca62
Păltiniş RO 175 Da62
Păltinoasa RO 172 Eb56
Pałubice PL 121 Gd30
Paludi I 164 Gc79
Pałuki PL 122 Jb35
Paluknys LT 114 La58
Paluküla EST 97 Jc44
Paluobiai LV 114 Kb57
Palupera EST 106 La46
Palupõhja EST 98 La45
Palus FIN 89 Ja36
Palūšė LT 115 Lb55
Paluzza I 143 Ec56
Palvainen FIN 90 La32
Palvis FIN 81 Ja30
Palzem D 133 Bc45
Pamati LV 107 Lb51
Pameče SLO 144 Fd56
Pámfilla GR 191 Ea83
Pamhagen A 145 Gc52
Pamiątkowo PL 129 Gb36
Pamiers F 40 Gc56
Pamiętowo PL 121 Gd33
Pamma EST 105 Jc46
Pammana EST 97 Jc45
Pampāļi LV 105 Jc52
Pamparato I 148 Bd63
Pampelone F 41 Gd52
Pampilhosa da Serra P 44 Ba65
Pampliega E 38 Db58
Pamplona E 39 Ed57
Pamporovo = V. Kolaro BG 184 Db75
Pampow D 120 Fb33
Pamucak TR 191 Ec87
Pamucak TR 192 Fb87
Pamukčii BG 181 Ed70
Pamukçu TR 192 Fa82
Pamukkale TR 198 Fd88
Pamukören TR 198 Fb88
Pamukova TR 187 Gb79
Pamukyazi TR 191 Ec87
Pamusiai LT 114 Kd59
Pamūšis LT 114 Kb53
Panaci RO 172 Ea57
Panagia CY 206 Jb97
Panagía GR 182 Ba80
Panagía GR 183 Bb79
Panagía GR 184 Db78
Panagía GR 195 Cd89
Panagía GR 201 Db96
Panagitsa GR 183 Bc77
Panagitsa GR 194 Bc84
Panagjurište BG 179 Da72
Panagra CY 206 Jb96
Panaja AL 182 Aa77
Pánakto GR 189 Cb86
Panamune LV 106 Kc52
Pănăseşti MD 173 Fc57
Panasqueira P 50 Ac71
Panassac F 40 Ga55
Pănătău RO 176 Eb63
Panazol F 33 Gb47
Pančarevo BG 179 Cc71
Pancarköy TR 191 Ec87
Pănceşti RO 176 Ed60
Pančevo SRB 174 Bb63
Pancey F 30 Jb38
Panchia I 150 Dd57
Panciu RO 176 Ed61
Pancorbo E 38 Dd57
Pâncota RO 170 Ca59
Pancrudo E 47 Fa63
Pandánassa GR 195 Bd91
Pandelejmon AL 182 Ab79
Pandėlys LT 114 Kd53
Pandino I 149 Cd59
Pandivere EST 98 La43
Pándrossos GR 184 Dc77
Pandrup DK 100 Dc20
Pandy GB 15 Ea24
Panelia FIN 89 Ja37
Panemunė LT 113 Jc57
Panemunėlis LT 114 La54
Panes E 38 Da55
Panetólio GR 188 Ba84
Panėvėžys LT 114 Kc54
Panfilovo RUS 113 Jc59
Panga EST 97 Jc45
Pângăraţi RO 172 Eb58
Pângăreşti RO 176 Ec60
Pangbourne GB 20 Fa28
Panicale I 156 Ea68
Panicarola I 156 Ea67
Paničište BG 179 Cc73
Paničkovo BG 184 Dc74
Panicovo BG 181 Fa71
Panike FIN 81 Hd30
Panikoviči RUS 107 Lc47
Panissières F 34 Ja47
Panix CH 142 Cc55
Paniza E 47 Fa62
Panjas F 40 Fc53
Panjevac SRB 174 Bc66
Panjik BIH 153 Hc62
Panka FIN 82 Kd29
Pankajärvi FIN 83 Ld28
Pankakoski FIN 83 Ld28
Pankasz H 145 Gb55
Panker D 119 Dd30
Panki PL 129 Hb41
Pannonhalma H 145 Ha53
Pano Archimandrita CY 206 Ja98
Pano Kivides CY 206 Ja98
Pano Lakatameia CY 206 Jb97
Pano Lefkara CY 206 Jb97
Pano Panagia CY 206 Hd97
Pano Platres CY 206 Ja97
Pano Pyrgos CY 206 Ja96
Panórama GR 183 Cb78
Panórama GR 184 Cd76
Panormítis GR 197 Ed92
Pánormos GR 196 Db88
Pánormos GR 197 Eb90
Pánormos GR 200 Cd95
Panoteriai LT 114 Kd56
Panoviai LT 114 Ka57
Panschwitz-Kuckau D 128 Fb41
Pantalowice PL 139 Kb44
Päntäne FIN 89 Ja33
Pantano del Chorro E 60 Cc75
Pantano del Guadelén E 52 Dc72
Pantano de Puentes E 61 Ec73
Pantelej MK 178 Bd73
Pantelimon RO 176 Eb66
Pantelimon RO 177 Fb66
Pantelleria I 166 Dd88
Panticeu RO 171 Da57
Panticosa E 40 Fc57
Pant Mawr GB 15 Ea25
Pantoja E 46 Db65
Panttila FIN 89 Jb32
Pantymenyn GB 14 Dc26
Panxón E 36 Ac57
Panyola H 147 Kb50
Paola I 164 Gb80
Pápa H 145 Gd53
Papadátes GR 188 Ba84
Papádes GR 189 Cb83
Papadiánika GR 195 Bd90
Pápakovácsi H 145 Gd54
Paparčiai LT 114 Kd57
Páparis GR 194 Bc88
Papartėliai LT 114 Kd57
Papasidero I 164 Gb78
Pápateszér H 145 Ha53
Papatrigo E 46 Cd63
Păpăuţi MD 173 Fd55
Pape LV 113 Ja54
Papelkiai LT 114 Ka54
Papenburg D 117 Cb34
Pápigo GR 182 Ad79
Papilė LT 113 Jd53
Papilys LT 114 Kd53
Papin SK 139 Ka47
Papinniemi FIN 91 Ld32
Papiu Ilarian RO 171 Db59
Paplin PL 131 Jd36
Pápoc H 145 Gd53
Papowo Biskupie PL 121 Hb34
Pappenheim D 134 Dc48
Pappinen FIN 89 Jc38
Pappinen FIN 90 Kc34
Papradnik MK 182 Ad74
Papradno SK 137 Hb47
Papratna HR 158 Ha68
Paprotnia PL 130 Ja37
Paprotnia PL 131 Ka36
Paprūdžiai LT 114 Ka55
Papušynys LT 114 Ka55
Papworth Everard GB 20 Fc25
Papyvesiai LT 114 Kc53
Par GB 18 Db31
Parabiago I 148 Cb59
Parabita I 163 Hc77
Paraćin SRB 178 Bc67
Paracuellos E 53 Ec67
Paracuellos de Jiloca E 47 Ed62
Parád H 146 Jb51
Parada de Ester P 44 Ba62
Parada do Sil E 36 Bb57
Paradas E 59 Cb74
Paradavella E 36 Bc55
Paradela E 36 Bb55
Paradela E 36 Ba54
Paradela P 44 Ad62
Paradela P 44 Ba59
Paradinas de San Juan E 45 Cc62
Paradisgård S 95 Fb42
Paradísi GR 190 Cd86
Paradísi GR 197 Fa92
Paradisia GR 194 Bb88
Paradiso I 164 Ga83
Paradiso I 164 Gb83
Paradiso di Cevedale I 142 Db56
Parádissos GR 184 Db77
Paradyż PL 130 Ja40
Parage SRB 153 Ja60
Parainen FIN 97 Jb40
Parajes E 36 Bc54
Parakálamos GR 182 Ac79
Parakka S 68 Hc16
Paralı TR 187 Gd78
Paralía GR 183 Bd79
Paralía GR 188 Bb85
Paralía GR 189 Bd85
Paralía Agíou Andréa GR 195 Bd88
Paralía Akrátas GR 189 Bc85
Paralía Kimis GR 190 Cd84
Paralía Platánou GR 189 Bc85
Paralía Thermís GR 191 Ea83
Paralía Tiroú GR 195 Bd89
Paralimni CY 206 Jd97
Parálio Ástros GR 195 Bd88
Parálio Irion GR 195 Bd88
Paramithiá GR 188 Ac81
Páramo E 37 Cb55
Páramo del Sil E 37 Ca56
Paramos E 36 Ad55
Paranésti GR 184 Da76
Parapalu EST 99 Lc45
Parapótamos GR 182 Ac80
Páras FIN 81 Jb28
Paras N 67 Ha11
Paraspuari AL 182 Ac77
Paraszyna H 146 Jc50
Paratala FIN 82 Kb31
Părău RO 176 Dd61
Paray-le-Monial F 30 Hd44
Parbayón E 38 Dc55
Parcani MD 173 Fc54
Parcani SRB 153 Jc62
Parceiros de São João P 50 Ac66
Parcé-sur-Sarthe F 28 Fc40
Parcey F 31 Jc42
Parchen D 127 Eb37
Parcheş RO 177 Fc64
Parchim D 119 Eb33
Parchów PL 128 Ga40
Parchowo PL 121 Gd30
Parciaki PL 122 Jb33
Parcova MD 173 Fa54
Parczew PL 131 Kb38
Pardalitsa GR 182 Ac80
Pardavé E 37 Cc56
Pardesivil E 37 Cc56
Pardilla E 46 Dc61
Pardina RO 177 Fd63
Pardines E 41 Ha58
Pardoşi RO 176 Ec63
Pardubice CZ 136 Ga45
Parečėnai LT 114 Kc59
Paredea de Buitrago E 46 Dc62
Paredes E 36 Ad57
Paredes P 44 Ad61
Paredes de Coura P 36 Ad58
Paredes de Nava E 38 Da58
Paredes de Sigüenza E 47 Ea62
Parekklisia CY 206 Jb98
Påreks sameviste S 72 Gc18
Parennes F 28 Fc39
Parentis-en-Born F 39 Fa52
Parets del Vallès E 49 Ha61
Parey D 127 Eb37
Parfondeval F 24 Hd33
Parga E 36 Bb55
Párga GR 188 Ac81
Pargas FIN 97 Jb40
Pargas FIN 97 Jd40
Pargny F 24 Ja37
Pargues F 30 Hd39
Parhalahti FIN 81 Jd25
Pári H 145 Hb56
Parigné-l'Evêque F 28 Fd40
Parikiá GR 196 Db90
Parikkala FIN 91 Ld34
Parincea RO 172 Ed59
Paris F 23 Gd37
Parisot F 41 Gd52
Pärispea EST 98 Kd41
Pärjänsou FIN 75 Kc21
Părjoi RO 172 Ec59
Park GB 9 Cc16
Parkajoki S 68 Ja15
Parkalompolo S 68 Hd15
Parkano FIN 89 Jc34
Parka sameviste S 72 Gb19
Parkgate GB 10 Ea15
Parkham GB 18 Dc29
Parkkila FIN 75 Kd23
Parkkila FIN 82 Ka27
Parkkila FIN 90 La34
Parkkima FIN 82 Kb28
Parkstein D 135 Eb45
Parkstetten D 135 Ec48
Parkua FIN 82 Kd26
Parkumäki FIN 91 Lb33
Parkuu FIN 89 Jd34
Parla E 46 Dc65
Parlak TR 191 Ea85
Parlament D 108 Cd29
Parlavà E 49 Hb59
Parłówko PL 120 Fc32
Parma I 149 Da62
Parmaklören TR 193 Gb83
Parmen D 120 Fa33
Pärnämäki FIN 90 Kd34
Pärnämäki FIN 90 Kd35
Parndorf A 145 Gc51
Pârnica SK 138 Hd47
Pärnjõe EST 98 Kc45
Pärnu EST 106 Kb46
Pärnu-Jaagupi EST 98 Kb45
Parois F 24 Jb35
Parola FIN 90 La36
Parola FIN 90 Ka37
Parolise I 161 Fc75
Parona di Valpolicella I 149 Dc59
Parowa PL 128 Fd40
Parpan CH 142 Cd55
Parrillas E 45 Cc65
Parroy F 25 Ka37
Parsac F 33 Gd45
Parsau D 127 Dd36
Parsberg D 135 Ea47
Pârşcoveni RO 175 Da66
Parsęcko PL 121 Gb32
Pars-lès-Romilly F 30 Hc38
Parsów PL 120 Fc34
Pärsti EST 98 Kd45
Parszów PL 130 Jc41
Partaharju FIN 90 Kd32
Partakko FIN 65 Kb10
Partakoski FIN 91 Lb35
Partanna I 166 Eb85
Partanna-Mondello I 166 Ec83
Parteen IRL 12 Bd23
Partenkirchen, Garmisch- D 142 Dc53
Parteştii de Jos RO 172 Eb55
Parthenay F 28 Fc44
Parthéni GR 197 Eb90
Parthenónas GR 184 Cc80
Parthenstein D 127 Ec40
Partille S 102 Ec49
Partinico I 166 Ec84
Partizani BG 181 Fa70
Partizani SRB 153 Jc63
Partizanin BG 180 Dc73
Partizánske SK 137 Hb49
Partizanske Vode SRB 159 Jb65
Partizanskoe RUS 113 Ja59
Partney GB 17 Fd22
Parton GB 10 Ea16
Partoş RO 174 Bc62
Partry IRL 8 Bc19
Partsi EST 107 Lc46
Parudaminys LT 114 La58
Pårup DK 108 Db24
Parva RO 171 Dc56
Pârvenec BG 180 Db73
Pârvomaj BG 180 Dc73
Pârvomaj BG 183 Cb75
Parwich GB 16 Ed23
Paryčy BY 202 Eb13
Påryd S 111 Ga53
Parysów PL 131 Jd37
Parzán E 40 Fd57
Parzew PL 129 Gd38
Parznice PL 130 Jc40
Paša RUS 202 Eb08
Paşaçayır TR 185 Ec80
Paşaçiftliği TR 186 Fa80
Paşacık TR 193 Gb85
Pasai San Pedro E 39 Ec55
Paşaköy TR 185 Ea78
Paşaköy TR 191 Ea82
Paşaköy TR 191 Ed85
Paşaköy TR 192 Fa82
Paşaköy = Askeia CY 206 Jc96
Pasala FIN 82 Kb29
Pasalankylä FIN 82 La29
Paşalar TR 192 Fb81
Paşalimanı TR 185 Ed79
Pašaltuonys LT 113 Jd56
Pašaminė LT 115 Lb56
Pasarel BG 179 Cc72
Păsăreni RO 171 Dc59
Pasarón de la Vera E 45 Cb65
Paşayiğit TR 185 Eb77
Paşcani MD 173 Fc58
Paşcani MD 173 Fd57
Paşcani RO 172 Ec57
Paschero I 148 Bb62
Pâscoy RO 176 Ec63
Pas-de-Jeu F 28 Fc43
Pas-en-Artois F 23 Gd32
Paserninkai LT 123 Kc30
Pasewalk D 120 Fa33
Pashalítsa GR 189 Bc82
Pasi FIN 90 La36
Pasian di Prato I 150 Ec58
Pašiausė LT 114 Ka55
Pasiecznik PL 128 Fd41
Pasiene LV 107 Ma51
Pasikovci HR 152 Ha60
Pašilė LT 113 Jc53
Pašilė LT 113 Jd55
Pašiliai LT 114 Kc55
Pašina Voda MNE 159 Ja67
Pasinler TR 205 Ga19
Paskalevec BG 180 Dd70
Paskalevo BG 181 Fa69
Påskallavik S 103 Gb51
Paški RUS 107 Mb49
Paskov CZ 137 Hb45
Paškovskij RUS 205 Fc17
Pasłek PL 122 Hd31
Pasmajärvi FIN 68 Jc17
Pašman HR 157 Fd65
Påsmark FIN 89 Hd33
Passage East IRL 13 Cc25
Passail A 144 Fd54
Passais F 28 Fb38
Passariano I 150 Ec58
Passau D 135 Ed49
Passekårsa S 67 Ha15
Passignano sul Trasimeno I 156 Ea67
Passopisciaro I 167 Fc85
Passow D 119 Eb33
Passow D 120 Fb34
Pastavy BY 202 Ea12
Pastena I 161 Fb73
Pastende LV 105 Jd50
Pastetten D 143 Ea50
Paštiky CZ 136 Fa46
Pasto FIN 89 Jc32
Pastor E 36 Ba55
Pastorello I 149 Da62
Pastoriza E 36 Bc54
Pastovce SK 146 Hc51
Pastra BG 179 Cc73
Pástra GR 188 Ac85
Pastrana E 47 Ea64
Păstrăveni RO 172 Ec57
Păstren BG 180 Dd73
Pastrėvys LT 114 Kd58
Păstrovo BG 180 Dc72
Pastwa PL 121 Hb32
Pastwiska PL 130 Jc40
Pašuliene LV 115 Lb53
Pašušvys LV 114 Kb55
Pasvalys LT 114 Kc53
Pašvitinys LT 114 Kb53
Pasym PL 122 Jb32
Pasynki PL 123 Kb34
Pašyšiai LT 113 Jc56
Pásztó H 146 Ja51
Pat H 145 Gd56
Pataholm S 103 Gb52
Pataias P 50 Ab66
Patajoki FIN 90 Kb34
Patalenica BG 179 Da73
Patana FIN 81 Jc29
Pătârlagele RO 176 Eb63
Patašiai LV 114 Kb57
Patavesi FIN 90 Kb35
Patay F 29 Gc39
Patčino RUS 99 Mb44
Pateley Bridge GB 11 Ed19
Pateniemi FIN 74 Ka23
Paterek PL 121 Gd34
Paterna E 54 Fb67
Paterna del Campo E 59 Bd73
Paterna del Río E 61 Dd75
Paterna de Madera E 53 Eb70
Paterna de Rivera E 59 Ca76
Paternieki LV 115 Ld53
Paternion A 143 Ed55
Paternò I 167 Fc85
Paternopoli I 161 Fc74
Patersdorf D 135 Ec48
Paterswolde NL 117 Bd33
Påterud S 94 Ec42
Pätiälä FIN 90 Kb36
Patika EST 98 Kc42
Patilčiai LT 114 Ka59
Patin AL 182 Ac74
Patiópoula GR 188 Ba82
Patiška MK 178 Bb73
Patitíri GR 189 Cc83
Patkūla EST 106 La47
Patlangıç TR 198 Ga91
Pátmos GR 197 Ea89
Patna GB 10 Dd15
Pątnów PL 129 Hb41
Pato FIN 89 Ja37
Patokoski FIN 69 Jd17
Patolahti FIN 91 Lb37
Patolankylä FIN 89 Jb34
Patones E 46 Dc63
Patoniemi FIN 75 Kd19
Patoniva FIN 64 Jd08
Patosfa H 152 Ha57
Pátra GR 188 Bb85
Patras = Pátra GR 188 Bb85
Pătrăuţi RO 172 Eb55
Patreksfjörður IS 2 Ac02
Patriarh-Evtimievo BG 184 Dc74
Patrickswell IRL 12 Bd23
Patriki CY 206 Jd96
Patrikka FIN 83 Mb30
Patrington GB 17 Fc21
Patsola FIN 83 Ma31
Pattada I 168 Cb75
Pattensen D 126 Db37
Patti I 167 Fc84
Pattijoki FIN 81 Jd25
Pattishall GB 20 Fb26
Patù I 165 Hc78
Pătulele RO 174 Cb66
Pau F 40 Fc55
Păuca RO 175 Da60
Pauillac F 32 Fb49
Paukarlahti FIN 82 La31
Paukkaja FIN 83 Ld29
Paularo I 143 Ec56
Păuleni-Ciuc RO 176 Ea60
Paulerspury GB 20 Fb26
Păuleşti RO 171 Cd54
Păuleşti RO 176 Ea64
Paulhac-en-Margeride F 34 Hc50
Paulhaguet F 34 Hc49
Paulhan F 41 Hc54
Pauliai LT 114 Ka57
Pauliani GR 189 Bc84
Paulilatino I 169 Ca77
Paulinenaue D 127 Ec36
Păuliş RO 170 Bd59
Paullo I 149 Cc59
Pauls E 48 Fd63
Paulx F 28 Ed43
Păuneşti RO 176 Ed61
Paunküla EST 98 Kc43
Paupys LT 114 Ka56
Pauri LV 107 Lb52
Pausa D 135 Eb43
Pausele S 80 Gc25
Păuşeşti RO 175 Da64
Păuşeşti-Măglaşi RO 175 Db63
Pauträsk S 80 Gc25
Pavabdenš LT 113 Jd55
Påvalsby FIN 97 Jc40
Pavasari LV 106 Ka51
Pavel BG 180 Dd69
Pavel Banja BG 180 Dc72
Pavezin F 34 Ja48
Pavia I 149 Cc60
Pavia P 50 Ad68
Pavias E 54 Fb66
Pavilly F 23 Ga34
Pāvilosta LV 105 Ja51
Pavino Polje MNE 159 Jb67
Pavištytis LT 114 Ka59
Pavlica SRB 178 Ba68
Pavlikeni BG 180 Dd70
Pavlohrad UA 205 Fa15
Pávlos GR 189 Ca84
Pavlov CZ 136 Fd47
Pavlovac HR 152 Gd59
Pavlovce SK 146 Jb50
Pavlovce nad Uhom SK 139 Ka48
Pavlovka RUS 203 Fd11
Pavlovo RUS 203 Fb09
Pavlovsk RUS 203 Fb13
Pavlovskaja RUS 205 Fc16
Pavlovskij Posad RUS 203 Fa10
Pavlovskoe RUS 203 Fb09
Pavlyš UA 204 Ed15
Pavoverė LT 115 Lb57
Pavullo nel Frignano I 149 Db63
Pavy RUS 99 Mb45
Pawełki PL 129 Hb42
Päwesin D 127 Ec36
Pawlett GB 19 Eb29
Pawlikowice PL 130 Hc39
Pawłosiów PL 139 Kb44
Pawlów PL 130 Jc41
Pawłów PL 131 Kc40
Pawłow PL 137 Ha44
Pawłówek PL 121 Gd34
Pawłowice PL 129 Gc39
Pawłowice PL 131 Jd39
Pawłowice PL 137 Hb45
Pawłowo PL 122 Jc30
Pawły PL 122 Ja30
Pawonków PL 129 Hb42
Pawłowiczki PL 137 Ha44
Payallar TR 199 Hb92
Payerne CH 141 Bc54
Paymogo E 58 Ba72
Payrac F 33 Gc50
Payzac F 33 Gb48
Paz HR 151 Fa60
Pazar TR 205 Ga19
Pazardžik BG 179 Da73
Pazarić BIH 158 Hb65
Pazarkaya TR 193 Hb86
Pazarköy TR 187 Gc79
Pazarköy TR 191 Ea81
Pazarköy TR 191 Ed81
Pazarköy TR 192 Fa85
Pazarlar TR 192 Fd84
Pazarlı TR 186 Fa75
Pazaryeri TR 193 Gb81
Pažėrai LT 114 Kb58
Pazin HR 151 Fa60
Paznauntal A 142 Da54
Pazos de Borbén E 36 Ad57
Pazuengos E 38 Ea58
Pčela BG 180 Eb73
Pčelarovo BG 181 Fa69
Pčelić HR 152 Ha59
Pčelin BG 179 Cd72
Pčelinovo BG 180 Dd72
Pčelnik BG 181 Fa71
Pchery CZ 136 Fb44
Pcim PL 138 Ja45
Pčinja MK 178 Bc73
Pčrvenec BG 181 Ec73
Peädsek FIN 64 Ka09
Peal de Becerro E 61 Dd72
Peanía GR 195 Cc87
Peasedown Saint John GB 19 Ec28
Peasemore GB 20 Fa28
Peasenhall GB 21 Gb25
Péaule F 27 Ec41
Pebworth GB 20 Ed26
Peć KSV 178 Ad70
Peć SRB 159 Jc68
Peccia CH 141 Cb56
Peccioli I 155 Db66
Pécel H 146 Hd53
Pećence SRB 178 Bc70
Peceneaga RO 177 Fb64
Pečenjevce SRB 178 Bd69
Pechea RO 177 Fa62
Pechina E 61 Ea76
Peći BIH 158 Gb64
Pecica RO 170 Bc59
Pećigrad BIH 151 Ga61
Pećinci SRB 153 Jb61
Pecineaga RO 181 Fc68
Peciu Nou RO 174 Bc61
Pecka SRB 153 Ja63
Peckelsheim D 126 Cd39
Pečki RUS 107 Ld46
Pecorini I 165 Fa82
Pečory RUS 107 Lc47
Pečory RUS 202 Ea10
Pec pod Sněžkou CZ 128 Ga42
Pécs H 152 Hb57
Pécsely H 145 Ha55
Pécsvárad H 153 Hc57
Pečurice MNE 163 Ja71
Pęczniew PL 129 Hb38
Pedagaggi I 167 Fc87
Pedaso I 157 Fa67
Pedaspea EST 98 Kc41
Peddenberg D 125 Bd38
Pedele LV 106 La47
Pederobba I 150 Ea58
Pedersker DK 111 Fc58
Pedersöre FIN 81 Jb29
Pedersören kunta FIN 81 Jb29
Pedescala I 150 Dd58
Pédi GR 197 Ed92
Pediní GR 182 Ad80
Pedinó GR 183 Ca77
Pedivigliano I 164 Gb80
Pedoulas CY 206 Ja97
Pedrafita Camporredondo E 36 Bc55
Pedrafita do Cebreiro E 37 Bd56
Pedrajas de San Esteban E 46 Da61
Pedralba E 54 Fb67
Pedras Salgadas P 44 Bb60
Pedraza E 36 Bb56
Pedraza E 46 Dc62
Pedre E 36 Ad56
Pedreguer E 55 Fc70
Pedreña E 38 Dc54
Pedrera E 60 Cc74
Pedro Abad E 52 Da72
Pedro Bernardo E 46 Cd65
Pedrógão P 44 Ab65
Pedrógão P 44 Bb65
Pedrógão Grande P 44 Ad65
Pedrógão Pequeno P 44 Ad65
Pedrola E 47 Fa60
Pedro Martínez E 60 Dc74
Pedro Muñoz E 53 Dd68
Pedrosa de Duero E 46 Db60
Pedrosa del Príncipe E 38 Db58
Pedrosa de Tobalina E 38 Dd56
Pėdžiai LT 114 Kc56
Peebles GB 11 Eb14
Peel GB 10 Dc19
Peenemünde D 120 Fa31
Peeni MD 173 Fc56
Peer B 124 Ba40
Peffingen D 133 Bc44
Péfka GR 197 Fa93
Pefkohóri GR 184 Cc80
Péfkos GR 182 Ba78
Péfkos GR 201 Db96
Pega P 45 Bc63
Pegalajar E 60 Db73
Pegau D 127 Eb41
Pegeia CY 206 Hd97
Peggau A 144 Fd54
Pegli I 148 Cb62
Pegnitz D 135 Ea45
Pego E 55 Fc70
Pegognaga I 149 Db61
Peguerinos E 46 Db63
Pehčevo MK 183 Cb74
Pehlivanköy TR 185 Ec76
Peille F 43 Kc53
Peillon F 43 Kd53
Peinchorran GB 4 Db08
Peine D 126 Dc37
Peipin F 42 Jd52
Peipohja FIN 89 Jb36
Peippu FIN 89 Ja35
Peisey-Nancroix F 35 Kb47
Peißen D 127 Ea39
Peißen D 127 Eb39
Peißenberg D 142 Dc52
Peiting D 142 Dc52
Peitz D 128 Fb38
Peize NL 117 Bd33
Pejkovac SRB 178 Bd69
Pejo Terme I 142 Db56
Pekankylä FIN 75 Lb24
Pekanpää FIN 73 Jb20
Pekisht AL 182 Ab75
Pekkala FIN 65 Kb09
Pekkala FIN 74 Kb19
Pekkaperä FIN 82 Ka28
Pektubaevo RUS 203 Fc08
Péla GR 183 Bd77
Pelacoy F 33 Gc51
Pelagićevo BIH 153 Hc61
Pelago I 156 Dd65
Pelahustán E 46 Da65
Pelaičiai LT 113 Jc55
Pelarne S 103 Fd49
Pelasgía GR 189 Ca83
Pelči LV 105 Jc51
Pełczyce PL 120 Fd34
Pełczyn PL 129 Gb40
Peleagonzalo E 45 Cc61
Pelėči LV 107 Lc52
Pelejaneta E 54 Fc65
Peleši RUS 99 Lc42
Peletá GR 195 Bd89
Pelev Prijeg MNE 159 Ja69
Pelhřimov CZ 136 Fd47
Pelinci MK 178 Bc72
Pelinei MD 177 Fc62
Pelinia MD 173 Fb55
Pelisalmi FIN 90 Ka35
Pelitköy TR 191 Eb82
Pelitozu TR 187 Gb80
Pelitözü TR 187 Ha79
Pelivan MD 173 Fd57
Pelkkikangos FIN 81 Jc30
Pelkoperä FIN 82 Ka28
Pelkosenniemi FIN 69 Kb16
Pellafol F 35 Jd50
Pellaro I 164 Ga84
Pellegrino Parmense I 149 Cd62
Pellegrue F 32 Fd50
Pellérd H 152 Hb58
Pellesmäki FIN 82 La30
Pellestrina I 150 Eb60
Pellevoisin F 29 Gb43
Pellinge FIN 98 Kb39
Pellingen D 133 Bc45
Pellini GR 189 Bc86
Pellinki FIN 98 Kb39
Pello FIN 74 Jb18
Pello S 74 Jb18
Pellonpää FIN 75 Kc23
Pellosniemi FIN 90 La35
Pellossalo FIN 91 Lc33
Pełnik PL 122 Hd32
Peloche E 52 Cc68
Pelovo BG 179 Da69
Pelplin PL 121 Hb31
Pelsin D 120 Fa32
Pelso FIN 82 Kb25
Peltokangas FIN 81 Jd30
Peltokorpi FIN 81 Jc28
Peltola FIN 97 Jd39
Peltomaa FIN 81 Ja31
Peltosalmi FIN 82 Kd28
Peltovuoma FIN 68 Jb13
Pełty PL 122 Hd30
Pełty PL 122 Ja30
Pelučiai LV 114 Kb57
Pélussin F 34 Ja48
Pély H 146 Jb53
Pembeli TR 199 Gc88
Pembroke GB 18 Db27

Pilchowice - Pojatno

Pilchowice PL 128 Ga41
Pilchowice PL 137 Hb44
Pilchowo PL 120 Fb33
Pile PL 121 Gb33
Piléa GR 185 Ea77
Pilés GR 201 Eb95
Pilgersdorf A 145 Gb53
Pilgrims Hatch GB 20 Fd27
Pilgrimstad S 79 Fc31
Pili GR 189 Cb86
Pilí GR 197 Ec91
Pilica PL 138 Hd43
Pilica SRB 159 Ja64
Pilio GR 189 Cb84
Pilis H 146 Ja53
Pilis LT 114 Ka57
Pilistvere EST 98 Kd44
Pilisvörösvár H 146 Hc52
Piliuona LT 114 Kc58
Pilka EST 99 Lb45
Piłka PL 120 Ga35
Pillapalu EST 98 Kc42
Piller A 142 Db54
Pillerton Priors GB 20 Fa26
Pillon F 24 Jb34
Pillon F 24 Jb35
Pilníkov CZ 136 Ga43
Pilning GB 19 Ec28
Pilona PL 122 Hc31
Pilos GR 194 Ba89
Pilpala FIN 90 Ka38
Pilsach D 135 Dd47
Pilsblīdene LV 105 Jd52
Pilsen = Plzeň CZ 135 Ed45
Pilskalne LV 114 Kd53
Pilskalne LV 115 Lb53
Pilskalns LV 107 Lb49
Pilštanj SLO 151 Fd58
Pilsting D 135 Ec49
Pilszcz PL 137 Ha44
Piltene LV 105 Jb50
Pilträsk S 73 Hb22
Pilu RO 170 Bd58
Pilvingiai LT 114 Kd59
Pilviškiai LV 114 Kb58
Pilzno PL 139 Jd44
Pimelles F 30 Hd40
Pimenikó GR 185 Eb76
Piña de Campos E 38 Da58
Pina de Ebro E 48 Fb61
Piñar E 60 Dc74
Pınarbaşı TR 185 Ed76
Pınarbaşı TR 191 Ea81
Pınarbaşı TR 191 Eb81
Pınarbaşı TR 199 Gb89
Pınarca TR 186 Fa76
Pınarcık TR 192 Fd81
Pınarcık TR 197 Ed91
Pinar de los Franceses E 59 Bd77
Pinarejo E 53 Eb67
Pinarejos E 46 Da61
Pinarella I 156 Eb64
Pinarello F 154 Cb72
Pinargözü TR 199 Gd90
Pinar Hermoso E 61 Ec72
Pınarhisar TR 185 Ed75
Pınarlar TR 198 Fd89
Pınarlı TR 187 Gb77
Pınarlı TR 191 Ed87
Pınarlıbelen TR 197 Ed90
Pınarlık TR 198 Fd88
Pincehely H 145 Hb55
Pinchbeck GB 17 Fc24
Pinczów PL 130 Jb42
Pindari LV 105 Jd49
Pindères F 40 Fd52
Pindstrup DK 101 Dd23
Pineda de Gigüela E 47 Ea65
Pineda de la Sierra E 38 Dd58
Pineda de Mar E 49 Hb60
Pinedo E 54 Fc68
Piñeira E 36 Bb57
Piñeiro E 36 Ad57
Pinela P 45 Bd60
Pinelo P 45 Bd60
Pinerolo I 148 Bc61
Pineto I 157 Fa69
Piney F 30 Hd38
Þingeyri IS 2 Ac02
Pinhal Novo P 50 Ab69
Pinhão P 44 Bb61
Pinheiro P 44 Ad61
Pinheiro P 44 Ad59
Pinheiro P 50 Ab69
Pinhel P 45 Bc62
Piniava LT 114 Kc54
Pinilla E 53 Ea70
Pinilla E 55 Ed70
Pinilla de Toro E 45 Cc60
Pinilla-Trasmonte E 46 Dc60
Pinipaju FIN 97 Ja39
Pinjainen FIN 97 Jd40
Pinkafeld A 145 Gb53
Pinkamindszent H 145 Gb54
Pinmore Mains GB 10 Dc15
Pinneberg D 118 Db32
Pinnow D 128 Fb38
Pino E 38 Dd57
Pino F 154 Cc68
Pino del Río E 38 Da57
Pino do Val E 36 Ac55
Pino Lago Maggiore I 148 Cb57
Pinols F 34 Hc49
Piñor E 36 Ba57
Pinoso E 55 Fa71
Pinos-Puente E 60 Db74
Pino Torinese I 148 Bd60
Pinseque E 47 Fa60
Pinsiö FIN 89 Jc35
Pinsk BY 202 Ea14
Pinsoro E 47 Ed59
Pinsot F 35 Jd48
Pintado P 50 Ac66
Pintamo FIN 75 Kc22
Pintic RO 171 Da57
Pinto E 46 Dc65
Pinwherry GB 10 Dc15
Pinzano al Tagliamento I 150 Ec57
Pinzareni MD 173 Fa56
Pinzolo I 149 Db57
Pinzón E 59 Bd74
Piobbico I 156 Eb66
Piolenc F 42 Jb52
Pioltello I 149 Cc59
Piombino I 155 Da68
Pionerskij RUS 113 Hd58
Pionki PL 130 Jc39
Pionsat F 33 Ha46
Pioppi I 161 Fd77
Pioppo I 166 Ec84
Pioraco I 156 Ec67
Piorna E 45 Cb65
Piors Hardwick GB 20 Fa26
Piorunkowice PL 137 Gd43
Piossasco I 148 Bc60
Piotrkosice PL 129 Gc39
Piotrków PL 131 Kb40
Piotrkowice PL 130 Jb42
Piotrków Kujawski PL 129 Hb36
Piotrków Trybunalski PL 130 Hd40
Piotrowice PL 130 Jc37
Piotrowiec PL 122 Hd30
Piotrowo PL 121 Gb35
Piotta CH 141 Cb56
Piove di Sacco I 150 Ea60
Piovene I 150 Dd59
Piovera I 148 Cb61
Pipaón E 38 Ea57
Pipirig RO 172 Eb57
Pipriac F 27 Ec40
Piqerasi AL 182 Ab79
Pir RO 171 Cc55
Pirá GR 189 Bc84
Piragi RUS 107 Ld49
Piran SLO 150 Ed59
Pirane KSV 178 Ba72
Piras I 168 Cb75
Piräus = Pireás GR 195 Cb87
Pirčiupiai LT 114 La59
Pirdop BG 179 Da71
Pireás GR 195 Cb87
Pireveliler TR 191 Ec83
Pirgadikia GR 184 Cc79
Pirgí GR 182 Ab80
Pirgi GR 183 Bc77
Pirgí GR 184 Cd76
Pirgí GR 191 Dd86
Pirgos GR 182 Ad78
Pirgos GR 189 Ca84
Pirgos GR 194 Ba87
Pirgos GR 194 Ba89
Pirgos GR 194 Bb90
Pirgos GR 197 Eb88
Pirgos GR 200 Da96
Pirgos Dirou GR 194 Bb90
Pirgovo BG 180 Ea68
Piriac-sur-Mer F 27 Eb42
Piricse H 147 Kb51
Pirilä FIN 91 Lb33
Pirin BG 184 Cc75
Pirinççi TR 186 Fc77
Piringsdorf A 145 Gb53
Pirita MD 173 Fd58
Pirjolteni MD 173 Fc57
Pirjota MD 173 Fa55
Pirk D 135 Eb46
Pirki BY 202 Ec14
Pirkkala FIN 89 Jd36
Pirlibey TR 198 Fb88
Pirlița MD 173 Fb55
Pirlița MD 173 Fb57
Pirlița MD 173 Fc54
Pirmasens D 133 Ca46
Pirna D 128 Fa41
Pirnar (Varinçe) TR 185 Eb78
Pirnesperä FIN 82 Ka26
Pirnmill GB 10 Db14
Pirok MK 178 Ba73
Pirot SRB 179 Ca69
Pirou F 22 Ed36
Pirovac HR 157 Ga65
Pirsógiani GR 182 Ad78
Pirsu EST 98 Kd42
Pirtó H 146 Ja56
Pirttijärvi FIN 89 Ja35
Pirttikoski FIN 74 Kb19
Pirttikoski FIN 81 Jd26
Pirttikoski FIN 89 Jd37
Pirttikylä FIN 89 Hd32
Pirttikylä FIN 89 Jc33
Pirttimäki FIN 82 La26
Pirttimäki FIN 82 Kc27
Pirttimäki FIN 82 Kd30
Pirttimäki FIN 82 Kc31
Pirttimäki FIN 83 Lb28
Pirttivaara FIN 75 Lb22
Pirttivuopio S 67 Gd15
Pišť CZ 137 Hb45
Pisa FIN 74 Jd19
Pisa I 155 Da65
Pisanec BG 180 Eb69
Pisanica PL 123 Ka31
Pisankoski FIN 83 Lb29
Pisany F 32 Fb47
Pisarovina HR 151 Ga59
Pisarovo BG 179 Da69
Pisarzowa PL 138 Jb45
Pisarzowice PL 128 Fd41
Piscăreşti MD 173 Fd55
Pischeldorf A 144 Fb56
Pischelsdorf A 143 Ec51
Pischelsdorf in der Steiermark A 144 Ga54
Pişchia RO 174 Bd60
Pisciotta I 161 Fd77
Pişcolt RO 170 Cb55
Piscu RO 177 Fa63
Pisculeț RO 179 Cc67
Piscu Mare RO 175 Db63
Piscu Vechi RO 179 Cc67
Písečné CZ 136 Fd48
Písek CZ 136 Fb47
Pishill GB 20 Fb28
Piski PL 123 Jd34
Piskokéfalo GR 201 Dd96
Piskorowice PL 139 Kb43
Piskorzyna PL 129 Gb40
Piskupat AL 182 Ad76
Pisogne I 149 Da58
Píso Livádi GR 196 Db90
Pisseloup F 31 Jc40
Píssia GR 189 Ca86
Pissignano I 156 Eb68
Pissiniemi S 68 Ja15
Pissodéri GR 182 Ba77
Pissónas GR 189 Cc85
Pissos F 39 Fb52
Pissouri CY 206 Ja98
Pisticci I 162 Gc76
Pisto FIN 75 La21
Pistoia I 155 Db64
Pistruieni MD 173 Fc56
Pisz PL 122 Jc32
Piszczac PL 131 Kc37
Pitäjänmäki FIN 82 Kb28
Pitälvbron S 72 Ha21
Pitämävaara FIN 83 Lc25
Pitcape GB 7 Ec08
Piteå S 73 Hd23
Piteå havsbad S 73 Hd23
Pitelino RUS 203 Fb10
Piteşti RO 175 Dc64
Pithagório GR 197 Eb88
Píthio GR 183 Bc79
Píthio GR 185 Eb76
Pithiviers F 29 Gd39
Pitigliano I 156 Dd69
Pitillas E 39 Ed58
Pitítsa GR 188 Bb85
Pitiús GR 191 Dd85
Pitkäjärvi FIN 89 Jd38
Pitkäjärvi FIN 90 Ka35
Pitkäkoski FIN 82 Kd28
Pitkäkoski FIN 91 Lb37
Pitkälä FIN 91 Lc33
Pitkälahti FIN 90 La34
Pitkämäki FIN 89 Ja38
Pitkämäki FIN 82 Kc27
Pitkäsenkylä FIN 81 Jc26
Pitlochry GB 7 Ea10
Pitmedden GB 5 Ed08
Pitomača HR 152 Gd58
Pitrags LV 105 Jc48
Pitres E 60 Dc76
Pitscottie GB 7 Ec12
Pittentrail GB 5 Ea06
Pitvaros H 146 Jc56
Piúgos E 36 Bc55
Pivašiūnai LT 114 Kd59
Pivca SLO 151 Fb59
Pivnice SRB 153 Ja59
Pivniceni MD 173 Fa54
Piwniczna-Zdrój PL 138 Jc46
Piyade TR 192 Fb82
Pizarra E 60 Cd76
Pižma RUS 203 Fc08
Pizzighettone I 149 Cd60
Pizzo I 164 Gb82
Pizzoferrato I 161 Fb71
Pizzolato I 166 Ea85
Pizzoli I 156 Ec70
Pizzolungo I 166 Ea84
Pjantbo S 95 Fd41
Pjasăčevo BG 185 Dd74
Pjasăčevo BG 185 Ea74
Pjatčino RUS 99 Ld40
Pjatidorožnoje RUS 113 Hd59
Pjatigorsk RUS 205 Ga17
Pjätteryd S 103 Fb52
P'jatychatky UA 204 Ed15
Pjelax FIN 89 Hd33
Pjenovac BIH 159 Hd64
Pjesker S 72 Ha23
Pjezgë AL 182 Ab74
Plaani EST 107 Lc47
Plabennec F 26 Dc38
Placios de la Sierra E 46 Dd59
Plačkovci BG 180 Dd71
Plaffeien CH 141 Bc55
Plage de Tahiti F 43 Kb55
Plagiá GR 183 Ca76
Plagiá GR 185 Dd77
Plaidt D 125 Ca42
Plăieştii de Jos RO 176 Eb60
Plăieştii de Sus RO 176 Eb60
Plaigne F 40 Gc55
Plaimpied-Givaudins F 29 Ha43
Plaisance F 33 Ga45
Plaisance F 40 Fd54
Plaisance F 41 Ha53
Plaisance-du-Toulouse F 40 Gb54
Plaisians F 42 Jc52
Plaissan F 41 Hc54
Pláka GR 184 Dc80
Pláka GR 195 Bd89
Pláka GR 195 Cd91
Plakanciems LV 106 Kb51
Plake MK 182 Ba75
Plakiás GR 200 Cc96
Plakoti GR 182 Ac80
Plakovo BG 180 Dd71
Plan E 40 Fd57
Plana BIH 159 Hc68
Planá CZ 135 Ec45
Plána GR 184 Cc79
Planá nad Lužnici CZ 136 Fc47
Plancher-les-Mines F 31 Ka40
Planchez F 30 Hd42
Plancios I 143 Ea56
Plancoët F 26 Ec38
Plancy-l'Abbaye F 24 Hc37
Plan-d'Aups-Sainte-Baume F 42 Jd54
Plan-de-Baix F 35 Jc50
Plan-de-la-Tour F 43 Kb54
Plandište SRB 174 Bc62
Plan-du-Var F 43 Kc52
Planegg D 143 Dd51
Planeja KSV 178 Ba72
Plāņi LV 106 La48
Plánice CZ 135 Ed47
Planina SLO 144 Fa56
Planina SLO 151 Fb58
Planina SLO 151 Fc57
Planina pri Sevnici SLO 151 Fd58
Planinica SRB 179 Ca67
Planitéro GR 188 Bb86
Planjane HR 158 Gb65
Plankenfels D 135 Dd45
Plankstadt D 134 Cc46
Planoles E 41 Gd58
Planty F 30 Hc38
Plasencia E 45 Ca65
Plasenzuela E 51 Ca67
Plaški HR 151 Fd61
Plaškiai LT 113 Jc57
Plašnica MK 182 Ba74
Plášťovce SK 146 Hc50
Plassac F 32 Fb48
Plassen N 86 Ed37
Plăstina BG 180 Eb71
Plasy CZ 135 Ed45
Plat HR 159 Hc69
Platací I 164 Gc78
Platamona Lido I 168 Bd74
Platamónas GR 183 Bd80
Platamónas GR 184 Da77
Platána GR 194 Bc88
Platanákia GR 183 Cb76
Plataniá GR 189 Cb83
Platania GR 194 Ba88
Platania I 164 Gb81
Plataniás GR 200 Cb94
Platanias GR 200 Cb95
Platanissos CY 206 Jd95
Platanistós GR 195 Cd87
Plátanos GR 188 Bb83
Plátanos GR 189 Bd82
Plátanos GR 194 Ba87
Plátanos GR 194 Bc90
Plátanos GR 200 Ca94
Plătărești RO 176 Eb66
Platariá GR 182 Ac80
Plate D 119 Ea33
Plateau-d'Assy F 35 Kb46
Plateés GR 189 Ca86
Plateliai LT 113 Jc54
Platerów PL 131 Kb36
Platerówka PL 128 Fd41
Platí GR 182 Ba76
Platí GR 183 Bd77
Pláti GR 185 Ea75
Platí GR 190 Db81
Pláti GR 194 Ba88
Platì I 164 Gb83
Platiána GR 194 Ba87
Platičevo SRB 153 Jb61
Platikambos GR 189 Bd81
Platischis I 150 Ed57
Platís Gialós GR 196 Da90
Platís Gialós GR 196 Db89
Platišino RUS 107 Ma49
Platja d'Aro E 49 Hc60
Platja d'en Bossa E 56 Gc69
Platja de Nules E 54 Fc66
Platone LV 106 Kb52
Plátsa GR 194 Bb90
Plattling D 135 Ec49
Plau D 119 Eb33
Plaudren F 27 Eb40
Plaue D 126 Dc42
Plauen D 135 Eb43
Plāupe LV 106 Kc50
Plauru RO 177 Fd63
Plav MNE 159 Jc69
Plava KSV 178 Ba72
Plavča HR 151 Fd61
Plave SLO 150 Ed58
Plaveč SK 138 Jc47
Plavecký Mikuláš SK 137 Gd49
Plavējai LT 115 Lb54
Pļaviņas LV 106 La51
Plavna SRB 153 Hd60
Plavna SRB 174 Ca66
Plavnica MNE 159 Ja70
Plavnica SK 138 Jc47
Plavno HR 158 Gb64
Plavno RUS 113 Jd59
Plavsk RUS 203 Fa11
Playa Bella E 60 Cc77
Playa Serena E 61 Ea76
Playing Place GB 18 Db32
Plažane SRB 174 Bc66
Płazów PL 139 Kc43
Płazowo PL 121 Ha33
Plech D 135 Dd46
Plédéliac F 26 Ec38
Pleine-Fougères F 28 Ed38
Pleinfeld D 134 Dc47
Pleiskirchen D 143 Eb50
Plélan-le-Grand F 27 Ec39
Plélan-le-Petit F 26 Ec38
Plémet F 27 Eb39
Plénée-Jugon F 26 Ec38
Pléneuf-Val-André F 26 Eb38
Plenița RO 175 Cc66
Plenoy F 31 Jc39
Plentzia E 38 Ea55
Plérin F 26 Eb38
Pleš SK 146 Ja50
Pleščanicy BY 202 Ea12
Pleşcuța RO 170 Cb59
Pleşeni MD 177 Fc60
Plešin SRB 178 Ba68
Plešivec SK 138 Jb49
Pleslin-Trigavou F 26 Ec38
Plesná CZ 135 Eb44
Pleśna PL 138 Jc44
Plessa D 128 Fa40
Plessala F 27 Eb39
Plessé F 28 Ed41
Pléssio GR 182 Ac80
Plestin-les-Grèves F 26 Dd37
Pleszew PL 129 Ha38
Pleternica HR 152 Ha60
Plettenberg D 125 Cb40
Pleumartin F 29 Ga44
Pleurs F 24 Hc37
Pleven BG 180 Db69
Pleyben F 27 Dc39
Pleyber-Christ F 26 Dd38
Pleystein D 135 Eb46
Pliego E 55 Ed72
Plienciems LV 106 Ka50
Pliešovce SK 146 Hd50
Pliezhausen D 134 Cd49
Plikáti GR 182 Ad78
Plikiai LT 113 Jb55
Plikiai LV 114 Kb56
Plintiņi LV 105 Jc49
Pliska BG 181 Ed70
Plítra GR 195 Bd90
Plittersdorf D 133 Cb48
Plitvice HR 151 Ga62
Plitvička Jezera HR 151 Ga62
Plitvički Ljeskovac HR 151 Ga62
Pljevlja MNE 159 Ja66
Pljussa RUS 99 Mb44
Pljussa RUS 202 Ea09
Pllanë AL 163 Jb72
Ploaghe I 168 Ca75
Ploçë AL 182 Ab77
Ploče HR 158 Ha68
Plochingen D 134 Cd48
Pločica SRB 174 Bb64
Płocicz PL 121 Gd33
Płociczno PL 123 Ka30
Płock PL 130 Hd36
Ploemeur F 27 Dd40
Ploërdut F 27 Ea39
Ploërmel F 27 Ec40
Plœuc-sur-Lié F 26 Eb38
Ploiești RO 176 Ea64
Plokščiai LT 114 Ka57
Plomári GR 191 Ea84
Plombières-les-Bains F 31 Ka39
Plomeur F 27 Dc40
Plomin HR 151 Fb61
Plomion F 24 Hc33
Plomodiern F 27 Dc39
Plön D 118 Dc31
Plonéour-Lanvern F 27 Dc40
Plonévez-Porzay F 27 Dc39
Płoniawy-Bramura PL 122 Jb34
Płońsk PL 122 Ja35
Płońsko PL 120 Fd34
Plop MD 173 Fb54
Plop MD 173 Ga59
Plopana RO 172 Ed59
Plopeni RO 176 Ea64
Plopeni RO 181 Fb68
Plopi MD 173 Fd55
Plopi MD 177 Fb60
Plopi RO 175 Cc65
Plopii-Slăvitești RO 180 Db67
Plopiș RO 171 Cc56
Plopșoru RO 175 Cd64
Plopu RO 176 Eb64
Plosca RO 180 Dc67
Ploscoș RO 171 Da58
Ploski PL 123 Kb34
Ploskinia PL 122 Hd30
Ploskoš' RUS 202 Eb10
Płośnica PL 122 Hd33
Plößberg D 135 Eb45
Ploștina RO 175 Cc64
Plothen D 127 Ea42
Plotitz D 127 Ed40
Płotno PL 120 Fd34
Płoty PL 120 Fd32
Plötzkau D 127 Ea39
Plouaret F 26 Dd37
Plouarzel F 26 Db38
Plouay F 27 Ea40
Ploubalay F 26 Ec38
Ploudalmézeau F 26 Db37
Plouégat-Moysan F 26 Dd37
Plouescat F 26 Dc37
Plouezoch F 26 Dd37
Plougasnou F 26 Dd37
Plougastel-Daoulas F 26 Dc38
Plougonvelin F 26 Db38
Plougonven F 26 Dd38
Plougonver F 26 Ea38
Plougrescant F 26 Ea37
Plouguenast F 27 Eb39
Plouguerneau F 26 Db37
Plouguernevel F 27 Ea39
Plouha F 26 Eb37
Plouharnel F 27 Ea41
Ploumanach F 26 Dd37
Plounéour-Menez F 26 Dd38
Plounéventer F 26 Dc38
Plounévez-du-Faou F 27 Dd39
Plounévez-Quintin F 26 Ea38
Plourac'h F 26 Dd38
Plouray F 27 Ea39
Plouvorn F 26 Dc37
Plouzané F 26 Db38
Plovdiv BG 180 Db73
Płowce PL 129 Hb36
Płowęż PL 122 Hc33
Plozévet F 27 Db39
Plūči LV 105 Jc51
Plugari RO 172 Ed56
Plugawice PL 129 Ha40
Plumbridge GB 9 Cc16
Plumelec F 27 Eb40
Pluméliau F 27 Ea40
Plumieux F 27 Eb39
Plumlov CZ 137 Gc46
Plumpton GB 11 Ec17
Plungė LT 113 Jc54
Pluszkiejmy PL 123 Jd30
Plutiškės LV 114 Kb58
Pluty PL 122 Ja30
Pluty PL 123 Ka33
Plutycze PL 123 Kb34
Pluviers F 33 Ga47
Pluvigner F 27 Ea40
Plužine BIH 159 Hc67
Plužine MNE 159 Hd67
Płużnica PL 121 Hb33
Plymouth GB 18 Dc31
Plympton GB 19 Dd31
Płytnica PL 121 Gc34
Plzeň CZ 135 Ed45
Pnevo RUS 99 Lc45
Pniewo PL 120 Fb34
Pniewo PL 120 Fd32
Pniewo PL 122 Jc35
Pniewo-Czeruchy PL 122 Ja34
Pniewy PL 129 Gb36
Pniewy PL 130 Jb38
Poarta Albă RO 181 Fc67
Pobeda BG 180 Db69
Pobeda BG 181 Ea69
Pobedino RUS 114 Ka58
Poberežje RUS 113 Ja59
Pobes E 38 Ea57
Poběžovice CZ 135 Ec46
Pobiedziska PL 129 Gc36
Pobierowo PL 120 Fc31
Pobikry PL 123 Ka35
Pobit Kamăk BG 180 Eb69
Población de Cerrato E 46 Da60
Pobladura de la Sierra E 37 Ca57
Pobladura del Valle E 37 Cb58
Pobladura de Pelayo García E 37 Cc58
Poblete E 52 Db69
Poboleda E 48 Ga62
Pobórka PL 121 Gc34
Poboru RO 175 Db65
Počátky CZ 136 Fd47
Poceirão P 50 Ab69
Počep RUS 202 Ed12
Pöchlarn A 144 Fd51
Pociems LV 106 Kc48
Pocinho P 45 Bc61
Počinok RUS 202 Ec12
Pocinovice CZ 135 Ed47
Počitelj BIH 158 Hb67
Pociumbeni MD 173 Fa55
Pociūnėliai LV 114 Kb55
Pockar FIN 90 Kd38
Pockau D 127 Ed42
Pöcking D 143 Dd51
Pocking D 143 Ed50
Pocklington GB 16 Fb20
Pöckstein Zwischenwässern A 144 Fb55
Počkuny PL 123 Kb30
Pocol I 143 Ea56
Pocola RO 170 Cb58
Poços P 58 Ad72
Pocrovca MD 173 Fb53
Pocsaj H 147 Ka53
Počuta SRB 153 Jb63
Poczesna PL 130 Hc42
Podajva BG 181 Ec69
Podanin PL 121 Gc35
Podareš MK 183 Ca74
Podari RO 175 Cd66
Podbanské SK 138 Ja47
Podberez'e RUS 202 Eb09
Podberez'e RUS 202 Eb10
Podberezje RUS 107 Ma48
Podbořanský Rohozec CZ 135 Ed44
Podbořany CZ 135 Ed44
Podborov'e RUS 99 Lc45
Podborov'e RUS 107 Ma46
Podborov'e RUS 202 Ea10
Podborski Batinjani HR 152 Gd59
Podbožur MNE 159 Hd68
Podbrdo SLO 151 Fa57
Podbrezová SK 138 Hd48
Podčetrtek SLO 151 Ga57
Poddębice PL 130 Hc38
Poddor'e RUS 202 Eb10
Poddubje RUS 107 Ma46
Poděbrady CZ 136 Fd44
Podedwórze PL 131 Kc38
Podelzig D 128 Fb36
Podem BG 180 Db69
Podenii Noi RO 176 Eb64
Podersdorf am See A 145 Gc52
Podes E 37 Cb53
Podgajci Posavski HR 153 Hd61
Podgaje PL 121 Gc33
Podgora HR 158 Gd67
Podgora SLO 144 Fc56
Podgorač HR 152 Hb60
Podgorac SRB 178 Bd67
Podgoreni MD 173 Fd56
Podgorenskij RUS 203 Fb13
Podgori AL 182 Ad76
Podgorica MNE 159 Ja69
Podgorica SLO 151 Fb58
Podgorje SLO 144 Fc56
Podgórze PL 123 Jd34
Podgrab BIH 159 Hd65
Podgrad SLO 151 Fa60
Podgrade BIH 158 Ha65
Podgraj SLO 151 Fa58
Podhorod' SK 139 Kb48
Podhum BIH 158 Gd65
Podhum BIH 158 Hb65
Podhum MNE 159 Ja70
Podil UA 202 Ed14
Podivín CZ 137 Gc48
Podklastorze PL 130 Ja40
Podkoren SLO 144 Fa56
Podkova BG 184 Dc76
Podkowa Leśna PL 130 Jb37
Podkrajewo PL 122 Ja34
Podkrepa BG 185 Dd74
Podkum SLO 151 Fc58
Podlapača HR 151 Ga63
Podlesnoje RUS 203 Fd11
Podłęż PL 130 Jc38
Podlipje RUS 107 Mb50
Podlipovo RUS 113 Jc59
Podljubelj SLO 151 Fb57
Podlož'e RUS 99 Mb45
Podmilačje BIH 152 Gd63
Podmogile RUS 107 Ma47
Podmol MK 183 Bb75
Podmolje MK 182 Ba75
Podnanos SLO 151 Fa59
Podnovlje BIH 152 Hb61
Podoima MD 173 Fd55
Podoleš'e RUS 99 Lc43
Podoleš'e RUS 99 Ld43
Podolinec SK 138 Jb47
Podol Mali HR 151 Fb62
Podol'sk RUS 202 Ed10
Podoubowek PL 123 Ka30
Podpeč SLO 151 Fb58
Podplat SLO 151 Ga57
Podpreska SLO 151 Fc59
Podrašnica BIH 152 Gd63
Podravska Slatina HR 152 Ha59
Podromanija BIH 159 Hd65
Podróżna PL 121 Gc34
Põdruse EST 98 La42
Podrute HR 152 Gb57
Podsevy RUS 107 Mb46
Podsnežnoe RUS 203 Fd11
Podsreda SLO 151 Ga58
Podstrání CZ 135 Ec44
Podsuchi RUS 107 Mb47
Podsused HR 151 Ga58
Podturen HR 145 Gc56
Podturn SLO 151 Fc59
Podu Iloaiei RO 173 Fa57
Podujevo KSV 178 Bb70
Poduri RO 172 Ec59
Podu Turcului RO 177 Fa60
Podvelež BIH 158 Hb67
Podvinje HR 152 Hb60
Podvis BG 181 Ec71
Podwilcze PL 120 Ga32
Poelkapelle B 21 Ha30
Poeni RO 176 Dd66
Poenița MD 173 Fb53
Poffabro I 150 Ec57
Pogăceaua RO 171 Db58
Pogana RO 177 Fa60
Pogănești MD 173 Fb59
Poganovci HR 153 Hc59
Pogányszentpéter H 152 Gd57
Pogar BIH 159 Hc64
Pogar RUS 202 Ed13
Poggendorf D 119 Ed31
Poggiardo I 163 Hc77
Poggibonsi I 155 Dc66
Poggio a Caiano I 155 Dc65
Poggio Imperiale I 161 Fd72
Poggio Mirteto I 156 Eb70
Poggio Moiano I 156 Eb70
Poggio Renatico I 150 Dd62
Poggio Rusco I 149 Dc61
Pöggstal A 144 Fd50
Pogno I 148 Ca58
Pogny F 24 Hd36
Pogoanele RO 176 Ed65
Pogódki PL 121 Ha31
Pogoniani GR 182 Ac79
Pogorzel PL 123 Jd30
Pogorzela PL 129 Gc38
Pogorzelice PL 121 Gd30
Pogradec AL 182 Ad76
Pograničnoje RUS 113 Hd59
Pograničnoje RUS 122 Jc30
Pogrodzie PL 122 Hc30
Pogubie-Średnie PL 122 Jc32
Pohja FIN 82 Kb29
Pohja FIN 90 Ka35
Pohja FIN 97 Jd40
Pohjajoki FIN 82 Kd25
Pohjajoki FIN 89 Ja35
Põhjaküla EST 98 Kb42
Pohja-Lankila FIN 91 Lc34
Pohjansaha FIN 89 Ja35
Pohjaranta FIN 89 Hd34
Pohjaslahti FIN 74 Kb19
Pohjaslahti FIN 89 Jd33
Pohjavaara FIN 82 La25
Pohjois-Haatala FIN 82 Kd29
Pohjois-li FIN 74 Ka22
Pohjoiskylä FIN 89 Ja32
Pohjoiskylä FIN 91 Lb32
Pohjoislahti FIN 89 Jc32
Pohjola FIN 90 Kc35
Pohjosjärvi FIN 90 Ka33
Pöhl D 135 Eb43
Pohlheim D 126 Cc42
Pohoarna MD 173 Fc55
Pohodlí CZ 137 Gb45
Pohorela SK 138 Jb48
Pohořelice CZ 137 Gb48
Pohoří na Šumavě CZ 136 Fc49
Pohorniceni MD 173 Fd57
Pohorská Ves CZ 136 Fc49
Pohoskylä FIN 90 Kd33
Pohrebyšče UA 204 Eb15
Pohtola FIN 89 Jd35
Poian RO 176 Eb61
Poiana MD 173 Fd55
Poiana RO 171 Da59
Poiana RO 176 Ea65
Poiana Blenchii RO 171 Da56
Poiana Câmpina RO 176 Ea64
Poiana Cristei RO 176 Ed62
Poiana Lacului RO 175 Dc65
Poiana Largului RO 172 Eb57
Poiana Mare RO 179 Cc67
Poiana Mărului RO 174 Cb62
Poiana Mărului RO 176 Dd62
Poiana Sărată RO 176 Ec60
Poiana Sibiului RO 175 Da61
Poiana Stampei RO 172 Dd56
Poiana Teiului RO 172 Eb57
Poiana Vadului RO 171 Cc59
Poibrene BG 179 Cd72
Pöide EST 97 Jd45
Poienari RO 172 Ed58
Poienarii Burchil RO 176 Ea65
Poienarii de Argeș RO 175 Db64
Poienarii de Muscel RO 175 Dc63
Poienești RO 173 Fa59
Poieni RO 171 Cc57
Poienile de Sub Munte RO 171 Dc55
Poienile Izei RO 171 Db55
Poigny-la-Forêt F 23 Gc37
Poijula FIN 75 Kc22
Poikajärvi FIN 74 Jd18
Poikelus FIN 89 Jd34
Poikkijärvi S 67 Hb15
Poikko FIN 97 Jb39
Poikmetsä FIN 90 Kb37
Põikva EST 98 Kc44
Poillé-sur-Vègre F 28 Fc40
Poilley F 28 Fa38
Poirino I 148 Bd61
Poisieux F 29 Gd43
Poisson F 34 Hd45
Poissons F 30 Jb38
Poissy F 23 Gd36
Poisvilliers F 29 Gb38
Poitiers F 28 Fd44
Poitschach A 144 Fa55
Poix-de-Picardie F 23 Gc34
Poix-Terron F 24 Ja34
Pojan AL 182 Aa76
Pojan AL 182 Ad77
Pojanluoma FIN 89 Jb32
Pojäreni MD 173 Fc58
Pojatno HR 151 Ga58

Poyaz – Putlitz

Poyaz TR 186 Fd77
Pöylä FIN 97 Jc39
Poynton GB 16 Ed22
Poyntz Pass GB 9 Cd18
Poyols F 35 Jc50
Poyra TR 193 Gb81
Poyralı TR 185 Ed75
Poyraz TR 192 Fa85
Poyrazcık TR 191 Ec84
Poyrazdamları TR 192 Fa85
Poyrazlı TR 185 Ed79
Pöyry FIN 90 Kd34
Poysdorf A 137 Gc49
Pöytiö FIN 97 Jd39
Pöytyä FIN 89 Jc38
Poza de la Sal E 38 Dd57
Pozal de Gallinas E 46 Cd61
Požarevac SRB 174 Bc64
Požarnica BIH 153 Hd63
Pozdeň CZ 136 Fa44
Pozdišovce SK 139 Ka48
Pozedrze PL 122 Jc30
Požega HR 152 Ha60
Požega SRB 159 Jb65
Požeranje KSV 178 Bb72
Požerė LT 113 Jd55
Pozières F 23 Ha33
Poznań PL 129 Gc37
Pozo Alcón E 61 Dd73
Pozoantiguo E 45 Cc60
Pozoblanco E 52 Cd71
Pozo-Cañada E 53 Ec70
Pozo de Guadalajara E 46 Dd64
Pozo de la Serna E 53 Dd70
Pozohondo E 53 Ec70
Pozo-Lorente E 54 Ed69
Pozondón E 47 Ed64
Pozořice CZ 137 Gc47
Pozorrubio E 53 Dd66
Poźrzadło Wielkie PL 120 Ga33
Pozuelo E 53 Eb70
Pozuelo de Alarcón E 46 Db64
Pozuelo de Aragón E 47 Ed60
Pozuelo de Calatrava E 52 Db69
Pozuelo del Páramo E 37 Cb58
Pozuelo de Zarzón E 45 Bd65
Pozza I 149 Db62
Pozza di Fassa I 143 Dd56
Pozzallo I 167 Fc88
Pozzillo I 167 Fd85
Pozzomaggiore I 168 Bd76
Pozzo San Nicola I 168 Bd74
Pozzuoli I 161 Fa75
Pozzuolo I 156 Dd67
Praag = Praha CZ 136 Fb44
Praaga EST 99 Lc45
Prabuty PL 122 Hc32
Prača BIH 159 Hd65
Prachatice CZ 136 Fa48
Prackenbach D 135 Ec48
Pračno HR 152 Gb60
Prada E 37 Bd57
Prádanos de Ojeda E 38 Db57
Pradelles F 34 Hd50
Pradelles-Cardabès F 41 Ha55
Prádena E 46 Dc62
Prades E 48 Gb62
Prades F 41 Ha57
Pradła PL 130 Hd42
Pradleves I 148 Bb62
Prado E 36 Ba56
Prado E 36 Ad57
Prado E 37 Cd54
Prado E 45 Cc59
Prado P 44 Ad59
Prado del Rey E 59 Ca76
Pradoluengo E 38 Dd58
Prads F 43 Kb51
Præstbro DK 101 Dd20
Præsteskov DK 109 Ec27
Præstø DK 109 Eb27
Prag = Praha CZ 136 Fb44
Pragelato I 148 Bb60
Prags I 143 Ea55
Praha CZ 136 Fb44
Prahecq F 32 Fc45
Prahovo SRB 174 Cb66
Praia a Mare I 164 Ga78
Praia da Areia Branca P 50 Aa67
Praia da Barra P 44 Ac62
Praia da Rocha P 58 Ab74
Praia das Maçãs P 50 Aa68
Praia da Tocha P 44 Ac63
Praia da Vagueira P 44 Ac63
Praia da Vieira P 44 Ab65
Praia de Esmoriz P 44 Ac61
Praia de Mira P 44 Ac63
Praia de Ofir P 44 Ac60
Praia de Quiaios P 44 Ab64
Praia de Santa Cruz P 50 Aa67
Praiano I 161 Fb76
Praid RO 172 Dd59
Prăjeni RO 172 Ed56
Prakovce SK 138 Jc48
Pralea RO 176 Ec61
Pralognan F 35 Kb47
Pralormo I 148 Bd61
Pra-Loup F 43 Kb51
Pram A 144 Fa50
Prámanda GR 188 Ba81
Prameny CZ 135 Ec44
Pramet A 143 Ed51
Pramort D 119 Ed30
Pramouton F 35 Kb50
Praniūnai LT 114 Kc59
Pranjani SRB 159 Jc64
Prapatnica HR 158 Gb66
Prapymas LT 113 Jc55
Prasés GR 200 Cb95
Prašice SK 137 Hb49
Prasiés GR 200 Cd95
Praslay F 30 Jb40
Praslovo RUS 122 Jc30
Prässebo S 102 Ec47
Prássino GR 194 Bb87
Prastavoniai LV 114 Kb55
Prastio CY 206 Ja98
Prastio CY 206 Jc96
Prästkulla FIN 97 Jd40
Prästö FIN 96 Hc40
Praszka PL 129 Hb41
Prat F 40 Gb56
Prata Sannita I 161 Fa73
Pratau D 127 Ec38
Prat-de-Chest F 41 Hb55
Prat de Comte E 48 Fd63
Pratella I 161 Fa73
Prati di Tivo I 156 Ed69
Prato CH 141 Cb56
Prato I 155 Dc65
Prato all'Isarco I 143 Dd56
Prato di Resia I 150 Ed57
Pratola Peligna I 161 Fa71
Pratola Serra I 161 Fc74
Prato Nevoso I 148 Bd63
Pratorotondo I 148 Bb62
Prats de Lluçanès E 49 Gd59
Prats-de-Mollo-la-Preste F 41 Ha58
Prats-du-Périgord F 33 Gb51
Pratteln CH 141 Bd52
Prauliena LV 107 Lb50
Pravda BG 181 Ec68
Pravdino RUS 113 Jd58
Pravdinsk RUS 113 Jb59
Pravec BG 179 Cd71
Praves E 38 Dc54
Pravia E 37 Cb54
Pravieniškės LT 114 Kc57
Praviņi LV 106 Ka51
Pravište BG 180 Db73
Prayssac F 33 Gb51
Prayssas F 40 Ga52
Praz I 148 Bc58
Praze-an-Beeble GB 18 Da32
Praznice HR 158 Gc67
Prazzo I 148 Bb62
Prčanj MNE 159 Hd69
Préaux F 23 Gb35
Prebitz D 135 Ea45
Prebold SLO 151 Fd57
Přebuz CZ 135 Ec43
Prečec HR 152 Gb59
Préchac F 40 Fc52
Preci I 156 Ec68
Précigné F 28 Fc40
Prečistoe RUS 202 Ec11
Prečistoe RUS 203 Fa08
Précy-sous-Thil F 30 Hd41
Précy-sur-Oise F 23 Gd35
Predajane SRB 178 Bd70
Predappio I 156 Ea64
Predazzo I 150 Dd57
Predeal RO 176 Ea62
Predeal-Sărari RO 176 Eb64
Predeşti RO 175 Cd66
Predeşti RO 175 Db64
Preding A 144 Fd55
Predjama SLO 151 Fa59
Predlitz A 144 Fa54
Predmeja SLO 151 Fa58
Predosa I 148 Cb61
Predošćica HR 151 Fb61
Pré-en-Pail F 28 Fc38
Prees GB 15 Ec23
Preetz D 118 Dc30
Préfailles F 27 Ec42
Prefontaines F 29 Ha39
Pregarten A 144 Fb50
Pregrada HR 151 Ga57
Preila LT 113 Jb56
Preiļi LV 107 Lc52
Preitenegg A 144 Fc55
Preiviiki FIN 89 Ja36
Préjano E 47 Eb59
Prejłowo PL 122 Ja32
Prejmer RO 176 Ea62
Prekaja BIH 158 Gc64
Preko HR 157 Fd64
Prekopčelica SRB 178 Bc70
Prélenfrey F 35 Jd49
Preljina SRB 159 Jc64
Prelog HR 152 Gc57
Prelošćica HR 152 Gb60
Přelouč CZ 136 Fd45
Prem SLO 151 Fb59
Premana I 149 Cd57
Premantura HR 151 Fa62
Premeno I 148 Cb57
Prémery F 30 Hb42
Premià de Mar E 49 Ha61
Premilcuore I 156 Dd64
Premnitz D 127 Eb36
Prémont F 24 Hb33
Premuda HR 151 Fb63
Prenčov SK 146 Hc50
Prendeignes F 33 Gd50
Prendwick GB 11 Ed15
Prenika MK 182 Ba74
Prénouvellon F 29 Gc40
Prenzlau D 120 Fa34
Prepeliţa MD 173 Fc56
Přerov CZ 137 Gd46
Prerow D 119 Ec30
Pré-Saint-Didier I 148 Bb58
Prescot GB 15 Eb21
Presedo E 36 Ba54
Preseľany SK 145 Hb50
Preselec BG 180 Eb70
Preselenci BG 181 Fb69
Presencio E 38 Dc58
Preševo KSV 178 Bc72
Preshkëp AL 182 Aa77
Presicce I 165 Hc78
Presjaka MNE 159 Hd68
Presly F 29 Gd42
Prešov SK 139 Jd47
Pressac F 33 Ga46
Pressath D 135 Ea45
Pressbaum A 144 Ga51
Preßburg = Bratislava SK 145 Gd51
Presseck D 135 Ea44
Pressgutz A 144 Ga54
Pressig D 135 Dd43
Prestatyn GB 15 Ea22
Prestbakken N 67 Gc12
Presteid N 66 Fd15
Presteigne GB 15 Eb25
Prestelvbakken N 64 Jd06
Prestesætra N 78 Ed27
Prestfoss N 93 Dc41
Přeštice CZ 135 Ed46
Preston GB 15 Ec20
Preston GB 19 Ec31
Preston GB 21 Gb29
Preston Capes GB 20 Fa26
Prestranek SLO 151 Fb59
Prestwick GB 10 Dd14
Prestwood GB 20 Fb27
Pretoro I 157 Fa70
Prettin D 127 Ec39
Pretzfeld D 135 Dd45
Pretzsch D 127 Ec39
Preuilly-sur-Claise F 29 Ga43
Preußisch Oldendorf D 117 Cc36
Preuteşti RO 172 Ec56
Prevala BG 179 Cb68
Prevalje SLO 144 Fc56
Prevediños E 36 Ba55
Prévenchères F 34 Hd51
Préveranges F 33 Gd45
Préveza GR 188 Ac82
Prey F 23 Gb36
Prezë AL 182 Ab74
Prezëe Madhe AL 182 Ab75
Prez-v.-N. CH 141 Bc54
Prhovo SRB 153 Jb61
Priaranza del Bierzo E 37 Bd57
Priatu I 168 Cb74
Pribelja BIH 158 Gd64
Pribeta SK 145 Hb51
Pribinić BIH 152 Ha62
Priboieni RO 175 Dc64
Priboj BIH 153 Hd62
Priboj SRB 178 Bd71
Pribojska Goleša SRB 159 Ja66
Příbor CZ 137 Ha46
Príbovce SK 138 Hc48
Příbram CZ 136 Fa46
Pribrežnoje RUS 113 Ja59
Pribude HR 158 Gb65
Pribylina SK 138 Ja47
Přibyslav CZ 136 Ga46
Pričaly RUS 113 Jb57
Priceaca RO 175 Db65
Pri Cerkvi Strugah SLO 151 Fc59
Pričević SRB 153 Jb63
Prichsenstadt D 134 Db45
Pridnieki LV 105 Jc50
Pridvorci BIH 158 Hb67
Pridvorica SRB 174 Bb65
Pridvorje HR 159 Hc69
Priedaine LV 106 Kb50
Priego E 47 Eb64
Priego de Córdoba E 59 Cd73
Priekulė LT 113 Jb56
Priekule LV 113 Jb53
Priekuļi LV 106 Kd49
Prien D 143 Eb52
Prienai LT 114 Kc58
Priescas E 37 Cd55
Priesendorf D 134 Dc45
Prievidza SK 138 Hc48
Prignano Cilento I 161 Fd76
Prigor RO 174 Ca64
Prigoria RO 175 Da63
Prigorica SLO 151 Fc59
Prigradica HR 158 Gc68
Pripalu EST 106 La46
Prijeboj HR 151 Ga62
Prijedor BIH 152 Gc61
Prijepolje SRB 159 Jb66
Prijutnoe RUS 205 Ga15
Prikra SK 139 Ka46
Prikraj HR 152 Gb58
Prikula BIH 158 Gd65
Prikuļi LV 107 Lc52
Prilep BG 181 Ec71
Prilep MK 183 Bb75
Prilike SRB 178 Ad67
Prima Porta I 160 Eb71
Přimda CZ 135 Ec46
Primel-Trégastel F 26 Dd37
Primolano I 150 Dd58
Primorje RUS 113 Hd58
Primorsk RUS 113 Hd58
Primorsk RUS 202 Ea08
Primorsk RUS 203 Fd13
Primorsko BG 181 Fa73
Primorsko-Ahtarsk RUS 205 Fc16
Primorskoje Novoje RUS 113 Hd59
Primošten HR 157 Ga66
Primstal D 133 Bd45
Princetown GB 19 Dd31
Principina a Mare I 155 Db69
Prinos GR 184 Da78
Prinos GR 188 Bb81
Priodrožnoje RUS 113 Jc58
Prioiro E 36 Ba53
Priólithos GR 188 Bb86
Priolo I 167 Fb87
Priolo Gargallo I 167 Fd87
Priorio E 37 Cd56
Priozer'e RUS 113 Jc57
Pripiceni-Răzeşi MD 173 Fd56
Priponeşti RO 177 Fa61
Prisad BG 181 Ed73
Prisad MK 183 Bc75
Prisches F 24 Hc32
Prisdorf D 118 Db32
Priselci BG 181 Fa71
Prisjan SRB 179 Ca70
Prisoja MNE 159 Jb68
Prisoje BIH 158 Gd65
Prissac F 29 Gb44
Pristeg HR 157 Ga65
Priština KSV 178 Bb71
Pristoe BG 181 Ed69
Prittitz D 127 Ea41
Prittriching D 142 Dc50
Pritzerbe D 127 Ec36
Pritzier D 119 Dd33
Pritzwalk D 119 Eb34
Privas F 34 Ja50
Priverno I 160 Ec73
Privlaka HR 153 Hd60
Privlaka HR 157 Fd64
Privol'noe RUS 113 Jc58
Privolžsk RUS 203 Fa09
Privuž RUS 99 Ld44
Prižba HR 158 Gc68
Priziac F 27 Ea39
Prizna HR 151 Fc63
Prizren KSV 178 Ba72
Prizzi I 166 Ec85
Prjamicyno RUS 203 Fa13
Prkosi BIH 152 Gb63
Prnjavor BIH 152 Ha62
Prnjavor BIH 153 Ja62
Proaza E 37 Cb55
Probota RO 172 Ec56
Probota RO 173 Fa57
Probsteierhagen D 118 Dc30
Probstzella D 135 Dd43
Probuda BG 181 Ec70
Probus GB 18 Db32
Procchio I 155 Da68
Próchnowo PL 121 Gc35
Prochod BG 181 Ec73
Prochowice PL 129 Gb40
Procida I 161 Fa75
Prodan AL 182 Ad78
Prodăneşti MD 173 Fc55
Prodo I 156 Ea68
Prodromi CY 206 Hd97
Prodromos CY 206 Ja97
Pródromos GR 188 Ad84
Pródromos GR 189 Ca85
Produleşti RO 176 Dd65
Proença-a-Nova P 44 Ba65
Proença-a-Velha P 44 Bb65
Profesor Iširkovo BG 181 Ed68
Profitis GR 183 Cb78
Profítis Ilías GR 200 Da96
Progër AL 182 Ba77
Progresu RO 176 Eb66
Prohladnoe RUS 113 Jb57
Prohn D 119 Ed30
Próhoma GR 183 Ca77
Prohor Pčinski SRB 178 Bb72
Prokópi GR 189 Cb84
Prokuplje SRB 178 Bc69
Prolaz BG 180 Eb70
Proletarij RUS 202 Eb09
Proletarsk RUS 205 Fd15
Prolog HR 158 Ha67
Prolom SRB 178 Bc69
Prómahi GR 183 Bc76
Promahónas GR 184 Cc75
Promíri GR 189 Cb82
Promna PL 130 Jb38
Promnik PL 130 Jb41
Proniewicze PL 123 Kb34
Pronin RUS 203 Fc14
Pronsfeld D 133 Bc43
Pronstorf D 118 Dc31
Propriano F 154 Ca71
Proseč CZ 137 Gb45
Prosek AL 163 Jc71
Prösen D 128 Fa40
Prosenik BG 181 Ed72
Prosenjakovci SLO 145 Gb55
Prosienica PL 123 Jd34
Prosiměřice CZ 137 Gb48
Prosjek BIH 159 Ja65
Prosperous IRL 13 Cc21
Prossedi I 160 Ec73
Prosselsheim D 134 Db45
Prossotsáni GR 184 Cd76
Prostějov CZ 137 Gc46
Prostki PL 123 Ka32
Prostorno BG 180 Eb69
Prószków PL 137 Ha43
Proszowice PL 138 Jb44
Proszówki PL 138 Jb44
Próti GR 184 Cd77
Protići BIH 152 Gd63
Protivanov CZ 137 Gc46
Protivín CZ 136 Fb47
Protokklísi GR 185 Ea76
Prottes A 145 Gc50
Prötzel D 128 Fa36
Proussós GR 188 Bb83
Provadija BG 181 Ed70
Provadura E 36 Bb56
Provåker S 80 Ha28
Provatás GR 184 Cc76
Provató GR 185 Ea77
Provenchères F 31 Kb38
Provins F 30 Hb38
Provištip MK 178 Bd73
Proviţa de Sus RO 176 Ea64
Provo SRB 153 Jb62
Prozor HR 151 Fd62
Prozor = Rama BIH 158 Ha65
Prožura HR 158 Ha69
Prrenjas AL 182 Ad76
Pruchnik PL 139 Kb44
Prudentov RUS 203 Ga13
Prudhoe GB 11 Ed16
Prudnik PL 137 Gd43
Prudy RUS 113 Ja58
Prudziszki PL 123 Ka30
Prügy H 147 Jd50
Prüm D 133 Bc43
Pruna E 59 Cb75
Prundeni RO 175 Db65
Prundu RO 180 Eb67
Prundu Bârgăului RO 171 Dc57
Prunelli di Fiumorbo F 154 Cb70
Prunete F 154 Cc70
Prunetta I 155 Db64
Pruniers-en-Sologne F 29 Gc42
Prunişor RO 175 Cc65
Prunkila FIN 97 Jc39
Prusac BIH 158 Ha64
Prusak PL 129 Hb40
Prušce PL 121 Gc35
Prūseliai LT 114 Kd54
Prusice PL 129 Gc40
Prūšiši LV 107 Lb50
Pruské SK 137 Hb48
Pruszcz PL 121 Gd33
Pruszcz PL 121 Ha33
Pruszcz Gdański PL 121 Hb30
Pruszków PL 130 Jb37
Pruszyn PL 131 Ka37
Pruteni MD 173 Fa56
Pružany BY 202 Dd13
Pružicy RUS 99 Ma41
Pružina SK 137 Hb48
Pryazovs'ke UA 205 Fa16
Pryłęk PL 139 Jd43
Pryluky UA 202 Ed14
Prymors'k UA 205 Fb16
Przasnysz PL 122 Jb34
Przebród PL 123 Ka30
Przechlewo PL 121 Gc32
Przechów PL 138 Gd43
Przeciszów PL 138 Hd44
Przecław PL 120 Fb33
Przecław PL 139 Jd43
Przecławice PL 129 Gc41
Przeczów PL 129 Gd41
Przedbórz PL 130 Ja41
Przedbórz PL 139 Jd43
Przedecz PL 130 Hc37
Przedświt PL 122 Jc35
Przegędza PL 137 Hb44
Przekolno PL 120 Fd34
Przełęk PL 137 Gd43
Przelewice PL 120 Fc34
Przemęt PL 129 Gb38
Przemiarowo PL 122 Jb35
Przemków PL 128 Ga40
Przemocze PL 120 Fc33
Przemyśl PL 139 Kb44
Przerośl PL 123 Ka30
Przerzeczyn-Zdrój PL 129 Gc42
Przesmyki PL 131 Ka36
Przewłoka PL 121 Gc29
Przewłoka PL 131 Kb38
Przeworno PL 129 Gc42
Przeworsk PL 139 Kb44
Przewóz PL 128 Fc40
Przewóz PL 129 Hb36
Przewrotne PL 139 Ka43
Przezmark PL 122 Hc31
Przine Zdralovac BIH 158 Gc64
Przodkowo PL 121 Ha30
Przybiernów PL 120 Fc32
Przyborowice PL 130 Ja36
Przybychowo PL 121 Gb35
Przybysławice PL 131 Ka39
Przydonica PL 138 Jc45
Przygodzice PL 129 Ha39
Przyjezierze PL 129 Ha36
Przykona PL 129 Hb38
Przyłęg PL 120 Fd35
Przyłęki PL 121 Ha34
Przylep PL 128 Fd38
Przyłubie PL 121 Ha34
Przyrów PL 130 Hd42
Przystajń PL 129 Hb41
Przystawka PL 123 Kb32
Przystawy PL 121 Gb30
Przysucha PL 130 Jb40
Przyszów PL 131 Ka42
Przytoczna PL 128 Ga36
Przytoczno PL 131 Ka38
Przytyk PL 130 Jb39
Przywidz PL 121 Ha30
Przywory PL 137 Ha43
Przywóz PL 129 Hb41
Psača MK 178 Bd73
Psahná GR 189 Cb84
Psará GR 190 Dc85
Psarádes GR 182 Ba76
Psári GR 189 Bc86
Psary PL 130 Hc42
Psáthi GR 195 Cd90
Psáthi GR 196 Db91
Psebaj RUS 205 Fd17
Psérimos GR 197 Ec91
Psihikó GR 184 Cc77
Psinthos GR 197 Fa93
Pskov RUS 107 Ma46
Pskov RUS 202 Ea10
Pskovskoje RUS 113 Jd59
Pšovlky CZ 136 Fa44
Pstrągowa PL 139 Jd44
Pszczew PL 128 Ga36
Pszczółki PL 121 Hb31
Pszczyna PL 138 Hc44
Pszów PL 137 Hb44
Pteléa GR 184 Da76
Pteleós GR 189 Ca83
Pteriá GR 182 Ba77
Ptolemaída GR 183 Bb78
Ptuj SLO 151 Ga57
Ptujska Gora SLO 151 Ga57
Pūces LV 105 Jd51
Pučež RUS 203 Fb09
Puchaczów PL 131 Kb39
Puchały Stare PL 123 Kb35
Püchau D 127 Ec40
Puchberg am Schneeberg A 144 Ga52
Pucheni RO 176 Dd63
Pucherii Mari RO 176 Eb65
Püchersreuth D 135 Eb45
Puchheim A 144 Fa51
Puchheim D 143 Dd51
Púchov SK 137 Hb47
Pucioasa RO 176 Dd64
Pučišća HR 158 Gc67
Puck PL 121 Ha29
Puckakaun IRL 13 Ca22
Puçol E 54 Fc67
Puczniew PL 130 Hc38
Pudas FIN 69 Ka14
Pudas S 73 Jb19
Pudasjärvi FIN 75 Kc22
Puddletown GB 19 Ec30
Puderbach D 125 Ca42
Pudinava LV 107 Lc50
Pudob SLO 151 Fb59
Pudost' RUS 99 Mb40
Puebla de Albortón E 47 Fa61
Puebla de Alcocer E 52 Cc69
Puebla de Alfindén E 48 Fb61
Puebla de Almenara E 53 Ea66
Puebla de Brollón E 36 Bc57
Puebla de Don Fadrique E 61 Ea72
Puebla de Don Rodrigo E 52 Cd68
Puebla de Guzmán E 59 Bb73
Puebla de la Calzada E 51 Bc69
Puebla de la Reina E 51 Ca69
Puebla de la Sierra E 46 Dc62
Puebla de Lillo E 37 Cd56
Puebla del Maestre E 51 Ca71
Puebla del Príncipe E 53 Dd70
Puebla del Prior E 51 Bd70
Puebla del Salvador E 53 Ec67
Puebla de Obando E 51 Bc68
Puebla de Sanabria E 37 Bd58
Puebla de Sancho Pérez E 51 Bd70
Puebla de San Julián (Láncara) E 36 Bc56
Puebla de San Miguel E 54 Fa66
Puebla de Trives E 36 Bc57
Puebla de Vallés E 46 Dd63
Puente Almuhey E 37 Cd56
Puente Arce E 38 Dc54
Puente de Domingo Flórez E 37 Bd57
Puente de Génave E 53 Ea71
Puente de los Fierros E 37 Cc55
Puente de Montañana E 48 Ga59
Puente de Sanabria E 37 Bd58
Puente de San Martín E 37 Cb54
Puente de Vadillos E 47 Eb64
Puentedey E 38 Dc56
Puentedura E 46 Dc59
Puente-Genil E 60 Cd74
Puente la Reina E 39 Ec57
Puente la Reina de Jaca E 39 Fb58
Puentelarrá E 38 Ea57
Puentenansa (Rionansa) E 38 Db55
Puente Pumar E 38 Db55
Puente Viesgo E 38 Dc55
Puertas E 45 Ca62
Puerto de Conil E 59 Bd77
Puerto de Mazarrón E 55 Ed74
Puerto de Santa Cruz E 51 Ca67
Puerto de San Vicente E 52 Cc67
Puerto de Vega E 37 Ca53
Puerto Hurraco E 51 Cb70
Puerto-Lápice E 52 Dc68
Puertollano E 52 Da70
Puerto Lumbreras E 61 Ec74
Puertomingalvo E 54 Fb65
Puerto Real E 59 Bd76
Puerto Rey E 52 Cc67
Puerto Seguro E 45 Bd62
Puerto Serrano E 59 Cb75
Pueyo de Fañanás E 48 Fc59
Pufeşti RO 176 Ed61
Pugačev RUS 203 Ga11
Pugačevo RUS 113 Jd59
Puget-Théniers F 43 Kc52
Puget-Ville F 42 Ka54
Pugieu F 35 Jc46
Pugnac F 32 Fb49
Pugnochiuso I 162 Gb72
Puhăceni MD 173 Ga58
Puhar-Onkimaa FIN 90 Kc38
Puhja EST 98 La45
Puhoi MD 173 Fd58
Puhos FIN 75 Kd22
Puhos FIN 91 Ld32
Puhovac BIH 158 Hb64
Puhtaleiva EST 99 Lb45
Pui RO 175 Cc62
Puianello I 149 Db62
Puiatu EST 98 Kd45
Puicheric F 41 Ha55
Puieşti RO 176 Ed63
Puieşti RO 177 Fa60
Puig E 54 Fc67
Puigcerdà E 41 Gd58
Puigpunyent E 57 Hb67
Puig-reig E 49 Gd59
Puijas LV 105 Jd52
Puikule LV 106 Kc48
Puise EST 98 Ka44
Puiseaux F 29 Gd39
Puissalicon F 41 Hc54
Puisserguier F 41 Hb55
Puivert F 41 Gd56
Puka EST 106 La46
Pukalaidun FIN 89 Jc37
Pukanec SK 146 Hc50
Pukara FIN 89 Jc34
Pukara FIN 89 Jc35
Pukaro FIN 90 Kd38
Pukavik S 111 Fc54
Pukë AL 163 Jb71
Pukiš BIH 153 Hd62
Pukkila FIN 90 Kc38
Pula HR 151 Fa62
Pula I 169 Ca80
Pulaj AL 163 Ja71
Puławy PL 131 Jd39
Pulborough GB 20 Fc30
Pulfero I 150 Ed57
Pulgar E 52 Da67
Pulham Market GB 21 Gb25
Pulheim D 125 Bd40
Puliciano I 156 Dd66
Pulju FIN 68 Jc13
Pulkarne LV 106 Kb51
Pulkau A 136 Ga49
Pulkkala FIN 97 Jb40
Pulkkavita FIN 69 Kd16
Pulkkila FIN 82 Kb26
Pulkkila FIN 90 Kc36
Pulkkinen FIN 81 Jc29
Pulkonkoski FIN 82 Kd29
Pulkovo RUS 99 Mb39
Pullach D 143 Dd51
Pullar TR 192 Ga83
Pullenreuth D 135 Eb45
Pullenried D 135 Eb46
Pulpí E 61 Ec74
Pulsa FIN 91 Lb36
Pulsano I 162 Ha76
Pulsen D 127 Ed40
Pulsnitz D 128 Fa41
Pulsujärvi S 67 Hb13
Pułtusk PL 122 Jb35
Pülümür TR 205 Ga20
Pulversheim F 31 Kb39
Pumpėnai LT 114 Kc54
Pumpula FIN 91 Lb36
Pumsaint GB 15 Dd26
Puņas LV 105 Jc49
Punat HR 151 Fc61
Punceşti RO 173 Fa59
Pundrovka RUS 107 Mb49
Pundsvika N 66 Ga13
Punduri RUS 107 Ld49
Punghina RO 175 Cc66
Pungsetrene N 85 Dd35
Punia LT 114 Kc59
Punkaharju FIN 91 Ld33
Punsk PL 123 Kb30
Punta Ala I 155 Db68
Punta di San Vigilio I 149 Db59
Punta Križa HR 151 Fb62
Punta Marina I 150 Ea63
Punta Prima E 57 Jb66
Puntari FIN 90 Ka35
Punta Sabbioni I 150 Eb60
Punta Secca I 167 Fb88
Punta skala HR 157 Fd64
Punta Umbria E 59 Bb74
Puoddopohki FIN 64 Jd08
Puokio FIN 75 Kc24
Puolakkavaara FIN 69 Ka15
Puolanka FIN 75 Kd23
Puoltikasvaara S 68 Hc16
Puoltsa S 67 Ha15
Puottaure S 73 Hb20
Pupāji LV 107 Lc52
Pupnat HR 158 Gd68
Puraći BIH 152 Ha61
Puračić BIH 153 Hc63
Puralankylä FIN 82 Ka30
Purani RO 180 Dd67
Puraperä FIN 82 Ka28
Puras FIN 75 Lb23
Purchena E 61 Eb74
Purda PL 122 Ja32
Purdoški RUS 203 Fc10
Pūre LV 105 Jd50
Purgatorio I 166 Eb84
Purila EST 98 Kb43
Purini LV 106 Kb52
Puriton GB 19 Eb29
Purkersdorf A 145 Gb51
Purkjaur S 72 Ha19
Pürksi EST 98 Ka44
Purmerend NL 116 Ba35
Purmo FIN 81 Jb29
Purmojärvi FIN 81 Jc30
Purmsati LV 113 Jb53
Purnu S 73 Hc18
Purnumukka FIN 69 Ka13
Purnuvaara FIN 75 Kd20
Purnuvaara S 68 Hc17
Purola Svartbäck FIN 90 La38
Puromäki FIN 83 Lc31
Puronkylä FIN 82 Kc30
Purontaka FIN 81 Jd28
Puroranta FIN 82 Kc25
Pürsünler TR 192 Fb83
Purtovaara FIN 83 Ma31
Purtse EST 99 Lb42
Purunpää FIN 97 Jb41
Purvėnai LT 114 La59
Purveniai LT 113 Jd53
Purviniškė LV 114 Kb58
Puryševo RUS 107 Mb50
Puša LV 107 Ld52
Pusaankylä FIN 89 Jd32
Pušalotas LT 114 Kc54
Puškarevo RUS 113 Jb59
Puski EST 97 Jc44
Puškino RUS 203 Ga12
Puškinskie Gory RUS 107 Mb49
Puškinskie Gory RUS 202 Ea10
Pušmucova LV 107 Ld50
Pusnė LT 114 La56
Püspökladány H 147 Jd53
Pussay F 29 Gc38
Püssi EST 99 Lb42
Pustec AL 182 Ba76
Pustelnik PL 130 Jc37
Pusterwald A 144 Fb54
Pustevny CZ 137 Hb46
Pustoe Voskresen'e RUS 107 Ma49
Pustoška RUS 99 Ma42
Pustoška RUS 202 Eb11
Pustoški RUS 107 Ma49
Pustritz A 144 Fc55
Pustynia PL 139 Jd44
Pustynki RUS 107 Mb47
Pusula FIN 98 Ka39
Puszcza Mariańska PL 130 Ja38
Puszczykowo PL 129 Gc37
Pusztacsalád H 145 Gc53
Pusztakovácsi H 145 Ha56
Pusztamiske H 145 Gd54
Pusztaszabolcs H 146 Hc54
Pusztaszentlászló H 145 Gc56
Pusztavám H 145 Hb53
Putaja FIN 89 Jb36
Putanges F 22 Fc37
Putbus D 120 Fa30
Putgarten D 120 Fa29
Putignano I 162 Gd75
Putikko FIN 91 Ld33
Putinci SRB 153 Jb61
Putineiu RO 180 Dc68
Putineiu RO 180 Ea68
Putkela FIN 83 Ma30
Putkilahti FIN 90 Kc34
Putkivaara FIN 74 Kb19
Putla EST 105 Jc46
Putlitz D 119 Eb34

Putna – Rathen

Putna RO 172 Ea55
Putnok H 146 Jb50
Putte NL 124 Ac38
Puttelange-aux-Lacs F 25 Ka35
Putten NL 116 Bb36
Puttenham GB 20 Fb29
Puttgarden D 119 Ea29
Püttlingen D 133 Bc46
Putula FIN 90 Kb36
Putyvl' UA 202 Ed13
Putzu'Idu I 169 Bd77
Puujaa FIN 90 Kb37
Puukari FIN 83 Lb27
Puukkoinen FIN 90 Kb34
Puukkokumpu FIN 74 Jd21
Puukonsaari FIN 90 Kd34
Puulansalmi FIN 90 Kd34
Puumala FIN 91 Lb34
Puuppola FIN 90 Kb32
Puurmani EST 98 La44
Puurtila FIN 90 La32
Puurtturinjärvi FIN 74 Kb24
Puutikkala FIN 90 Ka36
Puutossalmi FIN 82 La30
Puutteenperä FIN 74 Jd21
Puycasquier F 40 Ga54
Puydrouard F 32 Fb46
Puy-Guillaume F 34 Hc46
Puylagarde F 40 Gc52
Puylaroque F 40 Gc52
Puylaurens F 41 Gd54
Puy-l'Evêque F 33 Gb51
Puymiclan F 32 Fd51
Puymirol F 40 Ga52
Puyôo F 39 Fa54
Puy-Saint-Martin F 34 Jb50
Puy-Saint-Vincent F 35 Ka49
Puzači RUS 203 Fa13
Puzenieki LV 105 Jc50
Pwllheli GB 14 Dc23
Pyecombe GB 20 Fc30
Pyhäjärvi FIN 69 Jd11
Pyhäjärvi FIN 69 Kb16
Pyhäjärvi FIN 82 Kb28
Pyhäjoki FIN 81 Jc26
Pyhäjoki FIN 89 Jb37
Pyhäkoski FIN 90 Kd35
Pyhäkylä FIN 75 La22
Pyhälahti FIN 82 Kc31
Pyhältö FIN 90 La37
Pyhämaa FIN 89 Ja38
Pyhänkoski FIN 81 Jd26
Pyhänsivu FIN 74 Kb24
Pyhäntä FIN 82 Kb26
Pyhäntaka FIN 90 Kc36
Pyhäranta FIN 89 Ja38
Pyhäsalmi FIN 82 Kb28
Pyhäselkä FIN 83 Ld31
Pyhe FIN 97 Ja39
Pyhtää FIN 90 Kd38
Þykkvibær IS 2 Ac05
Pyla CY 206 Jc97
Pyla-sur-Mer F 32 Fa51
Pyle GB 19 Ea28
Pyli GR 188 Bb81
Pylkönmäki FIN 82 Ka31
Pylvänälä FIN 90 Kd33
Pylväsperä FIN 81 Jd27
Pyntäinen FIN 89 Ja34
Pyöli FIN 89 Jd38
Pyöree FIN 82 Kd27
Pyöreinen FIN 82 La29
Pyörni FIN 89 Ja32
Pyrbaum D 135 Dd47
Pyrénées 2000 F 41 Gd58
Pyrga CY 206 Jb97
Pyrga CY 206 Jc96
Þyrill IS 2 Ac04
Pyrjatyn UA 202 Ed14
Pyrzowice PL 138 Hc43
Pyrzyce PL 120 Fc34
Pyskowice PL 137 Hb43
Pyssykangas FIN 89 Ja36
Pyssyperä FIN 75 Kd23
Pystyoja FIN 64 Jc10
Pysznica PL 131 Ka42
Pytalovo RUS 107 Ld49
Pytalovo (Abrene) RUS 202 Ea10
Pytkynharju FIN 75 Kc21
Pytten N 92 Cc44
Pyttis FIN 90 Kd38
Pyydyskylä FIN 82 Kc31
Pyydysmäki FIN 89 Jd34
Pyykkölänvaara FIN 75 La24
Pyyli FIN 91 Lc32
Pyyrinlahti FIN 82 Kb31
Pyzdry PL 129 Gd37

Q

Qafë-Murrë AL 163 Jc72
Qafëzez AL 182 Ad77
Qarrishtë AL 182 Ad75
Qinam AL 182 Ab74
Qormi M 166 Eb88
Quafmollë AL 182 Ac74
Quaglietta I 161 Fd75
Quainton GB 20 Fb27
Quakenbrück D 117 Cc35
Qualiano I 161 Fa75
Quarff GB 5 Fa05
Quarnbek D 118 Dc30
Quarona I 148 Ca58
Quarré-les-Tombes F 30 Hd41
Quarteira P 58 Ac74
Quarto d'Altino I 150 Eb59
Quartu San Elena I 169 Ca79
Quasano I 162 Gc74
Quattro Venti, i I 161 Fb73
Quebradas P 50 Ab67
Quecedo E 38 Dd56
Quédillac F 27 Ec39
Quedlinburg D 127 Dd38
Queidersbach D 133 Ca46
Queiruga E 36 Ac56
Quelaines F 28 Fb40
Quellendorf D 127 Eb39
Quemada E 46 Dc60
Quemigny-Poisot F 30 Ja42
Quend F 23 Gc32
Quenstedt D 127 Ea39
Queralbs E 41 Gd58
Querceta I 155 Da64
Quercianella I 155 Da66
Querenhorst D 127 Dd37
Querfurt D 127 Ea40
Quero E 53 Dd67
Querol E 49 Gc61
Querrin IRL 12 Bb23
Quers F 31 Ka40
Quesada E 61 Dd73
Quessoy F 26 Eb38
Questembert F 27 Eb41
Quettehou F 22 Fa34
Quettetot F 22 Ed35
Queudes F 24 Hc37
Quevauvillers F 23 Gd33
Quevert F 26 Ec38
Quiaios P 44 Ac64
Quiberon F 27 Ea41
Quickborn D 118 Db32
Quiddelbach D 133 Bd43
Quigley's Point IRL 9 Cc15
Quillan F 41 Gd56
Quilly F 27 Ec41
Quilty IRL 12 Bb22
Quimper F 27 Dc39
Quimperlé F 27 Dd40
Quin IRL 12 Bc22
Quincoces de Yuso E 38 Dd56
Quindós E 37 Bd56
Quinéville F 22 Fa35
Quingey F 31 Jd42
Quiñonería E 47 Ec61
Quinsac F 32 Fb50
Quinson F 42 Ka53
Quinta do Lago P 58 Ac74
Quintana E 37 Ca55
Quintana E 37 Cc54
Quintana de Castillo E 37 Cb57
Quintana de la Serena E 51 Cb69
Quintana del Marco E 37 Cb58
Quintana del Puente E 46 Db59
Quintanadueñas E 38 Dc58
Quintanaélez E 38 Dd57
Quintana-Martín Galíndez E 38 Dd57
Quintanapalla E 38 Dc58
Quintanar de la Orden E 53 Dd67
Quintanar de la Sierra E 46 Dd59
Quintanar del Rey E 53 Ec68
Quintana Redonda E 47 Ea60
Quintanilla de Arriba E 46 Db60
Quintanilla de Flórez E 37 Cb58
Quintanilla del Agua E 46 Dc59
Quintanilla de la Mata E 46 Dc59
Quintanilla del Coco E 46 Dc59
Quintanilla del Molar E 45 Cc59
Quintanilla de Losada E 37 Ca58
Quintanilla de los Oteros E 37 Cc58
Quintanilla de Onésimo E 46 Da60
Quintanilla de Pienza E 38 Dd56
Quintanilla de Trigueros E 46 Da59
Quintanilla-Pedro Abarca E 38 Dc57
Quintanilla San García E 38 Dd57
Quintanilla-Sobresierra E 38 Dc57
Quintela E 37 Bd56
Quintela de Leirado E 36 Ba58
Quintes E 37 Cc54
Quint-Fonsegrives F 40 Gc54
Quintin F 26 Eb38
Quintinilla Rucandio E 38 Dc56
Quinto E 48 Fb61
Quintos P 50 Ad71
Quinto Vercellese I 148 Ca59
Quinzano d'Oglio I 149 Da60
Quiroga E 36 Bc57
Quirra I 169 Cb79
Quismondo E 46 Da65
Quissac F 41 Hd53
Quistello I 149 Dc61
Quistinic F 27 Ea40
Quittebeuf F 23 Ga36
Quitzdorf am See D 128 Fc40
Qukës AL 182 Ad75
Qundle GB 20 Fc25

R

Rå S 79 Gb30
Råå S 110 Ed55
Raab A 144 Fa50
Raabs an der Thaya A 136 Fd48
Raahe FIN 81 Jd25
Raajärvi FIN 74 Kb18
Raakku FIN 74 Kc18
Rääkkylä FIN 83 Ld31
Raalte NL 117 Bc36
Raanujärvi FIN 74 Jc18
Raappananmäki FIN 82 Kd25
Raappanansuo FIN 75 Kd21
Raasdorf A 145 Gb50
Raasiku EST 98 Kc42
Raasinkorpi FIN 89 Jb38
Raatala FIN 97 Jc39
Raate FIN 75 Lb23
Raatevaara FIN 83 Ma31
Raattama FIN 68 Jb14
Raatti FIN 82 La29
Rab HR 151 Fc62
Rabac HR 151 Fb61
Rabaçal P 44 Bb62
Rábade E 36 Bb55
Rábafüzes H 145 Gb55
Răbăgani RO 170 Cb58
Rábahidvég H 145 Gc54
Rabal E 36 Bc57
Rabanal de Camino E 37 Ca57
Rábano E 46 Db61
Rábano de Sanabria E 37 Bd58
Rábasömjen H 145 Gc54
Rabastens F 40 Gc53
Rabat M 166 Eb88
Rabatamasi H 145 Gd53
Raba Wyżna PL 138 Ja46
Rabenau D 126 Cd42
Rabenau D 128 Fa41
Rabensberg A 137 Gc49
Rabenstein A 144 Fd51
Råberg S 80 Gc26
Rabí CZ 136 Fa47
Rąbino PL 120 Ga32
Rabiša BG 179 Cb68
Rabka-Zdroj PL 138 Ja46
Rabouillet F 41 Ha57
Rabrovo BG 179 Cb67
Rabrovo SRB 174 Bd64
Rabštejn nad St. CZ 135 Ed44
Rabsztyn PL 138 Hd43
Råby-Rekarne S 95 Ga43
Råby-Rönö S 95 Gb45
Rača SK 145 Gd51
Rača SRB 174 Bb65
Rača SRB 178 Bc70
Răcaciuni RO 176 Ed60
Racale I 165 Hc78
Racalmás H 146 Hc54
Racalmuto I 166 Ed86
Răcari RO 176 Ea65
Răcăria MD 173 Fa55
Răcășdia RO 174 Bd63
Racconigi I 148 Bc61
Raccuia I 167 Fc84
Rače SLO 144 Ga56
Rachanie PL 131 Kd42
Rachecourt-sur-Marne F 24 Jb37
Răchitoasa RO 177 Fa60
Răchitova RO 175 Cc61
Rachiv UA 204 Ea16
Raciąż PL 121 Gd32
Raciąż PL 122 Ja35
Raciążek PL 121 Hb35
Raciborsko PL 138 Ja44
Racibórz PL 137 Hb44
Raciechowice PL 138 Ja45
Račinovci HR 153 Hd61
Račišće HR 158 Gd68
Răciu RO 171 Db58
Răciula MD 173 Fc57
Račja Vas HR 151 Fa60
Rackeby S 102 Ed46
Ráckeve H 146 Hc54
Racków PL 129 Gb41
Racksund S 72 Gc21
Rackwitz D 127 Eb40
Racławice PL 138 Ja43
Racławice Śląskie PL 137 Ha43
Răcoasa RO 176 Ed61
Racoș RO 176 Dd61
Racot PL 129 Gb38
Racova RO 172 Ec59
Racovăț MD 173 Fc54
Racovița RO 175 Db62
Racovița RO 175 Db62
Racovița RO 177 Fa63
Racovițeni RO 176 Ec63
Răculești MD 173 Fd57
Rączki PL 122 Ja33
Råda S 94 Fa41
Råda S 102 Ed46
Radakowice PL 129 Gc41
Radalj SRB 153 Hd63
Rådanefors S 102 Ec46
Radanje MK 183 Bd74
Radanovo BG 180 Dd70
Radapole LV 107 Lc51
Rădășeni RO 172 Eb56
Radaškovičy BY 202 Ea12
Rădăuți RO 172 Eb55
Rădăuți-Prut RO 172 Ed54
Radawie PL 129 Hb42
Radawnica PL 121 Gc33
Radbruch D 118 Dc33
Radbyn S 102 Fa46
Radcliffe GB 15 Ec21
Radda in Chianti I 155 Dc66
Raddestorf D 126 Cd36
Raddon F 31 Ka39
Raddusa I 167 Fb86
Råde N 93 Ea43
Radeberg D 128 Fa41
Radebeul D 128 Fa41
Radeburg D 128 Fa40
Radeburg D 128 Fa41
Radeče SLO 151 Fd58
Radechiv UA 204 Ea15
Radęcin PL 120 Ga34
Radecki BG 180 Ea73
Radecznica PL 131 Kb41
Radefeld D 127 Eb40
Radegast D 119 Eb31
Radegast D 127 Eb39
Radenci SLO 145 Gb56
Rădeni MD 173 Fc57
Rădenii Vechi MD 173 Fb57
Radenthein A 144 Fa55
Rădești RO 171 Da59
Radevo BG 180 Ea73
Radevo KSV 178 Bb71
Radevormwald D 125 Ca40
Radgoszcz PL 138 Jc43
Radhimë AL 182 Aa77
Radibor D 128 Fb41
Radičevicevo SRB 153 Jb59
Radići BIH 152 Gd63
Radicofani I 156 Dd68
Radicondoli I 155 Db67
Radievo BG 185 Dd74
Radijovce MK 178 Ba73
Radilovo BG 179 Da73
Radis D 127 Ec39
Radizel SLO 144 Ga56
Radków PL 130 Ja42
Radków PL 137 Gb43
Radkowice PL 130 Jc41
Radlett GB 20 Fc27
Radlin PL 129 Gd38
Radlje ob Dravi SLO 144 Fd56
Radljevo SRB 153 Jc63
Radłów PL 129 Hb41
Radłów PL 138 Jc44
Radmansö S 96 Ha42
Radmer an der Hasel A 144 Fc53
Radmirje SLO 151 Fc57
Radnejaur S 72 Gc21
Radnevo BG 180 Ea73
Radnica PL 128 Fd38
Radnice CZ 136 Fa45
Rădoaia MD 173 Fb55
Radohova BIH 152 Ha63
Rădoiești RO 180 Dc67
Radojevo SRB 174 Bc60
Radojewice PL 121 Hb35
Radolfzell D 142 Cc52
Radom PL 130 Jc39
Rådom S 94 Ed41
Radomice PL 122 Hc35
Radomicko PL 128 Fc38
Radomicko PL 129 Gb38
Radomierzyce PL 128 Fc41
Radomin PL 122 Hc34
Radomir BG 179 Cb71
Radomirci BG 179 Da69
Radomirești RO 180 Db67
Radomno PL 122 Hc33
Radomsko PL 130 Hd41
Radomyšl CZ 136 Fa47
Radomyšl' UA 202 Eb14
Radomyśl n. Sanem PL 131 Ka42
Radomyśl Wielki PL 138 Jc43
Radonice CZ 135 Ed44
Radošice CZ 136 Fa46
Radošina SK 137 Ha49
Radošovce SK 137 Gd49
Radostowo PL 122 Ja31
Radoszewice PL 130 Hc40
Radoszki PL 122 Hd33
Radoszyce PL 130 Ja41
Radoszyn PL 128 Fd37
Radovac KSV 178 Ad70
Radovac SRB 159 Jc68
Radovan RO 175 Cd66
Radovanu RO 180 Eb67
Radovče MNE 159 Ja69
Radovec BG 185 Eb74
Radovel' RUS 99 Lc42
Radovesice CZ 136 Fb43
Radovići MNE 159 Hd70
Radoviš MK 183 Ca74
Radovljica SLO 151 Fb57
Radowo Wielkie PL 120 Fd32
Radozda MK 182 Ad75
Radstadt A 143 Ed53
Radsted DK 109 Eb29
Răducăneni RO 173 Fb58
Raducić HR 158 Gb64
Raduil BG 179 Cb72
Radujevac SRB 174 Cb66
Rădulenii Vechi MD 173 Fc55
Raduń PL 120 Fd34
Radunci BG 180 Dd72
Radu Negru RO 181 Ed67
Raduša MK 178 Bb72
Raduszec PL 128 Fd38
Radvaň nad Laborcom SK 139 Ka47
Radviliškis LT 114 Kb54
Radwanice PL 128 Ga39
Radwanów PL 128 Fd39
Radymno PL 139 Kb44
Radzanów PL 122 Ja34
Radzanów PL 130 Jb39
Radzanowo PL 130 Hd36
Radzewice PL 129 Gc37
Radzice Duże PL 130 Ja39
Radzieje PL 122 Jc30
Radziejów PL 129 Hb36
Radziejowice PL 130 Jb37
Radziki PL 138 Ja43
Radziki Duże PL 122 Hc34
Radzików PL 128 Fc37
Radzików Wielki PL 131 Ka37
Radziłów PL 123 Ka33
Radzinciems LV 106 Ka50
Radzionków PL 138 Hc43
Radziszewo PL 120 Fb34
Radziwie PL 130 Hd36
Radziwiłłówka PL 131 Kb36
Radzymin PL 130 Jc36
Radzyń Chełmiński PL 121 Hb33
Radzyń Podlaski PL 131 Ka38
Raec MK 183 Bc75
Ræhr DK 100 Da20
Rækker Mølle DK 108 Da24
Raelingen N 93 Ea41
Rae na nDoirí IRL 12 Bb25
Raeren B 125 Bb41
Raesfeld D 125 Bd38
Rafelbuñol E 54 Fc67
Rafelbunyol E 54 Fc67
Raffadali I 166 Ed86
Rafina GR 189 Cc86
Råfov RO 176 Eb65
Rafsbotn N 63 Hd08
Raftópoulo GR 188 Ba82
Raftsjöhöjden S 79 Fc29
Ragaciems LV 106 Ka50
Ragály H 138 Jb49
Ragana LV 106 Kc49
Rågeleje DK 109 Ec24
Rägelin D 119 Ec35
Rägård S 94 Ec45
Raghly IRL 8 Bd17
Råglanda S 94 Ed44
Ragnabo S 111 Ga53
Ragnitz A 144 Ga55
Ragösen D 127 Ec37
Ragow D 128 Fb37
Ragozino RUS 107 Ma48
Raguhn D 127 Eb39
Ragunda S 79 Ga31
Ragusa I 167 Fc87
Raguva LT 114 Kd55
Raguvėlė LT 114 Kd55
Raguviškiai LT 113 Jb55
Ragvaldsnäs S 88 Gc34
Rahačov BY 202 Eb13
Rahan IRL 13 Cb21
Raharney IRL 9 Cc20
Rahden D 126 Cd36
Ráhes GR 189 Bd83
Ráhes GR 194 Bb87
Raheste EST 106 Ka46
Rahikka FIN 89 Ja33
Rahja FIN 81 Jc27
Rahkee FIN 83 Ld29
Rahkio FIN 89 Jc38
Rahkla EST 98 La43
Rahkmala FIN 89 Ja38
Rahkonen FIN 81 Jd28
Rahman RO 177 Fb65
Rahmanca TR 185 Eb76
Rahmanlar TR 192 Fc85
Raholanvaara FIN 83 Lb29
Råholt N 94 Eb40
Rahoúla GR 188 Bb82
Rahoúla GR 189 Bc81
Rahula FIN 90 La34
Rahumäe EST 107 Lc46
Raiano I 161 Fa71
Raić HR 152 Gc58
Raijala FIN 89 Jb37
Raikküla EST 98 Kb44
Raikuu FIN 91 Ld32
Räimä FIN 82 La30
Raimonda P 44 Ad60
Rain D 134 Dc49
Rain D 135 Eb48
Rainbach im Mühlkreis A 136 Fb49
Rain in Taufers I 143 Ea55
Raipole LV 107 Ma51
Raippaluoto FIN 81 Hd30
Raippo FIN 91 Lb36
Raisälä FIN 74 Kc18
Raisälänmäki FIN 82 Ka28
Raisdorf D 118 Dc30
Raisio FIN 97 Jb39
Raiskio FIN 74 Ka20
Raiskio FIN 83 Lb26
Raiskums LV 106 Kd49
Raistakka FIN 75 Kc19
Raisting D 142 Dc51
Raitaperä FIN 81 Jd31
Raitenbuch D 135 Dd48
Raitenhaslach D 143 Ec51
Raitoo FIN 89 Jd37
Raivala FIN 89 Jb34
Rajac SRB 178 Ba67
Raja-Jooseppi FIN 69 Kb12
Rajala FIN 69 Jd15
Rajamäenkylä FIN 89 Ja33
Rajamäki FIN 90 Kb38
Rajaniemi FIN 90 Kd34
Rajanovci BG 179 Ca68
Rajastrand S 79 Fd26
Rajavaara FIN 91 Ld33
Rajcë AL 182 Ad75
Rajčinovica Banja SRB 178 Ba69
Rajcza PL 138 Hc46
Rajec SK 138 Hc47
Rájec-Jestřebí CZ 137 Gc47
Rajecké Teplice SK 138 Hc47
Rajec Poduchowny PL 130 Jc39
Rajgród PL 123 Ka31
Rajhrad CZ 137 Gc48
Rajince KSV 178 Bc72
Rajka H 145 Gd51
Rajkova moglia BG 185 Eb75
Rajković SRB 153 Jb63
Rajkovo BG 184 Db75
Rajkowy PL 121 Hb31
Rajnino BG 181 Ec68
Raka SLO 151 Fd58
Rakaca H 138 Jc49
Rakalj HR 151 Fa61
Rakamaz H 147 Jd50
Rakek SLO 151 Fb59
Rakeluft N 63 Hd07
Rakić BIH 153 Ja62
Rakita BG 179 Da69
Rakitna SLO 151 Fb58
Rakitnica BG 180 Dd73
Rakitnica BIH 159 Hc65
Rakitnica HR 152 Gc58
Rakitovica HR 152 Hb59
Rakitovo BG 184 Cd74
Rakke EST 98 La43
Rakkestad N 94 Eb43
Raklinovo BG 181 Ec72
Rákóczifalva H 146 Jb54
Rakoniewice PL 129 Gb37
Rákos H 146 Jc56
Rakoš KSV 178 Ba70
Rakoszyce PL 129 Gb41
Rakova Bara SRB 174 Bd65
Rakovica BG 179 Ca67
Rakovica HR 151 Ga61
Rakovník CZ 136 Fa44
Rakovo BG 180 Eb71
Rakovski BG 180 Dc73
Rakow D 119 Ed31
Raków PL 130 Jc42
Rakowo Piskie PL 123 Jd32
Rāksala LV 107 Lb51
Ráksi H 145 Ha56
Råkvågen N 78 Ea28
Rakvere EST 98 La42
Ralewice PL 129 Hb39
Ralingen D 133 Bc44
Ralja SRB 174 Bb64
Ralja SRB 174 Bb64
Raljin SRB 179 Ca70
Raljovo BG 180 Db69
Rälla S 103 Gb52
Ram SRB 174 Bc64
Rama BIH 158 Ha65
Ramacastañas E 46 Cd65
Ramacca I 167 Fc86
Rämäla FIN 89 Jd32
Rämälä FIN 90 La34
Ramales de la Victoria E 38 Dd55
Ramallosa (Teo) E 36 Ad55
Ramasaig GB 4 Da08
Ramatuelle F 43 Kb55
Rămăzan MD 173 Fa55
Ramberg N 66 Fa14
Rambervillers F 31 Ka38
Rambin D 119 Ed30
Rambjørgheia N 92 Cb45
Rambo S 80 Ha27
Rambouillet F 23 Gc37
Ramdala S 111 Ga54
Rameški RUS 202 Ed09
Râmeț RO 171 Da59
Ramfjordnes N 62 Gd10
Râmia GR 188 Ba81
Ramingstein A 144 Fa54
Ramirás E 36 Ba58
Ramji LV 106 Kd48
Ramkvilla S 103 Fc51
Ramljane HR 158 Gb65
Ramløse DK 109 Eb24
Ramma EST 98 Kd43
Ramme DK 100 Cd22
Rämmen S 95 Fb41
Ramna RO 174 Bd62
Ramnäs S 95 Ga42
Rämne S 94 Eb45
Ramnes N 93 Dd43
Râmnicelu RO 176 Ed63
Râmnicelu RO 177 Fa63
Râmnicu de Sus RO 177 Fc66
Râmnicu Sărat RO 176 Ed63
Râmnicu Vâlcea RO 175 Db63
Ramonai LT 114 Kd54
Ramosch CH 142 Db55
Ramså N 66 Ga11
Ramsau D 143 Ec53
Ramsau am Dachstein A 144 Fa53
Ramsbeck D 126 Cc40
Ramsbottom GB 15 Ec21
Ramsbury GB 20 Ed28
Ramsdorf D 125 Bd37
Ramsei CH 141 Bd54
Ramsele S 79 Ga29
Ramsele S 80 Ha28
Ramsey GB 10 Dd18
Ramsey GB 20 Fc25
Ramsey GB 21 Gb26
Ramsey Saint Mary's GB 20 Fc25
Ramsgate GB 21 Gb28
Rämshyttan S 95 Fd40
Ramsi EST 106 Kd46
Ramsjö S 87 Fd34
Ramsli N 92 Cb45
Rämsöö FIN 89 Jc36
Ramsta S 96 Gc42
Ramstad N 78 Eb25
Ramstein-Miesenbach D 133 Ca46
Ramsthal D 134 Db44
Ramsund N 66 Ga13
Ramsvika N 78 Ec26
Ramten DK 101 Dd23
Rāmuļi LV 106 Kd49
Ramundberget S 86 Ed32
Ramundeboda S 95 Fc45
Ramvik S 88 Gc32
Ramygala LT 114 Kc55
Raná CZ 136 Fa43
Ranalt A 142 Dc54
Rånäsudden S 73 Ja21
Rancon F 33 Gb46
Randaberg N 92 Ca43
Randalstown GB 9 Da16
Randan F 34 Hc46
Randanne F 34 Hb47
Randaträsk S 73 Hc20
Randazzo I 167 Fc84
Randbøldal DK 108 Db25
Rånddalen S 86 Fa34
Randebygd N 84 Cc34
Randegg A 144 Fc51
Randen N 85 Dc35
Randers DK 100 Dc23
Randersacker D 134 Db45
Randerup DK 108 Da27
Randesund N 92 Cd47
Randijaur S 72 Ha19
Randonnai F 23 Ga37
Randsverk N 85 Dc35
Randvere EST 98 Kb42
Rånea S 73 Hd21
Ranemsletta N 78 Ec26
Rânes F 22 Fc37
Rang-du-Fliers F 23 Gc32
Rångedala S 102 Ed49
Rangendingen D 134 Cc49
Rangersdorf A 143 Ec55
Rangsby FIN 89 Hd32
Rangsdorf D 127 Ed37
Rangstrup DK 108 Da27
Ranhados P 44 Bb62
Ranheim N 77 Ea30
Rani list BG 184 Dc75
Ranis D 127 Ea42
Ranizów PL 139 Ka43
Ranka LV 106 La49
Rankinen FIN 82 Ka25
Rankweil A 142 Cd53
Ranna EST 99 Lb44
Rannametsa EST 106 Kb46
Rannamõisa EST 98 Kb42
Rannankulma FIN 89 Jb37
Rannankylä FIN 81 Jd31
Rannankylä FIN 82 Kb27
Rannanmäki FIN 89 Jb38
Rannanpohjukka FIN 91 Ma32
Rånnaväg S 102 Fa49
Rännelanda S 102 Ec46
Ränneslöv S 110 Ed53
Rännö S 87 Gb33
Rannoch Station GB 7 Dd10
Rannsundet S 86 Fa33
Rannu EST 106 La46
Rannungen D 134 Db44
Rånön S 73 Ja22
Ranovac SRB 174 Bc65
Ranrupt F 31 Kb38
Ransäter S 94 Fa42
Ransbach-Baumbach D 125 Ca42
Ransby S 94 Ed39
Ransbysätter S 94 Fa41
Ransjö S 87 Fb34
Rańsk PL 122 Jb32
Ranskill GB 16 Fb22
Ransta S 95 Gb42
Ranstadt D 134 Cd43
Rantajärvi S 74 Jb18
Rantakunta FIN 89 Jc33
Rantakylä FIN 82 Ka31
Rantakylä FIN 83 Lc29
Rantakylä FIN 90 La34
Rantala FIN 81 Jd31
Rantasalmen asema FIN 91 Lb33
Rantasalmi FIN 91 Lb32
Ranta-Töysä FIN 89 Jc32
Rante E 36 Bb57
Rantrum D 108 Da29
Rantsila FIN 82 Ka25
Ranttila FIN 64 Jc10
Rantum D 108 Cd28
Ranty PL 123 Jd31
Rantzausminde DK 109 Dd28
Ranua FIN 74 Kb20
Ranum DK 100 Db21
Ranzig D 128 Fb38
Rao E 37 Bd55
Raon-l'Etape F 31 Ka38
Raossi I 149 Dc58
Rapa PL 123 Jd30
Râpa RO 170 Cb57
Rapajin Dol HR 151 Fd61
Rapala FIN 90 Kb35
Rapallo I 149 Cc63
Rapattila FIN 91 Lc36
Rapëza AL 182 Ab76
Raphoe IRL 9 Cb16
Rąpice PL 128 Fc38
Räpina EST 107 Lc46
Rapla EST 98 Kb43
Rapness GB 5 Ec02
Rapolano Terme I 156 Dd67
Rapolla I 161 Ga74
Rapoltu Mare RO 175 Cc61
Raposa P 50 Ac68
Rapotín CZ 137 Gc45
Rapovce SK 146 Ja50
Rapperswil CH 142 Cc53
Rappin D 119 Ed30
Räpplinge S 103 Gb52
Rappottenstein A 144 Fc50
Rappvika N 63 Hb08
Rapsáni GR 183 Bd80
Rapuli FIN 83 Lb27
Rårup DK 109 Ea28
Ras SRB 178 Ad68
Raša HR 151 Fa61
Rasal E 39 Fb58
Räsälä FIN 82 La30
Räsälänlahti FIN 82 La30
Rasbokil S 96 Gd41
Rășca RO 172 Eb56
Rascafría E 46 Db63
Rașcov MD 173 Fd55
Rasdel BG 185 Eb74
Rasdorf D 126 Db42
Rašeljke BIH 158 Gd66
Raseiniai LT 114 Ka56
Rasharkin GB 9 Cd16
Rashedoge IRL 9 Cb16
Rasi FIN 90 La36
Rašica SLO 151 Fc58
Rasimäki FIN 82 La28
Rasimäki FIN 83 Lb29
Rasimbegov MK 183 Bc75
Rasina EST 99 Lc45
Rășinari RO 175 Da61
Rasines E 38 Dd55
Rasinkylä FIN 75 Kd24
Rasisalo FIN 83 Ld31
Rasivaara FIN 83 Ma30
Rasivaara FIN 83 Ld31
Rasivaara FIN 83 Ld31
Råsjö S 87 Fd33
Raška SRB 178 Ba68
Rask Mølle DK 108 Db25
Raškovo BG 179 Cd70
Raslavice SK 139 Jd47
Răsmirești RO 180 Dd67
Řasná CZ 136 Fd47
Rašnevo RUS 107 Ma47
Râșnov RO 176 Dd62
Rasova RO 181 Fb67
Rasovo BG 179 Cc68
Raspilla E 53 Eb71
Răspopeni MD 173 Fc55
Rasquera E 48 Ga63
Rassach A 144 Fd55
Rassina I 156 Dd65
Rasskazovo RUS 203 Fc12
Rast RO 179 Cc67
Rastatt D 133 Cb48
Rasteau F 42 Jb52
Råsted DK 100 Dc23
Rastede D 118 Cc33
Rastenberg D 127 Ea41
Rastenfeld A 136 Fd49
Rasteš MK 183 Bb74
Rasti FIN 68 Jc15
Rasti FIN 91 Ld30
Rastina SRB 153 Hd58
Rastinkylä FIN 83 Lc26
Răstolița RO 172 Dd57
Rastovac MNE 159 Hd68
Rastovica MK 183 Bb75
Rastow D 119 Ea33
Råstrand S 72 Gc24
Răsuceni RO 180 Ea67
Rasueros E 46 Cd62
Raszków PL 129 Gd39
Raszówka PL 129 Gb40
Raszujka PL 122 Jb33
Raszyn PL 130 Jb37
Ratan S 80 Hc28
Rätan S 87 Fc33
Ratasjärvi FIN 73 Jb19
Ratby GB 16 Fa24
Ratčino RUS 99 Ma40
Rateče SLO 144 Fa56
Ratekau D 119 Dd31
Ratevo MK 183 Cb74
Rathangan IRL 13 Cc21
Ráth Caola IRL 12 Bc23
Rathcoole IRL 13 Cd21
Rathcormack IRL 12 Bd25
Rathcroghan IRL 8 Ca19
Rathdangan IRL 13 Cd23
Rathdowney IRL 13 Cb23
Ráth Droma IRL 13 Cd23
Rathdrum IRL 13 Cd23
Rathen D 128 Fb41
Rathen GB 5 Ed07

Rathenow – Rijeka Crnojevića

Rathenow D 127 Eb36
Rathfriland GB 9 Da18
Rathfylane IRL 13 Cc24
Rathkeale IRL 12 Bc23
Rathkeevin IRL 13 Ca24
Rathlackan IRL 8 Bc17
Rath Luirc IRL 12 Bd24
Rathmelton IRL 9 Cb15
Rathmolyon IRL 13 Cc21
Rathmore IRL 12 Bb25
Rathmullan IRL 9 Cc15
Rathnew IRL 13 Cd22
Rathowen IRL 9 Cb20
Rathsweiler D 133 Ca45
Rathvilla IRL 13 Cc21
Rathvilly IRL 13 Cc23
Ratibořice CZ 136 Ga43
Ratibořské Hory CZ 136 Fc46
Ratikylä FIN 89 Jc33
Ratina SRB 178 Bb67
Ratingen D 125 Bd39
Ratiperä FIN 82 Ka30
Ratiškovice CZ 137 Gd48
Ratková SK 138 Ja49
Ratkovac KSV 178 Ba71
Ratkovo SRB 153 Ja59
Ratla EST 105 Jd46
Ratne UA 202 Ea14
Ratnieki LV 105 Jc52
Ratoath IRL 13 Cd21
Rattelsdorf D 134 Dc44
Ratten A 144 Ga53
Rattenberg D 135 Ec48
Rattendorf A 143 Ed56
Rattersdorf A 145 Gb53
Rattiszell D 135 Ec48
Rattlesden GB 21 Ga26
Rattosjärvi FIN 74 Jc18
Rattray GB 7 Eb11
Rättsel S 72 Ha22
Rättvik S 87 Fc38
Ratu S 80 Hc28
Ratuş MD 173 Fc56
Ratzeburg D 119 Dd32
Ratzenhofen D 135 Ea49
Rätzlingen D 127 Dd36
Rauantaipale FIN 83 Lb30
Raubach D 125 Ca42
Raubling D 143 Ea52
Răuceşti RO 172 Ec57
Raucourt-et-Flaba F 24 Ja34
Raudanjoki FIN 69 Ka17
Raudaskylä FIN 81 Jd27
Raudeberg N 84 Ca34
Rău de Mori RO 175 Cc62
Raudėnai LT 113 Jd54
Raudenis LV 114 Kb59
Raudlia N 71 Fc22
Raudondvaris LV 114 Kb57
Raudonė LT 114 Ka57
Raudsandaksla N 71 Fb20
Rauenberg D 134 Cc46
Raufarhöfn IS 3 Bc03
Raufoss N 85 Ea39
Rauha FIN 91 Lc35
Rauhala FIN 68 Jb14
Rauhala FIN 83 Ld28
Rauhamäki FIN 91 Lb32
Rauhaniemi FIN 91 Lb33
Rauhenebrach D 134 Dc45
Raulhac F 33 Ha50
Rauma FIN 89 Ja37
Raumala FIN 97 Jc40
Raumland D 126 Cc41
Raumünzach D 133 Cb48
Rauna LV 106 Kd49
Raundal N 84 Cc38
Raunds GB 20 Fc25
Raunheim D 134 Cc44
Rauris A 143 Ec54
Rău Sadului RO 175 Da62
Rauschenberg D 126 Cd41
Răuseni RO 172 Ed56
Rautajärvi FIN 90 Ka35
Rautakorpi FIN 90 La37
Rautalahti FIN 91 Ld34
Rautalampi FIN 82 Kd31
Rautaniemi FIN 89 Jc36
Rautaperä FIN 65 Kb09
Rautas S 67 Ha15
Rautavaara FIN 82 La28
Răuţel MD 173 Fb55
Rautila FIN 81 Jc27
Rautila FIN 97 Ja39
Rautio FIN 81 Jd27
Rautio FIN 91 Lc35
Rautionkylä FIN 82 Kb25
Rautionmäki FIN 82 Kc31
Rautjärvi FIN 91 Ld34
Rautu FIN 89 Jb36
Rautuskylä FIN 68 Jc14
Rautuvaara FIN 68 Jb16
Rauvanniemi FIN 91 Ld32
Rauwiller F 25 Kb36
Räva LV 105 Jb52
Ravanusa I 167 Fa86
Rava Rus'ka UA 204 Dd15
Ravascletto I 143 Ec56
Ravattila FIN 91 Lc36
Ravča HR 158 Gd67
Raved DK 108 Da28
Ravello I 161 Fb75
Rävemåla S 111 Fd53
Ravenglass GB 10 Ea18
Raveni GR 182 Ac80
Ravenjaur S 72 Ha22
Ravenna I 150 Ea63
Ravensburg D 142 Cd52
Ravenscar GB 17 Fc18
Ravenstein D 134 Da46
Ravenstein NL 125 Bb37
Ravières F 30 Hd40
Ravijoki FIN 91 Lb38
Ravioskorpi FIN 90 Kc35
Rävlanda S 102 Ec49
Ravlunda S 111 Fb56
Rävmarken S 94 Eb44
Ravna Dubrava SRB 179 Ca70
Ravna Gora BG 181 Fa71
Ravna Gora HR 151 Fc60
Ravnaja SRB 153 Ja63
Ravna Reka SRB 174 Bd66
Ravnec BG 181 Ed72
Ravne na Koroškem SLO 144 Fc56
Ravni BIH 158 Hb66
Ravnište SRB 178 Bc68
Ravni Toplovac SRB 153 Jc59
Ravnje SRB 153 Ja61
Ravno BIH 158 Gd65
Ravno BIH 158 Hb68
Ravno HR 151 Fc60
Ravno Bučje SRB 179 Ca69
Ravnogor BG 184 Da74
Ravno Pole BG 179 Cc71
Ravno Selo SRB 153 Ja59
Ravnshøj DK 101 Dd20
Ravnstrup DK 100 Db23
Rävsön S 80 Gd31
Ravsted DK 108 Da27
Råvvetievva sameviste S 67 Gc14
Rawa Mazowiecka PL 130 Ja38
Rawicz PL 129 Gc39
Rawtenstall GB 15 Ec20
Ray IRL 9 Cb15
Rayenstonedale GB 11 Ec18
Rayleigh GB 21 Ga28
Rayol-Canadel-sur-Mer F 43 Kb55
Räyrinki FIN 81 Jc29
Räyskälä FIN 90 Ka38
Ražana SRB 159 Jb64
Ražanac HR 157 Fd64
Ražanj SRB 178 Bd70
Războieni RO 172 Ec57
Razboj BIH 152 Ha61
Razbojna SRB 178 Bb68
Razdaginja SRB 178 Ad68
Razdelna BG 180 Dd73
Razdol BG 183 Cb75
Razdrto SLO 151 Fa59
Răžena BG 180 Dd72
Răzeni MD 173 Fd59
Raževo Konare BG 180 Db73
Razgrad BG 179 Cd68
Razgrad BG 180 Eb69
Răžica BG 181 Ed72
Razimet F 40 Fd52
Razino RUS 113 Jb58
Razkrižje SLO 145 Gb56
Razlog BG 184 Cc74
Razlovci MK 183 Ca74
Razo E 36 Ad54
Răzvad RO 176 Dd64
Razvigorovo BG 181 Ec70
Reaca RO 175 Dc66
Reading GB 20 Fb28
Reaghstown IRL 9 Cd19
Réalcamp F 23 Gc33
Réalmont F 41 Gd53
Realp CH 141 Cb55
Réalville F 40 Gc52
Reananeree IRL 12 Bb25
Rear Cross IRL 13 Ca23
Réaup F 40 Fd52
Reay GB 5 Eb04
Rebais F 24 Hb37
Rebărkovo BG 179 Cd70
Rebastens-de-Bigorre F 40 Fd55
Rebate E 55 Fa72
Rebbenesbotn N 62 Gc08
Rébénacq F 40 Fc56
Rebild DK 100 Dc21
Rebirechioulet F 40 Ga55
Rębków PL 130 Jc38
Rebolado de Traspeña E 38 Db57
Rebollar E 37 Ca56
Rebolledo E 55 Fb71
Rebordelo P 45 Bc59
Reboredo E 36 Ac56
Rebra RO 171 Dc56
Rebricea RO 173 Fa58
Rebrişoara RO 171 Dc56
Reca RO 174 Bd60
Recanati I 156 Ed66
Recas E 46 Db65
Recco I 149 Cc63
Recea MD 173 Fa55
Recea MD 173 Fc57
Recea RO 171 Da55
Recea RO 175 Dc62
Recea-Cristur RO 171 Da57
Recepköy TR 192 Fa82
Recess IRL 8 Bb20
Recey-sur-Ource F 30 Ja40
Rechenberg-Bienenmühle D 127 Ed42
Rechlin D 119 Ec33
Rechnitz A 145 Gb54
Recht B 125 Bb42
Rechtmehring D 143 Eb51
Rechtsupweg D 117 Cb32
Reci RO 176 Ea61
Řečice CZ 136 Fd48
Rečka SRB 174 Cb66
Recke D 117 Cb36
Reckendorf D 134 Dc44
Reckingen CH 141 Ca56
Recklinghausen D 125 Ca38
Recoaro Terme I 149 Dc59
Recogne B 132 Ba44
Recologne F 31 Jc41
Recoules-Prévinquières F 41 Hb52
Recsk H 146 Jb51
Rèčyca BY 202 Ec13
Recz PL 120 Fd34
Ręczno PL 130 Hd40
Reda PL 121 Ha29
Redange-sur-Attert L 133 Bb44
Redbourne GB 17 Fc21
Redcar GB 11 Fb17
Redcross IRL 13 Cd23
Red Dial GB 11 Eb17
Redditch GB 20 Ed25
Redea RO 179 Da67
Redekin D 127 Eb36
Redentin D 119 Ea31
Redessan F 42 Ja53
Redhill GB 19 Eb28
Redhill GB 20 Fc29
Rédics H 145 Gb56
Rediu RO 172 Ec58
Rediu RO 173 Fa57
Rediu RO 177 Fb62
Rediul Mare MD 173 Fa54
Redkino RUS 202 Ed10
Redkowice PL 121 Gd29
Redło PL 120 Ga32
Rednitzhembach D 135 Dd47
Redon F 27 Ec41
Redondela E 36 Ad57
Redondo E 38 Dc56
Redondo P 50 Ba69
Redpoint GB 4 Db07
Redruth GB 18 Da32
Redslared S 102 Ed50
Redsted DK 100 Da22
Redwick GB 19 Eb28
Redwitz D 135 Dd44
Rędzikowo PL 121 Gc30
Rędziny PL 130 Hc41
Reepham GB 17 Ga24
Reersø DK 109 Ea26
Rees D 125 Bc38
Reeßum D 118 Da34
Reeth GB 11 Ed18
Reetz D 127 Eb37
Reevanagh IRL 13 Cc23
Refahiye TR 205 Fd20
Reffannes F 28 Fc44
Reffuveille F 22 Fa37
Refset N 78 Ea31
Refsland N 92 Cb45
Refsvindinge DK 109 Dd27
Reftele S 102 Fa51
Regadas E 36 Ba57
Regalbuto I 167 Fb85
Regéc H 139 Jd49
Regen D 135 Ed48
Regensburg D 135 Eb48
Regenstauf D 135 Eb47
Reggello I 156 Dd65
Reggio di Calabria I 164 Ga84
Reggiolo I 149 Db61
Reggio nell'Emilia I 149 Db62
Reghin RO 171 Dc58
Reghiu RO 176 Ec62
Regínio GR 189 Bd84
Regis-Breitingen D 127 Eb41
Regna S 95 Fd45
Regnitzlosau D 135 Eb43
Regöly H 145 Hb56
Regonkylä FIN 89 Jb32
Reguengos de Monsaraz P 50 Ba70
Réguiny F 27 Eb40
Reguisheim F 31 Kb39
Regumiel de la Sierra E 47 Ea59
Rehau D 135 Eb44
Rehburg-Loccum D 126 Da36
Rehfelde D 128 Fa36
Rehling D 134 Dc49
Rehlingen D 133 Bc46
Rehna D 119 Dd32
Rehula FIN 91 Lb35
Reibiniai LT 114 Ka53
Reichelsheim D 134 Cc45
Reichenau D 134 Cc49
Reichenau an der Rax A 144 Ga52
Reichenau im Mühlkreis A 144 Fb50
Reichenbach CH 141 Bd55
Reichenbach D 127 Eb42
Reichenbach D 128 Fc41
Reichenbach D 135 Dc43
Reichenbach D 135 Eb47
Reichenberg D 128 Fa41
Reichenberg D 128 Fb36
Reichenberg D 134 Da45
Reichenberg = Liberec CZ 128 Fc42
Reichenfels A 144 Fc55
Reichenhausen D 126 Db42
Reichenkirchen D 143 Ea50
Reichenschwand D 135 Dd46
Reichenthal A 136 Fb49
Reichersberg A 143 Ed50
Reichertshausen D 135 Dd49
Reichertshofen D 135 Dd49
Reichling D 142 Dc51
Reichshof D 125 Cb41
Reichshoffen F 25 Kc36
Reiden CH 141 Ca53
Reiersda N 92 Cd46
Reiff GB 4 Dc06
Reifferscheid D 125 Bc42
Reigada E 37 Ca54
Reigate GB 20 Fc29
Reighton GB 17 Fc19
Reigi EST 97 Jc44
Reignac F 32 Fb49
Reignac-sur-Indre F 29 Ga42
Reigoldswil CH 141 Bd53
Reiķi LV 107 Ma51
Reila FIN 89 Ja37
Reillo E 53 Ec66
Reims F 24 Hc35
Reimsbach D 133 Bc45
Rein N 77 Dd29
Reina E 51 Ca71
Reinach CH 141 Bd52
Reinach CH 141 Ca53
Reinbek D 118 Dc33
Reinberg D 119 Ed31
Reine N 66 Fa15
Reinfeld D 118 Dc32
Reinfjellet N 71 Fc20
Reinfjord N 63 Hb08
Reinhardshagen D 126 Da39
Reinhardtsgrimma D 128 Fa42
Reinheim D 134 Cc45
Reiņi LV 106 La50
Reinikansaari FIN 74 Kb18
Reinli N 85 Dc38
Reinosa E 38 Db56
Reinøysund N 65 Kd07
Reinsberg D 127 Ed41
Reinsdorf D 127 Ec38
Reinsfeld D 133 Bc45
Reinstedt D 127 Ea39
Reinstorf D 118 Dc34
Reinsvoll N 85 Ea39
Reinthal A 137 Gc49
Reipå N 71 Fb18
Reiret N 71 Fb24
Reis TR 193 Hb87
Reisbach D 135 Ec49
Reischach D 143 Ec50
Reisjärvi FIN 82 Ka28
Reiskirchen D 126 Cd42
Reiss GB 5 Ec04
Reiste D 126 Cc40
Reitan N 77 Db33
Reitan N 78 Ed27
Reitano I 167 Fb84
Reite N 67 Gb12
Reith A 143 Ea53
Reit im Winkl D 143 Eb52
Reitkalli FIN 90 La38
Reittiö FIN 82 La29
Reitwein D 128 Fc36
Reivyčiai LT 113 Jd53
Rejdová SK 138 Jb48
Rejmyre S 95 Ga45
Rejowiec PL 131 Kc40
Rejowiec Fabryczny PL 131 Kc40
Rejsby DK 108 Da27
Rejštejn CZ 135 Ed48
Rejvíz CZ 137 Gd44
Reka HR 152 Gc57
Rekavice BIH 152 Gd62
Reke N 92 Ca44
Rekeland N 92 Cb46
Rekelänvaara FIN 75 Kd23
Reken D 125 Ca38
Rekijoki FIN 97 Jd39
Rekitno PL 130 Hd42
Rekovac SRB 178 Bb67
Rekowo PL 120 Fc32
Rekowo PL 121 Gd31
Reksa N 77 Dc29
Rekusaare EST 98 La45
Rekvik N 62 Gc09
Rėkyva LT 114 Ka54
Rel' RUS 99 Ma41
Relaghbeg IRL 9 Cc19
Reliquias P 58 Ab72
Reljovo BG 179 Cc72
Rellanos E 37 Ca54
Relletti FIN 81 Jd25
Relleu E 55 Fc70
Rellingen D 118 Db32
Remagen D 125 Bd42
Rémalard F 29 Ga38
Remauville F 29 Ha39
Remchingen D 134 Cc47
Remda D 127 Dd42
Remda RUS 99 Lc45
Remdalens sameviste S 71 Fc24
Remédios P 50 Aa66
Réméréville F 25 Jd37
Remeskylä FIN 82 Kc27
Remetea RO 170 Cb58
Remetea RO 172 Ea58
Remetea Chioarului RO 171 Da55
Remetea Mare RO 174 Bb60
Remeţi RO 171 Da54
Remetské Hámre SK 139 Kb48
Remice PL 120 Fc35
Remich L 133 Bb45
Rémilly F 30 Hc43
Remiremont F 31 Ka39
Remmarbäcken S 80 Gc29
Remmarn S 80 Gd28
Remmen S 87 Fc34
Remmene S 102 Ed48
Remmet S 87 Fb34
Remnes N 70 Fa21
Remniku EST 99 Lc43
Remolinos E 47 Fa60
Remoncourt F 31 Jd38
Remontnoe RUS 205 Ga15
Remouchamps B 124 Ba42
Remoulins F 42 Ja53
Remøy N 76 Cb32
Rempji LV 106 La49
Remplin D 119 Ec32
Rempstone GB 16 Fa24
Remptendorf D 135 Ea43
Remscheid D 125 Ca40
Remseck D 134 Cd48
Remshalden D 134 Cd48
Remte LV 105 Jd51
Remungol F 27 Eb40
Rémuzat F 42 Jc51
Remy F 23 Ha35
Rena E 51 Ca68
Rena N 86 Eb37
Renac F 27 Ec40
Renaison F 34 Hd46
Renålandet S 79 Fd28
Renales E 47 Eb63
Renavas LT 113 Jc53
Renazé F 28 Fa40
Řenče CZ 135 Ed46
Renčēni LV 106 Kd48
Rencēnmuiža LV 106 Kd47
Renchen D 133 Ca49
Renda LV 105 Jc50
Rende I 164 Gb80
Rendina GR 184 Cc78
Rendsburg D 118 Db30
Renedo E 38 Db55
Renedo E 46 Da60
Renedo de Valderaduey E 37 Cd57
Renesse NL 124 Ab37
Renève F 31 Jc41
Renfors S 80 Hb25
Renge LV 113 Jd53
Rengsdorf D 125 Ca42
Rengsjö S 87 Gb37
Renholmen S 73 Hd24
Renieblas E 47 Eb60
Reningelst B 21 Ha30
Renko FIN 90 Ka37
Renkomäki FIN 90 Kc37
Renkum NL 125 Bb37
Rennebu N 77 Dd31
Rennerod D 125 Cb42
Rennertshofen D 134 Dc48
Rennes F 28 Ed39
Renningen D 134 Cc48
Rennweg A 143 Ed55
Renon I 143 Dd56
Renså N 66 Ga13
Rensjön S 67 Ha14
Rensjön S 79 Ga30
Reńska Wieś PL 137 Ha43
Rensvik N 77 Da30
Rentjärn S 72 Gd24
Renträsk S 72 Ha22
Rentweinsdorf D 134 Dc44
Renviken S 72 Gd22
Renvyle IRL 8 Bb20
Renwez F 24 Hd33
Renzendorf D 126 Da42
Reo EST 105 Jc46
Reola EST 99 Lb45
Reolid E 53 Ea70
Repbäcken S 95 Fd40
Repedea RO 171 Dc54
Repel F 31 Jc38
Rep'evka RUS 203 Fb13
Repki PL 131 Ka36
Replot FIN 81 Hd30
Repojoki FIN 69 Jd12
Reponiemi FIN 68 Ja15
Reposaari FIN 89 Ja35
Repparfjord N 63 Ja06
Reppen N 84 Cd36
Reppenstedt D 118 Dc34
Represa E 37 Cc57
Repstad N 93 Da46
Repvåg N 64 Jb05
Requejo E 37 Bd58
Requena E 54 Fa68
Réquista F 41 Ha53
Rerik D 119 Ea31
Reşadiye TR 192 Fa81
Reşadiye TR 192 Ga87
Reşadiye TR 197 Ed91
Reşadiye TR 205 Fc20
Resana I 150 Ea59
Resanovci BIH 158 Gb64
Resarö S 96 Gd43
Resavica SRB 174 Bd66
Reschen I 142 Db55
Resele S 79 Gb30
Reselec BG 179 Da69
Resen BG 180 Dd70
Resen MK 182 Ba76
Resende P 44 Ba61
Resenstad DK 100 Da22
Rešety RUS 107 Ma49
Rešetylivka UA 204 Ed15
Resia I 142 Db55
Reşiţa RO 174 Ca62
Reškėtėnai LT 113 Jc55
Resko PL 120 Fd32
Reškutėnai LT 115 Lb55
Resmo S 111 Gb53
Resna MNE 159 Hd69
Resnik SRB 153 Jc62
Resö S 94 Ea45
Resolven GB 19 Ea27
Respenda de la Peña E 38 Da56
Resse D 126 Da36
Ressons-sur-Matz F 23 Ha34
Restelica KSV 178 Ba73
Resteröd S 102 Eb47
Resuller TR 187 Gc77
Resuttano I 167 Fa85
Reszel PL 122 Jb31
Retamal de Llerena E 51 Ca70
Retamar E 61 Eb76
Retamoso E 52 Cd66
Retascón E 47 Ed62
Rétaud F 32 Fb47
Rethel F 24 Hd34
Rethem D 118 Da35
Réthimno GR 200 Cc95
Rethondes F 23 Ha35
Retie B 124 Ba39
Retiers F 28 Fa40
Retjun RUS 99 Mb43
Retkovci HR 153 Hc60
Retlahti FIN 98 Ka39
Retorta E 36 Bb55
Retortillo E 45 Ca63
Retournac F 34 Hd49
Rétság H 146 Hd51
Rétszilas H 146 Hc55
Rettenbach D 135 Eb48
Rettenberg D 142 Db52
Rettenegg A 144 Ga53
Retuerta del Bullaque E 52 Da67
Retunen FIN 83 Lb30
Retz A 136 Ga49
Retzstadt D 134 Da45
Reuden D 127 Eb38
Reuden D 127 Eb41
Reugny F 29 Ga41
Reugny F 33 Ha45
Reuilly F 29 Gd43
Reuland B 125 Bb42
Reuland B 133 Bb43
Reunasenmäki FIN 82 La26
Reus E 48 Gb62
Reusel NL 124 Ba39
Reut D 143 Ec50
Reuterstadt Stavenhagen D 119 Ed32
Reuth D 135 Eb43
Reuth D 135 Eb45
Reutlingen D 134 Cd49
Reutova LV 107 Lb52
Reutte A 142 Dc53
Reutuaapa FIN 74 Jd20
Revdal N 62 Ha10
Revel F 41 Gd54
Revello I 148 Bc61
Revenga E 46 Db63
Revenga de Campos E 38 Da58
Revere I 149 Dc61
Revesjö S 102 Ed50
Revest-du-Bion F 42 Jd52
Revetal N 93 Dd43
Revfülöp H 145 Ha55
Revholmen N 93 Ea44
Reviga RO 176 Ed65
Revigny-sur-Ornain F 24 Ja36
Revilla de Collazos E 38 Da57
Revin F 24 Hd33
Revine I 150 Ea58
Revingeby S 110 Fa56
Révleányvár H 139 Ka49
Řevnice CZ 136 Fb45
Řevničov CZ 136 Fa44
Revo I 142 Dc56
Revonkylä FIN 83 Ma30
Revonlahti FIN 81 Jd25
Revsnes N 66 Ga13
Revsnes N 67 Gb11
Revsnes N 84 Cd37
Revsneshamn N 63 Ja05
Revsudden S 103 Gb52
Revsund S 87 Fc32
Revúca SK 138 Jb49
Rewa PL 121 Ha29
Rexbo S 95 Fd39
Reyðarfjörður IS 3 Bc05
Reykhólar IS 2 Ac03
Reykholt IS 2 Ac05
Reykholt IS 2 Ac04
Reykjadiskur IS 2 Ba03
Reykjahlíð IS 3 Bb04
Reykjanes IS 2 Ac02
Reykjavík IS 2 Ac04
Rēzaka LV 107 Lb48
Rezé F 28 Ed42
Rēzekne LV 107 Ld51
Rezi H 145 Gd55
Rezina MD 173 Fd55
Rezovo BG 186 Fa74
Rezzato I 149 Da59
Rezzo I 43 La52
Rezzoaglio I 149 Cc62
Rgotina SRB 179 Ca67
Rhade D 118 Da33
Rhade D 125 Bd38
Rhandirmwyn GB 15 Dd26
Rhauderfehn D 117 Cb33
Rhaunen D 133 Bd44
Rhayader GB 15 Ea25
Rhäzüns CH 142 Cd55
Rheda-Wiedenbrück D 126 Cc38
Rhede D 125 Bd38
Rhede (Ems) D 117 Ca34
Rheden NL 125 Bc37
Rheinau D 133 Ca48
Rheinbach D 125 Bd42
Rheinberg D 125 Bd38
Rheinböllen D 133 Ca44
Rheinbrohl D 125 Ca42
Rheine D 117 Ca36
Rheinfelden CH 141 Ca52
Rheinfelden D 141 Ca52
Rheinhausen D 141 Ca50
Rheinmünster D 133 Ca48
Rheinsberg D 119 Ed34
Rheinstetten D 133 Cb47
Rheinzabern D 133 Cb47
Rhêmes-Notre-Dame I 148 Bc58
Rhêmes-Saint-Georges I 148 Bc58
Rhenen NL 125 Bb37
Rhens D 133 Ca43
Rheurdt D 125 Bc39
Rhiconich GB 4 Dd04
Rhigos GB 19 Ea27
Rhinau F 31 Kc38
Rhinow D 119 Eb35
Rhiw GB 14 Dc23
Rho I 149 Cc59
Rhode IRL 13 Cc21
Rhondda GB 19 Ea27
Rhoose GB 19 Ea28
Rhos GB 19 Dd27
Rhoscrewther GB 18 Db27
Rhossili GB 18 Dc27
Rhu GB 6 Dc12
Rhubodach GB 6 Dc13
Rhumspringe D 126 Dc39
Rhydcymerau GB 15 Dd26
Rhydlewis GB 14 Dc26
Rhydowen GB 15 Dd26
Rhyl GB 15 Ea22
Rhymney GB 19 Ea27
Rhynie GB 7 Ec08
Riace I 164 Gc83
Riace Marina I 164 Gc83
Riákia GR 183 Bd78
Rial E 36 Ad56
Riala S 96 Ha42
Rialp E 40 Gb58
Rial (Soutomaior) E 36 Ad57
Riaño E 37 Cd56
Riaño E 37 Cc54
Rians F 42 Jd54
Rianxo E 36 Ad56
Riaza E 46 Dc62
Ribačij RUS 113 Ja57
Ribäcken FIN 81 Hd31
Ribadavia E 36 Ba57
Ribadelago E 37 Bd58
Riba de Neira E 36 Bc56
Ribadeo E 37 Bd53
Riba de Saelices E 47 Eb63
Ribadesella E 37 Cd54
Ribadouro P 44 Ba61
Ribadumia E 36 Ad56
Ribaforada E 47 Ed59
Ribafrecha E 39 Eb58
Ribamondego P 44 Bb63
Ribarci SRB 179 Ca72
Ribarica BG 179 Da71
Ribariće SRB 178 Ba69
Riba-roja d'Ebre E 48 Ga62
Riba-roja del Túria E 54 Fb67
Ribarska Banja SRB 178 Bc68
Ribas de Miño E 36 Bb56
Ribatejada E 46 Dc63
Ribba I 148 Bb61
Ribbesbüttel D 126 Dc36
Ribblehead GB 11 Ec19
Ribe DK 108 Da26
Ribeauvillé F 31 Kb38
Ribécourt-Dreslincourt F 23 Ha34
Ribeira E 37 Bd56
Ribemont F 24 Hb33
Ribera I 166 Ec86
Ribérac F 32 Fd49
Ribera del Fresno E 51 Bd70
Ribera de Piquín E 36 Bc55
Ribesalbes E 54 Fc66
Ribes de Freser E 41 Gd58
Ribiţa RO 175 Cc60
Ribnica BIH 153 Hc63
Ribnica SLO 151 Fb59
Ribnica SLO 151 Fd57
Ribnica SRB 159 Jb65
Ribnica na Pohorju SLO 144 Fd56
Ribnik HR 151 Fd59
Ribniţa MD 173 Fd55
Ribnitz-Damgarten D 119 Ec30
Ribnovo BG 184 Cd74
Ribordone I 148 Bc59
Ribota E 38 Dd55
Ricabo E 37 Cb55
Říčany CZ 136 Fc45
Riccall GB 16 Fb20
Riccia I 161 Fc73
Riccio I 156 Ea67
Riccione I 156 Eb64
Richebourg F 23 Gc37
Richebourg F 30 Jb39
Richelieu F 28 Fd43
Richisau CH 142 Cc54
Richmond GB 11 Ed18
Richmond GB 20 Fc28
Richtenberg D 119 Ed31
Richterswil CH 141 Cb53
Richvald SK 139 Jd46
Ričice HR 151 Ga63
Ricieliai LT 123 Kc30
Rickarum S 110 Fa55
Rickeå S 80 Hc27
Ricken CH 142 Cc53
Rickenbach D 141 Ca52
Rickling D 118 Dc31
Rickmansworth GB 20 Fc27
Ricla E 47 Ed61
Ricobayo E 45 Cb60
Ricse H 147 Ka50
Ridala EST 98 Ka44
Riđane HR 158 Gb65
Ridasjärvi FIN 90 Kb38
Riddarhyttan S 95 Fd42
Ridderkerk NL 124 Ad37
Riddes CH 141 Bc56
Riđica SRB 153 Hd58
Riebnesluspen S 72 Gb20
Riec-sur-Bélon F 27 Dd40
Ried A 142 Db54
Ried D 142 Dc50
Riedau A 144 Fa50
Riedbach D 134 Dc44
Riede D 118 Cd34
Riedeļi LV 106 Ka50
Rieden D 135 Ea47
Riedenburg D 135 Ea48
Ried im Innkreis A 143 Ed51
Riedlingen D 142 Cd50
Riedstadt D 134 Cc44
Riegel D 141 Ca50
Riegersburg A 144 Ga55
Riegersdorf A 144 Fa56
Riegoabajo E 37 Cb53
Riego de Ambros E 37 Ca57
Riego del Camino E 45 Cb59
Riekki FIN 75 Lb19
Riello E 37 Cb56
Rielves E 52 Da66
Rieneck D 134 Da44
Rieni RO 170 Cb58
Riensena E 37 Cd54
Rieponlahti FIN 82 Kd30
Riepsdorf D 119 Dd30
Riera E 37 Ca55
Riesa D 127 Ed40
Riesbürg D 134 Db48
Rieseby D 108 Db29
Riesenbeck D 117 Cb36
Riese Pio X I 150 Ea59
Riesi I 167 Fa86
Riestedt D 127 Dd39
Rietavas LT 113 Jc55
Rietberg D 126 Cc38
Rieti I 156 Eb70
Rietschen D 128 Fc40
Rieumes F 40 Gb55
Rieupeyroux F 41 Gd52
Rieussec F 41 Hb55
Rieux F 27 Ec41
Rieux F 40 Gb55
Riez F 42 Ka53
Riezlern A 142 Da53
Riffenmatt CH 141 Bc54
Riffian I 142 Dc55
Rifiano I 142 Dc55
Rifugio Campitelli I 161 Fa72
Riga LV 106 Kb50
Rigács H 145 Gd54
Rigáni GR 188 Bb84
Riggisberg CH 141 Bd54
Rignac F 33 Gd51
Rignano Flaminio I 156 Eb70
Rignano sull ,Arno I 155 Dc65
Rigney F 31 Jd41
Rigny-Ussé F 28 Fd42
Rigolato I 143 Ec56
Rigolizia I 167 Fc87
Rigside GB 10 Ea14
Riguldi EST 97 Jd43
Rihen AL 159 Jb70
Rihiá GR 195 Bd90
Rihtniemi FIN 89 Ja37
Riihijärvi FIN 91 Ma32
Riihijoki FIN 83 Ma30
Riihikoski FIN 89 Jc38
Riihimäki FIN 82 Kb31
Riihimäki FIN 90 Kb38
Riihiniemi FIN 90 Kc35
Riihivaara FIN 83 Lc26
Riihivaara FIN 83 Ld26
Riihivakama FIN 89 Jd38
Riiho FIN 89 Jb35
Riiho FIN 90 Ka33
Riikola FIN 91 Ma32
Riipi FIN 69 Jd16
Riippa FIN 81 Jc28
Riippi FIN 89 Ja32
Riisikkala FIN 89 Jd37
Riisipere EST 98 Kb43
Riispyy FIN 89 Hd34
Riistavesi FIN 82 La30
Riistiala FIN 89 Jc34
Riječa BIH 159 Hd66
Riječani MNE 159 Hd68
Rijeka BIH 153 Hc63
Rijeka BIH 159 Hd66
Rijeka HR 151 Fb60
Rijeka Crnojevića MNE 159 Ja70

Rijen – Rosoman

Rijen NL 124 Ad38
Rijnwarden NL 125 Bc37
Rijsbergen NL 124 Ad38
Rijsel = Lille F 23 Ha31
Rijssen NL 117 Bd36
Rijswijk NL 116 Ad36
Rikkaranta FIN 83 Lb30
Riksgränsen S 67 Gc13
Rikstad N 77 Dd31
Riksu EST 105 Jc47
Rila BG 179 Cb73
Rilax FIN 97 Jc41
Rilci BG 181 Fa69
Rilievo I 166 Ea84
Rillé F 28 Fd41
Rillo E 47 Fa63
Rilly-la-Montagne F 24 Hc35
Rima San Giuseppe I 148 Bd58
Rimasco I 148 Ca58
Rimaucourt F 30 Jb38
Rimavska Baňa SK 138 Ja49
Rimavska Seč SK 146 Jb50
Rimavská Sobota SK 146 Ja50
Rimbach D 134 Cc45
Rimbach D 135 Ec47
Rimbo S 96 Gd42
Rimella I 148 Ca57
Rimetea RO 171 Da59
Rimforsa S 103 Fd47
Rimicāni LV 107 Lb52
Rimini I 156 Eb64
Rimmi EST 107 Lb47
Rimmi FIN 81 Jb28
Rimmilä FIN 90 Ka37
Rimminjoki FIN 82 Kc30
Rimmu EST 106 Kd46
Rimnieki LV 105 Jc50
Rimnio GR 183 Bc79
Římov CZ 136 Fb48
Rimpar D 134 Da45
Rimpelä FIN 69 Jd15
Rimpilänniemi FIN 82 Kd26
Rimše LT 115 Lc54
Rimske Toplice SLO 151 Fd58
Rimsting D 143 Eb52
Rinchnach D 135 Ed48
Rincón de la Victoria E 60 Da76
Rinda LV 105 Jb49
Rindal N 77 Dc31
Rindbø N 66 Fd14
Rindby DK 108 Cd26
Rinde N 84 Cc37
Rindsholm DK 100 Db23
Rinella I 167 Fc82
Ringaliai LT 113 Jd56
Ringamåla S 111 Fc53
Ringarum S 103 Gb47
Ringaskiddy IRL 12 Bd26
Ringe D 117 Ca35
Ringe DK 109 Dd27
Ringebu N 85 Dd36
Ringelai D 135 Ed49
Ringgau D 126 Db41
Ringkøbing DK 108 Cd24
Ringleben D 127 Dd40
Ringnäs S 86 Fa37
Ringsend GB 9 Cd15
Ringsta S 79 Fc30
Ringsted DK 109 Eb26
Ringvattnet S 79 Fd27
Ringvoll N 93 Ea43
Ringwood GB 20 Ed30
Rinkaby S 95 Fd44
Rinkaby S 111 Fb55
Rinkabyholm S 103 Ga52
Rinkenæs DK 108 Db28
Rinkilä FIN 91 Lc33
Rinlo E 37 Bd53
Rinn A 143 Dd54
Rinna S 103 Fc47
Rinøya N 66 Fd14
Rinsumageest NL 117 Bc33
Rintala FIN 81 Jb30
Rintatalo FIN 81 Jb29
Rinteln D 126 Cd37
Rinyabesenyő H 152 Ha57
Rinyaszentkirály H 152 Gd57
Río GR 188 Bb85
Riocorvo E 38 Db55
Rio de Onor P 45 Bd59
Río de Trueba E 38 Dc55
Riodeva E 47 Fa65
Rio Frio P 45 Bd59
Rio Frio P 50 Ab69
Riofrío E 37 Cb57
Riofrío E 46 Cd64
Riofrío de Aliste E 45 Ca59
Riofrío del Llano E 47 Ea62
Riola I 149 Dc63
Riola Sardo I 169 Bd77
Riolobos E 45 Bd65
Riolo Terme I 150 Dd63
Riom F 34 Hb46
Riomaggiore I 155 Cd64
Rio Maior P 50 Ab67
Riomalo de Arriba E 45 Ca64
Rio Marina I 155 Da68
Rio Mau P 44 Ac60
Riom-ès-Montagnes F 33 Ha48
Rion-des-Landes F 39 Fa53
Rionegro del Puente E 45 Ca59
Rionero in Vulture I 161 Ga75
Rionero Sannitico I 161 Fa72
Riópar E 53 Eb71
Rioscuro E 37 Ca56
Rioseco E 47 Ea60
Rioseco de Tapia E 37 Cb56
Rioseco (Sobrescobio) E 37 Cc55
Riotord F 34 Ja48
Rioux F 32 Fb47
Rioveggio I 149 Dc63
Rioxuán E 36 Bc55
Rioz F 31 Jd41
Ripakluokta S 67 Gd17
Ripanj SRB 153 Jc62
Ripanj SRB 174 Bb64
Riparbella I 155 Da66
Ripatransone I 157 Fa68
Ripats S 73 Hb18
Ripatti FIN 90 Kd34
Ripiceni RO 172 Ed55
Ripky UA 202 Ec13
Ripley GB 16 Fa24
Ripoll E 49 Gd59
Ripollet E 49 Gd61
Ripon GB 11 Fa19
Riposto I 167 Fd85
Ripponden GB 16 Ed21
Rips NL 125 Bb38
Ripsa S 95 Gb45
Riquewihr F 31 Kb38
Riš BG 181 Ec71
Risan MNE 159 Hd69
Risåsen S 86 Ed33
Risbäck S 79 Fd26
Risbäck S 80 Gd29
Risberg S 80 Hb25
Risberg S 86 Fa38
Risberget N 94 Ec40
Risböle S 81 Hd26
Risby GB 21 Ga25
Risca GB 19 Eb27
Rișca RO 171 Cd58
Rișcani MD 173 Fa55
Riscle F 40 Fc54
Risco E 52 Cc69
Rișcova MD 173 Fd57
Risdal N 93 Da45
Risdall N 92 Cc46
Rise N 66 Fc12
Rise N 77 Dd33
Riseberga S 110 Ed54
Risede S 79 Fc27
Riseley GB 20 Fc25
Risholen S 95 Fd39
Risinge S 103 Ga46
Risipeni MD 173 Fa56
Risis FIN 97 Ja40
Riska N 92 Ca44
Risliden S 80 Hb25
Risliden S 80 Ha25
Risnabben S 73 Hb23
Risnes N 92 Cc45
Rišňovce SK 145 Ha50
Risögrund S 73 Jb21
Risør N 93 Db45
Risoul 1850 F 35 Kb50
Risøy N 62 Gc08
Risøyhamn N 66 Fd12
Rissa N 78 Ea29
Rissna S 79 Fd31
Riste FIN 89 Jb36
Ristee FIN 83 Ma31
Ristee FIN 83 Lb26
Risti EST 98 Ka44
Ristiina FIN 90 La35
Ristijärvi FIN 82 La25
Ristijärvi FIN 90 Ka34
Ristiküla EST 106 Kc46
Ristilä FIN 75 Kc19
Ristilä FIN 90 Kc32
Ristilampi FIN 69 Ka17
Ristimäki FIN 90 Kc32
Ristinen FIN 82 Kd29
Ristinge DK 109 Dd28
Ristinkylä FIN 83 Lc31
Ristonmännikkö FIN 69 Ka16
Ristovac KSV 178 Bc71
Risträsk S 79 Gb25
Risudden S 79 Ga28
Risulahti FIN 91 Lb34
Risum-Lindholm D 108 Da28
Risuperä FIN 75 Kd20
Risuperä FIN 82 Ka30
Risvolvollen N 78 Ec29
Ritabulli LV 106 Kb50
Ritamäki FIN 81 Jb31
Rite LV 114 La53
Ritini GR 183 Bd79
Ritola FIN 81 Jd31
Ritoniemi FIN 82 La30
Ritopek SRB 174 Bb64
Ritsem S 67 Gb16
Ritten I 143 Dd56
Ritterhude D 118 Cd34
Ritupe RUS 107 Ma49
Ritvala FIN 90 Ka36
Ritzleben D 119 Ea35
Riudarenes E 49 Hb60
Riudoms E 48 Gb62
Riumar E 48 Ga63
Riutta FIN 81 Jd28
Riutta FIN 83 Ld29
Riutta FIN 89 Jb35
Riuttala FIN 82 Kd30
Riuttala FIN 89 Jb35
Riuttanen FIN 89 Jc34
Riutula FIN 69 Ka11
Riva E 38 Dd55
Riva LV 105 Jb51
Riva-Bella F 22 Fc35
Riva dei Tessali I 162 Gd76
Riva del Garda I 149 Db58
Riva di Solto I 149 Da58
Riva di Tures I 143 Ea55
Rivanazzano I 148 Cb61
Rivarbukt N 63 Hd08
Rivarolo Canavese I 148 Bd59
Rivarolo Mantovano I 149 Da61
Rivas E 47 Fa59
Riva SanVitale I 149 Cc58
Rivas de Tereso E 38 Ea57
Rive-de-Gier F 34 Ja47
Rivello I 161 Ga77
Rivergaro I 149 Cd61
Riverstick IRL 12 Bd26
Riverstown IRL 12 Bd25
Riverville IRL 12 Bb24
Rives F 35 Jc48
Rivesaltes F 41 Hb57
Rivignano I 150 Ec58
Rivinperä FIN 82 Kb26
Rivio GR 188 Ba83
Rivisondoli I 161 Fa71
Rivne UA 202 Ea14
Rivne UA 204 Ed16
Rivoli I 148 Bc60
Rivolta d'Adda I 149 Cd59
Rixö S 102 Eb47
Riza GR 188 Bb85
Rižana SLO 151 Fa59
Rizário GR 183 Bc77
Rize TR 205 Ga19
Rizenbach CH 141 Bc54
Rizes GR 194 Bc88
Rízia GR 185 Eb75
Rizokarpaso CY 206 Ka95
Rizoma GR 183 Bb80
Rizómilos GR 189 Ca81
Rjabinovka RUS 113 Ja59
Rjabovskij RUS 203 Fc13
Rjahovo BG 180 Eb68
Rjånes N 76 Cc33
Rjasino RUS 107 Mb50
Rjazan' RUS 203 Fa11
Rjazanka RUS 203 Fc12
Rjažsk RUS 203 Fb11
Rjukan N 93 Db41
Rø DK 111 Fc57
Rö S 88 Gc32
Rö S 96 Gd42
Roa E 46 Db60
Roa N 85 Ea40
Roade GB 20 Fb26
Roager DK 108 Da27
Roaillan F 32 Fc51
Roald N 76 Cc32
Roan N 78 Ea27
Roana I 150 Dd58
Roanne F 34 Hd46
Roaschia I 148 Bc63
Roasjö S 102 Ed49
Roata de Jos RO 176 Dd66
Roavvegiedde N 64 Jd07
Roavvesåvu FIN 64 Jc09
Röbäck S 80 Hb28
Robakowo PL 121 Hb33
Robănești RO 175 Da66
Robbio I 148 Cb60
Robeasca RO 176 Ed64
Robecco d'Oglio I 149 Da60
Röbel D 119 Ec33
Røberg N 78 Ea29
Roberton GB 11 Ec15
Robertsfors S 80 Hc27
Robertsholm S 95 Ga39
Robertville B 125 Bb42
Robeži LV 105 Jb50
Robežnieki LV 115 Ld53
Robič SLO 150 Ed57
Robilante I 148 Bc63
Robin Hood's Bay GB 17 Fc18
Robledillo de Trujillo E 51 Ca68
Robledo E 37 Bd57
Robledo E 53 Ea70
Robledo de Chavela E 46 Da64
Robledo del Buey E 52 Cd67
Robledo del Mazo E 52 Cd67
Robledollano E 51 Cb67
Robles de la Valcueva E 37 Cc56
Röblingen D 127 Ea40
Robliza de Cojos E 45 Cb62
Robregordo E 46 Dc62
Robres E 48 Fb60
Robres del Castillo E 39 Eb58
Robru N 85 Db38
Roc HR 151 Fa60
Rocafort de Queralt E 48 Gb61
Roca Llisa E 56 Gc69
Rocamadour F 33 Gc50
Roca Vecchia I 163 Hc76
Roccabianca I 149 Da61
Roccadaspide I 161 Fd76
Rocca di Cambio I 156 Ed70
Rocca di Mezzo I 156 Ed70
Rocca di Neto I 165 Gd80
Rocca di Papa I 160 Eb72
Roccaforte del Greco I 164 Gb84
Roccagorga I 160 Ec73
Rocca Imperiale I 162 Gc77
Roccalbegna I 155 Dc68
Roccalumera I 167 Fd84
Roccamandolfi I 161 Fb73
Roccamena I 166 Ec85
Roccamonfina I 161 Fa73
Roccanova I 162 Gb77
Roccapalumba I 166 Ed85
Rocca Pietore I 143 Ea56
Rocca Priora I 156 Ed66
Roccaraso I 161 Fa72
Rocca San Casciano I 156 Dd64
Roccasecca I 160 Ed72
Rocca Sinibalda I 156 Ec70
Roccastrada I 155 Dc67
Roccatederighi I 155 Db67
Roccaverano I 148 Ca62
Roccella Jonica I 164 Gc83
Rocchetta San Antonio I 161 Fd74
Rochdale GB 16 Ed21
Roche E 59 Bd77
Roche GB 18 Db31
Rochechouart F 33 Ga47
Rochecolombe F 34 Ja51
Rochefort B 132 Ad43
Rochefort F 32 Fa46
Rochefort-en-Terre F 27 Ec40
Rochefort-Montagne F 33 Ha47
Rochegude F 42 Jb52
Rochehaut B 132 Ad44
Rochemaure F 42 Jb51
Rocheservière F 28 Ed43
Rochester GB 11 Ed15
Rochester GB 20 Fd28
Rochetaillée F 35 Jd49
Rochetaillée-sur-Saône F 34 Jb46
Rochfortbridge IRL 13 Cb21
Rochlitz D 127 Ec41
Rochnia PL 122 Ja34
Rociana del Condado E 59 Bc74
Rociu RO 175 Dc65
Rock GB 18 Db31
Rockanje NL 124 Ac37
Rockchapel IRL 12 Bc24
Rockcorry IRL 9 Cc18
Rockenhausen D 133 Ca45
Rockhammar S 95 Fd43
Rockhill IRL 12 Bd24
Rockneby S 103 Gb52
Röcknitz-Böhlitz D 127 Ec40
Rockolding D 135 Ea49
Ročov CZ 136 Fa44
Rocroi F 24 Hd33
Rodach, Bad D 134 Dc43
Roda de Isábena E 40 Ga58
Roda de Ter E 49 Ha59
Rodaki PL 138 Hd43
Rodalben D 133 Ca46
Rodaljice HR 157 Ga64
Rodalquilar E 61 Eb76
Rödålund S 80 Hb27
Rödånäs S 80 Hb27
Rödåsel S 80 Hb27
Rodavgi GR 188 Ad81
Rødberg N 85 Db40
Rødbergshamn N 62 Gc10
Rödbo S 102 Eb48
Rødby DK 109 Ea29
Rødbyhavn DK 109 Ea29
Rødding DK 100 Da22
Rødding DK 100 Db23
Rødding DK 108 Da26
Rødding DK 109 Eb28
Rodeberg D 126 Db40
Rödeby S 111 Fd54
Rode Heath GB 15 Ec22
Rodeiro E 36 Ba56
Rødekro DK 108 Db27
Rodel GB 4 Cd06
Roden NL 117 Bd33
Rodenbach D 134 Cd44
Rodenberg D 126 Da36
Rodenkirchen D 118 Cd33
Rödental D 135 Dd43
Rödermark D 134 Cc44
Rödermark D 134 Cd44
Rodersdorf D 135 Eb43
Rodewald D 118 Da35
Rodewisch D 135 Eb43
Rodewitz D 128 Fc41
Rodez F 33 Ha51
Rodgau D 134 Cc44
Rødhus Klit DK 100 Db20
Rodiá GR 182 Ba79
Rodiá GR 183 Bd80
Rodiá GR 189 Bc85
Rodiá GR 194 Ba88
Rodi-Fiesso CH 141 Cb56
Rodi Garganico I 161 Ga71
Roding D 135 Eb47
Rödingersdorf A 136 Ga49
Rödinghausen D 126 Cc37
Rödingträsk S 80 Gd26
Roditsa GR 189 Bd83
Rødkærsbro DK 100 Db23
Rodleben D 127 Eb38
Rodna RO 172 Dd56
Rodniki RUS 203 Fa09
Rodohóri GR 183 Bc77
Rodolívos GR 184 Cd77
Rödön S 79 Fb30
Rodonyà E 49 Gc62
Rodópoli GR 183 Cb76
Rodopós GR 200 Cb94
Ródos GR 197 Fa92
Rodováni GR 200 Cb95
Rødøy N 70 Fa19
Rodrażew PL 129 Gd39
Rodrigas (Riotorto) E 36 Bc54
Rødsand N 67 Gb11
Rødseidet N 78 Ec25
Rødsjøen N 78 Ea28
Rodskov DK 101 Dd23
Rødvig DK 109 Ec27
Rodzone PL 122 Hd33
Roela EST 98 La42
Røen N 77 Dc31
Roermond NL 125 Bb40
Roeselare B 21 Ha30
Roeselare B 124 Aa39
Roești RO 175 Da64
Roetgen D 125 Bb41
Roffiac F 34 Hb49
Röfors S 95 Fc45
Róg PL 122 Jb33
Rog S 95 Fd39
Rogač HR 158 Gb67
Rogačevka RUS 203 Fb13
Rogačica KSV 178 Bc71
Rogačica SRB 159 Jb64
Rogaieni MD 173 Fc55
Rogajny PL 122 Hd31
Rogale PL 123 Jd30
Rogalice PL 129 Gd41
Rogalin PL 129 Gc37
Rogart GB 5 Ea06
Rogäsen D 127 Eb37
Rogaška Slatina SLO 151 Ga57
Rogatec SLO 151 Ga57
Rogatica BIH 159 Hc65
Rogätz D 127 Ea37
Roggel NL 125 Bb39
Roggenburg D 142 Db50
Roggendorf D 119 Dd32
Roggentin D 119 Ed33
Roggiano Gravina I 164 Gb79
Roghi MD 173 Fd57
Roghudi I 164 Gb84
Rogil P 58 Ab73
Rogliano F 154 Cc67
Rogliano I 164 Gc80
Rognan N 71 Fd18
Rogne N 85 Dc37
Rognes F 42 Jc53
Rognmo N 67 Gc11
Rognskog N 77 Db31
Rogny-les-Sept-Écluses F 29 Ha40
Rogoš BG 180 Db73
Rogovka LV 107 Ld50
Rogovo RUS 107 Ma47
Rogów PL 130 Hd38
Rogowo PL 121 Gd35
Rogowo PL 122 Hc34
Rogóż PL 122 Ja30
Rogoz RO 171 Db56
Rogozče BG 184 Dc76
Rogozina BG 181 Fb69
Rogoznica HR 157 Ga66
Rogoźnica PL 129 Gb41
Rogoźniczka PL 131 Kb37
Rogoźnik PL 129 Gb41
Rogoźno PL 121 Gc35
Rogóźno PL 121 Hb33
Rogóźno PL 130 Hd37
Rogslösa S 103 Fc47
Rogsta S 87 Gb35
Roguszyn PL 131 Jd36
Rohan F 27 Eb39
Rohia RO 171 Db56
Röhlingen D 134 Db48
Rohovládova Bělá CZ 136 Ga44
Rohozná CZ 137 Gb46
Rohožník SK 145 Gd50
Rohr D 126 Dc42
Rohr D 134 Dc47
Rohr D 135 Ea49
Rohrau A 145 Gc51
Rohrbach D 135 Dd49
Rohrbach an der Gölsen A 144 Ga51
Rohrbach an der Lafnitz A 144 Ga53
Rohrbach in Oberösterreich A 136 Fa49
Rohrbach-lès-Bitche F 25 Kb35
Rohrberg D 119 Dd35
Rohr im Gebirge A 144 Ga52
Röhrnbach D 135 Ed49
Röhrsdorf D 127 Ec42
Rohuküla EST 97 Jd44
Rohuneeme EST 98 Kb42
Rois E 36 Ad56
Roisel F 23 Ha33
Roismala FIN 89 Jc36
Roissy F 23 Ha37
Roitegi E 39 Eb57
Roitzsch D 127 Eb39
Roiu EST 99 Lb45
Roizy F 24 Hd34
Roja LV 105 Jd49
Rojales E 55 Fb72
Rojão P 44 Ad63
Röjdåfors S 94 Ed40
Rojewice PL 121 Ha35
Rojewo PL 121 Ha35
Rojiște RO 179 Da67
Röjnoret S 80 Hb25
Röka S 72 Gd24
Rokai LT 114 Kc57
Rokansalo FIN 91 Lb34
Röke S 110 Fa54
Røkenes N 66 Fd12
Røkenes N 67 Gb12
Rokiciny PL 130 Hd39
Rokietnica PL 129 Gc36
Rokiö FIN 81 Ja30
Rokiškis LT 114 La53
Rokitki PL 128 Ga40
Rokitnica PL 139 Kb44
Rokitno PL 131 Kc37
Rokity PL 121 Gd30
Rokkala FIN 91 Ma32
Rokkamäki FIN 90 Kc32
Rokke N 94 Eb44
Røkkum N 77 Db31
Roknäs S 73 Hc23
Rokua FIN 82 Kb25
Rokycany CZ 136 Fa46
Rokytne UA 202 Eb14
Rokytnice nad Jizerou CZ 128 Fd42
Rokytnice v. Orl. horách CZ 137 Gb44
Rolampont F 30 Jb39
Rölanda S 94 Eb45
Rolandstorp S 79 Fb26
Rold DK 100 Dc22
Røldal N 92 Cc41
Roldán E 55 Fa73
Rolde NL 117 Bd34
Role PL 121 Gc31
Rolfs S 73 Ja21
Rolfstorp S 102 Ec51
Rollag N 93 Dc41
Rollamienta E 47 Eb59
Rollán E 45 Cb62
Röllbach D 134 Cd45
Rolle CH 140 Ba55
Rollshausen D 126 Db39
Rolsberga S 110 Fa55
Rolsted DK 109 Dd27
Rolvenden GB 21 Ga29
Rolvsnes N 92 Ca41
Rom F 32 Fd45
Roma I 160 Eb71
Roma RO 172 Ec55
Romagnano Sesia I 148 Ca58
Romakkajärvi FIN 74 Jc18
Romakloster S 104 Ha49
Roman BG 179 Cd70
Roman RO 172 Ed58
Românași RO 171 Cd57
Romancos E 47 Ea63
Românești RO 173 Fa55
Românești RO 173 Fa57
Români RO 172 Ec58
Români de Sus RO 175 Da63
Romanija BIH 159 Hc65
Romanillos de Medinaceli E 47 Ea62
Romankovka RUS 99 Mb40
Romano di Lombardia I 149 Cd59
Romanów PL 131 Kc38
Romanówka PL 123 Kb32
Romanowo Górne PL 121 Gb35
Romanshorn CH 142 Cd52
Romans-sur-Isère F 34 Jb49
Romanu RO 177 Fa63
Romanyà de la Selva E 49 Hb60
Rombak N 67 Gc13
Rombas F 25 Jd35
Rombiolo I 164 Gb82
Romeán E 36 Bc55
Romelanda S 102 Ec48
Romenay F 30 Jb44
Romeny-sur-Marne F 24 Hb36
Rome = Roma I 160 Eb71
Römerstein D 134 Cd49
Rometta I 167 Fd84
Romeu P 45 Bc60
Romfartuna S 95 Gb42
Romfo N 77 Dc32
Romford GB 20 Fd28
Romhány H 146 Hd51
Römhild D 134 Dc43
Romilly-sur-Seine F 30 Hc38
Romme S 95 Fd40
Rommele S 102 Ec47
Rommerskirchen D 125 Bd40
Romny UA 202 Ed14
Romodan UA 202 Ed14
Romont CH 141 Bb55
Romorantin-Lanthenay F 29 Gc42
Romos RO 175 Cd61
Romoșel RO 175 Cd61
Romppala FIN 83 Ld29
Romrod D 126 Cd42
Romsey GB 20 Fa30
Romsila FIN 97 Jd39
Rømskog N 94 Eb42
Romstad N 78 Ec27
Romuli RO 171 Dc55
Romund N 85 Dc35
Røn N 85 Dc37
Rona de Jos RO 171 Db54
Rona de Sus RO 171 Db54
Rönäs S 71 Fc22
Rønbjerg DK 100 Da22
Roncal E 39 Fa57
Roncegno I 150 Dd58
Ronce-les-Bains F 32 Fa47
Roncesvalles E 39 Ed56
Ronchamp F 31 Ka40
Ronchi dei Legionari I 150 Ed58
Ronciglione I 156 Ea70
Roncobello I 149 Cd58
Ronco Canavese I 148 Bc59
Ronco Scrivia I 148 Cb62
Ronda E 59 Cb76
Rondablikk N 85 Dd35
Rønde DK 101 Dd23
Rondissone I 148 Bd60
Rone S 104 Ha50
Ronehamn S 104 Ha50
Rones N 78 Eb28
Rong N 84 Cc39
Rongesund N 84 Bd38
Rõngu EST 106 La46
Ronkaisperä FIN 82 Ka27
Ronkala FIN 91 Lb33
Rönkhausen D 125 Cb40
Rönkönlehto FIN 82 La26
Rönkönvaara FIN 83 Lc31
Rönnäs FIN 98 Kd39
Rönnäs S 79 Ga25
Rönnbäcken S 71 Fd23
Rønne DK 111 Fc58
Ronneburg D 127 Eb42
Ronneburg D 134 Cd43
Ronneby S 111 Fd54
Ronneby hamn S 111 Fd54
Rønnede DK 109 Eb27
Ronnenberg D 126 Da36
Rønnes N 93 Da46
Rönneshytta S 95 Fc45
Rönnfällan S 80 Ha25
Rönnholm FIN 81 Hd31
Rönnholm S 80 Ha29
Rönninge S 96 Gc44
Rønningen N 67 Gc12
Rönnliden S 72 Ha23
Rönnöfors S 79 Fb29
Rönnskär S 80 Hc25
Rönnynkylä FIN 82 Kb29
Rönnynranta FIN 75 Kd19
Rönö S 103 Gb46
Ronquières B 124 Ac41
Ronsberg D 142 Db51
Ronse B 124 Ab40
Ronshausen D 126 Db41
Ronzone I 142 Dc56
Roobaka EST 97 Jd45
Roobe EST 106 La47
Roodeschool NL 117 Ca32
Röölä FIN 97 Jb39
Roonah Quay IRL 8 Bb19
Roosendaal NL 124 Ad38
Roosinpohja FIN 90 Ka33
Roosky IRL 8 Bd19
Roosky IRL 8 Ca17
Roosky IRL 8 Ca19
Rooslepa EST 97 Jd43
Roosna-Alliku EST 98 Kd43
Ropa PL 138 Jc45
Ropaži LV 106 Kc50
Ropczyce PL 139 Jd44
Ropefield IRL 8 Bd18
Ropeid N 92 Cb42
Roperuelos del Páramo E 37 Cb58
Ropinsalmi FIN 68 Hc12
Ropley GB 20 Fa29
Ropotovo MK 183 Bb75
Roppe F 31 Kb40
Ropša RUS 99 Mb40
Ropsley GB 17 Fc23
Ropso RUS 99 Lc41
Roquebillière F 43 Kd52
Roquebrun F 41 Hb54
Roquebrune-sur-Argens F 43 Kb54
Roquecourbe F 41 Gd54
Roquefort F 40 Fc53
Roquefort-sur-Soulzon F 41 Hb53
Roquesteron F 43 Kc52
Roquetas de Mar E 61 Ea76
Roquetes E 48 Ga63
Røra N 78 Eb28
Röra S 102 Eb47
Rörbäck S 73 Ja21
Rörbäcksnäs S 86 Ed37
Rørbæk DK 100 Dc22
Rørby DK 109 Ea26
Rore BIH 158 Gc64
Rørholt DK 101 Dd21
Rørholt N 93 Dc44
Rørnes N 62 Ha09
Rörö S 102 Eb49
Rörön S 87 Fc32
Røros N 86 Eb32
Rørøya N 70 Ed22
Rorschach CH 142 Cd53
Rørstad N 66 Fd16
Rörum S 111 Fb56
Rörvattnet S 79 Fb28
Rørvig DK 109 Eb25
Rørvik N 78 Eb25
Rørvik N 78 Ea29
Rörvik S 103 Fc50
Rørvika N 66 Ga13
Rørvika N 66 Ga14
Ros' BY 202 Dd13
Ros E 38 Dc58
Rösa D 127 Ec39
Rosà I 150 Dd59
Rosal E 36 Ac58
Rošal' RUS 203 Fa10
Rosala FIN 97 Jc41
Rosal de la Frontera E 51 Bb71
Rosalejo E 45 Cc65
Rosans F 42 Jc51
Rosapenna IRL 9 Cb15
Rosapineta I 150 Eb61
Rosário P 51 Bb69
Rosarno I 164 Gb82
Rosbach vor der Höhe D 134 Cc43
Roscales E 38 Da56
Roșcani MD 173 Fc57
Roșcani RO 174 Cb61
Roscanvel F 26 Db38
Rosche D 119 Dd34
Rosciano I 156 Ec65
Roščino RUS 202 Ea08
Rościszewo PL 122 Hd35
Roscoff F 26 Dc37
Ros Comáin IRL 8 Ca20
Roscommon IRL 8 Ca20
Ros Cré IRL 13 Ca22
Roscrea IRL 13 Ca22
Roščyno RUS 113 Jb59
Rosdorf D 126 Db39
Rose I 164 Gb80
Rosebush GB 14 Dc26
Rosedale Abbey GB 11 Fb18
Rosegreen IRL 13 Ca24
Rosehearty GB 5 Ed07
Roseldorf A 136 Ga49
Rosell E 48 Fd64
Roselle I 155 Dc68
Rosen BG 181 Ed73
Rosenberg D 134 Cd46
Rosenberg D 134 Da47
Rosenbergergut D 136 Fa49
Rosendahl D 125 Ca37
Rosendal FIN 97 Jc40
Rosendal N 78 Ed25
Rosendal N 84 Cb40
Rosenfeld D 142 Cc50
Rosenfors S 103 Ga50
Rosengarten D 118 Db33
Rosengarten D 134 Da47
Rosenheim D 143 Eb52
Rosenow D 119 Ed32
Rosenthal D 126 Cd41
Rosenthal D 128 Fb40
Rosentorp S 87 Fc37
Roses E 41 Hc58
Roseți RO 181 Ed67
Roseto Capo Spulico I 164 Gc78
Roseto degli Abruzzi I 157 Fa69
Roseto Valfortore I 161 Fd73
Rosetti, C.A. RO 176 Ed64
Rosetti, C.A. RO 177 Ga64
Rosheim F 25 Kb37
Rosia I 155 Dc67
Roșia RO 170 Cb57
Roșia RO 175 Db61
Roșia de Amaradia RO 175 Da63
Roșia de Secaș RO 175 Da60
Roșia Montană RO 171 Cd59
Roșia Nouă RO 174 Cb60
Rosica BG 181 Fa68
Rosice CZ 137 Gb47
Rosières F 34 Ja51
Rosières-aux-Salines F 25 Jd37
Rosières-en-Blois F 25 Jc37
Rosieres-en-Santerre F 23 Ha33
Rosiești RO 177 Fb60
Rosignano Marittima I 155 Da66
Rosignano Solvay I 155 Da66
Roșiile RO 175 Da64
Roșiori RO 170 Cb56
Roșiori RO 172 Ed59
Roșiori RO 176 Ed65
Roșiori de Vede RO 180 Dc67
Rositz D 127 Eb41
Roskhill GB 4 Da08
Roskilde DK 109 Eb26
Roskovec AL 182 Ab76
Roskow D 127 Ec36
Roslags-Bro S 96 Ha42
Roslags-Kulla S 96 Ha43
Ros Láir IRL 13 Cd25
Röslau D 135 Ea44
Roslavl' RUS 202 Ec12
Roslev DK 100 Da22
Rosli N 85 Dc35
Rosliston GB 16 Ed24
Rosmalen NL 124 Ba38
Rosmaninhal P 51 Bb66
Ros Mhic Thriúin IRL 13 Cc24
Rosmult IRL 13 Ca23
Rosnay F 29 Gb44
Rosnay-l'Hôpital F 30 Ja38
Rosnowo PL 121 Gb31
Rosochate Kościelne PL 123 Ka34
Rosolina I 150 Ea61
Rosolina Mare I 150 Eb61
Rosolini I 167 Fb88
Rosoman MK 183 Bc75

Rosoy – Sabaudia

Rosoy F 30 Hb39
Rosporden F 27 Dd39
Rossa CH 142 Cc56
Røssåga N 71 Fb21
Rossano I 164 Gc79
Rossano Stazione I 164 Gc79
Rossau D 127 Ed41
Roßbach D 127 Ea40
Roßbach D 135 Ec49
Rössbyn S 94 Ec43
Rosscahill IRL 8 Bc20
Rosscarbery IRL 12 Bc26
Roßdorf D 126 Db42
Roßdorf D 127 Eb36
Roßdorf D 134 Cc45
Rosseland N 92 Cd45
Rosses Point IRL 8 Bd18
Rossett GB 15 Eb22
Rossevatn N 92 Cc45
Rossfjord N 62 Gc10
Rossgeir IRL 9 Cc16
Rossglass GB 9 Da18
Roßhaupten D 142 Dc52
Rossiglione I 148 Cb62
Rossignol F 33 Ga49
Rossinver IRL 8 Ca17
Rossio ao Sul do Tejo P 50 Ad66
Roßla D 127 Dd40
Røssland N 84 Ca38
Rosslare IRL 13 Cd25
Rosslare Harbour IRL 13 Cd25
Roßlau, Dessau- D 127 Eb38
Roßleben D 127 Ea40
Rossnowlagh IRL 8 Ca17
Rossön S 79 Ga28
Ross-on-Wye GB 15 Ec26
Rossoš' RUS 203 Fb13
Rossosz PL 131 Kb37
Rossoszyca PL 129 Hb39
Roßtal D 134 Dc46
Røssvassbukta N 71 Fb22
Rossvika N 70 Ec24
Rossvoll N 67 Gc11
Roßwein D 127 Ed41
Rostadalen N 67 Ha11
Röstånga S 110 Ed55
Rostock D 119 Eb31
Rostov RUS 203 Fa09
Rostov- na-Donu RUS 205 Fc15
Rostrenen F 27 Ea39
Rostrevor GB 9 Da19
Röström S 79 Ga27
Rostudel F 27 Db39
Rosturk IRL 8 Bb19
Rostuša MK 182 Ad74
Røstvollen N 86 Ec34
Roşu MD 177 Fb61
Rösvattnet S 80 Gc29
Røsvik N 66 Fd17
Rosvik S 73 Hd23
Roszczyce PL 121 Gd29
Roszki PL 129 Gd39
Roszki-Wodzki PL 123 Ka34
Rot S 87 Fb37
Rota E 59 Bc76
Rota Greca I 164 Gb79
Rot am See D 134 Db47
Rot an der Rot D 142 Da51
Rotari MD 173 Fd54
Rotava CZ 135 Ec44
Rotberget N 94 Ed39
Rotebro S 96 Gd43
Rotella I 156 Ed68
Rotello I 161 Fc72
Rotenburg an der Fulda D 126 Da41
Rotenburg (Wümme) D 118 Da34
Rotgülden A 143 Ed54
Roth D 135 Dd47
Rotha D 127 Dd39
Rötha D 127 Eb41
Roth an der Our D 133 Bb44
Rothemühl D 120 Fa33
Röthenbach D 135 Dd46
Röthenbach D 142 Da52
Röthenbach im Emmental CH 141 Bd54
Rothenbuch D 134 Cd44
Rothenburg D 127 Ea39
Rothenburg D 128 Fc40
Rothenburg ob der Tauber D 134 Db46
Rothenfels D 134 Da45
Rothenschirmbach D 127 Ea40
Rotherham GB 16 Fa21
Rothes GB 7 Eb08
Rothesay GB 6 Dc13
Rothiesholm GB 5 Ec02
Röthlein D 134 Db44
Rothleiten A 144 Fd54
Rothwell GB 16 Fa20
Rothwell GB 20 Fb25
Rotimlja BIH 158 Hb67
Rotiojoki FIN 82 Kc27
Rotkreuz CH 141 Cb54
Rotnäset S 79 Fd26
Rotonda I 164 Gb78
Rotondella I 162 Gc77
Rótova E 54 Fc69
Rotsjö S 87 Fd32
Rotsund N 62 Ha09
Rotta D 127 Ec39
Rottach-Egern D 143 Ea52
Rott a. Inn D 143 Eb51
Røttangan N 66 Fd15
Röttenbach D 134 Dc45
Röttenbach D 134 Dc47
Rottenbuch D 142 Dc52
Rottenburg D 135 Ea49
Rottenburg am Neckar D 134 Cc49
Rottendorf D 134 Db45
Rottenmann A 144 Fb53
Rotterdam NL 124 Ad37
Rotthalmünster D 143 Ed50
Rottingdean GB 20 Fc30
Röttingen D 134 Da46
Röttle S 103 Fb48
Rottleberode D 127 Dd39
Rottmersleben D 127 Ea37
Rottne S 103 Fc51
Rottneros S 94 Ed42
Rottofreno I 149 Cd61
Rottum NL 117 Bc34
Rottweil D 141 Cb50
Rotunda MD 173 Fa54
Rotunda RO 180 Db67
Roturas E 51 Cb67
Rotvik N 67 Gb12
Rötviken S 79 Fb28
Rotvoll N 78 Ec30
Rötz D 135 Eb47
Rouaine F 43 Kb52
Roubaix F 24 Hb31
Rouchovany CZ 136 Ga48
Roudnice CZ 136 Fb43
Roudouallec F 27 Dd39
Rouen F 23 Gb35
Rouffach F 31 Kb39
Rõuge EST 107 Lb47
Rouge F 28 Ed40
Rougemont F 31 Jd41
Roughburn GB 7 Dd10
Rouillac F 32 Fc47
Rouillé F 32 Fd45
Roujan F 41 Hc54
Roukala FIN 81 Jc27
Roulans F 31 Jd41
Roullet-Saint-Estèphe F 32 Fd48
Roumazières-Loubert F 33 Ga47
Roundstone IRL 8 Bb20
Roundwood IRL 13 Cd22
Roupy F 24 Hb33
Rouravaara FIN 68 Jc14
Rouravaara FIN 68 Jc14
Rousínov CZ 137 Gc47
Roússa GR 185 Ea76
Roussac F 33 Gb46
Rousset-les-Vignes F 42 Jc51
Roussillon F 34 Jb48
Roussillon F 42 Jc53
Roust DK 108 Da26
Rouvray F 30 Hd41
Rouvres-sur-Aube F 30 Jb40
Rouvroy-sur-Audry F 24 Hd33
Rouy F 30 Hc43
Rovačko Trebaljevo MNE 159 Jb68
Rovakka S 74 Jb18
Rovala FIN 74 Kb18
Rovale I 164 Gc80
Rovaniemen maalaiskunta FIN 74 Ka18
Rovaniemi FIN 74 Jd19
Rovanpää FIN 69 Jd15
Rovasenda I 148 Ca59
Rovastinaho FIN 74 Ka20
Rovato I 149 Da59
Rovde N 76 Cb33
Roveň SK 139 Ka47
Roven'ki RUS 203 Fb14
Roverbella I 149 Db60
Rovere I 156 Ed70
Roveredo in Piano I 150 Eb58
Rovereto I 149 Dc58
Roveré Veronese I 149 Dc59
Rövershagen D 119 Eb31
Roverud N 94 Ec40
Rovetta I 149 Da58
Roviés GR 189 Ca84
Rovigo I 150 Dd61
Røvik N 77 Da32
Rovinari RO 175 Cc64
Rovine BIH 152 Gd61
Rovinj HR 150 Ed61
Rovišće HR 152 Gc58
Rovisuvanto FIN 64 Jc09
Rovné CZ 137 Gb46
Rovnoe RUS 203 Fd12
Rovnoje RUS 113 Jb59
Rovon F 35 Jc48
Rovtarica SLO 151 Fa57
Rów PL 120 Fc35
Rowde GB 20 Ed28
Rowland's Gill GB 11 Ed16
Rowsley GB 16 Fa22
Rowy PL 121 Gc29
Roxenbaden S 103 Fd46
Roxförde D 127 Ea36
Roya F 43 Kc51
Royal Leamington Spa GB 20 Fa25
Royal Tunbridge Wells GB 20 Fd29
Royan F 32 Fa47
Royat F 34 Hb47
Roybon F 35 Jc48
Roybridge GB 7 Dd10
Røydland N 92 Cc46
Roydon GB 21 Ga25
Roye F 23 Ha34
Røyelelva N 63 Hb09
Royère-de-Vienne F 33 Gc47
Røyken N 93 Dd42
Röykkä FIN 98 Kb39
Röylä FIN 98 Ka39
Røynestøl N 92 Cd44
Røyrneset N 64 Jc09
Royos E 61 Eb73
Røyrmarka N 70 Ed23
Røyrvik N 78 Fa25
Royston GB 16 Fa21
Royston GB 20 Fc26
Royton GB 16 Ed21
Röyttä FIN 74 Jc21
Røytvoll N 70 Ed24
Royuela E 47 Ed65
Roza BG 180 Eb73
Rozadas E 37 Bd54
Rozadas E 37 Cc54
Rozadio E 38 Db55
Rožaj MNE 159 Jc68
Rožaj MNE 178 Ad70
Rozalimas LT 114 Kb54
Różan PL 122 Jc34
Różaniec PL 139 Kb43
Różanka PL 137 Gb44
Różanki PL 120 Fd35
Różanna PL 121 Ha33
Różańsko PL 120 Fc35
Rožanstvo SRB 178 Ad67
Rozavlea RO 171 Db55
Róża Wielka PL 121 Gb34
Rozay-en-Brie F 23 Ha37
Roždalovice CZ 136 Fd44
Roždestveno RUS 99 Mb41
Rozdil'na UA 204 Ec17
Rozdol'ne UA 205 Fa17
Rozelieures F 25 Jd37
Roželov CZ 136 Fa46
Rožencovo RUS 203 Fc08
Roženi LV 106 Kc47
Rożental PL 122 Hd32
Rozgarty PL 121 Hb34
Rozier-Côtes-d'Aurec F 34 Hd48
Rózinowo PL 122 Hc35
Rozivka UA 205 Fb16
Rozkopaczew PL 131 Kb39
Rozkoš CZ 136 Ga48
Rožmberk nad Vltavou CZ 136 Fb49
Rožmitál pod Tr. CZ 136 Fa46
Rožňava SK 138 Jb49
Rożniatow PL 129 Hb38
Roznov RO 172 Ec58
Rožnov'e RUS 99 Ma42
Rožnov pod Radhoštěm CZ 137 Hb46
Roznów PL 138 Jb45
Rożnowice PL 138 Jc45
Rożnowo PL 129 Gc36
Rozogi PL 122 Jc32
Rožok RUS 203 Fb09
Rozovec BG 180 Dc72
Rozoy-sur-Serre F 24 Hd34
Rozprza PL 130 Hd40
Rozsály H 147 Kc51
Roztoki Górne PL 106 Kb47
Roztoky CZ 136 Fb44
Rožula LV 106 Kc49
Rozvadov CZ 135 Ec46
Różyńsk Wielki PL 123 Jd32
Różyńsk Wlk. PL 123 Jd30
Rožyšče UA 202 Ea14
Rrogozhinë AL 182 Ab75
Rsavci SRB 178 Bb67
Rsovci SRB 179 Cb69
Rtiščevo RUS 203 Fc11
Rtyně v Podkrkonoší CZ 136 Ga43
Rua P 44 Bb62
Ruanes E 51 Ca67
Ruba BY 202 Eb11
Ruba LV 113 Jd53
Rubāni LV 107 Lc50
Rubbåsen N 67 Gb11
Rubbestad N 67 Gb11
Rubbestadneset N 92 Ca41
Rubcovščina RUS 99 Lc43
Rübeland D 127 Dd39
Rubene LV 106 Kd48
Rubeņi LV 115 Lb53
Rubeži MNE 159 Hd68
Rubí E 49 Gd61
Rubia E 37 Bd57
Rubián E 36 Bc56
Rubiás E 36 Bc55
Rubiás E 36 Bc58
Rubielos Bajos E 53 Ec68
Rubielos de la Cérida E 47 Fa63
Rubielos de Mora E 54 Fb65
Rubiera I 149 Db62
Rubigen CH 141 Bd54
Rubikai LT 113 Jc53
Rubikiai LT 114 La55
Rubkow D 120 Fa31
Rublacedo de Abajo E 38 Dc57
Rublenița MD 173 Fc54
Rubno Wielkopolski PL 122 Hc30
Rubuliai LT 113 Jb54
Rucăr RO 176 Dd63
Rucava LV 113 Jb54
Ruchna PL 131 Jd36
Ruč'i RUS 99 Ld40
Ruciane-Nida PL 122 Jc32
Ruciūnai LT 114 Kc56
Ruč'ji RUS 107 Ma48
Rückersdorf D 135 Dd46
Rucphen NL 124 Ad38
Rud N 93 Dd41
Rud S 94 Fa43
Ruda PL 123 Jd32
Ruda PL 123 Ka32
Ruda PL 131 Jd38
Ruda S 103 Ga51
Rudabánya H 146 Jc50
Ruda-Huta PL 131 Kc39
Rudaičai LT 113 Jc54
Rūdaičiai LT 113 Jb54
Rudakovo RUS 113 Jc58
Ruda Maleniecka PL 130 Ja40
Rudamina LT 114 La58
Rudamina LV 114 Kb59
Ruda nad Moravou CZ 137 Gc45
Rudanmaa FIN 89 Jb35
Rudare SRB 178 Bc69
Rudăria RO 174 Ca64
Ruda Różaniecka PL 139 Kc43
Ruda Śląska PL 138 Hc44
Rudawka PL 123 Kb31
Rudbarži LV 105 Jc52
Rüddingshausen D 126 Cd42
Rude DK 109 Ea27
Rude HR 151 Ga59
Rude LV 105 Jd49
Rude LV 113 Ja53
Ruden A 144 Fc56
Rudersberg D 134 Cd48
Rüdersdorf D 128 Fa36
Rüdershausen D 126 Db39
Ruderting D 135 Ed49
Rüdesheim D 133 Cb44
Rudgalviai LT 113 Jc55
Rudi MD 173 Fb53
Rudíkov CZ 136 Ga47
Rudiliai LT 114 Kd54
Rudilla E 47 Fa63
Rudina HR 151 Fb61
Rüdingsdorf D 128 Fa38
Rudinice MNE 159 Hd67
Rudinka HR 151 Fd62
Rudinovka RUS 107 Ma50
Rudiškes LT 114 Kd58
Rudiškiai LT 114 Ka53
Rudka PL 122 Jb32
Rudka PL 123 Ka35
Rudka PL 131 Kd39
Rudkøbing DK 109 Dd28
Rudky UA 204 Dd15
Rhuddlan GB 15 Ea22
Rudlaukis LT 113 Jc56
Rudná CZ 136 Fb45
Rudna PL 129 Gb40
Rudna PL 129 Gd40
Rudn'a RUS 107 Mb51
Rudna S 73 Hb18
Rudna Glava SRB 174 Ca65
Rudňany SK 138 Jc48
Rudna Wielka PL 129 Gb39
Rudnia LT 123 Kd30
Rudnica MNE 159 Ja66
Rudnica PL 128 Fd36
Rudnica SRB 178 Ba68
Rudnik BG 181 Ed72
Rudnik BG 181 Fa71
Rudnik CZ 136 Ga43
Rudnik KSV 178 Ba70
Rudnik PL 121 Hb33
Rudnik PL 130 Jc41
Rudnik PL 131 Ka42
Rudnik PL 131 Kb41
Rudnik PL 137 Hb44
Rudnik SRB 159 Jc64
Rudniki PL 129 Hb41
Rūdninkai LT 114 La59
Rüdnitz D 120 Fa35
Rudnja RUS 202 Eb11
Rudno PL 121 Hb31
Rudno PL 129 Gb40
Rudno PL 131 Ka39
Rudno PL 131 Kb38
Rudno PL 137 Hb43
Rudno RUS 99 Ld43
Rudno SLO 151 Fb57
Rudno SRB 178 Ba68
Rudo BIH 159 Ja65
Rudolfov CZ 136 Fb48
Rudolstadt D 127 Dd42
Rudopolje Bruvanjsko HR 151 Ga63
Rudovci SRB 153 Jc63
Rudovoe RUS 107 Ld48
Rudozem BG 184 Db75
Rudshøgda N 86 Ea38
Rudsjön S 79 Ga28
Rudskoga S 95 Fb44
Rudstorp S 94 Fa42
Ruds Vedby DK 109 Ea26
Rudupiai LT 113 Jd54
Rudy PL 137 Hb44
Rudzāti LV 107 Lb52
Rudziai LT 114 Kc56
Rudzica PL 138 Hc45
Rudziczka PL 137 Gd43
Rudzienice PL 122 Hd32
Rudzienko PL 130 Jc37
Rudzienko PL 131 Jd36
Rudzīši LV 107 Ld52
Rue F 23 Gc32
Ruecas E 51 Ca68
Rueda E 46 Cd61
Rueda de Jalón E 47 Fa60
Rueda de Pisuerga E 38 Da56
Ruelle-sur-Touvre F 32 Fd47
Ruen BG 181 Ed72
Ruerrero E 38 Dc56
Ruesta E 39 Fa57
Ruffano I 163 Hc77
Ruffec F 32 Fd46
Ruffieu F 35 Jc46
Ruffieux F 35 Jd46
Rufford GB 15 Eb21
Rufina I 156 Dd65
Rugāji LV 107 Lc49
Rūgaliai LT 113 Jb56
Rugby GB 20 Fa25
Rugeley GB 16 Ed24
Rugendorf D 135 Dd44
Rugince MK 178 Bd72
Ruginești RO 172 Eb58
Ruginești RO 176 Ed61
Ruginoasa RO 172 Ed57
Rügland D 134 Dc46
Rugles F 23 Ga37
Rugsund N 84 Cb34
Ruguj RUS 202 Eb08
Ruha FIN 81 Jb31
Ruhala FIN 89 Jd34
Ruhan' RUS 202 Ec12
Ruhla D 126 Dc41
Ruhland D 128 Fa40
Ruhmannsfelden D 135 Ec48
Ruhnu EST 105 Jd48
Ruhovaara FIN 83 Mb31
Ruhpolding D 143 Eb52
Ruhstorf D 143 Ed50
Ruhwarden D 117 Cc32
Ruidera E 53 Dd69
Ruila EST 98 Kb43
Ruinas I 169 Ca77
Ruinen NL 117 Bd34
Ruissalo FIN 97 Jb39
Rujevac HR 152 Gb61
Rūjiena LV 106 Kd47
Rujišta BIH 158 Hb66
Rujno BG 181 Ec68
Ruka FIN 75 La19
Rukainiai LT 115 Lb58
Rukajärvi FIN 75 La19
Rukavac HR 158 Gb68
Rukla LT 114 Kc57
Rukmaņi LV 107 Ld52
Rukovo RUS 107 Mb52
Ruleva LV 107 Ma52
Rullbo S 87 Fc35
Rulli EST 106 La46
Rully F 23 Ha35
Rülzheim D 133 Cb47
Rum H 145 Gc54
Ruma SRB 153 Jb61
Rumar FIN 97 Ja40
Rumboci BIH 158 Ha65
Rumburgh GB 21 Gb25
Rumburk CZ 128 Fb42
Rumelifeneri TR 186 Fd77
Rumenka SRB 153 Jb60
Rumford GB 18 Db31
Rumia PL 121 Ha29
Rumian PL 122 Hd33
Rumigny F 24 Hd33
Rumilly F 35 Jd46
Rumilly-lès-Vaudes F 30 Hd39
Rümlang CH 141 Cb52
Rummey GB 19 Eb28
Rummu EST 98 Ka43
Rummukka FIN 90 La32
Rumo FIN 82 La27
Rumont F 24 Jb36
Rumpani LV 107 Lb48
Rumšiškės LT 114 Kc57
Rumskulla S 103 Fd49
Rumy PL 122 Jb32
Runcorn GB 15 Ec22
Runcu RO 175 Cc63
Runcu RO 175 Db63
Runcu RO 176 Dd63
Rundāni LV 107 Ma52
Runde N 76 Cb32
Rundfloen N 86 Ed38
Rundhaug N 67 Gd11
Rundhaugen N 71 Fc20
Runding D 135 Ec47
Rundvik S 80 Ha29
Runemo S 87 Ga37
Rungsted DK 109 Ec25
Runhällen S 95 Gb41
Runnabackan IRL 8 Ca20
Runni FIN 82 Kc28
Runów PL 130 Jb37
Runowo PL 122 Ja30
Runsten S 103 Gb52
Runtaleave GB 7 Eb10
Runtuna S 95 Gb45
Ruodusniemi S 68 Hd13
Ruohokangas FIN 69 Kb12
Ruohola FIN 74 Ka21
Ruokolahti FIN 83 Ld31
Ruokee FIN 91 Ld33
Ruokojärvi FIN 68 Jc17
Ruokojärvi FIN 91 Lc33
Ruokojärvi S 73 Ja19
Ruokokoski FIN 90 La32
Ruokola FIN 91 Lc36
Ruokolahti FIN 91 Lc35
Ruokolahti FIN 91 Ld33
Ruokotaipale FIN 91 Lb35
Ruokto S 67 Gd17
Ruolahti FIN 90 Kb35
Ruomi FIN 91 Lb36
Ruoms F 34 Ja51
Ruona FIN 81 Jc31
Ruona FIN 89 Ja37
Ruonlahti FIN 97 Jc39
Ruopsa FIN 74 Kb18
Ruorasmäki FIN 90 Kd34
Ruosniemi FIN 89 Ja36
Ruotaanmäki FIN 82 Kc28
Ruoti I 161 Ga75
Ruotinkylä FIN 82 Kb31
Ruotsalo FIN 81 Jb28
Ruotsinkylä Svenskby FIN 90 Kd38
Ruotsinpyhtää FIN 90 Kd38
Ruottisenharju FIN 75 Kc22
Ruovesi FIN 89 Jd34
Rupa HR 151 Fb60
Rupe HR 157 Ga65
Rupea RO 176 Dd61
Rupit E 49 Ha59
Rupperswil CH 141 Ca53
Ruppertshofen D 134 Da48
Ruppichteroth D 125 Ca41
Ruppovaara FIN 91 Ma32
Ruprechtov CZ 137 Gc47
Rupsa FIN 83 Lb29
Rupt-sur-Moselle F 31 Ka39
Rus RO 171 Da56
Rusalja BG 180 Dd70
Rusalka BG 181 Fc70
Rusănești RO 180 Db67
Rušanj SRB 153 Jc62
Rusca Montană RO 174 Cb61
Ruscova RO 171 Dc55
Rusdal N 92 Cb45
Ruse BG 180 Ea68
Ruše SLO 144 Fd56
Rusele S 80 Gc25
Rușeni MD 173 Fa54
Rușețu RO 176 Ed64
Rusfors S 80 Gd25
Rush IRL 13 Da21
Rushaugen N 66 Ga13
Rushden GB 20 Fb25
Rusi FIN 90 Kc34
Rusiec PL 130 Hc40
Rușii-Munți RO 171 Dc58
Rusinovo MK 183 Ca74
Rusinów PL 128 Fd39
Rusinów PL 130 Jb39
Rusinowo PL 120 Fd32
Rusinowo PL 121 Gb34
Rusjaci MK 183 Bb74
Ruska Bela BG 179 Cd70
Ruské SK 139 Kb47
Ruskeala FIN 90 Kc35
Ruski Bród PL 130 Jb40
Ruski Krstur SRB 153 Ja59
Ruskington GB 17 Fc23
Rusko FIN 97 Jb39
Rusko Selo SRB 174 Bb60
Rusksand S 79 Gb29
Rusksele S 80 Gd25
Ruskträsk S 80 Gd25
Ruskulla FIN 97 Jc40
Ruskulova LV 107 Ld50
Rusnė LT 113 Jb56
Rusokastro BG 181 Ed73
Rusovce SK 145 Gd51
Russånes N 71 Fd18
Russar N 85 Db35
Rüsselsheim D 134 Cc44
Russeluft N 63 Hd08
Russelv N 62 Ha08
Russenes N 64 Jb06
Russi I 150 Ea63
Russka RUS 99 Ld42
Russkij Kameškir RUS 203 Fd11
Russkoje RUS 113 Hd58
Russko-Vysockoe RUS 99 Mb40
Russliseter N 85 Dc36
Rust A 145 Gc52
Rust D 141 Ca50
Rustefjelbma N 64 Ka06
Rustrel F 42 Jd53
Rusvekk N 94 Ec40
Ruswil CH 141 Ca54
Ruszów PL 128 Fd40
Rutakoski FIN 90 Kc32
Rutalahti FIN 90 Kc33
Rutalahti FIN 90 Kc36
Rutava FIN 89 Jc37
Rute E 60 Da74
Rute S 104 Ha48
Rüthen D 126 Cc39
Rutherglen GB 10 Dd13
Ruthin GB 15 Eb22
Rüthnick D 119 Ed35
Ruthwell GB 11 Eb16
Rüti CH 142 Cc53
Rutigliano I 162 Gd74
Rutino I 161 Fc77
Rutka-Tartak PL 123 Ka29
Rutki-Kossaki PL 123 Ka34
Rutledal N 84 Ca37
Ruto FIN 81 Ja31
Rutoši SRB 159 Jb66
Rutten NL 116 Bb34
Rutvik S 73 Hd22
Rutwica PL 121 Gb34
Ruuhijärvi FIN 74 Jc18
Ruuhijärvi FIN 90 Kc36
Ruuhilampi FIN 82 La31
Ruuhilampi FIN 90 Kd35
Ruuhimäki FIN 90 Kc33
Ruukki FIN 81 Jd25
Ruunaa FIN 83 Ld27
Ruurlo NL 125 Bd37
Ruusa EST 107 Lc46
Ruuskankylä FIN 82 Ka27
Ruusmäe EST 107 Lc47
Ruutana FIN 82 Kc28
Ruutana FIN 89 Jd35
Ruuvaoja FIN 69 Kc14
Ruvanaho FIN 74 Kd18
Ruvaslahti FIN 83 Lc29
Ruvo del Monte I 161 Ga75
Ruvo di Puglia I 162 Gc74
Ruynes-en-Margeride F 34 Hb49
Ruyuela de Río Franco E 46 Db59
Ruza RUS 202 Ed10
Ruzaevka RUS 203 Fc10
Ružany BY 202 Ea13
Ruzgai LT 113 Jc53
Ružić HR 158 Gb65
Ružica BG 181 Ed69
Ružina LV 107 Lc51
Ružinci BG 179 Cb68
Ružomberok SK 138 Hd47
Ruzsa H 153 Ja57
Ry DK 108 Dc24
Ryå DK 100 Dc20
Rya N 86 Ec35
Ryba RUS 113 Jb57
Rybaki PL 121 Ha30
Rybaki PL 128 Fc38
Rybany SK 137 Hb49
Rybczewice PL 131 Kb40
Rybienko Leśne PL 122 Jc35
Rybinsk RUS 202 Ed09
Rybna PL 138 Hd44
Rybnica Leśna PL 129 Gb42
Rybnik PL 123 Kb33
Rybnik PL 137 Hb44
Rybník CZ 135 Ec46
Rybno PL 122 Hd33
Rybno PL 122 Jb30
Rybno PL 130 Ja37
Rybnoe RUS 203 Fa11
Ryboły PL 123 Kb34
Rybotycze PL 139 Kb45
Rychliki PL 122 Hc31
Rychłocice PL 130 Hc40
Rychnov CZ 128 Fd42
Rychnov nad Kněžnou CZ 137 Gb44
Rychnów PL 129 Ha41
Rychnowo PL 122 Hd32
Rychnowy PL 121 Gd32
Rychtal PL 129 Ha41
Rychtářov CZ 137 Gc47
Rychwał PL 129 Ha38
Ryczów PL 138 Hd44
Ryczywół PL 121 Gc35
Ryczywół PL 130 Jc38
Ryd S 111 Fc53
Ryda S 102 Ed47
Rydaholm S 103 Fb51
Rydal S 102 Ed49
Rydbo S 96 Gd43
Rydboholm S 102 Ed49
Ryde GB 20 Fa30
Rydet S 102 Eb50
Rydland N 85 Ea35
Rydöbruk S 102 Ed51
Rydsgård S 110 Fa56
Rydsnäs S 103 Fd49
Rydułtowy PL 137 Hb44
Rydzewo PL 120 Ga33
Rydzewo PL 122 Jc34
Rydzewo-Świątki PL 123 Jd32
Rydzyna PL 129 Gb39
Rye F 31 Jc43
Rye GB 21 Ga30
Rye N 77 Ea30
Ryen N 92 Cd47
Ryfoss N 85 Db37
Rygge N 93 Ea43
Ryglice PL 138 Jc44
Ryhälä FIN 91 Lb34
Ryhälänmäki FIN 82 Kd27
Ryhäntä FIN 82 La25
Ryjewo PL 121 Hb32
Rykantai LT 114 La58
Rykene N 93 Da46
Ryki PL 131 Jd38
Ryliškiai LT 123 Kc30
Ryl'sk RUS 202 Ed13
Rymań PL 120 Fd31
Rymanów PL 139 Ka45
Rymanów-Zdrój PL 139 Ka45
Rýmařov CZ 137 Gd45
Rymättylä FIN 97 Jb39
Ryn PL 122 Jc31
Rynarcice PL 129 Gb40
Rynarcice PL 137 Gd43
Rynarzewo PL 121 Gd34
Rynie PL 123 Ka30
Rynkänpuoli FIN 74 Kb20
Rynkeby DK 109 Dd26
Rynoltice CZ 128 Fc42
Ryńsk PL 121 Hb34
Ryomgård DK 101 Dd23
Ryönä FIN 82 La30
Ryönänjoki FIN 82 Kc28
Rypefjord N 63 Hd06
Rypin PL 122 Hc34
Rysjedalsvika N 84 Ca36
Ryškėnai LT 113 Jc54
Ryslinge DK 109 Dd27
Ryssby S 103 Fb52
Ryssdal N 84 Cc35
Rystad S 103 Fd46
Rysum D 117 Ca33
Ryszewo PL 129 Gd36
Rytel PL 121 Gd32
Rytilahti FIN 74 Kc18
Rytinki FIN 75 Kc21
Rytky FIN 82 Kc28
Rytky FIN 82 Kd30
Rytkynperä FIN 82 Ka26
Rytro PL 138 Jb46
Rytterne S 95 Ga43
Ryttylä FIN 90 Kb37
Rytwiany PL 130 Jc42
Rywałd PL 122 Hc33
Rywociny PL 122 Ja34
Ryžoviště CZ 137 Gd45
Rząśnik PL 122 Jc35
Rzęczkowo PL 121 Ha34
Rzecznica PL 121 Gc32
Rzeczniów PL 130 Jc40
Rzeczyca PL 130 Ja39
Rzeczyca PL 131 Kb37
Rzeczyca Ziemiańska PL 131 Ka41
Rzęgnowo PL 122 Jb34
Rzejowice PL 130 Hd41
Rzekuń PL 122 Jc34
Rzemień PL 139 Jd43
Rzepedź PL 139 Ka46
Rzepin PL 128 Fc37
Rzepin PL 130 Jc41
Rzerzęczyce PL 130 Hd41
Rzeszów PL 139 Ka44
Ržev RUS 202 Ec10
Rževskoe RUS 113 Jc57
Rzewnie PL 122 Jc35
Rzezawa PL 138 Jb44
Rzgów PL 129 Ha37
Rzgów PL 130 Hd39
Rzucewo PL 121 Ha29
Rzuchów PL 137 Hb44
Rzuców PL 130 Jb40
Ržyščiv UA 204 Ec15

S

Saá E 36 Bc56
Saadet TR 192 Ga81
Sääksjärvi FIN 81 Jd30
Sääksjärvi FIN 89 Jb36
Sääksjärvi FIN 90 Kc38
Sääkskoski FIN 89 Jb36
Sääksmäki FIN 89 Jd36
Saal D 119 Ec30
Saalahti FIN 90 Kb34
Saal an der Donau D 135 Ea48
Saal an der Saale D 134 Db43
Saalbach A 143 Eb53
Saalburg-Ebersdorf D 135 Ea43
Saales F 31 Kb38
Saalfeld D 127 Dd42
Saalfelden am Steinernen Meer A 143 Ec53
Saalow D 127 Ed37
Säämälä FIN 91 Lb36
Saanen CH 141 Bc55
Säänjärvi FIN 91 Lb36
Saara D 127 Eb41
Saaramaa FIN 90 La37
Saarbrücken D 133 Bd46
Saarburg D 133 Bc45
Saare EST 99 Lb44
Sääre EST 105 Jc48
Sääre EST 106 Kb46
Saareküla EST 105 Jd46
Saarela FIN 82 Kc29
Saarela FIN 83 Lc26
Saaren kirkonkylä FIN 91 Ld33
Saarenkylä FIN 74 Ka19
Saarenkylä FIN 82 Ka29
Saarenmaa FIN 89 Ja36
Säärenperä FIN 74 Jd24
Saarensalmi FIN 83 Lb25
Saarepeedi EST 98 Kd45
Saaresmäki FIN 82 Kc26
Saari FIN 90 Kc38
Saari FIN 91 Ld33
Saariharju FIN 74 Kb20
Saarijärvi FIN 82 Kb31
Saarijärvi FIN 89 Jb36
Saari-Kämä FIN 74 Ka19
Saarikas FIN 82 Kc31
Saarikko FIN 89 Jd38
Saarikoski FIN 67 Hb12
Saarikoski FIN 82 Ka25
Saarikoski FIN 89 Ja35
Saarikylä FIN 75 La22
Saarikylät FIN 89 Jd36
Saarinen FIN 82 Kd25
Saario FIN 83 Ma31
Saaripudas FIN 68 Jb16
Saariselkä FIN 69 Ka12
Saarivaara FIN 75 Lb24
Saarivaara FIN 83 Lc30
Saarivaara FIN 83 Ma31
Saarlouis D 133 Bc46
Saarwellingen D 133 Bc46
Saas Almagell CH 148 Bd57
Saas Fee CH 148 Bd57
Saas Grund CH 148 Bd57
Sääskijärvi FIN 74 Kb20
Sääskiniemi FIN 82 La28
Sääskjärvi FIN 90 Kd37
Saastna EST 98 Ka45
Saatağacı TR 185 Eb77
Säätse LV 107 Ld46
Šabac SRB 153 Jb62
Sabadell E 49 Gd61
Şabanözü TR 205 Fa20
Šabany RUS 107 Ma48
Săbăoani RO 172 Ed58
Sabarat F 40 Gc56
Sabaudia I 160 Ec73

Saint-Just-Ibarre – Sambuca di Sicilia

Saint-Just-Ibarre F 39 Fa55
Saint-Justin F 40 Fc53
Saint-Just-Malmont F 34 Ja48
Saint-Just-Saint-Rambert F 34 Ja48
Saint-Juvin F 24 Ja35
Saint-Lambert-du-Lattay F 28 Fb42
Saint-Lary-Soulan F 40 Fd57
Saint-Launeuc F 27 Ec39
Saint-Laurent F 33 Gd46
Saint-Laurent F 43 Kb51
Saint-Laurent-d'Aigouze F 42 Ja54
Saint-Laurent-d'Andenay F 30 Ja43
Saint-Laurent-de-Chamousset F 34 Ja47
Saint-Laurent-de-la-Cabrerisse F 41 Ha56
Saint-Laurent-de-la-Plaine F 28 Fb42
Saint-Laurent-de-la-Salanque F 41 Hb57
Saint-Laurent-des-Autels F 28 Fa42
Saint-Laurent-de-Trèves F 41 Hc52
Saint-Laurent-du-Pont F 35 Jd48
Saint-Laurent-en-Caux F 23 Ga34
Saint-Laurent-en-Gâtines F 29 Ga41
Saint-Laurent-en-Grandvaux F 31 Jd44
Saint-Laurent-et-Benon F 32 Fb49
Saint-Laurent-la-Vernède F 42 Ja52
Saint-Laurent-Nouan F 29 Gc40
Saint-Laurent-sur-Gorre F 33 Gb47
Saint-Laurent-sur-Sèvre F 28 Fb43
Saint-Léger B 132 Ba45
Saint-Léger-des-Vignes F 30 Hc43
Saint-Léger-en-Yvelines F 23 Gc37
Saint-Léger-sous-Beuvray F 30 Hd43
Saint-Léger-sous-Cholet F 28 Fb43
Saint-Léger-sur-Dheune F 30 Ja43
Saint-Léon F 40 Gc55
Saint-Léonard-de-Noblat F 33 Gc47
Saint-Léonard-en-Beauce F 29 Gb40
Saint-Léon-sur-Vézère F 33 Gb49
Saint-Leu-d'Esserent F 23 Gd35
Saint-Lizier F 40 Gb56
Saint-Lô F 22 Fa36
Saint-Longis F 28 Fd38
Saint-Loubès F 32 Fb50
Saint-Loup-de-la-Salle F 30 Jb43
Saint-Loup-de-Naud F 30 Hb38
Saint-Loup-Lamairé F 28 Fc44
Saint-Loup-sur-Semouse F 31 Jd39
Saint-Lunaire F 26 Ec37
Saint-Lyé F 29 Gc39
Saint-Lyphard F 27 Ec42
Saint-Lys F 40 Gb54
Saint-Macaire-en-Mauges F 28 Fa42
Saint-Maclou F 22 Fd35
Saint-Magne F 32 Fb51
Saint-Maime F 42 Jd53
Saint-Maixent-l'École F 32 Fc45
Saint-Malo F 26 Ec37
Saint-Mamert-du-Gard F 42 Ja53
Saint-Mandrier-sur-Mer F 42 Ka55
Saint-Marc F 27 Ec42
Saint-Marceau F 28 Fd39
Saint-Marcel F 30 Jb43
Saint-Marcel-de-Careiret F 42 Ja52
Saint-Marcel-lès-Valence F 34 Jb49
Saint-Marcellin F 35 Jc48
Saint-Mard-de-Réno F 29 Ga38
Saint-Mards-en-Othe F 30 Hc39
Saint Margaret's Hope GB 5 Ec03
Saint Margaret's at Cliffe GB 21 Gb29
Saint-Marsal F 41 Ha57
Saint-Mars-d'Outilie F 28 Fd40
Saint-Mars-la-Jaille F 28 Fa41
Saint-Martial-et-Saint-Aubin F 33 Gb50
Saint-Martial-sur-Isop F 33 Ga46
Saint-Martin F 22 Fb36
Saint-Martin F 27 Ec40
Saint-Martin F 31 Kb38
Saint-Martin-d'Ardeche F 34 Ja51
Saint-Martin-d'Auxigny F 29 Gd42
Saint-Martin-de-Boscherville F 23 Ga35
Saint-Martin-de-Bréhal F 22 Ed37
Saint-Martin-de-Crau F 42 Jb54
Saint-Martin-de-la-Lieue F 22 Fd36
Saint-Martin-de-Landelles F 28 Fa38
Saint-Martin de-la-Place F 28 Fc42
Saint-Martin-de-Londres F 41 Hd53
Saint-Martin-d'Entraunes F 43 Kb52
Saint-Martin-de-Queyrières F 35 Kb49
Saint-Martin-de-Ré F 32 Fa45
Saint-Martin-de-Salencey F 30 Ja44
Saint-Martin-des-Besaces F 22 Fb36
Saint-Martin-de-Seignanx F 39 Ed54
Saint-Martin-des-Puits F 41 Ha56
Saint-Martin-d'Estréaux F 34 Hc45
Saint-Martin-de-Valmas F 34 Ja49
Saint-Martin-d'Oney F 39 Fb53
Saint-Martin-du-Fouilloux F 28 Fc44
Saint-Martin-en-Bresse F 30 Jb43
Saint-Martin-en-Campagne F 23 Gb33
Saint-Martin-en-Haut F 34 Ja47
Saint-Martin-en-Vercors F 35 Jc49
Saint-Martin-la-Méanne F 33 Gd49
Saint-Martin-la-Plaine F 34 Ja47
Saint-Martin-l'Ars F 33 Ga45
Saint-Martin-le-Supérieur F 34 Ja50
Saint-Martin-Osmonville F 23 Gb34
Saint-Martin-sur-Armançon F 30 Hd40
Saint-Martin-sur-Ouanne F 30 Hb40
Saint-Martin-Valmeroux F 33 Ha49
Saint-Martin-Vésubie F 43 Kc52
Saint-Martory F 40 Gb56
Saint Mary's GB 5 Ec03
Saint Mary's Bay GB 21 Ga30
Saint-Mathieu F 33 Ga47
Saint-Mathieu-de-Tréviers F 41 Hd53
Saint-Mathurin-sur-Loire F 28 Fc42
Saint-Matré F 33 Gb51
Saint-Maudan F 27 Eb39
Saint-Maugan F 27 Ec39
Saint-Maulvis F 23 Gc33
Saint-Maur F 23 Gc34
Saint-Maur F 23 Gd37
Saint Maurice CH 141 Bc56
Saint-Maurice F 41 Hb53
Saint-Maurice-de-Cazevieille F 42 Ja52
Saint-Maurice-des-Lions F 33 Ga46
Saint-Maurice-en-Trieves F 35 Jd50
Saint-Maurice-lès-Charencey F 23 Ga37
Saint-Maurice-lès-Châteauneuf F 34 Hd45
Saint-Maurice-sous-les-Côtes F 25 Jc36
Saint-Maurice-sur-Aveyron F 29 Ha40
Saint-Maurice-sur-Eygues F 42 Jb51
Saint-Maurice-sur-Moselle F 31 Ka39
Saint Mawes GB 18 Db32
Saint-Maximin-la-Sainte-Baume F 42 Jd54
Saint-Méard-de-Gurçon F 32 Fd50
Saint-Médard F 33 Gb51
Saint-Médard-de-Guizières F 32 Fc49
Saint-Médard-en-Jalles F 32 Fb50
Saint-Méen-le-Grand F 27 Ec39
Saint-Meloir-des-Ondes F 28 Ed38
Saint-Menges F 24 Ja33
Saint-Menoux F 30 Hb44
Saint-Michel F 24 Hd33
Saint-Michel-de-Castelnau F 40 Fc52
Saint-Michel-de-Double F 32 Fd49
Saint-Michel-de-Lanés F 40 Gc55
Saint-Michel-en-Greve F 26 Dd37
Saint-Michel-en-l'Herm F 32 Fa45
Saint-Michel-les-Portes F 35 Jd49
Saint-Michel-l'Observatoire F 42 Jd53
Saint-Michel-Mont-Mercure F 28 Fb43
Saint-Mihiel F 24 Jb36
Saint Minver GB 18 Db31
Saint-Mitre-les-Remparts F 42 Jc54
Saint-Morillon F 32 Fb51
Saint-Nabord F 31 Ka39
Saint-Nazaire F 27 Ec42
Saint-Nazaire-en-Royans F 35 Jc49
Saint-Nazaire-le-Désert F 42 Jc51
Saint-Nectaire F 34 Hb47
Saint Neots GB 20 Fc25
Saint Nicholas GB 14 Db26
Saint-Nicolas-de-la-Grave F 40 Gb53
Saint-Nicolas-de-Port F 25 Jd37
Saint-Nicolas-des-Eaux F 27 Ea40
Saint-Nicolas-du-Pélem F 26 Ea38
Saint-Nizier-du-Moucherotte F 35 Jd48
Saint-Omer F 21 Gd30
Saint-Omer-en-Chaussée F 23 Gc34
Saint Osyth GB 21 Ga27
Saint-Ouen F 24 Hd37
Saint-Ouen F 29 Gb40
Saint-Ouen-lès-Parey F 31 Jc38
Saint-Pair-sur-Mer F 22 Ed37
Saint-Palais F 39 Fa55
Saint-Palais-sur-Mer F 32 Fa47
Saint-Pal-de-Senouire F 34 Hc48
Saint-Pancrace F 33 Ga48
Saint-Pantaléon F 40 Gb52
Saint-Papoul F 41 Gd55
Saint-Pardoux-la Riviere F 33 Ga48
Saint-Parres-lès-Vaudes F 30 Hd39
Saint-Paterne-Racan F 28 Fd41
Saint-Paul F 43 Kc53
Saint-Paul-Cap-de-Joux F 41 Gd54
Saint-Paul-de-Fenouillet F 41 Ha57
Saint-Paul-de-Varax F 34 Jb45
Saint-Paul-et-Valmalle F 41 Hd54
Saint-Paulien F 34 Hd49
Saint-Paul-le-Jeune F 34 Hd51
Saint-Paul-le-Jeune F 34 Ja51
Saint-Paul-lès-Dax F 39 Fa54
Saint-Paul-lès-Durance F 42 Jd53
Saint-Paul-sur-Ubaye F 35 Kb50
Saint-Paul-Trois-Châteaux F 42 Jb51
Saint-Pée-sur-Nivelle F 39 Ed55
Saint-Péran F 27 Ec39
Saint-Péravy-la-Colombe F 29 Gc40
Saint-Péray F 34 Jb49
Saint-Père F 30 Hc41
Saint-Père-en-Retz F 27 Ec42
Saint-Peter-Port GBG 26 Eb35
Saint-Péver F 26 Ea38
Saint-Philbert-de-Grand-Lieu F 28 Ed43
Saint-Piat F 29 Gc38
Saint-Pierre F 41 Hb53
Saint-Pierre-à-Champ F 28 Fc43
Saint-Pierre-d'Albigny F 35 Ka47
Saint-Pierre-de Bétirac F 41 Ha53
Saint-Pierre-de-Chartreuse F 35 Jd48
Saint-Pierre-de-Chignac F 33 Ga49
Saint-Pierre-de-la-Fage F 41 Hc53
Saint-Pierre-de-Maille F 29 Ga44
Saint-Pierre-d'Entremont F 22 Fb37
Saint-Pierre-d'Entremont F 35 Jd48
Saint-Pierre-de-Plesguen F 28 Ed38
Saint-Pierre-de-Quiberon F 27 Ea41
Saint-Pierre-des-Nids F 28 Fc38
Saint-Pierre-d'Oléron F 32 Fa46
Saint-Pierre-du-Bû F 22 Fc37
Saint-Pierre-du-Chemin F 28 Fb44
Saint-Pierre-du-Mont F 22 Fa35
Saint-Pierre-Église F 22 Fa34
Saint-Pierre-la Bourlhonne F 34 Hc47
Saint-Pierre-la-Cour F 28 Fa39
Saint-Pierre-le-Moûtier F 30 Hb43
Saint-Pierre-Montlimart F 28 Fa42
Saint-Pierre-sur-Dives F 22 Fc36
Saint-Pierre-sur-Mer F 41 Hc55
Saint-Pierre-sur-Orthe F 28 Fc39
Saint-Pierre-Toirac F 33 Gd51
Saint-Pierreville F 34 Ja50
Saint-Plaisir F 30 Hb44
Saint-Pois F 22 Fa37
Saint-Pol-de-Léon F 26 Dc37
Saint-Polgues F 34 Hd46
Saint-Pol-sur-Mer F 21 Gd29
Saint-Pol-sur-Ternoise F 23 Gd32
Saint-Pompain F 32 Fb45
Saint-Pons-de-Thomières F 41 Hb54
Saint-Porchaire F 32 Fb47
Saint-Porquier F 40 Gb53
Saint-Pouange F 30 Hd39
Saint-Pourçain-sur-Sioule F 34 Hb45
Saint-Prest F 29 Gb38
Saint-Priest F 34 Jb47
Saint-Priest-en-Jarez F 34 Ja48
Saint-Priest-Laprunge F 34 Hc46
Saint-Priest-Taurion F 33 Gb46
Saint-Privat F 33 Gd49
Saint-Privat-d'Allier F 34 Hc49
Saint-Privat-des-Vieux F 41 Hd52
Saint-Prouant F 28 Fa44
Saint-Puy F 40 Fd53
Saint-Quai F 26 Ea37
Saint-Quay-Portrieux F 26 Eb37
Saint-Quentin F 24 Hb33
Saint-Quentin-des-Isles F 23 Ga36
Saint-Quentin-les-Anges F 28 Fb40
Saint-Quentin-sur-Isère F 35 Jc48
Saint-Quirin F 25 Kb37
Saint-Rabier F 33 Gb49
Saint-Rambert-d'Albon F 34 Jb48
Saint-Raphaël F 43 Kb54
Saint-Remèze F 34 Ja51
Saint-Remy-Blanzy F 24 Hb35
Saint-Rémy-de-Provence F 42 Jb53
Saint-Rémy-des-Landes F 22 Ed35
Saint-Remy-du-Plain F 28 Ed38
Saint-Rémy-en-Bouzemont F 24 Ja37
Saint-Rémy-sur-Durolle F 34 Hc46
Saint-Renan F 26 Db38
Saint-Révérien F 30 Hc42
Saint-Riquier F 23 Gc32
Saint-Rivoal F 26 Dc38
Saint-Robert F 33 Gb49
Saint-Romain-de-Colbosc F 22 Fd34
Saint-Romain-de-Colbosc F 22 Fd35
Saint-Romain-le-Puy F 34 Hd47
Saint-Romain-sur-Cher F 29 Gb42
Saint-Roman F 35 Jc50
Saint-Romans F 35 Jc49
Saint-Rome-de-Cornon F 41 Hb53
Saint-Saëns F 23 Gb34
Saint-Sampson GBG 26 Ec35
Saint-Samson-la-Poterie F 23 Gc34
Saint-Satur F 29 Ha42
Saint-Saturnin F 29 Gd44
Saint-Saturnin F 34 Hb47
Saint-Saturnin F 42 Jb53
Saint-Saturnin-d'Apt F 42 Jc53
Saint-Saturnin-de-Lenne F 34 Hb51
Saint-Saulge F 30 Hc42
Saint-Saury F 33 Gd50
Saint-Sauvant F 32 Fb47
Saint-Sauves-d'Auvergne F 33 Ha47
Saint-Sauveur F 26 Dc38
Saint-Sauveur F 27 Ec44
Saint-Sauveur-d'Aunis F 32 Fb46
Saint-Sauveur-de-Montagut F 34 Ja50
Saint-Sauveur-de-Peyre F 34 Hc50
Saint-Sauveur-en-Puisaye F 30 Hb41
Saint-Sauveur-le-Vicomte F 22 Ed35
Saint-Sauveur-sur-Tinée F 43 Kc52
Saint-Savin F 29 Ga44
Saint-Savin F 32 Fb49
Saint-Savinien F 32 Fb47
Saint-Sébastien F 35 Jd49
Saint-Seine-l'Abbaye F 30 Ja41
Saint-Seine-l'Eglise F 31 Jc41
Saint-Senier-sous-Avranches F 22 Fa37
Saint-Sernin-sur-Rance F 41 Ha53
Saint-Servan F 26 Ec37
Saint-Sever F 39 Fb54
Saint-Sever-Calvados F 22 Fa37
Saint-Séverin F 32 Fd48
Saint-Sorlin-d'Arves F 35 Ka48
Saint-Sorlin-en-Valloire F 34 Jb48
Saint-Sornin-Leulac F 33 Gb45
Saint-Soupplets F 23 Ha36
Saint-Sulpice F 40 Gc54
Saint-Sulpice-les-Champs F 33 Gd46
Saint-Sulpice-les-Feuilles F 33 Gb45
Saint-Sulpice-sur-Lezé F 40 Gb55
Saint-Sylvestre F 34 Jb49
Saint-Sylvestre-sur-Lot F 33 Ga51
Saint-Symphorien F 32 Fb51
Saint-Symphorien F 34 Hd46
Saint-Symphorien-de-Mahun F 34 Ja49
Saint-Symphorien-sur-Coise F 34 Ja47
Saint Teath GB 18 Db31
Saint-Thégonnec F 26 Dd38
Saint-Thibault F 30 Ja41
Saint-Thibéry F 41 Hc55
Saint-Thiébault F 31 Jc38
Saint-Thurin F 34 Hd47
Saint-Trinit F 42 Jc52
Saint-Trivier-de-Courtes F 30 Jb44
Saint-Trivier-sur-Mignans F 34 Jb46
Saint-Trojan-les-Bains F 32 Fa47
Saint-Tropez F 43 Kb54
Saint Tudy GB 18 Db31
Saint-Tugen F 27 Db39
Saint Ursanne CH 141 Bc52
Saint-Usuge F 30 Jb44
Saint-Vaast-la-Hougue F 22 Fa34
Saint-Valérien F 30 Hb39
Saint-Valéry-en-Caux F 23 Ga33
Saint-Valery-sur-Somme F 23 Gc32
Saint-Vallier F 30 Ja44
Saint-Vallier F 34 Jb49
Saint-Vallier-de Thiey F 43 Kc53
Saint-Varent F 28 Fc43
Saint-Vaury F 33 Gc45
Saint-Venant F 23 Gd31
Saint-Véran F 35 Kb50
Saint-Véran F 41 Hc52
Saint-Victor F 33 Ha45
Saint-Victor F 40 Ga52
Saint-Victor F 42 Jb52
Saint-Victor-sur-Loire F 34 Ja48
Saint-Vigor-le-Grand F 22 Fb35
Saint-Vincent F 42 Jd52
Saint-Vincent I 148 Bd58
Saint-Vincent-de-Connezac F 32 Fd49
Saint-Vincent-de-Tyrosse F 39 Fa54
Saint-Vincent-les-Forts F 42 Ka51
Saint-Vincent-sur-Jard F 32 Ed45
Saint-Vit F 31 Jc42
Saint-Vith B 133 Bb43
Saint-Vivien-de-Medoc F 32 Fa48
Saint-Voir F 34 Hc45
Saint-Vulbas F 35 Jc46
Saint Weonards GB 15 Eb26
Saint-Xandre F 32 Fa45
Saint-Yaguen F 39 Fb53
Saint-Yan F 34 Hd45
Saint-Ybars F 40 Gc55
Saint-Yorre F 34 Hc46
Saint-Yrieix-la-Perche F 33 Gb48
Saint-Yrieix-le-Déjalat F 33 Gd48
Saint-Yzans-de-Médoc F 32 Fb48
Saint-Zacharie F 42 Jd54
Sainville F 29 Gc38
Saip TR 191 Ea85
Sairakkala FIN 90 Kb37
Sairiala FIN 90 Kb36
Sairinen FIN 89 Ja38
Saissac F 41 Gd55
Săiți MD 177 Ga60
Saittarova S 68 Hd16
Saiva sameviste S 67 Gd17
Säivis S 73 Jb21
Saivomuotka S 68 Ja14
Saja E 38 Db55
Sajan SRB 153 Jc58
Sajan SRB 174 Bb60
Sajaniemi FIN 90 Ka38
Sajenek PL 123 Kb31
Sajkaš SRB 153 Jb60
Sajólád H 146 Jc51
Sajópüspöki H 146 Jb50
Sajósvámos H 146 Jc50
Sajószentpéter H 146 Jc50
Saka EST 99 Lb41
Saka LV 105 Jb51
Säkäjärvi FIN 91 Lb37
Sakajärvi S 67 Hb17
Sakaravaara FIN 75 La23
Sakarkaya TR 191 Ed84
Sakarya TR 187 Gc78
Šakiai LT 113 Jc57
Šakiai LT 114 Ka57
Säkilahti FIN 91 Lc34
Säkinmäki FIN 90 Kc32
Sakız TR 185 Ed76
Säkkilä FIN 75 La19
Sakkoperä FIN 81 Jd26
Sakla EST 105 Jd46
Saklıkent TR 199 Gb91
Sakony RUS 203 Fb10
Săkova LV 115 Ld53
Saksala FIN 89 Jb38
Saksalanharju FIN 90 La33
Sakshaug N 78 Eb28
Saksild DK 108 Dc24
Sakskøbing DK 109 Ea28
Saksnes N 77 Db31
Sakstagals LV 107 Lc51
Saksum N 85 Dd37
Saku EST 98 Kb42
Sakūčiai LT 113 Jb56
Sakule SRB 174 Bb62
Šakvietis LT 113 Jd56
Saky UA 205 Fa17
Säkylä FIN 89 Jb37
Šakyna LT 114 Ka53
Sal S 102 Ed47
Sala LV 106 La51
Sala RUS 99 Ld41
Sala S 95 Gb41
Saľa SK 145 Ha51
Sălacea RO 170 Cb55
Salacgīva LV 106 Kb48
Sala Consilina I 161 Ga76
Saladamm S 95 Gb41
Salahmi FIN 82 Kc27
Salakas LT 115 Lb54
Sálakos GR 197 Ed93
Salakovac BIH 158 Hb66
Salakovac SRB 174 Bc64
Salamajärvi FIN 81 Jd29
Salamanca E 45 Cb62
Salamanca E 45 Cc62
Salamiestis LT 114 Kd54
Salamína GR 189 Cb86
Salamiou CY 206 Ja97
Salamir E 37 Cb54
Salamola FIN 83 Lb29
Salamonde P 44 Ba59
Salandra I 162 Gb76
Salanki FIN 68 Jc13
Salantai LT 113 Jb54
Salaparuta I 166 Eb85
Salar E 60 Da75
Salara I 150 Dd61
Sălard RO 170 Cb56
Salaš BG 179 Ca68
Salas E 37 Ca54
Salaš SRB 174 Ca66
Salas Altas E 48 Fd59
Salas de Bureba E 38 Dd57
Salas de los Infantes E 46 Dd59
Salàs de Pallars E 48 Gb59
Salaspils LV 106 Kc51
Sălașu de Sus RO 175 Cc62
Sălățig RO 171 Cd56
Sălătrucel RO 175 Db63
Sălătrucu RO 175 Db63
Salaunes F 32 Fb50
Salavatlı TR 197 Fa88
Salavaux CH 141 Bc54
Salbertrand I 148 Bb60
Sälboda S 94 Ed42
Salbohed S 95 Ga42
Salbris F 29 Gd41
Salcea RO 172 Ec55
Salceda de Caselas E 36 Ad58
Salching D 135 Eb48
Salcia MD 173 Fd55
Salcia RO 175 Cc66
Sălcia RO 176 Eb64
Salcia RO 180 Dc67
Salcia Tudor RO 177 Fa63
Sălciile RO 176 Eb65
Šalčininkai LT 114 La59
Šalčininkėlia LT 114 La59
Sălcioara RO 176 Ec66
Sălciua RO 171 Cd59
Šalčmiriai LV 114 Kb56
Salcombe GB 19 Dd32
Sălcuța MD 173 Ga59
Sălcuța RO 175 Cd66
Saldaña E 38 Da57
Säldebråten S 94 Ed43
Saldenburg D 135 Ed49
Saldes E 49 Gc59
Saldus LV 105 Jd52
Saldutiškis LT 115 Lb55
Sale GB 15 Ec21
Sale I 148 Cb61
Saleby S 102 Ed47
Saleen IRL 12 Bd26
Salem D 142 Cd51
Sale Marasino I 149 Da58
Salemi I 166 Eb85
Salen GB 6 Db10
Salen GB 6 Db11
Sälen S 86 Fa37
Salernes F 42 Ka54
Salerno I 161 Fc75
Salers F 33 Ha49
Salevere EST 98 Ka45
Salford GB 15 Ec21
Șalgamlı TR 185 Ec77
s'Algar E 57 Jb66
Salgótarján H 146 Ja51
Salgueiras E 36 Ad54
Salgueiro do Campo P 44 Ba65
Salgueiros E 36 Bb56
Salhus N 84 Ca39
Sali HR 157 Fd65
Salica I 165 Gd81
Salice F 154 Ca70
Salice Salentino I 162 Hb76
Salice Terme I 148 Cb61
Saliente Alto E 61 Eb74
Salientes E 37 Ca56
Salies-de-Béarn F 39 Fa55
Salignac F 32 Fc49
Salignac-Eyvignes F 33 Gb50
Saligny-sur-Roudon F 30 Hc44
Salihler TR 191 Eb81
Salihler TR 193 Ha84
Salihler TR 199 Hb90
Salihli TR 192 Fa86
Salihorsk BY 202 Ea13
Salillas E 48 Fc59
Salinas E 37 Cb54
Salinas E 55 Fa71
Salinas del Manzano E 54 Ed66
Salinas de Pinilla E 53 Ea70
Salinas de Pisuerga E 38 Db56
Salinas de Sin E 40 Fd57
Salin-de-Giraud F 42 Jb54
Salindres F 42 Ja52
Saline di Volterra I 155 Db66
Sälinkää FIN 90 Kb38
Salins-les-Bains F 31 Jd43
Salir P 58 Ac74
Salisbury GB 20 Ed29
Săliște RO 175 Da61
Săliștea RO 175 Cd61
Săliștea de Sus RO 171 Dc55
Salives F 30 Jb40
Salka SK 146 Hc51
Salkım TR 198 Fb89
Salla EST 98 La43
Salla FIN 69 Kd17
Sallanches F 35 Ka46
Sallebyn S 102 Ec46
Sallent E 49 Gd60
Sallent de Gállego E 40 Fc57
Sälleryd S 111 Ga54
Salles F 32 Fa51
Salles-Curan F 41 Hb52
Salletjokka N 64 Jb06
Sallgast D 128 Fa39
Sälliku EST 99 Lb43
Sällinge S 95 Fd43
Sallohaure sameviste S 67 Gb16
Sällsjö S 78 Fa30
Sällstorp S 102 Ec50
Salman TR 191 Ea85
Salmantón E 38 Ea56
Salme EST 105 Jc47
Salmeli N 92 Cc45
Salmenkylä FIN 89 Jd32
Salmenkylä FIN 90 Kd33
Salmenniemi FIN 82 Ka31
Salmenranta FIN 82 Kc25
Salmerón E 47 Eb64
Salmi FIN 81 Jc31
Salmi FIN 89 Jc36
Salmi S 67 Ha14
Salmi S 73 Ja18
Salmiech F 41 Ha52
Salmijärvi FIN 82 Kd25
Salminen FIN 75 La19
Salminen FIN 82 Kd31
Salmis S 74 Jc21
Salmivaara FIN 69 Kc17
Salmoral E 45 Cc63
Salmünster, Bad Soden- D 134 Cd43
Salo E 49 Gc60
Salo FIN 90 Kc36
Salo FIN 97 Jc39
Salò I 149 Db59
Salobre E 53 Ea70
Salobreña E 60 Db76
Saločiai LT 114 Kc53
Saloinen FIN 81 Jd25
Saloinen FIN 90 Kb37
Salo-Issakka FIN 91 Lc35
Salokylä FIN 83 Ld31
Salokylä FIN 83 Lc30
Salomäki FIN 75 La21
Salo-Miehikkälä FIN 91 Lb37
Salon F 24 Hc37
Salon-de-Provence F 42 Jc54
Saloníki GR 182 Ac80
Salonkylä FIN 81 Jc28
Salonkylä FIN 83 Lc29
Salonkylä FIN 83 Ld29
Salonta RO 170 Ca57
Salo-Peltola FIN 91 Lc35
Salorino E 51 Bc67
Salornay-sur-Guye F 30 Ja44
Salorno I 149 Dc57
Salou E 48 Gb62
Salouf CH 142 Cd55
Šalpėnai LT 113 Jc55
Sálpi GR 184 Dc77
Salreu P 44 Ac62
Salsåker S 80 Gd31
Salsbruket N 78 Ec25
Salses-le-Château F 41 Hb56
Sălsig RO 171 Cd55
Sal'sk RUS 205 Fd15
Salsnes N 78 Ec26
Salsomaggiore Terme I 149 Cd61
Saltash GB 18 Dc31
Saltburn-by-the-Sea GB 11 Fb18
Saltcoats GB 10 Dc14
Salteå S 80 Gd31
Salten DK 108 Db24
Šalteniai LT 114 Ka55
Saltfleet GB 17 Fd21
Saltık TR 193 Gb86
Saltininkai LV 114 Kb59
Saltkällan S 102 Eb46
Saltnes N 93 Ea43
Salto P 44 Ba59
Salton GB 16 Fb19
Saltrød N 93 Db46
Saltsjöbaden S 96 Gd44
Salttjern N 65 Kc06
Saltum DK 100 Dc20
Saltvik FIN 96 Hc40
Saltvik N 63 Hd08
Saltvik S 87 Gb36
Saltvik S 103 Gb50
Saltvika N 67 Gb14
Saluböle S 80 Ha29
Saludecio I 156 Eb65
Saluggia I 148 Bd60
Salur TR 192 Fb84
Salur TR 193 Ha87
Salur TR 199 Ha91
Salurn I 149 Dc57
Salussola I 148 Ca59
Saluzzo I 148 Bc61
Salvacañete E 54 Ed66
Salvador de Zaperdiel E 46 Cd62
Salvagnac F 40 Gc53
Salvaleón E 51 Bc70
Salvaterra de Magos P 50 Ab68
Salvaterra de Miño E 36 Ad58
Salvaterra do Extremo P 45 Bc65
Salvatierra-Agurain E 39 Eb56
Salvatierra de Escá E 39 Fa57
Salvatierra de los Barros E 51 Bc70
Salve I 165 Hc78
Salviac F 33 Gb51
Šalyhyne UA 202 Ed13
Salzbergen D 117 Ca36
Salzburg A 143 Ec52
Salzgitter D 126 Dc37
Salzhausen D 118 Dc34
Salzhemmendorf D 126 Da37
Salzkotten D 126 Cc38
Salzmünde D 127 Ea39
Salzwedel D 119 Dd35
Šamac BIH 153 Hc61
Samachvalavičy BY 202 Ea12
Šamac Slavonski HR 153 Hc61
Sama de Langreo = Langreo E 37 Cc55
Samadet F 39 Fb54
Samaila SRB 178 Ba67
Șamalia MD 177 Fc60
Samandıra TR 186 Fd78
Samara RUS 203 Ga10
Samarica HR 152 Gc59
Samarína GR 182 Ba79
Samarinești RO 175 Cc64
Sămășcani MD 173 Fd55
Samassi I 169 Ca79
Samatan F 40 Ga54
Samatzai I 169 Ca79
Sambade P 45 Bc60
Sâmbăta RO 170 Cb57
Sâmbăta RO 175 Dc61
Sâmbăta RO 175 Dc62
Sâmbata Nouă RO 177 Fc65
Sambiase I 164 Gb81
Sambin F 29 Gb41
Sambir UA 204 Dd15
Samboal E 46 Da61
Samborzec PL 131 Jd42
Sambrana P 58 Ad73
Sambuca di Sicilia I 166 Ec85

Sambucheto – San Pietro Vara

Sambucheto I 156 Eb69
Sambuci I 160 Ec71
Sâmbureşti RO 175 Db64
Samedan CH 142 Da56
Samentina CH 149 Cc57
Samer F 23 Gc31
Samerberg D 143 Eb52
Sames E 37 Cd55
Sametali TR 191 Ec81
Sameteli TR 191 Ed81
Sämi EST 98 La42
Sámi GR 188 Ac85
Sămica BG 184 Cd74
Samieira E 36 Ad57
Samin PL 122 Hd33
Sămino BG 181 Fb69
Şamlar TR 199 Hb89
Şamlı TR 192 Fa81
Sammakko S 73 Hc18
Sammakkola FIN 82 La27
Sammakkovaara FIN 83 Lc29
Sammaljoki FIN 89 Jc36
Sammatti FIN 89 Jc33
Sammatti FIN 97 Jd39
Sammi FIN 89 Ja34
Sammichele di Bari I 162 Gd75
Sammonlahti FIN 91 Lb36
Sammuttijärvi FIN 64 Ka09
Samnaun CH 142 Db54
Samo I 164 Gb84
Samobor HR 151 Ga59
Samodraža KSV 178 Ba71
Samodreža KSV 178 Bb70
Samoëns F 35 Kb45
Samofalovka RUS 203 Fd13
Samois-sur-Seine F 29 Ha38
Samoklęski Małe PL 121 Gd34
Samokov BG 179 Cc72
Samokov MK 183 Bb74
Samolubie PL 122 Ja30
Samolva RUS 99 Lc45
Samoniva GR 188 Ac81
Samoranovo BG 179 Cb72
Šamorín SK 145 Gd51
Samos E 36 Bc56
Sámos GR 197 Eb88
Samos SRB 174 Bb62
Samothráki GR 184 Dc79
Samovodene BG 180 Dd70
Samper E 40 Fd58
Samper de Calanda E 48 Fc62
Sampèyre I 148 Bb62
Sampieri I 167 Fc88
Sampława PL 122 Hd33
Samprizón E 36 Ba56
Sampu FIN 89 Jb37
Samrı TR 193 Gc81
Samro RUS 99 Ma43
Samsieczno PL 121 Gd34
Sämskar FIN 81 Jb28
Şamşud RO 171 Cd56
Samsun TR 205 Fc19
Samswegen D 127 Ea37
Samszyce PL 129 Hb36
Samtens D 119 Ed30
Samugheo I 149 Ca77
Samuil BG 181 Ec69
Samujlikovo RUS 99 Ld44
Samylai LT 114 Kc57
Saná GR 183 Cb78
Sanad SRB 153 Jb58
Sanadinovo BG 180 Dc69
San Adrián E 39 Ec58
San Adriano E 36 Bc54
San Agostino I 149 Dc62
Sanaigmore GB 6 Da13
Sanalan TR 186 Fd80
Sânandrei RO 174 Bc60
San Andrés E 47 Eb59
San Andrés de la Regla E 37 Cd57
San Andrés del Rabanedo E 37 Cc57
San Andrés del Rey E 47 Ea64
San Andrés de San Pedro E 47 Eb59
San Antoniño (Barro) E 36 Ad56
San Antonio del Fontanar E 59 Cb74
San Antonio de Requena E 54 Fa67
Sanary-sur-Mer F 42 Jd55
San Asensio E 38 Ea58
Sănătăuca MD 173 Fd55
San Augustín de Guadalix E 46 Dc63
Sanaüja E 48 Gb60
Sanayak TR 192 Fd83
San Bartolomé de las Abiertas E 52 Cd66
San Bartolomé de la Torre E 59 Bb73
San Bartolomé de Pinares E 46 Da64
San Bartolomé de Rueda E 37 Cd56
San Bartolomeo I 149 Cc57
San Bartolomeo in Galdo I 161 Fc73
San Basile I 164 Gb78
San Basilio I 162 Gd75
San Benedetto I 169 Bd79
San Benedetto dei Marsi I 160 Ed71
San Benedetto del Tronto I 157 Fa68
San Benedetto in Alpe I 156 Dd64
San Benedetto Po I 149 Dc61
San Benito E 52 Cd70
San Benito de la Contienda E 51 Bb69
San Bernardino CH 142 Cc56
San Biagio di Callalta I 150 Eb59
San Biagio Platani I 166 Ed86
San Biase I 161 Fd77
San Blas E 47 Fa65
San Bonifacio I 149 Dc60
Sancak TR 205 Ga20
Sancaklı TR 191 Ec85
Sancaklıbozköy TR 191 Ed86
San Calixto E 59 Cb72
San Candido I 143 Eb55
San Carlo CH 141 Cb56
San Carlo I 161 Fa73
San Carlo I 166 Ec85
San Carlos del Valle E 53 Dd69
San Casciano dei Bagni I 156 Dd68
San Casciano in Val di Pesa I 155 Dc65
San Cassiano I 143 Ea56
San Cataldo I 163 Hc76
San Cataldo I 167 Fa86
San Cebrián de Campos E 38 Da58
San Cebrián de Mazote E 46 Cd60
Sâncel RO 175 Da60
Sancergues F 29 Ha42
Sancerre F 29 Ha42
San Cesario di Lecce I 163 Hc76
San Cesario sul Panaro I 149 Dc62
Sancey-le-Grand F 31 Ka41
Sancheville F 29 Gc39
Sanchidrián E 46 Da63
San Chirico Nuovo I 162 Gb75
San Chirico Raparo I 162 Gb77
Sancho Abarca E 47 Fa59
Sanchón de la Ribera E 45 Ca62
Sanchonuño E 46 Db61
Sanchotello E 45 Cb64
San Cibrao E 36 Bc58
San Cipirello I 166 Ec84
San Ciprián E 36 Bc53
San Ciprián E 37 Bd58
San Ciprián de Viñas E 36 Bb57
San Cipriano Picentino I 161 Fc75
San Clemente E 53 Eb68
San Clemente E 61 Ea73
San Clemente I 161 Fa73
Sancoins F 29 Ha43
San Colombano al Lambro I 149 Cc60
San Cono I 167 Fb86
San Cosme (Barreiros) E 36 Bc53
San Costantino Albanese I 162 Gb77
San Costanzo I 156 Ec65
Sâncraieni RO 176 Ea60
Sâncraiu RO 171 Cd57
Sâncrau de Mureş RO 171 Dc59
San Cristóbal de Entreviñas E 45 Cc59
San Cristóbal de la Vega E 46 Da62
San Cristóbal de los Mochuelos E 45 Ca62
San Cristobo E 36 Bc58
Sancti Petri E 59 Bd77
Sancti Spiritus E 52 Cc69
Sancti-Spiritus E 45 Bd63
Sančursk RUS 203 Fc08
San Cusumano I 167 Fd87
Sancy F 23 Ha36
Sand H 145 Gd56
Sand N 92 Cb42
Sand N 94 Eb40
Sanda FIN 97 Hd41
Sanda N 93 Db43
Sandå N 93 Da45
Sanda S 96 Gd41
Sanda S 104 Gd50
Sanda S 111 Fd54
Sandager DK 108 Dc27
Sandal TR 192 Fb85
Sandamarka N 66 Ga13
San Damiano d'Asti I 148 Bd61
Sandane N 84 Cc35
San Daniele di Friuli I 150 Ec57
San Daniele Po I 149 Da61
Sandanski BG 183 Cb75
Sandared S 102 Ed49
Sandarne S 87 Gb37
Sandås S 80 Gc25
Sandata RUS 205 Fd16
Sandau D 119 Eb35
Sandbach GB 15 Ec22
Sandbäckshult S 103 Ga51
Sandbakken N 64 Jc05
Sandberg D 134 Db43
Sandbukt N 63 Hb08
Sandby DK 109 Ea28
Sandby S 96 Gc39
Sande D 117 Cc32
Sande N 76 Cb33
Sande N 84 Cb36
Sande N 93 Dd42
Sande P 44 Ad60
Sandefjord N 93 Dd44
Sandeid N 92 Ca42
Sandem N 94 Eb42
San Demetrio Corone I 164 Gc79
San Demetrio ne' Vestini I 156 Ed70
Sanden N 66 Fc13
Sander N 94 Ec40
Sandersleben D 127 Ea39
Sandesneben D 118 Dc32
Sandfors S 80 Hc25
Sandgarth GB 5 Ec03
Sandgerði IS 2 Ab04
Sandhamn FIN 98 Kb40
Sandhamn S 96 Ha43
Sandhausen D 134 Cc46
Sandhead GB 10 Dc17
Sandhem S 102 Fa48
Sandholmen N 64 Ka04
Sandhult S 102 Ed49
Sandiás E 36 Bb58
Sandiche E 37 Cb54
Sandıklı TR 193 Gb86
Sandillon F 29 Gd40
Sandim P 45 Bc59
Sandín E 45 Ca59
Sandkås DK 111 Fc57
Sandl A 136 Fc49
Sandla EST 105 Jd46
Sandland N 63 Hb07
Sandnabba FIN 81 Jb29
Sandnäset S 79 Fb26
Sandnes N 64 Ka06
Sandnes N 66 Fc13
Sandnes N 78 Fa26
Sandnes N 92 Ca44
Sandnes N 92 Cc47
Sandnesshamn N 62 Gc09
Sandneskapell N 92 Cd44
Sandness GB 5 Ed04
Sandnessjøen N 70 Ed21
Sando E 45 Ca62
San Domenico I 141 Ca56
Sandoméri GR 188 Ba86
Sandomierz PL 131 Jd42
Sândominic RO 172 Ea59
San Donaci I 162 Hb76
San Donà di Piave I 150 Eb59
San Donato Val di Comino I 161 Fa72
Sandøreng N 71 Fb23
Sándorfalva H 146 Jb56
Sandoval de la Reina E 38 Db57
Sandovo RUS 202 Ed09
Sandown GB 20 Fa31
Sandøy N 76 Cd31
Sandøysund N 93 Dd44
Sandplace GB 18 Dc31
Şandra RO 174 Bc60
Sandrigo I 150 Dd59
Šandrivka UA 205 Fa15
Šandrovac HR 152 Gc58
Sandrovo BG 180 Ea68
Sandsbraten N 93 Dc41
Sandsele S 72 Gc24
Sandset N 66 Fc12
Sandsetra N 78 Eb28
Sandsjö S 80 Gc26
Sandsjön S 95 Fb42
Sandsjönäs S 72 Gc24
Sandslån S 80 Gc31
Sandstad N 77 Dc29
Sandstedt D 118 Cd33
Sandstrand N 66 Ga13
Sandträsk S 73 Hc21
Sânduleni RO 172 Ec59
Sânduleşti RO 171 Da58
Sandvatn N 92 Cb45
Sandve N 92 Bd43
Sandvig DK 111 Fc57
Sandvik N 63 Hd06
Sandvik N 66 Ga12
Sandvik N 67 Gc11
Sandvik N 76 Cb33
Sandvik N 86 Ec37
Sandvik S 102 Ed51
Sandvik S 103 Gb51
Sandvika N 62 Ha10
Sandvika N 66 Fb17
Sandvika N 70 Ed22
Sandvika N 78 Ed29
Sandvika N 78 Fa26
Sandvikdal N 92 Cb46
Sandviken S 78 Fa28
Sandviken S 80 Gc31
Sandviken S 95 Gb39
Sandvikvåg N 84 Ca40
Sandwell GB 20 Ed25
Sandwich GB 21 Gb29
Sandwick GB 5 Fa05
Sandy GB 20 Fc26
Sandygate GB 10 Dd18
Sandyhills GB 10 Ea16
Sanem L 133 Bb45
San Emiliano E 37 Cb56
Såner N 93 Ea43
San Esteban E 37 Cb54
San Esteban de Gorma E 46 Dd61
San Esteban de Litera E 48 Fd60
San Esteban del Molar E 45 Cc59
San Esteban de los Buitres E 37 Bd54
San Esteban de Nogales E 37 Cb58
San Estebán de Valdueza E 37 Ca57
San Fele I 161 Ga75
San Felice Circeo I 160 Ec74
San Felices E 38 Dc57
San Felices de los Gallegos E 45 Bd62
San Felice sul Panaro I 149 Dc62
San Felipe E 36 Ba53
San Féliz de las Lavanderas E 37 Cb57
San Feliz de Torío E 37 Cc57
San Ferdinando I 164 Gb83
San Ferdinando di Puglia I 162 Gb73
San Fernando E 59 Bd77
San Fernando de Henares E 46 Dc64
San Foca I 163 Hc76
San Francisco de Olivenza E 51 Bb69
San Fratello I 167 Fb84
Sanfront I 148 Bc61
Sánga GR 194 Bc87
Sånga S 80 Gc31
Sangalhos P 44 Ad63
Sangarcía E 46 Da62
Sangarrén E 48 Fb59
Sangaste EST 106 La47
Sangatte F 21 Gc30
San Gavino Monreale I 169 Bd78
Sangazi TR 186 Fd78
San Gemini I 156 Eb69
Sangenlahti FIN 91 Ld32
Sângeorgiu de Pădure RO 171 Dc59
Sângeorz-Băi RO 171 Dc56
Sânger RO 171 Db59
Sangerhausen D 127 Dd40
San Germano Vercellese I 148 Ca59
Sângeru RO 176 Eb64
San Giacomo I 143 Dd55
San Giacomo I 148 Bb62
San Giacomo I 148 Bc59
San Giacomo I 148 Bd63
San Giacomo d'Acri I 164 Gc79
San Giacomo Filippo I 142 Cd56
Sangijärvi S 73 Jb21
San Gimignano I 155 Db66
San Ginesio I 156 Ed67
Sanginjoki FIN 74 Kb24
Sanginkylä FIN 74 Kb24
Sanginsuu FIN 74 Ka24
San Giorgio I 161 Fb73
San Giorgio I 162 Gd74
San Giorgio a Cremano I 161 Fb75
San Giorgio della Richinvelda I 150 Ec58
San Giorgio del Sannio I 161 Fc74
San Giorgio di Livenza I 150 Ec59
San Giorgio di Nogaro I 150 Ec58
San Giorgio di Piano I 149 Dc62
San Giorgio Ionico I 162 Ha76
San Giorgio la Molara I 161 Fc73
San Giorgio Lucano I 162 Gc77
San Giorgio Piacentino I 149 Cd61
San Giovanni I 156 Ed69
San Giovanni a Piro I 161 Fd77
San Giovanni Bianco I 149 Cd58
San Giovanni d'Asso I 156 Dd67
San Giovanni di Sinis I 169 Bd77
San Giovanni Gemini I 166 Ed85
San Giovanni Incarico I 160 Ed73
San Giovanni in Croce I 149 Da61
San Giovanni in Fiore I 164 Gc80
San Giovanni in Persiceto I 149 Dc62
San Giovanni Lupatoto I 149 Dc60
San Giovanni Reatino I 156 Eb70
San Giovanni Rotondo I 161 Ga72
San Giovanni Suergiu I 169 Bd80
San Giovanni Valdarno I 156 Dd66
Sangis S 73 Jb21
San Giuliano del Sannio I 161 Fc73
San Giuliano Terme I 155 Da65
San Giuseppe I 161 Fb75
San Giuseppe Jato I 166 Ec84
San Giustino I 156 Ea66
San Godenzo I 156 Dd65
Sangla EST 98 La45
Sangonera La Verde E 55 Ed73
San Gregorio da Sassola I 160 Eb71
San Gregorio Magno I 161 Fd75
San Gregorio Matese I 161 Fb73
Sangrūda LV 114 Kb59
Sangüesa E 39 Fa57
San Guido I 155 Da67
Sanguinet F 32 Fa51
Sanguinetto I 149 Dc60
Saní GR 183 Cb80
Sanica BIH 152 Gc62
Saniki PL 130 Hd41
San Ildefonso o La Granja E 46 Db63
San Ippolito I 156 Ec65
San Isidro E 37 Cc55
San Isidro de Níjar E 61 Eb76
Sanislău RO 171 Cc55
Sanitz D 119 Ec31
San Javier E 55 Fa73
San Jerónimo E 60 Cc72
San José E 61 Eb76
San José de la Rábita E 60 Da74
San José de la Rinconada E 59 Ca73
San José del Valle E 59 Ca76
San Juan de la Encinilla E 46 Cd63
San Juan de la Nava E 46 Cd64
San Juan de los Terreros E 61 Ec74
San Juan del Puerto E 59 Bb74
San Juan de Nieva E 37 Cb54
San Justo de la Vega E 37 Cb57
Sänkimäki FIN 82 La29
Sankola FIN 90 Kb36
Sankt Aegidi A 144 Fa50
Sankt Andrä A 144 Fc55
Sankt Andrä A 144 Fd55
Sankt Andrä bei Frauenkirchen A 145 Gc52
Sankt Andreasberg D 126 Dc39
Sankt Anna A 144 Fc54
Sankt Anna S 103 Gb47
Sankt Anna am Aigen A 144 Ga55
Sankt Anton am Arlberg A 142 Db54
Sankt Antönien CH 142 Da54
Sankt Blasien D 141 Ca51
Sankt Christoph am Arlberg A 142 Da54
Sankt Egidien D 127 Ec42
Sankt Englmar D 135 Ec48
Sankt Florian A 143 Ed50
Sankt Gallen A 144 Fc52
Sankt Gallen CH 142 Cd53
Sankt Gallenkirch A 142 Da54
Sankt Georgen am Längsee A 144 Fb55
Sankt Georgen am Reith A 144 Fc52
Sankt Georgen am Walde A 144 Fc50
Sankt Georgen an der Gusen A 144 Fb50
Sankt Georgen an der Stiefing A 144 Ga55
Sankt Georgen im Attergau A 143 Ed51
Sankt Georgen im Schwarzwald D 141 Cb50
Sankt Georgen ob Judenburg A 144 Fb54
Sankt Georgen ob Murau A 144 Fa54
Sankt Gertraud I 142 Dc56
Sankt Gilgen A 143 Ed52
Sankt Goar D 133 Ca43
Sankt Goarshausen D 133 Ca43
Sankt Herrestad S 110 Fa56
Sankt Ingbert D 133 Bd46
Sankt Jakob I 143 Dd55
Sankt Jakob bei Mixnitz A 144 Fd53
Sankt Jakob im Lesachtal A 143 Ec56
Sankt Jakob in Defereggen A 143 Eb55
Sankt Johann A 143 Eb53
Sankt Johann A 143 Ed51
Sankt Johann A 144 Ga54
Sankt Johann D 134 Cd49
Sankt Johann am Tauern A 144 Fb53
Sankt Johann im Pongau A 143 Ed53
Sankt Johann im Saggautal A 144 Fd56
Sankt Johann im Walde A 143 Eb55
Sankt Kanzian A 144 Fb56
Sankt Kassian I 143 Ea56
Sankt Katharein an der Laming A 144 Fd53
Sankt Lambrecht A 144 Fb54
Sankt Leonhard A 144 Fc55
Sankt Leonhard A 144 Fc56
Sankt Leonhard am Forst A 144 Fd51
Sankt Leonhard im Pitztal A 142 Dc54
Sankt Leonhard in Passeier I 143 Dd55
Sankt Leon-Rot D 134 Cc46
Sankt Lorenzen I 143 Ea55
Sankt Lorenzen im Lesachtal A 143 Ec55
Sankt Lorenzen im Paltental A 144 Fb53
Sankt Magdalena I 143 Eb55
Sankt Marein im Mürztal A 144 Fd53
Sankt Marein Markt A 144 Ga55
Sankt Margareten im Rosental A 144 Fb56
Sankt Margarethen im Burgenland A 145 Gc52
Sankt Margarethen im Lavanttal A 144 Fc55
Sankt Märgen D 141 Ca51
Sankt Margrethen CH 142 Cd53
Sankt Marienkirchen A 143 Ed50
Sankt Martin A 143 Ed50
Sankt Martin CH 142 Cc55
Sankt Martin CH 142 Cd54
Sankt Martin am Grimming A 144 Fa53
Sankt Martin am Tenn A 143 Ed53
Sankt Martin in Passeier I 142 Dc55
Sankt Michael A 144 Fa54
Sankt Michael A 144 Fc53
Sankt Michael A 144 Fc56
Sankt Michael im Burgenland A 145 Gb54
Sankt Michaelisdonn D 118 Da31
Sankt Moritz CH 142 Cd56
Sankt Niklaus CH 141 Bd53
Sankt Niklaus CH 148 Bd57
Sankt Nikolai im Sölktal A 144 Fa54
Sankt Olof S 111 Fb56
Sankt Oswald A 144 Fa55
Sankt Oswald A 144 Fd55
Sankt Oswald ob Eibiswald A 144 Fd56
Sankt Oswald-Riedlhütte D 135 Ed48
Sankt Pankraz A 144 Fb52
Sankt Paul im Lavanttal A 144 Fc56
Sankt Peter A 143 Ec50
Sankt Peter A 144 Fa56
Sankt Peter CH 142 Cd55
Sankt Peter I 143 Ea54
Sankt Peter am Kammersberg A 144 Fb54
Sankt Peter am Wimberg A 144 Fa50
Sankt-Peterburg RUS 202 Eb08
Sankt Peter-Ording D 118 Cd30
Sankt Pölten A 144 Ga51
Sankt Radegund A 144 Fd54
Sankt Roman A 144 Fa50
Sankt Sigfrid S 103 Ga52
Sankt Stefan A 144 Fc55
Sankt Stefan A 144 Fd55
Sankt Stefan an der Gail A 143 Ed56
Sankt Stefan im Rosental A 144 Ga55
Sankt Ulrich I 143 Dd56
Sankt Valentin A 144 Fb51
Sankt Valentin auf der Heide I 142 Db55
Sankt Veit an der Glan A 144 Fb55
Sankt Veit im Defereggen A 143 Eb55
Sankt Veit im Mühlkreis A 144 Fb50
Sankt Vigil I 143 Ea55
Sankt Walburg I 142 Dc56
Sankt Wendel D 133 Bd46
Sankt Willibald A 144 Fa50
Sankt Wolfgang A 144 Fc54
Sankt Wolfgang D 143 Eb50
Sankt Wolfgang im Salzkammergut A 143 Ed52
Sanlar TR 192 Fa84
San Lazzaro di Savena I 149 Dc63
San Leo I 156 Ea65
San Leonardo de Siete Fuentes I 169 Bd76
San Leonardo de Yagüe E 46 Dd60
San Leonardo in Passeier I 143 Dd55
San Leone I 166 Ed86
San Lorenzo I 148 Ca57
San Lorenzo al Lago I 156 Ec68
San Lorenzo al Mare I 43 La52
San Lorenzo a Merse I 155 Dc67
San Lorenzo Bellizzi I 164 Gb78
San Lorenzo de Calatrava E 52 Db71
San Lorenzo de El Escorial E 46 Db64
San Lorenzo de la Parrilla E 53 Eb66
San Lorenzo di San I 143 Ea55
San Lorenzo in Campo I 156 Ec66
San Lorenzo Nuovo I 156 Dd69
San Luca I 164 Gb84
Sanlúcar de Barrameda E 59 Bc75
Sanlúcar de Guadiana E 58 Ba73
Sanlúcar la Mayor E 59 Bd74
San Lucido I 164 Gb80
San Lugano I 150 Dd57
San Luis de Sabinillas E 59 Cb77
San Lupo I 161 Fb73
Sanluri I 169 Ca78
San Mamed E 36 Bb58
San Mamés de Campos E 38 Da58
San Mango d'Aquino I 164 Gb81
San Marcello Pistoiese I 155 Db64
San Marco Argentano I 164 Gb79
San Marco dei Cavoti I 161 Fc73
San Marco di Castellabate I 161 Fc77
San Marco in Lamis I 161 Ga72
San Marino RSM 156 Eb65
Sânmartin RO 170 Bd58
Sânmărtin RO 171 Db57
Sânmartin RO 176 Eb60
San Martín de Boniches E 54 Ed66
San Martín de Castañeda E 37 Bd58
San Martín de Don E 38 Dd57
San Martín de la Vega E 46 Dc65
San Martín del Pimpollar E 45 Cc64
San Martín del Tesorillo E 59 Cb77
San Martín de Luiña E 37 Cb54
San Martín de Montalbán E 52 Da66
San Martín de Oscos E 37 Bd54
San Martín de Pusa E 52 Cd66
San Martín de Unx E 39 Ed58
San Martín de Valdeiglesias E 46 Da64
San Martín deValderaduey E 45 Cc59
San Martino di Campagna I 150 Eb58
San Martino di Castrozza I 150 Ea57
San Martino di Lota F 154 Cc68
San Martino in Colle I 156 Ea68
San Martino in Freddana I 155 Da64
San Martino in Passiria I 142 Dc55
San Martino in Pensilis I 161 Fc71
Sânmartinul-Sârbesc RO 174 Bc61
San Marzano di San Giuseppe I 162 Ha76
San Mateo de Gállego E 48 Fb60
San Mauro a Mare I 156 Eb64
San Mauro Forte I 162 Gb76
San Mauro Marchesato I 165 Gd80
San Michele all'Adige I 149 Dc57
San Michele dei Mucchietti I 149 Db63
San Michele di Ganzaria I 167 Fb86
San Michele in Teverina I 156 Ea69
San Michele Salentino I 162 Ha75
San Miguel E 36 Bc58
San Miguel E 37 Cc55
San Miguel E 38 Dc56
San Miguel de Bernúy E 46 Db61
San Miguel del Arroyo E 46 Da61
San Miguel de las Dueñas E 37 Ca57
San Miguel de Salinas E 55 Fa72
Sânmihaiu Alaşului RO 171 Cd57
Sânmihaiu de Câmpie RO 171 Db58
Sânmihaiul-German RO 174 Bc61
San Millán E 38 Dd56
San Millán de la Cogolla E 38 Ea58
San Miniato I 155 Db65
San Muñoz E 45 Ca63
Sänna EST 107 Lb47
Sänna S 95 Fc45
Sannainen FIN 98 Kc39
Sannäs FIN 98 Kc39
Sannäs S 94 Ea45
Sannazzaro de' Burgondi I 148 Cb60
Sanne S 79 Fc31
Sanne S 102 Eb46
Sannerud S 94 Ec44
Sannicandro di Bari I 162 Gd74
San Nicandro Garganico I 161 Ga72
San Nicola I 164 Gb83
San Nicola da Crissa I 164 Gb82
San Nicola di Tremiti I 161 Fd71
San-Nicolao F 154 Cc69
San Nicolás del Puerto E 59 Cb72
Sânnicolau Mare RO 170 Bb59
San Nicola Varano I 161 Ga71
San Nicolò I 150 Dd62
San Nicolò d'Arcidano I 169 Bd78
San Nicolò Gerrei I 169 Cb79
Sannidal N 93 Db45
Sanniki PL 130 Hd37
Sanok PL 139 Ka45
Šanovo BG 180 Dd72
San Pablo de Buceite E 59 Cb77
San Pablo de los Montes E 52 Da67
San Paio E 44 Bb59
San Pancrazio Salentino I 162 Hb76
San Paolo di Civitate I 161 Fd72
San Pataleón de Losa E 38 Dd56
Sânpaul RO 171 Cd57
Sânpaul RO 171 Db59
San Pawl il Bahar M 166 Eb88
San Pedro E 37 Cb54
San Pedro E 38 Dd55
San Pedro E 53 Eb70
San Pedro Cansoles E 37 Cd56
San Pedro de Alcántara E 60 Cc77
San Pedro de Ceque E 45 Cb59
San Pedro del Arroyo E 46 Cd63
San Pedro de Latarce E 45 Cc60
San Pedro del Pinatar E 55 Fb73
San Pedro del Romeral E 38 Dc55
San Pedro del Valle E 45 Cb62
San Pedro de Valderaduey E 37 Cd57
San Pedro Manrique E 47 Eb59
San Pedro Palmiches E 47 Eb64
San Pelaio E 38 Ea54
San Pellegrino I 155 Dc64
San Pellegrino in Alpe I 155 Da64
San Pellegrino Terme I 149 Cd58
Sânpetru RO 176 Ea62
Sânpetru de Câmpie RO 171 Db58
Sânpetru Mare RO 170 Bc59
San Piero a Sieve I 155 Dc64
San Piero in Bagno I 156 Ea65
San Piero Patti I 167 Fc84
San Pietro I 164 Gc81
San Pietro I 167 Fb87
San Pietro I 167 Fd82
San Pietro al Natisone I 150 Ed57
San Pietro in Casale I 150 Dd62
San Pietro Infine I 161 Fa73
San Pietro in Palazzi I 155 Da66
San Pietro Vara I 149 Cc63

Siemczyno – Skødstrup

Siemczyno PL 120 Ga33
Siemianowice Śląskie PL 138 Hc43
Siemianówka PL 123 Kc34
Siemiany PL 122 Hc32
Siemiatycze PL 131 Kb36
Siemień PL 131 Kb38
Siemkowice PL 130 Hc40
Siemyśl PL 120 Fd31
Sien D 133 Ca45
Siena I 155 Dc67
Siene S 102 Ed48
Sieniawa PL 139 Kb43
Sienica PL 120 Ga33
Sienlaukis LT 114 Ka56
Siennica PL 131 Jd37
Siennica Różana PL 131 Kc40
Sienno PL 131 Jd40
Sieppijärvi FIN 68 Jb17
Sieradz PL 129 Hb39
Sieraków PL 128 Ga36
Sieraków PL 129 Hb42
Sierakowice PL 121 Gd30
Sierakowice PL 137 Hb44
Sierck-les-Bains F 25 Jd34
Siercz PL 128 Ga37
Sierentz F 31 Kc40
Sierksdorf D 119 Dd31
Sierndorf A 145 Gb50
Sierniki PL 121 Gc35
Sierning A 144 Fb51
Siero de la Reina E 37 Cd56
Sieroszewice PL 129 Ha39
Sierpc PL 122 Hd35
Sierra de Luna E 47 Fa59
Sierra de Yeguas E 60 Cc75
Sierre CH 141 Bd56
Sierre S 73 Hb19
Sierro E 61 Ea74
Siershahn D 125 Ca42
Siersleben D 127 Ea39
Siesikai LT 114 Kd56
Siestrzeń PL 130 Jb37
Siete Aguas E 54 Fa68
Siete Iglesias E 45 Cc61
Şieu RO 171 Dc57
Şieu-Măgheruş RO 171 Dc57
Şieu-Oderhei RO 171 Db57
Şieuţ RO 171 Dc57
Sieverstedt D 108 Db29
Sievi FIN 81 Jd27
Siewierz PL 138 Hc43
Sifferbo S 95 Fd39
Sig DK 108 Cd25
Sığacık TR 191 Eb86
Sigdal N 93 Dc41
Sigean F 41 Hb56
Sigerfjord N 66 Fd13
Sigetec HR 152 Gc57
Siggavuono FIN 64 Ka10
Siggelkow D 119 Eb33
Siggerud N 93 Ea42
Sighetu Marmaţiei RO 171 Db54
Sighişoara RO 175 Dc60
Sığırcık TR 193 Ha84
Sığırlık TR 199 Gd89
Sigloy F 29 Gd40
Siglufjörður IS 2 Ba03
Sigmaringen D 142 Cd50
Sigmaringendorf D 142 Cd51
Sigmarszell D 142 Da52
Sigmen BG 181 Ec72
Sigmir RO 171 Dc57
Sigmundsherberg A 136 Ga49
Signa I 155 Dc65
Signalnes N 67 Ha11
Signes F 42 Jd55
Signy-l'Abbaye F 24 Hd34
Signy-le-Petit F 24 Hd33
Sigogne F 32 Fc47
Sigonce F 42 Jd52
Šigony RUS 203 Ga10
Sigrás E 36 Ba54
Sigrí GR 191 Dd83
Sigtuna S 96 Gc42
Sigüeiro E 36 Ba55
Sigüenza E 47 Ea62
Sigüés E 39 Fa57
Sigüeya E 37 Bd57
Sigulda LV 106 Kc50
Šihany RUS 203 Fd11
Sihlea RO 176 Ed63
Sihtuuna FIN 74 Jc20
Sihva EST 106 La46
Siikainen FIN 89 Ja34
Siikajärvi FIN 98 Ka39
Siikajoki FIN 74 Jd24
Siika-Kämä FIN 74 Kb19
Siikakoski FIN 90 La34
Siikakoski FIN 91 Lb34
Siikala FIN 90 Ka38
Siikamäki FIN 82 La28
Siikamäki FIN 90 La32
Siikaselkä FIN 90 Kc33
Siikava FIN 90 Kd36
Siikavaara FIN 91 Ld32
Siiksaare EST 105 Jd46
Siilinjärvi FIN 82 La29
Siimika EST 98 Ka43
Siimusti EST 98 La44
Siipyy FIN 89 Hd34
Siironen FIN 81 Jc26
Siitama FIN 90 Ka35
Siivikko FIN 75 Kc22
Sijarinska Banja SRB 178 Bc70
Sijekovac BIH 152 Hb61
Sikakylä FIN 89 Jb32
Sikaminiá GR 183 Bd80
Sikaminia GR 191 Ea83
Sikås S 79 Fd29
Sikéa GR 195 Bd90
Sikeå S 80 Hc27
Sikeå hamn S 80 Hc27
Sikés GR 194 Bb87
Sikfökút H 146 Jb51
Sikfors S 73 Hc22
Sikiá GR 183 Bc80
Sikiá GR 184 Cd80
Sikiés GR 189 Bc81
Sikinos GR 196 Da91
Sikióna GR 189 Bd86
Šiklesciems LV 113 Ja53
Siklós H 152 Hb58
Siknäs S 73 Ja21
Sikorráhi GR 185 Dd77
Sikórz PL 130 Hd36
Sikourió GR 183 Bd80
Sikovaara FIN 83 Ld28
Sikovicy RUS 99 Ma44
Sikovuono FIN 64 Ka10
Sikrags LV 105 Jc48
Siksele S 80 Ha25
Siksjö S 79 Gb26
Siksjö S 80 Gc27
Siksjönäs S 79 Ga25
Sikšņi LV 113 Jb53
Šikšniai LT 114 Ka58
Sikvaland N 92 Ca45
Sil S 79 Ga29
Sila N 70 Fa20
Šilagaliai LT 114 La54
Šilagals LV 107 Lb51
Šilagalys LT 114 Kc55
Šilai LT 114 Kd55
Šilainiai LV 114 Kb56
Silajāņi LV 107 Lc52
Šilalė LT 113 Jd56
Silandro I 142 Dc56
Silanus I 169 Ca76
Šilavoas LT 114 Kc58
Silba HR 151 Fc63
Silbaš SRB 153 Ja60
Silbertal A 142 Da54
Silbodal S 94 Ec43
Silchester GB 20 Fa28
Sildhopen N 66 Fd16
Şile TR 186 Ga77
Sileby GB 16 Fa24
Silec PL 122 Jc30
Silen BG 185 Dd75
Šilėnai LT 114 Kb54
Šilėnai LT 114 La58
Silene LV 115 Lc54
Silenieki LV 106 Kb51
Siles E 53 Ea71
Silfiac F 27 Ea39
Siligo I 168 Ca75
Şilindia RO 170 Ca59
Siliqua I 169 Bd79
Siliştea RO 176 Dd66
Siliştea RO 177 Fa63
Siliştea RO 177 Fb66
Siliştea Crucii RO 179 Cd67
Siliştea Guimeşti RO 175 Dc66
Silistra BG 181 Ed67
Silius I 169 Cb79
Silivaşu de Câmpie RO 171 Db58
Silivri TR 186 Fb77
Silixen D 126 Cd37
Siljan N 93 Dc43
Siljansnäs S 95 Fc39
Siljeåsen S 79 Fd27
Silkeborg DK 108 Db24
Silla E 54 Fb68
Silla EST 98 Ka44
Silla I 155 Db64
Sillamäe EST 99 Lc41
Sillano I 149 Da63
Sillanpää FIN 81 Jc29
Sillans-la-Cascade F 42 Ka54
Silleda E 36 Ba56
Sillé-le-Guillaume F 28 Fc39
Sillenstede D 117 Cc32
Sillerud S 94 Ec43
Sillery F 24 Hd35
Silli GR 184 Da76
Sillian A 143 Eb55
Sillingebyn S 94 Ed44
s'Illot E 57 Hd67
Sillre S 87 Ga33
Sillre S 87 Gb32
Silmala LV 107 Lc51
Silnica PL 130 Hd41
Silno PL 121 Gd32
Silo HR 151 Fc61
Šilovo RUS 203 Fa12
Silovo RUS 203 Fb11
Sils CH 142 Cd56
Sils E 49 Hb60
Silsand N 67 Gc11
Silsden GB 16 Ed20
Silsjönäs S 79 Ga29
Silstrup DK 100 Da21
Siltaharju FIN 69 Ka14
Siltakylä Broby FIN 90 La38
Siltala FIN 82 Kc25
Siltala FIN 89 Jc32
Siltalanperä FIN 82 Kd26
Siltavaara FIN 83 Lc27
Silte S 104 Gd50
Siltene LV 107 Lc50
Siļukains LV 107 Lc51
Šilutė LT 113 Jb56
Šiluva LT 114 Ka55
Silva E 36 Ad54
Silván E 37 Bd57
Silvana Mansio I 164 Gc80
Silvaplana CH 142 Cd56
Silvares P 44 Ba64
Silvberg S 95 Fd40
Silveiros P 44 Ad60
Šilvėnai LT 114 Ka57
Silver Bridge GB 9 Cd19
Silverdalen S 103 Fd49
Silverdalen S 103 Ga49
Silvergruvan S 95 Fb42
Silverstone GB 20 Fb26
Silves P 58 Ab74
Silvi Marina I 157 Fa69
Silvola FIN 91 Lc33
Šima RUS 99 Ld43
Simakivka UA 202 Eb14
Simala I 169 Ca78
Simalan Metsäkulm FIN 97 Jc39
Simanala FIN 91 Lc32
Simancas E 46 Cd60
Şimand RO 170 Bd58
Simanda GR 183 Cb79
Simandre F 30 Jb44
Simanes N 63 Hd08
Šimanovci SRB 153 Jb61
Simat de la Valldigna E 54 Fc69
Simav TR 192 Fc84
Simaxis I 169 Bd77
Simbach D 135 Ec49
Simbach am Inn D 143 Ec50
Simbario I 164 Gc82
Simbirsk RUS 203 Fd09
Simeonovograd BG 185 Dd74
Simeria RO 175 Cc61
Simested DK 100 Db22
Simferopol' UA 205 Fa17
Simi GR 197 Ed92
Şimian RO 170 Cb55
Simian RO 174 Cb65
Simiane-la-Rotonde F 42 Jd52
Simići BIH 153 Hd63
Siminicea RO 172 Ec55
Simiö FIN 90 Ka33
Simitli BG 183 Cb74
Šimkai LT 113 Jb55
Šimkaičiai LT 114 Ka56
Simlångsdalen S 102 Ed52
Simleu Silvaniei RO 171 Cc56
Simmelkær DK 100 Da23
Simmerath D 125 Bc42
Simmerberg D 142 Da52
Simmern D 133 Ca44
Simmersfeld D 133 Cb49
Simmershofen D 134 Db46
Simmertal D 133 Ca44
Simnas LV 114 Kb59
Simnića MK 182 Ba74
Simo FIN 74 Jd21
Simola FIN 91 Lc36
Simonburn GB 11 Ed16
Simonby FIN 97 Jb40
Şimoneşti RO 176 Dd60
Simoniemi FIN 74 Jd22
Simonkylä FIN 74 Jd22
Simonsbath GB 19 Dd29
Simonsberg D 108 Da29
Simonstad N 93 Da45
Simonstorp S 95 Ga45
Simonswald D 141 Ca50
Simontornya H 146 Hc55
Šimonys LT 114 Kd54
Simorre F 40 Ga55
Símos GR 188 Bb84
Simou CY 206 Hd97
Simpelveld NL 125 Bb41
Simpiänniemi FIN 90 Kd34
Simplon CH 148 Ca57
Simpnäs S 96 Ha41
Simremarken S 110 Ed57
Simrishamn S 111 Fb56
Simsk RUS 202 Eb09
Simskälä FIN 96 Hc40
Simskardet N 70 Fa24
Simuna EST 98 La43
Simuna FIN 90 Kc32
Sinac HR 151 Fd62
Sinaia RO 176 Ea63
Sinalunga I 156 Dd67
Sinanaj AL 182 Ab77
Sinandele TR 192 Fa83
Sinanlı TR 186 Fa76
Sinanlıballi TR 187 Gb78
Sinanoğlu TR 187 Gc78
Sinarádes GR 182 Ab80
Sinarcas E 54 Ed67
Sin'avino RUS 113 Jd59
Şinca RO 176 Dd61
Şincai RO 171 Db58
Sincan TR 205 Fd20
Sincanlı TR 193 Gb85
Şinca Nouă RO 176 Dd62
Sincansarnıç TR 192 Fc81
Sindal DK 101 Dd19
Sindel BG 181 Fa71
Sindelfingen D 134 Cc48
Sindendro GR 182 Ba79
Sindi EST 98 Kb45
Sindia I 169 Bd76
Sındırgı TR 192 Fa83
Síndos GR 183 Ca78
Sinekçi TR 185 Ed80
Sinekli TR 186 Fb77
Sinemorec BG 186 Fa74
Sinersig RO 174 Ca61
Sines P 50 Ab71
Sineşti RO 172 Ed57
Sineşti RO 175 Da64
Sineşti RO 176 Eb66
Sinettä FIN 74 Jd18
Sineu E 57 Hc67
Singen D 142 Cc51
Singera MD 173 Fd58
Sîngerei MD 173 Fb56
Sîngerei Noi MD 173 Fb55
Singilej RUS 203 Fd10
Singleton GB 20 Fb30
Singö S 96 Ha40
Singsby FIN 81 Hd30
Singsjön S 79 Fc31
Singureni MD 173 Fb55
Singureni RO 180 Ea67
Singusdal N 93 Db43
Sinie Lipjagi RUS 203 Fb13
Sinij Nikola RUS 107 Ma49
Sinirli TR 191 Ed85
Siniscola I 168 Cc75
Siniselkä FIN 82 Ka25
Sini Vir BG 181 Ec69
Sinj HR 158 Gc65
Sinjac MNE 159 Hd67
Sinjavka BY 202 Ea13
Sinjo Bărdo BG 179 Cd70
Sinksundet S 73 Hd22
Sin-le-Noble F 23 Ha32
Sinn D 126 Cc42
Sinnai I 169 Ca79
Sinnes N 92 Cc44
Sinntal D 134 Da43
Sinodskoe RUS 203 Fd11
Sinogóra PL 122 Hd34
Sinoie RO 177 Fc66
Sinole LV 107 Lb49
Sinop TR 205 Fb19
Sinopoli I 164 Ga83
Sins CH 141 Cb53
Sinsheim D 134 Cc47
Sinspelt D 133 Bb44
Sint Annaparochie NL 117 Bc33
Sintautai LT 114 Ka58
Sintea Mare RO 170 Ca58
Şintereag RO 171 Db57
Şinteu RO 171 Cc56
Sint Jacobiparochie NL 117 Bc33
Sint Martensbrug NL 116 Ba34
Sint Michielsgestel NL 124 Ba38
Sint Nicolaasga NL 117 Bc34
Sint-Niklaas B 124 Ac39
Sint Oedenrode NL 125 Bb38
Sint Philipsland NL 124 Ac38
Sintra P 50 Aa68
Sintsi FIN 83 Ld31
Sint-Truiden B 124 Ba41
Sinués E 39 Fb57
Sinzheim D 133 Cb48
Sinzig D 125 Bd42
Sinzing D 135 Ea48
Siófok H 145 Hb55
Sion CH 141 Bc56
Sion F 31 Jd38
Sion-les-Mines F 28 Ed40
Sion Mills GB 9 Cc16
Siorac-en-Périgord F 33 Gb50
Sipa EST 98 Kb44
Sipahi TR 185 Ec77
Sipahiler TR 199 Gd88
Šipanska Luka HR 158 Hb69
Şipca MD 173 Ga57
Sipilä FIN 82 Kb30
Sipilä FIN 90 Ka32
Sipinen FIN 82 La25
Šipka BG 180 Dc71
Šipkovica MK 183 Ca74
Šipkovo BG 180 Dd71
Sipola FIN 74 Ka24
Sipola FIN 82 Kb25
Siponys LT 114 Kc58
Sipoo FIN 98 Kc39
Şipote RO 172 Ed56
Şipotele RO 181 Fb68
Şipoteni MD 173 Fc58
Šipovo BIH 158 Gd64
Sippola FIN 90 La37
Sira N 92 Cb46
Sirač HR 152 Gd59
Siracusa I 167 Fd87
Šir'ajevo RUS 107 Mb48
Siráko GR 182 Ba80
Sirakovo BG 184 Dc74
Şiran TR 205 Fd20
Şirăuţi MD 172 Ed54
Sircova MD 173 Fd55
Siret RO 172 Eb54
Sireţel RO 172 Ec56
Sireţi MD 173 Fd57
Sirevåg N 92 Ca45
Sirgala EST 99 Lc42
Şiria RO 170 Ca59
Sirig SRB 153 Jb59
Şirince TR 191 Ec87
Sirinçavuş TR 185 Ed80
Sirineasa RO 175 Db64
Şirinköy TR 198 Fc88
Širitovci HR 158 Gb65
Siriu RO 176 Eb63
Sirk SK 138 Jb49
Sirkka FIN 68 Jc15
Sirkkakoski FIN 74 Jc18
Sirkkamäki FIN 82 Kc31
Sirkön S 111 Fc53
Sîrma MD 173 Fb59
Sirma N 64 Ka07
Sirmione I 149 Db59
Şirna RO 176 Ea65
Sirnach CH 142 Cc53
Sirniö FIN 75 Kd20
Sirogojno SRB 178 Ad67
Sirok H 146 Jb51
Široka lăka BG 184 Da75
Široká Niva CZ 137 Gd44
Široké SK 138 Jc47
Široki Brijeg BIH 158 Ha66
Široko Polje HR 153 Hc60
Širokovo BG 180 Ea69
Sirolo I 156 Ed66
Sırpsındığı TR 185 Eb75
Siruela E 52 Cc69
Sirvaste EST 107 Lb46
Širvintos LT 114 Kd57
Sisak HR 152 Gb60
Šišan HR 151 Fa62
Sisante E 53 Eb68
Sisättö FIN 89 Jc34
Sisbacka FIN 81 Jb29
Şişcani MD 173 Fb58
Sisco F 154 Cc68
Şişeler TR 199 Ha91
Šišenci BG 179 Ca67
Sises GR 200 Da95
Şişeşti RO 171 Da55
Şişeşti RO 175 Cc64
Sislioba TR 186 Fa74
Šišljavic HR 151 Ga59
Šišmanci BG 180 Dc73
Sissach CH 141 Ca52
Sissinghurst GB 21 Ga29
Sissonne F 24 Hc34
Sista Palkino RUS 99 Ld40
Şiştărovaţ RO 174 Ca60
Sistelo P 36 Ad58
Sisteron F 42 Jd52
Sistiana I 150 Ed59
Sistin E 36 Bb57
Sisto E 36 Bb53
Sistranda N 77 Dc28
Sita Buzăului RO 176 Eb62
Sitagri GR 184 Cd76
Sit'ane RUS 107 Ma48
Sitaniec PL 131 Kc41
Sitariá GR 183 Bb77
Sitarla FIN 98 Ka39
Sitasjaurestugorna S 67 Gb15
Šitbořice CZ 137 Gc48
Sitena GR 194 Bc88
Sitges E 49 Gd62
Sitia GR 201 Dd96
Sitikala FIN 90 Kd37
Sitkowo PL 123 Kb32
Sitkunai LV 114 Kb57
Sitnica BIH 152 Gd63
Sitno PL 121 Gb32
Sitno PL 122 Hc34
Sitohóri GR 184 Cc77
Sitómena GR 188 Ba83
Sitovo BG 181 Ec68
Sitovo BG 184 Db74
Sittard NL 125 Bb40
Sittensen D 118 Da33
Sitter N 78 Eb26
Sittersdorf A 144 Fc56
Sittingbourne GB 21 Ga28
Sitzendorf an der Schmida A 136 Ga49
Siuntio FIN 98 Ka40
Siuntion kirkonkylä FIN 98 Ka40
Šiupyliai LT 114 Ka53
Siuro FIN 89 Jc36
Siurua FIN 74 Kb22
Siurunmaa FIN 69 Ka15
Siusi I 143 Dd56
Sivac SRB 153 Ja59
Sivačevo BG 180 Ea72
Sivakka FIN 83 Lb27
Sivakka FIN 83 Lc26
Sivakkajoki FIN 83 Lb27
Sivakkavaara FIN 83 Lb29
Siva reka BG 185 Ea75
Sivas TR 205 Fc20
Sivaslı TR 192 Ga86
Siverić HR 158 Gb65
Sivers LV 115 Ld53
Siverskij RUS 99 Mb41
Siverskij RUS 202 Eb09
Sivertbukt N 65 Kb07
Siviken S 102 Ec46
Sivle N 84 Cc38
Sivota GR 188 Ac81
Sivrihisar TR 193 Hb83
Sivriler TR 186 Fa75
Sivros GR 188 Ac83
Six Crosses IRL 12 Bb24
Six-Fours-les-Plages F 42 Jd55
Sixmilebridge IRL 12 Bd23
Sixmilecross GB 9 Cc17
Six Road Ends GB 10 Db17
Sixt F 35 Kb45
Sixt-sur-Aff F 27 Ec40
Siziano I 149 Cc60
Sizun F 26 Dc38
Sjabero RUS 99 Ma43
Själlarim S 73 Hb19
Sjanno BY 202 Eb12
Sjanovo BG 180 Eb68
Sjas'stroj RUS 202 Eb08
Sjåstad N 93 Dd41
Sjava RUS 203 Fc08
Sjelle DK 108 Dc24
Sjenica SRB 178 Ad68
Sjeničak Lasinjski HR 151 Ga60
Sjerogošte MNE 159 Jb68
Sjetlina BIH 159 Hc65
Sjetnemarka N 77 Ea30
Sjeverodonec'k UA 203 Fb14
Sjisjka S 67 Ha16
Sjoåsen N 78 Eb27
Sjöberg S 71 Ga23
Sjöberg S 79 Ga25
Sjöbo S 110 Fa56
Sjöbotten S 80 Hc26
Sjöbränet S 80 Hb26
Sjödiken S 110 Ed56
Sjogerstad S 102 Fa47
Sjögestad S 103 Fd47
Sjøholt N 76 Cd32
Sjøli N 86 Eb36
Sjöliden S 80 Gc25
Sjølund DK 108 Db26
Sjömarken S 102 Ed49
Sjona N 70 Fa20
Sjonbotn N 71 Fb20
Sjonhem S 104 Ha49
Sjørring DK 100 Da21
Sjörröd S 110 Fa54
Sjørslev DK 100 Db23
Sjørup DK 100 Da23
Sjösa S 96 Gc45
Sjötofta S 102 Ed50
Sjötorp S 95 Fb45
Sjøtun N 62 Gc10
Sjoutnäset S 79 Fc26
Sjøvegan N 67 Gc12
Sjövik S 102 Ec48
Sjugare S 95 Fc39
Sjulnäs S 73 Hc23
Sjulsmark S 73 Hd22
Sjunberget S 68 Hc17
Sjundeå FIN 98 Ka40
Sjundeå kby FIN 98 Ka40
Sjuntorp S 102 Ec47
Sjursvik N 66 Ga11
Sjusjøen N 85 Ea37
Skabland N 85 Ea40
Skaborai LT 113 Jc55
Skadovs'k UA 204 Ed17
Skælskør DK 109 Ea27
Skærbæk DK 108 Da27
Skærbæk DK 108 Db26
Skærum DK 101 Dd20
Skærup DK 108 Db25
Skævinge DK 109 Ec25
Skafidiá GR 194 Ad87
Skafså N 93 Da43
Skäfthammar S 96 Gd41
Skaftung FIN 89 Hd34
Skagaströnd IS 2 Ad03
Skage N 78 Ec26
Skagen DK 101 Dd19
Skagen N 70 Fa19
Skaiå N 92 Cd46
Skáidi N 63 Ja06
Skaill GB 5 Ec03
Skaistgiriai LT 114 Kc54
Skaistgirys LT 114 Ka53
Skaistkalne LV 106 Kc52
Skaitekojan S 73 Hb19
Skakdupiai LT 114 Ka59
Skála GR 182 Ab80
Skála GR 184 Db77
Skála GR 188 Ac85
Skála GR 189 Ca84
Skála GR 191 Ea83
Skála GR 194 Bc90
Skála GR 197 Ea89
Skała PL 138 Ja44
Skála Eressú GR 191 Dd83
Skála Foúrka GR 183 Cb80
Skałagi PL 129 Ha41
Skála Marión GR 184 Db78
Skaland N 62 Gb10
Skaland N 67 Gb11
Skála Oropoú GR 189 Cc85
Skala-Podil's'ka UA 204 Ea16
Skála Sikaminiás GR 191 Ea83
Skála Sotiros GR 184 Da78
Skålavik DK 3 Ca07
Skalbmierz PL 138 Jb43
Skålbygget S 87 Fc37
Skälderviken S 110 Ed54
Skåldö FIN 97 Jd41
Skålen S 87 Fb32
Skålevik N 84 Ca39
Skalhamn S 102 Eb47
Skalica BG 180 Ea73
Skalica SK 137 Gd48
Skalité SK 138 Hc46
Skallebølle DK 108 Dc26
Skallelv N 65 Kd06
Skällenrud S 94 Ea45
Skållerud S 94 Ec45
Skallerup Klit DK 100 Dc19
Skällinge S 102 Ec51
Skallmeja S 102 Ed47
Skalltivaara FIN 64 Jd08
Skallvik S 103 Gb46
Skalmodal S 71 Fc23
Skalmsjö S 80 Gc29
Skalná CZ 135 Eb44
Skälö S 95 Fb39
Skalohóri GR 182 Ba78
Skalohóri GR 191 Dd83
Skaloti GR 184 Da76
Skaloti GR 200 Cc96
Skals DK 100 Db22
Skalsko BG 180 Dd71
Skalsvika N 71 Fc18
Skalunda S 102 Ed46
Skälvum S 102 Fa46
Skam'ja RUS 99 Lc43
Skamsdalssetra N 77 Dc33
Skandáli GR 190 Dc81
Skandawa PL 122 Jb30
Skanderborg DK 108 Dc24
Skånela S 96 Gd43
Skånes-Fagerhult S 110 Fa53
Skåne-Tranås S 111 Fb56
Skånevik N 92 Cb41
Skangali RUS 107 Ld50
Skåningbukt N 62 Ha08
Skånings-Åsaka S 102 Fa46
Skänknäsberget S 79 Ga27
Skänninge S 103 Fc47
Skanör S 110 Ed57
Skansbacken S 95 Fb40
Skansholm S 79 Ga26
Skansnäs S 71 Ga24
Skansnäs S 72 Gb22
Skansnäset S 79 Fd27
Skåpafors S 94 Ec44
Skape PL 128 Fd37
Skapiškis LT 114 Kd54
Skara S 102 Fa47
Skarberget N 66 Ga14
Skärblacka S 103 Ga46
Skard N 71 Fd18
Skarda S 80 Gd27
Skardet N 71 Fc20
Skardsgard N 85 Db38
Skare N 92 Cc41
Skåre S 94 Fa43
Skares GB 10 Dd15
Skares LV 105 Jd52
Skåret N 86 Ed36
Skärgårdsstad S 96 Gd43
Skärhamn S 102 Eb48
Skärkind S 103 Ga46
Skärlöv S 111 Gb53
Skarmunken N 62 Gd09
Skarness N 94 Eb40
Skarø By DK 109 Dd28
Skarpengland N 92 Cd46
Skärplinge S 96 Gc40
Skarpnätö FIN 96 Hb40
Skarp Salling DK 100 Db21
Skarrild DK 108 Da24
Skärså S 87 Gb37
Skarset N 76 Cd31
Skarsfjord N 62 Gc08
Skärsjövålen S 86 Fa34
Skarstad N 66 Ga14
Skärstad S 102 Ed47
Skärstad S 103 Fb48
Skarstein N 66 Ga11
Skarsvåg N 64 Jb04
Skarszewy PL 121 Ha31
Skarszyn PL 129 Gc40
Skårup DK 109 Dd27
Skärv S 102 Fa47
Skärvången S 79 Fb29
Skarvfjordhamn N 63 Hd05
Skårvik N 67 Gc12
Skarvsjöby S 79 Gb25
Skaryszew PL 130 Jc40
Skarżyn PL 123 Jd32
Skarżysko-Kamienna PL 130 Jb40
Skasenden N 94 Ec40
Skästra S 87 Ga35
Skatelöv S 103 Fc52
Skåtøy N 93 Dc45
Skattkärr S 94 Fa43
Skattungbyn S 87 Fc37
Skatval N 78 Eb29
Skatvik N 67 Gb11
Skaudvilė LT 113 Jd56
Skaulo S 68 Hc16
Šķaune LV 107 Ma52
Skauvoll N 71 Fb18
Skavaricy RUS 99 Mb40
Skave DK 100 Da23
Skavik N 63 Ja05
Skavnakk N 63 Hb07
Skawina PL 138 Ja44
Skeagh IRL 9 Cb20
Skebobruk S 96 Ha41
Skebokvarn S 95 Gb44
Skeby S 102 Fa46
Skeda S 103 Fd47
Šķēde LV 105 Jc51
Skede S 103 Fd50
Skedevi S 95 Ga45
Skedshult S 103 Gb48
Skedsmokorset N 93 Ea41
Skee S 94 Eb45
Skegness GB 17 Fd22
Skegrie S 110 Ed57
Skehanagh IRL 8 Bd20
Skehanagh IRL 12 Bd21
Skei N 70 Ec24
Skei N 77 Dc31
Skei N 78 Ec28
Skei N 84 Cc35
Skejby DK 108 Dc24
Skela SRB 153 Jb62
Skelby DK 109 Eb27
Skelby DK 109 Eb29
Skelde DK 108 Db28
Skelhøje DK 100 Db23
Skellefteå S 80 Hc25
Skelleftehamn S 80 Hc25
Skellingsted DK 109 Ea26
Skelmanthorpe GB 16 Fa21
Skelmersdale GB 15 Ec21
Skelmorlie GB 6 Dc13
Šķelteni LV 115 Lc53
Skelton GB 11 Fb18
Skėmiai LV 114 Kb55
Skender Vakuf BIH 152 Gd63
Skene S 102 Ec50
Skenfrith GB 19 Eb27
Skenshyttan S 95 Fd40
Skepastí GR 200 Cd95
Skepastó GR 184 Cc77
Skepastó GR 188 Ac81
Skępe PL 122 Hc35
Skephult S 102 Ed49
Skepperstad S 103 Fc50
Skepplanda S 102 Ec48
Skeppshult S 102 Fa51
Skeppsvik S 80 Hc28
Skepptuna S 96 Gd42
Skerike S 95 Gb42
Skerping DK 100 Db21
Skerries IRL 9 Da20
Ski N 93 Ea42
Skiadás GR 188 Ba86
Skiathos GR 189 Cb83
Skibbereen IRL 12 Bb26
Skibbild DK 108 Da24
Skibby DK 109 Eb25
Šķibe LV 106 Ka52
Skibet DK 108 Db25
Skibice PL 128 Fd39
Skibotn N 62 Ha10
Skidal' BY 202 Dd13
Skidby GB 17 Fc20
Skidby GB 17 Fc21
Skídra GR 183 Bd77
Skieblewo PL 123 Kb31
Skiemonys LT 114 La55
Skien N 93 Dc43
Skierbieszów PL 131 Kc41
Skierniewice PL 130 Ja38
Skiftenes N 93 Da46
Skiippagurra N 64 Ka06
Šķilbēni LV 107 Ld49
Skilingmark S 94 Ec42
Skille N 70 Ed23
Skillefjord N 63 Hd07
Skillerhult S 103 Ga52
Skillingaryd S 103 Fb50
Skillinge S 111 Fb56
Skimteflaten N 85 Ea40
Skinburness GB 11 Eb16
Skiniás GR 201 Db96
Skinnerup DK 100 Da21
Skinnskatteberg S 95 Fd42
Skipavig N 92 Cb43
Skipnes N 77 Dc30
Skipsea GB 17 Fc20
Skipton GB 16 Ed20
Skipton-on-Swale GB 11 Fa19
Skiptvet N 93 Ea43
Skirmantiškė LV 114 Kb56
Skirö S 103 Fd50
Skíros GR 190 Da84
Skirsnemunė LT 114 Ka57
Skirva N 93 Db41
Skiti GR 189 Ca81
Skitte N 67 Gb12
Skittenelv N 62 Gd09
Skivarp S 110 Fa57
Skive DK 100 Db22
Skivika N 70 Fa20
Skivjane KSV 178 Ad71
Skivsjön S 80 Ha27
Skjæragenta N 63 Hd08
Skjærholla N 86 Ed37
Skjærli N 84 Ca35
Skjærnes N 64 Ka06
Skjåmoen N 70 Fa22
Skjånes N 64 Jd05
Skjånes N 64 Ka04
Skjåvika N 71 Fb22
Skjeberg N 93 Ea44
Skjee N 93 Dd44
Skjeggedal N 84 Cc40
Skjeggedal N 93 Da45
Skjeggestad N 92 Cb45
Skjelbreid N 78 Fa26
Skjellelv N 67 Gb12
Skjelmoen N 71 Fc22
Skjelnes N 62 Ha10
Skjelstad N 78 Eb28
Skjelstad N 78 Ec28
Skjelten N 76 Cc32
Skjelvareid N 66 Fd15
Skjelvika N 71 Fb18
Skjern DK 108 Cd24
Skjerstad N 66 Fc17
Skjervøy N 63 Hb08
Skjevlo N 78 Ec27
Skjød DK 100 Dc23
Skjold N 92 Ca42
Skjoldastraumen N 92 Ca42
Skjoldehamn N 66 Fd12
Skjolden N 85 Da36
Skjombotn N 67 Gb14
Skjønhaug N 94 Eb42
Skjønne N 85 Db40
Sklené SK 138 Hc48
Sklithro GR 189 Ca81
Šklov BY 202 Eb12
Skoby S 96 Gd41
Skočivir MK 183 Bb76
Škocjan SLO 151 Fd58
Skocze PL 123 Jd30
Skoczów PL 138 Hc45
Skodborg DK 108 Da26
Skodje N 76 Cd32
Skødstrup DK 108 Dc24

Somberek – Stăniţa

Somberek H 153 Hc57
Sombernon F 30 Ja42
Sombor SRB 153 Hd58
Şomcuta Mare RO 171 Da55
Someo CH 141 Cb56
Sõmera EST 105 Jc46
Somere FIN 75 Kd24
Someren NL 125 Bb39
Somerniemi FIN 89 Jd38
Somero FIN 89 Jd38
Someronkylä FIN 81 Jd26
Somerovaara FIN 74 Ka23
Sõmerpalu EST 107 Lb47
Somersham GB 20 Fd25
Somersham GB 21 Ga26
Somerton GB 19 Eb29
Someş-Oderhei RO 171 Cd56
Sominy PL 121 Gd31
Somlóvásárhely H 145 Gd54
Sommacampagna I 149 Db60
Somma Lombardo I 148 Cb58
Sommanelm N 92 Cd45
Sommariva del Bosco I 148 Bd61
Sommarøy N 62 Gc09
Sommarset N 66 Fd16
Sommatino I 167 Fa86
Sommauthe F 24 Ja34
Sommecaise F 30 Hb40
Somme-Leuze B 124 Ba42
Sommen S 103 Fc47
Sommepy-Tahure F 24 Hd35
Sömmerda D 127 Dd41
Sommerfeld D 119 Ed35
Sommerhausen D 134 Db45
Sommersete N 65 Kc05
Sommersted DK 108 Db26
Sommery F 23 Gb34
Sommesous F 24 Hd37
Somme-Tourbe F 24 Ja35
Sommevoire F 30 Ja38
Sommières F 41 Hd53
Sommières-du-Clain F 32 Fd45
Somo E 38 Dc54
Somogyapáti H 152 Ha57
Somogyaszalo H 145 Ha56
Somogycsicsó H 152 Gd57
Somogyfajsz H 145 Ha56
Somogyhárságy H 152 Ha57
Somogyjád H 145 Ha56
Somogysárd H 145 Ha56
Somogysimony H 145 Gd56
Somogytúr H 145 Ha55
Somogyudvarhely H 152 Gd57
Somogyvár H 145 Ha56
Somogyzsitfa H 145 Gd56
Somolinos E 46 Dd62
Somonino PL 121 Ha30
Somoskőújfalu H 146 Ja50
Somotor SK 139 Ka49
Somova RO 177 Fc64
Somovit BG 180 Db68
Sompa EST 99 Lb42
Sompolno PL 129 Hb36
Sompuis F 24 Hd37
Sompujärvi FIN 74 Jd21
Somsois F 24 Hd37
Somvix CH 142 Cc55
Son N 93 Ea43
Şona RO 175 Db60
Son Bou E 57 Ja66
Sonceboz CH 141 Bc53
Sonchamp F 29 Gc38
Soncillo E 38 Dc56
Soncino I 149 Cd60
Sonda EST 98 La42
Sondalo I 142 Da56
Sondby FIN 98 Kc39
Søndeled N 93 Db45
Sønder Bindslev DK 101 Dd19
Sønder Bjert DK 108 Db26
Sønderborg DK 108 Db28
Sønder Bork DK 108 Cd25
Sønderby DK 100 Da22
Sønderby DK 108 Db28
Sønder Dråby DK 100 Da21
Sønder Felding DK 108 Da24
Sønderho DK 108 Cd26
Sønderholm DK 100 Dc21
Sønder Hostrup DK 108 Db28
Sønder Hygum DK 108 Da26
Sønder Kirkeby DK 109 Eb29
Sønder Nissum DK 100 Cd23
Sønder Omme DK 108 Da25
Sønder Onsild DK 100 Dc22
Sønder Ørslev DK 109 Eb29
Sønder Rind DK 100 Db23
Sønder Rubjerg DK 100 Dc20
Sondershausen D 127 Dd40
Søndersø DK 108 Dc26
Sønder Solbjerg DK 100 Da21
Sønder Stenderup DK 108 Db26
Sønderup DK 100 Dc22
Søndervig DK 108 Cd24
Sønder Vilstrup DK 108 Db27
Sønder Vissing DK 108 Db24
Sondheim D 134 Db43
Søndre Osen N 86 Ec37
Sondrio I 149 Cd57
Söndrum S 102 Ed52
Söne S 102 Ed46
Soneja E 54 Fb66
Son en Breugel NL 125 Bb38
Songe N 93 Db45
Songeons F 23 Gc34
Songesand N 92 Cb44
Songy F 24 Hd37
Sonico I 149 Db57
Sonka FIN 74 Jd18
Sonkaja FIN 83 Ma30
Sonkajärvi FIN 82 Kd27
Sonkakoski FIN 82 Kd27
Sonkamuotka FIN 68 Ja14
Sonkari FIN 82 Kc30
Sonkovo RUS 202 Ed09
Son Macià E 57 Hc67
Son Marroig E 57 Hb67
Sonnboda FIN 97 Hd41
Sonneberg D 135 Dd43
Sonnefeld D 135 Dd44
Sonnewalde D 128 Fa39
Sonnino I 160 Ec73
Sonntag A 142 Da53
Sonogno CH 141 Cb56
Sonsbeck D 125 Bc38
Sons-de-Bretagne F 28 Ed38
Sonseca E 52 Db67
Son Servera E 57 Hc67
Sońsk PL 122 Jb35
Sonstorp S 95 Fd45
Sonta SRB 153 Hd59
Sontheim D 142 Db51
Sontheim a.d. Brenz D 134 Db49
Sonthofen D 142 Db53
Sontra D 126 Db41
Soodla EST 98 Kc42
Soomevere EST 98 Kd44
Söörmarkku FIN 89 Ja35
Sööru EST 99 Lb44
Sopeke FIN 91 Ma32
Sopelana E 38 Ea55
Sopište MK 178 Bb73
Sopje HR 152 Ha58
Sopkino RUS 202 Jb30
Soponya H 145 Hb54
Sopot AL 182 Ac75
Sopot BG 179 Da70
Sopot BG 180 Db72
Sopot PL 121 Hb30
Sopot RO 175 Cd66
Sopot SRB 153 Jc62
Sopot SRB 174 Bb64
Sopotnica MK 182 Ba75
Şopotu Nou RO 174 Bd64
Soppjorjok N 64 Jc08
Soppela FIN 74 Kc18
Sopron H 145 Gc52
Sopronhorpács H 145 Gc53
Sopronkövesd H 145 Gc53
Sopsko Rudare MK 178 Bd73
Šor SRB 153 Ja62
Sora I 160 Ed72
Soragna I 149 Da61
Söråker S 88 Gc33
Sorano I 156 Dd69
Sørarnøy N 71 Fb18
Sør-Åvika N 70 Ed21
Sorbara I 149 Dc62
Sorbas E 61 Eb75
Sorbiers F 42 Jd51
Sørbø N 92 Ca43
Sörbo S 102 Eb46
Sorbolo I 149 Da61
Sörby S 94 Fa41
Sörby S 102 Fa47
Sörbygden S 87 Ga32
Sörbymagle DK 109 Ea27
Sörbyn S 73 Hd21
Sörbyn S 80 Hb26
Sord IRL 13 Cd21
Sordal N 92 Cd44
Sore F 39 Fb52
Söred H 145 Hb53
Sorede F 41 Hb57
Søreidet N 62 Gd08
Søre Moen N 78 Ed29
Sørenget N 78 Ec26
Soresina I 149 Cd60
Sørfinnset N 71 Fb18
Sörfjärden S 88 Gc34
Sørfjord N 63 Hc09
Sørfjord N 67 Gb12
Sørfjorden N 66 Fd13
Sörflärke S 80 Gc30
Sörfors S 80 Hb28
Sörforsa S 87 Gb35
Sørfossbogen N 67 Gc11
Sørgård N 71 Fb23
Sorges F 33 Ga48
Sorgono I 169 Ca77
Sør-Grunnfjord N 62 Gd08
Sorgues-l'Ouvèze F 42 Jb52
Sør-Gutvika N 70 Ec24
Sørheim N 84 Cd36
Sørhorsfjord N 70 Ec24
Sori I 148 Cb63
Soria E 47 Eb60
Soriano nel Cimino I 156 Ea70
Sorica SLO 151 Fa57
Sorico I 149 Cc57
Sorigny F 29 Ga42
Sorihuela E 45 Cb64
Sorihuela del Guadalimar E 53 Dd71
Sorila FIN 89 Jd35
Sorisdale GB 6 Da10
Sorita E 48 Fc63
Sörjön S 86 Fa36
Sørkedalen N 93 Ea41
Sorken N 86 Ec35
Sørkjos N 63 Hc08
Sørkjosen N 63 Hb09
Sørkjosen N 63 Ja05
Sorkkala FIN 89 Jd36
Sorknes N 86 Eb37
Sorkun TR 193 Gb86
Sorkuncak TR 199 Gd88
Sorkwity PL 122 Jb31
Sørland N 66 Fa16
Sør-Lenangen N 62 Ha09
Sørli N 79 Fb27
Sørlia N 78 Ec28
Sörmark S 94 Ed40
Sörmjöle S 80 Hb29
Sørmo N 67 Gc13
Sormula FIN 82 Kd26
Sorn GB 10 Dd14
Sornac F 33 Gd47
Sørnesøya N 70 Ed19
Sorno D 128 Fa39
Sørnoret S 79 Gb27
Sorø DK 109 Ea26
Soroca MD 173 Fc54
Soroč'i Gory RUS 203 Fd09
Soročkino RUS 99 Mb42
Sorokpolány H 145 Gc54
Soroní GR 197 Fa93
Sorpe E 40 Gb57
Sørreisa N 67 Gc11
Sörrenberg CH 141 Ca54
Sorrento I 161 Fb76
Sorribes E 49 Gc59
Sorring DK 108 Dc24
Sørrollnes N 66 Ga12
Sorsa FIN 82 Kc26
Sorsakoski FIN 82 La31
Sorsele S 72 Gc23
Sörskog S 87 Fd38
Sorso I 168 Bd74
Sörstafors S 95 Ga43
Sørstrand N 77 Da31
Sørstraumen N 63 Hc08
Sort E 40 Gb58
Sortino I 167 Fc87
Sortland N 66 Fd13
Sør-Tverrfjord N 63 Hb07
Sõru EST 97 Jc45
Sørum N 85 Dd39
Sørumsand N 94 Eb41
Sorunda S 96 Gd44
Sörup D 108 Db29
Sørup DK 100 Dc21
Sørvad DK 100 Da23
Sørvær N 63 Hc06
Sørvågen N 66 Fa15
Sørvágur DK 3 Ca06
Sørvik N 67 Gb12
Sørvik N 77 Dd28
Sörvik S 95 Fc41
Sørvika N 66 Ga13
Sørvika N 86 Ec33
Sörviken S 79 Ga29
Sörviken S 86 Fa33
Sørvollen N 86 Eb34
Sos F 40 Fc53
Sosa D 135 Ec43
Sösdala S 110 Fa54
Sos del Rey Católico E 39 Fa58
Sosedka RUS 203 Fc11
Sosedno RUS 99 Ma45
Soses E 48 Ga61
Sošichino RUS 107 Mb48
Sosnenskij RUS 202 Ed11
Sośnica PL 120 Gb33
Sośnica PL 139 Kc44
Sośnicowice PL 137 Hb44
Sosnicy RUS 99 Mb41
Sośnie PL 129 Gd40
Sósno PL 121 Gd33
Sosno RUS 99 Lc44
Sosnova RUS 107 Mb47
Sosnove UA 202 Ea14
Sosnovka RUS 113 Ja58
Sosnovka RUS 113 Jb58
Sosnovka RUS 203 Fb11
Sosnovka RUS 203 Fd08
Sosnovo RUS 99 Mb41
Sosnovo RUS 107 Ma46
Sosnovyj Bor RUS 99 Ld39
Sosnovyj Bor RUS 202 Ea08
Sosnowica PL 131 Kb39
Sosnowiec PL 138 Hc43
Sosnówka PL 131 Kc38
Soso FIN 74 Ka24
Sospel F 43 Kd52
Sossano I 150 Dd60
Šossejnoe RUS 113 Ja59
Sossonniemi FIN 75 La20
Sost F 40 Ga56
Šoštanj SLO 151 Fc57
Sóstis GR 184 Dc77
Šostka UA 202 Ed13
Sóstógyógyfürdő H 147 Ka51
Sosynje RUS 107 Mb46
Sot SRB 153 Ja60
Şotânga RO 176 Dd64
Sotaseter N 85 Da35
Soteska SLO 151 Fa57
Soteska SLO 151 Fc59
Sotiel Coronada E 59 Bb73
Sotiello E 37 Cc54
Sotillo E 52 Db68
Sotillo de la Adrada E 46 Da65
Sotillo de la Ribera E 46 Dc60
Sotillo de las Palomas E 46 Cd65
Sotillo del Rincón E 47 Ea59
Sotillos E 37 Cd56
Sotin HR 153 Hd60
Sotira CY 206 Jd97
Sotira GR 183 Bc77
Sotkamo FIN 82 La26
Sotkaniemi FIN 69 Jd11
Sotkanniemi FIN 82 La31
Sotkuma FIN 83 Lc30
Sotobañado y Priorato E 38 Da57
Soto de Campóo E 38 Db56
Soto de Dueñas E 37 Cd54
Soto de la Marina E 38 Dc54
Soto de la Vega E 37 Cb58
Soto del Barco E 37 Cb54
Soto de los Infantes E 37 Ca54
Soto del Real E 46 Dc63
Soto de Ribera E 37 Cb54
Soto en Cameros E 39 Eb58
Sotogrande E 59 Cb77
Sótony H 145 Gc54
Sotosalbos E 46 Db62
Sotoserrano E 45 Ca64
Sotres E 38 Da55
Sotresgudo E 38 Db57
Sotrondio E 37 Cc55
Sotta F 154 Cb72
Sotteville-lès-Rouen F 23 Gb35
Sottomarina I 150 Eb60
Sottrum D 118 Da34
Sottrupskov DK 108 Db28
Sottunga FIN 97 Hd40
Sotuélamos E 53 Ea69
Soual F 41 Gd54
Souancé-au-Perche F 29 Ga39
Soubise F 32 Fa46
Soucy F 30 Hb39
Soúda GR 200 Cc95
Soudan F 28 Fa40
Soudan F 32 Fc45
Soudé F 24 Hd37
Soudes P 58 Ba73
Soues F 40 Fd55
Souesmes F 29 Gd41
Soufflenheim F 25 Kc36
Souflí GR 185 Ea77
Soúgia GR 200 Cb95
Sougy F 29 Gc39
Souillac F 33 Gc50
Souilly F 24 Jb36
Soukainen FIN 89 Ja38
Soukka FIN 98 Kb40
Soukkio FIN 90 Kb38
Soukolojärvi S 73 Jb19
Soulac-sur-Mer F 32 Fa48
Soulaines-Dhuys F 30 Ja38
Soulgé-sur-Ouette F 28 Fb39
Soúli GR 189 Bd86
Soulignonne F 32 Fb47
Soullans F 27 Ec43
Soulle F 32 Fa46
Soulópoulo GR 182 Ad80
Soultz-Haut-Rhin F 31 Kb39
Soultz-sous-Forêts F 25 Kc36
Soumoulou F 40 Fc55
Souni CY 206 Ja98
Soúnio GR 184 Db77
Souppes-sur-Loing F 29 Ha39
Souprosse F 39 Fb54
Sourdeval F 22 Fb37
Sourdon F 23 Gd34
Soure P 44 Ac64
Sourhope GB 11 Ed15
Souria F 41 Ha57
Sourpi GR 189 Ca83
Sours F 29 Gc38
Soursac F 33 Gd48
Souru FIN 82 Kd30
Souru FIN 91 Lb33
Sousceyrac F 33 Gd50
Sousel P 50 Ba68
Sous-Parsat F 33 Gd46
Soussac F 32 Fc50
Soustons F 39 Ed54
Soutelo P 45 Bd61
Southall GB 20 Fc28
Southam GB 20 Ed26
Southampton GB 20 Fa30
South Benfleet GB 21 Ga28
Southborough GB 20 Fd29
South Cave GB 16 Fb20
South Cave GB 16 Fb21
Southend GB 10 Db15
Southend-on-Sea GB 21 Ga28
Southery GB 17 Fd24
South Ferriby GB 17 Fc21
Southgate GB 20 Fc27
South Harting GB 20 Fb30
South Hayling GB 20 Fb30
South Hole GB 18 Dc29
South Kyme GB 17 Fc23
Southminster GB 21 Ga27
South Molton GB 19 Dd29
South Moreton GB 20 Fa28
South Ockendon GB 20 Fd28
South Perrott GB 19 Eb30
South Petherton GB 19 Eb30
Southport GB 15 Eb21
Southrope GB 20 Fb29
Southsea GB 20 Fa30
South Shields GB 11 Fa16
South Skirlaugh GB 17 Fc20
Southwater GB 20 Fc29
Southwell GB 16 Fb23
South Witham GB 16 Fb24
Southwold GB 21 Gc25
Soutochao E 45 Bc59
Souvála GR 195 Cb87
Souvigné F 28 Fd41
Souvigny F 30 Hb44
Sovana I 156 Dd69
Søvang DK 108 Da28
Søvang DK 109 Ec26
Søvassli N 77 Dd30
Sovata RO 172 Dd59
Söve TR 192 Fa81
Soveja RO 176 Ec61
Sover I 150 Dd57
Soverato I 164 Gc82
Sovereto I 162 Gc74
Soveria F 154 Cb69
Soveria Mannelli I 164 Gc81
Sövestad S 110 Fa56
Sovetsk RUS 113 Jc57
Sovetskaja RUS 203 Fc14
Sovetskaja RUS 205 Fd17
Sovetskij RUS 113 Ja59
Sovetskij RUS 203 Fd08
Sovetskoe RUS 205 Ga17
Sovietscoe MD 173 Fd55
Søvik N 76 Cc32
Søvika N 70 Ed22
Søvind DK 108 Dc25
Sovlje HR 157 Ga65
Sovoljano BG 179 Ca72
Sowczyce PL 129 Hb42
Sowia Góra PL 128 Ga36
Sowno PL 120 Fc33
Soye F 31 Ka41
Soyen D 143 Eb51
Soyhières CH 141 Bd52
Søyland N 92 Ca44
Søyland N 92 Ca45
Soylu TR 185 Ec77
Sozopol BG 181 Fa73
Spa B 125 Bb42
Spabrücken D 133 Ca44
Spadafora I 167 Fd83
Spahievo BG 184 Dc74
Spahnharrenstätte D 117 Cb34
Spaichingen D 142 Cc50
Spała PL 130 Ja39
Spalding GB 17 Fc24
Spálené Poříčí CZ 136 Fa46
Spálov CZ 137 Ha45
Spalt D 134 Dc47
Spalviškiai LT 106 Kd52
Spanbroek NL 116 Ba34
Spančevci BG 179 Cc69
Spandowerhagen D 120 Fa31
Spangenberg D 126 Da40
Spangereid N 92 Cc47
Spannarp S 102 Ec51
Spantekow D 120 Fa32
Spanţov RO 181 Ec67
Sparagovići HR 158 Ha68
Sparanise I 161 Fa74
Sparbu N 78 Ec28
Spāre LV 105 Jc50
Spāre LV 106 Kd49
Sparkær DK 100 Db23
Sparkford GB 19 Ec29
Sparlösa S 102 Ed47
Sparneck D 135 Ea44
Sparreholm S 95 Gb44
Sparrsätra S 95 Gb42
Sparsås N 93 Da45
Sparta I 164 Ga83
Spárti GR 194 Bc89
Spartiás GR 188 Ba84
Spárto GR 188 Ad83
Spartohóri GR 188 Ac83
Spas-Klepiki RUS 203 Fa10
Spas-Kotorsk RUS 99 Ma43
Spasovo BG 180 Dc73
Spasovo BG 181 Fb69
Spassk-Rjazanskij RUS 203 Fb11
Spáta GR 195 Cc87
Spatharéi GR 197 Eb88
Spathovúni GR 195 Bd87
Spavča HR 153 Hd61
Spean Bridge GB 6 Dc10
Specchia I 165 Hc78
Specchiarica I 162 Hb76
Specke S 94 Ed42
Speia MD 173 Ga58
Speia MD 173 Ga58
Speicher D 133 Bc44
Speichersdorf D 135 Ea45
Spekedalssetra N 86 Eb34
Spekeröd S 102 Eb48
Spelle D 117 Cb36
Spello I 156 Eb68
Spenge D 126 Cc37
Spennymoor GB 11 Fa17
Spentrup DK 100 Dc23
Sperenberg D 127 Ed37
Spergau D 127 Eb40
Sperhiáda GR 189 Bc83
Sperlinga I 167 Fb85
Sperlonga I 160 Ed73
Spermezeu RO 171 Db56
Sperone I 166 Eb84
Spessa I 150 Ed58
Spetisbury GB 19 Ec30
Spétses GR 195 Ca89
Speulde NL 116 Bb36
Spey Bay GB 5 Ec07
Speyer D 133 Cb46
Spezzano Albanese I 164 Gb79
Spezzano della Sila I 164 Gc80
Spiazzi I 149 Da58
Spicino RUS 99 Lc44
Spiddal IRL 12 Bc21
Spiegelau D 135 Ed48
Spiegelberg D 134 Cd47
Spiekeroog D 117 Cb31
Spielfeld A 144 Ga56
Spiez CH 141 Bd55
Spigno Monferrato I 148 Ca62
Spijkenisse NL 124 Ac37
Spilamberto I 149 Dc63
Spildra N 62 Gc10
Spili GR 200 Cd96
Spiliá GR 183 Bd80
Spiliá GR 200 Cb94
Spilimbergo I 150 Ec57
Spiljani SRB 159 Jc68
Spiljani SRB 178 Ad69
Spille AL 182 Ab75
Spillum N 78 Ec26
Spilsby GB 17 Fd22
Spinazzola I 162 Gb74
Spincourt F 25 Jc35
Spind N 92 Cb47
Špindlerův Mlýn CZ 128 Fd42
Spineni RO 175 Db65
Spineta Nuova I 161 Fc76
Spinetta I 148 Cb61
Spink IRL 13 Cb22
Spiņņi LV 105 Jb49
Spino d'Adda I 149 Cd59
Spinoso I 162 Gb77
Spinuş RO 170 Cb56
Špionica BIH 153 Hc62
Spirgus LV 106 Ka51
Spiringen CH 141 Cb54
Spirovo RUS 202 Ec09
Špišić-Bukovica HR 152 Gd58
Spiss A 142 Db54
Spišská Belá SK 138 Jb47
Spišská Nová Ves SK 138 Jb48
Spišská Stará Ves SK 138 Jb46
Spišské Bystré SK 138 Jb48
Spišské Podhradie SK 138 Jc47
Spišské Vlachy SK 138 Jc48
Spišský Štvrtok SK 138 Jb47
Spital am Pyhrn A 144 Fb52
Spital am Semmering A 144 Ga53
Spithami EST 97 Jd43
Spittal an der Drau A 143 Ed55
Spitz A 144 Fd50
Spjærøy N 93 Ea44
Spjald DK 108 Cd24
Spjelkavik N 76 Cc32
Spjutsbygd S 111 Fd54
Spjutsund FIN 98 Kc39
Spliding N 92 Cc47
Split HR 158 Gb66
Splügen CH 142 Cc56
Spóa GR 201 Eb95
Spodnja Kokra SLO 151 Fb57
Spodnja Pohanca SLO 151 Ga58
Spodnje Fužine SLO 151 Fb57
Spodnje Hoče SLO 144 Ga56
Spodnje Škofije SLO 151 Fa59
Spodnji Ivanjci SLO 144 Ga56
Spodnji Log SLO 151 Fc58
Spodsbjerg DK 109 Dd28
Spofforth GB 16 Fa20
Špogi LV 115 Lc53
Spohle D 118 Cc33
Špola UA 204 Ec15
Spoleto I 156 Eb69
Spondigna I 142 Db55
Spondinig I 142 Db55
Spontin B 124 Ad42
Spontour F 33 Gd49
Spora D 127 Eb41
Spore PL 121 Gb32
Spornitz D 119 Ea33
Sportgastein A 143 Ec54
Sporysz PL 121 Gc32
Spotorno I 148 Ca63
Spott GB 11 Ec13
Spraitbach D 134 Da48
Sprakensehl D 118 Dc35
Sprâncenata RO 180 Db67
Sprang-Capelle NL 124 Ba38
Sprängsviken S 88 Gc32
Spraudis LT 113 Jc55
Spreenhagen D 128 Fa37
Spremberg D 128 Fb39
Spresiano I 150 Ea59
Spridlington GB 17 Fc22
Sprimont B 132 Ba43
Şpring RO 175 Da60
Springe D 126 Da37
Springfield GB 9 Cb18
Sproatley GB 17 Fc20
Sprockhövel D 125 Ca39
Sproge S 104 Gd50
Sprogi LV 107 Lb49
Sproughton GB 21 Ga26
Spuž MNE 159 Ja69
Spychowo PL 122 Jc32
Spydeberg N 93 Ea42
Spytkowice PL 138 Hd44
Spytkowice PL 138 Ja46
Spytkowo PL 122 Jc30
Squillace I 164 Gc81
Squinzano I 162 Hb76
Sračinec HR 152 Gb57
Sraghmore IRL 13 Cd22
Srahmore IRL 8 Bc18
Sráid na Cathrach IRL 12 Bb22
Sraith Salach IRL 8 Bb20
Sramora Română RO 174 Bd61
Srbac BIH 152 Ha61
Srbica KSV 178 Ba70
Srbica MK 182 Ba74
Srbinovo MK 182 Ba74
Srbobran SRB 153 Jb59
Srbovac KSV 178 Ba69
Srdevići BIH 158 Gd65
Srdiečko SK 138 Hd48
Srebărna BG 181 Ed67
Srebrenica BIH 159 Ja64
Srebrna PL 123 Jd34
Srebrna Góra PL 137 Gb43
Sredec BG 180 Dd73
Sredec BG 181 Ed73
Središče ob Dravi SLO 152 Gb57
Središte BG 181 Ed68
Sredni Kolibi BG 180 Dd71
Srednja Besnica SLO 151 Fc58
Srednje BIH 159 Hc64
Srednjevo SRB 174 Bd64
Srednogorci BG 184 Db75
Srednogorovo BG 180 Dc72
Sredno Gradište BG 180 Dc73
Sredno Selo BG 180 Ea71
Srel'na RUS 99 Mb39
Śrem PL 129 Gc38
Sremska Kamenica SRB 153 Jb60
Sremska Mitrovica SRB 153 Ja61
Sremski Karlovci SRB 153 Jb60
Srezojevci SRB 159 Jc64
Sribne UA 202 Ed14
Srmska Rača SRB 153 Ja61
Srnetica BIH 152 Gc63
Srní CZ 135 Ed48
Srnice BIH 153 Hc62
Środa Śląska PL 129 Gb41
Środa Wielkopolska PL 129 Gd37
Srokowo PL 122 Jc30
Srpci MK 183 Bb75
Srpska Crnja SRB 174 Bb60
Srpski Hebej SRB 174 Bb61
Srpski Miletic SRB 153 Hd59
Sta S 78 Ed30
Staatz A 137 Gb49
Stabbfors S 71 Fc22
Stabbursnes N 64 Jb07
Stabulnieki LV 107 Lc51
Staburnās S 79 Ga25
Staby DK 100 Cd23
Stachanov UA 205 Fb15
Stachy CZ 136 Fa48
Stachy PL 122 Jb33
Stačiūnai LT 114 Kb54
Staðarskáli IS 2 Ad04
Stade D 118 Da32
Stadecken-Elsheim D 133 Cb44
Stadel CH 141 Cb52
Stadelhofen D 135 Dd44
Staden B 21 Ha30
Stadensen D 118 Dc35
Stadhampton GB 20 Fa27
Stadil Kirkeby DK 100 Cd23
Stádio GR 194 Bc88
Stadland D 118 Cc33
Stadl an der Mur A 144 Fa54
Stadl Paura A 144 Fa51
Stadra S 95 Fc43
Stadskanaal NL 117 Ca34
Stadtallendorf D 126 Cd41
Stadtbergen D 142 Dc50
Stadthagen D 126 Da36
Stadtilm D 127 Dd42
Stadtkyll D 125 Bc42
Stadtlauringen D 134 Db44
Stadtlengsfeld D 126 Db42
Stadtlohn D 125 Bd37
Stadtoldendorf D 126 Da38
Stadtprozelten D 134 Cd45
Stadtroda D 127 Ea42
Stadtsteinach D 135 Ea44
Stadum D 108 Da28
Stae DK 100 Dc21
Stăeşti RO 180 Ea68
Stäfa CH 141 Cb53
Staffans S 73 Jb21
Staffanstorp S 110 Ed56
Staffarda I 148 Bc61
Staffolo I 156 Ec66
Stafford GB 16 Ed23
Staggia I 155 Dc66
Staggträsk S 72 Gc23
Stágira GR 184 Cc78
Stahnsdorf D 127 Ed37
Stahovica SLO 151 Fc57
Staicele LV 106 Kc47
Stainach A 144 Fa53
Stainforth GB 11 Ec19
Stainville F 24 Jb37
Stainz A 144 Fd55
Staithes GB 11 Fb18
Staiti I 164 Gb84
Stajčovci BG 179 Ca71
Stajićevo SRB 174 Bb62
Stajnica HR 151 Fd61
Stakčín SK 139 Kb47
Stake Pool GB 15 Eb20
Stakevci BG 179 Cb68
Stāķi LV 107 Lb49
Stakiai LT 114 Ka57
Stakkvik N 62 Gd08
Stakliškės LT 114 Kd58
Stakroge DK 108 Da25
Stalać SRB 178 Bc67
Stalbe LV 106 Kd49
Stalbridge GB 19 Ec30
Stalden CH 141 Bd56
Staldzene LV 105 Jb49
Stale PL 131 Jd42
Stalģėnai LT 113 Jc55
Stalgene LV 106 Kb52
Stalijska Mahala BG 179 Cc68
Stall A 143 Ec55
Stallarholmen S 96 Gc43
Ställberg S 95 Fc41
Ställdalen S 95 Fc41
Stalling Busk GB 11 Ed19
Stallwang D 135 Ec48
Staloluokta sameviste S 66 Ga17
Stalon S 79 Fd25
Stalowa Wola PL 131 Ka42
Stâlpeni RO 175 Dc64
Stâlpu RO 176 Ec64
Stalti LV 115 Ld53
Stalybridge GB 16 Ed21
Stambolijski BG 179 Da73
Stambulčić BIH 159 Hc65
Stamford GB 17 Fc24
Stamford Bridge GB 16 Fb20
Stamfordham GB 11 Ed16
Stammbach D 135 Ea44
Stammham D 135 Dd48
Stamnes N 66 Fd12
Stamnes N 84 Cb38
Stamora Germană RO 174 Bc62
Stams A 142 Dc54
Stamsele S 79 Fd29
Stamsried D 135 Eb47
Stamsund N 66 Fb14
Stamullin IRL 9 Cd20
Stânceni RO 172 Dd58
Stăncuţa RO 177 Fa65
Standlake GB 20 Fa27
Stăneşti RO 175 Cd63
Stăneşti RO 175 Da64
Stanevo BG 179 Cd67
Stanford-le-Hope GB 20 Fd28
Stånga S 104 Ha50
Stangaland N 92 Bd42
Stange N 94 Eb39
Stangerum DK 100 Dc22
Stanghede DK 100 Db23
Stanghella I 150 Dd61
Stanghelle N 84 Cb38
Stangnes N 67 Gb11
Stangnes N 94 Ec41
Stangvik N 77 Db31
Stanhope GB 11 Ed17
Stanica Bagaevskaja RUS 205 Fc15
Staniewice PL 121 Gb30
Stănileşti RO 173 Fb59
Stanin PL 131 Ka38
Staninci BG 179 Cb70
Stănişeşti RO 176 Ed60
Stanišić SRB 153 Hd58
Stanisławów PL 130 Jc36
Stanišovi HR 151 Fa61
Stăniţa RO 172 Ed58

Štanjel – Strandža

Štanjel SLO 151 Fa59
Stanjevci MK 178 Bc73
Staňkov CZ 135 Ed46
Stankovci HR 157 Ga65
Stanley GB 7 Eb11
Stanley GB 11 Fa17
Stanomino PL 120 Ga31
Stanovoe RUS 203 Fa12
Stans CH 141 Cb54
Stanton GB 21 Ga25
Stany PL 131 Ka42
Stanyčno-Luhans'ke UA 203 Fc14
Stanz A 144 Fd53
Stanzach A 142 Db53
Stapar SRB 153 Hd59
Stapari SRB 159 Jb65
Stapelburg D 126 Dc38
Staphorst NL 117 Bc35
Stapleford GB 16 Fa23
Stapleford GB 20 Ed29
Staplehurst GB 21 Ga29
Stąporków PL 130 Jb40
Stara PL 130 Ja40
Stara Baška HR 151 Fc61
Stara Błotnica PL 130 Jc39
Stará Bystrica SK 138 Hc47
Starachowice PL 130 Jc41
Stara Fužina SLO 151 Fa57
Stara Gradina HR 152 Ha58
Stará Huta SK 138 Hd49
Staraja Russa RUS 202 Eb09
Stara Jastrząbka PL 138 Jc44
Stara Kamionka PL 123 Kc32
Stara Kiszewa PL 121 Ha31
Stara Kornica PL 131 Kb36
Stara Łubianka PL 121 Gb34
Stará L'ubovňa SK 138 Jc46
Stara Moravica SRB 153 Ja58
Stara Novalja HR 151 Fc63
Stara Pazova SRB 153 Jb61
Stara Ploščica HR 152 Gc59
Stara Rečka BG 180 Ea70
Stara Reka BG 180 Ea71
Stara Różanka PL 122 Jc30
Stará Ves nad Ondřejnicí CZ 137 Hb45
Stara Wieś PL 122 Jb33
Stara Wieś PL 131 Jd36
Stara Wiśniewka PL 121 Gc33
Stara Zagora BG 180 Dd72
Stara Žednik SRB 153 Ja58
Starchiojd RO 176 Eb63
Starcross GB 19 Ea31
Starcza PL 130 Hc42
Stare Czarnowo PL 120 Fc34
Stare Dębno PL 120 Ga32
Stare Dobrzyca PL 120 Fd32
Stare Dolistowo PL 123 Ka32
Stare Drawsko PL 120 Ga33
Stare Dyniska PL 131 Kd42
Stare Gronowo PL 121 Gd33
Staré Hamry CZ 137 Hb46
Staré Hrady CZ 136 Fd43
Stare Jabłonki PL 122 Hd32
Stare Jarosław PL 121 Gb30
Stare Jeżewo PL 123 Ka33
Stare Juchy PL 123 Jd31
Stare Kiejkuty PL 122 Jb32
Stare Kiełbonki PL 122 Jc32
Stare Komorowo PL 123 Jd34
Staré Město CZ 137 Gc44
Staré Město CZ 137 Gc45
Staré Město CZ 137 Gd48
Staré Město pod Landštejnem CZ 136 Fd48
Stare Miastko PL 129 Ha37
Stare Pole PL 122 Hc31
Staré Sedlo CZ 135 Ec46
Stare Sioło PL 139 Kc43
Stare Sobótka PL 130 Hc37
Stare Strącze PL 128 Ga38
Stare Waliszew PL 130 Hd38
Stare Wierzchowo PL 121 Gb32
Stargard Szczeciński PL 120 Fc33
Stårheim N 84 Cb34
Stari Bar MNE 159 Ja70
Starica RUS 202 Ec10
Starica RUS 202 Ed12
Starice Lisičkovo BG 179 Cb73
Staricy RUS 99 Mb42
Stari Dojran MK 183 Ca76
Stari Dulići BIH 159 Hc67
Starigrad HR 151 Fc62
Starigrad HR 158 Gc67
Stari Grad MK 183 Bc74
Stari Gradac HR 152 Gd58
Starigrad-Paklenica HR 157 Fd64
Stari Jankovci HR 153 Hd60
Stari Lec SRB 174 Bc62
Stari Log SLO 151 Fc59
Stari Majdan BIH 152 Gc62
Stari Mikanovci HR 153 Hc60
Stari Raušić KSV 178 Ad70
Stari Raušić SRB 159 Jc69
Stari trg SLO 151 Fd60
Stari Trogir HR 158 Gb66
Starkenbach A 142 Db54
Starkenbach CH 142 Cc54
Starkenberg D 127 Eb41
Starnberg D 143 Dd51
Starobil's'k UA 203 Fb14
Starobin BY 202 Ea13
Starodub RUS 202 Ec13
Staroec MK 182 Ba74
Starogard PL 120 Fd32
Starogard Gdański PL 121 Hb31
Staroglavice BIH 159 Ja64
Starojur'evo RUS 203 Fb11
Starokostjantyniv UA 204 Eb15
Starokrzepice PL 129 Hb41
Starominskaja RUS 205 Fc16
Staro Nagoričane MK 178 Bc72
Staronja RUS 107 Ma47
Staro Orjahovo BG 181 Fa71
Staropatica BG 179 Ca67
Staro Petrovo Selo HR 152 Ha60
Staropol'e RUS 99 Ld42
Starosel BG 180 Db72
Staroselci BG 179 Da69
Staroselec BG 180 Ea73
Staro Selo BG 180 Eb68
Staro Selo BIH 158 Gd64
Staro Selo Topusko HR 151 Ga60
Starosiverskaja RUS 99 Mb41
Staro Stefanje HR 152 Gc58
Starotitarovskaja RUS 205 Fb17
Starowice PL 121 Gb33
Starozagorski Bani BG 180 Dd72
Staro Železare BG 180 Db72
Starožilovo RUS 203 Fa11
Starożreby PL 130 Hd36
Starrkärr S 102 Ec48
Starše SLO 144 Ga56
Starti LV 106 Kd49
Starup DK 108 Db27
Stary Borek PL 139 Ka44
Stary Brus PL 131 Kc39
Stary Brzozów PL 130 Ja37
Stary Chwalim PL 121 Gb32
Stary Ciotusza PL 131 Kc42
Stary Dzierzgoń PL 122 Hc32
Stary Dzikowiec PL 139 Ka43
Stary Folwark PL 123 Kb30
Starý Hrozenkov CZ 137 Ha48
Staryi Oskol RUS 203 Fa13
Staryja Darohi BY 202 Eb13
Starý Jičín CZ 137 Ha46
Staryj Nizkovicy RUS 99 Mb40
Staryj Prud RUS 107 Mb52
Stary Nieskurzów PL 130 Jc41
Starý Plzenec CZ 135 Ed46
Stary Sącz PL 138 Jb46
Starý Smokovec SK 138 Jb47
Stary Szelków PL 122 Jc35
Stary Targ PL 122 Hc31
Stary Tychów PL 130 Jc40
Stary Wieś PL 131 Kb41
Starzyno PL 121 Ha29
Staševica HR 158 Ha67
Stasiówka PL 139 Jd44
Staškov SK 138 Hc46
Staßfurt D 127 Ea38
Staszów PL 130 Jc42
Stathelle N 93 Dc44
Statos Agios Fotios CY 206 Hd97
Statsås S 79 Ga26
Stăuceni MD 173 Fd58
Stăuceni RO 172 Ed55
Stauchlitz D 127 Ed40
Staufen D 141 Ca51
Staufenberg D 126 Cc42
Staughton Highway GB 20 Fc25
Staume N 84 Cb35
Staupitz D 128 Fa39
Stava S 103 Fc47
Štava SRB 178 Bb69
Štavalj SRB 178 Ad68
Stavang N 84 Ca35
Stavanger N 92 Ca44
Stavarygala LT 114 Kd57
Stavaträsk S 73 Hb24
Stavby S 96 Gd41
Stave N 66 Fd11
Stave N 92 Cb47
Stave SRB 153 Jb63
Stavelot B 125 Bb42
Stavely GB 16 Fa22
Stavenisse NL 124 Ac38
Stavern D 117 Cb35
Stavern N 93 Dd44
Stavnäs S 94 Ed43
Stavning DK 108 Cd24
Stavoren NL 116 Bb34
Stavós GR 184 Cc78
Stavre S 79 Fb30
Stavre S 87 Fd32
Stavreviken S 88 Gc33
Stavrodrómi GR 182 Ba78
Stavrodrómi GR 188 Ba86
Stavrodrómi GR 194 Bb87
Stavroménos GR 200 Cd95
Stavropol' RUS 205 Fd16
Stavros CY 206 Hd97
Stavrós GR 183 Bd78
Stavrós GR 184 Cc78
Stavrós GR 188 Ac84
Stavrós GR 189 Cb84
Stavrós GR 200 Cc94
Stavroskiádi GR 182 Ac79
Stavroúpoli GR 184 Db76
Stavsätra S 87 Fd36
Stavsjø N 86 Ea38
Stavsjöholm S 80 Ha29
Stavsnäs S 96 Ha43
Stavträsk S 80 Hb26
Stavtrup DK 108 Dc24
Staw PL 120 Fc35
Staw PL 129 Hb39
Stawiguda PL 122 Ja32
Stawiszyn PL 129 Ha38
Stawnica PL 121 Gc33
Staylittle GB 15 Ea24
Stazione di Mandatoriccio-Campana I 165 Gd79
Stazione di Motta Sant'Anastasia I 167 Fc86
Steane N 93 Da43
Steart GB 19 Eb29
Stębark PL 122 Hd33
Stebuliai LV 114 Kb59
Steccato I 165 Gd81
Stechelberg CH 141 Bd55
Štěchovice CZ 136 Fb45
Stechow D 127 Ec36
Steckborn CH 142 Cc52
Stede Broec NL 116 Bb34
Stedesdorf D 117 Cb32
Štědrá CZ 135 Ed44
Steeg A 142 Db54
Steenbergen NL 124 Ac38
Steenderen NL 125 Bc37
Steenvoorde F 21 Gd30
Steenwijk NL 117 Bc34
Steeple GB 21 Ga27
Steeple Aston GB 20 Fa26
Steeple Bumpstead GB 20 Fd26
Steeple Claydon GB 20 Fb26
Ştefan cel Mare RO 172 Ec58
Ştefan cel Mare RO 173 Fa59
Ştefan cel Mare RO 176 Dd66
Ştefan cel Mare RO 176 Ec60
Ştefan cel Mare RO 177 Fa66
Ştefan cel Mare RO 179 Da68
Ştefăneşti MD 173 Fc55
Ştefăneşti MD 177 Ga60
Ştefăneşti RO 172 Ec55
Ştefăneşti RO 175 Da65
Ştefăneşti RO 175 Dc64
Ştefăneşti de Jos RO 176 Eb66
Stefaniá GR 194 Bc90
Stefaniná GR 184 Cc77
Stefan Karadža BG 181 Ec68
Stefan Karadžovo BG 181 Ec73
Stefanovo BG 181 Fa69
Stefanóvouno GR 183 Bc80
Ştefan-Vodă MD 177 Ga60
Ştefan Vodă RO 176 Ed66
Steffeln D 133 Bc43
Steffenberg D 126 Cc41
Steffisburg CH 141 Bd54
Stefjordbotn N 66 Ga14
Stegaurach D 134 Dc45
Stege DK 109 Ec28
Stegelitz D 127 Eb37
Stegersbach A 145 Gb54
Stegna PL 122 Hc30
Stegny PL 122 Hd31
Stehnovo RUS 107 Mb48
Ştei RO 170 Cb58
Steikvasselva N 71 Fc22
Steimbke D 118 Da35
Stein D 134 Dc46
Stein N 78 Ea27
Stein N 93 Dd41
Steinaberg bru N 92 Cc41
Steinach A 143 Dd54
Steinach D 135 Dd43
Steinach D 135 Ec48
Steinach D 141 Ca50
Steinakirchen am Forst A 144 Fc51
Steinamanger = Szombathely H 145 Gc54
Stein am Rhein CH 142 Cc52
Stein an der Ens A 144 Fa53
Steinau D 118 Cd32
Steinau D 134 Da43
Steinbach A 143 Ed52
Steinbach am Wald D 135 Dd43
Steinbach-Hallenberg D 126 Dc42
Steinbeck D 128 Fa36
Steinberg A 143 Ea53
Steinberg D 135 Eb47
Steinberg N 92 Cb45
Steinbergkirche D 108 Db28
Steinburg D 118 Dc32
Steine N 78 Ec29
Steine N 78 Ec25
Steine N 92 Cb45
Steineien N 94 Ec41
Steinen D 141 Bd52
Steinen D 141 Ca52
Steinfeld A 143 Ed55
Steinfeld D 125 Bc42
Steinfeld D 134 Da44
Steinfeld (Oldenburg) D 117 Cc35
Steinfort L 133 Bb45
Steinfurt D 125 Ca37
Steingaden D 142 Dc52
Steinhagen D 119 Ed30
Steinhagen D 126 Cc37
Steinhaus I 143 Ea54
Steinheid D 135 Dd43
Steinheim D 126 Cd38
Steinheim D 134 Cd48
Steinheim D 134 Da49
Steinhöfel D 128 Fb37
Steinhöring D 143 Ea51
Steinibach CH 142 Cc54
Steinigtwolmsdorf D 128 Fb41
Steinkirchen D 118 Db32
Steinkirchen D 143 Eb50
Steinkirchen an der Traun A 144 Fa51
Steinkjer N 78 Ec28
Steinkjer N 78 Ed27
Steinkjernes N 65 Kc07
Steinløysa N 77 Da31
Steinnes N 62 Gd08
Steinsdal N 77 Dd29
Steinsfeld D 134 Db46
Steinshamn N 76 Cd31
Steinsholt N 93 Dc43
Steinsland N 70 Fa20
Steinsland N 93 Db44
Steinsøynes N 77 Da30
Steinsstaðabyggð IS 2 Ba04
Steinvik N 64 Ka06
Steinwiesen D 135 Dd43
Steinwiesen D 135 Ea43
Steira N 66 Fb14
Steiro N 70 Fa20
Stejari RO 175 Cd64
Stejaru RO 177 Fc65
Stejaru RO 180 Dc67
Steje MK 182 Ba76
Stekenjokk S 71 Fc24
Steķi LV 107 Lb52
Stellata I 150 Dd61
Stelle D 118 Dc33
Stellendam NL 124 Ac37
Stelmužė LT 115 Lb54
Stelnica RO 177 Fa66
Stelpe LV 106 Kc52
Stemnítsa GR 194 Bb87
Stemplės LT 113 Jc56
Stemwede D 117 Cc36
Stenalees GB 18 Db31
Stenåsa S 111 Gb53
Stenay F 24 Jb34
Stenbacken S 67 Ha14
Stenbäcken S 80 Ha26
Stenbjerg DK 100 Cd21
Stenbrohult S 111 Fb53
Stendal D 127 Eb36
Stende LV 105 Jd50
Stenderup DK 108 Da25
Steneby S 94 Ec45
Stengårdshult S 102 Fa49
Stengelsen N 63 Hd08
Stengelsrud N 93 Dc42
Stenhamra S 96 Gc43
Stenhøj DK 101 Dd20
Stenico I 149 Dc57
Steni Dirfios GR 189 Cc85
Steniés GR 190 Da87
Stenimahos GR 183 Bc78
Steninge S 102 Ec52
Steningestrand S 102 Ec52
Stenkullen S 102 Ec49
Stenkumla S 104 Gd49
Stenkvista S 95 Gb44
Stenkyrka S 104 Ha48
Stenlille DK 109 Eb26
Stenløse DK 109 Ec25
Stennäs S 80 Gd28
Stenness GB 5 Ed04
Stenó GR 189 Bc86
Stenó GR 194 Bc88
Sténoma GR 188 Bb83
Stěnovice CZ 135 Ed46
Stensele S 72 Gb24
Stensjön S 103 Fc49
Stensryr S 102 Eb46
Stenstorp S 102 Fa47
Stensträsk S 72 Ha24
Stenstrup DK 109 Dd27
Stensund S 72 Gb23
Stensund S 72 Gc21
Stensund S 72 Gd24
Stensved DK 109 Eb28
Stenton GB 11 Ec13
Stentorp S 102 Ed48
Stenträsk S 72 Ha20
Stenudden S 72 Gc19
Stenum DK 100 Dc20
Stenungsund S 102 Eb48
Stepanci MK 183 Bc74
Štěpánov CZ 137 Gd46
Stepaside IRL 13 Cd22
Stepen BIH 159 Hc67
Stephanskirchen D 143 Eb52
Stephansposching D 135 Ec49
Stępień PL 122 Hd30
Štepivka UA 202 Ed14
Stepnica PL 120 Fc32
Stepnoe Matjunico RUS 203 Fd10
Stepnoje RUS 113 Jc58
Stepojevac SRB 153 Jc62
Stepping DK 108 Db26
Step-Soci MD 173 Fd56
Sterdyń-Osada PL 123 Ka35
Sterławki Wielkie PL 122 Jc31
Stern I 143 Ea56
Stérna GR 184 Da76
Stérna GR 185 Eb75
Sternberg D 119 Eb32
Šternberk CZ 137 Gd45
Sternenfels D 134 Cc47
Stérnes GR 200 Cc94
Sterringi N 85 Db34
Sterro I 167 Fc86
Sterup D 108 Db29
Sterup DK 100 Dc20
Sterzing I 143 Dd55
Stęszew PL 129 Gb37
Štětí CZ 136 Fb43
Stette N 76 Cd32
Stetten D 142 Cc50
Stettin = Szczecin PL 120 Fc33
Steuden D 127 Ea40
Steutz D 127 Eb38
Stevenage GB 20 Fc27
Stevenston GB 10 Dc14
Stevning DK 108 Db28
Stevnstrup DK 100 Dc23
Stevrek BG 180 Ea71
Stewarton GB 10 Db14
Stewarton GB 10 Dd14
Stewartstown GB 9 Cd17
Steyerberg D 126 Cd36
Steyning GB 20 Fc30
Steyr A 144 Fb51
Steyrbrücke A 144 Fb52
Steyregg A 144 Fb50
Stężyca PL 121 Ha31
Stężyca PL 131 Jd39
Stia I 156 Dd65
Štiavnik SK 137 Hb47
Stibanken DK 109 Ea28
Stibb Cross GB 18 Dc30
Stichill GB 11 Ec14
Stickney GB 17 Fc23
Stična SLO 151 Fc58
Stiege D 127 Dd39
Stige DK 109 Dd26
Stigen N 86 Ed36
Stigen S 102 Ec46
Stigersand N 94 Eb39
Stiglava LV 107 Ld50
Stigliano I 162 Gb76
Stigsjö S 88 Gc32
Stigsnæs DK 109 Ea27
Stigtomta S 95 Gb45
Stiklestad N 78 Ec28
Stikli LV 105 Jc49
Stilia GR 189 Bc86
Stilida GR 189 Bd83
Stilling DK 108 Dc24
Stilo I 164 Gc82
Stimfalía GR 189 Bc86
Štimlje KSV 178 Bb71
Stimpfach D 134 Db47
Stinăpari RO 174 Bd64
Stinik MK 183 Cb75
Stinsford GB 19 Ec30
Stintino I 168 Bd74
Stio I 161 Fd77
Štip MK 183 Bd74
Stipsi GR 191 Ea83
Stíra GR 190 Cd86
Stírfaka GR 189 Bc83
Stiri GR 189 Bd85
Stiring-Wendel F 25 Ka35
Stirling GB 7 Ea12
Stirniene LV 107 Lc51
Štit BG 185 Eb75
Štitar SRB 153 Ja62
Štitary CZ 136 Ga48
Štítnik SK 138 Jb49
Štíty CZ 137 Gc45
Ştiubieni RO 172 Ed54
Stiuca RO 174 Ca61
Stival F 27 Ea39
Stivan HR 151 Fb62
Stivica HR 152 Ha61
Stivos GR 183 Cb78
Stjärnfors S 95 Fc42
Stjärnhov S 95 Gb44
Stjärnorp S 103 Fd46
Stjärnsund S 95 Ga40
Stjärnvik S 95 Ga42
Stjern N 78 Ea28
Stjørdal N 78 Eb29
Støa N 78 Ec28
Stoļerova LV 107 Ld51
Stobierna PL 139 Ka43
Stobnica PL 130 Hd40
Stobno PL 121 Gb34
Stobrawa PL 129 Gd42
Stobs Castle GB 11 Ec15
Stochov CZ 136 Fa44
Stocka S 88 Gc35
Stockach D 142 Cc51
Stockamöllan S 110 Fa55
Stockaryd S 103 Fc50
Stockbridge GB 20 Fa29
Stöcke S 80 Hb28
Stockelsdorf D 119 Dd31
Stocken S 102 Eb47
Stockenboi A 143 Ed55
Stockerau A 145 Gb50
Stockheim D 134 Db43
Stockheim D 135 Dd43
Stockholm S 96 Gd43
Stockland Bristol GB 19 Eb29
Stockleigh Pomeroy GB 19 Ea30
Stocklen-Alm A 142 Dc54
Stockport GB 16 Ed22
Stocksbo S 87 Fd35
Stocksbridge GB 16 Fa21
Stöckse D 118 Da35
Stöcksjö S 80 Hb28
Stockstadt am Main D 134 Cd44
Stockton-on-Tees GB 11 Fa18
Stoczek Łukowski PL 131 Jd37
Stoczek-Osada PL 123 Jd35
Stod CZ 135 Ed46
Stöde S 87 Ga33
Stødle N 92 Cb41
Stödtlen D 134 Db48
Stöðvarfjörður IS 3 Bc06
Stoeneşti RO 176 Dd63
Stoeneşti RO 180 Db67
Stoeneşti RO 180 Ea67
Stoholm DK 100 Db23
Stoianovca MD 177 Fb60
Stoicăneşti RO 180 Db67
Stoiceni RO 171 Db55
Stoidraga HR 151 Ga58
Stoileşti RO 175 Db64
Stoina RO 175 Cd65
Stojakovo MK 183 Ca76
Stojan Mihajlovski BG 181 Ed70
Stojanovo BG 180 Db70
Stojanovo BG 184 Dc75
Stojkite BG 184 Dd75
Stojkovo BG 185 Dd74
Stoke GB 18 Dc29
Stoke-by-Nayland GB 21 Ga26
Stoke Ferry GB 17 Fd24
Stoke Goldington GB 20 Fb26
Stoke-on-Trent GB 16 Ed23
Stokesley GB 11 Fa18
Stoke upon Tern GB 15 Ec23
Stokite BG 180 Dc71
Stokka N 70 Ed22
Stokke N 93 Dd44
Stokkeland N 92 Cd47
Stokkemarke DK 109 Ea28
Stokkseyri IS 2 Ac05
Stokksund N 78 Ea28
Stokkvågen N 70 Fa20
Stokmarknes N 66 Fc13
Stolac BIH 158 Hb67
Stolat BG 180 Dc71
Stolberg D 125 Bc41
Stolberg D 127 Dd39
Stolbovo RUS 99 Ld43
Stolec PL 120 Fb33
Stołeczna PL 120 Fc35
Stolice SRB 153 Ja63
Stolin BY 202 Ea14
Stollberg D 127 Ec42
Stöllet S 94 Fa40
Stollhamm D 117 Cc32
Stolniceni MD 173 Fa54
Stolnici RO 175 Db65
Stolnik BG 179 Cd71
Stolno PL 121 Ha33
Stoloiceni MD 173 Fc58
Stólos GR 194 Bc88
Stolpe D 118 Dc31
Stolpe D 119 Ed33
Stolpe D 120 Fb35
Stolpen D 128 Fb41
Stolzenau D 126 Cd36
Stolzenhain D 127 Ed38
Stómio GR 183 Ca80
Stommell S 94 Eb43
Stömne S 94 Ed43
Stomorska HR 158 Gb67
Stompetoren NL 116 Ba35
Ston HR 158 Ha68
Stone GB 16 Ed23
Stone GB 20 Fb27
Stonehaven GB 7 Ed10
Stongfjorden N 84 Ca35
Stonglandet N 67 Gb11
Stoniškiai LT 113 Jc57
Stonne F 24 Ja34
Stønnesbotn N 62 Gb10
Stonyford IRL 13 Cb24
Stopanja SRB 178 Bb68
Stopki PL 122 Jb30
Stopnica PL 138 Jc43
Stopnik SLO 151 Fa58
Storå S 95 Fc42
Stora Blåsjön S 79 Fb25
Stora Dyrön S 102 Eb48
Stora Höga S 102 Eb48
Stora Kil S 94 Fa43
Stora Levene S 102 Ed47
Stora Malm S 95 Ga45
Stora Mellby S 102 Ec47
Stora Mellösa S 95 Fd44
Stora rör S 103 Gb52
Storås N 77 Dd31
Storåsen S 79 Fc29
Stora Skedvi S 95 Fd40
Stora Stensjön S 79 Fb28
Stora Tuna S 95 Fd40
Stora Vika S 96 Gd45
Storbäck S 79 Fd26
Storbäcken S 73 Ja19
Storbacken S 73 Hb20
Storbekken N 86 Ed37
Storberg S 72 Gd23
Storberget S 73 Hd18
Storberget S 79 Gb26
Storboda S 87 Ga33
Storborgarn S 80 Gd29
Storbørja N 70 Ed23
Storbränna S 79 Fc29
Storbrännan S 80 Hb26
Storbukt N 64 Jc04
Storby FIN 96 Hb40
Stord N 92 Ca41
Stordal N 76 Cd33
Stordalen N 63 Hc07
Stordalen N 84 Cb37
Stordalen S 67 Gd14
Stordalselv N 62 Gd10
Štore SLO 151 Fd57
Store Andst DK 108 Db26
Storebro S 103 Ga49
Store Darum DK 108 Cd26
Støregarden N 86 Eb38
Storehaug N 84 Cb36
Store Heddinge DK 109 Ec27
Storekorsnes N 63 Hd07
Storelv N 63 Hd06
Storelvavoll N 86 Ec32
Stor-Elvdal N 86 Eb36
Store Lyndevad DK 108 Da28
Store Merløse DK 109 Eb26
Støren N 78 Ea31
Storeng N 63 Hb08
Storeng N 71 Fd18
Store Rise DK 108 Dc28
Store Rørbæk DK 109 Eb25
Store-Strandal N 76 Cc33
Storfall S 80 Ha29
Storfjäten S 86 Fa35
Storfjellseter N 85 Ea35
Storfjord N 62 Ha10
Storfors S 95 Fb43
Storforshei N 71 Fc20
Storfossen N 64 Jc10
Storgård FIN 97 Jc41
Storgranliden S 73 Hb23
Storhågna S 87 Fb33
Storhallaren N 77 Dc29
Storhögen S 79 Fd30
Storhöjden S 79 Fd29
Stor-Holmträsk S 80 Gd25
Štorje SLO 151 Fa59
Storjola S 79 Fc25
Storjord N 71 Fd19
Storjorda N 71 Fc18
Storjorda N 71 Fb19
Storkågeträsk S 73 Hc24
Storkow D 128 Fa37
Storkowo PL 120 Fd33
Storli N 67 Gc11
Storliden S 80 Hb26
Storlien S 78 Ec30
Stormark S 73 Hc24
Stormi FIN 89 Jc36
Stormo N 62 Gd09
Stormoen N 71 Fb23
Stormoen N 71 Fb20
Stornara I 161 Ga73
Stornarella I 161 Ga73
Stornäs S 71 Fd24
Stornäset S 79 Ga28
Stornes N 63 Hb08
Stornes N 66 Ga12
Stornoway GB 4 Da05
Störnstein D 135 Eb45
Storo I 149 Db58
Storobăneasa RO 180 Dd68
Storoddan N 77 Dc30
Storön S 73 Ja22
Storožinec RUS 99 Lc44
Storožynec' UA 204 Ea16
Storrington GB 20 Fc30
Storsaivis S 73 Hd19
Storsand N 93 Ea42
Storsand S 73 Hb20
Storsandsjö S 80 Hb27
Storsätern S 86 Ec34
Storsävarträsk S 80 Hb26
Storseleby S 79 Gb25
Storselet S 80 Hb25
Storsjö S 86 Fa32
Storskog N 65 Kc06
Storskog S 71 Ga23
Storslett N 63 Hb09
Storstein N 63 Hb08
Storsteinnes N 67 Gd11
Storsund S 73 Hb22
Stortinden N 63 Hd06
Storträsk S 73 Hb24
Storulvåns fjällstation S 78 Ed30
Storuman S 72 Gb24
Storvallen S 78 Ec30
Storvatnet N 66 Ga13
Storvik N 63 Hb09
Storvik S 95 Gb39
Storvika N 71 Fb18
Storvika N 78 Ea27
Storvoll N 62 Ha09
Storvollen N 62 Ha08
Storvollen N 71 Fc20
Storvollen N 71 Fb23
Storvollen N 77 Dd33
Storvorde DK 100 Dc21
Storvreta S 96 Gc41
Štós SK 138 Jc48
Stößen D 127 Ea41
Stoszowice PL 137 Gc43
Stöten S 86 Ed37
Stotfold GB 20 Fc26
Støtt N 70 Fa18
Stötten D 142 Dc52
Stotternheim D 127 Dd41
Stottesdon GB 15 Ec25
Stouby DK 108 Db25
Stoulton GB 20 Ed26
Stoumont B 125 Bb42
Stoúpa GR 194 Bb90
Stourport-on-Severn GB 15 Ec25
Stovbcy BY 202 Ea13
Støvring DK 100 Dc21
Støvset N 66 Fc17
Stow GB 11 Ec14
Stowięcino PL 121 Gd29
Stowmarket GB 21 Ga26
Stow-on-the-Wold GB 20 Ed26
Stowupland GB 21 Ga26
Stožer BG 181 Fa70
Stożne PL 123 Jd30
Stra I 150 Ea60
Straach D 127 Ec38
Straasdorf an der Nordbahn A 145 Gc50
Straatsburg = Strasbourg F 25 Kc37
Strabane GB 9 Cc16
Strabla PL 123 Kb34
Strachan GB 7 Ec09
Strachomino PL 120 Ga31
Strachówka PL 130 Jc36
Strachus GB 6 Dc12
Strączno PL 121 Gb34
Strada in Chianti I 155 Dc65
Strådalen S 86 Fa34
Stradalovo BG 179 Ca73
Strada San Zeno I 156 Dd64
Stradbally IRL 13 Cb25
Stradella I 149 Cc60
Stradishall GB 20 Fd26
Stradola I 161 Fd74
Stradone IRL 9 Cc19
Stradsett GB 17 Fd24
Straduny PL 123 Jd31
Stradzde LV 105 Jd50
Straelen D 125 Bc39
Stræte N 67 Gb12
Stragan SRB 174 Bb66
Stragavallen S 86 Fa34
Strahilovo BG 180 Dd69
Strahwalde D 128 Fc41
Straimont B 132 Ba44
Straiton GB 10 Dd15
Straja RO 172 Ea54
Straja RO 181 Fc67
Stråkan S 73 Ja19
Štraklevo BG 180 Ea68
Strakonice CZ 136 Fa47
Straldža BG 180 Eb72
Straloch GB 7 Eb10
Strålsnäs S 103 Fc47
Stralsund D 119 Ed30
Štramberk CZ 137 Ha46
Strambino I 148 Bd59
Strämeriena LV 107 Lc49
Stramproy NL 125 Bb39
Strâmtura RO 171 Db55
Strand N 65 Kd08
Strand N 66 Fd13
Strand N 77 Db30
Strand N 86 Eb37
Strand N 92 Ca43
Strand S 72 Gd20
Strand S 79 Fd28
Strand S 95 Fd40
Stranda N 64 Jb05
Stranda N 76 Cd33
Strandbaden S 110 Ec54
Strandby DK 100 Db22
Strandby DK 101 Dd19
Strande D 118 Dc30
Strandebarm N 84 Cb39
Strandhill IRL 8 Bd18
Strandlykkja N 94 Eb39
Strandvalen N 78 Ec25
Strandvallen S 86 Ed36
Strandvik N 84 Ca40
Strandža BG 185 Ec74

Strangford - Svartkog

Strangford GB 10 Db18
Strängnäs S 95 Gb43
Strängsered S 102 Fa49
Strångsjö S 95 Ga45
Strání CZ 137 Ha48
Stranice SLO 151 Fd57
Stranraer GB 10 Dc16
Stransko BG 180 Dd73
Străoane RO 176 Ed61
Strasatti I 166 Ea85
Strasbourg F 25 Kc37
Strasburg D 120 Fa33
Străşeni MD 173 Fc57
Strašice CZ 136 Fa45
Strašín CZ 136 Fa47
Stråsjö S 87 Ga35
Stråskogen N 64 Jb07
Straškov Vodochody CZ 136 Fb43
Stråssa S 95 Fd42
Straßberg D 127 Dd39
Straßburg A 144 Fb55
Straßburg = Strasbourg F 25 Kc37
Straßgräbchen D 128 Fb40
Straßkirchen D 135 Ec48
Straßwalchen A 143 Ed51
Straszewo PL 121 Hb35
Straszów PL 128 Fc40
Straszyn PL 121 Hb30
Stratford-upon-Avon GB 20 Ed26
Strathan GB 6 Dc09
Strathaven GB 10 Ea14
Strathblane GB 10 Dd13
Strathcarron GB 6 Dc08
Strathconon GB 4 Dd07
Strathpeffer GB 4 Dd07
Strathyre GB 7 Dd12
Stratinista GR 182 Ac79
Stratinska BIH 152 Gc62
Stratóni GR 184 Cc78
Stratoníki GR 184 Cc78
Strátos GR 188 Ba83
Stratton GB 18 Dc30
Stratton Audley GB 20 Fa26
Straubing D 135 Eb48
Straulas I 168 Cc75
Straum N 70 Fa22
Straum N 77 Dc29
Straumen N 62 Gc10
Straumen N 66 Fd17
Straumen N 66 Ga12
Straumen N 66 Fc17
Straumen N 77 Db30
Straumen N 78 Eb28
Straumen N 78 Ec25
Straumfjord N 66 Fc13
Straumfjorden N 66 Fd15
Straumfjordnes N 63 Hb08
Straumnes N 66 Fc14
Straumnes N 67 Gb13
Straumsjøen N 66 Fc13
Straumsli N 67 Gd11
Straumsnes N 63 Hd06
Straumsnes N 65 Kd08
Straumsnes N 66 Fc13
Straumsnes N 66 Fd17
Straumsnes N 77 Db31
Straumsvika N 70 Fa19
Strjūpai LT 114 Ka57
Straupe LV 106 Kc49
Straupitz D 128 Fb38
Strausberg D 128 Fa36
Straußfurt D 127 Dd41
Stravaj AL 182 Ad76
Stråvalla S 102 Ec50
Strawczyn PL 130 Jb41
Stráž CZ 135 Ec46
Straż PL 123 Kb33
Straža BG 180 Eb70
Straža SRB 174 Bc63
Strazdiņi LV 107 Lc49
Stražica BG 180 Ea70
Stražica SLO 151 Fd57
Strážnice CZ 137 Gd48
Strážný CZ 136 Fa48
Strážov CZ 135 Ed47
Stráž pod Ralskem CZ 128 Fc42
Strážske SK 139 Ka48
Štrba SK 138 Ja47
Štrbské Pleso SK 138 Ja47
Streatham GB 20 Fc28
Streatley GB 20 Fa28
Strečno SK 138 Hc47
Streda nad Bodrogom SK 139 Ka49
Street GB 19 Eb29
Streetly GB 16 Ed24
Stręgiel PL 122 Jc30
Strehaia RO 175 Cc65
Strehla D 127 Ed40
Streisângeorgiu RO 175 Cc61
Strejeşti RO 175 Db65
Strekov SK 145 Hb51
Strękowa Góra PL 123 Ka33
Strelča BG 179 Da72
Strelci BG 180 Db72
Strelci BG 180 Eb71
Strelec BG 180 Ea70
Střelice CZ 137 Gc45
Streliškiai LT 113 Jc53
Strelkino RUS 107 Mb48
Strelníky SK 138 Hd49
Stremţ RO 175 Da60
Stremutka RUS 107 Ma47
Strenči LV 106 Kd48
Strendene N 70 Fa23
Strengberg A 144 Fc51
Strengelbach CH 141 Ca53
Strengelvåg N 66 Fd12
Strengereid N 93 Db46
Stresa I 148 Cb58
Stretsbol S 94 Ed43
Stretton GB 20 Fa25
Streufdorf D 134 Dc43
Streva LT 114 Kd58
Strezimirovci SRB 179 Ca71
Strezovce KSV 178 Bc71
Strib DK 108 Db26
Striberg S 95 Fc43
Stříbrná Skalice CZ 136 Fc45
Stříbro CZ 135 Ec45
Strichen GB 5 Ed07
Striegistal D 127 Ed41
Strielčiai LT 114 Kc58
Strigno I 150 Dd58
Štrigova HR 145 Gb56
Strihovce SK 139 Kb47
Strijen NL 124 Ad37
Strikçan AL 182 Ad74
Striķi LV 105 Jd52
Střílky CZ 137 Gd47
Strimasund S 71 Fc21
Strimonikó GR 183 Cb76
Strittjomvare S 72 Gd22
Strizivojna HR 153 Hc60
Strjama BG 180 Db73
Strîniceni-Prăjescu RO 172 Ec57
Strmac HR 152 Gd60
Strmica HR 158 Gb64
Strmilov CZ 136 Fd47
Strö S 102 Ed46
Strobin PL 129 Hb40
Strobl A 143 Ed52
Strøby DK 109 Ec27
Strøby Egede DK 109 Ec27
Strodi LV 107 Ld52
Stroeşti RO 175 Da63
Strofiliá GR 189 Cb84
Ströhen D 126 Cd36
Stroieşti MD 173 Fd55
Stroieşti RO 172 Eb56
Strojice BIH 158 Gd64
Strojkovce SRB 178 Bd70
Strokestown IRL 8 Ca19
Ström S 71 Fc22
Ström S 94 Ec43
Strömback S 80 Hb29
Strömbacka S 87 Gb35
Stromberg D 126 Cc38
Stromberg D 133 Ca44
Stromemore GB 4 Db08
Strömfors FIN 90 Kd38
Strömfors S 73 Hb23
Strömholm S 72 Gc22
Stromiec PL 130 Jc39
Strömma FIN 96 Hb40
Strömma FIN 97 Jc40
Strömma S 96 Ha43
Strømmen N 93 Ea41
Strömnäs S 73 Hb23
Stromnäs S 79 Ga25
Stromness GB 5 Eb03
Strömsberg S 96 Gc40
Strömsbruk S 88 Gc35
Strömsfors S 103 Ga46
Strömsholm S 95 Ga43
Strömsillret S 86 Ed35
Strömsjönäs S 80 Ha27
Strømsli N 67 Gc12
Strömsnäs S 79 Fd31
Strömsnäsbruk S 110 Fa53
Strömstad S 94 Ea45
Strömsund S 71 Ga23
Strömsund S 73 Ja21
Strömsund S 79 Fd28
Strömtorp S 95 Fb44
Stronachlachar GB 7 Dd12
Strond N 93 Da44
Strongilí GR 182 Ab80
Strongilovoúni GR 188 Ad84
Strongoli I 165 Gd80
Stronie Śląskie PL 137 Gc44
Stronsdorf A 137 Gb49
Strontian GB 6 Db10
Stroove IRL 9 Cd15
Strop LV 115 Lc53
Stropicy RUS 99 Lc44
Stropkov SK 139 Jd47
Stroppiana I 148 Ca60
Strošinci SRB 153 Hd61
Stroud GB 19 Ec27
Stroud GB 20 Fb30
Stroumpi CY 206 Hd97
Strövelstorp S 110 Ed54
Strovja MK 183 Bb74
Strovlés GR 200 Ca95
Stróża PL 138 Ja45
Stróże PL 138 Jc45
Strücklingen D 117 Cb34
Struer DK 100 Da22
Struga MK 182 Ad75
Strugari RO 172 Ec59
Strugi-Krasnye RUS 99 Mb45
Strugovo MK 182 Ba75
Struharov CZ 136 Fc45
Štrukovec HR 145 Gb56
Strullendorf D 134 Dc45
Strumica MK 183 Ca75
Strumień PL 138 Hc45
Strumjani BG 183 Cb75
Strunga RO 172 Ed57
Strungari RO 175 Cd61
Strupina PL 129 Gc40
Struppen D 128 Fa42
Strusshamn N 84 Ca39
Struth D 126 Db40
Struy GB 7 Dd08
Stružec HR 152 Gc59
Stružna CZ 135 Ec44
Strycksele S 80 Ha26
Strycktjärn S 73 Hc22
Stryj UA 204 Dd16
Stryjno PL 131 Kb40
Stryjów PL 131 Kc41
Stryków PL 130 Hd38
Stryn N 84 Cd34
Strynø By DK 109 Dd28
Stryszawa PL 138 Hd45
Strzakły PL 131 Ka37
Strzałkowo PL 129 Ha37
Strzebin PL 130 Hc42
Strzeczona PL 121 Gc33
Strzegocin PL 122 Jb35
Strzegocin PL 130 Hc37
Strzegom PL 129 Gb41
Strzegów PL 129 Gd42
Strzegowo-Osada PL 122 Ja35
Strzelce PL 129 Gb42
Strzelce PL 129 Ha36
Strzelce PL 130 Hc37
Strzelce Krajeńskie PL 120 Fd35
Strzelce Opolskie PL 137 Hb43
Strzeleczki PL 137 Ha43
Strzelin PL 129 Gc42
Strzelniki PL 129 Gd42
Strzelno PL 112 Ha58
Strzelno PL 129 Ha36
Strzmiele PL 120 Fd32
Strzybnica PL 138 Hc43
Strzygi PL 122 Hc34
Strzyżów PL 131 Kd41
Strzyżów PL 139 Ka44
Strzyżowska PL 139 Jd45
Šttist RUS 99 Lc39
Stubal SRB 178 Bb67
Stubbæk DK 108 Db28
Stubbekøbing DK 109 Eb28
Stubben D 118 Cd33
Stubbsand S 80 Ha30
Stuben A 142 Da54
Stubenberg A 144 Ga54
Stubenberg D 143 Ec50
Stubičke toplice HR 151 Ga58
Štubik SRB 174 Ca66
Stubline SRB 153 Jb62
Stubno PL 139 Kc44
Studena BG 179 Cb72
Studená CZ 136 Fd47
Studenci HR 158 Gd66
Studenec BG 180 Eb69
Studenec CZ 136 Fd43
Studenec SLO 151 Fd58
Studénka CZ 137 Ha45
Studenzen A 144 Ga55
Studienka SK 137 Gd49
Studina RO 180 Db67
Studley GB 20 Ed25
Studley GB 20 Ed28
Studna BG 185 Eb74
Studnica PL 128 Ga41
Studsgård DK 108 Da24
Studsviken S 80 Gd29
Studzianki PL 123 Kb33
Studzianki-Pancerne PL 130 Jc38
Studzienice PL 121 Gd31
Studzieniczna PL 123 Kb31
Studzieniec PL 129 Gc36
Stūgliai LT 115 Lb55
Stugsund S 87 Gb37
Stuguflåten N 77 Db33
Stugun S 79 Fd31
Stuguvollmoen N 78 Ec31
Stuhr D 118 Cd34
Stukenbrock, Schloß Holte- D 126 Cc38
Stulgiai LT 113 Jd56
Stulln D 135 Eb46
Stülpe D 127 Ed38
Stulpicani RO 172 Ea56
Stungiai LT 114 Ka53
Stunts Green GB 20 Fd30
Stuomenai LV 114 Kb58
Stuorajavrre N 68 Hd11
Stuorajargga N 63 Ja10
Stupari BIH 153 Hc63
Stupava SK 145 Gc50
Stupino RUS 203 Fa11
Stupnik HR 151 Ga59
Stuppach D 134 Da46
Stupurai LT 114 Kb53
Stūri LV 105 Jd52
Stūri LV 106 Kc51
Sturkö S 111 Fd54
Sturla I 148 Cb63
Šturlić BIH 151 Ga61
Sturminster Newton GB 19 Ec30
Sturno I 161 Fd74
Šturovo SK 146 Hc52
Sturry GB 21 Gb29
Sturton by Stow GB 16 Fb22
Sturzelbronn F 25 Kb35
Şturzeni MD 173 Fa55
Sturzeşti MD 173 Fb55
Stutensee D 133 Cb47
Stuttgart D 134 Cd48
Stützerbach D 126 Dc42
Stuve N 86 Ea38
Stuvestøyl N 92 Cd44
Stybbersmark S 80 Ha30
Stykkishólmur IS 2 Ac03
Stylloi CY 206 Jc96
Stypułów PL 128 Fd39
Styri N 94 Eb40
Styrmannstø N 62 Ha09
Styrnäs S 80 Gc31
Styrsö S 102 Eb49
Styrvoll N 93 Dc43
Su E 49 Gc60
Suadiye TR 187 Gb79
Suances E 38 Db54
Suaningi S 73 Ja18
Suare F 154 Ca69
Suatu RO 171 Db58
Subačius LT 114 Kd54
Subaşı TR 186 Fb77
Subaşı TR 186 Fb80
Subaşı TR 187 Ha80
Subate LV 115 Lb53
Subbiano I 156 Dd66
Subcetate RO 172 Ea58
Subcetate RO 175 Cc61
Suben A 143 Ed50
Sübeylidere TR 191 Ec83
Subiaco I 160 Ec71
Subkowy PL 121 Hb31
Sublaines F 29 Gb42
Subotica HR 152 Gc57
Subotica SRB 153 Ja57
Subotiste SRB 153 Jb61
Sučany SK 138 Hc47
Sucaveni RO 177 Fb61
Suceava RO 172 Ec55
Sucé-sur-Erdre F 28 Ed42
Sučevići (Otric') HR 158 Gb64
Suceviţa RO 172 Eb55
Sucha PL 129 Gd38
Sucha PL 130 Jc39
Sucha PL 137 Hb43
Sucha Beskidzka PL 138 Hd45
Suchacz PL 122 Hc30
Suchá Hora SK 138 Ja46
Sucha Koszalińska PL 121 Gb30
Suchań PL 120 Fd34
Suchdol nad Lužnicí CZ 136 Fc48
Suchedniów PL 130 Jb41
Suchodolina PL 123 Kb32
Suchorze PL 121 Gc30
Suchowola PL 123 Kb32
Suchożebry PL 131 Ka36
Suchy Dąb PL 121 Hb30
Suchy Las PL 129 Gc36
Sucina E 55 Fa73
Suciu de Sus RO 171 Db56
Sucleia MD 173 Ga59
Sucuiu RO 176 Ec62
Sücüllü TR 193 Ha86
Sucumin PL 121 Ha31
Sućuraj HR 158 Gd67
Sucy-en-Brie F 23 Ha37
Sudak UA 205 Fa17
Sudarca MD 173 Fb53
Sudargas LT 113 Jd57
Sūdava LT 114 Ka58
Súðavík IS 2 Ac02
Südbrookmerland D 117 Cb32
Sudbury GB 16 Ed23
Sudbury GB 21 Ga26
Suddesjaur S 72 Gd21
Sudeck D 126 Cd40
Sudeikiai LT 114 La55
Süderbrarup D 108 Db29
Suderburg D 118 Dc35
Süderlügum D 108 Da28
Sudervė LT 114 La57
Sudice CZ 137 Ha44
Sudik MK 178 Bd73
Sudislavl' RUS 203 Fa08
Sudiţi RO 177 Fa66
Südlohn D 125 Bd37
Sudogda RUS 203 Fa10
Sudok S 73 Hb20
Sudoměřice CZ 136 Fb47
Sudova Vyšnja UA 204 Dd15
Sudovec HR 152 Gb58
Suðureyri IS 2 Ac02
Sudwalde D 118 Cd35
Sudža RUS 202 Ed13
Sueca E 54 Fc68
Suelli I 169 Ca78
Sueros de Cepeda E 37 Cb57
Suevos E 36 Ac55
Suevos E 36 Ba54
Suèvres F 29 Gb41
Sufers CH 142 Cd55
Şugag RO 175 Da61
Sugenheim D 134 Db46
Sugères F 34 Hc47
Suginčiai LT 113 Jd53
Suginčiai LT 114 La55
Suha BIH 152 Hb63
Suha BIH 159 Hc67
Suhadoll AL 178 Ad73
Suhaia RO 180 Dd68
Suharău RO 172 Ec54
Suhindol BG 180 Dc70
Suhiniči RUS 202 Ed11
Suhl D 126 Dc42
Suhlendorf D 119 Dd35
Suhmura FIN 83 Ld31
Suhodol BG 181 Ec73
Suhodol RUS 203 Ga09
Suho Polje BIH 153 Hd62
Suhopolje HR 152 Ha58
Suhostrel BG 183 Cb74
Suhr CH 141 Ca53
Suhuluceni MD 173 Fc56
Şuhut TR 193 Gc86
Šuica BIH 158 Gd65
Şuici RO 175 Db63
Suigu EST 98 Kb45
Suijavaara S 68 Hd14
Suinula FIN 89 Jd35
Suinula FIN 90 Ka34
Suippes F 24 Hd35
Suislepa EST 106 La46
Šuja RUS 203 Fa09
Šukaičiai LT 113 Jc55
Sukë AL 182 Ac78
Sukeva FIN 82 Kd27
Šukioniai LT 114 Kb54
Sukobin MNE 163 Ja71
Sukoró H 146 Hc54
Sukošan HR 157 Fd64
Sükösd H 153 Hd57
Sukovo SRB 179 Cb70
Şükranlı TR 193 Gc83
Şükrüpaşa TR 185 Ed74
Sukth AL 182 Ab74
Sul N 78 Ec29
Šula MNE 159 Hd66
Sulåmo N 78 Ec29
Suldal N 92 Cb42
Sulden I 142 Db56
Suldrup DK 100 Dc21
Sulechów PL 128 Fd38
Sulęcin PL 128 Fc36
Sulęczyno PL 121 Gd30
Sulejów PL 130 Hd40
Sulejówek PL 130 Jc37
Suleskar N 92 Cc44
Sulesund N 76 Cc32
Suletea RO 177 Fb60
Süleymaniye TR 185 Eb77
Süleymaniye TR 186 Ga80
Sülfeld D 118 Dc32
Sulgen D 142 Cc52
Sulhamstead GB 20 Fa28
Sulheim N 85 Db35
Suli LV 107 Lc51
Sulibórz PL 120 Fd34
Sulików PL 128 Fc41
Sulikowo PL 121 Gb32
Sulina RO 177 Ga64
Sulingen D 118 Cd35
Sulisławice PL 131 Jd42
Suliszewo PL 120 Fd34
Suliţa RO 172 Ed56
Sulitjelma N 71 Ga18
Sulkava FIN 89 Jc32
Sulkava FIN 91 Lb33
Sulkavanjärvi FIN 82 Kc28
Sulkavanjärvi FIN 82 Kc29
Sulkavankylä FIN 89 Jc32
Sulkavanperä FIN 82 Ka28
Sułkowice PL 138 Ja45
Süller TR 192 Fa83
Sullom GB 5 Fa04
Sully F 30 Ja43
Sully-la-Chapelle F 29 Gd40
Sully-sur-Loire F 29 Gd40
Sulmierzyce PL 129 Gd39
Sulmierzyce PL 130 Hc40
Sulmona I 161 Fa71
Suloğlu TR 185 Ec75
Sułoszowa PL 138 Hd43
Sułów PL 129 Gc40
Sułów PL 131 Kb41
Sulsted DK 100 Dc20
Sultançayırı TR 192 Fa81
Sultandağı TR 193 Ha86
Sultandere TR 193 Gc82
Sultanhisar TR 197 Fa88
Sultanıça TR 185 Ea78
Sultaniye TR 186 Fb80
Sultaniye TR 187 Gb79
Sultanköy TR 185 Ed77
Sultanköy TR 186 Fa77
Sultanköy TR 187 Hb79
Sultsi EST 106 Kd46
Suluca TR 185 Eb80
Suludere TR 199 Gb89
Sülüklü TR 186 Fc80
Suluköy TR 192 Ga82
Sülümenli TR 192 Fd86
Sülümenli TR 193 Gd85
Sulusaray TR 205 Fc20
Sulustvere EST 98 La44
Sulva FIN 81 Hd31
Sulviken S 78 Fa29
Sülysáp H 146 Ja53
Sulz A 142 Cd53
Sulz D 134 Cc49
Sulzbach A 144 Ga55
Sulzbach D 133 Bd46
Sulzbach am Main D 134 Cd44
Sulzbach-Laufen D 134 Da48
Sulzbach (Murr) D 134 Cd47
Sulzbach-Rosenberg D 135 Ea46
Sulzberg A 142 Da52
Sulzberg D 142 Db52
Sulzburg D 141 Bd51
Sulzdorf D 119 Dd30
Sulzdorf D 134 Dc44
Sulzemoos D 143 Dd50
Sulzfeld D 134 Cc47
Sulzfeld D 134 Db43
Sulzfeld am Main D 134 Db45
Sülzhayn D 126 Dc39
Sulzheim D 134 Db44
Sumacàrcer E 54 Fb69
Sumartin HR 158 Gc67
Sumburgh GB 5 Fa06
Sümeg H 145 Gd55
Šumen BG 181 Ec70
Šumenci BG 181 Ec68
Sumer BG 179 Cc69
Šumerlja RUS 203 Fc09
Sumiainen FIN 82 Kc31
Sumiak PL 120 Fc35
Sumin PL 122 Hc33
Sumiswald CH 141 Bd54
Summa FIN 90 La38
Summalankylä FIN 91 Lb35
Summer Bridge GB 11 Ed19
Şumna MD 173 Fa55
Šumperk CZ 137 Gc45
Sumsa FIN 83 Lc25
Šumskas LT 115 Lb58
Sumstad N 78 Ea27
Sumy UA 202 Ed14
Sunākste LV 106 La52
Sunbury GB 20 Fc28
Sünching D 135 Eb48
Şuncuiuş RO 171 Cc57
Sund FIN 96 Hc40
Sund N 71 Fb18
Sund N 78 Ec29
Sund S 87 Fd34
Sund S 94 Ec44
Sund S 96 Gd40
Sund S 96 Gc45
Sund S 103 Fd48
Sundals-Ryr S 102 Ec46
Sundan N 70 Fa21
Sundborn S 95 Fd39
Sundby DK 100 Da21
Sundby DK 109 Eb29
Sundby FIN 81 Jb29
Sundbyfoss N 93 Dd43
Sunde N 65 Kd08
Sunde N 84 Cc35
Sunde N 92 Ca41
Sunde bru N 93 Db45
Sunderland GB 11 Fa17
Sundern D 125 Cb40
Sundet S 78 Ed29
Sundginge S 94 Ec44
Sundhausen D 126 Dc39
Sundhouse F 31 Kc38
Sundhultsbrunn S 103 Fc48
Sundklakk N 66 Fb14
Sundnäs S 72 Gc20
Sundö S 103 Gb47
Sundom FIN 81 Hd31
Sundom S 73 Hd22
Sunds DK 108 Da24
Sundsbø N 76 Cd31
Sundsbruk S 88 Gc33
Sundsby S 102 Eb48
Sundsjö S 79 Fc31
Sundsjö S 79 Fd31
Sundsli N 93 Da44
Sundsnäs S 72 Ha23
Sundsøre DK 100 Db22
Sundstrup DK 100 Db22
Sundsvall S 87 Gb33
Sundsvoll N 70 Ec22
Sundvik N 79 Fb27
Sundvollen N 93 Dd41
Sungailiškiai LT 113 Jd56
Sungurlare BG 181 Ec72
Sungurlu TR 187 Gb77
Sungurlu TR 205 Fb20
Süngüt TR 187 Gd78
Suni I 169 Bd76
Sunja HR 152 Gc60
Šunlja Stijena = Šula MNE 159 Hd66
Sünlük TR 192 Fb81
Sunnan N 78 Ec28
Sunnanå S 87 Fb35
Sunnansjö S 80 Ha29
Sunnansjö S 80 Gd30
Sunnansjö S 87 Ga32
Sunnansjö S 95 Fc40
Sunnaryd S 102 Fa51
Sunndal N 84 Cb40
Sunndalsøra N 77 Db32
Sunne S 79 Fb31
Sunne S 94 Ed42
Sunnemo S 94 Fa42
Sunnersberg S 102 Ed46
Sunnet S 87 Fb36
Šunskai LV 114 Kb58
Suo-Anttila FIN 91 Lb37
Suodenniemi FIN 89 Jc35
Suojala FIN 83 Lc26
Suojanperä FIN 65 Kb09
Suojoki FIN 89 Ja34
Suojoki FIN 97 Jd39
Suokonmäki FIN 81 Jd31
Suokumaa FIN 91 Lc36
Suokylä FIN 74 Kb24
Suolahti FIN 82 Kb31
Suolgajáknjalbmi N 64 Jb10
Suolijärvi FIN 75 Kd22
Suomasema FIN 90 Ka35
Suomela FIN 98 Ka39
Suomenkylä FIN 90 La35
Suomenniemi FIN 90 La35
Suomijärvi FIN 89 Jb34
Suomu FIN 83 Ma28
Suomusjärvi FIN 97 Jd39
Suomussalmi FIN 75 La23
Suonenjoki FIN 82 Kd31
Suoniemi FIN 89 Jc36
Suonnankylä FIN 75 Kd19
Suonpää FIN 91 Ma32
Suonsalmi FIN 90 Kd34
Suontaka FIN 89 Ja38
Suontee FIN 82 Kd31
Suonttajärvi FIN 68 Ja13
Suopajärvi FIN 69 Jd17
Suopelto FIN 90 Kc35
Suora järvi FIN 75 La19
Suorsa FIN 74 Kb19
Suorva S 67 Gc16
Suotuperä FIN 82 Ka27
Suovaara FIN 82 La25
Suovanlahti FIN 82 Kc30
Super-Besse F 34 Hb48
Superdévoluy F 35 Jd50
Supersano I 163 Hc77
Super-Sauze F 43 Kb51
Supetar HR 158 Gc67
Supetarska Draga HR 151 Fc62
Supino I 160 Ec72
Suplac RO 171 Dc59
Suplacu de Barcău RO 171 Cc56
Süplingen D 127 Ea37
Supovac SRB 178 Bd68
Süpplingen D 127 Dd37
Supraśl PL 123 Kb33
Supru FIN 65 Kb09
Süpüren TR 193 Gc82
Supuru de Jos RO 171 Cc55
Supuru de Sus RO 171 Cc55
Súr H 145 Hb53
Sura S 95 Ga42
Surahammar S 95 Ga42
Suraja RO 176 Ed62
Şura Mare RO 175 Db61
Şura Mică RO 175 Da61
Šurany SK 145 Hb51
Suraż PL 123 Kb34
Suraž RUS 202 Ec12
Surberg D 143 Ec52
Surd H 152 Gc57
Surdegis LT 114 Kd54
Surdila-Găiseanca RO 176 Ed64
Surdila-Greci RO 176 Ed64
Surdoux F 33 Gc47
Surduc RO 171 Da56
Surduk SRB 153 Jc61
Surdulica SRB 178 Bd71
Surfonds F 28 Fd40
Surgères F 32 Fb46
Surheim D 143 Ec52
Surhów PL 131 Kc41
Surhuisterveen NL 117 Bc33
Şuri MD 173 Fb54
Súria E 49 Gd60
Suric MD 173 Fd59
Surier I 148 Bb58
Surin F 32 Fd46
Surju EST 106 Kc46
Šurlane KSV 178 Bc72
Surlingham GB 17 Gb24
Surma RUS 203 Fd08
Sürmeli TR 187 Ha79
Surovikino RUS 203 Fd14
Surowe PL 122 Jb33
Sursee CH 141 Ca53
Surskoe RUS 203 Fd10
Surtainville F 22 Ed35
Surte S 102 Ec48
Suruceni MD 173 Fc58
Surviliškis LT 114 Kc55
Surwold D 117 Cb34
Sury-ès-Bois F 29 Ha41
Sury-le-Comtal F 34 Hd47
Surzur F 27 Eb41
Susa I 148 Bb60
Susana E 36 Ad55
Şuşani RO 175 Da65
Sušara SRB 174 Bc63
Šušary RUS 99 Mb39
Susch CH 142 Da55
Susegana I 150 Ea58
Suşehri TR 205 Fd20
Sūseja LV 106 Kd52
Suseja LV 114 La53
Susek SRB 153 Ja60
Süsel D 119 Dd31
Suseni RO 171 Dc58
Suseni RO 172 Ea59
Suseni RO 175 Cc62
Suseni RO 175 Dc65
Suševo BG 181 Ec68
Sušica BG 180 Ea70
Sušice CZ 135 Ed47
Susikas FIN 89 Jd37
Suškova LV 107 Ma52
Suskowola PL 131 Jc39
Susleni MD 173 Fd57
Suslonger RUS 203 Fd08
Sūsninkai LV 114 Kb59
Šušnjevica Valdarsa HR 151 Fb60
Suspiro del Moro E 60 Db75
Süßen D 134 Da49
Süssenborn D 127 Dd41
Süstedt D 118 Cd35
Susten CH 141 Bd56
Susteren NL 125 Bb40
Sustinente I 149 Dc61
Sustrum D 117 Ca34
Susurluk TR 192 Fb81
Susuz TR 187 Hb80
Susuz TR 192 Ga85
Susuz TR 193 Gc85
Susuzkaya TR 192 Ga83
Susuzmüsellim TR 185 Ec77
Susuzören TR 192 Fd86
Susuzşahap TR 199 Hb90
Susz PL 122 Hc32
Suszewo PL 122 Hc35
Sutanži LV 106 Kd50
Sütçüler TR 199 Gd89
Şuţeşti RO 177 Fa64
Suthfeld D 126 Da36
Sutina BIH 158 Ha66
Sutivan HR 158 Gc67
Sutjeska SRB 174 Bb62
Sütlâç TR 193 Gb87
Sütlegen TR 198 Ga92
Sutlepa EST 98 Ka44
Sütlüce TR 185 Ed76
Sutomore MNE 159 Ja70
Sutri I 156 Ea70
Sutri LV 107 Lb52
Suttertjärn S 95 Fb43
Süttő H 145 Hb52
Sutton GB 20 Fc28
Sutton Coldfield GB 16 Ed24
Sutton Courtenay GB 20 Fa27
Sutton in Ashfield GB 16 Fa22
Sutton on Sea GB 17 Fd22
Sutton-on-the-Forest GB 16 Fb19
Sutton Saint Edmund GB 17 Fc24
Sutton Saint James GB 17 Fd24
Sutton Scotney GB 20 Fa29
Sutton-under-Whitestonecliffe GB 11 Fa19
Sutton Valence GB 21 Ga29
Sutyli RUS 99 Ma44
Suure-Jaani EST 98 Kd45
Suurejõe EST 98 Kc45
Suuremõisa EST 97 Jd44
Suurikylä FIN 91 Lc33
Suurikylä FIN 91 Ld33
Suurimäki FIN 82 La29
Suurisuo FIN 82 Kd28
Suurkylä FIN 91 Lc35
Suurlahti FIN 91 Lb35
Suurmäki FIN 83 Lc31
Suur-Miehikkälä FIN 91 Lb37
Suurtuvaara FIN 83 Ma28
Suutarinkylä FIN 82 Ka25
Suutarla FIN 89 Jc38
Suvainiškis LT 114 Kd53
Šuvalovo RUS 113 Jc59
Suvanto FIN 69 Kb16
Suva Reka KSV 178 Ba71
Suvereto I 155 Db67
Suvermez TR 193 Ha84
Suviekas LT 115 Lb54
Suvodol MK 183 Bb76
Suvorov RUS 113 Jb59
Suvorov RUS 202 Ed11
Suvorovo BG 181 Fa70
Suvorovskaja RUS 205 Ga17
Suwałki PL 123 Ka30
Süzbeyli TR 191 Eb85
Suzdal' RUS 203 Fa09
Suze-la-Rousse F 42 Jb51
Suzette F 42 Jc52
Suzzara I 149 Db61
Svabensverk S 87 Fd38
Svaipavalle sameviste S 71 Ga20
Svalbarðseyri IS 2 Ba04
Svalehult S 102 Ec47
Svalenik BG 180 Ea69
Svålestad N 92 Ca45
Svaljava UA 204 Dd16
Svallerup DK 109 Ea26
Svalöv S 110 Ed55
Svalsta S 95 Gb45
Svanabyn S 79 Gb28
Svanamyran S 80 Gc26
Svanberga S 96 Ha42
Svandal S 94 Eb45
Svaneke DK 111 Fd57
Svanelvmo N 67 Gb11
Svanesund S 102 Eb47
Svanfors S 80 Hb25
Svängsta S 111 Fc54
Švanibachovo RUS 107 Ma47
Svaningen S 79 Fc27
Svannäs S 72 Gd21
Svannäs S 79 Ga26
Svanøybukt N 84 Ca35
Svansele S 73 Hb24
Svansele S 79 Fd26
Svanshals S 103 Fc47
Svanskog S 94 Ec44
Svanstein S 74 Jb18
Svanström S 80 Hb25
Svanträsk S 72 Ha23
Svanvik N 65 Kd08
Svanvik S 102 Eb47
Svappavaara S 67 Hb16
Svarar FIN 81 Ja31
Svardal N 84 Cb35
Svardsjö S 95 Ga39
Svarinci LV 107 Ma52
Svarstad N 93 Dd43
Svartå FIN 98 Kd40
Svartå S 95 Fc44
Svärta S 95 Gb45
Svartana S 94 Ed42
Svartbäcken S 73 Hd21
Svartberget S 73 Ja20
Svartbyn S 73 Ja20
Svarte S 110 Fa57
Svarteborg S 102 Eb46
Svartehallen S 102 Eb47
Svartemyr N 84 Cb37
Svarte-nut N 92 Cc43
Svärtinge S 103 Gb46
Svartkog N 93 Ea42

Svartlå - Tarján

Svartlå S 73 Hc21
Svartnäs S 80 Hb25
Svartnäs S 87 Ga38
Svartnes N 71 Fc18
Svartö S 103 Gb51
Svartöstaden S 73 Hd22
Svartrå S 102 Ec51
Svarttjärn S 72 Gb22
Svarttorp S 103 Fb49
Svartträsk S 72 Gb24
Svartvik S 88 Gc33
Švary RUS 107 Mb52
Svatá Kateřina CZ 135 Ed47
Svatobořice-Mistřin CZ 137 Gc48
Svatove UA 203 Fb14
Svatsum N 85 Dd37
Svätý Jur SK 145 Gd50
Sveastrand N 86 Ea38
Švebdruoė LT 123 Kc30
Svebølle DK 109 Ea26
Svedala S 110 Ed56
Svėdasai LT 114 La54
Svedja S 87 Gb35
Svedjan S 80 Gc28
Svedje S 79 Fd27
Svedje S 80 Gd29
Sveg S 87 Fb34
Sveggesundet N 77 Da30
Sveindal N 92 Cd46
Sveio N 92 Ca42
Švėkšna LT 113 Jc56
Svelgen N 84 Cb34
Svelvik N 93 Dd42
Svenarum S 103 Fb50
Švenčionėliai LT 115 Lb56
Švenčionys LT 115 Lb56
Svendborg DK 109 Dd27
Svene N 93 Dc42
Sveneby S 103 Fb46
Svenes N 85 Dc38
Svenes N 93 Da45
Svengestøl N 92 Cd46
Svenkerud N 85 Dc39
Svenljunga S 102 Ed50
Svenneby S 102 Eb46
Svennevad S 95 Fd44
Svenningsneset N 78 Ea27
Svensby N 62 Ha09
Svensbyn S 73 Hc23
Svenshögen S 102 Eb47
Svenskby FIN 97 Jd40
Svensköp S 110 Fa55
Svenstavik S 87 Fb32
Svenstrup DK 100 Dc21
Svenstrup DK 100 Dc23
Svenstrup DK 108 Db28
Svenstrup DK 109 Ea27
Svente LV 115 Lb53
Šventežeris LV 123 Kb30
Šventininkai LT 114 La58
Šventoj LT 113 Jb54
Šventragis LV 114 Kb59
Sveom N 85 Dc35
Sverdlove UA 204 Ed17
Sverdlovs'k UA 205 Fc15
Svetajevka RUS 113 Jb59
Sveta Petka BG 179 Cd73
Svētciems LV 106 Kb48
Svēte LV 106 Kb52
Sveti Ana Tenja HR 153 Hc59
Sveti Filip i Jakov HR 157 Fd65
Sveti Ivan HR 150 Ed60
Sveti Ivan Žabno HR 152 Gc58
Sveti Ivan Zelina HR 152 Gb58
Sveti Juraj HR 151 Fc61
Sveti Marina HR 151 Fb61
Sveti Nedelja HR 151 Ga59
Sveti Nikola BG 181 Fc70
Sveti Nikola MNE 163 Ja71
Sveti Nikole MK 178 Bd73
Sveti Petar na moru HR 157 Fd64
Sveti rok HR 151 Ga63
Sveti Stefan MNE 159 Hd70
Sveti Sveti Konstantin i Elena BG 181 Fb70
Sveti Vlas BG 181 Fa72
Světlá Hora CZ 137 Gd44
Svetlahorsk BY 202 Eb13
Světlá nad Sázavou CZ 136 Fd46
Svetlen BG 180 Eb70
Svetlice SK 139 Ka47
Svetlii MD 177 Fc61
Světlík CZ 136 Fb49
Svetlina BG 180 Ea73
Svetloe RUS 113 Ja59
Svetlogorsk RUS 113 Hd58
Svetlograd RUS 205 Ga16
Svetlyj Jar RUS 203 Ga14
Svetlyj RUS 113 Hd59
Svetozar Miletić SRB 153 Hd58
Svetvinčenat HR 151 Fa61
Svežen BG 180 Dc72
Sviby EST 97 Jd44
Švica HR 151 Fd62
Svidnik SK 139 Jd46
Švihov CZ 135 Ed46
Svilajnac SRB 174 Bc65
Sviland N 92 Ca44
Svilengrad BG 185 Ea75
Sviliai LT 114 Kd53
Svindalen N 66 Fd12
Svineng N 64 Jc09
Svinesund N 94 Eb44
Svinhult S 103 Fd49
Svinia SK 138 Jc47
Svinica HR 152 Gc60
Svinița RO 174 Ca65
Svinná SK 137 Hb49
Svinndal N 93 Ea43
Svinnegarn S 95 Gb43
Svinninge DK 109 Ea25
Svinninge S 96 Gd43
Svinvik N 77 Db30
Sviraći BG 185 Ea76
Svirkos LT 115 Lc56
Svirkovo BG 185 Ea74
Sviščaki SLO 151 Fb59
Svislač BY 202 Dd13
Svislač BY 202 Eb12
Svištov BG 180 Dd69
Svit SK 138 Jb47
Svitava BIH 158 Hb68
Svitávka CZ 137 Gb46
Svitavy CZ 137 Gb45
Svitlovods'k UA 204 Ed15
Svoboda BG 181 Fa69
Svoboda RUS 113 Jc59
Svoboda nad Úpou CZ 136 Ga43
Svobodinovo BG 184 Dc75
Svobody RUS 205 Ga17
Svode BG 179 Cd70
Svodín SK 145 Hb51
Svodje SRB 179 Ca70
Svoge BG 179 Cc70
Svojetin CZ 136 Fa44
Svojšín CZ 135 Ec45
Svolvær N 66 Fc14
Svorkmo N 77 Dd30
Svratka CZ 136 Ga46
Svrčinovec SK 138 Hc46
Svrljig SRB 178 Bd68
Svšzno CZ 135 Ec46
Svullrya N 94 Ec40
Svylionys LT 115 Lc56
Swadlincote GB 16 Fa24
Swaffham GB 17 Ga24
Swallowcliffe GB 20 Ed29
Swalmen NL 125 Bb39
Swanage GB 20 Ed31
Swanbridge GB 19 Ea28
Swanley GB 20 Fd28
Swanlinbar IRL 9 Cb18
Swansea GB 19 Dd27
Swarland GB 11 Fa15
Swarożyn PL 121 Hb31
Swarzędz PL 129 Gc37
Swatragh GB 9 Cd16
Świadki Iławeckie PL 122 Ja30
Świątki PL 122 Ja31
Świątkowa PL 139 Jd46
Świątniki PL 131 Jd42
Świątniki Górne PL 138 Ja44
Świba PL 129 Ha40
Świbno PL 121 Hb30
Świdnica PL 128 Fd38
Świdnica PL 129 Gb42
Świdnik PL 131 Kb40
Świdnik PL 138 Jb45
Świdry PL 123 Jd32
Świdwin PL 120 Ga32
Świebodzice PL 129 Gb42
Świebodzin PL 128 Fd37
Święcany PL 139 Jd45
Świecie PL 121 Hb33
Świeciechowa PL 129 Gb38
Świeciechów Duży PL 131 Jd41
Świecie nad Osą PL 122 Hc33
Świecko PL 128 Fc37
Świedziebnia PL 122 Hd34
Świekatowo PL 121 Ha33
Świeradów-Zdrój PL 128 Fd42
Świercze PL 122 Jb35
Świerczów PL 129 Ha41
Świerczyna PL 121 Gb33
Świerczyna PL 138 Jb43
Świerklany Górne PL 137 Hb44
Świerkowo PL 122 Jb35
Świerzawa PL 128 Ga41
Świerzenko PL 121 Gc31
Świerzno PL 120 Fc31
Świeszyno PL 120 Ga31
Święta PL 120 Fc33
Święta Anna PL 130 Hd42
Świętajno PL 122 Jb32
Święta Katarzyna PL 130 Jb41
Święta Lipka PL 122 Jb31
Świętno PL 128 Ga38
Świętochłowice PL 138 Hc43
Świętoszów PL 128 Fd40
Swifterbant NL 116 Bb35
Świgtajno PL 123 Jd31
Swilcza PL 139 Ka44
Swindon GB 20 Ed28
Swinefleet GB 16 Fb21
Swinemünde = Świnoujście PL 120 Fb32
Swinford IRL 8 Bd19
Świniary PL 122 Jb34
Świnna PL 138 Hd45
Świnoujście PL 120 Fb32
Swinton GB 11 Ed14
Świny PL 128 Ga41
Swisttal D 125 Bd41
Swobnica PL 120 Fc34
Swords IRL 13 Cd21
Swornegacie PL 121 Gd32
Swory PL 131 Kb37
Swyre GB 19 Eb30
Sya S 103 Fd47
Syam F 31 Jd43
Syčevka RUS 202 Ec10
Sycewice PL 121 Gc30
Syców PL 129 Gd40
Sycowice PL 128 Fd38
Sydänmaa FIN 89 Jb34
Sydänmaa FIN 89 Ja37
Sydänmaankylä FIN 82 Kb27
Sydmo FIN 97 Jb40
Sygkrasi CY 206 Jd96
Sykäräinen FIN 81 Jd28
Syke D 118 Cd34
Sykkylven N 76 Cc33
Sykoúnda GR 191 Ea83
Sylda D 127 Ea39
Šyliai LT 113 Jc56
Sylling N 93 Dd41
Syltanovo RUS 107 Ma51
Sylte N 77 Da31
Syltevikmyra N 65 Kc05
Sylt-Ost D 108 Cd28
Sylväjä FIN 83 Lb25
Sylvänä FIN 89 Jd38
Sylvanès F 41 Hb53
Sylvéréal F 42 Ja54
Symbister GB 5 Fa04
Symonds Yat GB 19 Ec27
Synanohori CY 206 Ja96
Synel'nykove UA 205 Fa15
Synnerby S 102 Fa47
Synnes N 78 Ec25
Synod Inn GB 14 Dc25
Synsiö FIN 90 Kd33
Syötekylä FIN 75 Kc21
Sypniewo PL 121 Gb33
Sypniewo PL 121 Gc33
Sypniewo PL 122 Jc34
Syrau D 135 Eb43
Syre GB 5 Ea05
Syre N 92 Bd43
Syri FIN 81 Jd28
Syrjä FIN 83 Lb31
Šyrjajeve UA 204 Ec16
Syrjäkoski FIN 90 Kc35
Syrjäntaka FIN 90 Kb36
Syrkesnes N 66 Fd16
Syrkovicy RUS 99 Ma41
Šyroke UA 204 Ed16
Syrokoje RUS 122 Jb30
Syrynia PL 137 Hb44
Šyščycy BY 202 Ea13
Šyškrantė LT 113 Jb56
Sysmä FIN 90 Kc35
Sysslebäck S 94 Ed39
Syväjärvi FIN 69 Jd16
Syväjoki FIN 82 Kd26
Syvänniemi FIN 82 Kd30
Syvänojankylä FIN 89 Jb32
Syvärinpää FIN 82 La28
Syvävaara FIN 83 Lc27
Syvde N 76 Cb33
Syvdsnes N 76 Cb33
Syvsten DK 101 Dd20
Sywell GB 20 Fb25
Syyspohja FIN 91 Lc35
Syzran' RUS 203 Ga10
Szabadbattyán H 145 Hb54
Szabadegyháza H 146 Hc54
Szabadszállás H 146 Hd55
Szabruk PL 122 Ja32
Szadek PL 130 Hc39
Szadłowice PL 121 Ha35
Szaflary PL 138 Ja46
Szajol H 146 Jb54
Szakály H 145 Hb56
Szakcs H 145 Hb56
Szakmár H 146 Hd56
Szalánta H 152 Hb58
Szalapa H 145 Gd55
Szalejów PL 137 Gb43
Szalkszentmárton H 146 Hd54
Szalonna H 138 Jc49
Szamocin PL 121 Gc34
Szamotuły PL 129 Gb36
Szamdaszőlős H 146 Jb54
Szank H 146 Ja56
Szany H 145 Gd53
Szarvas H 146 Jc55
Szarvaskő H 146 Jb51
Szászvár H 152 Hb57
Szatarpy PL 121 Ha31
Szatmárcseke H 147 Kc50
Szatymaz H 146 Jb56
Százhalombatta H 146 Hc53
Szczaniek PL 128 Ga37
Szczawa PL 138 Jb46
Szczawin Borowy PL 130 Hd36
Szczawin Kościelny PL 130 Hd36
Szczawne PL 139 Ka46
Szczawnica PL 138 Jb46
Szczawno-Zdrój PL 129 Gb42
Szczebrzeszyn PL 131 Kc41
Szczecin PL 120 Fc33
Szczecinek PL 121 Gb32
Szczejkowice PL 137 Hb44
Szczekociny PL 130 Ja42
Szczepańcowa PL 139 Jd45
Szczepankowo PL 123 Jd34
Szczepanów PL 129 Gb41
Szczepkowo Borow PL 122 Ja33
Szczerców PL 130 Hc40
Szczpiorno PL 129 Ha39
Szczucin PL 138 Jc43
Szczuczarz PL 120 Ga34
Szczuczyn PL 123 Jd32
Szczuka PL 122 Hc34
Szczurowa PL 138 Jb44
Szczyrk PL 138 Hc45
Szczyrzyc PL 138 Ja45
Szczytna PL 137 Gb43
Szczytniki PL 120 Fc32
Szczytniki PL 129 Ha39
Szczytno PL 122 Jb32
Szczyty PL 137 Ha44
Szécsény H 146 Hd51
Szederkény H 153 Hc58
Szedres H 146 Hc56
Szeged H 153 Jb57
Szeghalom H 147 Jd54
Szegvár H 146 Jb56
Székely H 147 Ka50
Székesfehérvár H 145 Hb54
Székkutas H 146 Jc56
Szekszárd H 153 Hc57
Szeleste H 145 Gc54
Szelevény H 146 Jb55
Szellő H 153 Hc57
Szembruk PL 122 Hc32
Szemere H 139 Jd49
Szemud PL 121 Ha30
Szendrő H 138 Jc49
Szenenyecsörnye H 145 Gc56
Szenna H 152 Ha57
Szentbalázs H 152 Ha57
Szentendre H 146 Hd52
Szentes H 146 Jb55
Szentgál H 145 Ha54
Szentgotthárd H 145 Gb55
Szentlászló H 152 Ha57
Szentliszló H 145 Gc56
Szentlőrinc H 152 Hb58
Szentmártonkáta H 146 Ja53
Szenttamáspuszta H 152 Ha57
Szenyér H 145 Gd56
Széphalom H 139 Ka49
Szepietowo PL 123 Ka34
Szerencs H 147 Jd50
Szerokopas PL 121 Hb34
Szerzyny PL 138 Jc45
Szestno PL 122 Jb31
Szewna PL 130 Jc41
Szigethalom H 146 Hd53
Szigetszentmiklós H 146 Hd53
Szigetvár H 152 Ha58
Szigliget H 145 Gd55
Szikáncs H 146 Jc56
Szikszó H 146 Jc50
Szilvásvárad H 146 Jb51
Szin H 138 Jc49
Szirak H 146 Ja52
Szklarska Poręba PL 128 Fd42
Szklary Górne PL 128 Ga40
Szkody PL 123 Jd32
Szkotowo PL 122 Ja33
Szlichtyngowa PL 129 Gb39
Szob H 146 Hc52
Szokolya H 146 Hc51
Szolnok H 146 Jb54
Szombathely H 145 Gc54
Szomor H 146 Hc52
Szőny H 145 Hb52
Szorce PL 123 Ka33
Szóstka PL 131 Kb37
Szówsko PL 139 Kb44
Szozurkowo PL 122 Jc30
Szprotowa PL 128 Fd39
Szreńsk PL 122 Ja34
Sztabin PL 123 Kb31
Sztum PL 121 Hb31
Sztumska Wieś PL 121 Hb31
Sztutowo PL 122 Hc30
Sztynort PL 122 Jc30
Szubin PL 121 Gd34
Szücs H 146 Jb51
Szűcsi H 146 Ja52
Szudziałowo PL 123 Kc33
Szulborze Wielkie PL 123 Jd35
Szulmierz PL 122 Ja34
Szulok H 152 Ha58
Szumowo PL 123 Jd34
Szurkowo PL 129 Gc39
Szwecja PL 121 Gb33
Szydlak PL 122 Hd32
Szydłów PL 130 Jc42
Szydłowiec PL 130 Jb40
Szydłowo PL 121 Gb34
Szydłowo PL 122 Ja34
Szymany PL 122 Jb33
Szymbark PL 122 Hc32
Szymbark PL 138 Jc45
Szymki PL 123 Kc34
Szymonka PL 122 Jc31
Szyndziel PL 123 Kb32
Szynwałd PL 138 Jc44
Szynych PL 121 Hb33
Szypliszki PL 123 Kb30
Szyszki Włościańskie PL 122 Jb35

T

Taagepera EST 106 Kd47
Tääksi EST 98 Kd45
Taaliku EST 97 Jd45
Taalintehdas FIN 97 Jc41
Taapajärvi FIN 68 Jc17
Taasia FIN 90 Kd37
Taastrup DK 109 Ec26
Taattola FIN 82 La26
Tab H 145 Hb55
Tabágon E 36 Ac58
Tabajd H 146 Hc53
Tabanera de Cerrato E 46 Db59
Tabanera la Luenga E 46 Db62
Tabani MD 172 Ed53
Tabanköy TR 185 Ed80
Tabanlar TR 191 Ed83
Tabanovce MK 178 Bc72
Tabaqueros E 54 Ed68
Tábara E 45 Cb59
Tabariškės LT 115 Lb58
Tabarz D 126 Dc41
Tabasalu EST 98 Kb42
Tabaza E 37 Cc54
Tabeirós E 36 Ad56
Taberg S 103 Fb49
Tabernas E 61 Ea75
Taberna Seca P 44 Ba65
Taberno E 61 Eb74
Tabiano Bagni I 149 Da61
Tabina EST 107 Lc47
Tabivere EST 98 La44
Tablate E 60 Dc76
Taboada E 36 Bb56
Taboada E 36 Ba54
Tabód H 146 Hc56
Tábor CZ 136 Fc47
Tabórz PL 122 Hd32
Tábua P 44 Ba63
Tabuaço P 44 Bb61
Tabuenca E 47 Ed60
Tabuyo de Monte E 37 Ca58
Täby S 95 Fc44
Täby S 96 Gd43
Täby S 103 Ga46
Tăcău RO 177 Fb65
Taceno I 149 Cc57
Tacettin TR 193 Hb81
Tacherting D 143 Eb51
Taching D 143 Ec51
Tachov CZ 135 Ec45
Tacinskij RUS 203 Fc14
Tacir TR 186 Ga79
Tackåsen S 87 Fc36
Tăcuta RO 173 Fa58
Tadaiķi LV 105 Jb52
Tadcaster GB 16 Fa20
Tadmarton GB 20 Fa26
Taebla EST 98 Ka44
Taevaskoja EST 107 Lb46
Tafalla E 39 Ed58
Tafjord N 77 Da33
Taft A 144 Ga52
Täfteå S 80 Hc28
Täfteå S 80 Ha30
Taga RO 171 Db57
Tagaj RUS 203 Fd10
Taganrog RUS 205 Fc15
Tagaranna EST 97 Jc45
Tågarp S 110 Ed55
Tagelvdal N 67 Gd11
Tägerwilen CH 142 Cc52
Taggia I 43 La52
Taghmon IRL 13 Cc25
Tagliacozzo I 160 Ec71
Taglio di Po I 150 Ea61
Tagmersheim D 134 Dc48
Tagnon F 24 Hd34
Tagoat IRL 13 Cd25
Tagsdorf F 31 Kb40
Tagula EST 106 La47
Tahal E 61 Eb75
Tahal TR 185 Ec76
Tähemaa EST 99 Lb45
Taheva EST 106 La48
Tahilla IRL 12 Ba25
Tahivilla E 59 Ca78
Tahkolanranta FIN 75 La19
Tahkuna EST 97 Jc44
Tahta RUS 205 Fd16
Tahtacı TR 191 Ec83
Tahtacı TR 192 Fc85
Tahtacı TR 198 Fc88
Tahtaköprü TR 192 Ga81
Tahtakuşlar TR 191 Eb82
Tähtelä FIN 69 Ka16
Tähtelä FIN 98 Ka40
Taian RO 180 Dc68
Taicy RUS 99 Mb40
Taillebois F 22 Fc37
Tailovo RUS 107 Lc47
Taimoniemi FIN 82 Kb30
Tain GB 5 Ea07
Taingy F 30 Hb41
Tainiemi FIN 74 Ka21
Tainijoki FIN 74 Ka21
Tain-l'Hermitage F 34 Jb49
Tainuskylä FIN 89 Ja32
Taipale FIN 74 Jd22
Taipale FIN 82 Kc29
Taipale FIN 82 Ka31
Taipale FIN 82 Kd28
Taipale FIN 89 Jb35
Taipale FIN 89 Jd37
Taipale FIN 90 Kd33
Taipale FIN 90 Kc35
Taipaleenharju FIN 74 Kb22
Taipalsaari FIN 91 Lb35
Taipalus FIN 89 Jc32
Taiskirchen im Innkreis A 143 Ed50
Taivalkoski FIN 75 Kd21
Taivalkunta FIN 89 Jc36
Taivalmaa FIN 89 Ja37
Taivassalo FIN 97 Ja39
Taizé F 28 Fc43
Taizé F 30 Ja44
Taizon F 28 Fc43
Taja E 37 Cb55
Tajmište MK 182 Ba74
Tajno Podjeziorne PL 123 Ka31
Täkač BG 181 Ec69
Takamaa FIN 89 Jd35
Takamaa FIN 90 Kd37
Takeley GB 20 Fd27
Takene S 94 Fa44
Takhuranna EST 106 Kb46
Takkula FIN 82 La26
Takkulankulma FIN 89 Jb38
Taklax FIN 89 Hd32
Takniškiai LT 114 Kc59
Takovo SRB 153 Jb62
Takovo SRB 159 Jc64
Takseräs N 93 Db45
Taktaharkány H 147 Jd50
Täkter FIN 98 Ka40
Taktikoúpoli GR 195 Ca88
Taktkom FIN 97 Jd41
Tal E 36 Ac55
Talačyn BY 202 Eb12
Talairan F 41 Ha56
Talais F 32 Fa48
Talamanca E 49 Gd60
Talamantes E 47 Ed60
Talamillo del Tozo E 38 Db57
Talamone I 155 Dc69
Talana I 169 Cb77
Talarn E 48 Ga59
Talarrubias E 52 Cc68
Talasani F 154 Cc69
Talasjoki FIN 82 Kd27
Talaván E 51 Bd66
Talavera de la Reina E 52 Cd66
Talavera la Real E 51 Bc69
Talayuela E 45 Cb65
Talayuelas E 54 Ed66
Talcy F 29 Gb40
Taldom RUS 202 Ed10
Talea RO 176 Ea63
Talefe P 50 Aa67
Taleggio I 149 Cd58
Taleigs E 54 Fc66
Talgarreg GB 15 Dd26
Talgarth GB 15 Ea26
Talgje N 92 Ca43
Tali EST 106 Kc47
Táliga E 51 Bb70
Talinen S 68 Hd17
Talisker GB 4 Da08
Talkowszczyzna PL 123 Kc33
Talladale GB 4 Dc07
Tallaght IRL 13 Cd21
Tállara E 36 Ac56
Tallard F 42 Ka51
Tallåsen S 87 Ga35
Tallberg S 73 Hd20
Tallberg S 80 Hb32
Tallberg S 80 Hb28
Tällberg S 87 Fc38
Taller F 39 Fa53
Talley GB 15 Dd26
Tallhed S 87 Fc37
Tallinn EST 98 Kb42
Talljärv S 73 Hd20
Talloires F 35 Ka46
Tallowbridge IRL 13 Ca25
Tallsjö S 80 Gc27
Tällträsk S 73 Hc23
Tallträsk S 80 Gc26
Tallträsk S 80 Hb26
Talluskylä FIN 82 Kd30
Tallvik S 73 Ja20
Tälly H 147 Jd50
Tälmaciu RO 175 Db62
Talmas F 23 Gd33
Talmay F 31 Jc41
Talmaz MD 173 Ga59
Talmine GB 5 Ea04
Talmontiers F 23 Gc35
Talmont-Saint-Hilaire F 32 Ed45
Talmont-sur-Gironde F 32 Fb48
Tal'ne UA 204 Ec15
Talovaja RUS 203 Fb13
Talpa RO 176 Dd66
Talpaki RUS 113 Jb59
Talsano I 162 Ha76
Talsarnau GB 15 Dd23
Talsi LV 105 Jd50
Taluskylä FIN 81 Jd26
Talviainen FIN 90 Ka34
Talvik N 63 Hd08
Talvisilta FIN 89 Jd38
Tal-y-bont GB 15 Dd24
Tal-y-cafn GB 15 Ea22
Tămădău Mare RO 176 Ec66
Tamajón E 46 Dd62
Tamala RUS 203 Fc11
Tamallancos E 36 Bb57
Tamame E 45 Cb61
Tamames E 45 Ca63
Tamanhos P 44 Bb62
Tamarë AL 159 Jb69
Tamarino BG 181 Ec73
Tamarit E 49 Gc62
Tamarite de Litera E 48 Fd60
Tamariz de Campos E 46 Cd59
Tămășeni RO 172 Ed58
Tamási H 145 Hb56
Tamași RO 172 Ed59
Tambach-Dietharz D 126 Dc42
Tâmboești RO 176 Ed63
Tambohuse DK 100 Da22
Tambov RUS 203 Fb12
Țambula MD 173 Fb55
Tâme S 73 Hc24
Tamengont RUS 99 Ma39
Tâmeträsk S 73 Hc24
Tamins CH 142 Cd55
Tamış TR 191 Ea82
Tamlaght GB 9 Cb18
Tammela FIN 75 Lb20
Tammela FIN 89 Jd38
Tammenlahti FIN 91 Lc33
Tammeråsen S 87 Fc38
Tammijärvi FIN 90 Kc34
Tammikkoski FIN 90 Kc34
Tammiku EST 98 La43
Tammiku EST 98 La44
Tammilahti FIN 90 Ka33
Tammilahti FIN 90 Kc34
Tammisaari FIN 97 Jd40
Tammispää EST 99 Lb43
Tammistu EST 99 Lb45
Tamm-neeme EST 98 Kb42
Tammuna EST 105 Jb47
Tâmna RO 175 Cc65
Tamnay-en-Bazois F 30 Hc42
Tamnes N 86 Ec32
Tamnić SRB 174 Cb66
Tamniès F 33 Gb50
Támoga E 36 Bb54
Tampere FIN 89 Jd35
Tamsalu EST 98 Kd43
Tamsweg A 144 Fa54
Tämta S 102 Ed48
Tamurejo E 52 Cc69
Tamworth GB 16 Ed24
Tån S 102 Ec46
Tana bru N 64 Ka06
Tanacu RO 173 Fb59
Tanágra GR 189 Cb85
Tanakajd H 145 Gc54
Tananger N 92 Ca44
Tănăsoaia RO 177 Fa61
Tănătari MD 173 Ga59
Tănătarii Noi MD 173 Ga59
Tanaunella I 168 Cc75
Tanda SRB 174 Ca66
Țăndărei RO 177 Fa66
Tandern D 143 Dd50
Tandır TR 193 Gd81
Tandö S 86 Fa38
Tandragee GB 9 Cd18
Tandsbyn S 79 Fc31
Tandsjöborg S 87 Fc36
Tanem N 77 Ea30
Tang IRL 9 Cb20
Tångaberg S 102 Ec51
Tanganheira P 50 Ab71
Tangaveane IRL 8 Ca16
Tångböle S 78 Ed30
Tangen N 76 Cd31
Tangen N 79 Fb27
Tangen N 93 Ea44
Tangen N 94 Eb39
Tångeråsa S 95 Fc44
Tangerhütte D 127 Ea36
Tangermünde D 127 Eb36
Tangnesland N 63 Hc09
Tångsta S 79 Gb30
Tangstedt D 118 Db32
Tangstedt D 118 Dc32
Tängvattnet S 71 Fc22
Tanhua FIN 69 Kb15
Tani FIN 91 Lb36
Taninges F 35 Ka45
Tankavaara FIN 69 Ka13
Tankolampi FIN 82 Kc31
Tänkovo BG 181 Fa72
Tänkovo BG 185 Dd75
Tanlay F 30 Hd40
Tann D 143 Ec50
Tanna D 135 Ea43
Tanna D 135 Ea43
Tannadice GB 7 Ec10
Tannåker S 102 Fa51
Tännäs S 86 Ed33
Tannay F 24 Ja34
Tannay F 30 Hc41
Tänndalen S 86 Ed33
Tanne D 126 Dc39
Tännesberg D 135 Eb46
Tannhausen D 134 Db48
Tannheim A 142 Db53
Tannheim D 142 Da51
Tannila FIN 74 Ka22
Tannisby DK 101 Dd19
Tånnö S 103 Fb51
Tann (Rhön) D 126 Db42
Tannroda D 127 Dd42
Tannsjön S 79 Fd29
Tanoiro E 36 Ad57
Tanowo PL 120 Fb33
Tansa RO 172 Ed58
Tânțareni RO 175 Cd65
Tantonville F 25 Jd37
Tantow D 120 Fb34
Tanttala FIN 90 Kb37
Tanttila FIN 90 Kb37
Tânum DK 100 Dc23
Tanum N 93 Dd41
Tanum N 93 Dc44
Tanum S 94 Eb45
Tanumshede S 94 Eb45
Tanus F 41 Ha52
Tanvald CZ 128 Fd42
Tan-y-llyn GB 15 Dd24
Tan-y-pistyll GB 15 Ea23
Taormina I 167 Fd85
Táp H 145 Ha53
Tapa EST 98 Kd42
Tapala FIN 89 Jc38
Tapani vaara FIN 75 Lb24
Tapdrup DK 100 Db23
Tapfheim D 134 Dc49
Tapia de Casariego E 37 Bd53
Tapiku EST 98 La44
Tápióbicske H 146 Ja53
Tápiógyörgye H 146 Ja53
Tapiola FIN 98 Kb39
Tapionkylä FIN 74 Jd18
Tapionniemi FIN 69 Kb17
Tápiószele H 146 Ja53
Tápiószentmárton H 146 Ja53
Tápiószőlős H 146 Ja53
Tapizë AL 182 Ab74
Tapojärvi FIN 68 Ja16
Tapolca H 145 Gd55
Tappeluft N 63 Hc08
Tappen N 63 Hd06
Tappernøje DK 109 Eb27
Taps DK 108 Db26
Tapsony H 145 Gd56
Tar HR 150 Ed60
Tarabo S 102 Ed48
Taraclia MD 173 Fd59
Taraclia MD 177 Fd61
Taraclica de Salcie MD 177 Fc61
Tarácsi H 145 Gd53
Taradell E 49 Ha60
Taragona E 36 Ad56
Taraguilla E 59 Cb78
Taraklı TR 187 Gc80
Tarän BG 184 Db75
Tarancón E 53 Dd66
Taranto I 162 Ha76
Tarány H 145 Ha53
Tarany H 152 Gd57
Tarare F 34 Jb46
Taraš SRB 153 Jb59
Tarašča UA 204 Ec15
Taraşçı TR 199 Hb89
Tarascon F 42 Jb53
Tarascon-sur-Ariège F 40 Gc57
Tarasova MD 173 Fd55
Tarasovka RUS 113 Jb58
Tarasp Fontana CH 142 Da55
Tarassac F 41 Hb54
Taravilla E 47 Ec64
Tarazona E 47 Ec60
Tarazona de Guareña E 45 Cc62
Tarazona de la Mancha E 53 Ec68
Tarbæk DK 109 Ec25
Tarbert GB 4 Da06
Tarbert GB 6 Db13
Tarbert IRL 12 Bb23
Tarbes F 40 Fd55
Tarbolton GB 10 Dd14
Tärby S 102 Ed48
Tarcaia RO 170 Cb58
Tarcal H 147 Jd50
Tarcău RO 172 Eb58
Tarcea RO 170 Cb55
Tarcenay F 31 Jd42
Tarcento I 150 Ed57
Tarčin BIH 158 Hb65
Tarczyn PL 130 Jb38
Tard H 146 Jc51
Tardajos E 38 Dc58
Tardelcuende E 47 Ea61
Tardets-Sorholus F 39 Fa56
Tardienta E 48 Fb59
Tärendö S 68 Hd17
Tarente = Taranto I 162 Ha76
Tarent = Taranto I 162 Ha76
Țareuca MD 173 Fd55
Targale LV 105 Jb50
Targon F 32 Fb50
Târgoviște BG 180 Eb70
Târgoviște RO 176 Dd64
Targowo PL 122 Jb32
Târgșoru Vechi RO 176 Ea64
Târgu Bujor RO 177 Fb62
Târgu Cărbunești RO 175 Cd64
Târgu Frumos RO 172 Ed57
Târgu Gângulești RO 175 Da64
Târgu Jiu RO 175 Cd63
Târgu Lăpuș RO 171 Db56
Târgu Mureș RO 171 Dc59
Târgu-Neamț RO 172 Ec57
Târgu Ocna RO 176 Ec60
Târgu Secuiesc RO 176 Eb61
Târgușor RO 177 Fc66
Târgu Trotuș RO 176 Ec60
Tarhapää FIN 90 Ka32
Tarhos H 147 Jd55
Tărian RO 170 Ca56
Tarifa E 59 Ca78
Țarigrad MD 173 Fb54
Tarinmaa FIN 90 Ka37
Tariquejo E 59 Bb73
Tarján H 145 Hb52

Tarland – Tigveni

Tarland GB 7 Ec09
Tarleton GB 15 Eb21
Târlişua RO 171 Db56
Tarlo PL 131 Kb39
Tarłów PL 131 Jd41
Târlungeni RO 176 Ea62
Tarm DK 108 Cd24
Tarmaankylä FIN 89 Ja34
Tarmon IRL 8 Ca18
Tarmstedt D 118 Da33
Tarna E 37 Cd55
Tärna S 95 Gb42
Tärnaby S 71 Fd22
Tarnac F 33 Gd47
Tărnak BG 179 Da69
Tarnala FIN 91 Ld33
Tarnalelesz H 146 Jb51
Tarna Mare RO 171 Cd53
Tarnaméra H 146 Jb52
Tärnamo S 71 Fc22
Tarnaörs H 146 Jb52
Tărnava BG 179 Cd69
Târnava RO 175 Db60
Târnăveni RO 171 Db59
Tarnawa PL 139 Kb46
Tarnawatka PL 131 Kc42
Tårnby DK 109 Ec26
Tårnes N 78 Ea28
Tårnet N 65 Kd07
Tårnev N 62 Gc10
Tarnobrzeg PL 131 Jd42
Tarnogóra PL 131 Kc41
Tarnogród PL 139 Kb43
Tárnok H 146 Hc53
Tarnov SK 138 Jc46
Târnova RO 170 Ca59
Târnova RO 174 Ca62
Tarnów PL 120 Fc35
Tarnów PL 130 Jc38
Tarnów PL 138 Jc44
Tarnówek PL 128 Ga40
Tarnowiec PL 139 Jd45
Tarnówka PL 121 Gc33
Tarnówko PL 120 Fc33
Tarnowo-Podgórne PL 129 Gb36
Tarnów Opolski PL 137 Ha43
Tarnowska Wola PL 131 Jd42
Tarnowskie Góry PL 138 Hc43
Tärnsjö S 95 Gb41
Tårnvik N 64 Jd06
Tårnvika N 66 Fc16
Tarouca P 44 Ba61
Tarp D 108 Db29
Tarp DK 108 Cd26
Tarpa H 147 Kc50
Tarporley GB 15 Ec22
Tarprubežiai LV 114 Kb59
Tarquinia I 156 Dd70
Tarquinia Lido I 156 Dd70
Tarragona E 48 Gb62
Tärrajaur S 72 Ha20
Tàrrega E 48 Gb60
Tårs DK 100 Dc20
Tårs DK 109 Dd28
Tarsdorf A 143 Ec51
Tarsia I 164 Gb79
Tarsogno I 149 Cd63
Tarşolţ RO 171 Da54
Tartaki LV 115 Lc53
Tartanedo E 47 Ec63
Tartano I 149 Cd57
Tartas F 39 Fb53
Tărtăşeşti RO 176 Ea65
Tartaul MD 177 Fc60
Tartaul de Salcie MD 177 Fc61
Tartigny F 23 Gd34
Tartonne F 42 Ka52
Tarttila FIN 89 Jd36
Tartu EST 99 Lb45
Tarumaa EST 99 Lb42
Tårup DK 109 Dd27
Tarusa RUS 202 Ed11
Tarvaala FIN 82 Kb31
Tarvaala FIN 90 Kc32
Tarvaanperä FIN 74 Jd20
Tarvainen FIN 89 Jb38
Tarvasjoki FIN 97 Jc39
Tarvin GB 15 Eb22
Tarvisio I 143 Ed56
Tarvola FIN 81 Jc30
Taşağıl TR 199 Ha91
Taşağil TR 199 Hb89
Tasapää FIN 91 Ld32
Taşarasi TR 191 Ec82
Taşbükü TR 197 Fa90
Taşca RO 172 Eb58
Täsch CH 148 Bd57
Taşdibi TR 198 Fc91
Taşdibi TR 199 Gd90
Taşevi TR 193 Gd87
Taši LV 105 Jb52
Tåsjö S 79 Ga27
Táska H 145 Ha56
Taşkapı TR 199 Gc89
Taşkesiği TR 199 Gb90
Taşkesiği TR 199 Hb91
Taşkesti TR 187 Gd79
Taşkısığı TR 187 Gc78
Taşköprü TR 185 Ec76
Taşköprü TR 192 Fb81
Taşköprü TR 205 Fb20
Taşköy TR 192 Fa82
Taşköy TR 192 Fb83
Taşköy TR 192 Fc86
Taslı TR 197 Ed89
Taşlic MD 173 Ga58
Taşlıca TR 197 Fa92
Taşlık TR 187 Hb80
Tăşnad RO 171 Cc55
Taşoluk TR 193 Gc85
Tasov CZ 136 Ga47
Taşova TR 205 Fc20
Taşpınar TR 186 Fc80
Tass H 146 Hd54
Tassenières F 31 Jc43
Tåssjö S 110 Ed54
Tast FIN 81 Jc28
Tåstarp S 110 Ed54
Tastula FIN 81 Jc28
Taşumurca TR 185 Ec77
Tata H 145 Hb52
Tatabánya H 145 Hb52
Tătădrăştii de Jos RO 176 Dd66
Tataháza H 153 Hd57
Tatanovo RUS 203 Fb11
Tatar TR 192 Ga86
Tătărăni RO 173 Fb59
Tătărani RO 176 Dd64
Tătăranu RO 176 Ed63
Tătăraşti RO 176 Ed60
Tătăraştii de Sus RO 175 Dc66
Tatarbunary UA 204 Ec17
Tatarcık TR 192 Ga87
Tătăreşti MD 177 Fc61
Tatarköy TR 185 Ed76
Tatarlar TR 185 Ec75
Tatarlı TR 185 Ec78
Tatarlı TR 193 Gc87
Tatarocağı TR 192 Fa85
Tatárszentgyörgy H 146 Hd54
Tătaru RO 176 Eb64
Tătăruşi RO 172 Ec56
Taterma EST 97 Jc45
Tatiščevo RUS 203 Fd12
Tatköy TR 199 Gb91
Tatlısu TR 186 Fa79
Tatlısu TR 191 Eb83
Tatranská Lomnica SK 138 Jb47
Tatranská Štrba SK 138 Ja47
Tattershall GB 17 Fc23
Tătuleşti RO 175 Db65
Tătuleşti RO 176 Ed65
Tau N 92 Ca43
Taubenheim D 127 Ed41
Tauberbischofsheim D 134 Da45
Taucha D 127 Ec40
Täuffelen CH 141 Bc53
Taufkirchen A 143 Ed50
Taufkirchen D 143 Eb51
Taufkirchen (Vils) D 143 Eb50
Taujėnai LT 114 Kd55
Ţaul MD 173 Fb54
Taulakylä FIN 89 Jd35
Taulé F 26 Dd37
Taulignan F 42 Jb51
Taulov DK 108 Db26
Taunton GB 19 Eb29
Taunusstein D 133 Cb43
Tauplitz A 144 Fa53
Tauragė LT 113 Jd56
Tauragnai LT 115 Lb55
Tăura Veche MD 173 Fb56
Taurene LV 106 La49
Tăureni RO 171 Db59
Taurianova I 164 Gb83
Taurisano I 165 Hc78
Taurkalne LV 106 Kd51
Taurupe LV 106 Kd50
Taús E 40 Gb58
Tauscha D 128 Fa40
Taussat F 32 Fa50
Tauste E 47 Fa60
Tauţ RO 170 Ca59
Tautavel F 41 Hb57
Tăuteu RO 170 Cb56
Tăuţii-Măgherăuş RO 171 Da55
Tautkaičiai LV 114 Kb58
Tautušiai LV 114 Kb55
Tauves F 33 Ha47
Tauvo FIN 74 Jd24
Tauvola FIN 98 Ka39
Tavaklı TR 191 Ea82
Tavankut SRB 153 Ja57
Tavannes CH 141 Bc53
Tavarnelle Val di Pesa I 155 Dc66
Tavas TR 198 Fc89
Tavastila FIN 90 La38
Tavastkenkä FIN 82 Kb26
Tavaux F 31 Jc42
Tavaux-et-Pontséricourt F 24 Hc34
Tavel F 42 Jb52
Tävelsås S 103 Fc52
Tavelsjö S 80 Hb28
Taverna I 164 Gc81
Tavernelle I 149 Da63
Tavernelle I 156 Ea68
Tavernes F 42 Ka54
Tavernes de la Valldigna E 54 Fc69
Tavernola I 161 Ga73
Tavernola Bergamasca I 149 Da58
Taverny F 23 Gd36
Taviano I 163 Hc77
Tavikovice CZ 136 Ga48
Tavira P 58 Ad74
Tavistock GB 19 Dd31
Tavnik SRB 178 Ba67
Tavoleto I 156 Eb65
Tavrou CY 206 Jd96
Tavşancık TR 191 Ed83
Tavşanlı TR 186 Ga78
Tavşanlı TR 192 Ga82
Tavuklar TR 187 Gc79
Täxan S 79 Fd29
Taxenbach A 143 Ec54
Taxiárhes GR 189 Bc81
Taxiárhes GR 189 Cc85
Taxiárhis GR 184 Cc79
Taxinge S 96 Gc44
Taxobeni MD 173 Fa56
Tayakadın TR 186 Fc77
Taycılar TR 193 Gd81
Tayfurköy TR 185 Eb79
Tayleli TR 191 Eb82
Taynloan GB 10 Db14
Tayport GB 7 Ec11
Táža BG 180 Dc72
Tazlar TR 193 Gb85
Tazlău RO 172 Ec59
Tazona E 53 Ec71
Tazones E 37 Cc54
Tczew PL 121 Hb31
Tczów PL 130 Jc40
Tczyca PL 138 Ja43
Teaca RO 171 Dc58
Teano I 161 Fa74
Teasc RO 175 Da66
Teba E 60 Cc75
Tébar E 53 Eb67
Tebay GB 11 Ec18
Teberda RUS 205 Ga17
Tebongo E 37 Ca55
Tebra E 36 Ac58
Tebstrup DK 108 Dc24
Techendorf A 143 Ed55
Techirghiol RO 181 Fc68
Těchlovice CZ 128 Fb42
Tecklenburg D 125 Cb37
Teckomatorp S 110 Ed55
Tecuci RO 177 Fa62
Teda S 95 Gb43
Tedburn Saint Mary GB 19 Dd30
Teddington GB 20 Ed26
Teenuse EST 98 Kb44
Teeranea IRL 12 Bb21
Teerijärvi FIN 81 Jc29
Teeriranta FIN 75 Lb21
Teerisalo FIN 97 Ja39
Teerivaara FIN 74 Kb19
Teerivaara FIN 83 Lc29
Teernakil IRL 8 Bb20
Teféli GR 200 Da96
Tefenni TR 198 Ga90
Tegau D 127 Ea42
Tegelen NL 125 Bc39
Tegelsmora S 96 Gc40
Tegelträsk S 80 Gc28
Tegernau D 141 Ca51
Tegernsee D 143 Ea52
Teggiano I 161 Ga76
Téglás H 147 Ka52
Teglio I 149 Da57
Tegneby S 102 Eb47
Tegoborze PL 138 Jb45
Tegsnäset S 80 Ha27
Tehi FIN 90 Kb35
Teicha D 127 Eb39
Teichel D 127 Dd42
Teichwolframsdorf D 127 Eb42
Teigen N 62 Ha08
Teignmouth GB 19 Ea31
Teijo FIN 97 Jc40
Teillay F 28 Ed40
Teillet F 41 Ha53
Teillet-Argently F 33 Ha45
Teisendorf D 143 Ec52
Teising D 143 Eb50
Teisko FIN 89 Jd35
Teisnach D 135 Ec48
Teistungen D 126 Db39
Teiu MD 173 Ga58
Teiu RO 175 Dc65
Teiuş RO 175 Da60
Teixeira P 44 Ba64
Teixeiro (Curtis) E 36 Bb55
Tejadillos E 47 Ed65
Tejado E 47 Eb61
Tejeda y Segoyuela E 45 Ca63
Tejerina E 37 Cd56
Tejkovo RUS 203 Fa09
Tejn DK 111 Fc57
Teke TR 186 Ga77
Teke TR 198 Ga92
Tekeler TR 193 Hb86
Tekeriš SRB 153 Ja62
Tekija BIH 153 Hd63
Tekija SRB 174 Cb64
Tekin TR 193 Gb87
Tekirdağ TR 185 Ed78
Tekirler TR 187 Gd80
Tekirova TR 199 Gc92
Tekkeköy TR 191 Ec83
Tekkeköy TR 198 Fd88
Tekman TR 205 Ga20
Tekovské Lužany SK 145 Hb51
Teksdalen N 77 Dd28
Ţela RO 174 Ca60
Telaščica (Mir) HR 157 Fd65
Telataipale FIN 91 Lc34
Telatyn PL 131 Kd42
Telavåg N 84 Bd39
Telążna Leśna PL 130 Hc36
Telč CZ 136 Fd47
Telciu RO 171 Dc56
Ţel'cy RUS 99 Mb42
Teldau D 119 Dd33
Telečka SRB 153 Ja58
Telega RO 176 Ea64
Teleneşti MD 173 Fc56
Telerig BG 181 Fa68
Telese Terme I 161 Fb74
Teleşeu MD 173 Fc57
Teleşti RO 175 Cc63
Telfes A 143 Dd54
Telford GB 15 Ec24
Telfs A 142 Dc53
Telgárt SK 138 Jb48
Telgte D 125 Cb37
Telheiro P 58 Ab72
Telicino RUS 99 Ld44
Teliţa RO 177 Fc64
Teliu RO 176 Ea62
Teliucu Inferior RO 175 Cc61
Teljo FIN 83 Lc27
Telkibánya H 139 Jd49
Telkkälä FIN 74 Kb21
Tellancourt F 24 Jb34
Tellaro I 155 Cd64
Tellejåkk S 72 Ha21
Tellingstedt D 118 Da30
Tel'manove UA 205 Fb15
Telnice CZ 128 Fa42
Telšiai LT 113 Jc54
Telti I 168 Cb74
Teltow D 127 Ed37
Telžiai LT 114 Kc53
Tembleque E 52 Dc67
Temeleuţi MD 173 Fb57
Temeleuţi MD 173 Fc55
Temelín CZ 136 Fb47
Téméni GR 189 Bc85
Temenica SLO 151 Fc58
Temerin SRB 153 Jb60
Temiño E 38 Dc58
Temletouhy IRL 13 Ca23
Temmes FIN 82 Ka25
Temnica SLO 151 Fa58
Tempakka FIN 89 Jd32
Tempio Pausania I 168 Cb74
Templederry IRL 13 Ca23
Templeglentan IRL 12 Bc24
Templemore IRL 13 Ca23
Templenoe IRL 12 Ba25
Templepatrick GB 9 Da17
Temple Sowerby GB 11 Ec17
Templetown IRL 13 Cc25
Templewo PL 128 Fd36
Templin D 120 Fa34
Tempo GB 9 Cb18
Temrek TR 191 Ed85
Temrjuk RUS 205 Fb17
Temska SRB 179 Ca69
Temu I 149 Db57
Tenala FIN 97 Jd40
Tenay F 35 Jc46
Ten Boer NL 117 Bd33
Tenbury Wells GB 15 Ec25
Tenby GB 18 Dc27
Tence F 34 Ja49
Tencin F 35 Jd48
Tendais P 44 Ba61
Tende F 43 Kc52
Tendilla E 46 Dd64
Tenec RUS 107 Mb47
Teneniai LT 113 Jc56
Tenevo BG 180 Eb73
Tengen D 141 Cb51
Tengene S 102 Ed47
Tenhola FIN 97 Jd40
Tenhult S 103 Fb49
Teningen D 141 Ca50
Tenk H 146 Jb52
Tenna CH 142 Cc55
Tennänget S 86 Fa38
Tennenbronn D 141 Cb50
Tenneville B 132 Ba43
Tennevoll N 67 Gc12
Tennie F 28 Fc39
Tennilä FIN 74 Ka19
Tennilä FIN 90 Kb37
Tennilä FIN 90 Kc37
Tenno I 149 Db58
Tennskjer N 62 Gc10
Tennstrand N 66 Fc14
Tensjö S 79 Gb27
Tensta S 96 Gc41
Tentellatge E 49 Gc59
Tenterden GB 21 Ga29
Teofipol' UA 204 Ea15
Teolo I 150 Dd60
Teora I 161 Fd75
Teovo MK 183 Bc74
Tepasto FIN 68 Jc14
Tepebaşı TR 187 Gd80
Tepeboz TR 191 Ea85
Tepecik TR 186 Fb80
Tepecik TR 186 Ga78
Tepecik TR 187 Gb79
Tepecik TR 192 Fc81
Tepeeynihan TR 192 Fc84
Tepeköy TR 185 Dd80
Tepeköy TR 192 Fb86
Tepeköy TR 192 Fc82
Tepelenë AL 182 Ab78
Tepepanayır TR 186 Ga78
Teplá CZ 135 Ec45
Teplice CZ 128 Fa42
Teplice nad Metují CZ 137 Gb43
Teplička nad Váhom SK 138 Hc47
Teploe RUS 203 Fa11
Teplý Vrch SK 138 Jb49
Tepsa FIN 69 Jd15
Ţepu RO 177 Fa61
Terälahti FIN 89 Jd35
Teramo I 156 Ed69
Tērande LV 105 Jb50
Ter Apel NL 117 Ca34
Teratyn PL 131 Kd41
Terbačeno RUS 99 Ld44
Terbuny RUS 203 Fa12
Tercan TR 205 Ga20
Terchová SK 138 Hc47
Terebeşti RO 171 Cc55
Terebišće RUS 90 Ld45
Terebišče RUS 107 Ld46
Terebna MD 173 Fa54
Terebovlja UA 204 Ea15
Terechovo RUS 107 Mb48
Teregova RO 174 Cb63
Terehova LV 107 Ma51
Teremia Mare RO 174 Bb60
Terena P 50 Ba69
Teren'ga RUS 203 Fd10
Teresa E 54 Fb66
Teresa de Cofrentes E 54 Fa69
Teresin PL 130 Ja37
Terešov CZ 136 Fa45
Terespol PL 121 Ha33
Terespol PL 131 Kc37
Tereszpol-Zaorenda PL 131 Kb42
Terezín CZ 136 Fb43
Terezino Polje HR 152 Ha58
Tergnier F 24 Hb34
Tergu I 168 Ca74
Ter Hole NL 124 Ac39
Terikeste EST 99 Lb45
Terjärv FIN 81 Jc29
Terka PL 139 Kb46
Terlan I 142 Dc56
Terland N 92 Cb45
Terlano I 142 Dc56
Terlizzi I 162 Gc74
Termachivka UA 202 Eb14
Termal TR 186 Fd79
Termas de Monfortinho P 45 Bc65
Terme TR 205 Fc19
Terme Aurora I 168 Cb76
Terme di Antonimina I 164 Gb83
Terme di Bagnolo I 155 Db67
Terme di Caldana I 155 Da67
Terme di Casteldoria I 168 Ca74
Terme di Comano I 149 Dc58
Terme di Lurisia I 148 Bc63
Terme di Miradolo I 149 Cc60
Terme di Salvarola I 149 Db63
Terme di Suio I 161 Fa73
Terme di Valdieri I 148 Bb63
Terme Luigiane I 164 Gb79
Térmens E 48 Ga60
Termes-d'Armagnac F 40 Fc54
Termignon F 35 Kb48
Termini I 161 Fb76
Terminiers F 29 Gc39
Termini Imerese I 166 Ed84
Terminillo I 156 Ec70
Termoli I 161 Fc71
Termonbarry IRL 8 Ca20
Termonfeckin IRL 9 Cd20
Termunten NL 117 Ca33
Ternberg A 144 Fb51
Terndrup DK 100 Dc22
Terneuzen NL 124 Ab38
Terni I 156 Eb69
Ternitz A 144 Ga52
Ternopil' UA 204 Ea15
Ternovë AL 182 Ad74
Térovo GR 188 Ad81
Terpeziţa RO 175 Cd66
Terpilicy RUS 99 Ma41
Terpillos GR 183 Cb76
Terpnás GR 188 Ba81
Terpní GR 184 Cc77
Terrachán (Entrimo) E 36 Ba58
Terracina I 160 Ec73
Terrades E 41 Hb58
Terradillos de los Templarios E 37 Cd58
Terråk N 70 Ed24
Terralba I 169 Bd78
Terranova da Sibari I 164 Gc79
Terranova di Pollino I 164 Gb78
Terranuova Bracciolini I 156 Dd66
Terras de Bouro P 44 Ad59
Terrasini I 166 Ec84
Terrassa E 49 Gd61
Terrasson-Lavilledieu F 33 Gb49
Terrati I 164 Gb80
Terravecchia I 165 Gd79
Terrazos E 38 Dd57
Terreiro das Bruxas P 45 Bc64
Terrer E 47 Ec61
Terriente E 47 Ed65
Terrinches E 53 Dd70
Terrugem P 50 Aa68
Terrugem P 51 Bb69
Terskanperä FIN 82 Kb26
Terslev DK 109 Eb27
Tersløse DK 109 Ea26
Tertenia I 169 Cb78
Tertíveri I 161 Fd73
Teruel E 47 Fa65
Tervahauta FIN 89 Jb36
Tervajoki FIN 81 Ja31
Tervakoski FIN 90 Ka37
Tervala FIN 90 Kb34
Tervaoja FIN 68 Jb17
Tervasalmi FIN 83 Lb26
Tervavaara FIN 75 La23
Tervel BG 181 Ed68
Tērvete LV 106 Ka52
Tervo FIN 82 Kc30
Tervola FIN 74 Jc20
Terwolde NL 117 Bc36
Terzaga E 47 Ec64
Terzialan TR 191 Ec81
Terzidere TR 185 Ec74
Terzijsko BG 181 Ec72
Terzılı TR 185 Ec76
Tešanj BIH 152 Hb62
Teşcureni MD 173 Fb56
Tešel BG 184 Da75
Tesero I 150 Dd57
Tešetice CZ 135 Ed44
Tešica SRB 178 Bd68
Tesjoki FIN 90 Kd38
Teskánd H 145 Gc55
Teslić BIH 152 Ha62
Teslui RO 175 Da66
Teslui RO 175 Db65
Tespe D 118 Dc33
Tessenderlo B 124 Ba40
Tesseosen N 85 Dc35
Tesserete CH 149 Cc57
Tessin D 119 Ec31
Tessjö FIN 90 Kc38
Tesson F 32 Fb47
Tessy-sur-Vire F 22 Fa36
Testa dell'Acqua I 167 Fc87
Teşvikiye TR 186 Fd79
Tét H 145 Ha53
Tetbury GB 19 Ec27
Ţeţcani MD 172 Ed54
Teţchea RO 170 Cb57
Tetėnai LT 114 La59
Teterow D 119 Ec32
Teteven BG 179 Da71
Tetford GB 17 Fc22
Teti I 169 Ca77
Tetijiv UA 204 Ec15
Tetirvina LT 114 Kc53
Tetovo BG 180 Eb68
Tetovo MK 178 Ba73
Tetrákomo GR 188 Ba81
Tetrálofo GR 183 Bc78
Tettau D 128 Fa40
Tettau D 135 Dd43
Tettenhausen D 143 Ec51
Tettenweis D 143 Ed50
Tettnang D 142 Cd52
Teublitz D 135 Eb47
Teuchern D 127 Eb41
Teufen CH 142 Cd53
Teufenbach A 144 Fb54
Teugerträsk S 73 Hc22
Teugn D 135 Ea48
Teulada E 55 Fd70
Teulada I 169 Bd80
Teunz D 135 Eb46
Teupitz D 128 Fa37
Teurajärvi S 73 Ja18
Teuro FIN 89 Jd37
Teuschnitz D 135 Dd43
Teutschenthal D 127 Ea40
Teuva FIN 89 Ja32
Tevaniemi FIN 89 Jc34
Tevel H 146 Hc56
Teverga = La Plaza E 37 Cb55
Tevrin IRL 9 Cc20
Tewkesbury GB 15 Ec26
Tezköy TR 193 Ha84
Tezze I 150 Eb58
Ţgilevo RUS 107 Mb47
Thale D 127 Dd39
Thaleischweiler-Fröschen D 133 Ca46
Thalfang D 133 Bd44
Thalheim D 127 Ec42
Thalkirch CH 142 Cc55
Thallwitz D 127 Ec40
Thalmässing D 135 Dd47
Thalmassing D 135 Eb48
Thalwil CH 141 Cb53
Thame GB 20 Fb27
Thamsbrück D 126 Dc41
Thann F 31 Kb39
Thannenkirch F 31 Kb38
Thannhausen D 142 Db50
Thaon F 22 Fc35
Thaon-les-Vosges F 31 Jd38
Tharandt D 128 Fa41
t Harde NL 117 Bc35
Tharon-Plage F 27 Ec42
Tharsis E 59 Bb73
Thássos GR 184 Db79
Thatcham GB 20 Fa28
Thaumiers F 29 Ha43
Thavmakó GR 189 Bc82
Thaxted GB 20 Fd26
Thaya A 136 Fd48
Thayngen CH 142 Cc52
Theberton GB 21 Gb25
The Butts IRL 13 Cc23
Thedinghausen D 118 Da34
Theeßen D 127 Eb37
The Five Roads IRL 13 Cd21
The Hand Cross Roads IRL 12 Bc22
The Harrow IRL 13 Cd24
Theillay F 29 Gd42
Theißen D 127 Eb41
Theix F 27 Eb41
Thelbridge GB 19 Dd30
The Leap IRL 13 Cc24
Thelkow D 119 Ec31
The Loup GB 9 Cd17
Them DK 108 Db24
Themar D 134 Dc43
The Mumbles GB 19 Dd27
Thénezay F 28 Fc44
Thénissey F 30 Ja41
Thenon F 33 Gb49
Theodoráki GR 183 Bd76
Theodório GR 183 Cb76
Theodósia GR 183 Cb77
Theológos GR 184 Da78
Theológos GR 189 Ca84
Theológos GR 189 Cc85
Theópetra GR 183 Bb80
The Pike IRL 13 Ca25
The Pole of Law GB 5 Ec07
Theres D 134 Db44
Theresienstadt = Terezín CZ 136 Fb43
Thermá GR 184 Cc77
Thérma GR 185 Dd79
Thérma GR 197 Ea88
Thermisía GR 195 Ca88
Thermo GR 188 Bb84
Thérouanne F 23 Gd31
The Rower IRL 13 Cc24
The Sheddings GB 9 Da16
The Six Towns GB 9 Cd16
Thespiés GR 189 Ca85
Thesprotikó GR 188 Ad81
Thessaloníki GR 183 Ca78
The Stocks GB 21 Ga30
The Temple GB 9 Da17
Thetford GB 21 Ga25
Theth AL 159 Jb69
Theux B 125 Bb42
Thevet-Saint-Julien F 29 Gd44
Theys F 35 Jd48
Thèze F 40 Fc55
Thèze F 42 Jd51
Thiaucourt-Regniéville F 25 Jc36
Thiberville F 22 Fd36
Thibie F 24 Hd36
Thiéblemont-Farémont F 24 Ja37
Thiel-sur-Acolin F 30 Hc44
Thiendorf D 128 Fa40
Thiene I 150 Dd59
Thierhaupten D 134 Dc49
Thierrens CH 141 Bb55
Thiers F 34 Hc46
Thiersheim D 135 Eb44
Thiery F 43 Kc52
Thiesi I 168 Ca75
Thiessow D 120 Fa30
Thimena GR 197 Ea88
Thimianá GR 191 Dd86
Thines F 34 Hd51
Thionville F 25 Jd34
Thira GR 196 Db92
Thirasia GR 196 Db92
Thiréa GR 185 Eb76
Thiron F 29 Ga38
Thirsk GB 11 Fa19
Thísbi GR 189 Ca85
Thisted DK 100 Da21
Thíva GR 189 Ca85
Thivars F 29 Gb38
Thiviers F 33 Ga48
Thixendale GB 16 Fb19
Thizay F 29 Gc43
Thizy F 34 Ja46
Thoard F 42 Ka52
Thoirette F 35 Jc45
Thoissey F 34 Jb45
Tholária GR 196 Dd90
Tholey D 133 Bd45
Thollon-les-Mémises F 31 Kb44
Thomas Street IRL 8 Ca20
Thomastown IRL 13 Cb24
Thomm D 133 Bc44
Thommen B 133 Bb43
Thompson GB 17 Ga24
Thonelle F 24 Jb34
Thônes F 35 Ka46
Thonon-les-Bains F 31 Ka44
Thorame-Basse F 43 Kb52
Thorame-Haute F 43 Kb52
Thorembais-les-Béguines B 124 Ad41
Thorenc F 43 Kb53
Thorens-Glières F 35 Ka46
Thorigné-sur-Dué F 29 Ga39
Thorikó GR 195 Cc87
Thoringny-sur-Oreuse F 30 Hb38
Thörl A 143 Ed56
Thörl A 144 Fd53
Thorn NL 125 Bb40
Thorn = Toruń PL 121 Hb34
Thornbury GB 19 Ec27
Thornby GB 20 Fb25
Thorne GB 16 Fb21
Thorney GB 17 Fc24
Thornfalcon GB 19 Eb29
Thornham GB 17 Ga23
Thornhill GB 10 Ea15
Thornhill GB 19 Ea28
Thorning DK 100 Db23
't Horntje NL 116 Ba33
Thornton GB 15 Eb20
Thornton Curtis GB 17 Fc21
Thorpe-le-Soken GB 21 Gb27
Thorpe Market GB 17 Gb23
Thorpeness GB 21 Gb26
Thors F 30 Ja38
Thors F 32 Fc47
Thorsager DK 101 Dd23
Thorshøj DK 101 Dd20
Thorsminde DK 100 Cd23
Thorstrup DK 108 Cd25
Thorum DK 100 Db22
Thouarcé F 28 Fb42
Thouars F 28 Fc43
Thourie F 28 Ed40
Thourotte F 23 Ha34
Thourotte F 23 Ha35
Thräna D 127 Ec41
Thrapsanó GR 200 Da96
Thrapston GB 20 Fc25
Three Cocks GB 15 Eb26
Threlkeld GB 11 Eb17
Thresfield GB 11 Ed19
Thropton GB 11 Ed15
Thrumster GB 5 Ec05
Thueyts F 34 Ja50
Thuilley-aux-Groseilles F 25 Jc37
Thuin B 124 Ac42
Thuine D 117 Cb36
Thuir F 41 Hb57
Thüle D 126 Cc38
Thum D 127 Ec42
Thumby D 108 Db29
Thumeries F 23 Ha31
Thumersbach A 143 Ec53
Thun CH 141 Bd55
Thüngen D 134 Da44
Thurcroft GB 16 Fa22
Thuré F 28 Fd43
Thuret F 34 Hb46
Thurey F 30 Jb43
Thüringen A 142 Da54
Thürkow D 119 Ec32
Thurles IRL 13 Ca23
Thurlow GB 20 Fd26
Thurmaston GB 16 Fb24
Thurnau D 135 Dd44
Thurø By DK 109 Dd28
Thursby GB 11 Eb17
Thurso GB 5 Eb04
Thurstonfield GB 11 Eb16
Thury F 30 Ja42
Thury-Harcourt F 22 Fc36
Thusis CH 142 Cd55
Thyborøn DK 100 Cd22
Thyon-2000 CH 141 Bc56
Thyregod DK 108 Db25
Thyrnau D 135 Ed49
Tia Mare RO 180 Db68
Tiarp S 102 Fa47
Ţibana RO 173 Fa58
Ţibăneşti RO 173 Fa58
Tibarrié F 41 Ha53
Tibava SK 139 Kb48
Tibberton GB 15 Ec24
Tibi E 55 Fb71
Ţibirica MD 173 Fc57
Tibro S 103 Fb46
Ţibucani RO 172 Ec57
Ţibuleuca MD 173 Fd57
Tiča BG 180 Eb71
Tice BIH 158 Gc64
Tichileşti RO 177 Fb64
Ticleni RO 175 Cd64
Ticuşu RO 176 Ea62
Ticvaniu Mare RO 174 Bd63
Tidaholm S 103 Fb47
Tidan S 103 Fb46
Tidavad S 102 Fa46
Tidersrum S 103 Fd48
Tideswell GB 16 Ed22
Ţidilov Bor RUS 107 Ld46
Tiduff IRL 12 Ba24
Tiedra E 45 Cc60
Tiefenbach D 127 Ed41
Tiefenbach D 135 Ec46
Tiefenbach D 135 Ed49
Tiefenbronn D 134 Cc48
Tiefencastel CH 142 Cd55
Tiefenort D 126 Db41
Tiefensee D 128 Fa36
Tiel NL 125 Bb37
Tielmes E 46 Dd65
Tielt B 124 Aa39
Tielt B 124 Ad40
Tiemassaari FIN 91 Lb32
Tienen B 124 Ad40
Tienen B 124 Ad41
Tiercé F 28 Fc41
Tierga E 47 Ed61
Tiermas E 39 Fa57
Tierp S 96 Gc40
Tierrantona E 40 Fd58
Tierzo E 47 Ec63
Tiétar del Caudillo E 45 Cb65
Tieva FIN 69 Jd14
Tievaperä FIN 68 Jb16
Tievemore IRL 9 Cb17
Ţifeşti RO 176 Ed61
Tiffauges F 28 Fa43
Ţiganca MD 177 Fb60
Ţigăneşti MD 173 Fc57
Ţigăneşti RO 180 Dd68
Tigare BIH 159 Ja64
Tigerton GB 7 Ec10
Tigharry GB 6 Cc07
Tigheci MD 177 Fc60
Tighina MD 173 Ga59
Ţighira MD 173 Fb56
Tığlı TR 192 Ga82
Tignale I 149 Db58
Tignécourt F 31 Jc39
Tignes F 35 Kb47
Tigveni RO 175 Db63

Torvsjö – Turany

Torvsjö S 79 Gb27
Torysa SK 138 Jc47
Torysky SK 138 Jc47
Toržok RUS 202 Ec10
Torzym PL 128 Fc37
Tosåsen S 87 Fb32
Tosaunet N 70 Ed24
Tosbotn N 70 Fa23
Toscaig GB 4 Db08
Toscolano-Maderno I 149 Db59
Tösens A 142 Db54
Tosno RUS 202 Eb08
Tossa S 73 Jb20
Tossa de Mar E 49 Hb60
Tossåsen S 87 Fb32
Tossavanlahti FIN 82 Kc29
Tosse F 39 Ed54
Tösse S 94 Ed45
Tosseberg S 94 Ed41
Tossene S 102 Eb46
Töstamaa EST 106 Ka46
Tostared S 102 Ec50
Tostedt D 118 Db33
Tosunlar TR 192 Fc87
Tosya TR 205 Fb20
Tószeg H 146 Jb54
Toszek PL 137 Hb43
Totana E 55 Ed73
Totebo S 103 Ga49
Totenviken N 85 Ea39
Tôtes F 23 Gb34
Totești RO 175 Cc62
Tótkomlós H 146 Jc56
Totland GB 20 Fa31
Tøtlandsvik N 92 Cb43
Totleben BG 180 Dc69
Totnes GB 19 Dd31
Totsås N 78 Fa26
Tótszerdahely H 152 Gc57
Tøttdal N 78 Eb26
Tottenham GB 20 Fc28
Tottijärvi FIN 89 Jc36
Totton GB 20 Fa30
Tótvázsony H 145 Ha54
Touça P 45 Bc62
Toucy F 30 Hb40
Toudon F 43 Kc52
Touët-sur-Var F 43 Kc52
Touillon F 30 Ja40
Toul F 25 Jc37
Toulat FIN 82 Kc30
Toulon F 42 Ka55
Toulon-sur-Arroux F 30 Hd44
Toulouse F 40 Gc54
Toulx Sainte-Croix F 33 Gd45
Toúmba GR 183 Ca77
Tourcoing F 21 Ha30
Tourigo P 44 Ad63
Touriñán E 36 Ac54
Tourlaville F 22 Ed34
Tourlida GR 188 Ba85
Tourmakeady IRL 8 Bc19
Tournai B 124 Aa41
Tournan-en-Brie F 23 Ha37
Tournay F 40 Fd56
Tournecoupe F 40 Ga53
Tournefeuille F 40 Gb54
Tournefort F 43 Kc52
Tournehem-sur-la-Hem F 21 Gc30
Tournon-d'Agenais F 33 Gb51
Tournon-Saint-Martin F 29 Ga44
Tournon-sur-Rhône F 34 Jb49
Tournus F 30 Jb44
Tourny F 23 Gc36
Tourouvre F 29 Ga38
Tours F 29 Ga42
Tours-en-Vimeu F 23 Gc33
Tourteron F 24 Ja34
Tourtoirac F 33 Gb49
Tourtour F 42 Ka53
Tourula FIN 89 Jb37
Tourves F 42 Ka54
Tourville-sur-Sienne F 22 Ed36
Toury F 29 Gc39
Toutencourt F 23 Gd33
Touvois F 28 Ed43
Touzac F 33 Gb51
Toužim CZ 135 Ec44
Tovačov CZ 137 Gd46
Tovariševo SRB 153 Ja60
Tovarkovskij RUS 203 Fa11
Tovarnik HR 153 Hd60
Tovdal N 93 Da45
Tøvelde DK 109 Ec28
Toven N 70 Fa21
Tovrljane SRB 178 Bc69
Tovsli N 92 Cd44
Towcester GB 20 Fb26
Tow Law GB 11 Ed17
Town Yetholm GB 11 Ed14
Toxotes GR 184 Db77
Toya E 61 Dd73
Toybelen TR 192 Fa81
Tøymskardlia N 70 Fa23
Töysä FIN 89 Jd32
Töysänperä FIN 90 Ka32
Tozaklı TR 185 Ed76
Tozalmoro E 47 Eb60
Trabada E 36 Bc54
Trabadelo E 37 Bd56
Trabanca E 45 Ca61
Trabazos E 45 Ca59
Traben-Trarbach D 133 Bd44
Trabia I 166 Ed84
Trabitz D 135 Ea45
Traboch A 144 Fc53
Trabotivište MK 183 Ca74
Trabzon TR 205 Fd19
Trachslau CH 141 Cb54
Tracino I 166 Dd88
Tradate I 148 Cb58
Træna N 70 Ed20
Trættlia N 78 Eb29
Trafask IRL 12 Ba26
Trafoi I 142 Db56
Tragacete E 47 Ec65
Traganó GR 188 Ad86
Traghetto I 150 Dd62
Tragöss-Oberort A 144 Fc53
Tragwein A 144 Fc50
Trahiá GR 195 Ca88
Trahíla GR 194 Bb90
Trahíli GR 189 Cc85
Trahütten A 144 Fd55
Traian RO 172 Ed59
Traian RO 177 Fa64
Traian RO 177 Fb64
Traian RO 177 Fc66
Traian RO 180 Db67
Traian Vuia RO 174 Ca61
Traiguera E 48 Fd64
Trainel F 30 Hb38
Trainou F 29 Gd40
Traisen A 144 Ga51
Traiskirchen A 145 Gb51
Traismauer A 144 Ga50
Trăisteni RO 176 Ea63
Traitsching D 135 Ec47
Trakai LT 114 Kd58
Trakai LT 114 La58
Trakija BG 180 Dd73
Trakiszki PL 123 Kb30
Trakošćan HR 151 Ga57
Trakšėdžiai LT 113 Jb56
Träkumla S 104 Gd49
Tralee IRL 12 Bb24
Trá Lí IRL 12 Bb24
Tramacastilla E 47 Ed64
Tramariglio I 168 Bc75
Tramatza I 169 Bd77
Tramayes F 34 Ja45
Tramelan CH 141 Bc53
Trá Mhór IRL 13 Cb25
Tramm D 119 Ea33
Tramonti di Sopra I 150 Ec57
Tramore IRL 13 Cb25
Trampot F 30 Jb38
Tramutola I 161 Ga77
Trän BG 179 Ca70
Trana I 148 Bc60
Tranås S 103 Fc48
Tranbjerg DK 108 Dc24
Tranby N 93 Dd42
Trancault F 30 Hc38
Tranco E 61 Ea72
Trancoso P 44 Bb62
Trandal N 76 Cc33
Tranebjerg DK 109 Dd25
Tranekær DK 109 Dd28
Tranemo S 102 Fa50
Tranent GB 11 Ec13
Tranestederne DK 101 Dd19
Trångmon S 79 Fc26
Trängslet S 86 Fa38
Trångsviken S 79 Fb30
Trani I 162 Gc73
Trănica BG 181 Ed69
Traniș RO 171 Cd56
Trankil S 94 Ec44
Trănkovo BG 180 Dd73
Trannes F 30 Ja38
Tranóvalto GR 183 Bc79
Tranøya N 66 Fd14
Trans F 28 Ed38
Transinne B 132 Ad43
Transtrand S 86 Fa38
Tranum DK 100 Db20
Tranum S 102 Ed46
Tranum Enge DK 100 Db20
Tranvik S 96 Ha43
Tranvikan N 77 Dc29
Trapani I 166 Ea84
Trapene LV 107 Lb48
Trapoklovo BG 180 Eb72
Trapp GB 19 Dd27
Trappenkamp D 118 Dc31
Trappes F 23 Gc37
Trappeto I 166 Eb84
Trappstadt D 134 Dc43
Traryd S 110 Fa53
Trasacco I 160 Ed71
Trasadingen CH 141 Cb52
Trasanquelos E 36 Ba54
Trascastro E 36 Ba56
Trasdorf A 144 Ga50
Trashan AL 163 Jb71
Trasierra E 51 Ca71
Träskholm S 73 Hb24
Träskvik FIN 89 Ja33
Träslövsläge S 102 Ec51
Trasmonte E 36 Bb55
Traspinedo E 46 Da60
Trässberg S 102 Ed46
Trassem D 133 Bc45
Trästena S 103 Fb46
Trăstenik BG 180 Db69
Trăstenik BG 180 Ea69
Trăstikovo BG 181 Ed73
Tratnach A 144 Fa51
Traun A 144 Fb51
Traunkirchen A 144 Fa52
Traunreut D 143 Eb51
Traunstein D 143 Ec52
Traupis LT 114 Kd55
Trausnitz D 135 Eb46
Trauten N 94 Eb40
Trautskirchen D 134 Dc46
Trävad S 102 Ed47
Travassós P 44 Ba60
Trävattna S 102 Fa47
Travemünde D 119 Dd31
Travers CH 141 Bb54
Traversella I 148 Bd59
Traversetolo I 149 Da62
Traves F 31 Jd40
Traviesas E 36 Ba54
Travnik BIH 158 Ha64
Travnik SLO 151 Fb59
Travo F 154 Cb71
Trawniki PL 131 Kb40
Trawsfynydd GB 15 Dd23
Trazo E 36 Ad55
Trbovlje SLO 151 Fc57
Trbuk BIH 152 Hb62
Trbušani SRB 159 Jc64
Trbušnica SRB 153 Jc63
Trdevac KSV 178 Ba71
Trean IRL 8 Bc20
Trearddur Bay GB 14 Dc22
Trébago E 47 Ec60
Tréban F 34 Hb45
Třebařov CZ 137 Gc45
Trebbin D 127 Ed37
Trebbus D 128 Fa39
Třebechovice pod Orebem CZ 136 Ga44
Trebel D 119 Ea34
Třeben CZ 135 Eb44
Treben D 127 Eb41
Trebenište MK 182 Ba75
Trebenow D 120 Fa33
Trèbes F 41 Ha55
Trébeurden F 26 Dd37
Trebgast D 135 Ea44
Třebíč CZ 136 Ga47
Trebinjë AL 182 Ad76
Trebinje BIH 159 Hc69
Trebisacce I 164 Gc78
Trebisăuți MD 173 Fa53
Trebisht AL 182 Ad74
Trebisov SK 139 Ka48
Trebitz D 127 Ec39
Treblinka PL 123 Jd35
Trebnje SLO 151 Fc58
Třebohostice CZ 136 Fa47
Třeboň CZ 136 Fc48
Tréboul F 27 Dc39
Třebovice CZ 137 Gb45
Trebsen D 127 Ec40
Trebujena E 59 Bd75
Trebujeni MD 173 Fd57
Trebur D 134 Cc44
Treburley GB 18 Dc31
Trecastagni I 167 Fd85
Trecastle GB 15 Ea26
Trecate I 148 Cb59
Trecchina I 161 Ga77
Trecenta I 150 Dd61
Trechtlingshausen D 133 Ca44
Trecwn GB 14 Db26
Tredegar GB 19 Ea27
Trédion F 27 Eb40
Tredòs E 40 Ga57
Tredozio I 156 Dd64
Treen GB 18 Da32
Trefeglwys GB 15 Ea24
Tréfeuntec F 27 Dc39
Treffelstein D 135 Ec46
Treffen A 144 Fa56
Treffieux F 28 Ed41
Treffort-Cuisat F 35 Jc45
Treffurt D 126 Db41
Trefnant GB 15 Ea22
Tre Fontane I 166 Eb85
Trefor GB 15 Dd22
Trefriw GB 15 Ea22
Tregaron GB 15 Dd25
Trégastel-Plage F 26 Dd37
Treglio I 157 Fb70
Tregnago I 149 Dc59
Trégomeur F 26 Eb38
Tregony GB 18 Db32
Trégourez F 27 Dd39
Tréguier F 26 Ea37
Trégunc F 27 Dd40
Trehörna S 103 Fc47
Trehörningsjö S 80 Ha29
Treia D 108 Da29
Treia I 156 Ed67
Treignac F 33 Gc48
Treignat F 33 Gd45
Treignes B 132 Ac43
Treigny F 30 Hb41
Treillières F 28 Ed42
Treimani EST 106 Kb47
Treis-Karden D 133 Bd43
Trekanten S 103 Ga52
Trekilen S 79 Ga28
Trekljano BG 179 Ca71
Trelawnyd GB 15 Ea22
Trélazé F 28 Fc41
Trélaze F 28 Fc41
Trelde DK 108 Db26
Trelech GB 14 Dc26
Treleth GB 11 Eb19
Trélissac F 33 Ga49
Trelkowo PL 122 Jb32
Trelleborg S 110 Ed57
Trelleck GB 19 Eb27
Trélon F 24 Hc32
Treluminjt AL 182 Ad77
Tremblay F 28 Ed38
Tremblois-lès-Rocroi F 24 Hd33
Tremedal E 45 Cb64
Tremedal de Tormes E 45 Ca62
Tremelo B 124 Ad40
Trémentines F 28 Fb42
Tremês P 50 Ab67
Třemešná CZ 137 Gd44
Tremezzo I 149 Cc57
Tréminis F 35 Jd50
Tremoli I 164 Ga78
Tremor de Arriba E 37 Ca56
Tremosine I 149 Db58
Třemošná CZ 135 Ed45
Třemošnice CZ 136 Fd45
Tremp E 48 Ga59
Trenance GB 18 Db31
Trėnči LV 106 Kb51
Trenčianska Turná SK 137 Ha48
Trenčianske Stankovce SK 137 Ha48
Trenčianske Teplice SK 137 Hb48
Trenčín SK 137 Ha48
Trend DK 100 Db21
Trendelburg D 126 Da39
Trensacq F 39 Fb52
Trent D 119 Ed30
Trenta SLO 151 Fa57
Trento I 149 Dc58
Trentola I 161 Fa74
Tréogan F 27 Dd39
Tréon F 23 Gb37
Treorchy GB 19 Ea27
Trepča HR 151 Ga60
Trepča KSV 178 Bb70
Trepča Atomska SRB 159 Jc64
Treppeln D 128 Fb38
Trept F 35 Jc47
Trepuzzi I 163 Hc76
Trerulefoot GB 18 Dc31
Třešť CZ 136 Fd47
Trescares E 38 Da55
Trescore Balneario I 149 Cd59
Trescore Cremasco I 149 Cd59
Tresfjord N 76 Cd32
Tresigallo I 150 Ea62
Tresjuncos E 53 Ea67
Treskë AL 182 Ad77
Treski EST 107 Lc46
Treskog S 94 Ed42
Tresnja SRB 153 Jc62
Tresnja SRB 174 Bb64
Trešnjevica SRB 178 Ad67
Trešnjevo MNE 159 Hd69
Tresnuraghes I 169 Bd76
Tresonče MK 182 Ba74
Trespaderne E 38 Dd56
Tressait GB 7 Ea10
Tresson F 29 Ga40
Treteau F 34 Hc45
Tretjakovo RUS 114 Ka58
Trets F 42 Jd54
Tretten N 63 Hb09
Tretten N 85 Dd37
Treuchtlingen D 134 Dc48
Treuen D 135 Eb43
Treuenbrietzen D 127 Ec38
Treungen N 93 Da44
Trevalampi FIN 98 Ka39
Trevélez E 60 Dc75
Tréveray F 24 Jb37
Trevi I 156 Eb68
Treviana E 38 Ea57
Trévières F 22 Fb35
Treviglio I 149 Cd59
Trevignano Romano I 156 Ea70
Trévignon F 27 Dd40
Treviño E 38 Ea57
Treviso I 150 Ea59
Trevor GB 14 Dc23
Trewithian GB 18 Db32
Trézelles F 34 Hc45
Trezzano sul Naviglio I 149 Cc59
Trezzo sull' Adda I 149 Cd59
Trgovište SRB 178 Bd72
Trhanov CZ 135 Ec47
Trhová Kamenice CZ 136 Ga45
Trhovište SK 139 Ka48
Triacastela E 36 Bc56
Triaize F 32 Fa45
Triana I 156 Dd68
Triánda GR 197 Fa92
Triangelen N 65 Kc09
Triantafiliá GR 183 Bb77
Triaucourt-en-Argonne F 24 Ja36
Triberg D 141 Cb50
Tribsees D 119 Ec31
Tribunj HR 157 Ga65
Tricarico I 162 Gb76
Tricase I 165 Hc78
Tricase Porto I 165 Hc78
Tricesimo I 150 Ed57
Tricot F 23 Ha34
Triebel D 135 Eb43
Trieben A 144 Fb53
Triebes D 127 Eb42
Trie-Château F 23 Gc35
Triefenstein D 134 Da45
Triei I 169 Cc77
Triengen CH 141 Ca53
Trier D 133 Bc44
Trierweiler D 133 Bc44
Trieste I 151 Fa59
Triest = Trieste I 151 Fa59
Trie-sur-Baïse F 40 Fd55
Trifănești MD 173 Fb55
Trifești MD 173 Fd56
Trifești RO 172 Ed58
Trifești RO 173 Fa56
Triftern D 143 Ec50
Trigance F 43 Kb53
Triglitz D 119 Eb34
Trignac F 27 Ec42
Trigóna GR 182 Ba80
Trígono GR 182 Ba77
Trigrad BG 184 Da75
Triguères F 30 Hb40
Trigueros E 59 Bb73
Trigueros del Valle E 46 Da60
Trijebine SRB 159 Jb67
Trijebine SRB 178 Ad68
Trijueque E 46 Dd63
Tríkala GR 183 Bd78
Tríkala GR 188 Bb81
Trikāta LV 106 La48
Trikéri GR 189 Ca83
Tri Kladenci BG 179 Cd69
Trikokiá GR 183 Bb80
Trikomo CY 206 Jd96
Trikorfo GR 182 Ba79
Trilj HR 158 Gc66
Trillevallen S 78 Fa30
Trillo E 47 Ea63
Trilofos GR 183 Bd78
Trim IRL 9 Cc20
Trimbach CH 141 Ca53
Trimiklini CY 206 Ja97
Trimsaran GB 19 Dd27
Trin CH 142 Cd55
Trinay F 29 Gc39
Trinca MD 172 Ed54
Trindade P 45 Bc60
Trindade P 58 Ad72
Třinec CZ 137 Hb45
Tring GB 20 Fb27
Trinità I 148 Bc63
Trinità I 148 Bd62
Trinità d'Agultu I 168 Ca74
Trinitapoli I 162 Gb73
Trinity GBJ 26 Ec35
Trino I 148 Ca60
Trinta P 44 Bb63
Triodos GR 194 Bb89
Triogo E 37 Cd54
Triollo E 38 Da56
Triora I 43 Kd52
Tripes GR 194 Bb87
Tripití GR 184 Cd79
Tripití GR 194 Ba87
Trípoli GR 194 Bc88
Triponzo I 156 Ec68
Tripótama GR 188 Bb86
Tripótamo GR 188 Ba83
Tripótamos GR 183 Bd78
Triptis D 127 Ea42
Trispen GB 18 Db31
Tři Studně CZ 136 Ga46
Tritenii de Jos RO 171 Db58
Trittau D 118 Dc32
Trittenheim D 133 Bd44
Trivalea-Moșteni RO 176 Dd66
Trivento I 161 Fb72
Trivero I 148 Ca58
Trivignano Udinese I 150 Ed58
Trivigno I 162 Gb76
Trizac F 33 Ha48
Trizeļnieki LV 107 Lb51
Trizína GR 195 Ca88
Trjavna BG 180 Dd71
Trnakovac HR 152 Gd60
Trnava SK 145 Ha50
Trnava SRB 159 Jb64
Trnavce KSV 178 Ba70
Trnjane SRB 178 Bc68
Trnjani BIH 152 Gc61
Trnjani HR 152 Hb60
Trnovac SRB 179 Ca68
Trnovec HR 152 Gb57
Trnovec nad Váhom SK 145 Ha51
Trnovica BIH 159 Hc66
Trnovica HR 158 Hb68
Trnovo BIH 159 Hc65
Trnovska vas SLO 144 Ga56
Troarn F 22 Fc36
Tröbitz D 127 Ed39
Trobo E 36 Bb54
Troćany SK 139 Jd47
Trochry GB 7 Ea11
Trochtelfingen D 142 Cd50
Trödje S 88 Gc38
Troedyrhiw GB 19 Ea27
Troekurovo RUS 203 Fb11
Troense DK 109 Dd28
Trofa P 44 Ad60
Trofa P 44 Ad60
Trofaiach A 144 Fc53
Trofors N 70 Fa23
Trogen CH 142 Cd53
Trogir HR 158 Gb66
Troglan Bara SRB 178 Bd67
Tröglitz D 127 Eb41
Troia I 161 Fd73
Tróia P 50 Ab69
Troianul RO 180 Dc67
Troickaja RUS 205 Fc17
Troina I 167 Fb85
Troisdorf D 125 Bd41
Trois Ponts B 125 Bb42
Troistorrents CH 141 Bb56
Troisvierges L 133 Bb43
Troița Nouă MD 173 Ga59
Troițcoe MD 173 Fd59
Trojaci MK 183 Bc75
Trojan BG 180 Db71
Trojane SLO 151 Fc57
Trojanovo BG 181 Ec72
Trojanów PL 131 Jd38
Trójca PL 128 Fc41
Trökörna S 102 Ed47
Troldhede DK 108 Da24
Trolla N 78 Ea29
Trollfjord N 63 Ja04
Trollhättan S 102 Ec47
Trollknuten N 93 Db43
Trollshovda FIN 97 Jc40
Trollvik N 63 Hb10
Tromborg N 94 Eb43
Tromello I 148 Cb60
Tromøy N 93 Db46
Tromsdal N 78 Ec29
Tromsdalen N 62 Gd09
Tromsø N 62 Gd09
Tromvik N 62 Gc09
Trönbyn S 87 Gb37
Troncedo E 40 Fd58
Tronco P 45 Bc59
Trondheim N 77 Ea30
Trondstad N 92 Cd47
Trones N 71 Fc18
Trones N 78 Fa25
Trönninge S 102 Ec51
Trönninge S 102 Ed52
Trönö S 87 Gb36
Trontveit N 93 Da44
Tronvik N 78 Eb29
Tronvik N 84 Cb36
Trôo F 29 Ga40
Troodos CY 206 Ja97
Troon GB 10 Dd14
Troøyen N 78 Ea31
Trooz B 124 Ba41
Trópea GR 194 Bb87
Tropea I 164 Ga82
Tropojë AL 159 Jc69
Tropojë AL 178 Ad71
Tröpolach A 143 Ed56
Tropy Sztumskie PL 122 Hc31
Trory GB 9 Cb17
Trosa S 96 Gc45
Trosby N 93 Dc44
Troškas LV 107 Lb51
Troškūnai LT 114 Kd55
Trošmarija HR 151 Fd60
Trosna RUS 202 Ed12
Trossin D 127 Ec39
Trossingen D 141 Cb50
Trostan' RUS 202 Ec13
Tröstau D 135 Ea44
Trostberg D 143 Eb51
Trostjanec' UA 202 Ed14
Trostjanskij RUS 203 Fc13
Troszczyno PL 120 Fd32
Troszyn PL 122 Jc34
Trotby FIN 97 Jc40
Trouans F 24 Hd37
Troubelice CZ 137 Gc45
Troubky CZ 137 Gd46
Troulloi CY 206 Jc97
Troutbeck GB 11 Eb18
Trouville-sur-Mer F 22 Fd35
Troviscal P 44 Ad65
Trowbridge GB 19 Ec28
Troyes F 30 Hd38
Trpanj HR 158 Gd68
Trpezi MNE 159 Jc68
Trpezi MNE 178 Ad69
Trpezjca MK 182 Ad76
Trpinja HR 153 Hd60
Trsa MNE 159 Hd67
Tršće HR 151 Fc59
Tršic SRB 153 Ja63
Trstená SK 138 Hd46
Trstenik HR 158 Ha68
Trstenik SRB 178 Bb67
Trsteno HR 158 Hb69
Trstice SK 145 Ha51
Trübbach CH 142 Cd54
Trubčevsk RUS 202 Ed13
Trubetčino RUS 203 Fb12
Trubia E 37 Cb54
Trubjela MNE 159 Hd68
Trubschachen CH 141 Bd54
Trucco I 43 Kd52
Truchas E 37 Ca58
Trud BG 180 Db73
Trudovec BG 179 Cd70
Trujillanos E 51 Bd69
Trujillo E 51 Ca67
Trulben D 133 Ca47
Trumieje PL 122 Hc32
Trumiejki PL 122 Hc32
Trumpji LV 105 Jc49
Trun CH 142 Cc55
Trun F 22 Fd37
Trundön S 73 Hd23
Trupel PL 122 Hc32
Truro GB 18 Db32
Trușeni MD 173 Fc58
Trușești RO 172 Ed55
Trusetal D 126 Dc42
Truskava LT 114 Kc55
Truskolasy PL 130 Hc42
Truskolasy-Lachy PL 123 Ka34
Trustrup DK 101 Dd23
Trutnov CZ 136 Ga43
Trutnowy PL 121 Hb30
Try N 92 Cd47
Tryczówka PL 123 Kb34
Trydal N 92 Cd43
Tryde S 111 Fb56
Tryggelev DK 109 Dd28
Tryggestad N 84 Cd34
Trygort PL 122 Jc30
Tryland N 92 Cc46
Tryńcza PL 139 Kb43
Trypimeni CY 206 Jc96
Tryserum S 103 Gb47
Trysil N 86 Ec37
Tryškiai LT 113 Jd54
Trysnes N 92 Cd47
Tryszczyn PL 121 Ha34
Tržac BIH 151 Ga61
Trzciana PL 139 Ka44
Trzcianka PL 121 Gb34
Trzcianka PL 122 Jc35
Trzcianka PL 123 Kb32
Trzcianne PL 123 Ka33
Trzciel PL 128 Ga37
Trzcinica PL 129 Ha41
Trzcinna PL 120 Fc35
Trzcinno PL 121 Gc31
Trzcińsk PL 121 Hb31
Trzcińsko-Zdrój PL 120 Fc35
Trzebce PL 130 Hd41
Trzebiatów PL 120 Fd31
Trzebicz PL 120 Ga35
Trzebiel PL 128 Fc39
Trzebielino PL 121 Gc31
Trzebień PL 128 Fd40
Trzebieszów PL 131 Ka37
Trzebieszowice PL 137 Gc43
Trzebież PL 120 Fb32
Trzebin PL 120 Ga34
Trzebinia PL 138 Hd44
Trzebnica PL 129 Gc40
Trzebnice PL 128 Ga40
Trzebów PL 128 Fc36
Trzeciewiec PL 121 Ha34
Trzemeszno PL 129 Gd36
Trzemżal PL 129 Ha36
Trzepnica PL 130 Hd40
Trześcianka PL 123 Kc34
Trześń PL 131 Jd42
Trześniów PL 139 Ka45
Trzęsów PL 129 Gb39
Trzeszczany PL 131 Kd41
Tržič SLO 151 Fb57
Trzin SLO 151 Fb57
Tržišće SLO 151 Fd58
Trzydnik Duży PL 131 Ka41
Tsada CY 206 Hd97
Tsangaráda GR 189 Cb82
Tsaritsáni GR 183 Bc80
Tschenstochau = Częstochowa PL 130 Hc42
Tschernitz D 128 Fc39
Tschiertschen CH 142 Cd55
Tschierv CH 142 Db56
Tschlin I 142 Db55
Tsepélovo GR 182 Ad79
Tseri CY 206 Jb97
Tséria GR 194 Bb89
Tševetjärvi FIN 65 Kb08
Tsikalariá GR 200 Cb95
Tsilivi GR 188 Ac86
Tsirguliina EST 106 La47
Tsirgumäe EST 107 Lb48
Tsitália GR 195 Bd89
Tsjernobyl UA 202 Ec14
Tsooru EST 107 Lb47
Tsotili GR 182 Ba78
Tsoúka GR 189 Bc83
Tsoukaládes GR 188 Ac83
Tsoútsouros GR 200 Da96
Tsz-lakótelep H 146 Hd55
Tua N 78 Eb28
Tua P 44 Bb61
Tuaim IRL 8 Bd20
Tuam IRL 8 Bd20
Tuapse RUS 205 Fc17
Tuar Mhic Éadaigh IRL 8 Bc19
Tūbausiai LT 113 Jb54
Tubbergen NL 117 Bd36
Tubilla de Agua E 38 Dc57
Tubilleja E 38 Dc56
Tūbinės LT 113 Jd56
Tübingen D 134 Cc49
Tučapy CZ 136 Fc47
Tučepi HR 158 Gd67
Tuchan F 41 Ha56
Tüchen D 119 Eb34
Tuchheim D 127 Eb37
Tuchlino PL 121 Gd30
Tuchola PL 121 Gd33
Tuchomie PL 121 Gc31
Tuchów PL 138 Jc44
Tuckur FIN 81 Ja30
Tučkovo RUS 202 Ed10
Tuczki PL 122 Hd33
Tuczna PL 131 Kc37
Tuczno PL 120 Fd35
Tuczno PL 120 Ga34
Tudanca E 38 Db55
Tuddal N 93 Db41
Tuddenham GB 20 Fd25
Tudeils F 33 Gc49
Tudela E 47 Ed59
Tudela de Duero E 46 Da60
Tudela Veguín E 37 Cc54
Tudora RO 172 Ec56
Tudor Vladimirescu RO 177 Fa64
Tudor Vladimirescu RO 177 Fa62
Tudu EST 98 La42
Tudulinna EST 99 Lb43
Tudweiliog GB 14 Dc23
Tuéjar E 54 Fa67
Tuen DK 101 Dd19
Tuenno I 149 Dc57
Tufeni RO 175 Dc66
Tufești RO 177 Fa64
Tuffé F 29 Ga39
Tufjord N 63 Ja05
Tufjord N 64 Jb04
Tugford GB 15 Ec25
Tuggensele S 80 Gd26
Tugului RO 175 Cd66
Tugotino RUS 107 Mb46
Tuhala EST 98 Kc43
Tuhalaane EST 106 Kd46
Tuhań CZ 136 Fb43
Tuhkakylä FIN 82 La26
Tui E 36 Ad58
Tuin MK 182 Ba74
Tuiskula FIN 89 Jb32
Tuixén E 49 Gc59
Tuiza E 37 Cb55
Tūja LV 106 Kb49
Tuk Mrkopaljski HR 151 Fc60
Țukovicy RUS 99 Ma45
Țukovo RUS 107 Ld48
Tukums LV 106 Ka51
Tula I 168 Ca75
Tula RUS 203 Fa11
Tulach Mhór IRL 13 Cb21
Tulare SRB 178 Bc70
Tūlau D 127 Dd36
Tuławki PL 122 Ja31
Tulca RO 170 Ca57
Tulcea RO 177 Fc64
Tul'cevo RUS 107 Ld48
Tulčik SK 139 Jd47
Tul'čyn UA 204 Eb16
Tulette F 42 Jb51
Tulgheș RO 172 Ea58
Tuliharju FIN 82 Kd25
Tuliszków PL 129 Ha38
Tulje BIH 158 Hb68
Tulla IRL 12 Bc22
Tullaghanstown IRL 9 Cc20
Tullamore IRL 13 Cb21
Tulle F 33 Gc49
Tullebølle DK 109 Dd28
Tulleråsen S 79 Fb30
Tullins F 35 Jc48
Tulln A 144 Ga50
Tullow IRL 13 Cc23
Tully GB 9 Cb17
Tullyamalra IRL 9 Cc19
Tulnici RO 176 Ec61
Tulovo BG 180 Dd72
Tułowice PL 130 Ja36
Tułowice PL 137 Gd43
Tulppio FIN 69 Kd14
Tulsk IRL 8 Ca19
Tulstrup DK 108 Db24
Tulstrup DK 109 Ec25
Tulucești RO 177 Fb63
Tum PL 130 Hc38
Tuma RUS 203 Fb10
Tumba S 96 Gd44
Tumbo E 36 Bc54
Tumbo S 95 Ga43
Tume LV 106 Ka51
Tumleberg S 102 Ed47
Tummel Bridge GB 7 Ea10
Tun S 102 Ed46
Tuna S 87 Gb33
Tuna S 96 Gd41
Tuna S 103 Ga49
Tunaberg S 103 Gb46
Tunadal S 88 Gc33
Tuna-Hästberg S 95 Fd40
Tunari RO 176 Eb66
Tunby S 87 Gb33
Tunçbilek TR 192 Ga82
Tunceli TR 205 Fd20
Tune DK 109 Eb26
Tune N 93 Ea43
Tungaseter N 77 Da33
Tunge S 102 Ec48
Tungelsta S 96 Gd44
Tunhovd N 85 Db39
Tuningen D 141 Cb51
Tunjë AL 182 Ac76
Tunkkari FIN 81 Jc29
Tunneberga S 110 Ec54
Tunnerstad S 103 Fb48
Tunnsjørørvika N 78 Fa25
Tunnstad N 66 Fc12
Tunø By DK 109 Dd25
Tunstall GB 11 Ec19
Tunstall GB 17 Fc21
Tunstall GB 21 Gb26
Tuntenhausen D 143 Ea51
Tunturikeskus Kiilopää FIN 69 Kb12
Tunvågen S 87 Fc32
Tuohikotti FIN 90 La36
Tuohikylä FIN 69 Kd16
Tuohisaari FIN 91 Lc33
Tuohittu FIN 97 Jd40
Tuolluvaara S 67 Hb15
Tuolpukka S 68 Hc15
Tuomela FIN 74 Ka18
Tuomikylä FIN 81 Jb31
Tuomioja FIN 81 Jd25
Tuomiperä FIN 81 Jd27
Tuomiperä FIN 82 Ka28
Tuopanjoki FIN 83 Lc29
Tuorila FIN 89 Ja35
Tuoro sul Trasimeno I 156 Ea67
Tuovila FIN 81 Ja31
Tuovilanlahti FIN 82 Kd29
Tupicino RUS 99 Ld44
Tupilați RO 172 Ec57
Tupilați RO 177 Fb60
Tuplice PL 128 Fc39
Tupos FIN 74 Ka24
Tuppu FIN 74 Kb24
Tuppurinmäki FIN 82 La31
Tur PL 121 Gd34
Tur PL 130 Hc38
Tura H 146 Ja52
Turaida LV 106 Kc49
Turajärvi FIN 89 Ja37
Turanj HR 157 Fd65
Turanköy TR 186 Fd80
Turanlar TR 197 Ed88
Turany SK 138 Hc47

Türas – Usson-en-Forez

Türas TR 187 Gb78
Turba EST 98 Kb43
Turbe BIH 158 Ha64
Turbenthal CH 142 Cc53
Turbia PL 131 Ka42
Turbigo I 148 Cb59
Turburea RO 175 Cd64
Turceni RO 175 Cd65
Turčianske Teplice SK 138 Hc48
Turcifal P 50 Aa68
Turčinai LT 114 Ka58
Turcinești RO 175 Cd63
Turckheim F 31 Kb39
Turcoaia RO 177 Fb64
Turda RO 171 Da59
Turdaș RO 175 Cd61
Turégano E 46 Db62
Turek PL 129 Hb38
Tureni RO 171 Da58
Turenki FIN 90 Ka37
Turenne F 33 Gc49
Turgany RUS 99 Ld42
Turgeliai LT 115 Lb58
Turgut TR 193 Hb85
Turgut TR 197 Fa89
Turgut TR 198 Fb90
Turgutalp TR 191 Ed83
Turgutbey TR 185 Ed76
Turgutköy TR 197 Fa91
Turgutlar TR 193 Gb82
Turgutlar TR 193 Gc82
Turgutlu TR 191 Ed86
Turgutreis TR 197 Ec90
Turhal TR 205 Fc20
Turhala FIN 82 Kc27
Turi I 162 Gd75
Türi EST 98 Kd44
Turia RO 176 Eb61
Turija BG 180 Dc72
Turija BIH 153 Hc63
Turija SRB 153 Jb59
Turija SRB 174 Bd65
Turijs'k UA 202 Ea14
Turinge S 96 Gc44
Turin = Torino I 148 Bc60
Turís E 54 Fb68
Turiščevo RUS 202 Ed12
Turjaci HR 158 Gc66
Turjak SLO 151 Fc58
Türje H 145 Gd55
Turka UA 204 Dd16
Turkalne LV 106 Kc51
Türkbükü TR 197 Ec90
Türkeli TR 185 Ed79
Túrkeve H 146 Jc54
Türkevleri TR 197 Ed90
Türkgücü TR 186 Fa77
Turkhauta FIN 90 Kb37
Türkheim D 142 Dc51
Turki LV 107 Lb52
Turkkale FIN 89 Jc38
Türkler TR 199 Hb92
Türkmen TR 193 Ha84
Türkmenlı TR 191 Eb81
Türkmentokat TR 193 Gd82
Türkobası TR 185 Eb77
Turkovići BIH 158 Hb68
Turksad RUS 205 Ga16
Turku FIN 97 Jb39
Tur Langton GB 16 Fb24
Turlava LV 105 Jb51
Turleque E 52 Dc67
Turloughmore IRL 12 Bd21
Türlübey TR 192 Fc87
Turmenti BIH 159 Hc69
Turmiel E 47 Ec63
Turna LV 106 La47
Turnacık TR 192 Fc83
Turnalı TR 187 Gc77
Turňa nad Bodvou SK 138 Jc49
Turnau A 144 Fd53
Turnberry GB 10 Dc15
Turnditch GB 16 Fa23
Turnhout B 124 Ad39
Türnitz A 144 Fd52
Turnov CZ 136 Fd43
Turnu RO 170 Bd59
Turnu Măgurele RO 180 Dc68
Turnu Roșu RO 175 Db62
Turnu Ruieni RO 174 Cb62
Turobin PL 131 Kb41
Turoś PL 122 Jc32
Turośl PL 122 Jc33
Turośń Kościelna PL 123 Kb34
Turoszów PL 128 Fc42
Turów PL 131 Kb38
Turowo PL 121 Gb32
Turplu TR 185 Ed80
Turquel P 50 Ab66
Turrach A 144 Fa55
Turre E 61 Ec75
Turri I 169 Ca78
Turriff GB 5 Ed08
Tursa FIN 89 Jc37
Tursi I 162 Gc77
Turț RO 171 Cd54
Turtagrø N 85 Da36
Turtel MK 183 Ca74
Turtola FIN 74 Jb18
Turulung RO 171 Cd54
Turunç TR 197 Fa91
Turunçova TR 199 Gb93
Turuneeme EST 98 Kd41
Turup DK 108 Dc27
Turza PL 122 Ja34
Turza Mała PL 122 Hd33
Turza Wielka PL 122 Hd33
Turzno PL 121 Hb34
Turzovka SK 137 Hb46
Tus E 53 Ea71
Tusa I 167 Fa84
Tusa RO 171 Cc57
Tuscania I 156 Dd70
Tuse DK 109 Eb25
Tushielaw GB 11 Eb15
Tušilović HR 151 Ga60
Tušino RUS 113 Jd57
Tuskas FIN 90 Kd38
Tușnad RO 176 Eb60
Tussenhausen D 142 Db51
Tussøy N 62 Gc09
Tustervatnet N 71 Fb22
Tustna N 77 Db30
Tuszów Narodowy PL 139 Jd43
Tuszyn PL 130 Hd39
Tutaev RUS 203 Fa09
Tutaryd S 103 Fb52
Tutbury GB 16 Ed23
Tutin SRB 178 Ad69
Tutjunniemi FIN 83 Ld31
Tuțora RO 173 Fb57
Tutova RO 177 Fa61
Tutow D 119 Ed32
Tutrakan BG 181 Ec67
Tuttlingen D 142 Cc51
Tutulești RO 175 Db62
Tütüncü TR 185 Ed80
Tutzing D 143 Dd51
Tuudi EST 98 Ka45
Tuukkala FIN 90 La34
Tuukkala FIN 90 Kd34
Tuukkala FIN 90 La34
Tuulenkylä FIN 89 Jb34
Tuuliharju FIN 68 Jc16
Tuuliku EST 106 Kc47
Tuulimäki FIN 82 La25
Tuulos FIN 90 Kb36
Tuunajärvi FIN 89 Jb35
Tuupovaara FIN 83 Ma30
Tuurala FIN 81 Ja31
Tuuri FIN 89 Jc32
Tuuruniemi FIN 64 Ka10
Tuusjärvi FIN 83 Lb30
Tuuski FIN 90 Kd38
Tuusniemi FIN 83 Lb30
Tuusula FIN 98 Kb39
Tuvattnet S 79 Fc28
Tuve S 102 Eb49
Tuven N 71 Fb22
Tuvneset N 77 Dc28
Tuvträsk S 80 Gd26
Tuxford GB 16 Fb22
Tuža RUS 203 Fc08
Tuzaklı TR 193 Gb81
Tuzara MD 173 Fc57
Tuzburgazı TR 197 Ec88
Tuzculu TR 191 Eb85
Tuzi MNE 159 Ja70
Tuzla BIH 153 Hc62
Tuzla RO 181 Fc68
Tuzla TR 185 Ed79
Tuzla TR 191 Ea82
Tuzlata BG 181 Fb70
Tuzlukçu TR 193 Hb86
Tuzly UA 204 Ec17
Tužno HR 152 Gb57
Tvååker S 102 Ec51
Tväråbäck S 80 Hb28
Tvärålund S 80 Hb27
Tvärålmark S 80 Hc28
Tvärån S 73 Hc22
Tvärån S 73 Ja19
Tväråträsk S 72 Gc24
Tvărdica BG 180 Ea72
Tvărdica BG 181 Fc69
Tvardița MD 177 Fd61
Tvärminne FIN 97 Jd41
Tvärred S 102 Fa49
Tvärskog S 111 Ga53
Tvarud S 94 Ed42
Tvede DK 100 Dc23
Tvedestrand N 93 Db45
Tveit N 92 Cd46
Tveitan N 93 Dd44
Tveite N 93 Db45
Tveiten N 93 Da42
Tveitsund N 93 Da44
Tver' RUS 202 Ed10
Tveral LT 113 Jc55
Tverdiat' RUS 99 Ma42
Tverečius LT 115 Lc55
Tverfjord N 63 Hc07
Tverrå N 92 Cb44
Tverråga N 71 Fb21
Tverråmoen N 66 Fd17
Tverrberg N 76 Cb33
Tverrdal N 67 Ha11
Tverrelv N 67 Gb11
Tverrelvnes N 67 Ha11
Tverrvika N 71 Fc18
Tversted DK 101 Dd19
Tveta S 94 Ed44
Tveta S 103 Ga50
Tvinde N 84 Cc38
Tvindehaugen N 85 Db36
Tving S 111 Fd54
Tvirai LT 114 Kd54
Tvis DK 100 Da23
Tvrdići SRB 159 Jb65
Tvrdojevac SRB 153 Jb63
Tvrdošín SK 138 Hd47
Tvrdošovce SK 145 Hb51
Twann CH 141 Bc53
Twarda PL 130 Ja39
Twardogóra PL 129 Gd40
Twatt GB 5 Eb02
Tweedsmuir GB 11 Eb14
Twello NL 117 Bc36
Tweng A 143 Ed54
Twist D 117 Ca35
Twistetal D 126 Cd40
Twistringen D 118 Cd35
Two Bridges GB 19 Dd31
Twomileborris IRL 13 Ca23
Tworków PL 137 Hb44
Tworóg PL 137 Hb43
Twycross GB 16 Fa24
Twyford GB 16 Fb24
Twyford GB 20 Fa30
Twyford GB 20 Fb28
Twynholm GB 10 Dd16
Twynllanan GB 15 Dd26
Tychówko PL 120 Ga32
Tychowo PL 121 Gb30
Tychowo PL 121 Gb32
Tychy PL 138 Hc44
Tyczyń PL 139 Ka44
Tyfors S 95 Fb41
Tyft S 94 Eb45
Tygelsjö S 110 Ed56
Tyinosen N 85 Da36
Tykocin PL 123 Ka33
Tykölä FIN 90 Ka36
Tylawa PL 139 Jd46
Tylicz PL 138 Jc46
Tylkowo PL 122 Jb32
Tylldalen N 85 Ea34
Tylösand S 102 Ed52
Tylstrup DK 100 Dc20
Tymbark PL 138 Jb45
Tymvou CY 206 Jc96
Tynderö S 88 Gc33
Tyndrum GB 7 Dd11
Týnec nad Labem CZ 136 Fd44
Tynemouth GB 11 Fa16
Tyngáki GR 197 Ec91
Tyngsjö S 95 Fb40
Tyniec PL 138 Ja44
Tyniewicze-Wielkie PL 123 Kc34
Týniště nad Orlicí CZ 136 Ga44
Tynkä FIN 81 Jc26
Týn nad Vltavou CZ 136 Fb47
Tynset N 77 Ea33
Typpö FIN 81 Jc27
Tyrämäki FIN 75 La21
Tyrävaara FIN 75 La21
Tyrawa Wołoska PL 139 Kb45
Tyresö S 96 Gd44
Tyresta S 96 Gd44
Tyriä FIN 91 Ld34
Tyringe S 110 Fa54
Tyristrand N 93 Dd41
Tyrjänsaari FIN 83 Ma29
Tyrnävä FIN 74 Ka24
Tyrnień PL 120 Ga31
Tyrnyauz RUS 205 Ga17
Tyrrellspass IRL 13 Cb21
Tyruliai LT 114 Ka54
Tyrväntö FIN 90 Ka36
Tyry FIN 90 Kb34
Tysken N 94 Ec39
Tyškivka UA 204 Ec16
Tyśmienica PL 131 Kb39
Tysnes N 84 Ca40
Tysse N 84 Cb39
Tyssebotn N 84 Ca38
Tyssedal N 84 Cc40
Tysslinge S 95 Fc44
Tystberga S 96 Gc45
Tysvær N 92 Ca42
Tyszki-Nadbory PL 123 Jd34
Tyszowce PL 131 Kd41
Tytuvėnai LT 114 Ka55
Tyukod H 147 Kc51
Tyvse DK 108 Da27
Tywyn GB 15 Dd24
Tyyrinmäki FIN 82 Kd31
Tzanáta GR 188 Ac85
t Zandt NL 117 Ca33
Tzasténi GR 189 Ca83
Tzermiádo GR 201 Db96
Tzummarum NL 116 Bb33

U

Uachtar Ard IRL 8 Bc20
Ualand N 92 Cb45
Ub SRB 153 Jb63
Übach-Palenberg D 125 Bb40
Ubbergen NL 125 Bb37
Ubby DK 109 Ea26
Úbeda E 52 Dc72
Übelbach-Markt A 144 Fd54
Ubergsmoen N 93 Db45
Überherrn D 133 Bc46
Überkingen, Bad D 134 Da49
Überlingen D 142 Cc52
Übersee D 143 Eb52
Ubierna E 38 Dc58
Ubieszyn PL 139 Kb43
Ubja EST 98 La42
Ubl'a SK 139 Kb47
Uble HR 158 Gc69
Ubli MNE 159 Hd69
Ubrique E 59 Cb76
Ubstadt-Weiher D 134 Cc47
Üçbaş TR 192 Fd84
Ucea RO 175 Dc61
Uceda E 46 Dc63
Uceira E 36 Bb53
Ucero E 46 Dd60
Uchacq-et-Parentis F 39 Fb53
Uchanie PL 131 Kd40
Uchizy F 30 Jb44
Uchorowo PL 129 Gc36
Uchte D 126 Cd36
Üchtelhausen D 134 Db44
Uchtspringe D 127 Ea36
Ucieda E 38 Db55
Uckange F 25 Jd35
Ückeritz D 120 Fb31
Uckfield GB 20 Fd30
Ucklum S 102 Eb48
Uckro D 128 Fa38
Uçkuyu TR 193 Ha85
Üçlerkayası TR 193 Gc84
Uclés E 53 Ea66
Üçmakdere TR 185 Ed78
Üçpınar TR 191 Ec85
Ucrainca MD 177 Ga60
Ucria I 167 Fc84
Üçsaray TR 193 Gc83
Uda RO 175 Db64
Udačnoe RUS 203 Ga14
Udalla E 38 Dd55
Udavské SK 139 Ka47
Udbina HR 151 Ga63
Udby DK 109 Eb28
Udbyhøj DK 101 Dd22
Udbyhøj Vasehuse DK 101 Dd22
Uddebo S 102 Ed50
Uddeholm S 94 Fa41
Udden S 102 Ec46
Uddevalla S 102 Ec47
Uddheden S 94 Ed41
Ūdekai LT 114 Kb53
Uden NL 125 Bb38
Udenhout NL 124 Ba38
Uder D 126 Db40
Udești RO 172 Ec56
Udine I 150 Ed58
Udomlja RUS 202 Ec09
Udosolovo RUS 99 Ld40
Udovo MK 183 Ca75
Udria EST 99 Lc41
Udricani RO 175 Cc62
Ūdrija LT 114 Kc59
Udriku EST 98 Kd42
Ūdrupji LV 106 La49
Udrycze PL 131 Kc41
Udtja S 72 Gd20
Udvar H 153 Hc58
Udžaci BIH 158 Hb66
Uebigau D 127 Ed39
Ueckermünde D 120 Fb32
Uedem D 125 Bc38
Uehlfeld D 134 Dc45
Uelsen D 117 Ca35
Uelzen D 118 Dc34
Uetersen D 118 Db32
Uettingen D 134 Da45
Uetze D 126 Dc36
Uffenheim D 134 Db46
Uffing D 142 Dc52
Uffington GB 20 Fa28
Ufsvatn N 93 Da45
Uftrungen D 127 Dd39
Ugāle LV 105 Jc50
Uğan TR 198 Fd89
Ugao SRB 178 Ad69
Ugaran E 39 Eb55
Ugarana E 38 Ea55
Ugărčin BG 179 Da70
Uge DK 108 Da28
Ugento I 165 Hc78
Ugerløse DK 109 Eb26
Uggdal N 84 Ca40
Uggelhuse DK 100 Dc23
Uggerby DK 100 Dc19
Uggerhalne DK 100 Dc21
Uggerslev DK 108 Dc26
Ugglarp S 102 Ec52
Uggleheden S 86 Ec38
Ugglum S 102 Fa47
Ugijar E 61 Dd76
Ugine F 35 Kb46
Uglev DK 100 Da22
Uglič RUS 202 Ed09
Ugljan HR 157 Fd64
Ugljane HR 158 Gc66
Ugljevik BIH 153 Hd62
Ugly RUS 107 Ma46
Ugra RUS 202 Ed11
Ugrinovci SRB 153 Jc61
Ugrinovci SRB 153 Jc63
Ugr'umovo-Novole RUS 113 Jc59
Uguņi LV 105 Jd49
Uğurlu TR 199 Hb89
Uğurlualan TR 187 Ha80
Uğurluca TR 192 Ga84
Uğurlutepe TR 185 Dd80
Uherce Mineralne PL 139 Kb46
Uherské Hradiště CZ 137 Gd48
Uherský Brod CZ 137 Ha48
Uherský Ostroh CZ 137 Gd48
Uhingen D 134 Cd49
Uhldingen D 142 Cd52
Uhlířské Janovice CZ 136 Fc45
Uhlstädt-Kirchhasel D 127 Ea42
Uhniv UA 204 Dd15
Uhorské SK 138 Ja49
Uhrde D 126 Dc37
Uhrovec SK 137 Hb49
Uhrsleben D 127 Dd37
Uhtna EST 98 La42
Uhyst D 128 Fb40
Uig GB 4 Da07
Uileacu de Beiuș RO 170 Cb58
Uimaharju FIN 83 Ld29
Uimaniemi FIN 69 Jd16
Uimaniemi FIN 90 Kd34
Uimila FIN 90 Kd36
Uitgeest NL 116 Ba35
Uithoorn NL 116 Ba36
Uithuizen NL 117 Bd32
Uitonniemi FIN 91 Lc34
Uivar RO 174 Bc61
Ujazd PL 129 Gb41
Ujazd PL 130 Ja39
Ujazd PL 130 Jc42
Ujazd PL 137 Hb43
Újezd u Brna CZ 137 Gc48
Ujeździec Mały PL 129 Gc40
Újfehértó H 147 Ka51
Újkígyós H 147 Jd55
Ujma PL 121 Hb35
Ujor E 37 Cb55
Újpetre H 152 Hb58
Ujście PL 121 Gb34
Ujście Solne PL 138 Jb44
Ujsoły PL 138 Hc46
Újszász H 146 Jb53
Újszentmargita H 147 Jd52
Újszőlőskert H 147 Ka51
Ujué E 39 Ed58
Ukiernica PL 120 Fc34
Ukk H 145 Gd54
Ukkola FIN 83 Ld29
Ukmergė LT 114 Kd56
Ukna S 103 Ga48
Ukonjärvi FIN 69 Ka11
Ukonlahti FIN 83 Lb31
Ukonvaara FIN 83 Lb29
Ukri LV 114 Ka53
Ukrinai LT 113 Jc53
Ukta PL 122 Jc32
Ula N 93 Dd44
Ula TR 198 Fb90
Ulan Ėrge RUS 205 Ga15
Ulan Majorat PL 131 Ka38
Ulanów PL 131 Ka42
Ulaşlı TR 186 Ga79
Ulassai I 169 Cb78
Ula Tirso I 169 Ca77
Ulbjerg DK 100 Db22
Ulbroka LV 106 Kc50
Ulbster GB 5 Ec05
Ulceby GB 17 Fd22
Ulcinj MNE 163 Ja71
Uldum DK 108 Db25
Ulea E 55 Ed72
Uleberg N 92 Cd45
Ulebergshamn S 102 Ea46
Ulefoss N 93 Db43
Uleila del Campo E 61 Eb75
Ülenurme EST 99 Lb45
Ules LV 105 Jb50
Uleviken S 94 Ec45
Ulfborg DK 100 Cd23
Ulft NL 125 Bc37
Ulgardereköyü TR 185 Eb80
Ulgjell N 92 Cb47
Ulhówek PL 131 Kd42
Úlibice CZ 136 Fd43
Ulič SK 139 Kb47
Ulica MNE 159 Jb68
Ulieș RO 176 Dd60
Uliești RO 176 Dd65
Ulila EST 98 La45
Uljanik HR 152 Gd59
Ul'janovka UA 204 Ec16
Uljanovo RUS 113 Jd58
Uljanovsk RUS 203 Fd09
Uljma SRB 174 Bc63
Ulkula FIN 74 Ka19
Ullånger S 80 Gd31
Ullapool GB 4 Dc06
Ullared S 102 Ed51
Ullastret E 49 Hb59
Ullatti S 73 Hd18
Ullava FIN 81 Jc28
Ullbergsträsk S 73 Hb24
Ulldecona E 48 Fd64
Ulldemolins E 48 Ga62
Ullene S 102 Fa47
Ullerngrenda N 93 Db41
Ullerøy N 93 Ea44
Ullerslev DK 109 Dd27
Ullervad S 102 Fa46
Üllés H 146 Ja56
Ulleskelf GB 16 Fa20
Ullestad N 92 Cb43
Ullingswick GB 15 Ec26
Ullisjaur S 71 Ga24
Ullits DK 100 Db22
Üllő H 146 Hd53
Ullsfjord N 62 Gd10
Ulm D 142 Da50
Ulma RO 172 Ea54
Ulmale LV 105 Jb51
Ulme P 50 Ac67
Ulmen D 133 Bd43
Ulmeni RO 171 Cd55
Ulmeni RO 176 Ec64
Ulmeni RO 181 Ec67
Ulmi RO 176 Dd64
Ulmi RO 176 Ea66
Ulmu MD 173 Fc58
Ulmu MD 173 Fd55
Ulmu RO 176 Fd64
Ulmu RO 181 Ec67
Ulnes N 85 Dc37
Ulog BIH 159 Hc66
Uløybukt N 62 Ha09
Ulricehamn S 102 Fa49
Ulrichen CH 141 Ca56
Ulrichsberg A 136 Fa49
Ulrichstein D 126 Cd42
Ulrika S 103 Fd47
Ulriksfors S 79 Fd28
Ulrum NL 117 Bd32
Ulsberg N 77 Dd32
Ulsrud N 94 Eb42
Ulsta GB 5 Fa04
Ulsted DK 101 Dd21
Ulsteinvik N 76 Cb33
Ulstrup DK 100 Dc23
Ulstrup DK 109 Dd25
Ulsvåg N 66 Fd14
Ulubey TR 192 Fd86
Ulubeyler TR 191 Eb83
Uluborlu TR 193 Gc87
Ulucak TR 191 Ec85
Ulucak TR 192 Fc85
Uluçam TR 192 Fd82
Uluçay TR 193 Ha87
Uludere TR 193 Gc81
Uluderebent TR 192 Fb87
Uluğbey TR 193 Gc87
Ulugüney TR 199 Hb92
Ulukent TR 198 Fc89
Ulukonak TR 185 Ec75
Ulukonak TR 197 Ed88
Uluköy TR 187 Hb80
Uluköy TR 191 Ea81
Uluköy TR 193 Gb83
Uluköy TR 193 Gb85
Ulupınar TR 199 Gc92
Ūlupji LV 106 Kc50
Ulvåg N 66 Fc14
Ulvåker S 103 Fb46
Ulvan N 77 Dc29
Ulvenes N 93 Db43
Ulvenhout NL 124 Ad38
Ulverston GB 11 Eb19
Ulvi EST 99 Lb43
Ulvik N 84 Cc39
Ulvika N 66 Ga13
Ulvika N 66 Ga14
Ulvila FIN 89 Ja36
Ulvö S 111 Fc53
Ulvoberg S 79 Gb25
Ulvsnes N 77 Dc30
Ulvvik S 88 Gc32
Ulzurrum E 39 Ec57
Umag HR 150 Ed60
Uman' UA 204 Ec15
Umasjö S 71 Fc21
Umberleigh GB 19 Dd29
Umbertide I 155 Ea67
Umbralejo E 46 Dd62
Umbrărești RO 177 Fa62
Umbriatico I 165 Gd80
Umbukta N 71 Fc21
Umčari SRB 174 Bb64
Umeå S 80 Hb28
Umfors S 71 Fc21
Umgransele S 80 Gd25
Umin Dol MK 178 Bc73
Umka SRB 153 Jc62
Umljanović HR 158 Gb65
Ummanz D 119 Ed30
Ummeljoki FIN 90 La37
Ummendorf D 142 Da51
Ummerstadt D 134 Dc43
Umnäs S 71 Ga23
Umpferstedt D 127 Dd41
Ümraniye TR 193 Ha84
Umurbey TR 185 Eb80
Umurcu TR 185 Ec77
Umurga LV 106 Kc48
Umurlar TR 192 Fb83
Umurlu TR 192 Fb87
Umurlu TR 197 Fa88
Umurlu TR 197 Fa88
Umutlu TR 192 Fd83
Uña E 47 Ec65
Unac F 40 Gc57
Unaja FIN 89 Ja37
Unapool GB 4 Dd05
Unari FIN 69 Jd17
Unbyn S 73 Hd22
Uncastillo E 39 Fa58
Undeloh D 118 Db34
Undenäs S 103 Fb46
Undenheim D 133 Cb44
Undersåker S 78 Fa30
Undersvik S 87 Ga36
Undervelier CH 141 Bc53
Undevåsen N 92 Cd47
Undheim N 92 Ca45
Undløse DK 109 Eb26
Undredal N 84 Cd37
Undva EST 105 Jb46
Uneča RUS 202 Ec13
Úněšov CZ 135 Ed45
Ungenach A 144 Fa51
Ungeni LV 106 Kb48
Ungheni MD 173 Fb57
Ungheni RO 171 Dc59
Ungheni RO 173 Fb57
Ungheni RO 175 Dc66
Ungra RO 176 Dd61
Ungurași RO 171 Db57
Ungureni RO 172 Ed55
Ungureni RO 172 Ed59
Unguri MD 173 Fb53
Unguriņi LV 106 Kb47
Ungurmuiža LV 107 Lb51
Unhais da Serra P 44 Ba64
Unhošť CZ 136 Fb44
Unichowo PL 121 Gd30
Uničov CZ 137 Gd45
Uniejów PL 129 Hb38
Unieście PL 120 Ga30
Únikiai LT 114 Ka56
Unikonsalmi FIN 82 Ka31
Uniküla EST 99 Lb42
Uniküla EST 99 Lb45
Unin PL 120 Fc32
Unirea RO 171 Da59
Unirea RO 175 Cc61
Unirea RO 175 Cc66
Unirea RO 177 Fa64
Unirea RO 181 Fa67
Unisław PL 121 Ha34
Uništa BIH 158 Gc64
Unkel D 125 Bd42
Unken A 143 Ec52
Unlingen D 142 Cd50
Unna D 125 Cb39
Unnaryd S 102 Fa51
Unnau D 125 Cb42
Unnstad N 66 Fb14
Unntorp S 87 Fb37
Unquera E 38 Da55
Unseburg D 127 Ea38
Unser Frau in Schnals I 142 Dc55
Unset N 86 Eb35
Unsholtet N 86 Eb32
Unsleben D 134 Db43
Untamala FIN 81 Jb30
Untamala FIN 89 Ja38
Unțeni RO 172 Ed55
Unterach A 143 Ed52
Unterägeri CH 141 Cb54
Unterammergau D 142 Dc52
Unterbäch CH 141 Bd56
Unteregg D 142 Db51
Untergriesbach D 136 Fa49
Untergruppenbach D 134 Cd47
Untergurgl A 142 Dc55
Unterhaching D 143 Dd51
Unterkirnach D 141 Cb50
Unterkulm CH 141 Ca53
Unterlaussa A 144 Fb52
Unterleinleiter D 135 Dd45
Unterloibl A 144 Fb56
Unterlüß D 118 Dc35
Untermaßfeld D 134 Db43
Untermeitingen D 142 Db50
Untermerzbach D 134 Dc44
Untermünkheim D 134 Da47
Unterneukirchen D 143 Eb51
Unternussdorf A 143 Ec55
Unterpleichfeld D 134 Db45
Unterpurkla A 144 Ga55
Unterreichenbach D 134 Cc48
Unterreit D 143 Eb51
Unterschleißheim D 143 Dd50
Unterschneidheim D 134 Db48
Untersiemau D 135 Dd44
Untersiggenthal CH 141 Ca52
Unterstedt D 118 Da34
Untersteinach D 135 Ea44
Unterstinkenbrunn A 137 Gb49
Untertauern A 143 Ed54
Unterthingau D 142 Db52
Untertilliach A 143 Eb55
Unterweißbach D 127 Dd42
Unterweissenbach A 144 Fc50
Unterwössen D 143 Eb52
Unterzeitlarn D 143 Ec50
Unțești MD 173 Fb57
Ununge S 96 Ha41
Ünye TR 205 Fc19
Unzmarkt A 144 Fb54
Uoginiai LT 114 Kd54
Uopyna LT 113 Jd54
Upa EST 105 Jc46
Ūpainiai LT 114 Ka55
Upavon GB 20 Ed29
Upchurch GB 21 Ga28
Upega I 148 Bc63
Upenieki LV 105 Jd52
Upesgriva LV 105 Jd49
Upesmuiža LV 105 Jd52
Upgant-Schott D 117 Cb32
Úpice CZ 136 Ga43
Upitka PL 121 Gc31
Upinniemi FIN 98 Ka40
Uplengen D 117 Cb33
Upmala LV 107 Lb52
Upminster GB 20 Fd28
Upninkai LT 114 Kd56
Upper Ballinderry GB 9 Da17
Upper-Chapel GB 15 Ea26
Upper Hindhope GB 11 Ec15
Upper Quinton GB 20 Ed26
Upper Tean GB 16 Ed23
Upperud S 94 Ec45
Upphärad S 102 Ec47
Uppingham GB 16 Fb24
Upplanda S 96 Gc40
Upplands-Väsby S 96 Gd43
Uppsala S 96 Gc42
Uppsälje S 95 Fb40
Upschört D 117 Cb32
Upton GB 19 Ea29
Upyna LT 113 Jd56
Upytė LT 114 Kc55
Ur F 41 Gd58
Urabain Ibarguren E 39 Eb56
Urad PL 128 Fc37
Urajärvi FIN 90 Kc36
Uramo FIN 83 Ld28
Uras I 169 Bd78
Uråsa S 103 Fc52
Ura-Vajgurore AL 182 Ab76
Uraz PL 129 Gc40
Urbania I 156 Eb65
Urbeis F 31 Kb38
Urbies E 37 Cc55
Urbino I 156 Eb65
Urbise F 34 Hd45
Urcal E 61 Ec74
Urcay F 29 Ha44
Urcel F 24 Hb34
Urda E 52 Dc68
Urda N 70 Ed21
Urdari RO 175 Cd64
Urdilde E 36 Ad55
Urdos F 39 Fb56
Urecheni RO 172 Ec57
Urechești RO 176 Ed61
Urechești RO 176 Ed62
Üregil TR 186 Ga79
Uren RUS 203 Fc08
Urga LV 106 Kc48
Urge EST 98 Kb45
Urglin IRL 13 Cc23
Urgnano I 149 Cd59
Uri I 168 Bd75
Uria RO 171 Db57
Uriage-les-Bains F 35 Jd48
Urimolahti FIN 82 La28
Urissaare EST 106 Kc47
Urjala FIN 89 Jd37
Urjupinsk RUS 203 Fc13
Urk NL 116 Bb35
Ürkmez TR 191 Eb87
Úrkút H 145 Ha54
Ürkütlü TR 199 Gb90
Urla TR 191 Eb86
Urlati RO 176 Eb64
Urlau D 142 Da52
Urlingford IRL 13 Cb23
Urmary RUS 203 Fd09
Urmeniș RO 171 Db58
Urnäsch CH 142 Cd53
Urne DK 109 Ea28
Urnerboden CH 142 Cc54
Urnes N 84 Cd36
Uroševac KSV 178 Bb72
Urovica SRB 174 Ca65
Urowo PL 122 Hd32
Urpila FIN 82 Ka29
Urraca-Miguel E 46 Da63
Urrea de Gaén E 48 Fb62
Urrez E 38 Dd58
Urriaapa FIN 74 La18
Urrianmutka FIN 90 Ka33
Urriés E 39 Fa58
Urroz E 39 Ed57
Urrutxua E 39 Eb55
Ursensollen D 135 Ea46
Urshult S 111 Fc53
Urskarsetran N 85 Ea34
Ursoaia MD 173 Ga59
Urspringen D 134 Da45
Ursviken S 80 Hc25
Urszulewo PL 122 Hd34
Urszulin PL 131 Kc39
Urt F 39 Fa54
Urtasun E 39 Ed56
Ürtimjaur S 73 Hb18
Urueña E 46 Cd60
Ürünlü TR 186 Fc80
Ürünlü TR 185 Ec75
Ürünlü TR 199 Hb90
Ururi I 161 Fc72
Urvaste EST 107 Lb47
Urzędów PL 131 Ka41
Urzejowice PL 139 Kb44
Urzica RO 179 Da68
Urziceni RO 171 Cc54
Urziceni RO 176 Ec65
Urzicuța RO 179 Cd67
Ürzig D 133 Bd44
Urzulei I 169 Cb77
Uržum RUS 203 Fd08
Usačy BY 202 Eb11
Usadišče RUS 107 Ma47
Usadišče RUS 202 Ec08
Usagre E 51 Bd70
Uşak TR 192 Fd85
Ušakovka RUS 113 Jb58
Ušakovo RUS 113 Hd59
Usanos E 46 Dd63
Ušari BIH 152 Gd61
Ušće SRB 178 Ba68
Uschodni BY 202 Ea12
Uście Gorlickie PL 138 Jc46
Uscio I 149 Cc63
Used E 47 Ed62
Usedom D 120 Fa32
Useldange L 133 Bb44
Usellus I 169 Ca78
Ušėnai LT 113 Jc57
Useras E 54 Fc65
Uševicy RUS 99 Ma41
Ushaw Moor GB 11 Fa17
Uši LV 105 Jc48
Usingen D 134 Cc43
Usini I 168 Bd75
Usk GB 19 Eb27
Uskali FIN 83 Ma31
Uskedal N 92 Cb41
Uskoplje BIH 158 Ha65
Uskumruköy TR 186 Fd77
Üsküp TR 185 Ed75
Üsküpdere TR 185 Ed75
Uslar D 126 Da39
Usma LV 105 Jc50
Usman' RUS 203 Fb12
Usmate Velate I 149 Cc59
Úsov CZ 137 Gc45
Usovo RUS 203 Fc11
Ussassai I 169 Cb78
Ussat F 40 Gc57
Usseau F 32 Fb46
Usseglio I 148 Bc59
Ussel F 33 Gd48
Ussel F 34 Hb49
Usseln D 126 Cc40
Usson-du-Poitou F 33 Ga45
Usson-en-Forez F 34 Hd48

Usson-les-Bains – Vangsvik

Usson-les-Bains F 41 Gd57
Ussy F 22 Fc36
Ustaritz F 39 Ed55
Ust'Džeguta RUS 205 Fd17
Ust'e RUS 99 Ma41
Úštěk CZ 136 Fb43
Uster CH 141 Cb53
Ustia MD 173 Fa56
Uştia MD 173 Fd57
Ustibar BIH 159 Ja66
Ustikolina BIH 159 Hd66
Ústí nad Labem CZ 128 Fa42
Ústí nad Orlicí CZ 137 Gb45
Ustiprača BIH 159 Hd65
Ustjužna RUS 202 Ec08
Ustka PL 121 Gc29
Ust'-Labinsk RUS 205 Fc17
Ust'-Luga RUS 99 Lc40
Ust'Luga RUS 202 Ea08
Ustovo BG 184 Db75
Ustrem BG 185 Eb74
Ustroń PL 138 Hc45
Ustronie Morskie PL 120 Ga31
Ust'-Rudicy RUS 99 Ma39
Ustrzyki Dolne PL 139 Kb46
Ustrzyki Górne PL 106 Kb47
Üstünler TR 199 Hb89
Ustyluh UA 202 Dd14
Usvjaty RUS 202 Eb11
Uszyce PL 129 Hb41
Utajärvi FIN 74 Kb24
Utåker N 92 Cb41
Utakleiv N 66 Fb14
Utanen FIN 74 Kb24
Utäng S 94 Eb45
Utansjö S 88 Gc32
Utbjoa N 92 Ca41
Utby S 102 Ec47
Utby S 103 Fb46
Utebo E 47 Fa60
Utekáč SK 138 Ja49
Utena LT 114 La55
Úterý CZ 135 Ec45
Uthaug N 77 Dd29
Uthmöden D 127 Ea37
Utiel E 54 Fa67
Utne N 84 Cc39
Utnes N 65 Kd08
Utö S 96 Gd45
Utoslahti FIN 74 Kb24
Utrasniemi FIN 91 Ld33
Utrecht NL 116 Ba36
Utrera E 59 Ca74
Utriala FIN 90 La32
Utrillas E 47 Fa63
Utrine SRB 153 Jb58
Utset N 77 Dc29
Utsiktstårn N 65 Kd08
Utsjö S 94 Fa39
Utsjoki FIN 64 Jd07
Utskarpen N 71 Fb20
Uttendorf A 143 Eb54
Uttenweiler D 142 Cd50
Utterbyn S 94 Ed41
Utterliden S 72 Ha23
Uttermossa FIN 89 Ja34
Uttersberg S 95 Fd42
Uttersjöbäcken S 81 Hd26
Utterslev DK 109 Ea28
Utti FIN 90 La37
Utting D 142 Dc51
Uttoxeter GB 16 Ed23
Utula FIN 91 Lc35
Utvängstorp S 102 Fa48
Utvik N 84 Cc34
Utvin RO 174 Bc61
Útvina CZ 135 Ec44
Utvorda N 78 Eb26
Uue-Kariste EST 106 Kd46
Uukuniemen kirkonkylä FIN 91 Ma33
Uukuniemi FIN 91 Ld33
Uulu EST 106 Kb46
Uura FIN 82 Kd25
Uurainen FIN 90 Kb32
Uuro FIN 83 Lc27
Uuro FIN 89 Ja33
Uusijoki FIN 69 Kb12
Uusikaarlepyy FIN 81 Ja29
Uusikartano FIN 89 Jb38
Uusikaupunki FIN 89 Ja38
Uusikylä FIN 81 Jc27
Uusikylä FIN 81 Jd30
Uusikylä FIN 90 Kc37
Uusi-Värtsilä FIN 83 Ma31
Uusküla EST 99 Lb43
Uutela FIN 69 Ka14
Uva FIN 75 Kd24
Uvac SRB 159 Ja65
Úvaly CZ 136 Fc44
Uvanå S 94 Fa40
Uvarovo RUS 203 Fc12
Uvdal N 85 Db40
Üvecik TR 191 Ea81
Uxbridge GB 20 Fc28
Uyanık TR 193 Hb85
Üyük TR 187 Gb80
Üyüklü Tatar TR 185 Eb76
Užava LV 105 Jb50
Užbičiai LT 113 Jc57
Uzdin SRB 174 Bb62
Uzdowo PL 122 Hd33
Uzel F 27 Eb39
Uzemain F 31 Jd39
Uzerche F 33 Gc48
Uzès F 42 Ja52
Uzeste F 32 Fc51
Užhorod UA 204 Dd16
Užice SRB 159 Jb65
Užliekné LT 113 Jd53
Užlieknis LT 113 Jc54
Uzlovaja RUS 203 Fa11
Uzlovoe RUS 113 Ja58
Uzlovoe RUS 113 Jd58
Užovka RUS 203 Fc10
Užpaliai LT 114 La54
Uzsa H 145 Gd55
Uztarroz E 39 Fa56
Užtiltė LT 115 Lb54
Užuguostis LT 114 Kd58
Üzümdere TR 199 Hb90
Üzümler TR 191 Ed87
Üzümlü TR 192 Fa86
Üzümlü TR 198 Fd91
Üzümlü TR 199 Hb89
Üzümlü TR 205 Fd20
Üzümlüpınar TR 199 Gc89
Uzunbey TR 187 Gb78
Uzundere TR 191 Ec86
Uzundžovo BG 185 Dd74
Uzunköprü TR 185 Eb76
Uzunkoyu TR 191 Ea86
Uzunpınar TR 192 Fd87
Uzunpınar TR 193 Gc86
Uzuntarla TR 187 Gb79
Uzunyurt TR 198 Fc92
Uzupis LT 115 Lc54
Užusaliai LT 114 Kc57
Užusienis LT 114 La58
Užventis LT 113 Jd55
Uzyn UA 204 Ec15

V

Vå N 92 Cd41
Vä S 111 Fb55
Vaabina EST 107 Lb47
Vaadinselkä FIN 69 Kd17
Vaahersalo FIN 91 Ld33
Vaajakoski FIN 90 Kc32
Vaajasalmi FIN 82 Kd31
Vääkiö FIN 75 La22
Vaala FIN 82 Kc25
Vaalajärvi FIN 69 Ka16
Vaale D 118 Da31
Vaalimaa FIN 91 Lb37
Vaaljoki FIN 89 Jb38
Vaals NL 125 Bb41
Väänä EST 98 Kb42
Väänälänranta FIN 82 Kd30
Vaania FIN 90 Kc36
Vääräkoski FIN 89 Jd32
Vaarakylä FIN 83 Lb27
Väärämäki FIN 81 Jd30
Vaaraniva FIN 75 Kd22
Vaarankylä FIN 82 Kd25
Vaaranperä FIN 74 Jb18
Vaaraperä FIN 75 La21
Vaaraslahti FIN 82 Kc29
Väärinmaja FIN 89 Jd34
Vaartsi EST 107 Lc46
Vaas F 28 Fd41
Vaasa FIN 81 Hd30
Vaassen NL 117 Bc36
Väästa EST 98 Kd44
Väätäiskylä FIN 90 Ka32
Vaattojärvi FIN 68 Jb17
Vabaliai LT 113 Jc53
Vabalninkas LT 114 Kd53
Väbel BG 180 Dc68
Vabole LV 115 Lb53
Vabre F 41 Ha54
Vabres-l'Abbaye F 41 Hb53
Vác H 146 Hd52
Vácduka H 146 Hd52
Vače SLO 151 Fc58
Vacha D 126 Db42
Vachdorf D 134 Dc43
Vachendorf D 143 Eb52
Vacherauville F 24 Jb35
Väckelsång S 103 Fc52
Väcklax FIN 97 Jb40
Václavov u Bruntálu CZ 137 Gd45
Vacov CZ 136 Fa48
Vacqueyras F 42 Jb52
Vacquiers F 40 Gc53
Văculești RO 172 Ec55
Vad RO 171 Da56
Vad S 95 Fd41
Vada I 155 Da66
Vadakste LV 113 Jd53
Vădastra RO 180 Db68
Vădăstrița RO 180 Db68
Väddö S 96 Ha41
Vădeni MD 173 Fc54
Vădeni RO 177 Fb63
Vadeolivas E 47 Eb64
Väderstad S 103 Fc47
Vadheim N 84 Cb36
Vadla N 92 Cb43
Vadna H 146 Jb50
Vado I 149 Dc63
Vadocondes E 46 Dc60
Vadokliai LT 114 Kc55
Vado Ligure I 148 Ca63
Vadsbro S 95 Gb45
Vadsø N 65 Kc06
Vadstena S 103 Fc46
Vadu Crișului RO 171 Cc57
Vadu Dobrii RO 174 Cb61
Vadu Izei RO 171 Db54
Vadul lui Isac MD 177 Fb62
Vadul lui Vodă MD 173 Fd58
Vadul-Rașcov MD 173 Fd55
Vadul Turcului MD 173 Fd55
Vadum DK 100 Dc21
Vadu-Moldovei RO 172 Ec56
Vadu Moţilor RO 171 Cc59
Vaduz FL 142 Cd54
Vadžgirys LT 114 Ka56
Væggerløse DK 109 Eb29
Vaeküla EST 98 La42
Værebro DK 109 Ec25
Værløse DK 109 Ec25
Vafiohóri GR 183 Ca76
Vafoss N 93 Dc45
Våg N 70 Ed24
Vågaholmen N 70 Fa19
Vågåmo N 85 Dc35
Vagan BIH 158 Gc64
Vågan N 67 Gc11
Vågan N 77 Dd29
Vågane N 84 Ca35
Vågani RO 172 Dd58
Vágáshuta H 139 Jd49
Vågbø N 77 Db31
Vågdalen S 79 Fd29
Våge N 77 Da32
Vågen N 77 Dc29
Vägersjön S 79 Ga30
Vägeva EST 98 La43
Väggarp S 110 Ed55
Vaggatem N 65 Kc09
Vagge N 65 Kc07
Vaggeryd S 103 Fb50
Vaggevaratj sameviste S 67 Gc17
Vágia GR 189 Ca85
Văgiulești RO 175 Cc64
Vaglia I 155 Dc65
Vaglio Basilicata I 161 Ga75
Vagli Sotto I 155 Da64
Vagney F 31 Ka39
Vagnhärad S 96 Gc45
Vågnön S 88 Gc32
Vagos P 44 Ac63
Vagøy N 76 Cd31
Vågsbygd N 92 Cd47
Vägsele S 80 Gd26
Vägsjöfors S 94 Ed40
Vågsodden N 70 Ed22
Vágur DK 3 Ca07
Vähä-Äiniö FIN 90 Kb36
Vähä-Joutsa FIN 90 Kc34
Vähäkangas FIN 81 Jd27
Vähäkyrö FIN 81 Ja31
Vähä-Leppijärvi FIN 89 Ja34
Vähäniva FIN 68 Hd13
Vahanka FIN 81 Jd31
Vahastu EST 98 Kc43
Vahderpää FIN 90 Ka35
Vaheri FIN 90 Kb34
Vähikkälä FIN 90 Ka38
Vähimaa FIN 90 Kb36
Vahl-Ebersing F 25 Ka35
Váhlia GR 188 Bb86
Vahojärvi FIN 89 Jc34
Vahterpää FIN 98 Kd39
Vähtjer S 67 Hb17
Vahto FIN 97 Jb39
Vahtseliina EST 107 Lc47
Vai GR 201 Dd96
Vaiamonte P 50 Ba68
Vaiano I 155 Dc64
Vaickūniškės LT 114 Kd58
Vaida EST 98 Kc42
Vaideeni RO 175 Da63
Vaiges F 28 Fb39
Vaiguva LT 113 Jd55
Vaihingen (Enz) D 134 Cc48
Vaikantonys LT 114 Kd59
Väike-Maarja EST 98 La43
Väike Rakke EST 98 La45
Vaikko FIN 83 Lb28
Vaillant F 30 Jb40
Vailly F 35 Ka45
Vailly-sur-Aisne F 24 Hb35
Vailly-sur-Sauldre F 29 Ha41
Vaimaro FIN 89 Ja38
Vaimastvere EST 98 La44
Väimela EST 107 Lb47
Vaimõisa EST 98 Kb44
Vaimosuo FIN 75 La19
Vainikkala FIN 91 Lc36
Vainiūai LT 123 Kc30
Vainiži LV 106 Kc49
Vaiņode LV 113 Jc53
Vainova LV 107 Lc52
Vainupea EST 98 Kd41
Vainutas LT 113 Jc56
Väisälä FIN 75 La24
Väisälä FIN 90 La33
Väisälänmäki FIN 82 Kd29
Vaisaluokta sameviste S 67 Gb16
Vaisi EST 98 Ka43
Vaisodžiai LT 114 Kc59
Vaison-la-Romaine F 42 Jc52
Vaiste EST 106 Ka46
Vaišvydava LT 114 Kc57
Vaite F 31 Jc40
Vaiteliai LT 113 Jb55
Vaitkūnai LT 114 La54
Vaivadiškiai LT 114 Kc56
Vaivara EST 99 Lc41
Vaivio FIN 83 Lc30
Vajangu EST 98 Kd43
Vaje N 93 Db46
Väjern S 102 Ea46
Vajkijaur S 72 Ha19
Vajmat S 72 Ha19
Vajska SRB 153 Hd60
Vajszló H 152 Hb58
Vajta H 146 Hc55
Vajzë AL 182 Ab77
Vakern S 95 Fb40
Vakfıkebir TR 205 Fd19
Vakıf TR 185 Ea79
Vakıf TR 187 Gc79
Vakıflaro TR 186 Fa77
Vakıftaş TR 187 Ha80
Vakkola FIN 90 Kc38
Vakkotovare S 67 Gc16
Vaklino BG 181 Fc69
Vaksala S 96 Gc42
Vaksdal N 84 Cb39
Väkšeni LV 106 Kd48
Vaksevo BG 179 Cb73
Vaksvik N 76 Cd32
Val E 36 Ba53
Vál H 146 Hc53
Valada P 50 Ab68
Vålådalen S 78 Ed31
Valadares E 36 Ad57
Valady F 33 Ha51
Valainiai LT 114 Kb54
Valajanaapa FIN 74 Ka21
Valajärvi FIN 89 Jc37
Valajaskoski FIN 74 Jd19
Valakbżdis LT 114 Ka57
Valalta HR 150 Ed61
Valand N 92 Cd47
Valandovo MK 183 Ca75
Valanhamn N 63 Hb08
Valanída GR 183 Bc80
Vălani de Pomezeu RO 170 Cb57
Valareña E 47 Ed59
Valaská SK 138 Hd48
Valaská Belá SK 137 Hb48
Valåskaret N 77 Dd31
Valašská Polanka CZ 137 Ha47
Valašské Klobouky CZ 137 Ha47
Valašské Meziříčí CZ 137 Ha46
Valasti EST 98 Kd43
Valatkoniai LV 114 Kb55
Välax FIN 98 Kc39
Valay F 31 Jc41
Valbella CH 142 Cc56
Valberg F 43 Kc52
Valberg N 66 Fb14
Vålberg S 94 Fa43
Valbiska HR 151 Fb61
Valbo S 95 Gb39
Valboa E 36 Ba56
Valbona E 47 Fa65
Valbonë AL 159 Jb69
Valbondione I 149 Da57
Valbonilla E 38 Db58
Valbonne F 43 Kc53
Valbo-Ryr S 102 Eb46
Valbruna I 143 Ed56
Valbuena de Duero E 46 Db60
Valbukta N 65 Kc07
Valby DK 109 Ec26
Valcabadillo E 38 Da57
Vălcănești RO 176 Ea64
Vălcani RO 170 Bb59
Valcau de Jos RO 171 Cc56
Valcavado E 37 Cb58
Vălčedrăm BG 179 Cd68
Vâlcele RO 175 Db66
Vâlcele RO 176 Ea61
Vâlcelele RO 176 Ed63
Vâlcelele RO 176 Ed66
Valčevo BG 180 Db71
Vălčidol BG 181 Fa70
Vâlcineț MD 173 Fb57
Valcivières F 34 Hd47
Valdagno I 149 Dc59
Valdahon F 31 Ka42
Valdaj RUS 202 Ec09
Valdanzo E 46 Dd61
Valdaora I 143 Ea55
Valdaracete E 46 Dd65
Valdeajos E 38 Dc57
Valdealgorfa E 48 Fc63
Valdearcos E 37 Cc57
Valdearcos de la Vega E 46 Db60
Val de Asón E 38 Dc55
Valdeazores E 52 Cd67
Valdebeix F 34 Hb48
Valdebótoa E 51 Bc68
Valdecaballeros E 52 Cc68
Valdecabras E 47 Ec65
Valdecañas de Cerrato E 46 Db59
Valdecarros E 45 Cc63
Valdecastillo E 37 Cc56
Valdecuenca E 47 Ed65
Valdeflores E 59 Bd72
Valdefuentes E 51 Ca67
Valdefuentes del Páramo E 37 Cb58
Valdeganga E 53 Ec69
Valdeganga de Cuenca E 53 Eb66
Valdehierro E 52 Db68
Valdeķi LV 105 Jd51
Valdelacasa de Tajo E 52 Cc66
Valdelagrana E 59 Bd76
Valdelagua E 52 Dc66
Valdelamusa E 59 Bb72
Valdelinares E 54 Fb65
Val della Torre I 148 Bc60
Valdelosa E 45 Cb61
Valdeltormo E 48 Fd63
Valdemaluque E 46 Dd60
Valdemārpils LV 105 Jd49
Valdemarsvik S 103 Gb47
Valdemeca E 47 Ec65
Val-de-Meuse F 31 Jc39
Valdemorales E 51 Ca68
Valdemorillo E 46 Db64
Valdemoro E 46 Dc65
Valdemoro-Sierra E 47 Ec65
Valdenebro de los Valles E 46 Cd59
Valdenoceda E 38 Dc56
Valdenoguera E 45 Bd62
Valdeobispo E 45 Ca65
Valdepeñas E 52 Dc70
Valdepeñas de Jaén E 60 Db73
Valdepeñas de la Sierra E 46 Dd63
Valdepolo E 37 Cd57
Valderas E 45 Cc59
Val-de-Reuil F 23 Gb35
Valderice I 166 Ea84
Valderiès F 41 Gd53
Valderrama E 38 Dd57
Valderrobres E 48 Fd63
Valderrodilla E 47 Ea61
Val-de-Saâne F 23 Ga34
Valdesalor E 51 Bd67
Valdesamario E 37 Cb56
Val de San Román E 37 Ca57
Valdestillas E 46 Cd61
Valdetorres E 51 Ca69
Valdetorres de Jarama E 46 Dc63
Valdeverdeja E 52 Cc66
Valdevimbre E 37 Cc57
Valdgale LV 105 Jd50
Valdieri I 148 Bc63
Valdilecha E 46 Dd65
Valdín E 37 Bd58
Val d'Isère F 35 Kb47
Valdivia E 51 Cb68
Valdivienne F 29 Ga44
Val-d'Izé F 28 Fa39
Valdobbiadene I 150 Ea58
Valdongo dos Azeites P 44 Bb61
Valdrôme F 42 Jd51
Valdshult S 102 Fa50
Valdunquillo E 45 Cc59
Valdurna I 143 Dd55
Våle N 93 Dd43
Valea Adincă MD 173 Fd55
Valea Argovei RO 176 Ec66
Valea Călugărească RO 176 Eb64
Valea Chioarului RO 171 Da56
Valea Ciorii RO 177 Fa65
Valea Crișului RO 176 Ea61
Valea Dacilor RO 181 Fb67
Valea Danului RO 175 Dc63
Valea de Brazi RO 175 Cc62
Valea Doftanei RO 176 Ea63
Valea Iașului RO 175 Dc63
Valea Ierii RO 171 Cd58
Valea Largă RO 171 Db58
Valea lui Mihai RO 170 Cb55
Valea Lungă RO 175 Db60
Valea Lungă RO 176 Ea64
Valea Măcrișului RO 176 Ec65
Valea Mare MD 173 Fb57
Valea Mare RO 175 Da65
Valea Mare RO 175 Db66
Valea Mare RO 176 Dd65
Valea Mare-Pravăț RO 176 Dd63
Valea Mărului RO 177 Fa62
Valea Mică RO 175 Cd60
Valea Moldovei RO 172 Eb56
Valea Neagră RO 171 Da55
Valea Nucarilor RO 177 Fd64
Valea Perjei MD 173 Fc59
Valea Perjei MD 177 Fd61
Valea Râmnicului RO 176 Ed63
Valea Sării RO 176 Ec61
Valea Seacă RO 172 Ec57
Valea Seacă RO 176 Ed60
Valea Stanciului RO 179 Da67
Valea-Trestieni MD 173 Fb58
Valea Ursului RO 172 Ed58
Valea Uzului RO 176 Eb60
Valea Viilor RO 175 Db60
Valea Vinului RO 171 Cd55
Valea Vinului RO 172 Dd56
Valebjørg N 93 Da44
Valebø N 93 Dc43
Valeč CZ 135 Ed44
Vale da Telha P 58 Aa73
Vale da Vinha P 50 Ba67
Vale de Açor P 58 Ad72
Vale de Cambra P 44 Ad62
Vale de Moura P 50 Ad70
Vale de Nogueira P 45 Bb60
Vale de Salgueiro P 45 Bc60
Vale de Vargo P 50 Ba71
Vale do Lobo P 58 Ac74
Valeggio sul Mincio I 149 Db60
Valeia CY 206 Jd96
Valen N 63 Ja05
Valen N 65 Kc07
Valença do Minho P 36 Ad58
Valençay F 29 Gc42
Valence F 32 Fd47
Valence F 34 Jb49
Valence F 40 Ga52
Valence-d'Albigeois F 41 Ha53
Valence-en-Brie F 29 Ha38
Valence-sur-Baïse F 40 Fd53
València E 54 Fc68
Valencia de Alcántara E 51 Bb67
Valencia de Don Juan E 37 Cc58
Valencia de las Torres E 51 Ca70
Valencia del Mombuey E 51 Bb71
Valencia del Ventoso E 51 Bd71
Valenciennes F 24 Hb32
Văleni MD 177 Fb62
Văleni RO 173 Fa59
Văleni RO 175 Dc66
Văleni-Dâmbovița RO 176 Dd63
Vălenii de Munte RO 176 Eb63
Valeni-Stânișoara RO 172 Eb56
Valensole F 42 Ka53
Valentano I 156 Dd69
Valentín E 61 Ec72
Valentinovo HR 151 Ga57
Valenzuela E 60 Da73
Valenzuela de Calatrava E 52 Db69
Våler N 93 Ea43
Våler N 94 Ec39
Valera de Abajo E 53 Eb67
Valera Fratta I 149 Cc60
Valeria E 53 Eb66
Valero E 45 Ca63
Vales Mortos P 58 Ba72
Valestrand N 92 Ca41
Valestrandsfossen N 84 Ca39
Valevac SRB 179 Ca68
Valevåg N 92 Ca41
Valeyrac F 32 Fb48
Valfabbrica I 156 Eb67
Valfarta E 48 Fc61
Valflaunès F 41 Hd53
Valfréjus F 35 Kb48
Valga EST 106 La47
Valgale LV 105 Jd50
Valgejõgi EST 98 Kd42
Välgi EST 99 Lb44
Valgorge F 34 Hd51
Valgu EST 97 Jc45
Valgu EST 98 Kb44
Valguarnera Caropepe I 167 Fb86
Valgunde LV 106 Kb51
Valguta EST 106 Lc46
Valhelhas P 44 Bb64
Valhosszúfalu H 145 Gd54
Valhuon F 23 Gd31
Valje S 111 Fc54
Välijoki FIN 74 Ka19
Välijoki FIN 91 Lb36
Välikangas FIN 74 Ka19
Väli-Kannus FIN 81 Jc27
Välikylä FIN 81 Jc28
Valin F 32 Fc49
Valinge S 102 Ec51
Väli-Olhava FIN 74 Ka22
Valira GR 194 Bb89
Vălișoara RO 175 Cc60
Välitalo FIN 69 Ka15
Valittula FIN 90 Kc35
Văliug RO 174 Ca62
Välivaara FIN 83 Ld28
Välivaara FIN 91 Ma32
Väli-Viirre FIN 81 Jc27
Valjala EST 105 Jd46
Valjevo SRB 153 Jb63
Valjok N 64 Jc08
Valjunquera E 48 Fd63
Valka LV 106 La47
Valkeajärvi FIN 89 Jd32
Valkeakoski FIN 89 Jd36
Valkeala FIN 90 La37
Valkealuomi FIN 90 Kb33
Valkeavaara FIN 91 Ma32
Valkeiskylä FIN 82 Kc28
Valkeiskylä FIN 82 La29
Valkenburg aan de Geul NL 125 Bb41
Valkenswaard NL 124 Ba39
Valkiamäki FIN 91 Lc34
Valkininkai LT 114 La59
Valkla EST 98 Kc42
Valko FIN 90 Kd38
Valkó H 146 Ja52
Valkola FIN 90 Kb30
Valkom FIN 90 Kd38
Valkosel BG 184 Cd75
Valky UA 203 Fa14
Vall S 104 Gd49
Valla S 79 Fb29
Valla S 79 Ga31
Valla S 95 Ga44
Vallada E 54 Fb69
Valladolid E 46 Da60
Vallåkra S 110 Ed55
Vallargärdet S 94 Fa43
Vallarta de Bureba E 38 Dd57
Vallata I 161 Fd74
Vallauris-Golfe-Juan F 43 Kc53
Vallberga S 110 Ed53
Vallbona de les Monges E 48 Gb61
Vallby S 95 Gb43
Vallda S 102 Eb50
Valldal N 76 Cd33
Valldemossa E 57 Hb67
Valldossera E 49 Gc61
Valle LV 106 Kc52
Valle N 76 Cd32
Valle N 92 Cd43
Valleberga S 111 Fb57
Valle Castellana I 156 Ed69
Vallecillo E 37 Cd58
Vallecorsa I 160 Ed73
Valle Dame I 156 Ea67
Valle de Abdalajís E 60 Cd75
Valle de Cabuérniga E 38 Db55
Valle de Cerrato E 46 Da59
Valle de Finolledo E 37 Bd56
Valle de la Serena E 51 Ca69
Valle de Santa Ana E 51 Bc70
Valledolmo I 166 Ed85
Valleiry F 35 Jd45
Vallelado E 46 Da61
Valle Lomellina I 148 Cb60
Vallelunga Pratameno I 166 Ed85
Valle Mosso I 148 Ca58
Vallen S 79 Ga29
Vallen S 79 Gb29
Vallen S 80 Hc26
Vallentuna S 96 Gd43
Vallepietra I 160 Ec71
Vallerås S 94 Fa39
Valleraugue F 41 Hc52
Vallerheim N 92 Cd43
Vallermosa I 169 Bd79
Vallerstad S 103 Fd46
Vallersund N 77 Dd28
Vallery F 30 Hb39
Vallespinoso de Aguilar E 38 Db56
Vallestad N 84 Ca35
Vallet F 28 Fa42
Valletta M 166 Eb88
Valleviken S 104 Ha48
Valley D 143 Ea51
Valley GB 14 Dc22
Vallfogona de Ripollès E 49 Ha59
Vallibona E 48 Fd64
Valli del Pasubio I 149 Dc59
Vallières F 33 Gd46
Vallières F 35 Jd46
Vallinfreda I 160 Ec71
Vallmoll E 48 Gb62
Vallø N 93 Dd43
Vallobal E 37 Cd54
Valløby DK 109 Ec27
Vallo della Lucania I 161 Fd77
Vallo di Nera I 156 Ec69
Valloire F 35 Ka48
Vallombrosa I 156 Dd65
Vallon-Pont-d'Arc F 34 Ja51
Vallon-sur-Gée F 28 Fc40
Vallorbe CH 140 Ba54
Vallouise F 35 Ka49
Vallrun S 79 Fb29
Valls E 48 Gb62
Vallsbo S 87 Gb38
Vallset N 94 Eb39
Vallsjärv S 73 Ja19
Vallsta S 87 Ga36
Vallstena S 104 Ha49
Vallus H 145 Gd55
Vallvik S 87 Gb37
Valmadrera I 149 Cc58
Valmadrid E 47 Fa61
Valmanya F 41 Ha57
Valmiera LV 106 Kd48
Valmigère F 41 Ha56
Valmo EST 98 La45
Valmojado E 46 Db65
Valmont F 22 Fd34
Valmontone I 160 Ec72
Valmorel F 35 Ka47
Vălnari BG 181 Ed69
Valnontey I 148 Bc58
Valö S 96 Gd40
Valognes F 22 Fa35
Valongo P 44 Ad61
Válor E 61 Dd75
Valoria la Buena E 46 Da60
Valøya N 78 Eb25
Valøya N 78 Ec27
Valožyn BY 202 Ea12
Valpaços P 45 Bc60
Valpalmas E 48 Fb59
Valpelline I 148 Bc58
Valperga I 148 Bd59
Valpiana I 155 Db67
Valpovo HR 153 Hc59
Valpperi FIN 89 Jb38
Valprato Soana I 148 Bc59
Valras-Plage F 41 Hc55
Valréas F 42 Jb51
Vals CH 142 Cc55
Valsaín E 46 Db63
Valsavarenche I 148 Bc58
Välse DK 109 Eb28
Valsebo S 94 Ec44
Valseca E 46 Db62
Valsecca I 149 Cd58
Valseco E 37 Ca56
Valsemé F 22 Fd36
Valsenestre F 35 Ka49
Valsequillo E 51 Cb70
Valserres F 42 Ka51
Valset N 77 Dd29
Valsgård DK 100 Dc22
Valsinni I 162 Gc77
Valsjöbyn S 79 Fb28
Valsjön S 87 Ga34
Valskog S 95 Ga43
Vals-les-Bains F 34 Ja50
Valsølille DK 109 Eb26
Valsonne F 34 Ja46
Valsøybotn N 77 Dc31
Valsøyfjord N 77 Db30
Välsta S 87 Gb35
Valstad S 102 Fa47
Valstagna I 150 Dd58
Valsted DK 100 Db21
Valtaiķi LV 105 Jc52
Valtessiníko GR 194 Bb87
Valtétsi GR 194 Bc88
Val-Thorens F 35 Kb48
Valtice CZ 137 Gc49
Valtierra E 47 Ed59
Valtimo FIN 83 Lb27
Valtola FIN 90 La36
Valtola FIN 91 Lc34
Valtopina I 156 Eb68
Valtorp S 102 Fa47
Valtorta I 149 Cd58
Váltos GR 185 Eb76
Valtournenche I 148 Bd57
Valtura HR 151 Fa62
Valujki RUS 203 Fb14
Valu lui Traian RO 181 Fc67
Valun HR 151 Fb62
Väluste EST 106 Kd46
Valvåg N 77 Db29
Valverde E 47 Ec59
Valverde de Burguillos E 51 Bc71
Valverde de Júcar E 53 Eb67
Valverde de la Vera E 45 Cb65
Valverde de la Virgen E 37 Cc57
Valverde del Camino E 59 Bc73
Valverde de Leganés E 51 Bb69
Valverde del Fresno E 45 Bc64
Valverde de Llerena E 51 Ca71
Valverde del Majano E 46 Db62
Valverde de Mérida E 51 Bd69
Valverdón E 45 Cb62
Valvträsk S 73 Hd20
Vama RO 171 Da54
Vama RO 172 Ea56
Vama Buzăului RO 176 Eb62
Vama Veche BG 181 Fc69
Vamberk CZ 137 Gb44
Vamdrup DK 108 Db26
Våmhus S 87 Fb37
Vamlingbo S 104 Gd51
Vammala FIN 89 Jc36
Vammen DK 100 Db22
Vámos GR 200 Cc95
Vámosgyörk H 146 Ja52
Vámospércs H 147 Ka52
Vampula FIN 89 Jc37
Vanagi LV 107 Lb52
Vanaja FIN 90 Kc32
Vänaja FIN 90 Ka37
Vana-Koiola EST 107 Lb46
Vana-Kuuste EST 99 Lb45
Vana-Roosa EST 107 Lb47
Vânători RO 170 Ca58
Vânători RO 172 Ed56
Vânători RO 175 Cc66
Vânători RO 175 Dc60
Vânători RO 176 Ed62
Vânători RO 177 Fb63
Vânătorii Mici RO 176 Dd66
Vânători-Neamț RO 172 Ec57
Vanattara FIN 89 Jd36
Vanault-les-Dames F 24 Ja36
Vana-Vigala EST 98 Kb44
Vancé F 29 Ga40
Vanda FIN 98 Kb39
Vandāni LV 107 Lb52
Vandans A 142 Da54
Vandel DK 108 Db25
Vandenesse F 30 Hc43
Vandoies I 143 Dd55
Vändra EST 98 Kc45
Vändträsk S 73 Hc22
Vandzene LV 105 Jd49
Vandžiogala LT 114 Kc57
Väne LV 105 Jd51
Väne-Åsaka S 102 Ec47
Vänersborg S 102 Ec47
Vänersnäs S 102 Ec47
Väne-Ryr S 102 Ec47
Vaneze I 149 Dc58
Vang DK 100 Da21
Vang N 85 Db37
Väng S 94 Eb43
Vånga S 103 Fd46
Vånga S 111 Fb54
Vangaži LV 106 Kc50
Vänge S 96 Gc42
Vänge S 104 Ha50
Vängel S 79 Ga29
Vangså DK 100 Da21
Vangshamn N 62 Gc10
Vangshylla N 78 Eb28
Vangsnes N 84 Cc37
Vangsvik N 67 Gb11

Vanha-Kihlanki FIN 68 Ja16
Vanhakylä FIN 81 Jd31
Vanhakylä FIN 89 Ja33
Vanhakylä FIN 89 Ja36
Vanhamäki FIN 90 Kd34
Vanjärvi FIN 98 Ka39
Vänjaurbäck S 80 Gd27
Vänjaurträsk S 80 Gd27
Vänju Mare RO 174 Cb65
Vankiva S 110 Fa54
Vanlay F 30 Hd39
Vannareid N 62 Gd08
Vannäs N 62 Gd08
Vännäs S 80 Hb28
Vännäs S 80 Ha28
Vännäsberget S 73 Ja20
Vännäsby S 80 Hb28
Vannvalen N 62 Ha08
Vanneberga S 111 Fb55
Vannes F 27 Eb41
Vannes-sur-Cosson F 29 Gd40
Vannholman N 64 Jb04
Vannsätter S 87 Gb37
Vannvåg N 62 Ha08
Väno FIN 97 Jb40
Vänonen FIN 90 La35
Vansbro S 95 Fb39
Vanse N 92 Ca47
Vänsjö S 87 Fc35
Vansjö S 95 Gb43
Vansö S 95 Gb43
Vantaa FIN 98 Kb39
Vantilla FIN 89 Jc30
Vanttausjärvi FIN 74 Ka19
Vanttaus koski FIN 74 Kb19
Vanvikan N 78 Ea29
Vanyarc H 146 Hd52
Vanyola H 145 Ha53
Vanzay F 32 Fd45
Vanzone I 148 Ca57
Vaour F 40 Gc53
Vapavaara FIN 75 La19
Vápenná CZ 137 Gc44
Vaplan S 79 Fb30
Vaquèira E 40 Gb57
Vaqueiros P 58 Ad73
Var RO 174 Cb62
Vara EST 98 Lb44
Vara S 102 Ed47
Varacieux F 35 Jc48
Varades F 28 Fa42
Värädia RO 174 Bd63
Varages F 42 Ka54
Varaire F 40 Gc52
Varaize F 32 Fc46
Varajärvi FIN 74 Jc20
Varakļāni LV 107 Lc51
Väräla FIN 90 Kd37
Varaldsøy N 84 Cb40
Varallo I 148 Ca58
Varanauskas LT 114 Kc59
Väräncäu MD 173 Fd56
Varangerbotn N 65 Kb06
Varano de'Melegari I 149 Cd62
Varanpää FIN 89 Ja38
Väräşti RO 180 Eb67
Varászió H 145 Gd56
Väratec RO 172 Ec57
Văratic MD 173 Fa55
Văratic MD 173 Fd57
Varaždin HR 152 Gb57
Varaždinske Toplice HR 152 Gb57
Varazze I 148 Ca63
Várbalog H 145 Gd52
Varberg S 102 Ec51
Värbešnica BG 179 Cd70
Varbevere EST 98 La44
Vărbica BG 179 Cd69
Vărbica BG 180 Eb69
Vărbica BG 180 Ea70
Vărbica BG 180 Eb71
Vărbilău RO 176 Ea64
Vărbjane BG 181 Ec70
Vărbola EST 98 Kd43
Vărbovka BG 180 Dc70
Vărbovo BG 179 Cd69
Vărbovo BG 185 Dd75
Vărciorog RO 170 Cb57
Várda GR 188 Ba86
Varde DK 108 Cd25
Varden N 86 Ea38
Vardim BG 180 Dd69
Vårdinge S 96 Gc44
Vardište BIH 159 Ja65
Vårdnäs S 103 Fd47
Vårdö FIN 96 Hc40
Vardø N 65 Kd05
Vardofjäll S 71 Fc24
Vårdomb H 153 Hd57
Vardun BG 180 Eb70
Varejoki FIN 74 Jc20
Varekil S 102 Eb47
Varel D 118 Cc33
Varelas E 36 Ba55
Varen F 41 Gd52
Varena I 150 Dd57
Varèna LT 114 Kd59
Varena I LT 114 Kd59
Varengeville-sur-Mer F 23 Ga33
Varenna I 149 Cc57
Varennes-Changy F 29 Ha40
Varennes-en-Argonne F 24 Ja35
Varennes-le-Grand F 30 Jb43

Varennes-Saint-Sauveur F 30 Jb44
Varennes-sur-Allier F 34 Hc45
Varennes-sur-Usson F 34 Hc48
Vareš BIH 159 Hc64
Varese I 148 Cb58
Varese Ligure I 149 Cc63
Varetz F 33 Gc49
Vårfu Câmpului RO 172 Ec55
Vårfuri RO 176 Dd64
Vårfurile RO 170 Cb59
Vårgårda S 102 Ed48
Vargas E 38 Dc55
Várgesztes H 145 Hb53
Vårghiş RO 176 Ea60
Vargön S 102 Ec47
Vargträsk S 80 Gd27
Varhaug N 92 Ca45
Vårhela FIN 89 Ja38
Vári GR 183 Bb79
Variaş RO 174 Bc60
Varieba LV 105 Jd51
Varies̆as LV 106 La51
Variku EST 98 Ka43
Varilhes F 40 Gc56
Varin SK 138 Hc47
Väring S 103 Fb46
Variņi LV 106 La49
Váris GR 183 Bb79
Variskylä FIN 82 Kd25
Varislahti FIN 83 Lb30
Varistaipale FIN 83 Lb31
Varisvaara FIN 82 La26
Varize F 29 Gc39
Varjakka FIN 74 Jd24
Varjiträsk S 72 Ha21
Varkaus FIN 90 La32
Várkíza GR 195 Cc87
Vårkumla S 102 Fa48
Varland N 93 Da41
Vårlezi RO 177 Fb61
Varmahlíð IS 2 Ba03
Varmdal N 77 Ea30
Värme LV 105 Jc51
Värminmäki FIN 89 Jd35
Varmo FIN 91 Ld32
Varmsätra S 95 Gb42
Värmskog S 94 Ed43
Varmvattnet S 80 Hb27
Varna BG 181 Fa70
Värna S 103 Ga47
Varna S 103 Ga47
Värnäs SRB 153 Ja62
Varnäs S 94 Fa40
Värnava LV 106 La52
Varnenci BG 181 Ec68
Varnhem S 102 Fa47
Varniai LT 113 Jd55
Värniţal MD 173 Ga58
Varnja EST 99 Lb44
Varnsdorf CZ 128 Fc42
Varntresk N 71 Fb22
Varnum S 102 Ed48
Varnupiai LV 114 Kb59
Väröbacka S 102 Ec50
Varola S 103 Fb47
Varøs GR 190 Dc61
Varoška Rijeka BIH 151 Ga61
Városlőd H 145 Ha54
Varp S 94 Eb45
Varpaisjärvi FIN 82 La28
Várpalota H 145 Hb54
Varpanen FIN 83 Lc28
Varpanen FIN 90 Kd35
Varparanta FIN 83 Ld30
Varparanta FIN 91 Lc31
Varpasalo FIN 91 Lc31
Varpkuselkä FIN 69 Kd16
Varpsjö S 79 Gb27
Varpuperä FIN 75 Kc21
Varputėnai LT 114 Ka54
Varpuvaara FIN 69 Kc17
Varrains F 28 Fc42
Varreddes F 23 Ha36
Varrio FIN 69 Kc15
Varrio FIN 69 Kb17
Vars F 35 Kb50
Vårşaņ RO 172 Gd59
Vårşand RO 170 Bd58
Värsås S 103 Fb47
Värşec BG 179 Cc69
Varsedžiai LT 113 Jd56
Varsi I 149 Cd62
Värşilo BG 181 Ed73
Värska EST 107 Lc46
Värşolt RO 171 Cd56
Varsseveld NL 125 Bd37
Vårst DK 100 Dc21
Varstu EST 107 Lc47
Vartai LT 114 Kb59
Vartdal N 76 Cc33
Varteig N 93 Ea43
Vårteşcoiu RO 176 Ed62
Vartholomió GR 188 Ad86
Vartiala FIN 82 La30
Vartius FIN 75 Lc24
Värtö FIN 90 Kb37
Vartoapele RO 180 Dc67
Värtop RO 175 Cc66
Vartsala FIN 97 Jc39
Värtsilä FIN 83 Ma31
Varuntee FIN 90 Kb37

Varuträsk S 80 Hc25
Varv S 102 Fa47
Varv S 103 Fc46
Varva LV 105 Jb52
Varva S 95 Gb39
Varva UA 202 Ed14
Varvara BG 179 Da73
Varvara BG 186 Fa74
Varvára GR 184 Cc78
Värvăreuca MD 173 Fc55
Varvarin SRB 178 Bc67
Värve LV 105 Jb51
Varvikko FIN 69 Kc16
Varvitsa GR 194 Bc88
Vårvoru de Jos RO 175 Cd66
Vărzăreşti MD 173 Fc57
Vărzăreşti Noi MD 173 Fc57
Várzea Cova P 44 Ba60
Varzi I 149 Cc61
Varziela P 44 Ac63
Varzy F 30 Hd42
Vasa FIN 81 Hd30
Vasalemma EST 98 Kb43
Vasankari FIN 81 Jc26
Vasaraperä FIN 75 Kd19
Vásárosnamény H 147 Kb50
Vasbotna N 78 Ed26
Vaşcău RO 170 Cb58
Vasby S 95 Gb39
Väscăuţi MD 173 Fc55
Vascoeuil F 23 Gb35
Väse S 94 Fa43
Vashtëmi AL 182 Ad77
Vašica SRB 153 Hd61
Väsieni MD 173 Fc56
Väsieni MD 173 Fc58
Vasilaţi RO 180 Eb67
Vasilátika GR 182 Ab80
Vasilcău MD 173 Fc54
Vasileuţi MD 173 Fc54
Vasileu BG 181 Fb69
Vasil'evo RUS 107 Ld47
Vasil'evo RUS 203 Fd09
Vasilevskoje RUS 107 Mb43
Vasiliká GR 189 Cb83
Vasiliká GR 191 Ea83
Vasiliki GR 188 Ac83
Vasilikó GR 182 Ad79
Vasilitsi GR 194 Ba90
Vasil Levski BG 180 Db72
Vasilovci BG 179 Cc68
Vaškai LT 114 Kc53
Vaski FIN 74 Jd23
Vaski LV 106 Ka51
Vaskio FIN 97 Jc39
Vaskivesi FIN 89 Jd33
Vasknarva EST 99 Lc43
Vaskovo RUS 107 Mb50
Vaskräämä EST 106 Kc46
Vaskuu FIN 89 Jc33
Vasles F 28 Fc44
Vaslui RO 173 Fa59
Vass- FIN 98 Ka40
Vassa CY 206 Jb98
Vassarás GR 194 Bc89
Vassås N 93 Dd43
Vassbo N 92 Cd45
Vassbotn N 92 Cc45
Vassbotnfjell N 71 Fd22
Vassbygdi N 84 Cd38
Vassdal N 93 Dc43
Vassdalen N 67 Gb13
Vassdalsvik N 71 Fb19
Vasselbodarna S 86 Fd27
Vasselhyttan S 95 Fd42
Vassenden N 84 Cc35
Vassenden N 85 Dd36
Vassenden N 93 Da46
Vassieux-en-Vercors F 35 Jc49
Vassingare S 67 Gc13
Vassiláki GR 194 Ba87
Vassiliká GR 183 Cb78
Vassilikó GR 189 Cb85
Vassilikós GR 188 Ac86
Vassilís GR 189 Bd82
Vassilópoulo GR 182 Ac80
Vassilopoulos GR 188 Ad84
Vasskogen N 63 Hd08
Vassli N 77 Dc30
Vassmolösa S 111 Ga53
Vassnäs S 78 Fa29
Vassor FIN 81 Ja30
Vasstrand N 62 Gd09
Vatland N 92 Cc46
Vatland N 92 Cc47
Vatnås N 93 Dc41
Vatne N 76 Cc32
Vatne N 76 Cc33
Vatne N 92 Cd45
Vatneli N 92 Cd46
Vatnestrøm N 92 Cd46
Vatnøyra N 66 Fd15
Vatö S 96 Ha42
Vatohóri GR 182 Ba77
Vatra MD 173 Fd58
Vatra Dornei RO 172 Ea56
Vatra Moldoviţei RO 172 Ea55
Vatry F 24 Hd37
Vats N 92 Ca42
Vätta EST 105 Jd46
Vättak S 102 Fa48
Vattaj N 93 Dc41
Vatne N 76 Cc32

Vättlax FIN 97 Jc41
Vattukylä FIN 82 Ka26
Vatula FIN 89 Jc35
Vatutine UA 204 Ec15
Vatutino RUS 122 Jc30
Vatvet N 94 Eb43
Vauchamps F 24 Hc36
Vauchassis F 30 Hc39
Vauclaix F 30 Hc42
Vauconcourt-Nervezain F 31 Jc40
Vaucouleurs F 25 Jc37
Vaudeurs F 30 Hc39
Vaudoy-en-Brie F 24 Hb37
Vaudrey F 31 Jc42
Vau i Dejës AL 163 Jb71
Vaujany F 35 Ka48
Vauldalen N 86 Ec32
Vaulx-Vraucourt F 23 Ha32
Vaupoisson F 30 Hd38
Vaupperä FIN 90 La46
Vauseroux F 28 Fc44
Vautorte F 28 Fb39
Vauvenargues F 42 Jd54
Vauvert F 42 Ja54
Vauvillers F 31 Jd39
Vaux-s-Sûre B 132 Ba44
Vaux-sur-Aubigny F 30 Jb40
Vavd S 96 Gd39
Vávdos GR 183 Cb78
Våversunda S 103 Fc47
Vavincourt F 24 Jb36
Vawkavysk BY 202 Dd13
Vavla CY 206 Jb97
Vaylas CY 206 Jb96
Växbö S 87 Gb36
Växholm S 96 Gd43
Växjö S 103 Fc52
Växtorp S 110 Ed53
Vay F 28 Ed41
Väylä FIN 64 Ka06
Väylänpää FIN 68 Jb17
Vayrac F 33 Gc50
Väyrylä FIN 75 Kd24
Väystäjä FIN 74 Jc20
Vazáš S 68 Hc15
Važec SK 138 Ja47
V'azka RUS 99 Ma44
Veäitäsaknjarga FIN 64 Ka07
Veaikevárri S 67 Hb16
Vean N 77 Dc30
Veauges F 29 Ha42
Vebbestrup DK 100 Dc22
Vebomark S 80 Hc26
Vecate LV 106 Kc47
Vecbāta LV 113 Jc53
Vecbebri LV 106 La51
Vecborne LV 115 Lc53
Vecgaiķi LV 105 Jb52
Vechelde D 126 Dc37
Vechno RUS 107 Md49
Vechta D 117 Cc35
Vecinos E 45 Cb63
Vecipiebalga LV 106 La50
Veckalsnava LV 106 La51
Veckebo S 87 Ga35
Veckholm S 96 Gc43
Veclaicene LV 107 Lc48
Vecmilgravis LV 106 Kb50
Vecsaule LV 106 Kc52
Vectilza LV 107 Ld49
Vecumi LV 107 Ld49
Vecumnieki LV 106 Kc51
Veczvärde LV 105 Jd52
Védariai LT 115 Lc54
Vedavågen N 92 Bd42
Vedbæk DK 109 Ec25
Vedby S 110 Ed54
Veddelev DK 109 Eb26
Veddige S 102 Ec50
Vedea RO 175 Db65
Vedea RO 180 De67
Vedea RO 180 Ea68
Vedersjö S 103 Fd47
Vederslöv S 103 Fc52
Vederso DK 100 Cd23
Vedevåg S 95 Fd43
Vedhall S 102 Eb48
Vedjeön S 79 Fd28
Védlice CZ 136 Fb43
Vedrana BG 180 Db72
Vedrare BG 180 Db72
Vedrina BG 181 Fa69
Vedrines-Saint-Loup F 34 Hb49
Vedro Polje BIH 152 Gb63
Vedrovo RUS 203 Fb08
Vedum S 102 Ed47
Veelikse EST 106 Kc47
Veendam NL 117 Ca33
Veenendaal NL 125 Bb37
Veenwouden NL 117 Bc33
Veere NL 124 Ab38
Veert NL 125 Bb38
Vega E 38 Dc55
Vega de Anzo E 37 Cb54
Vega de Espinareda E 37 Bd56
Vega de Pas E 38 Dc56
Vega de Terrón E 45 Bc62
Vega de Valcarce E 37 Bd56

Vega de Valdetronco E 46 Cd60
Vegafriosa E 37 Cb54
Vegaquemada E 37 Cc56
Vegarienza E 37 Cb56
Vegårshei N 93 Db45
Vegas de Coria E 45 Ca64
Vegas del Condado E 37 Cc57
Vegaviana E 45 Bc65
Vegby S 102 Fa49
Vegeriai LT 106 Ka52
Veggen N 67 Gb13
Vegger DK 100 Db21
Veggli N 93 Db41
Veghel NL 125 Bb38
Vegi LV 105 Jd50
Veglie I 162 Hb76
Vegset N 78 Ed27
Veguilla E 38 Dc55
Veguillas de la Sierra E 47 Ed65
Vegusdal N 93 Da45
Vehendi EST 106 La46
Vehkajärvi FIN 90 Ka35
Vehkakorpi FIN 89 Jb36
Vehkalah FIN 90 Kc35
Vehkalahti FIN 90 La38
Vehkaperä FIN 81 Jd31
Vehkataipale FIN 91 Lb35
Vehmaa FIN 89 Ja38
Vehmaa FIN 90 La33
Vehmasjärvi FIN 82 La27
Vehmaskylä FIN 90 La32
Vehmaskylä FIN 90 La34
Vehmasmäki FIN 82 La30
Vehmersalmi FIN 82 La30
Vehniä FIN 90 Kb32
Vehtovo BG 181 Ec70
Vehu FIN 81 Jd31
Vehus N 92 Cd47
Vehuvarpee FIN 89 Jc35
Vehvilä FIN 82 Kd31
Veidholmen N 77 Db29
Veidnes N 64 Jc05
Veierland N 93 Dd44
Veiesund N 84 Ca35
Veikäker N 85 Dc40
Veikkola FIN 74 Kc18
Veikkola FIN 98 Ka39
Veillac F 33 Ha48
Veilsdorf D 134 Dc43
Veines N 65 Kb04
Veinge S 110 Ed53
Veiprty CZ 135 Ed43
Veiros P 50 Ba68
Veisiejai LT 123 Kc30
Veitsbronn D 134 Dc46
Veitsch A 144 Fd53
Veitservasa FIN 68 Jc14
Veitshöchheim D 134 Da45
Veitsiluoto FIN 74 Jc21
Veiveirai LV 114 Kb58
Veivirženai LT 113 Jc55
Vejano I 156 Ea70
Vejby DK 109 Ec24
Vejbystrand S 110 Ed53
Vejdelevka RUS 203 Fb14
Vejen DK 108 Da26
Vejer de la Frontera E 59 Bd77
Vejers Strand DK 108 Cd25
Vejlby DK 108 Db26
Vejle DK 108 Db25
Vejlen DK 100 Dc21
Vejno RUS 99 Ld43
Vejprnice CZ 135 Ed45
Vejrumbro DK 100 Db23
Vejrumstad DK 100 Da23
Vejrupund DK 109 Dd26
Vekarajärvi FIN 90 La36
Vekilski BG 181 Ed69
Vekkula FIN 90 Kb33
Vektarlia N 78 Fa29
Vela FIN 75 Cd66
Velaatta FIN 89 Jd35
Velada E 46 Cd65
Velada P 50 Ba66
Velagići BIH 152 Gc63
Velaines F 24 Jb37
Vela Luka HR 158 Gc68
Velanda S 102 Ec47
Velanidiá GR 182 Ba78
Velanidiá GR 195 Bd91
Velaóra GR 188 Ba82
Velayos E 46 Da63
Velbert D 125 Bd39
Velburg D 135 Ea47
Velda LV 105 Jc52
Velden D 135 Dd46
Velden am Wörthersee A 144 Fa56
Velden N 85 Dd35
Velden am Wörthersee A 144 Fa56
Veldhoek NL 125 Bc37
Veldhoven NL 124 Ba39
Veldre N 86 Ea38
Vel'e RUS 107 La47
Vele RUS 107 Md49
Velea Tailor RO 177 Fc64
Velebit SRB 153 Jb58
Velefique E 61 Ea75
Velehrad CZ 137 Gd48
Velemin CZ 136 Fa43
Vele Mun HR 151 Fb60
Velen D 125 Bd37
Velēna LV 107 Lb49
Veleni RUS 99 Ma39
Velenje SLO 151 Fd57
Velentzikó GR 188 Ba82
Velereč SRB 159 Jc64
Veles MK 183 Bc74
Veleševec HR 152 Gb59
Veleso I 149 Cc58

Velešta MK 182 Ad75
Velestino GR 189 Bd82
Velestovo MNE 159 Hd69
Vélez Blanco E 61 Eb73
Vélez de Benaudalla E 60 Dc76
Vélez-Málaga E 60 Da76
Vélez Rubio E 61 Eb73
Velgast D 119 Ec30
Velhartice CZ 135 Ed47
Velholan FIN 75 Kc24
Veliés GR 195 Bd90
Veligonty RUS 99 Mb39
Velika HR 152 Ha60
Velika GR 194 Bb89
Velika HR 152 Ha60
Velika Brsljanica HR 152 Gc59
Velika Cista HR 158 Gc66
Velika Drenova SRB 178 Bb67
Velika Gorica HR 152 Gb59
Velika Jablanica KSV 178 Ad70
Velika Jablanica SRB 159 Jc68
Velika Kladuša BIH 151 Ga61
Velika Krsna SRB 174 Bb64
Velika Kruša KSV 178 Ba71
Velika Lukanja SRB 179 Cb69
Velika Moštanica SRB 153 Jc62
Velika Peratovica HR 152 Gd59
Velika Pisanica HR 152 Gd59
Velika Plana SRB 178 Bc69
Velika Preska SLO 151 Fc58
Velika Slatina KSV 178 Bb71
Velika Krčmare SRB 174 Bb66
Velike Lašče SLO 151 Fc58
Velike Račna SLO 151 Fc58
Velikie Luki RUS 202 Eb10
Veliki Gaj SRB 174 Bd64
Veliki Gradište SRB 174 Bd64
Veliki Greda SRB 174 Bc62
Veliki Grotevac HR 152 Gd59
Veliki Izvor SRB 179 Ca67
Veliki Kupci SRB 178 Bc68
Velikino RUS 99 Ld40
Veliki Plana SRB 174 Bb65
Veliki Poganac HR 152 Gc57
Veliki Popović SRB 174 Bc66
Veliki Preslav BG 181 Ec70
Veliki Radinci SRB 153 Ja61
Veliki Raven HR 152 Gb58
Veliki Šiljegovac SRB 178 Bc68
Veliki Srediste SRB 174 Bd62
Veliki Trnovac KSV 178 Bc71
Veliki Zdenci HR 152 Gd59
Veliko Orašje SRB 174 Bc65
Veliko Tărnovo BG 180 Dd70
Veliko Tirgovište HR 151 Ga58
Veliko Trebeljevo SLO 151 Fc58
Velilla de Cinca E 48 Fd61
Velilla de Ebro E 48 Fb61
Velilla del Río Carrión E 38 Da56
Veli Lošinj HR 151 Fb63
Velimáchi GR 188 Bb86
Velimese TR 186 Fa77
Velimlje MNE 159 Hd69
Vélines F 32 Fd50
Velinga S 103 Fb48
Velingrad BG 179 Cd73
Velise EST 98 Ka44
Veliuona LV 114 Kb57
Velje Duboko MNE 159 Ja68
Velji Breg KSV 178 Ba69
Veljun HR 151 Ga60
Veljusa MK 183 Ca75
Velká Bíteš CZ 137 Gd47
Velká Černoc CZ 136 Fa44
Velká Hleď'sebe CZ 135 Ec45
Vel'ká Ida SK 139 Jd49
Vel'ká Lomnica SK 138 Jb47
Velka Maš SK 145 Ha50
Vel'ká nad Ipl'om SK 146 Ja50
Velká nad Veličkou CZ 137 Gd48
Velké Bílovice CZ 137 Gc49
Velké Heraltice CZ 137 Ha45

Vel'ké Kapušany SK 139 Ka49
Velké Karlovice CZ 137 Hb47
Vel'ké Kostol'any SK 137 Ha49
Velké Kunětice CZ 137 Gd43
Velké-Leváre SK 145 Gc50
Velké Losiny CZ 137 Gc44
Vel'ke Lovce SK 145 Hb51
Vel'ke Ludince SK 145 Hb51
Velké Meziříčí CZ 136 Ga47
Velké Němčice CZ 137 Gc48
Velké Opatovice CZ 137 Gc46
Velké Pavlovice CZ 137 Gc48
Vel'ké Ripňany SK 137 Ha49
Vel'ké Rovné SK 137 Hd47
Vel'ke Turovce SK 146 Hc51
Vel'ke Ulany SK 145 Ha51
Veľké Zálužie SK 145 Ha50
Velkmossen FIN 89 Hd32
Velkua FIN 97 Ja39
Velkuankaupunki FIN 97 Ja39
Vel'ký Blh SK 138 Jb49
Velký Bor CZ 136 Fa47
Vel'ký Ďur SK 145 Hb50
Vel'ký Krtíš SK 146 Hd50
Vel'ký Meder SK 145 Ha52
Vel'ký Šariš SK 139 Jd47
Vel'ký Slavkov SK 138 Jb47
Velký Újezd CZ 137 Gd46
Vellahn D 119 Dd33
Vellamelen N 78 Ec27
Vellberg D 134 Da47
Velle N 76 Cd33
Vellechevreux F 31 Ka40
Vellefaux F 31 Jd41
Vellerat N 63 Hd07
Vellescot F 31 Kb40
Velletri I 160 Eb72
Vellev DK 100 Dc23
Vellevans F 31 Ka41
Vellila de Tarilonte E 38 Da56
Vellinge S 110 Ed56
Vellisca E 47 Ea65
Velliza E 46 Cd60
Vellmar D 126 Da40
Vellua FIN 89 Ja38
Vélo GR 189 Bd86
Velovo HR 152 Ha60
Velpke D 127 Dd36
Velsen NL 116 Ad35
Velta N 94 Ec39
Velten D 127 Ed36
Véltrní CZ 136 Fb49
Velušina MK 183 Bb76
Velvang N 78 Eb29
Velventós GR 183 Bc79
Velyka Lepetycha UA 205 Fa16
Velyka Pysarivka UA 203 Fa14
Velyki Dederkaly UA 204 Ea15
Velykyj Burluk UA 203 Fa14
Velžys LT 114 Kc55
Vemb DK 100 Cd23
Vemdalen S 87 Fb33
Vemdalsskalet S 87 Fb33
Vémend H 153 Hc57
Vemhån S 87 Fb34
Vemmedrup DK 109 Eb26
Vemmenäs DK 109 Dd28
Vemmetofte Strand DK 109 Ec27
Ven N 92 Cb44
Vena S 103 Ga49
Venabu N 85 Dd35
Venabygd N 85 Dd35
Venaco F 154 Cb70
Venafro I 161 Fa73
Venäjä FIN 89 Jc37
Venarey-les-Laumes F 30 Ja41
Venarsal F 33 Gc49
Venasca I 148 Bc62
Venas di Cadore I 143 Eb56
Venasque F 42 Jc52
Vençan BG 181 Ed70
Vençane SRB 153 Jc63
Vence F 43 Kc53
Venckai LT 113 Jb56
Venclovišķiai LT 114 Ka57
Venda Nova P 44 Ba59
Venda Novas P 50 Ac69
Vendays-Montalivet F 32 Fa48
Vendel S 96 Gc41
Vendelä FIN 98 Ka39
Vendenheim F 25 Kc36
Vendeuil F 24 Hb34
Vendeuvre F 22 Fc36
Vendeuvre-sur-Barse F 30 Hd38
Vendine F 40 Gc54
Vendinha P 50 Ba70

Vendœuvres – Villafranca di Verona

Vendœuvres F 29 Gb44
Vendôme F 29 Gb40
Vendranges F 34 Hd46
Vendrennes F 28 Fa43
Vendzavae LV 105 Jb50
Venec BG 181 Ec69
Venec BG 181 Ec72
Veneheitto FIN 82 Kb25
Venejärvi FIN 68 Jb16
Venejoki FIN 83 Ld29
Venelin BG 181 Fa71
Venesjärvi FIN 89 Jb35
Veneskoski FIN 81 Jb31
Veneskoski FIN 89 Jb35
Venetmäki FIN 82 Kd29
Venetmäki FIN 90 Kd32
Venetpalo FIN 82 Kb27
Venetti FIN 68 Jb17
Venev RUS 203 Fa11
Venevere EST 98 La43
Venezia I 150 Eb60
Vengasaho FIN 74 Kb22
Vengja N 84 Ca40
Venhuizen NL 116 Bb34
Venialbo E 45 Cc61
Vénissieux F 34 Jb47
Venjan S 87 Fb38
Venlo NL 125 Bc39
Venn N 77 Ea30
Vénna GR 184 Dc77
Vennermoor D 117 Cc36
Vennesla N 92 Cd46
Vennesund N 70 Ed24
Venosa I 161 Ga74
Venray NL 125 Bb38
Vensac F 32 Fa48
Venset N 66 Fd17
Venstøp N 93 Dc43
Vent A 142 Dc55
Venta LT 113 Jd53
Ventabren F 42 Jc54
Venta de Ballerías E 48 Fc60
Venta de Baños E 46 Da59
Ventade Gaeta E 54 Fa68
Venta de la Chata E 52 Dc72
Venta de las Ranas E 37 Cc54
Venta de la Vigen E 55 Fa73
Venta del Charco E 52 Da71
Venta del Moro E 54 Ed68
Venta de los Santos E 53 Dd71
Ventanilla E 38 Da56
Venta Nueva E 37 Ca55
Ventas de Barreira E 36 Bc58
Ventas de Huelma E 60 Db75
Ventas de Muniesa E 48 Fb62
Ventė LT 113 Jb56
Vente del Tollo E 55 Ed71
Ventelä FIN 98 Ka39
Ventelay F 24 Hc35
Venticano I 161 Fc74
Ventimiglia I 43 Kd53
Ventimiglia di Sicilia I 166 Ed84
Ventiseri F 154 Cb71
Ventlinge S 111 Gb54
Ventnor GB 20 Fa31
Ventorros de Balerma E 60 Da74
Ventosa del Río Almar E 45 Cc62
Ventosa de Pisuerga E 38 Db57
Ventotene I 160 Ed75
Ventry IRL 12 Ad24
Ventschow D 119 Ea32
Ventspils LV 105 Jb49
Venturina I 155 Da67
Venus RO 181 Fc68
Venzone I 150 Ec57
Vepriai LT 114 Kd56
Veprinac HR 151 Fb60
Vepsä FIN 74 Kb24
Vepsä FIN 83 Lb26
Ver F 22 Fa37
Vera E 61 Ec75
Vera HR 153 Hd59
Vera N 78 Ed28
Vera-de Bidasoa E 39 Ed55
Vera de Moncayo E 47 Ed60
Vera de Rey E 53 Eb68
Verbania I 148 Cb57
Verberie F 23 Ha35
Verbicaro I 164 Gb78
Verbier CH 148 Bc57
Verbiţa RO 175 Cc66
Verbūnai LT 114 Ka54
Vercelli I 148 Ca59
Vercel-Villedieu-le Camp F 31 Ka42
Verchen D 119 Ed32
Vercheny F 35 Jc50
Verchnjadzvinsk BY 202 Ea11
Verchnje Syn'ovydne UA 204 Dd16
Verchn'odniprovs'k UA 204 Ed15
Vercorin CH 141 Bd56
Verçun AL 182 Ad76
Verdaches F 42 Ka51
Verdalsøra N 78 Ec28
Verdeggia I 43 Kd52
Verdello I 149 Cd59
Verden D 118 Da34
Verdes F 29 Gb40
Verdikoússa GR 183 Bc80
Verdille F 32 Fc47
Verdonnet F 30 Hd40
Verdun F 24 Jb35
Verdun-sur-Garonne F 40 Gb53
Verdun-sur-le-Doubs F 30 Jb43
Véreaux F 29 Ha43
Verebiejai LV 114 Kb59
Verebkovo RUS 107 Lc47
Vereide N 84 Cc34
Verejeni MD 173 Fc56
Veren BG 180 Dc73
Verenci BG 180 Eb71
Vereniki GR 182 Ac80
Veresegyház H 146 Hd52
Verest RUS 99 Mb42
Vereşti RO 172 Ec56
Veret'e RUS 107 Ma48
Vereteni RUS 107 Mb46
Verfeil F 40 Gc54
Verfeil F 41 Gd52
Vērgale LV 105 Jb52
Vergato I 149 Dc63
Vergel E 55 Fc70
Vergeletto CH 141 Cb56
Verges E 49 Hb59
Verghereto I 156 Ea65
Vergi EST 98 Kd41
Vérgi GR 184 Cc77
Vergiate I 148 Cb58
Vergína GR 183 Bd78
Vergt F 33 Ga49
Verguleasa RO 175 Db65
Verhnij Most RUS 107 Mb47
Verholino RUS 107 Ld46
Véria GR 183 Bd78
Verići BIH 152 Gd61
Vérignon F 42 Ka53
Vérigny F 29 Gb38
Verín E 44 Bb59
Veriña Tremañes E 37 Cc54
Veringenstadt D 142 Cd50
Verinsko BG 179 Cd72
Veriora EST 107 Lc46
Verkenseter N 85 Dd34
Verkkojoki FIN 83 Lb27
Verl D 126 Cc38
Verla FIN 90 Kd36
Verlar D 126 Cc38
Vermand F 24 Hb33
Vermenton F 30 Hc40
Vermeş RO 174 Bd61
Vermiglio I 149 Db57
Vermoim P 44 Ad60
Vermosh AL 159 Jb69
Vermuntila FIN 89 Ja37
Vernantes F 28 Fd42
Vernár SK 138 Jb48
Vernazza I 155 Cd64
Vern-d'Anjou F 28 Fb41
Vernes N 77 Dd29
Verneşti RO 176 Ec64
Vernet F 40 Gc55
Vernet-les-Bains F 41 Ha57
Verneuil F 24 Hc36
Verneuil-en-Bourbonnais F 34 Hb45
Verneuil-sur-Avre F 23 Ga37
Verneuil-sur-Indre F 29 Gb43
Verninge DK 108 Dc27
Verningen N 93 Dd44
Vernio I 155 Dc64
Vernoil F 28 Fd42
Vernole I 163 Hc76
Vernon F 23 Gb36
Vernon F 32 Fd45
Vernou-en-Sologne F 29 Gc41
Vernouillet F 23 Gb37
Vernou-sur-Brenne F 29 Ga41
Vernoux-en-Vivarais F 34 Ja50
Vern-sur-Seiche F 28 Ed39
Vero F 154 Ca70
Verőce H 146 Hd52
Verolanuova I 149 Da60
Veroli I 160 Ed72
Véron F 30 Hb39
Verona I 149 Dc59
Verpelét H 146 Jb51
Verrabotn N 78 Ea28
Verrès I 148 Bd58
Verrières F 33 Ga45
Verrone I 148 Ca59
Versailles F 23 Gd37
Versam CH 142 Cd55
Verseg H 146 Ja52
Veršiai LT 114 Ka58
Versmold D 126 Cc37
Versols-et-Lapeyre F 41 Hb53
Verstaminai LV 114 Kb59
Vertavillo E 46 Db60
Verteillac F 32 Fd48
Vertelim RUS 203 Fc10
Vértesacsa H 146 Hc53
Verteuil-sur-Charente F 32 Fd46
Vertijivka UA 202 Ec14
Vertimai LT 113 Jd57
Vertiskos GR 183 Cb77
Vertiujeni MD 173 Fc55
Vertjačij RUS 203 Fd14
Vērtmuiža LV 106 Kd47
Vertolaye F 34 Hc47
Vërtop AL 182 Ac77
Vertou F 28 Ed42
Vert-Saint-Denis F 29 Ha38
Vertus F 24 Hc36
Vertuu FIN 89 Jb35
Verucchio I 156 Eb64
Verum S 110 Fa53
Verviers B 125 Bb41
Vervins F 24 Hc33
Vervnäs S 86 Fa37
Verwood GB 20 Ed30
Veržej SLO 145 Gb56
Verzino I 165 Gd80
Verzuolo I 148 Bc62
Vesala FIN 74 Kb23
Vesala FIN 75 La20
Vesamäki FIN 82 Kc30
Vesanka FIN 90 Kb32
Vesanto FIN 82 Kc30
Vescona I 156 Dd67
Vescovato F 154 Cc69
Vesdun F 29 Ha44
Vése H 152 Gd57
Ves'egonsk RUS 202 Ed08
Vesela BIH 158 Ha64
Veselava LV 106 Kd49
Vesele UA 205 Fa16
Veselec BG 181 Ec68
Veselie BG 181 Fb73
Veselí nad Lužnicí CZ 136 Fc47
Veselí nad Moravou CZ 137 Gd48
Veselinovo BG 180 Eb72
Veselinovo BG 181 Ec71
Veselovka RUS 113 Jd59
Veselynove UA 204 Ed16
Vešenskaja RUS 203 Fc13
Vesijako FIN 90 Kb36
Vesijärvi FIN 89 Ja34
Vesilahti FIN 89 Jd36
Vesivehmaa FIN 90 Kc36
Vesjärvi FIN 89 Jc35
Veskoniemi FIN 69 Kb11
Veskonjarga FIN 69 Kb11
Vesløs DK 100 Da21
Vesmajärvi FIN 69 Jd15
Vesnovo RUS 113 Jd58
Vesoul F 31 Jd40
Vespolate I 148 Cb59
Véssa GR 191 Dd86
Vessigebro S 102 Ec51
Veståskapellet N 85 Dc38
Vestbjerg DK 100 Dc21
Vestby N 86 Ec37
Vestby N 93 Ea42
Vestbygd N 92 Cb47
Vestbygda N 66 Fd14
Vestenanova I 149 Dc59
Vestenbergsgreuth D 134 Dc45
Vester Åby DK 108 Dc27
Vesterby DK 109 Ea28
Vester Egense DK 108 Dc26
Vester Egesborg DK 109 Eb27
Vesterelv N 65 Kb07
Vesterelva N 65 Kc05
Vester Hæsinge DK 108 Dc27
Vester Hassing DK 100 Dc21
Vester Hjermitslev DK 100 Dc20
Vester Hornum DK 100 Db21
Vesterli N 71 Fc18
Vesterli N 71 Fb23
Vestermarie DK 111 Fc58
Vester Nebel DK 108 Db26
Vesterø Havn DK 101 Ea20
Vestertana N 64 Ka06
Vester Torup DK 100 Db20
Vester Vedsted DK 108 Cd26
Vestervig DK 100 Cd22
Vester Vistorp DK 100 Da23
Vestfossen N 93 Dc42
Vestfossen N 93 Dd42
Vestiena LV 106 La50
Vestlax FIN 97 Jc40
Vestmanna DK 3 Ca06
Vestmannaeyjar IS 2 Ac06
Vestnes N 76 Cd32
Vestola FIN 90 Kb36
Vestone I 149 Db59
Vestpollen N 66 Fc14
Vestre Jakobselv N 65 Kc06
Vestre Kile N 92 Cd44
Vestre Moland N 93 Da47
Vestre Slidre N 85 Dc37
Vestre Spone N 93 Dd41
Vestre Vallesverd N 93 Da47
Vestro N 92 Ca42
Vestvågan N 70 Ed21
Vestvik N 78 Eb28
Vesunti FIN 89 Jc36
Veszprém H 145 Ha54
Veszprémvarsány H 145 Ha53
Vésztő H 147 Jd54
Vetaherrado E 59 Ca75
Veţca RO 171 Dc59
Veţel RO 175 Cc60
Veteli FIN 81 Jc29
Vetheuil F 23 Gc36
Vetiş RO 171 Cd54
Vetla EST 98 Kc43
Vetlanda S 103 Fc50
Vetluga RUS 203 Fb08
Vetovo BG 180 Eb68
Vetralla I 156 Ea70
Vetren BG 179 Cd73
Vetren BG 180 Dd72
Vetren BG 181 Ed67
Vetren BG 181 Ed72
Vetren MK 179 Cb73
Vetreşti-Herăstrău RO 176 Ec62
Vetrino BG 181 Ed70
Vetriolo Terme I 150 Dd58
Vetrişoaia RO 177 Fb60
Větrný Jeníkov CZ 136 Fd46
Vetrovo RUS 113 Jc57
Vetschau D 128 Fb39
Vetsikko FIN 64 Ka07
Vettasjärvi S 68 Hc16
Vettelschoß D 125 Ca42
Vetterslev DK 109 Eb27
Vetterud N 94 Eb40
Vetting N 93 Da46
Vetto I 149 Da63
Vettweiß D 125 Bc41
Vetulonia I 155 Db68
Vetunica MK 178 Bd72
Vetvenik RUS 99 Lc44
Veules-les-Roses F 23 Ga33
Veulettes-sur-Mer F 23 Ga33
Veum N 93 Da43
Veurne B 21 Ha29
Vevang N 77 Da31
Vevčani MK 182 Ad75
Vevey CH 141 Bb55
Vévi GR 183 Bb77
Vevring N 84 Cb35
Vex CH 141 Bc56
Vexala FIN 81 Ja29
Veynes F 35 Jd50
Veyrier F 35 Ka46
Veysel TR 193 Ha84
Vežalčiai LT 113 Jb55
Vezdemarbán E 45 Cc60
Vézelay F 30 Hc41
Vézelise F 25 Jd37
Vézelois F 31 Kb40
Vezels-Roussy F 33 Ha50
Vezenkovo BG 181 Ec71
Vézénobres F 42 Ja52
Vezins F 28 Fb42
Vézins-de-Lévézou F 41 Hb52
Vezionys LT 114 Kc58
Vežionys LT 114 La59
Vezirhan TR 187 Gb80
Vezirköprü TR 205 Fb20
Vezza d'Oglio I 149 Db57
Vezzani F 154 Cb70
Vezzano I 149 Dc57
Vezzano sul Crostolo I 149 Db62
Vi S 88 Gc33
Viabon F 29 Gc39
Viadana I 149 Db61
Viana E 39 Eb58
Viana de Bolo E 36 Bc58
Viana do Alentejo P 50 Ad70
Viana do Castelo P 44 Ac59
Vianden L 133 Bb44
Viane F 41 Ha54
Vianen NL 124 Ba37
Viano I 149 Db62
Viaño Pequeño E 36 Ad55
Vianos E 53 Ea70
Vianta FIN 82 Kd29
Viarano Scalo I 161 Fa73
Viareggio I 155 Da65
Viarmes F 23 Gd36
Vias F 41 Hc55
Viasvesi FIN 89 Ja36
Viatodos P 44 Ad60
Vibble S 104 Gd49
Vibbyn S 73 Hd21
Viblemo N 92 Cc46
Viborg DK 100 Db23
Vibo Valentia I 164 Gb82
Vibo Valentia Marina I 164 Gb82
Vibraye F 29 Ga39
Viby DK 109 Eb26
Viby S 95 Fc44
Viby S 103 Fd47
Vic E 49 Ha59
Vič SLO 144 Fc56
Viča SRB 178 Ba67
Vicarello I 155 Da65
Vicari I 166 Ed85
Vicarstown IRL 13 Cc22
Vicchio I 156 Dd64
Vicdessos F 40 Gc57
Vicedo E 36 Bc53
Vic-en-Bigorre F 40 Fd55
Vicenza I 150 Dd59
Vic-Fezensac F 40 Fd54
Vicherey F 31 Jc38
Vichy F 34 Hc46
Vicién E 48 Fb59
Vickan S 102 Eb50
Vickleby S 111 Gb53
Vic-le-Comte F 34 Hb47
Vic-le-Fesq F 41 Hd53
Vico F 154 Ca70
Vico I 149 Da62
Vico del Gargano I 162 Gb71
Vico Equense I 161 Fb75
Vicoforte I 148 Bd62
Vicopisano I 155 Db65
Vicosoprano CH 142 Cd56
Vicovaro I 160 Eb71
Vicovu de Jos RO 172 Eb55
Vicovu de Sus RO 172 Ea54
Vicq-Exemplet F 29 Gd44
Vic-sur-Aisne F 24 Hb35
Vic-sur-Cère F 33 Ha49
Vic-sur-Seille F 25 Jd36
Victoria M 166 Ea87
Victoria RO 173 Fa57
Victoria RO 175 Dc62
Victoria RO 177 Fa65
Victor Vlad Delamarina RO 174 Ca61
Vičuga RUS 203 Fb09
Vidaga LV 107 Lb48
Vidago P 44 Bb59
Vidale LV 105 Jc49
Vidanes E 37 Cd56
Vidángoz E 39 Fa57
Viðareiði DK 3 Ca06
Vidauban F 43 Kb54
Vidbo S 96 Gd42
Viddal N 76 Cc33
Videbæk DK 108 Da24
Videle RO 176 Dd66
Videm pri Ptuju SLO 151 Ga57
Videniškiai LT 114 La56
Videsæter N 84 Cd34
Videstøyl N 92 Cd44
Vidiago E 38 Da54
Vidice CZ 135 Ec46
Vidigal P 50 Ac69
Vidigueira P 50 Ad71
Vidin BG 179 Cb67
Vidiškiai LT 114 Kd56
Vidlin GB 5 Fa04
Vidnava CZ 137 Gc43
Vidön S 94 Fa43
Vidouze F 40 Fc55
Vidra RO 171 Cc59
Vidra RO 176 Ec61
Vidra RO 180 Eb67
Vidrare BG 179 Da70
Vidrenjak HR 152 Gc59
Vidreres E 49 Hb60
Vidriži LV 106 Kc49
Vidsel S 73 Hb22
Vidsmuiža LV 107 Lc51
Vidsodis LT 113 Jd54
Vidstrup DK 100 Dc19
Viduklė LT 114 Ka56
Vidzy BY 202 Ea11
Viechtach D 135 Ec48
Vieille-Brioude F 34 Hc48
Vieille-Soubiran F 40 Fc53
Vieillespesse F 34 Hb49
Vieillevigne F 28 Ed43
Vieira do Minho P 44 Ba59
Viekki FIN 83 Lc27
Viekšnaliai LT 113 Jd54
Viekšniai LT 113 Jd53
Vielank D 119 Dd34
Vielha E 40 Ga57
Vielle E 37 Cc54
Vielle F 39 Fa53
Vielleségure F 39 Fb55
Vielmur-sur-Agout F 41 Gd54
Vielsam B 125 Bb42
Viels-Maisons F 24 Hb36
Viemose DK 109 Eb28
Vienenburg D 126 Dc38
Vienne F 34 Jb47
Vienne-en-Val F 29 Gd40
Vienne-le-Château F 24 Ja35
Viens F 42 Jd53
Viensuu FIN 83 Lc28
Viereck D 120 Fb33
Vieremä FIN 82 Kc27
Viereth-Trunstadt D 134 Dc45
Vierhouten NL 117 Bc36
Vierlingsbeek NL 125 Bc38
Viernau D 126 Dc42
Viernheim D 134 Cc46
Vierraden D 120 Fb34
Viersen D 125 Bc39
Vieru RO 180 Ea68
Vierumäki FIN 90 Kc36
Vierville-sur-Mer F 22 Fb35
Vierzon F 29 Gd42
Viesati LV 105 Jd51
Viešintos LT 114 Kd54
Viesīte LV 106 La52
Viesītes LV 106 Kd52
Vieste I 162 Gb71
Vieštovėnai LT 113 Jc55
Viešvėnai LT 113 Jd54
Viešvilė LT 113 Jd57
Vietalva LV 106 La51
Vietas S 67 Gc16
Vietlübbe D 119 Ea32
Vietri di Potenza I 161 Ga76
Vietri sul Mare I 161 Fc75
Vieux-Boucau-les-Bains F 39 Ed53
Vieux-Fume F 22 Fc36
Vievis LT 114 Kd57
Vieyes I 148 Bc58
Vif F 35 Jd49
Vig DK 109 Eb25
Viganj HR 158 Gd68
Vigante LV 106 La51
Vigarano Mainarda I 150 Dd62
Vigeland N 92 Cc47
Vigevano I 148 Cb60
Vigge S 87 Fb32
Viggianello I 164 Gb78
Viggiano I 161 Ga76
Viggiù I 148 Cb58
Vigľaš SK 138 Hd49
Vigmostad N 92 Cc47
Vignacourt F 23 Gd33
Vignale Monferrato I 148 Ca60
Vignanello I 156 Ea70
Vignes-la-Côte F 30 Jb38
Vigneulles-lès-Hattonchâtel F 25 Jc36
Vignola I 149 Dc63
Vignola Mare I 168 Cb73
Vignole I 150 Ea57
Vignory F 30 Jb38
Vigny F 23 Gc36
Vigo E 36 Ad57
Vigo di Cadore I 143 Eb56
Vigo di Fassa I 143 Dd56
Vigoleno I 149 Cd61
Vigone I 148 Bc61
Vigo Rendena I 149 Db57
Vigre N 92 Ca45
Vigrestad N 92 Ca45
Vigrieži LV 107 Lb48
Vigsnæs DK 109 Eb28
Viguzzolo I 148 Cb61
Vihajärvi FIN 75 Kd24
Vihakse EST 106 Kb46
Vihantasalmi FIN 90 Kd35
Vihanti FIN 81 Jd25
Vihasjärvi FIN 90 Ka35
Vihasoo EST 98 Kd41
Viherlahti FIN 97 Ja39
Vihiers F 28 Fb42
Vihren BG 184 Cc74
Vihtakangas FIN 83 Ld29
Vihtari FIN 83 Lc31
Vihtasuo FIN 83 Lc28
Vihtavaara FIN 91 Ld32
Vihtavuori FIN 90 Kb32
Vihteljärvi FIN 89 Jb35
Vihterpalu EST 98 Ka43
Vihti FIN 98 Ka39
Vihtiälä FIN 89 Jc36
Vihtijärvi FIN 90 Ka38
Vihtola FIN 91 Lb36
Vihtra EST 98 Kc45
Vihu FIN 89 Jb35
Vihula EST 98 Kd41
Viiala FIN 89 Jd36
Viidu EST 105 Jc46
Viiksimo FIN 83 Ld25
Viikusjärvi S 68 Hd14
Viile Satu Mare RO 171 Cd55
Viinijärvi FIN 83 Lc30
Viinikka FIN 81 Jc30
Viinikoski FIN 74 Kb23
Viinistu EST 98 Kd41
Viira EST 97 Jd45
Viiratsi EST 98 Kd45
Viirilä FIN 90 Kd38
Viisarimäki FIN 90 Kc33
Viişoara MD 173 Fa56
Viişoara RO 171 Cc55
Viişoara RO 171 Da59
Viişoara RO 172 Eb58
Viişoara RO 172 Ed54
Viişoara RO 175 Dc60
Viişoara RO 177 Fb60
Viitaila FIN 90 Kb36
Viitakangas FIN 82 Kb29
Viitala FIN 81 Jb31
Viitalahti FIN 83 Lb31
Viitalankylä FIN 81 Jb31
Viitamäki FIN 82 Kc27
Viitaniemi FIN 83 Lb29
Viitaperä FIN 75 Kc23
Viitapohja FIN 89 Jd35
Viitaranta FIN 69 Kc16
Viitaranta FIN 75 Kd19
Viitasaari FIN 82 Kb30
Viitavaara FIN 75 Lb24
Viitka EST 107 Lc47
Viitna EST 98 Kd42
Viivikonna EST 99 Lc42
Vijciems LV 106 La48
Vijtala FIN 89 Jb32
Vik N 66 Fc13
Vik N 70 Ed24
Vik N 70 Fa21
Vik N 76 Cb33
Vik N 76 Cd32
Vik N 78 Eb26
Vik N 84 Cc37
Vik N 92 Ca42
Vik N 93 Da44
Vik N 93 Da46
Vik S 111 Fb56
Vika FIN 74 Ka18
Vika N 63 Hd07
Vika N 78 Eb29
Vika S 87 Fb38
Vika S 95 Fd40
Vikajärvi FIN 74 Ka18
Vikan N 76 Cd31
Vikan N 77 Db30
Vikane N 92 Cb46
Vikane N 93 Ea44
Vikanes N 84 Cb38
Vikarbyn S 87 Fc38
Vikebuk N 76 Cd32
Vikedal N 92 Ca42
Vikeid N 66 Fd12
Vikeland N 92 Cd46
Viken S 110 Ec54
Vikene S 94 Ec42
Viker N 85 Dd39
Viker S 94 Ec43
Viker S 95 Fc43
Vikersund N 93 Dd41
Vikeså N 92 Ca45
Vikevåg N 92 Ca43
Vikhamar N 77 Ea30
Viķi LV 106 Kc47
Vikingstad S 103 Fd47
Vikja N 84 Cc36
Vikna N 78 Eb25
Vikøy N 84 Cb39
Vikran N 62 Gc10
Vikran N 63 Ja04
Vikran N 66 Ga12
Viksfjord N 93 Dd44
Viksjö S 88 Gc32
Viksna LV 107 Lc49
Vikšņi LV 107 Lc50
Viksøyri N 84 Cc37
Viksta S 96 Gc41
Vikstøl N 92 Cd45
Vikten N 66 Fa14
Viktring A 144 Fb56
Vikvallen S 72 Ha22
Vilaboa E 36 Bb53
Vila Chã P 44 Ac60
Vila Chã P 44 Bb63
Vilachá E 36 Bc57
Vila Cova de Alva P 44 Ba64
Vila da Ponte P 44 Ba59
Vila de Cruces E 36 Ba56
Vila de Rei P 50 Ad66
Vila do Bispo P 58 Aa74
Vila do Conde P 44 Ac60
Vilafamés E 54 Fc65
Vilafant E 41 Hb58
Vila Fernando P 51 Bb68
Vila Flor P 45 Bc61
Vila Franca das Naves P 44 Bb63
Vilafranca de Bonany E 57 Hc67
Vilafranca del Maestrat E 48 Fc64
Vilafranca del Penedès E 49 Gc61
Vila Franca de Xira P 50 Ab68
Vilafrío E 36 Bb56
Vilagarcía de Arousa E 36 Ad56
Vilajuïga E 41 Hb58
Viļaka LV 107 Ld49
Vilalba E 36 Bb54
Vilalba dels Arcs E 48 Fd62
Vilalbite E 36 Bb55
Vilaller E 40 Ga58
Vilamadat E 49 Hb59
Vilamaior E 36 Bc56
Vilamarxant E 54 Fb67
Vilamitjana E 48 Gb59
Vilamoura P 58 Ac74
Viļāni LV 107 Lc51
Vila Nogueira de Azeitão P 50 Ab69
Vilanova E 36 Ac57
Vilanova E 36 Ad56
Vilanova E 37 Bd58
Vila Nova de Anços P 44 Ac64
Vilanova de Bellpuig E 48 Gb61
Vila Nova de Cerveira P 36 Ac58
Vila Nova de Famalicão P 44 Ad60
Vila Nova de Foz Côa P 45 Bc61
Vila Nova de Gaia P 44 Ac61
Vilanova del Camí E 49 Gc61
Vilanova de Meià E 48 Gb59
Vila Nova de Milfontes P 58 Ab72
Vila Nova de Paiva P 44 Ba62
Vila Nova de Santo André P 50 Ab71
Vila Nova de São Bento P 58 Ba72
Vilanova de Sau E 49 Ha59
Vila Nova do Ceira P 44 Ad64
Vilanova i la Geltrú E 49 Gc62
Vilanova (Lourenzá) E 36 Bc54
Vilapedre E 36 Bc56
Vilapedre E 36 Bb54
Vila Pouca de Aguiar P 44 Bb60
Vila Praia de Âncora P 44 Ac59
Vilar P 44 Ba62
Vilarandelo P 45 Bc59
Vilarbacu E 36 Bc57
Vilarchán E 36 Ad57
Vilar de Amargo P 45 Bc62
Vilar de Barrio E 36 Bb58
Vilar de Murteda P 44 Ac59
Vilar de Olalla E 53 Eb66
Vilar de Ossos P 45 Bc59
Vilar de Perdizes P 44 Bb59
Vilar de Pinheiro P 44 Ac60
Vilar de Rei E 36 Bb58
Vilardevós E 45 Bc59
Vila Real P 44 Ba61
Vila-real E 54 Fc66
Vila Real de Santo Antonio P 58 Ba74
Vilares P 45 Bc60
Vilares del Saz E 53 Ea66
Vilar Formoso P 45 Bc63
Vilarinho do Bairro P 44 Ac63
Vilariño das Poldras E 36 Bb58
Vilariño de Conso E 36 Bc58
Vilariño Frío E 36 Bb57
Vilarmeao E 36 Bc58
Vila-rodona E 49 Gc62
Vilarouco P 44 Bb61
Vilarrube E 36 Bb53
Vila Ruva P 50 Ad70
Vilasantar E 36 Ba55
Vilas de Turbón E 40 Ga58
Vila Seca P 44 Ac60
Vila Seca P 44 Ad64
Vila-seca E 48 Gb62
Vilasobroso E 36 Ad57
Vilassar de Dalt E 49 Ha61
Vilassar de Mar E 49 Ha61
Vilasund S 71 Fc21
Vilatuxe E 36 Ba56
Vila Velha de Ródão P 50 Ba66
Vilavella E 36 Bc58
Vila Verde P 44 Ad59
Vila Verde de Ficalho P 58 Ba72
Vila Verde dos Francos P 50 Ab67
Vila Viçosa P 50 Ba69
Vilce LV 106 Kb52
Vilcele MD 177 Fc60
Vilches E 52 Dc71
Vildbjerg DK 100 Da23
Vildecans E 49 Gd61
Vilejka BY 202 Ea12
Vilela E 36 Bb56
Vilémov CZ 136 Fd45
Vilers E 49 Hb59
Vilgale LV 105 Jb51
Vilhelmina S 79 Ga26
Vilhula FIN 90 Kd32
Vilia GR 189 Ca86
Vilikkala FIN 97 Jd39
Viliošiai LT 113 Jd53
Viljakkala FIN 89 Jc35
Viljandi EST 98 Kd45
Viljaniemi FIN 90 Kc37
Viljaspohja FIN 90 Kb33
Viljevo HR 152 Hb59
Viljolahti FIN 91 Lb32
Vilkaviškis LT 114 Ka58
Vilkėnai LV 114 Kb56
Vilkene LV 106 Kc48
Vilkija LV 114 Kb57
Vilkjärvi FIN 91 Lb36
Vilkkilä FIN 91 Lb38
Vilkla EST 98 Ka44
Vilkovo BG 181 Fb69
Vilkumiešts LV 115 Lb54
Vilkyčiai LT 113 Jb56
Vilkyškiai LT 113 Jd57
Villa CH 142 Cc55
Villabáñez E 46 Da60
Villabassa I 143 Ea55
Villablanca E 58 Ba74
Villablino E 37 Ca56
Villaboa E 36 Bc54
Villabona F 29 Ha42
Villabona E 37 Cb54
Villabona E 39 Ec55
Villabrágima E 46 Cd59
Villabuena del Puente E 45 Cc61
Villacañas E 52 Dc67
Villacarillo E 61 Dd72
Villacarriedo E 38 Dc55
Villa Castelli I 162 Ha76
Villacastín E 46 Da63
Villach A 144 Fa56
Villacián E 38 Dd56
Villacibrán E 37 Ca55
Villacidro I 169 Bd79
Villaciervos E 47 Ea60
Villacíntor E 37 Cd57
Villaconejos E 46 Dc65
Villaconejos de Trabaque E 47 Eb64
Villada E 37 Cd58
Villa d'Agri I 161 Ga76
Villa d'Almè I 149 Cd58
Villadangos del Páramo E 37 Cb57
Villa del Prado E 46 Db65
Villa del Rey E 51 Bc66
Villa del Río E 52 Da72
Villadiego E 38 Db57
Villadoro I 167 Fa85
Villadose I 150 Ea61
Villadossola I 148 Ca57
Villaeles de Valdavia E 38 Da57
Villaescusa de Haro E 53 Ea67
Villaescusa la Sombría E 38 Dd58
Villaespesa E 47 Fa65
Villafáfila E 45 Cc59
Villafalletto I 148 Bc62
Villafernando E 37 Bd54
Villaferrueña E 37 Cb58
Villaflores E 45 Cc62
Villafontana I 149 Dc60
Villafranca E 39 Ec58
Villafranca de Córdoba E 60 Cd72
Villafranca de Ebro E 48 Fb61
Villafranca del Bierzo E 37 Bd56
Villafranca del Campo E 47 Ed64
Villafranca de los Barros E 51 Bd70
Villafranca de los Caballeros E 52 Dc67
Villafranca di Verona I 149 Db60

Villafranca in Lunigiana – Vizzavona

Villafranca in Lunigiana I 149 Cd63
Villafranca-Montes de Oca E 38 Dd58
Villafranca Piemonte I 148 Bc61
Villafranca Sicula I 166 Ec85
Villafranca Tirrena I 167 Fd83
Villafranco del Guadalquivir E 59 Bd74
Villafrati I 166 Ed84
Villafrechos E 45 Cc59
Villafruela E 46 Db59
Villafuerte E 46 Db60
Villagarcía de Campos E 46 Cd60
Villagarcía de la Torre E 51 Ca71
Villagarcía del Llano E 53 Ec68
Villagatón E 37 Cb57
Villaggio Coppola Pinetamare I 161 Fa74
Villaggio Moschella I 161 Ga74
Villaggio Racise I 164 Gc80
Villagonzalo E 51 Bd69
Villagrains F 32 Fb51
Villagrande I 156 Ec70
Villagrande Strisaili I 169 Cb77
Villagrazia I 166 Ec84
Villaharta E 52 Cc71
Villähde FIN 90 Kc37
Villahermosa E 53 Dd70
Villahermosa del Río E 54 Fb65
Villaherreros E 38 Da58
Villahizán E 46 Dc59
Villáhizan de Treviño E 38 Db58
Villahoz E 46 Dc59
Villaines-en-Duesmois F 30 Ja40
Villaines-la-Juhel F 28 Fc38
Villajimena E 46 Da59
Villajoyosa E 55 Fc71
Villala FIN 91 Ld32
Villalambrús E 38 Dd56
Villalangua E 39 Fb58
Villalba E 36 Bb54
Villalba I 166 Ed85
Villalba Calatrava E 52 Dc70
Villalba de la Sierra E 47 Eb65
Villalba de los Alcores E 46 Cd59
Villalba de los Barros E 51 Bd70
Villalba de los Morales E 47 Ed63
Villalba del Rey E 47 Ea65
Villalba de Rioja E 38 Ea57
Villalcampo E 45 Ca60
Villalcázar de Sirga E 38 Da58
Villaldemiro E 38 Db58
Villalebrín E 37 Cd58
Villalengua E 47 Ec61
Villalgordo del Júcar E 53 Eb68
Villalgordo del Marquesado E 53 Ea67
Villa Literno I 161 Fa74
Villalobar de Rioja E 38 Ea58
Villalobos E 45 Cc59
Villalón de Campos E 46 Cd59
Villalonga E 54 Fc69
Villalpando E 45 Cc59
Villalpardo E 54 Ed68
Villalquite E 37 Cc57
Villalube E 45 Cc60
Villaluenga de la Sagra E 46 Db65
Villaluenga del Rosario E 59 Cb76
Villalumbroso (Valle Retortillo) E 38 Da58
Villalvernia I 148 Cb61
Villamalea E 54 Ed68
Villamañán E 37 Cc58
Villamanín E 37 Cc56
Villamanrique E 53 Dd70
Villamanrique de la Condesa E 59 Bd74
Villamanta E 46 Db65
Villamanzo E 46 Dc59
Villamar E 36 Bc54
Villamar I 169 Ca78
Villamarco E 37 Cd57
Villamartín E 59 Ca75
Villamartín de Campos E 46 Da59
Villamartín de Don Sancho E 37 Cd57
Villamarzana I 150 Dd61
Villamassargia I 169 Bd79
Villamayor E 37 Cd54
Villamayor E 45 Cb62
Villamayor E 48 Fb60
Villamayor de Calatrava E 52 Da69
Villamayor de Campos E 45 Cc59
Villamayor del Río E 38 Dd58
Villamayor de Santiago E 53 Dd67
Villamblard F 33 Ga49
Villambrán de Cea E 37 Cd57
Villambroz E 37 Cd58
Villameca E 37 Cb57
Villamediana E 46 Da59
Villamejil E 37 Cb57
Villamesías E 51 Ca68
Villaminaya E 52 Db67
Villa Minozzo I 149 Da63
Villamizar E 37 Cd57
Villamo FIN 89 Ja34
Villamontán de la Valduerna E 37 Cb58
Villamor de los Escuderos E 45 Cb61
Villamuelas E 52 Dc66
Villamuera de la Cueza E 38 Da58
Villamuriel de Campos E 46 Cd59
Villamuriel de Cerrato E 46 Da59
Villanasur E 38 Dd58
Villandraut F 32 Fc51
Villandry F 29 Ga42
Villanlueva de Duero E 46 Cd60
Villanova I 148 Bb61
Villanova d'Albenga I 43 La52
Villanova d'Asti I 148 Bd61
Villanova del Battista I 161 Fd74
Villanovaforru I 169 Ca78
Villanovafranca I 169 Ca78
Villanova Mondovì I 148 Bc62
Villanova Monteleone I 168 Bd75
Villanova Strisaili I 169 Cb77
Villanova Truschedu I 169 Ca77
Villanovatulo I 169 Cb78
Villanovilla E 39 Fb57
Villanubla E 46 Cd60
Villanueva E 37 Bd56
Villanueva E 37 Cd54
Villanueva de Alcardete E 53 Dd67
Villanueva de Alcorón E 47 Eb64
Villanueva de Algaidas E 60 Cd75
Villanueva de Argaño E 38 Db58
Villanueva de Bogas E 52 Dc67
Villanueva de Cameros E 47 Ea59
Villanueva de Cauche E 60 Cd75
Villanueva de Córdoba E 52 Cd71
Villanueva de Gállego E 48 Fb60
Villanueva de Gumiel E 46 Dc60
Villanueva del Aceral E 46 Cd62
Villanueva de la Concepción E 60 Cd75
Villanueva de la Condesa E 37 Cd58
Villanueva de la Fuente E 53 Ea70
Villanueva de la Jara E 53 Ec68
Villanueva de la Nia E 38 Db56
Villanueva de la Peña E 38 Db55
Villanueva del Árbol E 37 Cc57
Villanueva de la Reina E 60 Db72
Villanueva del Arzobispo E 61 Dd72
Villanueva de las Cruzes E 59 Bb73
Villanueva de la Serena E 51 Ca69
Villanueva de la Sierra E 45 Bd64
Villanueva de las Manzanas E 37 Cc57
Villanueva de las Torres E 61 Dd74
Villanueva de la Vera E 45 Cb65
Villanueva del Campo E 45 Cc59
Villanueva del Duque E 52 Cc71
Villanueva del Fresno E 51 Bb70
Villanueva del Huerva E 47 Fa61
Villanueva de los Castillejos E 58 Ba73
Villanueva de los Infantes E 53 Dd70
Villanueva de los Nabos E 38 Da58
Villanueva del Rey E 52 Cc71
Villanueva del Río y Minas E 59 Ca73
Villanueva del Trabuco E 60 Da75
Villanueva de Oscos E 37 Bd54
Villanueva de San Carlos E 52 Db70
Villanueva de San Juan E 59 Cb75
Villanueva de Sigena E 48 Fc60
Villanueva de Tapia E 60 Da75
Villanuño de Valdavia E 38 Da57
Villány H 153 Hc58
Villa Opicina I 151 Fa59
Villapadierna E 37 Cd57
Villapalacios E 53 Ea70
Villapeceñil E 37 Cd58
Villapedre E 37 Ca54
Villapiana Lido I 164 Gc78
Villapiana Scalo I 164 Gc78
Villa Potenza I 156 Ed67
Villaputzu I 169 Cb79
Villaquejida E 37 Cc58
Villaquilambre E 37 Cc57
Villaquirán de los Infantes E 38 Db58
Villar E 60 Cc73
Villaralbo E 45 Cb60
Villaralto E 52 Cc70
Villarcayo E 38 Dc56
Villard-de-Lans F 35 Jc49
Villar de Cañas E 53 Ea66
Villar de Chinchilla E 54 Ed69
Villar de Ciervo E 45 Bd63
Villardeciervos E 45 Ca59
Villar de Corneja E 45 Cc64
Villar de Domingo García E 47 Eb65
Villardefrades E 45 Cc60
Villar de la Encina E 53 Ea67
Villar del Arzobispo E 54 Fa67
Villar del Buey E 45 Ca61
Villar del Cobo E 47 Ec65
Villar del Horno E 47 Eb65
Villar del Humo E 54 Ed66
Villar de los Navarros E 47 Fa62
Villar del Pedroso E 52 Cc66
Villar del Rey E 51 Bc68
Villar del Rio E 47 Eb59
Villar del Salz E 47 Ed64
Villar del Saz de Navalón E 47 Eb65
Villar de Olmos E 54 Fa67
Villar de Peralonso E 45 Ca62
Villardiaz E 37 Bd54
Villardiegua de la Ribera E 45 Ca60
Villardompardo E 60 Db73
Villard Saint-Christophe F 35 Jd49
Villareal de los Infantes E 54 Fc66
Villarejo de Fuentes E 53 Ea66
Villarejo de Montalbán E 52 Da66
Villarejo de Salvanés E 46 Dd65
Villarejo-Periesteban E 53 Eb66
Villarente E 37 Cc57
Villargordo E 60 Db72
Villargordo del Cabriel E 54 Ed67
Villaricos E 61 Ec75
Villarino E 45 Bd61
Villarluengo E 48 Fb64
Villarmayor E 45 Cb62
Villarmid E 36 Ac54
Villarosa I 167 Fa85
Villarroya de los Pinares E 48 Fb64
Villar Perosa I 148 Bc61
Villarquemado E 47 Ed64
Villarramiel E 46 Cd59
Villarrasa E 59 Bc73
Villarreal E 51 Bb69
Villarrín de Campos E 45 Cc59
Villarrobledo E 53 Ea68
Villarrodrigo E 38 Da57
Villarrodrigo E 53 Ea71
Villarroquel E 37 Cb57
Villarroya de la Sierra E 47 Ec61
Villarrubia E 60 Cc72
Villarrubia de los Ojos E 52 Dc68
Villarrubia de Santiago E 52 Dc66
Villars CH 141 Bc56
Villars F 29 Gc39
Villars F 33 Ga48
Villars-en-Azois F 30 Ja39
Villars-les-Dombes F 34 Jb46
Villars-Santenoge F 30 Jb40
Villarta E 53 Ec68
Villarta de los Montes E 52 Cd68
Villarta de San Juan E 52 Dc68
Villasalto I 169 Cb79
Villasana de Mena E 38 Dd56
Villasandino E 38 Db58
Villa San Giovanni I 164 Ga83
Villa Santa Maria I 161 Fb71
Villasante de Montija E 38 Dd56
Villa Santina I 143 Ec56
Villasarracino E 38 Da58
Villasayas E 47 Ea61
Villaseca E 38 Ea57
Villasecino E 37 Cb56
Villaseco E 45 Cb60
Villaseco de los Gamitos E 45 Ca62
Villaseco de los Reyes E 45 Ca61
Villasequilla de Yepes E 52 Dc66
Villasimius I 169 Cb80
Villasmundo I 167 Fd86
Villasor I 169 Ca79
Villastar E 47 Fa65
Villastellone I 148 Bd61
Villasur de Herreros E 38 Dd58
Villatalla I 43 La52
Villatobas E 53 Dd66
Villatoro E 45 Cc64
Villatoya E 54 Ed68
Villaturiel E 37 Cc57
Villaurbana I 169 Ca77
Villaute E 38 Db57
Villavallelonga I 160 Ed71
Villavaquerín E 46 Da60
Villávaro E 46 Dd60
Villa Vela I 167 Fc87
Villaverde de Guadalimar E 53 Ea71
Villaverde de Íscar E 46 Da61
Villaverde del Río E 59 Ca73
Villaverde de Medina E 46 Cd61
Villaverde de Monte E 46 Dc59
Villaverde de Pontones E 38 Dc54
Villaverde de Trucios E 38 Dd55
Villaverde y Pasaconsol E 53 Eb67
Villaviciosa E 37 Cc54
Villaviciosa de Córdoba E 60 Cc72
Villaviciosa de Odón E 46 Db64
Villavieja de Yeltes E 45 Bd62
Villaviudas E 46 Db59
Villa Vomano I 157 Fa69
Villayón E 37 Ca54
Villazanzo de Valderaduey E 37 Cd57
Villberga S 96 Gc42
Villé F 31 Kb38
Ville RO 181 Fa67
Villebaudon F 22 Fa36
Villebois-Lavalette F 32 Fd48
Villebrumier F 40 Gc53
Villecerf F 29 Ha38
Villecomtal F 33 Ha51
Villeconin F 29 Gd38
Villecroze F 42 Ka54
Villedaigne F 41 Hb55
Villedieu F 30 Hd40
Villedieu-les-Poêles F 22 Fa37
Villedieu-sur-Indre F 29 Gc43
Villedômain F 29 Gb43
Villefagnan F 32 Fd46
Villeflouré F 41 Ha56
Villefontaine F 34 Jb47
Villefort F 34 Hd51
Villefranche-d'Albigeois F 41 Ha53
Villefranche-d'Allier F 33 Ha45
Villefranche-de-Conflent F 41 Ha57
Villefranche-de-Lauragais F 40 Gc55
Villefranche-de-Lonchat F 32 Fd50
Villefranche-de-Panat F 41 Ha52
Villefranche-de-Rouergue F 41 Gd52
Villefranche-du-Périgord F 33 Gb51
Villefranche-sur-Cher F 29 Gc42
Villefranche-sur-Mer F 43 Kd53
Villefranche-sur-Saône F 34 Ja46
Villegailhenc F 41 Ha55
Villegenon F 29 Ha41
Villel E 47 Fa65
Villela E 38 Db57
Ville-la-Grand F 35 Ka45
Villel de Mesa E 47 Ec62
Villemaur-sur-Vanne F 30 Hc38
Villemer F 29 Ha38
Villemeux-sur-Eure F 23 Gb37
Villemorien F 30 Hd39
Villemur-sur-Tarn F 40 Gc53
Villena E 55 Fa70
Villenauxe-la-Grande F 24 Hc37
Villeneuve CH 141 Bb56
Villeneuve F 33 Gd51
Villeneuve F 34 Jb46
Villeneuve F 42 Jb54
Villeneuve-au-Chemin F 30 Hc39
Villeneuve-d'Ascq F 24 Hb31
Villeneuve-de-Berg F 34 Ja51
Villeneuve-de-Marsan F 40 Fc53
Villeneuve-en-Montagne F 30 Ja43
Villeneuve-la-Comtesse F 32 Fb46
Villeneuve-la-Guyard F 30 Hb38
Villeneuve-l'Archevêque F 30 Hc39
Villeneuve-lès-Avignon F 42 Jb53
Villeneuve-les-Bordes F 30 Hb38
Villeneuve-sur-Allier F 30 Hb44
Villeneuve-sur-Lot F 33 Ga51
Villeneuve-sur-Yonne F 30 Hb39
Villentrois F 29 Gb42
Villeréal F 33 Ga51
Villerest F 34 Hd46
Villerías de Campos E 46 Cd59
Villeromain F 29 Gb40
Villers-Bocage F 22 Fb36
Villers-Bocage F 23 Gd33
Villers Bretonneux F 23 Gd33
Villers-Carbonnel F 23 Ha33
Villers-Cotterêts F 24 Hb35
Villers-en-Argonne F 24 Ja36
Villersexel F 31 Ka40
Villers-Farlay F 31 Jc42
Villers-le-Lac F 31 Ka42
Villers-sur-Mer F 22 Fc35
Villerupt F 25 Jc34
Villeseneux F 24 Hd36
Villesèque F 33 Gb51
Villes-sur-Auzon F 42 Jc52
Ville-sur-Illon F 31 Jd38
Ville-sur-Tourbe F 24 Ja35
Villetta Barrea I 161 Fa72
Villetrun F 29 Gb40
Villeurbanne F 34 Jb47
Villevallier F 30 Hb39
Villeveyrac F 41 Hc54
Villiers-Charlemagne F 28 Fb40
Villiers-en-Plaine F 32 Fb45
Villiers-Saint-Benoît F 30 Hb40
Villiers-Saint-Georges F 24 Hb37
Villiers-sur-Beuvron F 30 Hc42
Villikkala FIN 90 Kc37
Villikkala FIN 90 Kd37
Villingebæk DK 109 Ec24
Villingen-Schwenningen D 141 Cb50
Villmergen CH 141 Ca53
Villodrigo E 46 Db59
Villoldo E 38 Da58
Villon F 30 Hd40
Villora E 54 Ed67
Villoria E 45 Cc62
Villoruela E 45 Cc62
Villotta I 150 Ec58
Villotte-sur-Aire F 24 Jb36
Villstad S 102 Fa51
Villuis F 30 Hb38
Villvattnet S 80 Hb26
Villy-en-Auxois F 30 Ja41
Vilminko FIN 82 Ka25
Vilnes N 84 Ca36
Vilnius LT 114 La58
Vil'njans'k UA 205 Fa15
Vil'nohirs'k UA 204 Ed15
Vilobacka FIN 81 Jb29
Vilor RO 175 Dc60
Viloria E 39 Eb57
Vilovo SRB 153 Jb60
Vilppula FIN 90 Ka34
Vilpulka LV 106 Kd47
Vils D 142 Db52
Vils DK 100 Da22
Vilsandi EST 105 Jb46
Vil'šany UA 203 Fa14
Vilsbiburg D 143 Eb50
Vilseck D 135 Ea46
Vilsen, Bruchhausen- D 118 Cd35
Vilshofen D 135 Ed49
Vilshult S 111 Fb53
Vilske-Kleva S 102 Fa47
Vilslev DK 108 Da26
Vilsted DK 100 Db21
Vilsund Vest DK 100 Da21
Vilūnai LT 114 Kc58
Vilusi BIH 152 Gd61
Vilusi BIH 152 Gd62
Vilusi MNE 159 Hc68
Viluste EST 107 Lc46
Viluvere EST 98 Kc45
Vilviestre del Pinar E 46 Dd59
Vilzēni LV 106 Kc48
Vilzēnmuiža LV 106 Kc48
Vima Mică RO 171 Da56
Vimbodí E 48 Gb61
Vimeiro P 50 Aa67
Vimercate I 149 Cc59
Vimianzo E 36 Ac54
Vimieiro P 50 Ad68
Vimioso P 45 Bd60
Vimmerby S 103 Ga49
Vimont F 22 Fc36
Vimoutiers F 22 Fd36
Vimpeli FIN 81 Jc30
Vimperk CZ 136 Fa48
Vimy F 23 Ha32
Vinac BIH 158 Gd64
Vinaceite E 48 Fb62
Vinadi CH 142 Db55
Vinadio I 148 Bb62
Vinaixa E 48 Gb61
Viñales E 37 Ca57
Vinaròs E 48 Ga64
Vinarsko BG 181 Ed72
Vinäs S 87 Fc38
Vinatori MD 173 Fb57
Vinay F 35 Jc48
Vinberg S 102 Ec51
Vinça F 41 Ha57
Vinča SRB 174 Bb65
Vinčai LV 114 Kb58
Vinçan AL 182 Ad77
Vincelles F 30 Hc40
Vinchiaturo I 161 Fb73
Vinci I 155 Db65
Vinci MK 178 Bc73
Vinciarello I 164 Gc82
Vind DK 100 Da23
Vindblæs DK 100 Db21
Vindbyholt DK 109 Eb27
Vindeballe DK 108 Dc28
Vindel-Ånäset S 80 Hb27
Vindelgransele S 72 Gd24
Vindelkrokens sameviste S 71 Fd20
Vindeln S 80 Hb27
Vinderei RO 177 Fb61
Vinderslev DK 100 Db23
Vinderup DK 100 Da23
Vindinge DK 109 Dd27
Vindornyaszőlős H 145 Gd55
Vindrej RUS 203 Fc10
Vindriži LV 107 Ma51
Vindstad N 66 Fa15
Vinebre E 48 Ga62
Vinga RO 174 Bd60
Vingåker S 95 Ga44
Vingelen N 77 Ea33
Vinges N 85 Ea37
Vingrau F 41 Hb56
Vingrom N 85 Ea37
Vingsand N 78 Ea27
Vingstad N 67 Ha11
Vinhais P 45 Bc59
Vinica MK 183 Ca74
Vinica SK 146 Hd51
Vinica SLO 151 Fd60
Viničani MK 183 Bc74
Viniegra de Abajo E 47 Ea59
Viniśće HR 158 Gb66
Viniste BG 179 Cc68
Vinjak AL 182 Ac78
Vinje N 84 Cc38
Vinje N 92 Cd42
Vinjen N 66 Fc15
Vinjeøra N 77 Dc30
Vinkeveen NL 116 Ba36
Vinkkilä FIN 89 Ja38
Vinköl S 102 Fa47
Vinkovci HR 153 Hc60
Vinkšniniai LT 114 Kd53
Vinliden S 80 Gc26
Vinnari FIN 89 Jb36
Vinne N 78 Ec29
Vinné SK 139 Ka48
Vinnelys N 63 Hb09
Vinnersjö S 95 Gb40
Vinni FIN 81 Jc30
Vinninga S 102 Fa46
Vinnycja UA 204 Eb15
Vinodol HR 151 Fc60
Vinograd BG 180 Ea70
Vinogradnoe MD 173 Ga58
Vinon F 29 Ha42
Vinön S 95 Fd44
Viñón E 38 Da55
Vinon-sur-Verdon F 42 Jd53
Vinslöv S 110 Fa54
Vinsnes N 93 Da44
Vinsternes N 77 Db30
Vinstra N 85 Dd36
Vintala FIN 97 Jb39
Vintervollen N 65 Kd07
Vintilă Vodă RO 176 Ec63
Vintileasca RO 176 Ec62
Vintjärn S 87 Ga38
Vintl I 143 Dd55
Vintrosa S 95 Fc44
Vințu de Jos RO 175 Cd60
Vintzelberg D 127 Ea36
Viñuela E 60 Da76
Viñuela de Sayago E 45 Cb61
Viñuelas E 46 Dd63
Vinuesa E 47 Ea59
Viöl D 108 Da29
Viola I 148 Bd63
Violay F 34 Ja46
Violès F 42 Jb52
Viols-le-Fort F 41 Hd53
Viozene I 148 Bc63
Vipava SLO 151 Fa58
Vipereşti RO 176 Eb63
Vipiteno I 143 Dd55
Vippabacken S 73 Ja20
Vipperød DK 109 Eb26
Vir BIH 158 Gd66
Vir HR 157 Fc64
Vir RUS 99 Ma44
Vira CH 148 Cb57
Vira HR 158 Gc67
Virala FIN 90 Ka37
Virāne LV 107 Lb50
Virbalis LT 114 Ka58
Virböle FIN 90 Kd38
Vircava LV 106 Kb52
Vire F 22 Fb37
Viré F 30 Jb44
Vireda S 103 Fc48
Vireši LV 107 Lb48
Virestad S 111 Fb53
Vireux-Wallerand F 24 Ja32
Virga LV 113 Jb53
Virgen A 143 Eb54
Virgen de la Cabeza E 52 Da71
Virgilio I 149 Db61
Virginia IRL 9 Cc19
Virieu F 35 Jc47
Virignin F 35 Jd47
Virisen S 71 Fd23
Viriville F 35 Jc48
Virje HR 152 Gd58
Virkby FIN 98 Ka40
Virkkala FIN 98 Ka40
Virkkula FIN 75 La19
Virkkunen FIN 75 Kd21
Virklund DK 108 Db24
Virla EST 98 Kc43
Virmaanpää FIN 82 Kd30
Virmaila FIN 90 Kb35
Virmutjoki FIN 91 Lc35
Virneburg D 133 Bd43
Virojoki FIN 91 Lb37
Virolahden FIN 91 Lb38
Virollet F 32 Fc46
Vironchaux F 23 Gc32
Virónia GR 183 Cb76
Virovitica HR 152 Gd58
Virovsko BG 179 Cd69
Virpazar MNE 159 Ja70
Virpe LV 105 Jc49
Virrankylä FIN 75 La19
Virrat FIN 89 Jd33
Virsbo S 95 Ga42
Virserum S 103 Fd50
Virtaa FIN 90 Kc35
Virtala FIN 81 Jc31
Virtaniemi FIN 65 Kb10
Virtasalmi FIN 90 La32
Virton B 132 Ba45
Virtsu EST 98 Ka45
Virttaa FIN 89 Jc37
Viru-Jaagupi EST 98 La42
Viru-Kabale EST 98 La42
Viru-Nigula EST 98 La41
Viry F 35 Jd45
Vis HR 158 Gb68
Visag RO 174 Ca61
Visaginas LT 115 Lc54
Višakio Rūda LV 114 Kb58
Visalaukė LT 114 La57
Vişani RO 176 Ed64
Visbek D 117 Cc35
Visborg DK 100 Dc22
Visby DK 108 Da27
Visby S 104 Gd49
Vişcăuţi MD 173 Fd56
Visé B 125 Bb41
Visé B 125 Bb41
Višegrad BIH 159 Ja65
Visegrád H 146 Hc52
Viserba I 156 Eb64
Viseu P 44 Ba63
Vişeu de Jos RO 171 Dc55
Vişeu de Sus RO 171 Dc55
Viševac SRB 174 Bb65
Viševoje RUS 113 Ja59
Višgorodok RUS 107 Ld49
Visiedo E 47 Fa64
Višina RO 176 Dd65
Višina RO 180 Db68
Vişineşti RO 176 Dd64
Visingsö S 103 Fb48
Viskafors S 102 Ed49
Viskāļi LV 106 Kd51
Višķeri LV 107 Ld52
Višķi LV 115 Lc53
Viskinge DK 109 Ea26
Visky RUS 107 Ld47
Visland N 92 Cb45
Vislanda S 103 Fb52
Višlevo RUS 107 Mb48
Višļi LV 105 Jd51
Vismantai LT 114 Kb54
Visnes N 92 Bd42
Višnevoje RUS 113 Jc58
Visniovca MD 177 Fc60
Višnja Gora SLO 151 Fc58
Višnjan HR 151 Fa60
Višnjica SRB 153 Jc61
Višnjica SRB 174 Bb63
Višňova CZ 128 Fc41
Višňové CZ 137 Gb48
Visnum S 95 Fb44
Visnums-Kil S 95 Fb44
Visoca MD 173 Fb54
Visočka Ržana SRB 179 Cb69
Viso del Marqués E 52 Dc70
Visoka SRB 178 Ad67
Visoka Poljana BG 181 Ec69
Visoki Dečani KSV 178 Ad71
Visoki Dečani SRB 159 Jc69
Visoko BIH 158 Hb64
Visone I 148 Ca62
Višovgrad BG 180 Dc70
Visp CH 141 Bd56
Visperterminen CH 141 Bd56
Viss H 147 Jd50
Vissani GR 182 Ac79
Vissec F 41 Hc53
Vissefjärda S 111 Fd53
Visseiche F 28 Fa40
Visselhövede D 118 Db34
Visseltofta S 110 Fa53
Vissenbjerg DK 108 Dc26
Vissinéa GR 183 Bb77
Visso I 156 Ec68
Vissoie CH 141 Bd56
Vist N 78 Ec28
Vista Alegre E 36 Ba53
Vistabella E 47 Fa62
Vistabella del Maestrat E 54 Fc65
Vistbäcken S 73 Hb22
Vistdal N 77 Db32
Viştea RO 175 Dc61
Vistheden S 73 Hb22
Visthus N 70 Ed22
Vistino RUS 99 Ld40
Vistnes N 92 Ca43
Vistorp S 102 Fa48
Visträsk S 73 Hb22
Vištytis LT 114 Ka59
Visukums LV 107 Lc48
Visuvesi FIN 89 Jd33
Viszák H 145 Gb55
Vita I 166 Eb84
Vitaby S 111 Fb56
Vitåfors S 73 Ja21
Vităneşti RO 180 Dd67
Vitanje SLO 151 Fd57
Vitanová SK 138 Ja46
Vitanovac SRB 178 Bb67
Vitanovac SRB 179 Ca69
Vitanvaara FIN 75 Kc20
Vitberget S 73 Hb21
Vitebsk BY 202 Eb11
Vitemölla S 111 Fb56
Viterbo I 156 Ea70
Vitez BIH 158 Ha64
Vithkuq AL 182 Ad77
Viti EST 98 Kb42
Vitigudino E 45 Bd62
Vitikkala FIN 90 Kb33
Vitina BIH 158 Ha67
Vitina BIH 158 Ha67
Vitina GR 194 Bb87
Vitina KSV 178 Bb72
Vitiņi LV 105 Jd52
Vitino RUS 99 Mb40
Vitis A 136 Fd49
Vítkov CZ 137 Ha45
Vitkovac SRB 178 Bb67
Vitkovići BIH 159 Hd66
Vitkovo SRB 178 Bb68
Vitolište MK 183 Bc76
Vitomireşti RO 175 Db64
Vitoria E 38 Ea56
Vitoševac SRB 178 Bc67
Vitovlje BIH 152 Hb63
Vitré F 28 Fa39
Vitrolles F 41 Jc54
Vitrupe LV 106 Kc48
Vitry-en-Artois F 23 Ha32
Vitry-la-Ville F 24 Hd36
Vitry-le-François F 24 Ja37
Vitry-sur-Seine F 23 Gd37
Vitsa GR 182 Ad79
Vitsand S 94 Ed40
Vitsaniemi S 73 Jb20
Vittangi S 68 Hc15
Vittarp DK 108 Cd25
Vittaryd S 103 Fb51
Vitteaux F 30 Ja41
Vittel F 31 Jc38
Vittikko FIN 69 Kc17
Vittikkovuoma FIN 68 Jb17
Vittinge S 95 Gb41
Vittjärn S 94 Ed40
Vittjärv S 73 Hd21
Vittoria I 167 Fb87
Vittorio Veneto I 150 Eb58
Vittsjö S 110 Fa53
Vittskövle S 111 Fb55
Vittuone I 148 Cb59
Vitulano I 161 Fb74
Vitvattnet S 73 Jb20
Vitvattnet S 80 Ha28
Vitvattnet S 87 Fc33
Viù I 148 Bc59
Viuf DK 108 Db26
Vium DK 100 Da22
Viuruniemi FIN 83 Lc30
Vivar del Cid E 38 Dc58
Vivares E 51 Ca68
Vivario F 154 Cb70
Viveiro E 36 Bc53
Viveiro P 44 Bb59
Vivel del Río Martín E 47 Fa63
Viver E 54 Fb66
Viverols F 34 Hd48
Viverone I 148 Bd59
Viveros E 53 Ea70
Vivestad N 93 Dc43
Viviers F 42 Jb51
Viviez F 33 Gd51
Vivonne F 32 Fd45
Vivungi S 68 Hd15
Vix F 32 Fb45
Vizančiai LT 113 Jc53
Vizantea-Livezi RO 176 Ec61
Vizcaínos E 46 Dd59
Vize TR 186 Fa76
Vizica BG 185 Ed74
Vizille F 35 Jd49
Vižinada HR 151 Fa60
Viziru RO 177 Fa64
Vizovice CZ 137 Ha47
Vizsoly H 139 Jd49
Vizvár H 152 Gd58
Vizzavona F 154 Cb70

Vizzini – Wąsosz

Vizzini I 167 Fc87
Vjatskie Poljany RUS 203 Ga08
Vjatskoe RUS 203 Fa08
Vjaz'ma RUS 202 Ec11
Vjazniki RUS 203 Fb09
V. Kolaro (Pamporovo) BG 184 Db75
Vlaardingen NL 124 Ac37
Vlachovo SK 138 Jb48
Vlachovo Březí CZ 136 Fa48
Vlad AL 159 Jc70
Vlad AL 178 Ad71
Vlădaia RO 175 Cc66
Vladaja BG 179 Cc71
Vlădeni RO 172 Ec55
Vlădeni RO 173 Fa56
Vlădeni RO 177 Fa66
Vlădeşti RO 175 Db63
Vlădeşti RO 175 Dc63
Vlădeşti RO 177 Fb62
Vladičin-Han SRB 178 Bd71
Vlădila RO 180 Db67
Vladilovce MK 183 Bc74
Vladimir MNE 163 Ja71
Vladimir RO 175 Cd64
Vladimir RUS 203 Fa10
Vladimirci SRB 153 Jb62
Vladimirescu RO 170 Bd59
Vladimirovac SRB 174 Bb63
Vladimirovci BG 181 Ec69
Vladimirovo BG 179 Cc68
Vladimirovo BG 181 Fa69
Vladimirovo MK 183 Ca74
Vladimirovo RUS 113 Ja59
Vladinja BG 180 Db70
Vladinos MNE 163 Ja71
Vladislav CZ 136 Ga47
Vlad Ţepeş RO 176 Ed66
Vladyčkino RUS 99 Mb42
Vlagtwedde NL 117 Ca34
Vlaháta GR 188 Ac85
Vlaháva GR 183 Bb80
Vlahi BG 183 Cb74
Vlahiá GR 189 Cb84
Vlahióti GR 194 Bc90
Vlăhiţa RO 176 Ea60
Vlahokerassiá GR 194 Bc88
Vlahović HR 152 Gb60
Vlahovići BIH 158 Hb68
Vlăiculeşti RO 176 Ec66
Vlaina Okruglica SRB 179 Ca71
Vlajkovac SRB 174 Bc63
Vlajkovci SRB 178 Bb68
Vlas BG 181 Fa72
Vlasenica BIH 159 Hd64
Vlashuk AL 182 Ab76
Vlasi SRB 179 Ca70
Vlašići HR 157 Fd64
Vlašim CZ 136 Fc46
Vlaşin RO 180 Ea67
Vlasina Rid SRB 179 Ca71
Vlăsineşti RO 172 Ed55
Vlaški Drenovac KSV 178 Ba71
Vlasotince SRB 178 Bd70
Vlastiboř CZ 136 Fc47
Vlatten D 125 Bc41
Vledder NL 117 Bc34
Vlesno RUS 107 Ma49
Vleuten NL 116 Ba36
Vlijmen NL 124 Ba38
Vlissingen NL 124 Ab38
Vlorë AL 182 Aa77
Vlotho D 126 Cd37
V. Nedelja SLO 152 Gb57
Vnorovy CZ 137 Gd48
Vobbia I 148 Cb62
Vocance F 34 Ja49
Voćin HR 152 Ha59
Vockerode D 127 Eb38
Vöcklabruck A 144 Fa51
Vöcklamarkt A 143 Ed51
Vodable F 34 Hb48
Vodanj SRB 174 Bb64
Voden BG 185 Dd74
Voden BG 185 Ec74
Vođenica BIH 152 Gb62
Vodeničane BG 180 Eb72
Vodica BG 180 Ea70
Vodica BIH 158 Gd64
Vodicë AL 182 Ad78
Vodice HR 151 Fa60
Vodice HR 157 Ga65
Vodice SLO 151 Fb57
Vodňany CZ 136 Fb47
Vodnjan HR 151 Fa61
Vodnjanci BG 179 Cb68
Vodno BG 180 Ea70
Vodovrar MK 183 Bc74
Vodskov DK 100 Dc21
Vodstrup DK 100 Da21
Voe GB 5 Fa04
Voel DK 108 Db24
Voerde D 125 Bd38
Voerladegård DK 108 Db24
Voerså DK 101 Dd20
Vœu F 29 Gc43
Voganj SRB 153 Jb61
Vogatsikó GR 183 Bb78
Vogelsdorf, Petershagen- D 128 Fa36
Vögelsen D 118 Dc33
Voggenau A 144 Fc52
Voghera I 148 Cb61
Voghiera I 150 Dd62
Vognill N 77 Dd32
Vognsild DK 100 Db22
Vogogna I 148 Ca57
Vogorno CH 148 Cb57
Vogt D 142 Da52
Vogtareuth D 143 Eb51
Vogtsburg D 141 Bd50
Vogüe F 34 Ja51
Vohburg D 135 Dd49
Vohburg D 135 Ea49
Vohenstrauß D 135 Eb46
Vöhl D 126 Cd40
Võhma EST 97 Jc45
Võhma EST 98 Ka45
Võhma EST 98 Kd41
Võhma EST 98 Kd44
Vohonjoki FIN 74 Kb20
Vohonovo RUS 99 Mb40
Vöhrden, Neuenkirchen- D 117 Cc36
Vöhrenbach D 141 Cb50
Vöhringen D 142 Cc50
Vöhringen D 142 Da50
Voiceşti RO 175 Db65
Void-Vacon F 25 Jc37
Voievoda RO 180 Dc68
Voigtsdorf D 120 Fa33
Voikoski FIN 90 Kd35
Voila RO 175 Dc61
Voiluoto FIN 89 Ja37
Voineasa RO 175 Da62
Voineasa RO 175 Da66
Voinescu MD 173 Fc59
Voineşti RO 173 Fa57
Voineşti RO 173 Fa59
Voineşti RO 176 Dd64
Voiron F 35 Jc48
Voise F 29 Gc38
Võisiku EST 98 Kd44
Voisines F 30 Jb40
Võiste EST 106 Kb46
Voiteg RO 174 Bc61
Voiteur F 31 Jc43
Voitoinen FIN 89 Jb37
Voitsberg A 144 Fd54
Voivodeni RO 171 Dc58
Vojakkala FIN 74 Jc21
Vojakkala FIN 90 Ka38
Vojčice SK 139 Ka48
Vojens DK 108 Db27
Vojinka UA 205 Fa17
Vojka SRB 153 Jb61
Vojkovice CZ 135 Ec44
Vojkovići BIH 159 Hc65
Vojmån S 79 Gb25
Vojnić HR 151 Ga60
Vojnik SLO 151 Fd57
Vojnika BG 181 Ec73
Vojnjagovo BG 180 Db72
Vojno-Selo MNE 159 Jb69
Vojnovo BG 181 Ed68
Vojšanci MK 183 Bd75
Vojsil BG 180 Db73
Vojska SRB 174 Bc66
Vojtjajaure S 71 Fd23
Vojvoda BG 181 Ed69
Vojvoda Stepa SRB 174 Bb61
Vojvodino BG 181 Fa70
Vojvodinovo BG 180 Db73
Voka EST 99 Lc41
Voladilla Alta E 60 Cc77
Vólakas GR 184 Cd76
Volargne I 149 Db59
Volary CZ 136 Fa48
Vólax GR 196 Db89
Volbu N 85 Dc37
Volče SLO 151 Fa57
Volciano I 149 Db59
Volčki RUS 203 Fb12
Volda N 76 Cc33
Voldby DK 101 Dd23
Volden N 78 Ea31
Volders A 143 Dd54
Voldi EST 98 La44
Voldum DK 100 Dc23
Volendam NL 116 Ba35
Volga RUS 202 Ed09
Volgelsheim F 31 Kc39
Volgodonsk RUS 205 Fd15
Volgograd RUS 203 Fd14
Volgorečensk RUS 203 Fa09
Volgovo RUS 99 Ma40
Volgsele S 79 Gb25
Volhov RUS 202 Eb08
Volimes GR 188 Ac86
Volintiri MD 177 Ga60
Volissós GR 191 Dd85
Voljice BIH 158 Ha65
Volkach D 134 Db45
Volkenschwand D 135 Ea49
Völkermarkt A 144 Fc56
Völklingen D 133 Bc46
Volkmarsen D 126 Cd39
Volkovija MK 178 Ba73
Volkovo RUS 107 Ld48
Volkstedt D 127 Ea39
Voll N 86 Ea38
Vollen N 62 Gc10
Vollen N 78 Ec28
Vollenhove NL 117 Bc35
Vollersode D 118 Cd33
Vollerup DK 108 Db26
Vollheim N 79 Fb26
Vollore-Montagne F 34 Hc47
Vollore-Ville F 34 Hc47
Vollsjö S 110 Fa56
Volmsjö S 80 Gc27
Volna RUS 99 Ma42
Volnay F 28 Fd40
Volnovacha UA 205 Fb15
Voloave MD 173 Fc54
Voločaevskij RUS 205 Fd15
Voločajevskoje RUS 113 Hd59
Voločys'k UA 204 Ea15
Volodarka UA 204 Ec15
Volodarovka RUS 113 Jc59
Volodarsk RUS 203 Fb09
Volodarskij Toriki RUS 99 Mb39
Volodymyrec' UA 202 Ea14
Volodymyr-Volyns'kyj UA 202 Dd14
Vologda RUS 202 Ed08
Voloiac RO 175 Cc65
Volokolamsk RUS 202 Ed10
Volokonovka RUS 203 Fb13
Volonne F 42 Ka52
Vólos GR 189 Ca82
Volosovo RUS 99 Ld43
Volosovo RUS 99 Ma41
Vološovo RUS 99 Mb43
Volosovo RUS 202 Ea08
Volotovo RUS 203 Fb13
Volovăţ RO 172 Eb55
Volovec' UA 204 Dd16
Voloviţa MD 173 Fc54
Volovo BG 180 Ea69
Volpiano I 148 Bd60
Völpke D 127 Dd37
Völschow D 119 Ed32
Vol'sk RUS 203 Ga11
Voltaggio I 148 Cb62
Volta Mantovana I 149 Db60
Volterra I 155 Db66
Voltlage D 117 Cb36
Voltri I 148 Cb62
Voltti FIN 81 Jb30
Volturara Appula I 161 Fc73
Volturara Irpina I 161 Fc75
Volvic F 34 Hb46
Volyně CZ 136 Fa47
Volžsk RUS 203 Fd09
Volžskij RUS 203 Fd13
Vömmorski EST 107 Lc47
Vomp A 143 Dd53
Vonêche B 132 Ad43
Vonešta Voda BG 180 Dd71
Vóni GR 200 Da96
Vónitsa GR 188 Ad82
Vonnas F 34 Jb45
Võnnu EST 99 Lb45
Vonsild DK 108 Db26
Vööpste EST 99 Lb45
Vööpsu EST 107 Lc46
Voorburg NL 116 Ad36
Voore EST 99 Lb44
Voorschoten NL 116 Ad36
Voorthuizen NL 116 Bb36
Vopnafjörður IS 3 Bc04
Vörå FIN 81 Ja30
Vorau A 144 Ga53
Voray-sur-l'Ognon F 31 Jd41
Vorbasse DK 108 Da25
Vorchdorf A 144 Fa51
Vorden NL 125 Bc37
Vordernberg A 144 Fc53
Vorderriß D 143 Dd53
Vorderstoder A 144 Fb52
Vorderweissenburg A 136 Fb49
Vordingborg DK 109 Eb28
Vordónia GR 194 Bc89
Vordorf D 126 Dc37
Vorë AL 182 Ab74
Voreppe F 35 Jd48
Vorey F 34 Hd49
Vóri GR 200 Cd96
Vorinó GR 183 Bc76
Vorly F 29 Ha43
Vormsele S 80 Gd25
Vormsund N 94 Eb41
Vormträsk S 80 Gd25
Vorna FIN 82 Kb26
Vorniceni RO 172 Ec54
Vorning DK 100 Dc22
Vorona RO 172 Ec56
Voroncovo RUS 107 Mb48
Voroneţ RO 172 Eb56
Voronež RUS 203 Fb13
Voronkina RUS 107 Lc47
Voronovo RUS 99 Ld42
Vorožba UA 202 Ed13
Vorpbukta N 78 Ea28
Vorra D 135 Dd46
Vorsma RUS 203 Fb09
Vorţa RO 175 Cc60
Vorterøyskagen N 62 Ha08
Võru EST 107 Lb47
Vorzova LV 115 Ma53
Vosbutai LV 114 Kb56
Voshod RUS 203 Ga14
Vosiliškis LV 114 Kb55
Voskop AL 182 Ad77
Voskopojë AL 182 Ad77
Voskresensk RUS 203 Fa10
Voskresenskoe RUS 202 Ed09
Voskresenskoe RUS 203 Fc08
Voşlăbeni RO 172 Ea59
Voss N 84 Cc38
Võsu EST 98 Kd41
Vothylakas CY 206 Jd95
Votice CZ 136 Fc46
Võtikvere EST 99 Lb43
Voudenay-l'Église F 30 Ja42
Voúdia GR 195 Cd91
Voue F 30 Hd38
Vougécourt F 31 Jd39
Vougeot F 30 Jb42
Vouguinha P 44 Ba62
Vouhé F 32 Fb46
Vouillé F 28 Fd44
Vouillé F 32 Fc45
Voukoliés GR 200 Cb95
Voúla GR 195 Cb87
Vouliagméni GR 195 Cb87
Vouliásta GR 188 Ad81
Voúlpi GR 188 Ba82
Voulx F 29 Ha38
Voumajärvi S 73 Jb20
Voúnargo GR 188 Ba86
Vounihóra GR 189 Bc85
Vourgareli GR 188 Ba81
Vourijärvi FIN 89 Jc34
Vourkári GR 195 Cd88
Vourvouroú GR 184 Cc79
Vousnainen FIN 97 Ja39
Voussac F 34 Hb45
Voutás GR 200 Ca95
Voutenay-sur-Cure F 30 Hc41
Voutiáni GR 194 Bc89
Voutsarás GR 182 Ac80
Voútsis GR 194 Bb87
Vouvant F 28 Fb44
Vouvray F 29 Ga41
Vouzailles F 28 Fd44
Vouzela P 44 Ba62
Vouzeron F 29 Gd42
Voúzi GR 189 Bd82
Vouziers F 24 Ja35
Vouzon F 29 Gd41
Vovčans'k UA 203 Fa14
Voves F 29 Gc39
Voxna S 87 Fd37
Voxtorp S 103 Fb51
Voxtorp S 111 Ga53
Vöyri FIN 81 Ja30
Vozneseni MD 173 Fc59
Voznesens'k UA 204 Ed16
Voznesenskoe RUS 203 Fb10
Voznice CZ 136 Fb45
Vrå DK 100 Dc20
Vrå S 102 Fa52
Vrabča BG 179 Cb70
Vrabevo BG 180 Db70
Vráble SK 145 Hb50
Vraca BG 179 Cd69
Vračeš BG 179 Cd71
Vračev Gaj SRB 174 Bc63
Vračević SRB 153 Jc63
Vracov CZ 137 Gd48
Vrådal N 93 Da43
Vradijivka UA 204 Ec16
Vrads DK 108 Db24
Vragočanica SRB 153 Jb63
Vrahneika GR 188 Ba85
Vráhos GR 188 Ac82
Vrålosen N 93 Da43
Vrana HR 151 Fb62
Vrana HR 157 Ga65
Vranče MK 183 Bb75
Vrâncioaia RO 176 Ec61
Vranduk BIH 152 Hb63
Vranes MD 173 Fa56
Vrangianá GR 188 Ba82
Vrångö S 102 Eb49
Vrani RO 174 Bd63
Vranić SRB 153 Jc62
Vrani Kon BG 180 Eb71
Vranilovci BG 180 Dc71
Vranino BG 181 Fb69
Vranja HR 151 Fa60
Vranjak BG 179 Cd69
Vranje SRB 178 Bd71
Vranjska Banja SRB 178 Bd71
Vranov nad Dyjí CZ 136 Ga48
Vranov nad Topl'ou SK 139 Ka48
Vranovo SRB 174 Bc64
Vranovská ves CZ 136 Ga48
Vransko SLO 151 Fc57
Vrap AL 182 Ab75
Vrapce Polje MNE 159 Jb67
Vrapčište MK 178 Ba73
Vrassná GR 184 Cc78
Vrástama GR 184 Cc79
Vrata SLO 144 Fd56
Vratarnica SRB 179 Ca67
Vratěnín CZ 136 Ga48
Vratimov CZ 137 Hb45
Vratlo MNE 159 Ja68
Vrátna SK 138 Hc47
Vratnica MK 178 Bb72
Vravróna GR 195 Cc87
Vrba MNE 159 Ja66
Vrbanj HR 158 Gc67
Vrbanja BIH 152 Gd62
Vrbanja HR 153 Hd61
Vrbanjci BIH 152 Ha62
Vrbanje MNE 159 Hc69
Vrbas SRB 153 Ja59
Vrbaška BIH 152 Gd61
Vrbeštica KSV 178 Ba72
Vrbnica KSV 178 Ad72
Vrbnik HR 151 Fc61
Vrbno pod Pradědem CZ 137 Gd44
Vrboska HR 158 Gc67
Vrbov SK 138 Jb47
Vrbovce SK 137 Gd48
Vrbové SK 137 Ha49
Vrbovec HR 152 Gb58
Vrbovski SRB 153 Jc61
Vrbovsko HR 151 Fd60
Vrchlabí CZ 136 Fd43
Vrčice SLO 151 Fd59
Vrcin SRB 174 Bb64
Vrdy CZ 136 Fd45
Vrebac HR 151 Fd63
Vrécourt F 31 Jc38
Vreden D 125 Bd37
Vrees D 117 Cb34
Vrela KSV 178 Ad70
Vrela SRB 159 Jc68
Vrelo SRB 178 Bd68
Vremski Britof SLO 151 Fa59
Vrena S 95 Gb45
Vrensted DK 100 Dc20
Vreoci SRB 153 Jc62
Vresovo BG 181 Ed71
Vresse-s.-Semois B 132 Ad44
Vrésthena GR 194 Bc88
Vreta FIN 97 Jc40
Vreta kloster S 103 Fd46
Vreten S 95 Gb39
Vretstorp S 95 Fc44
Vrgada HR 157 Fd65
Vrgorac HR 158 Ha67
Vrhnika SLO 151 Fb58
Vrhopolje BIH 152 Gc62
Vrhovine HR 151 Fd62
Vrhovo SLO 151 Fd58
Vries NL 117 Bd34
Vriezenveen NL 117 Bd36
Vrigne-au-Bois F 24 Ja33
Vrigstad S 103 Fb50
Vrin CH 142 Cc55
Vrinners DK 109 Dd24
Vrisári GR 188 Bb86
Vrises GR 200 Cc95
Vrissa GR 191 Ea84
Vrissiá GR 189 Bc82
Vrissohóri GR 182 Ad79
Vrissoúla GR 188 Ad81
Vrízy F 24 Ja34
Vrlika HR 158 Gb65
Vrnjačka Banja SRB 178 Bb67
Vrnograč BIH 151 Ga61
Vrodoú GR 183 Bd79
Vron F 23 Gc32
Vrondádos GR 191 Dd86
Vronderó GR 182 Ba77
Vrontamás GR 194 Bc89
Vroomshoop NL 117 Bd35
Vrossína GR 182 Ac80
Vroutek CZ 135 Ed44
Vrpolje HR 153 Hc60
Vrpolje HR 158 Gb66
Vršac SRB 174 Bc63
Vršani BIH 153 Hd62
Vrsar HR 150 Ed61
Vrsi HR 157 Fd64
Vrtoče BIH 152 Gb62
Vruda RUS 99 Ma41
Vrujci SRB 153 Jc63
Vrulja MNE 159 Ja67
Vrulje HR 157 Fd65
Vrútky SK 138 Hc47
Vrutok MK 178 Ba73
Všeruby CZ 135 Ec47
Všestary CZ 136 Ga44
Všetaty CZ 136 Fc44
Vsetín CZ 137 Ha47
Vsevoložsk RUS 202 Eb08
Vtroja RUS 99 Lc43
Vuarrens CH 141 Bb55
Vučedo HR 153 Hd60
Vučić SRB 174 Bb65
Vućijak BIH 152 Ha62
Vučinice SRB 178 Ba69
Vučinići HR 151 Fc60
Vučitrn KSV 178 Bb70
Vučja Lokva KSV 178 Ba69
Vučja Luka BIH 159 Hc65
Vučje SRB 178 Bd70
Vučkovica SRB 178 Ad67
Vught NL 124 Ba38
Vuillafons F 31 Jd42
Vukan BG 179 Ca71
Vukosanka FIN 83 Lb25
Vukovar HR 153 Hd60
Vukovina HR 152 Gb59
Vuku N 78 Ec29
Vulaines-sur-Seine F 29 Ha38
Vulcan RO 175 Cd62
Vulcan RO 176 Dd62
Vulcana-Băi RO 176 Dd64
Vulcăneşti MD 177 Fc62
Vulcăneşti UA 204 Ec18
Vulcano Piano I 167 Fc83
Vulcano Porto I 167 Fc83
Vulpeni RO 175 Da65
Vultureni RO 171 Da57
Vultureni RO 176 Ed60
Vultureşti RO 172 Ec56
Vultureşti RO 173 Fa58
Vultureşti RO 175 Db65
Vulturu RO 177 Fa62
Vulturu RO 177 Fb66
Vuobmaved FIN 64 Jc10
Vuoggatjålme S 71 Ga19
Vuohčču FIN 69 Ka13
Vuohijärvi FIN 90 Kd36
Vuohiniemi FIN 90 Ka37
Vuohtomäki FIN 82 Kb28
Vuojalahti FIN 90 Kd33
Vuojärvi FIN 69 Ka17
Vuokatti FIN 82 La26
Vuoksenniska FIN 91 Lc35
Vuolenkoski FIN 90 Kd36
Vuolijoki FIN 82 Kc26
Vuolinko FIN 90 La34
Vuolle FIN 81 Jc28
Vuolledalen N 63 Ja09
Vuollerim S 73 Hb20
Vuonamo FIN 82 Kc29
Vuonisjärvi FIN 83 Ld28
Vuonislahti FIN 83 Ld28
Vuono S 74 Jc21
Vuonos FIN 83 Lc30
Vuontee FIN 90 Kc32
Vuontisjärvi FIN 68 Jb13
Vuorenkylä FIN 90 Kc34
Vuorenmaa FIN 89 Jb37
Vuorenmaa FIN 90 La33
Vuoreslahti FIN 82 Kd26
Vuorilahti FIN 82 Kb30
Vuorimäki FIN 89 Jd32
Vuoriniemi FIN 91 Ld34
Vuosaari FIN 98 Kb39
Vuoskojaure sameviste S 67 Ha13
Vuostimo FIN 69 Kb17
Vuostimojärvi FIN 69 Kb17
Vuotinainen FIN 90 Ka38
Vuotjärvi FIN 82 La29
Vuotner S 72 Ha22
Vuotsa FIN 83 Ma29
Vuotso FIN 69 Ka13
Vuottas S 73 Hd20
Vuottolahti FIN 82 Kc26
Vuotunki FIN 75 La19
Vuovdaguoihka FIN 64 Jc09
Vurnary RUS 203 Fc09
Vurpăr RO 175 Db61
Vust DK 100 Db20
Vutcani RO 177 Fb60
Vybor RUS 107 Mb48
Vybor RUS 202 Ea10
Vyborg RUS 202 Ea08
Výčapy CZ 136 Ga47
Výčapy Opatovce SK 145 Hb50
Východná SK 138 Ja47
Vydeniai LT 114 Kd59
Vydmantai LT 113 Jb54
Vygoniči RUS 202 Ed12
Vygrėliai LT 114 Ka59
Vyksa RUS 203 Fb10
Vy-lès-Lure F 31 Ka40
Vylkove UA 204 Ec18
Vynnyky UA 204 Dd15
Vypolzovo RUS 202 Ec09
Vyra RUS 99 Mb41
Vyrica RUS 202 Eb08
Vyšgorodok RUS 107 Ld49
Vyshorod UA 202 Ec14
Vyskatka RUS 99 Ld42
Vyškov CZ 137 Gc47
Vyskytná CZ 136 Fd46
Vyšné Nemecké SK 139 Kb48
Vyšné Ružbachy SK 138 Jb46
Vyšnij Voloček RUS 202 Ec09
Vysockoe RUS 107 Mb49
Vysoká SK 137 Hb46
Vysoké Mýto CZ 137 Gb45
Vysokij Most RUS 107 Ld47
Vysokoe RUS 113 Jc58
Vysokoje RUS 113 Jd58
Vysokovsk RUS 202 Ed10
Vysoký Chlumec CZ 136 Fb46
Vyšší Brod CZ 136 Fb49
Vystavka RUS 107 Mb46
Vyžiai LT 113 Jc56
Vyžnycja UA 204 Ea16
Vyžuonos LT 114 La55
Vzmor'e RUS 113 Hd59

W

Waabs D 108 Dc29
Waake D 126 Db39
Waakirchen D 143 Ea52
Waal D 142 Dc51
Waalre NL 124 Ba39
Waalwijk NL 124 Ba38
Waase D 119 Ed30
Wabcz PL 121 Hb33
Waben F 23 Gc32
Wabern D 126 Da40
Wabienice PL 129 Gd41
Wąbrzeźno PL 121 Hb33
Wach PL 122 Jc33
Wachenheim D 133 Cb46
Wachenroth D 134 Dc45
Wąchock PL 130 Jc41
Wachow D 127 Ec36
Wachów PL 129 Hb42
Wachtberg D 125 Bd42
Wachtendonk D 125 Bc39
Wächtersbach D 134 Cd43
Wacken D 118 Da31
Wackersdorf D 135 Eb47
Wackersleben D 127 Dd37
Waddesdon GB 20 Fb27
Waddewarden D 117 Cc32
Waddington GB 17 Fc22
Waddingtown IRL 13 Cc25
Waddinxveen NL 116 Ad36
Wadebridge GB 18 Db31
Wädenswil CH 141 Cb53
Wadern D 133 Bc45
Wadersloh D 126 Cc38
Wadhurst GB 20 Fd29
Wadlew PL 130 Hd39
Wadowice PL 138 Hd45
Waffenbrunn D 135 Ec47
Wagenfeld D 126 Cd36
Wageningen NL 125 Bb37
Waghäusel D 134 Cc47
Waging am See D 143 Ec51
Wagna A 144 Fd55
Wagrain A 143 Ed53
Wągrowiec PL 121 Gc35
Wahlstedt D 118 Dc31
Wahrenberg D 119 Ea35
Wahrenholz D 126 Dc36
Waiblingen D 134 Cd48
Waibstadt D 134 Cc46
Waidhaus D 135 Eb46
Waidhofen an der Thaya A 136 Fd49
Waidhofen an der Ybbs A 144 Fc51
Waidring A 143 Eb53
Waimes B 125 Bb42
Wainfleet All Saints GB 17 Fd23
Wainhouse Corner GB 18 Dc30
Waischenfeld D 135 Dd45
Waizenkirchen A 144 Fa50
Wakefield GB 16 Fa21
Walbeck D 125 Bc39
Walbeck D 127 Dd37
Walberswick GB 21 Gc25
Wałbrzych PL 129 Gb42
Walchen A 143 Dd54
Walchum D 117 Ca34
Walchwil CH 141 Cb54
Wałcz PL 121 Gb34
Wald A 143 Ed54
Wald A 144 Fc53
Wald CH 142 Cc53
Wald D 142 Cd51
Waldaschaff D 134 Cd44
Waldbach A 144 Ga53
Waldböckelheim D 133 Ca44
Waldbreitbach D 125 Ca42
Waldbröl D 125 Ca41
Waldbronn D 133 Cb48
Waldbrunn D 134 Cd46
Waldbrunn (Westerwald) D 125 Cb42
Waldburg D 142 Da52
Walddrehna D 128 Fa39
Wälde, Betzweiler- D 133 Cb49
Waldeck D 126 Cd40
Waldems D 133 Cb43
Waldenbuch D 134 Cd49
Waldenburg D 127 Ec42
Waldenburg D 134 Da47
Waldenstein-Twimberg A 144 Fc55
Walderbach D 135 Eb47
Walderton GB 20 Fb30
Waldfeucht D 125 Bb40
Waldfischbach-Burgalben D 133 Ca46
Waldhausen im Strudengau A 144 Fc50
Waldheim D 127 Ed41
Waldkappel D 126 Db40
Waldkirch CH 142 Cd53
Waldkirch D 141 Ca50
Waldkirchen D 127 Ed42
Waldkirchen D 136 Fa49
Waldkraiburg D 143 Eb50
Wald-Michelbach D 134 Cc46
Waldmohr D 133 Bd46
Waldmünchen D 135 Ec47
Waldneukirchen A 144 Fb51
Wałdowo PL 121 Gd33
Waldringfield GB 21 Gb26
Waldsassen D 135 Eb45
Waldsee D 133 Cb46
Waldsee, Bad D 142 Da51
Waldshut-Tiengen D 141 Ca52
Waldsieversdorf D 128 Fb36
Waldsolms D 134 Cc43
Waldstetten D 134 Cd46
Wałdyki PL 122 Hd32
Waldzell A 143 Ed51
Walenstadt CH 142 Cd54
Wales GB 16 Fa22
Walewice PL 130 Hd37
Walferdange L 133 Bb45
Walgherton GB 15 Ec23
Walichnowy PL 129 Hb40
Walim PL 129 Gb42
Walincourt-Selvigny F 24 Hb33
Walkenried D 126 Dc39
Walkerburn GB 11 Eb14
Walkern GB 20 Fc27
Walkowice PL 121 Gb34
Wallasey GB 15 Eb21
Walldorf D 126 Dc42
Walldorf D 134 Cc46
Walldürn D 134 Cd46
Wallendorf D 133 Bb44
Wallenfels D 135 Dd44
Wallenhorst D 117 Cb36
Wallerfing D 135 Ec49
Wallern A 144 Fa50
Wallern im Burgenland A 145 Gc52
Wallers F 24 Hb32
Wallersdorf D 135 Ec49
Wallerstein D 134 Db48
Wallgau D 143 Dd53
Wallhalben D 133 Ca46
Wallhausen D 127 Dd40
Wallhausen D 134 Db47
Wallingford GB 20 Fa28
Wallisellen CH 141 Cb53
Wallmoden D 126 Dc38
Walls GB 5 Ed05
Wallsee A 144 Fc51
Wallstawe D 119 Dd35
Walluf D 133 Cb44
Wallwitz D 127 Eb39
Walmerod D 125 Cb42
Wałowice PL 128 Fc38
Walpertskirchen D 143 Ea50
Walpole Saint Andrew GB 17 Fd24
Walsall GB 16 Ed24
Walschleben D 127 Dd41
Walsdorf D 134 Dc45
Walsrode D 118 Db35
Waltenhofen D 142 Db52
Waltersdorf D 128 Fc42
Waltershausen D 126 Dc41
Waltham GB 17 Fc21
Waltham-on-the-Wolds GB 16 Fb24
Walton East GB 14 Db26
Walton-on-the-Naze GB 21 Gb27
Waltrop D 125 Ca38
Waly F 24 Jb36
Wamba E 46 Cd60
Wambierzyce PL 137 Gb43
Wanborough GB 20 Ed28
Wanderup D 108 Da29
Wandlitz D 119 Ed35
Wanfried D 126 Db40
Wangen CH 141 Bd53
Wangenbourg F 25 Kb37
Wangen im Allgäu D 142 Da52
Wangerland D 117 Cc32
Wangerooge D 117 Cc31
Wängi CH 142 Cc52
Wanlockhead GB 10 Ea15
Wanna D 118 Cd32
Wansleben D 127 Ea40
Wanssum NL 125 Bc38
Wantage GB 20 Fa28
Wanzleben D 127 Ea38
Wapenveld NL 117 Bc35
Wąpielsk PL 122 Hc34
Wapienne PL 139 Jd45
Waplewo PL 122 Ja33
Wapnica PL 120 Fd34
Wapno PL 121 Gd35
Warberg D 127 Dd37
Warbomont B 124 Ba42
Warboys GB 20 Fc25
Warburg D 126 Cd39
Warchlino PL 120 Fc33
Warcino PL 121 Gb31
Warcq F 25 Jc35
Ward IRL 13 Cd21
Wardenburg D 117 Cc34
Wardin B 133 Bb43
Wardington GB 20 Fa26
Ware GB 20 Fc27
Waregem B 124 Aa40
Wareham GB 19 Ec31
Waremme B 124 Ba41
Waren D 119 Ec33
Warendorf D 125 Cb37
Warffum NL 117 Bd32
Warga NL 117 Bc33
Warin D 119 Ea32
Warka PL 130 Jc38
Warkworth GB 11 Fa15
Warley GB 20 Ed25
Warlingham GB 20 Fc29
Warlubie PL 121 Hb32
Warluis F 23 Gd35
Warmenhuizen NL 116 Ba34
Warmensteinach D 135 Ea44
Warminster GB 19 Ec29
Warmsen D 126 Cd36
Warmwell GB 19 Ec31
Warnemünde D 119 Eb31
Warnford GB 20 Fa30
Warngau D 143 Ea52
Warnice PL 120 Fc35
Warnikajmy PL 122 Jb30
Warnino PL 120 Ga31
Warnołęka PL 120 Fb32
Warnowo PL 120 Fb32
Warrenpoint IRL 9 Cd19
Warrington GB 15 Ec21
Warschau = Warszawa PL 130 Jb37
Warslow GB 16 Ed22
Warsop GB 16 Fa22
Warsow D 119 Ea33
Warstein D 126 Cc39
Warszawa PL 130 Jb37
Warszkowo PL 121 Gb30
Wart, Altensteig- D 134 Cc49
Warta PL 129 Hb39
Warta Bolesławiecka PL 128 Ga41
Wartenberg D 126 Da42
Wartenberg D 143 Ea50
Wartenburg D 127 Ec39
Warth A 142 Da53
Warthausen D 142 Da50
Warthe D 120 Fa31
Wartin D 120 Fb34
Wartkowice PL 130 Hc38
Wartmannsroth D 134 Da44
Warton GB 11 Ed15
Warwick GB 20 Fa25
Wasbek D 118 Db31
Wasbister GB 5 Ec02
Wasbüttel D 126 Dc36
Washaway GB 18 Db31
Washington GB 11 Fa17
Wasigny F 24 Hd34
Wasilków PL 123 Kb33
Waskemeer NL 117 Bd33
Waśniów PL 130 Jc41
Wąsosz PL 121 Gd35

Wólka Pełkińska – Zalegošč

Wólka Pełkińska PL 139 Kb43
Wolkenstein D 127 Ed42
Wolkenstein I 143 Dd56
Wolkersdorf A 145 Gb50
Wolkowe PL 122 Jc33
Wołkowyja PL 139 Kb46
Wolkramshausen D 126 Dc40
Wollbach D 134 Db43
Wollersheim D 125 Bc41
Wöllstadt D 134 Cc43
Wöllstein D 133 Cb45
Wolmirstedt D 127 Ea37
Wolnica PL 122 Ja31
Wolnzach D 135 Ea49
Wołomin PL 130 Jc36
Wołosate PL 139 Kc47
Wołow PL 129 Gb40
Wołowe Lasy PL 121 Gb34
Wolpertshausen D 134 Da47
Wolpertswende D 142 Cd51
Wolphaartsdijk NL 124 Ab38
Wolsingham GB 11 Ed17
Wolsztyn PL 128 Ga38
Woltersdorf D 119 Dd35
Wolvega NL 117 Bc34
Wolverhampton GB 16 Ed24
Wolverley GB 15 Ec25
Wombourn GB 15 Ec24
Wommels NL 116 Bb33
Wonersh GB 20 Fb29
Wonfurt D 134 Dc44
Woodborough GB 16 Fb23
Woodbridge GB 21 Gb26
Woodchurch GB 21 Ga29
Woodcuts GB 20 Ed30
Wood Dalling GB 17 Ga24
Woodenbridge IRL 13 Cd23
Woodford GB 20 Fd28
Woodford IRL 12 Bd22
Woodhall Spa GB 17 Fc22
Woodhouse GB 16 Fa22
Woodhouse Eaves GB 16 Fa24
Wooding-Dean GB 20 Fc30
Woodseaves GB 15 Ec23
Woodstock GB 20 Fa27
Woodton GB 21 Gb25
Wool GB 19 Ec31
Woolacombe GB 18 Dc29
Wooler GB 11 Ed14
Woolpit GB 21 Ga26
Woolverstone GB 21 Gb26
Woolwich GB 20 Fd28
Wooperton GB 11 Ed15
Wootton GB 20 Fb26
Wootton Bassett GB 20 Ed28
Wootton-Wawen GB 20 Ed25
Worb CH 141 Bd54
Worbis, Leinefelde- D 126 Dc40
Worcester GB 15 Ec26
Wördern A 145 Gb50
Wörgl A 143 Ea53
Woringen D 142 Db51
Wörishofen, Bad D 142 Db51
Workington GB 10 Ea17
Worksop GB 16 Fa22
Workum NL 116 Bb33
Wörlitz D 127 Ec38
Wormeldange L 25 Jd34
Wormeldange L 133 Bc45
Wormerveer NL 116 Ba35
Wormhout F 21 Gd30
Worms D 133 Cb45
Wörnharts A 136 Fc49
Wörnitz D 134 Db47
Worpswede D 118 Cd33
Wörrstadt D 133 Cb44
Wört D 134 Db47
Wörth A 143 Ec54
Wörth D 133 Cb47
Wörth D 135 Eb49
Wörth D 143 Ea50
Wörth am Main D 134 Cd45
Wörth an der Donau D 135 Eb48
Worthen GB 15 Eb24
Worthing GB 20 Fc30
Worton GB 20 Ed28
Woskowice Górne PL 129 Ha41
Woszczyce PL 138 Hc44
Woudenberg NL 116 Bb36
Woudsend NL 116 Bb34
Woumen B 21 Ha29
Woziwoda PL 121 Gd32
Wozławki PL 122 Jb30
Woźnawieś PL 123 Ka32
Woźnice PL 122 Jc31
Woźniki PL 130 Hc42
Wożuczyn PL 131 Kd42
Wragby GB 17 Fc22
Wrangle GB 17 Fd23
Wręczyca Wielka PL 130 Hc42
Wredenhagen D 119 Ec34
Wrelton GB 16 Fb19
Wremen D 118 Cd32
Wrentham GB 21 Gc25
Wrestedt D 118 Dc35
Wrexham GB 15 Eb23
Wriedel D 118 Dc34
Wriezen D 128 Fb36
Wrist D 118 Db31
Wróblew PL 129 Hb39
Wróblewo PL 129 Gb36
Wróblewo PL 130 Ja36
Wróbliniec PL 129 Gd39
Wroceń PL 123 Ka32
Wrocki PL 122 Hc34
Wrocław PL 129 Gc41
Wroczyny PL 130 Hc37
Wroniawy PL 128 Ga38
Wronki PL 129 Gb36
Wronki Wielkie PL 123 Jd30
Wronowy PL 129 Ha36
Wrotnów PL 131 Jd36
Wroughton GB 20 Ed28
Wroxham GB 17 Gb24
Wrząca PL 121 Gb34
Wrzesina PL 122 Ja32
Września PL 122 Hd34
Września PL 129 Gd37
Wrzoski PL 121 Ha35
Wrzosowo PL 120 Ga31
Wschowa PL 129 Gb39
Wulfen D 127 Eb38
Wülfershausen D 134 Db43
Wülfrath D 125 Bd39
Wulfsen D 118 Dc33
Wulften D 126 Db39
Wulkau D 119 Eb35
Wülknitz D 127 Ed40
Wulsbüttel D 118 Cd33
Wunderstetten A 144 Fc56
Wünnenberg D 126 Cd39
Wünschendorf D 127 Eb42
Wünsdorf D 127 Ed37
Wunsiedel D 135 Eb44
Wunstorf D 126 Da36
Wuppertal D 125 Ca40
Würenlos CH 141 Cb53
Wurmannsquick D 143 Ec50
Wurmsham D 143 Eb50
Würnsdorf A 144 Fd50
Würselen D 125 Bb41
Wurzach, Bad D 142 Da51
Würzburg D 134 Da45
Wurzen D 127 Ec40
Wüstenrot D 134 Cd47
Wusterhausen D 119 Ec35
Wusterhusen D 120 Fa31
Wustermark D 127 Ed36
Wusterwitz D 127 Eb37
Wüstimg D 117 Cc34
Wustrow D 119 Dd35
Wustrow D 119 Ec30
Wustrow D 119 Ed34
Wuustwezel B 124 Ad38
Wybcz PL 121 Hb34
Wyborów PL 130 Jc38
Wyczechy PL 121 Gc32
Wycześniak PL 130 Ja38
Wydmusy PL 122 Jc33
Wydrza PL 131 Jd42
Wye GB 21 Ga29
Wygoda PL 123 Jd34
Wygoda PL 129 Hb38
Wygoda PL 130 Hc42
Wygoda PL 131 Jd39
Wyk auf Föhr D 108 Cd29
Wykrot PL 122 Jc33
Wylatowo PL 129 Ha36
Wymondham GB 17 Ga24
Wyningen CH 141 Bd53
Wyryki-Połód PL 131 Kc38
Wyrzysk PL 121 Gc34
Wysall GB 16 Fa23
Wyśmierzyce PL 130 Jb39
Wysocice PL 138 Ja43
Wysoka PL 120 Fc35
Wysoka PL 121 Gc34
Wysoka PL 128 Ga40
Wysoka PL 138 Hd43
Wysoka PL 139 Jd44
Wysoka Cerkiew PL 129 Gb39
Wysoka Lelowska PL 130 Hd42
Wysokie PL 123 Ka31
Wysokie PL 131 Kb41
Wysokie Mazowieckie PL 123 Ka34
Wysoki Most PL 123 Kb30
Wysowa PL 138 Jc46
Występ PL 122 Jc32
Wystok PL 128 Fc37
Wyszanów PL 129 Ha40
Wyszki PL 123 Kb34
Wyszków PL 122 Jc35
Wyszków PL 131 Jd36
Wyszogród PL 130 Ja36
Wyszomierz Wielki PL 123 Jd34
Wyszonki-Kościelny PL 123 Ka35
Wyszyna PL 129 Hb37
Wyszyny PL 121 Gc35
Wyszyny PL 122 Ja34
Wythall GB 20 Ed25
Wyvis Lodge GB 4 Dd07
Wziąchowo PL 129 Gd39

X

Xàbia E 55 Fd70
Xanten D 125 Bc38
Xánthi GR 184 Db77
Xàtiva E 54 Fb69
Xendive E 36 Ba58
Xeraco E 54 Fc69
Xermaménil F 25 Jd37
Xert E 48 Fd64
Xerta E 48 Ga63
Xertigny F 31 Jd39
Xesta E 36 Ba56
Xestoso E 36 Bb54
Xhyrë AL 182 Ad75
Xibrrakë AL 182 Ac75
Xifianí GR 183 Bc76
Xilaganí GR 184 Dc77
Xilókastro GR 189 Bd86
Xilokeratiá GR 195 Cc91
Xiloúpoli GR 183 Cb77
Xilxes E 54 Fc67
Xinó Neró GR 183 Bb77
Xinorlet E 55 Fa71
Xinóvrisi GR 189 Cb82
Xinzo de Limia E 36 Bb58
Xirokámbi GR 194 Bc89
Xirókambo GR 197 Eb90
Xirolímni GR 183 Bb78
Xirólofos GR 188 Ac81
Xironda E 44 Bb59
Xiropígado GR 188 Bb85
Xiropótamos GR 184 Cd76
Xitta I 166 Ea84
Xixona E 55 Fb71
Xove E 36 Bc53
Xuño E 36 Ac56
Xunqueira de Ambia E 36 Bb58
Xylofagou CY 206 Jd97
Xylóskalo GR 200 Cb95
Xylotymvou CY 206 Jc97

Y

Yabacı TR 192 Fb85
Yağca TR 199 Gc90
Yağcı TR 191 Ed83
Yağcıdereköy TR 197 Ed88
Yağcılar TR 186 Ga78
Yağcılar TR 191 Eb86
Yağcılar TR 192 Fa81
Yağcılar TR 192 Fb83
Yağdiran TR 191 Ed82
Yağhane TR 197 Ec89
Yağlılar TR 198 Fc88
Yağmurlar TR 192 Ga84
Yağmurlu TR 191 Ed83
Yahşieli TR 191 Ea81
Yaka TR 199 Ha88
Yakaafşar TR 199 Ha88
Yakacık TR 198 Fd92
Yakaköy TR 191 Ec85
Yakaköy TR 197 Ec91
Yakaköy TR 197 Ed90
Yakaören TR 199 Gc88
Yakasinek TR 193 Ha86
Yakuplar TR 192 Fd84
Yalakdere TR 186 Ga79
Yalding GB 20 Fd29
Yalıçiftlik TR 197 Ed90
Yalıkavak TR 197 Ec90
Yalıköy TR 186 Fb76
Yalımkaya TR 193 Ha81
Yalnız TR 199 Gb92
Yalnızdam TR 191 Ed83
Yalova TR 185 Ea80
Yalova TR 186 Fd79
Yalvaç TR 193 Ha86
Yamaç TR 197 Ec88
Yamadı TR 198 Ga90
Yamanlar TR 191 Ec85
Yancıklar TR 185 Ed76
Yanguas E 47 Eb59
Yanıkağıl TR 186 Fa77
Yaniköy TR 193 Gd83
Yanişehir TR 192 Fc85
Yanuslar TR 191 Ec83
Yapıldak TR 185 Eb80
Yapıldak TR 193 Gc84
Yarbasan TR 192 Fc84
Yarbasan TR 193 Gc83
Yarbaşı TR 199 Gc91
Yarcombe GB 19 Eb30
Yarıkkaya TR 193 Gd86
Yarıkkaya TR 193 Ha84
Yarımca TR 193 Gc81
Yariş TR 192 Fd83
Yarışlı TR 193 Gc86
Yarpuz TR 199 Hb90
Yassıbel TR 193 Ha87
Yassıgeçit TR 187 Gc78
Yassıören TR 186 Fc77
Yassıören TR 192 Fc83
Yassıören TR 193 Gc87
Yaşyer TR 191 Ec82
Yatağan TR 197 Fa89
Yátova E 54 Fa68
Yattendon GB 20 Fa28
Yavaşça TR 185 Ed77
Yavaşlar TR 193 Gb86
Yavaşlı TR 193 Hb85
Yaverören TR 193 Ha83
Yaxham GB 17 Ga24
Yayaağaç TR 185 Ec78
Yayakent TR 191 Ec84
Yayakent TR 191 Ed84
Yayakırıldık TR 192 Fa84
Yayalar TR 192 Ga86
Yayıklı TR 193 Gd82
Yaykın TR 192 Fa84
Yayla TR 191 Ed82
Yaylaalan TR 199 Ha91
Yaylabaşı TR 192 Fb82
Yaylabayır TR 192 Fa81
Yaylaçayırı TR 192 Fb81
Yaylacık TR 191 Ea82
Yaylaköy TR 185 Ea78
Yaylaköy TR 191 Ea85
Yaylaköy TR 192 Ga84
Yaylaköy TR 198 Ga88
Yaylaköy TR 199 Gb90
Yaylalı TR 186 Ga77
Yaylapınar TR 198 Fd90
Yaylasöğüt TR 198 Fb90
Yaylatepe TR 187 Hb78
Yazıbaşı TR 192 Fd82
Yazıca TR 187 Hb80
Yazıcık TR 187 Hb78
Yazıdere TR 193 Gd83
Yazıkent TR 198 Fb88
Yazıköy TR 197 Ec91
Yazıköy TR 199 Gb89
Yazılıkaya TR 193 Gc84
Yazıpınar TR 199 Gc89
Yazır TR 198 Ga89
Yazır TR 199 Gb91
Yazır TR 199 Gb92
Yazırköy TR 198 Fb88
Yazıtepe TR 193 Gb85
Yazla TR 193 Hb86
Yazlık TR 186 Fc77
Ybbs an der Donau A 144 Fc51
Ybbsitz A 144 Fc51
Ychoux F 39 Fa52
Ydby DK 100 Cd22
Yderby DK 109 Dd28
Yeadon GB 16 Ed20
Yealmpton GB 19 Dd31
Yebra E 46 Dd65
Yebra de Basa E 40 Fc58
Yéchar E 55 Ed72
Yecla E 55 Fa70
Yediburun TR 198 Fd93
Yedisu TR 205 Ga20
Yekli TR 192 Fd84
Yeleğen TR 192 Fc86
Yeles E 46 Db65
Yelken TR 198 Fd92
Yelland GB 19 Dd29
Yelten TR 199 Gb90
Yelvertoft GB 20 Fa25
Yelverton GB 19 Dd31
Yemişendere TR 198 Fb90
Yenibağarası TR 191 Eb85
Yenibosna TR 186 Fc78
Yeniçam TR 192 Fc87
Yenice TR 185 Ea78
Yenice TR 185 Ec78
Yenice TR 186 Fa75
Yenice TR 186 Fa80
Yenice TR 191 Ec81
Yenice TR 192 Fa82
Yenice TR 192 Fa84
Yenice TR 192 Fb81
Yenice TR 192 Fd83
Yenice TR 192 Ga85
Yenice TR 193 Gc84
Yenice TR 193 Gd81
Yenice TR 198 Fb88
Yenicekent TR 192 Fc87
Yeniceköy TR 186 Fa77
Yenicesehler TR 187 Gd79
Yeniçiftlik TR 185 Ec80
Yeniçiftlik TR 186 Fa77
Yeni Çiftlik TR 191 Ed87
Yenidibek TR 185 Eb78
Yenidoğan TR 197 Ec88
Yenidoğan TR 199 Hb88
Yenierenköy = Aigialousa CY 206 Jd95
Yenifoça TR 191 Eb85
Yenigürle TR 186 Fd80
Yenikarabağ TR 193 Ha85
Yeni Karpuzlu TR 185 Ea78
Yenikavak TR 192 Fa81
Yenikent TR 193 Gd82
Yenikızılelma TR 192 Fc81
Yeniköy TR 185 Eb76
Yeniköy TR 185 Ec79
Yeniköy TR 185 Ed78
Yeniköy TR 186 Fb80
Yeniköy TR 186 Fc77
Yeniköy TR 186 Fd79
Yeniköy TR 187 Gb79
Yeniköy TR 187 Gc78
Yeniköy TR 191 Ea81
Yeniköy TR 191 Ec84
Yeniköy TR 191 Ec86
Yeniköy TR 191 Ed86
Yeniköy TR 191 Ec87
Yeniköy TR 191 Ed82
Yeniköy TR 191 Ed85
Yeniköy TR 191 Ed85
Yeniköy TR 192 Fa81
Yeniköy TR 192 Fa82
Yeniköy TR 192 Fa85
Yeniköy TR 192 Fc85
Yeniköy TR 192 Fd82
Yeniköy TR 192 Fd85
Yeniköy TR 193 Gb81
Yeniköy TR 193 Ha84
Yeniköy TR 193 Ha87
Yeniköy TR 198 Ga93
Yenimahalle TR 185 Ec75
Yenimahalle TR 187 Gc77
Yenimuhacir TR 185 Eb78
Yenioba TR 191 Ed87
Yenipazar TR 187 Gc80
Yenipazar TR 197 Fa88
Yenişakran TR 191 Ec84
Yenişarbademli TR 199 Ha88
Yenişehir TR 186 Ga80
Yenişehir TR 192 Fa87
Yeniyurt TR 193 Ha82
Yeniziraatlı TR 186 Fa80
Yenne F 35 Jd47
Yeovil GB 19 Eb30
Yepes E 52 Dc66
Yera E 38 Dc55
Yerkesik TR 197 Fa90
Yerlisu TR 185 Eb78
Yeroluk TR 192 Fa83
Yerseke NL 124 Ac38
Yerville F 23 Ga34
Yesa E 39 Fa57
Yeşilbağ TR 199 Ha89
Yeşilbağcılar TR 197 Fa89
Yesilçay = Ağva TR 187 Gb77
Yeşilce TR 186 Fa75
Yeşilçukurca TR 192 Ga82
Yeşildağ TR 199 Gb89
Yeşildağ TR 199 Ha89
Yeşildon TR 193 Gd82
Yeşilhisar TR 191 Ed83
Yeşilhüyük TR 193 Gb87
Yeşilkaraman TR 199 Gd90
Yeşilkavak TR 192 Fc86
Yeşilköy TR 191 Ed85
Yeşilköy TR 192 Fc84
Yeşilköy TR 192 Ga82
Yeşilköy TR 193 Gd87
Yeşilköy TR 197 Ec89
Yeşilköy TR 198 Fc88
Yeşilköy TR 198 Fd93
Yeşilköy TR 198 Ga90
Yeşiller TR 192 Fc81
Yeşilova TR 185 Ec76
Yeşilova TR 192 Fa81
Yeşilova TR 192 Fd87
Yeşilova TR 198 Ga89
Yeşiltepe TR 193 Gc83
Yeşilvadi TR 186 Fd77
Yeşilyayla TR 199 Gb90
Yeşilyurt TR 185 Ed77
Yeşilyurt TR 191 Eb82
Yeşilyurt TR 192 Fc86
Yeşilyurt TR 192 Ga85
Yeşilyurt TR 197 Fa90
Yeşilyuva TR 198 Fd89
Yesnaby GB 5 Eb03
Yeste E 53 Eb71
Yetre Brenna N 64 Jc06
Yetre Kjæs N 64 Jc05
Yetterlännäs S 80 Gc31
Yetts o'Muckhart GB 7 Ea12
Yg S 87 Ga35
Ygos-Saint-Saturnin F 39 Fb53
Ygrande F 30 Hb44
Yığılca TR 187 Ha78
Yiğitler TR 185 Ed79
Yiğitler TR 191 Eb81
Yiipää FIN 81 Jd26
Yıldızeli TR 205 Fc20
Yıldızköy TR 192 Fb81
Yıldızören TR 193 Ha83
Yılmazlı TR 198 Ga91
Yırcaköy TR 191 Ed83
Yitäkylä FIN 97 Jd39
Ykspihlaja FIN 81 Jb28
Ylakiai LT 113 Jc53
Ylä-Kintaus FIN 90 Kb32
Ylä-Kolkki FIN 89 Jd33
Ylä-Kuona FIN 91 Lc32
Ylä-Luosta FIN 83 Lb28
Ylämaa FIN 91 Lb37
Ylämylly FIN 83 Lc30
Yläne FIN 89 Jb38
Ylä-Valtimo FIN 83 Lb27
Ylemmäinen FIN 90 Kc35
Ylhäisi FIN 97 Jc39
Ylihärmä FIN 81 Jb30
Yli-li FIN 74 Ka22
Ylijärvi FIN 91 Lb37
Ylijoki FIN 89 Jc32
Yli-Kannus FIN 81 Jc28
Yli-Kärppä FIN 74 Ka21
Ylikiiminki FIN 74 Kb23
Yli-Körkkö FIN 74 Ka19
Ylikulma FIN 97 Jd40
Yli-Kurki FIN 75 Kd22
Ylikylä FIN 69 Kb17
Ylikylä FIN 81 Jd29
Ylikylä FIN 81 Jc31
Ylikylä FIN 81 Jb30
Ylikylä FIN 83 Lb27
Ylikylä FIN 89 Jb32
Ylikylä FIN 89 Ja33
Yli-Kyrö FIN 68 Jb14
Yli-Lesti FIN 82 Ka29
Yli-Livo FIN 75 Kc21
Ylimarkku FIN 89 Hd32
Yli-Muonio FIN 68 Ja14
Yli-Nampa FIN 74 Ka18
Yli-Olhava FIN 74 Ka22
Ylipää FIN 74 Jd24
Ylipää FIN 74 Jd24
Ylipää FIN 74 Ka24
Ylipää FIN 81 Jd25
Ylipää FIN 81 Jc30
Ylipää FIN 81 Jd25
Ylipää FIN 82 Kb25
Ylipää FIN 82 Ka28
Yli-Paakkola FIN 74 Jc20
Yli-Siurua FIN 74 Kb21
Yliskulma FIN 97 Jc39
Yliskylä FIN 89 Jc34
Yliskylä FIN 90 Ka35
Ylistaro FIN 81 Jb31
Yli-Tannila FIN 74 Ka22
Ylitornio FIN 73 Jb20
Yli-Tynkä FIN 81 Jc27
Yli-Utos FIN 75 Kc24
Yli-Valli FIN 89 Jb33
Ylivesi FIN 90 La34
Ylivieska FIN 81 Jd27
Yli-Vuotto FIN 74 Kb23
Ylläsjärvi FIN 68 Jb16
Ylläsjokisuu FIN 68 Jb16
Yllämaja FIN 68 Jb15
Yllestad S 102 Fa48
Ylöjärvi FIN 89 Jd35
Ylönkylä FIN 97 Jc40
Ylvingen N 70 Ed22
Ymonville F 29 Gc39
Yngsjö S 111 Fb55
Ynyslas GB 15 Dd24
Yoğunpelit TR 187 Hb78
Yoğuntaş TR 185 Ec75
Yolağazı TR 185 Ea79
Yolağzı TR 186 Fb80
Yolçatı TR 186 Fc80
Yolören TR 186 Ga80
Yolüstü TR 192 Fa87
Yolüstü TR 198 Fb89
Yorazlar TR 193 Hb86
Yörgüç TR 185 Ec78
York GB 16 Fb20
Yortanlı TR 191 Ec83
Youghal IRL 13 Ca26
Youlgreave GB 16 Ed22
Yoxford GB 21 Gb25
Ypäjä FIN 89 Jc38
Ypäjankyla FIN 89 Jc38
Yppäri FIN 81 Jc26
Ypsonas CY 206 Ja98
Ypyä FIN 81 Jd27
Ypykänvaara FIN 75 La22
Yrittäperä FIN 75 Kd23
Yrkje N 92 Ca42
Yrouerre F 30 Hc40
Yrttivaara S 73 Hc18
Ysane S 111 Fc54
Yset N 86 Ea32
Ysjö S 79 Gb29
Ysselsteyn NL 125 Bb39
Yssingeaux F 34 Hd49
Ystad S 110 Fa57
Ystebrød N 92 Ca45
Ystrad-Aeron GB 15 Dd25
Ystradfellte GB 19 Ea27
Ystradowen GB 19 Ea28
Yterturingen S 87 Fc33
Ytre Andersdal N 62 Gd10
Ytre Arna N 84 Ca39
Ytre Dåsvatn N 92 Cd45
Ytre Enebakk N 93 Ea42
Ytre Kårvik N 62 Gc09
Ytre Leirpollen N 64 Jc06
Ytre Ølydna N 92 Cc46
Ytre Oppedal N 84 Ca37
Ytre Ramse N 93 Da45
Ytre Sandvik N 64 Jb06
Ytre Snillfjord N 77 Dd30
Ytre Søndeled N 93 Db45
Ytre Veines N 64 Jb06
Ytterån S 79 Fb30
Ytteräng S 78 Fa29
Ytterås N 78 Eb30
Ytteråträsk S 80 Hb27
Ytterberg S 87 Fc34
Ytterboda S 80 Hc28
Ytterboda S 95 Fc39
Ytterbråtö FIN 81 Jb28
Ytter-Busjö S 80 Ha26
Ytterby S 102 Eb48
Yttergran S 96 Gc42
Ytterhogdal S 87 Fc34
Ytterjärna S 96 Gc44
Ytterjeppo FIN 81 Jb29
Yttermalung S 95 Fb39
Ytterrissjö S 80 Gc28
Yttersby S 96 Ha40
Ytterselö S 96 Gc43
Yttersjön S 80 Ha26
Yttersta S 73 Hc23
Ytterstad N 66 Fd14
Yttertällmo S 80 Gc29
Yttertavle S 80 Hc28
Ytter-Torga N 70 Ed23
Yttervik S 71 Fd23
Yttervik S 80 Hc25
Yttilä FIN 89 Jc37
Yttre Lansjärv S 73 Hd19
Yücebağ TR 205 Ga20
Yukarıdudullu TR 186 Fd78
Yukarıalıçomak TR 193 Hb84
Yukarıballı TR 192 Fc81
Yukarıbey TR 191 Ec83
Yukarıçamozü TR 205 Fd20
Yukarıdereköy TR 198 Fd91
Yukarıdinek TR 193 Ha87
Yukarıdolaylar TR 192 Fa86
Yukarı Dumanlı TR 185 Ec80
Yukarıfındıklı TR 187 Gc78
Yukarıgökdere TR 199 Gd88
Yukarıgüllüce TR 192 Fc85
Yukarıgüney TR 187 Ha79
Yukarıiğdeağacı TR 193 Ha82
Yukarıkadıköy TR 185 Ed75
Yukarıkalabak TR 193 Gc82
Yukarıkaraçay TR 198 Fd88
Yukarıkaraman TR 199 Gc91
Yukarıkılıçlı TR 185 Ed78
Yukarıkızılca TR 191 Ed86
Yukarı Kocayatak TR 199 Gd91
Yukarımusalar TR 192 Fb82
Yukarıotluk TR 193 Gb86
Yukarıpiribeyli TR 193 Hb84
Yukarısapçı TR 191 Eb81
Yukarısoku TR 187 Hb78
Yumaklar TR 199 Gd90
Yumaklı TR 193 Gc83
Yumaklı TR 198 Fb89
Yumrutaş TR 198 Fd89
Yunak TR 193 Hb85
Yuncos E 46 Db65
Yunquera E 60 Cc76
Yunquera de Henares E 46 Dd63
Yunuseli TR 186 Fd80
Yunusemre TR 193 Ha82
Yunuslar TR 192 Ga84
Yunuslar TR 199 Hb88
Yüreğil TR 192 Fb84
Yüreğil TR 198 Fd89
Yüreğil TR 198 Ga88
Yürekli TR 191 Ec82
Yürücekler TR 192 Fc81
Yürük TR 185 Ec78
Yürükkaracaören TR 193 Gd85
Yürükler TR 185 Ed77
Yürükler TR 186 Ga79
Yürükmezarı TR 193 Gb85
Yürükoğlu TR 198 Fc90
Yusufca TR 197 Ed89
Yusufça TR 198 Ga90
Yusufeli TR 205 Ga19
Yuva TR 185 Ec78
Yuva TR 187 Hb78
Yuva TR 198 Ga91
Yuvacık TR 187 Gb79
Yuvacık TR 197 Fa91
Yuvalı TR 186 Fa76
Yuvalı TR 199 Gd88
Yuvalıdere TR 187 Gc78
Yüylük TR 193 Gb84
Yverdon CH 141 Bb54
Yvetot F 23 Ga34
Yvignac F 26 Ec38
Yvoire F 31 Ka44
Yvré-le-Pôlin F 28 Fd40
Yxnerum S 103 Ga47
Yxpila FIN 81 Jb28
Yxsjö S 80 Gc27
Yxskaftkälen S 79 Fd29
Yzeron F 34 Ja47

Z

Zaamslag NL 124 Ab39
Zaanstad NL 116 Ba35
Zăbala RO 176 Eb61
Žabalj SRB 153 Jb60
Zabalocce BY 202 Ec13
Zabar H 146 Jb50
Zabārdo BG 184 Db74
Žabari SRB 174 Bc65
Zabartowo PL 121 Gd34
Zabeltitz D 127 Ed40
Zaberfeld D 134 Cc47
Žabia Wola PL 130 Jb37
Zabiaca BIH 159 Hc68
Zabierzów PL 138 Ja44
Žabin PL 122 Jc34
Žabin PL 129 Gb39
Žabinka BY 202 Dd14
Žabiny PL 122 Hd33
Ząbki PL 130 Jc36
Ząbkowice Śląskie PL 137 Gc43
Zablaće BIH 152 Gc63
Zablatí CZ 136 Fa48
Záblava LV 107 Lc48
Žabljak MNE 159 Ja67
Zabłocie PL 128 Fc39
Zabłocie PL 139 Kb46
Zabłudów PL 123 Kb34
Žabno PL 129 Gc37
Žabno PL 131 Kb41
Žabno PL 138 Jc44
Zabok HR 151 Ga58
Zabolotje LV 107 Lc51
Zabór PL 128 Ga38
Zaboreni MD 173 Fd56
Zaborov'e RUS 99 Lc44
Zaborovka RUS 99 Ld45
Zaborów PL 129 Gb40
Zaborowice PL 129 Gb39
Zaborowo PL 122 Ja33
Žabów PL 120 Fc34
Zăbrani RO 174 Bd60
Zabrđe SRB 159 Ja66
Zábřeh CZ 137 Gc45
Zabrežje SRB 153 Jc62
Zăbriceni MD 173 Fa54
Zabrodzie PL 122 Jb31
Zabrodzie PL 130 Jc36
Zabrodzie PL 139 Kb46
Zabrost Wielki PL 122 Jc30
Ząbrowo PL 120 Fd32
Zabrze PL 138 Hc43
Zabrzeż PL 138 Jb46
Zaburalan TR 198 Fd91
Zabzuni AL 182 Ad75
Zacharzyn PL 121 Gc34
Zachenberg D 135 Ec48
Zacilau RO 177 Fb63
Začlér CZ 128 Ga42
Zadar HR 157 Fd64
Zădăreni RO 170 Bd59
Zaddžje RUS 107 Mb49
Žadeikiai LT 113 Jc55
Žadeikiai LT 113 Jc55
Žadeikiai LT 114 Kd53
Zadonsk RUS 203 Fb12
Zadruga BG 180 Eb68
Zadworzany PL 123 Kc32
Zadzim PL 130 Hc39
Zafarraya E 60 Da75
Zafferana Etnea I 167 Fd85
Zafirovo BG 181 Ec68
Zafra E 51 Bd70
Zafra de Záncara E 53 Ea66
Zafrilla E 47 Ed65
Žaga SLO 150 Ed57
Żagań PL 128 Fd39
Zagăr RO 171 Dc59
Zagarancea MD 173 Fb57
Žagarė LT 114 Ka53
Žagariai LT 114 Kc59
Zagarise I 164 Gc81
Zaglavak SRB 159 Jb64
Zaglay HR 157 Fd65
Zagnańsk PL 130 Jb41
Zagon RO 176 Eb62
Zagorá GR 189 Ca82
Zagorci BG 180 Ea72
Zagorci BG 181 Ec73
Zagor'e RUS 99 Ld42
Zagorje RUS 107 Mb46
Zagorje ob Savi SLO 151 Fc57
Zagórów PL 129 Ha37
Zagorskoe RUS 113 Jc58
Zagórz PL 139 Kb45
Zagórze Śląskie PL 129 Gb42
Zagość PL 138 Jb43
Zagra E 60 Da74
Zagra RO 171 Db56
Zagražden BG 180 Db68
Zagreb HR 151 Ga58
Zagrilla E 60 Da74
Zagrodno PL 128 Ga41
Žagubica SRB 174 Bd66
Zagvozd HR 158 Gd66
Zahara de la Sierra E 59 Cb76
Zahara de los Atunes E 59 Ca78
Zaháro GR 194 Ba87
Zahinos E 51 Bb70
Zahman TR 192 Fd85
Zahna D 127 Ec38
Zahody RUS 99 Ld45
Zahody RUS 107 Ld49
Záhony H 139 Kb49
Zahora E 59 Bd77
Záhoří CZ 136 Fb47
Záhorská Bystrica SK 145 Gc50
Záhorská Ves SK 145 Gc50
Zahrádky CZ 136 Fb43
Zăicana MD 173 Fd57
Zăicani MD 173 Fa55
Zaiceva LV 107 Lc48
Zaidín E 48 Fd61
Žaiginys LV 114 Kb55
Zaim MD 173 Ga59
Zaimčevo BG 181 Ed71
Zaimovo KSV 178 Ba71
Zainsk RUS 203 Ga08
Zaisenhausen D 134 Cc47
Zaistovec HR 152 Gb58
Zajača SRB 153 Ja63
Zajač'e RUS 203 Fa13
Zajączek PL 128 Fc39
Zajan'e RUS 99 Ld43
Zajas MK 182 Ba74
Zajcevo RUS 107 Ma47
Zaječar SRB 179 Ca67
Zaječov CZ 136 Fa45
Zajęczniki PL 131 Kb36
Zajezierze PL 120 Ga33
Zajezierze PL 131 Jd39
Zajk H 145 Gc56
Zakaki CY 206 Ja98
Zákamenné SK 138 Hd46
Zákány H 152 Gc57
Zákányszék H 153 Jb57
Žakarovce SK 138 Jc48
Zákas GR 182 Ba79
Zaķi LV 106 La48
Zákinthos GR 188 Ac86
Zakl SLO 151 Ga57
Zakliczyn PL 138 Jc45
Zaklików PL 131 Ka41
Zaklopača BIH 159 Hd64
Zakobjakino RUS 203 Fa08
Zakomo BIH 159 Hd65
Zakopane PL 138 Ja47
Zakroczym PL 130 Jb36
Zákros GR 201 Dd96
Zakrzew PL 130 Jc39
Zakrzew PL 131 Kb41
Zakrzewo PL 121 Gc33
Zakrzewo PL 121 Hb35
Zakrzewo PL 129 Gc37
Zakrzówek Osada PL 131 Ka41
Zákupy CZ 128 Fc42
Zalaapáti H 145 Gd55
Zalabaska H 145 Gc56
Zalaegerszeg H 145 Gc55
Zalenieki LV 106 Ka52
Zalaháláp H 145 Gd55
Zalahtov'e RUS 99 Lc44
Zalaistvánd H 145 Gc55
Zalakaros H 145 Gd56
Zalakomár H 145 Gd56
Zalakoppány H 145 Gd55
Zalalövő H 145 Gc55
Zalamea de la Serena E 51 Cb70
Zalamea la Real E 59 Bc73
Zalamillas E 37 Cc58
Zalas PL 122 Jc33
Zalasowa PL 138 Jc44
Zalaszabar H 145 Gd56
Zalaszántó H 145 Gd55
Zalaszentbalázs H 145 Gc56
Zalaszentgrót H 145 Gd55
Zalaszentgyörgy H 145 Gc55
Zalatárnok H 145 Gc56
Zalău RO 171 Cd56
Zalavár H 145 Gd56
Zalavas LT 115 Lb56
Załazy PL 131 Jd39
Zalec PL 122 Jc31
Žalec SLO 151 Fd57
Załęcze PL 129 Gc39
Zalegošč' RUS 203 Fa12

Żalesa – Żywocice

Żalesa LT 114 La57
Zales'e RUS 107 Lc47
Zales'e RUS 113 Jc58
Zalesie PL 121 Gc33
Zalesie PL 121 Gd35
Zalesie PL 130 Jb37
Zalesie PL 131 Kc37
Zalesie PL 139 Kc43
Zalesina HR 151 Fc60
Zaļesje LV 107 Ma51
Zaleskie PL 121 Gb30
Zaleszany PL 131 Ka42
Zalewo PL 122 Hc31
Załęże PL 122 Ja33
Žalgiriai LT 113 Jb56
Zalha RO 171 Da56
Žalioji LT 114 Ka58
Zališčyky UA 204 Ea16
Zaliszewo PL 120 Fd34
Zalivino RUS 113 Jb57
Zalivino RUS 113 Jb58
Zalivnoe RUS 113 Ja58
Zalizci UA 204 Ea15
Zall-Dardhë AL 178 Ad73
Zaļmežnieki LV 107 Lb50
Żalno PL 121 Gd32
Zalogovac SRB 178 Bc67
Załom PL 128 Ga36
Žalpiai LT 114 Ka56
Zaltbommel NL 124 Ba37
Záltsa GR 189 Bd85
Zaluč'e RUS 202 Eb09
Załuski PL 130 Ja36
Zalustež'e RUS 99 Ma42
Zalužje BIH 159 Ja64
Zalužnica HR 151 Fd62
Zalve LV 106 Kd52
Zam RO 174 Cb60
Zamárdi H 145 Ha55
Zamarte PL 121 Gd33
Žamberk CZ 137 Gb44
Zambra E 60 Da74
Zambrana E 38 Ea57
Zămbreasca RO 175 Dc66
Zambrów PL 123 Jd34
Zambski-Kościelne PL 122 Jc35
Zambujeira do Mar P 58 Ab72
Zamch PL 139 Kc43
Zamęcin PL 120 Fd34
Zamfirovo BG 179 Cc69
Zamłynie PL 130 Hc42
Zamogil'e RUS 99 Lc44
Zámoly H 145 Hb53
Zamora E 45 Cb60
Zamość PL 121 Gd34
Zamość PL 122 Jc34
Zamość PL 131 Kc41
Zamoš'e RUS 99 Lc43
Zamostea RO 172 Eb55
Zámutov SK 139 Jd48
Zaņa LV 105 Jc52
Zanat H 145 Gc54
Žandov CZ 128 Fb42
Zandvoort NL 116 Ad35
Zănești RO 172 Ec58
Zanglivéri GR 183 Cb78
Zangoza E 39 Fa57
Zaniemyśl PL 129 Gc37
Zánka H 145 Ha55
Zante LV 105 Jd51
Zaokskij RUS 203 Fa11
Zaorejas E 47 Eb63
Zaozer'e RUS 99 Ma45
Zaozer'e RUS 99 Mb42
Zaoz'ernoje RUS 113 Jc59
Zapadnaja Dvina RUS 202 Ec10
Zapałów PL 139 Kc43
Zapesen'e RUS 99 Mb44
Zapfendorf D 134 Dc44
Zapljus'e RUS 99 Mb44
Zăpodeni RO 173 Fa59
Zapole PL 129 Hb39
Zapol'e RUS 99 Ld41
Zapol'e RUS 99 Ma41
Zapol'e RUS 99 Mb43
Zaporižžja UA 205 Fa15
Zaporožskoe RUS 202 Ea08
Zapovednoe RUS 113 Jb57
Zappendorf D 127 Ea39
Zapponeta I 162 Gb73
Zaprešić HR 151 Ga58
Zaprudnja RUS 202 Ed10
Zapyškis LV 114 Kb57
Žár CZ 136 Fc49
Zara TR 205 Fd20
Zaraevo BG 180 Eb69
Zaragoza E 47 Fa61
Zarajsk RUS 203 Fa11
Zărand RO 170 Ca58
Zarańsko PL 120 Ga33
Zarasai LT 115 Lb54
Zaratán E 46 Cd60
Zarautz E 39 Ec55
Zarbince KSV 178 Bc71
Zar'binka RUS 99 Ma44
Zarcilla de Ramos E 61 Ec73
Żarczyn PL 120 Fb34
Zaręby PL 122 Jb33
Zaręby Kościelne PL 123 Jd35
Zaręby-Warchoły PL 123 Ka34
Zareč'e RUS 113 Jb58
Zareč'e RUS 113 Jb59
Zarečnoe RUS 113 Jd57
Žarėnai LT 113 Jc54
Žarėnai LT 114 Ka53
Zarga de Alange E 51 Bd69
Żarki PL 128 Fc39
Żarki PL 130 Hd42
Zárko GR 189 Bc81
Žarkovo RUS 107 Mb51
Zărnești RO 176 Dd62
Zărnești RO 176 Ec63
Zărnevo BG 181 Ed69
Žarnovica SK 138 Hc49
Żarnów PL 130 Ja40
Żarnowiec PL 112 Ha58
Żarnowiec PL 138 Ja43
Żarnowo PL 120 Fc32
Zarojeni MD 173 Fb55
Zarós GR 200 Da96
Žarošice CZ 137 Gc48
Zaroúhla GR 189 Bc86
Žarovnica HR 152 Gb57
Żarów PL 129 Gb41
Zarrentin D 119 Dd33
Zarskoe Selo RUS 202 Eb08
Zarszyn PL 139 Ka45
Zaruč'e RUS 99 Ld43
Zaručejnoe RUS 113 Jb58
Żary PL 128 Fd39
Zarza Capilla (Nueva) E 52 Cc69
Zarza de Granadilla E 45 Ca64
Zarza de Tajo E 53 Dd66
Zarzadilla de Totana E 61 Ec73
Zarza la Mayor E 45 Bc65
Zarzecze PL 131 Jd40
Zarzecze PL 131 Ka42
Zarzecze PL 139 Kb44
Zarzosa E 47 Eb59
Zarzuela E 47 Eb65
Zarzuela del Monte E 46 Da63
Żarzyn PL 128 Fd37
Zás E 36 Ad54
Zasa LV 107 Lb52
Zasavica SRB 153 Ja61
Zaseki RUS 107 Ma46
Zasieki PL 128 Fc39
Zasip SLO 151 Fa57
Zasitino RUS 107 Ma51
Zaškiv UA 204 Ec15
Žasliai LT 114 Kd57
Zásmuky CZ 136 Fc45
Zasos'e RUS 99 Ld42
Zasów PL 139 Jd44
Zaspy Małe PL 120 Ga31
Zastávka CZ 137 Gb47
Zastinca MD 173 Fc54
Zastražišće HR 158 Gc67
Zaszków PL 123 Ka35
Žatec CZ 136 Fa44
Zatom PL 120 Ga34
Zaton HR 157 Ga65
Zaton MNE 159 Jb67
Zatonie PL 128 Fd38
Zator PL 138 Hd44
Zatory PL 122 Jc35
Zătreni RO 175 Da64
Zatwarnica PL 139 Kb46
Zaube LV 106 Kd50
Zauchwitz D 127 Ed37
Zau de Câmpie RO 171 Db58
Zavala BIH 158 Hb68
Zavala HR 158 Gc67
Zavalatica HR 158 Gd68
Zavalinë AL 182 Ac76
Zavalje BIH 151 Ga62
Zavattarello I 149 Cc61
Zavelstein, Bad Teinach- D 134 Cc48
Zavet BG 181 Ec68
Zavetvoe RUS 205 Ga15
Zavidov CZ 136 Fa44
Zavidovići BIH 152 Hb63
Zavitne UA 205 Fb17
Zavlaka SRB 153 Ja63
Zăvoaia RO 177 Fa64
Zăvoi RO 174 Cb62
Zavoj MK 182 Ba75
Zavoj SRB 179 Cb69
Zavolž'e RUS 203 Fb09
Zawada PL 121 Gb34
Zawada PL 128 Fd38
Zawada PL 129 Gd40
Zawada PL 130 Hd41
Zawada PL 131 Kc41
Zawady PL 123 Ka33
Zawady PL 123 Kb33
Zawady PL 130 Ja38
Zawady PL 131 Kd42
Zawadzkie PL 129 Hb42
Zawda PL 122 Hc32
Zawichost PL 131 Jd41
Zawidów PL 128 Fc41
Zawidz Kościelny PL 122 Hd35
Zawiercie PL 138 Hd43
Zawierki PL 123 Kb33
Zawoja PL 138 Hd45
Zawonia PL 129 Gc40
Zazid SLO 151 Fa59
Zázrivá SK 138 Hd47
Zazuela del Pinar E 46 Db61
Zbaraž UA 204 Ea15
Zbarzewo PL 129 Gb38
Zbąszyń PL 128 Ga37
Zbąszynek PL 128 Ga37
Zbečno CZ 136 Fa44
Zbelovo SLO 151 Fd57
Zberki PL 129 Gd37
Zbiczno PL 122 Hc33
Zbiersk PL 129 Ha38
Zbiroh CZ 136 Fa45
Zblewo PL 121 Ha31
Zboj SK 139 Kb47
Zbójno PL 122 Hc34
Zbojštica SRB 159 Jb65
Zboriv UA 204 Ea15
Zborov SK 139 Jd46
Zborowice PL 138 Jc45
Zborowskie PL 129 Hb42
Zbraslavice CZ 136 Fd45
Zbrosławice PL 138 Hc43
Zbrudzewo PL 129 Gc37
Zbůch CZ 135 Ed46
Zbuczyn PL 131 Ka37
Zbyšov CZ 136 Fd45
Zbýšov CZ 137 Gb47
Žďár CZ 136 Fc43
Ždala HR 152 Gd57
Ždaňa SK 139 Jd49
Ždánice CZ 137 Gc48
Žďár CZ 135 Ed44
Žďár CZ 135 Ed47
Žďárec CZ 137 Gb47
Žďár nad Sázavou CZ 136 Ga46
Zdbice PL 121 Gb33
Zdenci HR 152 Hb59
Zdenska vas SLO 151 Fc58
Ždiar SK 138 Jb47
Zdice CZ 136 Fa45
Zdíkov CZ 136 Fa48
Ždírec nad Doubravou CZ 136 Ga46
Zdobnice CZ 137 Gb44
Zdolbuniv UA 204 Ea15
Zdounky CZ 137 Gd47
Zdrajsh AL 182 Ac75
Zdralovac BIH 158 Gc65
Zdravec BG 180 Eb70
Zdravec BG 181 Fa71
Ždrelo SRB 174 Bc65
Zdroisko PL 120 Fd35
Zdunje MK 178 Bb73
Zduńska Wola PL 130 Hc39
Zduny PL 129 Gd39
Zduny PL 130 Hd37
Zdżary PL 129 Ha37
Zdżary PL 130 Jb39
Zdziebórz PL 122 Jc35
Zdzieszowice PL 137 Ha43
Zdziłowice PL 131 Kb41
Zębowice PL 129 Hb42
Żebrak PL 131 Jd37
Zebreira P 45 Bc65
Zebrene LV 105 Jd52
Žebrokai LT 113 Jb53
Żebry-Wierzchlas PL 122 Jc34
Zebrzydowa PL 128 Fd40
Zebrzydowice PL 137 Hb45
Zechlin D 119 Ec34
Zechlinerhütte D 119 Ed34
Zeddam NL 125 Bc37
Zedelgem B 21 Ha29
Zedenac HR 151 Fd60
Zederhaus A 143 Ed54
Zedricy RUS 107 Mb49
Zeebrugge B 124 Aa38
Zeeland NL 125 Bb38
Zeesen D 128 Fa37
Zeewolde NL 116 Bb36
Zegama E 39 Eb56
Žegar SLO 151 Fd57
Żegary PL 123 Kb30
Zegerscappel F 21 Gd30
Żegiestów PL 138 Jc46
Žeglarci BG 181 Ed69
Żegocina PL 138 Jb45
Żegoty PL 122 Ja31
Žegra KSV 178 Bc72
Zegrze PL 130 Jb36
Zegrze Pomorskie PL 120 Ga31
Zehdenick D 119 Ed35
Zehlendorf D 119 Ed35
Zehren, Diera- D 127 Ed41
Zeil D 134 Dc44
Zeilarn D 143 Ec50
Žeimelis LT 114 Kb53
Žeimiai LT 114 Ka54
Žeimiai LT 114 Kc56
Zeist NL 116 Ba36
Zeithain D 127 Ed40
Zeitlarn D 135 Eb48
Zeitlofs D 134 Da43
Zeitz D 127 Eb41
Žejane HR 151 Fb60
Zekeriyaköy TR 186 Fd77
Zekeriyaköy TR 187 Gd78
Żelazków PL 129 Ha38
Żelazna PL 121 Gd29
Żelazna Góra PL 122 Hd30
Żelazno PL 137 Gc43
Żelazowa Wola PL 130 Ja37
Żelechlinek PL 130 Ja39
Żelechów PL 131 Jd38
Zelencovo RUS 113 Jc59
Zelenčukskaja RUS 205 Fd17
Zeleni Jadar BIH 159 Ja64
Zelenik SRB 174 Bd65
Zelenika MNE 159 Hc69
Zelenikovo BG 180 Dc72
Zelenivka UA 205 Fb16
Zelenodol'sk RUS 203 Fd09
Zelenodol's'k UA 204 Ed16
Zelenograd RUS 202 Ed10
Zelenogradsk RUS 113 Ja58
Zelenokumsk RUS 205 Ga16
Želenov CZ 136 Fa47
Zelenovo RUS 113 Jb58
Želetava CZ 136 Ga47
Železan BG 185 Ea76
Železino BG 185 Ea76
Železná Ruda CZ 135 Ed47
Železné SK 138 Hd48
Železnica BG 179 Cc72
Železnik BG 181 Ec73
Železnik SRB 153 Jc62
Železniki SLO 151 Fb57
Železnodorožnyj RUS 122 Jb30
Železnogorsk RUS 202 Ed13
Železný Brod CZ 128 Fd42
Zelgauska LV 107 Lb50
Zelhem NL 125 Bc37
Żelichów PL 138 Jc43
Želiezovce SK 146 Hc51
Zelinja BIH 152 Hb62
Zélio GR 189 Ca84
Żelisławice PL 130 Ja42
Żeliszew PL 131 Jd37
Żelizna PL 131 Kb38
Željuša BIH 158 Hb66
Želju Vojoda BG 180 Eb72
Zelki PL 123 Jd31
Żelkowo PL 121 Gc29
Zell A 144 Fa50
Zell D 133 Ca49
Zell D 134 Da45
Zell D 135 Eb47
Zell D 141 Ca51
Zella-Mehlis D 126 Dc42
Zell am Moos A 143 Ed52
Zell am See A 143 Ec53
Zell am Ziller A 143 Ea54
Zellerfeld, Clausthal- D 126 Dc38
Zellingen D 134 Da45
Zell (Mosel) D 133 Bd44
Zell-Pfarre A 144 Fb56
Želnava CZ 136 Fa49
Želovce SK 146 Hd51
Zelovo HR 158 Gc65
Zelów PL 130 Hc39
Želsva LV 114 Kb59
Zeltiņi LV 107 Lb48
Zeltweg A 144 Fc54
Želva LT 114 La56
Žemaičių Kalvarija LT 113 Jc54
Žemaičių Naumiestis LT 113 Jc56
Žemaitkiemis LT 114 Kd56
Žemaitkiemis LT 123 Kb30
Žemalė LT 113 Jc53
Žemberovce SK 146 Hc50
Zemblak AL 182 Ba77
Zembry PL 131 Ka37
Zembrze PL 122 Hd33
Zembrzyce PL 138 Hd45
Zemen BG 179 Cb72
Zemeș RO 172 Ec59
Zemgale LV 115 Lc54
Zemianska Oľča SK 145 Ha52
Zemite LV 105 Jd51
Zemitz D 120 Fa31
Zemmer D 133 Bc44
Zemné SK 145 Ha51
Zemplénagárd H 139 Kb49
Zemplínska Teplica SK 139 Jd48
Zemsko PL 128 Fd36
Zemun SRB 153 Jc61
Zenica BIH 158 Hb64
Zennor GB 18 Da32
Zentene LV 105 Jd50
Zenting D 135 Ed49
Žepa BIH 159 Hd64
Žepče BIH 152 Hb63
Zepernick D 128 Fa36
Žeravna BG 180 Eb71
Zerbisia GR 194 Bb88
Zerbst D 127 Eb38
Żerczyce PL 123 Kb35
Žerdevka RUS 203 Fc12
Zerenikovo MK 178 Bc73
Zerf D 133 Bc45
Zeri I 149 Cd63
Zerind RO 170 Bd58
Żerków PL 129 Gd38
Żerkowice PL 128 Fd41
Zermatt CH 148 Bd57
Zernez CH 142 Da55
Zernien D 119 Dd34
Żerniki PL 129 Gd38
Zernograd RUS 205 Fc15
Zernsdorf D 128 Fa37
Žeronys LT 114 Kd58
Zerpenschleuse D 120 Fa35
Zerqan AL 182 Ad74
Zervynos LT 123 Kd30
Zestoa E 39 Eb55
Žetale SLO 151 Ga57
Zetea RO 172 Dd59
Zetel D 118 Cc33
Zetjovo BG 180 Dc73
Zeulenroda D 127 Eb42
Zeuthen D 128 Fa37
Zeven D 118 Da33
Zevenaar NL 125 Bc37
Zevenbergen NL 124 Ad38
Zevgolatió GR 189 Bd86
Zevio I 149 Dc60
Zevloki RUS 107 Mb50
Zeybekçayırı TR 191 Ec81
Zeyköyü TR 193 Ha82
Zeytin TR 197 Fa89
Zeytinbağı TR 186 Fc80
Zeytindağ TR 191 Ec84
Zeytineli TR 191 Ea86
Zeytinköy TR 191 Ec87
Zeytinli TR 185 Dd80
Zeytinli TR 191 Ea81
Zeytinli TR 191 Ec82
Zeževo HR 157 Ga66
Zgalevo BG 180 Db69
Zgărdeşti MD 173 Fb56
Zgierz PL 130 Hc38
Zgłobień PL 139 Ka44
Zgniłoche PL 122 Ja32
Zgon PL 122 Jc32
Zgornja Kungota SLO 144 Ga56
Zgornje Jezersko SLO 151 Fb57
Zgórsko PL 138 Jc43
Zgorzelec PL 128 Fc41
Zgozhd AL 182 Ad75
Zgurița MD 173 Fb54
Zhukë AL 182 Aa77
Žiar nad Hronom SK 138 Hc49
Zibello I 149 Da61
Žibikai LT 113 Jd53
Žiča SRB 178 Ba67
Zicavo F 154 Cb71
Zichow D 120 Fb34
Ziçisht AL 182 Ba77
Zidani Most SLO 151 Fd58
Zidarovo BG 181 Ed73
Ziddorf D 119 Ec32
Židikai LT 113 Jc53
Židina LV 115 Lc53
Židlochovice CZ 137 Gc48
Ziduri RO 176 Ed63
Ziębice PL 137 Gc43
Zięby PL 122 Ja30
Ziegenhagen D 126 Da40
Ziegenrück D 127 Ea42
Ziegra-Knobelsdorf D 127 Ed41
Ziėkas LV 105 Jb50
Zielenice PL 129 Gc42
Zieleniec PL 137 Gb43
Zieleniewo PL 120 Fd34
Zieleniewo PL 120 Fd31
Zielin PL 121 Gc30
Zielitz D 127 Ea37
Zielona PL 122 Hd34
Zielona Góra PL 128 Fd38
Zielonka PL 130 Jc36
Zieluń PL 122 Hd34
Ziemeris LV 107 Lc48
Ziemetshausen D 142 Db50
Ziemiełowice PL 129 Ha41
Ziemupe LV 105 Ja52
Ziérbena E 38 Ea55
Zierenberg D 126 Da40
Zierikzee NL 124 Ac37
Ziersdorf A 136 Ga49
Zierzow D 119 Ea34
Ziesar D 127 Eb37
Ziethen D 120 Fa32
Zieuwent NL 125 Bd37
Žiežmariai LT 114 Kd57
Zigós GR 184 Da77
Žīguri LV 107 Ld48
Žihle CZ 135 Ed44
Zilaiskalns LV 106 Kd48
Zilāni LV 106 La51
Zile LV 106 La47
Zile TR 205 Fc20
Žiliai LT 113 Jd54
Žilina SK 138 Hc47
Žilinai LT 114 Kd59
Žilino RUS 113 Jc58
Zillis CH 142 Cd55
Zilly D 127 Dd38
Zilshausen D 133 Ca43
Ziltendorf D 128 Fc37
Zilupe LV 107 Ma51
Zimandu-Nou RO 170 Bd59
Zimány H 145 Ha56
Zimari RUS 107 Mb49
Zimbor RO 171 Cd57
Zimbreni MD 173 Fd58
Zimlje = Rujišta BIH 158 Hb66
Zimmern D 141 Cb50
Zimna Brzeźnica PL 128 Ga39
Zimna Woda PL 122 Ja33
Zimnica BG 180 Eb72
Zimnicea RO 180 Dd68
Zimnice Wielkie PL 137 Ha43
Zimovniki RUS 205 Fd15
Zinal CH 148 Bd57
Zinasco Vecchio I 148 Cb60
Žindaičiai LT 114 Ka57
Zingst D 119 Ec30
Zinkgruvan S 95 Fc45
Zin'kiv UA 202 Ed14
Žinkovy CZ 135 Ed46
Zinnowitz D 120 Fa31
Žiopeliai LT 113 Jd53
Zipári GR 197 Ec91
Ziras LV 105 Jb50
Zirc H 145 Ha54
Zirchow D 120 Fb32
Zirgi LV 107 Ma52
Žiri SLO 151 Fa58
Žirje HR 157 Ga66
Zirl A 143 Dd53
Zirndorf D 134 Dc46
Zirni LV 105 Jc52
Zirnovsk RUS 203 Fd12
Ziros GR 201 Dd96
Žirovica MK 182 Ad74
Žirovnica SLO 151 Fb57
Žirovnice CZ 136 Fd47
Zistersdorf A 137 Gc49
Žitište SRB 153 Jc59
Žitište SRB 174 Bb61
Žitkovac SRB 178 Bd68
Žitnica BG 180 Db72
Žitnica BG 181 Ed71
Žitni Potok SRB 178 Bc69
Žitomislići BIH 158 Hb67
Žitoradja SRB 178 Bd69
Žitosvjat BG 181 Ec73
Zitsa GR 182 Ad80
Zittau D 128 Fc42
Žiūronys LT 114 Kc59
Živaja HR 152 Gc60
Živinice BIH 153 Hc63
Živkovo BG 179 Cd72
Živojno MK 183 Bb76
Ziyamet TR 187 Gc77
Złaków Kościelny PL 130 Hd37
Zlarin HR 157 Ga66
Zlata SRB 178 Bc69
Zlatá Baňa SK 139 Jd47
Zlatá Idka SK 138 Jc48
Zlatar BG 181 Ec70
Zlatar HR 152 Gb58
Zlatar Bistrica HR 152 Gb58
Zlatarevo BG 183 Cb75
Zlatari SRB 178 Bb68
Zlatarica BG 180 Ea71
Zlaté Hory CZ 137 Gd44
Zlaté Klasy SK 145 Gd51
Zlaté Moravce SK 145 Hb50
Zlatica BG 179 Da71
Zlatinica BG 185 Eb74
Zlati Vojvoda BG 180 Ea72
Zlatna RO 175 Cd60
Zlatna Greda HR 153 Hd59
Zlatna Ostrove SK 145 Ha52
Zlatna Panega BG 179 Da70
Zlatni Pjasăci BG 181 Fb70
Zlatograd BG 184 Dc76
Zlatoklas BG 181 Ed68
Zlatokop SRB 178 Bd71
Zlatoličje SLO 144 Ga56
Zlatopole BG 185 Dd74
Zlatovo SRB 174 Bc66
Žlebič SLO 151 Fc59
Žlibinai LT 113 Jc54
Zliechov SK 137 Hb48
Zlín CZ 137 Ha47
Zliv CZ 136 Fb48
Žljebovi BIH 159 Hd64
Żłobek PL 139 Kb46
Žlobin BY 202 Eb13
Zlobin HR 151 Fc60
Złochowice PL 130 Hc41
Złocieniec PL 120 Ga33
Złoczew PL 129 Hb40
Zlogonje HR 152 Gb57
Zlogoš BG 179 Ca72
Zlosela BIH 158 Gd64
Zlostup MNE 159 Hd68
Zlot SRB 174 Bd66
Złotniki Kujawskie PL 121 Ha35
Złotoria PL 121 Hb34
Złotoryja PL 128 Ga41
Złotów PL 121 Gc33
Złotowo PL 122 Hd33
Złotowo PL 129 Hb36
Złoty Stok PL 137 Gc43
Žlunice CZ 136 Fd44
Žlutice CZ 135 Ed44
Zmajevac BIH 152 Gb61
Zmajevac HR 153 Hc58
Zmajevo SRB 153 Ja59
Žman HR 157 Fd65
Žmerynka UA 204 Eb15
Zmievka RUS 203 Fa12
Żmigród PL 129 Gc40
Żmigródek PL 129 Gc40
Zmijiv UA 203 Fa14
Zminica MNE 159 Ja67
Žminj HR 151 Fa61
Znamenka RUS 99 Ld45
Znamenosec BG 180 Ea73
Znamensk RUS 113 Jb59
Znamenskoe RUS 202 Ed12
Znam'janka UA 204 Ed15
Żnin PL 121 Gd35
Znojmo CZ 136 Ga48
Zoagli I 149 Cc63
Zocca I 149 Dc63
Žocene LV 105 Jd49
Žodzina BY 202 Eb12
Zoetermeer NL 116 Ad36
Zofingen CH 141 Ca53
Zogaj AL 163 Ja71
Žogi LV 107 Lc50
Zogno I 149 Cd58
Žogotas LV 107 Lc51
Žogotas LV 107 Ld50
Zohor SK 145 Gc50
Zoio P 45 Bd59
Zoldo Alto I 143 Ea56
Zoljan HR 152 Hb60
Żółkiewka PL 131 Kb41
Zollhaus CH 141 Bc55
Zolling D 143 Ea50
Zollino I 163 Hc77
Zoločiv UA 204 Ea15
Zolote UA 203 Fb14
Zolotievca MD 173 Fd59
Zolotonoša UA 204 Ed15
Żółwino PL 120 Ga34
Żołynia PL 139 Ka43
Zomba H 146 Hc56
Zonguldak TR 187 Hb76
Zonhoven B 124 Ba40
Zoni GR 185 Ea76
Zóni GR 194 Bb88
Zonianá GR 200 Cd95
Zonza F 154 Cb71
Żórawina PL 129 Gc41
Zörbig D 127 Eb39
Zorge D 126 Dc39
Zorile MD 173 Fd56
Zorita E 51 Cb68
Zorita de la Loma E 37 Cd58
Zorita de los Canes E 47 Ea65
Zorlar TR 198 Fd92
Zorleni RO 177 Fa60
Zorlențu Mare RO 174 Ca62
Zorneding D 143 Ea51
Zornica BG 181 Ec73
Żory PL 137 Hb44
Zosna LV 107 Ld52
Zossen D 127 Ed37
Zoutkamp NL 117 Bd33
Zoutleeuw B 124 Ba41
Zoúzouli GR 182 Ba78
Zovka RUS 99 Ma44
Žovkva UA 204 Dd15
Žovti Vody UA 204 Ed15
Žovtneve UA 202 Ed14
Zreče SLO 151 Fd57
Zrenjanin SRB 153 Jc60
Zrenjanin SRB 174 Bb61
Zrin HR 152 Gb61
Zrinski Topolovac HR 152 Gc58
Zrmanja-Vrelo HR 158 Gb64
Zrnovci MK 183 Ca74
Žrnovnica HR 158 Gc66
Zruč nad Sázavou CZ 136 Fd45
Zruč-Senec CZ 135 Ed45
Zrze KSV 178 Ba71
Zrze MK 183 Bb74
Zsadány H 147 Ka54
Zsámbék H 146 Hc53
Zsámbok H 146 Ja52
Zsana H 146 Ja56
Zschadraß D 127 Ec41
Zscherben D 127 Ea40
Zschocken D 127 Ec42
Zschopau D 127 Ed42
Zschoppach D 127 Ec41
Zschornewitz D 127 Eb39
Zschortau D 127 Eb40
Zsedeny H 145 Gc53
Zsurk H 139 Kb49
Zuazo de Cuartango E 38 Ea56
Zubcov RUS 202 Ec10
Zuberec SK 138 Hd47
Zubia E 60 Db75
Zubialde E 38 Ea55
Zubići BIH 158 Ha64
Zubieta E 39 Ec56
Zubiškes LT 114 Kd57
Zubova Poljana RUS 203 Fb11
Zubowo PL 123 Kb34
Zubrești MD 173 Fc57
Żubrówka PL 123 Kb30
Zubrzyca Górna PL 138 Hd46
Žuč SRB 178 Bb69
Zucaina E 54 Fb65
Zudaire E 39 Ec57
Zudar D 119 Ed30
Zudibiarte E 38 Ea55
Zuera E 48 Fb60
Zufia E 39 Ec57
Zufre E 59 Bd72
Zug CH 141 Cb53
Zuheros E 60 Da73
Zuid-Beijerland NL 124 Ac37
Zuidhorn NL 117 Bd33
Zuidlaren NL 117 Bd33
Zuidwolde NL 117 Bd35
Zújar E 51 Cb70
Zújar E 61 Dd74
Zuji LV 107 Lc51
Zujkovo RUS 107 Mb50
Žukai LT 113 Jd57
Žukovka RUS 202 Ed12
Żuków PL 131 Kc38
Żukowice PL 128 Ga39
Żukowo PL 121 Ha30
Žuljana HR 158 Ha68
Žulová CZ 137 Gc44
Zülpich D 125 Bc41
Zumaia E 39 Eb55
Zumarraga E 39 Eb56
Zundert NL 124 Ad38
Zundi LV 107 Ld52
Zuoz CH 142 Da56
Zupa HR 158 Gd67
Županja HR 153 Hc61
Župelevec SLO 151 Ga58
Žur KSV 178 Ba72
Zūras LV 105 Jb50
Żurawica PL 139 Kb44
Zurbarán E 51 Cb68
Zurgena E 61 Eb74
Zürich CH 141 Cb53
Zurich NL 116 Bb33
Zuriza E 39 Fb57
Zurndorf A 145 Gc51
Żurobice PL 123 Kb35
Żuromin PL 122 Hd34
Żurominek PL 122 Ja34
Zurrieq M 166 Eb88
Zürs A 142 Da54
Zurzach CH 141 Cb52
Zusmarshausen D 142 Db50
Züssow D 120 Fa31
Žuta Lokva HR 151 Fd61
Zutphen NL 117 Bc36
Zuydcoote F 21 Gd29
Zuzela PL 123 Jd35
Žužemberk SLO 151 Fc58
Zvăničevo BG 179 Da73
Zvārtava LV 107 Lb48
Zvečan KSV 178 Ba70
Zvegor MK 179 Cb73
Zvenejniekciems LV 106 Kc49
Zvenigorod RUS 202 Ed10
Zvenigovo RUS 203 Fd09
Zvenimir BG 181 Ec68
Zvenyhorodka UA 204 Ec15
Zverino BG 179 Cd70
Zvezd SRB 153 Jb62
Zvezdec BG 185 Ed74
Zvezdel BG 185 Dd75
Zvidziena LV 107 Lc50
Žvingiai LT 113 Jc56
Žvirče SLO 151 Fc59
Žvirgždaičiai LT 114 Ka58
Zvirgzde LV 106 Kc51
Žvirgždėnai LT 114 Kd59
Zvirinë AL 182 Ad76
Zvole CZ 137 Gb46
Zvole CZ 137 Gc45
Zvolen SK 138 Hd49
Zvolenská Slatina SK 138 Hd49
Zvonce SRB 179 Ca70
Zvony RUS 107 Mb50
Zvoriştea RO 172 Ec55
Zvornik BIH 153 Hd63
Zwaagwesteinde NL 117 Bc33
Zwanenburg NL 116 Ba35
Zwardoń PL 138 Hc46
Zwaring A 144 Fd55
Zwartemeer NL 117 Ca35
Zwartsluis NL 117 Bc35
Zweeloo NL 117 Bd34
Zweibrücken D 133 Bd46
Zweiflingen D 134 Cd47
Zweisimmen CH 141 Bc55
Zwenkau D 127 Eb40
Zwethau D 127 Ed39
Zwettl A 136 Fd49
Zwettl an der Rodl A 144 Fb50
Zwiastowice PL 137 Ha43
Zwickau D 127 Ec42
Zwiefalten D 142 Cd50
Zwiernik PL 138 Jc44
Zwierzno PL 122 Hc31
Zwierzyn PL 120 Fd35
Zwierzyniec PL 131 Kc42
Zwiesel D 135 Ed48
Zwieselstein A 142 Dc55
Zwillbrock D 125 Bd37
Zwingenberg D 134 Cc45
Zwischenwasser I 143 Ea55
Zwochau D 127 Eb40
Zwoleń PL 131 Jd39
Zwolle NL 117 Bc35
Zwönitz D 127 Ec42
Żychlin PL 130 Hd37
Žydačiv UA 204 Ea15
Żydów PL 129 Ha39
Żydowo PL 121 Gb31
Żydowo PL 129 Gd36
Žygaičiai LT 113 Jc56
Zygi CY 206 Jb98
Zygmantiškė LV 114 Kb57
Zypliai LT 114 Ka57
Żyraków PL 139 Jd44
Żyrardów PL 130 Ja37
Żyrowa PL 137 Ha43
Żyrzyn PL 131 Ka39
Žytkavičy BY 202 Eb13
Żytkiejmy PL 123 Ka29
Żytniów PL 129 Hb41
Żytno PL 130 Hd41
Žytomyr UA 204 Eb15
Żywiec PL 138 Hd45
Żywocice PL 137 Ha43

	GB	D	F	DK			GB	D	F	DK
	City map	**Stadtplan**	**Plan de ville**	**Bykort**	**1:15.000**		**City map**	**Stadtplan**	**Plan de ville**	**Bykort**
	Motorway	Autobahn	Autoroute	Motorvej		Central station, bus station	Hauptbahnhof, Busbahnhof	Gare centrale, gare routière	Hovedbanegård, busterminal
	Major road	Wichtige Hauptstraße	Route principale importante	Vigtig hovedvej		Hospital	Krankenhaus	Hôpital	Sygehus
	Main road	Hauptstraße	Route régionale	Hovedvej		Information, post office	Information, Post	Information, bureau de poste	Information, posthus
	Pedestrian zone	Fußgängerzone	Zone piétonne	Gågade		Church, mosque	Kirche, Moschee	Église, mosquée	Kirke, moske
	Railway	Bahnlinie	Ligne de tramway	Jernbane		Synagogue	Synagoge	Synagogue	Synagoge
	Stadium	Stadion	Stade	Stadion		Theatre	Theater	Théâtre	Teater
	Parking, garage parking	Parkplatz, Parkhaus	Parking	Parkeringsplads, parkeringshus		Museum	Museum	Musée	Museum
	Exhibition Hall	Messe	Palais des expositions	Messe		Library	Bibliothek	Bibliothèque	Bibliotek

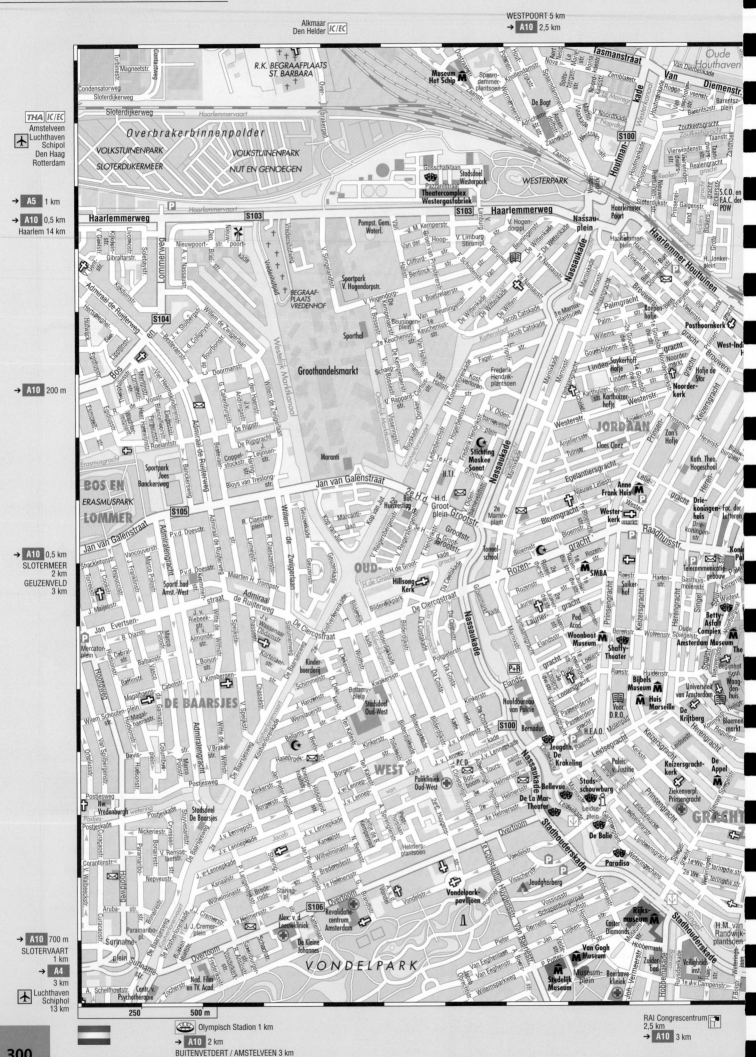

Amsterdam 1 : 15 000

BUIKSLOOT 1 km

STENEN HOOFD

Het IJ

Westerdok

Caffijn boornstr.
Leliendaal-str.
dijk
Winthont-str.
Westerdoksdijk

City Marina IJdock

IJdock

Westerdoksdijk
Ruiverkeersleiding Regio Nordwest
K.v.K.

De Ruijterkade
Nieuwe Westerdok
S100
Havengebouw
Harlemmer houtdijk
Haarlemmermarkt

NOORD 5

Graesweg
Bundlaan
Spadinalaan
Graesweg

Astierweg
Wilgenweg
Distelweg
Ranonkel
Lavendel-str.
Ganzebloem-
Heimansweg
Van der Pekstr.
Mosveld

Johan van Hasseltweg

FLORA PARK

NOORD

NOORDERPARK

Noorderpark

Leeuwarderweg

VOLE PARK

Nieuwendammerdijk

NOORD 8

Viegenbos
VOLKSTUINEN
BUITENZORG

NOORD 6

Ponthaven

Hamerkanal

Gedempte Hamerkanaal

EYE, Film Instituut Nederland

Centraal Station NDSM

Bukslooterweg

Centraal Station-IJpleinveer

IJ-Tunnel

Javakade

Java-eiland

Sumatrakade

IJhaven

Oostelijk Havengebied

HAVENS OOST 0,5 km

De Ruijterkade
THA ICE IC/EC
Centraal Station
CENTRAAL STATION
front
St. Nicolaaskerk
Schreierstoren

Oosterdokseiland
De Ruijterkade
De Ruijterkade
De Chocoladefabriek

Muziekgebouw aan 't IJ
Bimhuis
Passenger Terminal Amsterdam
Blauwhoedenveem

Piet Heinkade

S100

Piet Heinkade

Veemkade
Veemkade

Dijksgracht

Prins Hendrikkade
Nieuwe of Ronde Lutherse Kerk
Dominicuskerk
Museum Ons' Lieve Heer op Solder
Beurs van Berlage (Koopmansbeurs)
Oude Kerk
Koffie- en Theemuseum
Nieuwe Kerk
Kon. Paleis
Dam
Nationaal Mon.
Madame Tussauds
De Brakke Grond
Frascati
Amsterdam Dungeon
Allard Pierson Museum
Hash Marih. & Hemp Mus.
Vm. Stadhuis
Vm. Zuiderkerk
Doelenzaal
Universiteit v. Amsterd Theaterschool
Universiteitstheater
De Kleine Komedie
Muntplein

'T Kolkje ('t Sluisje)
De Waag
Nieuwmarkt
NIEUWMARKT
Montelbaanstoren
Museum Het Rembrandthuis
Stadhuis
WATERLOOPL. Stopera
Muziektheater
Joods Historisch Mus.
Portugese Synagoge
Amsterdamse Hoogeschool voor de Kunsten
Brandweer
Hortus Botanicus
PARK
Hortusplantsoen

NEMO Science & Technology Museum

Marine Etablissement

Het Scheepvaart-museum

ARCAM Architectuur Centrum Amsterdam
T.M.F.
Kattenburgerplein

Oosterkerk

Windroosplein

Wittenburgervaart

Oostelijk

Oostenburgervaart

Museumswerf 't Kromhout

De Molen De Gooyer
Zeeburgerpad
Singelgracht
EnergeticA

Zeeburgerdijk

→ A10 5 km

Muntplein
Rembrandtplein
Museum Willet-Holthuysen
Hermitage
Amstelhof
FOAM
Museum Van Loon
Amstelkerk
De Duif
Heineken Experience
Stadhouderskade
Rijksacad.

Verzetsmus.
Planetarium
Hollandsche Schouwburg
Herv. Ped. Acad.
Artisbibliotheek
ARTIS
Zoo Artis
MAGISTRA
Aquarium
St. Jacob
Middenlaan

NATURA

Muiderpoort
Muiderkerk

Tropenmuseum
Soeterijn theater

Mauritskade

OOSTERPARK

S100
S113

→ A10 5 km

ICE IC/EC
Utrecht Arnhem

De IJsbreker Muziekcentrum en TV-Studio
Nederlandse Bank
Frederiksplein
P.D.I.S.
Nicolaas Witsen-str.
Weteringschans

Rijksbel. kantoor
Rhijnspoorpl.
Wibauthuis
Sporthal
O.L.V. Gasthuis

WATERGRAAFSMEER 200 m
→ A10 2,5 km

→ A2 / A10 3,5 km   → A10 3 km   Gaasperplas Gein   WATERGRAAFSMEER 200 m
Utrecht 24 km   DUIVENDRECHT 3,5 km   → A10 2,5 km
                    ArenA 5 km

301

Athina 1 : 15 000

Flughafen Tegel 3,5 km ✈
→ 100 0,5 km

Osloer Straße (U9) U B-REINICKENDORF 7 km / B-WEDDING 3 km

Hamburg 1h 33' / B-Gesundbrunnen 4' B-WEDDING 3 km IC/EC ICE

Oranienburg 28 km / B-WAIDMANNSLUST 10 km
96 B-WEDDING 2 km

Left margin

Schloss Charlottenburg 3,5 km / B-CHARLOTTENBURG 4 km

Schloss Charlottenburg 3 km / B-CHARLOTTENBURG 3,5 km

2 / 5 1,5 km / B-CHARLOTTENBURG 2 km
Schloss Charlottenburg 2,5 km

2 / 5 B-CHARLOTTENBURG 1,5 km
Schloss Charlottenburg 2 km
→ 100 3 km
Messe Berlin 4 km / B-WESTEND 5 km
✈ Flughafen Tegel 6,5 km
Olympiastadion 6,5 km
B-SPANDAU 10 km
U Ruhleben (U2)

Messe Berlin 3 km
→ 2 / 5 3,5 km

S5 Westkreuz 7'
S75 Spandau 21'
S7 Potsdam 34'
IC/EC ICE
B-Spandau 8' / Wolfsburg 1h 4' / Hannover 1h 39'
IC/EC Potsdam 26'

→ 100 3 km / B-SCHMARGENDORF 4 km

→ 100 2,5 km / B-SCHMARGENDORF 3,5 km

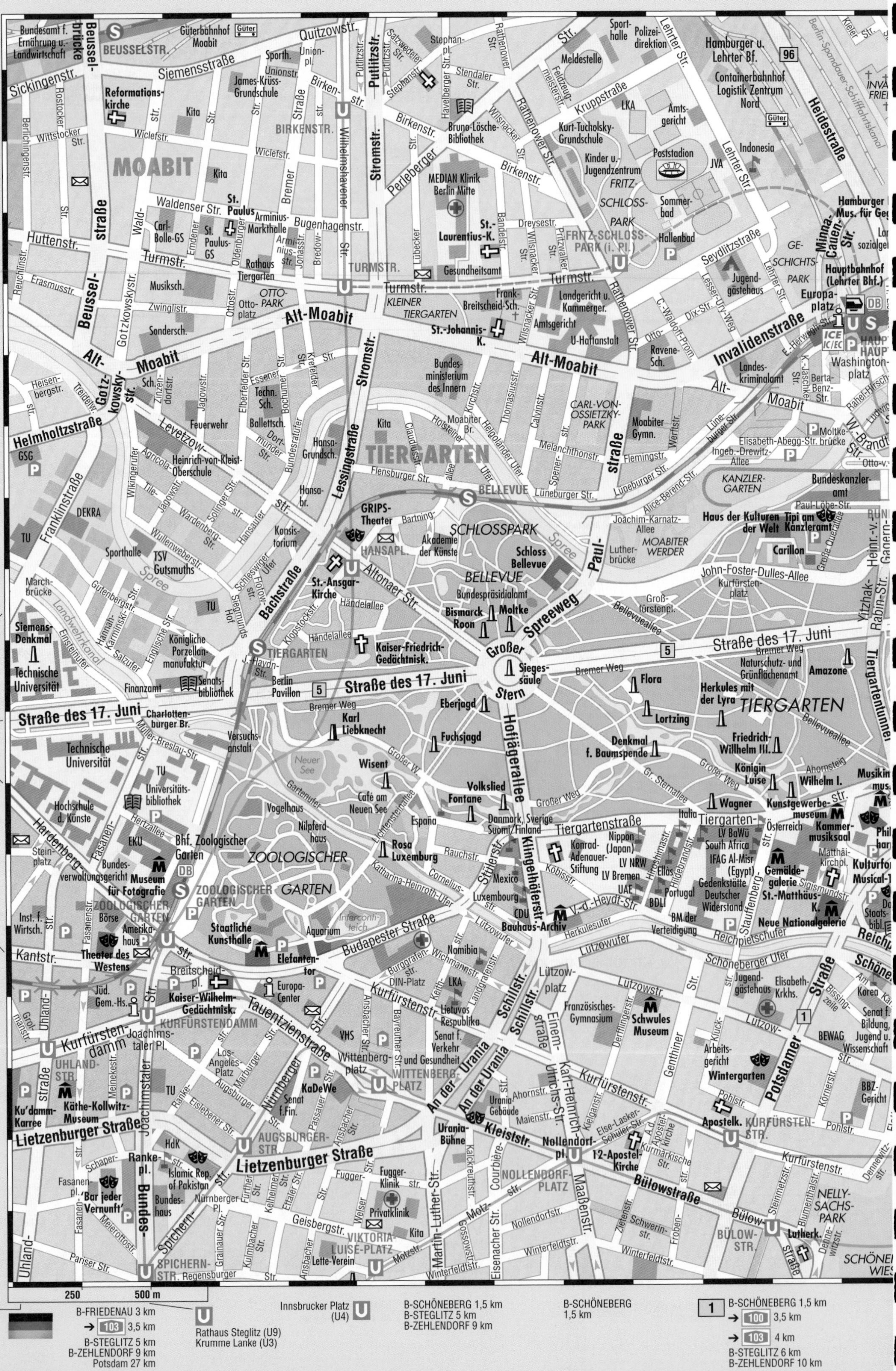

Bottom margin

250   500 m

→ 103 3,5 km
B-FRIEDENAU 3 km
U Rathaus Steglitz (U9) / Krumme Lanke (U3)
B-STEGLITZ 5 km / B-ZEHLENDORF 9 km / Potsdam 27 km

Innsbrucker Platz (U4) U
B-SCHÖNEBERG 1,5 km / B-STEGLITZ 5 km / B-ZEHLENDORF 9 km

B-SCHÖNEBERG 1,5 km

1 B-SCHÖNEBERG 1,5 km
→ 100 3,5 km
→ 103 4 km
B-STEGLITZ 6 km / B-ZEHLENDORF 10 km

Map labels

MOABIT · TIERGARTEN · ZOOLOGISCHER GARTEN · BELLEVUE · SCHLOSSPARK · FRITZ-SCHLOSS-PARK · WITTENBERGPLATZ · KURFÜRSTENDAMM · AUGSBURGER STR. · VIKTORIA-LUISE-PLATZ · NOLLENDORFPLATZ · SPICHERN-STR.

Streets: Sickingenstr. · Siemensstraße · Beusselstr. · Huttenstr. · Turmstr. · Alt-Moabit · Stromstr. · Lessingstraße · Straße des 17. Juni · Hardenbergstr. · Kantstr. · Lietzenburger Straße · Tauentzienstraße · Kurfürstenstr. · Budapester Straße · Bülowstraße · Potsdamer Str.

Points of interest: Reformationskirche · St. Paulus · Rathaus Tiergarten · MEDIAN Klinik Berlin Mitte · St.-Laurentius-K. · Bundesministerium des Innern · Hauptbahnhof (Lehrter Bf.) · Europaplatz · Schloss Bellevue · Bundespräsidialamt · Haus der Kulturen der Welt · Bundeskanzleramt · Siegessäule · Großer Stern · Kaiser-Friedrich-Gedächtnisk. · Technische Universität · Bhf. Zoologischer Garten · Aquarium · Staatliche Kunsthalle · Elefantentor · Gemäldegalerie · Neue Nationalgalerie · Bauhaus-Archiv · Kaiser-Wilhelm-Gedächtnisk. · KaDeWe · Urania · Wintergarten · Schwules Museum · Käthe-Kollwitz-Museum · Theater des Westens · 12-Apostel-Kirche · Apostelk.

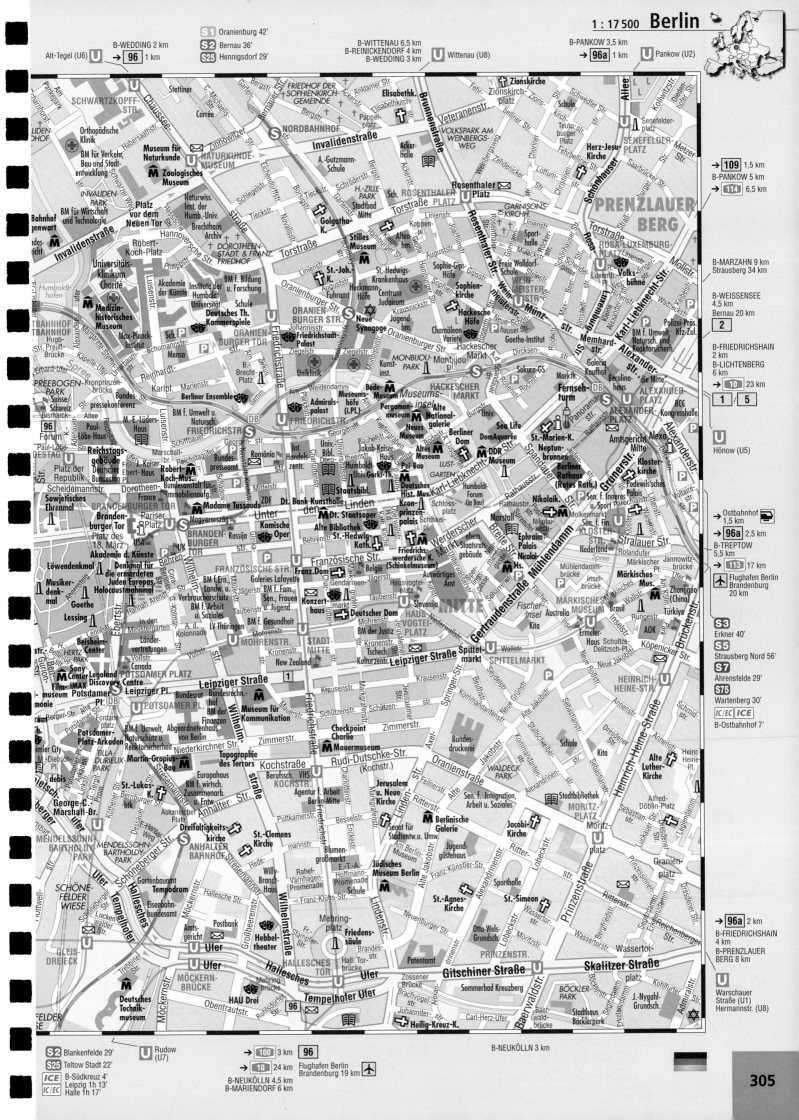

Beograd 1 : 15 000

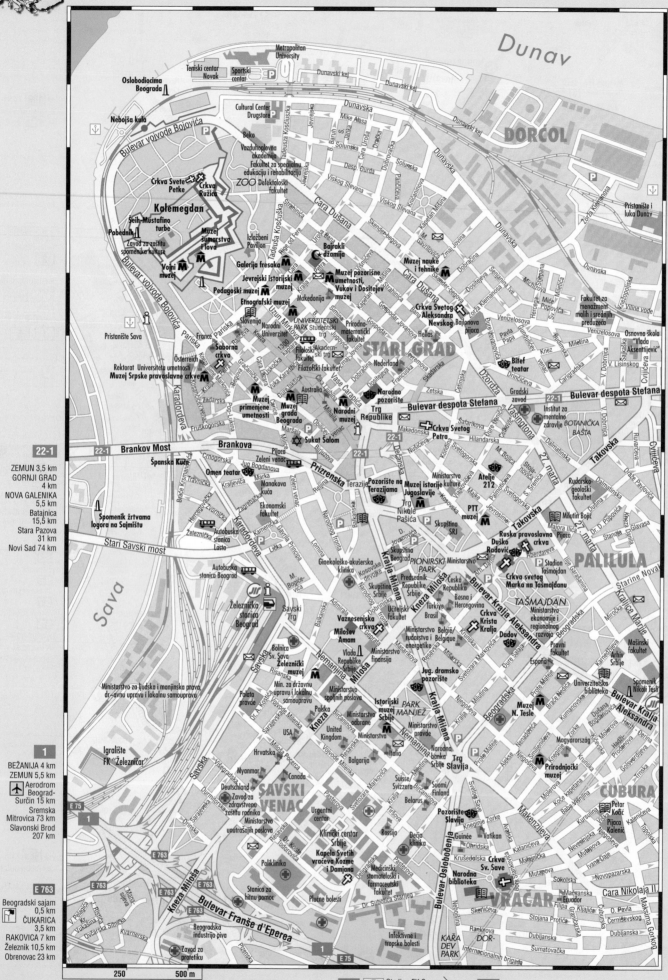

Dunav

DORĆOL

Metropolitan University

Oslobodiocima Beograda

Neboiša kula

Teniski centar Novak

Sportski centar

Dunavski kej

Dunavski kej

Cultural Center Drugstore

Beko

Vazduhoplovna akademija

Fakultet za specijalnu edukaciju i rehabilitaciju

Crkva Svete Petke

Crkva Ružica

ZOO Defektološki fakultet

Kalemegdan

Šeih-Mustafino turbe

Pobednik

Zavod za zaštitu spomenika kulture

Muzej šumarstva i lova

Vojni muzej

Izložbeni Pavilion

Galerija fresaka

Bajrakli džamija

Muzej nauke i tehnike

Jevrejski istorijski muzej

Muzej pozorišne umetnosti, Vukov i Dositejev muzej

Pedagoški muzej

Etnografski muzej

Makedonija

Pristanište i luka Dunav

Crkva Svetog Aleksandra Nevskog

Bajlonova pijaca

STARI GRAD

Slovenija

Narodni Univerzitet

UNIVERZITETSKI PARK Studentski trg

Prirodno matematički fakultet

Bitef teatar

KRNJAČA 3 km
Borča 8 km
Zrenjanin 70 km

24-1 2 km

KARABURMA 2,5 km
ZVEZDARA 3 km
VIŠNJIČKA BANJA 4 km
Višnjica 6,5 km

Pristanište Sava

Saborna crkva

Österreich

Rektorat Univerziteta umetnosti Muzej Srpske pravoslavne crkve

Muzej primenjene umetnosti

Muzej grada Beograda

France

Nederland

Australia

Narodni muzej

Narodno pozorište

Trg Republike

Bulevar despota Stefana

Institut za mentalno zdravlje

BOTANIČKA BAŠTA

1-9 200m
E 70

Pančevo 17 km
Kovin 53 km
Vršac 80 km
Timişoara (RO) 156 km

22-1

ZEMUN 3,5 km
GORNJI GRAD 4 km
NOVA GALENIKA 5,5 km
Batajnica 15,5 km
Stara Pazova 31 km
Novi Sad 74 km

Brankov Most 22-1

Brankova

Španska kuća

Omen teatar

Prizrenska

Zeleni venac

Pijaca

Crkva Svetog Petra

Sukat Salom

Pozorište na Terazijama

Terazije

Muzej istorije kulture Jugoslavije

Atelje 212

Ministarstvo

Trg Nikole Pašića

PTT muzej

Skupština SRJ

Ruska pravoslavna crkva

Duško Radović

Stadion Tašmajdan

Crkva svetog Marka na Tašmajdanu

Milutin Bojić

PALILULA

Spomenik žrtvama logora na Sajmištu

Ekonomski fakultet

Manakova kuća

Skupština Beograda

PIONIRSKI PARK

Ministarstvo

Predsednik Republike Srbije

Češka Republika

Bosna i Hercegovina

Bulevar Kralja Aleksandra

TAŠMAJDAN

Ministarstvo ekonomije i regionalnog razvoja

Stari Savski most

Autobuska stanica Lasta

Autobuska stanica Beograd

Ginekološko-akušerska klinika

Kosovska

Skupština Srbije

Türkiye

Brasil

Učiteljski fakultet

België/ Belgique

Crkva Krista Kralja

Dadov

Pravni fakultet

Arhiv Srbije

Mašinski fakultet

1

BEŽANIJA 4 km
ZEMUN 5,5 km

Aerodrom Beograd-Surčin 15 km

Sremska Mitrovica 73 km
Slavonski Brod 207 km

Železnička stanica Beograd

Savski Trg

Bolnica Sv. Sava

Železnički muzej

Vaznesenjska crkva

Milošev Amam

Vlada Republike Srbije

Ministarstvo spoljnih poslova

Min. za državnu upravu i lokalnu samoupravu

Ministarstvo finansija

Palata pravde

Ministarstvo za ljudska i manjinska prava, državnu upravu i lokalnu samoupravu

Kneza Miloša

Jug. dramsko pozorište

Istorijski muzej Srbije

PARK MANJEŽ

Ministarstvo odbrane

United Kingdom

Ministarstva

Ministarstvo pravde

Muzej N. Tesle

Univerzitetska biblioteka

Španija

Bulevar Kralja Aleksandra

Spomenik Nikoli Tesli

3,5 km

1-9 E 70

100 4 km

ZVEZDARA 3,5 km
MALI MOKRI LUG 5,5 km
Grocka 30 km
Smederevo 49 km

E 763

Beogradski sajam 0,5 km

ČUKARICA 3,5 km
RAKOVICA 7 km
Železnik 10,5 km
Obrenovac 23 km

Igralište FK "Železničar"

Polska

Hrvatska

Myanmar

Deutschland

Zavod za zdravstvenu zaštitu radnika

Ministarstvo unutrašnjih poslova

USA

Canada

Balgarija

ŠAVSKI VENAC

Urgentni centar

Suisse/ Svizzera

Belarus

Narodna banka Srbije

Trg Slavija

Prirodnjački muzej

Suomi/ Finland

Pozorište Slavija

ČUBURA

Klinički centar Srbije

Rossija

Dečja klinika

Guinée

Ohridska

Vatikan

E 75

Kapela Svetih vračeva Kozme i Damjana

Medicinski, stomatološki i farmaceutski fakultet

Ecuador

Crkva Sv. Save

Narodna biblioteka

Cara Nikolaja II

E 763

Stanica za hitnu pomoć

Plućne bolesti

Dr. Subotica Starijeg

Beogradska industrija piva

Zavod za protetiku

Bulevar Franše d'Eperea

Infektivne i tropske bolesti

KAĐA DEV PARK

DOR-

VRAČAR

E 75

250 500m

Stadion FK Partizan 1 km

Stadion FK Crvena Zvezda 1,5 km

SENJAK 200 m
BANJICA 3 km
VOŽDOVAC 5 km
Mladenovac Varoš 58 km
Kragujevac 124 km

Stadion FK Crvena Zvezda 1,5 km

ZVEZDARA 5 km
Vrčin 18 km
Velika Plana 85 km
Kragujevac 138 km

1 300 m

Stadion FK Crvena Zvezda 1,5 km

VOŽDOVAC 2 km
BANJICA 2,5 km

306

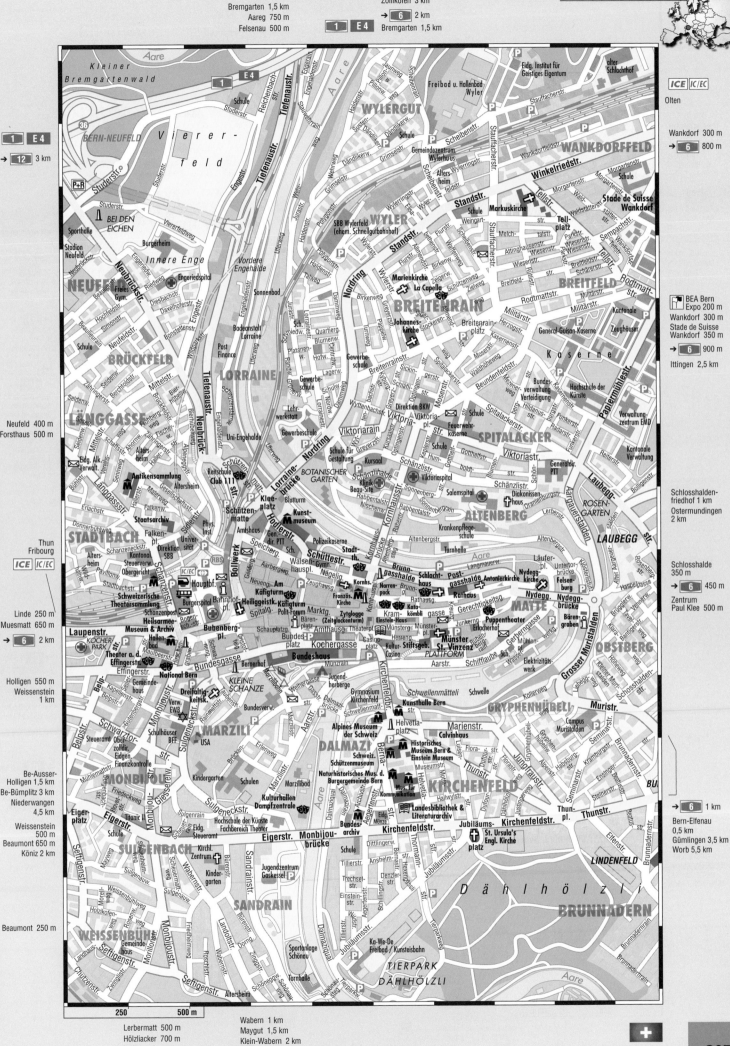

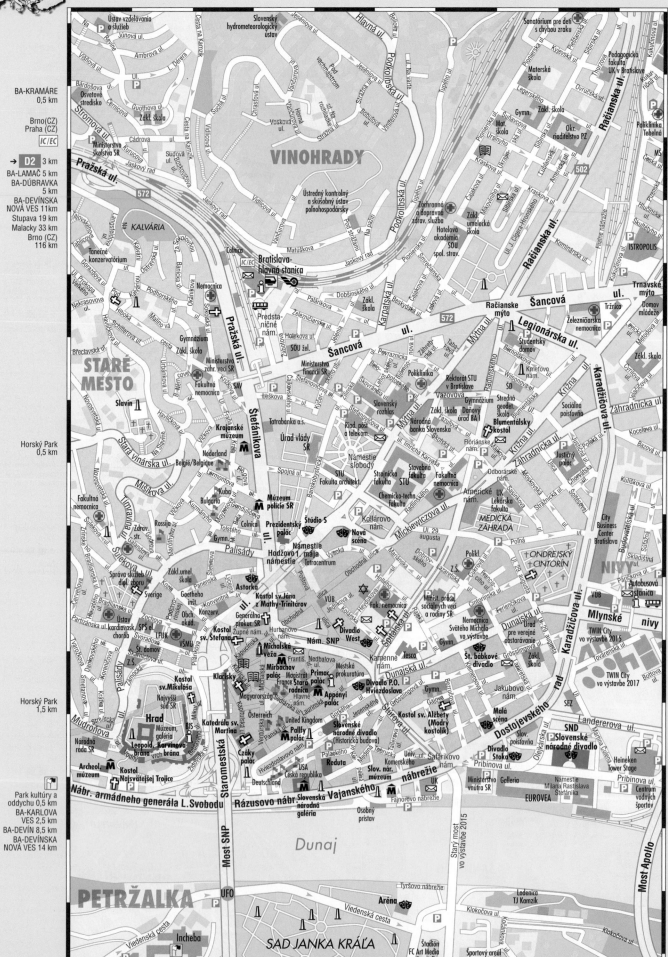

Trenčín
Poprad
Komárno IC/EC

Modra 26 km
Pezinok 20 km
BA-RAČA 5 km 502

BA-KOLIBA 1 km

VINOHRADY

BA-KRAMÁRE
0,5 km

Brno(CZ)
Praha(CZ)
IC/EC

→ D2 3 km
BA-LAMAČ 5 km
BA-DÚBRAVKA
5 km
BA-DEVÍNSKA
NOVÁ VES 11km
Stupava 19 km
Malacky 33 km
Brno (CZ)
116 km

KALVÁRIA

STARÉ MESTO

Horský Park
0,5 km

Horský Park
1,5 km

Park kultúry a
oddychu 0,5 km
BA-KARLOVA
VES 2,5 km
BA-DEVÍN 8,5 km
BA-DEVÍNSKA
NOVÁ VES 14 km

BA-NOVÉ MESTO
0,5 km
Štadión AŠK
Inter 1,5 km
→ D1 7 km
Senec 24 km
Trnava 44 km
ISTROPOLIS

→ 61 1 km
BA-RUŽINOV
1,5 km
BA-VRAKUŇA
7,5 km
Letisko M.R.
Štefánika 6 km
→ D1 8 km
Bernolákovo 15 km
Senec 24 km
Trnava 44 km

→ 61 1 km
BA-RUŽINOV
1,5 km
BA-VRAKUŇA
8,5 km

NIVY

→ 61 1,5 km
BA-RUŽINOV 2 km
BA-PRIEVOZ 3 km
BA-PODUNAJSKÉ
BISKUPICE 7 km
Rovinka 12,5 km
Šamorín 21 km

→ D1 1,5 km
BA-PODUNAJSKÉ
BISKUPICE 7 km
Rovinka 12,5 km
Šamorín 21 km

Dunaj

PETRŽALKA

SAD JANKA KRÁĽA

250   500 m

BA-PETRŽALKA 1 km
stanica Bratislava-Petržalka 1,5 km

BA-PETRŽALKA
1 km

→ 61 0,5 km Petržalka/Berg (A) 4 km
Hainburg a.d.Donau (A) 13 km / Wien (A) 60 km

→ D2 2 km Jarovce/Kittsee (A) 12 km
→ Čunovo/Rajka (H) 20 km

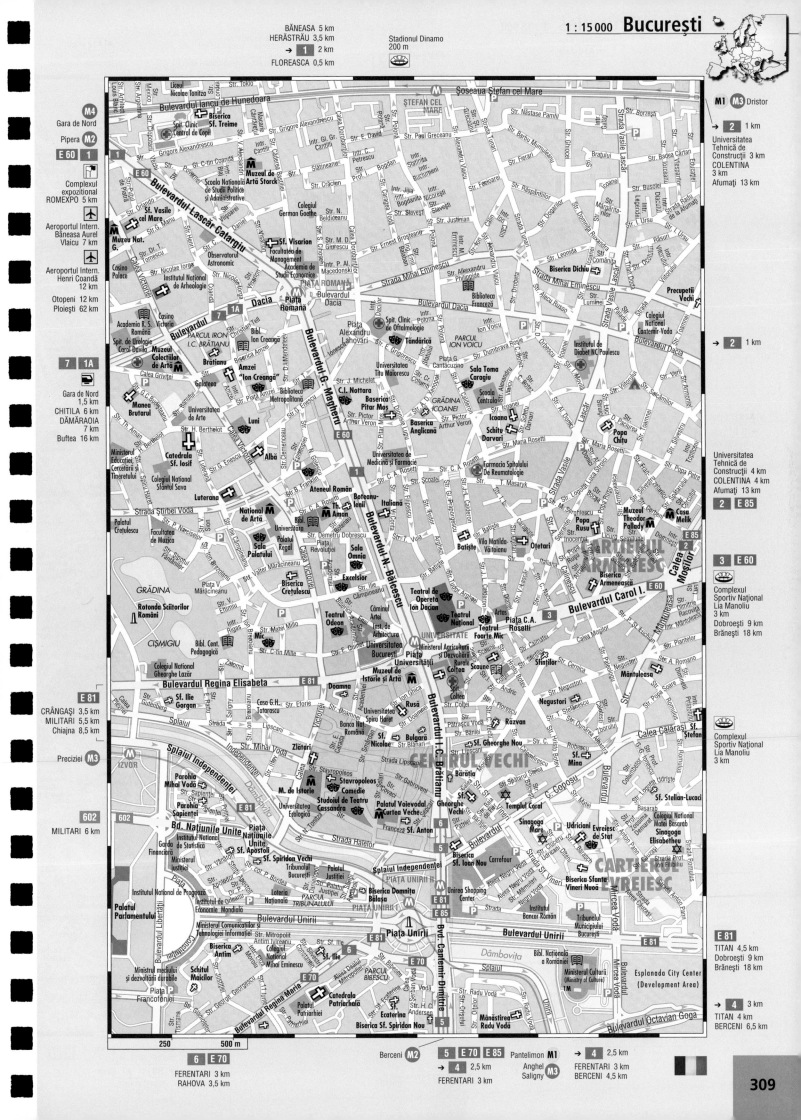

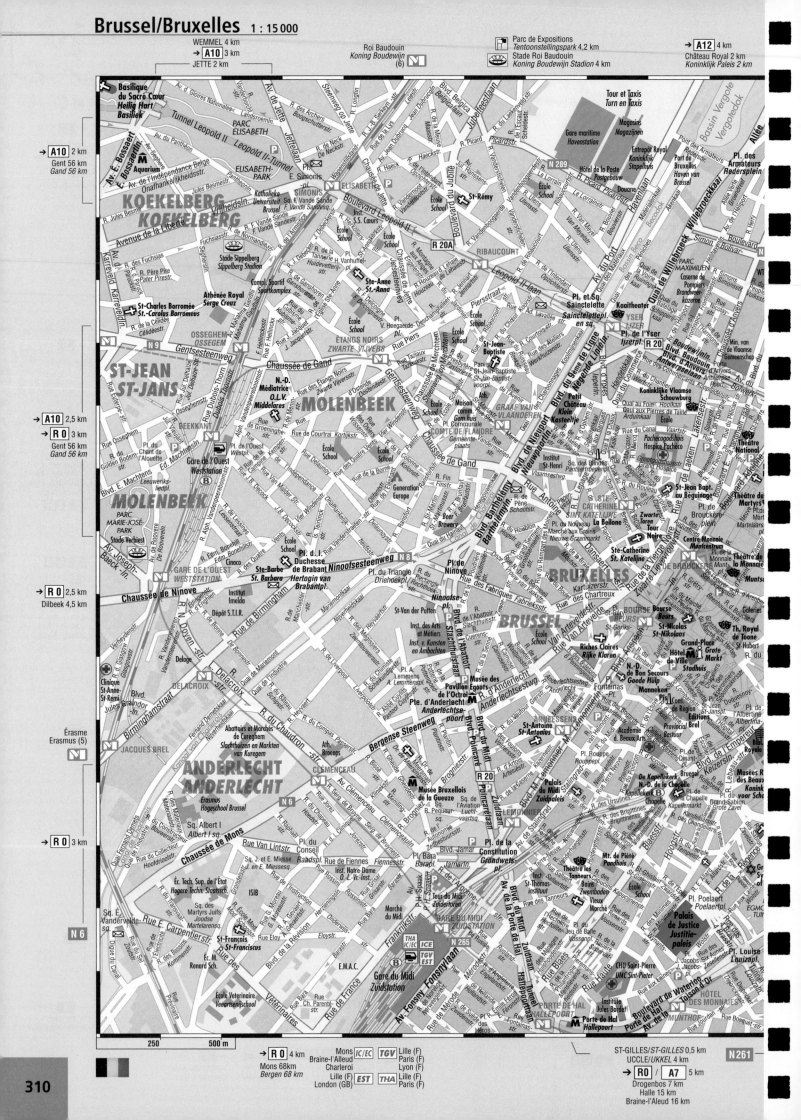

→ A12 4 km
Château Royal 2 km
Koninklijk Paleis 2 km

Köln (D)
Aachen (D) ICE THA
Liège
Gent IC/EC IC/EC
Lokeren

Amsterdam (NL)
Rotterdam (NL)
Antwerpen
Mechelen

→ A12 3 km

→ A201 4 km
EVERE 1,5 km
EVERE 1,5 km

→ A12 4 km
Park de Laeken 3 km
Park van Laeken 3 km

→ A3

→ A3
✈ 7 km
Aéroport de
Bruxelles-National
*Luchthaven
Brussel-National*
Louvain 30 km
Leuven 30 km

→ A3 0,5 km
Louvain 28 km
Leuven 28 km

→ A4 5 km
Namur 61 km
Namen 61 km

Ⓜ Stockkel/
Stokkel (1)
Herrmann-
Debroux (5)

Bois de la Cambre 2,5 km
Ter Kamerenbos 2,5 km

Université Libre de Bruxelles 1,5 km
Vrije Universiteit Brussel 1,5 km

Université Libre de Bruxelles 2 km
Vrije Universiteit Brussel 2 km

→ A4 1,5 km
Namur 62 km
Namen 62 km

Budapest 1 : 15 000

Eszergom 44 km
Szentendre 15 km
Pilisvörösvár 14 km
BÉKÁSMEGYER 9 km
ÓBUDA 2 km
ÓBUDA
Szentendre

UJLIPÓTVÁROS 0,5 km

HŰVÖSVÖLGY 5 km
NAGYKOVÁCSI 9 km

ISTENHEGY 1,5 km

NEMETVOLGY 1 km

NEMETVOLGY 0,5 km

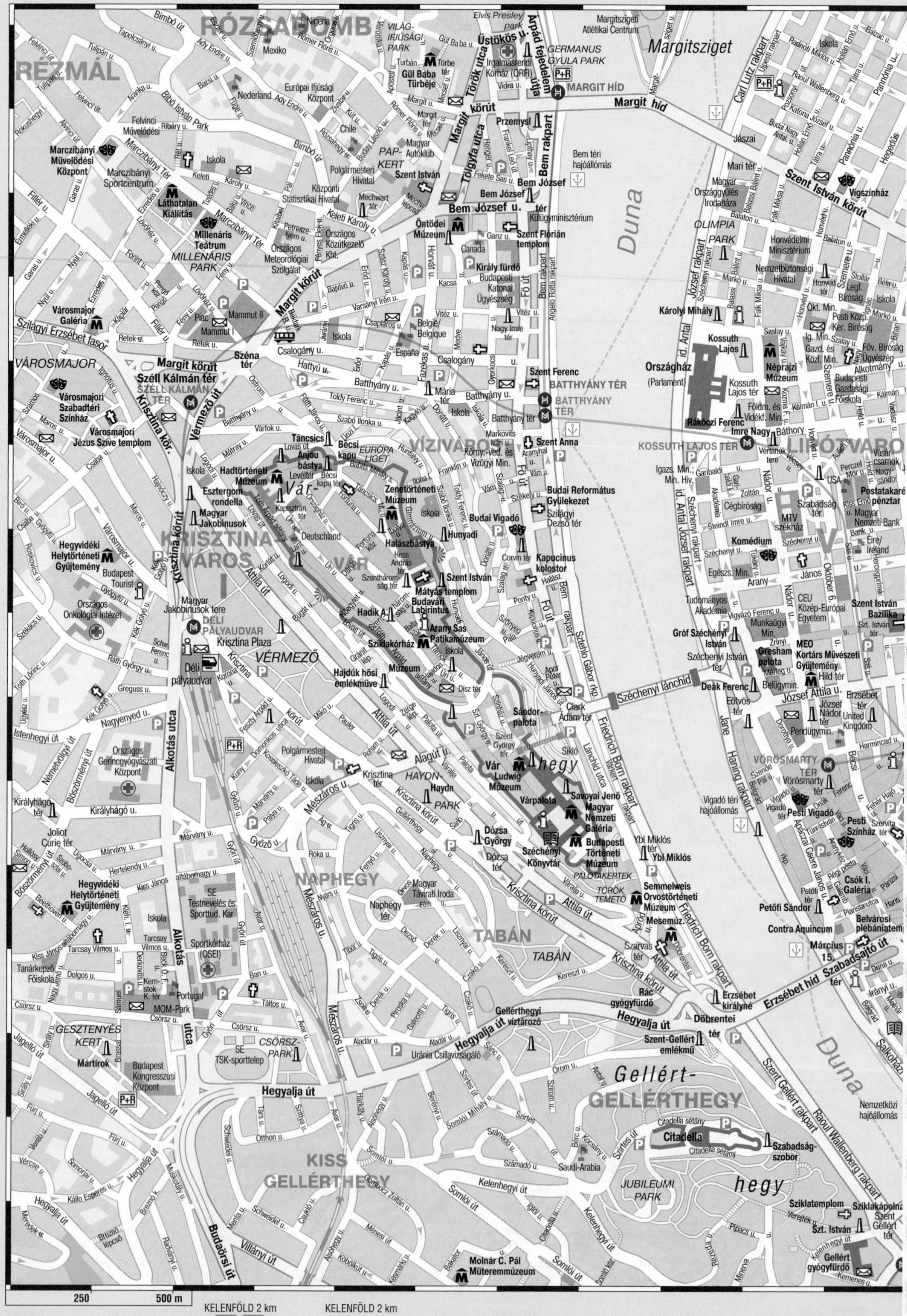

KELENFÖLD 2 km
→ M1 / M7 2,5 km
Érd 14 km
Tatabánya 54 km
Székesfehérvár 60 km

KELENFÖLD 2 km

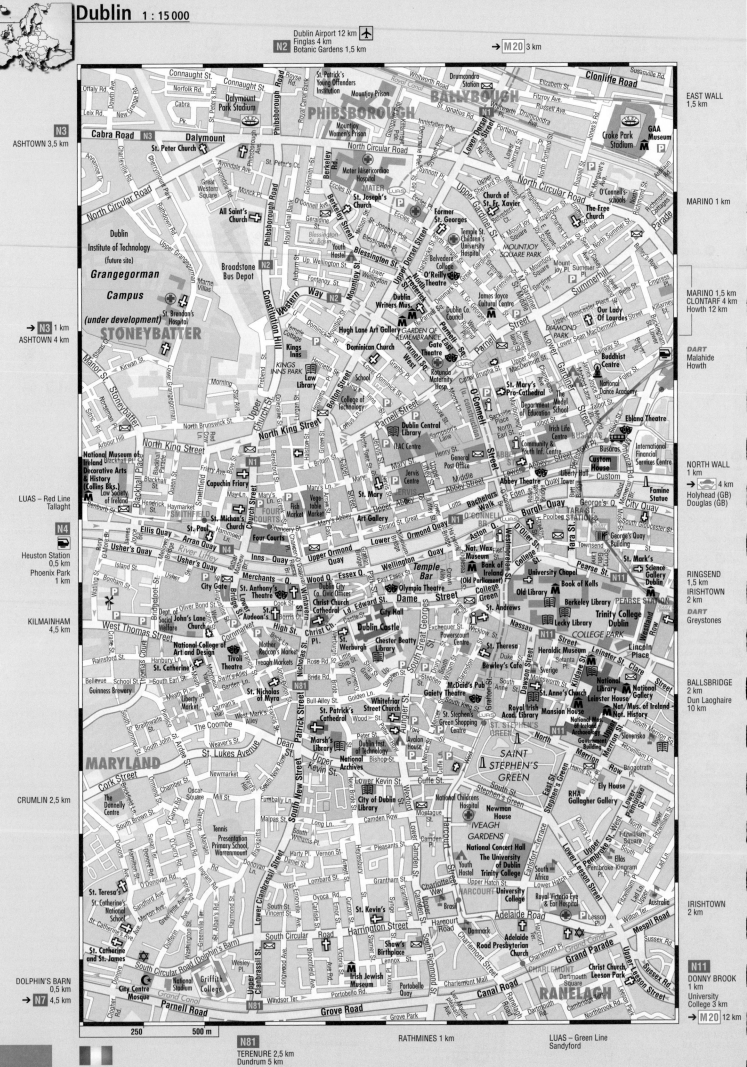

Dublin Airport 12 km ✈
Finglas 4 km
N2 Botanic Gardens 1,5 km

→ **M20** 3 km

EAST WALL
1,5 km

N3
ASHTOWN 3,5 km

MARINO 1 km

Cabra Road **N3**

MARINO 1,5 km
CLONTARF 4 km
Howth 12 km

→ **N3** 1 km
ASHTOWN 4 km

DART
Malahide
Howth

LUAS – Red Line
Tallaght

NORTH WALL
1 km

→ 🚗 4 km
Holyhead (GB)
Douglas (GB)

N4

Heuston Station
0,5 km
Phoenix Park
1 km

RINGSEND
1,5 km
IRISHTOWN
2 km

KILMAINHAM
4,5 km

DART
Greystones

BALLSBRIDGE
2 km
Dun Laoghaire
10 km

CRUMLIN 2,5 km

IRISHTOWN
2 km

DOLPHIN'S BARN
0,5 km

→ **N7** 4,5 km

N11
DONNY BROOK
1 km
University
College 3 km

→ **M20** 12 km

250   500 m

N81
TERENURE 2,5 km
Dundrum 5 km

RATHMINES 1 km

LUAS – Green Line
Sandyford

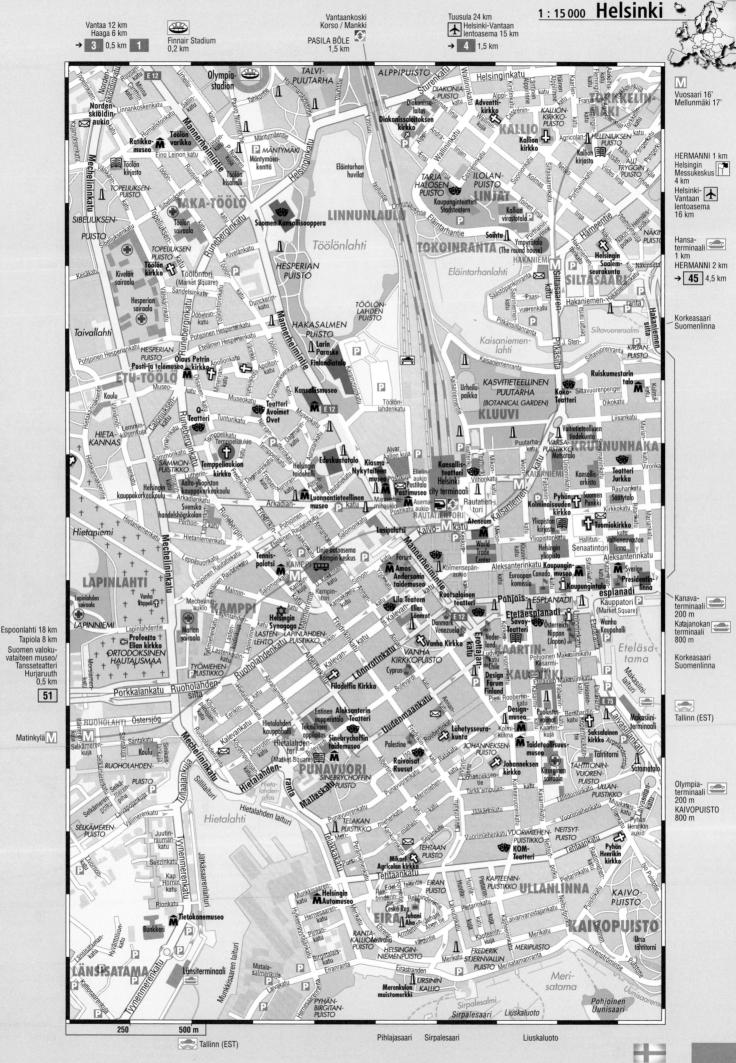

Vantaa 12 km
Haaga 6 km
→ 3 0,5 km 1

Finnair Stadium
0,2 km

Vantaankoski
Korso / Mankki
PASILA BÖLE
1,5 km

Tuusula 24 km
Helsinki-Vantaan
lentoasema 15 km
→ 4 1,5 km

M Vuosaari 16'
Mellunmäki 17'

HERMANNI 1 km
Helsingin
Messukeskus
4 km
Helsinki-
Vantaan
lentoasema
16 km

Hansa-
terminaali
1 km
HERMANNI 2 km
→ 45 4,5 km

Korkeasaari
Suomenlinna

Espoonlahti 18 km
Tapiola 8 km
Suomen valoku-
vataiteen museo/
Tanssetearteri
Hurjaruuth
0,5 km
51

Matinkylä M

Kanavaterminaali
200 m
Katajanokan
terminaali
800 m

Korkeasaari
Suomenlinna

Tallinn (EST)

Olympia-
terminaali
200 m
KAIVOPUISTO
800 m

250   500 m

Tallinn (EST)

315

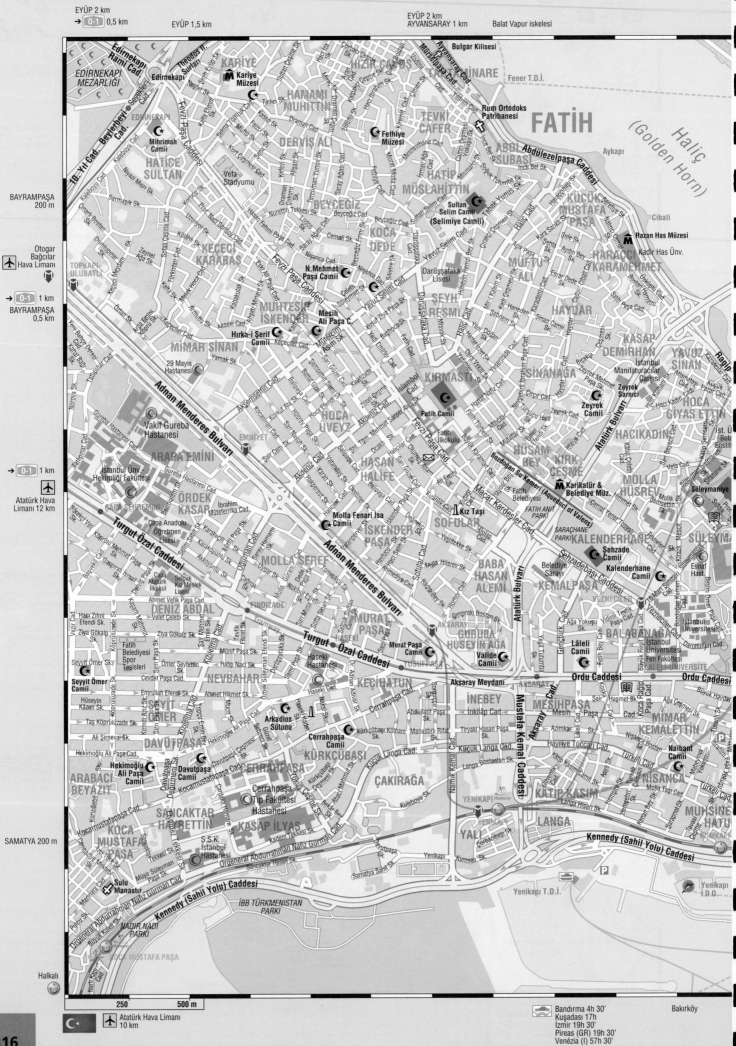

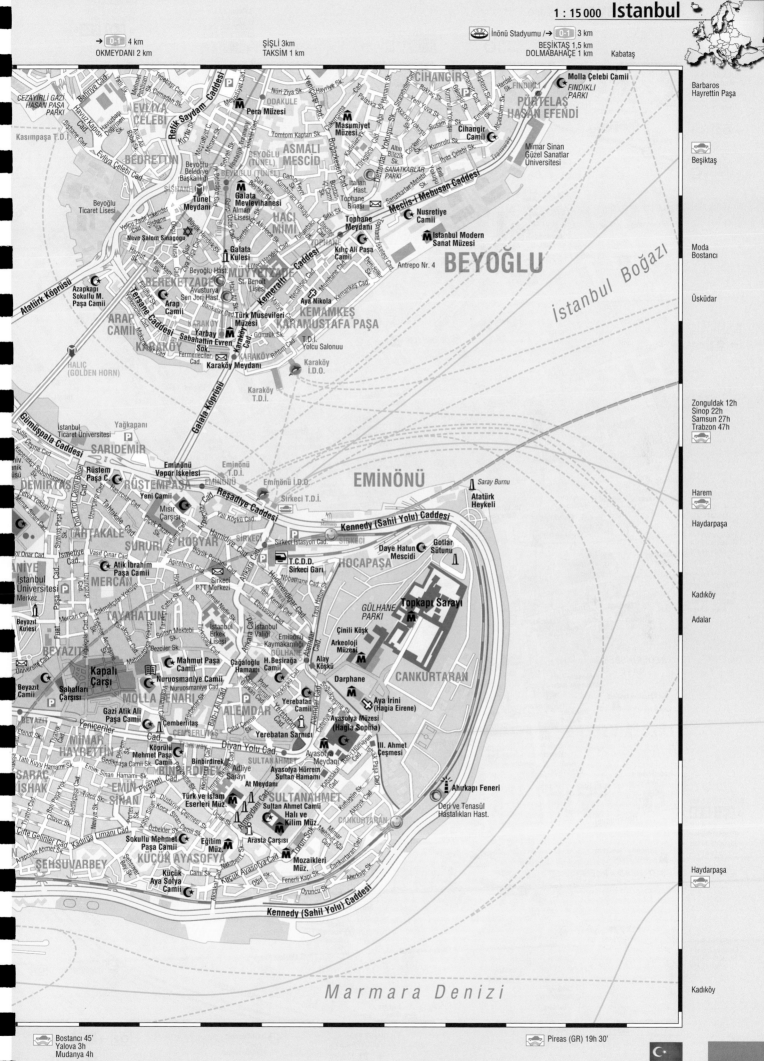

→ 0-1 4 km
OKMEYDANI 2 km

ŞİŞLİ 3km
TAKSİM 1 km

İnönü Stadyumu / → 0-1 3 km

BEŞİKTAŞ 1,5 km
DOLMABAHÇE 1 km

Kabataş

Barbaros
Hayrettin Paşa

Beşiktaş

Moda
Bostancı

Üsküdar

Zonguldak 12h
Sinop 22h
Samsun 27h
Trabzon 47h

Harem

Haydarpaşa

Kadıköy

Adalar

Haydarpaşa

Kadıköy

GEZAYİRLİ GAZİ
HASAN PAŞA
PARKI

Kasımpaşa T.D.İ.

EVLİYA
ÇELEBİ

BEDRETTİN

Pera Müzesi

ODAKULE

ASMALI
MESCİD

BEYOĞLU
(TÜNEL)

Masumiyet
Müzesi

CİHANGİR

FINDIKLI
PARKI

PÜRTELAŞ
HASAN EFENDİ

Molla Çelebi Camii

Cihangir
Camii

Mimar Sinan
Güzel Sanatlar
Üniversitesi

Beyoğlu
Ticaret Lisesi

ŞİŞHANE

Tünel
Meydanı

Galata
Mevlevihanesi

Neve Şalom Sinagogu

Galata
Kulesi

Beyoğlu Hast.

MÜKTEZADE

HACI
MİMİ

Meclis-i Mebusan Caddesi

Nusretiye
Camii

Tophane
Meydanı

Kılıç Ali Paşa
Camii

İstanbul Modern
Sanat Müzesi

Antrepo Nr. 4

BEYOĞLU

İstanbul Boğazı

Atatürk Köprüsü

Azapkapı
Sokullu M.
Paşa Camii

BEREKETZADE

Arap
Camii

Kemeraltı Caddesi

Aya Nikola

KEMANKEŞ
KARAMUSTAFA PAŞA

ARAP
CAMİİ

Tersane Caddesi

Türk Musevileri
Müzesi

Yarbay
Sabahattin Evren
Sok.

KARAKÖY

Karaköy Meydanı

Karaköy
İ.D.O.

HALİÇ
(GOLDEN HORN)

Karaköy
T.D.İ.

Gümüşpala Caddesi

Yağkapanı

İstanbul
Ticaret Üniversitesi

SARIDEMİR

Eminönü
Vapor İskelesi

Eminönü
T.D.İ.

EMİNÖNÜ

Eminönü İ.D.O.

Saray Burnu

EMİNÖNÜ

Atatürk
Heykeli

DEMİRTAŞ

Rüstem
Paşa C.

RÜSTEMPAŞA

Yeni Camii

Mısır
Çarşısı

Reşadiye Caddesi

Sirkeci T.D.İ.

Kennedy (Sahil Yolu) Caddesi

TAHTAKALE

SURURİ

HOBYAR

SİRKECİ

Sirkeci İstasyon Cad.

SİRKECİ

Daye Hatun
Mescidi

Gotlar
Sütunu

HOCAPAŞA

İstanbul
Üniversitesi
Merkez

Atik İbrahim
Paşa Camii

MERCAN

T.C.D.D.
Sirkeci Garı

Sirkeci
PTT Merkezi

GÜLHANE
PARKI

Topkapı Sarayı

Beyazıt
Kulesi

TAYAHATUN

İstanbul
Erkek
Lisesi

İstanbul
Valiliği

GÜLHANE

Çinili Köşk

Arkeoloji
Müzesi

Alay
Köşkü

CANKURTARAN

BEYAZIT

Üniversite Cad.

Kapalı
Çarşı

Mahmut
Paşa Camii

Nuruosmaniye Camii

Çağaloğlu
Hamamı

H.Beşirağa
Camii

Darphane

Aya İrini
(Hagia Eirene)

Beyazıt
Camii

Sahaflar
Çarşısı

MOLLA FENARİ

Gazi Atik Ali
Paşa Camii

Yeniçeriler

Çemberlitaş

Yerebatan
Camii

Ayasofya Müzesi
(Hagia Sophia)

BEYAZIT

MİMAR
HAYRETTİN

Köprülü
Mehmet Paşa
Camii

CEMBERLİTAŞ

ALEMDAR

Divan Yolu Cad.

Yerebatan Sarnıcı

III. Ahmet
Çeşmesi

SARAÇ
İSHAK

BİNBİRDİREK

Binbirdirek

Adliye
Sarayı

SULTANAHMET

Ayasofya
Meydanı

Ayasofya Hürrem
Sultan Hamamı

Ahırkapı Feneri

EMİN
SİNAN

Türk ve İslam
Eserleri Müz.

At Meydanı

SULTANAHMET

Sultan Ahmet Camii

Halı ve
Kilim Müz.

Deri ve Tenasül
Hastalıkları Hast.

Sokullu Mehmet
Paşa Camii

Eğitim
Müz.

Arasta Çarşısı

CANKURTARAN

ŞEHSUVARBEY

KÜÇÜK AYASOFYA

Küçük
Aya Sofya
Camii

Mozaikleri
Müz.

Kennedy (Sahil Yolu) Caddesi

Marmara Denizi

Bostancı 45'
Yalova 3h
Mudanya 4h

Pireas (GR) 19h 30'

København 1:15 000

QUINTA DOS LILASES 4 km
Estádio Alvalade 3 km
CIDADE UNIVERSITÁRIA 2 km

Amadora Est   Odivelas

Aeroporto de Lisboa 4 km
TERESINHAS 3 km

Aeroporto
Telheiras

FURNAS 2 km
CIDADE
UNIVERSITÁRIA
2 km
SETE RIOS 2 km
BENFICA 4 km

Estádio da Luz
4,5 km

XABREGAS 3 km
BEATO 4 km

A5 1,5 km
IP7 2 km
Amadora 10 km
Loures 17 km
Estoril 24 km
Cascais 29 km
Alverca do
Ribatejo 31 km

AMOREIRAS

RATO

XABREGAS
3 km
BEATO 4 km

FIL Feira Internat.
de Lisboa/Parque
das Nações 7 km

Rio Tejo

Gare Marítima
de Alcântara
2,5 km

IP7 A2 3 km
(Ponte 25 de Abril)
BELÉM 5 km
Almada 9 km
Oeiras 14 km
Cascais 29 km
Setúbal 48 km

250   500 m

Montijo

Cacilhas Seixal

Barreiro
Barreiro
Estação Sul é Sueste

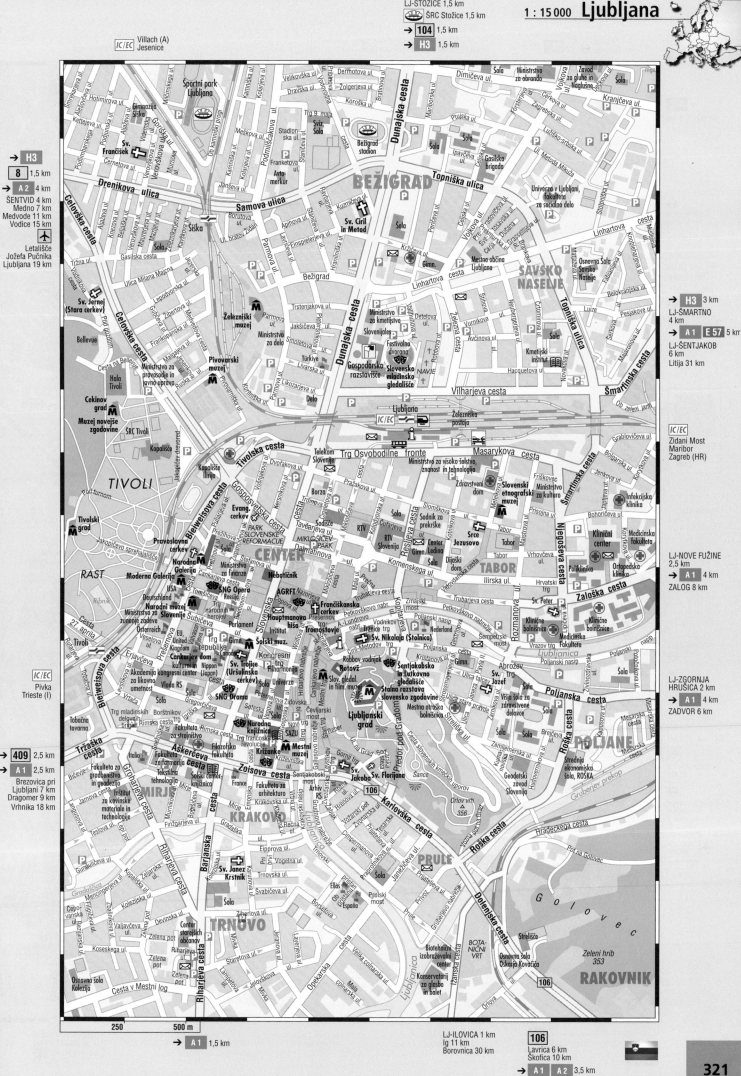

HARROW 11 km
→ M1 7 km
WILLESDEN 6 km

Regent's Park 2,5 km
→ A40 300 m

Harrow
Weddelstone

Elephant & Castle
Edgware Road

Stanmore

Harrow &
Wealdstone

→ A40
WEMBLEY 9 km

Kensington
Wimbledon
Richmond
Ealing Broadway

→ M41 3 km
WILLESDEN
7 km

West Ruislip
Ealing Broadway

Congestion
Charging
Zone

HAMMERSMITH
3 km
HOUNSLOW 6 km

Circle line

Earls Court
Exhibition Centre
1 km

HAMMERSMITH
2,5 km

→ M4 6,5 km

Heathrow Airport
21 km

Ealing Broadway
Kensington
Richmond
Uxbridge
Wimbledon

Heathrow
Airport

HYDE PARK

KENSINGTON GARDENS

The Round Pond

The Long Water

The Serpentine

Boating Lake

Speke's Monument
Peter Pan Statue
Physical Energy Statue
Queens Temple
Rima Statue
Sackler Serpentine Gallery
Norwegian/British Monument
The Diana, Princess of Wales Memorial Fountain
Serpentine Gallery
The Lido
Albert Memorial
Bandstand
Magazine
Nursery
New Lodge
The old Police House
Ranger Lodge
Reservoir
Reformer's Tree
Underground Car Park
The Four Winds Fountain
War Memorial
Holocaust Memorial
Bandstand
Achilles Statue
Wellington Museum, Apsley House

FOOTBALL PITCHES

Rotten Row
South Carriage

MAYFAIR
Roosevelt Memorial
Immaculate Conception
Grosvenor Chapel
Christ Ch.
Marble Arch
Marble Arch Syn.
Speaker's Corner
Cumberland Gate
St. Mark
Handel Ho.

MARBLE ARCH

Oxford Street
Bayswater Road
Park Lane
Piccadilly

Hyde Park Corner
Wellington Mon.
Wellington Arch
Constitution Hill
Duke of Wellington Pl.

PALACE GARDENS

KNIGHTSBRIDGE
Harrods
Westminster Synagogue
Russian Orthodox Cath.
Royal College of Art
Royal Albert Hall
Royal College of Music
Goethe Institut
Imperial College
Science Museum
Victoria and Albert Museum
Brompton Oratory
Natural History Museum
Lycée Français Charles de Gaulle (French Univ. Coll.)

CROMWELL ROAD
SOUTH KENSINGTON

BROMPTON
St. Mary
Holy Trinity
Sloane Square
Royal Ct. Theatre
Cliveden Pl.
Saatchi Gallery
Duke of York's Headquarters
St. Barnabas
Victoria Coach Sta.
The Colonnade Shopping Centre

BELGRAVIA
Belgrave Square

CHELSEA
Welsh United Reformed Chapel
Chelsea Square
BURTON'S COURT
Royal Marsden Hospital
St. Luke's
Royal Brompton Hospital
Chelsea Barracks
Royal Hospital Chelsea
National Army Museum
Chilianwalla Memorial
RANELAGH GARDENS
CHELSEA PHYSIC GARDEN

Chelsea Embankment
Chelsea Bridge
Grosvenor Road
Train Depot
Lister Hospital
Grosvenor Canal

250   500 m

Stamford Bridge (Chelsea F.C.) 0,5 km
FULHAM 1,5 km
WANDSWORTH 4 km
FULHAM 2 km
WANDSWORTH 4,5 km
PUTNEY 5,5 km
RICHMOND 8 km
Hampton Court Pier
Battersea Park 200 m
CLAPHAM 2,5 km
Gatwick Airport 48 km

CAMDEN 2,5 km
Regent's Park 1 km ⊖ Walthamstow Central

Edgware
High Barnet ⊖ CAMDEN 3,5km

Cockfosters ⊖ HERINGAY 7 km
ISLINGTON 2,5 km

CITY 1,5 km
HACKNEY 5,5 km
→ A102 8 km
⊖ Upminster

⊖ Barrier Gardens
Pier

SOUTHWARK
1,5 km

Harrow &
Wealdstone
Edgware
High Barnet
Mill Hill East

⊖ Stratford

324

NEWINGTON 0,5 km
THE BOROUGH
1,5 km

⊖ Elephant & Castle

⊖ Morden

NEWINGTON 1 km
WALWORTH 1,5 km

Edgware
Mill Hill East
High Barnet

BATTERSEA 1,5 km
WANDSWORTH 5,5 km
WIMBLEDON 9,5 km

⊖ Brixton

CAMBERWELL 1,5 km
GREENWICH 8 km

⊖ Mordon

323

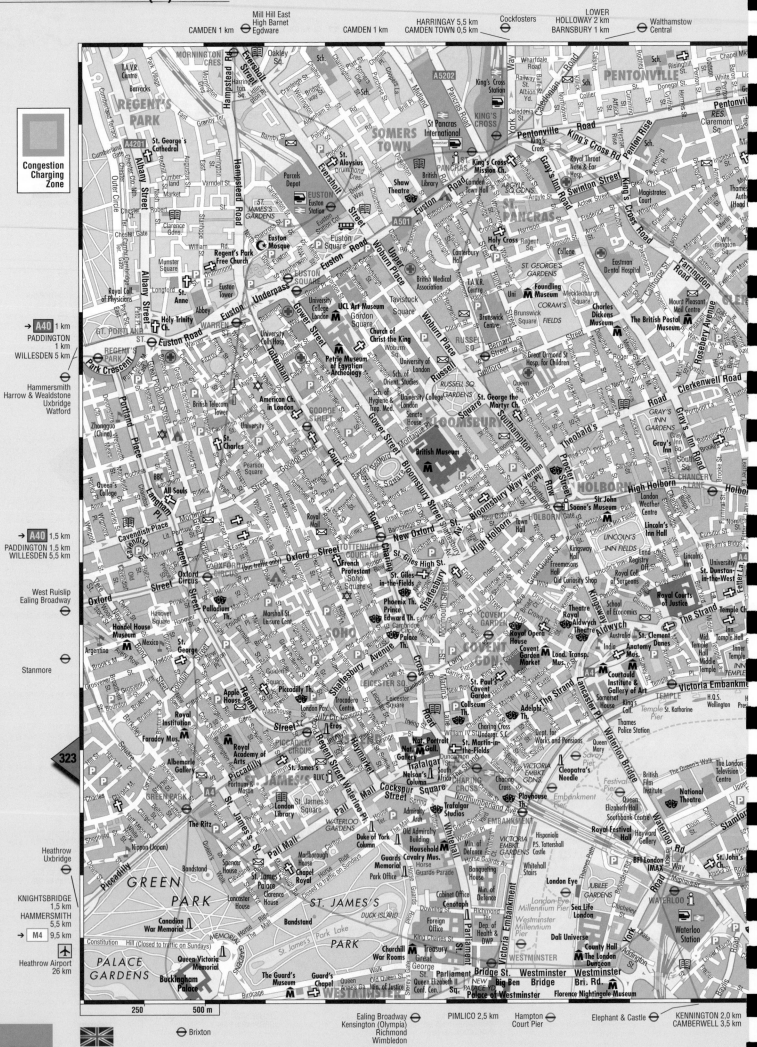

Mill Hill East
High Barnet
Egdware
CAMDEN 1 km

CAMDEN 1 km
HARRINGAY 5,5 km
CAMDEN TOWN 0,5 km

Cockfosters
LOWER
HOLLOWAY 2 km
BARNSBURY 1 km

Walthamstow
Central

Congestion
Charging
Zone

→ A40 1 km
PADDINGTON
1 km
WILLESDEN 5 km

Hammersmith
Harrow & Wealdstone
Uxbridge
Watford

→ A40 1,5 km
PADDINGTON 1,5 km
WILLESDEN 5,5 km

West Ruislip
Ealing Broadway

Stanmore

323

Heathrow
Uxbridge

KNIGHTSBRIDGE
1,5 km
HAMMERSMITH
5,5 km
→ M4 9,5 km

Heathrow Airport
26 km

250   500 m

🇬🇧   Ⓤ Brixton

Ealing Broadway
Kensington (Olympia)
Richmond
Wimbledon

PIMLICO 2,5 km

Hampton
Court Pier

Elephant & Castle

KENNINGTON 2,0 km
CAMBERWELL 3,5 km

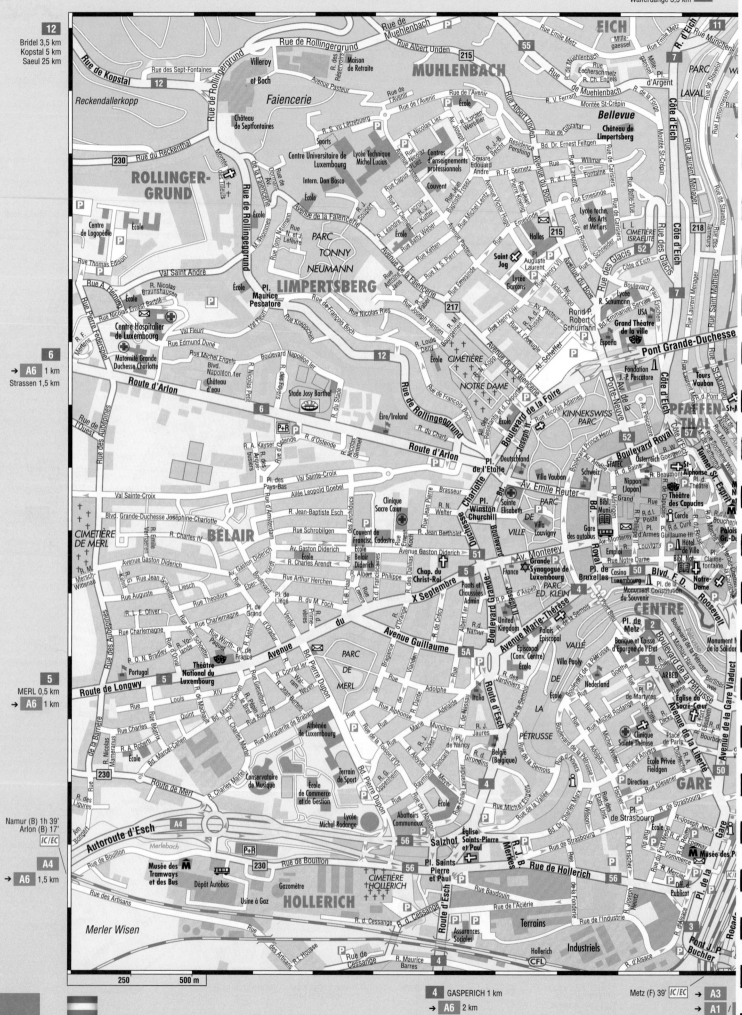

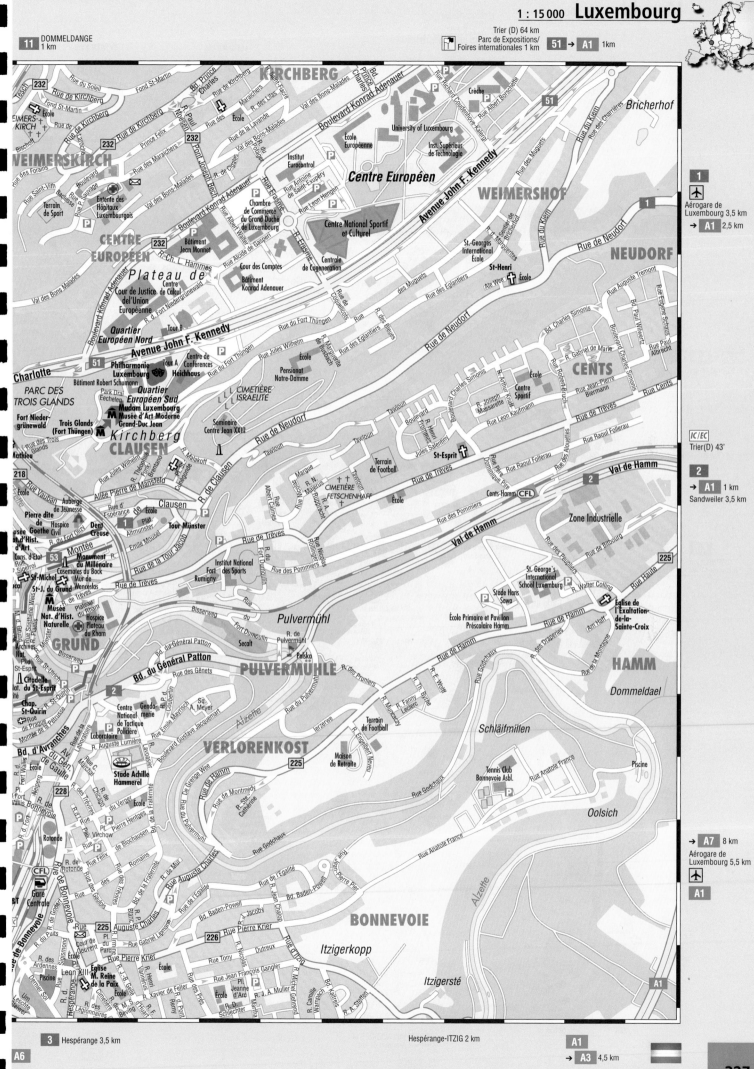

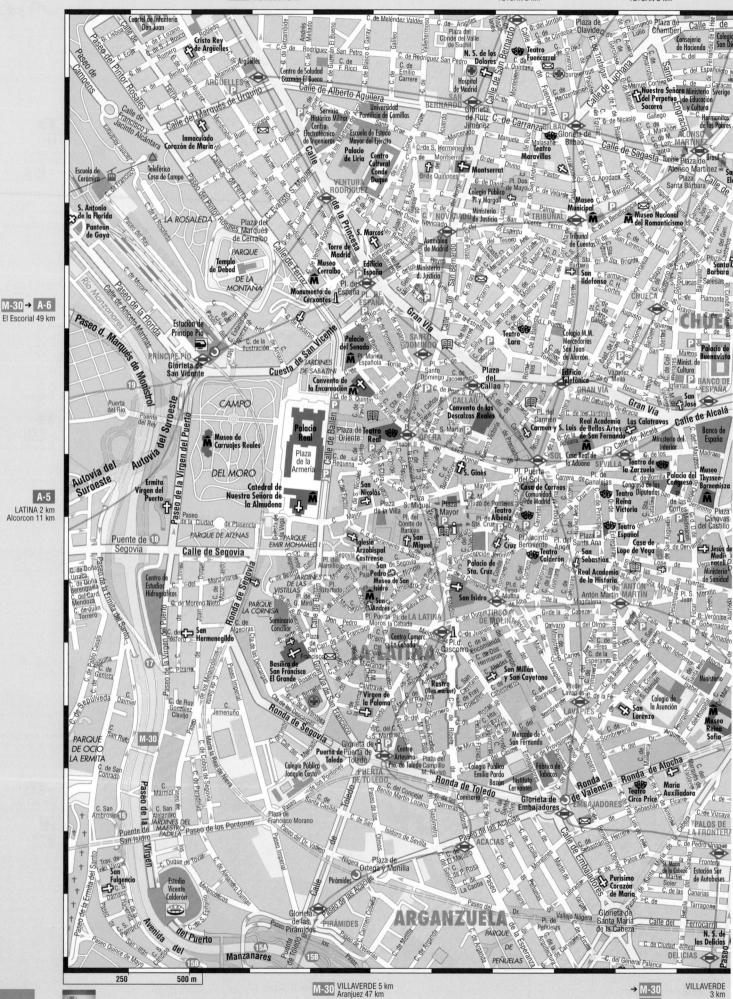

Madrid 1 : 15 000

El Escorial 49 km
→ A-6 3 km
→ A-6 CIUDAD DE UNIVERSITARIA 3 km
MONCLOA 2 km
TETUÁN 2 km
TETUÁN 2 km

ARGANZUELA

250   500 m

M-30 VILLAVERDE 5 km
Aranjuez 47 km

→ M-30 VILLAVERDE 3 km
→ A-4

328

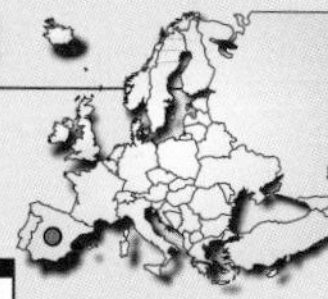

Aranda de Duero 157 km
CHAMARTIN 2 km
Estadio Santiago Bernabéu 2 km

✈ Aeropuerto
Madrid-Barajas 12 km
CHAMARTIN 2 km
→ A-2 1,5 km

M-30 50 m
CIUDAD LINEAL 1 km
A-2 1,5 km
SAN BLAS 3 km
Parque Ferial Juan Carlos I (IFEMA) 7 km
Aeropuerto ✈ Madrid-Barajas 12 km

CIUDAD LINEAL 1 km

M-23 → **R-3**
MORTALAZ 3 km
Arganda del Rey 34 km

M-30
Aeropuerto ✈ Madrid-Barajas 10 km

MORTALAZ 2 km

A-3
VALLECAS 4 km
Tarancón 85 km

Eduardo — Glorieta de Rubén Darío — Dato
RUBÉN DARÍO
Edificio Unión y Fénix
Edificio La Pirámide
Instituto Oftálmico
Clínica Fortuny
Lietava — Injuve
Instituto Alemán — Deutschland
Ministerio del Interior
Comisión Nacional del Mercado de Valores
Ministerio de la Administ. Públicas
Palacio de Justicia
Museo de Cera
Torres de Colón
COLÓN
Biblioteca Nacional
Museo Arqueológico Nacional
Plaza de Colón
Centro Cultural de la Villa de Madrid
Monumento al Descubrimiento de América

Calle de Juan Bravo
NÚÑEZ DE BALBOA
Los Doce Apóstoles
Fundación Cultural Carlos de Amberes
Fundación Juan March
Secretaría de Estado de Política
Plaza del Marqués de Salamanca
N. S. del Pilar
S. María del Monte Carmelo
San Jorge
Colegio de Nuestra Señora del Pilar
NÚÑEZ DE BALBOA
LISTA
Centro de Diagnóstico Médico
N. S. de Covadonga
SALAMANCA
Colegio Inmaculada Concepción

Sanatorio Nuestra Señora del Rosario
Instituto Nacional de Consumo
Clínica Rúber
Residencia Doña Fausta Elorz
Colegio Calasancio
Centro Cultural Buenavista
Pl. de Manuel Becerra
MANUEL BECERRA
Parque de Bomberos

Museo Taurino
Plaza de Toros Monumental de las Ventas
VENTAS
Cocheras Metro

Calle de Goya
GOYA
Palacio de los Deportes
Sagrada Familia
O'DONNELL
Fábrica Nacional de Moneda y Timbre
Asilo Hermanitas de los Pobres

Calle de O'Donnell
Hospital Universitario Santa Cristina
C.A.M. Consejería de Sanidad y Servicios
Hospital Infantil
Servicio Regional de Salud
Residencia de Ancianos
Torre España
Televisión Española

Monumento al Descubrimiento de América
S. María del Monte Carmelo
San Antonio del Retiro
Fundación de Aguirre
RETIRO
San Manuel y San Benito
Palacio de Linares
Plaza de Cibeles
Palacio de Cibeles
Casa Consistorial
Museo Naval
Bolsa
S. Jerónimo el Real
Real Academia Española de la Lengua
Museo del Prado
Jardines del Museo del Paseo del Prado
Casón del Parterre Buen Retiro
Museo Nacional de Artes Decorativas
Palacete de la Música
Plaza de Costa Rica
Casa de Vacas
Puerta de España
Monumento a Alfonso XII
Estanque
PARQUE DEL BUEN RETIRO
Palacio de Velázquez
Palacio de Cristal
Jardines de Cecilio Rodríguez
RETIRO
RETIRO JERÓNIMOS
La Chopera
LA ROSALEDA
Glorieta del Ángel Caído
Glorieta de Pérez Galdós
Hospital Infantil Universitario Niño Jesús
Colegio Público Escuelas Aguirre
Colegio Santa María del Pilar
Reina del Cielo
9 M-30

Caixa Forum
REAL JARDÍN BOTÁNICO
CEDEX
Viveros Municipales
I.E.S. Isabel la Católica
Observatorio Astronómico
CEDEX
Min. de Agricultura
Museo de Etnología
Antigua Estación de Atocha
ATOCHA
Plaza del Emperador Carlos V
Obras Públicas
Gobierno Militar
Panteón de los Hombres Ilustres
Colegio Nuestra Señora de Atocha
Basílica de Atocha
Las Angustias
Mercado de Atocha
ATOCHA RENFE
Estación de Atocha
Real Escuela Superior de Arte Dramático
Santa Catalina de Siena
N. S. de la Estrella
Colegio Pureza de María
Plaza de Mariano de Cavia
Plaza de la Reina Cristina
Avenida del Mediterráneo
CONDE DE CASAL
Plaza del Conde de Casal
Compañía del Madrid
N. S. de la Paz
MENÉNDEZ PELAYO
Virgen de Noria
PACÍFICO
Fundación Para Ciegos
Avenida de Nazaret
Avenida de La Paz
Puente de la Estrella
Instituto La Estrella
Avenida de Carlos y Guillermo F. Shaw
Bypass Sur
A-3
3A
11
13
10
9B
8B

Sheremetevo 25 km
KHOVRINO 10 km
→ M10 2,5 km

Dmitrov 67 km
Dolgoprudny 16 km
BESKUDNIKOVO 9 km
→ A104 3 km

M Rechnoy Vokzal

Marina Roshcha M

PRESNESKY 1,5 km
DOROGOMILOVO 3 km

Planernaya

SHELEPIKHA 3 km
KHOROSHEVSKY 3 km
KUNTSEVO 8 km
STROGINO 10 km

DOROGOMILOVO 2 km
KUNTSEVO 8 km
MOZHAYSKY 3 km
→ M1 10 km
Nemchinovka 11 km
Odintsovo 12 km

Kuntsevskaya

Pyatnitskoe Shosse

Novodevichy monastyr 2 km

Sadovaya-Samotechnaya
Teatr kukol
Sadovaya-Karetnaya ulitsa
Novaya Opera
Estrada
Teatr Sfera
Dom Nashchokina
Teatr Ermitazh
SAD ERMITAZH
Detsky muzykalny teatr
Argentina
Ibus
Pri Khrame Uspeniya Presvyatoy Bogoroditsy V Putinkakh
F. N. Petrovu
Bolnitsa No. 24
V. S. Vysotsky
S. V. Rakhmaninov
Vysoko-Petrovsk monastyr
Petrovskie Vorota
Detsky teatr "A-Ya"
Petrovsky bulvar

MAYAKOVSKAYA
Teatr satiry
Kontserny zal im. Choikovskogo
Teatr im. Mossoveta
SAD AKVARIUM
Teatr im. Stanislavskogo
Teatr yunogo zritelya
Muzey Sovremennoy Istorii Rossii
A. S. Pushkin
PUSHKINSKAYA
Pushkinskaya ploshchad
Festival "Novy Yevropeisky Teatr (NET)"
Teatr Natsy
Muzey Bolshogo teatra
CHEKHOVSKAYA

Tverskaya
Sberbank
Oftalmol. poliklinika
TVERSKAYA
Muzey-masterskaya Konenkova
Byuro puteshestvy
Galereya Aktora
Sovet Federatsii
Gorodskaya Duma
Muzykalny teatr im. Stanislavkogo i Nemirovicha-Danchenko
Detsky teatr marionetok
Petrovskie linii

Teatr im. Pushkina
MKhAT Gorkogo
Biblioteka im. Nekrasova
Yuriyu Dolgorukomu
Petrovsky passazh
Biblioteka Po iskusstvu

PRESNESKY
DOROGOMILOVO

Muzey-masterskaya Zuraba Tsereteli
Sota Rustaveli
Khram Velikomuchenika Georgiya Pobedonostsa v Gruzinakh
Bolnitsa im. Filatova
American Ekspress
Islamic Republic of Pakistan
I. A. Krylovu
Patriarshy prud
Tverskaya ploshchad
MERIYA
Khudozhestvenny teatr (MKhAT) im. Chekhova
Moskovskaya operetta
Bolshoj teatr
Molodozhny teatr

ZOOPARK
TVERSKOY
Birzha Rossiiskaya bumaga
Moskovsky oblastnoy sud
Planetary
Dom-muzey Chekhova
Byuro turist. puteshestvy
Granatny per.
Kypriake Demokratie / Kibris Cumhuriyeti
South Africa
Dom-muzey Ermolovoy
Muzey narodnogo iskusstva
Memorialny muzey K. S. Stanislavkovo
Ministerstvo nauki i teknologiy
Dom kompozitorov
Tsentralny telegraf
Gosudarstvennaya Duma
TEATRALNAYA

BARRIKADNAYA
ulitsa Krasnaya Presnya
KRASNO-PRESNENSKAYA
Vysotnoe zdanie
Kudrinskaya ploshchad
Bolshaya-Kudrinskaya
Brasil
New Zealand
Teatr na Maloy Bronnoy
Dom-muzey Gorkogo
ITAR-TASS
Ploshchad Nikitskie Vorota
Ukrajina
Muzey-kvartira N. S. Golovanova

Stadion Krasnaya Presnya
USA
Teatr-studya kinoaktera
Povarskaya
Teatr im. Mayakovskogo
Konservatorya im. Chaykovskogo
Ellås
Mexico
Nederland
Teatr im. Ermolovoy
Teatr im. Ermolovoy
Zoologichesky muzey
Universitet
Manezhnaya ploshchad
G. K. Zhukovu
Tsentralny muzey
OKHOTNY RYAD
Okhotny Ryad
Mokhovaya ulitsa
Muzey Antropologii
Universitet
Akademya iskusstv
GITIS
Tserkov Znamena na Sheremetevom dvore
M. Lomonosovu
Galereya Manezh
Nikolskaya bashnya
Istorichesky muzey

Tserkov Devyati Muchenikov
Literaturny muzey
Lietuva
Belgie / Belgique
Dom svyazi
Etsetera
Khram Prepodobnogo Simeona Stolpnka
Verkhovny sud
N. V. Gogolyu
Norge
Ploshchad Arbatskie Vorota
Internacion. Centr Ekonom. Innovacy
Muzey-kvartira K.A. Timiryazeva
Tsentralny Nauchnaya biblioteka chital. zal Manezh
Kutafya bashnya
Troitskaya bashnya
Arsenal
Kreml
Senat

ulitsa Novy Arbat
Novy Arbat
ARBATSKAYA
Arbatskaya ploshchad
Muzey arkhitektury Rossiiskaya gosudarstvennaya bibl.
N. V. Gogolyu
ulitsa Vozdvizhenka M1
BIBLIOTEKA IM. LENINA
ulitsa Znamenka
Min. oborony
Byuro turizma Sputnik
Aleksandrovsky sad
Kolokolnya Ivana Velokovo
Uspensky sobor
Tsar kolokol
Tsar-puchka
Blagoveshchensky sobor
Kremlevsky Dvorets
Arkhangelsky sobor
Taynitskaya bashnya

Teatralnoe uchilishche
Muzey Skryabina
Teatr im. Vakhtangova
Dramaticheskiy teatr im. Rubena Simonova
Apostola Filippa
Tserkov Spasa na Peskakh
Tserkov Afanasiya i Kirilla
Canada
Shakhmatny klub
Muzey Rerikhov
Gosudarstvenny arkhiv
Oruzheynaya palata
Borovitskaya ploshchad
Borovitskaya bashnya
Vodovzvodnaya bashnya
Kremlevskaya
Bolshoy Kamenny most
United Kingdom

ARBAT
Dom Aksakovykh
Muzey-kvartira Pushkina
Dom-muzey Gertsena
Tserkov Vlasa
Muzey klassicheskogo i sovremennogo iskusstva
Muzey izobrazitelnykh iskusstv im. Pushkina
Galereya iskusstva stran Yevropy i Ameriki
KROPOTKINSKAYA
Bolotnaya ploshchad
I. E. Repinu

SMOLENSKAYA
Min. vneshney torgovli
Min. vneshnykh del
Smolenskaya-Sennaya ploshchad
Khram Uspeniya Presvyatoy Bogoroditsy na Mogiltsakh
Österreich
Luxembourg
F. Engelsu
Ploshchad Prechistenskie Vorota
Khram Khrista Spasitelya
Teatr estrady
Tserkov Averkiya Kirillova
BOL. KAMENNY MOST
kanal

Italia
Muzey-masterskaya Golubkinoy
Aleksandrovsky Zal
Danmark
Dom uchenykh
Muzey Pushkina
L. Tolstogo
Tserkov Obydennoy
Tretyakovskaya galereya
Khram Svyatitel Nikol V Tolmach

Registratsionnaya Gosudarstvennaya Palata
Akademya khudozhestv
ulitsa Prechistenka
Zachatevsky monastyr
Prechistenskaya naberezhnaya
ulitsa Bolshaya Polyanka

250   500 m

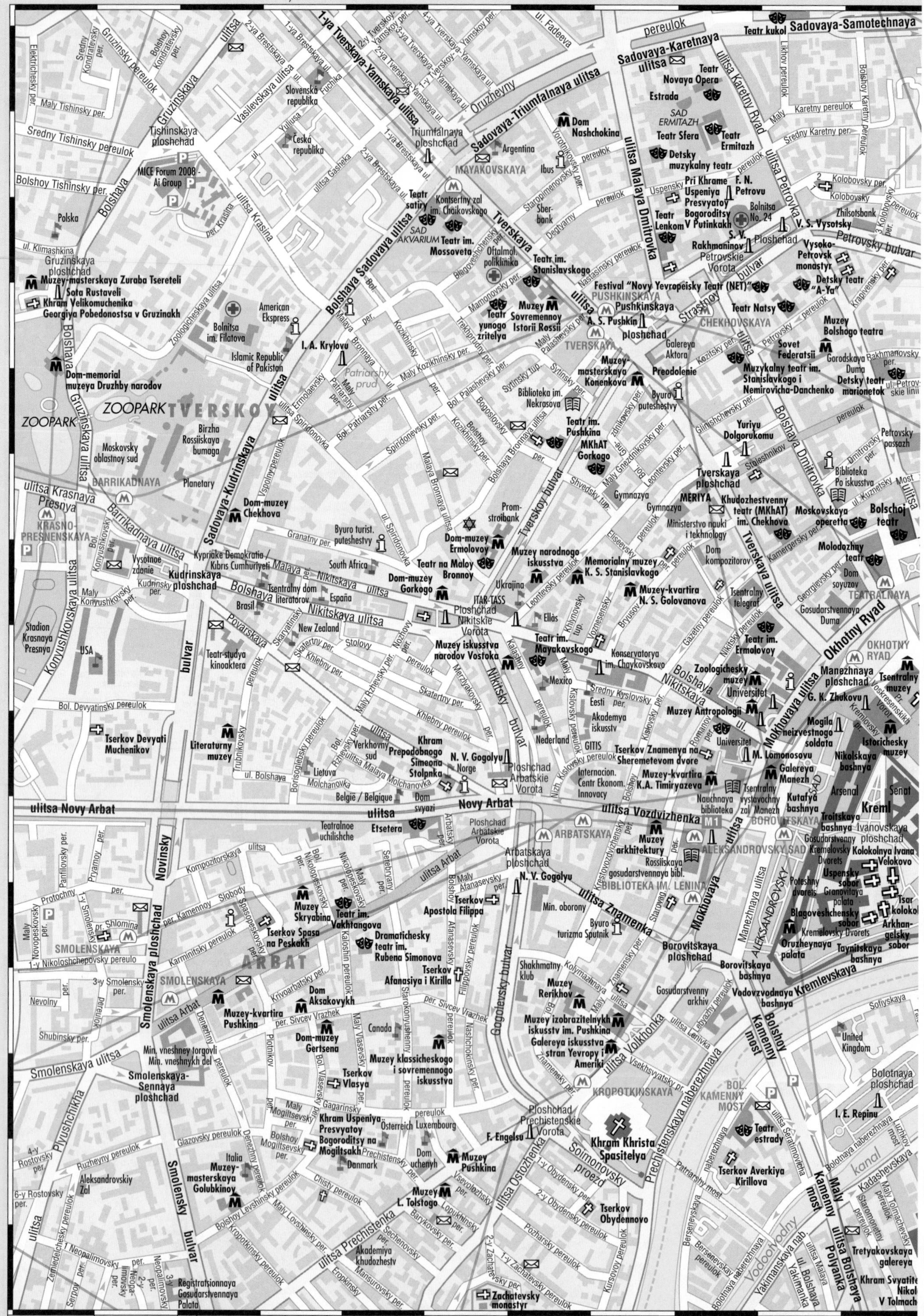

Vnukovo 22 km
Domodedovo 37 km

Novodevichy monastyr 2 km

LUZHNIKI-Tsentralny stadion 3 km
LENINSKIE GORY - MGU im. Lomonosova 5 km
OLYMPYSKAYA DEREVNYA 10 km

M Troparyovo

CHEREMUSHKI 7,5 km
TEPLY STAN 10 km
Rumyantsevo 15 km
→ M3 15 km

Bul. Dmitriya Donskogo

Vserossysky vystavochny tsentr 6 km
OSTANKINSKY 4 km
Sportskompleks Olimpiisky 1 km
Medvedkovo

Vserossysky vystavochny tsentr 6 km
Ostankinskaya telebashnya 4 km
Sportskompleks Olimpiisky 1,5 km
Bulvar Rokossovskogo

→ A103 1 km

Sokolniki 3 km
SOKOLNIKI 3 km
GOLYANOVO 6 km
IZMAYLOVO 6 km
VOSTOCHNY 10 km
Shchelkovo 28 km

SOKOLINAYA GORA 3 km
IZMAYLOVO 5 km

Shchyolkovskaya

Zyablikovo

→ M7 2 km
PEROVO 5 km
YUZHNOE IZMAYLOVO 8 km
Reutov 9,5 km
Balashikha 14 km
Noginsk 42 km
Vladimir 175 km

Novokosino

→ M4 4 km
SADOVNIKI 6 km
TSARITSYNO 9 km
Klimovsk 36 km

Krasnogvardeyskaya

DANILOVSKY 2 km

→ M4 NAGATINO 5,5 km
OREKHOVO-BORISOVO 10 km
Zhulebino
Domodedovo 37 km

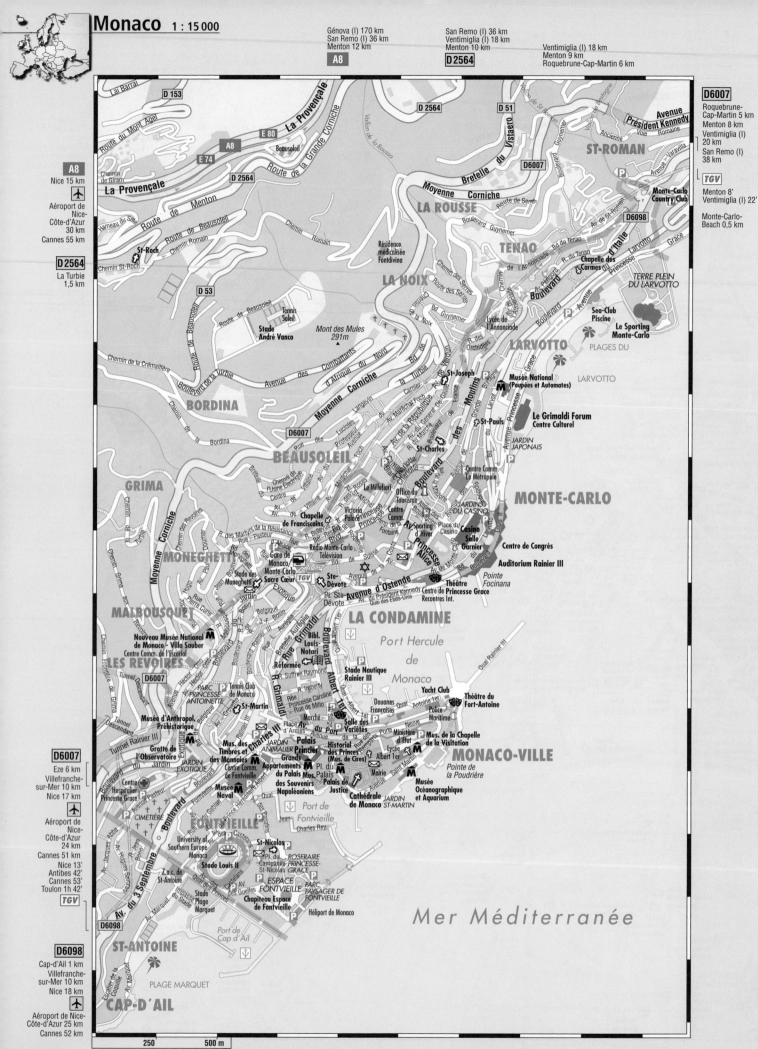

Monaco 1 : 15 000

Génova (I) 170 km
San Remo (I) 36 km
Menton 12 km
A8

San Remo (I) 36 km
Ventimiglia (I) 18 km
Menton 10 km
D 2564

Ventimiglia (I) 18 km
Menton 9 km
Roquebrune-Cap-Martin 6 km

D6007
Roquebrune-
Cap-Martin 5 km
Menton 8 km
Ventimiglia (I)
20 km
San Remo (I)
38 km
TGV
Menton 8'
Ventimiglia (I) 22'
Monte-Carlo-
Beach 0,5 km

A8
Nice 15 km
✈
Aéroport de
Nice-
Côte-d'Azur
30 km
Cannes 55 km

D 2564
La Turbie
1,5 km

D6007
Eze 6 km
Villefranche-
sur-Mer 10 km
Nice 17 km
✈
Aéroport de
Nice-
Côte-d'Azur
24 km
Cannes 51 km
Nice 13'
Antibes 42'
Cannes 53'
Toulon 1h 42'
TGV

D6098
Cap-d'Ail 1 km
Villefranche-
sur-Mer 10 km
Nice 18 km
✈
Aéroport de Nice-
Côte-d'Azur 25 km
Cannes 52 km

Frognerseteren 1
Avløs 2
Storo 3
Ring 4
Østerås 5
Sognsvann 6

168
→ Ring 3 800 m
RØA 2 km

Ring 2
SKØYEN 1,2 km
E 18 1,3 km
SJØLYST 1,5 km

Ring 2
SKØYEN 1,2 km
→ Ring 2 2 km
→ Ring 3 3,5 km
✈ 5 km

BYGDØY 1,5 km
→ Ring 2 2 km
→ Ring 3 3,5 km
✈ 5 km

Bygdøy

Stockholm (S)
Helsinki (FIN)
Fredrikshavn (DK)
Helsingborg (DK)
København (DK)

SOGNSVANN 2 km
→ Ring 3 800 m

Ring 2
ROSENHOFF
700 m
→ Ring 3
→ 4 2 km
Romsås 5,5 km

→ 4
TOYEN 300 m

1/2 Ellingsrudåsen
3 Mortensrud
4 Bergkrystallen
5 Vestli
6 Ring

Oslo Lufthaven
Gardermoen
✈ 50 km
190
→ E 6 2 km

NORDSTRAND 2 km E 18
LJAN 3km

Oslofjorden

Fjordbyen (Fjord City)

250   500 m

Bleikøya

333

La Défense 4 km
A14 4 km
A1 / A155 5,5 km
Argenteuil Pontoise (RER)
CLICHY 2 km

La Défense (M) (RER)
St-Germain-en-Laye
Poissy
Cergy - Le Haut

Bois de Boulogne 0,5 km

Parc des Princes 2,5 km
Bois de Boulogne 3 km
A13 3,5 km
Versailles 15 km

Pont de Sèvres (M)

BOIS DE BOULOGNE
TERNES
CHAILLOT
VICTOR HUGO
Arc de Triomphe
Place Charles de Gaulle
Tour Eiffel
CHAMP DE MARS
Seine
Palais de Chaillot
Musée du Quai Branly
Palais de Tokyo
PARC DU CHAMP DE MARS
Maison de Radio-France
Île des Cygnes

250   500 m

Saint-Quentin-en-Yvelines (RER)
Versailles - Rive Gauche
Parc des Princes 3 km
Palais des Sports 3 km
Parc des Expositions 3 km
Versailles 19 km

Balard (M) Boulogne Pont de St-Cloud
Nation (M)
Gare d'Austerlitz
Boulevard Périphérique 4,5 km

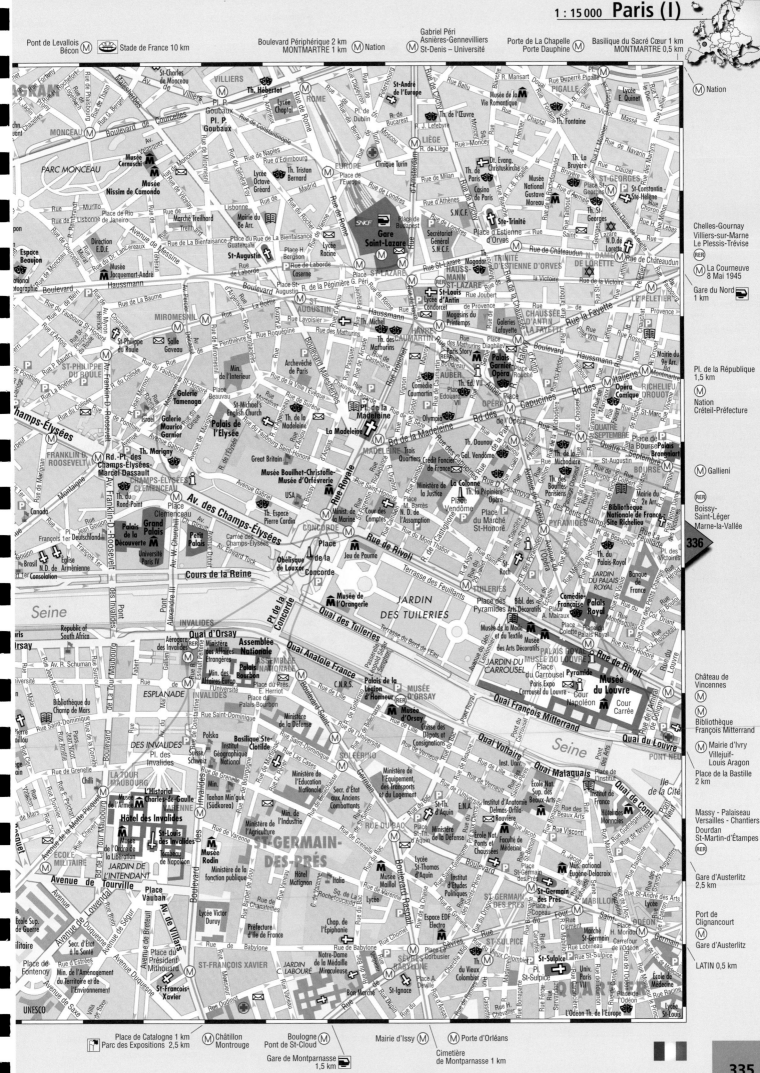

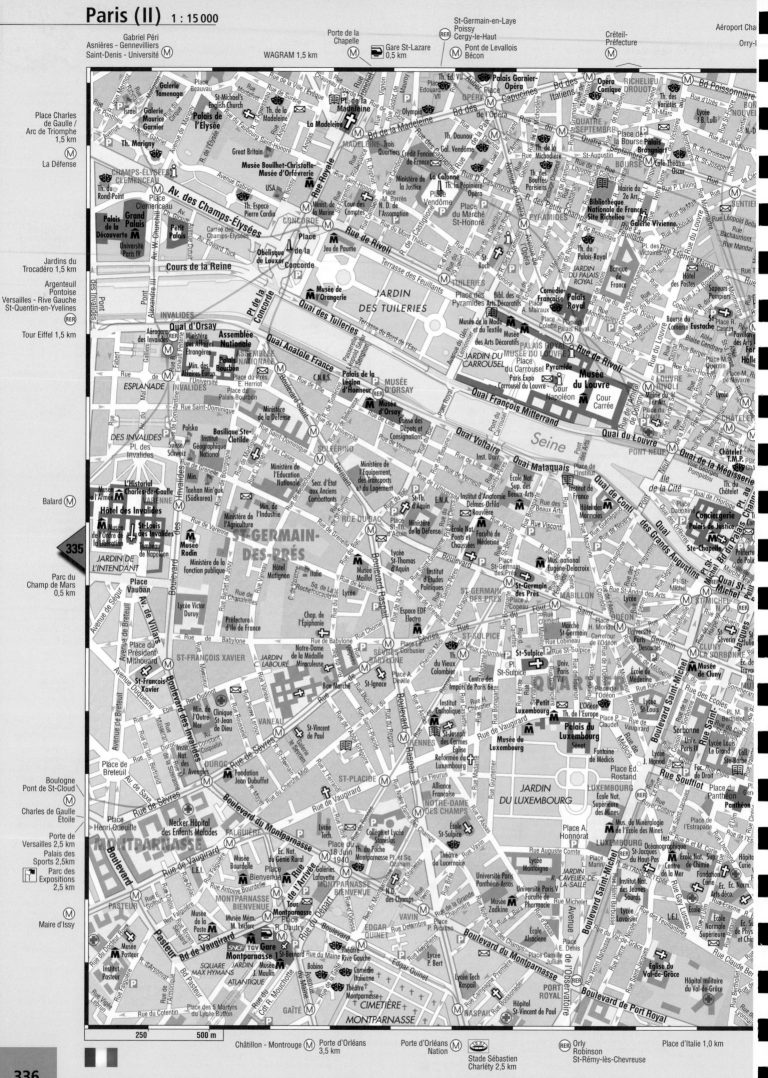

Chomutov 89 km
Louny 57 km
Slaný 23 km
Letiště
Václava Havla
Praha
11 km
VOKOVICE 3 km

7

Nemocnice
Motol

D5   9 km

Hostivice 9 km

Letiště
Václava Havla
Praha 14 km
Kladno 25 km
Beroun 27 km
Křivoklát
38 km
Plzeň 81 km
Karlovy Vary
122 km

MO

6

0,5 km

MO   D5 10 km
Rudná 15 km
Beroun 28 km
Karlštejn 37 km

Zličín

4   9 km
ZBRASLAV 9 km
Dobříš 37 km
Příbram 47 km

VYŠEHRAD 1 km

250   500 m

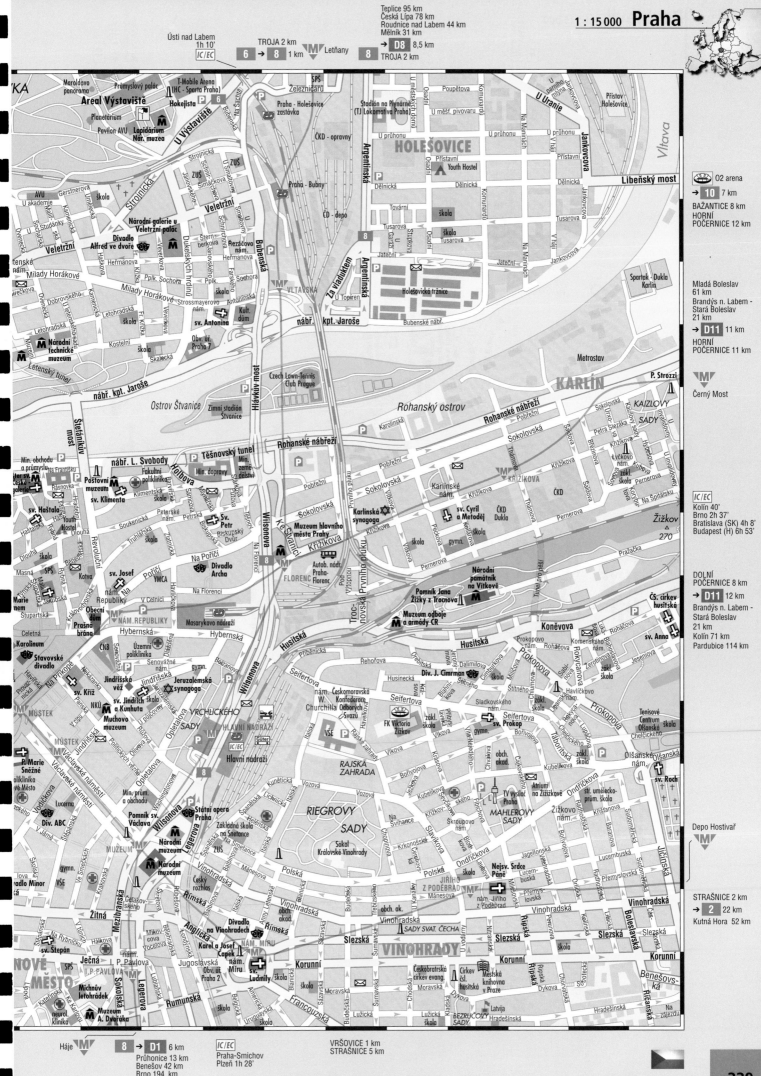

Teplice 95 km
Česká Lípa 78 km
Roudnice nad Labem 44 km
Mělník 31 km

Ústí nad Labem
1h 10'
IC/EC

TROJA 2 km
6 → 8 1 km   M Letňany
→ D8 8,5 km
8 TROJA 2 km

O2 arena
→ 10 7 km
BAŽANTICE 8 km
HORNÍ
POČERNICE 12 km

Mladá Boleslav
61 km
Brandýs n. Labem -
Stará Boleslav
21 km
→ D11 11 km
HORNÍ
POČERNICE 11 km

M Černý Most

IC/EC
Kolín 40'
Brno 2h 37'
Bratislava (SK) 4h 8'
Budapest (H) 6h 53'

DOLNÍ
POČERNICE 8 km
→ D11 12 km
Brandýs n. Labem -
Stará Boleslav
21 km
Kolín 71 km
Pardubice 114 km

Depo Hostivař
M

STRAŠNICE 2 km
→ 2 22 km
Kutná Hora 52 km

Háje M 8 → D1 6 km
Průhonice 13 km
Benešov 42 km
Brno 194 km

IC/EC
Praha-Smíchov
Plzeň 1h 28'

VRŠOVICE 1 km
STRAŠNICE 5 km

339

Reykjavik

1 : 15 000

LAUGARAS 0,5 km
VOGAR 2 km
41

Selfoss 55 km
Hveragerði 43 km
1 6 km
49

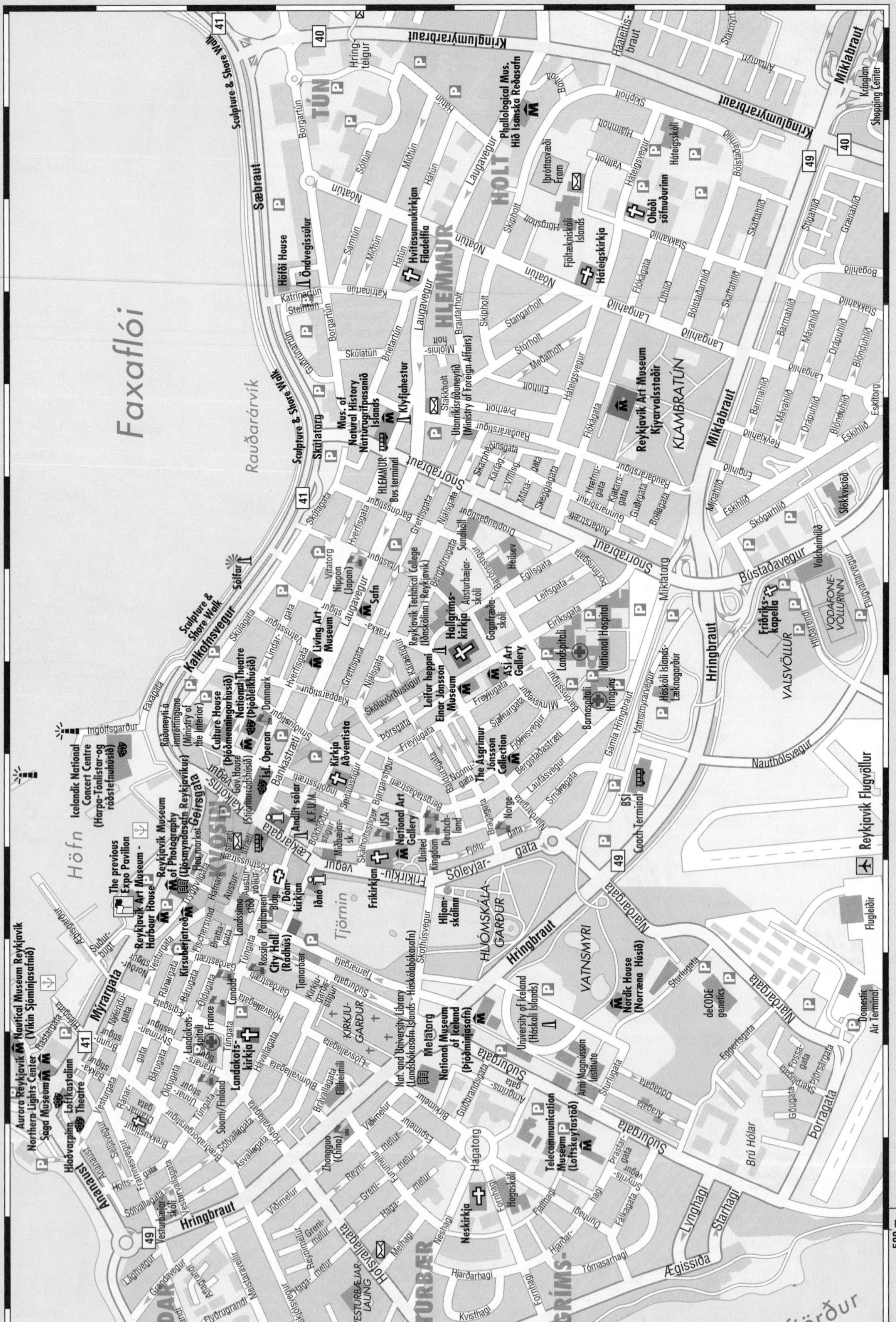

Kópavogur 8 km
41 16 km
Keflavik 43 km
40

Faxaflói

Rauðarárvík

TÚN

HOLT

HLEMMUR

KLAMBRATÚN

Miklabraut

Kringlumýrarbraut

Höfði House

Phallological Mus.
Hið Íslenska Reðasafn

Hvítasunnukirkjan
Filadelfia

Óháði söfnuðurinn

Háteigskirkja

Mus. of Natural History
Náttúrugripasafnið Íslands

Klyfjahestur

Reykjavik Art Museum
Kjarvalsstaðir

HLEMMUR Bus terminal

Útlendingastofa
(Ministry of Foreign Affairs)

Sculpture & Shore Walk

Seltir

Living Art Museum

Safn

Reykjavik Technical College
(Tækniskóinn í Reykjavík)

Hallgríms-kirkja

Ásgerður skóli

ASÍ Art Gallery

Einar Jónsson Museum

Leifur heppni

Kalkofnsvegur

Sculpture & Shore Walk

National Theatre
(Þjóðleikhúsið)

Culture House
(Þjóðmenningarhúsið)

Menntamálaráðuneytið
(Ministry of the Interior)

Denmark

Isl. Operan

Kirkja Aðventista

The Ásgrímur Jónsson Collection

Landspítali

National Hospital

Ingólfsgarður

Icelandic National Concert Centre
(Harpa-Tónlistar- og ráðstefnuhúsið)

The previous Expo Pavilion

Reykjavik Museum of Photography
(Ljósmyndasafn Reykjavíkur)

Reykjavik Art Museum - Harbour House

Government House
(Stjórnarráðshúsið)

Alþingi Parliament

USA

National Art Gallery

Deutsch land

Morge

BSÍ Coach Terminal

Háskóli Íslands
Læknagarður

VALSVÖLLUR

VODAFONE-VÖLLURINN

Friðriks kapella

Höfn

Aurora Reykjavik

Nautical Museum Reykjavik (Víkin Sjóminjasafn)

Saga Museum

Northern Lights Center

Loftkastalinn Theatre

Mýrargata

Reykjavik Art Museum - Harbour House

Kolaportið flea market (Kolaportið)

France

Landakots-kirkja

City Hall (Ráðhús)

Dóm kirkjan

Tjörnin

Reykjavik Flugvöllur

Flugleiðir

Hljóm skálinn

Friðrikjkirkjan

Nat. and University Library
(Landsbókasafn Íslands - Háskólabókasafn)

Nordic House (Norræna Húsið)

deCODE genetics

University of Iceland (Háskóli Íslands)

Árni Magnússon Institute

National Museum (Þjóðminjasafn)

Domestic Air Terminal

VATNSMÝRI

HLJÓMSKÁLA-GARÐUR

Hringbraut

Zhongguo (China)

Telecommunication Museum (Loftskeytastöð)

Neskirkja

Hofsvallagata

VESTURBÆJAR-LAUG

KIRKJU-GARÐUR

VESTURBÆR

GRÍMS-

GRANDI

SKJÓL

Aðalstræti

Hringbraut

Suðurgata

Ægisíða

Skerjafjörður

Seltjarnarnes 2 km

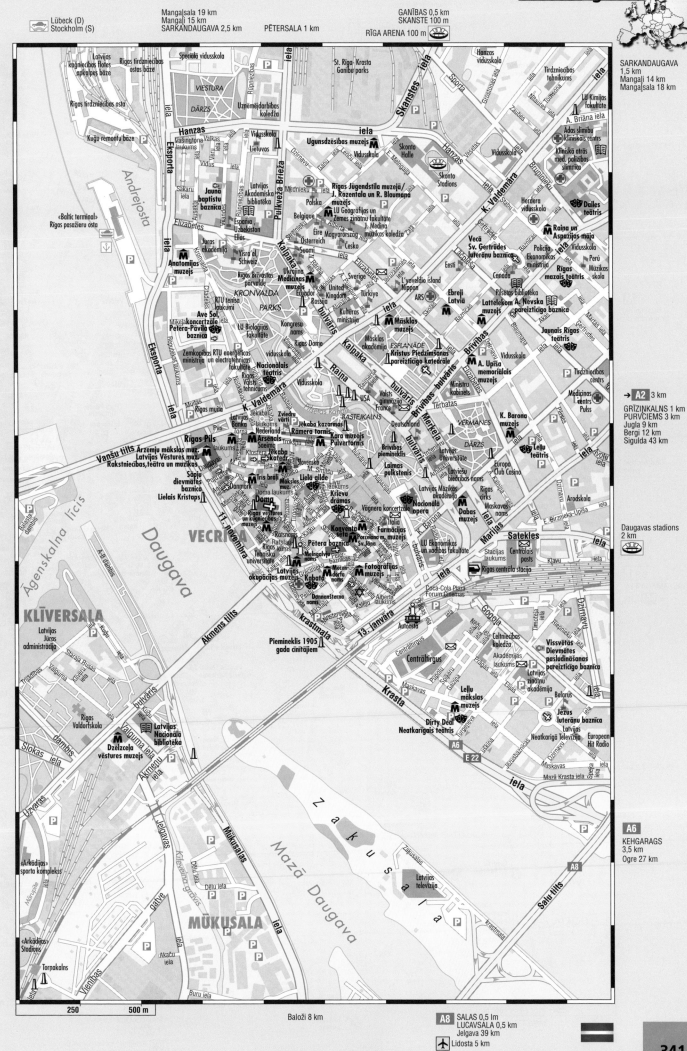

Lübeck (D)
Stockholm (S)

Mangaļsala 19 km
Mangaļi 15 km
SARKANDAUGAVA 2,5 km
PĒTERSALA 1 km

GANĪBAS 0,5 km
SKANSTE 100 m
RĪGA ARENA 100 m

SARKANDAUGAVA
1,5 km
Mangaļi 14 km
Mangaļsala 18 km

Latvijas
kuģniecības flotes
apkalpes bāze
Rīgas tirdzniecības
ostas bāze

Speciālā vidusskola

St. Riga- Krasta
Ganību parks

Hanzas
vidusskola

Tirdzniecības
tehnikums

Rīgas tirdzniecības osta

VIESTURA
DĀRZS

Uzņēmējdarbības
koledža

LU Ķīmijas
fakultāte

Kuģu remonta bāze

Hanzas

Vidusskola

Ugunsdzēsības muzejs

Skonto
Halle

Skonto
Stadions

A. Briāna iela

Ādas slimību
klīniskais centrs

Lietuvos

Jauna
baptistu
baznīca

Rīgas Jūgendstila muzejā/
J. Rozentala un R. Blaumaņa
muzejs

Herdera
vidusskola

Dailes
teātris

«Baltic terminal»
Rīgas pasažieru osta

Latvijas
Akadēmiskā
bibliotēka

LU Geogrāfijas un
Zemes zinātņu fakultāte

Vecā
Sv. Ģertrūdes
luterāņu baznīca

Raiņa un
Aspazijas māja

Anatomijas
muzejs

Medicīnas
muzejs

Rīgas Brīvestas
pārvalde

Rīgas mazais teātris

KRONVALDA
PARKS

Ave Sol
Pētera-Pāvila
baznīca

LU Bioloģijas
fakultāte

Kongresu
nams

Rīgas Dome

Māksla
muzejs

Ebreji
Latvijā

Lattelekom A. Ņevska
muzejs pareizticīgo baznīca

Jaunais Rīgas
teātris

RTU enerģētikas
ministrija un elektrotehnikas
fakultāte

Nacionālais
teātris

Māksla
akadēmija

ESPLANĀDE

Kristus Piedzimšanas
pareizticīgo katedrāle

A. Upīša
memoriālais
muzejs

Nacionāla
opera

K. Barona
muzejs

Leļļu
teātris

Vanšu tilts
Latvijas Vēstures muz.
Rakstniecības, teātra un mūzikas

Rīgas Pils

Jēkaba kazarmas
Rāmera tornis

Kara muzejs
Pulvertornis

Brīvības
pieminēklis

Latvijas
Universitāte

VĒRMANES
DĀRZS

Europa
Club Casino

Sāpju
dievmātes
baznīca

Lielais Kristaps

Laimas
pulkstenis

Latviešu
biedrības nams

Rīgas
cirks

Doma

VECRĪGA

Krievu
drāmas

Vāgnera koncertzāle

Farmācijas
muzejs

Dabas
muzejs

Fotogrāfijas
muzejs

Latvijas
okupācijas muzejs

Kabata

Satekles

Rīgas centrālā stācija

Daugavas stadions
2 km

Pieminēklis 1905
gada cīnītājiem

Coca-Cola Plaza
Forum Cinemas

Vissvētās
Dievmātes
pasludināšanas
pareizticīgo baznīca

KLĪVERSALA

Latvijas
Jūras
administrācija

Centrāltirgus

Latvijas
zinātņu
akadēmija

Leļļu
mākslas
muzejs

Rīgas
Valdorfskola

Latvijas
Nacionālā
bibliotēka

Dirty Deal
Neatkarīgais teātris

Jēzus
luterāņu baznīca

Dzelzceļa
vēstures muzejs

A6

E 22

A6
KEHGARAGS
3,5 km
Ogre 27 km

«Arkādijas»
sporta komplekss

Z a k u s a l a

Latvijas
televīzija

«Arkādijas»
Stadions

Tornkalns

MŪKUSALA

A8
SALAS 0,5 lm
LUCAVSALA 0,5 km
Jelgava 39 km
Lidosta 5 km

250   500 m

Baloži 8 km

A2 3 km
GRĪZINKALNS 1 km
PURVCIEMS 3 km
Jugla 9 km
Bergi 12 km
Sigulda 43 km

341

Prima Porta 9 km
→ 3 5 km
Stadio Olimpico 4 km
Grottarossa (C) M

PRIMA PORTA 8 km
TOMBA DI NERONE 6 km
IPPODROMO TOR DI QUINTO 6 km
Stadio Olimpico 4 km
→ 2 / 3

Prima Porta Viterbo

MONTE MARIO 2 km

Battistini (A) Torrevechia (A) M

Cesano Civitavecchia Viterbo

VAL CANNUTA 4 km ss1
→ GRA 7 km

BRAVETTA 2 km

CITTÀ DEL VATICANO

PRATI

LEPANTO

OTTAVIANO

AURELIO

Monti d. Creta

GIANICOLO

GIANICOLENSE

TRASTEVERE

VILLA DORIA PAMPHILI

VILLA FLORIDI

VILLA SCIARRA

PONTE

PARIONE

REGOLA

PIGNA

250   500 m

BRAVETTA 2 km

Tiburtina Termini

GIANICOLENSE 1,5 km
→ GRA 13 km

Aeroporto Intercontinentale Leonardo da Vinci 20 km
Fiumicino 25 km

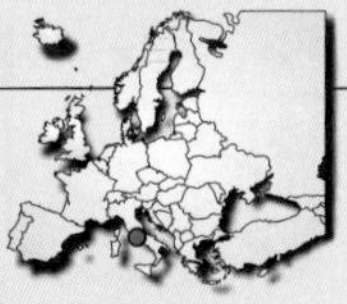

MONTE SACRO 3 km
NOMENTANO 0,5 km

→ GRA 9 km

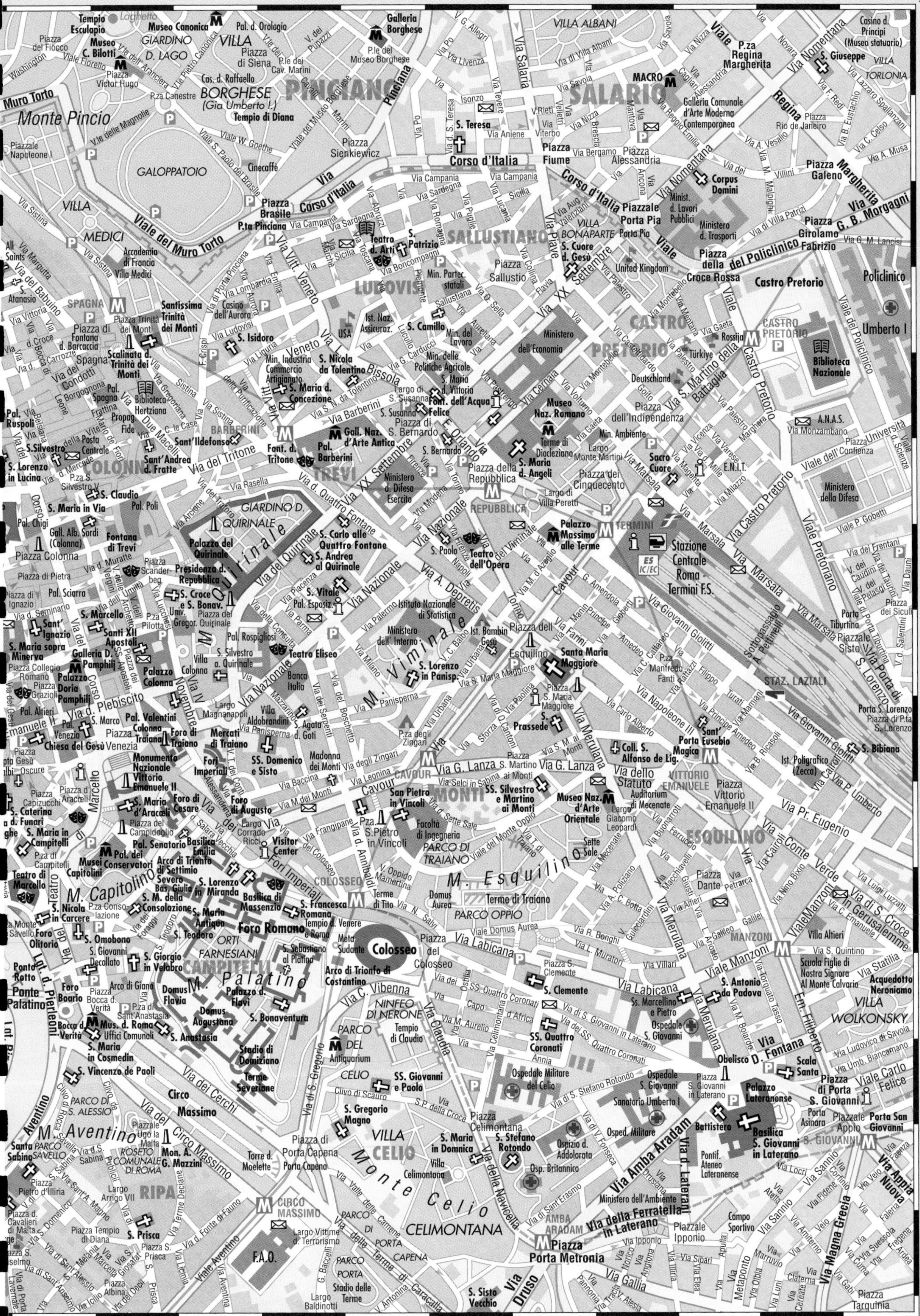

ss5
PORTONACCIO 2,5 km
→ 24 2,5 km
→ GRA 9 km
Carsóli 31 km
L'Aquila 73 km
M Casal Monastero (B)

Cimitero di Campo Verano 0,5 km
TIBURTINO 1,5 km

TIBURTINO 1,5 km

ES IC/EC
Firenze
Pescara
Nápoli

Pantano

→ ss6
PRENESTINO
LABICANO 2 km

Monte Compatri/ Pantano (C)

ss6
PRENESTINO
LABICANO 1,5 km

M Anagnina (A)

ss7
TUSCULANO 2 km
→ GRA 11 km
Albano 18 km

8 OSTIENSE 2 km
E.U.R. 5 km
→ GRA 10 km
Lido di Ostia 25 km

M Laurentina (B)

GARBATELLA 3 km
Fiera Campionaria 3 km 148
E.U.R. 6 km
→ GRA 10 km

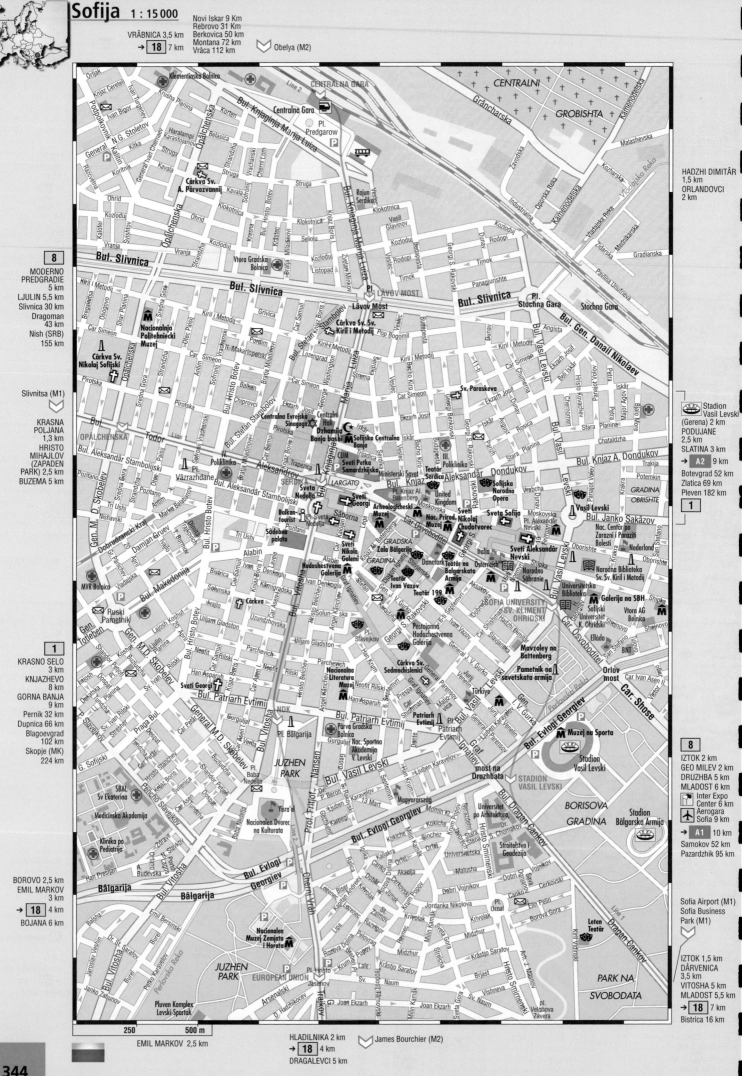

Sofija 1 : 15 000

Novi Iskar 9 Km
Rebrovo 31 Km
VRÂBNICA 3,5 km   Berkovica 50 km
→ 18 7 km   Montana 72 km
                Vrăca 112 km
∇ Obelya (M2)

CENTRALNI GROBISHTA
CENTRALNA GARA
Klementinska Bolnica
Centralna Gara
Pl. Predgarow

HADZHI DIMITÂR
1,5 km
ORLANDOVCI
2 km

Cărkva Sv.
A. Pârvozvannii

8
MODERNO
PREDGRADIE
5 km
LJULIN 5,5 km
Slivnica 30 km
Dragoman
43 km
Nish (SRB)
155 km

Bul. Slivnica
Vtora Gradska
Bolnica
Pl. LÂVOV MOST

Bul. Slivnica
Lâvov Most

Bul. Slivnica
Pl. Stochna Gara
Stochna Gara

Bul. Gen. Danail Nikolaev

Nacionalnja Politehniecki Muzej
Cărkva Sv. Sv. Kiril i Metodij

Slivnitsa (M1)

Cărkva Sv. Nikolaj Sofijski

KRASNA POLJANA
1,3 km

HRISTO MIHAJLOV
(ZAPADEN PARK) 2,5 km
BUZEMA 5 km

OPALCHENSKA   Todor

Sv. Paraskeva

Stadion Vasil Levski (Gerena) 2 km
PODUJANE 2,5 km
SLATINA 3 km
→ A2 9 km
Botevgrad 52 km
Zlatica 69 km
Pleven 182 km
1

Centralna Evrejska Sinagoga
Centralni Hali
Sofijska Centralna Banja
Banja bashi
SERDIKA
CUM Sveti Petka Samardzhijska
Sveta Nedelja
LARGATO Pl. Knjaz Al. Batenberg
Sveti Georgi
Bul. Knjaz Aleksandâr Dondukov
Teatâr Serdica
Sofijska Narodna Opera
Sveti Sofia
Vasil Levski
Bul. Janko Sakázov
Nac. Centâr po Zarazni i Paraziti Bolesti
Nederland

Arheologicheski Muzej
Nac. Prirod. Muzej
Sveti Nikolaj Chudotvorec
Sveti Aleksandâr Nevski
Narodna Biblioteka Sv. Sv. Kiril i Metodi

Saborna
Sveti Nikola Golemi
Zala Bălgarija
GRADSKA GRADINA
Danmark
Österreich
Italia
Narodno Sâbranie
Universitetska Biblioteka

Balkan-tourist
Sădebna palata
Hudoshestvena Galerija
Teatâr Ivan Vazov
Teatâr na Bălgarskata Armija
Galerija na SBH
Sofijski Universitet K. Ohridski
Vtora AG Bolnica

MVR Bolnica

Teatâr 199
Postojanna Hudozhestvenna Galerija
SOFIA UNIVERSITY SV. KLIMENT OHRIDSKI
Ellada
BNT

1
KRASNO SELO
3 km
KNJAZHEVO
8 km
GORNA BANJA
9 km
Pernik 32 km
Dupnica 66 km
Blagoevgrad
102 km
Skopje (MK)
224 km

Ruski Pametnik
Sveti Georgi

Nacionalna Literatura Muzej
Cărkva Sv. Sedmochislenici
Mavzoley na Battenberg
Pametnik na savetskata armija

Türkiye
Bul. Evlogi Georgiev
Muzej na Sporta
Stadion Vasil Levski

Orlov most

8
IZTOK 2 km
GEO MILEV 2 km
DRUZHBA 5 km
MLADOST 6 km
Inter Expo Center 6 km
Aerogara Sofia 9 km
→ A1 10 km
Samokov 52 km
Pazardzhik 95 km

Bul. Patriarh Evtimij
Pârva Bolnica
Nac. Sportna Akademija V. Levski
Patriarh Evtimij
Pl. Bul. Patriarh Evtimij

JUZHEN PARK

most na Druzhbata
STADION VASIL LEVSKI
BORISOVA GRADINA
Stadion Bălgarska Armija

SBAL Sv Ekaterina
Medicinska Akademija
Klinika po Pediatrija

Nacionalen Dvorec na Kulturata
Yisra'el
Universitet po Arhitektura
Stroitelstvo i Geodezija

BOROVO 2,5 km
EMIL MARKOV
3 km
→ 18 4 km
BOJANA 6 km

Bul. Evlogi Georgiev
Bâlgarija

Leten Teatâr

Sofia Airport (M1)
Sofia Business Park (M1)

JUZHEN PARK
Pluven Kompleks Levski-Spartak

Nacionalen Muzej Zemjata i Horata

EUROPEAN UNION
Pl. Hristo

PARK NA SVOBODATA

IZTOK 1,5 km
DÂRVENICA
3,5 km
VITOSHA 5 km
MLADOST 5,5 km
→ 18 7 km
Bistrica 16 km

250   500 m

EMIL MARKOV 2,5 km
HLADILNIKA 2 km
→ 18 4 km
DRAGALEVCI 5 km
∇ James Bourchier (M2)

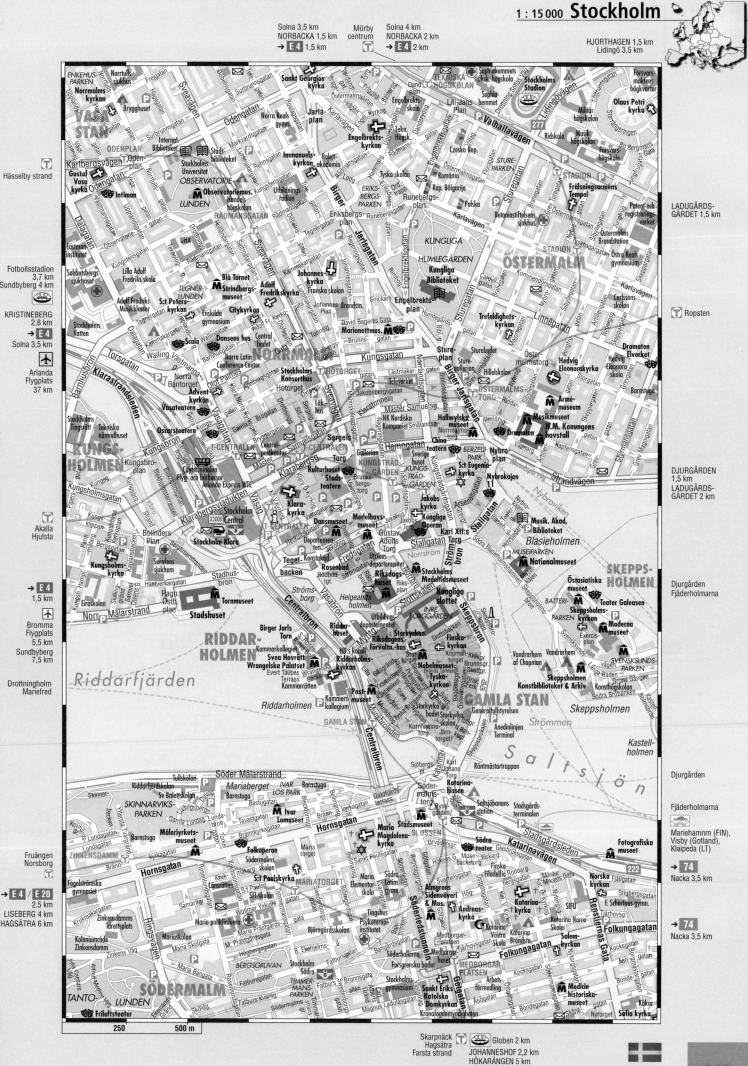

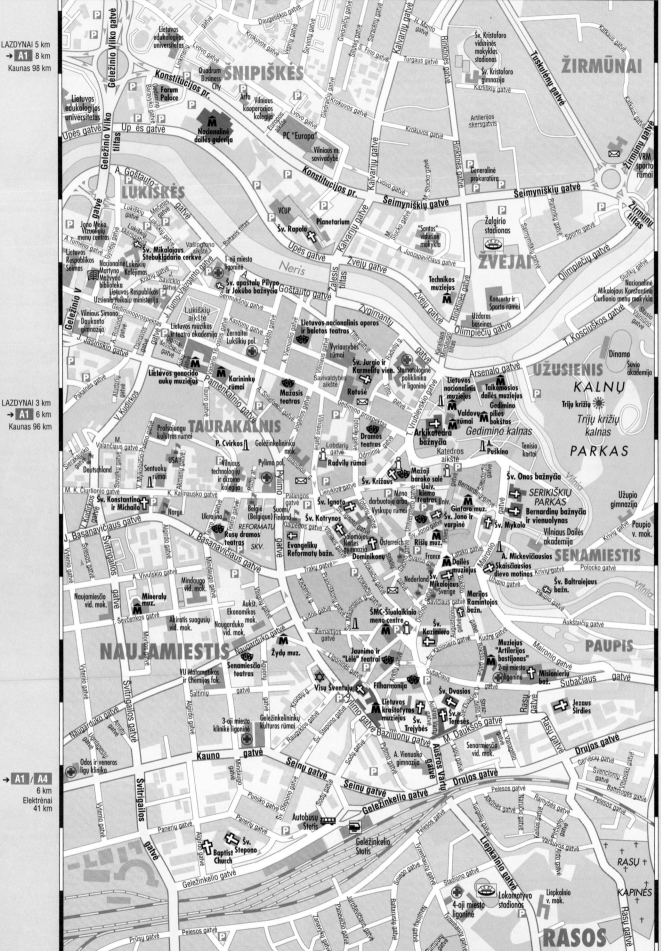

Ukmergė 73 km
Maišagala 25 km
→ A2 8 km
ŠEŠKINE 1 km

Molėtai 70 km
Purnuškės 23 km
VERKIAI 3 km

LAZDYNAI 5 km
→ A1 8 km
Kaunas 98 km

ŽIRMŪNAI

ŠNIPIŠKĖS

Lietuvos
edukologijos
universitetas

Quadrum
Business
City

Krokuvos gatvė

Šv. Kristoforo
vidurinės
mokyklos
stadionas

Šv. Kristoforo
gimnazija

Turgaus gatvė

Konstitucijos pr.

Forum
Palace

Arfa
Vilniaus
kooperacijos
kolegija

LUKIŠKĖS

Lietuvos
edukologijos
universitetas

Up ės gatvė

Nacionalinė
dailės galerija

PC "Europa"

Vilniaus m.
savivaldybė

Generalinė
prokuratūra

102

Pabradė 50 km
Nemenlčine 22 km

A. Goštauto

Konstitucijos pr.

Kalvarijų gatvė

Seimyniškių gatvė

Binkinės gatvė

Žalgirio
stadionas

ŽVEJAI

VCUP

Šv. Rapolo

Planetariumas

Upės gatvė

Kalvarijų gatvė

"Santos"
vidurinė
mokykla

Battasis tiltas

Neris

Žvejų gatvė

A. Juozapavičiaus gatvė

Olimpiečių gatvė

Žirmūnų tiltas

Jono Meko
Vizualiųjų
menų centras

Šv. Mikalojaus
Stebuklodario cerkvė

Vašingtono
aikštė

1-oji miesto
ligoninė

Šv. apaštalų Pilypo
ir Jokūbo bažyčia

Goštauto gatvė

Žvejų gatvė

Technikos
muziejus

Koncertų ir
Sporto rūmai

Nacionalinė
Mikalojaus Konstantino
Čiurlionio menų mokykla

Lietuvos
Respublikos
Seimas

Nacionalinė Lukiškių
Kalėjimas

Martyno
Mažvydo
biblioteka

Lietuvos Respublikos
Užsienio reikalų ministerija

Lukiškių
aikštė

Žygimantų

Uždaras
baseinas

Olimpiečių gatvė

Vilniaus Simono
Daukanto
gimnazija

Lietuvos muzikos
ir teatro akademija

Žernaiti
Lukiškių pol.

Lietuvos nacionalinis operos
ir baleto teatras

Vyriausybės
rūmai

Šv. Jurgio ir
Karmelitų vien.

Stomatologinė
poliklinika
ir ligoninė

Lietuvos
nacionalinis
dailės muziejus

Taikomosios
dailės muziejus

Dinamo

UŽUSIENIS

KALNŲ

Trijų kryžių

Trijų kryžių
kalnas

LAZDYNAI 3 km
→ A1 6 km
Kaunas 96 km

Lietuvos genocido
aukų muziejus

Karininkų
rūmai

Mažasis
teatras

Savivaldybės
aikštė

Rotušė

Valdovų
rūmai

Gedimino
pilies
bokštas

PARKAS

Gedimino kalnas

TAURAKALNIS

Profsajungų
kultūros rūmai

P. Cvirkos

Geležinkelininkų
mok.

Dramos
teatras

Arkikatedra
bažyčia

Katedros
aikštė

A. Puškino

Tenisio
kortai

Vilniaus
technologijų
ir dizaino
kolegija

Pylimo pol.

Radvilų rūmai

Šv. Kryžaus

Mažoji
baroko salė
Univ.
kiemo
teatras Univ.

Meno
darbuotojų arba
Vyskupų rūmai

Ginfaro muz.

Šv. Onos bažyčia

SERIKIŠKIŲ
PARKAS

Bernardinų bažyčia
ir vienuolynas

Vilniaus Dailės
akademija

Užupio
gimnazija

USA

Deutschland

M.
Valančiaus gatvė

Sentoukų
rūmai

Šv. Konstantino
ir Michailo

België
(Belgique) Finland

Šv. Ignoto

Šv. Kotrynos

Österreich

Šv. Jono
ir varpinė

Šv. Mykolo

Paupio
v. mok.

Norgė

Ukrajina

REFORMATŲ

Rusų dramos
teatras

SKV.

Evangelikų
Reformatų bažn.

Klaipėdos gatvė

Dominikonų

Rišių muz.

France

Dailės
muziejus

SENAMIESTIS

A. Mickevičiaus

Polocko gatvė

Mineralų
muz.

Akiratis suaugusių
vid. mok.

Naugarduko
vid. mok.

Nerles
gimnazija

Nederland

Sverige

Šv.
Mikalojaus
bažn.

Marijos
Ramintojos
bažn.

Šv. Baltraiejaus
bažn.

NAUJAMIESTIS

Žydų muz.

Senamiesčio
teatras

SMC-Šiuolaikinio
meno centre

Šv.
Kazimiero

PAUPIS

VU Matematikos
ir Chemijos fak.

Jaunimo ir
Lėlė teatrai

Muziejus
"Artilerijos
bastijonas"

2-oji miesto
ligoninė

Misionierių
bažn.

103

NAUJOJI
VILNIA 6 km
Šumskas 34 km

Visų Šventųjų

Filharmonija

Šv. Dvasios

Jezaus
Širdies

3-oji miesto
klinikė ligoninė

Geležinkelininkų
kultūros rūmai

Lietuvos
krašofyros
muziejus

Šv.
Trejybės

Šv.
Teresės

Drujos gatvė

Kauno gatvė

Seinų gatvė

A. Vienuolio
gimnazija

Aušros vartų

Senamiesčio
vid. mok.

Drujos gatvė

Odos ir veneros
ligų klinika

→ A1 / A4
6 km
Elektrėnai
41 km

Baptist
Church

Šv.
Stepono

Autobusų
Stotis

Geležinkelio
Stotis

Pelesos gatvė

4-oji miesto
ligoninė

Lokomotyvo
stadionas

Liepkalnio
v. mok.

RASŲ

KAPINĖS

RASOS

250   500 m

KIRTINAI 4 km
→ 5 km
Šalčininkai 42 km

→ A15 1,5 km

→ A3 6 km
Medininkai 28 km

TARCHOMIN 9 km
801

ZACISZE 3,5 km
TARGÓWEK 2 km
629 Ⓜ Szwedzka

Ⓜ Mińska

OGRÓD ZOOLOGICZNY

PARK PRASKI

k Linowy Warszawa ★

801

629

Wybrzeże Helskie

Most Śląsko-Dąbrowski

Al. Solidarności

Parafia katedralna św. Marii Magdaleny
Pl. Wileński
DWORZEC WILEŃSKI

PKP Warszawa Wileńska

PRAGA PÓŁNOC

SZMULKI

szkoła

Baj. Teatr Lalek
637

Pl. Weteranów 1863 r.
K. św. Floriana
Kuria Biskupia Warszawsko
DT Praga
Szpital Praski

PRAGA

Bazar Różyckiego
Galeria Wileńska

Szpital Kolejowy

Muzeum Warszawskiej Pragi oddział Muzeum Warszawy

Komuna Warszawa

Urząd Dzieln. Praga Północ

Targowa

USC

Zespoł Szkół Specjalnych
K. pw. św. Wincentego Pallottiego

Centrum Kształcenia Ustawicznego Liceum Ogólnokształcące imienia S. Żółkiewskiego
szkoła

Jana Zamoyskiego

719

J. Zamoyskiego

Grochowska **637**

637
GROCHÓW 1,5 km

Wisła

Port Praski

801

Wybrzeże Szczecińskie

Teatr Powszechny
K. M.B. Zwycięskiej

KAMIONEK

STADION Ⓜ PKP
Warszawa Stadion

Jezioro Kamionkowskie

719

Wojewódzkiego Centrum Stomatologii

Wybrzeże Kościuszkowskie

Zjazd

Szpital Kliniczny nr 2 A.M.

Biuro Bezpieczeństwa Narodowego Skw. Zgr. AK Róg

Wiadukt Markiewicza

Biblioteka UW

Centrum Nauki Kopernik

SKW. KPT. CUBRYNY

Plac sportowy

P. Poległych Lotników Brytyjskich

PARK SKARYSZEWSKI IM. I. PADEREWSKIEGO

P. płk. House'a

PARK KAZIMIE-RZOWSKI

Uniwersytet Warszawski

Teatr Polski

POWIŚLE

Most Świętokrzyski

P. Syreny

SKW. IM. TADEUSZA KAHLA

K. św. Teresy

Stadion Dziesięciolecia

P. Ignacego Paderewskiego

GROCHÓW 2 km
GOCŁAWEK 5 km

POWIŚLE Ⓜ

719

Teatr Ateneum

801

Rondo J. Waszyngtona

J. Poniatowskiego

Kopernika
PAN
Szpital Dziecięcy

NOWY ŚWIAT
XXXVII Liceum ógólnokształcące

Muzeum Chopina

Akademia Muzyczna im. F. Chopina
K. św. Kazimierza
Szpital Śródmiejski

Most ks. J. Poniatowskiego

Wał Miedzeszyński

SASKA KĘPA

Portugal

Teatr Sabat
Adwentystów Dnia Siódmego
SARP
Warszawa Powiśle PKP
Instytut Włoski

Al. Jerozolimskie

al. 3 Maja
Rondo S. Sedlaczka

al. 3 Maja

Wioślarska

Iraq

szkoła

PRAGA POŁUDNIE

"Orbis"
Rondo gen. Ch. de Gaulle'a

KULTURY PARK

K. Św. Trójcy
Rynek Solecki

Muz. Wojska Polskiego

Muzeum Archidiecezji Warszawskiej
szkoła

Polska Agencja Prasowa
Giełda
Centrum Bankowo-Finansowe

Muzeum Narodowe
P. E. Orzeszkowej

Ministerstwo Pracy i Polityki Społecznej
Australia

K. św. Aleksandra
Dom paraf.
Instytut Głuchoniemych

Szpital Klin. nr 1 im. prof. dr. W. Orłowskiego

P. "Chwała Saperom"

Muzeum Ziemi

Skwer M. Iringha

Dom Harcerza

P. "Chwała Saperom"

801

Ministerstwo Skarbu Państwa
Ministerstwo Gospodarki
Teatr Buffo
Pl. Trzech Krzyży

Kpl. Ewang.

Ministerstwo Nauki i Szkolnictwa Wy- szczego
New Zeeland

P. W. Witosa

PARK MARSZ. EDWARDA ŚMIGŁEGO-RYDZA

K. MB Częstochowskiej

Współczesny
Aleje Ujazdowskie

Sejm i Senat RP

Bulgaria
USA
Canada
Suisse/ Schweiz
Serbia

Technikum Budowlane nr 1
szkoła

Éllas
Deutschland
France

801
GOCŁAW 1,5 km
Jozefów 15 km

Most Łazienkowski

Wisła

Stadion "Legia" 0,5 km
Stadion BKS "Skra" 3,5 km

349

Wien 1 : 15 000

Floridsdorf Ⓤ 221 W-DÖBLING (XIX.) 2 km
W-WÄHRING (XVIII.) 0,5 km

W-GROSSJEDLERSDORF (XXI.) 7 km
W-FLORIDSDORF (XXI.) 5 km
W-HEILIGENSTADT (XIX.) 3 km 227 Ⓤ Heiligenstadt

W-MARGARETEN (V.) 0,5 km
W-FAVORITEN (X.) 3 km

Erholungsgebiet Wienerberg 2 km
W-ALTMANNSDORF (XII.) 3 km
W-HIETZING (XIII.) 5,5 km

Reumannplatz Ⓤ
W-FAVORITEN (X.) 2 km
W-INZERSDORF (XXIII.) 4 km

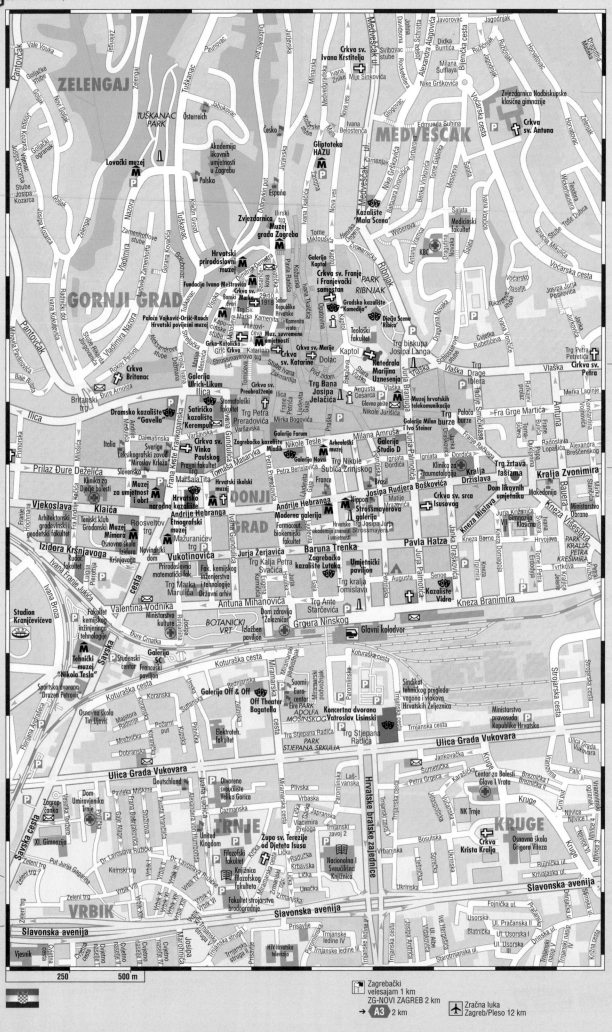

ZELENGAJ

TUŠKANAC PARK

Österreich

Akademija likovnih umjetnosti u Zagrebu

Lovački muzej

Polska

MEDVEŠČAK

Crkva sv. Ivana Krstitelja

Crkva sv. Antuna

Zvjezdarnica Nadbiskupske klasične gimnazije

Gliptoteka HAZU

Kazalište 'Mala Scena'

Medicinski fakultet

Zvjezdarnica

Ilirski trg

Muzej grada Zagreba

Galerija Kaptol

KBC

Hrvatski prirodoslovni muzej

Crkva sv. Franje i Franjevački samostan

PARK RIBNJAK

Fundacija Ivano Meštrovića

Gradsko kazalište "Komedija"

GORNJI GRAD

Crkva sv. Marka

Banski dvori

29.10 1918

Sabor Republike Hrvatske

Dječja Scena 'Ribica'

Palača Vojković-Oršić-Rauch Hrvatski povijesni muzej

Crkva sv. Marka

Kapucinska stuba

Muz. suvremene umjetnosti

Teološki fakultet

Trg biskupa Josipa Langa

Galerija Ulrich-Likum

Grko-Katolička Grič Crkva

Vitezovićeva

Kamenita vrata

Crkva sv. Marije

Kaptol

Crkva sv. Petra

Crkva Britanac

Britanski trg

Katarinin trg

Crkva sv. Preobraženja

Stube Ivana Zakmardija

Crkva sv. Katarine

Dolac

Stara Vlaška

Katedrala Marijina Uznesenja

Vlaška

Vlaška

Trg Drage Ibleta

Crkva sv. Petra

Dramsko kazalište "Gavella"

Satiričko kazalište Kerempuh

Stomatološki fakultet

Trg Petra Preradovića

Trg Bana Josipa Jelačića

Augusta Cesarca

Glavna pošta

Muzej hrvatskih telekomunikacija

Palača Smičiklas

Fra Grge Martića

ZG-MAKSIMIR 1,5 km
ZG-DUBRAVA 5 km
Sesvete 11 km

A4 14 km

ZG-ČRNOMEREC 1 km

A2 14 km

Zaprešić 15 km
Luka 30 km
Žejinci 33 km

Italia

Leksikografski zavod "Miroslav Krleža"

Sverige

Crkva sv. Vinka Paulskog

Pravni fakultet

Galerija Forum

Zagrebačko kazalište Mladih

Galerija Nova

Arheološki muzej

Galerija Studio D

Trg Nikole Šubića Zrinskog

Galerija Milan burze i Iva Steiner

Klinika za traumatologiju

Trg žrtava fašizma

Kralja Držislava

Trg Petra

Kralja Zvonimira

MEDVEŠČAK

Dom likovnih umjetnika

Gimnazija Klasična VII

PARK KRALJA KREŠIMIRA

Muzej za umjetnost i obrt

Klinika za Dječje bolesti

Hrvatsko narodno kazalište

Hrvatski školski muzej

DONJI GRAD

France

Nippon

Josipa Rudjera Boškovića

Crkva sv. srca Isusovog

Vjekoslava

Klaića

Andrije Hebranga

Etnografski muzej

Moderna galerija

Strossmayerova galerija

Hrvatski akademija znanosti i umjetnosti

Trg Josipa Jurja Strossmayera

Kneza Mislava

Arhitektonski gradevinski i geodetski fakultet

Teniski klub Gradanski

Muzej Mimara

Osnovna škola Izidora

Mažuranićev trg

Farmaceut. biokemijski fakultet

Pavla Hatza

Kazalište Vidra

Izidora Kršnjavoga

Novinarski dom

Vukotinovića

Prirodoslovno matematički fak.

Fak. kemijskog inženjerstva i tehnologije

Jurja Žerjavića

Trg Kalja Petra Svačića

Baruna Trenka

Zagrebačko kazalište Lutaka

Umjetnički paviljon

Trg kralja Tomislava

Kneza Branimira

Rudar. fakultet

Državni arhiv

Antuna Mihanovića

Trg Ante Starčevića

Stadion Kranjčevićeva

Fakultet kemijskog inženjerstva i tehnologije

Ministarstvo kulture

Valentina Vodnika

BOTANIČKI VRT

Izložbeni paviljon

Dom zdravlja 'Željezničar'

Grgura Ninskog

Glavni kolodvor

ZG-FERENŠČICA 2,5 km

Tehnički muzej "Nikola Tesla"

Galerija SC

Studentski centar

Francuski paviljon

Koturaška cesta

Sportska dvorana "Dražen Petrović"

Osnovna škola Tin Ujević

Galerija Off & Off

Off Theater Bagatella

Suomi Eurocentar Eire

PARK ADOLFA MOŠINSKOG

Koncertna dvorana Vatroslav Lisinski

Sindikat tehničkog pregleda vagona i vlakova Hrvatskih Željeznica

Ministarstvo pravosuda Republike Hrvatske

Elektroteh. fakultet

Trg Stjepana Radića

PARK STJEPANA SRKULJA

Trg Stjepana Radića

Trnjanska cesta

Ulica Grada Vukovara

Ulica Grada Vukovara

Ulica Grada Vukovara

Deutschland

Otvoreno sveučilište Velika Gorica

United Kingdom

Laš-ljevana

Centar za Bolesti Glave I Vrata

NK Trnje

KRUGE

ZG-NOVI ZAGREB 3,5 km
Botinec 5,5 km

A1 A3 6,5 km

Karlovac 52 km

Dom Umirovljenika Trnje

Zagrepčanka

XI. Gimnazija

TRNJE

Župa sv. Terezije od Djeteta Isusa

Filozofski fakultet

Knjižnica filozofskog fakulteta

Nacionalna I Sveučilišna Knjižnica

Crkva Krista Kralja

Osnovna škola Grigora Viteza

Ivanja Reka 11 km

A3 A4 13 km

A2 A3 9 km

Rakitje 11 km

VRBIK

Fakultet strojarstva i brodogradnje

Slavonska avenija

Slavonska avenija

Vjesnik

HTV Hrvatska televizija

250   500 m

Zagrebački velesajam 1 km
ZG-NOVI ZAGREB 2 km
A3 2 km

Zračna luka Zagreb/Pleso 12 km